U0604175

山右叢書　　山右歷史文化研究院　編

張四維集 下

[明]張四維　撰　　張志江　點校

上海古籍出版社

條麓堂續集

〔明〕張四維　撰

張志江　點校

點校説明

《條麓堂續集》，張四維撰。

據《山西文獻總目提要》著録，在山西省芮城縣圖書館，藏有《條麓堂集》卷十八至卷三十四的抄本。點校者因點校《條麓堂集》之需，專程前往芮城，在該縣人大胡金虎主任、圖書館陳京朝館長的關照下，查閱了這部抄本。經過粗略考查，點校者發現這部抄本其實是張四维兩部書的清稿本，一部是《條麓堂集》，一部則是《條麓堂續集》。

清稿本，又稱“謄清稿本”，指的是經作者或編者校勘整理後謄清的稿本。由於没有傳抄、刊刻可能造成的訛脱衍倒，清稿本具有極高的文獻價值。據張四維侄婿沈懋《書條麓堂續集卷末》，以及朱至㴂、吴鑨《條麓堂續集跋》，明萬曆四十三年，張四維次子張泰徵分守荆南時，曾委托吴鑨刊刻《條麓堂續集》。但翻檢《明史·藝文志》《山西通志·經籍志》以及明清兩代公私書目，均未發現有關《條麓堂續集》的記載。點校者在翻閲《條麓堂續集》清稿本時，發現其中夾有兩張描繪印文以供刻版的紙條，在三方印文旁邊分别寫着“此原刻不佳”“笔須用均”“此面少粗了”的批語，似乎該清稿本的印文尚未修改完畢，并未交付刻版。由此可見，這部《條麓堂續集》清稿本不僅是从未著録的孤本，而且極有可能从未予以刊刻，其文獻价值是不言而喻的。

《條麓堂續集》清稿本與《條麓堂集》清稿本一樣，均爲白綿纸書寫，四眼綫裝。稿本高 265 毫米，寬 175 毫米。紙面整洁，字迹清楚，無邊栏，無界行。每半頁十行，行二十一字，行款與現存明萬曆乙未《條麓堂集》刻本一致。全書以小楷寫就，弘正工雅，娟秀可愛。原本二十四卷，卷一、卷二爲詩，卷三至卷二十爲書，卷二十一至卷二十四爲奏疏、啓、聯對、序、記、雜著、詞、賦、箴、頌、墓誌銘、行狀，祭文。可惜的是現在僅剩下目録卷、卷一至卷二、卷十二至卷二十四，佚九卷，餘十五卷，分裝七册。目録卷題簽上有一“李”字，卷一、卷二共一册上有一“杜”字，卷十二至卷二十四共五册上分别有“光”“焰”“萬”“丈”“長”五字。這七個字取自唐韓愈的《調張籍》詩，原詩前兩句爲“李杜文章在，光焰萬丈長”。據此推測，中間佚失的卷三至卷十一部分應當分裝三册，分别對應的是“文”“章”“在”三個字。現存《條麓堂續集》清稿本約有十七萬字，大部分内容爲張四維入閣參預機務、代爲首輔，以及回鄉守制期間與同僚、友朋的書信，其内容如論丈量田地，談北番貢市，透露入閣隨張居正辦事的無奈，傾訴獨力主持國政時的苦衷，表白服闋後歸老故土不再出仕的心曲，等等，可以補充《條麓堂集》的遺闕，既是研究張四维生平和思想的第一手資料，也是研究明代歷史和歷史人物的珍貴史料。

此次點校，即以《條麓堂續集》清稿本爲底本，參校以明代文獻所涉及的張四維的部分著述。

書《條麓堂續集》卷末

蒲阪元輔張文毅公有《條麓堂集》，公嗣仲公華岑先生鎮河北時刊布，世已珍傳。迨鎮荆南，又刊《續集》。次公拳拳先集，以布鴻章，其《詩》所云“明發有懷，孝思不匱”也。夫兩集皆有名筆冠諸簡端。懋爲公猶子婿，公愛之猶子，望之爲國士，又叨世姻。竊窺公文與行之大全，在兩集中序文暨附刊碑志諸文，爲名公鉅卿所闡發者，宏綱業已大備；然其節目之美善似未悉，乃不揆愚賤而蕪列之。

聞君異質，閱書過目弗忘，自爲童子就外傅，輒能盡代塾中諸童子之藝業。幼師舅氏劉水石公，將治經。水石以諸生就試，欲俟試歸授之《尚書》。及歸，而公已從他所偶見《周易》，翻玩數日，已成誦矣，遂治《易》。自是饒進餘經，入庠輒試高等，文譽徧河東。鹺臺欲亟見之，檄取至。諸郡邑士望風求識其面，見公清臞，瑩然如玉，争瞰所讀何書，見几間惟《周禮》一部，不曉何書，駭而去。是時，公于經史業已盡讀，及登第選館，則惟搜討國家典制諸書已爾。詞林推爲博物之首，朝廷大製作暨《實録》，又暨文武會録，多出其手。公出華亭徐公之門，選館爲分宜嚴公稱賞，取第一。館閣中慈溪袁公、内江趙公、新鄭高公、興化李公、江陵張公等皆推服，至有謂有公在，可無庸置簡編者，此江陵語也。綜覽群籍，爲文不爲群籍所使，獨抒神情，深造自得，而優入于化境，一切世習，高之空幻隱僻、卑之剽竊摹倣者，俱棄而不屑。口不諄諄言學，無行而非學焉；文不拘拘言道，無言而非道焉。此其博學洽聞、竑裁精詣可知，而人未必盡知之也。

工文章，尤諳政事，與人啓札，鑿鑿出實際語。北虜納款，與王襄毅札，反覆廿餘次，如目睹邊事，玩黠虜于掌中，胸涵數萬之甲兵。日造新鄭、江陵兩公所，殫心籌策，外而制府主持，内而政府密議，皆公功也。而公絶口不自爲功，即啓札亦散佚，存者什之三四，又悉從他處得之。是時，公爲學士，即已視國事如身家事，他人肯爲之乎？能爲之而敢爲之乎？新鄭署銓，公佐之。江陵秉國，公佐之。新鄭任氣，江陵任術，公任理，而相時審機，調劑其間，助兩公所不逮。兩公亦鑒公誠，有議每從公，不能奪公，兩公之功皆公功也，而公絶口不自爲功。馮奄竊柄，根蒂、羽翼布滿中外，豈易芟夷！計除之，事濟則宗社、生靈延其祚，不濟則公之身與家其小者也，大者可忍言耶！公迸盤據之奸，如摧枯朽。至于去太甚，而不窮其黨、竟其法，朝宁、僚友間無震蕩、株蔓之虞者，孰妙用也？凝然毅然，不動聲色，而措天下以泰山之安。士大夫始讋伏，相謂復見留侯之善藏其用也。此其沉幾秘畫、壯猷兼材可知，而人未必盡知之也。

古稱同寅協恭。公容儀丰度，雅俊冲抑。事莊皇帝講幄時，莊皇帝注視讚揚，數與侍臣言之，命公官學士，不兼講讀銜而耑侍講讀。初入閣，從江陵謝上。上與江陵言“新輔臣器宇不凡”，手書“一德和衷”大字予之。公憂歸，辭上，上動容，欲奪情留公，公不敢從，上又屢向侍臣問公除服之期，得君如此。元輔分宜、華亭、新鄭、江陵諸公相繼秉國，輒相枘鑿，相水火，甚相吴越，而人人與公膠漆。蓋公秉忠直，無偏黨，諸公亦無疑忌，達之人人皆然。於戲！難已。獨與江陵在政府周旋數年，江陵柄國之政，事事與公商確。自聞憂制，爲群小誤，漸與公疏。公以地位避嫌，難與深計。而江陵終不敢拂公論逐公，然亦懼公當必代己，如己之代新鄭，要之，以己度公，未嘗以公度公。馮奄之敗，公極力援救，使公不以憂歸，江陵之家禍不烈也。其初，人或疑公依附江陵，而不知規正江陵；其後，人或疑公與江陵修怨，而不知與江陵報德。此其誠心汪度、厚德深仁可知，而人未必盡知之也。

天性孝友。懋迎婚時，公適里居，封翁在堂，懋嘗預坐，見公侍側，宛惻如孺子。偕諸弟，言動無一非雍睦者。食不窮味，食畢，從一蒼頭，步臨閭左精舍讀書譔文，午餐復步歸侍食。城東有康樂莊，封翁營以爲游玩地。公藏萬卷其中，間稟命于封翁而往，縱目縑緗，數日不歸，手不釋卷，倦即適意花竹。而獨往獨來，無一賓客溷煩，郡庭不輕通一竿牘。是時，公以左銓宰掌宫端，告疾在里，將任公輔，而守身若書生，尤不見有矯情干譽之意。此其清韵謙衷、潔修醇德可知，而人未必盡知之也。

與配王太夫人相莊如賓，庭訓諸公，以嚴爲慈。萬曆丙子，謂次公文必中魁名；己卯，謂長公文必難中；壬午，謂長公文必中魁名；庚辰會試，謂次公文必中；癸未會試，謂長公文必中：語驗壹如券符。長公英偉豪邁，次公温厚精密，皆有詞章手、經濟材，爲山陰王公所重。而次公守關中，隨制府任丘李公閲邊，李公心服之，曰："博古、通今者不能兼，公兼之，今而後知文毅之善教焉。"叔季太守、尚璽諸公，以承廕棄舉子業，俱奉公命績學，有藴藉，詩文可傳于世。此其懿範端型、高標義訓可知，而人未必盡知之也。

他美善尚富，未可悉數。公蓋自身而家而國，凡有表著，莫匪兹文，不獨操觚染翰始爲文也，所謂天下文章莫大于是。而懋謂晋中仕宦當國朝入相者，公之前有河津薛文清公，公之後有山陰王文端公。河津暫相，山陰亦未久相，俱以勁操直節名振寰區。公忠厚而正直，操節與兩公等，其委蛇謀斷，俾宗社享靈長之慶，而生靈受和平之福，視兩公不啻過之矣。然山陰之相，寔以公歸，屬意吴郡申公，申公迎公意以相之者也。河津、山陰，如翽翽之羽，千仞翱翔，世人仰之瑞之，而不可攀。若夫噓氣成雲，茫洋穹玄間，薄日月，伏光景，霈汪澤于宇宙，而出入變化，莫可測識者，神龍也。公其猶神龍乎！假公蚤相，與新鄭、江陵同心輔政，則隆、萬之間化理當益淳曜。假公永年，除服後復相，以得君之專，爲行政之久，匡翼主德，柄持台衡，當使宫府、閣部、科道之間各存其體，弗侵其權，則今天下之治平也，或别增一景象耳。天意不欲，謂之何哉！懋小子何知，第此衷有見聞，忘其鄙陋，覼縷書之，敬以告夫讀公之嘉集者。

文林郎、知寶豐縣事、丙午舉人門婿沈懋頓首拜撰

條麓堂續集卷一

四言古詩

有鳥篇壽崔母

有鳥自西，爰青其羽。金母有命，朝發玄圃。翔集漳滸，北堂告祜。歲舍閼逢，嘉月惟子。八帙初盈，三元易始。麻姑薦泉，天孫呈帔。婺彩焜煌，介爾繁祉。春酒在尊，嘉客在門。王命自遠，吏人載奔。有熚其華，文茵珠履。賓從歡迎，恭人季子。維是季子，邦家之彦。鳳舉南宫，鸞栖東甸。千里瞻雲，星軺省定。天鑒篤忱，歸及家慶。季子至止，恭人燕喜。惠和子姓，以洽姊姒。維竹有籜，維泉有鯉。松柏萬年，懋承靡已。

五言古詩

司農公署觀政述懷二首

軒窗敞幽寂，愛此風日清。庭槐落蟲絲，好鳥相與鳴。晝永耐端居，悠然百感生。膏壤豐野草，玉府有虧盈。袖手慚天禄，慷慨念生平。

曰余本寒素，托踪在草莽〔一〕。浩歌撫陳編，羲黄寄遐想。叨屬熙運隆，濫迹青冥上。苟得匪所欣，夙心詎能枉？矯矯古哲人，龍蛇蟠天壤。襟期方在兹，千載勤俯仰。

送程松溪翁四首

夫子秉超曠，冲襟瑩塵坱。高談鄒魯辭，蹈迹羲黄上。清風播四裔，眇予寄遐想。斥鷃遊榆枋，大鵬運沆漭。適性信不貳，所悲異雲壤。

昊天啓良覯，皇眷矚儒林。弘闢圖書府，冀興《韶濩》音。我師握蘭荃，馥馥揚德馨。門墻借光儀，春風鼓鳴琴。快兹千載遇，慰我平生心。

嘉會殊未已，忽忽歲聿變。東風吹柳條，澹蕩罷歡宴。函丈儼欲分，悲歌淚如霰。我心諒匪石，寧當几席戀？狂狷顧孱質，日月借奔電。扁舟春水遥，惆悵何時轉？

南國有威鳳，翩翩富奇姿。食必蒼筤實，栖必碧梧枝。仰騫青雲表，曷當〔二〕顧藩籬？我欲往從之，不能自奮飛。鈞天陳穆奏，翔集白玉墀。來儀豈不貴，草木蒙光輝。永懷在遠道，行矣我心違。

葉文湖年丈見訪

病卧人事絶，柴門晝不開。忽聞高軒過，乃云故人來。椎〔三〕枕强披衣，祖跣出相倍〔四〕。長揖謝故人，莫笑形容摧。茅屋幸光彩，暫此相徘徊。故人去不留，我心增遲回。毋乃疏慵性，重爲長者猜。寄語謝知己，小子良不材。

喜　雨

驕陽歷三時，一夕忽風雨。青翠滿林莽，黄氛净寰宇。辨麥半欲槁，嶷嶷勢方起。田家重東作，婦子饁南畝。未遂霑足願，復見商羊舞。曉窗布穀鳴，霞光媚簾廡。階草競鮮芳，壘燕雙雙語。一氣旋元化，萬物欣有主。因悲《雲漢》詩，聊慰憂國苦。

簡徐大經高鳴鳳有引

夫烏兔代精，時及歲暮。金蘭有契，人在天涯。慨焉興懷，率爾成賦。匪云騁藻于短章，聊惟寄情於雲樹耳。

聿兀歲雲暮，陰雲薄曦暉。青燈夜不滅，霜風侵我幃。歲月慨易流，壯心行多違。憶我同心友，乃在天一涯。擁衣坐通宵，遲回思我迷。

憶昔少年日，與子相追逐。青雲寄遐志，栖遲在山谷。清歌想黄虞，披褐友麋鹿。所負良不群，意氣輕川瀆。昕夕鎮相親，聯翩事簡牘。胡子事高舉，結廬諸馮麓？慨予抱離思，踽踽守寒屋。雪夜清興生，思求山陰躅。何當一樽酒，慰我北望目？

送慎山泉

凉飆八月初，之子遠行役。長亭一樽酒，相看日欲夕。丈夫重桑蓬，安能戀几席？嗟君負奇氣，少年聲奕奕。江左推文物，凌空無六翮。有策不投時，草玄揚子宅。甘泉來奏賦，龍光射天赤。割符守東甌，衣繡還鄉陌。蛟龍蟠泥中，風雲變咫尺。我來長安里，執袵訪三益。見君南省中，傾蓋如夙昔。感此忘年交，意氣斷金石。驪歌忽在門，我聞心不懌。長楊萬里道，匹馬三秋客。壯游豈不貴？别懷自難釋。君行度粵山，我夢入炎澤。三月東風來，雁足佇尺帛。

會日遲乾庵文麓正峰三兄不至時課限方誦《十九首》故戲爲集句

今日良宴會，同袍與我違。相去復幾許，軒車何來遲？凛凛歲雲暮，浩浩陰陽移。鬱鬱園中柳，將隨秋草萎。立身苦不早，安能待來兹？齊心同所願，引領遥相晞。

嘉會乘時豫，歡言併在兹。美人曠延佇，惜此芳歲期。停雲既靄靄，今雨亦淋漓。嚶嚶庭鳥鳴，馥馥幽蘭滋。昔願今不從，感物生長思。古人在千里，命駕時相隨。胡爲車馬音，咫尺隔天涯？

《鳳山八咏》爲盛古泉賦

鳳石竦孤峭，晨旭媚其彩。鳳鳴昔何時，石迹今仍在。丹穴路匪遐，胡然曠千載？覽君明德輝，阿閣行相待。

右《鳳石朝陽》

陰崖不見日，絶壁騰巑岏。經今留積雪，林暝生奇觀。玄境氣不易，貞白因所安。獨有疏梅萼，相將保歲寒。

右《獅崖暮雪》

曠哉千仞峰，下有百年井。橘林秋葉疏，丹竈朝雲冷。寒泉富餘潤，深谷何人省？汪汪千頃施，注挹藉修綆。

右《古井甘泉》

斷壑架石梁，參差虹影抱。泠泠橋下水，迢迢橋上道。水聲常若兹，往來人互老。唯應列仙翁，千載拾瑶草。

右《仙橋活水》

境幽草木深，威獸奮奇迹。長嘯陰風生，猛攫飛泉出。藜藿苞餘澤，雨露分甘液。眷此山中人，東林共今昔。

右《虎跑靈迹》

兔河三十里，森森與雲平。時見孤帆入，不聞風浪驚。秋旻净如拭，遠影涵空明。遥知利涉客，羡此林壑清。

右《兔河風帆》

桐鄉雄楚服，宛在兹山曲。萬家春雨中，烟樹藹新緑。里閈鬱不分，郊郭紛相屬。誰知人境内，咫尺神仙谷！

右《萬家烟樹》

華峰渺何許，雲際横輕黛。依微南斗傍，新晴遥可對。羽人時往還，明霞紛晻曖。目極飛鳥没，因風想瑶佩。

右《九華雲峰》

五言律詩

咏太液池雁

萬里瀟湘翼，春翔太液隅。沿風唼碧荇，漾日弄青蒲。鳳沼光仍在，鵬霄願豈孤？虞羅原不到，無事更銜蘆。

病中偶成二律戲簡張侍御年丈併索和章

卧病經過少，柴門盡日扃。牖風時入幕，窗月巧侵屏。法案窺《鴻寶》，藥爐煮茯苓。故人今夕裏，何處太微星？

卑泊長安市，幽居絶四鄰。到門憐白眼，出户即緇塵。自理參苓術，翻思松菊新。忽聞驄馬過，一倍憶交親。

癸丑赴春闈早發真定遇風

匹馬長安道，天風萬里來。攬裘驚朔氣，作賦憶蘭臺。萬籟懸相和，千山迥不開。圖南將奮翼，斥鷃莫深猜。

送晁次山謝病歸開州

握手意方洽，不堪君獨行。嶺雲千里目，樽酒百年情。海上芝苓實，山中松桂盟。卷舒吾道在，金馬佇旋旌。

海内文章伯，眉山父子才。奇文富萬篋，大雅逼三台。覽鳳輝初借，歌驪聲遽催。征鴻何處度？日暮首重回。

年少蘭臺客，悲歌袂欲分。帝鄉深戀日，親舍遠瞻雲。窗曉芸香馥，園春藥氣熏。殷勤看仗劍，不是惜離群。

之子今何往？澶淵訪舊耕。探奇緣采藥，高卧不逃名。石室能觀物，漆園足養生。何須東海上，遼渺問蓬瀛？

四海陳雷契，知君董賈流。孤騫瞻鳳鳥，高步讓驊騮。玄月移新疢，赤松事遠遊。坐愁三益遠，杯酒若爲留？

不盡送君意，還爲朝雨歌。驪駒看已駕，把袂欲如何？入室思蘭蕙，當春憶薜蘿。道周千樹柳，争似别情多。

黄河西岸

危岸縈河曲，春風信短荊。渚晴群鷺浴，天遠一帆輕。王霸餘山色，乾坤自水聲。古今樽俎外，慷慨愧終生。

早春山亭訪友

問徑尋幽客，談玄共草堂。水聲争斷壑，春意上新篁。金谷饒名筆，蘭亭憶羽觴。留連山色紫，歸路自倘徉。

遊中條東谷

一水紆徐遠，千崖蒼翠多。尋源歷斷澗，攀磴藉垂蘿。路轉峰相抱，谷空鳥自歌。陰森幽意愜，回首見滄波。

井陘道中

落日傍巖阿，三年復此過。山川原險陀，歲月苦蹉跎。寂寂淮陰廟，蕭蕭易水波。古今興廢在，撫劍欲悲歌。

望　雨

鶯老三春暮，都門日日晴。蝃蝀横漢曼，蜥蜴作雲輕。禾黍經沙短，郊坰入望平。桑林會有應，天意在蒼生。

寄迹長安市，春光九十晴。驕陽横作厲，禾黍失西成。薄靄終朝歇，澄霞向夕明。靈星嚴禱祀，從此慰蒼生。

壽梁母

北堂稱慶處，萊綵戲蹁躚。宴似瑶池會，人疑姑射仙。兕觥春酒滿，鶴苑晚萱妍。親見麻姑説，滄波欲變田。

兩國新承寵，三遷舊卜鄰。閨庭鮮此福，圖史有斯人。桂樹詵詵發，萱花故故春。鸞紋將鶴髮，照映滄川濱。

之子戀春暉，輶軒賦采薇。馭從邛阪度，雲傍太行飛。三釜歡頒禄，百年羡舞衣。還憑青鳥使，西望壽慈幃。

贈别鄉丈郝南峰任南都近體四章

春雪灑郊廛，都亭侍别筵。帝思元會日，仙署大江邊。樽俎留斜照，旌旄入斷烟。不堪雲樹渺，山斗悵南天。

結綬從先達，登舟仰令名。蓮峰當嶽立，蘭室入春榮。海宇人〔五〕龍望，鄉園月旦評。獎延慚匠石，吾欲紉芳蘅。

司馭周新職，碭山漢舊京。天迴龍虎窟，江抱鳳皇城。芒海宵傳檄，棘門晝聚兵。騰驤看遠略，直擬請長纓。

行邁三春月，扁舟指建康。山留六代碧，花發四時香。勝迹供彤管，高才富錦囊。珩璜勞寄示，莫負北鴻翔。

挽黄翠岩先生

人去東山寂，傷心憶鶴舟。名應賦鵬遠，神似跨鯨遊。劍履千年夜，松杉十里秋。鳳毛還五色，餘慶在箕裘。

招馮鹿谷飲不至

槐宇依清夏，芳樽宴舊遊。迎陳下賓榻，訪戴佇仙舟。玉斝此時負，金鞍何處留？馮京饒逸興，應上看花樓。

題南枝

梅樹原同本，分條擅獨妍。祇緣承日近，常許得春先。麗萼偏宜午，芳心不待年。贈君多采擷，個是大庾仙。

題《吕仙圖》

謫帝金鑾後，霓裳恣遠遊。采芝來鳳圃，折竹到麟洲。星斗青蛇劍，瀟〔六〕湘黄鶴樓。短綃雲外影，瞻望思悠悠。

題《李仙圖》壽崔秋泉

鐵杖東浮海，奇踪信渺然。雲霞不可問，圖畫此猶傳。壺裏應三島，鹿邊是九天。知君有仙骨，特地報長年。

送郡倅張左岩之任冀洲〔七〕

信都三輔望，高選重監州。到日秋風始，城邊漳水收。題輿看治績，岸幘見風流。會有徵書下，期年寵政優。

送年丈甄龍莊侍御出按淮揚

驄馬長安道，秋風攬轡行。關山驚蹀躞，江漢待澄清。旭日促驪駕，清霜導隼旌。懸知解綬吏，千里憚威名。

燕市此相送，淮南賦遠遊。津梁不可極，樽酒若爲留？霜落濠梁渡，月明瓜步洲。知君向遥夕，清夢繞龍樓。

與君遊上苑，十載隙駒過。風雨襟期密，星霜離别多。方欣韋曲會，忽動渭城歌。又是經年約，其如芳歲何？

把袂三秋盡，相看興渺漫。輶軒隨雁度，津樹帶霜寒。流水知音遠，青山行路難。壯遊孤劍在，日夕但加餐。

贈倪若谷卷

藝藪遊情久，□吴有令名。籀侵周太史，學富魯諸生。業自鵝湖衍，恩從鳳沼榮。投簪松竹徑，早結歲寒盟。

守魯先生挽章

家世高賢後，襟期太古先。三槐陰正鬱，五柳興依然。風月供吟舉，春秋理祀田。蘭蓀原胤德，恩誥慰重泉。

秋晨對雨

兀坐高齋雨，瀟瀟秋氣清。琴書侵曉潤，襟袂挹寒輕。階映決明色，窗疏梧葉聲。壯懷渾可賦，潘令若爲情？

卧病四律甲寅

卧病長安陌，風光又欲秋。潘郎空擬賦，江令不勝愁。日月淹金馬，鄉園憶鐵牛。由來禽鳥興，不是戀滄洲。

京洛風塵裏，驅馳歲月中。此生看白璧，吾貌問青銅。久病忘機事，端居見化工。雨餘庭草緑，恰與故山同。

清切金鑾署，天王儲茂才。高飛慚鳳舉，窃吹濫竽陪。董賈名終忝，徐庾氣已頽。皇風誰振響，坐使百川回。

獨坐翻書卷，愁來可奈何？萬方今警急，六月此沉疴。舊國音書斷，新秋風雨多。壯懷渾菀結，日暮欲揮戈。

贈南崖魏丈司訓古莘

伊洛源何處？傳聞熊耳山。羡君開講席，問字匝潺湲。黌館峰巒裏，鄉程信宿間。伫看弦誦洽，窗草對春閒。

漳源先生挽章

天上乘驄使，遼東跨鶴歸。書香新澤遠，諫草舊臺稀。檜塚標螭碣，蘭階續彩衣。有懷漳水曲，薦藻願仍違。

和對川舅韵三首

冠裳謁帝闕，書劍寄仙家。火退金天外，秋來易水涯。壯懷憂國淚，歸夢望鄉嗟。遠道還珍攝，朝餐努力加。

昭代一王軌，空同自大家。屠龍才不忝，倚馬興何涯？寥落執鞭願，蒼茫望海嗟。劇談同舅氏，撫卷思交加。

萬里宦遊客，三秋何處家？親幃瞻華嶽，鄉思落汾涯。彈劍功終早，《伐檀》事可嗟。孤燈無意緒，撩亂夢中加。

送殷三泉赴汝陽

濼水家聲遠，燕臺寵命榮。冠簪三世列，旌節隔年迎。曉日暉蓮座，春風度蘗城。冰壺推上客，月旦有清評。

宴王孫園亭遲客不至

設醴豐暇豫，開軒待所思。桂叢空擬賦，棣萼且彈棋。秋色此時好，車音何處移？金樽期對月，良夜坐相持。

高人期不至，清晝鬱含思。未泛王猷棹，空閒謝傅柑〔八〕。林深蟬韵合，簾静竹陰移。辜負論文興，芳樽聊自持。

瀛州齋畔桃花

萬里瑶池種，三春玉署栽。未論千歲實，先傍百花開。綺浪應龍化，丹霞有鳳來。石渠最清暇，長此共徘徊。

題畫菊效初唐體

霜落衆芳歇，東籬標獨妍。繁葉擁翠羽，寒英明金鈿。名高逸士帙，香襲騷人編。清飆留紈素，深意墨卿傳。

送盛侍御按遼左

丹鳳承周命，青驄出漢關。滄瀛閒晝浪，草樹静春山。日月登臨外，華夷指顧間。澄清天萬里，白簡帶霜還。

葉文湖年丈見訪

遷客來千里，潛夫卧一丘。幸同十日語，解却半生愁。枳棘何栖鳳？蒹葭自侶鷗。行藏無定着，樽酒暫淹留。

題汾州王孫卷

銀派徵麟趾，瑶華見鳳毛。維城汾水遠，若礪介田高。世德光彤管，清詞映彩毫。小山休擬賦，帝子足風騷。

析玉分桐葉，苴茅傍鶴津。封疆原并冀，賓客有劉陳。業自傳經遠，名從樂善新。西園清夜月，懸思晋□〔九〕濱。

送醫國章復春南歸

幾年爲北客，種杏滿燕京。漫擬朝中隱，還成市上名。歸心江雁遠，征棹海潮平。試過匡廬訪，春深藥草生。

宴元峰王孫園亭

梁苑饒秋色，陳王富藻思。窗吟竹得句，林奕鳥觀棋。待月金樽滿，乘風綺席移。接䍦倒山簡，僕馬任携持。

送謝逸人歸河中舊隱

澗南遺世處，常日掩衡門。作賦惟招隱，著書皆寓言。沙鷗宿斷榻，河柳護疏垣。暫向春山别，歸歟芳草繁。

忽發剡溪興，聊爲京洛遊。千山獨杖策，五月此披裘。舊好徵詩卷，高談對酒甌。灞橋明日道，溝水更西流。

劉文安公挽詩代人

講藝論先輩，分曹切上台。金坡蓮影導，玉户履聲迴。天遠冥鴻舉，日斜鵩鳥來。壑舟今已秘，長憶濟川才。

海内推耆碩，斯人屬典刑。文章劉子駿，《詩》《禮》鄭康成。正擬朋三壽，居然夢兩楹。故交思掛劍，壠樹倍關情。

宴山陰王孫昆仲宅樓

高樓憑遠霽，秋色望中繁。樹接風陵渡，河流星宿源。鳥歌喧夕檻，霞綺散晴軒。喜共聯珠會，全勝在兔園。

日出齊門東，光墮庾樓裏。皓彩溢晴霄，清光共秋水。桂樹寒不勝，兔毫明可擬。凝眺玉繩低，隱隱城鴉起。

又分韵得“晚”字

振袂登朱樓，開尊當碧巘。松風颯已秋，雲嵐曖將晚。叢桂淮南山，修竹梁王苑。慚非枚乘才，飛蓋追繾綣。

過湖北寺留題林皋精舍二首

白馬前朝寺，金繩界碧波。樓臺經劫换，松檜閲年多。清梵魚龍聽，虚檐鳥鵲過。我來耽勝寂，渾欲買魚簑。

王孫招隱處，叢桂匝蒲團。送客虎鳴澗，吹□鶴下壇。松醪相慰藉，竹杖得盤桓。清話不知暮，禪房鐘磬殘。

春日憶林皋王孫二首

念我東田日，尋君湖上村。桂叢分徑入，貝葉向燈翻。拄杖撥雲脚，揚舲蕩月痕。天涯春草緑，一倍憶王孫。

漢宗誰擅美，文雅説淮南。之子天潢彦，風流許並驂。春遊沾社酒，夜讀傍僧龕。羡爾握中寶，驪龍頷下探。

題畫四首

雲杪崆峒矗，青松石磴深。廣成潛素業，黄帝契玄心。劍佩星辰杳，齋壇草樹侵。遡風三月意，獨鶴是知音。

右《軒轅問道》

左纛經行處，虞人獵廣原。君王惜盡物，茂對浹明恩。密綱時方解，前禽晝自翻。配天六百祀，汪澤宇中存。

右《湯王祝網》

袓裼蟠[一〇]溪叟，烟波静釣璜。熊羆徵太卜，衰白遇君王。鳳下岐山曲，鷹揚渭水傍。丹青垂訓炯，姬籙咏克昌。

右《文王遇太公》

八百冠裳會，三千貔虎威。邠郊十世業，牧野一戎衣。天命已流火，臣心自采薇。悲歌虞夏遠，萬古日争暉。

右《武王伐紂》

送郡文學俞雙河任河中取道金陵迎養近體四首

卧病淹長暑，故人忽遠行。不成折柳送，無那握蘭情。親舍瞻雲返，王程計日征。關河南北共，珍重戒前旌。

傾蓋長安陌，風流信我師。乾坤燕市酒，花月薊門詩。白馬談何易，青雲數轉奇。十年還此别，彈劍憶心期。

爲有南陔慕，新恩北闕裁。情深毛義檄，價重鄭虔才。河鯉朝堪饌，逵鴻春更迴。懸知銜鱣鳥，關右兆三台。

四野環青嶂，孫[一一]城枕碧流。余深懷土望，君作越鄉遊。吊古虞臺夕，探奇禹穴秋。歸舟倘可卜，樽酒共淹留。

賀陶翁

獨有衣冠世，偏承寵數蕃。籯金傳舊業，珮玉拜新恩。鳩杖遊天苑，鸞章賁禁垣。更歡新甲子，萊綵侑芳樽。

和浣所兄《芍藥五咏》以“紅藥當階翻”爲韵

叢藥照階紅，移芳晝省東。艷姿熏午日，深意殿春風。繡帔鸞紋縝，香絲蝶夢融。此時金帶異，應與廣陵同。

仙史欲留春，繞庭培芍藥。光映讀書窗，香分結綺閣。乘興即高吟，有時還獨酌。翻令陽子〔一二〕宅，未許春寂寞。

不與群芳競，妍花占晝長。新妝孰與並，嬌妒若爲當？露浣晴仍好，風牽遠更香。遲遲春自在，笑煞燕鶯忙。

白傅憐芳者，心知惟爾佳。禁庭清翫目，長日苦吟懷。結實堪調鼎，開花每映階。墨卿千載契，復此對幽齋。

深院東風裏，穠花静自翻。霓裳雲外曲，羅襪夢中魂。浩態何嘗接，新詩未足論。倡酬花月過，惆悵負芳樽。

和孫正峰《冬夜攬鏡》

寒夜憐獨酌，偏生攬鏡情。紅塵暫寂静，青鬢轉分明。漏永燈添暈，窗虚松有聲。故吾真相在，金石念初盟。

久病聞蟬兼懷後庵年丈二律

卧病晴窗裏，朝朝撿藥經。坐愁芳月盡，忽聽早蟬聲。物候既如此，壯懷寧不驚。支離對青鏡，心賞有初盟。

擁膝幾經月，羈懷正鬱陶。有時歌獨酌，長日念同袍。岐路夢猶阻，停雲望轉勞。索居閒來往，門徑徧蓬蒿。

卧病述懷己酉前作

多病成真懶，旬來萬事疏。雁聲孤枕外，竹影五更初。事業憑籠藥，行藏守敝廬。壯心宵更切，無計伴樵漁。

病久發狂笑，愁來更浩歌。朝雲開太華，秋雨滚長河。宋玉風流舊，休文感慨多。古今杯酌裏，遮莫醉顔酡。

落落乾坤内，蕭條一病夫。長歌悲劍短，高卧對燈孤。攬鏡渾非我，憑軒恰忘吾。素心存五嶽，端不負桑弧。

秋老庭槐净，重陽節又催。寒蛩作意叫，籬菊有心開。夢醒病仍在，鳥啼客又來。旬中無一事，兀坐轉悠哉。

代人挽漁石唐公用韵三首

夢斷兩楹寂，風雲悲壯圖。江邊泉路迥，天上寵恩殊。綸綍褒遺烈，鐘彝鑄丕謨。空令玄塞北，名姓慴羌胡。

弱冠誰知己？歐陽西校文。感恩輕白璧，延譽入青雲。百里門墻隔，千秋生死分。泰山今不見，淚灑越江濆。

箕尾乘元化，龍頭繼令圖。勛庸千古在，文物一時無。翊國仍台鼎，傳家自典謨。庭闈森玉樹，次第上金鋪。

七夕有感

天上佳期近，人間良夜過。鵲橋明玉佩，牛渚暗金梭。風入蒹葭急，凉生枕簟多。故園千里月，相望有銀河。

賀崔母壽

南省承恩日，北堂獻壽時。緋魚明綵服，青鳥送金卮。鶴髮百年養，鴻逵萬里期。佇看丹鳳誥，早晚到瑶池。

康妃挽歌

桂殿標明德，蘭宫早毓祥。翬褕春掩藻，銀燭夜韜光。遺烈傳彤管，悲聲送白楊。蕭蕭泉路迥，風雨睿衷傷。

張後庵父母雙壽

駟馬還鄉日，雙親介壽時。帝綸明綵誥，仙醖泛金卮。蘭蕙雲中蕚，松筠雪後枝。梁園春色好，福履萬年綏。

賀段子榮授太醫

丹竈藏名久，青春晝錦歸。廟廊開制度，門户啓光輝。虚實原邦計，浮沉啓化機。軒岐那可問，國手古今稀。

賀張錦衣

張氏父子之賢，倚山崔君爲予言之，驗矣。今歲其子晋爲錦衣百户，倚山君賀焉，徵詩于余，爲走筆予之。

矯矯干城士，鷹揚迥不群。起家爲上將，報國正青春。錦綬承丹闕，金戈衛紫宸。知君多遠略，擬取畫麒麟。

秋　思

突兀三秋暮，優悠萬事無。杖藜觀造化，當枕夢黄虞。月度雲中雁，風號霜裏烏。時移驚壯志，寂寞玩潛夫。

送文麓兄扶侍南還

蘭室同心侶，分携二月天。相逢還幾日，此别定經年。黄鳥依然囀，緑楊未可攀。薊門尊酒會，不分是離筵。

曉日長安道，春風綵纜迴。鶯花關旅况，山水入詩才。畫鷁行應遠。雕龍思若裁。何當仙棹返，快睹錦囊開？

代周君賀内弟王生

羡爾青雲器，儒林早振奇。世逢虚席主，年是棄繻時。春水桃花浪，秋風桂子枝。扶遥從此始，九萬繫遐思。

五言排律

壽張太孺人七十詩

序應金飆爽，祥呈寳婺暉。壽尊傾桂醑，仙籙衍萱闈。禁闥新頒誥，宫墻舊斷機。青鸞當宇下，黄雀入檐飛。桃苑留瓊笈，蘭階舞綵衣。板輿秋正健，行樂願無違。

送劍西先生歸省

帝幄承新命，仙丹〔一三〕指舊鄉。行應同晝繡，歸及薦春觴。題柱橋仍度，趨庭禮自將。劍精宵射斗，極影曙浮堂。莊圃膺金籙，萊階舞綵裳。壽榮人共羡，朝野有輝光。

禁城新柳

丹籞東風轉，韶華上柳條。絮分輕玉吐，枝帶嫩金摇。裊娜離宫夕，芳菲上苑朝。翠含烟裏澹，碧入雨中嬌。廕沼魚初躍，拂堤[一四]鶯未調。最憐宸賞地，春色眼前饒。

建官惟賢

列署分天職，懷珍共帝臣。棟由廣厦梫，璧自大庭陳。周衮資三俊，虞裳任四鄰。亮工原翕受，立正在忱恂。拱日簪纓合，承風海宇春。願言隨衆哲，戮力答楓宸。

怡遁壽

泉石耽真隱，松筠保歲華。無機因灌圃，有子足傳家。海鶴翔仙屋，江雲度使車。綵衣明桂砌，玉醴泛梅花。南極長春祝，東閩晝錦誇。還將五色誥，黄髮卧烟霞。

九日壽人

菊圃芳秋節，椿庭介壽時。雲霞開玳席，風露爽瓊卮。南極光輝接，東籬景物宜。舞班看桂砌，振藻待天逵。共道凝和久，應知綏福奇。鳳城春浩蕩，鶴算萬年期。

秋日懸清光

玉琯協商秋，金馬破清曉。氣凈孤雲澹，暉凝鮮宇皎。的皪小群峰，瀲灧澄渌沼。驗圭景方中，揮戈氣增杳。願留鄧林照，長映扶桑表。

五　日

景律正蕤賓，中天節候新。綵絲分縷細，蒲酒薦觴醇。虎艾晴懸户，龍舟曉競津。漢宫傳角黍，楚俗祀靈均。此日皇風穆，冰紈賜近臣。

贈望海侯〔一五〕公有序

望海侯公治滎河之二年，内遷職方，即行有日矣。滎河生柴蘭自述其父子兄弟沐德教之厚，及公治滎河諸異迹，走百里索余代言。蘭，余故人鳳儀子也。遂綴六韵以道其意，爲柴生言，故不及余私。

三鱣經年侍，雙舄此日騫。諸生争問字，父老欲扳轅。桃李三春秀，桑麻四野繁。蒲輪新寵洽，棠樹舊風存。緑柳縈征旆，青山對别樽。臨岐思報答，瓊玖愧深恩。

顧侍御父母雙壽

遊子依丹禁，高堂敞綺筵。白雲勤顧望，斑服阻周旋。淮海牽情遠，丹青托意傳。函關千嶺合，閬苑五城連。李樹曾爲姓，桃花不計年。同標天外迹，雙慶域中仙。鳩杖乘秋健，龍章指日鮮。迢迢驄馬使，獻壽占春先。

擬獻聖壽無疆詞

灝氣金天正，祥光紫禁通。仙人傳寶籙，壽域接齋宫。霧抱金爐日，霞飄彩杖風。禮陳三代上，樂奏九天中。簪組千官列，梯航四國同。萬年天子壽，長此效呼嵩。

送友人之任浙東

才子擁朱輪，成名拜二親。世傳京氏學，宅接孟家鄰。獻賦甘泉日，分符越水濱。秋風十里道，春酒百年人。題柱墨猶濕，登堂菊正新。晝遊真可樂，雙壽待恩綸。

望内苑柳色詩

弱柳禁城東，迢迢望欲通。參差含薄靄，褭娜逗香風。殿閣黄輕露，宫墻翠欲重。流鶯嬌若近，飛絮密還空。十里隋堤外，三眠漢禁中。韶光何處是？春興眇難窮。

送郭小峰

玉殿春承綍，金山曉度旌。雙鳧辭帝闕，孤鶴入江城。冠蓋三吴俊，帆檣萬里程。水形章漢賦，山勢帶周京。鎮撫須賢哲，經綸屬老成。中牟看雉化，單父聽琴鳴。父老褰帷睹，兒童騎竹迎。日遲桑柘影，風静海濤聲。龔黄輝漢簡，願子繼芳馨。

《易水望雲卷》爲鎮定李中丞題

結綬遵庭訓，分旄護帝畿。上卿頒將略，大漠識軍威。易水秋乘障，陘山夜啓扉。北門閑羽檄，南國憶斑衣。獻壽鸞方舞，稱觴鯉正肥。並期黄髮健，畿〔一六〕見白雲飛。地复晨昏隔，天長星宿非。夢牽千里目，心戀三春暉。永願丹生井，遥祈雀入幃。雞鳴思子道，隼擊視戎機。月冷關河白，霜明塞草腓。指揮隆左校，談笑解重圍。名已班屯柳，功應歌《采薇》。義方移孝節，百歲共恩輝。

題襄垣王孫卷

貽芑流恩遠，分相被命優。屏翰周上國，帶礪漢諸侯。寶印黄金鈕，朱纓碧玉旒。劍幢縈綺杖，葆吹翼華輈。帝胄等威異，叔孫禮度周。儼然堂序列，欽若歲時修。樂善聞前訓，睦親有令猷。芳春東苑宴，清夜西園遊。名已陳思接，年仍衛武儔。龍章光燁煜，鶴算景優游。大藥溶丹液，孫枝胤紫璆。登高還健履，靖亂在深謀。松柏常春夏，山河共峙流。茂齡將鞏業，從此八千秋。

挽張西磐翁十八韵

昭代推遺老，如公更幾人？箕汾颯改色，雷電欻歸神。四海經綸策，百年社稷身。桂闈占器異，琴座見風淳。青瑣摽危節，黄沙静遠塵。孤忠三聖眷，妙略兩都申。槐棘聯班久，絲綸被命頻。日邊辭紱綬，天上賜蒲輪。緑野開新築，丹楓憶舊臣。仲山名與並，君寔望還真。松柏寧論歲，桑榆忽不晨。西川悲故舊，北闕痛冠紳。宗伯頒彝重，王人卜兆新。青宫階傅保，豐碭倚嶙峋。浩蕩恩波闊，寂寥風木親。門墻誰後進，鄉土〔一七〕企前倫。仰嶽情空切，登龍意莫陳。長安芻一束，遥薦欲沾巾。

寄和周南園生子十韵

商氏凝休遠，燕山積慶昌。熊羆驚夜夢，蘭桂茁春芳。輪奂屋方壯，清和時正陽。桑蓬聯户牖，瓜瓞衍禎祥。異氣占鍾嶽，英聲兆肯堂。箕裘兹繼續，戚里有輝光。邂逅江湖契，交親歲月長。誠通德有應，誼共樂無央。遥賀憐湯餅，緘題書弄璋。充閭應可冀，投贈愧珩璜。

賀南澗大司馬楊翁壽七十癸丑

鳳管回秋律，麟堂敞壽筵。蓂生初計日，松老莫知年。青鳥丹書近，金魚紫綬連。崇勛流海宇，高志寄林泉。南極垂光爍，東山係望偏。絳人甲四百，玄鹿歲三千。杖國今誰健？從心古不愆。金罍光瀲灩，綵服舞蹁躚。鶴弄東溟影，龜巢西嶽蓮。安期新貢棗，范蠡舊乘船。白髪烟霞外，丹心日月邊。精忠凝五岳，景禄降三天。屬附絲蘿末，祝傾岡阜前。軒楹思豆俎，烟樹間山川。短歌馳獻壽，情共白雲懸。

送魏給舍使周藩便道南昌歸省

侯國開嵩麓，高堂控劍津。張旌夕拜客，舞彩晝遊人。望入白雲夐，恩將紫綬新。過梁楓樹晚，入里柳條春。馬憶題橋路，鶯鳴獻斝辰。鸞文五色誥，鶴髪百年身。鼎釜承顔喜，輶軒問俗真。還將移孝節，獻納上楓宸。

賀北崖康隱君六十

青鳥傳丹籙，碧堂敞綺筵。蓂階飛五葉，椿圃報千年。甲子周星度，烟霞隱市廛。岡陵集五福，瀛島降群仙。寶獸蘭烟合，金樽松釀傳。玳幃聯玉綬，瑶瑟奏朱弦。月度樓臺外，山横几杖前。春秋從此始，寧計變桑田？

留題王仰峰東山新墅有引〔一八〕

仰峰東山佳墅爲一州之冠，予每過恒寓宿焉。時將營永樂郊居爲終老計，顧疏拙短于調度，故末篇致資藉意焉，録呈一笑。

君卿不避世，築勝亦墻東。鹿徑天門闢，虯泉地穴通。樹連千嶂碧，花發四時紅。函谷乘牛客，孤山放鶴翁。玄踪霄漢近，逸致古今同。剡曲舟頻訪，潯陽酒不空。情親忘信宿，意愜入鴻濛。萬慮形骸外，百塍指顧中。岫雲心與契，海鳥機相融。爲愛幽栖境，因興結搆功。一泓聯帝渚，十畝並仙宫。分布資圖譜，栽莳藉圃僮。午橋非擬議，學爾剪蒿蓬。

校勘記

〔一〕“奔”，疑當作“莽”。

〔二〕“當”，疑當作“嘗”。

〔三〕“椎”，疑當作“推”。

〔四〕“倍”，似當作“陪”。

〔五〕“人”，原作“入”，據文意改。

〔六〕“瀟”，原作“潚”，據文意改。

〔七〕“洲”，疑當作“州”。

〔八〕“柑”，疑當作“棋”。（唐）殷文圭《中秋自宛陵寄池陽太守》：“郡樓遐想劉琨嘯，相閤方窺謝傅棋。”

〔九〕□，底本空一格，疑當作“水”。

〔一〇〕“蟠”，疑當作“磻”。

〔一一〕“孫”，疑當作“孤”。

〔一二〕“陽子”，當作“揚子”，指揚雄。

〔一三〕“丹”，疑當作“舟”。

〔一四〕“堤”，原作“提”，據文意改。

〔一五〕“侯”，原作“候”，據卷首原目録改。本書“侯”多訛作“候”，以下徑改，不再出校。

〔一六〕“畿”，疑當作“幾”。（元）吴萊《淵穎集》卷二《胡仲申至》：“自予與子别三載，幾見白雲日高飛。”

〔一七〕“土”，疑當作“士”。（明）顧起元《客座贅語・里士鄉士》：“洪武十九年六月二十日，詔賜耆老粟帛……應天鳳陽民八十以上，天下民九十以上賜爵鄉士，與縣官平禮，並免雜役，冠帶服色别議頒行，正官歲一存問。”

〔一八〕此詩已見《條麓堂集》卷二，文字略有不同。

條麓堂續集卷二

七言古詩

《王母仙桃圖》詩

君不見麟洲西抱昆侖丘，中有琅玕十二樓。吐納日月破昏曉，金芝瑶草無春秋。西華金母顔如玉，栖靈緯炁仙洲曲。絳節高臨華蓋宫，碧桃種滿閬風谷。開花結實六十年，幾經滄海成桑田。周歌黄竹瑶池畔，漢舞青禽太液邊。須臾周漢寧相待？仙母容華終不改。麗實春欺赤日暉，鮮英曉散朱霞彩。朱霞赤日護金墉，雲海茫茫路幾重？冰紈咫尺開靈域，風濤颯爽北堂中。北堂老母垂鶴髮，雲璈舊弄丹房月。身騎綵鸞來東海，眼看繡豸趍北闕。北闕橋梓典臺綱，北堂萱花生輝光。錦衣當晝承天寵，玉醴乘春送壽觴。春風三月花如簇，壽筵開向清漳澳。霓裳仙子董雙成，報道靈桃今又熟。桃既熟，花仍開，不妨歲星三度來。但願歲歲年年玄圃上，桃花人面鎮相陪。

過吕公祠詩

衝飆首旦塵如霧，十年三度邯鄲路。吕公祠宇丹雘新，盧生夢中幾朝暮？朱顔白首遞經過，轉眼桑田揚海波。已見虞卿登上相，旋聞廉藺勢相摩。叢臺宴處笙歌滿，珠履來時氣象多。鈞天一覺三更月，千載離宫照薜蘿。夢醒須臾那可道，春風歲歲還芳草。後來車馬益紛紜，把似仙翁應絶倒。黄粱主人炊未成，青衣少年枕中老。

送劍西先生歸省

銅龍曉直承恩旨，畫鷁迢迢泛秋水。視草暫辭金馬門，承歡遥向西江裏。西江靈奥説洪都，中有仙人冰雪膚。朝餐黄氣滌虚室，夕駕青牛歷海隅。南極老人傳玉版，西池阿母授玄珠。三千薦歲桃應熟，七十行年矩不逾。綸巾竹杖高堂樂，駟馬郎歸自京洛。親舍時瞻雷焕城，仙舟春泝滕王閣。邦君負弩謁庭闈，初度清和麗日遲。眉壽尊前開玳宴，恩榮膝下舞斑衣。園中有竹籜方茂，舍後生泉魚正肥。芝英玉樹森庭牖，稱觴交獻南山壽。含飴已罄世間歡，跨鶴還尋方外友。春秋直許計靈椿，甲子何須問絳叟？蓬島優遊歲月長，瀛洲鵷鷺虚班行。細旃論道紆皇眷，莫忘薰爐午夜香。

《唐學士登瀛圖》

君不見唐家天子盛文雅，夙向東朝闢廣厦。曳裾竟日集群英，前席從客〔一〕訪董賈。當年恩禮冠諸公，三省官寮拜下風。别殿分題春賜錦，禁廬承詔夜乘驄。因將白玉日邊署，擬取黄金海上宫。立本丹青稱獨步，樓臺幻出滄溟趣。褚亮應知藻鑑真，淋漓遺贊留毫素。姓氏分明列上方，還從青史檢餘芳。一時高致誰相讓？萬古清風許杜房。

代友贈别

浮雲何闌珊，往來如飛翰。朝栖南山側，暮擁北峰端。人生别離亦如此，念兹使我黯不歡。丈夫重意氣，所嗟行路難。憶昨玄霜戒百草，與君携手洛陽道。夜雨論文酒興豪，天寒舞劍雞聲早。書奏金馬門，風雲繞三島。閶闔九重未易通，漢庭不道馮唐老。熙代崇文治，敷化先豐鎬。道澤君良優，時雨蘇枯槁。嗟君此去須自持，余亦轉餉入西陲。同來五月身羈旅，一去萬里心差池。心差池，憐遠别，慷慨停樽爲君説。人生通否會難豫，天意安排有曲折。百尺嶧陽桐，琮琤爨前爇。知音爲薦清廟隅，金徽一拂聲清絶。荆石孕雙玉，千年隱巖業。精靈迴迴貞士泣，秦趙連城總不屑。圖南扶摇應有時，大風起兮君自知。長亭把袂殷勤意，寧爲垂楊〔二〕怨别離？

賦肖渠

越山高，越水清，迴流疊嶂相環縈。龍渠翼翼亘南横，蜿蜒長鑑牽空明。苔封禹穴靈淵在，千溪萬壑争來匯。九宇甘霖一夜濤，直送奔雷東到海。蟠〔三〕溪紆秀復誰待？君家少傅調元宰。舟楫商川又四方，股肱虞代當千載。象賢更有九苞雛，于今池上重揚彩。漱芳敷潤氣如雲，堂構聲華日夕聞。自是仙源疏派遠，韋金世世載清芬。

《節婦吟》爲凌母賦

《柏舟》儀兩髦，矢死咏共姜。如何千載下，紹懿在錢塘？結髮共君奉蘋藻，西風摧蘭胡太早？劇欲相從到九原，其奈孤孩在繦褓。勉傍青燈傳訓詁，忽見遺經淚如雨。含辛茹楚兒應知，一粒熊丸詎爲苦？耿烈分明動神鬼，仙郎擢桂入雲津。寧愁麥飯空寒壟，賸有恩綸涣紫宸。立孤自古稱奇節，百年鵑樹收紅血。完名直與秋旻高，肯向吴山論孤潔？

苦寒行

玄雲四塞天不開，夜深風怒聲如雷。饑鳥縮頸噤無語，大雪壓檐檐欲垂。天涯遊子懷鄉國，晝擁姜衾長嘆息。晨炊不理竈無烟，坐看妻子失顔色。我謂玄冥何不仁，胡不垂憐此下里？四郊僵尸集鴟鳶，萬里巖營朝墮指。君不見貂褕白面郎，毳幙朱門裏。美人歌舞歡未已，醉飽洋洋誰氏子？

春寒有感

條風東來凍不解，長安花市無人買。柳蕊苦寒不肯放，兩岸赤條空自擺。聞道幽并春較遲，未應三月尚冰澌。鶯花寂寞郊原静，大地愆陽天豈知？去秋苦雨没民田，畿輔八郡真可憐。草根木葉地力盡，蕭條村巷絶人烟。土膏一動新苗多，餘民忍死需陽和。冷雲凄霧競朝夕，溝中之瘠將奈何？吁嗟乎！溝中之瘠將奈何？

廣陵倡

北風淅瀝長楊板〔四〕，荒丘日暮眠鼯鼯。艷骨寂寥委野沙，芳魂何處碧雲遠。憶昔東皇全盛時，楊州花月玩春姿。鶯啼檀板春風軟，燕掠流蘇夜月遲。有時歌舞章臺下，綵袖翩翻散香麝。寶馬金鞭争叩門，王孫競售千金價。春花秋月等閒度，雲雨陽臺幾朝暮？寶碗烹金蟹侑觴，文楸戰王〔五〕蟬驚樹。河東公子江海豪，萬金棄置若鴻毛。奪取瑶宫第一蕊，人間何處覓碧桃？解却芙蓉妝，爲君雅談〔六〕飾。抛却弦管音，當窗事蠶織。扁舟北上歷瀍洛，中流容與雙比翼。知心日已遠，辛苦摧顔色。回頭憶歡娱，子母相怨慝。仰天無路可騰翰，終朝相向淚沾臆。眼裏分明廿四橋，枕中容易三千里。野性由來烟月居，春心蕩漾悲桃李。桃李花開春復春，眼前無復意中人。紅顔中謝姆先朽，次第淪爲泉下塵。珠沉蘭萎知何在，暮管朝弦寧可再？狐死空聞正首丘，猿啼猶自悲青黛。妖鳥啾啾抱墓號，如與行人愬恩愛。廣陵倡，紅顔勝人多命薄，莫向東君怨蘭葯。昭君青塚埋胡沙，緑珠芳春墜高閣。古來繁艷有時歇，况爾托身在溝壑。廣陵倡，聽我歌，楊州風日殆如何？繁華一去東流水，萬古蛾眉與丘土。麥飯無人寒食過，杜鵑夜夜啼紅雨。我歌廣陵倡，曲終君莫傷。君不見長安年少窮途哭，昨日青樓遊治郎。

《天台吟》爲劉暘谷先生送別

劉晨别我去，云向天台隅。我生夙有名山癖，送君不覺心踟躕。天台巀嶪東南鎮，羅浮會稽遥相覲。赤城靈迹闢雙闕，瀑〔七〕布飛流掛千仞。中有仙人顔若華，五雲洞裏飯胡麻。夕煮確礌之白石，朝餐沆瀣之長霞。欲往從而未得，將東望以興嗟。送君南去搜靈異，長日哦松托寄意。枳棘雖非栖鳳枝，洞天自可容仙吏。石橋雪英先春芳，感君贈我白玉堂。小鑪細煮松風香，却疑身在曇華傍。嗚呼！安得飛舄一往拾瑶草，共君翠屏石上醉千觴。

石獅嘆

長安道左雙石獅，蓬髮長耳威雄姿。秋風荆棘怒相視，百年作者今爲誰？世事浮雲未可量，桑田回首海茫茫。素蛇澤畔方酣酒，夾馬營中忽異香。憶昨豪門擅奢華，三王宅第五侯家。樓臺不數長楊館，歌舞全勝上苑花。畫棟飛甍連綺陌，銅山金穴偏恩澤。上方的的選良工，西山奕奕求貞石。千尋巧琢下雲根，萬牛倒曳入都門。威來西極神猶聳，氣壓南交勢自尊。朝看駟馬争先後，暮伴銀壺轉更漏。寒月笙簫别作春，中宵燈火翻成晝。香車寶馬來遞過，翠翹金鳳香婆娑。履舄聯翩簪珥墜，主人笑舞朱顔酡。千秋萬歲矜雄麗，倏忽魏其悲失勢。賓客誰趨廷尉羅，軒車不復平陽茅。梁園金谷半成灰，敗壁頹垣長緑苔。夜晦天寒狐狸嘯，春深日夕牛羊來。謾誇威獸神姿卓，風雨淋漓秋陽爆。兒童踐踏事遊嬉，鳥雀飛集姿駁啄。東城父老皓鬚眉，親見當年鼎貴時。策杖依閭細指點，雍門感慨淚交頤。我亦聞人頻稱説，薰天炙手聲轟烈。不堪疏柳帶斜陽，臨風駐馬空悽切。

送葛與川之南宗伯任代人

留京宗伯當時傑，五月雲軿辭金闕。都門冠蓋走公卿，萬里垂楊映旌節。憶昔與君俱年少，明光獻賦承恩詔。意氣遥投傾蓋前，疏燈夜雨聞歡笑。十年分署共委蛇，退食高譚出每遲。文雅周曹争羨爾，經綸漢幄更輸誰？當時慷慨心如許，今日龍鍾髩欲絲。十載杯盤初宴會，兩京風物又别離。鎬京清望重秩宗，君去還膺帝眷隆。禮樂百年宣至化，風騷六代訪遺踪。鷺洲渺渺雲中樹，龍阜青青雨後峰。壯遊原自桑蓬志，芳杜江東牽夢思。秋盡還看旅雁過，春來應有梅花寄。南北兵戈歲月深，封疆去住總關心。相期努力酬明德，肯使初盟負短簪？

送陳秋岩署校祁楊〔八〕

帝城四月風光好，柳暗金堤鶯正老。郵亭山色照征衣，行人相送長安道。情知離别在須臾，且把芳樽共傾倒。先生原自天下才，少年逸氣凌三台。子雲剩有《長楊賦》，郭隗不遇黄金臺。以兹坎壈翻數奇，廿年行吟清涑湄。風高短笻遍西嶽，霜寒佳句盈東籬。研硃點破千古心，南窗白晝揖庖羲。斗牛夜夜看紫氣，豐城神龍識者誰？朅來闕下承恩命，東風恒麓司文柄。問字春深匝短墻，横經夜半環長檠。菁莪道化洽遺編，鳳舉麟遊帝座前。天意疾徐還可卜，看君豈合老青氊？爲君慷慨問真宰，烈士壯心應不改。床頭時拂舊時劍，莫使塵埃掩光彩。君不見平津侯，十年獻策人棄置，一朝天子虚席待。

送臨淄馮明府

馮侯别我潞陽渡，晝鷁迢迢入烟霧。逸思因飛海上峰，離懷凄斷燕山樹。君侯門第本華腴，堂構相承五世儒。科第河汾三翥鳳，封疆南北幾飛鳧。桂枝不數十郎宅，仙杏還芳第一株。愧我蒹葭依白璧，藝苑聲華擅夙昔。十年筆硯一青袍，萬里雲霄雙振翮。偕計叨隨晋國書，承恩還共曲江席。樽酒新詩主復客，相看二載都亭陌。摇扇行吟感興篇，圍爐坐話匡時策。天連北海説臨淄，尚父風流今在兹。剖竹專城恩浩渺，乘軺八月路逶遲。寧言管晏仍功利，誰遣雷陳又别離？與君把袂臨流水，驪歌悵望雲千里。莫怪尊前惜别多，天涯兄弟復誰似？努力效龔卿，循良慰天子。知君原是列星精，霖雨蒼生從兹始。

聞諸將獲捷歌

凉秋八月塞草黄，狼烽萬里亭堠忙。胡馬千群窺上谷，單于分道入朔方。山横殺氣風霜肅，驛走軍書道路長。未央天子親授斧，燕頷將軍氣如虎。夜擁金戈度紫關，朝馳鐵騎衝驕虜。靈州都督慣野戰，秦寧屬胡擅長弩。旌旗蔽芾川原昏，鉦鼓喧騰天地怒。披靡虜陣血成川，生取名王縶尺組。露布迢迢馬上飛，凱歌處處軍前舞。王師于鑠瀚海清，八蠻九貊格干羽。憶昔天驕初肆行，旄頭夜夜照邊城。廟謨終歲勤關塞，是處逢人解甲兵。于今已奏麟臺績，鐵嶺玉關却鳴鏑。願溥皇仁蘇閭閻，莫使中原生羽檄。

《瀛洲圖》歌

瀛洲乃在滄溟東，瓊枝涣發金銀宫。風檣駁沓不可涉，何人移入冰紈中？水墨浸淫出幽趣，峰濤遠近生烟霧。鰲首依微戴紫岡，烏曦夜半明高樹。中有仙人馭彩鸞，朅來遊戲五雲端。橋頭嘶馬黄金勒，臺畔凭雲碧玉闌。春風弦管花香細，夜月謳吟斗氣寒。翔鶴幾迴山寂寂，歸帆何處水漫漫。試傍仙人覓姓氏，云是皇唐詞苑士。弘文停輦賡韶夏，白雲篇成矜和寡。西京道化復貞觀，江左流風變騷雅。勝集争傳十八人，遺踪輝映千年下。立本丹青世共珍，我來瞻閲感情新。縞禽珠樹如相待，天漢源頭欲問津。

《方朔獻壽圖》

東方仙人乘白鹿，手携紫府長生籙。西揖王母昆侖巔，玄圃千年桃始熟。青紋紺實世鮮睹，異種那能滋下土？玉盤昔獻茂陵客，冰穀[九]今來慶樞府。府中司馬龍虎姿，雙擎日月恢天維。出擐金甲清秋陣，入總韜鈐鎮夏帷。重譯鏐琳歸帝範，一生冰蘖畏人知。精靈降嶽原申甫，槐宇清和初度時。華裾高蓋過卿相，瑶觥玉醴祝靈貺。擢桂郎君舞彩衣，金吾胄子森相向。南極當筵漾瑞輝，歲星同此降庭幃。還將西海葳蕤實，捧作南山壽考祈。大隱金門千載下，遼東華表一鶴歸。桓桓司馬凝冲穆，天作高山奠帝畿。閬苑而今花又發，後回桃實更相依。

題便面躍魚贈友

東風浩蕩翻溟渤，殷雷唤醒魚龍窟。金眼碧鱗立巨津，雲霄一舉何超忽。緑霧蒼茫天地陰，風掀電走波濤心。即看頭鬣真神異，滿地蒼生望作霖。憶昔龍門點額時，鱗催尾角委沙湄。窮壖幾飽鴟鳶吻，淺瀨仍遭蝦蚓欺。想像雲天闊，昂藏意態卑。嚴冬十月冰初壯，九淵養甲依深嶂。靈氣時時露夜光，雄心日日思春浪。春浪生，桃花赤，須臾揮霍分雲澤。丈夫窮達諒如斯，看取東山謝安石。

題畫猫

商生畫猫今最工，凝毫慘淡天爲通。逸勢若翻尺練動，沉威注在雙眸中。當軒瞥見神猶聳，黧文應是日南種。穿屋無聲四壁空，玩弄珠翎賈餘勇。

公無渡河

公無渡河！河水深無底，中有蛟龍與黿鼉。長齗利齒森若戈，津頭舔啖窺人過。公胡爲乎欲渡河？公不見恬風熙日流無波，青蒲白蓼浴鳧鵝，漁舟蓮艇相婆娑。中流瞥忽雷雨至，狂瀾洶涌如山阿。公無渡河！古人觀井先繫木，莫將七尺輕蹉跎。廣陌豈不遠，青山高嵯峨。馳驅車馬饒辛苦，猶勝風波變幻多。鴟夷吴江、三閭汨羅千秋死，忠義耿耿名不磨。公今欲渡將爲何？被髪蒙面公爲魔。妻來牽衣，公胡爲怒呵。公死未足憐，獨傷箜篌歌。吁嗟乎！公無渡河。

十五夜對月

京華兩度中秋節，去歲鴻濛今皎潔。影侵金蟾夜氣寒，光分玉兔秋毫晰。古今來歷幾悲歡？三五平分盈又缺。南樓胡床據老子，西園飛蓋迎才傑。蕩子天涯憶故鄉，徘徊河漢履清霜。病中見月思無限，夢裏逢秋興亦傷。身留上苑聲名遂，家在中條道路長。思重此時難覽勝，情懸何日可征裝？且將書卷供愚腐，一命那能身遽俯？檠影依隨藜杖光，劍文拂拭青蓮吐。遶樹寧尋烏鵲枝，千秋涕淚蛟龍雨。悵望瑶光夜向殘，玉繩展轉低人宇。不成四序獨悲愁，爲惜韶華感壯遊。自古朱弦忌繁響，自古明珠忌暗投。揚雄潦倒獻三賦，平子幽憂咏四愁。孰當明光擅詞翰？孰當焉支覓公侯？欲向織阿訪深計，廣寒遼敻何能濟？金波千里净宿氛，玉壺五夜澄新霽。一夜清光總可人，疇依還欲攀靈桂。美人千里共誰看？月明一夜阻情歡。

七言律詩

送史一泉宰館陶

三年獻賦謁明光，八月分符下濮陽。郡縣久頒秦制度，循良今見漢龔黄。琴堂鶴舞千家樂，花甸鶯啼四境芳。安定門墻君政事，會飛英譽入巖廊。

壽潘老

采得黄精夜自蒸，結廬高傍白雲層。百年新賜漢庭爵，三壽還尋絳老朋。階下芝蘭玉作樹，壺中日月酒如澠。春山到處堪乘興，歲歲籃輿取次登。

送懋庵馬長兄典校郯城

獨占明經賦玉墀，鐸音還振漢江湄。地餘召伯青衿化，人是康成絳帳師。講席十重饒奥義，專門三《傳》有雄辭。東膠多士紆模範，束帛蒲輪定不遲。

送封翁映山陶老先生還會稽

恩綸新許遂初衣，還向滄浪問釣磯。五柳逕迷菊艷艷，三槐堂夐燕飛飛。鱸魚慣引江東思，鷗鳥能忘海上機。見説鏡湖多勝事，繡裳錦纜我公歸。

賀陶翁六十榮封

東上朝朝侍帝閽，更將鶴髮拜新恩。日邊近曳瀛洲履，海外遥分閬苑尊。南極老人摽壽域，北門才子壯詞垣。錦衣膝下當年樂，春在階墀蕙茝蕃。

《易水望雲卷》爲鎮定李中丞題

匡廬南望楚天分，易水思親望白雲。誰遣王陽臨九折？定知郤縠任三軍。南陔時慕雙鳩杖，右輔秋屯萬馬群。著績旂常應不惡，漢家褒孝有鸞文。

送王鴻臚

東上新從鴛鷺行，錦衣仍許晝還鄉。官橋月出鳴騶急，王屋風來繡幰凉。父老話餘多意氣，池亭到處有輝光。秋深莫戀雞豚社，好駕輶軒侍建章。

賀段翁七十

樂隱堂開清渭東，三峰長日對鴻濛。采芝時遇商山皓，問道還尋河上公。春酒盈觴稱壽永，夕闈頒誥被恩隆。向來竹杖今能健，歲入終南訪桂叢。

二侯公卷

投紱歸來賦遠遊，蘭橈鄂渚忽逢秋。卜居未遂麒麟墅，觀化仍憐鸚鵡洲。五世桂芳襲玉闕，百年棠樹廕江流。美人一去空南浦，悵望雲天我思悠。

鯉庭趨罷振賢科，堂構家聲迴不磨。剖竹更分新邑社，鳴琴重見舊弦歌。海門旭日暉禾黍，鉅澤春風憶薜蘿。千載鶴飛終不返，孝孫貤誥待恩波。

奉壽坡翁用韵二首

裴令勛名四十年，披麟曳玉冠群仙。玄關塵净資三策，赤縣風薰翊五弦。曆外春秋開景旦，膝前金紫舞華筵。登堂欲獻兕觥壽，更睹鸞箋郢調鮮。

龍馬精神不計年，龐眉玄髮即天仙。歲寒柯葉知松柏，晝永池亭媚管弦。文武賢科聯玉樹，樽罍春酒瀉瓊筵。閬風此日桃應熟，青鳥東來錦翼鮮。

又代人

手扶斯世入堯年，共道文昌第一仙。遲日稱觴陳桂醑，薰風入院韵松弦。芰荷馥郁傳芳節，蘭玉翩翩戲壽筵。莫奏異時瓊島曲，陽春新調彩毫鮮。

送太史范屏麓遷少司成之南雍

同袍何事賦離居？爲拜新恩出禁廬。左掖文章留重價，上庠衿佩問奇書。鍾山桃李成陰後，壁水芙蓉發興初。莫向周南耽講藝，石渠終日待旋車。

九日齋居

玉署透迤切未央，齋居風雨對重陽。雲間白雁驚心早，燈下黄花着意香。勝事千年還落帽，雄談通夕正聯床。紙衾竹枕清無寐，宫漏沉沉夜故長。

崇丘秋掃荅年豐，殷祀吉蠲百辟同。禧事未應供泰圻，端居還許傍齋宫。松風繞院吟寒葉，菊月臨階出暗叢。遥憶故園兄弟健，夢隨征雁度秦中。

送王歷山推衛輝

燕臺二月柳初黄，樽酒離君欲斷腸。曲水有筵同賜宴，條山無計共征裝。烟蘿縹緲蘇門迥，菉竹蕭森淇道長。好把風愆匡有位，朝歌遺化本殷湯。

中秋重飲鄭將軍山亭

十旬休暇逢佳節，隔歲招要續勝遊。詞客篇章猶在壁，將軍亭館更宜秋。吴歌越舞歡情浹，薊嶺燕臺爽氣浮。莫是嚴城鐘鼓近，歸鑣應爲月明留。

恭和存翁老師嚴韵二首

黄樞贊化世方休，百尺明堂手自修。公道居然回宇宙，幽人相繼出林丘。三台象正資邦傑，八表烟銷仗廟謀。珍重永陵憑玉寄，詎應輕棹訪蘋洲？

霖雨蒼生望未休，新皇恭默待交修。正希黄髪扶千載，寧許白雲老一丘？枕上經綸憂國念，掌上兵甲靖邊謀。坐遊斯世春臺裏，不羡仙家麟鳳洲。

鸛雀臺即事

雉堞南來鸛雀臺，東風扶杖共追陪。鐵牛岸古黿鼉出，玉女峰高菡萏開。水落龍門秦晋斷，春遲鹿苑漢唐哀。五陵猶有豪遊客，日暮顛狂濁酒杯。

春日苑中

瑶臺瓊樹接齋居，駘蕩風光二月初。太液魚遊冰正泮，芙蓉鶯囀柳初舒。瑣窗桃李明金幌，寶案絲綸捧玉書。欲使春陽鈞帝澤，夔龍事業未應疏。

送李舍人使楚便道入越焚黄

恩綸南下揚征旟，駟馬東歸萬里餘。湘浦蘅蘭迎鷁舫，越山松檟待鸞書。百年綫縷關心遠，七澤風烟聳目初。池上鳳毛誰不羡？錦衣春晝照鄉閭。

送文麓扶侍南還代人

羡爾承恩出禁闈，親扶杖屨錦帆歸。西江春水明仙棹，南國晴霞覆彩衣。負弩吏人瞻鼎釜，比閭父老望旌旂。還家試上滕王閣，應傍紅雲憶帝畿。

送王司儀省覲

漢殿朝辭玉筍班，三千鄉路望雲還。扁舟潞水秋中月，親舍毗陵江上山。晨省定供稱壽斝，晝遊應破倚門顔。魚軒鶴髮承歡處，信是瑶池在世間。

贈戴年伯

黄髮仙翁松鶴姿，壯遊曾賦兔園詩。歸吟五柳春常好，老種三槐陰正遲。晝省恩光丹鳳錫，滄洲心事白鷗知。綸巾竹杖鄱江曲，歲歲斑斕獻壽卮。

送海岳許太史使益藩

談詩匡鼎喜重來，太史名高專對才。頒朔故經遼海外，分桐仍過楚江隈。侯門競寫蘭臺賦，賓席初成醴酒杯。莫向鄉山耽駐節，承明卒業遲君回。

送澄川沈太史使遼藩

濟南曾授伏生書，獨許專門在石渠。方俟北扉編汗簡，忽從南紀引征車。沅湘夜雨琴難寫，衡岳晴雲畫不如。聞説休文筆正健，好將詞賦繼三閭。

王道人松籬爲崔舜山賦

我愛仙人王子喬，萬松門徑擅清標。遶籬屈曲龍方卧，匝院陰森鶴欲巢。風静靈臺瞻墮履，月明緱嶺聽吹簫。尋幽崔顥多豪興，杯酒新詩幾見招？

送高南宇翁掌南院

廿年鏘玉侍承明，忽奉新恩建業行。禮樂東膠留至化，文章南斗有高名。金鑾地切唐中禁，白鷺洲連漢舊京。望望仙旌江海窅，須知明主待持衡。

送愛川王大尹任陵川

除書五月出明光，鳬舄翩翩下太行。直擬弦歌興禮樂，無論刀劍化耕桑。琴調夜月千家静，花發春風滿縣香。從此公車徵茂異，青門那得怨離觴？

送師雲岩尹欒城

銅龍初降紫泥書，竹馬遥迎使者車。日月光華聯帝里，河山迤邐拱皇居。旗亭雨霽驪歌發，琴座風融棠廕舒。聞道玉屏疏漢吏，莫令召杜擅芳譽。

崔舜山歸古虞

憐君南去意何如，樽酒都門惜别多。千里青山頻悵望，半年玄社幾經過？霜前古木金臺路，雲裏扁舟易水波。國士祇今誰傅説？商岩未許戀烟蘿。崔家近傅岩。

送張西吾先生

鳳銜丹詔出皇州，千里南風綵鷁浮。金璽夐從三殿發，赤帷遥向九江遊。旌摇星月長途曉，棹入蒹葭水國秋。更喜恩暉光晝錦，親承鸞命到松楸。

寄弟時赴省試二首

念汝十年更獻文，西風書劍歷長汾。孤飛應奮圖南翮，高步還空冀北群。棠萼幾春牽遠夢，桂花昨夜散清芬。回思聯袂經行日，目極綿山有斷雲。右子有。

遥向長安憶惠連，朱顔猶是棄繻年。竇家丹桂原誰異？馬氏白眉許季賢。雲净關河看雁度，風高溟澥待鵬騫。黄花開處秋應暮，會見聲名到日邊。右子兼。

復庵詩爲王年伯賦

仙翁卜築濾江潯，清檀宵爇窺天心。道存玄牝統元化，氣襲黄鍾含太音。窗前岡阜青不改，砌傍蘭桂緑成陰。瑶光時來南極老，百年樽酒相追尋。

李西樓七十壽

仙翁七十卧烟霞，初度逢秋菊正花。莊圃有椿原耐歲，謝庭多桂可傳家。輕衣慣拂六銖石，高户還看駟馬車。紫氣祇疑周柱史，青牛千載返流沙。

送崔辛橋南任宿州

西風分袂黯魂消，郭隗臺邊歸路遥。東海于公原懋德，南陽朱季自英標。鄉山轉旆看秋菊，江甸乘軺聽暮潮。伫見循良書漢史，何妨直道在清朝。

送太史李棠軒奉使蜀藩

漢家分社重天潢，詞客乘槎出玉堂。一水巧縈巴字曲，雙星炯耀井垣傍。江城疏柳遥青幰，野館濃花照錦囊。秘閣紀編今正急，鰲溪烟水莫徜徉。

葉文湖年丈謫貳蒲郡

美人一别五經霜，琴鶴北來春草長。鸛雀樓邊新佐郡，鳳凰臺畔昔爲郎。曾參自是虚投杼，賈誼何須更弟〔一〇〕湘？暫日〔一一〕淮陽煩卧理，聖朝正賴濟川航。

初夏即事一首

緑槐庭院日初長，兩兩雕梁燕正忙。魚動新荷池畔碧，雉翻麥穗隴頭黄。雨晴郊野琴書潤，風度簾櫳草樹香。清夢北窗鷩鳥哢，却疑身世在滄浪。

和龐儀制《喜失鶴復還》一律

幾年畫省留仙翮，一舉青冥盡素秋。昔去衹疑翔紫蓋，今來莫是返丹丘。舞風態與松屏浄，唳月聲從夜壑留。遼左令威今在否，吹笙何地許相求？

與文湖談時事志感時江南苦倭，山陜地震。

君過山縣還相問，南北凋傷感慨同。兩漢樓臺三輔外，六朝宮殿五湖中。地雷夜發丘陵改，越甲春鳴禾黍空。野哭定知連夜月，傷心寧復待秋風？

送劉直卿太史奉使秦〔一二〕藩

五月仙槎出禁庭，九重帶礪重宗盟。剪桐親捧周新典，賦桂還過漢舊京。渭水晴光河樹接，函關紫氣華雲平。秦中自古多名迹，暇日登臨慰客情。

初秋聞蟬

井梧摇落碧雲秋，何處寒蟬送客愁？潦倒歲時看短劍，浮沉天地寄虚舟。露凝疏柳聲猶濕，風入高槐韵轉悠。側耳長安增悵望，《新書》何日獻皇州？

送史少山署校同邑

長沙太傅洛陽才，廿載窮經户不開。剩有文名聯北海，懸知家學繼東臺。雲霄羽翼身終奮，桃李門墻手自裁〔一三〕。蓮嶽條山鄉萬里，燕門相送且傾杯。

送郝漁磐之寧津校

燕臺四月雨初晴，輦道垂楊映曉旌。樽俎流連悲歲序，琴書摇曳入滄瀛。鱣堂桃李三千樹，鵬海風雲九萬程。會見弦歌熙帝邑，蘇湖應許繼高名。

送李晋川宰米脂便道過蒲兼訊吾黨諸兄丈

燕京暑雨增鄉思，把袂何堪更送君。千里弟兄勞夢寐，一時文物映河汾。秦封竹馬迎仙旆，漢殿蒲輪伫茂勛。慷慨桑蓬酬壯願，悲歌猶自戀離群。

内苑聞鳩館試稿

彤庭紫禁春色深，鳴鳩拂羽依上林。已從鵲巢甘拙性，遂傍鳳掖發清音。東郭居士夢應醒，南國佳人思可禁？青苗滿地望雨切，果能聲裏來輕陰？

題《風木圖》

壺公山下水潺湲，松檜蕭條太史阡。石表秋風聞鶴語，層丘日暮見牛眠。江山萬里看圖畫，雨露三時愴几筵。此日承明崇孝理，三台鸞誥近天邊。

送康老先生南都宗伯

十年鳴珮鳳池頭，千里揚舲白鷺洲。山阜遥盤龍虎氣，江流深護帝王州。六朝騷雅推雄藻，《三禮》寅清羨壯遊。渺渺風烟瞻去旆，台徵計日返仙舟。

和《十六夜對月》

昨夜冰輪一半秋，清光今夜再淹留。桂飃宫殿千門爽，金傍關山萬里浮。且把兕觥追李白，莫將蝶夢近莊周。酒酣臨暈生鄉思，疏雨梧桐倍起憂。

挽忠烈公暨夫人

豫章己卯事堪悲，慷慨中丞蹈節奇。鈇鉞不辭徇大義，壺簞從此迓王師。漢家典禮還祠廟，楚國蘋蘩有歲時。身世綱常真不負，遺編讀罷倍淒其。挽公。

不御鉛華四十年，扁舟遺恨越江邊。冰霜操與《柏舟》冽，龍馬經從荻筆傳。禁闥威禽當日翥，瑶池青鳥趁春還。傷心繐帳南天闊，千里雙瓊共九泉。挽夫人。

張復庵父母雙壽

曾携庭訓謁金扉，此日邦君負弩歸。六載清班聯瑣闥，百年具慶荷朝衣。冬園孟笋籬邊秀，春水江魚舍後肥。蜀道瞻雲還四牡，君恩親壽古雙稀。

送朱文石

鳳沼春深沐帝恩，紫陽清望斗山尊。東膠博士新分席，南國書生今在門。潞水垂楊移畫舫，鍾陵芳草迓華軒。離亭不盡攀留興，欲報瓊琚愧贈言。

賀李松石生子

蕙風縠雨正深春，華屋熊羆入夢真。汗血昂藏占氣骨，國香芬郁擬精神。桑蓬懸户看英物，車馬充閭列上賓。他日箕裘應不忝，蚌珠原自掌中珍。

壽梁母

金母瑶池敞壽筵，瑞光婺影夜相鮮。一分秋色來天上，八十春光過眼前。桂子争檠瓊蕊餌，蘭孫況是玉堂仙。龍章鶴髪還恩命，滄海桑田任歲年。

又

重慶堂前壽晏張，瀛洲仙子捧霞觴。風傳梧葉秋初到，日麗萱花春自長。雪裹松筠看晚節，雲中蘭桂競年芳。懸知鶴髪還鸞命，夜夜常山賓婺光。

題三川燕服小像

磊落黄金臺上客，炯然龍馬焕風姿。握蘭清挹三河署，騎竹恩傳兩郡碑。采石仙人入夢異，青囊父老授書奇。角巾綦履瞻依切，渺渺仙舟信我師。

題張容齋御書卷

宸賞精忠抒玉箋，綵毫親御拂雲烟。鯨波浩蕩龍蛇舞，鳳閣峥嶸虎豹眠。拜受法宫人共羡，捧歸直室世争傳。十年供奉恩如許，獨有丹心契九天。

重修乾清宫成奉慈駕還御恭紀

紫宫新搆聳雲間，長樂承歡清晝閒。風静蓬萊鰲禁敞，月明閶闔鳳輿還。南山迴接增慈算，北斗平臨豫聖顔。和氣行看多勝事，斯干秩秩頌朝班。

九天堂構倚三台，慈幌風清燕賀來。日上銅龍淑氣轉，烟銷金鴨曉光開。北辰繚繞環仙杖，南極輝煌映壽杯。獨有虞皇稱大孝，朝朝常見問安迴。

乾符早握四方清，閶闔新營七曜明。雙鳳輦回開日扇，六龍仗發引雲笙。漢京節序傳芳晏，周寢晨昏繼令名。共祝慈顏躋上壽，衮衣常奉萬年觥。

桂宫柏寢鬱相望，金碧重開日月光。氣藹龍樓還斗帳，香迴鳳輦引霓裳。千門晝敞慈顏悦，三殿晨趨聖孝章。快睹盛儀過漢室，還將至德頌周王。

太乙宫連紫極明，天迴河漢近檐楹。光開星斗懸金榜，香繞烟霞引翠旌。萬户斜連宫樹緑，百花深映舞衣明。春暉正永猗蘭殿，此日承歡鳳輦迎。

乾清宫殿此重新，慈輦新扶入紫宸。玉宇祥光連日月，金霏瑞靄接星辰。萱榮喜見三朝禮，桃熟歡稱萬壽春。正是太平天子事，還將至孝運陶甄。

璇題再揭宸居麗，椒室重新淑氣翔。翠幄駐臨欣晝永，衮衣拜舞慶春長。漢家慈訓推明德，周室徽音嗣邑姜。尊養並隆天子孝，願言千歲獻霞觴。

天居高傍紫微躔，丹雘重營氣象鮮。快睹龍樓凌漢麗，更迎鳳輦御風旋。承顏茵鼎情偏洽，問寢晨昏禮更虔。由來孝治光今古，行睹清寧億萬年。

八表山河拱漢京，九霄宫闕喜重營。星連閣道天河迴，雲浄鈎陳帝座明。玉饌親調供子職，金輿還御慰慈情。太平紀述詞臣事，擬賦《思齊》繼頌聲。

佳氣蘢葱紫禁長，水晶宫闕象圜方。閣連銀漢山爲闕，榱戴金鐺玉作堂。丹雘幾年重絢爛，翠羽此日復徊翔。聖情愛日無終極，歲歲瓊漿獻壽觴。

春日嵋陽張丈招飲紆勝莊和次公鸖溪韵

鄭谷林泉稱勝概，習家池館占清芬。竹間瀉竇輕敲玉，石上開尊浄掃雲。千里冠簪欣雅集，三春風物正平分。幾年魏闕江湖思，肯使北山更勒文。

七言排律

介翁八十壽

東郊氣轉寰瀛泰，南極光含台象鮮。殷禮甘盤天佑命，周翰申伯嶽生賢。蘭風正泛懸弧日，槐座仍逢賜杖年。黄髮載看青鳥降，丹心常共紫宸懸。三朝文物推元老，廿載裁成翊化權。天保無疆卜壽遠，皇揆初度錫恩駢。延齡春醴中厨出，優老温綸内使宣。期應風雲屬五百，歲從花實計三千。召公德懋邦休永，郭令功成家慶延。振古松筠原晚操，匪今桃李咏新編。

七言絶句

遊西山歸望

虎溪東下水潺潺，十里松風帶暝還。上界樓臺看不見，一聲清磬落雲端。

送小熊

袖裏青囊有秘書，乾坤指掌閲盈虚。長安卜肆知名久，盡日能停結駟車。

聞歸雁三首

霜寒關塞方南度，草滿汀洲又北翔。嘹唳數聲來枕畔，遲回天地嘆炎凉。

徙倚春窗眺遠空，數聲何處送歸鴻。年年踪迹留天外，夜夜鄉山在夢中。

塞北江南道路長，嘹嘹禽鳥解隨陽。春風芳草多矰繳，莫向汀洲問稻粱。

雪晨醒卧山陰王孫見招走筆辭之

豎儒酒老眠高晝，帝子情深降錦韉。十日疏慵三沐髪，一朝清興兩相看。

連朝中酒擁姜衾，薄霞輕飆半不禁。自笑清狂月夜棹，無緣乘興訪山陰。

題《四景畫》

霞擁桃林爛熳紅，碧波緑草寫風融。雙雙好鳥嬌相趁，似奉宸遊御苑中。

芳籞陰濃晝景賒，新篁寂寂受風斜。囀枝賸有群飛鵲，照眼還開百子花。

叢菊紛披零露漙，幽標獨伴竹闌干。憑將處士東籬景，圖入君王内殿看。

四野玄雲雪正垂，上林春信發南枝。參差竹石清相映，絶勝千紅萬紫時。

冬　雪

江梅破蕚雪正濃，山形宛如群玉峰。鳥〔一四〕栖不定繞寒樹，鶴夢初回戀古松。

校勘記

〔一〕“客”，疑當作“容”。

〔二〕“楊”，原作“陽”，據文意改。

〔三〕“蟠”，疑當作“磻”。

〔四〕“板”，疑當作“坂”。

〔五〕“王”，疑當作“玉”。（宋）應法孫《賀新郎》：“午困騰騰春欲醉，對文楸、玉子無心拾。”

〔六〕"談"，疑當作"淡"。

〔七〕"瀑"，原作"曝"，據文意改。

〔八〕"楊"，據底本卷首原目録當作"陽"。

〔九〕"穀"，疑當作"轂"。

〔一〇〕"弟"，疑當作"涕"。

〔一一〕"日"，疑當作"且"。

〔一二〕"秦"原作"奉"，據卷首原目録改。

〔一三〕"裁"，疑當作"栽"。

〔一四〕"烏"，疑當作"烏"。

條麓堂續集卷十二〔一〕

書　十〔二〕

復李育亭

前使行後，日夕念兄事，以造謗易而見察難也。兹辱諭顛末，殊以爲慰。今既心迹白而威令行，凡事須從十分停當處做，莫使怨家得借以爲詞。至於待彼黨人，尤須忘其宿嫌，示以大公方善。若存一毫督過之念，恐困獸必鬥，反取傷耳。兄丈善幸圖之。中峰處，弟當自爲謝，其東出監司有相識者，亦當遵諭爲言，無多慮也。賤旦荷留念，饋之腆儀，殊爲過禮。使返，附此布謝。匆匆，不盡言。

復孫肯堂

邇者臺軿出按河東，鄉人士有西來者，讚頌如出一口。所至簡静，民不知勞，而地方積蠹、宿猾灑然爲之一清，是臺下有大造于西土也。正擬爲一言，道此幸仰之私，忽捧札諭，猶盎然執謙退，何其虚也！謹楮申復，併布所欲陳謝者，統惟臺鑒，幸甚。

其　二

仰惟臺下藴負宏邃，操履端潔，寔爲後進師表。兹者兩河多士蔚有深幸，借重宗匠，品隲群材。稚子何知？獲以牛溲末品與在藥籠之末，寔非始望所及。僕初聞鄉人來告，疑信相半，已而知其果然，則欣慰無已。匪直舐犢私愛，敢倖科名，良喜其頑懦之質叨出大賢門下，師資不遠，終身有所宗爾。伏承琅函下錫，眷與深至，沐榮荷施，抑又難量。敬因使返，肅楮布上謝言，款款之忱，毫翰莫悉。

復鄭範溪

承揭示，具見臺下虚心持法之公，是非真僞，具有實迹，此安可誣也？蒙諭，虜貢馬已入，則撫接制馭方煩壯略。曩時備虜，嚴於秋月；今當款服，則時勤計慮，且各鎮又唯大同爲獨勞耳。近甘肅亦與松山、西海虜爲市，民夷俱歡然稱便，而前時乃畏難之，深信始事之不易也。人旋，附楮仰復，匆匆，不盡。

復羅文峰

使至，辱諭，知臺軿已莅淮海，欽恤所及，必有白無告之冤者，甚願聞之。大段事情虚實，參詳前後招情，虚心詳玩，白黑自見。沉冤須當急雪，然亦不可一意求寛，恐釋有罪，使死者無伸也，唯高明慎之。不縱不刻，使一路稱神明，吾竊有深望焉。不多及。

復賈春宇

足下功在疆埸，懋賞有典，寔惟國章，承諭，何執之謙也？守口、互市，仰藉壯猷，計當已俟〔三〕事。僕閲國史，虜求市，蓋無時不然，誠彼所甚願而難得者。今乃陽爲不屑，以要貢使入京。吾但當亦以不屑應之，至則市，不至勿招呼之。彼知吾見其情，則驕蹇當少殺耳。若曲徇急召，彼將益作揚去狀以脅我也。何如？何如？

寄程蒙吉

吾友遠宦儒官，致一書不易，乃廑念賤日來貺，非僕心所安。蒙諭云云，豈創于前事，色變于談虎耶？或此方别有非意相干耶？甘悦固非貞士所能，然處世亦自有中庸之道，盡其在我，不失之簡抗而已，安能人人而悦之也？僕當爲吾友留心。不知浙中考注何似，唯賢者達觀，以義命自安，則中靈無撓爾。不具。

復謝松屏

惟兄望實偉隆，中外歸重，兹借重贊邦計，命下而人情翕然，匪直同袍幸有資範已也。承諭海捷，具見威稜遠暢，鯨島當自此息内訌謀矣。良仰！良仰！然驟勝易驕，兵機貴密，以後似宜申嚴封守，俟寇至應之，庶威重不褻，可保無它虞耳。不宣。

復劉翾

出洋之捷，以全取勝，地方不被絲毫之擾，而國威震于日窟，足稱奇績矣。然軍士驟勝，恐有輕敵心，且封守當嚴，嗣後第勵兵待寇，毋出哨大遠，則常勝之道耳。不宣。

復崔榆浦

閲視公多才而喜事，且南人也，謂陝西巡撫與三邊無涉，渠特未知固原亦爲一邊鎮耳。矧蘭、靖、洮、岷西接羌氐，是三邊巡撫各理一方，而省城者兼三面，烏得謂邊腹不相涉耶？且其所畫圖册無寧武關，乃總兵所居者，蓋務名意長，不暇較實耳。承諭，殊當予情，以春秋分駐雁門、太原，尤見弘猷長馭，真三關諸郡軍民之福也。不宣。

其　二

承諭，示邊事之詳，具悉當事苦心。閫外之寄，自古患於中制。岳老忠謀遠覽，言之明聖，悉任諸公措理，廟堂第求疆埸安寧。守口巡邊之夷，乃今日勝算，若初不設此輩，則邊事未必安妥如今也。月市亦無妨，第須兩平，乃爲可久。至於嚴各口出入之防，及體恤在工人役，則唯臺明加之意耳。人旋，附楮仰復。敝郡陳守蒙餘覆，併謝。

其　三

承諭，具領臺旨。疆埸事借重遠猷，豈禁傍觀者掣肘？自今凡事幸展慮紓力爲之，無它撓也。計大虜且入市，百爾知臺下具有明算。待虜固貴誠，亦須豐其錫予，足結其心。至于市易，則須平估，俾中外兩利，乃可長久。近見三鎮民易馬甚少，或將來不可繼耳。惟臺下裁之。

復張條海

伏奉教翰，若侍面談。弟庸淺無術，冒叨非據，日夕思近明德，導之寡過。而明月可望，重山難越，蓋寤言興嘆多矣。膠河高議，惜弟初未見之。若蚤領良誨，即此番舉動可以默而已之。今雖不遠，而復勞煩不貲矣。千里同心，半年尺素，悰緒萬縷，臨楮乃莫知所言，更惟鑒亮，幸甚。

復温茂才

陳君至，領教言，殊荷厚誼。憶別德暉，忽又經兩秋矣。緬念良晤，夢魂飛越。黄樞紫閣，在觀聽則爲榮貴，然究性情真適，則在清泉、白石間。惟是國恩未酬，竊擬少紓幼學初志，歸而尋我同志耳。陳君歸，附楮仰復，臨翰懷人，能不邑邑！

復褚愛所

承諭，知科貢俱已考完。時遇吴下士夫，聞頌美門下既公且明，心竊喜之。以其士風文靡且善興訕謗，兹門下崇朴抑華，而衆心悦服，世道之還淳，當自此地始矣，故足歡也。餘不悉。

復張惇吾

與賢者相别五年餘，時時念良契不置。僕囊入山，已與世遺矣。不意濫應旁求，遂冒台鉉，深惟蚊負，蓋日夕懼之。伏承相知廑念，藻翰來自萬里，荷誼良厚，循躬莫可當也。仕路多端，往往出人不意。所賴君子達觀，隨遇安適，一唯盡職任運，則不爲外感所撓耳。不具。

復吴太恒

承示，言輶軒驅馳，六月逾隴，殊爲僕馬勞矣。所諭西事，種種如目睹。計虜款方六期，而繕塞之工十且七八，俟之十年，當金湯倍固耳。甘鎮新與虜市，其番虜要求真口，不可曲徇。徇則夷心無厭，且貽異日之害，市亦難久。惟臺下宏略，爲定經制焉。不盡。

復蔡雲衢

豚子遣价至，具言公祖事，令人氣短，不意清明時乃有意外之事如此。僕叨此伴食，真愧無可説矣。然區區鄙衷，乃都中人士所悉聞者，異日臺下當自知之耳。飲啄有數，非人能爲，惟望大雅順以受之，心迹自明，公論固在，俯仰無怍，此安能爲鉅人軒輊哉？豚子荷陶育，忝科名，没世之感，非言可布，匆遽中且未敢陳謝。不宣。

復傅後川

承臺諭，知今歲河决異甚，且慮將來爲患未已，良可殷憂。河水故湍悍，前時多于上流，若孫家渡、趙皮寨、渦口等處，疏支流以導之，乃其勢漸殺。自二洪得河力，遂底塞前諸口不浚，以全河下注，勢必暴决，得保前此數年無恙，亦足矣。計此時水勢已落，補浚固目前不可已之計，然爲地方計永久，當不惜一勞。唯臺明博集衆思而審圖之，國計民生，兩有攸賴也。不宣。

其　二

承諭，浚河愈於築堤，極是。第當河水暴發，碎石泥沙横流衝斥，比水勢稍緩，即擁爲洲阜。敝州臨河東岸，蓋習見之。河道所以奔徙，非必盡由下流阻塞，乃夏秋霪潦，秦晋百山之水競匯而猛洩之。然爾總混江龍盡蕩下流之壅，築堤事亦未可已。矧沙泥旋浚旋積，而欲使數百里達海，常深闊，無遷易，恐未可幾也。唯臺明酌輿論，定石畫，建軍國永利。幸甚。

其　三

天下事無論大小，一之則易於責成，二之則常患牽阻。昔之議者特以高寶水患，河道遥理爲難，第當以治湖歸之漕運爲宜，不當輒議分南北河境，至今日則受其敝矣。伏秋水發，兹正其期，不知河勢竟趨何途也。自古治河者率不與河争道，順其所向而利導之，曲加隄障而已。潦盡水落，河必歸一途。若東出故道，則必不能挽之使南；若南向清口，亦必不能强之使東。僕家河滸，知其水性固然 矣。二公意見不同，無事争辯，俟其天之自定可也。不宣。

復江新源

再承札示，具悉苦心，天下事固未有全利而無害者。苟見其可爲，又知其爲當爲，乃虞後日意外之患而已之，此善避事者，常裕如于利害之外，而不顧地方之休戚也。黄鄉之事，養禍非一日，兄丈一旦不動聲色而芟夷之，此其實心任事，雖古之賢豪亦何多讓！積習反側之地，初就繩羈，即小小跳梁，夫奚足異？弟前所陳，蓋欲寬兄之意，得專心抒布籌略，爲經遠圖，無以呶呶撓衷曲耳。兹者底定之速，則由雄猷明信，所以懾服而聯結之有素。伏繹諭旨，知良工獨苦，具徵任事之難矣。人旋，敬楮布覆，伏希臺鑒，幸甚。

其　二

伏覽疏揭，其指陳贛事乖迕狀，殊可憤邑。臺下總憲，專制一方，所以鼓率將吏，俾奉法趨事，罔不競奮者，在功罪明、予奪當耳。若傍加掣曳，即一坊邑事不可治，矧其大耶？此亦由前政諸公務容忍，多顧忌，不爲地方民生深計致然。來教侃侃讜切，見者動念，自是贛南積苦庶有瘳乎。

復丁文堂

再承札諭，知賢者視西師已周，奏績期矣。良慰！良慰！所示切盡黄台吉扣關入謁一節。此酋乃虜中白眉，兼通番漢文字，頗循理向善。封貢事初起，多其贊叶，乃此虜好處。若夫國威士氣，顧吾所自治何如耳，一酋出入，不足爲輕重也。不宣。

復沈鶴石

覽疏揭，知近日邊情若此。犬羊無知且衆，固不可律以法理，然須使就我羈靮，無失控御之宜可也。此殆爲三衛諸夷所唆弄，第中國不當啖之耳。今告諭虜酋，示之威信，俟其來復情狀，徐議所以應之。事須静定，無過爾自搰撓也。此復，不悉。

其　二

拒降事最可恨，任傖重處之，是矣。疆埸之事，不可人意者多，將校類行隱蔽。兹臺下明覈詳訪，其爲防馭禆益不淺，第須持重劑調，務不失大體而已。必不可已，然後參奏，則法肅而事舉矣。諸不具。

復何萊山

承札諭，知臺輧已入貴陽，萬里民夷真有厚幸。所示奢、安二酋情狀，歷歷可見。僕近從國史後，見前此多故，皆吾黨處置失宜，是自擾之耳，兵端一興，即復倉皇失措。故老子烹鮮之喻，豈唯治國，蓋馭遠尤切也。人還，附楮布復，不宣。

其　二

承示貴陽增兵設餉之詳，具諗經遠弘猷，殊周悉矣。自來兵驕，固有由于志願之難滿者，然亦有彈壓、聯絡未盡其術，無以懾其氣而固其心耳。公方經始，所願慎圖，異日易鬼方爲樂土，當自兹基之矣。不多及。

復萬大疇

伏承翰誨諄諄，言念昔遊，恍爾在目，不覺慨然興嘆。弟本河曲陋儒，榆枋自足，豈有經遠宏略，爲世所繫重？彼時叨隨諸丈，獲窺承明、金馬之庭，固已出望外，詎知今日忝冒至此極哉？弟之顓愚，兄丈所亮，温飽固非所志，而匡濟且非所長，懔懔台垣，以榮爲懼。兄丈謂欲幸而教之，乃甚所願聞也。緬惟鴻冥高躅，寔蒼生所顒顒嚮望。巧匠袖閒，拙工血指，事之舛迕，自古則多然矣。即今吾同袍在仕籍者，落落如晨星，即一二兄在都，亦不克時相過從，求如昔時歡聚之勝，真若異世事。兹覽來教，無任夷猶爾。不宣。

復陳文峰

盧源百年之寇，原以瀏陽爲别窟，急則逃死。臺下乃不憚纓冠，協力以殄此鄰震，江楚之民，獲福不淺矣。承示善後諸款，俱鑿鑿石畫。謹復，不多及。

復某太僕〔四〕

奏報使者至，承翰諭，具荷至情。南土不宜馬，而祖宗建僕寺滁陽，蓋有深意。爾來江南北諸守臣條議恤民，計馬齒，視國初耗減且半矣。兹仗臺下遠猷淵識，寔馬政興復之會，即不還初額，而見賕者得實用，且嗣後不復更減，則善矣。不宣。

復吴南溪〔五〕

（上闕）漸興。狼、土不可强留，異日反生意外患耳。于鄰之震，臺下壯猷，必有以待之，僕竊有杞人慮焉。不悉。

復潘印川

辱示錢法大議，行且爲江右永利。所稱奸詭遠貿、惡錢撓市，真當痛治。近來凡建議利民事，一施行即反爲民害者，皆此類爲祟耳。其錢式殊佳，銅美而製精，甲於諸省。來教謂工少藝拙，第恐異日工多藝巧，反未必能若是盡善也。蓋工之生熟以久暫分，而畏玩因之，此事理必至者，惟明臺念之。幸甚。

復吴自湖

承示，知湖隄工完，且開浚越河矣。此運道萬年之利，國計民生受福不淺，非臺下忠計謀國，實心任事，其孰能與於斯哉？良仰！良仰！江南運道苦旱涸，未知近有雨澤否。今歲糧運仗茂猷，當不失期耳。第夏秋黄水發，恐徐、邳以東復有變動。經久之畫，今將安在？幸不惜指言之，尤所望也。不宣。

復郭汾原

豚子初諳章句，材甚駑下，偶遇伯樂過冀，一鳴見收，可謂有奇幸矣。僕聞則甚喜，非以其徼冒科名爲榮，以獲出有道之門，自是得所師資耳。兹承文翰，詞蔚而意切，具譺相愛無已之情，佩荷無量。緬惟高賢無妄遘灾，徊翔散外，乃所至不鄙夷其民，以政理聞，此其識度有過人者，環召當不遠耳。人旋，敬楮謝復。不宣。

復趙驪山

昨歲奉教後，陝中按史及行寬獄使者先後有揭至，家舅備以翁事懇之，且言生意也。未幾，劉、徐二君具揭報，生疏亦隨至，此心甚慰。蓋幽鬱之極，時當亨復耳，何又勞專人諭謝？别札所示，具悉深指。我翁冤閉半世，八十三年始復見天日，亦人世希有事。凡在前恩怨，當置之不問，若前生事，則日用綽綽矣。人情世態，以翁之高明，夫豈猶未勘破？身在有餘，來日無幾，彼瑣瑣者何足較量哉？亦牛馬任呼而已。竊計翁昔之見陷也，乘隙肆毒者必衆，迄今三十餘年，其存者當亦不多。若豁然不問，使薄倖子内怍，極爲善道。或通檢校，則反側自疑，必且群聚而起，將復紛紛多事，不可支也。唯翁裁之。

復董右坡

伏奉臺諭，諄諄道情苦迫切矣。然臺下負望海内，世方委重，君子道貴濟時，人臣義先急主，况在方將之年，抱奇偉之略，此言匪所宜出口也。即嗣續事大，要亦莫之致而然，其爲遲速，非關隱見，兄丈豈它有所感，乃托而爲是言耶？希顧其遠者大者，無以瑣屑介念，則豈惟分陜之幸，將世道有賴焉。不悉。

其　二

階、文與番鄰，文武吏極須得人，方于疆事有賴。此雖陜臺屬甸，然去省遠，故從來多借重督府經略之。今臺下乘秋暇西巡，一切爲之振刷，自是開府莅事無西顧矣。甚勝！甚勝！不多及。

復張九山

伏自孱息獲出大賢門下，私心感幸，即擬肅一介走謝。時屬大計，未幾僕復承乏春試，坐是徐徐，念之殊歉。乃辱大雅顧念，寔勤諭函再及，佩德增怍，抑又甚焉。自古丈夫處世，要在道義相知，不詭於心，金蘭契合，即先號後笑，不爲異也。僕雖愚陋，然竊自謂知門下之心，自今而往，公當諒予言之匪誣爾。兹因弱子得與世契，蓋天陰隲吾道，釋彼翳蔽。敬專末价，恭上束幣，用章《緇衣》之好，以布謝私，仰希臺明鑒存之。

寄田東洲

僕承乏文試，深愧梼劣，有忝大典。辱賢者念及，且盛爲推，予何能當也？山鄉借重臺峅，實惟士民厚幸。第河東去省頗遠，有司賢否，自來多失實。夫使清勤者掩匿而縱肆者獲免，則郡邑吏黴勤[六]惶惑，莫知適向，甚願高明之一加意也。不盡。

復金浙

公方亮有聞久矣，涉世坎壈，以時尚通耳。今天子鋭意治平，痛掃浮僞，寤寐篤誠專一之臣，故衆論於公推轂云。夫信道者不同俗，達理者不任氣，以公之高品，加以平心宏度，即古人何讓焉？使旋，用布所夙欽，惟高明留炤，幸甚。

復王及泉侍講

伏辱惠言，披閱至再，爲之愾然慨嘆。事之曲折，弟心固明，豈俟兄言及哉？當永陵崇奉玄修，百端逢迎以希旨固寵者，彼何人也！一日宫車晏駕，即取所汲汲先意者一舉而掃蕩之，悉委罪於人，歸過君父，欲以自全其僞，此有人心者之所痛恨耳。彼言者固豎子，不足較也，其風指則有自矣。時移事往，後生輩不復知曩來顛末，被此名也，安可家喻户曉？是以弟每念及兄事，未嘗不與乾庵相顧而長嗟也。兹承明教，弟謹識之心，更希大雅達觀，無令此魔礙我真趣，則善矣。統惟鑒炤，不宣。

復龐惺庵

伏惟臺旆入閩，旌旗改色，蓋臨淮威望孚於鄰封者久也。弟梼淺，謬承人乏，典兹春試，竊不自量，思以矯正士習，漸還大雅，譬則一葦障流，恐不易爾。區區之意散見録中，敬以一帙呈覽，不靳博笑大方，冀有道爲之駁正爾。伏承翰獎過情，捧誦增怍。求賢報國，乃所至願，第識鑒暗短，無能辨千里於驪黄外耳。詞不悉心，更惟鑒炤，幸甚。

寄馮澤山

里中幸獲與兄追隨經時，備承愛渥。于時弟自擬侍教方新，故未及少布情禮左右耳。不意塵緣未斷，重走長安東郊，拜違來咄啐又三載矣。弟本樗疏，豈有匡時宏略，而冒叨非據，力既不堪，兼之世情反覆，蒼黄多態，日夕畏途，鬚鬢驟改。回念數年山中之樂，真神仙清福，復思撰杖屨，從兄丈游，恨不能翼也。君恩未報，豈敢厭薄寵榮，此中深意，唯吾兄可與默會耳。公子雅度偉器，足稱鳳毛，今歲暫屈，當是天意留待大魁。然五色眯目，弟亦何能無罪也？在此久寓，且多失禮，不得朝夕奉款。兹其行也，敬附楮布候，走筆寫心，不覺刺刺〔七〕。然知心千里，終三時始獲致一緘，詞又烏可已也？唯兄丈鑒諒，幸甚。

復高鳳渚

承諭示地方諸事之詳及諸疏揭，具稔明臺所以加意山陬深矣。士民幸甚！地方幸甚！其豁除蠲免及調停輕重糧則，部覆具如來擬矣。至於障塞卑薄，不足限虜，則得之鄉人往來指陳，而士夫絶無言及者。即閲視公畫圖見示，亦宛若金湯矣，不奉臺諭，安知其弛廢若此？可恨！可恨！虜得勝市完，計時當至水泉。計納款已七年，市凡七舉，百爾當悉有前例矣。臺下初莅其事，幸且遵舊行之，縱有未妥，苟不至啓戎心、貽内害，當徐圖通變，期于濟事成務而已。市完，則繕塞一節所當亟圖，第須從容爲期，不貴速成，貴於可久也。其合城軍馬久不操練，非臺下鋭意責實，彼固以此爲常套、爲當然矣。懲此，則邊關諸帥必惕息率作，易其宿習也。不宣。

其　二

山鄉土狹道阻，人鮮生計，以密邇三關，且外供宣、大，故賦役煩苦，視中原廣土、江南饒域反倍之。平陽視北郡雖稍裕，然亦有堉邑，若大寧、石樓、浮山等處，更在河曲、興、嵐之下。諸郡縣官以去省會遠，其賢否往往失實，賢者守正，多不獲自達，而貪肆巧爲彌縫，反取佳譽，非一日矣。此其敝根有在，唯賴臺明一留神體訪，則真僞立見矣。至於生員冒籍，學臣所奉新敕甚嚴，乃邇來吴越無賴充滿山右，此輩皆猥薄無行，不唯猥冒解額，且壞士風，爲民害，亦仗臺威有以清滌之。不宣。

其　三

自虜納款來七年矣，桑土綢繆，各邊咸有次第，而唯三關以稍處僻内，遂爾耽延月日，漫無功緒。竊慮犬羊一旦違約，則晋西必先受害，不待智者知也。所幸天不終棄遺民，借重大雅，經營審視，唯日不足，兩河之民自是有深庇哉！且修練之舉，每歲申飭而竟無實效者，則以撫臺深居，委責各道，各道又安坐，委事郡邑，故虚文抵塞，上下相冒，非一日矣。今明臺毅然以軍國爲任，登踐關塞，險阻必經，巡行歲時，寒暑不避，無一隅一物不經親閲者，則諸承委小大之吏孰敢不競修實事以自取罪戾耶？自此三關士氣技〔八〕地利當日新月異，雄視諸鎮，不特相埒而已。更望無求近名，無徇小利。緩急以序，使事可久；鼓舞以方，使人樂從。僕與鄉鄰父老子弟當共尸祝於世世矣。恕不宣。

復董擴庵

辱諭，知臺軿已入關，殊爲地方幸。昨劉道長題鎮原等三縣糧重，其額有在三萬石外者。此皆堉土，何徵歛若是之甚？必有弊端，想所從來遠矣。唯臺明兼愛，全陝有以均劑之，俾無偏累，斯善耳。不宣。

其　二

承示疏揭，具悉寬恤民瘼至意，第所減額征無幾，恐磽區猶未能辦耳。邊儲誠不可損，聞此諸縣歲完不及十三，則亦徒懸虚額，爲守宰罪累已爾，信法久而通變之難也。不宣。

復沐黔國

承翰諭及揭示，具悉深指。自公先世奉朝命鎮滇中，蓋以西南遠地爲長久安便計，今且二百年矣。公先人爲群小所惑，幾失世業。天子念開國勛，乃復委重門下，冀纘成緒、蓋近愆也，幸無重爲群小所誤，致啓事端。夫滇守之所爲尊大，在使威信孚暢，民夷帖服耳。若徒屑屑較尺寸而坐視地方恇〔九〕擾，責固有在，豈筆舌能支調耶？幸高明慎之。不悉。

復楊晴川

承諭示，較量虜情，劑畫邊計，可謂的若觀火矣。塞垣回屈，而虜由塞外馳則東西徑易，故虚内以援外，將爲狡虜所乘，非計也。且變不可先圖，迎機妙運，分成破在頃刻間，此未易言爾。其謂發兵出關，屯寧前一節，似有益。但此待廣寧、錦義虜可耳，若遼陽、開原亦安能及？又未審此項客餉將何以取足也。夫閫外之事，天子既全以付公，張弛闔闢，固不由中制矣。唯公慎守永圖，以壯王略、奏膚功，僕日夕望之。不盡。

復鮑復軒

承示浙事，乃知彼中法紀玩弛若此，殊爲可駭。重犯繫府獄，即監司吊鞫，當自府押發，乃該衛關取何耶？殆不可曉。此番類參，未完無十事以上者，乃臺下獨十五事，中八事悉强盗未決者耳。有枉抑當爲申雪，否即宜遵旨亟爲處分也。不多及。

復徐鳳竹

積穀本以備荒，然天灾間歲中一值耳，派額過繁，有司圖免罪督，必多方取盈，乃豐歲顧使民多怨焉，非立法初意矣。覽臺疏，具見爲民深意。夫法何常，要在有濟于事而無擾于民耳。不多及。

復胡順庵

祇誦别諭，具稔臺下留意地方、加惠煢獨至意。河東諸疲邑，來教所述略盡之。地本墝僻，有司往往不得人，而監司又終歲不一至，故生理日就荒弛。兹臺軿乃周歷而徧閲之，自後河東當無復極累邑矣。謹當與鄉鄰父老子弟尸祝，世世不敢忘也。黄河津卒所欲復正户者，爲守船計也。臺下督察有方，修理堅固，則募役固亦無害。要之法無常便，神而明之，存乎人耳。本州今且審編，其富民投充王府，借名禮生、鼓手、菜户、果户之類甚多，皆各專城郡王所無者，且皆全户占之，貽差貧民，有司率不敢詰而革之，此恃臺威一號令之耳。地方瑣事，輒刺刺衝冒，希鑒諒，幸甚。

復高鳳渚

兩奉臺翰，開示諄悉。良荷！良荷！錢式已進，甚善。鼓鑄疏通之法，更煩臺猷區畫。以站銀爲鑄本，兼銀錢發各驛遞，并以散給官吏俸，皆得策矣。第須斂散適宜，方可便於民用。凡有司罪贖及存留糧税，亦希酌議收錢，然後可不滯也。站銀積有贏餘，免派一年，是臺下有大造于此境區也，萬口仰戴，真當尸祝無斁矣。郡邑吏不時汰其無良，自後當益兢兢奉職。塞垣異寒，臺軿久駐，幸惟加攝，疆圉事倍煩壯略，其勞瘁可想也。不盡。

復陳對溪

前邸中相别時，見吾友神色黯淡，私竊慮其有它，未幾即聞滄源之訊，爲之惻然不怡者竟日。尊翁康壽令終，生人全福，對溪立身揚名，榮養兼致，兩俱無憾。第聖主冲年，養德方資醇儒，而僕梼疏，冒踐台席，則恃知己之匡直更切也。而天命固然，且奈何哉？吾友至性仁孝，終天之慟誠所難忍。第方在遠道，此身所係於國家者甚重。幸體先人愛子之意，抑情自玉，以終大孝。聖明篤念甘盤，恤典特備，愧僕無能贊毫末耳。南望閩海，神與俱馳，臨楮依依不任。

復李漸庵

伏承翰示，冲挹深至，以臺下宏猷，何施不效，乃臨事而懼若此，此古之人所由以建巨績、垂永利之道也。仰之！仰之！河水濁而性猛，末流至淮徐，其受四方之水益多，故歲必更變。第循勢導之，俾不爲大害，無礙運道已耳。今之議者欲興大役，捐巨費，爲一勞永逸計。其説誠美，第恐役興費捐，而歲勞必不可已，則求永逸難矣。古今以善治河稱者，班班可考，未有能使河就吾羈束，終數歲不變者也。唯臺明察之。

復張滸東

自與兄别來，歲且七易，中間浮雲幻化，白衣蒼狗，局面凡五六變矣。曩於編籍中每覽古人所敘涉世之艱，詞多深至，心竊以爲過。迨今身在風濤，還取前言閲之，則惘然自失，有味乎其言之也。年來叨冒非分，日懼顛隕，每思知己良誨，不啻饑渴，而道阻且修，邈不可致。兹辱好音，不異自天而降，披諷三數過，若侍面談，而此心則戚戚不寧甚矣。緬惟清望嘉猷，士論歸重，娼忌既去，簡命在即。敬因使旋，先此復謝，諸靦縷契闊，非握手促膝，固不能盡之剡藤耳。統惟惠鑒，幸甚。

校勘記

〔一〕“卷十二”，原作“卷十一”，據卷首原目録改。此後正文序數與目録均差一，不再一一出校。

〔二〕“書十”，原作“書九”，據卷首原目録改。此後正文序數與目録均差一，不再一一出校。

〔三〕“俟”，疑當作“竢”。

〔四〕此篇已見《條麓堂集》卷十八，作《復黄兑嵎》，“寔馬政”以下原缺，據《條麓堂集》補。

〔五〕此篇前半原闕，題目據原書目録補。據原書目録，該篇前尚缺《復吴僉憲》、《復淩洋山》二篇。

〔六〕“勤”，疑當作“勸”。

〔七〕“剌剌”，原訛作“刺刺”。下同改，不再出校。

〔八〕“技”，據文意此字疑有误。疑當作“挾”，待考。

〔九〕“恇”，原訛作“捱”。下同改，不再出校。

條麓堂續集卷十三

書十一

復秦蘭臺

承札諭，具稔鎮靖綏懷之詳，曲中事理。夷猶犬羊，其情欲當與中土不異。兹斂戢跳梁，帖然就臺下羈束，由威信足服其心故也。果鎮雄土姥能調釋水西、烏撒之憾，則貴竹諸夷猓自此寧謐，無喧競矣。計臺下明慎，此時必已有定籌，行且接成事信矣。不盡。

復楊本庵

伏承翰諭，以豚子泰徵濫與鄉試，特頒幣賀，通家子姓之愛，披誦藹然，良感！此子學識不及其兄，第筆鋒稍利，故易於見售。甲徵儘有斤兩，若能益之潛心深造，異日成名當視其弟爲高耳。知兄丈念之，乃敢以告，此不爲他人語也。恭計禫除在近，寔蒼生深幸，縉紳冀盼甚切，環召亦匪遐耳。人返，致楮謝復，伏惟惠鑒，幸甚。

復崔榆浦

伏辱翰示，以新承恩命，誓畢力以暢王靈、鞏邦屏，其猷甚壯。僕方仰之，繼奉手札及疏揭，又令人駭愕不已。豈二公積不相能，乃因酒而發耶？不然，同鄉夙契，共事一方，即杯勺有愆，可以意遣，而何至遽干天聽？今觀其所詆，真有難堪，第醉後之言不足憑據，未審近來醒後作何狀耳。不盡。

復凌洋山

累辱示林寇始末，游魂假息，以臺下威略，計必就擒馘無難者。海上久無警，武備遂懈弛若此。晏帥正罰，諸將自當惕然易慮矣。南澳之舉，初議原爲奪賊内訌所憑，守於域外。昔之河外三城，今之狼山、圌山，要是一意，似爲得算。第事兼兩省，彼此牴牾，且將士不樂外戍，故多方沮廢耳。仗臺明爲廣福貽百年之安，幸劑量其宜，使可久焉，無俾已立之業半途竟廢，何如？匆匆，不多及。

復江新原〔一〕

承札示，殊訝。夫所貴於才者，謂能攄猷濟事耳。苟無誠心自效，雖周公才美，祇足飾奸自便已矣。渠疏初至，士議見其説甚辨，竊疑其不告二公而驀言於朝非宜，乃不知其狡險若此，安可容也？臺下幸安心以終大績，紀綱所在，豈使懷奸者得遂其圖，爲觀聽累也。

復郭環一

承示學政諸揭，吴中文體、士習、風俗當自是一變矣。使天下司學政者皆實心宣布詔條若公，其爲世道裨益寧有量耶！今公論大明，人無敢詆言譸張如昔時者，即有之，亦不能摇廟議。願公益自信，直前爲善耳。不多及。

復王雲衢

承示宣市顛末，謂虜求而非挾，且始疑而今信也。良然！良然！第其求日滋，而軍困已極。目今議市本，即歲捐内帑金二十萬，亦不爲大費，第非可久之道，奈何？夫今之所議，亦非謂閉關絶市，爲决裂之舉，第須爲之調停節縮，使國體不虧、夷情不肆而已。今歲須與虜預爲申約，明歲市馬必擇可者市之，不可者不市，則其馬之來自少矣。諸虜部落雖多，其實亦無大衆。今謂其酋首有四五萬，則其衆當有百萬矣。此蓋邊人内誑之言，幸高明無信之也。不多及。

其　二

承示夷情，甚悉。討孫不賴既稱屬夷矣，又投東虜，投青酋，將非三衛貢夷耶？夷狄相攻，中國當置之不問，第青酋今已納款，即與前時不同。使討孫不賴非我貢夷則已，果我貢夷，似不宜任其憑陵耳。長昂自薊鎮入貢，朝廷所以撫賞甚厚。彼舊於遼東互市，近乃厭遼馬價輕，盡以其畜牧隨青、永二酋來宣府市，而往往率衆攻遼西城堡。昔稱陽順陰逆，而此酋今乃敢陽逆，真不可耐。然此薊鎮事也，未審青酋此往，可諭彼一詰問否耶。不多及。

其　三

自虜納款來，俺酋及套夷悉馴謹守約，惟老把都者以與東虜鄰，且爲屬夷誘惑，往往有不屑就意。青酋兄弟則其子也。故昔之防虜，宣大、薊門爲急；而今之撫虜，則宣府爲難，其跳梁非一日矣。然虜已中吾餌，即欲吐而去之，有所不能。今歲市場有此小哄，足以儆惕人心，爲先事備。臺下恩威操縱，曲得其宜，有以縻其心而奪之氣，所謂“因敗爲功”，非惟無損，乃更有益也。殊善！殊善！不多及。

其　四

宣府市馬，視諸鎮特多，不特青、永部落蕃衆，殆併東虜、屬夷及迤北之馬皆市之矣。其原起於馬之來者無所揀擇，乃其流弊如此。夫犬羊亦何厭之有？今歲小小動作，不足爲異，然亦可以爲先事之儆。仰仗壯猷，虜必知慎，然練武養士，爲有事備者，不可不豫矣。不多及。

其　五

承示虜情及綏接之詳，謂其求而非挾，吾不能盡應之，亦不可盡絶之，可謂一言盡安邊之要矣。良服！良服！夫虜誠非挾也，乃其求有可應、有不可應者。應其可應，而不可盡應者已之，則信乎其非挾也。今其求日增而無極，乃必吾之盡應乃已，亦既近於挾矣。而吾又曲徇其求而盡應之，是以待挾之道待求也。惟明臺察之。宣鎮市馬之衆，雖虜部寔煩，然其初失之無所揀擇而悉與之市，故虜不憚以其尫羸瘍瘠之馬群驅而納之中國耳。陝西三鎮揀汰最嚴，始事雖費調停，近歲乃馬無不中價者，民市視官反夥。山、大稍稍揀擇，雖不若陝之平值，而虜憚於以疲馬退還，其來亦有限。此已事之明證也。來歲之市，不特當預申明多寡之數，尤當預講必揀擇而市，斯來者自少矣。且如今歲四萬之馬，今存者幾何？中國故不屑屑與虜較利，然惟無爲所侮玩，則市乃可久耳。夫犬羊亦何厭之有？惟明臺亮之。

其　六

宣鎮市馬獨多，而市本少，蓋本兵所加念，不欲徑由部題，故咨議報耳。續接揭示，宣餉乃積贏，可支八年，可謂奇事。諸所議通融支放、挨陳收新之法，俱屬長便可行。其屯折輕則良足收墉卒心，但欲覈得其實則善矣。至謂鹽引無利累主商，有利爲客商取擅，可謂名言，臺議所調停均矣。以愚意，須儘本土商資力開報，以所遺餘予客商，亦不爲失平，第勿使占空名，乃法理也。不多及。

復胡雅齋

我朝凡阨塞兵衛，咸犬牙交制，祖宗極有深意。若氣脉不貫，即成痱蝥〔二〕，安常不見敗端，有事即不可措手矣，公疏真淵見也。第聞上江諸郡邑，凡事與九江兵備相涉者，其守宰亦殊不以監司待之，積習所由，非一朝夕故矣。此在臺下加意聯絡而已。餘不多及。

其　二

地方不能絶盜，盜發即獲，則臺下威令素行耳。其該郡文武官隱蔽回護之罪，視疏弛爲間矣。謹復，不多及。

復梁鳴泉

承翰示番易曲折，及覽疏揭，可謂詳盡。利孔所在，壅之則爲患必深，要在張弛適宜，不爲厲階而已。今台斬且北旋，知公爲國念深，其善後宏猷必不靳爲新令尹告也。僕耳佇之，願樂觀其成焉。不多及。

其　二

薊鎮軍士苦於修邊久矣，工未有完期，而逃亡日甚，人蓋難言之。臺下調停劑量，曲得其宜，既不彰前事之失，而可以漸休息疲困，其所議三事真石畫也。附復，不多及。

其　三

昂夷造孽有年，以中國優容太過，乃驕獷漸不可耐如此。前臺駕將發，弟曾以此虜爲言，蓋勢所必然也。仰仗壯猷，閉關繕武，足以破其奸謀而奪之氣。彼部衆而心殊，遲之旬月，其中必自有變。但須慎慮而妙應之，即羈縛此酋或殪之不難也。後期不恭之罪，在諸虜恕容補貢猶可，此首惡恐必不可貸耳。何如？何如？此殊有關繫，唯明臺裁度。不盡。

其　四

承示昂虜狡悖之詳，及臺下防禦機略。寒月朔塞，軿車馳驅勞矣。屬夷受中國一百年覆育之恩，一旦敢行稱亂，即在曩東西虜猖獗時猶不可姑息容忍，矧今吾之力足以待之。即悔禍請盟，餘虜可貰，而昂酋必使正罪，乃國體不虧，異日疆事不費經營耳。惟臺明圖之。此虜力取爲難，然以臺下威略，誠加意必得，計捐不過萬餘金，決可期月待也。此所關於邊計匪細，然亦非臺下莫能辦之，殆天亡此酋秋耳。不多及。

復陳對溪

使至，辱惠言，披覽惻惻，與吾友别者，不覺且兩换歲籥矣。多故關心，知己在遠，每一念憶，恨不縮地，置賢者座隅，與之榷談也。蒙以尊翁碑志見委，愧蕪陋不足辱命，第前所承壽章竟以稽緩後時，爲不可補之悔，亦擬藉此少贖諸責，因遂受托不辭，乃幣貺則又過蕃，非所安也。使旋，附楮復報。襄事在邇，敬具束芻，用代絮酒炙雞之奠。俟後使行，當以拙稿報命耳。匆匆，不多及。

復張滸東

僕以譾材尸巨任，受逾其量，獲罪於天，息女夭折，寔惟詒譴。乃未再旬，復有馬公之變。公憂私感，神情阻摧。辱兄丈馳函來唁，詞旨懇惻，骨肉深愛，悲感無極。長至後，僕冒寒杜門數日，用是裁謝稽遲，伏惟鑒原，幸甚。

其　二

弟自叨冒中書，於今五閱歲矣。惟是碌碌，曠延月日，而齒髮漸易，非復壯年，每念夙心殊慚。初度伏辱兄丈惠念，温翰猥頒，詞確而情深，具荷肝膈篤愛。感佩！感佩！前政既西旋，諸地方弊政，兄益得展底裏飭理，無復顧忌，其爲恒陽百郡福豈有量耶！幸及時圖之，計徵命行復不遠耳。不盡。

復趙用吾

承札諭諄諄，具見臺明爲地方軫念，至周備矣。河西去都甸萬里，表裏羌虜，非巡臺悉心民瘼，切切若痌瘝圖之，天子威德安能遠被耶？甚善！甚善！虜王駐西海，極爲凉、永煩費。然牧草既盡，非能久留，時已入春，計撤帳而旋不遠矣，無煩招諭也，要在善應而謹備之耳。不多及。

其　二

歲事方新，仗忠賢宣力，宇内清宴。以僕之梼蹇，獲樂觀厥寧，甚大幸也。辱諭，殊荷。虜王在西海日久，極爲河西煩費，計草青必圖他徙矣。酬應不敷，當議之督閫，通融處給。果無措，即請帑藏亦可，第不宜浚消〔三〕軍士耳。不多及。

復高鳳渚

虜納款且十年，邊氓與虜衆出入，漸忘界限，此勢所必至。吾人既深入虜地樵采，則虜人亦欲深入吾地狩獵，亦理有固然也。且疆場之事，時時有小小變動，足以儆衆心而杜萌蘖。乘此機會，一申明約束，使内外之限截然，出入有度，其爲益反大耳。未審恰台吉處分何如，便幸示知。不多及。

其　二

前本兵覆疏多牴牾，恐沮任事始念，兹承諭，殊慰。大段人臣避事者多，任事者少。凡關民生國計久遠長便之策，類非一時可成，而遊宦者率不數載輒遷去，故率不肯犯手實做。有一人欲實爲之，則前後任是地者恐章己不事事，必設不可行之説，而諸當分職效力者，又時播難成之説，冀其中止，天下事所以難成也。兹者明臺毅然自信，建此必然之畫，豈非地方莫大之幸耶？良感！良仰！廢弛之極驟振不易，久大之業又非旦夕可期。更願明臺辨晰要緩，爲遲速行止之宜，厚恤時役，使下無怨讟，則妒忮不得借口肆誣矣。敬復，不多及。

其　三

承示水泉市事，始終安静，馬較昔少，而夷情馴服。良仰！良慰！初議市，原謂官民隨便，時虜馬尚未大狼狽，邊民亦樂爲市。後虜以民禍〔四〕不及官易之優，不樂與民市，而馬漸尪羸〔五〕不堪，民亦不樂市馬，故互市官全爲之，計民易什百之一二耳。此宣、大、山西三鎮皆然，而宣府爲甚，原未禁與民市也。辱諭，軍民欲市易者多，許開兩日，豈今歲虜馬猶足爲民用耶？此亦近歲希事。陝西市馬，務求堪用者，故民易當三之一，而官府省費不貲也。三關借重壯猷，異日且與陝中同利，異于宣、大也，爲之兆矣。不盡。

其　四

承諭示，知臺軿尚駐塞垣，且遠涉西河，此向來撫車所不歷境也，明臺爲地方勞瘁可謂至矣。河曲西與虜鄰，昔未納款時，歲敲冰防禦爲常。癸亥、甲子間，始議並河築墻防守，于時指畫墻守及敲冰得失，其説甚辨，自以爲得勝算矣。乃今竟無足賴若此，非明臺親見其然，其誰能言之？補兵完械，誠桑土至謀，其爲後人芘陰深也。種樹一節，極多異説，蓋分理者憚勞，造言以蠱惑人觀聽。非臺下毅然力任，時巡而躬閲之，其能卓有成效，爲邊圉良翰哉？信成事之在人也。敝省賦斂無藝，實由經制未明。兹明臺審覈畫一，刻帙而布之人人，貪官污吏將無所用其假公侵派之奸，其爲小民惠最速且渥也。良荷！良荷！語無倫次，伏希臺鑒。

復陶晴宇

再承翰諭，知舊内工完，良慰！曩嘉靖中有倡爲不必修繕之説者，遂使豐鎬百年故迹鞠爲茂草，見者興惻。兹幸千楹鼎新，烈祖在天之靈寔昭顧之矣，甚盛舉也。仰復，不備。

復潘印川

承示河工之詳，爲慰無量。萬衆在役，肅然奉法，歡然趨事，使兩河横潰帖然遵故道入海，非臺下弘猷深略，其孰能與於斯耶？良服！良服！冬來雪大，諸工俱停，計來春必以漸就緒，而高堰十丈未竟之功則當急爲先圖耳。今夏未發水前，以清口通利，高堰之淮流幾斷矣。今清口益闢，而淮水由此十丈地猶競爲東奔，則水性所趨，人力難施，而千仞之功賴此一簣以奏績耳。知明臺必有定畫，乃區區管窺，敢因便而布之，不自覺其贅也。伏希鑒亮，幸甚。

其　二

承示治河疏揭及圖説，晰如指掌，乃知前紛紛之談皆非親見真知，附影隨聲，多不得事實也。僕前承公教，謂築浚之工須伏秋後乃可施，竊恐水發時益漫汗爲地方害，且言者多謂海口壅塞，故謬及之，而不知海口原未嘗壅，謬矣！謬矣！臺議既確，廷論無復阻異，自後一切治河事宜惟公所爲，定不爲訛言所撓亂，願公自信。如事勢果有礙於施行，亦願公自言之，便宜從事，無拘成説。朝廷惟俟平成奏功，諸不從中制也。“王事靡鹽”，乃使賢者獨勞，更惟爲時加玉，以慰上下。不具。

其　三

河事，公身所經歷，酌畫必審，僕輩第注目樂觀其成而已。然近有爲崔鎮不必塞、遥堤不必築之説者，其辭甚辨。僕竊觀往記，無代不治河，亦無有以人力勝之者。今公順水之性，導而之海，又不與之争地，爲遥堤以待不虞，此至善之道，言者甚妄。至于全河力大，夏秋暴漲，或淮不能敵，或淮亦盛溢，而相抵撞，則恐清、淮之間大受其害。今欲塞崔鎮者，以運道之澀也。求所以北去之多，以决口之衆也。或將衆口築塞，量留一道以旁洩河水，使二分在漕，一分北出，遇水暴漲，必且分一半支流，其來清口也不狂怒矣。此似爲安便，且與公原議亦無左，不審可擇從否，惟高明裁之。幸甚。

其　四

大工肇興，門下之勤瘁可想。萬衆僝功，齊其力在法，然必有恩以得其心，而法乃可施。惟無使之失所而違怨生，則責之赴功興事易矣。惟明臺念之。

復朱存敬

辱翰示，具悉謙德。今士風向靡，廟論力欲還淳務本，以資世道，故擬借重高賢，不獨以文學優也。蒙諭，南裔未輯，欲以職任自效，又見忠國任事之誠心，迥出世俗擇官之套，良所擊節。附復，不盡。

寄謝文泉

與兄别後，又兩更歲首矣，蓋時序之易而會聚之難如此。歲前府役至，承惠札，知有紱麟之慶，欣慰無量。兄苦學半生，不遂厥志。兹當卷懷之始，而此子適生，殆天將延澤于後人也，請以"天裕"名之。賜炤，幸甚。

復戚南塘

再辱札謝，具領將軍深意。其謂都門議論與塞上舉措相反，誠亦有之。夫是非真僞可淆于暫，而不能掩于久，即遐遠固然，矧兹近地？將軍第慎修令猷，爲東土永利，無畏訛言也。不多及。

復吴自湖

河患非常，圖以弭灾拯溺，必得非常人，然後可濟。所謂非常人者，專誠憂國，而才足以副之者也。其在今日，非公其孰當之？聖心簡任甚殷，委信不貳，一切用人行政，唯公言是從。朝野欣欣，謂昏墊之灾指日可免，平成之績，無論久近，自此其必可期矣。伏承明教，毅然以奠民裕國自許，良所欽仰。艱大之任，胼胝方始，仰惟節勞崇護，用慰上下。群情方翕服，第攄心安意經營之，流言不足畏也。使旋，附布其愚，更惟鑒照。不盡。

其　二

高郵月河隄成，且爲漕道百世之利，淮民尸祝公且無極也。河勢既變態若此，寶應之隄須從容圖之耳。天下事固非可獨責成一人者，知公心良苦矣。昨家舅行，爲公致意甚篤，顧僕私心則更切耳。倘未即去國，必不敢坐視賢者獨勞也。惟丈人諒其區區，幸甚。

復董右坡

緬惟臺下莅關隴以來，保障綏輯，大得民和，帝心簡在，是畀分陝全任，所冀以制獯鬻、控西戎，俾岐、雍、凉、鄯數千里宴然無虞，永紓西顧懷耳。兹承翰諭，深自謙抑，併以西事見訊，具譾冲挹至德。秦中自昔稱精兵健馬地，自虜款貢來，諸塞築繕頗可觀，而士氣少餒，失在于力役繁難，終歲不獲息耳。惟臺下劑量之。養士恤民，自治之本，虜之逆順，不足爲我輕重。伏惟壯猷不失所以鎮懷機宜焉爾，弟何知焉？

復董理軒

近嚴匿盗之禁，兹江都暴劫，南京部院馳聞之，俟江北奏報不至，諸公殊以爲疑。已而撫按疏至，部遂據覆。以公同城，獨不報，故主上見詰。然不越信宿而臺疏已至，惜少後時耳。此時南都又揭，所獲盜犯所供攀人名不相副者十九，恐中有奸計及漏情，幸加慎覈之，務得真犯正法，不遺害無辜，乃爲善耳。不多及。

復吴環洲

三關修守，仗臺下威略，工速而費省，誠地方莫大之幸。良荷！良荷！近山陜諸鎮以獲虜奸細來告甚數，僕意老酋西行，虜中禁防當少疏，中國陷虜人乘間歸正，恐邊將不納，故竊隙闌入耳。希明臺宣諭諸守塞將吏，俾嚴稽出入，果有歸正人，須即行放納撫存，毋加閉絶，庶諸人敢自塞上明歸，不至驚内地，滋好事者呶呶也。何如？何如？老酋西行，其進止消息竟何似？今歲貢事渠仍與否？便中幸示及。匆匆，不悉。

其　二

承示，邊地土沙缺石，築墻難久。此不特大同一鎮爲然。臺下欲俟經歲然後勘工，使修繕者不敢苟且，極爲善道。第土脉既劣，恐須歲加補葺耳。曩翁東涯公築谷雲塞，于時極稱壯固，不三五年即夷爲坦野。故今金湖司馬謂墩堡當修，以修墻爲徒勞，亦一説也。至于偏老土脉，視雲中更劣，先年以大同外護，且多林木，故虜患稀少。後被土人斫伐，林木净盡，遂歲遭蹂躪。此在韓苑洛奏議可查。近部議乃欲停種榆之舉，未悉彼中事宜爾。昨奉明旨，委重臺下，與高撫公會議，希明勘而審訂之。此則始勞終逸，比之歲費修繕者不同也。不多及。

其　三

承示虜情，預告之東鎮，殊善。患至常苦無備，寧備而無患可也。北虜定無他，但軍聲衆大，則偵探生疑，且或屬夷借以恐喝中國耳。臺下既先言之，則東鎮有所憑據，不至駭擾也。第未審討孫不賴亦貢夷否。不多及。

其　四

承示修守應議諸事，可謂權衡詳慎，折衷協其極矣。以時舉之，以實覈之，久弛之關塞，其爲金湯可期矣。僕叨聞國政，且幸與被屏扞之澤，欣仰可知也。謹復，不多及。

其　五

辱示虜情曲折，具稔遠猷。虜酋西去，所留部落無幾，而市馬不减，此必轉市迤北夷馬，故先後入市，延日久耳。數未可縮，第馬加揀擇，亦可杜將來無厭請也。不多及。

其　六

蒙諭，增虜升賞一節，較計始末支費，明若觀火，領教不淺。然朝廷之上所以不欲定爲歲增額者，非計費也，犬羊無厭，始事當謹。今虜艷吾利，而吾以利中之。虜得所欲，則嗜之愈切，故日思加益。我既不可峻拒以失其情，亦須其難其慎，爲不得已而應之之狀。虜既欲其得而惟恐其不得也，然後得之，則喜而以爲我恩。若有求即與，虜狃于得之之易，以爲吾惟恐彼之不屑也，其求必日益煩夥而不可繼，一有不遂，則怨心生而前恩盡廢矣。此必至之勢也。中國以虜艷利，若以骨投犬，不與之較，即歲百人，亦不爲費，而靳三十人之額者，蓋中有不可，如所云云爾，唯明臺亮之。青酋兄弟果西行否？東夷有借彼爲説者，謂且糾〔六〕土蠻犯薊，或猾虜藉口以恐喝我邊。然飛語所起，必有由矣，希明臺多方伺之，則其情必得也。不多及。

復王河汀

弟草草出山來，違遠教範，忽四載餘矣。惟是庸虛，無所表著，徒叨崇秩，負乘增慚。竊念古人所謂通塞不以隱顯論，第視其志之得行與否耳。弟頃歲里居，獲奉教左右，耳目口鼻，盡爲己有，俯仰天地，無所愧怍，何其適也！今則囁嚅趦趄，跼天蹐地，進則心不得自達，退則身不得自由，係徽纏，寘叢棘，其毒苦相似矣。回視兄丈，皎焉鴻冥，弋者何慕，真上界清福哉！使至，承翰諭諄諄，披翫不忍置，知己之言，臭味自別，然益睹兄之邃於所養矣。塵衷悃愊，安得縮地一覯所欽，相與握手劇談，漱清風而消鄙吝也。臨楮神馳，無任。

復陳蓋齋

承諭示馬政之詳，及軫念淮揚民災，可謂憂形於色矣。舊制不可盡變，而因時化裁，折衷宜民，在臨事者加意調停耳。望實隆茂，已奉新命，保釐東周，留京之民幸矣，第此灾地不獲更徼福耳。附復，不多及。

復傅大川

承諭示，諄諄心語，披閱數過，不欲釋手。賢者藴致俊邁，僕一見異之。自借重南垣，諸所建明咸中事情、得體要，士論蓋已翕然歸德。乃復虛己下訊，顧僕何説以爲知己助哉？公告我曰：“心口相誓，不敢擇利近名。”美哉斯言，固進言者之箴石也。聖天子求諫如不及，何嘗惡聞忠讜？而士君子既遭時進身，亦孰不欲拾遺補闕以行所學？然而有不然者，則擇利近名之爲累耳。賢者誠力行此道，固聖明所嘉獎，將有契于意外者，其所感動樹立，殆非聲音笑貌爲者可擬矣。敬布所懷，惟炤亮，幸甚。

復蒙近野

承翰示，臺軿已莅虔鎮，懸知旌旗且改色也。此地諸盤錯已漸剗蕩，第山藪曠莽，諸頑梗憑依阻遠，猶多未奉王化，禁戢而馴化之，永消異日之患，是在明臺加之意耳。不多及。

復宋禮齋

前停臺工疏至，而所投札示則猶爲量減之説，故僕復云云，計當徹矣。兹使至投札，方言停工之詳。大率夫人意見不同，各是其是。曩時宜黄狃于薊鎮之便，即欲九邊咸繕樓墩；今嘉魚復狃于大同之不便，則欲九邊咸止樓墩，并謂薊鎮亦非宜：皆一曲之見也。吾友既灼知其可，僕意初不欲罷。今既罷之，專意恤軍練武亦得，惜前功廢中道耳。諸鎮事體不同，要之耳聞不如目見。賢者幸安心，渠亦無别妒忮，第自用之過，不足較也。不多及。

其　二

歲前疏函，司馬已有異議，然廟議竟如數發銀者，不欲棄前功、廢中道耳。兹承示，謂欲量減，示調停，而疏中則直請罷役，何其易也？兹果徒費無益，與初時所建議相左，即出自己意，請罷亦可，猶勝於遂非貽害。若真知其可行之，且有效，即當堅定前説，要以必成，豈可輒因諷議即爲行止也。自古任大事者全在識量，事不輕舉，審定後發，既舉，即毅然守以成功，何畏多口也？不多及。

其　三

承諭，延鎮虜市已完，費省而夷馴，殊慰。觀於民間易馬之多，則知官價之不浮而虜馬之適于用也。此固始事者經制之善，然非賢者咸信孚洽，撫馭有道，豈能盡美若此？大抵犬羊之性，貪利無厭。中國固不惜小費，然使夷狃于非分之獲，無所限制，不論將來，即今歲亦種種出敗端矣，僕甚慮其終也。此事體甚大，經歲亦久，東西得失，人能言之，是非較若白黑，焉能顛倒？吾友勿以爲慮，亦更勿告之他人可也。此復，不多及。

寄劉河濱

曩在里，匆匆未獲與我同袍追游燕喜，鄙意自以山居日長，蓋有待耳。不意塵緣未斷，復走長安大道，與吾丈别者，抑又四年於兹矣！每念里中過從之疏，心殊以爲病，而公私冗劇，且不得時通一訊左右，徒耿耿在心耳。昨歲豚子自蒲旋，領手教。豚子具述兄丈近況之雅潔，及青盼綢繆之詳，令人仰荷無已。弟最凡劣，叨塵政府，深以顛越爲懼，日夕思釋重返初服，從故人徜徉鄉園間，以屏遠忮妒，未審何日遂此懷也。兹蕭倅君人行，附楮仰候，臨翰倍有瞻戀耳。不宣。

復連文軒

去歲吾友補麻邑，僕竊念之。辱諭，具悉明作，良可慰也。吾友兩任悉吴楚，號難治地，皆有佳聲，乃前時爲鄉士夫所中，幾不免虎口。前事不忘，後事之師。幸勿自恃政成，忽于防檢也。近行久任法，幸勿蚤計撓神。不多及。

復鄭範溪

承揭示，雲中自此有完塞矣，而臺下尤軫慮久遠，立法屢省，則此邊工真可謂永賴哉！西土士民荷戴保障，何有極已！第邊地土脉不一，大段少佳多劣。佳者數歲後且與磚包者比堅，若劣土夾沙，即歲剥一歲，非人力可勝也。諒明臺必有遠猷，輒附布其愚，更希垂炤，幸甚。

復張惇吾

吾友離南中，已經再任，兹者之事殊出意外，僕一見駭愕，莫知其由。自惟譾薄，叨參政府，而使吾友横被傾擠，無能爲力，言之不覺赧汗。兹承翰示，披閲惘惘。嗟乎！人之無良一至是哉。然進止有命，非人能爲，縱果爲彼所排，亦吾運數之否，勿過自鬱灊。天道甚邇，第静眼觀之，自來陷人者未有能自免者也。塞翁失馬，倚伏未有量，安知此舉不爲吾友之福。願高明達觀自寬，長途尤宜珍攝，以慰此惓惓也。臺軿在邇，不獲一面語叙别，據案作復，神摇無已，深衷覼縷，固非毫素所可悉耳。

復詹魯源

承翰示，具悉惓惓至意。留垣清議所關，借重老成，將國是取衷焉。諸惟審覈名實，而虚心慎行之，僕所期待于高明者不淺也。不多及。

復帥視吾

承揭示，騰、永夷情、邊計，不異聚米，了了悉可見。莽酋跳梁外番日久，雖未敢東向，驚我圉人，然其聲勢頗雄，三宣六撫爲所恐喝，邊臣鮮長略。所諭張大、困〔七〕循二端，盡其弊矣，則所以破積習、定長策，必有確然石畫，甚欲聞之也。不多及。

復耿敬亭

承札示，臺軿已莅上江，知士民必當相慶。宣、寧視下江爲少事，而歙俗頗刁訟，至江洋寇竊，多以附岸豪家爲奸窟，此則煩臺威加意禁之耳。匆匆，不多及。

復周樂軒

臺下入遼未週朔，而裨將乃以偏師致大捷，何威行之速也！三岔河左右，在前原吾土，文皇畀三衛夷住牧，冀爲疆圉扞耳。近歲乃爲北虜部種所據，使我東西疲於奔命。兹我兵能乘便出剿，使虜不敢駐幕，庶耕行鮮亡失矣。不多及。

復董右坡

承示防禦之略，可謂曲盡，知臺下留心疆事至矣。虜王西行，其東部、北部俱留酋長防備，而南與吾鄰者則盡携諸酋以行，且其輜重留豐州不動，是不疑我也。今當明探遠迓，諄諭而厚犒之，俾禁戢其部衆，而吾之收斂貴豫且浄，虜過則無事矣。提兵設防，誠不可已，但須静定，無自勞擾、張形迹，反使虜生疑耳。茶市必不可許。其宣、大大市依歲例舉行，不以虜王西行停罷，渠不得借以爲詞。若隨便求資給，或數十或百餘馬，不妨量與爲市，事後具題非遲，欲先請亦可也。第賓兔搶熟番、要茶市一節，殊爲黠戾，此則頗費周折。俟老酋至，能禁之使改甚善，不則須相機有以威創之，不可長其不逞也。仰復，不盡。

復孫龍洲

辱諭，南丹酋驁悖若此，真不可耐，部覆已仍行臺下按問矣。若其悔禍畏罪，猶須稍寬貸之，未可盡繩以重法；若猶怙肆如故，則天討所不可逭耳。惟吾友詳慎指揮之。不悉。

復何萊山

水鳥事，賴臺下威信，鎮攝調停，卒就籠絡，真地方大幸。

第諸酋似猶各有心，未能釋然，防微善後之策尤須廑臺慮耳。昨奢酋復上疏，其詞極刁辯，豈吴奸今復來彼中耶？惟高明密伺而剪之，勿使滋久生戎心也。不多及。

其　二

承諭示及疏揭，貞酋之悍罔，奢酋之狡譎，敢於奸約怙亂，真不可耐。其謂排根黨奸，痛刷其鼓弄眩惑之輩，尤得豶豕牿牛之要，部議悉如來疏題俞矣。吴奸係禍本，此妖不死，安、奢之亂無已時，仗明臺訏謀淵略，此時必已縛致軍中矣。事體有沮礙不便，幸不吝示及，期於集事定民而已，他無庸顧避也。不多及。

其　三

承示撫處諸夷之詳，殊善。此其積惡負固有年，今兹内順，則以會城有兵，生憚心耳。臺下以恩結之，真遠猷也。顧夷性好亂嗜利，未遭大創，恐未必謹守約束，一有披猖，仍須痛懲，嗣後乃可冀馴帖耳。不多及。

復林雲源

嚮聞姑蘇樂土，無尺寸曠地。兹得揭示，乃知該區荒廢若此，其患起於先時均糧者之欠周詳，亦由足迹原未經涉耳。兹非明臺親歷其域，烏得悉其艱狀耶？據議，變通調劑之方備矣。然今所議增糧之區尤須加覈，大約不盡民力乃可久耳。草草奉復，不多及。

復凌洋山

承示，兩縣之建，士民樂趨而風景丕變若此，非臺下威暢信乎而招徠之周也，其有是哉？良仰！良仰！設學事甚佳，必如是乃可使王化漸於異域。第擇諸士民占有田業，其子弟可與進者獎引之，遲其貢期，或在十年之外，無不可者，勿使他土狡猾借名尸其間，則善矣。不多及。

復周際川

承札諭諄諄，其指陳河道利害至明晰矣。前河漕疏至，鄙意即謂此當與河南兩院會議，正疑中有同異耳。濁河性猛善遷，從來未有以人力挽之者，即復故道，亦必一二年仍徙去矣。而新經流必漸成河渠，斯因勢可利導耳。昨議謂崔家口至小浮橋土皆堅硬，黄河漫流不能衝刷，恐非其實，願臺下一親往觀之。使果漫流已久，其土堅硬無恙，雖費人工力，故道不容不復。若已衝有河形，即可因而開浚使深廣無難也。謹此仰復，併布其愚，伏希鑒裁，幸甚。

其　二

弟能薄享巨，獲譴于天，息女不禄，寔惟貽慼，無可委咎也。乃乾丈宏德鉅度，方爲社稷寄重，弟之蹇劣，其所籍於誨掖甚深，乃一旦捐館舍，未審天道謂何，而私衷誠不勝刺痛矣。承諭，詞旨惻愴，具稔同心之感。附復，不多及。

復李翼軒

遠承翰諭及疏揭，領誨不淺，其指陳風靡政蠹，可謂曲盡，大約無務實之心之一言足以蔽之。蓋惟虚文相冒，推延日月，故一味苟且，不暇點檢職掌、顧惜大體耳。苟知點檢顧惜，則將遵奉舊章不暇，而安取多事爲也？今之爲政者能悉掃近時紛更贅旒之舉，還之國初之舊，即事省而人安，可以坐致治平，不特學憲一職而已。公綜古達今，施之小試，固遊刃有餘者，更惟消息鼓舞，去其太甚，無使襲弊者駭觀聽，斯善矣。匆匆，不盡所懷。

校勘記

〔一〕“原”，疑當作“源”。卷十、十二有《復江新源》。

〔二〕“蝥”，疑當作“鰲”。

〔三〕“消”，疑當作“削”。

〔四〕“禍”，疑當作“鍋”。《條麓堂集》卷十七《與鑑川王公論貢市書》：“昨部覆已擬，如開原例市用廣鍋，旋復中變。甥與諸老言，鍋是虜中日用所急，恐求之不已，况廣鍋京中甚多。或他物聽民自用，唯鍋官買與爲市，禁民私市可也。”

〔五〕“羸”，原作“嬴”，據文意改。

〔六〕“糾”，原訛作“紏”。下同改，不再出校。

〔七〕“困”，疑當作“因”。

條麓堂續集卷十四

書十二

復房心宇

僕有祖居一區，足庇風雨，第密與公衙爲鄰，旦夕且乞骸，慮栖息不便，故卜築城南僻巷，鷦鷯一枝，爲終老謀耳。此野人私計，豈宜聞及尊臺。承惠愛駢疊，感藏無極，而心殊踧踖甚矣。敝州河隄事，極荷臺慈軫念，聞春來已興工矣。第時當歉歲，灾民不任力役。曩地變後築敝州城，近夫縣咸借夫幫役。今鹽池工未竟，各州縣夫不可復借。仰希仁臺特遣敝州夫歸，與在州夫合力並作，庶隄岸易成，可及水發前竣事耳。惟臺明裁庇，幸甚。

復張爐山

承諭，二酋果東搶，青酋議行罰治，此奉明臺威信之效也。犬羊誠不足與校曲直，但須明約束，存中國大體，此千古馭夷不易之論。良服宏略，第此舉頗有關係，恐迤西諸酋視之生心，須仍諭之虜王，觀其處分何如。不多及。

其　二

虜東部竊犯宣裔，前微有聞，曾附啓訊。玆承諭示，乃知其恣肆無忌若此，須盡法以處，乃足懲後，臺算得上策矣。第未審俺、青二酋此番肯爲處分否。揭開將士遇銀定，以貢市故不敢加害。夫彼既不顧信盟，操戈内訌，乃賊也。抵敵誅馘，惟力是視，即盡殲其衆，曲既在彼，諸酋亦安得爲中國歸咎，而何不敢之云？此須明示我衆，俾異日直前無恐耳。不盡。

復梁鳴泉

承諭，開示遼左虜情及軍士困苦之狀，明若指掌。至謂法先自治，莫急於增餉，此石畫也。今各邊幸稍寧，即破格優遼，司農亦有餘力，當不相左。東虜勢固强，然非屬夷誘扇，未必若是之亟。長此不已，患且及薊，顧制之不易耳。附復，不盡。

復沐黔國

自公嗣建節鉞，克紹祖烈，滇土清謐，用蓋前愆，光復爵秩，此忠孝之顯效、臣子之茂節也。天子以西南委公，温綸褒答。幸益勵弘圖，永保休譽，邦與家兩攸賴也。不多及。

復周樂軒

承諭示，兼領疏揭，具見臺下爲遼計至周備矣。朋馬之議殊善，此爲遼卒解一剥膚患苦。其原籍追軍裝銀一節，恐不濟于事，蓋伍符經二百餘年，其逃絶、詭冒幾不可詰矣。不多及。

復公東塘

再辱札示，知已禫除矣。銓司謂近例須赴都方注授，吾友幸以時詣闕，大段秋中可也。操存在己，屈伸由人，盡道委命，隨遇而安之，動忍所益，異日受用方弘耳。不多及。

復管嶰谷

賢者作邑有駿聲，閥書奏績，當榮膺貤典，足慰孝思也。丹陽當南北之交，自來號多事。兹饑歲盜作，南北籍籍有言，希加意捕獲，以杜亂萌、銷多口也。此復，不多及。

復宋桐岡

旬日兩承臺札，兼領河工條約，禮遇優隆，開示諄悉，且審明臺所以注存不肖及軫恤山區者兩極至矣，感藏何已！河工仗臺力已完，迴河東工甃砌如法，工力堅緻，咸謂百年永賴，與昔時所理河工迥異，此蒲城萬衆子子孫孫所尸祝也。麻子石受灰，加之糯汁，黏互膠固，良勝鐵錠。此工既成，即夏中水發可無它虞。秋中當營迴河西工，仍用鄭府判、王州判二官可也。工費浩穰，而原估減削大甚，真難爲力。承諭，當爲兩院新公言之。丈田事於小民極有益，而豪强兼并者多不便。承臺明加意區畫，章程既備，則郡邑有所持循，當使一路實受其福。第須擇人委用之，果能於其事，即一官令徧丈一道亦可也。臺明念切民艱，至誠惻怛，孳孳爲之經理，即古人何多讓，僕目所未睹也。人旋，布復兼謝，伏希臺鑒。

復何晋吾

承諭丈田事，欲以東北鄉餘田補缺額，而山南者不必盡搜，極是，知使君留心民瘼至矣。第此番丈量，因承平日久，賦籍侵冒脱落，有有田無糧、無田却有糧者，亦有田多糧少、田少糧多者，豪强擅利，瘠弱偏累，欲有以清正之，以紓疲民之困，不但欲補原額已也。册籍訛謬久，不足復憑，兹惟加謹弓繩，朝夕躬行督察，一以今丈爲數。其田之厚薄高下亦自不同，分爲數等。第一則者出最重租，二等次之，三等又次之。或爲四五等，或爲六七等，務甄别不失其宜。高下相乘，一州總算不失原額，則東北饒裕之土在上則者必多，山南中莊等里必多在下則減輕矣，此方是均平之法。以前飛詭欺隱之弊，俱與更新，不必追究，但令自後如今定等則辦糧，亦簡便不擾，事易集也。惟高明亮之。

其　二

前使旋，附有啓謝。兹聞河隄東工已成，其爲使君焦勞何似，然士民蒙被福澤永無極也。丈田計當舉行，前承下問，兹得前扶風丈田事宜一帙，謹用呈覽。其法使百姓自丈其田，而官府出其不意，歷加覈察，而嚴懲其不實者，似爲簡易省力耳。幸高明裁擇，或倣其意行之，亦大便也。遣价西旋，附楮仰候，併布區區，不多及。

復褚愛所

宿、潁[一]多盗，緣兩省接界，易於趨避，且巨家爲逋逃藪耳。此須痛芟剗以清禍本，迹其所爲，與叛逆何異？長此將安窮也？不多及。

其　二

中州起運積逋，總計不及百一，即全蠲以惠艱民，良不爲過，而臺慈汲汲爲地方軫恤至矣。恐無追補十餘年舊欠之理，不如付之無言也。不多及。

其　三

屯糧參降武官，凡係地方疲敝，節年無能免者，情有可原。部議舉潁川爲例，非獨指潁川一衛言也。今見疏參，若潁川比者仍有之，似當查實所以然之故。果法紀久弛，當議振興；果土堉人逃，當議寬恤。即潁川衛亦未可徒寬其罰，而不爲議所以善後也。惟明臺留意，餘不多及。

其　四

承諭兼揭示，南汝兼制之議，質之秦楚所陳，大段事勢已涣，籠絡爲難，無事時多一番牽制，有事漫無可責成耳。若然，則鄖臺未可裁也。人旋，布復，匆匆，不多及。

其　五

王者以豐年爲上瑞。今中州水沴歲歉，方請蠲貸，雲物之異，似未可並陳。即如淮揚報饑，議者咸以麥瑞爲姍。惟臺明裁之，餘不多及。

復梅凝初

曩强盗獄多久繫不决，中有冤誣，尚足憐也。今既欲殄滅無良，速正法典，則審有枉濫，當急爲申雪耳。辱諭，具見明慎刑獄，殊善。不多及。

復辛順庵

山國獲借重臺軿，安静省約，軍民實受其福，其感頌不啻若口出也。敝州節歲黄河東徙，侵逼州城，危殆已甚。昨歲蒙兩院議，建輯新舊石堤以防後患，業已舉工矣。第初議工價太約，今民〔二〕未半而民匠不勝其困矣。希臺慈俯加體恤，行河東兩道從長爲議，務求事舉而疲民不重罹其累，即數萬枯槁獲更生幸也。地方瑣事，輒率爾喋喋，幸恕衝冒，至荷。

其　二

伏蒙見示敝州河工呈揭，既准增給工費，復慮頑石難久，其欲拯瀕水灾民，置之袵席安者若是之殷且篤也，僕同桑梓士民當世世戴德尸祝無斁矣。其堤東至七里渡、堤南至河瀆廟工，乃原議續修者。今二工既將完，其堅固壯厚，足保永久。其堤東至七里渡一工似可緩，惟堤南至河瀆廟乃密邇河流，殊爲剥膚，而舊岸脆薄，且多損壞。若單修此工，費亦不過數千金，而河東諸郡邑或有堪動無礙銀兩，乞行兩道議之。工大費巨，奏聞亦可，若欲請發内帑，則必不得耳。伏希臺裁。秋禾已登，清丈方始。此番朝廷主在均糧，不求增賦，而有司不解德意，多過爲刻苛煩碎致民嗟怨者，希臺明爲諭之。軍屯及藩府軍屯子粒等地，俱須與民田一同清丈。若有侵隱民田，須盡數清出，俾輸正課。若民田不失糧額，縱彼有多餘，任之而已，不必與較銖兩。要在委任得人，以平恕之心行所無事，自然彼此相安。苟一有偏重，或反貽將來之紛紛，不可不慎始也。伏惟明臺留意，闔省軍民不勝幸甚。

其　三

伏承台諭，垂念西關修守及敝州河工若是之汲汲也。臺慈爲百姓造福，出之仁惻；爲國家任事，本之至誠。此僕所深喜爲國得賢，而又深慶爲桑梓得怙恃也。真切！真切！偏關迫虜，最震于鄰，而敝州河患又切剥膚，非仗仁臺，其曷能建有成績，爲百年永利耶！季憲使實心實政，真足奉臺下明約，朝廷方擬不次大用，以奬忠賢，乃遘疾若此，令人短氣。兹且暫就閒調攝，可語令安心醫藥，善自護也。使旋，附楮，仰復且謝，諸惟臺覽，幸甚。

其　四

承示，山右倉口見徵糧額視黄册甚少，恐部議見田畝增多，欲復黄册之舊，具見臺慈爲埆土艱民軫念深意。即當爲司農言之，但得見徵倉口能完，不啻足矣，册額安可復也？聞冀南道將澤、潞各州縣民居悉丈入徵額，民不勝駭擾。宅基之説，部文無之，乃借口多事，最爲繆罔。希臺明主持改正，不惟一省無二法，通天下皆一規制，而豈可獨苦此二州民也？偏關、興、嵐一帶所墾荒田，原議三年起科，并留杜大參終始之。今當三年期，歲且盡矣，不見臺題，未審其事竟有實效否，便幸示知之。不盡。

復凌洋山

按天下賦税悉秋重夏輕，惟淮安夏税視秋糧加倍，則其地利與百姓所仰在春田更切耳。而復值灾沴若此，不遇仁臺軫恤懇惻，餘民真無孑遺矣。且此地古來多事之區，伏覽來諭，德在民而功在國者不細也。不多及。

其　二

江北根本要區，年來灾沴頻仍，朝廷所以寬恤給賑、撫摩拯濟者靡不至矣，而厄運猶若未轉，何斯地斯民之苦緣不盡耶！時將近秋，未審近日雨澤何若。附復，不多及。

復郭希所

都關掣鹽分包，緣利重弊多，故借重臺威以鎮懾而清肅之耳。然以糾覈之司而親理筦榷之務，委未妥便。玆議以其事付之部官，而臺察糾其不法，亦政體宜然也。不多及。

其　二

留臺清議所出，玆借重通賢，國是良爲有賴。明興二百年，成憲具存，中間時勢移易，未免有偏廢牴牾處，要在調停轉移，不失其舊，未可輕議變更。曩見佳疏，殊有識量，故特用奉告耳。附復，不多及。

復田東洲

吴會最爲多口，自吾友按莅來絶無訾議，且有頌美聲，固知善政多也。京口剽劫縱横，罪在道府玩寇，不以時緝，兼蒙蔽上聽故耳，僉論甚明，幸無過自猜慮。承翰示，且悉苦衷，往事不足追，第嚴督所司多方根捕，俾盗戢而民安可矣。不多及。

復吴環洲

營兵出防，無益戰守，徒滋煩費，罷之良便。其各邊入衛之兵，年來漸議減裁，十去六七矣。未審近來所募土著代西兵者果濟實用、堪經久否。若有成效，則入衛兵可盡罷，亦安邊長算，第恐卒未得耳。此事宣、雲猶可，延、固不勝憊極，非仗壯猷，其孰能兼利彼此耶？仰復，不多及。

其　二

遼馬如來議免發矣。前長昂侵擾寧前之舉，今已定爾。此虜巢與該衛密邇，以虚聲内喝，不爲備則必内訌，備之則我疲於奔命，故此虜不加痛懲，則寧左無息肩期也。唯臺明裁之。

其　三

虜以九日入塞，迄今八日矣，尚未聞出塞訊，將果逗遛耶？土酋艷西虜市利，其乞賞乃真情，第以兵挾求，迹有未順，此當直拒之，徐圖厥後耳。不多及。

其　四

承諭兼領疏揭，具見壯猷深慮，桑土綢繆，爲都畿屏扞不貲也。曩癸亥虜變，平谷城垣破缺，不但垜口，且空城無兵。任令極力防禦，簡丁壯，授兵待戰，而衣婦人以男子衣，令之守垜。鄉導引六七虜趣缺城，任令矙其人少，即自門隙出丁夫突之，斬首一，餘虜奔去，城用以全。當是時，任令之聲與通州張守同傳，然任之事更難也。已而，張以功望超擢之，數年開府，而任之功遂寂不聞。兹蒙臺諭及之，具見綜核軍實，在遠必睹如此，則近者功罪明當可知矣。良服！良服！不多及。

其　五

虜留連内地凡六日，縱城堡無恙，然地方被其蹂躪甚矣。且密邇鎮城，諸將環列，絶未有偏師能雕零截惰者，恐虜自是益輕中國，遼患滋無極耳。振敝揚威，全仗壯猷，爲之一新觀聽，伐虜謀也。

復林壁〔三〕東

自文興南發，館中舊德益鮮，緬懷雅道，悵戀爲深，不意夸毗子復有煩言，殊可憤憾。然公清標素望，士論自明，蒼蠅營營，豈足點涴垂棘？乃公崇執亮節，不欲受世之污濁，翩然遠舉，極爲高蹈。第朝廷之上方綜辨名實，而失此老成典刑，真可惜耳！南鄉雲天，鴻冥難慕，臨翰倍有依依。

復孫小溪

巡撫兼制軍民，即京兵出防，其將士須受節制，豈有衛、縣同城而不在統轄中耶？今須申明之耳。不多及。

其　二

前承諭，即爲岳老告之，知賀氏被劫的在十月初，疑頗釋矣。江南二麥大稔，而頒帑適至，是賑豐也。吴會人好詭言灾沴以聳動遠近，其失實乃至此，可恨！使後果有重大灾傷，朝廷又將何以施之？乖政體矣。固知恤賑須撫臺勘至而發，乃得宜也。鎮江屢失盜，而該府全無捕獲，希臺明爲之加意督緝，岳老屬望甚切切也。丹陽當鋪之盜，果革退諸役乎？此須覈有實迹乃可的坐，不則恐有司藉手了前件耳。惟高明裁察之。不多及。

其　三

前見公引疾疏，心竊有惑，恐别有所托。兹承諭，乃知以目疾杜門，此心始豁然。貴體既平，業已奉明旨，當視事如常，不必復爲他説也。臺下實心任怨，元老甚知之，第吴會人情難調，雖直道無妨，不可不爲過備。事相沿日久者，須以漸轉移之。如所示蘇州一石糧免三十三畝，今免二畝八分，極爲正理，恐其人不堪也。何如？何如？附復，不多及。

其　四

公忽有引疾疏，聞之愕然。正在方將之年，縱朝夕微失平，行轉佳耳，胡至遽爾請告？豈意有所咈，欲有托而去耶？大段天下事不如人意十常八九，而仕途所值其能相諒者尤寡。君子但循理修職，求此心無愧而已，亨塞毁譽，當付之自然。若一一較計是非，徒自苦耳。惟高明亮之。近江、濟二衛事，部覆許撫按禁制不法，從公疏也。人旋，附復，幸遵温旨勉留，慰中外望。不多及。

其　五

清丈事極不易，而吳會尤爲難處。此不在速完，貴于停妥宜民耳。聞曩時王肅庵嘗爲清丈，頗稱得法。今明臺加意振刷若此，艱民其自是無偏累矣。不多及。

復劉華石

丈田事，臺疏請俟農隙舉行，爲小民造福不淺。此事朝廷原欲賦税均平，貧弱免偏累耳。各郡邑丈出餘地，或新開墾者，不論多少，只依地方額税從輕攤派，不許額外加增分毫，部所題覆甚明矣。聞有司不分城社、民居、墳塋之類，一概拖〔四〕丈，殊失廟堂初意。自來關厢、闤闠、民居叢雜之處，雖有一二空區，原不升科。而郊外荒榛茂莽，廢村古墓，今墾爲田者，既徵科矣，則今日鄉村民居、墳塋舊有糧者應豁之，大段比入數終少耳。至于山巔，窮民所開，穫少力艱，清丈者當及山根可耕之田而止。河灘水退之地，水至即没，非其常有，亦自來不升科者。希臺慈明布條約示郡縣，無增小民之擾，甚大惠也。又敝州北面河隄，仗臺庇已繕完及半矣。此工原告之健所公祖，俾委平陽鄭通判者，其督理甚勤慎得法。今入秋，當續興其未完之工，而此官適當考滿期，希少留之，俟工完補考，庶山城有永賴耳。喋喋，殊覺輕冒。有罪！有罪！

其　二

民居原不起科，載在令甲。昨僕奉告，非獨爲敝州言，須概省通行，庶民不擾耳。鄭判蒙允留，深荷。敝州西面瀕河，最爲喫緊。今所修二工乃州北隄岸，因前二歲偶河漲及之故耳。爲地方經久計，則西岸尤不可緩。第支費浩大，須臺慈破格允給，亟行兩道，議接續修之，鄉土百萬生靈永世戴庇無極也。

其　三

伏奉臺諭，厚下宜民之真心藹然溢於言表，誠堉土艱民所深幸也。今此清丈，務全實徵糧額已爾。其有失國初原額者，中間或有他故，必欲取盈，是反增民害矣。况山右蕞爾區，而北供三鎮，邇來役煩賦重，視國初不啻百倍，亦皆田所出也。承諭，當爲司徒公言之。民居無税，天下所同，何冀南之不達若此？昨訊之司徒，謂部文原無宅基之説，今其刊册具存，謹以呈覽，該道幾於誣上而欺下矣。仰藉臺威毅然更正，俾就畫一之制，毋使此褊刻者肆爲繆戾以病良法也。册報在近，即遣來使旋，肅楮仰復，更惟臺炤，幸甚。

復李吉軒

承諭，畿郡密邇，而吏不奉法，則遠者可知，非明臺一志秉公，其何能任怨若此？公論方明，訛言無敢譸張，幸無慮也。小兒家信領訖。邇遣此子歸候老親，令僦車徒、憩旅舍以往，絶不與官司相聞，未審臺明何由知之而加之禮餽也。附謝，不多及。

復孔仁山

再承翰諭，具見大雅宏觀、樂天知命之冲襟矣。夫壽夭通塞，人世至爲不齊。人惟意欲無窮，每見不足，未免戚戚。若能以所至自安，則人之不及我者何限？其樂信無涯也。兄丈於是加人一等矣。竹坪目病爲累，幸兄夾持之，彼所仰望者殊切也。賤日歲煩存念，益所不安，謹用仰謝。不悉。

復宋禮齋

賤日重辱華箋，緬惟知己之愛，歲至益渥，荷誼甚隆矣。僕碌碌在此，徒冒寵禄，遷延月日，齒髮且駸駸作衰態矣。上之不能宣明主德，清理化源，下之不能推轂賢達，布列樞近，私心良以爲愧。兹逢初度，倍憶故山，不禁倦鳥思林之甚，聊爲知己告之。人旋，附謝，遂布衷曲，幸相照焉。不盡。

其　二

事之反常，一至於此，殊可憤恨。僕碌碌在此，不能爲相知軒輊，真愧死無地矣。君子之行己莅職，心苟無愆，幽明無怍，浮言訛謗于我何損？願高明善自寬釋，毋以外撓累我，泰宇公論，固會有清明日耳。人旋，布復，臨楮無任悵悵。

其　三

吾友苦心實事，在疆圉且六年，横罹讒搆，令人短氣。然此乃有爲之根蒂者，公論所在，人心殊不平之。願禮齋自寬，人雖至無良，必不敢全枉是非之實。君子之立身行政，苟無愧于心，即天地鬼神亦昭鑒之，豈彼眀眀者所能淆亂也。人旋，布復，臨楮不覺拂鬱之至。

復任古塘

西寧近有丙兔一部，頗費綏輯。邊方法紀久弛，内備欠飭，而接虜又失操縱，遂致多事。今借重壯猷，布信宣威，虜將愛而憚之，改易弦轍矣。大段番虜原不難處，多中國奸狡爲之教唆透漏，挾外恐内。惟嚴緝此輩，盡法治之，而謹其出入稽察，庶足省事耳。惟高明留意。

復賈春宇

承諭，雲鎮得澍雨，良爲邊民幸。雨後疫癘當解，而猶未熄，何也？或且漸消矣。此番丈地，但欲均糧，不欲加賦。縱丈出餘地數多，惟以原額糧攤派之，則小民受福多矣。不多及。

其　二

承揭示兼書册，具見臺下奉行詔旨務實且詳盡矣。治道去其太甚，必人情、法理相協，然後可久。若矯枉過正，推行爲難，必有決裂翻覆之弊，惟明臺念之。近日雲中晴雨何如？秋事竟作何狀？便幸示知。不多及。

其　三

虜王表貢益恭，皆藉臺下威信孚暢所致。秋已過半，未審得勝等處互市在何時也。以廣昌夫守紫荆隘，此爲防盗之自内出者可耳，蓋皆嘉靖間怯師繆計。如總督秋防移駐懷來，守南山之舉，殊爲有識所笑，及今罷之，猶覺晚矣。不多及。

其　四

窮邊荒歲，小民極難爲生。蒙臺慈軫恤殷篤，米價平而人心安，其爲地方造福不淺。套虜不釋怨于番夷，無日不乞順義爲助，遣部酋西搶。雖行止未定，計久近必一舉耳。此當任之，其去留不足爲中國利病也。郡邑吏不職，按臣得不時劾之，撫臺會同亦可，不會亦可，無庸寘念。清丈事當有分曉矣。昨見晋府管理者一疏，謂該府欽賜莊田坐撥大同境内者凡一百十五處，今只存十餘處。果然，亦似當爲一查，乃爲不偏耳。不多及。

其　五

承示，虜王病困，此番恐不復起矣。虜部雜遝，不相攝屬，當必有一番變態。年來納款久，官通往來，虜中甚習，亦可預測其所終竟否耶？虜盛衰分合，自有時運，第在我懷附鎮讋，其機宜毫不可失。然須得任戰兵馬萬餘，乃可待意外耳。惟明臺加意焉。嗣有虜情，幸示知。不多及。

復郭華溪

鹽運粤西，兵餉所資，初建議者蓋亦不得已之計，雖小不便於民用，而利賴者厚也。若東運增額，西運雖存，民孰肯舍所便以就不便哉？將終廢矣，豈可不慎耶？八寨方修善後之政，須習其事者乃可專任委成，李帥留之宜也。不多及。

其　二

兵餉定額，乃歲供不可闕者，而湖南之積逋其甚如此，則以粤西異省督趣之令弗行耳。俾依貴竹例，該府類解，良亦政體宜然，不則漫漶，將安極也？不多及。

復胡順庵

前臺使返，兩有謝牘，計當先後達矣。山郡瀕河爲城，曩來水自西門經過，爲患猶細。數年來，河身東徙，每夏秋驟發，即自北面漫入闕厢，洶涌瀠湃，闔郡皇皇，深有其魚之懼，剥膚甚矣。天憫遺民，方議建堤，而臺軿來莅，仁心惻怛，規畫周善，咄啐間東工已告完矣。役不逾時，民不知苦，而深廣堅厚，視原議不啻增倍。此地方百年永利，吾西土有衆所當世世尸祝者也。良所欽服！良所感佩！兹遣价西旋，謹楮仰布謝忱，伏希明臺鑒炤，幸甚。

其　二

隄工仰藉遠猷，成功卓異，言不盡感。其錢糧不敷，已爲撫臺告之，俟新按院至，當再爲陳説請益也。丈田一事，在敝郡最爲切務，蓋田糧詭冒虚包，弊端百出，窮民受困，而官司亦苦催徵之艱。果清丈得法，使田糧相副，乃地方無窮福也。但恐承行吏胥、積年里書從而混撓其間，反滋民擾，此亦全仗臺明加之意耳。曩時扶風王尹丈田得法，至今其縣蒙利。其法，使百姓自量，而官不時覈之，殊覺簡易切實，謹以其刻册一帙呈覽。倘芻蕘可采，幸無以人廢言，或未必無裨益耳。餘不多及。

其　三

臺輧莅山郡經三時，而士民頌戴政澤者日以滋衆。僕雖在千里外，其受帡庇均也。良荷！良服！丈田事，前已奉瀆，兹兩院題准，俟秋成舉行矣。此事朝廷本意在均田糧、惠煢弱，各郡邑悉以原額爲準，縱丈出新墾及欺隱地多，惟以原賦爲則，從輕攤派，不許毫釐增羨也。乃各郡邑務爲多事，既欲丈關城民居，又不豁郊野塚墓，且猾胥、里書無端嚇騙，地未丈而民間紛紛不勝擾矣。希臺明嚴加督察，一道黔黎福也。至于窮民開山，力勞而少獲〔五〕，今丈田當自山根可耕之田而止。其諸河灘湖退之土，皆隨水來去，不可爲常，亦不宜麗於賦額，惟臺明裁之。河隄事已告之兩院。計西工且將舉，此工儘西須與舊河石岸相接，則北面包砌完固，可保無虞矣。至于西面，切近河流，尤爲剥膚。希臺慈加意，或當更修，或當補葺，審勘而酌議之，實灾區無窮之利也。已上二事皆亟欲上懇者，適解州王守人至，爰附以聞。王守，僕丁卯京闈所舉士也。其立心臨政，俱非敢苟者，當不能逃臺明洞察，希誨督而庇植之，又烏屋愛也。輕冒威嚴，悚怍！悚怍！

其　四

前臺役旋，附有啓覆。未幾，舍弟至自蒲，復奉函諭，真誼盎然，曉示詳悉，感荷何極！近辛撫院見諭，謂敝州士夫欲復理東北至七里渡一工，及西南至河瀆廟一工，費至萬金，恐銀無所出，欲行奏請，似有作難意。僕前奉告，但欲接修西工，自河岸抵河瀆廟耳，原未議及東北至七里渡之工，蓋當建事之初，原有此議，後因材力不敷，乃只修中二工耳。今二工既堅美足恃，東北工似可少緩，若只修此東南工，所費巨萬，奏聞無妨。若欲請内帑，則必不可行耳。希明臺爲辛公剖析言之，僕已以此意爲復矣。丈田事極承臺慈軫念，民用無恐。但民居不當起科，而郡邑城内縱有隙地，原不徵糧，此令甲也。今既不增糧額，不必過爲紛紛。昨按院見答，謂已行本州，令毋丈民居。此當行之闔省，僕非爲一城言也。秋禾已登，清丈方始，敬因使返布謝，輒敢申布其愚，惟臺明惠鑒之，幸甚。

復裴紹野

訛言譸張，反易黑白，極不可耐。然門下清操直道，皎然若日月行天，衆所共見，安可誣也？第當此清明之日，顧乃讒謗肆行，正人被抑，令人短氣。僕所以言及赧顔，深耻其無能爲軒輊也。李敬田謂公欲上疏請勘，兼乞休云云，此反覺多事。公壯猷正氣，異日當大受以濟斯世，動忍所加，蓋天意有在，幸順受之，後來必得此番力耳。日來正擬數字奉慰，適使者至，特此布復，願高明達觀自信，諒僕不誑，無以非意所干輒撓天和也。臨翰惘惘，不盡所云。

復劉約所

辱示，元邑社穀積歲逋貸，幾爲空名矣。約所爲之理久負，時出納，具見振廢勤民之勞，而反以招讒，蓋任事之難如此。夫借與賑，不可同日語也。歲歉民饑則賑之，必先其煢弱甚者。若借則將責入焉，安得不擇可者與之也？蓋今春畿西頗歉，于時當賑貸並行，乃上司無明示，而小民有希冀心，故怨歸於有司耳。蒙諭，領悉，當覓便爲轉白之。幸安心修職，賢聲已著，監司當自能體察，未便以一言輕爲舉動也。附復，不多及。

復王述齋

關輔坊苑，三邊取給。近來牧政廢壞，廟議憂之，故妙簡才賢，期復雲錦之盛。此於門下不無暫淹，而軍國所藉賴宏也。伏承諭教，極荷隆誼。曩時冏卿申君曾條西苑事甚詳，其説似確。若果當於事理，門下舉而覈其成功何如？不盡。

復張滸濱

承示烏蒙土酋鬩墻之詳，犬羊抵噬，乃其常事，無足異者。第須有調停而鎮懾之，務兩服其心，使後有所憚而不敢横，乃長便。不然，恐此紛紛者無有已時，將疆圉未免驛騷耳。不多及。

復張滸東

前使旋，據鄙意布復，不意訛言復爾朋興若此，令人憤懣短氣。使至，辱諭言，三復悵然。弟與聞國政，知賢而不能爲軒輊，良可愧死。然公道在人心，是非難泯，今日紛紛，徒能爲兄丈暫時掩抑，以遂媢忌者排根之私耳。日月之光有難終翳，希大雅洞觀，夷然受之，毋以介懷，天定固有時也。來使旋，附楮申復。臨楮悅惘，有言不盡。

復潘印川

軍民同處，最易啓爭，惟在公心一體視之，使曲直不枉，則自然馴服矣。若各私其屬，意有偏護，往往致多事，或以階意外之虞。今兹江浦縣、衛之事，其所起漸渺耳，搆煽不已，乃致紛紛若是，真可恨也。大疏已行南法司併勘，願平氣以俟之，其真僞顛末當不能隱也。餘不多及。

復劉重庵

伏奉臺翰，謂法比如蝟，而夙夜惟以奉德意、期平反無冤爲念，此則漢庭張、于高躅，其爲陰德殊厚耳矣。本朝律比詳允，乃萬世不刊之典，第後來例議紛紛，頗傷煩細。本情附法，汰穢疏窒，使一歸原律，得微於大仁人是望哉？不多及。

復陳崇齋

東方清丈事汔有成績，雖郡邑長吏效有奔走勞，然裁畫主持，則明臺寔爲功首耳。此事極利煢弱而豪强率不悦，故任事之臣多不理於衆口。如來教所指膠守諸令，乃表表著令聞者，幸已辯明。恐餘樸魯任真之吏，尚有不能自明者，惟明臺爲加意申恤之爾。附復，不多及。

其　二

丈田之舉，朝廷本以恤民，而各地方紛紛，反爲民害。惟東土仗賴臺明主持規畫，立法善而舉事速，告竣爲天下第一，而東人則頌聲日新也。其申理任事之官，雪其誣謗，尤快人意。此皆時俗所難及者，而來諭猶欿然不自足，何其弘也！屯糧之累，在東三府而登爲甚，不及今寬豁，將使海濱無復墾土，不盡爲荒萊不止也。臺明爲東人作福至矣。

復鄭範溪

虜自納款來，諸部悉謹奉約，而坤的理一派世稱狡横，往往跳梁，犯約束，而中國不與校，且曲徇之也，故年來益桀驁難耐。兹者仰仗壯猷，俾中國之威令行于驕虜。矧其臨塞日久，市馬多斃，虜既乖其所之，且失其利，後必足爲懲，不復作狂逞態，而宣鎮少事矣。日來天道驟寒，疏既入，即可與虜市。計守口兀慎部守必已完，未審黄酋市事竟作何處也。不盡。

復楊震厓

軍器歲造日增，而年久者漸歸朽敝，物力真爲可惜，盡取而修繕之，又事之必不能者。此須較量利病，爲通融可久之法，俾濟于實用，不爲徒費，斯善矣。承示，前使之欺，蓋小人常態，多有之，不獨是役也。然諸公凡公揭相示，亦多不具别札，仰見明臺篤慎至德，何其隆也！

復辛慎軒

清丈原爲均糧，不求增賦，乃有司多務爲苛刻，往往駭民，殊可怪也。兹承臺諭，寧稍遲而有益，毋欲速而貽害，苟小民有詞，不靳丈至再三，畿民其與被實澤矣。甚善！甚善！不多及。

復孔衍聖

家門之事，無甚難處，惟少加遜加厚，自然嫌怨日消，若兩不相下，彼此求勝，則禍端未有已也。往事不足復校，惟公圖所以善厥終焉。

校勘記

〔一〕“潁”，原訛作“穎”。下同改，不再出校。

〔二〕“民”，疑當作“工”。

〔三〕“壁”，底本卷首原目録作“璧”。（明）張萱《西園聞見録》卷九：“林士章，字德斐，號璧東，漳浦人。嘉靖己未廷試第三人，歷官南京禮部尚書。”

〔四〕“拖”，據文意似當作“施”。

〔五〕“獲”，疑當作“穫”。

條麓堂續集卷十五

書十三

復周際川

使至，再領翰論，知臺軿猶滯梁園，函谷秋風，想情懸故山松菊切矣。清望冠時，蒼生繫念深至，天意未遺斯世，必不使安石久處東山也。弟本河濱陋儒，烟霞夙癖，誤入塵網，遂冒台司，報主何能，失己交病。年來灾疢侵凌，牘欲棄人間事，以從赤松遊耳。敝州距鄠杜伊邇，異時杖策相訪於大河、華岳之間，端可俟矣。楮復神往，倍有依依。

復王柱石

今歲東鎮事，乃屬夷爲東虜用，内亂吾之耳目爾。東虜不足憂，若屬夷所當亟爲處分者也。此復，不多及。

復寧河王孫

季夏，爲王子請名使至，承函論，良荷。惠王垂歿，有遺疏，以國事委重殿下，其慮甚遠，蓋稔殿下忠信，不以生死異念故耳。自殿下受事以來，闔宗無不感服，惠王真可謂知人哲、托孤當矣。願殿下無過自遜避，毅然直前，總挈宗政，以需嗣子之壯，慰先王之靈，乃足稱大節耳。聞首夏曾頒翰牘，原未寄至，幸于原使一訊之。不宣。

復曹冲宇

兩淮鹾務，其繁夥爲天下最。吾丈一旦釋鉛槧而莅焉，極知穎質通才，應用有餘。僕願以慎重詳審將之，俟數月之後，百爾咸了然在心，然後出以敏决，則事妥而人服矣。瀕行，辱請益諄切，爾時偶未言及此，附使布聞，餘不多及。

復楊濟寰

與吾友别者且三年，頃聞政聲宣暢，以才見調，殊爲相知慰。兹辱惠音，拳拳相念，真意溢於詞表。良荷！良荷！鄞爲浙之巖邑，號煩劇難治，惟賢者始終毖慎，期於務實宜民，則大受有基矣。不多及。

寄高鳳渚

枳區久稽大賢，殊非所宜，然士民蒙庇深矣。猷望宣著，行膺不次簡命，端足慰孝思耳。敝州河堤，仗臺慈軫念，處給經費，而又嚴程以督之，將不日可奏績，百萬生靈均感，而僕尤荷戴入骨也。敝州及屬暨解之芮城，九月間被早霜殺禾，秋成大歉，冬來民皇皇，携妻子東西竄伏。惟臺慈俯爲軫恤，俾有司加意安集，庶不致生他虞耳。九月地震，未審視在前何若。今既日久，可免題，若復仍動，則須奏聞之。僕秋來復患痢瘧，形容頓成衰態。邇復值先叔之變，神情惘惘。三關修守之文尚未脱稿，念之真不異負芒也。外寄書一通，中有急言，希付河東諸公差星馳賫去。如道府無便人，即煩遣一力致之，至荷。

其　二

承諭兼領《題蠲全書》，仰荷臺慈軫念瘠區民隱，其存恤而惠利之者，真無所不用其心矣。感甚！感甚！前《減編均徭全書》，郡邑猶多未睹，乃其編帙浩大，不勝刷印之費，若每處發十餘部，或三五部，以明示小民晝一之征，奸胥益無所措手矣，惟臺慈留念焉。不盡。

其　三

承諭，河東南境霜灾，真地方大阨。秋灾，九月報，今已將歲終矣，過期太久，具題似未妥。第灾民責之辦賦，力不能支，將不免死徙。伏蒙臺慈軫念，欲將賦役輕折，此則寬一分，民受一分之賜，希速賜施行，聞今各郡邑已行催徵，民嗷嗷殊甚耳。惟臺鑒，幸甚。

其　四

邊土多荒，始由虜患剥膚，歲遭蹂躪，屯丁多死，有地無人，其有人者，又以地當虜衝，不敢耕墾，故一望蒿萊耳。自款貢來，各邊荒土漸闢，而三關之内顧荒廢視昔更甚，則以舊逋爲累，且招徠無術耳。兹所示疏揭，其擘晝敷析，較若指掌，可以日見之行，廟堂亦極許可，謂積逋既虚額，即當蠲之，求濟實用爲宜，真地方莫大幸也。謹復，不盡。

復宋桐岡

伏承臺慈惻然軫念河曲，不靳全郡之力，爲此一隅障禦灾沴，寔破格德愛。石條横順相錯，基闊至四尺，此最堅固矣。但僕曩見舊岸，石縫嵌以鐵錠。兹工程既鉅，用鐵恐大費，或只近上三層用之，以防解剥，何如？然唯迴河廟東西二工爲吃緊，其南北兩工不用可也。委官用鄭通判、王州判二員，殊得人，凡事即須一一付之，責其成功，必有可觀者。僕意工程甚鉅，未審灰石等料今冬可辦完否。計正月興工，去水發時不遠，即傾刻不曠，猶恐後時，倘復物料不給，倉卒必難趣辦。更乞臺明趁此冬隙，督各官作速預治之，庶臨期無誤耳。感恩恃愛，瑣瑣輒布其愚，臨楮惶怍。

復王龍洲

幽峒深箐之苗，自來不入職貢，乃相率歸化，此臺下宣暢皇略、内輯外懷之明驗也。廟議翕允，絶無異議，所陳善後事宜尤爲周到，此西南無窮利也。安酋既革心馴服，量復冠帶，亦事機宜然者；但欲令彼居會城供役，恐未能久耳。不多及。

復陳松谷

謝恩使者至，伏奉台翰，頓首祗領，荷誼甚渥。緬惟丈人三朝耆碩，天錫純嘏，老成典刑，四海之羽儀係焉。兹者帝念舊學，尊禮優至，象賢有人，克濟世美，人生景福，古今鮮儷，亦足以徵厚德食報之隆矣。某夙拜下風，倍承誨植，樂觀鑠美，私忭良深，更希崇護興居，用迓川至日升之祉。下情不勝祝願。

復凌洋山

伏承札諭，其指陳淮左諸事至明悉矣。漕折在起運，舊欠中允，宜蠲豁。第發積貯、廣賑貸原係特恩，而今乃屬虚籍，頗費周折耳。河、漕一事，以之分屬非便，誠如來諭。前事體更定時，亦博訪僉議行之，不謂盭戾若此耳。不多及。

復胡順庵

使至，辱惠音，知臺慈不鄙夷舊民，訢然欲爲之理，百城士民感慶何有涯量！前榮命初下，僕即托貴省直指君致一啓牘，未審能達否也。今歲蒲、解各縣罹霜灾，而㴬州且有河岸之役，百姓望旌麾入境，不啻望歲。正月始和，希早奉潘輿而西，爲幸大焉。臨翰神馳，無任。

復薛通衢

秋中臺軿出按河東，一路諸生靡不心服，以品藻當而予奪公，法在必行而待之有恩也。僕聞，殊有欽慰。兹辱臺示，敦行考德，尤得立教原本，河汾士風當自此一變矣。良荷！良荷！承示考卷及《原教録》，具領深意，即付之豚輩，俾知所向方，受私淑誨益也。此謝，不盡。

其　二

伏奉别諭，猥辱念及老親，寵之禮問，仰承孝思錫類之仁，榮感無量。具覽所示考卷，品隲極確，良服！山右諸生，其資亦多可與進，能自出意見，不剿拾時套，第其學不足充之耳。今仗宗匠陶甄，將來必且大異於昔。冒藉率多奸詭無賴，承臺嚴加意澄汰，真庠校幸。統此申布謝言，更惟臺鑒。

寄何晋吾

三小兒自西旋，備述使君禮遇優至，老父在舍，特承惠渥，銘感次骨，莫可喻也。河堤工大而費巨，聞前巡道所估多爲撫院裁削，經費不給，則工繕難期堅久，此惟恃吾仁使君加意調停之也。秋霜爲虐，而征税毫釐不減，必不能如額取辦。昨撫臺來告，謂有存恤之政，果見之施行否？遺民薄祜，重罹厄會，乃至爲高賢累苦，僕心竊所未安，附此告歉焉。惟臺鑒，幸甚。

復辛順庵

山右本瘠土也，外扞獯鬻，内供藩禄，故賦額視諸豐壤反倍蓰焉。民困而不支，非朝夕矣。兹有天幸，獲借重至仁俯臨綏拊，其誠心仁政所施及，爲地方造福，有不在聲音、笑貌間者，僕叨齒編户，與有庇賴深矣。伏承翰諭，謂將殫竭心力，加意三晋之民，此固明臺未言而僕先信之者也，殊爲鄉井慶戴。使旋，謹楮布謝，更惟炤鑒，幸甚。

其　二

山右土瘠，賦煩而驛遞尤稱苦累，年來雖少紓，然民力尚不支也。兹承臺慈仁心真切，俾該道得有所遵奉，集衆議而審量之，而臺下又速爲題覆，其加惠艱民，解倒懸而安利之，可謂至矣，百年尸祝固將無極。僕叨齒編籍，其沾被感佩同也。敬布謝忱，伏希臺鑒。

其　三

緬惟明臺實心直道，孚於輿論。兹者借重旌麾，拊循山國，綏懷德政，夷夏將共賴之。辱諭，何其執謙篤也！市馬爲民苦累，幸議改弦，豈宜復以累軍？伏蒙臺慈委曲體恤，不啻痌瘝在身，自此山右軍民永免剥膚患矣。良感！良感！不宣。

復張嚧山

承諭示，二酋東犯，須查審的確，乃可聲罪詰問，具見明臺沉幾遠略。蓋此事若實，則不可但已；若未實，則是我自開釁端，反滋多事。此夷情一大機括也。此行人衆路長，其有無虚實，形迹自是明著，俟探使旋，必有的據也。麻帥才勇，乃一時邊鎮希有，第昔嘗因本兵發其賄求情節，故爲公論所指，今猶未已耳。明臺不以二卵棄干城，良有深意。附復，不多及。

復蕭岳峰

承諭示，兼領疏揭，具見明臺殫忠謀國，且爲地方百千年計，夏人真有賴矣。乘虜款繕塞，所謂未雨桑土之計。第聞各鎮軍士疲於力役，咸有怨心，必如臺諭，鼓舞調停，使雖勞不怨，方爲善道耳。不多及。

復李近臺

使至，辱翰諭，蔚然情見乎詞，具荷至誼。戎馬之産西北，而我朝設監牧滁陽，蓋有深意，承平漸久，初意幾盡失矣。兹借重宏略，審裁順導，俾與民相安而緩急有濟，在此時也。不盡。

復部文川

前風霾之異，聖意慮在宣、薊，命閣臣傳諭。兹覽疏覆，乃知兵部并西鎮傳之矣。即今虜情少異，一二年中必有變動，大段多在東方。套虜固自願通款，近雖往往作驕態，不過爲需索計耳，恃臺下壯猷，必不敢太決裂。然先事之防，杜萌銷釁，使謹守約束，則今日第一義也。不多及。

其二

月中兩奉教函，殊慰。虜王爲番僧請封，此在西鎮原有故事，以是慰虜情而聯貢事，亦機宜也。第闡化王一節，部查原未停封，且近年屢貢，而來文稱二十餘年未貢，則情節參差，仍須川、陝通爲審實耳。不盡。

其　三

主兵額餉，乃升斗不可缺者，何綏鎮乃不足？額以八萬計，未審未定經制以前，而該鎮主民〔一〕歲例發自司農者若干也。今觀歲借支客餉亦不下八萬餘，同爲京輸，特未正名耳，此誠不可不及時爲經久規也。先此布復，餘俟續陳。

其　四

延鎮主兵額餉不足日久，該鎮軍士困餒極矣。曩緣請討徒數而開陳未明，故計部憚于增額耳。茲覽大疏，歷歷若指諸掌，更無滲漏，計部雖嚴慎出納，然勢不可已矣。前因各鎮工役煩勞，故議稍停不急以休養軍力，非謂并應興工程盡罷之也。承諭，寧夏皂礬溝之役誠當以時舉，惟厚加優恤，使役卒不告困可也。謹復，不多及。

復黄健所

山右土瘠賦重，民間所最苦者，尤莫過于馬頭，一經派及，中人之産必破。茲承明臺加意調停，劑量精到，事可久而小民若解倒懸，百年所尸祝也。良荷！良荷！三州賑災，不俟勘至，尤荷臺慈軫念艱人至德。再此布謝，不盡感衷。

其　二

夷馬爲全晋民害甚矣，承臺慈軫恤，灑然若解倒懸。若以之移累於軍，則亦非可久術也。茲蒙委曲寬貸，使軍不告困而馬政有裨，仁心遠猷，爲地方造福，豈有極耶？良仰！良仰！河隄蒙委鄭判鳩工，此隄必爲山郡永賴矣。殊感洪庇，附謝，不盡。

其　三

承示夷馬議，具見明臺爲地方軍民軫恤，其計慮深遠矣。必須題奉欽依，則異日遵行者無敢擅易，利賴可久耳。三州霜灾極苦，辱臺慈惠念，擬爲賑濟，誠萬衆更生之會，希速爲題請，須二三月中給賑，方有及耳。承下問，謹用布復，更惟臺鑒。

復宋敬庵

使至，辱翰諭，殊荷深誼。僕碌碌在此，年來殊有倦翼思還之意。每念賢者，青年偉才，優游空谷，未嘗不惻然動情也。來諭林泉清適，惟以讀書、修身爲事。此古人亮節，而吾友行之，真足慰耳。附復，不具。

復曹如川

山右土瘠賦煩，而驛遞之累尤甚。前兩院題行寬恤，爲日久矣，而各郡邑執議不一，幾成道旁之舍。兹賴明臺實心愛民，委曲審量，酌三道而用其中，緣議馬并夫寬之，兩院據以回奏，其事可久，而民受賜且不貲也。辛撫院有札，亦具述明臺惓惓爲民任事之詳，良所感慰。附謝，不盡。

復楊本庵

兹遣甲徵歸侍老親，竊計旌節北旋，必且便道省覲，晝錦榮行，仰慰高堂倚門之望，人子之盛節也。弟一別親闈，七更歲籥，晨昏相望，白雲千里，艷兄榮養至樂，真不啻天上也。謹肅短楮付甲徵，俾候尊駕過里致之，所懷不盡。

復胡葵南

辱翰示，知閥書奏績，當榮膺貤典，臣子之盛節也，可嘉！吾友譽望方新，而即以百里九十爲念，僕聞而欣慰。大段事出于矜矯者難常，而根于由衷者可久。賢者愛民勤政，咸本之實心，將愈久愈善，永保令聞無窮矣。附復，不多及。

復鄭範溪

承諭水泉夷馬之議，知臺慈軫念堉民，顧覆極周至矣，良感！宣、大動客兵銀補市本，係題允者。山右欲紓軍民累，須比宣、大例請乞，亦事之不可已者。第叙議中不當遺閫臺前後所頒條令，爲疏舛耳，希大雅無念也。不多及。

復陳毓臺

承示，清江廠贓盗悉獲，僅逸其一，具見臺端風力，其爲地方除患銷萌，功不細也。不惟諸文武吏將釋罰典，而該廠同知緣是獲白其侵匿之誣，誠大幸也。不多及。

復褚愛所

歲凶，盗起多在春月。未審中州雨澤近復何似，大段麥秋有成，即可無虞耳。三鎮班軍免班徵價，不惟窮軍不支，且非政體，當亟議更轍也。不多及。

復周樂軒

長定之役，按史久不勘報，心竊惑之。夫事有是非真僞，奉旨綜覈，第據實奏聞，求不枉功罪真狀已爾，而趦趄窺伺何耶？此舉亦殊有關係，念之使人短氣，請公安心待之。不多及。

復鄭石岩

自公之行也，僕日念之。兹辱翰諭，不以左宦爲慊，而惓惓引咎思效，真得人臣靖共之誼。夫人學問，要在困衡處驗其得力。請賢以實心自勉，將來乃有受用耳。不多及。

復高梅庵

使至，再領札諭，且悉深指。玄翁一代偉人，功在社稷。僕叨知深，沐恩最厚，而不能爲翁白心迹、完終始，静言自念，惶恧無地矣。伏辱腆貺申錫，疾首疚心，誠不忍聞，即附使者璧返，更惟鑒亮。行狀更望以時寄下。餘不具陳。

復蕭燕山

前見貴省撫按交薦，德門六世同居，歆企無任。緬惟兄丈鴻冥斂德，施於有家，惇睦高躅，邁於往古，寔海内風化所關，匪直爲祖禰子孫所共賴耳。雖雲天遼敻，瞻望弗及，竊擬遡下風而拜之，不但已也。兹辱翰貺，具領尊指；附有菲將，更冀鑒存。幸甚。

復梁鳴泉

辭疏已奉温綸，幸安心，無復介念。長定事，該帥罪在不以實報，以掩殺爲對敵耳。其實掩殺亦功也，非可爲罪。僕愚昧之見，的以爲如此，餘非所知也。不盡。

其　二

養善之功特奇，臺下任分陝之寄，發踪所由，宜膺上賞。其長定之事爲功爲罪，僕所不解，不敢强言也。疆場事全在功罪明、賞罰當。臺下正當局，與僕傍觀者不同，諒有確見，無使後來者失事機、解戰士體也。匆匆，不多及。

其　三

自夷囚越獄後，每念所頌繫諸夷，既未可殺，又不宜送去，防範之艱，關臺慮不淺也。今逆酋能送尖夜抵贖，則縱之去始有名，而此宗前件可注銷矣。疆埸事端，變幻互出，無論小大，當局者咸所廑念，所謂良工心獨苦耳。此復，不多及。

其　四

遼人勇悍敢戰，苦于兵寡。自西虜款塞後，而邊患歲結于遼，加以屬夷狡逆，爲之謀誘，自冬及春，凡再舉，皆東西同日入塞。仗臺下壯猷，明探周防，地方不至大遭蹂躪。然遼人智勇俱竭矣，嗣後恐不支，此在明臺深計而預圖之也。不多及。

復吴環洲

曩僕纂國史，見嘉靖末年邊事，其大壞不可支，無若宣、大，兵燹饑饉，幾於斗米萬錢，時蓋岌岌矣。乃不意十餘年來，而兩鎮儲蓄饒裕若此。雖以虜款貢省軍興費，然非明臺極力節縮精覈，其能至是哉？仰服！仰服！虜王思東歸，苦爲套虜所留，計與瓦剌搆兵，當不越今秋耳。不多及。

復宋禮齋

陜諸鎮清查錢糧之舉，傳聞多冤濫，然積年弊蠹自是蕩滌盡矣。法振事舉，量貸其所難完，亦政體宜耳。不多及。

復董李村

官至，接臺翰，具悉相念雅誼，彼此有同懷也。其勘究駁問人犯，甚得情法之中。涇縣、太平巨獄，以曾動宸聽，久不報非宜耳。此事須屏去一切徇情觀望之意，一以大公至正爲主，但剖析適平，人自無詞。前政失在多顧忌，故久不决也。其所留强犯奉旨即决者，亦須急爲審明，有冤即爲奏雪，情真即遵旨施行，不可更遲延耳。附復，不多及。

復徐存翁

比聞貴郡霪潦異常，極知老師爲地方軫慮。屬光禄令孫南行，曾附短啓，陳候訊。已乃接師翁教函，其述地方困悴觥甋之狀，宛然在目，使人惻惻無已。前撫臣疏至，已覆行勘議。近言者屢請速行賑恤，俱奉明旨，諭所司破常格加惠。良以財賦奥區，爲國計所係本重。門生輩燮理寡效，求以宣聖明子惠困窮至意，方愧無術，矧奉老師德教諄切如此，敢不祗承耶？所司已將前後恤灾條例悉行檢録，務求實惠及民，仰副台念，使鄉井人永世戴我師隆施不忘。敬因使返，先此布復，更冀崇護茵鼎，茂迓方至之禧。不盡，不盡。

其　二

近附二兄旋使，恭上候音，計時當達矣。吴會夏中霪雨爲沴，蒸濕必甚往歲，師翁台候所宜倍加珍攝。聞近且晴霽氣和，深用爲慰。已奉旨議恤貸，地方當不至困苦。今歲四方水旱多不調，門生以寡昧從政府末，殊有慚堂饌耳。令孫光禄君歸覲，謹楮申布起居。跂首江天，門墻寥夐，瞻依德教，莫遂摳趨，臨翰神馳，有懷不盡。

其　三

令孫光禄君至都，伏奉老師惠翰。緣秋來尫病糾纏，未及修謝，此心方時時抱歉。乃承老師寵翰申頒，以門生近被誤恩，慰藉諄篤，深愛溢於詞表，九頓祗領，感切次骨，而内怍益不禁也。門生材能最下，無可比數，猥叨門墻栽培之末，夤緣幸會，遂參大政，閲歷有年，絲毫無補，所不敢飾説也。兹者主恩增渥，則報稱益難；秩次增崇，則瘝曠益甚。故朝夕惴惴然，得寵若驚，不敢以爲榮矣。伏承吾師慈諭，勉以有所建立，以酬天下仰望。門生非不欲砥礪駑鈍，用副師門知遇，顧其伎倆有限，徒有此心焉耳。尚祈師慈憫其不逮，時加誨導，俾不至顛越爲天下笑，此又私心仰恃知愛，冀倖于無極者也。肅緘布謝，併上起居，臨楮無任瞻仰馳企之至。

復潘印川

聞河淮安流，海口益深闢，諸堰埧遥隄咸堅緻，足保永久，此不惟爲淮揚民出昏墊厄，將漕儲百年永賴之矣。黄浦蜕骨甚奇，嘗聞水之怪曰龍、罔象，豈是物耶？時當夏秋交，正伏水漲發之期，知明臺朝夕紆慮，其苦心有倍于功未成時者。幸節勞自寬，人定能勝天，今歲縱使暴水能作患，必不在徐、邳下耳。不多及。

復陳對溪

冬中使旋，附有復言，于時留一使，冀旬月中完諸耳。奈僕以亡女故傷神，久而不復，操筆即心悸，屢屢停輟，不覺遂淹春夏，禫期在邇，此心真如熾也。兹已勉强綴稿，蕪陋不足發潛懿，然謂之實録，良無愧耳。謹書一編，付使報命，幸恕遲遲。

吾友德望甚隆，聖心眷存更切，希厚自愛，環召行且及矣。僕孤立在此，所需於知己者甚切也。裁牘布復，臨楮惘惘，所欲言不能悉憶，惟吾友諒之。

復徐鳳竹

頃自瑶泉公處得公惠書，意至而詞切，把翫夷猶久之。公清節茂猷，所至必有實事實惠，兼利上下，此士論所共知，非萋菲所能掩匿，無俟辯及也。第時方求治，而使經綸手袖間傍觀，則爲可恨甚矣。公道自在，爲巨室必藉工師，公其無忘王室，鋒車行見召矣。肅楮申復，言不悉心，更惟鑒亮。

復張侍御

承示，羅旁大舉議寢，即擬乘間經營八寨，此壯猷也。諸兵糧措置既有次第，即當進師，少緩，恐賊爲備深，不則遁逃遠耳。土司兵調以萬計，雖環八寨境，然亦有自千里外至者，此更仗臺猷輯肅之也。不多及。

復吴近岡

再承翰示，具悉冲德。朝廷所以齊肅萬方，惟此相臨統體已爾，毫釐决裂，其究將不可收拾，故須嚴防其漸也。不多及。

復盧東麓

辱翰教，知吾友見念，深荷！深荷！所論土風薄惡，蓋宣、歙間自古若是，然循吏、能吏先後見稱史傳者，亦往往有之，在人所自樹耳。願益加砥礪，紹其家美，爲相知光，斯善耳。不多及。

復馮澤山

使至，辱翰示，情愛盎然，感佩無極。伏念弟自違遠德暉，於今七年所矣。齒髮漸衰，鰥曠日甚。老親在堂，每思歸侍晨昏，以其暇追隨兄丈，極湖山宴遊之樂，蓋夢寐若將見之，顧未審何時遂耳。緬惟兄丈，天與敦龐，繫當代碩望，乃優游東山，不使蒼生蒙被膏澤，識者爲朝廷惜之。使返，附謝，更希垂炤，幸甚。

復李仰明

驛傳爲地方累苦，山陝稱最。敝省自徵銀官雇之法行，民間殊以爲便。兹承臺諭及疏揭，其調停通變抑又慎矣，其爲西人造福良非鮮淺也，良服。不多及。

復葉龍潭

辱諭，荷荷。皖郡江防要地，時當無虞，衣袽之戒不可不預。吾友嚮守贛，以才見稱，化豺狼爲赤子，今日必能建威銷萌，爲地方無窮計也。然此地人情難處，倍于贛，惟賢者加意圖終譽焉。不多及。

復段子桂

辱惠諭，荷誼甚深。宣去都中近，事多干謁。百爾唯賢者以國計王法爲重，虚心行之，自無憎怨，不在一一徇人也。承示，似心有所慮，故恃相知爲忠告，幸見亮焉。不多及。

復孫小溪

報代吏人至，辱惠音，知公惓惓爲三吴憂民深也，此真地方大幸。織造且停，逋賦蠲豁大半，以明臺茂猷實德，當不浹月而事治民懷矣。第俗侈而多狡，奸民巨姓，類撓法行私，不可驟詰，此在高明以漸柔服之耳。不宣。

復劉凝齋

粤、貴用兵藉土兵力，從來如此，然亦時有工拙。若諸將邀功利掠，則信有之。羅旁之役，非明臺果斷，則此時兵且連矣。西省去此肘腋附癰，亦一快也。不多及。

復王又池

伏承臺諭，知旌麾已莅洪州，貞肅之風，綏輯之澤，必且泠然行牛斗墟也。甚勝！甚勝！風會澆，公私困，今日之江右信然。兹既獲借庇至仁，則化而之厚且饒也不難矣。附復，不多及。

復張龍池

屬夷爲虜用，而吾之丁夜爲屬夷用，使吾兩鎮重兵相守于西，而虜得從容東掠，業已得志去矣，猶虚聲恐喝，定欲掩前言爲非誣耶！縱寧遠有警，亦不過屬夷爲之，如九月内兩次之入可例也，幸臺明無慮焉。匆匆，不多及。

其　二

今歲虜情爲屬夷所亂，前後舛互。仗臺下茂略，畿東迄用無警，然爲朝夕勤勞甚矣。屬夷今歲導虜踐遼，來歲必且窺龍、平，防漸銷萌，是在明臺先幾而預制之耳。不多及。

寄張嵋陽

別久，懷德耿切。年來家大人追隨杖屨，歲時甚適，生感慰不可言也。兹者忽值先叔之變，家大人老年，恐不禁摧慟，伏希吾丈不惜朝夕爲之委曲開釋，甚盛恩也。舍弟西旋，肅楮，仰布下悰，伏希慈鑒。

復侯掖川

承諭，具悉遠猷。虜中襲替，付之順義最得體，且省事耳。丙酋年來踐躪洮泯，漸不可長，檄令歸巢，則河、隴、松、茂咸安堵矣。未審此酋竟肯奉漢約否。人旋，布復，匆匆，不多及。

復賈春宇

承示安邊十二策，具見臺下留心疆圉至矣。已下該部，當悉如來議行也。邊墩磚甃，寔經久永逸至計，雖費不可已。兹邊墻盡用磚，其爲保障無極，第恐經費不支，且曠時也。雲石内徙，就水泉之便，極善。但昔人山顛置寨，必自有意，今亦當詳其興建本末而徙之，庶後日能永守耳。不多及。

復張念華

承示，河、漕事體俱已詳妥，無俟更有敷陳，此見吾友審事務實之誠心，良所擊節。天下所以多事，以人懷私意，各欲自見，故成事每爲所撓，由之隳敗前功者多矣，于以見賢者處心不同流俗也。不多及。

校勘記

〔一〕“民”，疑當作“兵”。

條麓堂續集卷十六

書十四

寄支簡亭

嶺表士多博辯負奇，文猶任質，浮靡之習尚未勝也，故亦不工於進取之套，近歲近名者鮮。借重良工，必且使文質彬彬改觀也，願爲人材加意焉。餘不多及。

寄劉峨山

再承札示，具領深指。大臣去就，與庶寀不同，不當爲一身潔進退之節，而當有與國同休戚之義，蓋所關係重也。僕年來多故關心，未老先衰甚矣，而未敢輕有陳請，私衷殊不自得，惟大雅深念之。

其　二

再奉諭翰，兼領疏揭，稔門下高尚雅懷，確乎其不可回也。第今老成凋謝，朝廷典刑所繫賴於公者甚至，冥鴻高舉，使後進將安倣耶？僕不能留賢，心竊自愧。幸易陽密邇，凡有愆謬，希不時見示，俾知循省而善圖其後焉，則僕終身受知己之賜無極也。使人告旋，附楮布復。朝夕更惟勉近醫藥自輔，用迓來祉，慰蒼生望。不盡，不盡。

復張滸東

自兄丈去國，弟忽忽不樂怡，迄今無好，况非獨以故交私誼，誠有感於世道嶮巇，化人心而鬼魅之也。歸念已決，第欲相機而作，求退有安身所耳，不覺栖栖又逾歲矣。伏承垂念賤辰，藻函見諭，情至而文隆，謹稽首拜嘉矣。而枵陋忝竊，碌碌卒歲，則自知甚審，覽諭不勝怍耳。使旋，附復兼謝，仰希鑒亮，幸甚。

其　二

再承教翰，詞切而情真，惓惓嘉與深心溢于言表，知己至愛，佩荷何極！僕朴鈍性成，以承機械之後，餘毒遺螫，浸淫堅固，殊難措手，徒有苦心，此惟可爲兄丈告耳。稍需時月，以俟融釋轉移，不然則惟有引去，冀全晚節，安能鬱鬱久居此耶？使返，附楮，布上謝言。有懷如海，非筆可盡，然與兄肺肝相炤，固可喻于不言也。

其　三

公子至都，伏奉手教，詞切情真，憂深思遠，骨肉之愛，肝膈之言，雖千里與對面何異哉？第僕短才暗識，謬當事任，百爾茫昧，若涉巨川，罔知攸濟，而相知在遠，不獲促膝請益，而又不可形之毫翰，此衷良獨苦耳。謹楮復謝，併布區區之私。公子抱負宏偉，兹其一飛翀天之候，容候賀。不宣。

復楊震厓

近利之司，最叢弊而招謗。若能盡滌夙弊而不生謗言，此其才守有過人者矣，誠宜章表以勵將來，此任人修政之要務也。不多及。

復范繼川

深、貝自來稱盜藪，今值歲荒民饑，易相煽動哨聚。承示，搜捕禁制，嚴密如此，其爲地方保障大矣。更願時時申飭之，俾郡邑勿懈也。此復，不多及。

復朱任庵

辱惠言，具荷深誼。法官司民命，今吏道尚嚴刻，願吾友以平恕將之，期于明允，以需遠到。不多及。

復梁岐泉

使至，辱惠音，再拜捧誦，不異奉面誨。緬聞壽履康寧，蚌珠衍慶，無任喜躍。幸加善護，此天所以佑仁人也。老父又承丈人禮問，破格深誼，感何能言！生無功于國，叨冒過隆，年來未老先衰，諸事盡廢。雖懷伫故人，夢思時接，而不能通一訊候，猥承眷翰，倍有汗顏。使旋，敢楮布上謝私，外具箑絺，聊申芹獻，更惟鑒納。幸甚。

其　二

解鹽自遭凶人壞亂，大爲商病，十餘年來且往往鹽花不生，人畏如陷穽，丈人何爲顧作此倒行事耶？散鹽解銀，乃民間一件無辜苦累，此事丈人或可托他人爲容，生在政府，一開口即出醜甚矣，未必有濟也。恃知愛，敢爾布心，惟大雅矜亮。

寄李及泉

承諭，地方輯寧，寔仗猷略。今江南人心反側殊甚，緣連年灾沴，加以徵斂急而刑政苛也。惟明臺加意惠恤，以固結邦本，銷除亂釁。幸甚。

復黄健所

刁風最害治，既已廉得惡迹種種，可惡若此，誠宜深治之。諸被誣守宰須加意振拔，矯枉不妨過正，蓋必如是，乃可變澆俗耳。不多及。

復郭西濱

全蜀重地，兼之建武新定，特委重老成，冀紓朝廷西南慮耳。蒙諭，減兵裁餉，有事恐難調遣，此不惟蜀中爲然。廟堂原爲節冗濫，而奉行者不察，往往刻削或過，此在體國者加意存恤調停之耳。此復，不多及。

復赫衛源

馬政關國計甚切，而乃全不濟于實用，以取具成事，不加意料理之耳。臺明能悉心措畫，而馬即堪騎征，信立政在人哉！慰慰，不多及。

復吴環洲

承諭東夷事，王台久效忠順，今年老而子不肖，爲鄰封所逼，不能自存，褒忠念勞，以義當救。二奴連姻北虜，若遂滅王台，必益横肆，遼且多事，以勢不容不制之于豫也。臺議乃中國大體、安邊要機，良所心服。但遼撫意見不同，蓋惑于各將領自便私説，苟冀目前無事，而不思失遠人歸化心，且階異日亂未已也。希臺下毅然内定於心，檄疆吏嚴備而善圖之，東人幸甚。

其　二

承示，具服壯猷。聞命且旬餘，而東征軍書不至，朝夕殊懸盼。掩襲之師當如疾雷猛火，使敵不及備，稍緩即恐聲先傳也。東音至，希速示，幸甚。

其　三

僕孱薾，驟當事任，夙夜慄慄，寢食靡寧。所幸知己在邇，朝夕有所請裁，以匡謬導迷，意蓋切切也。伏承翰諭，獎借過隆，聞之不覺怍汗。天下事非一人事，其因革損益，要當審時察變，因應宜民，一行其所無事而已。乃談者率任情拘見，往往涉於有意。惟公宏度卓識，超然群情之表。幸不忘夙昔，示我矩矱，凡可見教，無擇巨細，僕實所傾心焉。人旋，謹用謝復，伏希垂鑒，幸甚。不宣。

其　四

承諭，王台已死，東方邊事當亟爲圖之，褒忠恤亡，拯急戢暴，在此一舉，不可蹉過時機，恐滋他虞也。遼中議，以二奴遠阿台，近欲急剿阿台，使二奴知懼，其説甚壯。若果可行，亦惟在此時耳，惟臺明裁酌節制之。王台有縛叛功，請恤典亦是。若嫌于太重，或于報夷情疏中叙及，請之可也。目下明臺須先行周賑，以章仁信、風遠人焉。不宣。

寄徐金星

辱札問，具荷相念雅情。大察在期，幸賢者留心吏治臧否，虚心博訪，以裨北之不逮。諸暗揭陰謗、匿名無根之説，須嚴禁而審察之，無爲所摇惑也。不多及。

寄蕭兑嵎

西方無麥，窮宗屬蕃已駸駸不靖若此。未審近來雨澤何如，若又無秋，則地方事真可虞也。大段荒歲最多，故在邊裔尤難定集。倉儲無幾，既不能偏賑，又不可專用威斷勝之，全仗仁賢多方輯奠耳。

其　二

三邊大旱，地方事殊有可憂，未審西方近日竟得雨否。清丈報完，甚善。此番朝廷之意只欲匀糧，非求增賦。初福建以復國初原額爲言，及通行天下，只依見徵實額。陝西乃將成化間奏豁者復其六萬，亦已多矣，恐荒土瘠民，難於供辦，異日官府多事耳。覽來教，似謂朝廷責成四方復國初額者不然也。

其　三

關中得秋雨，灾民幸少慰，此明臺精誠所感也。其丈復地糧，承諭示諄諄，僕竟不領深指。即自弘治來亦將百年，在今日查復其失額豈易言也？僕意無他，第恐荒田難墾，或丈報未實，異日如增數徵糧不敷，則官民均病之矣。惟臺明念之。

其　四

灾地賴長吏顧恤，具如臺議。然弭亂在法，回衆受廛供税，比于齊民，二百年矣。一旦群行强劫，敵傷官捕，罪乃不赦。以羈縻外夷之法待之，恐歲方饑亂未已，念翻案滋多事，故借嚴旨申之。幸臺下督郡邑密爲禁持，毋使復肆行也。不宣。

寄陳文峰

廣南往稱多事，近幸稍靖謐。然山獞水孽，跳梁窺伺，所恃者吾有以待之而已。承諭，兵政玩弛，餉供不給，真可隱憂。凡事當圖永利，不可苟倖一時；當躧實地，不可徒要虛譽。兄已受前人之敝，幸爲地方悉心料理，使後人藉其庥也。憑祥州土目刁難夷使，致差官自盡，極不可耐。該道官威令不行，乃復委罪死者，其如國體何？願兄丈爲究訪的確，正法伸威，以懷遠人可也。

寄辛順庵

僕叨誤恩，實爲非望，蒙諭及，殊增怍也，絶不敢當賀，仰希明臺相信爲愛。夏已盡矣，而太原之旱不解，良可殷憂。京圻近日雨澤頗多，疆地相連，或此時亦且得雨，則秋事尚可冀二三也。王莊既已清查，布政司及各府縣可各將頃畝、四至明白開載，庶杜日後府役侵占、奸民投獻之弊，爲晋民利無極矣。附復，不盡。

其　二

承諭，具荷隆庇。地方荒旱，賴臺慈仁心惻怛，憂形于色，萬民允懷，天澤隨降，此爲堉土造福不淺也。時已秋半，未審各郡邑登穫何似。俟覈灾分數明，果歉甚，即可上請蠲貸耳。邊工誠宜暫停，薄征弛役，皆荒政先務也。鄭通判此時已抵河東矣。王判既升，不必咨留。然此官才守兼優，州民戴若父母，寔不欲其去耳。河工仍希臺慈留念，督行該道加意繕築，俾堅壯不減初工，則危城百年計也。人旋，布復，匆匆，不多及。

其　三

再承諭示，兼領疏揭，具稔臺慈爲艱民廑念至矣。積穀良當減免，第概免一半，恐被灾重輕不等，須有分別耳。蠲免例止存留，今山右異旱，赤地千里，若隰、霍等州，靈石等縣須請免起運。但地方略有收穫去處，即當計數免存留，不可比此數州縣例也。恐多則司農難于允覆，惟臺慈諒之。

其　四

帶徵蠲免，已奉前旨。當年灾荒，兹又奉詔恩許爲議豁。其灾重州縣，若霍、隰、靈石等更須免起運。仰仗明臺洪慈，凡地方錢糧可那代邊供者，如贓罰、事例等銀，盡數開請。其不敷之數，即請動存積主、客餘銀，雖司農未必盡依，然寬一分，則民受一分賜也。豚子，僕欲令速拜老父來京，未審省城何日得南發，希爲按臺一言，又荷。外寄豚子家信一封，更煩臺役致之。恃愛瑣瑣，有罪！有罪！

其　五

勘灾疏極爲分曉懇切，且所請客餉不多，計部或當勉從，仁臺爲灾區造福不淺也。邊工，昨閱科題欲暫停，未審所應修不可停者安在，幸明示之。虜中自有它故，其互市遲速，當聽其自至，不必往催。若念軍士苦寒，或明與虜約，待來年春和補市，何如？僕近有煩言，求歸未遂，杜門累日，緣是久稽使者，希惠亮，幸甚。

其　六

伏奉諭示，慰藉深誼，盎然溢於詞表，感切心骨。第此番風波所由來機穽甚惡，僕孤危之踪，以愚直爲主上所知，欲去既不遂，留此殊兢兢也。僕一身去就不足惜，而竊爲國事慮，惟臺明有可見教，幸密示焉。黄酋既與三娘子諧婚，已爲虜中主矣，市事當旦夕可舉。希善察夷情，而隨機應之，此亦一始事更端會也。人旋，謝復，匆匆，不多及。

復顧觀海

公子歸，附一緘申候，聊布契闊之衷，蓋情之必不可已者，乃煩兄丈特函慰答，此不爲雲林中增一俗擾耶？念自癸丑附驥來，今三十年所矣，同袍兄弟，無論亨蹇，即在世者落落如晨星，則人世事大段可見。願兄崇護玉體，弟亦倦翼思林，用共保此黄髮期也。人旋，布謝，不盡所懷。

寄陳幼溪

五開叛黨怙惡日久，已爲湖廣附骨疣癰，前政悉姑息養亂，苟倖一時而已。兹者借重壯猷，一舉而剗滌其凶渠殆盡，使王略遠振，頹綱復舉，其爲地方之幸奚啻千億？大患初夷，然惡俗漸染非一朝夕，防範教訓，諸善後之圖尤望明臺加意焉。不盡，不盡。

復褚愛所

承示，具見寅奉簡書之小心，使錯事者咸若公，天下安有不舉之政也？蠲免帶徵，以七年爲限，此朝廷曠蕩恩，恐未可分疆界爲行止也。今驛遞裁省甚多，額派有餘，以其餘給募陪之數，亦一變通術，第在本省，不必免派耳。

其　二

丈田事，公極爲盡心，反遭糾駁，其草率苟完，民迄今稱病者類得佳奬，此責實之難也。科部索瘢求疵，苛細有之，至謂挾私則未必然，于時蓋有所希合也。光山事，鄉官固巨〔一〕惡，而縣官亦殊非人道。近來有司任情自恣，所謂"無天于工〔二〕，無地于下"者也。幸從公實勘，以挽薄俗、懲率妄可焉。

其　三

自古民不樂生，未有不階亂者。以僕庸陋而適當是時，朝夕食寢不寧也。玆幸聖慈以大慶霈洪澤，與天下更始，寔宗社無疆之福。辱諭，具見臺下遠猷實政，中州民受詔恩當獨深耳。良幸！良幸！臺刻稍稍披閱，領教不淺。僕近有煩言，求告未遂，在此殊靦顔。人旋，布復，不多及。

復張峿峽

明臺近日定亂威略，即古人鮮儷，朝廷亟行寵賚，以彰示軍民，非謂以是酬大功也。日來聞布信施惠，與明威並行，法紀肅然，衆心悦服，殊有欣仰。凡地方事所當興革，原奉便宜之命，可以徑行，或有當奏請者奏請，有須商議者，不妨密以見示可也。僕孱暗，驟肩重任，百凡更希知己匡翊，不特浙中，天下政體急務及人材宜任用者，幸悉所知見諭，殊大惠也。人旋，謹用布復，欲言不盡。

其　二

月初領臺諭三摺，開示諄切，具荷深教。緣不材見憎多口，杜門請罷者旬餘，遂久稽裁復，殊有罪也。越中歲稔民和，反側戢肅，臺下真可謂再造此地矣。處州妖賊，不動聲色，咄啐底定，具服雄略。若稍加張大，則遠邇觀聽必惶惑，駭增訛傳，不但已也。藩臬諸新君當已至，果視去者有異否？所示家食諸公，悉公論允協者。但前人積弊非一朝夕，私人要結，異己斥外，根蟠牢互，將來未知所極，顧天祚國家何如耳。僕孤危一身，終當引去，候來春仍申前請，久留此無益也。匆匆，不盡。

寄張念華

吾友在餘杭，數月中兩遭大變，良苦。大賚顯行，以明示彼中，俾知尊奉爾。清丈報完，甚善。初聞浙中甚以此事爲苦，緣有司奉行不得法，至丈及居室，故駭聽耳。營卒既悔罪奉法，當示以不疑，使各安心戴上。其元惡正法，當自有日，無容汲汲也。宸濠逆誅，法無遺育，此詐稱者即真，亦當死無疑，無俟行該府查也，宜速請正法，以絶民惑。不多及。

復朱鎮山

與丈人相别十年餘矣，雖仰止德暉，朝夕如見，乃鴻冥高舉，邈焉莫得而慕焉。每遘盤錯乏才，未嘗不惋念艨艟之横野渡也。伏奉教示，開緘如面，恭審仙履康强，閭閈歸德，倍增欣仰。某孱暗，遂〔三〕肩重任，深以不勝爲懼，更希長者不忘夙昔，慨然示以矩矱，俾不迷所往，又大幸也。人旋，敢用布復。辱嘉貺，非所敢當，更希大雅見原，宥其愆罪，幸甚。

復張筆峰

伏奉翰諭，沐手莊誦。既示以調攝人情，復導以經權時出，老成遠識，何異蓍龜，敢不佩服？第僕才智短淺，而事機所值多端，未審竟作何狀耳。嘉貺非所敢承，敢用璧返，更希長者相諒，不以不恭見罪，則深幸也。人旋，謝復，餘不多及。

復梅鶴洲

伏承手教諄諄，肝膈之談，老成之見，良所佩感。操切逢迎，今日吏治通弊，膠固難解。前吏部覆考察疏，得旨，已微露其意，用以風示天下耳。承諭，具見同心之言有默契也。人旋，敢用布復。凡可見教，不妨陸續示及，幸甚。

復潘印川

今海内幸無事，而中外軍民咸有憂鬱無聊、疾視其上之心，此極可慮者。伏奉明諭，謂閭閻困苦未舒。夫未舒云者，謂前此罹灾變殘虐，今已過而猶有餘苦也。乃今日則軍民困悴，覺日方甚耳，所當亟爲拯解不可緩者。第區區短識，迷于當局，諸所當興革先務，希長者不靳覼縷，提耳命之，僕將奉以周旋也。至于虚文取名，又不特將領爲然，此在士夫翻然易慮，戮力務實，以率先之耳。敢此申布請益之私，南望江雲，跂候甚切。

寄劉鳳坪

隴川事，以中國大體，在所必治，顧須計定後發，一舉而事集可也。不宜嘗試漫爲，反長寇謀，而褻中國之體。即如前見教，多氏諸土司親屬願助天討者甚衆，何此行乃寂無一言？且多氏前舉族赴訴，今勘官至彼，岳賊已逃，而反覓多氏宗人不獲何耶？此中皆有飾誑，幸審諦之。騰衝募兵既欲得其力，須厚其養，即月給銀九錢非過，第欲有實用耳。

其　二

往年滇中覈覆，謂猛寅恭順，准給誥命矣。兹見議順寧屬金、滄之文，則寅方跳肆不靖，前此給誥，不幾于賞罪乎？南裔萬里，遠人之情狀蒼黄反覆若此，可恨！今賴明臺在此，希每事惟以實聞，幸甚。

寄于晋川

使至，辱諭，知臺軿已渡江入境，甚爲三吴人幸。今歲江南有秋，徵賦當易集，第聞彼土民殊愁苦，不樂業，此其病根安在？希賢者爲我審察明確，并所爲消弭之方，亟以見示，幸甚。

復陸廬江

山右士朴陋鮮學，大段多自畫。兹幸遇宗工陶冶，諭導殷篤，要束嚴肅，自此士習當一變矣。鄉閭人自西來者，其贊頌臺下公明兼至，如出一口，殊有歆仰。至如豚子何知，乃蒙孫陽特顧，增價復不淺矣。敢因使旋，附楮布謝。按試多勞，兹竣事，希慎加節嗇。餘不多及。

其　二

豚子質本頑鈍，兼乏師授，蹭蹬場屋，年且三十矣。今歲適有天幸，獲與宗工品題，凡所以激厲導誘、栽培匡翼者，無所不用其極，俾此溝中青黄列之豆俎，覆冒曲成之恩，二天豈足擬哉？僕懷感在心，未遑陳一言爲謝，顧辱臺慈惓惓隆誼，旬日三至，而貺施及焉，此將奚以承載，奚以圖報也？敬因旋使，仰布謝私，其銘佩深衷固非毫素可宣述者，惟臺明鑒炤之，幸甚。

寄高鳳渚

全陝饑荒可慮，未審七八月間竟曾得雨否。停徵最爲緊要，乃各邊軍餉何以足之？此全仗明臺實心區畫以濟也。各邊清丈事完否？天時如此，諸惟便民圖之，庶不致意外虞耳。

其　二

階、文諸番，年來雖絶其貢道，然私與中國人市如故。近法紀漸張，私市不便，故請復貢耳，宜因而成之，以靖邊裔也。不宣。

其　三

承諭，詞旨諄切，夙昔深愛，盎然滿紙。良荷！良荷！所謂君子盡才，小民蒙福，蓋前人之芳武，欲步之而末由者也，豈所優耶？套中大旱，虜部就食西鄙，亦如慶、固流民，爲度生計耳，當原無内侵意。但恐中國將吏畏懼之過，反啓戎心。如犬原不噬人，人見而恐縮盤避，則犬逐之矣。恃明臺在上，調度中機，而威令嚴肅，我兵當無敢玩敵，或不至大左計也。

復王竹溪

承示，甘鎮監收官假報附餘，剋減軍餉，殊爲可恨。然此不特甘鎮爲然，亦不特監收錢糧一事爲然，今天下事大段如此，務虚矜名，害人壞事，以致承平之世，而人心嗷嗷愁苦，有可慮也。安得公輩數十人布列中外，以宣上德而端政體哉？

其　二

承示河西虜情之詳，甚慰。四郡孤懸西北，兵食耗斁，以當蜂聚群虜，其勢不支，近累累有聞，心竊憂之。今虜既未大肆，而我力又未能制，姑委曲以示羈縻，乃時宜當然者。第須知虜之情而陰有以懾服之，使有所畏忌，乃可善後。若一意曲徇，虜將日狃而跳梁滋甚矣。蓋虜年來貪中國貨利，已吞吾餌，欲吐之而不忍也。臺諭謂需以歲時，實内安外，知淵略預定，非偶然者。然當積敝之後，欲事振飭，須上下同心，乃克有濟。或事有掣肘，不妨見教。有當奏請者，公奉專鉞之命，雖徑以上聞亦可也。僕孱劣，不任艱巨，全仗忠賢宣力，夾持中外，庶幾免于顛隮，所仰資明臺者甚弘，願無動引疾念也。匆匆，餘不多及。

復周樂軒

承諭，王台物故，當厚恤其喪，且先剿阿台，以孤二奴之黨，殊服淵略。審如是，則中國威信交暢，遠人知畏慕矣。其北虜糾犯，若大舉，須九月終十月，乃可涉境，乘間煩李將軍東出蕩逆子巢穴，將以爲大兵自天降也。何如？何如？人旋，布復。諸惟明臺加意審酌，無失機宜，貽疆埸永利是祈。

復戚南塘

前承示夷情，皦如觀火，所謂遼地沮洳，虜大舉必秋盡冬深乃入，此節年有明驗也。而屬夷往往以虚聲内喝，中國輒爲擾擾，非將軍明鑒，孰覺其誣耶？至謂簡集大旅，候軍門調集，尤爲遠猷。曩者將軍樹奇勛海上，四方想其風采。自借重薊垣，而呶呶者每有背噂何也？則以虜畏威不輕入，未嘗一見將軍長技，慰群望故耳。今若因其犯遼，以節制之師與遼爲掎角，虜出不意，且驚潰，不則力亦不支，是將軍建大功以間塞讒慝之會也，豈不壯與？願將軍幸留心，有以踐斯言也。

其　二

僕孱劣，無能當大任，所賴忠賢戮力一心，夾持中外，共濟國事而已。必不以私意撓公議，必不以朋言摇成畫。其傾倚將軍者甚弘，希有以相副也。辱翰示，推獎過隆，非敢當者。以後幸略時套，每事以質言相訂議爲愛。不盡。

寄吴中雲

僕孱暗，驟膺大任，深懼弗勝，所賴忠直同心，主持公論，庶幾協濟于理，少展薄效耳。凡有當局之迷，更希知己不憚苦口以匡訂違謬，僕實所樂聞也。

寄吴止庵

聞虜帳西駐者近頗不靖，大搶屬番，延及肅州城外，居民悉遭焚掠，此當以實聞也。該鎮兵力單，虜勢衆，力之不敵，原無深罪。第虜方納款，而恣肆若此，須有以懲艾之，使知創，邊圉乃可少事耳。苟務爲含容，亂將滋長，惟臺明在意焉。不宣。

復胡順庵

承示虜情，雲中來報亦然。其九月初一之約，乃黄酋意，未審三娘子意竟何如也。虜中事體尚未可定執，則市期亦未可定擬。大段虜自多故，其來市與否，不足爲中國輕重，不必數邀之。若果終歲不能來市，反爲中國利也。以後虜情，幸不吝數示及。荷荷。

其　二

朝廷綱紀，乃一日不可解弛者。第年來任法太過，人情覺有弗堪，治道去其太甚可耳。若有意於寬，則其弊又將流于不振矣。何如？何如？承諭，具荷隆指。然僕以綿劣秉國均，一惟行所無事，實不敢有毫髮着意也。人旋，謹用布謝，兼此請益。不宣。

復鄭範溪

承示夷情之詳。今歲虜中多事，兼之大旱，其不能依期來市，與中國無關係。但當静以待之，入冬亦可，開春亦可，今歲竟不市，直至明秋方市亦可。不必數遣人往招之，恐黠虜反以是要中國也。板升叛種，今兹爲天所厭，必不可納。假使盡流離死亡，亦可爲邊人投虜之明戒耳。臺下機應陰陽，隱然遠略，社稷之衛非虚語也。嗣有夷情，幸惟頻示。荷荷。

其　二

再承明教，并領《策虜問答》，具見臺明以沉識炳幾先，以定力鎮揺撼，以實心任國事，豈惟三鎮藉以謐寧，異日弘運廟謨，以永清四海，有深賴也，益用景服。黄酋不當嗣王之説，僕别無所聞，惟岳老曾言之，謂前督君所策。于時僕即明其不然，正如來教，虜中廢置非中國所得主持，恐徒失信義無益也。昨蒙諭，虜婦追叛西去，僕覆札中謬有所云，蓋因此婦頗不願從黄酋，果力能自振，與黄酋相抗，則我亦不可强令之合，當徐待其自定。若不能自振，爲黄酋所虜，則黄酋王何疑焉？大段虜中自爲恇攘，于中國無與，但當静觀其變，勿失吾之威信已爾。僕意如此，但迹與黄酋不當王之説相近，恐臺明生疑，敢附白之。百爾幸開心見教，僕無成心也。匆匆，不盡所云。

其　三

承示虜情及兩道原揭，觀其情狀，黄酋之心不勝汲汲，而三娘子尚爾夷猶，則其諧事之遲速尚未可決，其來市與否益難定擬。臺下謂須静以待之，俟其事定而往賀，來市而與之貿易焉，此真鎮定之壯猷也。良服！良服！僕杜門旬餘，求去不得，驟出不禁恇攘，匆匆具復，不盡欲言。

其　四

虜貢入都，承札諭兼領揭示，具稔臺明當虜情離合之會，威信兩用，操縱張弛，微妙敏給，既弘且密如此，豈惟今日虜情大定，後來貢市將延衍未有涯也。疆埸有人，其爲北門屏翰增崇嚴豈細哉？良所欽服。蒙諭，今歲暫以虜王之賞賞其妻，甚是。蓋所貢鞍馬、弓矢，既皆依虜王存日，未嘗少損，又皆本婦自備，則朝廷恩賚自不可薄耳。虜王既葬，其請王封、求互市當次第至矣。諸所爲更約堅盟，昭恩明信，臺下已具有定畫，有當商確者，幸預示之。

其　五

今海内事所以不理，由中外當事者惟務窺探廟堂意向而矜飾求合，無有毅然爲地方任事之誠心。即如僕性本暗淺，又未歷外事，凡有所質訂，蓋據一時所見言之，豈有成心也？往往即爲諛詞相答，絶無相校正語，此豈不誤事？仰惟明臺實心直道，沉機壯猷，諸所商確開誠相示，使僕豁若發蒙，此豈惟僕受教益，疆事所仗藉殊弘遠矣。僕心誠信之服之，嘆時之鮮二也。伏承明翰，申諭諄懇，具領深指。古之人所以建震世之烈，而垂無窮之聞者，惟此實心耳，僕今乃于明臺見之。使旋，布復，伏希垂鑒。

其　六

承示夷情，前有以九月朔虜中婚期來告者，僕度此出黄酋意，三娘子或不樂從，謂其未必如約也，今果若是。黄酋必欲得虜婦，非必艷其色，實欲得虜王之故部曲耳。若三娘子不與之偕，則黄酋之衆不能自爲一軍，其勢且不能王。今三娘子復西去，名爲逐叛，安知非借此爲離遠黄酋計耶？果三娘子能約束虜王之衆，自爲一部，則黄酋不能與抗，虜勢且分散。黄酋性本無恒，近日馴服，以兵少且未成王也，一旦有順義之衆，繼立爲王，恐狂態復作，則今日虜中恇擾未必非中國利也。隨機善應，威信兩不失，諒明臺必有成畫妙應矣，僕恭伺之。不悉。

復葉龍潭

前使旋，附有札復，鄙衷略具。兹重辱翰示，覽之惘惘。緣僕懲前人攬權，爲公論所厭，凡部事常行者悉斷其關白。吾友俸歷深，僕未及爲銓司言，不意遽補滇缺。僕訝而問之，則以隴川多事、借重長才爲詞，亦其選掄初意然也。吾友前在贛，化頑賊爲良民，至今士論服其機略，此行當樹炳鍧之績，爲異日開府建節地矣。臨楮怏怏，不盡所懷。

復宋敬齋

壬申之事，古今大異，吾友適逢其阨，命也。甑已墮地，無復可言。修身見于世，君子盡其在我而已。機穽所遺尚據腹心，僕急未可去，然東山之思切切矣。附使布復，臨翰惘惘。

復沈鶴石

閩海萬里，其吏治得失，賢者入疆可得按轡而訪也。僕總有聞，亦未敢據以爲確，不可臆説，幸相體信。惟公虚詳慎，其臧否自不淆耳。不多及。

寄曹傅川

不奉音候久，僕年來仰止之心未嘗替于時刻，而居危履險，又未敢引去，此惟可與吾丈言耳。玆者謬當事任，顧其機穽深固，遺毒甚烈，海内冀望若解倒懸，而此中一舉手引足咸有掣曳。數月來，僕寢食爲損，形神瘁不支矣，此亦惟吾丈能信之而加憐也。僕所以依依在此，冀幸天純佑命，鼎祚方隆，期月之後，或得群正集而公道申，庶少效涓埃耳。不然，且求避賢，保兹晚節，豈敢冒天下後世之疵議耶？

復蕭念渠

承示甘、固疆事，令人增憂。河西孤懸千里，三面羌虜，絶無川梁之限，所恃以自立者，兵馬而已，奈何邀節省之虚名，而置地方大計于不問耶？良爲可恨。幸其土頗饒，不識練兵補馬，該鎮力能自辦與，或仰給内運也。又聞彼中頗以墾田爲擾累，果否？希密以見示，幸甚。

寄嚴養齋

丈人養重東山且廿載，雖鴻冥高躅，邈不可慕，然老成典刑，卓然斯世羽儀，海内士所繫心而景仰者弘矣。某叨步長者末塵，每侍德輝，聆緒論，未嘗不嘆古之淳德今所僅見。自違遠左右，師資日疏，時思遡下風而請益焉，末由也。忽奉琅函，不異自雲霄而降，再拜捧誦，依然如坐春風中，習習然披拂之，良幸甚矣。承示，東南水沴民艱諸困楚顛踣情狀，宛然在目。今歲四方災報爲多，俟按史覈册至，此財賦根本要區，其議恤當從優也。斗山在望，瞻企馳切。

復晋似齋

承示清丈疏揭，此方是務實宜民之舉。靈州事情已分曉，别無訛傳，幸無生疑。開荒事，不但夏鎮，環秦、涼數千里間驛騷殊甚，人心憤怨，至以爲大旱由茲而致。而主者方揚揚自爲功，飾文矜僞，置軍國正務不理，僕殊爲西事憂也。渠所進圖説，無論遑虚，即其孟浪鄙淺，縉紳無不傳笑，何其一旦狼狽乃至此耶？兄幸善處之，不多及。

其二

靈州之變，乃許帥以殘暴取禍，非仗臺下應機敏給，幾成地方大患。近來文武將吏習尚苛刻，全無體恤愛下之誠心，軍民離怨，在在皆然，故紀綱雖振舉而讙呶决裂往往有之，此古之識治體者所深憂也。夏鎮獲庇仁人，當必翕然親上。第士夫方以矯激相矜，競名而不務實，則斯民之病未有瘳期耳。

復張震峰

伏承明翰，具稔知己相愛至情，良深佩荷。僕綿劣，不勝艱巨，第此心不敢毫有偏欺，盡其在我，以求無負于上下，世之相諒與否，莫可計也。猥荷開示深教，謹當奉以周旋，如有悖違，希明指而責改焉，又大幸也。謝復，不多及。

校勘記

〔一〕“巨”，當作“可”。

〔二〕“工”，當作“上”。《尉繚子·武議》：“將者死官也，故不得已而用之，無天於上，無地於下，無主於後，無敵於前。”

〔三〕“遂”，疑當作“遽”。

條麓堂續集卷十七

書十五

寄陸冲台

承示學規，弘雅精確，以身立教，不爲空言，甚勝！甚勝！西土僻陋，生質間有美者，第謏聞寡學，不足以充之。臺明加意誘導如此，諸生真得師也。至於冒籍一節，最爲可恨，近雖稍清汰，其風未已，更希臺下嚴爲斥絶，又幸。

復鄭範溪

前承臺諭，謂虜王物故，邊人及夷衆各疑畏不安，惟當以鎮重處之，具服沉略。其所謂一二應議事宜，尚未見題示。閫外事惟臺明措置，廟議協同，浮議不足恤也。昨晚又承遣二使虜役至，兼領續教，益知虜情之詳，甚慰。黄酋倫序固宜，未審其病狀何如。此虜風狂無賴，當順義存時，常不用其父命，後爲其諸子分搶所部，其勢遂衰。年來屢發狂態，而竟莫能逞者，力不足也。今若假之大號，奄有順義之衆，恐前日之態復作，將不可制，惟臺明圖之，即虜衆或亦憚此虜之無恒，而不樂爲之屬也。其扯力艮性行何如？不多及。

其　二

承諭虜情之詳，其乖散誠中國利，乃其凶荒可慮。蓋物至無以聊生，則無復顧藉，易生他虞。此須微示拯恤，使知所繫戴也。仰復，不多及。

其　三

再辱諭示虜情之詳及條議十事，沉猷壯略，雖古名賢煒然垂竹帛績者亦奚以過此？北方事固變幻未知所終，以臺算臨之，自綽有餘裕，無所可慮矣。其謂虜勢東西分披，非我所能合，板升叛孽不當此時招降，且啓釁納侮，俱弘遠異俗見。朝廷以閫外付公，廟議自無差互，幸臺下百爾毅然任之，毋顧忌浮言也。

其　四

承示虜情及偵探綏懷之詳，具服淵略。觀黄酋之意，蓋亦自懼不得立，欲借中國爲重，須善應之，使其感恩自結，亦制馭一奇也。虜王恤典從優頒給，已奉成命。計此時東西酋當悉至，未審虜中定議竟何如也。通官返，幸示知之。不宣。

其　五

承示，黄酋貢馬進邊，視節歲爲大早矣，固知貢市虜衆所共利，非俺酋强以威驅之也，則俺酋殁而貢市知其不廢矣。觀虜中立王遲遲，似衆頭目各自有心，非黄酋所能齊一，此在明臺徐察其變而應之耳。

寄沈少林

辰歲，徐陵陽至都，曾爲語，趣吾友北上。巳春，訛議紛然，已乃遂有曇陽之詆，時情險薄，真可憤恨！吾友壯年令器，當及時自奮以報國恩，豈容自廢？若欲稍爲斂避，以俟公論明、心迹彰則可耳。朝夕善自攝，博綜今古，以待應世，是相知所期也。不多及。

復范繼川

滹沱年來爲真定患甚亟，郡邑屢行捍築，率不可恃。兹臺明軫念民瘼，特爲加意經營之，必貽地方永久平寧福矣，良所擊節。不多及。

復陳愚所

曾太守至，接惠札，意至而詞悽，讀之動心。大段君子立身行政，其實迹真行，衆耳目所共睹聽，豈可掩昧？浮言詆謗，譬則朝氛寒靄，能障翳一時而已，日月有光，終無損減。今察期既過，公論亦漸昭晰，無俟公之自明也。禫除，幸依期北上，動忍所增，天意有在，惟高明自信，爲相知慰也。曾太守行，附楮布復，臨翰依依無任。

復辛順庵

新歲累奉教言，知臺明爲地方留心無所不到，良荷。清丈既竣〔一〕，即當奏報。其軍屯越在别省者，俟查至續題可也。昨江西、保定所報皆然，俱於疏後明言之耳。偏頭迤西，邊工最屬喫緊。今虜王已斃，虜貪漢利，當奉約如故。萬一渝盟，其内訌必不在他途矣。惟臺明念之。餘不多及。

其　二

山鄉清丈事，承臺慈備盡心力，極其周善。其以汾郡新科之糧代遼、沁各郡之荒堉，爲地方造福誠無量也。敝州河工仰仗臺庇，北工悉完矣。新議西工鳩材甚美，此時當已興舉。在事各官祗奉臺約，咸夙夜殫勤，使民悦以趨事，亦近時所罕見也。前所白奸商謀竊發山木者，其所稱舍親多係假名，縱使非僞，亦係作奸蠹國之物，僕所深恨，仰希臺威一切盡法治之，庶異日山關餘木可保耳。昨丈册内絶不言及王府莊田，此亦地方一要緊事，先年屢興大訟，乘兹清丈，爲之正其疆界，使後無詞可也。其寧河素有行，故以疏支管府，凡事希明臺稍加優假，庶彼可以攝服諸宗，即有司亦可省事耳。仰復，不盡。

其　三

承臺示，具悉尊指。杜大参部覆，已行臺下勘議，俟奏至即爲處分，科論不足泥也。僕所云王莊事，緣大同、山東各處俱明開某州縣有某王府莊地若干，已經丈明，聽其自行徵租。蓋往時王府多聽撥置之奸，侵占民地，宜因此時明其疆界、頃畝耳。如晋府莊田在大同者，册開百十餘處，昨丈明只十三處。其散在内地者亦稱數十處，俱不知坐落州縣。而敝州臨晋縣亦有本府牧馬草場地，殊爲民害。僕意欲如大同、山東軍民地，一例丈明之耳。寧化府事，原未有聞也。其寧河管理府事一節，係前晋王將歿自舉。後禮部欲行勘，僕謂此王忍死上請，必有深意，當從之。已而聞寧河果協衆心，第力弱，恐不能攝豪宗耳。僕極知省城宗室横肆，故前後爲諸臺言，悉令優假寧河，冀以壯其威力，使其懾服耳。昨奉告，乃不知適有寧化事，承諭及茫然，敢布其始末如此，唯臺明諒之。

其　四

伏承臺示諄諄，爲地方諸事留心至矣。開田事，原議三年起科。昨歲當起科期，而地方無秋，即熟田且蠲振矣，恐此新地取盈爲難，或明説破，待今歲起科亦可，第不可朦朧遷就耳。敝州河隄，承臺慈丁囑該道，危城受福無量。丈田，聞各郡邑尚多未妥。此不貴速完，苟於地方有實益，即稍徐無妨也。

其　五

清丈雖通行天下，然率虚文塞責，不則生事取名，求其實心實政，切切然求民之瘼，惟宣布朝廷德意是務，則僅於明臺見之，褒綸悉確當其情，非虚美也。五臺山木之禁，實于地方關係至切。曩歲奸人作孽，僕有不才親黨與謀其中，承臺下曲法貸之，僕感愧兩極，至今以爲恨。近聞復有不逞輩借言僕親，仍欲襲前事者，故祈明臺盡法懲奸，非申言前事也。兹辱諭，乃知其謀尚未行，不然或傳訛耳。然亦可爲先事之防，異日倘遇有端倪，幸勿復輕貰之。至懇！至荷！

其　六

伏奉臺諭，軫念山鄉凶歲饑民，惻然溢於詞表，良切感戴。全省無麥，誠罄倉粟、帑金不足以賑，第有一分，則民受一分之賜，猶賢乎已也。夏灾奏報，原以五月爲限，希速爲請蠲，以安困敝餘民之心。仍行有司，令多方賑恤，或措理，或勸借，但須開示明而調停審，務使富家不擾而窮民獲濟可也。仰復兼謝，不多及。

復褚愛所

清丈事最不易，不貴速完，貴在實有益于地方耳。中州一省而地糧輕重迥殊，顧河北之上視南府磽堉何如也？往者嘗有意均之，多掣肘不果，今可乘此際量爲平匀否？不多及。

其　二

今歲吾鄉通省無麥，乃中州大稔，而西北近吾省者亦旱，可異也。南陽越獄諸犯悉殪之，甚善，但不知果皆應死罪囚，或盡越獄真犯否。不多及。

寄陳警亭

敉友至，致吾友惠問，荷誼甚厚。境内豐歉，百姓率以爲守令淑慝之應，良亦不偶。吾友勤民於灾敝之餘，而秋夏大熟，其爲地方造福不淺也。願益弘令圖，守己務實，要之可久，則令聞章而大受有基矣。第附郭衝道，勞劇視它邑增倍，更惟厚自攝，爲相知慰。餘不多及。

寄賈春宇

虜王恤典已議，從優頒給矣。觀其部衆分披情態若此，知諸酋無復雄桀，不足憚也。其虜中或自多故，真與中國無與。但練兵繕械，預自治以爲先事防者，不可忽耳。不多及。

其　二

虜王既没，吾但當厚恤其喪耳。疆埸之事，申嚴守備而慎接其使，無異平時，庶得鎮静之體。至於虜情，其分合强弱，當任其自定而後應之，不可先存成心，偏有依助，此無益於事，徒足示中國之不誠信耳，惟臺明慎之。不宣。

其　三

承示，虜部諸酋貢馬絡繹入塞，蓋其所欲在焉，不係虜王之存殁也。中國惟當以常年事體待之，毫無改易，則夷情必益安且悦矣。其立王與否，不與吾事，吾惟聽之已爾。

復李金嵩

中臺風紀方爾倚重，乃不禁孝思，陳情懇切。兹者晝錦歸奉晨昏，足慰愛日誠矣。僕老親在堂，縻於斯，未能引去，豔賢者之行，有深感焉。附復，不多及。

復高鳳渚

承諭套中虜情之詳，謂俺酋雖死，其子若孫繼立，套虜必仍服屬，不敢畔涣，良然。第此貢市一節，套虜至願，惟恐失之，視東虜爲甚。縱使東部嗣酋不能統一各部，套虜亦未遽萌別圖，自失安利也。日來東部謀所立，尚未决，大要辛愛以倫序當繼。此酋已成篤疾，雖性欠馴調，然各部不甚歸心，未必敢如曩時桀驁耳。不多及。

其　二

貢市，東西虜均有利，西虜且免害焉，渝約必不自套虜始。縱套虜狡焉有異謀，亦未肯舍延慶近地而遠搶河西荒塞也。第部衆猥繁，取道吾土，欲使絶無騷擾寔難。其搶瓦剌當真，後發之虜過河西與否，尚未可知，計此時必有定形也。附復，不宣。

其　三

市馬本以款夷，原非計利，乃以之累軍，殊非策也。來議，如東方例寬之，良是。靈州士卒戕主帥，殊可駭。大段邇來文武長吏多務以刻削苛急取聲譽，而不恤人情，故紀法雖肅而下無歡然相愛之情，不特許子爲然，第此其尤耳。

其　四

承諭，套虜今歲貢馬，進邊視節歲爲早。不特套虜也，即東部諸虜亦然。蓋中國慮虜王没，虜衆叛散，而虜中亦慮虜王没而中國杜其貢市也，其情狀大可見矣。肅鎮時有小小變動，犬羊性則固然，第須地方有戰兵二三枝，足以應卒，乃可陰攝之，不然，雖日阻罰，安能絶也？大帥既報罷，自難責以振勵，蓋其意氣消沮，縱使勉自策督，威令亦不行，勢則然耳，此無足怪者。不多及。

其　五

承示四鎮墾荒田數，具服臺下明作有功之政，飽歌賸槽之盛當再見矣。其河西得地最多，緣彼土孤懸天末，三面戎虜，曩時不獲盡力南畝，故所在荒萊，自虜款而來，邊鄙不聳，故穡人得成功耳。今須視内地從寬處之，庶異日不致紛紛，且得實用也。何如？何如？此復，不多及。

其　六

虜部衆而人雜，經過地方間有乘隙作孽，勢所不免。此須嚴諭各酋，令查實罰處，并縛送殺人首惡，庶足懲後耳。閫外事，臺下分鉞專治，事係夷情，雖小題亦無妨，但不須張其詞耳。不宣。

復張念華

報代使人至，辱翰示，甚爲浙人幸。今天下事，百司群務咸取辦於按史，而責成於期月。即在小省，當常歲猶爾，日不暇給，矧浙爲劇藩，復值大計期，其爲勤勞倍蓰矣。希厚自攝理，事以漸次治之可也。近奉明旨蠲逋賦，及查浙賦，逋者無幾，年來織造相尋，閭閻殫矣。幸吾友加意焉，不多及。

其　二

使至，荷翰教，且惓惓以織造憂民也。越二日，即有募卒之變，殊可驚愕。吴君既非馭衆長材，輕犯衆怒，乃諸無賴無知一旦横决至此，若非吾友挺身力解，將不知所終矣。此時已再旬，不知首惡有就擒者否。杭城别無兵力彈壓，料理不易，若置之不問，則將來之禍未已。竊意減餉雖各兵共憤，其爲亂首者要亦不過數人，黨中亦有知法度、畏禍患者，因而用之，則爲力易而無後患，可以坐銷亂萌，惟吾友審計而妙運之。要在相機速决，既得首惡，即明赦其衆，縱有一二遺漏，俟後徐圖，不必復加搜括，將自無事矣。夫其執挈保長，宰牛歃血，皆首惡知罪在不宥，要挾自固之意。若不及時撲熄，恐新撫將至，此輩爲謀益堅，滋難圖也。觀二司中絶無可分語者，今日之事，所賴惟吾友耳。念之慎之，不盡，不盡。

其　三

諸兵雖出防春汛，然身負重惡，未經處分，其猜防豈能一日釋也？事機須早决，罪人既得，則衆心自安定，猶豫滋久，恐反生他變難圖耳，惟吾友在意焉。不多及。

其　四

反側子誠難猝治，第其身負大惡，自知罪在不宥，久恐别生事端耳。海洋之捷多生擒，果皆真倭，信膚功也，須趣審明確爲宜。不多及。

寄王河汀

弟自登堂承接之後，迄今且十年所矣，塵緣未斷，畏途重涉，叨冒增慚，毫末靡樹，每懷仰冥鴻，超然若在萬仞之表，誓欲投紱相從而末由也，蓋劇于饑渴矣。緬惟兄丈藴負茂猷，偃仰東山，徒令鄉閭薰其德化，蓋世道之不幸。顧天未必終棄斯民，則行止疾徐之間，固俟其數之自定耳，豈人力也？近雷奉常及小婿至，再辱惠函，同心之言，千里若面，彼諷内循，恍若有失，自覺年來訊候之疏也。然朝夕夢寐之勤，則知己必相諒于形迹外矣。兹小婿奉使西旋，敢此布闊懷。臨楮悵悵，殊不盡其所云。

復〔二〕吴環洲

畿地名色多端，如勛莊、子粒等，前後累勘，竟不得其疆理。兹仗臺威，一舉而悉清之，真地方一快事也。虜款且十年，邊氓與國儲俱有利焉。惟修繕一節，反爲軍士苦累。雖未雨桑土，役不可緩，然亦體恤之者未至耳。承諭，量加給恤，足稱悦道矣。不多及。

其　二

速酋授首，虜衆破膽矣。此時虜馬正弱，非其馳騁時，所謂忿虜思報，當在秋冬交，嚴防可也。優犒戰士，亦鼓衆作氣一機，具如來議行耳。不多及。

復劉鳳坪

滇遠裔，藩臬郡邑，最賴得人，汰庸肆，誠所急也。莽酋竟物故否？隴川逆奴此時作何經略？此殊有關係，幸臺下加意焉。不多及。

其　二

隴川叛逆極於疆圉有干係，不容但已，臺下審圖詳慮，承示方略，可謂得上策矣。幸益加艱慎，務出萬全，使國威伸，王法正，蠻邦畏服，永無後虞可也。不多及。

其　三

隴川逆奴篡主，法不可貸，顧兵未易輕動。承示招携搆致之詳，已爲得策，然須選擇任使必得人，事乃可集耳。惟臺明加慎焉。

復李會川

承示考卷及札諭，具見明臺力挽士風、惇崇雅道之美，良所擊節。今天下業舉子者則傚吴會，吴會士習歸正，所關係匪直一方耳。不多及。

復孫小溪

承諭鎮江妖僧逆謀之詳，迹若可駭，及察其注措，則殊孟浪可笑。既捕獲，速斃之而已。愚民雖易惑，不足爲慮，第須防漸銷萌，無使爲奸雄所乘耳。都中密緝五人者，無有影響，恐詭托也。不多及。

復劉華石

山鄉清丈田糧，極蒙臺慈加意，詭漏盡出，包累悉豁，其爲墦土艱民造福深至矣。國初，糧徵本色者多，其起運折色，每石自四五錢至六七錢不等。後因宗室日衍，邊患日棘，盡徵折色，每石以一兩爲則。今幸以會計實徵作額，其實視國初猶重也。昨爲司徒公言之，渠謂天下無此重折。然疲民獲免包賠，且稍霑輕減，則臺澤所溉潤也。人旋，布復兼謝，不盡所懷。

復辛慎軒

承示疏揭，八事之議，具服遠猷。標兵東防，撫鎮乃無一卒自將，何以待變？此事理極舛者，第恐猝難復耳。總兵移鎮紫荆，最爲得策。沿河、馬水二衝設險，委所當急，若跨水繕障，保禦極固矣，然殊未易言也。不多及。

復晉似齋

承示賓兔部夷狂態，鼠子跳梁，真不可耐。但當飭兵固防，來則接之，去則任之而已，彼計將自窮，不足校也。貢市款虜，要在威信兼施。朝廷原不責督邊臣，令每歲虜必齊至，無一横決也。乃邊疆當事諸公則務以各虜齊至爲全功，故招致餌誘，無所不至，使狡虜窺見吾情，反挾以横索，此可笑也。夏中借重壯猷，諸咸得勝算。此着力兔者，來則接之，雖遲何害？使其終不來，亦奚足爲吾損耶？固知大度自不同耳。不多及。

寄吴止庵

承示，河西與虜部接居，無險可阨，第當練武，養勇士氣，以待不虞。此寔安邊長策，不特河西爲然，即各鎮依險設防，未聞虜至而墻能禦之也，乃終歲驅壯士服版築役，計亦左矣。今虜情漫涣，而該鎮復天象示異，誠宜慎備，幸同新撫君亟圖之。不多及。

其　二

西和事極慘，果真正首惡，治此數人，亦足正法矣。邊民愚獷不馴，有司者不能化誨服習之，往往忿疾于頑，流于殘暴。辱札示，具見慎刑恤民之誠心也。不宣。

復董擴庵

承示隴川夷情疏揭，兼領别諭，謂今日之患由在前隳武備而啓戎心，非朝夕故也，良然！良然！至於所示調度招携之略，曲盡機應，幸與撫鎮協心圖之，務保萬全而無貽後虞，斯善道也。不多及。

其　二

清丈事，即中土亦稱不易，矧遠裔民夷雜居，尤難措手，不貴速完，貴有實益於地方耳。隴川逆奴不可宥。莽酋既死，渠已失所恃，其部衆必不服，而南甸、千崖且共惡焉。幸擇人委任，加意經營之，可不煩中國兵力也。不宣。

寄錢秀峰

僕自違遠親闈，凡八更寒暑矣。高堂垂白，逾七望八，國恩隆重，將父未遑，每歲值壽辰，更眷然不勝白雲思也。緬承明臺垂念，藻函豐貺，惠頒自遠，自非孝思篤至，錫類不匱，何以至此！不敢例却，特用登嘉，領深誼焉。使旋，附謝，不盡。

復江達泉

兄丈登科三十載，始膺專城之任，復得遠裔小郡，弟心殊以爲怍。兹承翰諭，鑿鑿皆肝膈語，具稔大雅宏度謙德有過人者。兄丈既不鄙夷是邦，勃勃然許與爲理，不惟其地方厚幸，且見駿譽將日著聞，澠池奮翼不遠矣。詞不悉心，更惟惠諒。

復徐雲皋

宣鎮密邇北門，而分款虜之東部，最爲龐雜，犬羊多端，撫攝極費區畫，時作變態，所不能無，不足爲將吏病，但須令廟堂知之，庶不失機應耳。兹幸臺駕入境，異時疆事當不壅于内聞也。人旋，布復，不多及。

寄李少莊

緬惟兄丈養重東山日久，鴻冥遐躅，天下共高之。弟夙忝同心，不意冒塵非據，上不能章明主德，博濟四方，下不能推轂名賢，允釐庶務，每懷知己，深愧頭顱。念昔同袍兄弟，今在世者落落不啻晨星，而館中歲寒之契，唯兄及弟存爾，乃終歲時不獲通一訊，言之此心真怍。兹令弟予告歸省，敢附布候音。計年來湖山清逸，高什當充篋簏，便中幸不吝金玉，以袪我鄙吝，何如？外土幣將芹私，更惟鑒入。不盡，不盡。

寄何晋吾

清丈事，山郡仰藉明威，隱漏盡覈，艱民免包陪之累，其爲地方造福深也。又蒙曲庇不佞，特寬徵賦，極感顧覆厚意。第此番原議均糧，而士夫爲民庶表率，不宜示之以私，僕心竊不安，故敢申祈一體公派，使州人戴使君均平之惠，世世不忘，不獨僕也。然僕荷我公殊特之寵，則已刻之肝肺，夙夜耿耿爾矣。河隄極爲使君賢勞，聞工力益精堅可恃。第值此歉歲，百姓苦於供役，更希使君俯爲處賑，使樂于趨事，庶免祁寒暑雨怨咨耳。麥秋已失望，未審竟能安秋苗否。朝夕知爲地方焦慮，希加攝，爲祝。

復周樂軒

再承札示，始知速酋已久隨屬夷入市，乃凶肆無已，其授首得非天厭之耶？夷犬羊也，得利則趨，見害則避，速酋死，遼鎮自後差可少事矣。第恐昂酋攛弄未休，當慎防之耳。不多及。

其　二

昔俺酋求貢市，即遣夷使同中國人傳箭東西各部，不許犯塞，蓋至今而六鎮宴如也。今土蠻講市之使在邊，而速酋即東西分犯，則東虜不能攝齊所部明矣。前蒙諭，聞警同李帥戒備，隨有此捷，可謂間諜審而機應速，得兵家之勝算矣。良仰！良仰！

復任正宇

江北節歲告灾，求蠲賑無虚月，心嘗疑之。比得丈地覈册，乃知淮揚田土傾蕩于河者八九矣。夫無地，租賦將安出？此當爲長久計，非若雨暘愆戾可歲一請恤耳。承示，今歲徵輸完以七八分計，不啻過當，又安可取盈也？不多及。

其　二

漕糧盡完，且先期過淮，寔仗臺力，然勤勞可想也。商販以營利爲業，苟爲無利，即官法不可强驅，但當講求各地方官鹽積滯之故，而加意疏通之。苟有利焉，將相率争趨，不待威挾矣。沈子吏幹無以過人，然亦不能作惡，昨臺参殊與其人不類，蓋有成心，又爲其僚長所陷耳，辱留神，深荷。人旋，布復，不多及。

寄陰月溪

深鉅流寇，日來傳聞甚異，或謂無之。兹奉臺諭，的知其爲訛傳矣。第歲荒民饑，而魏博、鎮定之區自古稱多盜，銷戢捕禦之方，更希臺下重加意焉。餘不多及。

復孫滸西

杭城復有此變，殊駭觀聽。承諭，浙中各役工食裁革太驟，思亂者衆，得亂本矣。然此寧惟浙中，蓋天下通然，惟賴賢輩識治體者爲宣達爾。不多及。

復潘印川

近歲，徵賦法舉，民鮮逋者，而苦于遠年帶徵，故明詔蠲之，乃不意留部之額負乃若是之甚，蓋有司相沿，視爲緩圖耳。嚴催濟用，良不可已，承命敬識之矣。不多及。

其　二

承札諭，兼領揭示，乃知留都武備單弛若此，不虞之戒真當汲汲圖之。其伍籍空虛，不及十一，計初額今二百年餘矣，若原籍清勾，恐增擾無益。其招募烏合，又有振武覆轍可鑒。此必何如乃爲完道耶？江浦縣、衛之釁，啓於經界不清，良然。今欲早爲清理以息禍機，可謂探本確論，然第一須得人爲之善處，乃可兩相聽服，而未易言也。謹復，不宣。

復王肖岩

大疏已覆允，戍卒之困悴當少蘇矣。往歲庚戌虜入訌京邑，乃徵各邊鋭卒入衛，約以薊鎮練兵有成罷徵，大段不越三五年爲期耳。經今三十餘年，各鎮稍稍罷之，乃延綏獨疲于奔命，而又于薊鎮實無所益，真左計也。人旋，布復，不宣。

寄蕭岳峰

款虜安邊，所省度支不貲，即歲捐撫賞數萬，比之軍興，費有間也。往宣鎮以費鉅極力節縮，遂致軍困不支。近歲議增市本，減馬價，積困稍紓矣。茲所請客兵銀，乃覆允定議，非創請者，承諭，具悉慎重深意矣。不宣。

寄西河玉峰王孫

賢王讀書博古，藩國所希。茲奉諭，稚孫不順，多由驕愛致然。既訓諭不悛，即痛懲而嚴錮之，奚不可者？何必恚怒生疾，且外煩有司也？今其黨惡，官府既治之，當必知戢。如悖肆猶昔，本是親孫，在殿下所治耳，不必過爲紛紛，恐使觀者不諒也。惟高明裁之。

復高昆侖

四方士群聚於太學，顧使之無居息之所，極爲非宜，乃不知南雍亦若是也。今司空財用頗饒，視前時異，即責令修繕，亦所能辦，矧復以成均經用佐之？興廢育才，在此舉矣。其條議亦悉切要不迂，具見恪恭修政之美，殊善！殊善！附復，不多及。

寄凌洋山

前江北專設營田，亦謂各兵道政煩力分，須專官乃可責成耳。及既設，則又謂不兼道務，其威令不行于有司，不若兵道兼領爲便，而營田竟無功。茲水利實淮揚要務，有臺仁在上加意督察，即今所講求端緒而次第經營之，有司各道奉令趨事，功可成也。臺軿外勞久，一旦奉簡命入朝，縱設有專官，恐異日復如營田耳。何如？何如？

寄曹如川

畿南站軍相沿二百年，一旦更張，殊與物情不便。大段爲治之道貴在不擾，自非極敝難行，不可輒議舊章。若此之舉，雖謂之擾人可也。臺下極力調停，良費心思，寔前政所貽累耳。

復辛順庵

山鄉土埆民貧，役煩賦重，兼之田糧詭脱，偏累孱弱。兹仗臺下嚴明仁恕，隱弊盡剔，困累獲蘇，且爲三晋無窮利也。良感！良感！覈册極詳備，且措處周贍，一省稱平，政府、地曹亟讚精慎，諸俱如疏議允行，絶無駁異，與他方不侔矣。臨晋屯糧，昔議增傷多，故難徵斂，今盡數豁之，則曠恩也。人旋，布復兼謝，匆匆，不盡所云。

其　二

三關修守疏極詳備矣。然寧、雁有大同外蔽，勢猶差緩。若偏關則切與虜鄰，最爲喫緊，而西面復與套虜相接，設險峻防，此其所最先矣。岢嵐胡道才幹卓越，臺下幸丁寧之，令其悉心從事，其爲異日憑仗不貲也。

寄賈肖泉

江洋捕獲鄰境劫賊，足爲奇功，各捕官勞不可泯，此須具題可也。緝捕盗窩册，自弘治庚申起，乃相沿虛文，真所當革。第嘉靖二十一年至今，亦四十餘年矣。今狡賊逃者，大段十數年之内不得，則終莫能獲，間有獲者，亦多其自犯，非由根捕也。似當以十年爲限，乃可責實耳。何如？何如？

復凌洋山

自黄淮横潰，淮揚沮洳久矣，近水歸其壑，將謂汙萊漸闢。兹承揭示，則爲沙淤水占，不啻十八，民瘼真難堪也。夫有田，可論豐歉；田既失矣，即晴雨適宜亦安所取豐耶？僕一覽，爲之惻然不寧，則臺慈之連歲憂勤可想見已。人旋，布復，不多及。

寄王小湛

有司事當以守法爲本，至于一時急應監司之命，未免法外取辦，此在僚友前後相爲地耳。以僕所見，尚有私費借用公帑，而後來人爲處辦掩飾之者，所謂“律設大法，禮順人情”者耳。今宋南出易社倉，取息爲積穀、紙贖，于時上司未有禁也，奚爲不可？吾友既已明陳其事于查盤者，謂二人過舉矣，即南君之穀尚在，豈可復移入預備倉乎？何其不恕也！且社倉穀止開四千五百餘石，若節年加增，今且巨萬餘矣，而春來豈得盡出貸耶？南君今亦謀歸，但爲吾友惜此舉動耳。餘無言。

復邢知吾

承示，經理苦池堤堰工竣〔三〕，極爲鹺池永利。此地原爲瀦水，但無使居民田芻其間，庶異日不爲藩府奪耳。時且入夏，今歲鹽花生結何似？不多及。

寄孫小〔四〕溪

諸妖逆既鞫訊明實，委當速正刑章，以銷變釁。連坐律重同居，此皆飄蓬斷梗，其家安得預聞？且所供籍貫亦未必真，根逮徒滋驚擾耳。罪止其身爲宜，已如諭語法司矣。不宣。

復邢昆田

三關馬政久廢，近日院道乃議孳息及易處夷馬，頗爲詳悉。昨巡茶赫侍御謂留心牧政獨公一人，故借重荒裔耳。極知爲高賢屈，然非藉塞淵明德，其奚以壯軍容而蘇民困耶？敢因使旋，附楮仰復，兼布芘賴之私，幸惟惠鑒。

寄侯順庵

清丈田糧，朝廷本意惠民，而各處頗反爲民擾。山右仰仗臺下明威弘略，條戒精詳，區畫周善，墾土盡覈，而賦額不增，其爲艱民造福殊無涯量耳。昨撫臺見示全晋田糧册，乃藩司所造，其條例甚詳。僕間一披閲，見前開倉口折糧不等，大段一兩者多，亦有七八錢，如王府糧又有減半徵至四錢者，其折布糧，每石只及三錢耳。及後開州縣實徵，大段多以一兩爲額，一條鞭派徵。心頗疑之，希明臺覈查其詳，備將各郡邑坐派額徵明開一册見示。只開太原、平陽、冀南三道，其冀北不必開也。率爾奉煩，更希原炤。

校勘記

〔一〕“竣”，原作“峻”，據文意改。

〔二〕“復”，據卷首原目録補。

〔三〕“竣”，原作“俟”，據文意改。

〔四〕“小”，原作“守”，據卷首原目録及本卷前《復孫小溪》改。

條麓堂續集卷十八

書十六

復宗正西亭

豚子童習一經，今年且三十所矣，始博一鄉試名，何足道者？過辱大雅儼然論之，泠泠然金石之章，足爲世珍，感荷不可言喻。生薄劣，不諧物望，浮言胥動，歸計已決，乃主上堅不欲放，栖栖在此，恐將來爲有道羞。希不吝啓迷，生當奉爲蓍鑑也。兩長史承教導裁〔一〕培，恩同覆載，屋烏深愛，生寔戴之。敢因使旋，統此佈謝，仰希尊鑒。不宣。

復馮清宇

前在都，緣多冗不獲一款叙，别後殊悔。吾友識度清遠，足爲留都公議重，百爾希加恪慎。僕近招多口，寔負乘所致，然亦有播弄之者，聞且發機南中，幸吾友爲我加意察之。僕不爲一身惜，恐釀宗社禍，異日雖去國，無能逃天下後世責耳。特布腹心，希留神，荷荷。

寄郭華溪

憑祥土目刁難夷使，致差官自盡，此事明臺所洞炤也。國體所係，夷人所視爲逆順，不可含糊草草。部覆甚悉，希臺下爲加意焉。

復趙用吾

覽疏，具言刑獄冤濫之詳，惻怛慘切，使人感動。此不獨梁豫爲然，當通行海内，嚴爲禁飭之，然安得人人有不忍之心如公也？

復劉佐

江防近稱清肅，然聞南中自妖僧煽亂後，人心頗摇惑，更希加意振飭，以銷萌建威也。草復，不多及。

復潘鶴汀

伏奉教翰諄諄，若侍面談。所云同袍諸兄三十年來今昔之感，不覺心惻。蓋人世事大段可見，而吾兄弟幸保歲寒，冀晚節克全，不爲後世所嗤可也。

寄羅聞野

礦徒基亂，早見而預除之，殊善。首禍罪重，誠未可輕易，審確然後坐之，庶無枉縱耳。

復孫肯堂

江右最稱多口，自文軿往莅，殊有頌聲。兹覽所示考卷，鑒别既精，而崇典實，抑浮詭，蓋三致意焉。使督文者咸若兹，天下士風不當一變耶？良所擊節。科歷滋深，久稽殊非宜，行且奉不次擢耳。不多及。

寄蕭岳峰

今歲貢表、鞍馬入京，視往昔爲早，具見虜情恭順無他，何莫非臺下威信交暢所致耶？張家口市獨青酋一部未至，蓋遠搜各夷馬匹，冀以多取利，故遲遲耳。聞東虜糾此酋搶遼，陽爲不行，而陰分部衆往助，此其狡悖可惡。明臺幸多方偵探，果不虚，即昌言責諭之，庶可杜邪謀耳。塞内外事情，無論巨細，幸一一示及。第直示其事，不必更作啓耳。不宣。

其二

今歲虜中多故，互市視常歲稍遲，然宣鎮獨完且馴謹，則臺下威信所致耳。承示，打剌、明安部二酋東行，此真未可測，已傳薊遼爲偵備矣。差去通官回日，幸以夷情申示，又荷。僕近被狂訕，欲去未得，靦顔就列，殊非本心，俟春明仍申前請耳。

其三

青酋東行祭神，薊鎮半月前已來報矣。以後凡得境外夷情，幸速賜密示如前。打喇〔二〕、明安東行，絶未知得。僕傳示乃要止之，斯有益也。人旋，布復，不多及。

其四

長昂婦死，而青酋母子東駐，徘徊不歸，豈貪節歲祭神屬夷例有供送甚厚，不欲捨耶？抑仍欲伺隙犯遼西耶？續有偵耗，幸速示及，荷荷。

復李肖山

辱翰教，具領鄉曲深誼。南曹清簡，士夫類不事事。願才賢加意職業，以需遠到也。不多及。

復山陰元峰王孫

弟技能原短，宦情復淡，年來多故關心，驟成衰憊，日夜思歸，非飾説也。不意忽肩重任，外之則政令煩苛，民心解體，内之則機穽牢密，遺毒更深。受國厚恩，不可委之而去，即欲料理，又粗牾牽礙，倍費心力。凡所見教，皆針石至言，寔契鄙心，容勉强遵奉，未審竟能有濟否。匆匆，不盡。

復栗健齋

伏承惠翰，具荷長者深誼。僕梼疏無具，濫秉國均，日夜憂惶，慮無以弘濟艱虞，貽辱鄉井。乃丈人不以不任爲念，猶然有樂與之心焉，豈非愛忘其醜耶！使旋，附楮，仰布謝私。凡中外事所當因革先務，及僕近來愆咎，暗于自知，希知己不憚提耳命之，願安意以承教也。外薄篚將敬，更惟撝納，幸甚。

復凌洋山

再承諭示，具領深教。政體張弛，在因時合宜，苟有成心先主，未有不陷于一偏者。姑息養亂，偷安廢事，非所謂寬政也。今中外軍民所由不安，以文武吏務以操切取名，不恤下情，爲一切無章之令耳。即各邊將怙寵自恣者固有，其以無辜被斥謫者亦累累不絶，所謂“弛于將領，太阿倒持”者，不過一二人。此等矜飾成性，若欲改心易慮以修實務，將恐不能也。此誠癰瘍附身之患，非臺明誠心相與，安肯言及此哉？良感！良感！人旋，附楮謝復，不宣。

其　二

伏奉明諭，具稔同心深誼，千里如面。第結附内庭者，不獨楚人爲然，群小雖除，其傍睨而怒目者方甚也。衆正競進，僕誠不孤，然危則滋劇耳。人旋，布復兼謝，不盡所云。

寄徐存翁

門生某綿力短識，自知甚明，乃不意一旦遽膺重任，朝夕慄慄，懼若涉淵。玆奉吾師函諭至四，而不以一言教及，懼滋甚矣。門生雖駑劣，不足當甄冶，然此心則師翁所知，必不敢横一毫私念，有所偏倚，忮求自用。凡時政所宜，及門生平生所短，及近日愆尤章著者，希師翁不憚提耳命之，無俾覆餗，貽門墻羞也。謹九頓陳乞，無任悚息馳切之至。

復賈星衢

兩京省署一體，而仕者多厭薄南任，且吾友所從膺鄉賦，乃亦謂其風土不宜，况在數千里外哉？幸安心易慮，勉修職業，毋過爾憧憧，徒亂心曲也。更惟相亮，幸甚。

復周喬石

伏奉教翰，宛轉諷誦，緬憶鴻冥高躅，藐不可慕。回思三十年前，承司農省署色笑時，若隔世事矣，爲之慨然。弟材具短淺，性復疏直，原無當世之志，不意謬秉國均，濩落無當，遂憎多口，謀歸未遂，進退惟谷。倘復留連在此，尚欲博搜巖穴，廣延群正，若遂得釋重，則付之後人責耳。使旋，敬用布復，不宣。

復高鳳渚

屯糧蠲免，原當與民地同，部有成議。陝西灾恤，悉如臺議允行矣。今又有慶恩給賞，灾困當少紓。第所論慶陽之旱，其甚若此，地方真有可憂，希臺慈特爲加意焉，須過二三月，新苗茂，乃無虞耳。人旋，布復且謝，匆匆，不盡云。

其　二

邇者權璫罪惡貫盈，干天威怒，一時附麗交結之衆多從斥譴，臺下不幸而有其迹，則夷陵累之也。好事者遂窮搜幽密，至使人掩耳不忍聞。以公之受國恩深厚如此，且僕叨知愛亦一紀餘矣，公豈固欲負國而且負僕哉？僕以爲必不然也，而世誰能諒之？今延慶異歉，春來大有可虞，旌麾離此，未必非福也，呶呶者何知焉？人旋，布復，臨楮悵悵。

寄陳楚石

陜中旱饑，各郡尚有分數，而延慶乃赤地千里，蠲賑良所急矣。第今去春收時尚遠，地方事真足隱憂也。數年來，朝廷加意節省蘇民，蒙示，秦中乃糜濫無紀，公私垂罄，可恨。往事無及已，今日釐正轉移，全仗臺明加意責實行之，誠斯民時雨望也。

復褚愛所

僕自當事謀國，一念可質天日，弱體覺已不支勞累矣。適被流言，恐將來展布益難，反至失己，汲汲思欲釋重而去耳。承臺諭諄諄，具領知己相與之篤，然中有不可也。僕孤危之踪，思近同德，朝夕劇於饑渴，諸䩄縷須面布云。

復侯葵所

僕力小任重，兼之賤體年來衰羸之甚，自當事來寢食頓減，殊覺不支。然區區一念報國爲民之心，則自信可鑒諸天日而不怍也。乃讒搆驟興，機穽甚毒。若乘此得釋重，返初服，實所至願，而聖心堅不許去。臣子之義，未敢决裂，勉强就列，顧無如黨人之睊睊何也。仰廑臺慮，諄諄慰藉，殊荷知己深誼。猷望隆著，兹大察之典方借重藻衡以黜陟臧否，使兩河萬姓同受福焉。承諭，何其謙抑甚耶！使返，謹楮謝復，匆匆，不盡意。

復張念華

知人最難，大段兩道得人，則其一路臧否足據也。僕綿力膺重任，當四方灾沴、人心畔涣之際，百憂集心，形神頓敝矣，而讒忌横復見及，義當决去。乃主恩又未忍慹然，勉强在此，冀紓尺寸，顧未審天意何如耳。承相知見念，殊荷且怍。使返，附復，不多及。

復鄭範溪

前使旋，附有啓復，方發，即接續教，知馬通官已自虜帳歸，及示黄酋夫婦書，甚慰。虜中情狀，不惟傳至京者多謬，即其夷使口語，先後來塞下者亦自相抵戾，蓋不惟真僞淆雜，即真者又各自以情之向背厚薄爲説，故多端也。緬惟臺下訏謀遠覽，通照而徐持之，以玩虜于掌股之上，而使之聽命惟謹，疆埸有人，其爲國體增崇鉅不細矣。良服！良服！

其　二

陵山潛入之夷所索逋奴也。山後有新墻，乃巡邏者寂無所覺，則宣鎮之防護南山不啻疏矣。須因此申飭之，無使再生事端也。

其　三

學至，重辱臺諭，具示三鎮邊事之詳，良慰！良感！浮言不足爲重輕，而疆埸之事須實幹乃可以待變，故今日練兵爲要，僕所寤寐不能忘于懷也。辱開導明哲，此心豁然若有獲矣。第馬政亦要務，須求所以變通，廣采善飼，爲經久宏圖，則國威當益暢而虜奉約當益堅耳。願臺下悉心指畫，僕將使各鎮悉效法也。學返，布復兼謝，匆匆，不多及。

復趙寧宇

承臺諭，知旌麾已入閩境，殊爲地方幸。政在宜民，譬則夏葛冬裘，因時而改，我無心也，寬猛緩急，亦何有常？第出于有心，則未有不害政而苦民者。辱諭，殊慰所期。匆匆，不多及。

其　二

天下事非才賢不能取辦，第才賢率近名，凡事未爲，先務取聲譽，故多不以實心幹濟，此今日通弊也。兹承臺諭，閩中事前緒可循者不務紛更，力可自爲者不侈章奏，此乃鑿鑿務實事語，時賢中少見者，殊慰僕深望。果堅此心，遵此道行之，豈惟今日八閩獲福，異時宏受遠施，將使天下被惠澤深也。

寄辛順庵

前政與中奄表裏爲奸，自僕當事來，中奄殊相牴牾，群小遂合謀以爲奇貨，而又有因以爲利者。兹者天啓聖斷，大憝克除，群小星散，即欲借爲利者亦膽落矣。僕何足言，寔宗社大慶也。病冗中，不盡所云。

其　二

承别諭，地方荒歉不支之狀，令人酸鼻。時已將夏，未審地方雨澤何如，春苗可望否。發内帑寔難，如僕前議，以站銀積餘散賑最便，蓋此項錢糧原題有餘免派一年，自是民間物也。事勢既迫，一面奏請，一面即行動支亦得，部中當無異同耳。謹復。

復宋桐岡

僕性拙直，不能如前人善事中宦，乃群小即以爲奇貨，而傍觀又有陰爲利者相與從臾之，僕已決意引去矣，乃聖明窺見奸狀，其術不行。未幾，中宦得罪，而群小遂瓦解，即傍觀爲利者亦自慚沮，不爲士論所齒矣。此寔宗社之慶，僕何足道也？使旋，附楮布謝，病冗中不盡所懷。

復王忠銘

使至，承翰諭，知文軒已莅留院，南都殊有清議，公此行良足爲詞林增重也。邇者聖明英斷，芟除心膂大患，一時群小稍稍解散。此寔宗社神靈護佑所致，僕自是得與諸公正人相戮力，無它撓矣。然已有旁睨而攘臂者，可恨也。使旋，附謝，不盡。

復陰月溪

自古權奸用事，士之傾巧貪競者附以亂政有矣。至于中奄依憑城社，播弄威福，不才縉紳或陰附之，未有公行交結，卑污無耻，且揚揚誇詡于人，若近日者也。一旦天日清明，群陰解剥，固足爲社稷、生民幸。第士風頹靡已甚，在位端碩落落如晨星，僕蓋怵然夢寐念之。緬惟臺下亮節清望，士論所歸，更化之始，特借重文昌，表儀後進。伏希旌麾速入，用隆國體，且便區區請教之私焉。伏奉教函，盎然同心之言，無任欣荷。使返，敬用布復，匆匆，不盡所云。

復周樂軒

承諭，調李帥入薊，議之本兵，謂遼方多事，恐此將未可驟離。然薊苦難得人，議用西路陳副將，未審可否。入衛爲各鎮累已極，而薊殊無實用，言者欲量爲調停，而本兵又酌訂有説，班兵弗減，特欲省近地者春上耳。臺下當其事任，幸虚心議示，要在不妨邊備，使困頓獲休息耳。

其　二

今九邊凡三督府，自西虜款貢，分陝谷、雲，職專綏馭，與曩時異矣。惟薊、遼西綏東勘，和戰兼用，兼之屬夷狡肆，視西二閫特稱難焉。且密邇陵、京，所恃爲屏翰又特切也。臺下撫遼日久，勛猷章著，凡此三虜情狀與兩鎮所以威懷之略，固已諳歷之明而計慮之豫矣。簡命專閫，士論翕允，行將使卒乘輯睦，兩鎮同心，離東西虜之交，而震疊屬夷之玩縱，豈非社稷萬年衛哉！然莫非王事，顧使賢者獨勞，僕心殊念之矣。人旋，謹用布復，俟旌麾入關，嗣容請教，不備。

其　三

東郊拱護京邑，其兵馬不夥于列鎮，而朝廷傾内帑以供之，誠重之也。然法紀蕩弛，錢糧靡費，弊蠹百端，防禦無具，識者憂焉。兹借重明臺，以實心宣壯猷，旌麾既入，自當卒乘改觀，百吏竦命矣。使旋，附復，諸疆事當絡繹請教，不悉。

其　四

二奴且未可議剿，誘執亦非體，姑明諭之，令縛獻阿台，并令與虎兒罕解仇，各安守分域可也。如諭之不從，然後議加兵未晚。惟臺明籌之。

其　五

昌帥移薊，乃地方人情所共願，即告本兵，如來議，一二日題推矣。代昌者，不必陳也。京東初因庚戌虜患，徵各鎮兵入援，始議原謂俟一二年主兵練成即罷之耳。今且三十餘年，主兵竟未練，各鎮疲于奔命甚矣。即昔調戚帥來此，原以總理練兵列銜，乃其效可睹也。兹者臺下招來有道，地方武健樂從。蒙諭，期以來歲練成主兵，盡撤入衛。此三十餘年相沿不能成者，而臺下毅然以底績自信，國有任事之臣若此，豈非社稷衛耶？良服！良慰！班兵既係京操，春秋常班仍舊，亦不爲累。第薊、遼數千里，欲扼險無一隙可乘，將恐不能。不若擇要害，如墻子嶺等處，如法繕築，其餘可緩者姑已之，以節軍力可也。且邊墻本以外防，今表裏包砌，且内外皆用女墻，此大費且舛矣。薊東用南兵，原爲防禦計，兵制已 定，豈以一將去來驟爲更改，臺下所處甚當，可明示其衆，俾安心焉。人旋，布復，草草，不次。

其　六

東郊借重保釐，以實政練土兵，將建永安長利，息各鎮兵力，浮言無當，僕豈有私護也？承諭，具稔深指，良荷。昨寧前之訌，宣鎮督撫咸謂馬五大等實不與，其所示偵探甚詳確。此非董忽力借言，則詗者不的也。近見本兵意，雅不欲料理屬夷，謂薊當蓄力援遼，僕不甚解。大段今日練兵爲急，兵可用，則討罪援鄰惟相可而動耳。薊門自庚戌虜變即議練兵，當事者給有專敕，仍每歲遣部臣閲視賞罰之，久無成效。乃調南將有才名者，加以總理練兵之銜，又十五六年矣，而地方卒未練一卒，殊可恨也。兹東鎮厄運已極，乃獲借重忠賢，視師建節于此，不數月即團練土兵，軍氣勃勃然振。遲以二三年，將使漁陽突騎充斥塞下，而各鎮可免奔命疲矣。此宗社萬年計，僕日夜所疚心者，聞教，甚欲遡下風而東拜也。閫外之事，委重壯猷，僕非敢從中制，其將來召兵增餉事宜，惟臺明規畫停妥行之。大段利不厚則人不樂從，然須爲經久慮。若取歡虞集事一時，而後或難繼，未免又費曲折，故謀始不可不慎也，惟臺明留意焉。不盡，不盡。

復蕭兑嵎

春來幸方内清宴，第關隴荒歉至極，僕晝夜疚心，知臺下念切地方更棘也。不審冬春來天澤何似。昨已破格議賑恤，發二部銀抵民間起運，幸接春收，艱民即可蘇耳。如復鮮穫，則地方事有大可憂者，全仗仁賢壯猷深計而預待之也。

其　二

全陜大歉，非仗仁人在上，多方援恤，如救焚溺，餘民其有孑遺乎？然苦心真澤，則一方老幼尸祝之矣。邇者大憝翦除，僕以綿力當棼處艱，形神俱瘁。承示我周行，敢不佩服？然僕之心，天地神明鑒之，亦惟高明能諒此苦衷耳。全陜文武吏俱免催科罰矣。謹復，不多及。

復劉鳳坪

再承札示，滇西夷患剥膚如此，即莽酋未必有宿謀，而逆賊岳鳳不除，則滇中之患終無已也。設將增兵，及調鄧、劉二帥，俱如來議矣。第諸事料理，須秋中乃可成備禦具，而目前之急，全仗壯猷善應，俾不至大逞。若時入炎蒸，則賊兵亦自不能久屯耳。沐平西世守此土，故昨明旨乃責成之，不知其人能爲地方紓患否。人旋，布復，匆匆，不多及。

復翟左溪

曩旌節莅密雲有年，既去而地方思之不置，咸以爲誠心直道，遇事能任，僕心重之。玆者撫臺新復，特借宿德，用從民望，且東郊密邇，將使保釐洪潤，都邑與被焉耳。伏承臺諭，具稔虛己敬事之美，良所欣服。百爾希明臺以昔日任憲司之實心處之，人事奎可減損，僕但有聞見，當附便以聞也。匆匆，不多及。

寄董擴庵

滇西夷患剥膚之急如此，諸建將增兵，調鄧、劉二帥，俱如議行矣。第皆備禦長計，而非拯焚急策。不知此時地方事勢何如，良可殷憂。因事設奇，隨勢制變，是存乎人，則幸有臺明與撫鎮協心圖之耳。

復宋栗庵

邇者聖明斥逐大憝，屏汰群小，博延耆碩，用弘理道。以臺下清節偉望，後進表儀，特用賜環，冀以維世風、端士習也。緬惟大雅達觀，謂且不俟駕以趨，答中外望，乃過爾淹留，復以請告聞，恐非宜也。奉旨申留，更惟旌麾速發，幸甚。

復黄健所

僕力小任重，自當事來寢食爲減，方擬求去未敢，而毁言已至矣。緣聖明諒其無它，不欲遽令引去，而禍機甚毒，窺伺方深。僕惟求此心不負國負民，成敗利鈍，任之而已，臣子之義，豈敢悻悻也？伏承明臺諄諭，肝膈之言，藹爾深切，良感！良荷！人旋，謹楮謝復，百爾迷謬，更希不吝示及，俾不得罪公議，又甚幸也。不宣。

復晉似齋

僕叨冒逾量，復承渥恩，鬼神害盈，是增多口，聖意堅不許去，在此非本心也。重蒙諭及，祇覺慚怍，倦鳥思林，天下事自有能者，安可久與鬼蜮同居也？靈州逆犯正法，足快神人之憤。第徐隆亦係首惡，馬、李以下，此其最也，乃復逸去，可恨！此等凶渠豈千里聽審物耶？須多方緝獲之。不盡。

復李貞吾

近來各處衛所官百方扣剋軍糧，習爲常事，人心憤怨久矣。不特南都，即南都，當亦不止抵贖一事而已。因事示禁，且由此推及其餘，亦收拾人心之一機也。不多及。

復楊震厓

揚州土塗泥，而都城外垣乃用土，雖煩歲修，徒靡耳。臺下今易以磚，若小費，實大省，且濟實用，二百年相承之謬一旦豁矣。殊勝！殊勝！人旋，布復，不多及。

寄阮沙城

辱惠翰諭，具領知己深誼。僕冒膺事任，百爾因應順施，絶不敢有一毫成心，期于人心相安，去百姓所患苦耳。而談者多涉于有意，非大雅超然遠覽，深燭理原，則區區一念自靖之私，其孰知之也？僕嚮聞公治行，乃今始得公之深，自後南中事當托重在高明矣，煩不時示及，幸甚。

其　二

冒濫疏乃例所不可已者，該部已覆行矣。南中清議甚重，而工于讒搆及懷怨欲復者，多以内外察時具誣揭中傷人，願高明審察之。大段博訪確究，則浮謗不能行矣。不多及。

其　三

承札示兼疏揭，殊有慨嘆，一物失所，足干天和，刑罰不中，民安所措手足？且此公素清鯁，不以苛刻聞，而治獄之濫若此，四海之廣，欲無冤民，豈不難哉？兹疏極有關係，諸無辜亟當湔釋之，可憐也。

復李及泉

僕以梼淺當事任，適四方灾沴、萬姓嗷嗷之秋，歷覽古昔，有足畏者。坐是食寢俱損，思以收拾人心爲急，法紀所在，毫不可假。第于吏治之過苛者，稍以寬大持之，雖未知有濟于治與否，而區區自靖之苦心則然耳。不謂高明旁觀，乃通晰若此，僕因以自慰矣。東南灾傷，其甚者已破格議蠲。附復，不多及。

寄張巗山

僕疏直，不能如前人曲事中閹，而傍伺者且欲以爲奇貨，兼之楚氛甚惡，故决意褰裳避去耳。兹幸聖明英斷，元凶黜伏，群黨已稍稍解去，即傍伺者稔毒愈深，然其情狀，三尺童子知之矣，可嘆也。

復雷慕庵

承翰示，同心之言，若親歷僕之甘苦者，使僕讀之，不覺前日之心戚戚也。天啓聖明，城社盤固之奸一舉而蕩斥之，不異摧枯發蒙，真宗社大慶。然僕之犯危機，操苦慮，則都中覥面者不知，而知己在千里外如睹也，知公今必爲僕一解顔矣。感之！感之！偶小恙，不多及。

復胡順庵

承函諭，知臺軿已莅雲中，闔鎮軍民當不啻離荆棘而即衽席也。此地方内屏北門，外鄰大虜，土瘠賦重，宗繁軍悍，而年來荒饉相仍，撫恤無術，疲困極矣，矧虜王代立，夷情覬望。所恃我公沉機壯猷，所以紓急難而圖先事者非淺鮮也。伏誦來教，其於地方患苦措理方略較然如指掌，僕殊幸之，謹拭目以觀厥成而已。屬膺小恙，絶不禁勞，匆匆，不能多及。

其　二

昨歲閲科將出訊疆事，僕告以虜款一紀餘，諸所繕亭障、治器械略備矣，第將士久不臨陣，而健兒苦力役，軍氣衰甚，今日之閲，當以練兵有實效者爲先耳。兹承臺諭，具見壯猷宏識，爲國任事之實心，雲中兵氣當期月振揚，足以建神威而銷虜侮矣。良服！良服！願專志圖成，無以違衆避嫌爲慮，僕在此，必不使任事者罔功也。郭帥自乞休，殊善。此將衰老，人多指之者，疏至，當如命優榮其歸耳。人旋，布復，不多及。

復張濾濱

楚黨不便于僕，當時陰有所附，要結中奄，合力擠陷，僕已决意歸矣。乃主上諒其朴忠，堅不爲動，而群小鼓弄不已，其機遂爲聖明所覺，因并得中奄一切奸狀，赫然斥之，兹寔九廟神靈鑒佑，世道之幸也。承諭，具荷知己相念至情。計時已得代，幸速入都，以慰區區每事請益之私，顒盼，顒盼。

復楊二山

伏奉教札，侃侃忠告，不啻提耳命之，謹斂衽拜受，揭諸座隅，出入省覽，用比韋弦。朋友道喪久矣，縉紳尺牘往復，寒暄外多作獎頌語，非直諒如公，僕安得聞金石之言若此哉？良感！良荷！且公既稱僕爲知己，傾肝膽相示，或不以僕爲不足共事也。温綸已下，幸以時詣闕，不佞朝夕有所就正，其所謂時事可流涕、撫掌、搤腕者，或相見面示，或先以札示，僕孜孜欲聞之，不能終朝待也。人旋，布復，跂首都門，專候前驅之入，無任翹切。

復王繼津

僕以孱劣任國政，值奸黨布列，要結權璫，沮撓國是。于是引拔耆碩，若以纖絲舉千鈞于深淵也，蓋力困而心苦矣。比聖明英斷，大憝遠斥，曩時比周作奸詭迹無不炫露，乃始汰屏匪人，群賢彙進又特易易矣。留都根本，樞務爲重，非公莫可任者。伏辱翰教，輯人心，壯神氣，充此二言，即畢公保釐成周，勛莫過矣，殊爲東南幸。然不得朝夕請益，以迪迷謬，則私衷不無自失耳。人旋，布復，匆匆，不多及。

寄龔日池

前臺輧在都時，僕方爲權璫所扼辱，惓惓顧念，肝膈之言，骨肉之愛，盎然溢于詞色，僕深荷于心，蓋没齒所不忘也。冬杪，賴宗社孚佑，默啓聖斷，舉城社心腹之患一旦芟屏剪滌，不勞餘力，謂非天幸耶？僕竊計知己在遠有聞，必爲世道慶，爲僕欣慰。兹承諭及，同心之言，固千里與面談不異也。閩中近頗少事，第每歲防汛〔三〕所稱出洋捕斬功情狀多異，希臺明審訂之。

外患誠宜慎防，第未可别生事端耳。閩暑稱烈，幸加攝，不多及。

復馬呈圖

差官生事夷方，誠當參究，第未審明果軍門所遣否耶，或未必真官也。充戍邊遠者，本以懲惡，乃返易逃難勾，且累及無辜，非便。既有例，則改近可耳。

復王培山

豚子誠騃鈍，然其向學攻苦，在河東頗有聲士林中，臺下駐節此土，可一訊知也。偃蹇場屋，五舉始獲一第，而横爲杯蛇所猜，則僕之凉德不信于時而爲子累也。承賢者通家深愛，遠頒翰教，感且不貲，而併布愧衷若此。河東商累至極。夫細民侵冒公帑，銖兩皆有罪，重至斬首、充戍不貸。乃朝廷富有四海，而反拖欠民資以數十萬計，此古今所希有也。惟明臺善圖之。外一摺，乃相知所教者，并以奉覽采。寒家自來原不中河東鹽引，故僕得不避嫌言之。使旋，仰謝，餘不多及。

復石毅庵

伏承臺翰，知旌麾已莅五原，爲慰深至。分陜重地，年來洊饑異常，而前府全不以疆事、民瘼爲念，上之則飾虚要譽，逢迎結納，下之則操切任術，毫無體恤惻怛之意，民之顛連無告極矣。臺慈昔歲建節此土，深仁實政，去後而民思之不忘，特此復塵仁駕西巡，冀拯民水火，慰來蘇之望耳。簡命已數月，久不聞問，心甚遲之。兹蒙諭，不覺欣然，則關輔舊民室家相慶可知也。人旋，敬用布復。時已入夏，未審西方雨澤近復何似。公車既入境，朝廷可無西顧憂，希爲國加玉。諸恤灾除患，先其急者，餘以次徐圖之，勿過爾焦勞，是所望也。不盡，不盡。

復南暘谷

仲公至，領教札，具稔兄丈存念之篤，不啻雲霄下也。弟孱陋多病，謬秉國成，期月來，罪過且萬狀矣，何敢當兄丈所褒許？每念登科三十載，曩時同袍四百人，今在位者落落如日將出之星，而不在世者且大半矣。自惟病軀不禁機務，日夕且請老西旋，擬拉兄丈一訪西嶽，酬生平未了之願，亦晚歲一快事也。使人告返，附楮布復，匆匆，不盡所云。

復郭希所

前使旋，附有復言，方發，續領臺翰，則以豚子僥冒，曲垂獎借，意至而詞文，荷誼殊殷厚矣。僕誠不德，然自束髮以不欺自矢，近乃横爲不相諒者所疑，羞爲知己道，事久自明。第僕不稱具瞻，行當避賢路去耳。人旋，附謝，并布委衷，餘不多及。

復李少莊

兄丈清標足以範俗，雅調足以訓世，乃士林羽儀，法當簡置高華，爲後進導率，而偃仰丘園，且越一紀，弟心竊自愧焉。兹者天啓休運，妖孽既滌，群正彙進，環召初膺，故借舊銜，旦夕當入贊禁近，東土非久淹也。伏承札諭，具稔深指。伯父母壽康方茂，且令弟新歸，足代兄定省，忠孝一致，願大雅宏觀，慨然爲蒼生出，使不佞弟有請裁焉。幸甚，幸甚。

復魏確庵

浮雲蔽日，經時已久，匪特兄丈鴻冥高蹈，邈不可慕，即不佞弟亦賸欲褰裳去矣。明祚方隆，宗祏神靈默相，聖明英斷，伏奸悉發，妖黨盡黜，弟始獲安位行志，推轂群賢，即今端碩漸集，國容改觀，海内諸苛細科條亦稍解除矣。第弟本綿□〔四〕，兼之脆質，數月來漸成羸廢，每遇盤錯，靡所取裁，瞻遡旌麾，恨不即侍左右，方屈指計日，而使者復以辭疏至，悶人何如！温綸已下，希前旌遄發，慰蒼生久望。使行，弟心即隨之俱西矣。百爾非筆舌可罄，臨翰心摇，亦不能憶所當言，統俟仲夏初握手促膝布耳。

復吴濟軒

承揭示，留都百司攸萃，乃猶有民隱若此，則僻郡遠邑小民困累概可知矣，此當急議改正耳。人旋，布復，不多及。

校勘記

〔一〕“裁”，疑當作“栽”。

〔二〕“打喇”，上篇作“打剌”。

〔三〕“汛”，原作“訊”，據文意改。

〔四〕□，底本貼補不清，疑當作“力”。

條麓堂續集卷十九

書十七

寄葉龍潭

僕自仲春襄大事，即羸憊伏枕，自分與海内交游無復相聞矣。乃吾友勗勦戈濤間，方爲浙東建永安長便策，其勤勞可想，顧且垂念棘人，乘間專力來訊，加之饋遺，其敦舊而不忘遠如此，可謂特存古誼者矣，感何可喻？金塘之議，確然石畫。今世所以輕于啓事而重于違人者，多不究所終，而期異日事敗在他人時耳。推是心也，亦何所不至耶？所諭云云，具諗藎臣深憂、故人雅指。第僕之不可復出有難言者，諒高明能測之，非敢忘主上恩厚，則病朽亦難强耳。要之，世道汙隆，天數有定，固非一夫能爲軒輊也。使旋，布謝，惓惓至愛，臨翰倍有惘然。猷望日隆，建節在邇，或復借重西北，則瞻望旌麾有日耳。不盡，不盡。

其　二

春中久不聞龍潭抵浙之訊，意其先已入滇，念往返勞也。未幾，孤罹大戚，負痛西奔，遂與世事隔絶，迄今歷三時矣。承吾友敦念，宿昔專使遠道馳函唁賻，諄諄開示，皆肝膈真語，門墻道義之愛，盎然滿紙，雖千里其何異面談也！昨事人所難言，方前人横恣時，孤欲引去極易，第慮一旦爲國禍，將不可支，故隱忍留連，冀有爲也。及當事變，不憚萬死，以清君側。賴宗廟神靈，乃克有濟，而孤亦形神頓憊極矣。比遭不天，尪毁不復人形。今喙息幸存，然絶不禁酬應，卜仲春襄事，惴惴懼不勝，安能異日復理人間事也？惟吾友堅貞有爲，將來東南事必當倚重，願厚自愛，爲相知光燿。草根已枯，不復能蔓，餘黨誠懷慝，然公論所擯，豈能復弄禍機？今所慮者，惟嗣事者不同心耳。麟陽正人，不虞詐也。使返，復謝，附布衷曲，惟吾友諒之。

復姚禹門

弟疚處且再期，尪病牽纏，餘息僅屬。静中每念海内同袍，三十年來存者落落如晨星，而知愛如兄者又越在各天，不唯晤言契闊，即欲通一牘相問訊靡由也。晨有客扣門，詢之，則岐太守使者以雙鯉見寄，長跪捧讀，若侍左右。彼此俱林居，而兄丈乃以腆貺見及，使弟何能安也？弟才不通方，韵不諧俗，偶秉國成，幾不免虎口。仰藉宗廟神靈，廓清君側，然心力俱殫瘁矣。幸晚節不爲公論所非，即死亦瞑目，安能以支離形神復强顔營天下事耶？兄丈清望極爲輿情所歸，貴體既轉佳，不日且有鋒車之召，希幡然爲蒼生一出，不必固守東山也。岐使行迫，匆遽修復兼謝。江雲寥渺，臨翰無任瞻馳，不盡，不盡。

復劉應谷

去歲不佞謬肩大任，深懼不勝，思與海内名德協心以圖康濟。方忽忽經始，遽罹大艱，歸途幾死。于時憒憒，心無餘念，惟以大事未襄、仁賢未進、有負君親爲不瞑目耳。不意苟延迄今，先人窀穸幸完，而所負于國者竟不可補，此則不敏無所逃罪，然亦似有數焉。天意苟未忘斯民，則丈人固不得堅守東山也。公子事意謂久平，兹蒙諭，則猶未結，何淹延至此，諒不日當報竣耳。不佞尪朽已極，兩耳全聵，朝夕惟填溝壑是慮，安能復理人間事？倘邀雲庇，果有餘年，則近卜中條一曲，剩可優遊卒歲耳。南望所欽，江雲寥迥，臨翰無任依依。

復王河汀

弟初擬秋中西渡，大慶候謝兄丈，且酹乾丈墳。不意夏杪患聾閉，迄今不解，不能與賓友言，故未果出，然此心之企仰勤矣。兹承惠音，兼領志教，晨興傍齋檐，負暄讀之，啓茅塞，祛鄙吝，殊爲不淺。此志行而貴邑政教當日興矣，非徒作也。使至，時適有客在座，即啓名醖，相與傳觴，蓋篝燈始罷，若侍餘論、披春風也。感荷！感荷！附使布謝，不盡中所欲言，統容面布耳。

其　二

兄丈躬粹白之德，抱弘濟之具，養晦丘樊幾二十年，有識者每爲朝廷惜之。邇者泰運初復，群正彙進，褎然應求舊之休命，士論翕服，民望允愜，豈獨疆圉賴之，將使四方普受其賜矣。弟叨隨政府後，知賢久不能薦，舉賢又不能先，越在草土，愧悔交至。欣聞榮召，若有所獲，蓋非爲一人之私幸也。謹專使仰布賀私，薄篚不成享用，將《緇衣》之好，伏希惠存而製服之，俾區區芹曝獲申，則大願也。不盡，不盡。

寄梅鶴洲

臺下久歷疆陲，清望壯猷，一時鮮儷，簡命節鉞，中外翕服，豈草土人能爲軒輊也？延鎮士馬驍健爲九邊冠，向緣入衛稍稍耗損，今獲借重臺略，其振興在瞬息爾。孤年躋六十，衰憊日甚，閒居常累日杜門，聞客至，即顰蹙不勝苦，此豈復能應天下事耶？承知己惓惓，具見相念至情，然不知老慵非故我久矣。異日臺軿入贊樞府，倘前驅過潼，或可一望見顔色，道此款款耳。不盡。

寄高鶴樓

使旋，承惠音，知仲冬入治境，殊慰。所諭兼制、掣肘及人情、地瘴之詳，信有之。但今從宦之難不在遐遠，世態翻覆，寧惟土司？惟在高明加意酬酢之爾。朝夕更須倍加珍攝，以迎來祉。不盡。

復胡順庵

伏承臺使載臨，惠問狎至，逾涯之賚且源源及焉。存舊高情，久要厚道，人非木石，感何能忘？且見古誼之存于今，其受寵于門下者更異也。孤幼禀孱弱，嘗有憂生之慮，不謂駑足誤任轅服，幸免覆餗，且年躋六十所矣。年來衰疾交攻，神用大耗。頃于條山南麓嬀汭水之左卜地一區，誅茅種竹，爲終老計，自此得十年不死，即古今幸賴莫大焉，餘非所聞也。敬因使返，附上謝言。辱知己顧念渠渠，故敢以布其老况。臨翰馳戀，不盡戴德之私，伏希臺炤。

其　二

使至，再承翰訊，具荷相念至情。孤瘡患頗平，而尪羸日甚，重爲知己憂，良感！良愧！伏覽别諭，不覺愴然心動。虜欲何厭？要在制馭有機，不失操縱之宜而已。曩所陳練習武勇，乃自治良圖、禦戎上策，希臺下鋭然圖厥成焉，勿以時事稍不當意，便蒙歸念也。怡台吉果左袒扯力艮，異日必爲疆埸憂，黄酋不足深慮，惟臺明加意預圖之。孤歸舍十日，復有繼母之變，哀頓甚憊，不能多及。

其　三

承示虜情之詳，及制服備禦之略，具服弘猷淵算，曲中機宜，虜在股掌間矣。怡台吉乃虜之有識量者，機勇善將，其心頗向中國，當此困阨時宜有以陰結之。蓋此虜亦受中國官職，爲我臣子，酋婦不得以納叛爲詞也。操縱弛張，使兩皆仰重中國，斯爲長策，惟臺明加意焉。其互市，任其自至，不至，即今歲不市亦可。馭虜要術，一言以蔽之矣，非臺明偉度，其孰能知之？

其　四

日者黄生行，附有啓候，方發，而朱役至，領臺諭，具諗故人相念之殷，藹然若春風之襲物也。感之！荷之！朱役蒙臺慈雲庇，獲有進身階，屋烏深寵，僕寔荷之，非渠敢專承也。虜勢離披，而情復乖螯，必且内生他變。臺諭謂申嚴約束，坐收兩利，真得馭戎上策，今日之患，良不在疆圉矣。朱役北旋，附楮仰覆兼謝。僕近耳閉滋甚，頃復嬰臀瘍，蒲柳孱姿，日益彫瘁，臨翰殊瞶眊，不盡懷。

其　五

伏奉别諭，具稔淵略遠馭，爲疆圉保障殊厚，棘人寔藉餘庇焉。良服！良服！陳宗伯邃學高行，蓋社稷之賴，且有甘盤之舊，一旦横罹非意，天下事真有可憂。昔寇萊公南竄，張忠定爲之寢食俱廢，古今有同情，非以朋交私也。天果無意于斯民耶？可嘆！可嘆！臺下偉望茂猷，夷夏歸德，願爲時厚自愛，以副民望，毋遽興潔身念也。相知各天，衷抱非毫素可盡，臨翰無任惘然。

其　六

近來訛議譸張，人心詭險，起於作興浮誕之士，以爲名高而不徵之實際，故澆風大煽，人争爲矜肆，以博虚聲、邀後福耳。人臣一念自固之私，至于植黨崇誣，不顧爲天下禍，蓋唐宋末季皆爾，今不幸類之，不特邊事一節敢顛倒也。心之憂矣，曷惟其極？所賴天祚皇明，與前代不同耳。僕朽瞶日甚，絶不談時事，蒙知己論及，輒復刺刺，不覺其言之長也。惟臺明諒之，幸甚。

復趙寧宇

謝札已緘，乃使者復以别諭見示，具稔深指。狂狡謬肆，得罪公議，此世所共斥，豈足爲高明累，願無以是介懷。第此二人所以無忌憚至是，則有由矣。蓋曩時有以持正不阿，遇事敢爲，而横被摧抑者，近悉湔雪奬拔之是也，乃失其持平，往往過當。至于浮詭剛愎，本自有過者，亦概不分别。故後生不逞者咸擬出一奇以釣名，爲它日速化計。此則世道可深慮者也，于公何損焉？僕不聞時事，然犬馬憂國之私有不能忘者。願大雅益明目張膽，底展壯猷，以對于中外，勿以淫朋比德、瀹訿萋菲爲畏沮也。同心之言，千里如面，臨翰不覺喋喋，更希垂鑒。

復張見冲

孤謬秉國均，冥行多疚，不自殞滅，乃延禍康健無疾之親，奄爾違養，悔慟奔歸，患癰幾道死，比抵舍，而繼母復不禄矣。自惟罪積深重，明逃人非，幽被天罰，其酷若此。乃吾友儼然在大戚中，軫念同憂，馳使錫奠，唁慰殷懇，累累數十言，皆肝膈真語，覽之不覺泫然，則相知之感深矣。孤當事之初，艱危特甚，于時緬念同心，越在千里，日夕盼旋旌不至，心甚苦之。賴宗廟神靈，眇忠獲效，斗旋氣轉，而孤之心力俱瘁矣。敬田、柱石二友惓惓以盛意見示，于時冗劇，不及爲一言奉慰。兹承厚誼，荷佩良多，而不勝内愧矣。孤方熒熒營葬事，尪憊餘息，獲終老先人壟傍爲幸。惟願相知早出，俾國是有準，永杜邪火，不令復燃，此草土中不能忘情者也。使旋，謝復，爲知己深語，不覺刺刺，臨緘倍有惘然。

寄栗瑞軒

伏奉别諭，具荷隆誼。孤冒竊恩私，頒恤丘壟，得藉爲先人榮，少贖不孝罪，逾望多矣。百惟營造已汲汲自爲備，俱有次第，不敢復煩官府。矧西土連歲荒歉，公私空竭，豈宜以私家之役重增諸臺累耶？家舅所言，孤初不知，萬望大雅相信以心，白之撫臺，惟以典例見待，則孤之受賜更弘矣。敝州蟲灾幸熄，秋成猶有可望者，蒙臺慈軫念，敬附聞焉。不盡。

寄吴耀州

先人兆域所用諸石具、碑柱等，孤已自顧工匠，琢石富平山中，剋期完送。今擇葬在二月，恐各匠稽遲，或製造粗惡，及闊厚不如式，今將原契録似吾友一覽，煩爲我一督視之。工完，希遣一役來告，孤令人相驗畢，然後發行，則受賜不淺。更希嚴戒公差，毋令侵擾諸匠。至荷。

寄陳松翁

孤不忠不孝，奔伏先廬，怨艾悲哀，自惟天地罪人，且爲世之君子所不齒。伏辱丈人不忘宿愛，略其釁咎，惻然加軫憐焉，馳使萬里，以台函見唁，錫之崇奠，名世雄章，豈惟不孝孤借爲親重，即先人九泉有知，亦戴佩休光無極也。竊伏自念，曩雖獲侍長者緒教，顧天靳孱暗，不能奉以周旋。年來謬秉國成，蹈於大戾罔覺，乃延禍康健無疾之親，奄爾棄養，重爲長者憂，死且不足自贖。又惟丈人不輕許可，今乃惓惓顧恤罪孤，豈以後進未大得罪公議，故加非常惠耶？某誠悚仄不敢當，而竊用自慰也。使人返，肅布謝私，西望岷峨，百拜稽顙，無任哀感之至。

復郭希所

孤綿力冥行，謬司政柄，國恩未報，家難驟膺，怨艾悲哀，苟存餘息，天地罪人，宜爲世之君子所不齒也。乃辱明臺惓惓軫念，千里馳使，惠奠先靈，澤逮九泉，光增閭里。重蒙特函申諭，情至而詞切，顧孤何足當之，第增感泣已爾。今泰運方新，群正路闢，明臺直辭勁節，孤所欽服，百爾希倍加慎重，爲公論宗盟，則世道、生民大幸也。人旋，復謝，兼布區區，不盡所云。

寄王雲澤

明臺端亮宏碩，廊廟倚重，老成典刑，爲國利賴豈淺哉？孤雖罪伏林壑，然公道方張，群正彙進，願安心畢慮，爲社稷、蒼生造福，未可便萌高尚念也。敝省二三堉邑今歲復無夏，煢民辦税不及，暨全省恩詔所蠲，計將十餘萬，地方無他蓄可抵補，有司擬以三關積餘主兵餉銀佐之。伏希慈臺俯爲覆允，其爲我西人造福，當子孫世祝也。恃愛輕冒，臨楮悚仄。

寄邢昆田

近來中外不逞往往鼓衆狂肆，而官司務爲姑息，避激變名，故日益多事，不特邊方也。寧武凶卒蓋狃於積習致然，仗臺下淵略，戎首駢戮，法紀大振，其爲邊政裨益不細，亂階自是其有弭矣。前撫臺屢示其詳，具知臺下苦心。兹承揭諭，開示益明備。此事不足爲明臺累，適以章應變之長猷耳。人旋，布復。秋令已深，虜馬入市，疆埸事正煩經略，希爲國加攝。餘不多及。

復胡順庵

孤叨秉國成，殊多謬戾，幸未得罪公議，衰病餘息，果獲襄大事，將結廬先人墓側，以終首丘之願，不能復與人間事矣。辱臺諭諄諄，具諗知己深誼，蓋蔽于愛，不見其惡，故其冀待甚弘如此，非所當也。承示虜情，那吉婦若歸不他失禮，則扯力艮必相仇怨，二虜交鬥，乃中國之利，蓋天意也。中國以威信結夷狄，臺下數使使勸諭，極得大體。虜雖不能從，然必心重中國，内向益固也。雲兵賴壯猷，易弱爲强，足待不虞，此爲制勝全策。《傳》云“疆埸之事，慎守其一，而謹備其他”，古今禦戎之通道也。惜各邊不能悉如雲中，故杞人有遺憂耳。薊門失事非大，第欺蔽爲罪深，不與各鎮同也。據札裁復，兼申上謝忱，語無倫叙，惟明臺鑒之。

寄王贊襄

孤扶杖西奔，怱怱歲暮，怔營摧慟，尪頓殆不可任。回念昔遊，殊多孟浪，若夢覺然，不復悉記憶矣。賢者博辯端確，孤心識之，未及獎拔，遽罹大故，竊私以爲恨。兹乃辱慰函遠及，肝膈真語，款款動人，孤即死，亦知朴忠心迹必爲世之君子所諒矣。歸來神耗甚，凡四方書問多不能答，感知己惓惓，特此布謝。願努力明時自效，勿復以孤爲念也。不宣。

復王對南

前僕回，祗承翰諭，諄諄悉肝膈語，感慰不可任。恭稔榮晋端翰，詞宗士儀，蔚爲國華，非特藝苑生暉，寔啓政樞先路，深爲宗社慶焉。孤跧伏草土，忽忽歲暮，形神毁憊，汔不可復，不辭爲廢人，第恐來日無多耳。先人葬事擇期仲春，朝夕怔營，百爾無緒。兹附齎咨人謝恩，草草申候，殊不盡所欲言，惟知己諒之。

其　二

夏中，謝恩使旋，祗領惠音，千里心知，無異對面，轉首忽復入冬矣。僕慵病相乘，頓成惛蹇，兩耳全閉，奇瘍間作，無論寒暑，無分朝暮，行坐皆在夢寐中，古所謂“倦翼歸雲”，其殆是與，抑蒲柳不禁秋甚也。坐是百事盡廢，聞春卿榮命，極爲世道幸，而未能以一言道賀左右，它可知矣。小兒奉使逾期，初擬亦爲請告，已思有未妥者，勉令北轅，殊有不得于心，朝夕希門下以通家子誨督之，毋俾貽公論嗤也。短札申候，臨翰倍有悵惘，不盡，不盡。

其　三

昨歲小兒入都，附有啓候，旋聞拜麻嘉命，疢病中不覺忭躍欲狂。文富同登，縉紳交賀，帝堯知人之哲，周曆天保之固，千載快睹，非特鄉邦知舊私喜已也。顧以姓名不祥，不敢以素緘瀆慶牘，兼念裁答正殷，慮煩神用，故久未申一言左右，今且歷三時矣。私衷缺然，不能自已，敬束幣仰引燕賀之私，潢污非儀，聊薦明信，伏希台明不斥疏慢而撝存之，爲榮爲慰，未有涯也。衰瞶昏迷，陳辭無叙，更希鑒涵，幸甚。

其　四

伏自公拜宣麻之命，今且期月矣。海隅蒼生待命喁喁，林壑餘生依庇特切，蓋日夕希金玉之音而不可得也，豈台慈忘我哉？此其中殆有難于發言而不可形之札素者矣。僕老病日甚，人皆爲僕憂死，僕不自憂，而獨有一念憂國區區之心不能忘，故每聞時事，而爲我公憂苦，甚于僕之昔自當其艱也。然亦不敢數數瀆訊，惟自懊懷于木石、鹿豕間，日有孜孜耳。鮑復軒憲使入覲歸秦，專力以台函見諭，重之縟貺，知己深言，千里若面。復軒且再三以台慈所加意不佞者見示，感鏤次骨，匪可言喻。于時僕適感濕寒，困卧荒圃中，稽使者旬日，始能勉强口占致謝，語未終而神憒，不盡之悰，惟台明垂鑒焉。

其　五

伏奉别諭，三復無任惋悵。自古汙隆之代，率視人爲消長，訛言幻説，終不足蔽翳天日，但須在我者不失其正耳。台丈立心持己，不愧衾影，今四方正人所仰恃、九廟神靈所孚佑者，願赤舄几几，以御其變，無論其不可去，即欲去亦有所不能耳。前諸建言忠直之士，意氣儘不差，第磨鍊未老成，紛紛多事，至爲舉朝所嫉，乃末後此舉近于傾排，何以自解于君子哉？可恨也！可恨也！此不足爲我公累，幸勿過自苦。困卧床簀口占，不盡所懷。

其　六

明興二百年，山右士自文清公外，無參政地者，以某無似，乃負乘者十年。今明公乃褎然應夢卜，駑駘有幸，叨爲騏驥先驅，其借光曜多矣。然具瞻之地，妍媸難掩，文清與公殊絶百代，而使么麽介乎其間，其形穢安有量耶？僕以戆直當事，兼際傾否之會，怨猜頗多，疚伏來，每有意外之慮。兹者大賢爰立，君子道長，自此林壑中有安眠日矣。更願高明遵養時晦，爲宗社、蒼生自愛，以繫海内正人之望。私衷切切，非言可盡述也，臨翰不任惓惓。

寄趙見田

孤積疢延親，銜戚卒歲，力疾營兆，百感愴目。遠承吾友軫念，馳函垂唁，情真語切，不異面談。重蒙惠奠先靈，申之名誄，禮隆儀備，光被存殁，哀感結心，載之没齒矣。吾友横罹非意，孤嘗以爲愧，兹雖量叙，尚屬淹抑，然梁豫諸生得被正人甄冶，則將來世道所繫不淺耳。孤尫羸日甚，覺中氣卒不能復，未審竟作何狀，修短有數，任之而已。惟望相知賢達宏樹偉烈，爲社稷、生民永賴，則藉之不朽矣。使旋，附謝，不盡所云。

寄劉少嵐

孤奉先柩在塋，其日命使舉下葬諭祭，乃令親縞衣白馬，執翰札來奠，光逮存殁。孤涕泣開緘，具領相知繾綣至意，連章累牘，諄復懇到，無一語不真切動心者，何賢者用情之過于厚如此也？感之！感之！尫軀奔歸，膺奇瘍，血氣大敗，仍之家難重沓，悲慟勞頓，憊不可支，坐是稽遲令親數日，憒憒裁復，殊不能道感謝私衷之萬一也，惟吾友亮之。尊堂大事何時可舉？亦願賢者勉自寬攝，副尊公千里念也。不盡，不盡。

寄趙定宇

孤柄政未期，冥行多疢，獲罪于天，驟罹大戚，抱慟奔歸，殊以負國爲懼。比聞吾友榮膺欽命，群正彙升，哀憒中有深慰焉，非以門墻私也。遠承諸賢隆誼，專役錫奠，華章縟儀，情文兩極，存殁佩德，曷維其已？爰附來使，布上謝言。冬來賤體益尫瘠不支，不辭殘廢，第恐來日無多。所賴相知賢達宣暢洪業，以翊隆昌運，俾衰朽借末曜自榮，顧不偉與？臨翰依依，不盡。

寄傅名岩

承別諭，具悉滇事之艱，其最可慮在民習安久，見敵即潰耳。如此，雖百萬不足恃，矧四萬耶？若兵練技精，遇敵敢戰，則緬固不足慮矣。今日滇中事誠如來諭，練兵修備爲第一義，威信既立，即緬酋可懷而鳳賊可購也。議剿誠浪談，然振積衰，招携貳，以外靖内綏，存乎人方略何如耳，孤于吾友有深望焉。臨楮不任惓惓。

寄林昇石

前承旋，孤哀慟方劇，草草布衷，迄今不復憶其所云。孤不揣謭薄，以屏邪進賢爲任，冀效萬分之一于國。而狡佞根盤，人皆縮手，非吾友忠誠端亮，其能毅然爲斯世除讒賊耶？孤與吾友，此心可質天日。與若人原無私憾，將來事未可知，要之，司馬公有言，"天若祚宋，必無此事"，吾輩第各求盡其心，他何計耶？時事孤所未知，願吾友厚自愛，爲國家保此一枉[一]以俟大效，此草土中深念也。不盡，不盡。

復費唐衢

孤自奔伏草土，絶不聞時事。兹承臺諭，始知旌節復借重浙東，豈以彼中反側未寧而薊門久晏耶？天都肘腋，密邇戎狄，方當倚仗壯猷，爲東方藩屏，顧以牛刀割雞，左矣！夫通方之器，無適不可；絶塵之足，亦豈擇地？孤所爲憮然，則重念國計耳。公匆匆戒行，乃廑念棘人，遠加饋問，極荷用情之厚。敬附崔使，仰布謝言，俾達此哀感私衷。尫憊餘息，家難重沓，臨楮憒憒，不盡所云。

寄李少莊

盛使齎教至，兼領大製縟儀，稽顙捧讀，既感且服。始聞老年伯之變，乃知兄丈亦在大戚，顧曲念孱弟，千里拳拳若此，其厚誼非尋常也。曩弟以蓬質附麻，竊思自樹，比所欽既遠，疏惰乘之，今髮如是種種而道無聞也。日來披繹大方咳唾，憬如醒夢，得所未有，爲之惶汗自慚。弟今爲先人安厝畢，苟未即死，當朝夕名編以自請益于桑榆也，未審高明許否。使返，附楮布謝言，外具篚將，深愧不腆，更惟惠納，幸甚。

復何淵泉

孤罪伏草土，他無所念，惟冀端人在列，訂定國是，爲世道繫隆，則切切焉遲公之禫除也。盛使至，辱惠問，兼承錫奠先人，佳幣名誄，寵誼甚渥，哀感無量。始聞繼有大艱，孤創巨同，憂惻如分割，禮宜專价上束絮之敬，復恐後時，肅備瓣香，附使仰致几筵。不腆不恭，殊有慚悚，更希知己鑒諒，幸甚。

寄何晋吾

自孤奔伏草土，期歲間，凡蒙故人惠問源源至也。念舊深仁，恤灾厚誼，寔近時所鮮睹。孤某哀憒昏迷，然感藏在心，則特耿耿爾矣。兹公方乘軺歸覲，宵征晨省，公私鞅掌，乃眷然念及先兆就封，馳使惠顧，此非篤愛弘慈，發于誠懇，其何以至是耶？增感倍蓰，非口可言。使旋，附楮布謝。孤尫頓之極，大事襄且一月，困憊未蘇，惘惘不盡所云。

寄沈蛟門

孤罪伏草土，忽爾逾期，懷感德施，耿耿在念。先人塋兆，猥蒙令弟大若宣布主恩，申令百吏，方歲春仲，輶軒再臨，俾孤獲以支離病軀奉先靈安厝，非公篤念館誼，而大若遵友于明訓，詎至是耶？玆具疏謝皇上恩，兼謝愛雅，形罷神憒，詞不達志，惟高明鑒之。

寄邵梅墩

昨歲孤銜恤西奔，内惟庸緩，事多後時，有負國之憾；但念一時才碩，若明公輩稍稍振揚，用以自解焉。秋末乃聞公遭外艱，惘如有失。門下茂年弘望，雖暫淹數期，其展措固自有日，第此時世道初轉，所賴于正人者極喫緊耳。道里阻修，不獲時奉問，異日或旌麾借重北土，當快瞻大賢作用以暢宿期也。臨楮無任依依。

寄侯葵所

前附王二府上謝言，哀榮私感，鏤心鐫骨，非言可述。辰下炎候漸歊熾矣，恭審幕府多福，夷夏清宴，爲慰。竊聞道路語，旌麾將朝夕南巡，孤懷德感恩，亦誠亟思一奉顔色，百拜稱謝，以豁此積抱。第今按史方在河東，且麥秋已及，過此則暑雨，又秋防密邇，均非高軒循行時。矧三關至敝州千餘里，萬一有疆事、夷情，往返隔越非便。孤輒不自量，敢恃臺下深愛，輒白其肺腑，請毋煩輿人，甚大惠也。臺下念孤之深，恤孤之切，蓋期年中欲遵汾、霍而南下者不止三四矣，孤心稔知之，心誠感之，故敢以心懇。願臺明以心相信，無以形迹爲拘，則孤之感知爲榮幸更倍也。

寄王懷棘

吾友識宇宏定，志向端確，僕所心賞者。在陝右持憲極得體，地方殊歸心。即如收生番貢馬一節，國與民兩便，而先後人皆沮縮，借重吾友，始張膽爲之，此中外所同服也。近日事，賢者所睹，當無敢舍公徇偏無顧忌，若前時年例之舉，必不至驟及清望表表者，幸大雅自信焉。君子立朝，以正直爲本，然天下事必沉重慎練者成之。願吾友厚自愛，僕所期于君子者不淺也。珍重！珍重！

寄毛小山

兄丈栖遲東山，蒼生佇望甚切，弟不能以時推轂，殊以爲愧。迨濫當國政，又屬凶慝相梗，數月而後能去之。方汲汲振敝易舛，思引重兄丈，朝夕請益，乃以積罪延親，奔伏草土，殊以爲恨。迨今群正彙征，世道改觀，弟疚伏中深幸之，然愧恨則終弗釋也。兹辱兄丈厚誼，走使千里，惠唁廬次，申之殷奠佳誄，寵逮先人，感激涕零，莫知爲報。第多故傷心，頓成衰朽，耳聾骨立，殘息僅存。所冀同袍碩德蚤升樞軸，以宏濟斯世，俾林壑中借末光耳。使旋，敬申謝銘佩之私，非詞可述，惟兄丈鑒之。

寄張條海

兄丈有此舉，如何不預告弟知，豈防弟沮止耶？兄丈義氣耿耿，直欲爲死者白積冤，此天地神明所鑒，弟之夙夜負愧于知己者也。良服！良服！第今浮翳障空，日月未能旋炤，而襌客、狡童方爾彈冠得勢，則此言正犯所忌，恐無益而招尤耳。夫時然後言，則言之必可行。兄之言忠矣直矣，然非時也，倘未上爲佳，餘無可言者，惟高明深諒之。

寄張心齋

昨歲家僕旋，蒙惠教音，知己深言，藎臣長慮，讀之種種動心。及小兒傳示兄丈諸所見詔，道義、骨肉至情，人非木石，寧不感佩？轉首時復已春半矣，樞府仗弘猷，九域謐如，惟弟知其功之所自，固非俗輩所能窺探。乃呶呶者且横加排抵，絶不爲公家慮，此則世道有可深憂耳。兄丈膺國重寄，宜一意爲國，勿以萋菲介念，大臣之義，固不當徒爲潔身計也。弟里居既久，慵昏成癖，舍親郭主政將行，勉爲數字，以布此款款之私。潦倒無緒，惟兄丈鑒諒，幸甚。

寄賈石葵

伏承臺使遠臨，曲垂惠問，藹然德愛，若奉坐談。重之錫賚駢蕃，倍逾涯量，草土中爲榮爲感，莫可言述。緬惟臺下亮節清望，蔚爲時重，東山一出，吾道增色，宗社之休，匪直畿右蒼生之幸已也，玆其受澤先矣。孤頃以孱劣任重，不自揣量，輒思隨海内群正共斡化機以還大和，冥行多愆，延爲親禍，兩年來痛心思咎，邈不可追。乃明臺不以爲戾，而猶若有取焉，蓋以宿愛略其釁醜耳，豈其所敢當也？敬因使旋，仰布謝私，外具篚將，深愧不腆。統希臺明鑒存，幸甚。

寄蕭兑嵎

不孝孤之罹疚奔歸也，勞旌麾東顧至再。軫恤慰藉，劇于骨肉；奠唁贈饋，禮遇隆異。河梁奉别，臥輿中瞻望嗚咽，自以爲旦夕人耳，而蒙被崇深若此，顧將奚以承也？仰仗恩庇，不自意獲至今日，形憊神惛，健忘耳閉，百念盡廢矣。乃感德之私則日益耿耿，每嚮企江雲，懷所欽而若見也。頃聞留卿新命，正人登進，孤良爲世道慶，顧末由一致鄙忱。乃蒙臺使遠臨，惠言殷懇，宛然夙昔深愛，厚德雅誼，蓋與古道有光，顧非譾劣所堪承耳。感切心骨，不可名狀，謹附來使，仰布謝悰，言有盡而意不可極也。臺下弘猷實政，隨所至必有景績頌聲，海内蒼生思霑康濟博澤切矣，簡召樞衡，屬在朝莫，草土中方日望之。

復陳與漸

承示令器試文，迥異疇昔，尊翁老師書香于是爲有紹矣。第少年人多輕鋭，吾友可教使務本崇實，沉潛義理，淹貫經史，以宏其識量，遠其志趣，即異日國器也。義返，附謝，衰病中不盡所云。

復蔡晋田

昨歲勞臨奠先人，弟當躬謝，緣出門不便，遣小兒代致，心殊不安。公子至，承惠音，兼拜芳醖之貺，良荷厚誼。老兄逾七望八，人間世最稱高壽矣，乃有六齡幼子，可謂奇特。弟開歲方及六十，乃衰憊龍鍾之甚，固知松柏、蒲柳不可同日語也。佳孫既美質向學，柄文者自能收録，弟在家絶不干官府，宗族、姻友皆能知之，惟兄丈相諒焉。公子返，附布謝言，匆匆，不盡意。

寄李漸庵

旌節北上，朝野頓覺改觀。邇來議論紛紜，以愛憎爲毁譽，頗有失真者，如確老亦詆及之，可慨也。明臺人物權衡，公論取則，朝入都而夕誼定矣，爲世道幸，豈有量耶？都中知舊有訊及者，希以病朽偷惰近狀示之。不盡。

復王麟泉

舍親陳常德來自京，致至臺下所惠翰儀，具述高明惓惓，見示深誼，良切感愧，嗟嗟！戊寅之事，其可復言也？于時僕叨在政地，上之不能開迪聖聰以植民彝，下之不能主持國是以全善類，朝夕念及，殊切疚衷。乃高明不加斥絶，若鑒其綿弱而取心焉者，德音佳錫，情理兩隆。僕内省增慚，其何敢當君子之隆指也？山僻卒無便鴻，久稽修復。兹肅短牘，附家僮，仰布感謝之悰，併陳私心所不安者。緬惟正氣弘猷，世道民生攸係，更希爲時加玉，以爲公道主盟，草土中不勝大願。

復楊楚亭

歲前蒙惠音，兼承錫奠先靈，具荷道義、骨肉深愛。僕衰疾已痼，日惟困卧床榻，頓成真懶，緣是久稽修復。兹家僮北上，附楮特布謝私。吾友沉毅有識，任重之器，願厚自愛護，留心大業，期于弘濟，當時爲相知慰。不多及。

寄王繼津

孤與公心相知久矣。頃者大憝既除，方圖與群正協力，俄以罪釁干天，罹于大戚。蒙臺慈惇念舊誼，殷奠華誄，頒自留都，哀感中藏，朝夕耿耿，顧以姓名不祥，未敢輒通鄙忱于左右耳。緬惟三朝遺直，獨有公在，兩年來司農所上國計無慮數十章，忠亮剴切，類人所難言者。聖明灼見藎臣體國之誠，眷倚轉篤，此社稷福也。今時稱隆平，然南北事多可隱憂，樞府借重壯猷，將使王略暢於四裔，草土中聞之，倍有忻慰。犬子孤素失教，今獲祗奉大賢訓束，寔爲世幸。頃以書來告，蒙公垂訊惓惓，德愛藹爾，私心感激，等于山岳。謹肅短狀，仰布佩戴之私，爰陳不腆之幣，用旌芹臆，伏希不鄙而惠存之，爲榮爲荷，無涯量也。孤尪病日深，臨翰憒憒，語無倫次，惟知己鑒諒之。

復陳岐岡

小僕至，蒙吾友惠音，知臺軿錦旋，殊慰。吾友練達沉毅，剏鹺政乃耳目習熟者，維揚之衆望之，若解倒懸然。辱虚懷垂訊，孤將奚以奉益？天下運司凡六，雖爲法不同，大抵導利布之上下，必通商而後可足國則同。故司計者有苦心極慮，委曲求以通之者矣，未有舉前人數十年疏滯良法一旦掃蕩而壞亂之者也。此其害不獨困商，且妨國計，未免煩吾友復苦心極慮一番耳。草草附復且謝，evaluate病，不多及。

復王復齋

孤病暑郊居，日惟困卧。小兒自都中寄至兄丈翰儀及所札示，具稔知己相念之深，若是其惓惓也。感之！愧之！曩者楚公驕恣，兄丈横遭摧抑，孤不能相爲力。及出萬死，清君側，曾未經時，而又罹于大戚，故歸來每一念之，未嘗不竊自恨不敏也。比聞鋒車嘉命，未幾榮還舊貫，私心喜慰，若有所獲，蓋仁賢出處，世道汚隆所係，匪以梓里、意氣私也。顧煢煢疚伏，未敢以不祥姓名道悃誠左右，乃知己顧亟垂盼睞焉。方爲聖主祝釐，驅馳周道，而猶不忘河曲陳人，賜之惠問，星紀再易，而必致之，此其爲誼，山海詎語崇深也？感之！感之！家僮行，附楮布謝，外篚將殊不成享，聊引芹曝之私，惟知己不鄙而撝存之。不盡。

寄李近臺

孤疚伏河曲，邈與世隔。伏承明臺猥加存念，温函腆貺，頒自東國，感領跼蹐，措躬無地。緬惟臺下古道實心，迥出流輩，乃孤所加意旁求最難得者，井渫不汲，念之非一旦矣。既叨秉國成，顧未獲一推轂所欽，罹於大戚，歸卧苫廬，竊有私恨。乃高明不以爲譴，間關數千里，專使而垂惠問焉，孤益信昔日之知德不謬，而深愧無以自解于知己也。使旋，敬用布上謝言。良猷茂澤，浹于東土，聖主方博延惇碩，登閎化理，寵召樞垣當不久矣，丘壑中朝夕佇聞之。

寄趙新盤

僕跧伏幽僻，兼之耳聵，不聞外事。近有鄉人言旌節抵里者，詢其由，始知公罹大戚，同憂驚心，聞之不覺刺痛。相望咫尺，即具瓣〔二〕香，躬致几筵，兼面唁叙闊，乃此心所汲汲者。顧形格勢禁，莫可自遂，爰專小使，仰陳香幣，用將雞絜微忱，東向雲山，再拜以送。惟公鑒此區區野人之敬，不靳而撝入之，幸莫大焉。天道嚮炎，更希抑情遵禮，以終大孝。不悉。

復王胤泉

吾友清勤之績冠于畿南，忽聞倅郡之擢，令人短氣，何當銓者懵懵若此，豈中有讒搆耶？要之，行止有數，多福自求，惟賢者安遇順受，恪共職業，將來固未量也。重辱賤日之貺，既荷且怍。使者返，附布謝衷。僕方屏居南山，殷憂如織，臨翰惘惘，不盡所云。

復魏確庵

自尊駕還東山，即擬專力奉候，念初歸親故逢迎，尺牘裁答正煩。六月中，忽夢與兄劇談，若曩在館署時，全不憶後來，覺來即擬馳候，則炎暑方熾，欲稍俟秋凉耳。兹乃勞使者遠顧，捧函披翫，同心之言，真如面語。弟爽然自失，覺疏節之慢于禮也，罪矣！罪矣！重荷文幣之貺，其何以當？弟禫期已過，緣有繼母之戚，須十月終制。賤體近始稍健，或將來更有數年之生，第耳閉竟不開，蓋天人之交會非偶然也。使至，弟正在東山避暑，不敢久稽，即日旋小莊，草草申復兼謝。有懷如海，不盡萬一，然弟之形病神適，則使者當能具道之矣。

校勘記

〔一〕“枉”，疑當作“柱”。

〔二〕“瓣”，原作“辮”，據文意改。

條麓堂續集卷二十

書十八

寄鄭範溪

前承馳示，虜王襲封禮成，諸揭内有爲那吉請恤典一疏，而諭函内絶不言及，心竊疑之。兹河東守道致至五月初臺札，乃專言那吉事者，蓋先發而後至耳。此子庚午冬款塞，寔肇封貢，迄今爲夷夏利者一紀餘矣。雖嗜酒，不能卓立，然本老婦愛孫，席其父全力，隱然虜一大部，乃其心耿耿在中國，方冀異日得其力用，今驟死可惜，然亦甚可疑也。遺孤幼弱足憐，爲之請襲，見中國繼絶念舊之義，以杜黄酋、三娘子凌踐之心，殊有關係。虜中酋死，其妻必爲人所納。扯力艮雖與那吉友善，然方壯年雄悍，異日襲其父爵，部衆大盛，恐狡焉生異心。不他失禮固三娘子子，若攝那吉之衆，足與扯酋抗，以待嗣子之長，那吉妻似令此酋納之便。此分虜、恤亡一機，可密授恰台吉以意也。事在疆外，明臺操縱秘略，非孤淺陋遼遠可測，既承垂示，輒布其愚如此，未知其有當于情否也，惟高明裁之。

其　二

承示虜情及叙市疏揭，具稔壯猷淵略，不動聲色，而使群虜悉歸操縱，古所謂折衝樽俎非耶？良服！良服！前聞那吉子死，心殊悼之。兹聞諭，乃知猶有二子，足慰。若夷婦果歸扯力克〔一〕，則二子當可保矣。恰酋久心中國，今與扯力克合，則將來疆事益安固，知臺下有妙運其間也，孤方爲中國樂觀其利耳。憒憒，不多及。

其　三

承示虜情，具服元老壯猷，張弛曲中肯窾。犬羊方鬥狠，乃使群然奉約束，終事無一人譁者，誠自古所希聞也。恰酋部衆止飲，則此酋制馭之略亦稍可見，異日必且稱雄北方，不但已也。扯酋心欲納大成婦，而内憚三娘子，所以遲遲，蓋欲使恰酋任其怨、當其鋒，而己安受其成耳。虜中子收父妻，不以爲忌，而又何論序耶？此虜真狡矣。虜部方紛紛出入，撫綏鎮御，正煩淵略，乃臺慈復眷然念及棘人，孤良感用情之厚，而又欽服應務之優也。

其　四

承示夷情，兼領疏揭，具稔壯猷淵略，爲疆埸保障，益引之弗替矣。良服！良服！扯酋故與那吉厚善，其弱子可望其保護。此不唯中國利，亦足償死者首順之忠矣。恰酋能以一葦障狂瀾，竟成所志，其人異日殆將雄于北部；扯酋心所欲而勢有所憚，逡巡寧耐，安坐而得之：均非常虜也。第三娘子憤失所圖，不能安受，其紛披未有涯耳。孤尫病日甚，百慮悉泯，辱臺明惓惓見示，故不覺復爾喋喋，更惟垂亮，幸甚。

其　五

伏奉教函，兼承揭示，明臺所以造福邊陲、策勛宗社者，豈不彰灼著于耳目哉？乃狂夫盲談，漫無忌憚，蓋有睸忌者幸虜盟之渝以壞我成功，而不恤國與民之利病安危也。人心至此，世道可憂。蓋臣謀國，盡其在我。願臺下益壯其猷，永保無前之烈，則九廟神靈固有昭鑒，彼譸張之口不足慮也。人旋，敬用布復，臨翰不覺氣踴，陳辭不次。

其　六

邇者正論弗明，人逞胸臆，紛紛競肆口吻，賢否是非，敢于公行顛倒而無忌，僕蓋竊憂之如此。馬市之議，臺下身當之，固不能堪其誣搆，然諸所譸張若是者不少也。方嘉、隆間苦虜患時，其中外詾詾之狀，言者乃所親睹，及貢議初成，人惟恐其亟渝也。昨順義殁，事蓋岌岌矣。賴臺下沉機忠略，百方操縱，乃克永前約不廢，然良工苦心則特至矣。彼夸毗子、娼忌夫，自古壞人國家，班班可考，而安知憂國者之百艱也？可恨！可恨！大抵此風倡于獎浮詭之士以爲名高，致不逞之類昧心大言，以博世譽、徼後福，則其所由來必有任其責者矣。僕老病昏迷，不復談時事，承同心之論，不覺剌剌，希覽畢火之，幸甚。

其　七

前閱邸報，見有大疏條邊事，奉旨特温，第未知疏中何説，心切切欲聞之。兹承揭示，鬱戚中不覺暢然稱快，忠猷真事，直氣實言，固宜上感宸聰，下戢群猜也。自是疆事有定論，而呶呶者不復爲臆説，讒妒者無能亂白黑矣。異日録之信史，亦足以明此事始末，立古今標幟。甚勝！甚勝！虜中恇攘，乃其衰壞之會，而臺下待以恩信，不以小利開釁端，練武揚威，以俟其變，保邦長算，常勝廟略，將貽封疆百歲之安矣。聖明真知人哉！孤尪疾日久，中氣殊不見復，未審竟作何狀。遥依臺庇，時切瞻注，其傾嚮之私非詞可述也，惟臺慈鑒之。

其　八

伏奉别諭，兼領揭示，具稔元老壯猷，坐收全勝，功在萬里，而不顯其迹也。蕭、胡二公遵奉廟謨，克奏丕績，真北門一時之盛。然形勞神瘁，比之内地安享休逸者奚啻天淵？此在巖廊，録勛酬勞自應從厚，而况臺明發揮如是之詳盡耶？昔趙充國欲漢宣知邊事之真，雖自言其功不避，議者以爲忠，今古藎臣誠千載一律矣。敬服！敬服！孤尪憊，不復言外事，兹蒙示及，輒復布其區區，更惟惠亮。

其　九

承别諭，兼領揭示二摺，具服遠略。夫虜犬羊也，自初納款，原擬不免時有劻勷，此其恒態，無足怪者。第疆埸諸將吏類以安静爲全美，每曲意徇虜，以冀倖無事，故虜習我畏之，亦每虚聲恐喝以邀厚利。蓋各鎮多然，而宣爲最，其來久矣。自臺麾督師後，一洗舊轍，陰陽操縱，大折虜奸，而國威滋暢，僕所爲傾心，願爲執鞭，幸社稷之衛有人也。哈酋藎狃於故套，故敢狂逞，乃狼狽至此，其將來貢市，虜當益奉約惟謹矣。昔老把都初議多梗，宣府委曲遷就，以圖彌縫。高中玄曰："此事不患有破綻，但要處置有方。若操縱得宜，則經一番破綻，增一番堅久。"以今日觀之，其信然矣。高公地下有知，當亦服壯猷以自慰也。今之呶呶徇聲者，大段懵無知見，不足與論大計，幸大雅無以介念焉。

復王竹溪

前者公以至情見諭，非不動情，第于時西事正藉弘猷，冀及秋移旌節東耳。乃孤遽遭不天，遂負諸責，竟使臺下孝思爲終天恨，則孤之罪莫可贖矣。然今河西士氣漸揚，羌狄受約束，則爲國事裨益不淺，盡忠固孝之大節也，願公無憾焉。孤尫僨餘息，不能多作竿牘語，而内顧有歉于明臺，故剌剌自白若此，希大雅鑒諒之。

復王柱石

孤積疢延親，奔歸患癰，幾道死。抵舍，復罹繼母之戚，尫僨不可支。遠蒙相知軫念，馳函奠唁，諄諄皆肝膈語，哀迷中殊增感結。孤蒲柳孱軀，薦經大故，苟存視息，冀以勉襄大事，終老先人兆側，無復意人間事矣。所願正直進用，爲世道、生人利賴，孤一日不死，即蒙庥一日也。敬因使旋，布復兼謝，總總，不多及。

其　二

頃吾友西還，蒙惠音貺。于時僕擬約文軿過蒲，或僕至首陽，相與爲面語，罄此衷抱。已又思之，時方多忌，恐見影生猜，反滋多事，遂不果，區區心事竟不獲爲知己一白，殊有悵怏。柱石負正氣直節，無一毫世俗詭隨態，乃惓惓于僕，顧惜愛護，務欲成就，俾爲完人，不得罪于名教。三益之友，僕生平求之不可得者，乃今得之吾友，其爲私幸何有涯量？顧僕淺薄，雖有硜硜自守之私，而行誼不孚，不爲士大夫所信，故往往蒙杯蛇之疑，僕悉置之不辯，蓋久則其事情自明耳。至于柱石，乃知僕心于形迹之外者，道義相愛，何所不至？而來翰云云，若恐僕蹈不潔者，此則楚咻既衆使然，亦僕不德，無皎皎可指之節所致耳。然其議端所起，則亦有由。昨歲僕罹大戚，主上堅欲留之，僕力辭而旋。顧其事秘，外人莫知，而聖意則時時形之諭問。當事者計恐不待僕終制，心欲沮之而不敢也，則揚言于外，謂僕營求起復。此其意一旦倘有召命，而以此見巇也。不知僕自遭大故，尫毀無復人狀，今百念盡廢，惟朝夕先狗馬爲慮，而焉復有經營天下之志？不但此時，即他日制終，亦勢不能復出，非忘國恩，蓋精力惛竭甚矣。此爲知己吐肝膽，若有一字飾説，異日露出破綻，吾友當勿復以人道相待也。自文軿抵左輔，即擬通一言相候，屬病且冗，不能具緘，每念至心如有失。兹專力布起居，附布心事，惟高明諒之。貴體無他苦，希以時出，爲吾道重。不盡，不盡。

復楊二山

孤復罹繼母之變，百憂攢心，不似在人世，蓋獲罪于天，故遭酷罰如此。行時蒙丈人顧念，深情隱然見於辭色，感著于心，每憶及戚戚也。敝省石樓等州縣，今春又復荒甚，民艱可虞，非全免起存不可，并恩詔所蠲起存三分之一，通計當抵補起運銀近十萬。乃司府空竭無蓄，而貴部分司節年所餘主、客糧至三十餘萬，撫按會疏，請於内動支，抵二項所蠲，庶民瘼可蘇，希臺慈惠爲允覆，西土百萬舊民不啻荷再生造也。悲劇，煩聒，悚罪，悚罪。

復侯葵所

瘠土艱民，仰賴洪慈恤賑多方，感于天聽，孤方同士民荷戴不淺，承諭，顧將歸德焉，豈所敢當也？先人塋兆得蒙恩命，即爲光寵不朽，國有常經，不可增也。伏承惓惓厚德，孤心感之，幸檄所司，惟以例額見予，則孤荷臺慈體諒之德又增倍矣，謹百拜以懇。今歲虜情漸異，須寧静鎮重以待之，飭兵慎防，乃第一義，而撫按〔二〕須操縱得中，要在擇人矣。承諭，輒布其愚，伏希賜鑒。

其　二

承示，虜情叛涣若此，果相持不已，勢將益弱。互市遲速，當待其自至，此不足爲中國輕重。臺諭謂不當催促，使虜反得以藉口多索，真遠猷也。第塞垣嚴凍，士馬久屯，不勝供億勞頓耳。虜雖犬羊，然中國待之，當以威信爲本。今其醜類自相魚肉，我雖不能爲之約束，其虜使至，宜各以好言諭之，令其解争息鬥，縱未必聽我，然必益敬信中國矣。承諭，輒布其愚，幸恕輕率爲荷。

其　三

側聞臺下有北堂之變，始駭而不信，徬徨累日，未敢奉唁，蓋私心猶冀其傳之訛也。已而信然，孤愴惻神失，坐立無所措，矧臺下至孝根心，其將何以爲情耶？臺下望重一時，朝夕且入贊樞府，孤所以皇皇，非敢爲鄉土私，亦匪直戴德沐庇，幸所私便，正以世風方囂譁未定，藉重端碩鎮浮肅競者匪渺小耳。謹具束芻馳吊，先布款款不能自已之衷。候臺輧南歸，當修炙絮、薦几筵，以效此深忱耳。北嚮晋陽，形留神往，臨翰不任悒怏。

復鄭石岩

孤冥行多疚，延禍于親，摧慟奔歸，復值繼母之變，尪疾餘息，憊不可支。承相知軫念，馳使自萬里外顧我草土，唁慰殷殷，申之縟奠，儀周情至，哀感殊無紀極。承諭，西粤荒僻事簡，第猺獞多變，信然。人臣之義，不擇夷險，君子信道安命，隨寓盡職，前途亨否，一聽之天而已，年力方將，豈宜遽爾引退？幸吾友達觀順受之也。

復周樂軒

孤積罪延親，奔赴草土。方其聞訃在都，荷仁臺軫念殷隆，唁吊絡繹。比出都，即蒙錫奠首途。惟時孤欲杜沿途煩費，有違惠命，然哀感中結，迄今耿耿耳。兹蒙專官千里申致前命，華章縟典，光炤里閭，存歿承暉，矢與孫子共戴之矣。敬因使旋，附楮布謝。東方事，賴臺下實心壯猷，一洗舊套，寔疆埸至計。願堅持初志，無以呶呶者自沮，狡夷且計窮，而猾帥將革心從事矣。尪病怔營，輒復剌剌，不盡。

復李敬田

春中與公别，此心惘然，若失左右手，即公論嘖嘖，咸謂敬田不當去省闥也。俄而孤亦憂歸，天下事真非人力可預定者。孤歸，復病瘻，幾死，蓋罪積深重，幸逃人非，乃爲鬼神所罰耳。敬田正氣弘猷，熙運方昌，異日必爲國家肩重大任，願勿以么麽介意，此其關係非一人一家事也。草草布衷曲，語無倫次，惟高明諒之。

其　二

承諭，中齋所云，乃中外縉紳共知者，向非聖明察其狡誖，豈惟吾黨患，將社稷、蒼生均受其害矣。此自有天地、宗廟神靈昭鑒在上，聽之已爾。敬田誠心直道，爲士論所孚信，乃世道所深幸，非若人所能軒輊，希無介之念中，諦觀天人之際，未便是小人得志時也。然孤不能無深憂，則非爲身故爾。承知已示及，聊布腹心，密之，密之。

復戴中齋

昨謝恩疏發，附有候言。孤静息已久，而元氣竟不復，肢體尫瘠滋甚，殊不禁勞，故不及細叙心曲。兹蒙專使惠音，重之縟貺，綣念深情，溢于言表，感何可勝也！中齋清望章灼，士論推服。近見言事諸疏，皆妥當得確，不爲虚矯語，知國是藉賴不細也。孤喪病之餘，僅僅視息，以得襄大事爲幸，豈有心復惹世緣？而忌者横鼓風波，妄相刻畫，獨無天道乎？獨無公論乎？孤惟任之而已，九廟神靈必爲昭鑒也。陳子歸，附布謝私。歲暮風寒，塋土未就，形神總總，不盡所懷。

復傅後川

孤過不自量，思與海内耆哲一新化理，挽正末俗，識暗行謬，不覺蹈于大戾，明逃人非，幽被天罰，乃至延爲親禍，悔慟何及！兹蒙臺慈存憶，走使千里，顧唁草土中，誄以名章，錫之光奠，德被存殁，感傳子孫，非没齒所能忘也。敬因使返，附布謝私。孤家難頻仍，尫疾益憊，臨翰困頓，不知所云。

復陳五岳

春中都門别後，孤旋罹大戚，抱慟奔歸，復嬰奇疢，形神支離，歲忽忽向盡矣。遠承吾友惠問，慰藉殷殷，語出肝腑，殊荷道義相知深誼。顧孤孱淺無術，何足當高明品隲？第所謂以公心處天下事，則竊有志焉耳。孤幼而多疾，每有憂生之慮，今年且六十，若爲先人襄事後得不死，將栖神山趾，以保餘息，不復能理家國事矣。重承名誄縟賻，寵逮存殁，幽明感德，兩無紀極。使返，附布謝言。榮命旦夕，更惟珍護，以膺鉅任、樹弘勛也。不多及。

復魏岳菴

盛使至，領教函，重之厚奠，存歿感德，匪言可喻。載領副函，諄切之詞，鬱抑之氣，讀之令人悒悵無已。自古憸壬敗類，苟便己私，不顧國家，圖快恩讐，罔恤公議，固亦有之，然未若此諸凶者若是甚也。猶且歡虞邀名，陰湕殖利，而一世被其欺焉。王法既遁，天道又若懵懵，吾輩將奈彼何？然其心迹真僞，安能盡掩天下後世有識者之目，終必爲異時所羞稱耳。吾輩第力守初心，求不愧怍，俯仰白駒過隙，浮榮不足爲輕重也。使旋，謹楮布謝，總總裁復，陳詞無緒，惟世丈諒之。

寄張周田

銀、夏借重壯猷，戎狄歸心，士卒豫附，其爲北門增重不淺。虜自多故，來則與市，不則省一歲經費，無不可者，不必要催，反使黠虜内挾也。夏在西諸鎮中稱裕，今兹歲支匱竭，雖由灾歉，實前政苛刻沽名，壞鹽易之長策，殊可恨耳。臺下極力改弦，固地方深幸，然爲朝夕焦勞甚矣。承開諭，倍有欽服。蒲守禦所軍有分班遠戍夏鎮者，極爲苦差，且多貧窶，有途丐而往者。希臺慈俯加矜恤，優以守門等差，河潤洪澤，孤寔承之矣。不禁鄉曲之私，恃愛輕干，竦仄，竦仄。

其 二

承示鹽糧疏揭，不覺扼腕。邇年操切刻削，薄海同調，受事者不爲地方實務，希當事者之意而迎合之，循此道不變，而患之生也，可勝紀乎？大疏指陳明晰，辨議剴切，其爲疆埸轉禍爲福不淺，厲階爲梗，使人追恨無極也。草土中不與外事，然憂國之私寔未能一息忘，承下諭，故復喋喋耳。

復趙繼節

使至，辱惠音，荷誼殊厚。孤報國無狀，延禍于親，每念及慟恨無極，何能當賢者所稱述？然不揣孱駑，冀以時月維世運，而志之不竟，天也。賢者前誣既白，會須牽復，年力方將，幸益加邃養，以需大受，無遂放意林泉、遺落世務爲也。不多及。

復李見衡

伏蒙惠奠先靈，名章縟儀，來自千里，殊荷臺下敦念鄉曲深誼。及領翰教，開迪剴切，欲舉此孱陋納之始終無過之地，爲愛良厚。夫僕正以報國無狀，延禍于親，年來怨慟靡極，何能當公所推許者？且尫毁骨立，餘息僅屬，今方熒然營兆，以不能終事爲憂，豈有餘力勝艱巨而興妄念耶？緣孤罹疢奔歸，主上每加憶念，忌者遂搆造貝錦，被孤以無端之誣，此公子順衡賢契所備知者。孤倘不死，即終禫亦不復能理世事。今方慮死不暇，顧汲汲甘蹈匪彝，取萬世唾駡以自犯其所深耻耶？孤自愧凉德，不足取信于君子，致呶呶者能易觀聽。公第諦視其後，當曉然知孤心耳。然此人所難言，承臺明開心忠告，孤敬當張之座隅，朝夕省覽，永期不負明德，用比韋弦、徵久要也。附使謝復，爲知己明心事，不覺詞之刺刺，伏希惠鑒。

復朱訥齋

自孤銜恤奔歸，海内舊知以札來唁慰者多矣。比得吾友惠音，則戚戚動心，淚汪汪不可禁也。同心之言，千里如面，由衷所發，固與尋常往復語不同耳。重承名誄，詞懇惻而意真至，隆誼越量，顧非菲劣所能當耳。吾友實心直道，齟齬于時，登第八年，猶困守百里，孤心殊以爲痛，計今公道昭明，當無久抑才賢理也。孤積罪盈愆，遭天酷罰，抵舍而繼母見背，未及匝歲，兩弟淪没，左腋生癰，時出膿血，本以蒲柳孱姿，尪毁殆不類矣。賢者知我，異日者豈可復出，貽天下後世嗤耶？先人安厝在仲春，日下正總總治葬事，附使布復兼謝，草草敘心，不能莊語，惟吾友諒之。

其　二

吾友横罹非意，徊翔風塵中，僕未及振拔而歸，每念以爲恨。自伏處草土，絶不聞世事，兹蒙專使馳顧，始知文軿已抵長安，爲慰不可言。吾友初入都，桂玉煩費何似，乃腆儀殷奠，見貺逾涯，極荷相知存念厚情，然此心則殊不安耳。今公論方明，群正牽復，固足爲世道幸。但君子爲善，自其本分，隨寓共職，期于庇民益國，乃賢者所自盡。若有爲而爲，即事雖本善，究竟必有敗闕。吾友家學淵源，不俟余贅，第叨在相知，别有所感，願吾友以僕意爲諸友告也。僕尪病已痼，近又兩耳全聾，不復可應世用，所恃報國在諸君子耳。使旋，布謝，附陳鄙衷，惟大雅鑒諒，幸甚。

復張陽和

沈屯部至，聞吾友新罹内艱，終天之戚，彼此均慟，不覺隕涕。比接諭札二函，兼領奠貺，又惻然感之，知賢者之軫念不肖若是之殷且篤也。孤以孱暗與政本，冥行多愆，延爲親禍，期年來每念及，方不勝悔艾，乃吾友不見其醜，而曲加原許焉，覽之增怍，然謂竊有是心可也。世道初清，方賴正人維國是，乃吾友復儽然在衰絰，孤殊以爲恨，所冀抑情遵禮，以保國楨、成大孝焉。沈屯部還，附楮謝復，具有薄奠，少效束絮之敬，希不鄙而薦之几筵，見孤千里意焉。尪軀勞頓未蘇，憒憒，不盡。

寄沈晴峰

公養痾海濱，孤之伏守苦廬也，乃在西嶽下，逖矣！頃者，小兒自都中寄至高賢惠音，詞甚切，意甚真，憐我惠我，惻惻見于言外。自惟寡昧多過，何至辱明哲異等軫恤若是？哀感流涕，極知公所見念非尋常也。即擬馳一牘，陳佩荷之至，道阻修未果。兹沈屯部南旋，敬附短狀，申布謝忱，尪頓不支，言不盡意。計道體轉泰久矣，希以時還闕，以壯正人之氣，維世運焉。不多及。

復張崌崍[三]

薊事爲狡夫驕帥所壞至極，積習既久，更易弦轍非易，周公蓋亦有志焉，惜無術也。伏自旌麾東巡，威信暢孚，屬夷凛凛奉漢約，而左輔軍容焕然，萬口悦誦，草土中得諸縉紳士民所傳，蓋多端未易數也。曩二奴與王杲子同逆，王台遺胤不能自立，撫鎮咸謂疆外之事，任其興廢，但能自樹，不失中國貢者，斯受之耳。孤以爲非宜，蓋王台嘗縛獻王杲，若不恤其嗣，或爲逆黨破滅，失諸逆内附心，乃一意以扶弱討畔爲計，遂殲杲子。今仰仗壯猷，又滅二奴，則台子獲寧，而中國威德著矣。遼左伍符缺耗，即寧遠所部，戰士不及四千人，故戰功多而虜不忌者，以大舉則不能却耳。今聖主方信任公，若以此時乘西虜款順，各邊少事，專力破格以强遼左，使零虜不敢並塞居而大舉足以折之，則遼人始有息肩日耳。非臺下宏識神略，其孰能與于斯？孤不談時事，緣此舉關國大計，私心所切切望于知己者，辱諭及，輒復喋喋，殊有皇恐。

復吴復庵

前使旋後，私心愀然，不懌者久之。今日吾友出處正自不輕，直道所在，衆望攸歸，非讒忮所能撼。幸爲國寧耐，無徒取快自潔，不爲世道計也。孤尪罷神餒，不能作札，草草布心，唯知己相信，不盡。

其 二

前舍親王監生行，曾附有小札，計當徹覽久矣。嚮睹復庵見諭，不知其詳，故私心謂君子處世，剛柔屈伸，貴在適時協義，不可專一，及風波既作，乃始大駭，此亦古今一異事也。于時杞人之憂，茫然莫知底止。賴聖明英斷，公論昭晰，國是屹不爲摇，良爲世道幸，然國體所損滋不細矣。定宇雖以差旋，仍須依限還闕，君臣之義，出處之節，自有大道，不可諓諓守一節也。便中復庵可以僕意示之。小兒初擬爲之請告，既而思之，覺其未可，勉令北轅，心殊不自得。草土餘息，來日有數，所希飲食安卧，以盡其餘齒。將來世道所賴，在相知諸君子不淺耳。小兒更希不吝誨督，俾勿得罪公議，幸甚。

其 三

前使旋，承翰諭諄諄，肝膈之語，讀之動心，非吾友心在朝廷，動忍深至，豈孤嘗膽卧薪，甘苦自知，莫能語人者，而高明乃歷數若見耶？孤即死亦瞑目，知必不貽譏于世之君子矣。閲邸報，見榮進宫坊，忠直聲華，聳動朝野，誠熙朝盛事。吾友宏達沉毅，乃將來世運攸賴，自今益慎自愛，養全鋒以需大任、慰人望焉，諸瑣瑣者不足發千鈞機也。謝恩人便，附楮布區區，惟知己鑒此心焉。不盡，不盡。

其　四

昨具疏謝壽宫加恩，尪病中不及徧爲相知作札，顧有所欲告于吾友，特附簡焉。方發，而使者以函諭至，披覽數過，肝膽道義之誼，懇切諄至，惻惻動人，顧孤不能當耳。此事寔賴聖明英斷，鑒孤一念不欺之愚，信之不疑，故得效毫末，蓋九廟神靈所默相而熙運方隆昌也。不然，使孤罷大戚在城社未除之先，則孤負國之罪萬死無以自贖。今幸積閼既通，國是昭晰，孤即死，有辭于天下後世，可瞑目矣，無所復恨。其深衷所念，乃賴相知忠直，早參密勿，俾斯世遂破澆還淳，則古今一快事也。重荷惓惓深意，附使布謝，不盡衷曲，惟知己諒之。

復曹傅川

承别諭，具稔藎臣憂國之深。楚公以用事久，其黨寔繁，故每每希非望，爲譸張語惑人。但聖明已灼照其奸欺，切齒日甚，天意祚明，豈使熙、豐妖孽復熾耶？然此有大關係，非人能爲，孤初但求不負國家，不犯公論，其禍福利害置之不計矣。其事幸遂，天也。敢附布之。

復王少方

僕謝政期年矣，而時事搜索日甚，竊嘗憂其所終，兹遂有遼藩之舉，興此大獄，真可懼也。岳老乃才相，後雖恣横，何至如言者所詆？乃今遂與分宜同禍，則馮閹以無將干聖怒深耳。初時士論咸欲甘心，今事至此，則人復憐念，計將來當不若分宜酷也，幸語諸公子安心焉。僕前以綿力當巨任，神用竭矣，自罷不天，已成殘廢，爩湯吹虀，豈敢復以犢任輮耶？近卜中條一曲，依河面華，車馬冠蓋之所不至，且多仙聖遺迹。若餘生未死，得徜徉其中，亦人生異福也。世間恩怨是非，自此洗耳不聞矣。惟懷念同心，山川修阻，時不能忘情耳，計知己相念亦復若是。臨楮惘惘，殊不可禁。不盡，不盡。

復張心齋

曩弟之行也，皇上深以邊事爲慮。弟告以兄丈在本兵，凡事一以付之，定有成績。今方期年，而遼左、滇南屢奏奇捷，元老壯猷，決勝帷幄，章章若是，弟之不肖，其藉以報主者有榮慰焉。前時濤訕貝錦，無損日月之明，願兄丈勿復介意。第睹邸報，群譁不已，非惟國體不雅觀，且傾危成習，世道可慮，則草土臣不能無憂也。持重鎮浮，其倚賴于老成人，此時尤切，兄丈安得獨爲一身計也？小价尚未旋，懸企嗣音。自後弟不復遣使入京，不能時裁復。不盡，不盡。

其　二

弟苫處不與外事，竊有杞人隱憂。今老成凋謝，國家事所倚重，緩急可得力者惟兄爾。大臣之義，先須體國，而後謀潔身，願兄丈無汲汲以引去爲高，當以宗社、蒼生爲念。彼不逞輩譟譟譸張，無損日月，希無過廑念慮也。豚子具述兄丈赤舄几几，以處流言，甚爲物望所歸。至于敦念世誼，指教庇覆，真兼父母、師保之恩，蕞爾末弟，特承湛濊宏施，洽于俯仰若此，其將奚以圖報耶？謹北向再稽顙，申布謝忱。不盡，不盡。

其　三

夏中附使有謝言，懷感迄今，益用耿耿。緬惟兄丈壯猷淵略，晝箸帷幄中而制勝萬里外，不異探懷取物。此番滇南之功，視思利發、米魯時其氣象大不侔矣，真千古一奇事。聖心嘉悦，特頒殊錫，足爲勞臣勸。弟草木中聞之，與有榮慰，彼睊睊者將不自咋其舌而内生愧耶？此宗社之福也。小兒蒙恩庇，賜差先人，與受深寵。兹離職且週期，弟欲令亦請告，或謂不可，勉使北轅，鄙心竊有未安。屬吏且年家子，朝夕望兄丈時加督誨，勿使得罪公議，即棘人沐世澤之深，不論江海矣。長至在時，嶽誕孔邇，謹具篚將，用伸遥祝，不腆不恭，更惟鑒納，幸甚。

其　四

弟疢伏河濱，再罹寒暑，山林幽逖，與海内交遊音問大半隔矣。緬承兄丈篤念同袍，特存古道，二載之間，惠問相接，固已感沁心脾，即一息苟存，無能忘也。頃小兒趨侍臺端，具有候札，未徹記室，而寵翰顧又儼然專使臨焉，慰示諄懇，錫賚駢疊，弟捧受三復，再拜稽顙，不能自已。自非道義深愛同于骨肉，豈得在遠不忘，久而益殷如此哉？滇南膚功，全賴發踪奇略，方今寰宇砥平，何莫非樞府得人之效，此其較著者耳。薊鎮屬夷，不一治其悖肆，遼左終無息肩期，何訛言乃盈庭若是？此全仗壯猷妙運而默授之耳。弟入冬來益尫瞶不可支，日惟負暄静坐，冀保末景，未審此身在世復有幾稔也。使旋，肅楮謝復，銘戴鄙忱，言不可盡。

復何肖山

弟纍然廬居，劬勞之辰，感愴增倍，豈敢稱壽？過辱兄丈垂愛，儼然贈饋及之，何以當也？時弟以尫軀不禁酬拜，南走山中，使者復間關百里而致嘉命，又不敢概辭，乃領饋而返贈焉，幸大雅特原炤之也。伏辱居常待終之諭，領教甚厚。第弟冒叨太過，與披裘帶索有殊，恐無榮公長年耳。佳什近益入細，異日倘輶軒臨蒲，仍借大筆灑之壁間，永爲林泉光，何如？晨興，將陟方山，匆匆布謝，不盡感衷，更惟垂諒。

其　二

頃承兄丈惠顧荒城，得款叙數十年之闊，别來越朔，耿耿念之。弟方居大疚，劬勞之旦，寔深感惻，不忍聞親友稱祝，故歲走南山避之。乃復過辱兄丈廑念，遠頒豐饋。緬惟隆誼，不敢例辭，稽首登嘉，感荷無極。承諭，吾輩弱冠相從，咄啐間曆元週矣。流光迅邁，古人所謂興嘆亦良有謂。黄髪可期，願與高賢同守歲寒，優游晚節，庶不貽當世嗤耳。使返，布謝，臨翰不異面談。不盡。

寄吴南洲

曩僕以粤右爲南洲舊遊，擬借重開府，及見教欲就近地，則計即江右可也。留尹之推，以資深不宜後于人，稍需時日耳。比僕銜恤奔歸，而旌節竟鎮桂林，則數之前定可知矣。此地無上供之賦，第苦猺獞。近自羅旁八寨剿定後，異類斂迹，所賴良有司撫定安輯，無使奸民豪族凌轢侵剋，庶永杜亂萌耳。鄭憲副一信、江潯州萬仞皆貴鄉人，其坎壈可憫，幸加庇焉。萬里尺楮，臨翰依依無任。

其　二

孤疚伏再期，多故傷心，頓成殘朽。邇者卜築中條之南、黄河東曲，爲幽栖終焉計，渺與人世隔矣。南洲方承聖主簡書之托，釐殿南服，勘暴綏良，時正劻勷，乃眷然遥念棘人，不憚萬里，專使者，越水陸，來致賤日之惠。華函豐貺，情禮兼隆〔四〕，久要篤誼，孤殆睹古道于君子矣，感荷不可言喻。孤幼學不力，蹉跎六十，永言省愆，此生誠爲虚度。倘餘齒可延，亦非進道之日，得寡過終身，庶不抱終天恨耳。使旋，附布謝言。索居，久不作札，爲相知裁復，輒復語心，不盡，不盡。

復陳愚所

孤苦伏期餘，不聞外事，乃不意公尚留滯百里，何其久也！曩公條奏滇事甚悉，格于時，不獲行，孤每以爲恨。近者患發，孤即擬借重公董憲其地以勘定之。比孤歸，而嚴太宰復予告，豈非數耶？要之，猷望日茂，異日委重盤錯，不以此爲速緩。乃孤意如此，故附白之，餘無言。

其　二

曩僕所告，匪有私于公，蓋爲滇事計也。大段爲地方擇人，以人任事，則賢者進而事治。若爲人擇地，以情任人，則非區區所能知耳。此則關乎世運，幸高明自信，無過煩神也。餘無言。

寄徐繼齋

孤河曲賤儒，蒙師翁録置門墻，覆育長養，恩同天地。且入館之初，即以朴愚無似荷宗匠特達之知。此則三十年兢兢自保，恐一有不類爲明哲累。乃師翁始終教愛，則羹墻所常睹也。兹者泰山既頹，纂述遺烈以詔後世，寔門下士事，豈敢辭遜？第恐尪毀餘息，荒殖已久，無能發揚宏懿，有玷名阡耳。然師翁勛在社稷，德冠人倫，海内名筆自有能紀載以垂不朽者，區區管窺，亦惟求自盡此心爾矣。但孤連遭大故，兼爲毒癧所苦，形神憊頓，不敢草草執筆，俟春仲襄先人大事，當汲汲撰稿，馳上請裁也。辱貺再三，稠疊逾量，非所宜承者，不敢違諸丈千里深誼，祗用拜嘉，然心之不寧甚矣。

其　二

昨歲辱諸丈以師翁神道碑文見屬，于時不敢違命，自以受師翁恩知不貲，無可仰酬，不自審其不能也。春末使者持教來督，則某方劻勷，爲先人安厝，賤體積憂，尫瘁之極，加以悲慟，拮据之久，遂萎然形神不相攝，即食飲寢卧皆不勝勞，間有士夫尺牘，亦往往不能答也。矧師翁德隆業鉅，若摹寫天地，不可措手。坐是朝夕焦然，心愈煩憒，稽使者三月餘，非敢遲延，寔荒落衰憊，交成鈍滯耳。玆勉綴蕪言，殊不成語，藉手報命，用完諾責。老師壬戌更化，世道爽然一新，寔古今希覯，故某特用闡著以告方來，第詞不明心，師翁當鑒我于九原也。某疲癃委頓之狀，使者所悉，更惟諸丈察之，而寬其罪譴焉，幸甚。

復黄儀廷

昨歲僕罹戚西奔，遠勞文輿出祖于蘆溝道左，于時僕雖哀頓昏迷，乃知己深誼，則言念在心，未之忘也。舍親張監生大仕至自成周，蒙公惠我好音，款款至情，諄諄盈楮，具諗君子牧身之謙而用心厚也。僕無它長，然殊不喜夸毗子態，故一生寡交，與執事篤志自修，絶不近名。比丁年共事，僕始覺之，故特爲擊節不置。于時當事者方以逢迎爲順、炫飾爲才，僕雖累言公，不省也，徒有竊嘆耳。比僕謬膺事任，方冀振拔務實之士以自匡贊，不意積罪延親，遂陷大恤。承諭云云，心戚戚而動，然有愧也，載辱貺儀，抑又何當？僕尫毁殘息，已成痼廢，暑月耳閉，杜門昏卧，不復理人事。張生將南行，來辭，特用布謝，爲知己語，不覺復刺刺耳。大仕北産，不習水土，希以便差假之，又屋烏深愛也。不盡。

寄畢松坡

昨歲翁甫入留京，即同諸公寵奠先柩，哀感榮荷，耿耿在心。兹自小婿馬武選所得翁惠音，慰示殷款，殊荷長者知愛，重之腆貺，抑又何當？昔歲狂子肆言，舉朝斥其謬妄，乃前政左計，行其讒説，堂屬之分爲之倒置，僕竊有不平，誠惜國體也。偶叨事任，遂不量譾劣，思與海内正人共濟斯世，故首拔大賢，以副民望，俾觀聽者曉然易慮耳。不意積罪，爲鬼神所譴，遂罹大戚以歸。念負宸知以迂鈍，多後時悔，惟安石既出東山，稍用自解焉。蒙諭云云，心欿然非敢承，第增愧恧。僕尫毁餘息，近益困殆，永日困卧，人事都廢。感翁念舊深誼，特用布謝，紓此衷悃，即長逝無恨矣。所謂精調茵鼎，永爲社稷、生靈福賴。不盡，不盡。

其　二

頃荷翁垂存深誼，末由一布感衷，屬張生南行，特附短緘仰謝。顧草土昏迷，久不習禮度，方以獲戾于長者爲懼耳。比張生旋，重辱惠命申及，益之束幣，訓詞深厚，藹然若奉坐談，竊于是窺先進之餘風不可及也。近來士習漸澆，僕殊爲世道慮，老成典刑，惟翁巋然爲魯靈光爾。願大雅念在斯世，爲後生羽儀，無輒動東山興也。張生卒業南雍，敬此申布謝私。瞻望江雲，倍有馳戀。

寄黄麗江

粤右去晋鄙不啻萬里，乃吾友不忘一日之雅，間關水陸，專使遥致好音，真意盎然襲懷，何君子用情之過于厚也！孤自銜恤奔歸，喪疾頻仍，幾不自保。今形骸雖存，然支離尫瞶，神氣索然，恐不能長視于世。所冀相知賢達以實心匡濟上下，永翊世運，與古有光，則此心之欣慰無窮耳。使旋，布謝。南裔氣候殊中土，朝夕幸厚自珍護。不盡，不盡。

寄趙麟陽

某報國無狀，獲罪于天，延禍老親，悔慟靡及，疢伏彌年，殆爲世之君子所不齒矣。緬惟丈人，一代名德，堅正不苟，所與方力振頹俗，汲汲爲天子釐風紀，乃猶眷然念及棘人，走使數千里，曲垂唁顧，名章豐貺，錫賁九京，隆禮高情，非夢寐之所敢望。某誠感切心肺，言不能名，然亦緣是自解，蹇薄心迹，或未爲名教所棄，則幸慰甚矣。承諭，日者紛紜，非遠人所知，要之，消釋頗偏，歸之蕩平，使群情翕然易慮，全仗臺下宿德重望，坐鎮而默喻之，非異人任也。某昨春已大病，即無先人虞，亦須乞骸。比罹大戚，益成尪廢，近復兩耳全聾，絶不諳人語。所冀者碩永翊化機，俾林壑中生被膏澤，死亦瞑目耳。使旋，肅函仰布謝私，昏憒，語殊無倫，更希惠諒。

其　二

頃使旋，附有謝函，言念高情，寤寐不忘感戴，不有君子，誰知古道之猶存于今也？楚事賴于公評讞，忠懇孚于帝心，獲從末減，海内縉紳翕然歸德，高門之報，天道當不爽矣。僕絶不敢作京書，小兒北上，特具短牘，俾執以奉謁，致鄙衷鏤藏之靡已者，惟大雅惠鑒焉。不盡。

寄沈繼山

春中道興甫人都，即蒙函札唁諭，誄章錫奠，于時公務勞劇可想，乃汲汲遥念棘人，情文隆至若此，道義相知之殊愛，孤誠鄭重感荷，不敢以尋常視也，然竊有深愧矣。昔丁丑之冬，孤時忝在政地，不能爲朝廷庇正士，亦奚以自解于公論？比叨柄國，則孽閹、楚氛相與蟠結齕嚙，動輒相左，孤幾以膈噎死矣。賴宗社之靈，聖明英斷，中外群慝一時盪廓。孤竊不自量，方擬昭幽申滯，庶得隨海内正人後，以康時艱、培國運，將次第需時月舉之。不意獲罪於天，奄罹大故，蹇鈍不敏，遂成後時，雖有區區之心，亦何以自白于當世之君子也？乃明公身遭其難，顧不加疵詬，又特略罪累之迹而原其心。伏覽來教，肝膈真至之情，如春風拂物，觸膚動心。孤哀頓中再拜三復，豁然如釋重負，意者天下後世或終不以孤爲名教罪人也。感之佩之，無日可忘。第林壑中作京札不易，越歷三時，未及修謝，朝夕良用悚仄。茲小兒北上，謹肅楮仰布積悰，景德之私，固非尺素所可罄也。小兒魯，未知學，明公既與僕越形骸相信，希以通家子畜之，每事誨迪，俾不謬向往，又幸，又幸。

復張洪陽

詞館萃文學諸彦，豈不彬彬然？乃國家以此地儲丞弼，則所重在器識矣。僕昔忝宫坊時識公，以爲其人也。比相與滋久，則真其人無疑。于時區區有杞憂焉，竊以是自慰，謂天且有意于斯世也。俄而事變乖互，初出人不意，已乃大悖，良可憤嘆。幸人卒不能勝天，一旦氛霾廓清，端碩彙進，此則宗社靈慶，豈人力也？伏承惠我好音，獎借太過，僕自知甚審，豈敢貪天？然領君子意則厚矣。門下德望日隆，僕昔所獨覺者，今爲海内共仰，末世澆競，非借重沉毅弘達之量，其曷能易之？故草土中百念俱灰，所不能忘情者，則願正人早翊樞衡，庶幾復睹淳俗耳。小兒旋京，謹用布謝幣晛之稠疊者，附具篚將，愧不成享，惟高明鑒其意而揮存之，幸甚。

復陸葵日

歲杪，小兒至自都，蒙吾友惠音，重之殷奠幣貺，于時吾友方有鼓盆之戚，乃惓惓爲我如此，荷誼極厚。所論壬午之事，乃主上明聖，灼知孤臣一念爲國赤忠，故得屏除君側蟠據巨孽，蓋遘遇之幸，非孱蹇能逾于先輩也。然僕亦精力殫竭，即非先人大故，亦且乞骸，矧今毁頓已甚，豈能復肩巨任？然亦竊自念少效勞于國矣，即優游卒歲，不爲負國而偷自逸也，惟吾友知我心焉。僕絶不作入京書，故久未答賢意。玆小兒北上，附楮布復兼謝。時方苦瘍，草草，不盡所云。

校勘記

〔一〕“扯力克”，上文作“扯力艮”。

〔二〕“撫按”，原作“撫接”，據文意改。

〔三〕“徠”，疑當作“崍”。

〔四〕“隆”後，底本空一格，有原附紙條一，書“前半原少一字”六字。

條麓堂續集卷二十一

奏疏

謝人言疏一

禮部尚書兼東閣大學士臣張某謹奏：爲庸劣不堪重任，乞賜罷斥以謝人言事。臣本章句腐儒，行能無可比數，頃蒙皇上俯允大學士張某、吕某之請，特命臣隨同内閣辦事。仰惟密勿之任非樗散可勝，特達之知非庸常可副，臣内自思念，且怍且懼，蓋寢食靡寧者歷三時于兹矣。兹者御史某論臣不職，理有固然，無足怪者。第謂臣之濫冒，由臣某自爲異日之謀，則悖理傷道、誣罔不根之甚，臣不容于無辯。臣昔蒙世廟作養，録置詞林，忘其分量，竊有狂斐之志。唯是硜硜一節，迂僻自好，乃爲臣某所與，期以不負古人，有益當世。兹者皇上以睿聖紹基，恢弘化理。臣某深惟委寄之重、任遇之隆，一志奉公，夙夜匪懈。臣方避謗山居，遁迹遐遠，乃孜孜汲引，惟恐不及，此其以人事君之心，顧臣愚不足當耳。夫人子之心，孰不欲其親之壽考？而御史乃横加搆巇，至言人子所不忍聞者。且臣有老親，亦與臣某之親其年相若，而臣復與臣某年亦相若，臣不省御史之所謂何也。其謂臣有機械，夫臣某之有取于臣者，正以其專確耳，果有機械，臣某方將推而遠之，豈肯引以自近？且臣日侍左右，其誠與僞亦豈能逃于聖鑒哉？其謂臣多藉庇，臣江湖孤迹，起自白屋，即如今者之進，自二輔臣奏薦外，復有一人一言以臣瀆之聖聽者乎？此不難察也。御史又謂臣居館局未任事時，不宜爲人言所及，而又言臣忍于作福作威。夫臣未任事，而御史以作福作威詆之，則前之詆臣者，亦不足異矣。凡此皆事理甚明，不足深辯。且以臣某忠誠孚于聖明，功業著于中外，而猶張膽明目詆訐無忌，而何有于臣者？第萋菲成錦，雖譖人者固然，而負乘致寇，則誨盜之有自，臣實德薄望輕，下流叢惡。伏望聖明將臣特賜罷斥，另選忠賢以資丞弼，庶輔職得人，國體自重，臣亦得以安其無用之分矣。臣干冒天威，無任屏營悚懼之至。爲此具本謹具奏聞，伏候敕旨。

疏　二

謹奏：爲再乞天恩，放歸田里，以明心迹，以全臣節事。臣昨因御史某論劾，疏乞罷斥。伏奉温綸慰諭，勉令安心供職。臣仰感隆恩，不覺隕涕，誓當鞠躬盡瘁，以死報國，何敢復有他説？但臣反覆思惟，終有不能安于心者，敢冒死再爲皇上陳之。内閣任重事煩，職親地要，其得人最難，而又最不容以匪人参之。邇者皇上所以特允臣某等之薦，俾臣濫竽其末者，冀有萬一裨補焉耳。今者未效一割，遽爲流言所詆，不唯累上臣以人事君之公舉，而且負聖皇虚己任賢之盛心，臣之罪大矣。夫人臣之靖獻，在審其才力；士人之進退，當酌之禮義。臣某承先帝之顧托，受皇上之委任，兼以其精誠不二之志，濟以錯綜萬變之才，固已計安天下，功在社稷，天下之人皆知其不可一日離于朝廷，雖有煩言，輿論自晰。臣某當先國家而後身圖，義有所重也。至若臣者，譽聞不章，行能無取，譬則雙鳧乘雁，其飛集不足爲渤澥多寡，若復横犯人言，靦顔班列，則于義有所不可矣。是臣之留也，爲失其自量之明；而臣之去也，乃可示有耻之節。伏望皇上鑒臣悃誠，特賜放歸田里，另選忠哲以充輔職，使臣得爲盛世逸民，遠離詬謗，終始生全之仁，即没齒永戴矣。臣重冒天威，無任悚懼懇切之至。

辭恩命疏

具官臣某等謹奏：爲披瀝悃誠，辭免殊常恩命事。該吏、兵二部接奉手敕“内閣輔臣”云云，欽此。欽遵，移咨到臣。臣等聞命自天，無任感激，無任震懼。竊惟自西虜款貢以來，今日邊患獨在遼東。所以爲全遼患者，惟土蠻爲大。乃若遼人所最苦者，又惟速把亥爲急。蓋土蠻巢帳頗遠，非大舉不至，而此酋密邇封疆，凶狡特甚，朝夕驟發，焚掠慘酷，非一日矣。仰惟我皇上聖神御極，加意邊防，留心民隱，不忍此方隅赤子塗炭困厄，選將士，除戎器，廣騎卒，增額餉，睿意所向，寰海承風，若膏雨之潤草木。乃兹狡夷肆行不靖，輒以非時犯我王略。將士協心，奮鋭疾驅，斬之塞障之下，醜類幾殲，旃裘破膽，此寔我皇上聖武布昭、威靈遠震之所致也。臣等叨依日月，蒙被光耀，私幸已深，雖職在贊襄，朝夕不敢不竭盡心力；然識短力綿，何能仰裨萬一？伏蒙恩命，逾越等倫，窮階華貫，録後褒先，咸人臣至榮，得一爲難者，臣等省循儆惕，實不敢當。伏望聖慈收回成命，俾臣等仍照舊供職，云云。

謝恩疏

原任少師兼太子太師、吏部尚書、中極殿大學士臣張某謹奏：爲恭謝天恩事。今月六日，得臣原籍書，臣父某以三月二十三日病故。臣一聞訃音，五内崩裂。伏蒙聖諭：“諭元輔，卿父辭世，朕心甚悼。雖人子孝情當盡，還宜節哀，以慰朕懷，以副衆望。卿宜體之。”該某官某恭捧到臣私第。臣不忠不孝，禍延臣父，乃蒙聖慈曲軫哀憐，犬馬餘生，慰諭優渥。臣哀毁昏迷，不能措詞，惟有痛哭泣血而已。臣不勝激切哀感之至。

代乞恩疏

原任巡撫寧夏右副都御史、今故羅鳳翺妻淑人臣王氏謹奏：爲懇乞天恩，憐憫邊臣，照例給賜恤典，以光泉壤事。臣係山西平陽府蒲州人。臣夫羅鳳翺存日，由舉人嘉靖三十八年除授直隸保定府易州儒學學正。四十年，升國子監博士。四十四年，選授湖廣道監察御史，巡視京倉，巡按山東、保定等處。隆慶五年，升大理寺右寺丞。六年，升本寺左寺丞。本年十月，升本寺右少卿。萬曆元年三月，升本寺左少卿。四月，該吏部等衙門會推，題奉欽依，升都察院右僉都御史，巡撫寧夏地方，贊理軍務。萬曆五年二月，升右副都御史。萬曆七年十一月，升俸一級。萬曆八年正月，考滿，廕一子入監。本年四月十一日，偶感痰厥病症身故。伏念臣夫自萬曆元年履任寧夏，經今八年，感幸遭際委寄之隆，思效駑馬鉛刀之用，夙夜孜孜，殫心極力，以靖虜宣威、足食安民爲務。修復漢唐古渠，易用石閘，荒萊盡闢，流移復業。廣創倉庾，增守要害，修置器械，簡練兵馬，百度改觀，遂稱雄鎮。時屬北虜款貢，本鎮于中衛等處開設市廠，歲與虜市。臣夫撫接制馭，曲盡機宜，虜不失歡，民獲厚利。遵奉廟謨，及時修舉八事，節年磚包鎮城及南北兩關城，石砌横城、馬頭等處，修築城堡中、東、北路，靈州中衛等處，及修完邊墻、墩鋪、敵臺、關隘，挑浚濠塹，以及虜王西牧，撫馭歸巢。屢經督臣戴才、石茂華、郜光先等，及閱視侍郎吴道直、給事中戴光啓、巡按御史沈涵等具題，節蒙聖恩賞賚銀幣，升職加俸，俱在部卷可查。諸如此類，寔皆邊臣職分之常，臣夫叨荷寵榮已逾涯分。不意身先朝露，未酬覆載洪恩萬一，豈宜復有希冀？仰惟聖明軫念臣勞，恩禮始終悉從優厚。伏睹恤典條例一款，兩京三品文官病故者祭一壇，照例造葬。臣夫係在京三品官員，已經考滿，且盡瘁邊庭，情尤可憫。伏望皇上憐念封疆之臣勤勞死事，如蒙敕下該部查覈功實，照例上請，俯賜葬祭贈官，則哀榮渥澤，下漏重泉，不惟臣舉家戴荷，臣夫有知，亦當誓圖冥報，不忘結草于九京之下矣。爲此具本，遣義男羅某齎捧奏聞。

表

賀白鹿表

玉闕回春，寶曆衍萬年之祚；金方誕秀，瑶光呈百禄之符。當有道之昌辰，獲長生之上瑞。鈞天集慶，壽域增輝。恭惟皇上，合德重玄，凝神太素。隆顯思于烈祖，不愆不忘；篤陰隲于下民，以休以豫。至誠感而三靈協佑，太和鬯而品彙昭蘇。内順治，外威嚴，撫維熙之帝載；岳效珍，川修貢，荷滋至之天庥。顧物應雖備乎嘉徵，而昊眷尤申于上壽。眷兹白鹿，儀彼蒼龍。毓神于萬壽之宫，闡降年之有永；現彩于一陽之月，示迎日之增長。角若挺瓊，毫疑集霰。甡甡孔碩，侶玉兔以來庭；濯濯不驚，茹瑶芝而在囿。適四十載光華之旦，睹五百年皓曜之暉。應王者之禎符，克稱鴻烈；爲仙人之上乘，是曰龍媒。昔黄帝受環，因契廣成之旨；玄元托駕，實開道德之宗。蓋披圖牒以稱奇，邈矣振古；介岡陵而獻壽，巍乎齊天。臣等叨塵法從，久荷恩慈。帝力難名，紀述自慚于窺管；皇猷有象，報稱祇效于呼嵩。伏願仙算日新，聖躬天保。玉燭光調于四序，天不愛道，地不愛寶，合龜龍麟鳳以來遊；璿璣氣叶于五辰，上及太清，下及太寧，暨鳥獸魚鱉而咸若。

啓

上審王啓

伏惟桂叢繚繞，榮敷三殿之華；松茂相承，永介千齡之祉。山河盟固，箕翼年長。屬上國之祝釐，適蕤賓之届候。茅分白社，侯度肅以虔修；名在丹臺，仙侶紛而來下。本支億麗，壽考萬年。某風挹東平，居連右輔。忘勢屢承于折簡，從游未遂于曳裾。月滿西園，情每歆于飛蓋；星暉南斗，忱欲獻于稱觥。爰貢芹誠，仰希鑒茹。無任馳切之至。

其　二

仰惟殿下，以國懿親，膺天嘉祐。屏翰有赫，壽考維祺。茲值紱麟之辰，敢後稱兕之祝？爰陳菲幣，用效芹忱。所冀揮存，不勝馳愬。

其　三

恭惟帶礪弘勛，岡陵衍算。帝賴屏翰之烈，天垂純嘏之庥。乃今古所樂稱，寔鄉園之勝事。某久叨禮遇，倍有歡悰。爰貢篚將，用昭芹獻。伏希鑒納，無任幸榮。

其　四

恭惟蘭殿啓祥，椿齡益算。河山帶礪，永承西土之封；户牖詩書，茂享東平之樂。德高天派，名在仙都。捧兕登堂，阻趨陪於遠道；承筐獻悃，寄祝讚於長年。詞靡心宣，神隨函往。仰冀鑒納，不任悚惶。

上相公啓三道

伏以秘閣彈冠，丕荷裁成之德；中庖授粲，更承慈惠之施。資生真並夫二儀，酬造能忘夫一飯？藥階初霽，景正值於清和；蘭醑新篘，願有娱於閒燕。是涓穀旦，敬瀹溪毛。敞京洛之名園，啓衣裳之勝會。灑庭宇而陳八簋，佇瞻衮繡之暉；擁巾篝而饋十漿，爰借絲綸之暇。希乘永晝，肯過高軒。星聚人間，台象預占於漢史；風生賓坐，德音式傚于周行。爲慶維多，矢言莫竟。

其　二

伏惟新命維周，協鳳鳴之景會；盛陽在夏，開麟紱之元辰。南風薰而民生康，北斗旋而天道正。靈樞妙斡，壽域弘開。恭惟相公，王室棟梁，人倫冠冕。贊萬幾于先甲，納一世於由庚。嘉謀嘉猷，咸造膝而陳也；大順大化，由推心以致之。不惟帝眷元忠，既臣而學；亦且天佑純命，俾熾而昌。屬北陸之晷最長，睹南極之輝增煥。明良千載，當五百載必有之期；壽考百年，正五十年方將之旦。巖廊多慶，寰海同歡。矧一介之孱生，荷萬間之大庇。祝長者之壽，情倍切于宫墻；掃相國之門，迹則隔于湖海。緘牘莫罄，束帛是將。葵藿云微，自效有同于傾日；松筠之茂，所期惟在于歷年。漱石以言，瞻雲而貢。無任頌禱依戀之至。

其　三

伏惟衡宇栖遲，自分人寰之隔；翹材啓擬，忽承天綍之臨。輝光頓賁于丘園，陶冶寔資于宗匠。感藏極矣，言謝先之。伏念某章句陋儒，斗筲小器。雖以三語受知於長者，寔無一善可比於衆人。行能薄而聞望未孚，名位過而悔尤荐至。信車轍而返，豈謂窮途？營菟裘以居，且將終歲。仙署望疑于天上，帝所時遊于夢中。蓋三年獨賦其閒居，而一旦輒還其舊觀。儲闈正寀，依鶴禁之深嚴；石室抽毫，遡玉宵之迢遞。朝廷殊典，儒者至榮，不謂此生，復有今日。兹蓋伏遇相公，大鈞播物，真宰存心。計安宗社而有餘，功在朝廷而不露。摶北溟之水，妙運雄猷；擘太華之山，獨持定力。濟衆不遺于一物，取士必録其寸長。乃眷此三折肱之踦人，特施以一舉手之深惠。溝中斷木，被以青黄；爨下枯桐，加之丹漆。某敢不銜結報德，檢束酬知？牛溲馬勃之兼收，幸備在籠之藥；軒鑑鏌鋣之惟命，豈云躍冶之金？所以報千載一二之奇逢，惟是堅百里九十之晚節。衷丹可瀝，毫素難宣。某無任瞻佇屏營之至。

壽楊本庵啓

緬惟陽月迎長，仙籌錫羨。天保純嘏，俾熾俾昌。蘭桂襲芬，棘槐陟峻。誠人間之景禄而婣黨之壯觀也。某拜别旌麾，於今三載；有懷江漢，莫致一觥。少肅承筐之儀，用代祝嵩之悃焉耳。伏希莞納，無任幸榮。

寄某中丞啓

緬念兩河厚幸，獲借重旌麾，拊循疲瘵。河山表裏，欽方叔之壯猷；鎖鑰藩垣，藉寇公之宿望。旌旗改色，夷夏騰歡。某藐焉縈疚，伏處林丘。綸綍初傳，仰聖主知人之哲；雲霓在望，慰鄉人來暮之思。迹遐阻於趨庭，誠遠將於束帛。沚毛薦釜，敢云明信之羞？蔀屋生春，佇聽勞來之頌。所希撝納，荷寵良多。

寄蒲州應試諸生啓丙子

緬惟諸賢，懷負利器，彙進清時。爲鄉井之光，發河山之秀，極爲勝事。僕引領汾曲，樂觀厥成；爰具柴薪，用充卷價。所願平分名第，占賢籍六十五人之中；並奪魁元，接吾榜二十八年之後。幸甚。己酉至丙子凡二十八年。

聯　對

午日划龍船走驃騎宫聯計十五首

五蓂開地臘，萬騎奮天閑。

鶉火天中節，龍舸水面嬉。

橐鞬穿柳戲，簫鼓采蓮歌。

選奇來大宛，鬥勝出期門。

馮夷陳水樂，海若護帷宫。

右五聯，各五字。

天中午節延昌曆，池上離宫奉勝遊。

桃花駿馬金爲勒，蓮葉仙舟錦作帆。

天行近轉濯龍殿，宸賞高臨戲馬臺。

水底魚龍驚笳吹，波間荷芰映帆檣。

樓船衍漾芙蓉沼，鐵馬奔騰楊柳堤。

右五聯，各七字。

萬載無虞豫遊瑞午節，五兵不試習戰昆明池。

編埒布連錢騰驤鬥技，築臺徵汗血雲錦成群。

榴日荷風媚端陽節候，仙舟神駿壯上界山河。

緑耳華〔一〕騮高驤瑪瑙勒，黃龍青雀齊舉木蘭橈。

銀漢分暉千艘明組練，金臺選勝八駿躡風雲。

右五聯，各九字。

門聯計六十八首

宫端府

太簇律中，幾多日繁華時候；首陽山下，二百年清白人家。

其　二

皇運休明，金馬石渠開大雅；帝州佳麗，歷山嬀水咏重華。

四魁坊

神聖圖書，數千載心傳伊洛；弟兄科第，二十年名冠河汾。

時思堂

桂酒椒漿，燕邸烝嘗開俎豆；秋霜春雨，條山物候念松楸。

其　二

弓冶箕裘，百世雲仍承茂澤；春秋霜露，一年禴思繫遐思。

三母祠

曾祖祖姑，再世柏舟矢操；孝孫孫婦，百年蘭譜紹芳。

榮壽堂

東觀貤榮，千里恩波分太液；南山獻壽，百年佳氣繞中峰。

其　二

南圃天長，千歲靈椿培景禄；北扉日麗，滿階紅藥競年芳。

其　三

鳩杖逍遥，仙室鼎裀供壽養；鸞文燦爛，卿階金紫沐恩光。

其　四

鶯囀玉階春，恩誥載從天上授；鶴飛瓊島曙，仙籌更向海中添。

其　五

萊舍白雲多，菽水晨昏遊子念；芸闈紅日近，皇王墳典侍臣心。

其　六

親壽如山，花甲重開躔度始；君恩若海，木天坐閱歲時深。

其　七

堯殿轉春風，丹地仙班深簉迹；舜城依太華，白雲親舍遠關情。

其　八

閶闔迎祥，車馬千門始旦；蓬萊受籙，松筠百歲長春。

其　九

華蓋啓昌期，縹緲五雲擎曉日；蓬萊添永算，綿延千祀衍春籌。

福善堂

壽富康寧，福自天來靈貺固；仁義忠信，善由世積慶源長。

其　二

所求乎子，所求乎臣，忠孝衍一門之慶；必得其名，必得其壽，仁賢種五福之靈。

康樂莊

先世有廬依舜畝，後人作業付韋經。

其　二

翠柏蒼松，猿鶴秋盟同澗壑；崇蘭芳蕙，熊羆春瑞滿庭幃。

太史第

神融白鳳春裁賦，光借青藜夜校書。

其　二

天近詞林，吾道本爲當世計；日暹經囿，此心原與古人期。

其　三

翰墨承恩，堂構敢忘先世芘？詩書續業，箕裘仍賴後人傳。

其　四

廣厦細旃，常日金華陳寶訓；高文大册，經年石室演瑶編。

其　五

黼黻一生心，常日金華講藝；青緗千古事，經年石室抽毫。

其　六

苑柳宫梅，須信春風先到處；階蘭庭桂，佇看淑景漸長時。

其　七

浪迹帝閽中，清禁恩暉隨日永；幽懷人境外，小窗書卷伴春閒。

永裕門

遲日簾櫳，琴瑟雝雝閑永晝；東風庭院，桂蘭馥馥占韶年。

其　二

日永槐階，王氏寶刀章瑞應；風和蘭砌，謝家玉樹衍韶芳。

其　三

晋水燕山，萬里椿萱看具慶；謝蘭竇桂，一門科第待聯榮。

其　四

柳色新春，大厦韶光明燕雀；槐陰清晝，重幃佳兆襲熊羆。

其　五

斗轉星移，光嶽更逢千載旦；風和日麗，桂蘭争放滿庭芳。

城中精舍

西嶽列幃屏，百里雲霞弄色；東風吹院宇，一時花卉生香。

其　二

蕙帳竹床，夢徹洞天清曉；柳塘花塢，興隨化國陽春。

其　三

鶴語琴音，門庭外即同瀛島；花香嵐影，城市中自有山林。

其　四

上苑十年，浪迹曷能追鮑謝？故園三徑，閒心猶及訪求羊。

其　五

朝山色，夕河聲，上國清幽世界；左棋枰，右琴几，高人瀟灑生涯。

書　樓

松茂竹苞，佳氣春生樓閣；山暉川麗，祥光曉入簾櫳。

其　二

槐廕滿庭，承先德敢忘堂構？芸香充棟，貽後人安用籯金？

挹涑〔二〕郊居

海晏河清，萬國衣冠瞻化日；鳥啼花發，千家山郭弄春風。

超然樓

徑入林幽，雞犬聲疑雲外出；山鄰墻角，峰嵐光在座中看。

其　二

鹿遊町疃千峰側，鳥下樓臺萬木陰。

中林勝境

禾黍社田多，四野農謡時雨足；牛羊村巷静，一聲牧笛暮烟横。

其　二

花氣遞風來綺幄，山光隨酒入金尊。

其　三

座上風來知花氣，杯中雲净見山光。

清曠閣

返照漾窗摇四海，朝雲拖棟控南山。

東田新築

陸地神仙府，碧山學士家。

其　二

甽畝身閑，時取青篘詮漢紀；江湖心遠，每從紅日望堯天。

其　三

萬里江湖，晝日每懷山甫衮；百年菽水，春風正舞老萊衣。

其　四

瞻雲已慰承顔志，愛日長同報國心。

樂志堂

籤插架，帙充厨，静几明窗，遊泳古今上下；水環門，山遶屋，扁舟短杖，逍遥天地中間。

其　二

白帽青氈，載寢載興，日用外無他長物；茂林修竹，一觴一咏，天寰中有此閑身。

其　三

林隱五六峰，探勝漫憑短屐；架插三萬軸，訪奇時過高軒。

其　四

樂意相關，風暖簾櫳鳥語；幽情自愜，雨酣亭館花香。

知白室

斗室鳴琴，聊以清音引鶴；匡床掛劍，不將奇術屠龍。

思玄堂

窅窅先天，聲臭無從窺象帝；綿綿中夜，古今常駐見谷神。

四槐堂

清廕滿庭，作室菑田承世澤；扶疏遶屋，素琴濁酒愛吾廬。

其　二

剪樹納青山，當户雲霞弄色；開渠分碧澗，遶欄花卉生香。

其　三

弦望俟潮音，静與羽流譚道記；朝昏占雨候，閑隨田父驗農書。

其　四

竹杖行歌，十畝林塘供酒興；蒲團對奕，半軒風雨弄棋聲。

長春塢

蒼翠列幛屏，一幅輞川真景；紅黄敷綺繡，四時金谷韶光。

四時佳興

嘉魚吹雨芙蓉沼，好鳥吟風楊柳橋。

人世蓬瀛

右山左河，面阜背關，最是林亭勝處；遲日薰風，雪朝月夜，更無詩酒閑時。

其　二

池洗硯，葉供書，華苑還成藝苑；龜巢蓮，猿獻果，山家即是仙家。

小有洞天

梧月入簾明，一榻廣寒宫闕近；竹風吟籟迴，九天清曉珮環過。

尋雲榭

亭臺縹緲烟霞接，草樹玲瓏日月新。

巖居深處

虞阪秦封，無限山川來掌上；松雲蘿月，别有天地非人間。

解元坊

溟海神鯤，風起已看摶大翼；曲江仙杏，春來還許占高枝。

其　二

日麗曲江，文筆五花吞彩鳳；風掀溟海，雄濤千丈起神鯤。

校勘記

〔一〕"華"，似當作"驊"。

〔二〕"凍"，疑當作"涑"。

條麓堂續集卷二十二

序

左柱存齋徐瑞公八帙壽序

當世宗之季年，我師存齋徐公在首揆，以忠誠精白深結主知，諸藎謨秘畫、匡贊調護皆關宗社大計。時當壬人穢濁之後，士風國紀，壞廢已甚。公孜孜然湔濯振刷，不遺餘力，未期月而海内改觀聽焉，蓋至于今賴之。先皇帝即位，翼戴功尤著，新政之美，天下方喁喁嚮風，而公遽謝機務以歸。歸十有五年，爲今壬午，公春秋八十。今天子念公光輔兩朝，齒德隆茂無與比，於是下璽書，遣使者，即其家存問，益以蟒衣、文綺、兼金之賜，鴻章縟典，舄奕焜燿，誠太平之偉觀而人代之奇覯也。九月某日，公嶽降之辰，維辱爲門下士，宜有言以先酌者。維間嘗觀古名公鉅人，其所得於天者厚，則其所自表竪者甚宏，而天於始終進退之際亦若有以默相之者。雖乘遇不同，翕張亦異，然其用不滯，而其道益尊以光。故夫股肱弼亮，納誨格心，則勛在朝家；燮調元化，陶冶人群，則澤在寰宇；及夫艱大克舉，消息隨時，引長天年，分功自逸，則純嘏眉壽在于厥躬。若此者，名實並至，吉祥顯融，豈不甚休與？然上下千百年，身有其福而兼履其盛者一何鮮也！故韓魏國、裴晋國兩公功名最著白矣，乃魏公不能忘情于白傅，有歆艷焉；而晋公乞身東都，屬王室多故，懸車屢下，竟未能終歲逍遥緑野之遊。公斡斗樞，秉國成，樹功揚聲，固足以垂旂常而耀來裔，計其十五年之間，抱一葆和，徜徉容與，間命杖屨巖觀而川游，年雖甚高，而形神充腴，精明强力，幾與壯夫等。蓋晚而當昌時，被聖眷寵光，光大如此。外無虞於國，而内不違其天，繇此進之，即百年未艾，以視兩公所得孰多？謂非天所默相不可也。然則以今日觀公，其《易》之《鼎》乎？夫《鼎》，相道也，而用殊焉。時而黄耳金鉉，烹飪以享；時而寘諸廟序，歷萬祀而愈安。故"上九"曰："玉鉉在上，剛柔節也。"而説者謂居成功之地，與時宜之，是以"吉，無不利"。公進而效"六五"之用，退而收"上九"之成，熙豫恬恬，而臻無疆之福，固其必然者，夫天寧有私于公？"天壽平格，保乂有殷"，自昔聞之矣。夫所謂平格之臣，公實當之，此國家所倚以爲重而天下所共宗也。古者國有大政，就問耆碩，或奉爲更老，親屈帝尊，袒割執酳而乞言焉。今天子倘有意乎稽古誼，修曠典，則孰有先於公？公所以仰酬恩眷而貽休于國者，又寧有窮也？公之孫尚寳君以使事將取道歸壽，維公慶國之綦昌，私慶公之壽考，故爲授簡，寓尚寳君以獻。

四川鄉試録序

皇上御極之四年丙子，四川當大比士。巡按御史某寔監臨其事，先期則馳幣四方，聘文學官某某爲考試官，某某爲同考試官，提調則某官某某，監試則某官某某。御史既已率百執事相與毖飭而後從事，乃合提學副使某所選士若干有奇，遵故事鎖院，三試，得七十人，次其名氏及文之隽者，謹籍以獻，某猥以職事宜序首簡。某往嘗讀蜀紀，言蜀固僻陋，由開明以前未曉文字。漢文翁始修起學舍，招延弟子，於時士民乃稍自厲飭。至王襄爲益州，作《中和》《樂職》《宣布》三詩，令依《鹿鳴》聲歌之，以宣風化。一時才士，如長卿、淵、雲者間起輩出，摛詞挾藻，精耀華燭，卒能使蜀大重若是者，豈非教之使然耶？始某之浮灩潁、溯沱潛而至也，得周覽其形勝。蜀蓋四塞爲固，沃野千里，而其中所謂廓靈關，包玉壘，岷峨匯波，褒斜縮轂，瓌詭豐蔚之狀，莫可名數。夫山川之氣，盤鬱而舒，必且洩之人文，以協昌明之會。由斯以談，蜀靈秀本甲天下，乃漢所稱才廑廑如二三子者，將由地之靈乃爾，抑士之束於教然也？臣以此則嘆士生斯時，漸靡之無術，令宏碩之才靳委於詞賦小道也。我國家運際熙洽，列聖紹休，文教旁魄，邇浹[一]者游原，迥闊者泳沫，彬彬乎，以程較自昔，且什百于漢矣。主上以冲齡嗣大位，首嚮意文學，嘉惠賢俊，海内之士即阻深疏逖者莫不聲附景從，争自磨濯，思一躡風雲以自效于尺寸，矧蜀故閑于文學而尤重泳沫於聖化者哉？某今者得徧閲諸士所爲文，大都囊包衆美，春容不觚，藉令長卿數子授簡而談，不過于此矣。乃主上勤思乎道德，而經緯乎仁義禮樂之用，諸士子即幸以文進，顧所以效之用而塞今日之求者，則豈徒顒顒競詞采藻麗爲也？某又按圖記，蜀界西南，於位爲輿坤。坤之象爲文爲臣，“六二”臣位，其爻曰“直方大”，是所以應黄裳之君者，惟取於直内方外，而其文則含之，爲地道之光而已。以今天下士習稍競於文矣。即其所論説，非不人人當於名實，然至其操行，則或外獵修姱之名，而中實包伏奸諼。苟以規竊富貴、游徼榮寵如是，亦何所貴於文？亦何以稱於臣道而不負乎上所求也？主上右文隆化，超軼往古。某以爲即得士如漢，猶化理之薄而報稱之不厚也，此亦士之過矣。儻其徒飾聾瞽之言，以自售其恣睢之行，是主司不明，以非材進上，無以宣主上作成之化，而下使山川亦且蒙詬於靈秀，又安所逃罪乎？故由前言之，某猶耻士之爲長卿、淵、雲也；由後言之，某乃懼士之不得爲長卿、淵、雲矣。諸士子宜何處焉？是役也，巡撫四川都御史某、都御史某某，綏静西土，弘闡文教。某官某某，或先時綜畫，或臨時贊襄，皆有勞於斯舉。某官某某以使事至，某官某某以入賀行，亦與觀乎斯事之成者，法得並書，□〔二〕云。

記

曲周縣新建弘濟閘記

距曲周縣治東一里許，有水曰滏陽河者，源蓋出磁之神囷山云。經邯鄲、永年，由縣西南入境，而東折而北，由威縣境以達于運道。曲周舊志稱沃壤，乃今其土之瘠磽斥鹵稱下田者，計畝幾過其半，而賦出倍它邑，民甚病之。今歲甲子，侍御海寧愚齋董公出按畿右，申飭有司，各畫所以佐百姓急者。于時曲周令王君友賢莅邑且再期矣，念浚滏水以溉其堧近地，可化鹵爲沃，而民力方詘，役興，慮不任費也。比承侍御公條教，遂以其事請。公亟許，因發贖鍰二百金佐其經用。王君乃鳩材蒧工，分域戒事，悦道所使，民用丕勸，于四月六日始工，迨五月二十五日而功告竣。是爲石閘三：其一最大，當縣東濟川橋迆北，引水抵城隅東北二里所，分二派以注于柴家堡、七岔路。其一據城角，納水於湟，四週附郭之田得引焉。其一當七岔路，俾相時洩閉，以防潦溢。大閘輪廣各十丈。城角閘廣丈有五尺，輪贏五尺。其七岔路者，廣同大閘，輪得十二焉。大閘之上爲團亭一座、官亭一座，以時憩視。外爲護閘堤一道，以禦湍悍。凡用磚木、灰石各若干計，而侍御公所發贖鍰沛然猶有餘焉。縣上狀侍御公告成功，公命其閘曰“弘濟”。王君乃遣使問記于余。余攷滏水自神囷發源，郭景純謂至列人入於漳，地志又謂自臨漳入漳，則漳、滏嘗合流蓋久。漳舊由曲周而北，達于鉅鹿，既徙而東，則滏經縣境者當由漳故道。今曲周有漳河枯瀆，在縣東十五里，而滏僅去城里許，安知非前人導之而西以資灌浸耶？顧紀述無存，不可得而考矣。歐陽子有言："作者未始不欲其久存，而繼者常至于殆廢。"昔西門豹引漳水溉鄴，史起繼之，修其遺法，鄴人遂享其利累世。漳水今自如也，不聞爲鄴利，由繼史者無其人耳。以侍御公之勤民，而王君承之，毅然爲曲周建長利若此，嗣續而修葺之，將無望于後之人乎？余故不辭王君之請，爲著其建置始末，俾來者有攷焉。

重修昭應宮記

玄帝古未有專祀，漢始祠黑帝，列于五畤。天文，北方七宿虛、危有龜蛇形，號曰玄武，故世之祀玄帝者象之。今都門西高梁河之滸，舊有昭應宮，以祠玄帝。相傳元至元六年，有龜蛇並現河上，元人以爲祥，因即其地宮之。至我朝成化時，憲廟嘗賜璽書監護。正德中，御馬監太監谷公者寔更葺焉，詳具前大學士費文憲公記中。顧祠無常主，歲久基搆摧圮，祀事遂廢。道士李宗玄私以宮求鬻於番經廠畢太監敬，敬以其故白司禮監太監某公。公嚮事世廟，嘗一夕夢謁祠，宮敞甚，若將告神以經始者，及寤，念之弗忘。至是，聞敬言則心動，往閱廢宮，宛若曩所夢者。因捐貲三千金，屬某某以某年月日鳩工而舉役焉。且謀於衆曰："夫祠事始未嘗不肅祗，後稍怠慢也。藉令守非其人，他日將復有私鬻如宗玄者，奈何？"乃言於上曰："臣幸給事掖庭，蒙被寵渥，伏自惟念，無所報塞。間者祗裒皇上賜予之惠，敬輸之神，爲葺敝宮一區，以祀玄帝，庶幾邀神之庥，祐國庇民，永延聖祚。請即以其宮給御用監爲公廨，使得專主祠事，神且有常饗焉。"上嘉其意，許之，仍賜帑金若干。兩宮聖母太后、潞王殿下暨公主各賜金有差，諸中貴助役者又若干人，蓋幾閱月而告成事。其中爲大殿者三，爲小殿者四，爲鐘、鼓樓者各一。別有崇教堂，三清、五老、三官諸殿，以至齋舍、庖湢、門垣之制，悉起其故而新之，而宏傑瓌麗，固不啻數倍疇昔矣。宮既成，公以狀屬余記其事。余惟聖王在宥天下，旁洽百靈，故國有禜禬、祈禳之事，猶將索神而禮之，矧天帝之尊嚴者乎？《記》曰："有其舉之，莫敢廢也。"惟兹玄宫，肇祀且三百餘載，守者無以夙夜奉灑掃，而因規以爲利，非公且鞠爲禾黍污萊，河上之祀幾于隊矣。先事而見夢，豈神之靈固預通其感耶？公歷事三朝，小心畏抑，見稱純恪。今上以冲年踐阼，勗勤擁佑，勞勚有加，其中心誠敬孚質於神明久矣。今兹之役，經費不煩有司，珪幣不領於天子之太祝，身率其屬，以共祠事，而歸福於國與民。夫使國與民無所用其禜禬、祈禳而陰受其福，功德孰有盛於此者乎？是宜紀其事，而系之以辭。辭曰：

伉貝闕兮高丘，泝光景兮臨流。開聖緒兮有俶，儼神物兮蟠糾。歲荏苒兮代序，鍾與簴兮易處。靈欻欻兮何歸，降巫咸兮無所。鞏文石兮瓌材，增厥搆兮崔嵬。列周廬兮布翅，闢九關兮洞開。駟玄虬兮委蛇，撫長劍兮陸離。倏臨睨兮故宇，雲溤溤兮下垂。羞桂糈兮椒漿，考鐘磬兮喤喤。紛總總兮拜舞，憺神志兮娱康。殄氛祲兮祚嘉祥，調四序兮叶三光。闡神休兮無極，贊天子兮垂裳。

蒲州重建首陽山夷齊祠記

當蒲州治之南，河曲之中，對華而峙，有山曰首陽者，夷齊之墓存焉。陵柏鬱然，攢茂丘阜，闞駰《十三州志》已謂然矣。其廟貌所肇，宋黄庭堅、元王惲咸謂起自唐代，而郡志云自晋太康。然余攷後魏酈道元注《水經》，已稱雷首山有夷齊廟。及漢熹平中蔡邕所撰《夷齊碑記》，内述登山升祠，又其事原于平陽蘇騰，疑漢人固已祀之，不獨唐、晋也。皇朝褒禮德讓，咸秩群祀，凡古賢臣義士墳墓所在，令有司崇護，時祀之，故其廟宇閎深，甍棟壯麗，視前代有加者。嘉靖乙卯，秦晋地大震，祠乃盡圮，委像設瓦礫中，不蔽〔三〕風日者十年矣，故址寖湮，鞠爲榛莽。歲甲子，選部洪都吴公一瀾來貳郡政，睹遺迹動心焉。越明年，公既假守是郡，振蠹起罷，撫鰥蘇困，不三月民信且悦，四境翕然。乃重建首陽祠，增其舊制，度材賦工，量力授事，負河而陶，埏埴取足。于時財罔告詘，民未知役，而工用竣矣。戒事于乙丑秋八月，迨冬十有二月而畢。凡爲正殿五楹，殿左右各有廡，共爲楹六。殿前爲獻殿三楹。又前曰中門，楹如獻殿之數。又前曰櫺星門者，楹亦如之。殿東曰致齋所，有前堂，有後堂，有左右廊，前後共四，有鐘樓，有鼓樓，以楹計凡二十。殿西有宰牲所，有二堂，各爲楹三。二所由殿中門外左右分，各樹坊表其道。又爲碑亭二，在雙塚前，爲井亭一。繚以崇垣，輪廣凡若干計。奕奕新廟，突出于層岡茂柏之中，河、嶽、中條相顧頓生色矣。初太守將莅蒲，蒲人張生四維以首陽祠爲請。及是，太守以祠成來告，併命紀之。某惟二君當商周之際，餓于兹域，距今固已數千歲矣，清風泠然，孤標若在，此豈惟制行之卓足以聳人觀聽哉？蓋五常之性，烝民具之，而二君信心任理，其于父子、兄弟、君臣之際，以爲必如是而後爲得者，故確然行之不疑，而非自異也。夫心，烝民所同也；迹，二君所獨也。唯其同，故百世聞風猶足以興起；唯其獨，故當世以爲奇，而二君無心也。莊周乃謂夷齊死名於首陽之下，或者又謂二君憂萬世之無君。嗚呼！身、名孰親也？至以身爲後世易乎？此皆好事喜奇之士以其心爲聖賢量，而不知其必不出於是也。孔子曰："求仁而得仁，又何怨？"二君之心固如此。黄庭堅、王安石諸人紛紛疑其遜國、扣馬、采薇之事，其説甚具。夫事在千載上，真贋有無惡可盡辨？但所傳聞者如此，夫亦有所受矣。聖賢之心，萬世一日，所謂廉頑立懦者固自有在，尚論者不泥迹焉可也。余既重太守表章往哲，興舉廢典，不辭紀其成迹，因并著二君之心事，俾鄉人知盛德所以百世祀者在此云。

講　章

經　筵

仲弓曰：“居敬而行簡，以臨其民，不亦可乎？居簡而行簡，無乃大簡乎！”

這是《論語》第六篇孔子弟子仲弓論人君行簡的説話。“敬”是謹畏，不怠忽的意思，“簡”是簡易，不煩瑣的意思。昔仲弓因孔子有“可也簡之”答復質問之説，道人君南面臨民，其道固貴於簡。然簡有兩樣，一樣是簡的恰好的，一樣是簡得不好的，不可不明辨也。如何是簡得恰好的？蓋人君一心，萬化根本，須要戒慎恐懼，不使須臾之離，動作威儀，必謹周旋之節，則中心有主，自治嚴密。由是而行簡以臨其民，事舉大綱，政務體要，固不紛紛以蹈于多事，亦不瑣瑣以察于細微，事既不煩，民又不擾。這樣簡纔是簡得恰好，所以説“不亦可乎”。如何是簡得不好的？蓋簡止是個制事的道理，却不是居身的道理。若是厭惡拘束，不能居敬，内無以收斂心志，外無以謹飭威儀，則中心先自没有主張，何能應用？自己尚且管攝不下，何以治人？由是本之以怠荒不檢之心，出之爲苟且無章之政，必將致紀綱紊亂，法制隳頹。這樣簡却是簡得不好，所以説“無乃大簡乎”。人君南面而聽天下，以居敬行簡爲法，居簡行簡爲戒，則恭己無爲之化不外此矣。臣嘗論之，居以心言，行以事言，雖有内外之分，初無二理。蓋惟居敬則中心無爲，以守至正，上畏天命，不敢斁經常以擾天紀；中畏祖宗，不敢作聰明以亂舊章；下畏民碞，不敢咈百姓以從己欲。一政事之頒，一號令之布，非至當極順，不見于行，雖欲不簡，不可得矣，故程子謂“居敬則所行自簡”也。若居簡行簡，不但大簡，政無典要，人莫適從，奸蠹乘之而生，釁孽緣之以起，自古天下多事，未有不由疏闊縱弛而成者也。臣竊謂居簡乃棼擾之端，非能簡也。仰惟皇上天植英姿，日嚴睿學，聖功養正，固已無不敬矣。至于停省不急之工，數下寬大之詔，遵守成憲，與民休息，居敬行簡之美，雖古帝王篤恭之化何以加焉？臣愚更望永保此心，守而勿失，力行此道，期以有常，充其火燃泉達之機，用臻天清地寧之效，蓋惟在指掌間耳。宗社幸甚，臣等幸甚。

日講

“點爾何如？”鼓瑟希，止夫子喟然嘆曰：“吾與點也。”節文

夫子一聞曾點之言，有契於心，乃喟然嘆息，説道：“吾與點也。”其深嘉樂予之意溢於言表矣。蓋君子所性，萬物皆備。人惟見道不明，未免有慕於外，乃以得失爲欣戚耳。若是反身而誠，無所愧怍，此心泰然，天理充滿，則無所往而不得其樂矣。故簞瓢陋巷，蔬食水飲窮居，此樂也。用于國而安富尊榮，達之天下而老安少懷，施諸後世而親賢樂利，亦此樂也。大行不加，窮居不損，用舍行藏，安於所遇，蓋聖門學術如此。曾點知之，乃以童冠游咏之適答“如或知爾”之問，故爲夫子所深許也。然曾點惟未得位，故得以是自樂。若有天下國家之責，則必使無一民一物不遂其樂，方爲盡性極致，此堯舜所以病博施也。合而觀之，三子之志固亦夫子之所取者，而乃獨許曾點何也？蓋隱居

以求其志，行義以達其道，君子出處之大節也。若負其材能，汲汲然欲以自見於世，則出處之際，必有不能審于義命而苟于所就者，觀于子路仕衛輒、冉有從季氏則可見矣。故夫子許點，以其有見于隱居求志之道耳。然三子所志，乃其優爲。曾點狂者，行有不掩，夫子因其質問而亟稱三子以答之，亦裁成之教也。

經筵

惟天聰明，止〔四〕惟民從乂。節文

所謂法天，一唯因視聽于民而已。民之所好，天所福也，而君之慶賞隨之，雖在疏遠，雖所憎惡，有所不敢蔽矣。民之所惡，天所禍也，而君之刑威隨之，雖在貴倖，雖所寵愛，有所不敢私矣。若是者，蓋聽不以己，兼萬耳以爲聽；視不以己，兼萬目以爲視。可以端拱穆清之表而聽徹于閭閻，可以深居九重之中而視周于萬物，此聰明之實也。如或不知法天，不能循民，獨任耳目以爲視聽，則上焉者必矜炫才智，而好惡拂群情之公，下焉者必沉溺聲色，而取舍徇一身之便，欲求臣欽若而民從乂也不可得矣。仰惟我皇上以聰明首出之資，膺天眷命，海宇臣民無不翕然敬信者，良由于憲天出治，視聽以民故耳。然聖齡益長，則睿智日開；化理已臻，則保持當慎。臣請召對臣寮，詢訪四民之疾苦；覽閲章疏，繹思百度之廢興。兼聽遠觀，通幽鑒隱，則我皇上聽〔五〕明之實合符天德，而今日中興之治媲美殷宗矣。臣等不勝顒望。

經筵

不役耳目，百度惟貞。節文

臣嘗因是而論，人之一身，五官百體，莫不有欲存焉。而召公進戒，武王特舉"不役耳目"爲言者，蓋身之取給於物者有限，而欲之交引于物者無窮。飲食之奉，適于口而已，一飽之外皆餘物矣。居處之安，適于體而已，容膝之外皆餘地矣。而末世之主，乃有府庫不能供其求、四海不能贍其欲者，則由心失其主，爲耳目所役故爾。彼目司視，而色之所接無窮；耳司聽，而聲之所接無窮。苟不能清心寡欲，爲非禮所牽引，豈惟妖冶奇麗之觀、淫佚流蕩之音足以眩蔽聰明，滅德而敗度？凡其車轂馬炙，池酒林肉，極饕餮之凶者，與口何與焉？供耳目之玩而已。瓊宫瑶臺，千門萬户，窮土木之侈者，與身何與焉？供耳目之玩而已。是體之在人，其易逐于物而爲心害者，莫耳目若也。故聖帝明王必謹乎此，戒懼于不睹不聞之中，時致詳于作哲作謀之用，夫是以明目達聰，而不爲奸聲亂色所蠱惑也。仰惟皇上踐阼以來，非帝王之學不講，非六經之文不觀，凡耳目之玩固無因而至前矣。然明王慎德，每察于微；忠臣愛君，必防其漸。臣愚更望乘此至虚至明之天，益茂無怠無荒之學。所見必正事，而一切奇巧珍異之物不接于目；所聞必正言，而一切諧謔詼誕之詞不接于耳。于以禁進獻之端于未發，防游佚之欲于未萌，豈惟聖德克慎，百度惟貞，將見聖祚無疆而萬年永保矣。臣等不勝幸甚。

教習庶吉士條約

翰林院爲作養人材事。照得自古以學校養士，待其成材，進于科目，銓品器能，授之職任，以責其功效，此恒典也。惟我國家庶吉士之設，乃選諸科目既進之後，不以其材之所成爲足，重加教養，使益勉進未能，以需大受，所以作興期望，視前代特重。諸士既與兹茂典，其所自待豈宜後于時髦？今將進學規條開列于後：

一、聖賢之學，帝王之治，具載經傳，粲然可陳。諸士童而習之，誦述已久，則夫今日所宜從事，豈其異術？要惟于其所學明辨篤行而已。蓋自科舉制興，士多視經術爲進取之資，不復體貼身心，驗之實用，乃至名實不副，言行相違，循以爲常，恬不知怪。士習若此，世道何裨？諸生其繹思經傳所以垂訓之旨，以求仰副國家優異作興之意。理必求其真知，行必期於實踐，内正厥志，持以悠久，庶幾德性堅定，他日施用，必有可觀。

一、秘館儲才，將以待文學侍從之用。非博識多聞，不足以備顧問；非高文大筆，不足以供撰述。績學攻文，乃諸士今日職務，其各愛惜寸陰，益求未至，期與古今作者競爽齊驅。毋得高坐空談，厭忽本業，玩愒時日，終歲無成。

一、諸士入館之後，自本經外宜另治一經。一經完，然後以漸及於别經。其有平日先已博綜六籍者，亦須温繹舊業，朋友講習，以求新得。其歷代史記、志傳並宜循序博觀，以考制度沿革、人材高下、治道污隆之詳，開廣見聞。至于國朝政典，尤當加意講求，悉究利病，用諳世務。

一、館中誦讀書籍，自五經外，如《文章正宗》、《唐音》、李杜詩，悉聽先生逐日限授。或諸士學有餘力，課程外旁及他書者，不在此限。

一、每月先生出題四道，内文二篇、詩二篇，月終呈稿。先生删正畢，于次月初十日送閣稽驗。

一、每月赴内閣考試二次，定以初一、十五日。

一、入館之後，各宜謝絶人事，合志同方，考德問業，以資義重之樂。毋得笑言終日，飲食徵逐，取誚群居。

恭題御筆“一德和衷”字後

頃歲臣四維在告，聞皇上宸翰超絶，得自天縱，間親灑以賜近臣，竊驚聖作之異，顧江湖遠迹，末由快睹也。邇蒙聖恩，召臣自遠，拔參政府之末。未幾，御書“一德和衷”字二幅，各以“御筆賜大學士張四維”九字標其旁，面授于臣。臣捧受稽首，驚喜失措，爰用摹臨，顏之堂宇，朝夕瞻奉，用章殊恩，服明訓于不斁云。

萬曆乙亥十月七日臣四維拜手稽首謹識。

跋河中府廣孝泉記

宋真宗西祀汾陰，經蒲，謁舜廟，名雙井曰“廣孝泉”，命樞臣王欽若作記，鎸碑廟中。州爲帝故都，廟建蓋久，前代豐碑毀剥殆盡，獨此石巋然存耳。自嘉靖乙卯地變後，廟雖稍修復，此碑則已泐裂，不可復竪。萬曆癸未，分守河東道参政王公基，檄蒲守鄭君文彬庀費掄材，既已，舉廟貌而一新之矣。因余謂是碑不可遂廢，仍令判官嚴汝聘别礱一石，録碑文鎸竪原所，雖雄鉅視前少遜，庶以存斯廟之故焉爾。碑成，余乃著其始末，綴于左方。

移吏部咨

少保兼太子太保、禮部尚書、武英殿大學士張□□，爲欽奉恩詔事。萬曆六年三月初八日，節奉詔書，内一款：“兩京文官未及三年考滿者，俱與應得誥敕。”欽此。欽遵，今將本職應請給誥命封贈曾祖父母、祖父母、父母并妻名氏開具，備咨前去，煩爲查照題請施行。須至咨者。

本職山西平陽府蒲州人，由進士改翰林院庶吉士。一任翰林院編修。二任右春坊右中允，兼翰林院編修。三任左春坊左諭德，兼翰林院侍讀。四任翰林院學士，掌院事。五任吏部右侍郎，兼翰林院學士。六任吏部左侍郎，兼翰林院學士。七任吏部左侍郎，兼翰林院學士，掌詹事府事。患病回籍。病痊，仍補前職。八任禮部尚書，兼東閣大學士。九任太子太保、禮部尚書，兼文淵閣大學士。十任今職。

見在妻王氏，初封孺人，加封宜人、淑人。

已故曾祖父寧，已故曾祖母雷氏。

已故祖父誼，贈通議大夫、吏部左侍郎兼翰林院學士。已故前祖母王氏，贈淑人。已故祖母解氏，贈淑人。

見在父允齡，初封文林郎、翰林院編修，加封奉直大夫、左春坊左諭德兼翰林院侍讀，又封通議大夫、吏部左侍郎兼翰林院學士。已故母王氏，初贈孺人，加贈宜人、淑人。

右咨吏部。

萬曆六年三月□□日咨。

恤孤義約

鳳磐子因晋峰兄不禄，遺有寡嫂幼子，具俸金若干，煩吴樂田義運，每春送麥七石，每秋送米三石，供晋峰兄妻子日用。立約三紙，一付樂田，一付張嫂，一自收備照。

萬曆二年十月二十二日立。

歸途檄約

中極殿大學士張，牌示沿途經過衙門知悉。兹者本閣部奔喪回籍，途中原不設靈受奠，免舉祭禮。一應官員人等只用常穿服色相見，執事俱毋得更易素服。其儒學師生及六房吏典在官諸色人役俱免接送。衙門内毋得結架素綵，沿途毋得苫搭茶棚。本閣部素性不欲煩民，此番又與吉行不同，凡我守土循良須依牌内事理一一遵行，乃見相信。不許故違，取咎不便。須至牌者。

其　二

爲防護家眷回鄉事。今有本宅眷屬回歸山西蒲州，由張家灣水陸南行，至衛輝府起旱，由河南府潼關經過。一應船隻、車輛、人夫、馬匹俱係本宅自顧長行，沿途有司、軍衛、驛遞等衙門並無一毫干預。如遇關津防守去處，驗實放行，毋得稽留阻滯。其一應隨從人等，如有指稱本宅，在於經過去處有所需索，或因而生事者，許所在官司即便擒送本宅懲治。須至牌者。

領誥命祭祖儀式

通贊：

序立　參神　鞠躬　拜　興　拜　興　拜　興　拜　平身

引贊：

詣盥洗所　酌水　進巾　詣香案前　跪

通：

衆人皆跪

引：

上香　奠爵

通：

讀祝文

通、引：

俯伏　興　平身

引：

復位

通：

跪　宣制詞　俯伏　興　平身　四拜

通：

請主

引：

奉主出櫝　　酌水　　進巾　　題主　　奉主入櫝　　復位

引：

主人詣香案前　　跪　　上香　　酹酒　　俯伏　　興　　平身　　復位

通：

鞠躬　　四拜　　平身　　焚黄　禮畢

甲申襄事祭式

曩隨楊襄毅公及舅氏少保公諸先正議定祭式，蒲俗一變。今且三十年，復漸趨侈縟，輒不自量，追惟先進雅意，取曩時所定稍爲增損，具列下方，用以適豐儉之節，通幽明之情，庶幾經久可行。先太師安厝有期，必蒙垂奠，敢希見惠如式，無任哀感。

計開：

上祭式

喫襯三卓務從簡潔，凡近時絨綫花草、黏果、細菜、添豢等項俱不用。饊子四盤　麻糖四盤　大熥食四盤　小熥食四盤　饅頭三盤　時果四盤　看盤一座　看花一枝

猪一口　羊一腔　燭一對　香紙一分其餘盆花、揑生、金銀絹山等項俱不用。

中祭式

喫襯三卓　饊子二盤　麻糖二盤　大熥食二盤　小熥食二盤　饅頭三盤　時果四盤　猪一口或羊一腔。　燭一對　香紙一分

下祭式

喫襯三卓或二卓。　饅頭三盤　時果四盤　羊一腔　香紙一分

《自省篇》注解

誠，吾身也。反而歸之，吾性也。性其理乎？身也。博

而約之，吾本然之天衷也。窮而至之，聲臭泯然，吾元化之混沌也，故曰“無極而太極”也。自是而陰陽，而五行，吾形色之造端也。通貫本末，周流造化，誠其萬化之祖乎！生民之初乎！吾身吾性之終始也。

此言思誠之事，推其功之不可缺，引其效之必至，而究其理之所從出，蓋本周子《太極圖説》，而專言君子修之之事，其極致與聖人同歸，合誠明而一之者也。《圖説》以太極動静而生陰陽，陰陽變化而生五行，真精妙合而生男女，交感化生而生萬物。是萬物之生無非太極爲之根抵，而太極所生之物雖萬有不齊，而太極之理皆周流灌注，無少欠缺于其間，所謂實理也。人亦由是實理而生，而獨得其氣之秀而靈者，是以太極全體無不渾然全畀于繼善之初。形神者，陰陽也。五性之感，五行也，善惡、男女也，萬事萬物也。雖其渾然在中，而萬象森然已具，孟子所謂“萬物皆備于我”者也。故曰“誠，吾身也”，天命之本然也。然唯聖人清明純粹，秀出等夷，爲能于太極之理全體不息，無少滲漏間斷，方其寂然不動，而陰陽、五行、男女、萬物之理彌綸溥博，與太極同體，所謂“大德敦化”也。及其感而神知、五性、善惡、萬事之變時出不匱，太極同用，所謂“小德川流”也。此聖人性之天道也。未至于聖，或爲氣稟所拘，或爲物欲所累，其本性之良昏昧放逸，與太極本然之妙大相遼邈；然其所受之中，固有未嘗亡者，是以君子貴修之之功焉。修之則可以及于聖，同于天，悖之則流于禽獸不遠者，故曰“反而歸之，吾性也”，非有加于性之外，功不可已也。夫理一而已矣，然其在天也，而爲陰陽，而爲五行，而爲男女，而爲萬物。其在于人也，而爲形神，而爲五性，而爲善惡，而爲萬事。不探其賾，何以旁達？不觀其變，何以泛應？若是乎博文之功不可已也。然萬物也，男女也，五行也，陰陽也，其實一太極也。萬事也，善惡也，五性也，形神也，其實一太極也。不窮其源，何以知至？不揆其本，何以執極？若是乎約禮之功不可已也，故曰“博而約之，吾本然之天衷也”。博約者，反歸之事也；本然之天衷者，性也。下學之功如斯而已，所謂人道也。過此以往，則上達矣。文無事于博也，禮無事于約也，窮神以繼其志，知化以述其事，無容言，無容力，本原静深，而陰陽、五行、男女、萬物之體復與太極本然之妙吻合無間，反而歸之之全體也，大德之敦化也，故曰“窮而至之，聲臭泯然，吾元化之混沌也，故曰無極而太極也”。由是本既立矣，道斯生焉，存既神矣，應斯妙焉，而神知、五性、善惡、萬事之變，隨感而應，以時而出，所謂“成性存存，道義之門”者也。反而歸之之大用也，小德之川流也，故曰“由是而陰陽，而五行，吾形色之造端也”。天以實理而資吾之生，吾以實德而成吾之性，誠至則成身矣，與聖人一矣。造化者不有其誠，而自無不誠者也。聖人，誠者也。修之者去其不誠，以求至乎其誠者也。造化非誠，而乾坤幾乎毁矣；聖學非誠，而德業幾乎息矣。故曰“誠其萬化之祖乎！生民之初乎！吾身吾性之終始也”。真精妙合而萬物生，吾身吾性之始也，氣具理行者也；博約兼至而體用備，吾身吾性之終也，踐形立命者也。

《自省篇》者，余季外祖中翰止一翁之遺墨也。翁留心理學，默存實踐，容聲舉足，綽有標準。書是篇座隅，以朝夕省觀，蓋倣横渠張子《東》《西銘》之意，理邃辭玄，非膚淺可擬議者。舅氏省元公間以示余，且命之箋繹。嗚呼！某安能以與于斯哉？既辭不獲，乃强爲見解如右，郢書燕説，極知不侔，然而爲之者，冀豹管所窺，庶有一班之見云爾。

校勘記

〔一〕“浹”，疑當作“陜”。《史記·司馬相如列傳》：“邇陜游原，迥闊泳沫。”

〔二〕□，底本空一格，疑當作“云”。

〔三〕“蔽”，原作“敝”，據文意改。

〔四〕“止”，據上文體例，似當作小字，表示自上句始，至下句止。

〔五〕“聽”，疑當作“聰”。

條麓堂續集卷二十三

雜　著

擬封妃册文二道

制曰：朕恭承慈訓，式叙彝倫。惟王化始于宜家，既肇建中宫之位；而壺政資於多助，用敷求内職之良。名號攸崇，典章具在。咨爾楊〔一〕氏，柔嘉爲性，貞静自持。禮度夙閑，動有珩璜之節；言容純備，行符圖史之規。爰副長樂之簡掄，俾翼坤寧之教範。兹特封爾爲宜〔二〕妃。象應四星，麗紫垣而耀彩；榮先九御，煒彤管以流芳。服此寵光，迪惟淑德。尚祗勤於夙夜，用集慶於家邦。欽哉！

其　二

制曰：化成〔三〕閨闈，式資協贊之良；禮重宗祧，宜廣繼承之道。爰率備官之茂典，載頒叙進之明恩。光我壺儀，亶惟邦媛。咨爾劉〔四〕氏，儲祥令族，毓粹中州。端良合法相之徵，窈窕副好逑之選。徽容有曄，已參景曜于軒龍；懿號所加，宜亞聲華于褕翟。兹特封爾爲昭〔五〕妃。椒塗敷秀，聿昭四德之休；蘭殿承芬，用佐二南之化。尚其祗服，勿替執勤。勉遵圖史之規，丕衍本支之慶。欽哉！

擬敕諭一道

朕惟自古紹庭纘緒之君，必有宅揆保衡之佐。功每崇而勿替，治乃進於無疆。卿歷事三朝，咸有一德。受遺皇考，篤棐冲人。坐待仰思，不敢少遑於夙夜；殫心畢力，惟蘄有利于國家。兹祖宗列聖皆鑒知，實社稷蒼生所倚賴。忽煢煢而在疚，輒懇懇以求歸。朕固惻矣〔六〕其靡寧，義則斷乎其不可。爰稽故典，勉抑孝思。聽辭常秩之頒，仍總繁機之斷。方贊成於嘉禮，乃叠奏夫封章。特允暫還，涣頒異寵。導衛備官〔七〕于文武，驂騑馳傳〔八〕于往來。待靈輴之就封，奉板輿而共邁。是宣諭敕，用示深衷。於戲！舟楫鹽梅，朕方念倚毗之切；腹心手足，卿尚思報禮之隆。惟忘家以徇國謂之忠，惟資父以事君謂之孝。遄即鋒車之駕，仰紓側席之勞。欽哉！

刑部員外郎陳成甫誥命二道

制曰：朕初纘丕圖，思覃渥澤。哀矜庶獄，弘在宥之仁；敷錫群工，舉酬庸之典：恩蓋無不浹也。若司寇諸大夫，寔率乂民彝，以贊朕哀矜之治者，顧酬典可獨後與？爾刑部江西清吏司員外郎陳成甫，發身甲第，佐理邦刑。從政有聲，臨文無害。邇以閲書奏最，敕褒爾勛矣。兹復進爾階奉直大夫，錫之誥命。嗚呼！民命所寄，厥惟内外司憲之臣。爾之明允既著聞於内矣，朕復陟爾出僉外臬，用導予從欲之治。爾往，欽哉！

制曰：士君子能制民于中以肅邦典，必自其正身端軌閑於家者始之，故《詩》咏御邦之美，而以刑于先焉，明立政之有本也。爾封安人馮氏，乃刑部江西清吏司員外郎陳成甫之妻。女德夙備，婦順明章。是相哲人，蔚爲邦憲。執勤有恪，褒典宜均。兹加封爾爲宜人。其益敦正内之風，用佐播刑之迪。

其　二

制曰：君子履道自己，必垂而爲貽厥之謀；積善之家，必衍而爲有餘之慶。故國家霈恩臣下，而恒推及其親者，所以泝慶源、章義訓也。爾贈承德郎、刑部江西清吏司署員外郎事主事陳璉，乃刑部江西清吏司員外郎成甫之父。含可貞之德，不偶當年；廣未究之施，克昌厥後。肆育令子，能讀父書；爲我能臣，恪共君令。屬當大賚，可後申褒？兹加贈爾爲奉直大夫、刑部江西清吏司員外郎。歆兹再命之榮，永作九京之賁。

制曰：父母之于子，其鞠育之恩同也，故人子所以欲報之者，其情當亦不異。朝廷貤恩臣子，而必併及其父母焉，禮之情也。爾贈安人周氏，乃刑部江西清吏司員外郎陳成甫之嫡母。順正承夫，直温啓後。自天受祉，克振厥家。惟爾之休，宜承嘉命。兹加贈爾爲宜人。象服申頒，堂封增焕。

秘閣題札十道

臣吕某、臣張某謹題：昨奉聖諭，以皇祖實録纂完，照例加恩效勞諸臣。隨該臣等議擬，臣某乃堅欲自辭，只擬監修及臣等二人恩例敕稿進呈。于時臣等知聖明睿斷，必不允從，未敢輕易有言。今早文書官丘得用賫原擬敕稿至閣，口傳聖諭，令臣等改擬。臣某仍執初意，不肯增入。臣等竊惟，累朝進呈實録，我祖宗列聖加恩供事諸臣，無有總裁内閣首臣不與恩典之例。矧皇祖臨御最久，紀載浩繁，臣某殫心竭力，潤色訂正，字字句句，悉加勘閲，自始至終，藁草删易，多者八九次，少亦不下四五次，然後成編，其勞加臣等百倍。此固聖諭所及，亦在館諸臣所共知也。且自正德辛巳迄於嘉靖丙寅，綿曆年遠，人亡籍缺，初時紀述苦於無緒，遂至因循歲月，漫無終事之期。自我皇上御極，臣某始裁示義例，張列條貫，嚴定章程，約限期月。于是衆職競奮，簡策日富，僅及四年有餘，汗青奏御。揆厥所由，咸臣某一人督勵之力，此則聖諭未及，又在朝諸臣所共知也。夫懋賞之典，本以勸功。若微勞甄録，顧于元功見遺，則慶賞失中，人心不服。矧某輔贊有年，茂烈精忠，聖心簡在，今官階雖峻，然稽之先朝，或禄秩增崇，或文武廕叙，具有成典。仰希斷自聖心，特頒優命，或下臣等再擬，仍諭臣某勿容再辭，庶不廢累朝崇重訓録之令彝。激勸所關，臣等義不容默。謹具題以聞。

其　二

臣張某謹題：臣同官臣吕某先以患病給假調理，近臣張某復聞父喪，日來二臣俱不進内閣中，只臣一人供事。照得閣務煩重，非臣孱暗所能獨理，且政本之地，事體亦非所宜。臣吕某疾已漸平，只是足力未健，不便站立。仰祈皇上查照在前輔臣偶患時疾事例，諭令即出供職，每日朝參、講讀暫免侍班，庶爲便益。謹題請旨。

其　三

臣吕某、臣張某謹題：節奉明旨：“四品以上京堂官着自陳。”欽此。照得先年凡遇考察，内閣首臣先行自陳，得旨，然後同官諸臣自陳。今次適值首臣張某奉旨，許其辭俸守制，免朝參，照舊入閣辦事，侍講讀。考之舊例，惟在位者自陳，凡有他故不在位者俱免。今臣某既辭俸守制，似與居常在位者不同；乃閣務、講幄辦事如故，又與全不與政者有間。緣係事體有異，其應自陳與否，臣等未敢定擬，伏希聖明裁示，臣等遵奉施行。謹具題以聞。

其　四

臣某等謹題：今早文書官孫斌齎捧聖諭至閣："諭内閣，朕日夜，云云。"欽此。臣等祇遵明諭，已將首臣某二本票擬呈覽。兹擬上敕稿一道，伏乞聖明裁定，發下謄黄施行。所有聖諭一道，臣等尊藏在閣。謹具題以聞。

其　五

臣某某謹題：今早文書官韓壽捧送聖諭一道至閣："朕以冲年，云云，來行。"欽此。臣等恭覽至再，仰見我皇上信任忠賢、慎守成法至意，無任悚服。首臣張某，忠義、才略委過人遠甚。我皇上自踐祚以來，虚心任之。臣某殫竭心力，不避勞怨，孜孜夙夜，贊襄化理，于今七年，百度皆已就緒，無容變更。臣等才雖不逮臣某，而奉國之心則靡有二。百司庶府奉法惟謹，當亦無敢或乘機變亂者。如果有之，臣等即遵奉明諭奏知處治，以杜奸人窺伺之端。遇有事情重大費處分者，亦先奉[九]聞皇上，待臣某至日定議請行。所有原奉聖諭謹尊藏在閣，臣等朝夕省閲，異日仍示臣居正，俾益感恩圖報。臣等謹具題以聞。

其　六

臣某某謹題：今早文書官孫斌散本至閣，内有户部覆内承建庫請買金珠、寶石，及江西道御史李學時等請停止各一本，口傳聖諭，每節供進兩宫及各宫例賜歲不可闕，内庫委是缺乏，須下部取用，令臣等議處。仰惟皇上天植盛德，自臨御以來躬履節儉，御服、供膳率從省約。臣等叨侍近列，仰見聖性自然，非由勉强，私相慶讚，以爲宗社萬年之福。至於上奉兩宫，備極誠孝，尤爲帝王盛節，臣等敢不將順？第揆事度理，竊所未安，審勢察時，有必不可繼者，臣等謹爲我皇上直陳之。宫中歲節進貢、賞用之例，未知起于何時，原非祖宗舊制。即如嘉靖初年，奉有兩宫太后在上，徽稱尊禮，節行增加，册后建嬪，懋典疊舉，然亦未有采買珠寶之令行於外也。于時帑藏豐盈，人民樂業，庶幾太平。及十年以後，雖間有之，然亦不過數歲一行，則已帑藏漸虚，閭閻愁悴，四方遂以多事。此近事之明驗，中外諸臣所共知也。我皇上春秋方富，如日初升，將隆堯舜之業，當以世祖初政爲法。况帝王之孝，不在備物，在於畏天勤民，繼志述事，使百度修明，萬方安堵，貽親令名，奉之百順。不然，萬一四方有意外之虞，仰廑慈慮，雖日奉金寶，恐無以承其歡也。且猫睛寶石等物，惟其希有，故爲珍奇。兹堆篋積笥，實之無用，亦似無益。乃其價費浩穰，取用不已，必致上下俱詘，所損不細。今次臣等屢奉聖諭，不敢牴牾，及照該部欲行出産地方采買，又恐延緩日久。臣等擬令陸續收買進用，將該監原擬數目量爲減損，用昭我皇上恭儉實德，不得已而後取於外也。臣等又惟兩宫聖母萬福無疆，而我皇上至孝悦親，尊養方始，願擴不匱之孝思，立爲可久之定制，及一應宫闈賞賚酌量京庫所入，悉加撙節，務使以後歲時經用無煩外求。此寔康時垂後之永圖，在聖明一加之意而已，非臣等所敢與議也。謹將原本擬票呈覽，伏候聖裁。臣等無任戰慄祈懇之至，謹具題以聞。

其　七

臣某某謹題：今早文書官丘得用齎捧聖諭一道至閣："諭内閣，卿等説的是。但朕方以天下孝養兩宫聖母，豈敢儉其親？况祖宗舊制都是如此，聖母在先帝時何等享用，朕親見的。如今一旦薄了，云云，務如諭行。"欽此。臣等祗誦再三，仰見我皇上奉親念民，仁孝兼至。第欲歲增金花銀二十萬兩，則視昨該庫所開珠石等費反至增倍，臣等螻蟻微誠，不能仰感天聽，不勝慚惶惴懼。臣等前次欽奉聖諭，令凡大事悉待首臣某來行。兹欲增加歲入，立爲定制，事體甚重。及照臣某葬期已過，計當遵奉欽限來京，少待旬時，俟臣某至日定擬，然後人心帖服，免煩聖慮。今次該監所開珠石等項，且令户部照數買進，不必量減。臣等謹改票呈覽，伏乞聖明裁奪。所有原奉聖諭，臣等尊藏在閣。謹具題以聞。

其　八

臣吕某、臣張某、臣馬某、臣申某謹題：午間文書官丘得用再齎聖諭一道至閣："諭内閣，卿等説這係大事，待張先生來才行，朕意也是如此。但目今要用，且將夏季金花銀加伍萬兩一併進來。睛碌珠石不必買了，就買金花銀，也要加進才足用。又買又加，恐非節省之道。朕再三酌量，這們行，不必又説。"欽此。臣等祗遵，已將户部本改票呈覽，伏候聖裁。臣等恭睹諭末念及節省之道，寔宗社無疆之福，斯世斯民大慶。伏望我皇上自今以往常存此心，見諸行事，臣等不勝幸願。所有奉到聖諭尊藏在閣。謹具題以聞。

其　九

臣某等謹題：今早講書畢，文書官丘得用發本至臣等直房，内有南京陝西道試御史孟一脉一本，口傳聖諭："前有旨，救援的重治，如何又有這本來？"臣等隨觀一脉本辭，委係輕率不倫，自干罪譴，即加重處治，亦不爲過。及照前次南京御史朱鴻謨首犯嚴旨，外庭咸爲危懼。仰蒙聖慈曲從寬貸，天下莫不傳頌。大慶覃恩，無幽不被。一脉不知我皇上仁義並行，雷霆雨露，各有攸當，即妄意爲諸臣瀆請，誠爲愚昧。但因恩詔扳救，比之無故奏擾者不同。其所陳乞，欲將謫戍諸臣量從同罪爲民之例，似猶知畏懼，與概請叙録者有間。臣等敢竊體日前德意，仰祈聖慈，念其無知，俯從寬典，用昭覆載含弘之度。謹擬票呈覽，伏候聖裁施行。臣等干冒天威，不勝悚懼隕越之至。謹具題以聞。

其　十

臣某等謹題：適文書官丘得用齎至聖諭一道："諭内閣，昨見遼東塘報大捷，云云，用示朕惓惓獎酬之意。"欽此。仰惟皇上臨御以來，純心任賢，敬天法祖，仁孝感通，信順協應，膏澤旁流，威靈遠暢。兹者遼東將士出塞擊虜，斬首至四百七十餘級，奪獲牛羊各以千計，鎧甲、馬匹各以百計，而我兵鮮有亡失，功委奇特。况當我皇上嘉禮訢成之會，前後僅兩浹月，而該鎮報捷至再，其爲天地、祖宗眷佑，綿社稷無疆之休，厥有明驗，誠非常之大慶。聖諭欲傳示首臣居正，一應叙録，比前加厚。仰惟聖裁允當，臣等即當祗奉。但部疏録功，須待該鎮奏報之日乃與題覆。若部疏已入，方纔録封諭内，傳部差人示首臣，往返五千餘里，未免疏留中日久。臣等擬即將該鎮塘報封置諭内，即日馬上差人星馳南去。計該鎮疏報必查覈詳確方敢具奏，亦須更待旬日之外。彼時居正回奏，計將先後抵京。兵部疏入，即可依所擬奏欽定施行，庶於事體便益。臣等未敢擅便，謹具題以聞。

敦睦條議前編

凡　例

一、宗藩事例，載在祖訓，宏綱略備。累朝因事制宜，遞有增益，中間條目繁多，行止互易。今擇其法定協中，可以通行無弊者具列于後。

一、《宗藩條例》一書，裒集前後事例，最爲折衷，已經頒布。但當集議之始，刻期迫促，中有兩款互見原止一事者，有一款而數例並存者，其恩禮厚薄，法比輕重，亦間有出于一時一人之見，未厭衆心者。今一以條例爲準，删去例議，訂偏補缺，撮爲簡要畫一之規，以便遵守。

一、封爵、品秩及宫室、車服制度，定自國初，遵守無議者不録。或間有更改，或累朝續定，爲今日通行者則録。其有一事而累經更定者，止據目今見行録著爲例，以前因革亦不具録。

一、宗藩法制，因事漸密，諸所約禁，當自立法之日爲始。如郡王故絶，弟侄不許承襲，及妾媵限制，則以弘治以來爲斷。未娶妻，先收侍女生子，不許請封，則以正德四年爲斷。妾媵不經奏報生子，不許請封，則以嘉靖二十三年爲斷。擅婚子女，則以嘉靖二十八年爲斷。郡王、將軍進封親王，長子襲封，次子不封郡王，及革前所生未封子女不許請封，則皆以嘉靖四十四年爲斷。諸事在例前者俱准照常，其在例後，如犯弘治、正德年例，除郡王冒封不首，即行革奪外，餘許本人終身，子孫如例停降。如犯嘉靖以後例者，查出即行革奪，不待終身。

一、今例頒布之後，各宗事宜悉照款遵守，不許違越本條，妄引以日前未定事例朦朧混冒。其有事端旁出，例未該載者，禮部臨時議擬，請旨裁定，增附例末。

敦睦條議十款

奏　報凡二條

一、王府宗支，但有新生子女，三日後即開本支郡王，取具收生、兩鄰、親眷人等保結，啓親王審實，逐季類奏。或因事稽緩，許即於下季具由補奏。每年終，長史司通將四季奏報子女造册二本齎部，一送宗人府比對，一留本部查考。其各城別住郡王，照例徑奏，教授造册繳部。如無故過期，罪在其父者，一年罰禄米三月，二年六月，三年九月。如延至四年以外方始奏報者，即與立案，不准請名、請封。如各宗三日後已經具啓，而該府抑勒稽留，不依期具奏者，聽各宗具告撫按、守巡等衙門，轉爲參請。本部每年終通查各府過期多寡，將輔導官參究。

一、奏報格式。某王臣某謹奏：爲報生事。據某王啓稱，該府鎮、輔、奉國將軍，中尉某人，年若干歲，於某年月日奏請，授封爲某銜。於某年月日奉到禮部某字幾號勘合，會同選到某府州縣某籍某人第幾女某氏爲配。於某年月日具奏，於某年月日奉到禮部某字幾號勘合，授封爲夫、淑、恭、宜、安人，於某年月日入府成婚。於某年月日嫡生第幾子，收生婦某氏。例該報生，乞爲轉奏，等因。具啓到臣，已令長史、教授某等查勘明白，理合具奏報生，爲此具本，專差某人齎捧，謹具奏聞。其庶出者則開：先於某年月日，因年足若干歲，夫、淑、恭、宜、安人某氏無出，遵例具奏娶妾，於某年月日奉到禮部某字幾號勘合，憑媒某氏，於某年月日以禮娶到某州縣某籍某人第幾女某氏，入府爲第一妾，已經造入當年妾媵文册，年終報部。今於某年月日庶生第幾子，收生婦某氏。例該報生，乞爲轉奏，等因。

名　封凡六條

一、親、郡王，將軍，中尉所生之子，不分長次、嫡庶，俱年五歲方許請名。

一、親王嫡庶子女，郡王嫡長子孫，限年十歲請封。郡王次庶子女，將軍、中尉嫡庶子女，限年一十五歲請封。歲數不及者案候。或間有事故，耽延過期，五年以下者姑准題覆，五年以上行勘，十年以上另題口糧，十六年以上立案。

一、王府子女奏請名封，俱聽親王及分封郡王管理，將軍、中尉類奏，抄下本部，轉行宗人府，備查生年月日、父爵母氏，及曾否奏報，明白回報。仍將本部收貯玉牒文册查對相同，方與題覆。查有差錯，駁回覆勘。若原未奏報，徑自請名、請封者，立案不行。

一、各王府子女請乞名封，取具本位親支。如無親支，以次挨及房族宗室五位并長史、教授不致扶同欺隱甘結，于類奏之時一併差人賫解到部投遞，以憑查考無礙，方與題請名封。若將擅婚、濫妾並乞養、過房，來歷不明樂婦花生、傳生子女扶同隱匿，捏作嫡出、庶出，朦朧冒請名封者，本部查出及被奏告事發，將本位參革爵禄，原結勘宗室降爵一等，長史、教授等官照例罷黜。其原奏報取結收生、兩鄰、親眷人等，行巡按御史，問發附近衛所充軍。

一、請名奏格。某王臣某謹奏：爲乞恩請名事。據某郡王某啓稱，該府鎮、輔、奉國將軍，中尉某，年若干歲，於某年月日授封爲某銜。於某年月日奉到禮部某字幾號勘合，會同選到某州縣某籍某人第幾女某氏爲配，某年月日奉禮部某字幾號勘合授封爲某人，某年月日入府成婚。于某年月日嫡生第幾子，收生婦某氏，已於某年月日奏報。今見年五歲，例該請名，乞爲轉奏，等因。到臣，已令長史、教授某人查勘明白，理合具奏。伏望皇上俯念親親，乞敕該部照例賜名，臣等不勝感戴天恩之至。庶子照前奏報格式開具母氏，餘同。

一、請封奏格。某王臣某謹奏：爲乞恩請封選婚事。據某郡王某啓稱，該府鎮、輔、奉國將軍，中尉某，年若干歲，於某年月日夫、淑、恭、宜、安人某氏嫡生第幾子，收生婦某氏，已於某年月日奏報。某年月日具奏，賜名某。今見年一十五歲，例該請封選婚，乞爲轉奏，等因。具啓到臣，已令長史、教授某人查勘明白，理合具奏。伏望皇上俯念親親，乞敕該部照例給賜封號、誥命、禄米、從人等項，准令於本境官員、軍民良家女内選擇，具奏婚配。臣等不勝感戴天恩之至。如女封同，止不用“某年月日具奏賜名”一句。

選　婚凡九條

一、各王府選婚，務待子女年足十五以上，奏行本境内府衛州縣官員、軍民及護衛軍民之家，會同承奉長史、教授等官選擇。如果家道清白，人物俊秀，年歲相應，及不係服屬失序，於例無礙者，繳報本部，奏准婚配。如有做官寄籍，不係本土人氏，及緣事革遣本府軍校、厨役，及遠方流移軍匠人等，朦朧冒選者，革退另選，仍將被選及營求撥置之人編發極邊衛分永遠充軍，經該官吏並保勘人等以枉法論罪。如已婚配，生有子女後事發者，姑免革退，仍追奪封誥，所生子女不許請名、請封。

一、各王府奏准請封選婚，奉有本部勘合，原係查無違礙，中有過期年久，别無弊端者，若違限在十五年之内，准與題覆，二十五年以下者行勘，二十六年以上者立案停封。

一、選婚奏格。某王臣某謹奏：爲乞恩婚禮事。據某郡王某啓稱，該府鎮、輔、奉國將軍，中尉某，見年幾歲，係鎮、輔、奉國將軍，中尉某夫、淑、恭、宜、安人某氏嫡生，或第幾妾某氏庶生。先於某年月日奏報，某年月日請名，某年月日具奏請封選婚。奉到禮部某字幾號勘合，遵例會選到某府州縣某籍某人嫡妻某氏所生第幾女某氏，見年幾歲，家道清白，人物俊秀，年命相宜，並無重結王親、倫理失序等項，堪爲婚配，伏乞轉奏，等因。具啓到臣，除行教授某人覆勘相同，取具各該官吏、里鄰人等不扶結狀繳部外，理合具奏。伏望皇上篤念親親，乞敕禮部照例題請，賜給誥命等項，行令成婚便宜。臣等不勝感戴天恩之至。儀賓、冠帶同。

一、親、郡王妃并將軍、中尉夫、淑、恭、宜、安人病故者，如未有子，許選繼室。但有嫡、庶子一人，即不許選繼，許選内助。若年及五十以上，子女長成者，止許於妾媵内奏乞管理，不得請選内助。其親王世子、郡王長子未襲爵，而妃與夫人病故者，雖已有子，俱許選繼。以後生子，惟序長幼，不分嫡庶。

一、各王府宗室有未經奏選授封，擅自成婚者，該府輔導官員并主嫁之人，悉行巡按御史查提究問。所生之子止許請名，不許請封。歲給口糧，照依歷年原議，减庶人三分之一，給米五十石，仍本折中半兼支。其女任其擇配，不得别有希望。如未娶有正室，先收侍女者，所生子女不許請名、請封。

一、郡王選婚之後，年二十五歲，嫡配無出，具啓親王，長史司申呈巡按御史，覈實具奏，許娶二人。以後不拘嫡庶，如生有子，則止於二妾，不許再娶。俟至三十歲後無出，方許仍前申呈巡按御史，具奏，娶足四妾。將軍、中尉選婚之後，年三十，嫡配無出，具啓各府親、郡王，長史、教授司申呈巡按御史，覈實具奏，許娶一人。以後不拘嫡庶，如生有子，則止於一妾，不許再娶。俟至三十五歲復無出，方許仍前申呈巡按御史，具奏，將軍娶足三妾，中尉娶足二妾，俱不得概引額數，必求娶足。各王府仍將妾媵姓氏并入府年月攢造文册，年終送部。如過期不到，或開載模糊，以後所生子女無從質對者，其所請名、封立案不行。

一、宗室額外濫收妾媵所生子女，不准請名。其雖係額數，未經奏請者，及雖經奏請，而以流移人户，或犯罪革遣，與本府軍校、匠役之女，捏寄户籍充選者，所生子女只許請名，依擅婚例量給口糧，不給婚嫁之資。其有以逃移婦女、有夫之婦，及陪從婢僕苟合生育子女者，並不許請給名、糧，貽玷玉牒。

一、宗室奸收樂女與不良之婦所生子女，選配夫人等及儀賓已授封者，爵秩、封號、禄米盡行革去。未授名、封者，不許冒請。樂工人等俱發邊衛永遠充軍，女婦逐出，仍將本宗裁革禄米三分之二。

一、各王府中尉女選配子弟，止授宗婿名色，就各該王府給與冠帶，免其赴京，仍聽其自便，不必在府隨衆朝參。有司以禮相待，照品官例免其雜泛差役。如有科舉者，聽提學官比照教官科舉例考選。

玉　牒

一、各王府玉牒文册，務查先年奏報生年月日相同，并嫡庶、行列、次第、賜名、授封、加封、出閣、成婚、薨逝、亡故等項事迹明白，造册二本，徑齎到部，一本轉送宗人府，一本存留本部，以憑查考纂修。

一、今後各王府攢造玉牒文册，須分别各郡王府，以人數多者，一府爲一本，人數少者，三四府爲一本。每府照依世次，以賜名上一字相同者爲一列，不拘鎮、輔、奉國將軍，中尉，挨次開盡，然後又及一派，以次而終。其每位下明開子幾人，女幾人，備造生年月日、母氏來歷、名封、婚期、夭卒等項，逐一如式備造，按時差人投遞。仍各於册尾明注監造某官，對同某官，以便查考。如有開載模糊、那移增減，有與舊册並奏報等册互異者，將長史等官、經管員役指名參請，從重究治，仍將原册駁回另造。

禄給

一、親王禄米一萬石，郡王始封二千石，襲封一千石，載在祖訓。然代、肅、韓、唐封國皆在洪武年間，其禄米多者六千石，少者至一千石不等。其後累朝分封親王，皆以一萬石爲則，本折不等。郡王若韓府襄陵等王，初封、襲封俱一千石。岷府善化等王，初封、襲封俱五百石。成化年間，令郡王禄米不拘初封、襲封，俱以一千石爲則，以後悉遵此制。

一、宗室子年十五，先令照例請封，且給禄米三分之一。宗學肄禮五年後出學，方給本等全禄。

一、親王故絶，郡王、將軍而下應繼封爵者，原給禄米截日住支，俟册封之日，方與所應得禄米。如有請封而仍前冒支者，聽巡按御史糾奏，本部查參降革。

一、禄米改折。近議自郡王及鎮、輔、奉國將軍俱三分本色，七分折鈔。其另城郡王，慶賀、名封自行具奏者，照舊中半兼支。鎮、輔、奉國中尉俱四分本色，六分折鈔。郡、縣主，郡、縣、鄉君及儀賓俱二分本色，八分折鈔。其本折輕重之數，從各地方舊例支給。

一、庶人同妻，月共支米六石，本折中半兼支。其男女聽其自行擇配，不得復給米、布婚嫁之費。

一、將軍、中尉病故，子幼未請禄給者，所遺宫眷照例給養贍米石，俟子長封受禄職扣日停止。如無子者，俟宫眷身終停止。其郡縣鄉主、君有儀賓亡故者，各照原食禄米減半支給。若郡縣鄉主、君先歿，所食禄米盡數住支，儀賓免在該府朝參，聽其隨便自治生業。

藩封

一、親王病故，其子應襲本爵者，止照例請敕管理府事。其襲封金册、冠服等件，禮部預請行造。俟其服滿及年歲已足，方許請封，不許援引遠年事例，服内陳乞。如違，本部將該府輔導官參奏問罪。

一、親王故絶，除親弟、親侄承襲本王爵禄外，如無親枝弟侄，其以堂從弟侄旁枝承繼者，其所支禄米各以該府原封之數爲准，裁其中半。如一萬石者，止支五千石之類。其原封禄額在三千石以下者，仍依本等支給。

一、凡由弟侄及旁枝承繼親王爵者，以後世子世襲，次嫡、庶子止封鎮國將軍，女止封郡君。其以郡王進封親王者，原支郡爵不許補襲。

一、世子病故，追封親王，及旁枝承爵，其祖、父追封親王者，比與實封王爵不同，各子女俱止授原封本等官職，不許奏請加封。

支封

一、郡王病故無嗣，只許親枝以本等官職奉祀。其另城郡王故絶，照依近例，推選倫序相應、賢能爲衆所服者一人，以本等官職奉敕管理府事。俱不許夤緣請封，如違，聽禮部從重參治。

一、郡王有絶嗣，及郡王進封親王，原爵停封者，其所給印信進繳。緣事降革者，通將印册、冠服進繳。

一、郡王長子、長孫未襲爵病故後追封王者，其妻許進封妃號，請敕，該府知會，免遣官行禮，冠服等件本府自備。其餘子女原從長子、長孫所封，不許朦朧請乞進封。

一、郡王病故，如分封另城者，其應襲之人先請敕管理。與親王同城居住者，不許請敕。通候服闋，年歲已足，遣官册封。儀仗准令如式自備，不許僭越。其冠服銀、大器等項，悉照近例免給。

一、郡王犯罪革爵，弟侄、遠孫輩夤緣冒襲，自《宗藩條例》頒行以後迄今，猶未有自首者，禮部查出，或撫按訪奏，或被人訐告，即將本爵削奪，不待終身。其郡王故絶，弟侄冒襲，係在弘治以前者，姑準照舊。自正德以後，已有定例，不許明係夤緣倖封。如本爵自首，准待身終停襲。如因事訐發，或訪查得出，即行革奪，不在自首身終之例。

世長子孫

一、親王嫡長子年及十歲，朝廷授以册寶，立爲王世子。正妃未有嫡子，其庶子止封郡王。待王與妃年及五十無嫡，始立庶長子爲王世子。其正妃已故，無嫡，王年四十以上，欲改封庶長子爲世子者，許具實奏請定奪。若正妃尚存，王年未及五十，不許朦朧奏請立庶。

一、親王世子有長孫者，授以世孫，給一品冠服。

一、郡王嫡長子、孫年及十歲，即與請封。其餘子、孫俱年十五歲方許請封。若正妃已故，無嫡，有庶子者，不選繼室，其庶長子請封長子，長子之孫請封長孫。

恩　睦

一、親王之妾，其子已襲封親王而嫡妃不存者，准封爲繼妃。郡王之妾，其子已襲封郡王而嫡妃不存者，准封爲次妃。其親王之妾，有子已受封爲郡王者，許封爲夫人。俱止請敕知會，不給册誥、冠服、祭葬。其庶母、養母及親王妾媵生女者，俱不得援以爲例。鎮國將軍而下，生母必年至七十，嫡母不存，及子有孝行者，方准封爲夫、淑、恭、宜、安人，止行文知會該府。

一、宗室中有孝子節婦，例應奬表者，許該府開具實迹具奏，本部覈實，請旨奬表。如無節孝實德，不許扶同妄奏，濫冒陳乞。

一、親、郡王有讀書好禮，以書院名額奏請者，禮部即與題覆，翊成美意。但不許假借虚名，以滋欺罔。其書院止令自備工料營造，不許因而干涉有司，擾害百姓。違者，許撫按官參治。

一、各王府缺少内官、内使者，明白具奏員數，司禮監擇其老成讀書者，照缺奏請，給賜該府供役。以後有缺，仍行奏補。合用衣服、飲食等項，本府照例關給。其郡王府每府給與内使二名，專管宫闈事務，及關防門禁。其將軍、中尉原無撥給事例，有違例濫請者，將該府長史、教授、承奉等官參奏究治。

一、郡王、將軍、中尉、郡縣主君冠服、房價，悉照近例免給外，郡王仍量給墳價，遣官祭葬。將軍以下止照例賜祭，免給墳價。其儀賓，惟親、郡王婿仍給祭典，其餘悉從裁革。

約　束

一、各府將軍、中尉并夫人以下，服色、傘蓋、馬匹等項，務要各照原授官職、封號、品級服色，不許〔一〇〕張打銷金紅傘，擡八人硃紅漆轎，穿用龍鳳衣服，僭束紅鞓玉帶。宗室親迎之禮，止於府門之外、城門之内設館，不許擅自出郭。

一、各王府儀賓不許僭用服舍〔一一〕，合行各撫按、守巡官通行禁約。如有違犯，即指名參奏，革去冠帶，戴平頭巾，于本處儒學讀書習禮，五年無過，方許復職冠帶。

一、各王府凡遇拜賀聖節等項，務遵祖訓定制，各照爵職高下立班行禮。同班者以行輩尊卑爲次，毋得錯亂失序。違者，聽各親、郡王及將軍、中尉管理府事者參究。

一、各郡王并將軍、中尉凡有奏請，先令長史司具啓親王知會，參詳可否。若應該具奏者，然後給批，差人齎奏。如違，該衙門將齎奏人員并教授一體參究。其所奏事件仍行長史司，具啓親王，查勘明白具奏，方纔施行。若機密重事，或與親王事有干涉，及郡王分封不在一城居住者，許令徑自具奏。若已經參奏，勘問未結，重復奏擾，即將奏詞立案不行。或有本非機密，本無干涉，而捏稱機密、干涉，及假以建言爲報復之舉者，奏詞立案，仍將差來人送問。其長史、教授遇有各爵應奏事件，即與啓親王、郡王，按季類奏，不得阻抑。

一、各王府但一城居住者，凡有婚喪等事，每年春秋二季總啓本府類奏。如有不依期另奏，濫遣人役騷擾驛遞者，本部查出，將各爵參降禄米，輔導官行巡按御史提究。

一、各王府差人赴京奏事并慶賀、進貢等項，俱要嚴立程限，刻期回還。該管官吏并輯事衙門催促起程。如有在途延緩，及在京潛住、營求幹事者，禮部照例參究。

一、各處無籍奸人、遊食術士，及無名内使、私自净身人等，有托故擅入王府，因而撥置害人，貽累宗室者，撫按官嚴加禁治。

一、宗室有犯，事情輕者照常奏請。犯該殺死平人及事情重大者，從重奏請定奪。投充撥置之人，查照見行事例問擬。各該軍衛有司官員，俱不許擅撥青衣人夫、城操人役跟用。

條議款目附餘

奏報　　凡係奏報皆列此款内，擅婚、冒妾、濫妾、花生、革前寄養。

請名　　凡係請名事例皆列此款内，首寫奏格以下。

請封　　如前。

選婚　　選擇、婚配、擅婚、妾媵、繼選等皆在此款。

給禄　　五年全禄，及初封親、郡王，及承繼、住支，皆在此款。議處改折，酌處庶糧。

親王　　襲封及進封、追封皆在此款。

郡王　　承襲、追封皆在此款，庶子争襲，自備儀仗。

世長子孫　　改封及曾孫皆列此款。

罪削　　親王削封，郡王革爵，降發高墻，查革冒封，添入閑宅一節，釋放庶人。

絶廢　　進繳册印，管理府事。

恩睦　　請封生母，旌表孝節，奏討内使，恩恤限制，書院請名，保升官員。

約束　　行禮次序，宗儀服飾，收買子女，收買物件，王國相賀，停給工價，越關奏擾，奏差人員，私收净身，私放錢債。

藩寮　　慎簡，考察，裁革。

儀賓　　婚配，教養，守制。

玉牒

條議未盡事宜

請封奏報過期者，立案當爲年限。

玉牒當定式。

郡王、將軍進封親王，其父祖追封親王者，所生子女只依原封官次，不許進封。若原係世子追封親王，其子女仍當進封。

革絶郡王，子孫世授鎮國將軍，管理府事，不妥。已經隆慶三年禮部題准，只用本等爵秩，宜改正。

初封郡王恩典，當如嘉靖三十二年議，帝孫、王孫以爲差等。

世孫、長孫，必世子、長子亡殁方封，宜明言。

郡王及鎮國將軍禄俱一千石，本折三七兼支。郡王長子、長孫受封無禄，鎮國將軍子受封即有禄，似厚薄失宜。

新封郡王已免給府第，故絶郡王却查刷府第入官，過當。

將軍以下無子妻亡，許選繼，郡王無子妃亡，不許選繼，係《條例》所引事例。其前件下又言將軍以下妻未成婚而亡者，許選繼，已成婚而亡者，不論有無子嗣，但有妾，即用妾理家并内助，不許選娶，殊非人情。

冒妾、濫妾子女引例不一。一例比擅婚子女，只許請名，不許請封；一例着籍爲民。擅婚係正妻，非冒濫可比，着籍爲民又太甚。

進繳册、印，舊例，郡王故絶，有本宗子孫奉祀者，只繳印，不繳册。其罪革者，册、印同繳。新例不分故絶、罪革，一概繳册、印，未妥。

越關奏擾，前後引例參差，議擬未一，當以萬曆四年題准事例酌議。

王府奏事，議准一年四季類奏，而奏差人員條下却引舊例，一年二奏爲斷。

校勘記

〔一〕“楊”，《明神宗顯皇帝實録》卷之七十三作“劉”。

〔二〕“宜”，同上書作“昭”。

〔三〕“成”，同上書作“先”。

〔四〕“劉”，同上書作“楊”。

〔五〕“昭”，同上書作“宜”。

〔六〕“矣”，（明）周永春《絲綸録》卷三《敕諭大學士張居正》作“以”。

〔七〕“官”，同上文無此字。

〔八〕“傳”，同上文無此字。

〔九〕“奉”，疑當作“奏”。

〔一〇〕“許”，原作“計”，據文意改。

〔一一〕“舍”，疑當作“色”。

條麓堂續集卷二十四

詞

恭擬世宗肅皇帝發引鼓吹詞

四紀太平端冕御，帝鄉忽漫乘雲去。引虹旌，移蜃輅，千官執紼橋山路。　神皋春欲暮，悽愴啼鵑飛絮。萬載中興難遇，山河標永慕。

右調《應天長》

恭擬孝恪皇太后遷祔鼓吹詞

瑶池月落西山曉，幾年玉匣封春草。龍化劍，鶴歸表，厭車却轉蒼梧道。　葆吹千峰遶，《薤露》歌聲正悄。昔恨今悲多少，紫臺聞夜烏。

右調《應天長》

其　二

靈轜春轉西山谷，鳳簫吹斷瑶池曲。輦路長，虞歌續，六宫追悼人如玉。　生死君恩篤，合祔玉匣金粟。風撼白楊聲促，皇情哀楚竹。

右調《應天長》

重　陽

木落庭空，曉來霜信，白雁聲中。正彭澤秋清，金錢綴菊，吴江水冷，錦陣飄楓。戲馬勝遊，龍山高會，當時冠蓋氣如虹。今日裏，平原走兔，衰草號蛩。

算來千古英雄，直恁地豪華感慨同。要剖判興亡，還須酒客；平章山水，付與詩翁。對盞當歌，登高能賦，閑來何事不從容？且任他呼牛呼馬，從虎從龍。

右調《沁園春》

其　二

塞雁成行，風酸霜釅，又是重陽。正盆面垂蘭，晴偏小砌，瓶頭戴菊，秋在幽窗。京洛十年，條山千里，歲時兒女倍懷鄉。紅塵裏，漫蹉跎青鬢，辜負滄浪。

當年誤入文場，最好笑屠龍底事忙。要把甑玄纁，西都冠冕；牢籠風月，江左笙簧。蝸戰虛名，雕蟲小技，到來今日總亡。年逢佳節，有一番惆悵，衹籍萸觴。

右調《沁園春》

送劉登封之任

宿雨初晴，流雲度，蒼龍宫闕。青門外，驪駒在駕，行人將發。把袂暫拚燕市醉，匆匆忽聽《陽關》徹。問離情，何似柳條長，不堪折。

洛陽道，嵩高月。蓬矢志，冰壺節。念丈夫，有淚不灑離别。竹馬兒童應滿路，一錢父老還攀轍。看御屏，的的注循良，君須列。

右調《滿江红》

賀滎河侯明府重築邑城詞有引，代友人作

惟時汾水秋高，郯陽霜净。雲翔白雁，野有黄華。屬萬

寶之告成，屹一方之保障。穰穰黍稷，神貺有年；翼翼干城，民來不日。恭惟使君先生大人，濟西名家，斗南碩望。漱《詩》、《書》之芳潤，學足三冬；纘簪紱之華腴，業隆五世。指蘭宮而鳳翥，遡棘甸而鸞栖。天未絶於遺民，子獲哺於慈父。恩覃雨露，蘇草木既槁之荄；威肅風霆，戢豺虎方張之勢。念山陵之震蕩，則政在輯民；瞻井邑之凋夷，則憂深禦暴。乃相地利，爰叶人謀。負長汾而建規，聯舊基而拓址。千夫鱗集，百堵雲興。謳歌諧板築之聲，民不告病；指顧竪金湯之績，役不逾時。埄〔一〕櫓相望，矗長形於雉堞；山川回互，控遠勢於龍門。閭閻之雞犬不驚，廬井之桑麻暢茂。北門鎖鑰，争傳藩屏之勛；東魯弦歌，行見禮樂之化。某等或叨司黌序，或濫迹章縫。質陋蒹葭，敢自忻於倚玉；恩深桑梓，顧莫報於投瓊。樂道豐功，快瞻偉績。效斯《下里》，愧郢唱之無稱；陳之太師，知唐風之可采。詞曰：

河水湯湯，見修洫蜿蜒，崇墉新列。雄瞰秋空，斷岸長雲高潔。漢鼎唐宫，瞻望處川縈霧疊。盡道是，使君經略，果然千載豪傑。　自古龔黄曾説，看弛張文武，風稜又别。四境熙熙，人在春風秋月。白叟黄童，歡頌劇都成一舌。願我君甘霖四海，又恐還轅金闕。

右調《漢宫春》

賦

大閲賦

臣聞五材並用，誰能去兵？四海雖安，不可忘戰。自古講武詰戎之典，不廢于隆平極辨之朝，所以宣闡威靈，戒不虞而保長治也。皇上御曆當陽之九年，帝載惟熙，文教大洽，四夷來王，萑苻不驚，而聖衷穆然深念，慮武備之寖以愒也。乃考《周官》大閱之禮，以三月三日大集七萃六軍之衆，躬萬乘而簡練之。宏遠哉緯武經文，所謂明聖之長猷而中興之偉觀也。臣從三事，職扈聖，忻逢彝典之成，恭獻《大閱賦》一首。其辭曰：

帝紹天以御籙兮，開萬曆之明昌。璿衡正而昭瑞兮，海波平而不揚。瞻冕旒之端拱兮，恢帝紘與皇綱。將建威以銷萌兮，豫衣袽之周防。詔司馬其檢武憲兮，蓋法繇鴻黄之肇作。夏商創四時之田兮，越周代乃搜岐而會洛。肆我明之神武造邦兮，垂燕翼之鴻略。宣皇嘗肄旅於兔山兮，英廟亦簡戎於近郭。迨穆考之采忠兮，裁徽儀而粲若。惟聖皇憲先烈兮，下綸音而施之。飭百度其豫具兮，胥嚴翼而持之。大卜奉蓍龜而揆吉兮，叶祓禊之佳期。將作建行宫之穹窿兮，象鉤陳周衛之逶迤。屬靈辰之既届兮，日初曙而光熹。氛全驅於風伯兮，塵夙清於雨師。六玉虬以騰驤兮，驂劍佩之陸離。驅倚霓之羽葆兮，曳宛虹之長緌。部招摇與太陰兮，伏蚩尤使司之。擁組練之繽繙兮，排千隊之熊羆。金鉦按節而鏗鍧兮，笙簫嘹亮以相侑。導天車莅止於轅門兮，從臣即序於左右。羽林材官之雲集兮，參期門佽飛而輻湊。望黄麾之既指兮，聽三令之申授。紛布營於清野兮，乃蛇鳥風雲之迭奏。恍箕張而翼舒兮，奮虎格而虓鬥。建貍首以爲正兮，屬甘蠅使控弦。彎繁弱而旁睨兮，羑及遠而入堅。驚熊渠之石飲兮，詫由基之楊穿。洵衆能之畢試兮，千夫踴躍而争先。殷雷轟而嵩祝兮，萬聲齊一而歡然。盛軍容之肅肅兮，伐金鼓之闐闐。壁壘豁而動地兮，羽旄舉而蔽天。羲馭方移于午晷兮，鐲笳鳴而振旆。宣鐃歌而奏武成兮，飄清韵於天籟。翠華旋馭於九重兮，浮璇霄之瑞靄。瞻閶闔之晨開兮，百辟奉璋而虎拜。賀七德之丕昭兮，寔萬方之攸賴。陳夏諺而續周歌兮，慶一人之保泰。聲靈焯其有曄兮，明威播乎無外。

頌曰：於鑠聖時文化普兮，儆戒無虞爰詰武兮，王旅雲屯闞如虎兮，銷釁遏萌謐九宇兮，載戢干戈舞階羽兮，敬德持盈常鑒古兮，玉曆萬年受天祜兮。

昭德賦

維皇御極之三十七年，遣世臣持節册命僖順王長子爲山陰王於河中，禮也。于時河中有偶真子者，栖心六藝之林，冥迹一丘之室。耳謝簫簧，目忘丹漆。尋軒氣于大荒，攬羲象於終日。門館闃兮羅張，三逕蕪兮草密。忽有客過而問焉，曰："蓋聞玄黄肇真，君臣位陳；親疏派别，貴賤所分。遡墳索而觀，則見皇王之展親。自五等之堙基，歷六代之革因。雖損益以䢼時，終建廢之糾紛。肆聖祖之龍飛，掩天紘而定業。析玄壤以錫代，宅雲中之巖嶪。迨寳派之星分，奕連城之霧接。建山陰于兹邑，聯恩光于五葉。粤敦牂之在舍，瑩金天之八月。宣恩綍于九重，降金符與玉節。眷貊德之嗣王，對雨施之耿烈。爾乃雙星戒御，四牡騑騑，于河之陽，爰正其旂。五校儼其容衛，三河聳其威儀。諏吉辰兮拜命，被宸曜兮丹闈。大樂充庭，天香散衣。旌旃猋列，棟宇翬飛。王人布詔，帝孫稽首。弁服是宜，祝帝萬壽。于是觀其衮冕，則捧玉垂旒，朱繶五章，燦兮若星辰的皪，披雲漢之七襄；觀其儀仗，則文旌繡幰，幡戟齊驅，爛兮若雲霞斌駁，散綺縠于三衢。鄙人固陋，附景葭莩。忭觀彝典，雀躍鳧趍。矢言廷賀，儀子爲圖。"于是偶真子咍曰："若知賀山陰，誠善也，而其所賀未盡也。若徒不見丹穴之鳳、玄囿之麟，八方仰德，千載推仁，若是者，豈徒以其頭角之觺觺而羽翮之鮮新哉？蒙與王孫齠齔比鄰，挹芳浸澤，迴瞰其真。蓋其茂質神贇，冲宇天挺。刃不餘割，金無留礦。簡編雲積，菁華霞熒。誦《詩》襲楚元之篤，騁藻邁陳思之敏。指象艘而現幾，聽雞聲以問寢。接白屋則循墻示僂，履朱舄則臨淵含警，霍若不知峻爵之在躬而矜蕩之足逞也。以此承家，則可以懋延帶礪；以此翊國，則可以無忝藩屏。衍令緒于無疆，垂碩譽于有永，顧不偉與！繄人情之大端，奚淑淫之載性？慨居遷而養易，斯即慆而戾正。緬服美之愆儀，竪侯王之龜鏡。勝詭入而梁俢，申生去而楚怲。洎鴻賨之長覽，亦邁德之不競。諒人事之蘊尤，豈天道之惡盛？河間休明，禮樂專精。沛獻淳穆，京易垂情。莅東平而好善，校天禄以傳經。越皇代之英藩，焯周憲之淑程。豈不足以規模人紀，振耀國禎，禄延麟趾，功著維城？惟兹山陰之洵武兮，亘將與若人者歷綿代而相京。夫懿親隆位，匪時所無。駿聲義問，圖史攸都。客徒見夫炎炎者足以炫夫耳目，而不知温温者寔以重夫訓謨。休兹鑠哉，兹爲可賀也，夫豈借華于簪組而假耀于輿服乎？”

箴

當官三事箴

當官三事者，蓋吕氏所稱清、慎與勤之謂也。夫政知要則不謬，心有恒則可久。士君子立身行道，孰不思以懋建休庸，方軌哲駕者哉？第以操守失宜，警戒罔至，或以寵賂滅德，或以怠忽荒政。譬彼正鵠弗設，則弓矢之技安施？棟宇既傾，則楶櫨之才奚濟？自待雖深，而奇績鮮效，以此也。三事之訓，貽我蓍龜，匪遠匪難，既簡既備。予因穩[二]括其義，綴爲短箴，朝夕自規，庶幾寡過云爾。不然製錦之費，臨淵之危，其何以自免也？箴曰：

顯惟臣職，乂衆致君。靖共有道，清慎與勤。清寔德基，冰蘗自持。嶺南一畝，關西四知。炯炯夙夜，鬼神可欺？慎以宅心，履薄臨深。温樹靡言，嚴陣若臨。毋謂曷傷，患將爾尋。以勤康務，豐功是赴。出入戴星，胼胝在路。將父未遑，古有虔度。執此三經，酬彼庶幾。利害罔撓，造次弗違。是謂民主，邦家其依。亦有邪凶，黷于貨貝。弗暨乃心，弗敏厥事。貽害有邦，亡身敗類。禍福芳穢，炳若丹青。百爾有位，敢不敬聽。

頌

平胡頌有闕文

夫荆楚底清，殷武列于商頌；幕南息迹，朱鷺形于漢歌。所以昭奕成功，播流無極，今古蓋一揆也。國家自太祖以駿德開天，八荒之腥穢滌焉。成祖以神武纂統，三犂之休烈垂焉。其撻伐殊威，肅清遠軌，固已軼炎軒而上之矣。列聖承文，懷遠以德，狼胥遺種，涵育生息，恩至渥也。頃乃怙衆悖彝，憑陵關輔。于是天子震怒，申命守臣，礪械飭防，練卒俟釁，歲維癸丑，而震揚之威播焉。蓋自虜勢匪茹，封疆之吏仰承廟算，嘗一再奏膚功矣。而星流彗掃，攄憤光靈，未有若今兹之赫奕者也。皇上中興之烈，擬之殷高、漢武，功侔德倍，則夫歌咏休明，形之聲樂，亦其所矣。臣用是敢獻頌曰：

皇撫一作“奠”。洪一作“神”。樞，軒虞媲德。一作“乾坤合德”。環海爲家，磐天作屋。九葉光流，八埏風穆。蠢爾鞬靼，創孽自躬。鯨奔灞上，豕突雲中。羽書晝馳，千里狼烽。皇耀其武，礪我戈斧。折馘執俘，撻彼醜虜。氐羌來王，朔方啓土。建碣封丘，赫濯千古。

墓誌銘

明故都察院右副都御史張公墓誌銘

萬曆丙子春，前總督宣大副都御史洛陽張公以疾卒于家，河南守臣以聞，公子啓蕃因請恤典，詔下禮臣議。令甲，凡文武階三品，滿三年考者，例給葬祭。其有未滿考，必著有邊功乃給，不則止。于是，禮臣移文司勛氏詰功狀，則公總督宣大僅期年，前後與虜無慮十餘戰。其大者若洗馬林之役，公躬擐甲臨戎，破虜精騎數萬，俘馘一百一十八級，尤爲奇偉。其繕雲中塞，自朔州抵左衛，延袤二百里，亭障聯絡，雲西自是鮮寇警。禮臣以聞，天子曰："嘻！是惟先朝封疆之臣宣勞於國者，其備給恤典。"乃命有司營葬事，遣官諭祭，蓋異數也。啓蕃卜以某月某日安厝公于新阡，乃持前通政使兩石吴公所爲公狀，徵余爲銘誌。曩歲己酉，余以諸生叨鄉薦，寔出公門下，蓋荷國士遇焉。自公居洛，余往來梁晋郊，謁公廬者凡再，見公神情朗毅，即少壯人不及，竊幸典刑有在，慰蒼生望未涯也，詎意公遽止是耶？故聞啓蕃之請，惻惻不釋，乃按狀而銘之。

公諱松，字汝喬，别號前溪，世爲洛陽人。曾祖成，祖傑。父臣，累封奉直大夫、户部雲南司員外郎。母韋氏，累封宜人。公幼穎敏，自知學即以才俊稱。嘉靖丁酉，舉於鄉。戊戌，登進士。授直隸廬州府推官，以治最徵入。年未及，授户部主事，升員外郎、郎中。總餉薊州，出納有章，諸吏卒不敢緣爲奸利。升山西平陽府知府。平陽轄郡邑三十餘，頗稱繁劇。公以仁明詳毅莅之，巨細兼綜，裁决響應，門無停郵，案無滯牒，凡州縣吏毫髮之奸無能遁者，由是闔郡稱爲神明。升陝西按察司副使、整飭固原兵備，歷山東布政司右參政、山西左參政、山東按察使，升都察院右僉都御史、巡撫保定，兼提督紫荆等關。未期月，有駿聲聞于都中。會宣大總督缺，天子乃特旨令公往，毋候代。公行及廣靈，虜已入龍門。于時猶未奉節鉞，公以便宜號召諸將，多張旗幟諸山爲疑兵，而簡精鋭出其不意突之。賊大潰，斬首五十餘級，邊人爲生氣云。公因條上邊防六事，一兼馬軍以安營陣，二舉兵車以備衝擊，三處援兵以保危鎮，四禁扣兑以安流移，五處村堡以資保障，六獎忠勇以激人心，上皆嘉納。公益悉心經理，築塞自雲西始。及歲中，禦虜併出塞，所與虜戰具如司勛氏所紀録。會當樞者以私憾不悦公，前後功捷率不即叙。洗馬林所斬馘且一百二十級，亦不爲宣捷。由是上疑公不任疆事，令調内郡用。是時奉直公與韋宜人俱在堂，年高矣。公以職任戎馬，不敢以私情請，既聞命，則訢然歸奉定省，歲時捧觴上壽，愉愉如也。杜門養高，闢一軒，雜蒔花卉，置圖書其中，朝夕耽玩不廢。間與諸耆舊友執敦誼結社，相與揚搉風雅，陳説義理。每過從必經日，酌酒賦詩，翛然有物外趣焉。今歲春，偶患頸瘍，遂不起，寔二月十三日也，距〔三〕其生正德甲戌八月初二日，得壽六十有三。公配蔡氏，封孺人，加封宜人，繼程氏，俱先公卒。子男六人：啓蕃，縣學生，娶許氏，蔡出。啓心，聘李氏，程出。啓佑，娶李氏，啓賢、啓鑰、啓泰，俱側室闞出。女八：一適蔡檀，一適孫光遠，一適吴本德，一適劉志俊，蔡出。一適郭文煒，一字王〔四〕，程出。一適王基深，一幼，闞出。孫女二，一適周濟，一字許茂椅，啓蕃出。銘曰：

古稱天邑，粤惟西洛。陰陽匯淑，哲人間作。利刃横揮，曷分盤錯？朗鑒高懸，旁燭寥廓。爲民父母，爲邦鎖鑰。豈不宏偉，亦既章灼。遵彼鴻冥，不受繒繳。北邙有丘，衣冠是托。民表斯存，恩恤於鑠。刻銘堅石，陳信不怍。

封通議大夫南京兵部侍郎杜槐莊公墓誌銘

萬曆丙子五月五日，封南京兵部侍郎杜公槐莊卒，其子工部右侍郎拯屬告在里，奉公終，乃走使者籲闕下，上爲降恩綸諭祭，命有司營葬如制。初，司空與余舅今大司馬公同官比部，奉公及余外祖贈少保公各就養京邸，蓋締耆英社云。余時走試春官，嘗謁公，奉色笑。至是，司空乃以公狀示余，屬之爲銘。

按狀，公諱晞，以字行，曰士希。其所居介龍潭間，卜小築于其滸，而手自植槐焉，因以槐莊自號云。公生而頎秀警敏，稍長，從經師受弟子業。乃經師一見輒異之，期以遠到。竟以親老故，弗能離膝下待試，而晨夕奉菽水歡。事繼母孝謹，一如事父，迨父没，又益夔夔篤也。與其弟某同居五十餘年，有無均之，仍躬拮据而畀之産。有女兄既嫁而寡，家復落莫，則捐貲割地，恤其子若孫，其女兄藉是得以節終焉。蓋天性孝友如此。教諸子嚴而有法，不第課佔嗶以儌世資。司空公弱冠舉進士，官比部郎矣，乃其訓敕之嚴，弗以子貴故暫輟也。比部郎職得讞中外疑獄，公屬在宦邸，所與昕夕論議，常左刻核而右平恕。復著《法原》以示，司空謹奉教，在比部以平允稱。會河間王氏子以告訐興詔獄，詞所株連無辜甚衆，司空悉與申雪之，而抵罪王氏子。以是忤旨，遭廷杖，外謫。公不以爲戚，仍勖司空曰“臣職不啻若是”，蓋其識度淵矣。公雖夙棄舉子業，而博涉洽聞，譚世務悉中肯綮，至廣座發難吐奇，令衆口自廢。司空官比部及自謫居稍遷留曹郎，皆迎公就養。公以故由越入吴，逾淮涉濟，縱觀兩都之勝，諸所嘯咏留題，見者咸擊節稱賞也。比自留都歸，乃始慨然嘆曰："天下之壯遊盡是矣，吾且終老菟裘。"遂杜門下楗，即有禮於其廬者，亦翛然簡接云。居常念先世祠墓傾圮，且家乘、禮儀闕焉未備，乃爲繕祠宇，秩祀事，倣《朱子家禮》《蘇氏族譜》立爲宗約，而裁之以獨見。杜氏族指繁，公於行爲最尊，衆有紛競，第取公片言立決。族有祭田，有公田，有湖地，公按籍授事，諸爲奸利者不得漁獵其間。然性復輕財好施，族黨中貧弗能葬者，窶無以爲業者，婚娶弗能以時者，輒推所有賑之，如償宿負然，以故人人懷德而服從其教。蓋萬石君家不言而躬行，視此豈異哉？宜乎公之有子也。公生于弘治戊午，享壽七十有九。卒之日，夙戒家人具湯沐，比午集子弟，以節事會食于中堂，日晡乃危坐逝，其令終如此。所著有《槐莊存稿》一編藏于家。公曾祖旋，以子參貴贈儒林郎。旋生修，修生欒，即公考也，贈如公官。嫡母鄒、生母張俱贈淑人。繼母孫、公配游氏累封淑人。生丈夫子三，長即少司空拯，嘉靖戊戌進士，娶鄒氏，累封淑人；次哲，貢入太學，先公卒，娶萬氏，繼李氏；次撍，隆慶辛未進士，知臨清州，亦先公卒，娶雷氏。孫男三：伯初、應初、慎初。曾孫男二。司空卜吉于某山之原，葬以某月某日。銘曰：

龐且淑，性所鍾。辯以博，學斯充。澤未究，德則融。施于嗣人，若川之東。執我王度，用標民衷。懿志之大行，奚必在躬？壽考令終，卜兆共工。妥靈衍休，惟萬祀無窮。

明通議大夫巡撫寧夏都察院右副都御史念山羅公暨元配贈淑人王氏合葬墓誌銘

念山羅公鎮西夏之七年，考績再奏最。天子憫其勤事，將還之九列。余庸作書往慰之，公復書遜謝，歡然猶平生也。居無何，或言公卒于軍，余未能信，已而訃至，信然。嗚呼！公胡爲遽如是已也？公性度疏朗，識趣超逸。自余丱弁偕公遊，每見其愉愉然，坦坦然，未嘗有幾微佗傺于衷者。余官翰苑，公按歷齊、趙間，歲一再通問，越千里不異面，其襟况足歡也。公在夏鎮，余從政府之後，歲一再通問，率如初焉。余謂公臨絶塞，肩鉅任，宜有北山慘慘之嗟，而顧益優裕若此，此其所建樹未可量其遠且大也。嗚呼！公胡爲遽如是已也？公卒之數月，其兄子奎光走謁余都下，跽而請曰："季父有子重光，方在襁褓，未任衰絰之事。奎光跋履山川，反蘽梩于故鄉矣。懼無能焜燿窀穸以獲戾于九京，惟是季父之辱知也最深，敢冒昧以銘請。"余悼公弗究于厥施，而重惜其芳懿之揜没無辭于永世也，不忍違奎光之請，用按狀而銘之。狀曰：

公姓羅氏，名鳳翺，字高翰，別號念山。自其先世爲蒲名族，曾祖聰，祖壽，父九疇，咸隱德不仕。母王氏，生四子，伯鳳陽，仲鳳池，叔鳳翔，公其季也。叔季有異質，相從攻舉子業，而伯仲服賈佐給之。弟夜誦，兄則坐待不即安，勸勵諄至，卒俱以成名。叔應癸卯薦，仕至南京刑部郎中。公繼應丙午薦，仕至今官。鄉人榮二弟之名，而多兩兄之功。仲早卒，公父事伯子〔五〕，母事嫂，而師事刑部，君子以爲知禮。公詩文、書翰一時推重。其應薦也，年始冠，進取甚鋭，顧五上春官不一遇。歲己未，乃以伯兄命筮仕易州學正。科條森整，不襲故常，諸生經指授成名，彬彬相望。庚申，入爲國子監博士，文學、操行，六館無敢望焉。丙寅，選拜湖廣道監察御史，巡京通倉，政有善經，奸利不售。丁卯，巡按山東，奬善絀邪，辯冤弭寇，不形聲色，東土底寧。是秋，舉士若干人，齊魯無留良焉，人尤以是服公之鑒。庚午，巡按真、順等府。圻南當燕、趙之交，豪猾藪萃。公始至擊斷，咸伏其辜，餘黨震恐。乃斂霽威猛，而加之以慈和，民情協洽。辛未，升大理寺丞，屢遷至左少卿。癸酉，升都察院右僉都御史，巡撫寧夏。夏鎮直三邊之中，鄰虜孔邇，自吉虜從貢，烽塵不警者且再期。而公獨焦然深慮，益飭内政，詰戎除器，若大敵之臨焉。虜歲入互市，公躬督將吏往莅之，宣播上威信，鎖鑰益完。賓兔自西海歸巢，欲取道内地以往。公伐謀决策，虜逡巡遠引去，邊氓恃以無恐。戎務暇，則復相度要害，設險固防，金湯奏功，民不告病。三載考績最，升右副都御史。六載再考績，誥贈祖、父如其官，妣皆贈淑人，仍録廕一子入太學。徵命且下，而公訃聞矣。卒之日實萬曆庚辰四月十一日，距生之日嘉靖丙戌七月初九日，享年五十有五。西夏之人，無士庶兵夷哭公如失怙恃焉，其遺愛深也。令甲，凡功在封疆者，寵之恤典。公功狀累牘，所司核之皆實，天子乃遣使諭祭，且爲之營葬，曰以“無忘我勤事之臣”。嗚呼！休矣。公所著有詩文集，有奏議，有《朔方志》，凡若干卷，行于世。初配王氏，贈淑人，生嘉靖庚寅五月初七日，卒嘉靖癸亥八月十三日，得年三十有三。繼配王氏，封淑人。子男一，重光，側室李氏出。女三：長歸杜文俊，先淑人出。次歸余子久徵，又次字張廣，俱繼淑人出。葬期爲萬曆壬午十二月十二日。銘曰：

河中望族，亦越有羅。既豐厥根，乃暢其柯。是生彦士，振譽賢科。明輝貫斗，高論懸河。鐸響斤斤，豸冠峨峨。簡命分陝，鍛矢礪戈。賀蘭生色，馬騰士歌。旂鼎方將，中道陂陁。壞我梁木，天道云何？惟銘在斯，萬載尚無訛。

明承德郎直隸大名府通判堯川戴公暨配二許安人合葬墓誌銘

給諫戴君光啓之奉詔西行邊也，其父堯川公蓋耋壽在堂，過里中省焉。比報命，遂載公來京師。時給諫以讜正當上意，晋掌兵垣，已復同考會試。公喜見其子之達，而安其孝養，愉愉如也。居無何，公疾作思歸。給諫亟以情請，扶侍西還，道次中山，公卒。給諫既扶柩抵里，乃屬李水部憙狀公世行，而爲書祈余銘，詞甚哀，余不忍辭。

按狀，公諱賓，字汝敬，别號堯川，姓戴氏，其先代州人也。明初，有自代來占籍于祁者，世遂爲祁人。曾祖子文，祖緣。父公禮，有材諝，辟爲縣掾史，以文無害見稱諸掾間。性喜儒，嘗以不獲經術起家自恨。娶程媪，生公，穎敏有異質，父大喜，命之儒。垂髫即能文，弱冠補縣諸生，下帷自奮，無間寒暑。視學使者異其文，每試必高等。簡入河汾書院，業益進。年甫二十四，以選貢入胄監。當是時，文名藉甚，人咸以高等擬公。顧以數奇，無慮十上有司，竟不一遇。既年逾强仕，承父命謁選銓部，授大名府通判，監理宣府南路糧餉。宣鎮列屯戍而仰芻粟者以鉅萬數，賈人爲奸利其間，往往潛行賂理餉左右。公至，則正色持法莅之，倉場肅然。嘗攝守蔚州，會虜入，諸城守具未備，而赤白囊交至。公爲部署保伍，飭器械，集餱餉應之，甚整暇，州人恃以無恐。俄而援兵四集，士馬有饑色，公一夕爲具煤[六]炒千斛給軍。其幹局敏贍若此。公當官執法不撓，而惓惓以潔己愛人爲務，甚得軍民和。大吏將薦之朝，乃復索賄公所。公曰："吾清貧守一官，黽勉自效，亦冀樹尺寸報國耳。今若此，將安應之？不去且有悔。"乃白于父，飄然解綬歸。歸而丘井依然，偕一三[七]朋舊，逍遥爲詩酒社者且三十年，有餘適也。公生平事親至孝，務先意承其歡。遇兄弟、族黨情愛忳忳然，諸婚喪未舉者，輒捐貲爲代辦。與人交，坦夷無崖岸，見片長稱之不容口。赴人之厄急，拯之甚于己，其自奉又甚約。故鄉閭間人人德公，無問識與不識，咸欽慕之。以父雅意好儒，闢塾貽訓，孜孜然冀以經術成先志。今給諫業已融顯，其餘子若孫類能率其家學，斌斌然儒裔也，盛矣。公以正德己巳五月十四日生，萬曆庚辰四月四日卒，得壽七十有二。配許氏，先公三十八年卒；繼配許氏，先公二十年卒：俱有閫德。給諫遘兩宫徽號詔恩，進公階承德郎，贈二許皆安人。公凡四子三女。先安人舉子光政，娶申氏，繼趙氏；光教，庠生，娶許氏；光啓，辛未進士，今兵科都給事中，娶陳氏，封孺人。女適許九州。後安人舉子光肇，庠生，娶胡氏。女適許可教、馬應魁。孫男八人：禩、祉、祚、祜，俱庠生。祐、禔、禕、禘。孫女三人。曾孫男四〔八〕：君知、君賜、君用。曾孫女一。給諫兄弟卜以本年十月二十四日葬公于城東南十五里之新阡，奉二安人之柩而合祔焉，禮也。銘曰：

孰是明經，而靡遂其名？孰是好修，而弗究其行？貽慶式穀，濟濟滿庭，亦既享其成。壽康以榮，茲惟德之程。有鬱佳城，既固且寧。永世陳信，視此刻銘。

明故壽官北泉葛公暨配孺人展氏張氏墓誌銘

去蒲州治城北七里，蒲水之東，峨嵋之麓，其地蓋曰七里渡云。有葛氏者世處其鄉，而族姓益蕃，相傳力農爲業。其用商起家，赫然以貲雄閭右，寔自北泉公始。北泉公者，蓋商遊之雄桀者也，行年七十餘，竟以客死西土。諸子扶櫬歸，以其歲十二月十八日葬公北閻郭村東，從新兆焉。乃執州學生史君喬科所爲狀，跽余而索銘。余素聞公善心計人也，顧未面公，弗諳公之詳，乃史君之言可信，因次第而銘之。

按狀，公諱景先，字德華，北泉，其別號也。曾大父曰敬，大父曰全，父曰允，母荆氏。公兄弟凡三人，公居其長。幼有遠志，以門户爲念，奮然服賈，拮据夙夜，以貲遊於四方。西極張掖、酒泉，南涉吴越，自垂髫以及終老，凡五十餘載，足迹且半天下，而居貨西北之日多。末年其産遂大裕，不啻萬倍其初。公雖身自居積，凡貿遷所入，以及綺羅、布帛，衣履、簪珥之類，室無私焉，分之諸弟、子侄，必均如也，于是閫内大睦。諸子侄既壯，必携持遠邇，示之廢居疏滯方略，俾之知嚮。以故子侄輩率獲自立，有聲廛井中，而葛氏爲益昌焉。公生于成化丙午八月十二日，卒于嘉靖戊午正月十八日，得壽七十有三，遇恩例爲壽官。配展氏，淑儉而嚴，内政甚肅，生弘治壬子十一月二十一日，卒嘉靖戊子五月十五日，得年三十有九。繼張氏，淑德猶展也，生弘治甲寅九月二十九日，卒嘉靖乙卯十二月十三日，得壽六十有二。子男三人：苗，湖廣鴨欄鎮巡檢，娶甯氏；梧，吏部聽選官，娶馮氏，繼張氏：展出。樹，布政司承差，娶曹氏，繼傅氏，張出。女三人，郭汝憲、馬濳、馮邦仁，其婿也。孫男一，幼，苗出。孫女二，一字樊胤瑞，一幼，梧出。銘曰：

資富而壽，是曰福首。俾爾多藏，粟陳貫朽。俾爾永年，台背黄耉。得天之厚，葛宗之茂。麗爾玄居，百禄川湊。

明故郡學生草窗景公墓誌銘

公諱芊，字仰周，别號草窗，前京兆公蒲津先生子也。嘉靖乙卯十二月十三日，蒲地有土崩之變，公殞焉。越二年，子宣將葬公，手公之行實請銘于余。余閲之，泫然出涕。公于余爲諸舅行，余固幼識公，謂公有以爲也，而遽止是耶？傷哉！余既稔公賢，深悲公之志，誼當有銘。

按景氏，蒲著姓。六世祖博文者生敏叔，敏叔生聚，爲公高祖。曾祖章，封文林郎、東安縣知縣。祖侃，贈文林郎、陝西道監察御史。父蒲津先生，諱溱，任順天府府丞，故號京兆公。母王氏，贈孺人，余先母之姑也，于正德庚午十月八日生公。公幼有至性，方孩抱失母，即涕泣如成人者。奉太母王太孺人，以篤孝稱。其事京兆公也，先意承顔，左右就養必至。京兆兩以疾在告，公籲天延醫，萬方求濟，卒獲其吉。門内事無巨細，悉身任之，不以煩京兆公，而綜理又悉當京兆公意。京兆公得以適情經史間，無門户憂。京兆公有兄節判公，公歲時並奉于堂，率群從兄弟迭起爲壽，是以二公者洩洩然相樂也。京兆公一日暴病，公悸而心癲，病間，癲良已。迨癸丑，京兆遘疾，大漸，公亟治後事，盡志盡物，若猶不恔然于心。或曰已泰，公曰："吾恨不身殉爾，非所計也。"形容立毁，數至幾絶，見者悲之。事繼母劉孺人，終始無違言。孺人不育，嘗取節判公女撫之。公體其意，恩愛如同胞，及笄，厚其資妝而歸之。仍于舍左貿宅居其夫婦，時時經紀其家用，以紓京兆公、劉孺人之心。待宗族、姻黨以恩，急病恤之，凡耳目所及，若不獲已。公幼失恃，余外祖封君素庵公命外祖母孫安人取而哺焉。公既長，事舅父母如子職。後素庵翁客病渤海，公適隨京兆公任，亟使迎至京師，延醫覔方，日夕供湯藥，慰養篤至，歲餘，疾竟獲康，余舅氏鑑川公洎予母生時深感焉。與衆豁達泛愛，然必擇端亮有恒德者始定交，不以亨否久近有所軒輊。晋搢紳若安節趙公輩自布衣，蒲士若吾先友徐君大經自後進，咸爲莫逆交云。唯不喜與俗子接，見世之色厲象恭、險僻多機事者，輒目拒之，無論親疏，類不假以辭色，其天性然也。幼聰穎，弱而受學，即日誦百餘言，輒語其義。少長，益淬礪不懈，雖熟寐中往往諄諄作讀書聲。京兆公故多書，公無所不窺，是以沉浸汪洋，溢然無際。其爲文操觚立就，不蹈蹊徑，直陳意所欲言，而宫羽間作，玄黄蓊鬱，若鷩鯨奔兕，遌之者畏焉。嘉靖戊子，試於鄉，不第。歸而補郡學諸生，鳩同志友朋，若余諸舅輩三數人相觀于澗南精舍，充養益邃。甲午，又不第。丁酉將試，監試侍御，京兆公中臺友也，人或以私擬公。公浩然曰："夫士誠患德不明、業不修爾，名與我何有哉？"乃謝病不入試，士論高之。公禀氣清弱，中歲多疾，不禁勞。會京兆公既在告，公潔志色養，陳情辭還膳廩。監司重其才，累强不就。乃棄舉子業，益專精爲古文章，視世俗事無一物可留礙于心者。公識鑒精朗，且博涉史傳，每論及天下事，商古今機宜，指掇其興敗之因，劃張弛之略，權利害遠近去取之效，較然若指諸掌。前侍御古峰余公、今大司馬虞坡楊公，每聞謨議，亟嘆服之。公始配張氏，温淑孝敬，有子而早逝，生正德癸酉八月十五日，卒嘉靖辛丑十二月一日。繼賈氏，生嘉靖戊子閏十月二十五日，卒嘉靖丁未九月二日。繼王氏，生嘉靖壬辰七月一日，卒與公同日。俱備閫德，公甚禮焉。子男一人，即宣，州學生，娶楊氏，虞坡公女。女一人，孫女一人，俱幼。葬地爲條山鹿谷之麓京兆公新阡右，次三孺人合窆焉。葬之日爲嘉靖戊午五月二十五日。銘曰：

泝景之先，系宗有熊。差闡其華，合響靈均。炎遷四姓，景錯三輔。冠蓋蔓延，河東爰宇。於懿維公，京兆之子。德率邇儀，文聯遐軌。曰儀維何？孝友温恭。皎如秋日，穆若春風。内融外孚，式穀以隆。曰軌維何？夕秀競揚。鸞翔霞嶠，驥騄康莊。雍容入室，把玩珩璜。大河瀰瀰，條山嶷嶷。有匯斯發，人文是熙。左挹其淙，右控其岡。永偕淑儷，奠此玄堂。

司禮監管監事太監雙槐王公墓誌銘

雙槐王公既請老之明年，卒于正寢，時萬曆壬午秋九月十六日也。初公以疾乞休，上念公服勤三朝，且精力朗健，眷留不允。疏三上，詞益切。上不得已，許之，仍月給米二十石，歲給灑掃夫二十名，非常典也。及是訃聞，上悼惜深至，特命内官監大監丘得用等爲治喪事，賜諭祭六壇、寶鈔萬貫、白金百兩、紵絲表裏，及香燭、油米、麻布、齋糧，命有司造墳安葬，建亭堂、碑亭，賜祠額。兩宮聖母各有銀兩、表裏、香燭之賜。蓋凡恩恤厚終之典，視前後特隆備云。公嘗預營壽藏于磨石口薦福山之原，得用等率公弟侄，將以某月某日奉公柩歸窆，乃介太子少保、大司馬梁公狀公行實，屬余爲銘。

按狀，公諱臻，字景福，雙槐，其别號也。世爲保定府新城縣人。祖祥。父大用，以正德丁卯六月初三日生公。公初在娠，父母感異夢，及生，果不凡。警敏修潔，處宗族、鄉黨間，恂恂執禮讓，隱然有遠大志。遇達人、長者，必咨訪天下國家事，衆咸異之。正德丙子，選入内庭乾清宫近侍。嘉靖初，進内書堂讀書，識量益弘達。尋典六科廊，升司禮監典簿，辦理敏贍，一應典禮賴以周善。嗣升本監右少監。時徽庶人恣横干紀，及代藩宗人坐不法事，俱敕公往勘，詳讞明允，咸伏其辜。進升太監，賜蟒衣、玉帶。景王出封，奉敕護導之國。比王薨，復奉敕迎柩還京。潔己飭法，馭下嚴整。所至省事節財，民不知擾。各巡按御史據實以聞，中外嘆以爲難。隆慶戊辰，進本監秉筆，兼掌銀作局。位遇日隆，而處己益約，廉明練達，衆心翕服。萬曆丙子，提督文華殿及禮儀房事務。丁丑，舉大婚禮，奉敕于北直、山東地方選求賢淑，以肅慎聞，賜禁中乘馬，坐凳杌。凡前後所蒙恩賚，飛魚、斗牛、蟒衣、坐龍、玉帶、絛環，及金玉、器玩、貂服、文綺、珍饌之類，未易枚舉，歲加禄米至四百三十二石。其承寵殊優渥矣，乃居之泊然，視其德樸茂淳固，不類都顯榮者，何其厚也！公容貌魁頎，神氣偉秀，逾七望八，其狀僅若人之五六十者。天性無矯飾，人與之處，一見即傾心，久則益洽，有先民之風焉。以若豐稟篤行，即百歲當可企，乃享年七十六而止，壽矣，猶未厭人心也。公弟春，錦衣衛副千户，侄尚仁，錦衣衛百户，咸承公廕，冠裳濟濟，競爽一時，公之亢宗裕後博矣。銘曰：

惟材則良，神畿攸産。惟德之行，禁庭攸簡。歷奉三朝，永肩一心。宣勞中外，乃罔不欽。晝日承暉，夜臺蒙恤。生死榮光，褒忠垂律。福山有阡，負壠環川。勒珉考德，於萬千年。

行　狀

明故處士北莊郝公〔九〕暨配孺人葛氏行狀代鑑川王公作

北莊郝公暨配孺人葛氏者，吏部司務漁磐君之父母也。先是歲丙辰，吏部司務員缺，大宰深惟銓務之重，慎所擇委者。郝君適以欽取至，遂奏授之。于是公已殁，乃迎葛孺人養于燕京宦邸。越三載庚申，而孺人卒。司務君將扶櫬西歸，啓公之封而合祔焉，禮也，乃涕泗以告余曰："貞不幸，吾母亡矣。初先考之葬也，不肖孤爲壙記，納諸羨中。于時未徵銘，蓋有待焉。兹欲祈銘于當世之大人，以發幽潛、徵久遠。願子爲先父母狀，俾不肖有藉焉。"司務君之中子，余婿也，余故諳公夫婦之爲人，是用撮其大都，爲狀如左。

公諱麒，字廷祥，别號北莊。先世爲弘農陽化村人，元初，六世祖諱銓者始徙于蒲，是爲公之始祖。銓生恕，恕生修，公高祖。修當國初時，遂占籍蒲之明教廂，故郝氏迄今爲明教廂人。修生存禋，公曾祖。存堙生玭，公祖。玭生賓，公父也。母聶氏，于成化己亥五月二十九日生公。公天性孝友，早失怙，母聶孺人在堂，承順顔色，雖百方必求當意。友愛弟麟，恩義甚篤。幼歲遭家中否，爲俯仰計，遂服賈遊四方。西涉洮、隴，逾皋蘭，東歷梁、豫、陳、汝，而南浮淮泗，泛彭蠡，往來震澤、會稽之境，足迹且半天下。嘗以心計商四方贏縮以廢居其貨，往往奇中，迨末年而占産遂饒。公雖身自跋涉，不爲私殖計，每經營自外入，携篋與弟共之，尺寸無私焉。故弟麟事公亦最悌，和樂且孺，終其身不異爨，里人稱之。性剛正，能面折人之過，人亦鮮怨者。嘉靖壬寅正月初十日卒于家，得壽六十有四。配孺人姓葛氏，鄉耆鋭之女，淳樸，寡言笑，自奉甚約，靡事華縟。其經理内政，躬操井臼，不辭拮据之勞，故公得以行貨四方，無有中顧憂。郝氏之業微而復振者，孺人與有内助焉。姑聶孺人卧疾，孺人侍湯藥，不解者七十餘日。處妯娌甚睦，御臧獲嚴而有恩。初公命司務君業儒，既而旅遊，率比歲一歸，不得時省其業，乃孺人夙夜誨督甚至，故迄有成功焉。孺人生于弘治庚戌八月二十五日，卒於嘉靖庚申五月二十二日，得壽七十有一。子男一人，永貞，即司務君，娶張氏，繼張氏、裴氏。孫男二：承謙，州學生，娶張氏。承訓，聘余女，早卒。孫女二，一適段仲勛，生員，一幼。夫公夫婦以勤儉興家，以詩書啓後，惠風播于鄉黨，餘慶流于子孫。公殁時，司務君業已舉于鄉矣，于今幾廿年，司務君遂班銓司，駸駸益通顯，孫枝且奕奕然蕃衍而未艾也，信仁人有後哉！余不佞，姑以見聞之真著其可志者若此，伏惟立言君子擇焉。

祭　文

祭許年伯文

惟公襲華世閥，毓珍江汜。天倪懋和，人倫肇軌。氣藹春陽，神凝秋水。綰章三輔，弦歌載耳。拂衣五湖，琴書燕喜。匵玉澤身，籝金教子。餘慶惟遐，義方孔邇。越有元胤，蜚英濟美。家之鳳麟，邦之杞梓。花縣褰帷，鎖闈曳履。雉馴景風，鳳鳴晨晷。衮職無缺，中流有砥。帝念豐功，推恩自始。鸞誥褒仁，寵光朱紫。鶴髮迎和，逍遥杖几。五福攸宜，百年未已。胡是徂炎，凄風驟起？梁木其摧，靈椿告圮。氣慘吴門，悲傳燕市。天道何知，子心若毁。某等心嚮高風，夙勤瞻企。誼叨世講，寔通休否。倚玉賢嗣，彈冠帝陀。責善韋弦，比臭蘭芷。忽聞公訃，愸焉傷止。生芻可致，繐帷莫跂。爰采薄芹，式申短誄。玄酒一觴，白雲千里。嗚呼哀哉！尚饗。

祭止一公夫人文代父作

嗚呼！情有相感，數有適然。詞不及陳，涌涕如泉。謂天禍福，淫刑德賞。昔意其然，今見其爽。念外季母，種德孔阜。孝敬慈仁，休譽終茂。維父分牧，維舅司爨。維夫典誥，維子元名。河山閥閱，奕蒨家聲。然而幼秉敏慧，壯勞門户。居艱立孤，勞心焦腑。名享其榮，身嘗其辛。憂勤既往，泰豫方新。二難承芳，金輝玉映。天逵横騫，家緣滋盛。兄弟孝友，姊姒惠和。藹藹庭闈，百順是荷。昊天大憮，降是荼苦。劃然震驚，莫知控語。某屬諸婿，夙挹德音。暨我淑配，承寵良深。憶昔傷今，中心如剢。曾是閨哲，同德均患。靈轝將駕，悲何能堪？陳牲告酹，雨淚泛瀾〔一〇〕。嗚呼哀哉！尚饗。

壬申告墓文

嗚呼祖考，葆真含曜。種德則豐，未食厥報。惻惟祖妣，盛年不夭。閉門字孤，永絶華鉛。茹蓼餐荼，具歷苦辛。神佑貞德，集于蒙孫。痛惟顯妣，夙秉淑慧。烹鯉孝養，和熊訓厲。遭家中窶，逢歲又艱。鞠育維多，愁心慘顔。維承明訓，幸通仕籍。教有三遷，養靡一日。嗚呼！痛哉。荐荷國恩，爰歷華要。

墓木已拱，寸草難效。賜告西旋，雨露既濡。感今念昔，音容邈如。敬陳牲醴，祗具芳樽。豐碑可待，國有明恩。以叔妣左氏，弟四事、弟婦王氏，弟四術、弟婦沈氏配。尚饗！

考妣祔廟告文

昨歲仲春，新營〔一一〕安厝。爰遵禮典，設座中堂。用妥明靈，朝夕供祀。日月易邁，奄逾大祥。家廟既成，卜吉來辰。虔奉考妣神主，同始、高、曾祖遷祔新室，以昭受榮恩。春秋嚴事，謹用牲齊，恭申預告。音容如睹，感愴惟新。尚饗！

家廟告文

孫叨列祖遺庥，有位于朝，法當立廟。謹即新宅之左崇建祖居，卜吉來辰，寅奉列祖考妣神主遷祔，謹用牲齊，敢申預告。尚饗！

外祖新祠告文

外玄孫張某，敢昭告于外高祖考雷公、外高祖妣□氏，外曾祖考解公、外曾祖妣王氏之神曰：玄孫謹即新宅之右崇搆明祠，卜吉來辰，寅奉二祖考、二祖妣神主以遷，朝夕嚴事，謹用牲齊，恭申預告。尚饗！

禫除祭文

嗚呼！父棄諸孤，已越大祥。家難連綿，骨肉摧圮，旦夕不遑。忽終禫制，歲月遄邁。音容益遐，感愴百緒。從吉有典，禮弗敢違。怙恃永懷，終天罔極。謹用清酌庶羞，祗修禫祀。

甲申新塋司工之神祭文代作

欽差工部屯田清吏司主事沈一中，敢昭告于敕建新塋司工之神曰：恭將欽命，來搆崇阡。時日惟良，靈歸其宅。恤恩顯被，隆典告成。允藉庥靈，敢忘虔報？牲醴既潔，攄悃陳辭。鞏固斯封，流光渥澤。於千萬祀，永荷神功。尚饗！

新塋司門祭文代作

欽差分守河東道、山西布政司左參政王基，敢昭告于敕建新塋司門之神曰：欽承上命，創此新塋。諏日惟良，靈轝至止。敢用牲醴，祗告明神。仰藉陰庥，默垂呵護。安歸玄宇，光荷皇仁。尚饗！

新塋司土祭文代作

欽差分巡河東道、山西按察司副使栗在庭，敢昭告于敕建新塋司土之神曰：帝有恩命，營葬此土。迨今其吉，靈柩來歸。敢用牲牷，敬申祀告。玄堂閟密，惟神是依。保固崇封，永光天寵。所祈幽贊，尚鑒悃誠。尚饗！

舊塋司土祭文代作

蒲州知州鄭文彬，敢昭告于張氏祖塋司土之神曰：惟誥封王夫人即安于此二紀餘矣，棺翣如新，寔神之祐。兹承明命，遷葬新塋。執紼戒行，奉牲辭告。神其歆服，保無後虞。尚饗！

五弟子易生日令兒輩墓祭文代作

孝侄某某等，敢昭告于叔考松磐府君之靈曰：嗚呼！叔考之歿，時當春暮。歲序流易，奄及仲冬。言念兹辰，寔惟生忌。感今思昔，舉室慟傷。敬用牲齊，仰申薦告。叔靈不昧，陟降如存。奉叔妣范孺人配。尚饗！

祭薛文清公文

維隆慶六年，歲次壬申，三月丙戌朔，二日丁亥，吏部左侍郎兼翰林院學士張某，謹以剛鬣束帛庶羞之儀告奠于先正薛文清公之神曰：嗚呼！惟公契道以心，體道以身。斥遠異説，不作空言。正學一脉，昭代一人。朝著表儀，學者準繩。頑夫薰德，稚子聞名。皇運聿昌，僉論載明。特表真儒，從祀孔庭。一時曠典，萬世公心。某州里小子，百年後生。仰止每切，寡過未能。讀書有録，示我規箴。遵彼汾曲，修謁祠宮。琴舃瞻德，黍稷薦馨。流風穆若，山高水清。

《條麓堂續集》跋

歷稽往牒，古瑰瑋大君子身往而其言益尊，非直言尊也，有尊於言者也。因其垂世之辭，以游其經世之品，謂臯、伊、周、傅至今存可矣，而况於去世之甚近者乎！憶不肖冲稚時，侍先祖王温懿席間，聆貴客語朝家大務，謂今宗社奠沸鼎於安瀾，燮元氣以敦大，寔賴蒲阪張師相公爲乂安命脉。間傳示公筆撰緒餘，則共相欽讚，以爲降嶽神而鍾列星，胡相業、文章摽朗如是？獨憾荒徼疏遜，不多讀其鴻藻偉麗之辭。不肖雖幼，固彷佛志焉，如蘇子瞻聽父客譚富、范，謂天上人。積是有年，徼天之霈，歲登甲寅，璽書掄公仲公大參知公保釐荆岳，按節涔澧，不肖私淑之餘，得藉手讀先太師《條麓堂集》。居頃之，而續集賡成，蓋先祖以來所爲仰斗山而負笈無緣者，不肖得縱汪洋之觀，叩洪鐘而披玉屑焉，豈非重厚幸哉？太師翼亮貫日月，勛施覆華夷，恢綱廓紘，補天浴日，黄髮垂髫，知之頌之。而以昭明典則勒簡編，以渾噩文章培氣運，則嘉、隆而後，綿萬曆之聖祚於永永無疆者，寧獨相業之鞏磐石，實惟文章之斡造化焉。今隨讀其集中隻詞，無不冲雅純至，淵邃精宏，而必攄之忠君愛國，撫世旋運，與謨弼幾康之指相參，而表裏於《伊訓》《説命》間，則太師文毅公之功之言，直繼臯、伊、周、傅以來，爲斗南一人，而奚近代殷輔之頡頏者耶？《續集》之壽諸梓也，澧鄉紳我彭吴君寔襄之。吴君一日挾策過語，曰："蒼頡書成，天爲雨粟。今山靈覿秀，名書竣工，景星、卿雲照映此土，川谷媚而禾喬稔，不蔡可知。"不肖惟是拜而誦，仰而思。往正集之出，趙藩與于弁序。夫太師文毅公之相品不以序重也，而公垂世之言益以其相品尊也。《詩》云："有匪君子，如金如錫，如圭如璧。"蘇軾有言，金錫圭璧之所見，瓦石草木被其光澤多焉，而况文章之爲金錫圭璧之所見者乎？漶不斐不倫，幸厠休隆，叨藩此邦，誼共守土，樂揚美盛，謹齋沐而綴數語於簡末云。

旹萬曆乙卯歲仲春既望，奉敕管理府事華陽王長子至漶頓首謹撰

《條麓堂續集》跋

昔韓魏公之相也，勛造社稷，施覆華夷，而猶以謂於文章未之逮焉，則置歐陽永叔於翰林而始自愜，曰："天下文章莫大於是。"繇斯知文章、相業難有兼之者也。兼之惟司馬文正乎？司馬氏學貫天人，國體、時務博極通達，而溢爲文，無不宏深訏碩，鑿鑿經世之程。微論五規、三札，通志、編年，昭萬祀不磨，即當時人主亦自知之，曰："文學兼優，無出右者。"以褎學受主知，而攄爲忠烈，崇敦大，培元氣，帖權奸，除僉邪而汲方正，一運之以真誠，而奠宗社安瀾，則文章之爲經濟大也。千古一司馬也，宜田夫、孺子皆知其爲真宰相矣。以是商先往券於兹，遐哉邈乎，而得先太師張文毅公其人。公之相品，在周、召、伊、傅間，薦紳鉅公咸識之頌之，而容詎後先君實，顧其地微有合焉。當公膴仕時，挾震主者法網牛毛，一切束濕，公陰調以寬厚，不致沮疑，而海内陰沐公仁壽之賜。"亢有悔"，而公彌膺"一德和衷"之知，不動聲色，去太去甚，元祐之君子滿朝，嘉、隆之盛治迭固，則公惟運之以真誠，而天祚盛明，共得拜公有用之學也。夫文章不足以盡公，而可以得公經世之學。愚何知，讀《條麓堂集》知之。先是，公有正集梓行，海内仰之，如兩曜經天，想見賁離之運，而讀之猶恐其易盡焉，曰："以公窺七瑛富五車，而或有藏之二酉者乎？"歲之甲寅，公次公大參知按節建旗鼓，保釐荆岳，而不肖籛以舊屬吏家居，撰杖履間，間詢先太師秘邃，而大參知出一帙，曰："此大人遺編漏剞劂者，某掇拾録輯有年矣。"不肖籛稽首拜手而函以出，讀再越旬，嗟嗟！大矣哉。臺閣文詞，五鳳樓手，鴻藻錯燦，即隻字不能掩矣。兹集出而昭徹九原，休明一世，保無遺矣。公摽炳赫奕，定難扶傾，鼎鐘史册不罄勒，而讀此兩集，亦足以神游其品矣。夫黄耳金鉉，久聘不赴，辭副樞之超卓也。《永樂大典》《肅皇實録》俱係總裁，資鑑之共昭垂也。籌服俺酋，噹指款塞，蓋遼人亦曰中國相司馬，無敢生邊事。以是大較，埒觀文章、相業，謂韓忠獻、歐陽文忠所不能俱優，而獨先太師兼爲一人焉不虚也，兹集也詎可漏而不傳耶？謹稽首拜手而董壽諸梓，題曰《條麓堂續集》。《記》有之："顯揚先嫐〔一二〕，所以崇孝也；身比焉，順也；明示後世，教也。"一舉而三美足術焉。即日者大參知以世德佐聖明鹽梅舟楫之用，蘭臺石室之紀，實屬續於此。籛不斐，惟是虔督其役，敢焚盥而爲之跋。

萬曆乙卯仲春之吉，楚澧晚學吴籛頓首拜譔

校勘記

〔一〕"垟"，疑當作"烽"。

〔二〕"穩"，疑當作"隱"。

〔三〕"距"，原作"詎"，據文意改。

〔四〕"字"後，疑有脱文，待考。

〔五〕"子"，據文意疑衍，待考。

〔六〕"煤"，疑當作"棋"。明李實《虚庵李公奉使録》："朝見上皇，同少卿羅綺、指揮馬顯，共進紵絲綵段四疋，及粳米、魚肉、棋炒、燒酒等物。"清查慎行《人海記》："嘉靖三十年，户部行宛、大二縣，領太倉銀三千，散給各燒餅鋪户，每銀一兩，上棊炒一石。其法，用白麵少和香油、芝蔴，爲棊子塊様，炒熟，工部送至軍處所支用。""棊"同"棋"。

〔七〕"三"，疑當作"二"。

〔八〕"四"，疑當作"三"。

〔九〕"公"，原空一格，據卷首原目録補。

〔一〇〕“泛灁”，當作“汍瀾”。《後漢書・馮衍傳》：“淚汍瀾而雨集兮。”

〔一一〕“督”，疑當作“垄”。

〔一二〕“嬂”，《禮記・祭統》作“祖”。

闕文卷三至卷十一目録〔一〕

卷五

書三

卷六

書四

卷七

書五

卷八

書六

卷九

書七

復王敬所
復楊彬庵
復劉應谷
復孫寅所
復南暘谷
復晉似齋
復劉應谷
復馮澤山
復吴紹溪
復許海嶽
復曹傅川
復許淮江
復申松巖
復楊虞坡
復羅文峰
復曹傅川
復馬乾庵
復陳五嶽
復苗實齋
復陶念齋
復徐存翁
復周際川
復王心庵
復朱鎮山
復晉似齋
復楊中峰
復李沱南
復董澐溪
復温涵齋
復梁鳴泉
復高鶴樓
復劉思庯
復高玄翁
復沈柱山
復梁鳴泉
復陳中峰
復楊本庵
復王康衢
復王東岑
復楊培庵
復高玄翁
復張大石
復曹傅川
復褚愛所
復曹傅川
復劉思庯
復黄後山
復張環川
復陶念齋
復何玉軒
復王對南

卷十

書八

卷十一

書九

校勘記

〔一〕節録自底本原目録。

〔二〕“七”，原作大字，據本書體例改作小字。下同改。

〔三〕“壁”，疑當作“璧”。卷十有《復賴南璧》。

山右叢書　山右歷史文化研究院　編

張四維集 中

[明]張四維　撰　張志江　點校

上海古籍出版社

條麓堂集卷十八

書 三

寄王疏庵二

雲岩至，領教札，諄諄不異面談，感慰無量。某濩落不適用人也，區區一班之窺，頗能識適用之人材，故夙于長者傾心焉。門下藻鑑精審，其品隲人倫，巨細無毫髮僭，而愛之所蔽，復若有取于不材者，此某〔一〕所以感知己而深自愧也。歲前負釁歸，遂與人事絶，間于親友處睹邸報，見度支諸疏議，鑿鑿皆成畫實事，詞不費而事理明盡，不覺慨然心服。嗟夫！天下事所由蠱率吾黨因循不任事所致，而多事者又浪爲更張耳。使得吾丈三數輩布之常〔二〕路，其爲今日世道賴可勝言耶？某曩時不量，好言經世事，迨兹閲歷久，知非力所任，屏迹來不復關慮。第幼有書癖，欲及此未衰，恣意討閲，見古人行己措政，磊落多奇節，益目〔三〕視眇小，輒復汗愙。假我數年，或于道有成，當網羅缺文，發揮疑義，明古英哲大致以諗後賢，庶不苟生天壤間耳。丈人勛業方茂，願厚自金玉，以答中外。山中佳致，迥超塵寓表，第鮮可與同心言者。雲岩旋，肅楮謝復，不覺剌剌，蓋懷企所欽，道遠不可致耳，知長者開緘，亦未免依依也。

又

再承翰教，具諗翁之垂念深矣。某濩落與世無當，第有耿耿之愚，乃長者所深諒，誠不能俯仰浮沉，毁方瓦合，甘爲夸毗子所姗侮也。丈人負謀國長略，斯世所係重，乃拳拳顧問孱疏不置，故某自入山後，諸津要故人絶不敢輒相聞，至于門下，則時時欲陳見誠悃，士感知己，意氣固自不可忘也。古之君子，其出處不必同，要有所爲，但各隨其身之所遭，行其心之所是，以蘄有立于斯世而已，此固不可爲他人言矣。舍弟赴春試，便附楮布起居。北嚮燕臺，瞻企無任。

復吴泰恒

某屏迹丘樊，久不關世事。比聞門下司憲中臺，開府河洛，則訢訢然喜動顔色，匪以同袍私也。今天下吏治尚明作，然涉于有意，在上者類苛急以操切于下，在下者類橋〔四〕捷以苟應于上，而無至誠惻怛、憂民任事之實心，世道真足慮矣。臺下質亮天植，不爲時俗近名套，隨所至必有實績嘉澤焉。以之綏輯中土，將四方是則矣。此於世道與有力焉，故可喜爾。使至，辱惠諭，感荷！感荷！某近買山一曲，引泉種竹，爲藏書之塢，日夕焚香理陳編，可以優游卒歲，終焉之計庶幾在此，私心所願，但冀忠賢早筦政樞，爲海内造福，使山中永有依芘耳。不宣。

復吴鵬峰

某濩落不諧時，且内顧楞疏，無所濟用，引分知止，益〔五〕自審甚明，非敢負國厚恩，豫求閒適也。上之出處，禮義攸係；時之亨塞，運數所開〔六〕。吾求自盡而已，外非所與矣。遠辱知己廑念，馳使垂問，情誼良篤，感荷何任！吾友直道古心，僕所夙信。借重中臺，按視南北，卓有風裁，持重宏雅，爲衆所稱頌，僕蓋與有榮焉。人心險側，振古若此，守己順遇，若來諭所云善矣，僕益因以自勗也。使返，附楮申復，布此謝悃，同心千里，不盡依依。

寄栗健齋三

仰惟翁明德茂才，繫望海内久矣。屬時搜揚耆碩，興建太平，一洗拘攣之習，乃翁褎然入贊樞府，此社稷之大利也。某疏拙多愆，横招忌媢，避榮知止，分有宜然。蒙長者垂念，自發京過洛，計前後念餘日，而手教三及焉，厚意綣綣，感切心骨，仗庇于臘日抵舍矣。幸老親康健，松菊無恙，某得具菽水，撰杖屨，歲時奉大人籃轝〔七〕優游故園山水間，誠至願也。出處有義，否泰有數，某誠不肖，不忍以此不貲之軀冒天下之不韙，丈人素知僕者，試以將來觀僕之進退。人各有心，彼戔戔者何以其心誠〔八〕而量我也？張坤旋，附楮申謝，迨後某不欲復通音京國，故於此喋喋焉，更希台慈鑒原。幸甚。

又

抵舍不復與外事，竊計時日，擬翁且自仙里詣闕矣。承至辱台論，乃知尚需代，境上鄉山在目，得無爲跂望勞乎？某自從宦遠游，不見故園春色且廿年矣。賜告歸來，適逢改歲，家有敝墅在條山、涑水間，鳥語花香，清流叠嶂，宛然勝境，不知武陵、杜〔九〕曲視此何如耳。方擬誅茅栽竹，爲藏書之所，朝夕嘯歌以寄遐況，蓋猿鶴風姿，故宜丘壑，非廊廟憎人，寔身與纓紱不稱耳。不意遽膺綸召，感激明恩，手足失措，顧此梼陋，亦曷能仰裨興運萬一？猥冒殊典，進退無據，已爲一疏控辭，陳情頗切，未審天聽肯從人願否也。伏惟丈人蔽于愛厚，不見其短，馳念千里，諄諄下論〔一〇〕，隆指〔一一〕深情，盎然滿牘，此心感激，雖萬口何能述也。謹附使者謝復，計台旌入都亦復不遠，樞軸有人，即疆場事不足煩杞人念矣。再拜緘封，有言不盡。

又

公子行，具有啓覆，方發而教命申至，感何可任？夫晋爲仕國，在前代以輔相業照耀天地者，往往相望，大段皆以真才直氣取重當世。自入我朝，前輩英偉非一，特内閣由翰苑序進，故吾鄉獨少此文實之辨也。某疏陋，何敢布〔一二〕前輩萬一，虱〔一三〕迹詞垣中，又特悃愊不類，乃竟爾叨冒，補地方缺，倍〔一四〕舉進有數哉！然此官非可濫竽，有所短即爲時所指目，貽嗤累世。某自受命來，夙夜不任惴惴。仰惟丈人素謬以爲可教，幸不吝終誨之，箴其愆違，引其不遠〔一五〕，俾獲稍有樹立，不爲鄉土詬耻，其受賜更宏也。不盡。

復陶雲谷

伏承藻翰，以僕之濫竽政府，特使言賀，具荷通家道義深愛，不覺中心侘傺久之。曩在詞林，與念齋丈特爲心契，所以立身許國，有永盟焉。邇歲僕避囂西歸，謂念丈即且柄政，勉以夙昔，俾力持世道。念丈愀然曰："不敢負國，顧天意何如爾。"豈意爰立有日，乃天不憖遺，俾民失怙，而今忽令謭謭者參大政焉。每一念之，私心凄切如割，蓋私爲知己傷而公爲天下惜也。若念丈九京有知，則又必以僕之叨泰〔一六〕爲慰，第此梠蹇恐終莫能振樹，副良友幽明期爾。來使旋，謹楮仰謝，復此布區區者，以長兄與念丈兄弟間相爲知契，必以僕言爲不謬耳。臨楮惘惘，賜鑒幸甚。

復李勺溪

再承翰示，兼領楚中諸新刻，修己教人，壽民率屬，種種備矣。臺下德教，其沛然溢于七澤，固其宜也，仰服！至于唐音之集，足稱具眼。宋初宗唐人律度，乃遺興象，中覺其非，一變之，復墮于直致，失風人體，故雖名公選唐詩，多不合矩矱。元人差近之，然多自讀唐詩中來，如今世讀時義舉子，雖高處能幾于作者，終非有本領，不可與語自得。乃今門下獨探玄珠于赤水之淵，其所詮擇要自心識所契，不拘攣耳目者，甚盛！甚盛！生氣盛時亦嘗志于此，未有成，棄去，乃宿習所在，故茲睹門下之精鑒，而不覺其躍然耳。不宣。

復黄〔一七〕兑嵎二

承翰諭，兼領疏揭，具稔長猷深略、修職任事之實心，良所欣服。文皇既奠鼎燕都，建北寺而南苑牧不廢者，厥有深意，不謂近來乃狼藉如此。夫積習頽墜，振興未難，第中爲淺識者所建議革廢，則可痛恨矣。幸公剴切言之，縱不能悉復，理一分有一分益耳。不宣。

又

奏報使者至，承翰諭，具荷至情。南土不宜馬，而祖宗建僕寺滁陽，蓋有深意。邇來江南北諸守臣條議恤民，計馬齒，視國初耗減且半矣。茲仗臺下遠猷淵識，寔馬政興復之會，即不還初額，而見賸者得實用，且嗣後不復更減，則善矣。不宣。

復董右坡二

承札諭及揭示，具悉臺下軫恤民艱極其懇惻矣。秦、晋二區以邊供之急，每遇荒饉，第免存留，而存留又皆額費不可缺者，故其民特苦。今幸仗仁臺在上，爲之委曲申護，則此數郡民必蒙寔福也。伏希臺鑒，幸甚。

又

前劉侍御以鎮原等三縣土塉糧重，特爲題豁，部覆行臺下酌處矣。兹承諭，以綏德糧本色難復，并及延、凉、鞏諸州縣之荒瘵當恤者，三縣與焉，而不言前疏覆，豈部檄尚未至陝耶？民困當拯，而司計者慮軍儲缺額取償帑運，往往執議不允。兄丈撫綏全陝，以宏猷淵略爲之劑量調停，俾民困紓而儲額不虧，則廟議無不諧矣。弟濱秦而居，稔聞諸郡邑艱厄。凡選人授守令其地者，疾首蹙額，不異隅〔一八〕穽，而監司久無爲之言者，非仗臺下弘慈沃澤，民瘼其有極耶？不宣。

復邵梅墩四

淮北墾荒之令，歷代往往議之，未審曩時芍陂渠堰遺迹有可尋否。國初，曾移江南民數萬，俾李信國督之開種，數年有成。此其近事，不知於時措置方略何如也。覽揭示，具見明臺遠度深猷，令人欣仰，行睹變萑苻爲嘉禾矣。不宣。

又

承示河、淮遷變之詳，及所爲弭患通漕之方，晰如指掌，良仰！良仰！夫闢崔鎮口以利黄水就故道入海之勢，挑清河口令淮趨草湾，而復建閘清河之北，挽淮合河，此殆今日石畫必不可易者。第淮水既以清口高壅，回注山陽、高寶，灌浸新堤，則淮陽民患亟矣！何不即浚清口，而吴公南尋入江之道，必有説也。僕考黄河，初時上流多分支派，故下流不甚遷徙。自嘉靖中年支流淤塞，全河下注，乃無歲不遷徙。然彼時不惟不疏浚支派，支〔一九〕從而築堰障之，惟恐復循故道者，以二法〔二〇〕得金〔二一〕河，其通漕反利耳。今二洪且壅，欲河循故道入海，若不開上流支派，將歲無寧期。且渦口近祖陳[二二]，誠不可輕議。若趙皮寨、孫家渡諸處，疏其一二故渠，使伏秋水漲猛勢有所分洩，庶下流安便。不然，縱闢閼崔鎮口數百丈，恐其湍怒未易馴也。夫事當遷變，營求之始，不厭爲謀深遠，唯高賢爲國忠慮，則異日利賴無已極矣。不宣。

又

承示，淮揚水患異常，民瘼特甚，即僕開[二三]之，已惻惻不可禁，矧明臺目擊墊溺，其勞慮何[二四]知也！漕河築浚，二院意見不同，未審近來竟作何料理。水發在期，其河勢更有轉變否？大抵分猷共濟，人臣大義。今不必持己見，主先入，但虛心審實，求有益可久之策行之而已，在人猶在我也。自古治河者不與河争道，蓋水渾性猛，其勢所去向，人力莫能粗牾，第在曲防而順導之耳。今日河勢果仍趨清口，赴草湾，即强扼歸故道，明且決裂南下；果其勢趨故道，即厚築崔鎮，不能拒其東行也。但當審水勢爲築浚，使人不枉[二五]勞、事獲速濟可爾。且二院以天妃閘爲分境，河歸故道，則諸障導及建閘引淮皆當屬之河道；引河出草湾，則拓水口、浚河身者當屬之漕運。其議之相左，雖各出所見，迹得無涉壑鄰國耶？二公亦未必有此心，而爲之屬者則各擇便利耳。唯臺下詳訪而密察之，必有畫一説也。不宣。

又

江藩借重臺輧，匪直負[二六]肅是資，緣多材之區，籍宗匠典賓興，必爲國得真才耳。往時諸先正講學此地，車[二七]爲後進領袖，海内所宗仰。後之浮僞者乘之，乃假性命玄眇之談，濟以押[二八]闔縱横之説，以行其鼓煽黨與、傾險排奪之術，大爲士風、世道害。今雖少息，然蘖本故深痼也。幸大雅持衡是邦，寔舊染維新之會，伏望惇篤本寔，使曉然知所趣舍，則世道有賴焉。不宣。

復吴自湖七

凡客道淮徐入都者，咸讚高寶新堤之美，崇壯堅緻，矗如游龍，謂必爲運道久遠利，固知偉人建置非尋常可較量也，心誠仰之。兹承諭，今歲漕事益早，何莫非弘猷所運濟，計入閘當在黄水未發前數月，保無虞矣。第河道上流非大加措理一番，歲塞歲補，寧爲經久計？今議者皆憂之，而未知計將安出。竊擬臺下必有石畫，幸不吝見教，縱其事難卒舉，僕願與知焉。

又

承諭河道修治利害之決，了然可觀矣。第復老黄河故道，爲費八十萬工，力既難輕舉，且河性遷徙無常，縱極力爲之，恐異日未必即經久循故道，不他適也。混江龍前大疏題揭，生置在几榻閣〔二九〕，此良簡便易試，可朝夕取效，要在往來勤而持之有常耳。河水泥濁，久流必淤，淤必徙。若此法歲歲常行，則可以不淤，即今日水道且永無患。若釋此不爲，雖復老黄河故道，數年後亦必淤，淤必復徙，無疑也。人苦意見不合，難在謀始耳。若試之已有顯效，昭然在人耳目，亦無容固執一隅，不舍己而人是從者。臺下第多爲此具，勤疏徐、吕以南之漕，逐漸而上及於徐、吕，任其地者不内愧，即争先從事矣。何如？何如？臺下職總漕務，必運糧達都乃爲終事，雖有分地，須委曲以濟國務。事有耐施行者，不妨見教，蓋今日聖明所委重於公者特至也。溽炎，幸爲國家加攝。不宣。

又

再承揭示，淮復南徙，而河自尋崔鎮故道以行，水勢真日異而時不同哉！未審淮入江之道近得通利否，仰[三〇]復引而北出清河也。高寶[三一]湖水之溢，以淮無所洩，灌注其中使然。或南或北，淮水得一道洩走，則二湖水勢自殺，寶應越壩之築，異日必有可下手時，第未可以期月待耳。覽開示諄諄，知臺下謀國之心勤苦至矣。清口淤墊，既用混江龍振蕩水下甚利，則前所議建閘引淮之工無庸言矣。倘淮果入江，則自高郵而北，恃藉何水以接漕於清口也？伏秋且近，恐潦漲之患未可戀[三二]定，徐、沛間或更有可憂耳。不宣。

又

承諭揭，復監兑，增補潤，俱屬轉漕，切計自此江南運事之累，十去八九矣。辱示挽淮北返，殊慰，計此時已達清口，東趣海矣。未審近日河流復有遷改否，前諭謂黄河由崔鎮出故道，今欲自清口而北建閘，引淮以通于河，甚善道也。近聞門下與河道議，有謂清口以北不可隄則不可閘，且黄河尚自此行，不盡歸故道也，果否？若今清口已通，淮泥[三三]北出，河水秋漲，恐復填閼，則淮揚之患何時而止？若如前論，道淮入江，令河獨由草灣入海，亦可免淮揚患歟？國計民生，所仰仗宏猷者甚重，惟公熟思，其可毅然内斷於心，盡一上請，方今國是明正，不令任事者獨勤且苦心也。朝夕幸强飯，餘不悉。

又

辱札諭，無[三四]示河議，具領至教。昨歲公原議欲還河故道，冀紓淮安患耳；清口以北建閘引淮，則爲漕道計也。彼時正慮役巨費夥，措手不易。今河自歸故道，淮自清口出，下流仍與河合，即漕舟稍紆曲，然比之啓閉閘壩省力多矣，民患國計，兩得其便，良有天助。當嘉靖末，漕臣亦嘗建議，謂全河南注，溢入清口，恐淤墊漸高，淮水不出，擬築堤障清口，引淮東行，自七里店入河，正慮近日之患。今河、淮之合復在清口東，乃昔人所欲不惜工力從事者也。此時伏秋，發水期已過，河、淮安流，則高寶湖水必漸消減，堤工行見奏績耳。賢者獨勞，《北山》所以興刺，然公之茂猷嘉績，則固聖心簡在久矣。不宣。

又

再承札諭，其指陳水患曲折，較量利害，區畫浚導之宜，明若視掌，領教殊深，至矣！導河入海，導淮入河，此必不可易之論，必不可已之功，所當纓冠亟圖，不可少緩者。河自尋故道，省工費數十萬，極有天幸。浚清口，建閘壩，挽淮入崔鎮合黄河，費省而爲利且可久，或傳公亦無異議，但恐措理緩耳。向時河道遷徙，多在伏秋水發時。今即於發桃花水時衝夾[三五]，則秋來恐猶有變，所謂大開崔鎮八十丈之舉，須目下完之，乃可待變耳。聞二洪近亦少淤，若混江龍不以時振蕩，則秋來水患或更在徐、沛。臺下爲國家建深計，總漕首末，廟議悉仰成焉。希無以分土嫌越俎，必欲避形迹，幸不吝密示耳。不宣。

又

辱諭，知草灣、海口已分工興事。門下勤恤民隱，不憚胼胝，豈惟民力丕作，將神具[三六]是相矣。仰甚！仰甚！河勢湍悍，下流盡受中原諸水，故歲有衝決。今誠得便道沛然入海，極爲善道。然尤須多爲支流，凡近海地勢，河所經流有可擺者，即爲道引之，何如？蓋水分則勢弱，不能厚蕩沙泥，既殺衝搏，且少壅淤。昔禹疏九河，意蓋有主謂也。門下深仁遠猷，將爲淮北奠萬世安，敢布其愚若此，唯高明擇焉。幸甚。

復潘印川四

前奉書以河事請問，辱翰示，條析事理，明白洞悉，鄙心乃無所惑。然籌畫固貴豫定，興作當有次第。今俟潦落之時，且急築高堰以拯淮揚之溺，徐觀淮流入海之勢何如，乃議塞崔鎮，至于蕭縣以北上流之工，又當俟河、淮安流，乃可舉事。蓋此大役不獨措理經費之難，且興動大衆，頻年不解，其中亦有隱憂，元季之事可爲大鑒。今之進言者，喜生事而無遠圖，又每持此以歸咎廟堂坐視民患不爲拯救，不知當軸者之苦心深慮也。百凡幸惟慎重審圖，以副鄙願。不宣。

又

再辱明示，黄浦俄復底績，河、淮艱鉅之工既已悉竣，餘可計日待耳。河性洶猛，自古治河患者咸欲分擺支流以殺其勢，非一人矣，乃明臺獨議悉塞决口，驅全河之水以衝刷故道之淤。初聞殊異之，今竟以是道成功，若探券索負，此豈可與循襲故常者同日語識量哉？敬服！敬服！僕前清口伏秋之慮，蓋未知近日河身深卑如是，且家在河濱，習其性之遷變不測，故謬爲杞人説耳。承諭，及〔三七〕豁若發蒙矣。不宣。

又

承翰示，高堰之决口已塞，全堤合築，聞之忻慰無量。非臺下誠心忠計，躬自督閲，安能力遏横流，拯淮揚數千里沮洳昏墊患哉？自是黄浦底績，桑土漸藝，且爲地方永賴於世世矣。僕猶慮清口黄、淮之交，每歲伏秋水發，恐有激鬥潰溢之變，更伏〔三八〕臺猷預爲周計曲防耳。不宣。

又

承臺翰，秋水屢發，不盈河漕，而高堰隄外亦復乾涸，自是淮南民永奠攸居矣，真萬世功也。上流之議罷工申守，似亦得之，第未審夏〔三九〕蕭漫流之水，今能成渠否也。近因河勢驟遷，議者咸以北徙爲慮，而諸堤歲久多缺漏，補葺增置，衣袽之防有未可忽者，不然，一旦決裂，其及措手乎？大工誠未易舉，而事有可爲者亦宜相幾豫圖，要在不費事，不失時年〔四〇〕，更惟明臺留意焉。

復胡雅齋四

報代使者至，辱惠諭，其論吴中兵防、儲計，可謂簡而盡矣。以臺下明猷雄略，一指麾間，當使積蠹一清，遠邇易聽〔四一〕者，東南民瘼庶其有瘳乎！良仲〔四二〕！良仰！然所諭重故習甚於條令，畏横議甚於國法，則今天下有司通弊，匪直吴會然耳。此惟賴賢豪毅然督繩而振勵之，固廟議所樂聞也。

又

吴會號多口，自來從政者畏之，故立事不易。臺下一心在公，遇事即直前不顧。開鹽瀆，役練湖，完蘇、松糧賦，率不動聲色，咄啐間辦之，豈獨其才諝異人，亦共威信所襲，有在不令不怒之先者耳，聞之，不覺擊節。其調停本、折，量示寬恤，尤得張弛之宜，東南之民風吏治自是其一變矣，殊善！殊善！願公益自信，今世道清朗，訛言無敢興也。不悉。

又

承諭，斂事悉如來命，借重明臺指揮矣。所争錙銖而敢鼓衆哄官，五邑朋亂，法紀所在，不有以重折其萌，將何所不至耶？今朝廷不專主先定之説以慰釋其不平，則凶人所用倡衆之本已拔，按行渠魁之誅以章國典，非可逭也。不宣。

又

再奉諭，其〔四三〕稔綏輯地方始末，此事業已奉明旨下公等處分矣。大段政體要在公平，歙與五縣紛紛，皆由不平致之。惟付之至公以釋其不平，將人心自服，干紀者可得而理矣。若坐首事之邑，恐嫉惡已甚，反使不靖者得復藉口，惟高明圖之。裔境小有寇攘，豈足爲明肅累？第責所司必得渠魁，庶將來知懼耳。不宣。

復李漸庵

僕承乏春試，猥以梼陋忝大典，第恐士風醇醨關世道否泰，不量綿淺，思挽而正之，所謂有區區之意焉爾。伏奉明誨，不加譙訶，過爲獎與，若有當於大雅之通觀者。此由臺下守道固而取善弘，僕固深幸之，而有所不敢當耳。且責寔興事，廟議蓋切切日提撕之矣，而郡邑小大吏兢兢修職業、不外飾者，惟東土翕然改觀聽，則臺下奉宣詔書，綜覈明而功罪審也。夫僕徒托諸言耳，臺下則已見諸行事之寔。僕方嚮服公，而公乃復有概于蕪言，若此無亦取其意與？承示時弊，其積習非一日，非有灼見定力，安能驟易弦轍？然張弛有緒，而久久且使安焉，此惟可於臺下冀之而已。不宣。

復劉憲吾二

承諭，盛暑行役，徧歷三鎮，可謂賢者獨勞，甚矣！然以臺下壯猷，及是時詳觀疆場曲折，即異日借重開府，其制勝樽俎不有餘算哉？三關内險龍泉、平刑一帶多藉林木爲障，近五臺諸處乃因游民開田，縱火赭山，殊於防禦計爲非宜。此皆百〔四四〕年所長育，砍伐且恐通道，奈何任其焚蕩也。希臺下爲一詰禁之，有聞附白，幸賜諒。不宣。

又

再辱諭，及仰承明臺申嚴伐山之禁，此地方莫大幸也。東關有大同爲外蔽，然虜亦時至，所以少警，則山峻水深，足隔礙虜騎耳。且偏、老歲費築繕，即虜至莫能禦，故議者率謂種樹爲長策。然自多事來無慮三十餘年，而種樹竟未成，則其爲之難也。故僕聞東人焚山，心竊惜之，屬臺下教至，即因以申覆耳。伏承臺諭，兼示榜禁，良增仰荷。不宣。

復高鳳渚

再奉臺札，諄諄以亭障未繕、徭賦不均爲言，且毅然圖所以固封守、蘇罷㾋之策，極知臺下爲山右安攘計至深遠矣，無任欣戴。先朝以大同外障，三關不以邊論，故防守殊略。自正德、嘉靖來，三關日多事矣，顧司封者日卒卒謀目前，不遠慮，力亦不及，時亦不暇也。自虜款塞來，廟堂汲汲申飭繕塞練武，爲未雨桑土計，且遣大臣閱視至再，其言三關修守詳矣，乃不知猶疏廢若此，良可寒心，良可憤恨。夫𢡟〔四五〕痼之疾，惟盧扁能知。人情偷安，猜〔四六〕勞之必生怨，故前人多捱日自釋以去。今臺下疚若己病，欲以㾋〔四七〕之，須自其要且衝者先從事焉，尤必糧餉足，犒賞豐，使人悦〔四八〕忘其勞，乃爲善道。第須先處錢糧耳，其墩墻緩急、修建次第，俟臺議既定，請先繪圖貼説見示。大段西關山勢陂陀，無甚高險，且土多沙鬆，易於頹壞，必扼要據險，使虜不能越，且可久恃，將必有道焉。亦嘗有人稱種樹之説者，弘、正以前，三關少警，則林深勢阻耳。自伐山適〔四九〕道，遂不禁蹂躪。今欲種之，三年之艾，其果可蓄歟？古稱“榆塞”、“柳塞”，以二木者易生且易林也，惟臺下參酌之。其均差徭一節，極爲疲民深幸，第所開州縣，若屯留、沁水，猶在中上，復有最瘠累而未之及者，或偶以其年糧完多故耳。幸臺明虚心博訪，務求的確。亦有一州而東西異其肥磽，一縣而左右分其高下者，不可一概論也。若沃土巖邑，即比常賦稍加，抑〔五〇〕又何害？其疲民之受益者多矣。語無倫次，惟臺明諒之。

復胡順庵

計虜市目下已告竣，其繕塞一節，三晋人終歲勤動，不息肩者三四十年矣，方報完復興役，心嘗疑之。博訪其由，則謂非盡虚文抵飾，良由地無水、石，且土脉沙磧，築浚難而隳壞易耳。國初時遍地林木，一望不徹，故虜患絶少，近日樹木砍伐净盡，遂無限隔耳。故計莫如種樹，樹之速成又莫如榆、柳，僕因悟古人柳塞、榆塞之有由也。然種樹與築墻不同，築墻須密齊接續，不可出入；若種樹，則但視土之宜木處多種之，初雖斷續，久之成林，自然深厚相接，蓋取效不在一二年間也。諸不悉。

復宋禮齋二

辱諭，延鎮帑庾匱乏如此，即例銀預發，稍取及時糴買餱耳。今無寇警，無灾歉，而軍士猶經時不得額餉，即有意外，何以待之？經久充裕之策，所當亟〔五一〕講也。在先延鎮取給民運、屯鹽，絶不發内帑。今仰給内帑，聊遲以時月，即不禁若此。曩時民屯額今可考否也？不宣。

又

承示疏揭，延綏自虜入套即議墻守，自青神、丹陽、太原、蘭溪諸公皆嘗經略，前後只完西段墻工，其中東二段昨聞喜[五二]始完之，然豈如修塼臺之爲利賴可久也？歲發工費銀，悉如宜黄公原議，幸吾友悉心圖其終事。昨歲所以有軍怨之，傳以給放月糧愆期之故，唯賢者留意。興大役，成大事，當鼓舞使人樂從，斯爲善也。不悉。

復鄒肖岩

江西士風，自前輩來尚講學，故出而用世，有風節，有寔用。比其敝也，立門户，相標擠，虚詭趨競，吏治、世道均受其害矣。兹借重明德，爲多士楷範，幸導之務本業，敦實行，一歸先民之舊，斯善耳。

復鄭三橋

山郡瀕河爲城，居民以數十萬計，邇歲河流東徙，厢坊間蓋岌岌矣。幸天祐遺民，獲借重明公經營隄障，實心仁政，周徧真切，拮据胼胝，勤勞特甚。東工告成，民訢訢相告，咸謂堅厚密緻，目所未睹，是公有大造於我土也。僕飫聞鄉人頌聲，感荷均至。兹承垂諭始末，昭之圖示，益感公之加意優深，非偶然也。不宣。

復邢知吾

在前池鹽不結，即將鹽課查豁，嘉靖七八年間，有鹾院題疏可驗，于時部覆，宣、大歲額發帑金補之。迨隆慶間，池鹽不生，鹾院具奏，以帑藏空竭而邊供甚棘，支[五三]部乃創爲預責商辦，待池鹽盛生補給之説，迄今爲河東大害，環中條數百里間，富家無故破産者十室九矣，其實非法也。兹承明臺惻然動念，祈免逋課八萬，固爲諸商大幸。若求長便，則帑金縱不能補發，或如丘文莊所議，解鹽不生，將河南、汝南等處用解鹽引暫行淮鹽，河北、開封等處用解鹽引暫行長蘆鹽，陝西等處用解鹽引暫行靈州鹽，令三處解銀河東運司充課，待鹽生復舊，此亦通變一術也。今歲益〔五四〕花未知此時何如，商困既極，若將來仍責預辦，不惟理有不通，即力亦不敷而勢亦不行矣。覽明臺揭諭，恤民憂時之誠溢于言外，故敢輒布其愚，希賜鑒。幸甚。

復辛順庵三

承揭示，兼辱札諭，堉〔五五〕民鮮祐，遘此大沴，臺慈軫念撫摩，可謂憂形于色矣，良感！良感！令申〔五六〕，凡災傷各有司徑奏，下按臣覈實，撫臺議蠲賑，故奏報得不逾期。近皆有司申報，司道駁覈，呈撫臺類奏，故往往延滯。即如臺下至仁，山右最近地，猶爾愆期，則他可知也。此須申明舊典爲便耳。不宣。

又

《丈田疏》，司農殊讚其精當。山鄉地額，幾復國初之舊，而糧則以九年實徵爲則，此台仁爲地方造福至厚也。然各處折糧，每石或六七錢，或四五錢，鮮至一兩，惟山鄉自嘉靖中年則俱以一兩爲折。其寔民間三石粟始辨一石糧，是不啻倍徵矣。昨語司農，謂天下無此重徵，民力真不支也。希臺下命布政司將山西一省折糧額則及析〔五七〕布糧額并分派倉口詳開册籍見示。至仰。

又

山鄉清丈田畝，幾復國初原額，而糧以見徵爲則，極荷臺下芘護艱民無窮之澤。其折徵之重，則自嘉靖中邊事急、宗室繁節次增之耳。大同近邊，原徵本色，邊地米豆價高，及議折徵，即依時估〔五八〕，故徵則尤重。若内地存留，亦以一兩爲額，則壬寅、癸卯間比大同而題增者耳。今勢莫能減損，僕特欲得其詳，使司計者如〔五九〕之，免異日復有横征，如前柴夫、料價等，與諸糧輕地饒省分均派之也。承示減糧告示，此最爲喫緊，須各道盡心遵奉臺約，詳審密察，庶奸詭不容而小民被實福耳。又河東錢法向來通行殊便，近乃有私錢混擾，未審何自而來，官錢遂亦滯而不行。併希命兩道嚴加防禁，痛治其開爐、興販之人，庶弊可息而錢利行也。不宣。

復楮〔六〇〕愛所

承札諭，兼領諸疏揭，知明臺無事不留心加慎也。軍民田交錯，清丈爲難，矧又有坐落别省者，真難一一究詰，第求民田足額不爲所影占，則其所餘屯地任之而已，不必與之較尺寸也。蓋國初原有近屯荒地儘力開墾，悉爲己業，永不起科之令，如潁川、河南等衛新增銀兩，殊非制也。今當清正之期，不必分其能辦增銀與否，悉行分豁，庶不失典制，且免異日爲衛所累耳。承訊及，輒述鄙見，惟臺裁。不具。

復宋桐岡

承示丈田、審編二議，可謂詳至。審編乃節歲所常行，民已習之。兹復奉臺約區畫，今歲差、賦必平均，貧弱免偏累矣。至于丈地，乃創行之事，民間甚懼，而有司者復多不能仰體朝廷之意而下禁吏里之奸，即今事未舉而各處往往有稱擾者矣。且部題丈田，初議原謂各州縣只以原額爲準，縱清出脱漏附餘地多，亦從輕均攤，不如〔六一〕毫末。今聞各州縣乃欲并關厢、村落、民居丈之，又不分豁墳墓，此何説也？山中石田，貧民費力墾藝，而收穫甚險〔六二〕；濱水退灘，水至則成川：皆不可入額者。且今兩院方具題請，待秋收後舉事，而地方吏書輩聞已有檢勘人田數次者，其官長豈知之也？此須仗臺下明威，簡明曉示，謂今丈田只依原額取均，不求增益，凡坊厢不丈，民居不丈，墳塋不丈。山田丈至山根可耕之地而止，其深山、石岩、高嶺不丈。濱水退灘，水暫來暫去者不丈。兩院已題定秋收後丈量，各承委人役無得先時騷擾，訪有違犯，嚴治其一二處，則千里之内洒然安静矣。外《扶風丈地式》一帙，當時號爲得法，併以呈覽，伏希鑒裁。幸甚。

復吕岫雲

辱翰示及大雅所纂集諸帙，領教甚深。其欲裒古今晋人詩爲集，意亦良美。但詩賦末技，吾晋人所爲海内推重者無藉於此。唐以前諸公詩，世所共傳，中間如王維、鮑照之類，雖族望山西，其寔乃關中、江南各方人耳，而真晋人所遺尚多。宋、元詩雖不如唐，譬之今時猶勝，如文、馬、二段、三李之流，皆一時名筆，亦難概以時棄。至如國朝諸公，原不以詩名，何必虚〔六三〕張此伎倆，徒增浮薄子之詆訕耳，安足釋謗也？且彼不有其父，其放言謬論亦何足爲輕重？此事不如已之。不宣。

復孫小溪

丈田優免之事最爲怨府，而吴會尤難。承示，一以至公行之，付怨尤于勿恤，此前輩古人風也。夫以至虚無我之心，而確守畫一不偏之制，則人心悦服者衆，雖不便者亦自難得而訾詆之矣，臺下所執是也。先年法紀不張，錢糧積久無極，近因考成督迫，完逋過半，其不完者大段皆必不能完者也。非獨蘇、松當豁，即并海内舊逋悉豁之，以與民更始，亦時政所宜然矣。不宣。

復張心齋五

月來領教甚數，乃使者絶不取覆音，缺然覺有罪。虜耻奔敗，故矙夏月不戒，冀一償夙怨。乃臺下堅壁固壘以待之，使之求戰不得，師老財費，此屈人兵善策也，虜當益畏中國之難測矣。承諭，馬市云云乃虜真情，犬羊唯利是嗜，得於彼者厚，則視此之薄有不屑矣。然遼市原三衛海西屬夷，未嘗許北虜市，今所要求傲肆之言似北虜者，豈常市時不禁，北虜混入耶？東方若與土蠻市，自當依西例，與屬夷不同。然此須奉欽命乃可從事，亦須俟彼來求，既久且恭，然後可奏聞耳，勿嘗試爲也。不宣。

又

狂虜糾集犬羊之衆，徘徊境上，竟未敢馳騁而入，乃洩毒于王台，此臺下内備嚴而究〔六四〕聲遠之明效也。今十月已平〔六五〕，不聞警報，想諸酋已解散遁歸矣。第其狂謀未遂，冬來輕騎闖我不備，乃所必有。仗壯猷密略，果至，又一大創之，則虜將不敢復窺遼塞矣。王台既與虜怨深，借爲耳目，約爲犄角，皆可相機用之，惟臺下擇焉。不悉。

又

虜環伺遼左，終歲無暇時，賴壯猷卒無損失，然勤瘁可謂至矣。曩時遼兵狃〔六六〕于出塞之利，往往致大衊〔六七〕。兹兄丈戒令慎守封圉，不許輒出塞，真得上算。第兵家事無常形，向虜知我軍輕出，每設伏誘我。今我兵久不出，虜且不備，伺其懈掩之，亦一奇也。不然，彼朝夕不離吾塞，作息自若，而我兵頃刻不敢逸，則自困之道爾。不宣。

又

虜非時大舉，蓋將乘我不備，而兄丈居逸守要，使乖其所之而去，賢於斬馘功遠矣。《善後疏》下户、兵二部議，遼左糧析〔六八〕最薄，前弟《會録策》中亦言之，兄曾省覽否？昨該科及兵部議增餉，而户部執不從，第發銀二萬兩，深爲可恨。今既奉旨會議，當有曲處耳。虜盛暑動衆，其士馬必疲損，今秋或不能大舉。第其貪憤未申，豈能忘情於我？或當入冬選鋭疾發耳。前歲遼兵數勝，虜有戒備心，故今歲當持重，以老其鋭氣。今年虜入數四，見我兵不戰，當必又以爲弱而易之矣。蓄説〔六九〕藏機，俟其至，矙酋帳所在，霆奮飈擊之，可以大得志，不亦使之喪膽，此兵家處女脱兔法也。輒布其愚，惟兄明裁察之。不悉。

又

承示，屬夷驕逆叵耐，信然，蓋非一朝夕故也。夫犬羊唯有嗜利畏威，安知信義？祖宗時雖令保塞，然時有不順，即征誅隨之，未嘗專用撫也。邇歲將牢大甚，使虜狃于已事，横索明侮，無所不至，而我嫗煦柎〔七〇〕摩，惟其意之徇而莫敢攖，今乃至是極耳。古北之役，差强人意，將士誠當叙録，以作兵氣。第斬獲甚少，未足懲虜，若復以生獲縱歸，將恐中國之體益卑爾。臺下壯猷訏謀，必有長策破拘攣、新觀聽者，僕甚願聞之。

復周樂軒七

遼鎮三面臨虜，而軍餉視諸鎮特薄，以其土饒，曩時田野闢而芻粟豐也。今丁耗田蕪，益以歲數被蹂躪，不及時改易弦轍，後將安極？所示增餉之議，誠自治第一議也。東虜雖衆强，然其爲患有時。至於屬夷密邇，假借搆煽，日新月異，使我終歲疲于奔命。屬夷不懲，冀遼左之安寧無期也，顧爲力不易耳。

又

市夷恣肆至此，若置之不問，則國威盡失，諸部皆將生心，將來東方益多事，難措手矣。乘今諸部尚未決裂，猶可專力治此孤虜，要在審機宜，明文告，堂堂問罪，以一警百，斯善道也。

又

遼鎮連年之患，咸屬夷爲之，糾連嚮導，歲無寧日，使我疲於奔命，甚矣！故屬夷不懲，遼事未有息肩期也。祖宗朝，每有不恭，輒興師問罪，故犬羊有所畏而不敢。邇來將牢大過，使其驕恣，無忌憚若此。若乘隙傾其巢穴，彼北走即虜，亦不容安居，勢且復來求附，庶足行威惠耳。兹承諭，具服壯猷。此須密計迅發，疾雷脱兔，乃足收奇績。若聲聞先張，或次且瞻顧，彼且有以待我，未易得志也。伏希鑒裁。

又

承示，東虜請成，此事極須審處。朝廷許西虜納款十年餘，而東虜則靳而不許者，一則土蠻無信，即許之未可永保，且前後俱以兵要求不遂，不可許；二則東虜部衆大多而遼左販易艱遠，欲如西鎮五〔七一〕市不能。敢〔七二〕耳今驟許之，東虜未必能戢，徒使西虜視中國爲不信，以爲俺答初死，即與東虜結好，必且倩〔七三〕貳矣，故此不可不慎也。若以遼左連歲苦兵，不如因其善意而姑成之，使地方稍得蘇息。但當且與之約，能數年不内犯，著有誠節，方許請封、通貢。今先優賚其往來之使，示以接納可耳。關係頗重，始謀最不可忽，惟明臺加意焉。

又

垂〔七四〕承諭示，逆酋授首已確，此塞垣福也。虜憤怨固深，然震慴已甚，矧此時馬多尫瘠，非其大舉，候秋冬交，須慎防耳。土蠻索市，其意欲如西部耳。若但以屬夷事規行之，則彼年來固已混入遼市，又何求焉？此恐難塞其欲也。

又

今邊患獨遼爲棘，該鎮士忠勇敢戰，第騎伍不充耳。臺下加意振飭，乃朝廷所樂聞，豈復從中撓也？俟本鎮士馬充壯，大折東虜之鋒而奪兵〔七五〕氣，然後乃可議貢市，責之守信奉順，如西部矣。不然，雖許貢市，而狂虜之肆逞且不戢，更添一番非分需求，難應副也。何如？何如？

又

王台久著忠順，今其年老而子不肖，不能自立，中國大義，當加顧恤。若二奴挾北虜勢，遂滅王台，恐遼左患方大耳，此亦不可不制之于豫也。希明臺務存大體，酌兵機，爲地方永安計，無信諸將自便苟安之説。彼但欲倖目前少事，不顧異日害也。惟臺明慎加裁擇，幸甚。

復梁鳴泉四

承諭及疏揭，真東鎮近年希有事，已奉旨先行賚錫矣。屬夷蒙天朝二百年覆育深恩，罔知感戴。嘉靖間，大虜猖獗，渠爲勾結嚮導，荼〔七六〕苦内地，邊人至今讐恨入骨。近我邊備漸飭，西虜已奉約，東〔七七〕虜復累衄，眇爾屬孽，正宜畏罪悔禍自新之時，而憑陵益甚，言之令人短氣。此不有以痛懲艾之，求疆埸一日之安不可得也。今議復欲以其被擒俘虜與易我人爲彼執者，如此，恐貽中國羞，將來事必大不可措手，亦明臺切身憂也。惟高明深思而熟計之，務求經久正大之策，勿憚一勞也。不宣。

又

疆場事時有小疏失，使人心儆惕，乃可以預杜萌隙。古北關城係夷夏要衝，擄夷囚得越城逸去，此不惟巡防懈弛，即城垣之□〔七八〕陁不足賴明矣，僻徑小口將必又甚，此足爲先事防也。惟臺明加意焉。

又

昂酋不道，悖天朝二百年覆育之恩，敢爲戎首，極不可耐。仗臺下壯猷，俾狂逞不遂，乖其所之，已成困獸矣。兹來求復貢，誠宜略其往愆，第須有以破其所恃而懾服其邪心。不然，此虜將益輕中國，其跋扈不恭之態旋復作矣。何如？何如？惟明臺審圖之。

又

兵知彼己者勝，以偵探明而料量審也。今歲虜大舉東犯遼左，而屬夷百方誑惑，使我極力西防，是屬夷外爲虜用，而内塗吾之耳目也，殊可憤恨。計虜即復大舉，當在冬深，紛紛寧遠牽擾之賊，始終皆屬夷爲之耳，幸臺明無深慮焉。

復戚南塘

將軍智略輻輳，爲國虎臣，譬則干將、莫邪，水剸蛟螭，陸斬犀象，無不迎刃解者，南北奚擇焉？第曩時海上百勝之聲著聞天下，比借重薊左，虜畏威不敢輕犯塞，既無所試其長技，而賢者所在，傍觀者又多責備焉。此與將軍無損，亦不足介懷也。然古稱“師克在和”，今南兵去家萬里，遠戍兹土，勢不得不加厚，聞卒乘間頗嘖嘖以不均生怨心，此當有以懷輯之耳。昔高歡用鮮卑兵建績，衣食倍於漢士，其初相怨望甚，而歡能開喻和諧之，故卒無它虞。今將軍開閫北門，凡在統馭，均其子弟，亦奚有南北之辨？要在辦集疆事而已。故願善處乎此，而銷其不平，即煩言無足恤也。不宣。

校勘記

〔一〕“某”，清稿本作“其”。

〔二〕“常”，清稿本作“當”，是。

〔三〕“目”，清稿本作“自”，是。

〔四〕“橋”，清稿本作“矯”，是。

〔五〕“益”，清稿本作“蓋”，是。

〔六〕“開”，清稿本作“關”，是。

〔七〕“舉”，清稿本作“轝”，是。

〔八〕“誠”，清稿本作“識”，是。

〔九〕“社”，清稿本作“杜”，是。

〔一〇〕“論”，清稿本作“諭”，是。

〔一一〕“楷”，清稿本作“指”，是。

〔一二〕“布”，清稿本作“希”，是。

〔一三〕“虱”，清稿本作“風”，是。

〔一四〕“倍”，清稿本作“信”，是。

〔一五〕“遠”，清稿本作“逮”，是。

〔一六〕“泰”，清稿本作“忝”，是。

〔一七〕“黄”，底本卷首原目録作“蕭”。

〔一八〕“隅”，清稿本作“陷”，是。

〔一九〕“支”，清稿本作“反”，是，（明）陳子龍等《皇明經世文編》

卷之三百七十三張四維《復邵梅墩論河漕》亦作"反"。

〔二〇〕"法",清稿本作"洪",是,同上文亦作"洪"。

〔二一〕"金",清稿本作"全",是,同上文亦作"全"。

〔二二〕"陳",清稿本作"陵",是,同上文亦作"陵"。

〔二三〕"開",清稿本作"聞",是。

〔二四〕"何",清稿本作"可",是。

〔二五〕"柱",清稿本作"枉",是。

〔二六〕"負",清稿本作"貞",是。

〔二七〕"車",清稿本作"卓",是。

〔二八〕"押",疑當作"捭"。

〔二九〕"閤",清稿本作"間",是。

〔三〇〕"仰",清稿本作"抑",是。

〔三一〕"實",清稿本作"寶",是。

〔三二〕"戀",清稿本作"懸",是。

〔三三〕"泥",清稿本作"流",是。

〔三四〕"無",清稿本作"兼",是。(明)陳子龍等《皇明經世文編》卷之三百七十三張四維《與吴自湖論河復清口》亦作"兼"。

〔三五〕"夾",清稿本作"决",是。

〔三六〕"具",疑當作"其"。

〔三七〕"及",疑當作"乃"。

〔三八〕"伏",清稿本作"仗",是。

〔三九〕"夏",清稿本作"下"。

〔四〇〕"年",清稿本作"耳",是。

〔四一〕"聰",清稿本作"聽",是。

〔四二〕"仲",清稿本作"仰",是。

〔四三〕"其",清稿本作"具",是。

〔四四〕"百",清稿本作"昔"。

〔四五〕"憶",清稿本作"隱",是,(明)陳子龍等《皇明經世文編》卷之三百七十三張四維《復高鳳渚》亦作"隱"。

〔四六〕“猶”，清稿本作“稍”，是，同上文亦作“稍”。

〔四七〕“瘵”，清稿本作“瘵”，是，同上文亦作“瘵”。

〔四八〕“悦”，同上文作“役”。

〔四九〕“適”，清稿本作“通”，是，同上文亦作“通”。

〔五〇〕“抑”，同上文作“其”。

〔五一〕“亟”，清稿本作“急”。

〔五二〕“喜”，據文意此字疑衍，待考。

〔五三〕“支”，（明）陳子龍等《皇明經世文編》卷之三百七十三張四維《復邢知吾》作“本”。

〔五四〕“益”，清稿本作“鹽”，是，同上文亦作“鹽”。

〔五五〕“堉”，清稿本作“瘠”，是。

〔五六〕“申”，清稿本作“甲”，是。

〔五七〕“析”，清稿本作“折”，是。

〔五八〕“佔”，清稿本作“估”，是。

〔五九〕“如”，清稿本作“知”，是。

〔六〇〕“楮”，底本卷首原目録作“褚”，據文意當作“褚”。

〔六一〕“如”，清稿本作“加”，是。

〔六二〕“險”，清稿本作“儉”，是。

〔六三〕“虚”，清稿本作“獨”。

〔六四〕“究”，清稿本作“先”，是。

〔六五〕“平”，清稿本作“半”，是。

〔六六〕“狙”，清稿本作“狃”，是。

〔六七〕“巇”，疑當作“衄”。

〔六八〕“析”，清稿本作“折”，是。

〔六九〕“説”，清稿本作“鋭”，是。

〔七〇〕“柎”，清稿本作“拊”，是。

〔七一〕“五”，清稿本作“互”，是。

〔七二〕“敢”，清稿本作“故”，是。

〔七三〕“倩”，清稿本作“猜”，是。

〔七四〕“垂”，清稿本作“再”，是。

〔七五〕“兵”，清稿本作“其”，是。

〔七六〕“茶”，清稿本作“荼”，是。

〔七七〕“東”，疑當作“柬”。

〔七八〕□，底本漶漫不清，據清稿本當作“陴”。

條麓堂集卷十九

書　四

復鄭範溪十一[一]

承札諭，兼領疏揭。歲中雲鎮修築，乃至視原議增倍，自非臺下恩威素孚，鼓舞有道，安能至此？良仰！良仰！雲鎮地勢平衍，且與大虜密邇，絶無藩籬之限，建議者往往以繕塞爲長策，然自翁東涯公後鮮能從事者，固虜勢滋强，時不遑暇，亦人謀之不臧也。近歲虜款順，未雨桑土，時真有不可失者。但窮年力役，而工餉視他鎮獨薄，故人不樂從而士氣覺疲耳。兹仗臺略，餉足軍感，今日所以日少工多，夫豈無由致耶？勸懲勤惰，臺下分别已晳，該部當無復異同耳。不宣。

又

連承翰示，具悉東西虜情之詳，及臺下制馭撫綏之略，殊仰！殊仰！虜王所開條禁，可謂恭順，即不西行，亦須依此約束，則雲西一帶事端益簡省矣。東虜既浼虜生[二]，求通中國，乃復掠其屬部，此中必有它説，大約虜勢漸涣，未可逆其究竟。吾惟内自修治以待之，如明諭所示，真至計也。不盡。

又

虜王求乞甚夥，承示以理開諭止之，甚善。兹大疏叙諸應賚夷衆，誠不可少，但事須慎始。宋景德中初與遼盟，歡好甚洽，歲惟遣使賀三節，及往給歲幣耳。緣夷使往來悉有厚賜，嗣後乃往往借閑事以來，遂至供億不支，復立泛使之禁，是啓爭釁。今虜自歲市外無大賚，習而安之矣。今因虜王回巢，賚及從者可爾，乃並居者賚之，恐犬羊無厭，嗣後且生心。此須臺明委曲曉諭，見朝廷非常之恩，使彼知感而不冀念于後，則善矣。

又

承示三鎮互市俱竣，馬數無增，撫賞依舊，爲慰深至。自虜款貢來，今十祀矣，而馬數、撫賞必歲有增加，雖大計無妨，然識者多虞後之無紀極也。今歲加以黄酋違拗，百端横索，非臺下卓有定力，毅然不爲一毫曲徇，則事體必少變，不則，此虜將跳梁無忌也。僕初蓋深慮之，兹聞教及邊人傳述，又具服杜〔三〕猷宏略，真萬里長城任也。楊亮没身絶域可憫，此當破格優恤，爲使命勸者，仰見臺慈軫念勞人，盛心殊篤至矣。

又

青酋諸部以切近東虜，且爲屬夷誑誘，自初款貢時，其奉漢約不若西部恭順，非一朝矣。今春至明犯遼西，徐徐以佛前誓罪内詒，是玩中國也，故未幾復有銀定諸虜之孽，其肆無忌憚至矣。此不痛懲，則諸虜皆將生心，後將安極？臺諭欲盡法議罰，然後爲之請貸，真壯猷長算也，良服！良服！犬羊無常，疆埸事時時有小參差，乃其常態，惟隨變爲應，不失機宜，則經一番反有一番益耳。今各鎮似皆以務保歲事完全爲計，惟恐有失，故使狡虜得乘隙要挾，需求凌藉，漸與始異，非仗明臺沉機遠覽，不狃目前，其何能維貢市于永永也。

又

虜款已久，宣、大所繕塞略備矣，而三關之防則今日始有次第，非仗臺明壯猷，其何能爾？三關爲晋障雖均，然寧、雁外蔽朔、應，而偏關則密與虜鄰，其緩急不同。今雁、平之塞，若盤道梁等處，石壁足稱天險，而偏頭以西抵於黄河最爲剥膚地，乃其墻臺猶未足爲永賴。仰伏〔四〕臺明遠略再加料理，亦若盤道梁之固，此三晋萬年利也。曩者雲中議修守，以築墩堡爲便，而臺下力以邊墻爲不可已，而又立爲更代守視之法，今崇墉千里，爲地方保障甚固。臺仁一視三鎮，豈有殊也？故敢布其愚，伏惟賜鑒。幸甚。

又

滿酋遷延塞門，雖順義有命而不奉也，我一閉關收市，即波〔五〕汲甘心受罰若此，則虜情大段可見矣。犬羊安有信義，要在中國不失操縱之宜，波〔六〕已中吾餌，不能中吐，則惟就吾羈紲。若一意曲徇，苟求無事，虜反得以肆其要挾，愈無忌憚耳。年來伏〔七〕臺下壯猷，昨歲既杜黄酋之要求，今歲又正滿酋之罪罰，自是中國威令益尊，而群虜奉約當益謹也，仰服！仰服！不盡。

又

承示虜且糾衆西掠，此當不虚。但草枯水凍，非大衆遠行時，須多方偵之。冬月已半，新平黄酋市事竟舉否？如其未至，當先爲各鎮報完，明言此酋若至，則照常爲市，不來則已，庶爲妥當。若我必求彼至以圖完美，恐啓狡虜要挾之心，漸生枝節耳。惟臺明裁之。

又

得勝與虜王部衆爲市，乃虜款來第一互易之所，今者五日而報竣事，可謂神速矣。凡仗明臺年來威信不忒，爲虜衆所畏服，故奉約謹而無越志也，良仰！良仰！宣鎮閉關罷市，足破青酋狡謀。自虜受盟迄今，歲一紀矣，天下事無久而不變者，要在有以禦之，故今日邊事，練兵繕械最爲急務，果虜窺吾難犯，將守約益固耳。非明臺壯猷，其孰能與於此耶？不宣。

又

承示，虜貢馬悉入邊，視常歲既早且齊，此臺下威信慑孚之所致也。其虜中立王事，原與中國無與，俟其既定來求，然後爲具題，最爲得體。願臺下安意經畫之，彼急急欲爲虜立王者識不足也，安可與訂大計，幸無惑焉。夷情具銜揭備封進，蓋機事有當然者，嗣後幸循行之，惟臺鑒。不悉。

又

承示虜情及虜王婦書，具稔沉機遠略，深得持重居尊之體，良仰！良仰！滿五素來市，宣鎮所未完特青酋一部耳，蓋其遠括各部之馬，務以多取利，故遲遲也。又聞東虜欲犯遼，來糾青酋，陽不行，將陰分部衆佐之，狡獪可惡，希臺明再加偵寔，昌言以曉告之，明破其奸，或當且止耳。秋防在期，百爾夷情，無論巨細遠邇，統希遠〔八〕行密示。幸甚。

又

承示，黄酋既收父妾，爲虜中主矣，以後北邊事有所統攝，疆圉可省事，足慰也。但不審此酋威力，能約制其衆及東西各部否。更革之始，前事未善者當自此更正，後害有萌者當自此預防，全仗明臺壯猷沉略，爲社稷萬年衛耳。來揭已封進，虜巢賀使回，幸以其中近狀見示。不盡。

復賈春宇四

疆場之事，原以市易爲權宜，修守爲本務，要在食足兵練，有以待虜，則市之開塞伸縮在我，任虜來去，不足校耳。若一意曲徇，則犬羊將謂我寔畏之，無厭之求將來何以善後？來諭謂不輕與市，雖未必無它變，而可消虜憑陵氣，市乃可久，此乃石畫，願審機而徐應之。虜啖甘入口，未必能遽吐之也。不宣。

又

承示，知市事已完。聞黄酋諸子頗凶狡，綏接制馭，門下倍有苦心矣。今貢市已六舉，中外相安，且習爲故事，虜雖欲狂逞，亦内戀節年之利，未必肯遽失之，而往往危言以恐喝我，知我畏之故耳。若陰爲之備，而陽示不屑，來若不得已而應之，不來置之不問，則其狡計窮矣。前門下所以見語，乃制虜長策。倘曲意徇之，夫溪壑亦何厭之有？惟高明裁之。幸甚。

又

辱揭示，雲中三市俱完，夷情馴順，具稔威信所懾孚深矣，良慰！良慰！虜情不可逆，然須有以節之，乃爲可久。近見此方民市馬少，而遼左夷終歲不入開原市，則由官市曲徇虜欲，有以中之耳。雖中國不斬[九]費，恐將來不可繼，惟臺明深念之。

又

承示，守口市事已舉，虜情較順，慰慰。計此時守口事竣，新平亦將舉矣。來〔一〇〕審虜馬其多寡竟視上年何如。大段所患不在馬多，在於尫病不中用耳。若果皆健壯足用，雖多何害？故市馬能量物酬價，然後官不費，民樂從，事可久也。不然，虜欲無厭，歲以老病且死之畜填入中國，飽攫金帛而去，非事體也。惟臺明留神焉。

復王雲衢四

東邊久無烽警，忽此小小竊發，足使士心惕勵，不必深異，第當處分適機宜耳。所示望風奔潰，所當正法，甚當。夫兵躡敵境，士卒乃不顧其帥，即遇大敵，其可用耶？至于夷情，尤須審寔慎處。此舉乃東西虜所觀望，於國體邊機殊有關係也。不宣。

又

承示虜情，若其釁已成，即且兵連未解，將使强者傷，弱者仆，真中國利也。第青酋輕僄無耻，果累鬥不勝，將甘心爲東虜役，東方又必多事。此酋既結好于我，須時以好言慰之，張揚其武勇，陰示以降伏之辱，使其交不得合，此在臺明審伺而妙應之耳。不宣。

又

承示虜情之詳，俺酋當昔强壯時，虎視北裔，靡敢攖其鋒者，今乃不振至此極，無亦數年來甘中國豢養，遂消其鷙悍氣耶？宣鎮市馬，以三萬爲限，視初年二千之數，亦幾十五倍，所以待虜者不爲狹矣。若越是而復有索講〔一一〕，真不可從也。此鎮自款貢來修守、積貯俱視昔加勝，第士氣萎甚。今大躙積逋，工役又且休止，培養而振練之，俾桓桓如貔虎，是在明臺加之意耳。

又

時已入夏，而虜不求早貢市，則青酋無意西去，不應俺酋之急可知，虜勢自此益離披矣。苦我邊備當積弱後，卒不能振，不惟不得乘時有爲，且使區區屬夷跳肆而莫之遏也，真可慨嘆！所期遠猷夙告〔一二〕端於明臺有賴耳。不宣。

復吴環洲四

虜王西行，大段爲套虜報復，借謁僧爲名耳。此必先過凉丹，駐西海，休息士馬，乘隙一樸瓦剌，并携其子賓兔歸東也。此酋年已逾七望八，風燭朝夕，而爲是往返數年之行，其生還難冀哉。惟是塞下撫接制馭之宜，先後疏數剛柔之節，且時時易應，仗臺明威略非淺耳。不宣。

又

承示，虜衆近益畏懷，貢市之堅，尚未可以歲計，此寔疆埸至幸，夫豈不願？第事變靡常，揆量貴豫。今虜王徘徊西裔，進退惟各〔一三〕，威外挫而衆内携，恐其死亡不久，東西諸部虜各有心，彼此不一，其勢又不能相使。今所以馴謹奉約，貪市利耳，原非憚我兵力也。明者見於未形，矧已有兆，國計民命，其仰賴於宋〔一四〕今者未有涯已。輒布其愚，惟臺明鑒炤。幸甚。

又

東虜原虜君且卒衆，西虜與相抗者，恃勢强耳，勢弱必不憚爲之臣，則東方未免多事。竊計東虜縱以勢陵服青酋，未必能并吞其部。二虜雖合，其中亦將多杆〔一五〕格，未便能爲邊關大害，或要青酋等爲渠轉求貢市耳。此在臨時相機應之，未可默定也。

不宣。

又

承示，諸虜部貢馬先後沓至，而奉明約益謹，良爲國慶。各夷欲市完西行，則俺酋東旋尚未有期也。聞青酋已向土蠻謝罪，未諗果否。夫虜勢離披東西，或有別故，皆將扳中國爲重，惟在我之兵力强勁，足爲禍福，則弱者依庇，强者畏懾，可使惟吾命是從耳。故今日邊計，要在詳偵虜情，練軍寔，養士氣，餘可緩也。惟高明諒之。

復郭環一二

承示松潘虜情，伐謀之策，臺下必有雄略，豈章句生所能遥度？但北虜耐寒，四時衣旃裘，西南山險林密，水草沮洳，或非其馳驅所便。以愚度，境外諸番爲所驅掠，勢不能抗，而巢穴爲所奪，失其生計，欲避則無地可往，欲入中國則必不見容，乃導虜入犯。一則欲委禍于我，而偷以其間甦〔一六〕息；一則欲借虜力，隨之入搶，冀以失之虜者取償于我；一則虜與中國搆，得利則無損于番，失利則士卒多傷，勢且弱，不敢孤懸處西裔，必且歸北，而諸番之患遠矣。此番情也。若度虜情，則搶番自其本志。賓兔，親俺答子，既奉約束，豈其首先畔盟？且階、成、鳳、固之間，北虜自來未至，況于松、茂，此必無之理。彼入，果得利，其士馬物故且不償失；如或遭衄疫，中國掎之，番角之，並西邊數千里，率疲散之衆行所在爲敵之途，豈敢爾耳？故虜不利入掠，番利虜入掠。凡言欲犯者，皆番情也。若虜果真欲犯，且潛踪匿迹，使我不備，豈明言月日，至于再三哉？果爾，則虜亦無謀甚矣，不足忌〔一七〕也。然有一説，番欲虜入，必誘以物産之富盛，告以兵力之脆弱，虜動心焉而不能拾〔一八〕也。又憚于渝盟，失和市之利耳，懼爲俺酋所督過，乃以虚聲恐喝，冀邊將啖之金帛，渠可坐索重賄，而且不妨和議耳。今之應之，固當中幾宜而待之，尤須嚴備禦，無論番、虜逆順，慎吾自治之防，俾無間可乘，乃完道也。承下問，諄諄敢輒布其愚。輿人有誦，雖善計者所采，第恐燕人之説或非郢書意耳。惟高明裁鑒。

又

承札示二摺，具悉訏〔一九〕謀。虜窮北産也，乃柄〔二〇〕遲南土，經涉冬夏，此必已宜其水土，不可常理論。若防禦，全藉地利及火器、勁弩耳。扼險重開〔二一〕，乃爲得策。若恃人力，即募北人，亦必近蜀者乃始肯應，其强弱不甚相遠，恐倍滋煩費，無裨攻守計也。若臺軿乘暇西巡，備探山川形勝〔二二〕，其經略當有貽蜀土百世安者。敬伺前驅至都門請益耳。不宣。

復羅聞野

虜大衆駐西，雖馴謹守約束，然亦未免爲地方煩費，入春或當東歸已。茶市必不可許，虜王亦無所藉此，此必邊塞奸人誘同西海虜，借俺酋爲重，以恐喝中國耳。第置之勿理，俾撫鎮傳諭虜王，仍多方訪内奸治之可也。不宣。

復部文川九

承示西鎮虜情，具見壯猷訏謀、撫輯控馭之詳，地方甚幸。其藏僧封賚及虜王等頒賜，悉如來教行矣。至于闡化王襲封一節，於近年門中節次起貢夷名、事迹俱相舛左，幸傳諭虜王合審之，必有一僞也。虜方東調諸部，未發者計今歲且未能還巢，但得移駐松山，即凉、永間可免騷擾矣。虜貪而無厭，在西久，恐甘鎮不禁需索。希臺下通融四鎮財力給之，蓋大虜更在西，延、寧、固原撫接費較省耳。不宣。

又

套虜西駐，則疆埸之事延、寧緩而甘、固急矣。承示更置將領、裒益兵食疏揭，具服壯略。四鎮贓犯，傳聞多冤濫，然積歲錢糧弊蠹亦爲之一清矣。法振、事舉、量寬，其所難竟宜也。諸虜方駐帳散牧松山、青海間，則與瓦剌交兵之期當不在近，縱近亦須秋冬交耳。虜正〔二三〕駐西久，甘、凉、洮、寧諸域不禁需索騷驛累矣，惟臺明加意焉。

又

虜駐西歷歲，綏接鎮定，爲朝夕殫勤至矣。今且東歸，西陲嗣是少息勞費，第所稱搆兵瓦剌之舉，未審能終行否。回夷入貢，雖未及五年期，彼既以繼位告，亦屬有詞，當俯順夷情納之，且示順義以中國服屬之廣耳。

又

再承翰示，虜王遂東歸矣，甘、凉、蘭、寧之間，自是當稍蘇息、釋重累也。計虜王此時已行及寧夏塞，未審前所云借道渡河入套之説竟何如也。老酋奉約謹，即令由内地經過亦得，第開此端，恐異時套虜狃爲松山徑道耳，故不若厚贈遺之，導使由塞外行爲長便也。諒臺下必有石畫，比此書達時已後期，聊爲布其愚耳。

又

伏承翰示，虜王已過寧鎮，由川底原路而東，爲慰無量。前聞虜入，道寧入套，僕甚慮之。此内地，與甘鎮莊、永間不同。

若大酋得經，則後來套内松山之虜必比例假道，拒之則示厚薄，許之則增騷費。今若此殊善耳，然何莫非明臺操縱懾懷之略也，良服！良服！不宣。

又

苑地徵租餉軍，原議自軍門起，嗣後紛紛争之且十年，軍儲鮮毫髮裨益，而牧政敝困甚矣。兹者明臺乃慨然不憚易轍，無纖芥成心，務爲彼此兩利，真足欽也。不宣。

又

承示制馭丙酋之詳，殊服遠猷。第順義在遠，此酋豺狼之性，未必便奉約束，自治善後之策，在洮、岷真當急圖也。其該道所呈誤搶漢人之説非事寔，今録按史原帖奉覽，然據鄉人自彼中來者，其言此虜横肆驕悖之狀尤不可耐，而將士怯懦可耻，非仗臺威振飭，將來之患未有涯也。今參治二將，足昭法紀。未審此酋近奉檄諭後亦稍西徙否。

又

西鎮市事美完，華夷均利，寔仗臺下壯猷淵略，威信孚暢所致，然勤勞至矣。奉諭丙兔誤搶真情，始末昭晰，及今臺下所以震懾操縱之詳，曲中肯綮。必如是，虜始有畏中國之心，將來厲階可杜爾。彼既帖耳伏罪，當許其自新，爲請貢賚，而洮、岷嚴爲之防，此恩威兩用術也。唯明臺裁之。

又

西鎮錢糧叢弊，曩時聞之徐存翁，謂爲不可理療之疾，由來非一日矣。兹仗臺下修明法紀，宿蠹一清，巨奸首惡既已正法，其遺逋委應蠲豁，與民更始，不宜使無辜者延蔓無極。部覆悉遵來議，其爲地方造福可謂厚矣。聞丙兔已奉臺約歸巢，其歲賞似當速爲請給，庶恩威並著耳。

復高鳳渚二

報代吏人至，接臺論，其論關右四鎮之事詳矣。僕家近汧隴，西事亦頗得之，耳目爲習。切盡一酋，讀書好名，曩時貢市多其主持，然亦貪狡多端，情狀來[二四]易涯量，非欲飽氣怠者，須謹待之。大數套虜密邇封疆，嘉、隆間我軍歲歲搗巢，不適寧居，其虜衆願貢市甚於中國，此可保無變。丙兔，俺酋孤孽，棄置西極，其部衆甚寡。昨歲爲中國逋逃所誘，漸肆鴟張，軍門一加威詰，即恐懼遠去。此雖非革心，然寔憚中國，非若青把都、滿五大等之桀驁也。番人以茶爲生，懸命中國甚重，年來爲此酋蹂躪，中國不能讓[二五]，則固有所掠，屬者不至附虜爲中國患也。此惟在階、固等處文武官得人，保無他慮，而地方見連年多故，恐將來仍然，故先爲此説，冀爲異日免罪地耳。惟明臺鑒之。

又

承示丙兔虜情，僕前覆札中亦曾及之，大略不相遠也。至於處分事宜，謂火力亦等當明正典刑，梟示關塞，而以羊、馬等畜給賞俺酋及來往夷通，深得恩威兩盡之略。鄙意正如此，惜聞教稽遲，明旨已下，勢難中改耳。西鎮兼控戎狄，延袤數千里，夷情事態時時有之，但須後來機應適宜，張弛得體，庶使虜畏懷日固。又希預以見教，勿使後時，斯善耳，前事不可追也。

復吴止庵三

承示，河西與虜部接，居無險可阸，第當練武勇，養士氣，以待不虞。此寔安邊長策，不特河西爲然，即各鎮依險設防，未聞虜至而墻能禦之也，乃終歲驅壯士服板築役，計亦左矣。今虜情漫涣，而該鎮復天象示異，誠直〔二六〕慎備，幸同新撫君亟圖之。不宣。

又

聞虜帳西駐者近頗不靖，大搶屬番，延及爾〔二七〕州城外居民，悉遭焚掠，此當以寔聞也。該鎮兵力單，虜勢衆，力之不敵，原無深罪。第虜方納款而恣肆若此，須有以懲艾之，使知創，邊圉乃可少事耳。苟務爲含容，亂將滋長，惟臺明注意焉。不宣。

又

承示河西虜情，僕前亦有聞，曾於復札中道之，果爾，則所傳亦有因也。犬羊嗜利輕信，密邇與吾民雜居，小小劫掠，勢所不免，但須有以制之，俾知畏戒。若我顧惜盟約，恣彼狂逞，恐虜狃于得肆，後將不可支，此在督撫威略何如耳。不然，養癰蓄火，待其勢焰既張，然後圖大創之，恐不易也。

復王竹溪四

辱札示，知旌節已抵河西，殊爲地方幸。四郡孤懸，在昔雖三面羌胡，然時去時來，無常駐虜也。自正、嘉間亦不剌竊據西海，邊警較棘，然係逋逃窮寇，亦未爲深患。今則洮河、松山咸有虜帳，分駐彌漫，與邊民接居矣。雖東西款貢，烽火不警，而撫接亦頗煩費。況狼子野心，習我虛實，意外之虞，所當預防。塞長無險，修守徒疲工力，不若簡精鋭，利器械，使軍容整壯，足以奪狡謀而折邪心也。幸借重壯猷，且爲西北樹偉績。敢附布其愚，幸賜鑒焉。不宣。

又

前聞陝以西諸邊大旱，殊慮。蒙諭，河西豐稔，地方大慶，爲慰不淺也。諸番無甚跳梁，蓋臺下威信交孚所致。聞套内外諸虜悉西行，殆爲就食計，河西未免倍煩撫接，厲兵秣馬，謹備不虞，所不可緩。第須鎮静，不可率易示怯，恐啓戎心也。朝廷所恃以寬萬里西顧憂者，全在於公，幸展竭猷爲，以起積衰、壯國勢焉。不宣。

又

辱諭，知有公子之變，爲之惻然不已。此真難爲情者，然欲因是即請告歸養，則大不可，僕非敢以恒度勸諭也。疆場事重，河西年來廢弛既極，危困尤甚，借重壯猷料理，方有次第，僕爲國計，豈可令公遽離此地耶？士君子修身以見于世，要在不虛此生。公忠誠報國，爲孤懸重鎮易危爲安，此不〔二八〕朽大業，亦不宜未終事而去之。人世修短悲歡，千態萬狀，當安命而委遇，斯達也。公第悉心展措，俟諸務具舉，套虜東歸，當移旌節東方，用便迎養，則公義私恩兩盡耳。僕必不誣也，幸相信。不宣。

又

承札示陜塞荒極之狀，真不忍聞。昨部覆言官之議，已奉旨發二部銀三十五萬兩。此足應急，第恐無從得糧草耳。不審入春來有兩〔二九〕澤否。若更無麥，則西事信不知所終矣。僕日夜念之，四方事惟此最爲疚心耳。

復羅近溪

承示撫處卭部之詳，具審臺下威略。大段土夷其類内相喧哄，如兩鼠鬥穴，吾爲平釋之已爾，不足與論是非、較曲直也，第須善防其後。今沙氏、嶺應昇業已相仇，必各有其黨，而復令共事一城，得微如往武定鳳索林、繼祖之事乎？唯臺明深慮而曲制之，以永絶亂萌，其爲西南徼福不訾也。

復何萊山二

承示勘處夷情之詳，具稔臺下綏靖遠略。大段戎貊禽獸，難盡律以中國之法，要在平其彼此之情，疏達滯結，而破其所恃，使之無所撼〔三〇〕、有所憚，則犂然定矣。操縱因應，全仗臺下機略，非可中制，僕等第拭目觀厥成耳。不宣。

又

安、奢二酋搆釁日深，議者率謂貴竹附背疽癰不可療砭者，乃臺下沉機妙應，以威信羈紲之，使卒就繩墨，俛首聽命。昔人以數萬甲兵取之而不足，而公以誓戒訓告制之而有餘，此豈可與尋常論幅度耶！良仰，良仰！其徙吴校〔三一〕歸原籍，尤爲拔去病根至計。土夷不啻禽獸，其咆哮皆此輩爲之耳。此舉公至信浹洽，夷當世守約束。第其擴〔三二〕悍未有所懲，茍有小小跳梁，即當剷其槎蘖，毋使狃于恩也。不宣。

復葉龍潭

黄鄉之事，原楷凶貪暴失衆，吾友以德化招携其黨取之，非以兵力震叠之也。其新附人心觀望去就，此際極須慎處，俾稔知爲王民之樂，異于爲賊，俟馴習既久，然後漸驅就羈紲，乃爲善耳。而少不更事之人，乃惑于猾胥，致此擾擾，良可憤恨。吾友復用其黨終前績，極善，亦見平日德信新附所憑，不然未易謀也。承示上兩院二揭，知此段事悉吾友措置。至於善後之宜，尤宜詳審，固不可輕縱以長悖慢之漸，亦不可深求以摇反側之心，諒吾友必有良畫也。不宣。

復凌洋山二

承示大征之詳，知膚功寔可期月待矣。其云賊據險深藏，各哨遼遠，聲聞不接，擬增兵益餉爲持久計，極爲老成長慮。竊謂賊憑穴自固，利在曠日；而我萬衆四集，利在速戰。今賊延久不出以老我師，暑雨漸興，恐生疫病，且狼、土兵皆獷悍難馭，恐東作動則思歸，不得以文法縶也。無論善後，即目前之計，當爲永圖。今以二十餘萬之衆頓不得戰，則增兵奚爲？祇自勞費耳。故願明臺熟籌之，兵未有不用奇而能勝者，主客勞逸之形，衆寡安危之勢，參伍變化，多方誤之，要在出其不意，使寇不知所守耳。若徒擁衆環守，不以時決，將恐士氣慕歸，或爲黠寇所乘，非完道也。人旋，敬一布其愚。南北邈遠，意此時或露布已宣馳，僕誠過計矣。

又

承示，大征已奏膚功，建置郡邑，分也〔三三〕守險，極爲永久之慮，良仰！良服！計此時狼兵當已放歸矣。賊大勢既潰，游魂餘喙，當無復可虞。然區區私計，竊謂賊當百敗之餘，不死則竄去，其所據巢不下，必其健黠或酋領耳。兹大兵既撤，我分衆建邑，兵將必易彼，不設備，萬一狡虜匪茹，乘間突發，一隅不支，則四面望風解矣。故愚意竊欲狼兵撤後，仍當厚集吾旅，逼其巢穴而營，分衆營田，使不敢奔軼。賊既失膏腴，自投深箐窮困之地，久當自敗散，或多方携離訪間之，此充國取罕開術也。俟孽奉〔三四〕已除，人心大定，然後興建善後永遠之策，甚未晚耳。辱下問，敢布其愚，唯高明裁察。

復劉凝齋

伏承翰示，諄諄以體國庇民爲念，且軫兩粵民隱時艱[三五]，以兵連餉縮爲憂，其爲天子加惠遠民詎有涯耶！良仰，良仰！西山餘孽瞰臺下未入境，敢爾蠢動，此不足煩壯猷，一指揮當潰[三六]蕩耳。曩臺鼾撫閩時，建南澳之議，後以事關兩省，撓沮紛紛，幾於報罷矣。乃昨歲逋賊之來，賴此地爲兵據，賊遂無所窟宅，咄啐間即引而遠去，則其明效。今幸復借重明略，殆天欲成此一段海防也。幸以時竟其經略，俾南裔永賴爲[三七]。嶺海遼闊，瞻溯無極。

復郭華溪二

粵西猺獞頑悍，然寔鈍脆，以兵力勝之非難。第山箐險深，種類蕃茂，不可盡絶，往往征剿之後復生他變，故善後爲難矣。八塞近在襟肘，當其初用兵時，人即以善後爲慮。乃今仰仗遠猷，爲之經略，事制曲防，悉中肯綮，使從來負固之區馴底大定，此其比于一時制勝之功不可同日語矣。鹽利新兵，所資粵西，良不可缺。至于粵東所指官商、船户之害，須有以劑調之，俾不爲人所患苦，斯善耳。不宣。

又

范可久之死，當是夷使出關時土人及交人相争，幾于戰鬥，力不能遏，遂自盡耳。其情理可推，明甚。土目妄申自飾，固不足信。諸委官府同指揮等亦慮不能無罪，乃迂緩其説，歸罪死者，冀以自免耳。范之需索不潔，當必不誣，乃援爲致死根因，斷乎其不然矣。唯明臺詳覈威斷，毋濫毋縱，務全國體、正國法、折逆萌而懷遠人也。不宣。

復張崌崍二[三八]

前以浙兵不靖，特煩臺駕南行，不意復與民變相值，杭中士民在都者咸言，若臺下入城遲一日，即闔郡糜爛不可救矣。諸狂狡乘兵變之後，瞯官府莫如己何，掉臂橫行，百千爲黨，真有燎原不可嚮邇之勢。臺下單車疾馳，不挾寸兵一士，沉機默運，霆擊電舉，煜轟莫測，豺狼鯨鯢，駢首就戮，使滔天撼地之凶頃刻澌滅，何其神也！僕誠願爲執鞭拜下風而末由已。往者營兵負不赦之罪，而挾莫制之勢，危疑反側，勝之既未能，即欲結之亦未信也。今臺下用以立劭[三九]，則彼既得自贖之路，而在我可施有因之思[四〇]，所以調停功罪，分別減[四一]否，銷前釁而圖後效者，反藉是而獲長便矣。臺下應變雄略，真與古名賢無異，良仰，良仰！至於疏中所陳江南有司刻削太甚，諸役悉怨，民不聊生，此乃海内同然，僕久所疚心者。希臺下渙然改易弦轍，與浙人更始，天下有式範焉，此社稷福也。不宣。

又

僕以綿力膺巨任，適四方灾沴、人心離怨之秋，中間粗牾掣肘，舉手有碍，受事以來，蓋寢食俱廢矣。朋奸席舊，敢干[四二]犯天下之公議，不畏天日，太宰既去，即擬乘隙併僕排抵之，機穽甚毒且密。僕已決意引退矣，不意聖明窺見其奸，固不許僕去。而群小乃自相怨搆，奸態盡形，亦可醜也。伏承臺示，具荷骨肉深誼，僕孤危之踪，朝夕思近明德，劇于飢渴，百爾希不吝誨導。僕此心不負國家，成敗利鈍一聽天所命耳。不宣。

復張公子

使至，辱札示數摺，覽之刺心。事之始末，據來札則諸友已悉諳矣，緣馮奄横肆，聖怒積久而發，赫不可遏，惟以平日交契綢繆，遷怒尊翁，謂爲同罪。僕于時若墮湯火，以去就争之，寢食俱廢者數日，幸得從寬，真不異回天也已。而呶呶者不息，乃使諸友無端被抑，僕疚心特甚。其異時罪斥諸人，往往摭拾無根，若劉若陳，源源不已。僕心力俱竭，幸聖心漸解，以後必無意外可虞，希諸友善奉老伯母，無過憂也。風俗薄惡，不特今日。楚中更冀諸友明達善處之，以紓此厄會也。謝恩疏當上，此時尚非宜，須暫緩之，俟舉殯後未晚耳。僕自十二月得羸〔四三〕疾，近今未復，岳翁碑銘又不欲托人代筆，俟稍健當具稿報命。來使即遣旋，百爾填胸，非筆楮可盡也。

復陳春宇

邇者公被浮言，適遭聖怒震迅時，故蒙譴特重，蓋亦莫非數耳！今公論大明，七〔四四〕大夫談往日事若數白黑，即幽遐微眇，靡所枉遁，矧如臺下軒然在指目者，其孰能誣之而安用公之自辯也？僕與文忠公周旋久，其知公厚公，于時無二。右〔四五〕稱士爲知己死，今雖由文忠得罪，第當安受，使九原可作，此心無愧。若嘵嘵辨其爲非知契也，恐傷厚道矣。恃大雅能相諒，輒盡其愚戇。有罪，有罪！

復王少方三

盛使賫教至，披閱再三，慨嘆無已。孤與公相知，可謂表裏洞達，乃事變參差，難盡如人意。門下宏識通覽，綜于古今之故，失〔四六〕豈不審此而何疑孤之深耶？孤囊叨佐銓，原未有宿昔，一見公，知其不凡，委心特至，乃相與之久，前後荷携持保護，劇于骨肉，又豈讒言所能間耶？孤知公信公，念孱暗當柄，方倚明賢自助，此心鬼神鑒之。凶奄爲群小所訹，幾爲國大害，天計〔四七〕既加，黨奸盡伏，公不幸與之有相厚之迹，遂爲世所不諒。孤時疚心竭慮，欲周旋而曲全之，顧力不足耳，豈有它也。未幾，孤以積罪延親，奔伏草土，歸途病瘇幾死，抵家而繼母、季弟相繼不禄，尪毁餘息，憊不可任，不復與人間事矣！兹承深教，念昨事渾如夢中，不足復置喙，緣公望孤之深，若謂孤有嫌于公者，故忍死覼縷言之，亦欲公之知我心耳，惟大雅究詳始終而原亮之。不盡，不盡。

又

孤在詞館，叨岳老知己之雅，不讓古人。後遭多事，賴公周旋，卒步後武。原公與岳老之意，蓋謬以孤爲可同心僇力于國家耳，豈有私也？孤之感切心骨者，亦以一念樸愚爲明賢所取，故益硜硜自信自保，恐晚節不終，爲知己玷。乃岳老當柄久，不似前時小心長〔四八〕慎，孤私憂之，密有規諷，時亦見聽，然積不相悦矣。奸人窺之，遂横生枝節，多方毁詆，賴公每事明其不然，遂全終始。然孤非欲自異，乃欲相成，顧岳老不察耳！使岳老信孤如前時，凡事相訂確求當如前時，則伊周事業可冀，安有後來紛紛者？惟其末年猜忌太甚，而中外争爲諛悦，遂以交歡巨璫爲安身至計，使聖主蓄念〔四九〕于上，四海人心積怨于下，自古迄今，未有專恣若此而以善終者也。岳老既没，法當改弦易轍，以收拾人心，消釋怨憤，乃公所云數輩者，欲挾巨璫，不失岳老存日之聲勢，以致衆怒滋炎，鬼神不佑。凶奄及諸自作孽者不足恤，而岳老與公至爲世所指目，良可痛恨。公子之事，孤曾力爲上明其不然，而上怒岳老，深不可解，此申、余二公所明知者，可一問也。夫孤不能保全相知于震蕩中，信爲有罪，乃此心之苦則至極而不能語人者。即如申、余二公，皆與公同年至厚，今若能湔雪公，牽復還列，則孤真萬古不義人矣。若二公不能也，則時議可知而孤心亦可白矣。孤奔歸，患毒癰，雖不死，形神耗甚，勉强襄先人大事，將結廬墓側爲終焉計，不復與人事，異日心迹必爲公所晳，今雖累萬言無益也。晋、楚寥闊，何敢遠煩玉趾，然盛意則心感，又承諭堪輿云云，荷惓惓相念誼良無極也。引筆叙心事，不覺刺刺，無緒無文，惟門下鑒之。

又

前盛使既發，孤惘惘不自釋者累日，知己始終，情與事相左，不盡其詞，則其事理弗明，第急于自解，頗涉激竟，方以獲戾爲懼。兹承札諭，乃豁然開示中誠，即千里與對面不異。在《易·同人》之“離”，“先號咷而後笑”，先聖以“同心”釋之，信有旨也。其所示往事云云，有難言者。若言“見幾則義不可去，若存形迹則爲工于自謀而事師也不忠”，蓋公之所處極難矣。當岳老末年，雄猜多忌，孤常恐因孤累公，矧其他耶？第來教所謂“屢諫弗聽”，則人所不知，故迄今不能相亮耳。孤自庚辰抱疾，遂成積衰，久擬引疾，緣岳老在恙，慮生疑謗。不意遷延二年，岳老竟不起，而孤又求去不得，力小任重，震撼焦勞，繼以先君大故，今僅能不死耳，餘日幾何，安能復理人家國事！晋、楚道遠，不煩歲勤使命，但使吾輩相知初心彼此皎然，豈惟非遠近可隔，即生死兩無憾也。據翰裁答，不覺輒復刺刺，亦以自後致竿牘難耳。不盡，不盡。

復陳毓臺

孤自罹大戚，奄逾期歲，哀疾交纏，日惟困卧，不復與海内交遊通問久矣。緬承明臺篤存宿昔，乃以棘人廑念，自峨嵋走使，間關顧我草土中，惠諭諄温，情文隆至，豈非蹇之所能承？然荷高賢隆誼，則古道攸存，寵光斯厚，非没齒所能忘也。孤尫毁殘息，視往事若異世，不復憶及。兹辱下諭，乃復惕然動心。孤承嚴急之敝〔五〇〕，法當改弦，慰四海倒懸之望。乃諸夸毗子朋翼孽奄，横相抵沮，幾爲宗社害。賴天子明聖，九廟神靈所相，大憝克黜，時政一新。然孤心力亦憊竭不支矣，不死爲幸，豈敢貪天？使返布謝，爲知己語，不覺復剌剌，幸惟惠諒。

復鄒南皋

僕自罹大戚，尩疾幾死，不復與海内相知通問久矣。得吾友寄言，不覺慨嘆。僕今即幸保餘息，亦成殘廢，無復意人間事，第私心竊願公道明，正人用，使林壑中得優游爲閑民也。睹吾友事，則咈鬱爲深，欲强排之不能。吾友謂吾學自誠寔中來，僕鄙不知學，然性殊不喜矜僞，故嘗以務實自勉，且以告人。吾友言必由衷，行必近裏〔五一〕，蓋篤實自信，故知僕之不僞耳。吾友以世之言者慷慨激烈爲耻，僕亦深諒其然。夫慷慨激烈，義氣也，有意近名則可耻；若忠憤所激，無所爲而爲，則非所耻矣：要在辨其真意公私耳。吾友忠誠所發，不能自過〔五二〕，雖得譴而去，然時望益重，第先師"事君數"之訓則未免犯之。願高賢自此益求精義，俾實學有用，斯盡善也。僕羸〔五三〕頓日甚，困卧，不復理人事，偶便附布腹心，用答賢者惓惓至意。不宣。

校勘記

〔一〕"十一"，據下文實爲十二篇。

〔二〕"生"，清稿本作"王"，是。

〔三〕"杜"，清稿本作"壯"，是。

〔四〕"伏"，清稿本作"仗"，是。

〔五〕"波"，清稿本作"汲"，是。

〔六〕"波"，清稿本作"彼"，是。

〔七〕“伏”，清稿本作“仗”，是。

〔八〕“遠”，清稿本作“速”，是。

〔九〕“斬”，清稿本作“蕲”，是。

〔一〇〕“來”，清稿本作“未”，是。

〔一一〕“講”，清稿本作“請”，是。

〔一二〕“告”，疑當作“昔”。

〔一三〕“各”，清稿本作“谷”，是。

〔一四〕“宋”，清稿本作“來”，是。

〔一五〕“杆”，清稿本作“扞”，是。

〔一六〕“甦”，明陳子龍等《皇明經世文編》卷之三百七十三張四維《復郭環一》作“生”。

〔一七〕“忌”，同上文作“懼”。

〔一八〕“拾”，清稿本作“捨”，是，同上文亦作“捨”。

〔一九〕“訐”，清稿本作“訏”，是。

〔二〇〕“柄”，清稿本作“栖”，是。

〔二一〕“開”，清稿本作“關”，是。

〔二二〕“勝”，清稿本作“勢”，是。

〔二三〕“正”，清稿本作“王”，是。

〔二四〕“來”，清稿本作“未”，是，明陳子龍等《皇明經世文編》卷之三百七十三張四維《復高鳳渚》亦作“未”。

〔二五〕“讓”，清稿本作“護”，是，同上文亦作“護”。

〔二六〕“直”，清稿本作“宜”，是。

〔二七〕“爾”，清稿本作“肅”，是。

〔二八〕“不”後，清稿本有一“可”字。

〔二九〕“兩”，清稿本作“雨”，是。

〔三〇〕“撼”，疑當作“憾”。

〔三一〕“校”，清稿本作“狡”，是。

〔三二〕“擴”，清稿本作“獷”，是。

〔三三〕“也”，清稿本作“屯”，是。

〔三四〕“奉”，清稿本作“本”，是。

〔三五〕“艱”，清稿本作“難”。

〔三六〕“潰”，清稿本作“清”，是。

〔三七〕“爲”，清稿本作“焉”，是。

〔三八〕“二”，底本卷首原目録無。

〔三九〕“叻”，清稿本作“功”，是，明陳子龍等《皇明經世文編》卷之三百七十三張四維《復張崌崍》亦作“功”。

〔四〇〕“思”，清稿本作“恩”，是，同上文亦作“恩”。

〔四一〕“减”，清稿本作“臧”，是，同上文亦作“臧”。

〔四二〕“干”，清稿本作“于”。

〔四三〕“羸”，清稿本作“贏”，是。

〔四四〕“七”，清稿本作“士”，是。

〔四五〕“右”，清稿本作“古”，是。

〔四六〕“失”，清稿本作“夫”，是。

〔四七〕“計”，清稿本作“討”，是。

〔四八〕“長”，清稿本作“畏”，是。

〔四九〕“念”，清稿本作“忿”，是。

〔五〇〕“敞”，清稿本作“敝”，是。

〔五一〕“裏”，疑當作“理”。

〔五二〕“過”，清稿本作“遏”，是。

〔五三〕“羸”，清稿本作“贏”，是。

條麓堂集卷二十

序　一

《皇明政要》重刻序

《皇明政要》者，前臣婁性之所撰述也。爲卷凡二十，始以《尊德性》、《道問學》，終以《固封守》、《馭蠻夷》，其爲目倍于卷之數，凡我二祖三宗體道敬天、經世軌民之大經大法亦略備矣。固已貢在秘府，布諸海隅，中外臣民家傳而人誦之者。第歷歲既久，板刻寖訛，恐滋豕亥魯魚之病，具官臣某遂校正而重刻之，乃敢再拜稽首，陳詞其端，若曰：自古帝王所以創弘基、垂丕緒以永一代之隆美者，豈偶然哉！蓋獨秉聖神，承天之托，康定四方，爲民立命，若禹之造夏，湯之集商，文、武之立周，文命懋德，耿光大烈，謨訓具存，炳乎可考矣。《書》曰“亶聰明，作元后”，曰“有典有則，貽厥子孫”，此之謂也。慨自宋鼎既遷，蒙古氏遂君中夏，斁我彝倫，淆我冠履，亦既百年。天醜其德，春〔一〕求民主，于是高皇帝興焉。其受命之符、肇基之迹，殆與禹、湯、文、武先後同一揆者。嗣以成祖，靖難揚休。歷仁、宣暨英，繼明覲烈，極天蟠地，劭德于宣，蠕動翾飛，湛恩是育。猗乎盛矣！不可得而泯也。是以前臣婁性抽繹秘藏，昭之編首，列爲條目，係以顯猷，名曰《皇明政要》。凡夫祖宗列聖正心刑家、内和外攘，以貽聖子神孫有道之長，以躋斯世斯民仁壽之域者，雖百不及一二，而大旨宏綱固思過半矣。昔唐文皇之除隋亂而興太平也，其臣吴兢者述之，是以貞觀之政後世稱仁馬〔二〕。然而慚德未除，嗣世易轍，其視我朝聖武開基、奕世載德者萬不侔矣，特以紀載可徵，故于今爲烈也。緣是臣反復兹編，校讐舛僞，載如〔三〕翻梓，永闡宏猷，俾親賢之貽嗣續廟廊，樂利之澤謳歌郊甸，周德之作求而戴商之惟舊也，與天壤相無窮矣。故睹河洛者恒念禹功，歌雅頌者緬懷湯德，臣誠不敏，敢附斯義。《詩》曰："豐水有芑，武王豈不仕？詒厥孫謀，以燕翼子。"此固臣重刻之意也。

《會試録》序

萬曆五年春，復當會試天下士，士就試禮部者四千五百有奇，尚書臣馬自强，侍郎臣汪鏜、臣林士章，以考試官請，上命大學士臣四維、學士臣時行往典其事。先是吏治隳窳，郡國不以時奉詔書，綱紐〔四〕縱弛，士競逐聲利，習剽剿，靡以通經學古爲務。上睿聖天啓，毅然思以易其弦轍，丁寧誥中外，修實興事，屢省厥成，申飭學官更新其條教，德意所嚮，薄海風靡。今歲首銓曹大計天下吏治，鮮奏罔功，大段稟〔五〕然遵法守矣。兹者臣等奉命校士，披閲其詞而品隲其術業，凡所衍繹經訓，商較疑義，敷叙理道，率抒心所自得，不騁於浮言。於休哉！聖人有作，使天下回心而易慮，何其捷也！臣等竊自欣幸，祗慎夙〔六〕夜，擇其俊茂拔之，遵宸斷取三百人，第其名氏，拜〔七〕彙其文之如式者爲録以獻。臣嘗究觀古昔質文之變，殷道尚質，視夏之忠已爲近迹，至周益又文之，蓋風會所趨也。然所謂"文緣質"，加飾而已，夫豈不忠？至千〔八〕文勝滅質，則孔子傷之矣。及漢董生陳策，武帝欲損周之文，用夏之忠。夫不曰用殷之質，而云夏忠者，以末流滋僞，根極本始言之，固孔子意哉！魏晋而下，文靡日甚，中間非無思治之主、識務之士，而卒莫可挽者，蓋人情自本而趨華匆〔九〕，由華而返朴難，勢固然也。我太祖高皇帝以神聖開國，盡掃近代文靡陋習，專尚本質，覈吏必以實政，取士必以實學，返琱于璞，滌采爲素，蓋孔子之志、董生之言至是始見諸行事之實矣。二百年來，皇風醇穆，誠使吏守其職，士習其學，即萬年可知者。顧邇歲乃稍稍復趨華僞若彼，我皇上霈然發德音，下明詔，寰海内外即勃然嚮風若此，豈由華歸朴獨今時易哉？成憲具存而精誠所鼓舞者神也。抑臣猶有説焉，吏奉職以自效，其必舉實政者，以上之所責者在實也；士挾策以自獻，其不爲卮言者，以上之所取者在實也。夫棄華修實，豈不洵美？使勉從上令而非出于心之所安，則不可與持久。兹諸士業以所學見録，行服官政矣，臣請以久要之義詮〔一〇〕之。士之修學以立身也，求盡人道而已，非以要名也。其出而從政以事君也，行其所學，求盡臣道而已，非以干禄也。是以聖賢垂教，要在明體適用，而皆本之以忠實不欺之心。夫士童而習之，豈不辨於立志？而乃有離誠棄樸、追逐其末者，無亦利欲奪之，柳〔一一〕其識量卑卑爾，高明者宜不道矣。顧世之盱衡奮袂、恣行矯誣而不怍者，類衆所稱高明之士。或談説性命，假禪幻以自表異，而謂踐復〔一二〕爲粗迹；或摛繪篇翰，飾輪轅以相刻畫，而謂職業爲末務。其筆舌辯佞，足以變易白黑；其徒黨讃詡，足以鼓煽聲勢。始學之士見其皆當世聞人，遞相艷慕，遂以方策所載聖賢之訓爲不足據，學不求明諸心，仕不求行其義，而唯罔利適己是務，蓋其爲世道蠹浸淫遠矣！今諸士既沐我皇上維新之化，以實學見舉，其明于立身事君之誼，内定厥志，無爲前二者聲華所惑，務實所言，施于有政，永肩一心，保之終始，用以翼贊休明，躋世庬厚，夏道近人之忠，夫豈遠是？若猶信道不篤，蠱于積習，襮僞爲誠，苟避譴黜，不唯不可以爲臣，不可以爲人矣，其名曰至不肖。臣方奉明命興賢，以諸士進，固不欲以此相擬，然亦豈諸士之所以自待哉？

《順天府〔一三〕鄉試録》後序

皇上膺曆紀元之秋，天下當復賓興士于鄉。臣某奉欽命，典順天府試事。事竣録成，臣某謹申言于末簡，曰：自古治道隆污徵諸人材，而人材盛衰關乎士習，士習不可不慎也。先王知其然，乃設庠序以教于鄉，建頖宫、辟廱以教于國，陳其德行、道藝之目，立爲訓迪、庸威之節，以明示好惡，俾士童而習焉，長而安焉，不見異物而遷焉，是以化行俗美，賢才衆而邦家昌也。我太祖皇帝經始鴻業，方擐甲四征，即建太學京師，崇首善。迨即位二年，而天下之郡縣有學矣；八年，而天下郡縣之鄉社有學矣。其教士一以孔氏之道、六經之文，而訓義一以程、朱爲正。其制舉，一以經義、論策，而詞賦雜科不與焉。蓋自成周而後，道術純白，品式詳備，無如我朝者。昔漢承秦滅學之餘，師異教，人異習。董仲舒啓武帝，表章六經，尊信孔子，而漢儒經義遂稱於世。顧其專門世業，雖與聖道頗有發明，而未能通貫本原，演暢義類。唐復崇尚詞學，經塗益塞。迨宋，程、朱諸儒出，而後孔道粲然矣。乃世主所以建學造士者復不由此，若是乎道之難明而習之難正也。今士幸生文明之時，奉皇極之訓，自垂髫游鄉校迨於成人，形于目，聲于耳，何莫非孔氏之言，程、朱之義也，故時之衍仁義、辨王霸、原道德、敷功業，有馬、鄭諸儒終身不及知者，而佔僤小了能言之，豈其知慮懸殊哉？道之隱顯異也。明興，于兹二百年矣，方内乂寧，聲教四暨，溯古一統之盛、治平之久無如今日者，豈非士習正而治道有攸賴耶？乃邇者經術稍漓，詭言競熾，始于一二材辯之士，沉酣張、陸之説，欲以混同儒、釋，高自摽致。人情厭常惡檢，靡然從之。雖道體如日中天，無損浮翳，第恐作心害政，爲士習、世道病不淺耳。兹諸士抱藝而來，有由鄉學游郡邑學者，亦有游國學者，觀其言，雖人自爲談，大要不詭于孔氏，守程、朱正訓，將其心之不見異物遷耶？抑真見其然，雖有異聞不爲所惑耶？果爾，則甚善矣。如其多岐迷適，飾言非心，諸所云云，姑求不失有司之尺寸已爾，即此念已不可與適道，不可與事君矣，多士慎之哉！誠僞之辨，吾心自明之矣，舍邪求正，夫豈異術？要于其所言者設誠于内而致行之爾。臣叨侍講幄，仰見我皇上留意經術，作新化理，將以皇極之道敷錫萬方。夫龍興雲從，聖作物睹，多士固豐芑之詒而適舉于是時也，異日者樹勛弼化以顯佑表正之烈，安知其不在兹乎？《記》曰："耆欲將至，有開必先。天降時雨，山川出雲。"誠動機應有不偶然者。多士其思所以自獻成信，以彝訓皇極，俾正學宣明，自畿甸始。《詩》曰："思皇多士，生此王國。王國克生，維周之楨。"又曰："商邑翼翼，四方之極。"臣爲都人士願之。

《武舉録》後序

隆慶戊辰秋九月，聖天子既命有司擇郡國所貢材勇士于射宫，法當進其射中者，試以籌略，乃命臣四維濫耦臣大綬往終其事。録成，臣敢拜手稽首，告成于篇末。臣惟文武興〔一四〕用，創守異資。當草昧經綸之初，龕亂芟殘，匪武曷濟？然大難甫靖，即韜戈放馬，若恐後焉。蓋聖人之重用武也若是，矧時平治定，弦誦百年之夕〔一五〕乎！故語繼體之美，必曰守文，理則然也。然臣嘗考殷、周之際所稱中興盛王，曰高宗，曰宣王，夫其遜志典學，多聞建事，慎微接下，用賢使能，使殷、周之道粲然復興，何莫非守文之令節也？及覽《雅》、《頌》所述，則爹言其撻荆楚、伐玁狁、略西戎、平淮徐諸武功之盛，謂其迪高后之烈，繼文、武之迹者在是焉，豈纘文具美，必兼資于武耶？蓋治久則蘖易萌，備弛則人滋玩，制治保邦，其繹定之謀有不可忽者。故詰戎兵，張六師，周、召必于成康始服陳之，固《既濟》“衣茹〔一六〕”之戒也。仰惟我皇上，體備聖德，光紹洪業。覃精典謨，邁高宗之務學；總攬萬幾，勵周宣之勤政。曾未再期，而宇内之文治翔洽矣。乃疆埸之事，則又特厪宸慮，蓋嘗申敕中外臣工，肅共武服，威命所臨，罔敢不戒。兹復肇修彝典，冀得材武之臣以供任使，臣有以窺聖度之宏遠矣。夫殷之裒荆旅也，雖由高宗稽古行師，靡所僭濫，而當其時則有秉德明恤侯甸奔走之臣奮其武。周之征弟〔一七〕庭也，雖宣王修政攘夷，厥猶允塞，而當其時則有元老壯猷文武爲憲之臣整其師。我皇上應運中興，將以覲二祖之耿光，揚肅考之大烈，推轂授鉞，分任虎臣，非不足奉析〔一八〕衝禦侮役也，乃淵衷汲汲，猶不忘于側陋之求，蓋慮夫士有懷負利器，靡階自展效者，意至隆也。臣一介寒賤，幸以經術待〔一九〕講幄，自惟學識淺暗，供事無狀，誠惴惴自懼。乃兹叨典是役，日夕冀倖有琦瑰異能之士，如殷、周諸臣者出于其間，以奉揚我聖天子中興威靈，臣之瘝曠將藉以少逭矣。夫志士惜時，忠臣感遇。昔李廣材氣無雙，號爲“飛將”，然歷漢之三世不偶。薛仁貴固萬夫雄也，微遼左役，則終身擾〔二〇〕鉏間耳。多士際聖天子拊髀之思，其遭遇視古人固已厚幸，則夫感遇思報，以求自靖獻于明時者宜何如也？殷、周諸臣雖未可擬倫，然皇上德邁高、宣，將俾内順外威，聲教四暨，則所謂秉德奔走、文武壯猷必有人焉，而安知非此首科所録士耶？夫古今人非不相及，顧所自立志。多士指陳方略，論辯甚偉，誠果于自樹，專慮一志，以徇國家之務，著有休績，則雖不逮殷、周諸臣，亦豈有逕庭也？如其衒璞售朴，借一第以自封殖，責之戎事，曾靡效鉛刀一割，豈夫也哉？臣所望于諸士者重，故諄切言之，誠冀異日雅頌〔二一〕之音闡播中興之鴻績者，其所述宣威效力之臣在此舉也。

《河南鄉試録》後序代作

今天子萬曆紀元之秋，天下當復鄉舉士。于時巡按河南監察御史褚鈇秉憲，貞度終始，乃罔不肅。既已竣事成録，某不佞濫從校藝之役，敢附言末簡，以申告于多士。夫上之所需于士者，才也；士之所以厚自負以需用于上者，亦才也。才之難，蓋自古然矣，故百里一士，不異比肩而立，乃梁豫之士，顧彬彬如此也何哉？才之産也，未有不本于地而成于時者。干霄之木，植必崇岡；連城之壁〔二二〕，毓必靈壤。百卉春華，蜉蝣陰出，夫物則亦有然者矣。九域分州，而豫適當陰陽風雨之所交會，蓋稱天地中焉。是以河洛啓文明之瑞，崧高標峻極之神，《詩》、《書》所述，自古爲烈矣。歷代翊運興邦，陳謨佐治，爗然光史册、爲世望者，以大都論，不啻得什五焉，豈與夫逖陬僻區必間代乃才一見者偶哉？若是，雖謂梁豫爲才藪可也。國朝文治融朗，聲教四暨，薄海内外，罔弗喁喁嚮風。而豫介在二都之中，浸灌薰陶既深且速，是以豪雋挺生，人文焕發。若鈞陽宣屏翰之烈，媲盛甫、申；河内繹性命之精，紹宗伊、洛。祥符信陽，含風咀雅，則藝苑之雄也；安陽浚儀，規言矩行，則人倫之範也。炳燿鏗鍧，震眩耳目，有更僕未易數者。多士沉酣釀化，加以淵源所漸、觀感所興又非一朝夕，故其蔚然競爽，固其所也。夫有司者爲國掄才，其始也蓋皆惴惴焉以求之不得爲懼。既而縱觀多士之所以自獻者，若啓武庫之藏而璵璠溢壁，遊鄧林之區而楩楠彌野，則又大喜過望而復惴惴焉以有才而不獲盡舉之爲憂。夫果才之衆也，而不能盡舉之，有司雖患之，無如何也，制也。設若以才舉矣，視厥終乃罔才焉，則有司者不明之罪將安逭之？故願諸士之能自成其信也。蓋多才之域，匪獨有司者品藻之難，即士之自立，蘄以才稱于鄉黨亦難。昔周之東，魯、宋、衛、鄭號爲知禮之國，其卿士出入，容止辭命，類恂雅有度，一或舉足出口毫髮有愆，則不崇朝而傳詬四達矣。秦使適至，始終鮮戾于儀，而東國君臣至動色敬異。夫西鄙紹介，縱能矜持中禮，亦豈若東卿士之從容哉？東卿士而若斯，將中猶不免有傳詬者在，而奚至舉國敬異之也？其故可知也。布衣韋帶之士，有能自奮于畎畝者，苟行能修潔，即見稱于閭井。若夫衣冠故家之裔，雖偉自表樹，但其勛績稍不逮前人，則世必以爲不克紹厥家聲爾矣。多士之才于此中邦也，是東國卿士之于禮儀也，是故家子弟之于世德也，人之責備，不以他邦域論矣，而可不矢所以自殖乎？有其質必思有以成其質，有其言必思有以踐其言，懋德勵行，績學廣業，必以古今先正所以爲天下望者自待，庶幾哉！東卿士之動容卒度，而衣冠裔之克世其家也，有司者之獲從事于多才之域，不其爲大幸乎？否則，無論隳窳不修，即沾沾自喜而靳于宏到，雖亦隨時取聲譽，乃所就卑卑，將不免傳詬四國而貽不克紹之誚，有司者之懼滋深矣。嗚呼！多士尚敬勗之，毋以才自恃也。

《重刊己酉同年録》序

歲己酉，吾晋士同升于鄉者若干人，業已秩次長少，遡本系胤，梓《同年録》以傳，所以敦世誼、徵久遠也。迨今茲辛酉，歲紀週矣。逾年，當上計之期，諸同升士且復聚首京邸，于是張子四維取其録而翻梓之，俾不忘久遠之徵，嗟夫人事之代不可勝原也。故古人究消長之會，要以十年，則天運物情有所更端矣，數之紀也。方諸士之同升也，濟濟蹌蹌，珪璋相映，其蔚然競爽于一時者，何其盛也！嗣是，或驅馳王事，宣力于四方；或專精道術，席珍于故國。非大計，則莫適會焉。蓋自同升迄今，凡會三四爾，每有不獲與者，以歲計且十有半矣，而進退存亡之故交焉，斯亦足以見勝遇之難常而盛時之易邁已，故維之重刻茲集而深有感也。維不佞自髫年弛荷擔之業，事章縫之教，即斐然有意于當世之英。既進于鄉，獲從諸君子之後，瞻仰其德光而上下其緒論，蓋訢焉有餘師也。於是年盛氣鋭，誦覽古昔，聆先聖之格言，若可以摳衣而服從其訓；睹哲人之偉烈，若可以振袂而步趨其迹。以心之所自許，計歲之方富，揆以迨今，當皭然有以自成立，于所生無惑也。迤後離群以居，既不得數奉教于君子，而孱庸之質，荒晏乘之，心識靳于謏聞，遠道疲于孤力，專攻摇于多岐，貞志牽于應世，其兀兀而思者非内崇之本也，其役役而動者非外廣之具也。日邁月征，于今十有三載矣，還視于昔，猶夫故我也，而齒則長矣，斯亦不足感乎？夫古人所以稱不朽者，其餘澤流芳，雖其極以千萬世計，要所樹立，固此百年身爾。夫自己酉迄今，既已逾紀矣，不啻久也，而由今觀昔，亦何異轉盻頃哉？即便百年，不過復四五轉盻頃而已爾，當年盛氣鋭，固已優游，以至于斯，則自今以往，又安知其必能副今志之所期而不爲昔之愒也。故維之重刻兹録也，而有終身懼焉。録既竣，諸君子行且至矣，因述小子之有概于中者末簡，覬所以教之，且以爲久遠之鑒云爾。

《華陽國志》序

晋常璩《華陽國志》，十二卷，所言梁、益之故詳矣。觀其攷貫方輿，章顯材哲，足以剖析疑誣，翼贊人倫，有味乎其言之也。夫華陽北阻褒斜，東控夔峽，蓋古今稱形勝區云。中國政微，其勢足以自擅，是以豪雄便之，生乎其土者病焉，故觀公孫、二劉、李氏之際，何其紛紛也！嗟夫！九州上囿，聖靈鬱興，非若羌、笮、冉、駹〔二三〕越在異域也，而一夫扞關，聲教遂阻，外防内繕，民用多虞，縉紳先生有不勝恫焉。觀夫常少之勸公孫，譙周之開後主，其情居然也。璩本翰墨世家，目睹李氏僭亂之禍，故述方志，其於廢興分合之際、得失之源每每致詳焉，大較主乎宣播王靈，同一書軌，使遐御者調龠綏之宜，雄據者息窺覦之釁，此其著作之本意焉爾。宋元豐、嘉泰間一再刻于成都、臨卬，迄今且四百載，故世鮮傳本。余每見記傳中所稱引此書，類多雅伉可喜，思睹其全而未獲也。邇者巴郡爐山張侯以祠部郎出守吾蒲，政適民和，無廢不舉。念是書蜀之舊也，乃采摭史傳，參校同異，緝而梓之郡齋。中間傳録積久，豕亥增訛，苟義所未融，則存疑示信。蓋當嘉泰再梓之際已稱缺漏，雖云頗加是正，第恐轉失本真，故侯慎之也。余嘗覧《藝文志》、《四庫書目》、《崇文總目》諸書，每惜古作者之志湮鬱不傳於代，即篇籍有存，遇之者鮮，遇又鮮能傳之，故逸佚寖衆爾。侯初釋褐守滑臺，刻《越絶書》，今復校刻是集，古籍之不亡，謂不于好古博雅之君子有賴哉！

刻《清明集》叙〔二四〕

曩余校録《永樂大典》，於"清"字編見有《清明集》二卷者，皆宋以來名公書判，其原情定罰，比物引類，可謂曲盡矣，命吏録一帙藏之。迨後校"判"字編，則見所謂《清明集》者篇帙穰浩，不止前所録，而前所録者亦在其中。未諗二卷先行，後纂者併收之耶？將原爲一書，或於其中撤〔二五〕録之耶？顧其始末不著作者姓氏，其詳不可考，然益足見古人用法權衡真錙銖必慎哉！因併録置篋中。侍御盛以仁將出按遼左，語政〔二六〕間偶及是編，取而閲之，謂讀律者必知此，庶幾讞擬不謬，遂携入遼，爲之校訂詮次以鑱於梓。盛君，余壬戌所舉士，嘗司理岐鳳，以無害稱，今觀其加意是編，其明慎於法可知已。

《重刻〔二七〕三子口義》序

宋竹溪林希逸所著《三子口義》，嘉靖初刻于信州分寧。陳大夫携一帙至蒲，余得而卒業焉，則見所謂《莊子義》者最優。當宋末，士大夫崇尚莊學，師友間乃有一種見解傳授，即竹溪亦自謂得之陳樂軒、林艾軒氏云。莊書正言本意處甚少，其書中固自明其爲寓言、重言、卮言，乃箋釋之者往往隨語脚妄生意識，多不得本旨。或爲所鼓動，則茫洋自失，極力尊信；或厭其詼詭，又不能繹其中之所存。竹溪既知莊意有在，探其閫奥，而又不爲所摇眩，故其注釋較諸家爲善。若老、列二義，則似當時不甚講究，漫爲之者。老視莊尤邃，《口義》既不中其窽竅，故章旨率未融貫，且每以正説爲借喻，至如以鬼神分三才，謂十三爲一，尤鄙淺不類。列文本雜，《口義》亦卒成之而已，無甚發明也。大夫謂是書世所希傳，乃命工梓之郡齋，屬余爲序。夫莊、列雖祖老子，其指歸亦微異。老子固貴無爲，然不忘用世。莊、列則全欲委之自然，以死生爲解。蓋老子當春秋時，文、武之迹熄，世方遂〔二八〕外飾而忘内真，故以芟華僞、崇樸素立教。莊、列當戰國時，諸侯力争，異説紛起，世士方以縱横狎〔二九〕闔、堅白攻守之術干時，取聲利，揚揚自矜詡。二子既耻與同軌，而見當時事變又陻〔三〇〕于措手，故一切爲謬悠不羈之談以自恣縱，要其意，蓋皆有以爲之。但所立論過當，時得罪于名教，遂爲儒者所絀，詆其書爲異端，多不復視。竹溪乃章析句解，闡其指趣，而一以儒家折衷之，合所同，離所異，使讀者得以知其道之所在而且不惑于其説，用意亦良勤矣。三義固莊義爲優，然亦時小有出入，或古今異文，傳録脱誤，余皆存疑不論，間有文義淆訛，較然明著者，則隨覽輒標置簡端，大夫謂可爲林注補也，因并梓入之。

《巴陵方氏族譜》序

族有譜，以群涣也。夫族也，又何涣焉？源同而流别，代易而世疏，廬井遷徙[三一]靡常，生死慶吊不相及也，道相遇莫能面焉，名氏相質莫能昭穆焉，勢也。涣而必群之者何？族之夥雖千百人，其疏屬雖百十世，原厥初，蘇氏所謂“同出于一人之身”者也。夫人之于身，首足、胸膂、齒甲、髮膚無弗愛焉，其于子孫也，曾玄雲仍、愚智賤貴無弗愛焉，則吾今日親盡情隔、途人相視者，祖宗視之，由一身也，而可不爲之所與，而匪譜其何以焉？夫譜，家史也。前有作則可因，後有述則不廢，故家望族無地無之，而譜諜所存鮮能稽遠，則前後難其人爾。而或冒胄往哲以岐其本，牽綴時閥以溷其支，譜也而何貴焉？嗚呼！吾兹閲巴陵方氏之譜，而重有所起敬也。系始河南公，爲世二千餘矣，其循本也遠。生歿婚葬，其志迹也詳。祖禰宗别上下房之繁衍，其總絡也明。先之以義例而敦睦周矣，終之以别傳而纂純[三二]詳矣。不外附，不内遺，遠而核，簡而備，使人讀之而尊祖親族之意𩕳然興焉，謂之家之良史非耶？始爲是譜者，十七世浙東右轄楚崖公，今重修而益以義例、原姓、列傳者，二十一世河東都運少嶽公。楚南故多令族，然語蕃碩昌熾、膴仕聞人，無或右方者，觀兹譜有明徵矣。

《痘疹括》後序

醫以嬰科爲難，而瘄疹爲尤難，蓋形似毫髪，變態呼吸，執者昧通，淺者率易，故夭閼滋多，而俗遂以瘄疹爲嬰幼之大厄也。近世專門頗陳指要，若陳氏、錢氏、聞人氏，立論敷方，究源辯證，非不明且悉也。但本旨邃密，示人以權，專攻者例以應疾，猶庸將而操孫、吴之術，難與語勝矣。况此症幼所必患，風熱内乘，載以時氣，即遠邇並作，無論都野，醫無妙攻之術，藥無必效之方，渡江亡楫，如父母之心何哉？姻丈張嵋陽氏，通敏多才，留心醫藥，憫攻療[三三]之失宜而瘄疹爲患也，乃博采名家切要之旨，徵以平日既驗之方，始病因，終糠疹，凡類一十有九，彙爲一編，命曰《痘疹栝[三四]》。余間閲之，域别區分，明白簡易，若鑑辨妍媸，衡懸輕重，劑量參互，規圓矩方，俾幼幼者有所持循，殆無難於瘡[三五]疹也。嗚呼！仁哉。君以儒起家，今爲户部司務，質穎心詳，綜博群籍，他如陰陽、星相、内經、占筮、天文、律曆等家，無不覈究，而醫其尤精云。

《見南江閣文選》序

沔陽陳蘇山氏，自其弱歲援筆爲詞翰，即能作驚人語，爲藝苑諸先輩所奇。乃其志趣甚宏達，期磊落自樹，以掀揭於斯世，不徒馳聲鉛槧間也。既已總職方，典兵憲，凡所藴抱稍稍見施用矣。顧一不當于意，輒拂衣去，築室藝圃，不復以世事爲念，乃獨沉酣篇籍，弄柔翰以寄情焉，蓋其夙習然也。公文初尚雄俊，暨造詣滋久，乃復歸之典實，丰茸容與，自爲一家言。其仲子叔玉守淮陽，集而刻之，因走使問序于余。曩余守史局，睹蘇山氏在職方諸所疏議，率鑿鑿有經國至計。比接其言論，沛乎其以奇自負也。時北虜孔熾，方徯公爲時效大勛，無何，遽引去，乃叔玉復翩翩振仕籍矣。當歲乙丑，余分校春試，見叔玉爲文，往往作秦漢人語，奇之，已而，知爲蘇山子也。余方棤[三六]蘇山之不獲究用于時，而深幸其有子。乃今得縱觀蘇山之所撰著，叔玉之文夫固有所受哉！若夫叔玉，以蚤歲服官政，趨步必以繩準，而才具倜儻，所至有令名稱焉，則蘇山氏所磊落自期不果見于世者，演而究之，又將于是乎在。

《經史忠孝語録》序

《忠孝類語》者，前定州司訓思齋張先生所手集也。其爲書凡若干卷，取經傳、子史中言及忠孝者録之，用爲臣子永式，蓋前輩讀書，於君親之際特所加意若此。余之少也，猶及見鄉諸前輩，大抵務本業，敦行誼，雖位望、品格人人固殊，而爲里閈所尊信則同。至于接引後人，款款若子，語次或及經書傳注，輒連篇成誦，觀鬚髮則皤然種種爾矣。其終始淳確，致足欽也。近士習漸趣儇利，一切務爲簡捷倖攫之具，諸弟子員于經文有不能章誦者，矧傳注云？篤行既衰，乃鄉人敬重吾黨士亦弗前時若，理固然矣。故吾觀于先生兹集，有史闕文之感焉。先生季子國學生獻禾恂謹，克紹先緒，以是集先生手澤所在，欲鑱梓貽永久，蓋能繹思教孝之旨者，異日服有官政，其必能忠矣。余嘉之，爲書此以引于卷端。

刻朐岡《學庸義》序

友人杜生鶴既署保安校之逾年，遺我以中丞暹朐岡公《學庸義》梓本。予取閱之，而嘉嘆朐岡公作人之心無已也。夫上谷，邊域[三七]也。中丞受命而董其師，戎職也。自黠虜匪茹，獨石、懷來之間，無日不戒嚴焉，棘時也。公至上谷，坐籌兵食，驅數年整居不靖之虜，而閉之天漢之外，嚴城矗列，卒伍精練，女桑男穀，比於内郡。而以其餘日興庠序之教，闡聖賢之訓，啓迪庶士，諄復周到，不啻嚴師慈父之於子弟然者。《詩》云："菁菁者莪，在彼中陵。既見君子，錫我百朋。"蓋君子而能長育人材，則人無不樂之矣，此寧可與俗吏語哉？夫俗吏者，類察小苛而暗大致，雖在内郡，且以簿書、期會先焉，矧當羽檄、斥堠交午之衝，若而職，若而時耶？朐岡公東魯世儒，閑於當世之務，以材受簡命，而所至必以教化先。先是任陝之行省參政，駐節涇州，作新孔子廟，大興文教，余嘗爲記之。涇州固用武地也，今其事豈異哉？乃余益信公作人之心無已也，因爲引其端，且以風于有政。

題展玉泉《金闕承恩圖》序

玉泉展君，蒲産也，遊貨瀛、博之墟，貿市海艖，以爲天子轉輪于邊，而以計贏縮，雅與時逐，甚獲什一之利，居無何，其所積遂豐。輕財重施，坦率樂易，凡商于兹土者若干人，罔不祗敬玉泉君者，即有不平，咸詣玉泉君，求一言，即兩肯。玉泉雖言論侃侃，而不自德，貲雖饒，其切切焉晝夜以紀綱其生理者，猶若未亨時。嗚呼！殆類有道者與。會大司徒以帑藏未充，俾民得以入粟拜官，品式具備。玉泉君遂以貲補郡曹掾，繼輸諸藩，終事于部，乃今歲十一月，拜命闕下，冠笏佩帶，將以歸而省祭于家，以需銓司之選。于是持《金闕承恩圖》示予，索爲一言。予唯生人之欲，唯貴與富。富以裕家而已，不必其完阜；貴以華身而已，不必其崇高也。然命有予奪，才有修短，固有桔〔三八〕據半世，靡遂一謀者，其誰曰兼之？玉泉君出賈所餘以爲仕，始〔三九〕腴田良屋以殖其家，華裾鳴珮以澤其體，概生人之願而一身該之，此固鄉黨之所榮觀者，其圖而歸也固宜矣。然賈者所以爲己也，仕者所以爲人也。君之商也，士心固足多矣。由兹而仕也，吾願君無賈心，以永有令名，爲兹圖副，世爲子孫之所稱述，豈不益善也哉？余辱交於君深而雅知君之心者，故於讚君之末敢繼以規。

《同選録》序代作〔四〇〕

歲甲寅冬十有二月，天下士與選于銓部者若干人，既拜命于廷，乃録其名次以足世行之詳，鍥諸梓以永世好。既竣，某敢告于末簡，曰：凡我同好有衆，與此録者，孰非誦習周、孔以志當世之務者乎？然歲以恒計，其由前後而登仕籍無慮數百人，何其赫赫自持以表見于世者不多見耶？豈學、仕之致固殊而始終之節變耶？殆有説矣。聖朝隆重制科，世稱清顯，挾藝之士，孰無志焉？天固靳之，氣能無拂乎？迨分在庶僚，恪共靡失，而人固以資格局之，將心無倦乎？是以有志之士率鮮有終，蓋不惟資格之能限人，人且因以資格自限之矣，非才之罪也。今合四方之衆需選于曹者，歷數十年之久，而同升于今日，先人謂有兄弟之義，甚非偶然。某欲以久要之道爲諸公期，居其位，盡其職，毋自沮其幼學之心，毋以人之予奪而爲趨背，毋以家之豐約而爲取舍。不得于人，將在己者可信；不附于時，將無愆于古而爲後楷也。顧不韙與？况皇朝惇大培基，用人如器，苟有峻績，將聲寵是宣而清華是陟者，往有明徵焉。蓋雖庶品雜流，片善不棄，矧在正途，又奚資格局耶？某不佞，敢與諸公共勗之，使後之觀是録者知資格果不足以限人，而予言有徵也。

題《琴堂棲鳳卷》後

《琴堂棲鳳卷》者，芮校師生爲邑侯鳳原强公贈也。贈者何？異之也。曷異焉？强侯約己裕施而瘡痏蘇，易疇薄斂而俯仰遂，明經章範而士習興，期月而河山易觀焉，故異也。夫后王建邦樹長，維民是職，舉職承流，良有司之常耳，異之者何？芮，三晋之下邑也，介在河曲，通人鮮經焉。政蠹而莫之釐，民困而莫之恤也，久矣。夫罹流離之虐者知慈母之爲恩，歷飢渴之害者知飲食之爲養，是以異之也。異而贈之者何？叔度來牧，五袴興謡。張君爲政，兩岐申咏。上之人有異美，而表章之，咏嘆之，以致其欣戴，玆人情之不可已者爾。贈之而曰“琴堂棲鳳”者何？以侯有單父之烈也。横海之鱗不游蹄涔，乘旦之足不服鹽軛，大賢而宰百里，威鳳而跱枳棘，其英茂之騰、文章之炳，人争先睹之爲快矣。若夫朝陽既升，千仞斯翔，他日所以繫甘棠之慕者將不在是乎？此其師生之所以惓惓也。師爲司訓張某，來徵余言者，余友李生溱、李生滂。

《隧野喬椿卷》後序

歲戊午，文湖葉公由尚書郎出佐蒲郡。惠聲仁澤，蕩若春風；直氣端儀，皎如秋月。民歡然若得父也，人士忻忻然若得師也，公固已安其俗矣。然以親舍在南，時有狄文惠望雲之思焉。會秋七月念六日爲公大人一愚翁初度之辰，而翁壽適六十矣，于是蒲民家頌户祝，願翁萬年。其縉紳大夫則相與繪圖賦詩以歌咏其盛，用紓文湖公之思，且題其首曰"隧野喬椿"，寓慶祝也。卷既成，某敬拜首識于簡末，曰：天之厚人也，鮮大備之福，而人子于親，則有不容已之情。故壽者，福之首也。人之躋壽域者，千百什一爾，然未必富也。壽而富矣，未必其康寧也。壽富而康寧矣，未必多子孫也。子孫多矣，而未必賢也。故夫富壽康寧而且多賢子孫焉，凡天下之爲人子者，胥欲其親之臻是也。而古今才數人爾，以其間值之難，而適膺其隆，若可以自遂者，然菽水一堂，歉顯揚之願；輶軒四國，多靡及之懷。喜以年引而懼由日增，人子之心殆無爲之極矣。夫一愚翁平江望族，襲先大夫司諫翁貽燕之謀，明農課經，優游平世，于今行年六十矣。丹顏載渥，玄首未華，而三子克家，八孫競爽。内有以承膝下之歡，外有以大光顯之烈，天保戩穀，日升川至，古今難具之福不啻備矣。文湖公猶惓然懷陟岵之思，南向依依，若喜不勝戀者，固其情之不可已哉。雖然，懇而難極者情也，備而百順者福也，所以綏是福而愜是情者德也。一愚翁厚積博施，慶源宏矣。文湖公以直諒貞方之操、通敏果毅之才，而本之以惠和温裕之德，以宣猷于國，集禧于親，則夫他日期頤百年，樞筦三事，龍章鶴髮，温凊朝夕，雲仍駢列，觴舞獻壽，以極今日未究之情，以膺古今獨盛之福者，端可前知矣。某不佞，叨與文湖公爲同年友，且辱世契最深，仰翁父子之世德，而諗其慶之長也，用敢績言以徵于後云。

《北堂榮壽卷》叙[四一]

夫教子而志于顯揚，事親而期于壽考，豈非古今人情之所共然哉！而時有否通，遇有蚤暮，修短盈虚之數既參互而不齊，主宰予奪之機又默運于天而非在我者，是以情之所鍾率不能以自遂。故熊丸之訓曾幾睹其成功，戲綵之娱終未膺乎一命，乃知古人負米之思、捧檄之喜非苟然也。方歲癸丑，余獲隨上黨崔子謙氏同舉于春官，朝夕游焉，粹然而温也，毅然而正也，渾渾乎博大而儉也。心敬焉，意其質美養淳必有所以基之者，詢其故，乃得太孺人霍氏之賢爾。後交益親，會益數，每相見，察其色慼然，若有不懌者，異而問之，曰："吾母老矣，開歲且八帙，余羈宦于兹而未能歸也。喜懼之心甚切，而定省之儀久疏，欲圖歸而母固止之，奈何？"余曰："君休矣。夫以孺人之教子，其訓飭之嚴而責望之厚也。今既足以少酬矣，且松柏之操必有金石之算，君胡少俟而服天子之寵命以歸，則所以丕闡孺人訓子之烈而大慰其心者，抑又至焉！"歲甲寅，孺人壽正八帙矣，設帨之期，寔惟黄鍾之仲，子謙愈益踖踖然，懼不及旋也。乃八月，銓部授子謙鄢陵尹，計十月將乘傳以歸，同諸兄弟子侄，錦衣華裾，百拜獻觥，以爲親壽。嗚呼！兹豈偶然也哉。蓋孝子之承親也，期其壽；賢母之教子也，期其顯。期者同矣，壽與顯未必得也。况鶴髮韶儀，備應五福，銅符墨綬，出宰百里，爲壽爲顯，並休交至者乎！且孺人壽固隆矣，而算盈八帙，適當其子拜命之年；子謙之身固顯矣，而晝錦千里，適值其親初度之日。蓋天相孺人之淑貞而顯祐以昭其貺，感子謙之純孝而陰隲以成其美，故其禧祉之隆、遘會之妙若有所以而特不得其原者矣。嗚呼！其偶然哉？

惟時縉紳大夫咸羡孺人之壽之高，而嘉子謙之孝之遂，各爲歌詩以賦咏其事。維遂僭叙數語，用爲前驅云爾。

《東原紀贈》後序

伯舅對川翁既省鄉變，將旋軫中山，鄉諸縉紳大夫與在姻戚者及友朋昆季，各爲詩以贈其行，叔舅鑑川翁匯爲一軸，題曰"東原紀贈"，俾某終叙之。叙曰：别離之難言，在古然矣。自蘇、李河梁之倡，沉至懇惻，後世作者宗之，凡在征行，俱存篇什，不惟永言長嘆，情見乎辭，而婉諷忠告，有老氏贈言之旨焉，其來尚已。然事有萬形，情有萬感。金谷宴别，酣簫管之清；咸陽從戍，振雲霄之哭。雖依然中結，約泰同心，而悲歡異境矣。吾鄉自乙卯之變，樓櫓委於塗泥，荆蓁蔓於膏土，比廬墟而鰥嫠僅存，郛郭隘而丘冢填溢，一時親故，十喪六七焉。伯舅驅車千里，歸吊故園，留連期月，官守有限，乃忽而成此别也，豈易爲情哉？夫東原固蒲之離亭也，行旅往來送迎于斯者數矣。今而寓目山川，風景頓異；眷言姻誼，寥落數人。而書劍匆匆，雲山修夐，則夫悲歌惜别形之賦咏，當有倍古人者，而諸猶惓惓然有諷告焉，顧不韙與？舅行矣，談經餘暇，時出軸閲之，點綴河山，則故鄉在目；綢繆情雅，則清談在耳。蓋不惟一時話别，要以終身而意興所存，有晤語于山川之外者，此紀贈之意也。

《漳源挽章》序

《詩》曰："高山仰止，景行行止。"夫君子含淳履懿，人倫鑑焉。後生者挹風思淑，願見而不可得，雖在萬里之外、千歲之久，猶且感慕奮興，而况其時之邇、居之近，義問隆實宣昭在耳，而不得一睹其儀，則其仰德懷人，形之歌咏，固其所也。沁陽漳源張公，幼有茂質，弱冠舉于鄉。既而掇甲第，歷内臺，遂擢廷尉丞，尋以疾在告而歿。其碩德顯行，嘉績弘藻，自晋之民士以及天下之賢士大夫往往能稱述之。維與漳源公同鄉土，自齠齔即聞漳源公之名，私嚮往焉。漳源公按關右時，蓋道蒲焉，幼未能謁也。後十餘年而漳源公卒，又十年爲嘉靖癸丑，公子惟叙甫同維舉進士，復同肄業館中，昕夕晤言，又獲讀世行諸集，乃益知昔所聞漳源公者曾什三爾。夫其孝敬在家，敦讓在鄉，風節在朝，事業在四方，文章在後世，雖古詩人之所頌讚何以加焉，此固景行者嗟嘆思慕，長言之而不容已者耶！夫蒲、沁密邇也，維生雖晚，猶及公之世也，乃不獲從公遊而幸獲與公子遊，不獲親公教而幸獲讀公之製作，所以景仰嗟慕，情有倍增者焉。凡同館之士、同鄉之士共爲歌詩若干篇，惟叙氏彙爲一編，命曰《漳源挽章》，維乃敢叙諸篇首。《記》曰："先人有善而不知，是不明也。知而不傳，是不仁也。"唯明與仁，惟叙氏寔兼之，則漳源公之所以式穀於後者又可景矣。

校勘記

〔一〕"春"，清稿本作"眷"，是。

〔二〕"馬"，清稿本作"焉"，是。

〔三〕"如"，清稿本作"加"，是。

〔四〕"紐"，清稿本作"紀"，是。

〔五〕"廪"，清稿本作"凛"，是。

〔六〕"風"，清稿本作"夙"，是。

〔七〕"拜"，疑當作"并"。

〔八〕"千"，清稿本作"於"，是。

〔九〕"勿"，清稿本作"易"，是。

〔一〇〕"詮"，清稿本作"諗"，是。

〔一一〕"柳"，清稿本作"抑"，是。

〔一二〕"復"，清稿本作"履"，是。

〔一三〕“府”，底本卷首原目録無。
〔一四〕“輿”，清稿本作“巽”，是。
〔一五〕“夕”，清稿本作“久”，是。
〔一六〕“茹”，疑當作“袽”。
〔一七〕“弟”，清稿本作“弗”，是。
〔一八〕“析”，清稿本作“折”，是。
〔一九〕“待”，清稿本作“侍”，是。
〔二〇〕“擾”，清稿本作“櫌”，是。
〔二一〕“頃”，清稿本作“頌”，是。
〔二二〕“壁”，清稿本作“璧”，是。
〔二三〕“驍”，清稿本作“虓”，是。
〔二四〕“叙”，底本卷首原目録作“序”。
〔二五〕“撤”，清稿本作“撮”，是。
〔二六〕“政”，疑當作“次”。
〔二七〕“刻”，底本卷首原目録作“刊”。
〔二八〕“遂”，清稿本作“逐”，是。
〔二九〕“狎”，疑當作“捭”。
〔三〇〕“憚”，清稿本作“憚”，是。
〔三一〕“徒”，清稿本作“徙”，是。
〔三二〕“純”，清稿本作“紀”，是。
〔三三〕“瘵”，清稿本作“瘵”，是。
〔三四〕“栝”，清稿本作“括”，是。
〔三五〕“瘡”，清稿本作“痘”，是。
〔三六〕“楷”，清稿本作“惜”，是。
〔三七〕“域”，清稿本作“城”，是。
〔三八〕“桔”，清稿本作“拮”，是。
〔三九〕“始”，疑當作“殆”。
〔四〇〕“代作”，底本卷首原目録無。
〔四一〕“叙”，底本卷首原目録作“序”。

條麓堂集卷二十一

序　二

壽高端公六十序

今歲辛未，端公高少師壽登一甲子矣。體頎氣充，神精健朗，膚理瑩潤，玄首朱[一]華，不啻人之在少壯時者。于時天子方正公台席，全付機務，仍兼太宰之任，春[二]倚隆重，縉紳大夫日夕以太平冀公，寓内甿庶，延及四夷八蠻之衆，莫不喁喁待命公者。公之既壽且康，寔九重之所深慰，而天下之所仰望也。十又二月辛丑，惟公懸弧之旦，于禮宜有慶，少宰魏確庵氏，同維侍公銓省且經年，乃屬言于維。維惟一氣溟涬，其存主不息爲精，其運用不測爲神，生天地而育萬彙皆此物耳。人分萬彙之一，而受氣最靈，于靈之中其尤最者，至立天地心、萬民命，則精神之爲用大矣。故天陰隲人國，必篤生若人贊翊其治，而又永錫難老，以大競于有邦。是以列星之精化生傅説，維嶽之神寔降申、甫，其在商、周之書所稱，有曰“天壽平格，保乂有殷”、“正色率下，弼亮四世”，豈不爲明徵哉？公應名世之期，而毓河洛之秀，精神所受，夐絶人倫。晰義至微，而不由于探索；應機最捷，而無事于規畫。震撼紛沓，人所畏讋[三]，而談笑决之；艱難繁大，人所頓憊，而指掌玩之。蓋天純祐我明，賚以良弼，視説與申、甫之在殷、周，其爲星散精、嶽降神一爾。肅皇帝簡公端重，俾以經義授今上藩邸，已復拔以自輔。迨今上踐祚，公以春宫舊學參與密勿，德量智鑒，裒[四]然爲天下第一。太平之業既有端矣，乃公復避位歸。于是天子當守[五]興思，海内蒼生屬望東山不置，再逾期，天子乃復召公入弼，兼掌銓事。于時明興凡二百年矣，雖成憲具存，而紀綱多弛，中外類虚文相謾，鮮實心。公一切與之改弦史[六]始，條便宜十餘事，擇士風民害最切者先施行之，不期月洽然化行。海内想聞其風采，小人史[七]兢兢修實，無敢作誑語。民無吏擾，得安心田畝，歲以有年。北虜五單于牽臂款塞，東自范陽，以西抵玉門，虜分布邏騎，禁游虜之竊窺塞者，亘塞垣萬餘里，終歲無燧警。粵東西及滇、貴諸蠻夷不靖者，咸革心内向，惴惴無有越志，海波遂平。凡此皆傳記所稱得一爲奇者，公不動聲色致之，而其心又夷然不以爲伐也。蓋其度量、智鑒夷曠超邁，凡古今所謂磊軒天地者，自公視之皆其能事，固有不足爲異者。非獨稟間氣、受精神于天地，其孰能與于斯耶？故古之善言相業者，語君臣相契則曰聚精會神，語綏萬邦則曰精神運量，語制四夷則曰精神折衝，詔[八]格天地、柔百神、集諸福則曰精神感通，誠機要之格言而操本之至論矣。夫精者氣之萃也，神者形之主也。精至則氣不衰，神完則形不敝。由本推末，自今觀後，公之壽其未涯矣，矧載篤其祜，永錫難老，以大競我國家者，天意又有在耶！《詩》有《南山有臺》之篇，蓋祝壽詞也。其始曰“樂只君子，民之父母，邦家之基”，繼之曰“樂只君子，德音不已，萬壽無疆”。夫曰“民之父母”，是民生之精神于君子保之矣；曰“邦家之基”，是國家之精神于君子係之矣；則夫其“德音不已”而“壽無疆”也，豈獨爲君子一身慶哉？其精神貫徹，所以壽國脉、開壽域者兩無窮也。維觀公之精神，而知天之所以純祐陰隲之意，乃以詩人之頌申之。

壽吕相公六帙序

昔在有周，成王以冲年嗣曆，維時保乂王躬，總帥群后，以纘成文、武光烈，丕冒四海，則有若周公旦。其克敬明德，相與篤棐，用迓滋至天休，則召公奭寔佐之。二公者，異體同心，乃其猷未嘗不在王室，用能左右馮翼，弼成叡聖之德，衍姬曆八百祀，紀傳所載臣道之盛莫加焉。邇者我皇上應運紹基，亦在周成之歲，其始中外人心蓋惴惴甚懼。惟時擁護聖躬，斡運化理，董正百度，綏輯庶邦，則少師江陵張公寔肩周公之任。其一德一心，專誠不貳，相與協恭于密勿者，則亦惟亞相臨桂吕公佐之。于今宫府肅雍，中外清晏，吏治汰文而務實，士習革靡而從朴，四夷君長交臂内事，威稜震乎殊域，議者嘖嘖，咸謂周、召之業再見此時，非虚語也。吕公當今歲乙亥壽登六帙，其門下士翰林修撰孫君繼皋，編修余君孟麟、王君應選，與其同榜士若干人，荷公樂育之澤，謀所以上公壽者，乃問言于余。余釋褐從公游，迨今且二紀，朝夕獲聆公教而薰其德範。公擇言而發，擇地而蹈，耿耿自信，不事表暴，和易近人，與物無忤。與之久處，若春風披拂，初不覺其入人，而太和之氣盎然四達也。夫以誠信所積如此，故能與少師肝膽相照，爲國藎臣，受天子腹心之托，而弼成至化，直與周、召襄周之烈先後比隆，蓋其醇德所由來遠矣。自古天純佑人國，將俾之惟有歷年引以勿替，則必申佑其不二心之臣，錫以難老。故召公當成王初年，業已以耇老見稱，至語其弼亮嘉績，且終康王之世。蓋老成耆舊之有益于國，不惟其訏謨宏略非後進士所可彷彿，以至邦之典刑、民之怙恃，隱然皆于是在，天所以優厚而寵綏之，殆深有意于人之家國爾矣。嘗觀《小雅·南山有臺》之詩，蓋祝頌語也，其祈永年曰“遐不眉壽”，曰“遐不黄耇”，曰“萬壽無疆”、“無期”，至矣！然必曰“邦家之基”焉，曰“民之父母”焉，若是乎而後壽不爲徒也，天之所佑與人之所讚，信較然合一哉！至繹厥原本，又必以“德音不已”稱之，詩人之所爲善頌也。公以惇厖之德，贊燮調之任，輔成一代中興之治，而奠麗億兆人之生業，玆固邦家之所楨也、民生之所庇也，其爲眉壽，爲黄耇，爲萬壽無疆、無期，享有召公之年以篤周祜者必自此六帙始矣。蓋天人所助，徵諸《詩》、《書》者甚明也。余既覿公深，且辱二三君子之請，故敢舉召公爲公況，而誦《小雅》以終之，竊自附于知言之義云。

壽虞坡楊公六帙序

少傅兼太子太傅、大家[九]宰虞坡翁，當今歲丁卯壽躋六帙矣。翁自弱冠登朝，迄今四十載，以忠亮格于九重，以信義孚于四海，以威惠洽于九邊，隱然以一身繫天下安危者，亦且廿年。《詩》云："維嶽降神，生甫及申。"《書》云："天壽平格，保乂有殷。"若是乎生之不偶，而永年之有以也。翁幼有鉅[一〇]度，在髫年即以奇穎稱。筮仕，蓋嘗視邑符，贊子部，注楷[一一]宏遠，即不爲一時一身之謀，而綜畫明確，于今人猶守之不易，蓋豫章楩楠，不必其干青霄、廕九畝始標特異迹，即在萌蘖拱把時，固自與群卉不侔矣。先皇帝有意殷武之烈，見翁在職方諸所建明，謂可屬大事，特自外臺召還，佐兵本[一二]，于時去職方未幾耳。嗣是，翁凡三視薊師，一董代旅，悉當震撼破碎之餘、框[一三]攘之會。衆所惴惴，莫敢自遂，而翁慷慨制之；衆所營營，莫敢自成，而翁談笑平之。先皇帝益自信其得人，眷倚隆至，前後任翁筦樞府者不啻一紀餘，而南北氛侵[一四]漸清矣。乃其時士風嬛靡，立莠言爲幖，薈蕞浮競，將糠秕聖學，芻狗世故，如西晋王、何之談者。顧其厚自稱許，更相黨引，倜然自得，無可誰何。先皇帝念之，屬大冢宰缺，欲借翁消釋黨偏，平我王道，又慮謀疆事者之難其代，乃訊之元老，權玆輕重，竟以太宰畀翁。未逾期，今帝踐祚，斥僞起潛，核實吏治，以與天下更始。唯翁寔克承德意，簡稽勤媮，均一甘苦，劑量近遠，研勘又〔一五〕速，如準如衡，不軒不輊，人心翕然，自都畿薄于海隅，罔不易慮錯事。嗚呼！文武異途也，翁曩以壯猷翊先皇無競之勳，誠習之矣，乃兹式序官聯，以正庶品，復光佑我后惟新之化，使衆志咸熙，世教攸賴，豈人力也哉！弘毅不撓之度，通敏無方之材，天固厚之矣。蓋天惟純佑人國，則爲之篤生偉人。天既厚人以特異之禀，則必保佑申重，使之克罄其休，以永利于上下。故《詩·南山有臺》之篇云："樂只君子，邦家之基。樂只君子，萬壽無期。"又曰："樂只君子，民之父母。樂只君子，德音不已。"夫其上基邦家而下父母乎斯民也，則其德音、萬壽不唯天固與之，將人心寔同願焉，詩人之所爲善頌也。翁以文武憲于萬邦，翊戴兩朝，始終一節，其爲邦家基而民父母也久矣，郎〔一六〕其降神與申、甫不殊，而平格視商六臣爲烈。天將俾藩翰于周，而又〔一七〕有殷以多歷年所，則夫德音、萬壽固亦其宜哉！夏仲廿有四日，唯翁懸弧之旦，同郡士司空郎張君廷弼輩諏言于余，以爲翁壽。蓋六帙在人情稱壽，壽之所爲可稱者曰康寧，曰多賢子孫，則備矣。翁聰明强力，視諸少壯人且增倍；而長公以文學魁天下，在春曹有卓異聲績，一如翁視職方時；次公又登俊京國；諸叔李〔一八〕方刻意自樹，蟬聯文武業；孫枝且奕奕蕃殖。凡人情所深願得一而不可必者，翁則兼之，此固天之降福孔庶者。然維竊以天之壽翁，非爲一人一家之慶，仰之則國脉之所綿長，俯之則生民之所康阜繇焉，故特引類《詩》、《書》，證以翁之立朝往節，取信方來，庶必其不爽云爾。

壽端溪王公八十序代作

大宗伯端溪王公，往歲以年逾七十上疏請老。天子方注念勛耆，以公人望也，慰留之。而公請益堅，疏凡一再上，情詞益懇。天子不忍公去，而重違其意也，竟許之，迄今更幾年矣！公自弱冠升朝，以節義、文學擅聲海内，揚歷中外，所至有賁澤存焉，故自公之歸，其甿黎之浸濡膏馥者懷甘棠而興咏焉，人士之衣被德音者仰高山而景行焉。而公方優游泉石，諧性情之適；沉浸韋蒲，探理命之奥。内葆天倪，與化進退，以徜徉於澶淵、鮒鰅之間[一九]，猶逵鴻獨運，冥冥不可得而慕也。今歲癸亥，壽蓋登八十云，公子某某以余素辱公知，請一言爲壽。夫《禮》稱"大夫七十而致事"，釋之者謂臣以執事趨走爲職，七十則耳目不聰明，故退老避賢，以長廉遠恥耳；"八十、九十曰耄"，釋之者謂智識漸惛，多遺忘，《春秋傳》"所謂老將知而耄及之者"：兹固以生人之大較言耳。若公者，生當熙運隆洽之期，淳固惇厖，氣賦已異，而又嚴於檢心制事之功，自志學、筮仕，孜孜翼翼，流覽物情，絜規今古，所以内鍊其真，外酬庶變，紛紜旁午，與性爲徒，誠有日異而月不同者矣。年益高則養益豫，養益豫則智益明，故其神夷氣清，豐膚澤理，則方將之人遜健焉；冠履必敕，式言矩步，則齊魯之儒遜謹焉；討質皇墳，析疑辨物，則懷鉛之士遜深焉；觀化趨時，協民樹度，則賦政之吏遜能焉。以公今日之年，使加諸有位，以翊化本原，宣猷邦國，將無不可者，而况七十乎！故《禮》所云"耄"者，非所以言公；而所謂"致仕"云者，亦非公所得引而自遂也。公以精忠結人主之知，雖驅馳四方，乃心罔不在魏闕，至于一民一物不得其性，則惻然之念甚深焉，其不忘情于斯世昭昭也，而去之决也，何耶?《詩》曰："雖無老成人，猶有典刑。"此言老成人之重於典刑也。余自束髮釋褐，猶及接先正之光而聆其緒論，蓋中心所嚮者無慮八九十公，公其一也。邇歲老成漸謝，余謬以知眷叨任使，雖驅策夙夜，惴惴然有負重懼焉。屈指遺老，厥惟公在，而公歸已久。向使公勉從天子之留，服在大寮，諮諏攸存，豈惟余免於負重之懼，譬則天球、大訓，列之庭序，其爲國之典刑大矣。故余以公今日之壽，而深惜公懸車之蚤也。雖然，公豈徒哉？昔人云：出處亦大矣。逖觀往古之士，其進之者人也，其退之者己也，故道化美而功烈彰。後世則進之者己也，退之者人也，故廉耻薄而風俗敝。中間豈無高節之士，如傳記所稱述者，而模範不存矣。今之天下，幸有以禮進退如公者在焉，則後生望其廬而思興起，廉頑立懦，不以聞風者論矣。是公之壽與世道有關焉，其所謂“典刑”云者，在野與朝均也。

周公九十壽文

前學諭周翁者，行年且九十矣，神情開朗，視聽甚利，顧其體若不勝衣，乃骨氣堅聳，與人終日談笑，無厭飫色，豈古所稱列仙之儒者耶？翁襟度坦易，于人無少長、貴賤、愚知、戚疏，視之皆若可親；于事無大小、久暫，與凡人所駭愕憂懼、憤懣不平之感，視之皆不足咈其意。浩然獨與天游，自幼及老，蓋無一物芥蔕其胸中者，其致足樂也。余生也晚，自成童入學，即聞前輩有周翁者。于時翁方遊宦四方，不及識也。比翁遂初服，邂逅相見，不數語即歡洽若平生，亹亹道蒲往事，宛如指掌，居然有長者餘風。是時，翁年蓋六十餘，余亦弱冠。翁鬚髮半白黑，容色晬然，不異在少壯者。經今又復三十年矣，余從政且二紀，比年過里，故老鮮有存者，即前時所稱壯夫亦多頭童背僂，作龍鍾態矣。乃翁晬然其容，不異曩余初見時，接談頃，諧謔間發，意趣爽俊，究其冲標逸度，殆非塵俗士所可與論尺幅也。昔榮啓期帶索行歌，事至鄙陋矣，特以能自寬，猶爲聖賢所善。若翁高視物表，世故莫能攖其慮者，以彼其風不亦斯在下耶？初翁以《春秋》起家，今有子曰克恭，能世其業，余蓋嘗納交焉，以余雅尊信翁，索一言爲壽。余惟物理，凡得于天者厚，則外感不能入。若山石不泐，松柏不凋，惟其堅質貞液，凝互〔二〇〕内固，湍流霜霰，雖百端叢薄之，無如何也，故皆稱壽物。唯人亦然，履和抱真，自得于内，雖屈伸、得失交于外者萬變，而情無取捨焉，則世故不入，得以永其天年，蓋古之期頤鮐耉皆以是道致之，固不在服食黄白、呼吸吐納間也。翁内任其天，不榣〔二一〕于物，行年九十，而有童色，其壽殆未可量。余羈于時，未獲自遂，他日效薄勞于國，尚期佚老鄉山，撰杖屨從翁後，翁其許我乎？

進庵趙翁八帙貤恩序

在晋泫氏之墟，有隱君子曰進庵趙翁者，初嘗攻鉛槧業，無所遇，棄去，遂南浮淮泗，時廢居廛井中，然非性所好也。晚乃屏謝世囂，卜築治圃于西河之陽息焉。當今歲丁卯年，蓋登八帙矣。留都少廷尉、前給舍往川公者，公仲子也，當嘉靖丁未、戊申時在諫垣，以正色危論爲衆所憚。有權璫憑城社肆虐，人側目無如何也，公頌言攻之，遂落職歸田里。當是時，往川公直聲滿天下，即朝野士無不想見其風采者。往川公顧獨有戚容，曰："吾以直辭報罷，在職無愧，第吾親老〔二二〕矣，日夕冀沾貤典爲榮，入無以爲高堂復耳。"翁聞，則慰之曰："吾第懼爾道不直、名不立也。今若此，吾志成矣，反戚戚何歟？"蓋父子間自爲知己，相與盡菽水歡者且廿年。會今天子登極，斥循默，釐庶務，搜揚岩穴韜德及諸以正直擯者，念往川公曩迹甚偉，遂首召諫垣。尋單〔二三〕踐祚恩，封翁徵仕郎、禮科給事中。往川公喜動于色："此吾二十年所疚心者，乃吾親行年八帙得之，吾願足矣。"往川公固負勁氣再出，復當不諱之時，前後諤諤執議，如請從祀以崇正學，謹禮服以嚴郊祀等疏，皆磊落讜論，關于大體。上察其忠藎可大任，乃擢爲南京大理寺丞。是歲冬之十有一月也，再閱月廿有三日，寔惟翁之誕辰。往川公既受命辭闕，躬捧綸制，將以其旦衣錦稱觴，獻之膝下。嗚呼！天之眷善若是有明徵哉！

人莫不欲壽，僞[二四]人子者，寧獨欲壽其親，蓋猶思以榮之。在《禮》"八十曰耋"，壽古今希矣，于是時而適膺天子之貤恩，豈不尤異哉？昔詩人賦《四牡》，至謂"不遑將父"，公義私恩，殆不能耦得耳。往川公去國將再紀，一旦際彙征之會，西首白雲，雖不勝明發懷矣，然其感遇思報，殫慮夙夜，豈其眷然必私念是申哉！乃奉宸命，司平南服，適得以翁初度之辰而過里焉，豈人力也哉！淳厖之積，直亮之節，孚契于天，天固佑之矣。三晋縉紳大夫在闕下者，咸讚誦翁之榮壽不偶，而尤歆往川公之得歸以是辰爲翁壽也，相與登往川公之邸而祖賀焉，乃授簡于史維序之。

壽瑞庵張翁八十序

湟中有瑞庵張公者，今山東提刑張大夫春谷之伯父也。公無子，乃春谷兄弟事之，孝敬不啻于[二五]。公耿介，有道人也，嘗業儒，以貢授四川鄰水簿，鄰水人至今思之。性孤特少合，酷嗜吟咏，居一室，日焚香，抱膝其中，有所得句，即自諷誦，忘食飲，顧其四壁間闃然，訢訢如也。今歲丙寅年，蓋八帙矣。其耳目聰明，步履甚健，無異人在少壯時者。乃小春幾日，其初度辰也。春谷方奉天子命，提戎旅，鎮北門，念欲稱兕觥，獻耋壽，以盡愛日之願不得，則日夕依依西北望。于時有地官大夫榆浦崔君者，春谷同鄉上也，方督餉昌平，謀以慰春谷之孝思，乃走使燕京，屬余言爲公壽。夫公之壽，蓋其所自致而奚假余言也？人唯無所自得，籍于外以爲養，苟所須一有不遂，皆足以摇其真而無以盡夫天年。惟夫能自養于内者，則無待于外，雖順逆常變、豐悴伸屈交萬變于前，而其真不橈[二六]。譬之物然，雨露潤而滋榮，雪霜冽而凋懲者，凡木也。若夫松柏，堅質勁膚，精液凝沍，雖雪霜雨露，四時互换，而柯葉不改，何者？其神全也。公居不周利，仕不遂名，壯無廣交，老無嗣胤，自世情視之，有戚戚不能一朝安者。乃公充然自怡，蟬蜕浮埃之外，視一切世慮若百戲接目，雖憂喜萬狀而心不爲動，以是享有遐年，非存虛抱一、究觀道始、自得我貴、不爲物遷者，其孰能與于此哉？且西北乾維是稱，神明奥區，公居湟中，其東則崆峒山，廣成真人所嘗授軒轅道要處也；其西，去玄元老子所適流沙不遠。夫古至人得道者，其神不死，然必世之有道人始能遇之。公真有道矣，朝夕如有所遇，幸申問治身之寶安在，併質河上公所傳章句果契五千言宗旨與否，以明示世人，俾無惑道真也。

楊左峰七十壽文

蒲有隱君子曰左峰楊公者，侍御史中峰君之長兄也，來歲庚午，壽蓋登七帙矣。仲秋朔日，寔惟懸弧之旦，侍御既奉命巡視汧隴茶馬，將取道汾霍，過家稱慶而西，乃諗于史維，祈以一言爲壽。公，史維之母姨丈也，維幼往來外家，習見公之爲人，篤信不欺，好義樂施。楊氏自厥考贈知縣，壽官公時以貲雄閭右，公世其業，能以寬惠得衆心，不切切計刀錐〔二七〕，而産益以豐，侍御方成童，贈公已傳家政矣。室巨而務繁，公殫力應之，率朝夕不遑息。顧侍御頭角嶄然，絶與凡子不類，則曰："是弟殆且興吾家。"乃延師教之，寧獨任勞也。蒲土隘而賦繁，正供外雜役蝟出，率以力爲準，其爲郡弟子員者，例復其家二人。侍御既有聲黌序中，而長君孝廉，亦聯翩振文譽，乃蒲之諸煩重役，顧咸集于公。人爲公不堪，公曰："吾力視諸人頗饒耳。"其促辦乃又先于諸人者，由是官府上下義之。歲甲子，侍御與長君同舉鄉之高第。乙丑，侍御連第于春官，出尹成安，晋今職，楊氏遂赫然爲郡望。視公之德，猶其在夙昔，氣粹語温，出入常徒步，顧不偉與！夫人形勞則疲，神勞則惽，多壽所以歸静逸也。公以一身肩巨室，糾紛震撼之備嘗，迄今而心無逸焉。此在常情，宜若不禁歲暮者，乃今行年七十，而有少容，即使修養家吐納引導，屏一切撓者亦何以加于此哉！蓋九[二八]草木榮瘁，率以春秋期，此常理耳。若松柏，獨禀異質，靈液堅厚，風霆不能改其柯，雪霜不能易其色，則春秋非所計矣。況又滋之以坤澤，煦之以天和，將有同三光而後凋者。公早歷多虞，猶然無摧毁，兹門祚且奕奕盛，侍御君因心則友，父事其兄，而又有孝廉之承顔，譬則松柏異姿，而且得養于天地也，其壽豈有量耶？侍御初得諾于余而西，及秋復以使來申前請，深愛之情，蓋見于詞者深矣，信能弟哉！信能弟哉！余既素知公，且近姻于侍御，因緘辭付使，俾馳歸而獻焉。

南野馬公耋壽序

嘉靖甲寅冬十二月八日，馮翊南野馬翁之初度辰也，年凡七十有六矣。翁有中子曰體乾者，今爲翰林吉士。方歲癸丑，天子深惟治理之原，命遴禮部所進士讀書中秘，凡得二十有八人，爲翰林庶吉士，而體乾氏爲之長。諸儀文之因革，上下之事使，文業之稽覈，經用之内外，故事悉紀綱于長館者。而體乾君仁毅謙虚，與物無忤，沉敏精詳，酬應不匱，人謂得于翁庭訓者爲多云。翁時方以義方誨餘子若孫于家，未就禄養。同館之士與體乾君有兄弟之誼，視翁猶翁也，共謀所以侑翁之壽，而慰體乾氏雲舍之思者，遂緣式好之情，爲義起之禮，而致其遥祝焉。始祝曰：雍州之野，天地奥區。風氣藴蓙[二九]，寔鍾龎固。是以周原飴堇[三〇]，藍田孕玉，地氣之厚，物則然矣。矧翁降神西嶽，誕瑞潼津，抱奇挺異，得地之全。則夫眉壽康强，逍遥丘壑，騎鹿函關，采芝商嶺，固亦雍之列仙也。敬祝翁壽，願與山川流峙，三變桑田。再祝曰：厚薄者氣，雖由地紀；堅脆者質，寔本天成。故木壽曰椿，羽壽曰鶴，特異之賦，質始固爾，豈以地之薄厚有所或渝也耶？蓋翁淑淳得其間氣，高朗賦其哲性，是以朴篤坦平，温厚簡默，處鄉而宗戚悦其慈和，居官而吏民懷其愷悌，天眷有德，固將介以遐福矣。敬祝翁壽，願與七曜並朗，後天永存。三祝曰：氣粹者地也，質美者天也，而成之者人也。夫榮期行歌，君子戚焉，情性失其佚，雖壽詎爲福也？惟翁堂構之業，承諸累世；《詩》、《禮》之訓，淑諸後人。嗚〔三一〕杖綸巾，優游上壽。承歡膝下，則有伯季之舞斑焉；沐寵日邊，則有中子之振藻焉。加以桂茁蘭芽，庭階濟濟，多男富壽，百順備之，則夫葆養天和，遊神冲泰，以長揖松喬于期頤之外者又待卜乎？敬祝翁壽，願翁含飴摩頂，閲及雲仍。于是體乾君再拜，起謝曰："厚哉！諸君之爲貺也。美矣！至矣！敢稽首受之以壽吾翁。"諸君乃復爲歌詩以申致其意，而命張子次第其言。

壽雙松吴翁七十序

歙西溪南有隱君子曰雙松吴翁者，暨其配胡孺人，當今歲癸丑年蓋皆七十云。翁歙之右族也，先世自唐左臺御史以及宋耨齋先生昆仲，而溪南之吴遂爲郡望，比於今，不替其前。聞翁好義循理，篤親樂施，家故以財爲閭右族。翁尤善心計，嘗挾輕貲，走燕冀，占鹽策，時廢居，爲國家實塞下粟而牟其羨，其殖産甚豐矣。乃總緡算，付其子二人者俾轉輸焉，而歸老於溪南。二人者，長公曰珽，季公曰玿，與余弟教居貨滄、瀛，共朝夕，而雅相好也，故余得交歡焉。長公倜儻，好奇節，其籌計布措輒出人意外，往往獲異效。然又必遵軌諧時，立信義於遠邇，諸所交緡具雖百千計，人不以契券質也。季公重厚，不輕於言，容止端詳，而綜理機警，與其兄千里響答，每所規畫率不言而事集。人咸謂二君綽有父風，故余雖未及識翁，因二君而徵其概也。翁既南歸，二君夙夜修其先業，堂搆菑穫浹於今，益蕃碩昌熾，視公遺不啻數倍其初。而翁徜徉於新安佳山水之間，日與鄉鄰故老擁膝話舊，尋芳探勝，優游松竹，神閑體逸，不知歲月之荐易也，故年且七十，而目炯然，而氣盎然，而步履翩然。木公、金母，同兹壽域，子婦滿前，蘭芽叢茂，登堂酌兕，奕奕融融，焕乎！人間世之元禄景鼇在溪南德慶堂也。歲方夏，長公述翁行，俾季公走長安，徵言於史氏維，將執而南以爲翁壽。迨秋，則長公寔來，色懇而貌益恭，殆詩人所謂“孝子不匱”者。於是史維諗之，曰：翁壽七帙高矣，君昆弟之慶之宜也，有愛日之心焉。然翁之壽則未艾，蓋古今人之言壽者，固必賦惇厖而德施積也，要亦必遂其志，適其形，然後本真不抗〔三二〕，以保有遐年。翁幼失怙恃，拮据自立，其驅馳南北，皇皇焉唯其家之恤者，其勤何如也！今兹獲有令子，纂大厥緒，豈惟夙昔所揆畫艷焉而莫可致者悉當前哉，且有始望所不及矣，志遂可知也。二君至性深愛，先意承色，不唯滫瀡、紈綺以養以安，凡風土歲時，物候人事，苟可以順親，雖毫毛必致，形不亦適乎？夫江漢下流得所歸，故巨浸汪洋，號爲南紀。松柏晚節得其地，然後深根達於重泉，巨幹摩乎蒼冥，而千歲益堅。遡公之壽，且將逾耄登耋，等期頤而上之，徵物理固然矣。于是長公遜謝，曰：“博矣！子之言，吾無以承，吾親恐無當也。然區區之心，則願吾子之言信。”

海峰王公七十榮歸序

吾蒲介在河曲，土陿而民夥，田不能以丁授，緣而取給於商。計坊郭之民，分土而耕菑者，百室不能一焉；其挾輕貲、牽車牛走四方者，則十室而九。商之利倍農，用是反富視諸郡。諸以貿遷致贏羨者，則必美室廬、鮮裘馬以耀閭黨之人，而明得意。然故唐俗也，習纖嗇，諸人雖跋涉南北，歷五方都會，縱觀天下賓〔三三〕藏，而必計刀錐，析秋毫，以是坐致千金，率沾沾自熹，無它奇可稱述者。姻丈海峰王公者，雄奇人也。始亦以居貨走四方，而中所懷負隱隱與衆不類。凡蒲人賈於外者，西則秦隴、甘凉、瓜鄯諸郡，東南則淮海、揚越，西南則蜀，其相沿若此耳。公初亦略抵諸域，校計所以阜財故轍，以爲不足置吾算，乃東走青滄。青滄者，故太公、管仲所興鹽策之區，陶朱公據以累致千金者也。國家亦有榷務存焉，法敝利壅，諸賈過，不以正目視之。公獨曰："此可居也。"遂相地計宜，審時觀變，究覽鹺政所以斁敗顛末，併所以疏通興建之目，洞洞乎胸中有成籌矣。人所棄，我則取之；人所去，我則就之。臺察者患法之盭也，公爲之指畫而縷析之，法因以舉；司鹺者患利之瘠也，公爲之指畫而縷析之，利因以豐。於是滄鹽遂大有裨于度支，視先歲所入不啻三倍，而公之業益饒。公初至滄，賦廛不過一區，以居積廢滯，比近年，則偏、鎮、易、瀛、博、相、衛、邢、趙，凡賦鹺之邑，往往有列廛焉。沿海之濱，待而舉竈者若干户。其閭里子弟，受錢本、持緡券以化居於郡國者，肩相摩，趾相接也。計歲月之入以粗〔三四〕率，不啻當封君之萬户者。其出入，必連駟擁橐，雖千里不館宿焉。今歲癸亥，行年七十矣，以夏來燕京，見我長安宦舍，顧其髪種種矣，而神志宏爽。聽其語，猶磊磊可人；視其容，若漠然不以萬金在其念慮者。嗚呼！可不謂雄奇與。公告我曰："吾居東久，以殖業之不時而莫能歸也。今兹年七十矣，余將西瞻桑梓，營舊廬而終老焉，則何若？"余告之曰："公歸甚善。夫'樂，樂其所自生。禮，不忘其本'，公不言，我固將言之，矧又公意耶！凡人之孳孳萬里，終歲而不休者，何哉？爲身若家計耳。且夫聚室而居，父母兄弟經歲而不相遠也，閭里姻友歲時饋問而不相間也，先世松楸春秋得省覲焉，豈非生人所足願與？而顧不然者，豈好離惡合？所利存焉耳。故足以仰事俯育，終其身無匱乏憂，即有異珍在道，不越百里而取矣，以身與家無所事于彼也。今公之業豈直足以俯仰已耶！《禮》人生七十曰老，而傳家政，雖仕於國者，車且懸矣，則公歸其宜也。”公子從證謀所以豢公歸者，因入貲司晨[三五]，拜命爲潼關衛千户。於是，鄉先生少保、大司馬虞坡公，率同邑縉紳寓京國者具儀焉，以爲公賀且贈之行。余根[三六]從諸公後，因執斝而言曰：“善哉！公歸乎。其壽與榮固也，豈惟不失所求於身若家者，殆於俗有裨焉。蒲故多豪賈，然率蔽於見大，故其器易溢。公自結髮事四方，今且老矣，後生輩雖習聞其名，要所揣度不過其胸臆耳。公歸而使其人得見之，將驚廛井中故有雄奇人若此，必爽然自失，知彼沾沾者不足憙也。”

壽梁老夫人八帙序

在昔箕子之衍《範》也，“次九曰嚮用五福”，而以壽先之，是壽，福之尤也。然致之必以茂德，而厚之必以繁祉，是謂“天壽”。故壽而不德則倖，壽而鮮祉則辱矣。是故德以基壽，壽以萃福，此人情之通榮，而今古之難能也。嗟惟梁母，其膺天壽者乎？方歲之春，禮部群天下才，而較其藝事，予乃得識夫人之冢孫于稠人中，其威儀棣如也，其風度矯如也，詢其姓氏而私記之。既而同進于朝，偕受業于館，益得以時聆其議論，淵淵然，井井然，穆穆而不群也已。乃咨其世次，始知淵源所漸，基于祖母氏之賢，嘖嘖稱異者久之。乃歲七月上旬寔惟初度，而壽亦登八帙，同館諸兄弟共謀所以壽夫人者[三七]而命言于予。予唯家之廢興，繇于母道；天之施報，徵諸子孫。夫人以儒門之子爲儒門之婦，相夫以順，教子以勤，躬纂組以備薪燭，操井臼以承姑舅，勤晝夜以率妯娌，篤恩愛以仁子孫，爲婦爲母，各協法紀矣。然自先世以迄其子，俱以明經茂行焯耀一時，而竟不得大究厥施，階兹科第，使夫人清苦之操、艱虞之履幾將終身焉。是果天無意善人哉？抑有待也？今夫朝榮之華不及夕實，秋潦之水不盈終朝，梁氏宜興久矣，而天固遲之者，所以篤厚其福焉耳。艱之于前而引之于後，靳之于子而畀之于孫，故當耋壽之期而孫之名適成，則天之所以昭報夫人者不既彰彰久且大乎！是故享年而躋八帙，壽之上也；閲世而及曾孫，福之隆也；綵衣而侍堦下，榮之首也。由是而耄焉，而期頤焉，禄養康强，顯服封誥，壽益茂，福益隆，則天之所以報夫人之德者益至，將不獨壽爲福最，而夫人之壽爲壽最矣。猶之喬山之松，輪菌鬱茀，終歲不盈一握，比其久也，貫四時，披霜露，與天地相爲長終。玄廟之楹，明堂之棟，取諸子孫之枝固自有餘者乎。僉曰："美哉！壽之難也。及子者鮮矣，矧曰孫養之難也；及親者鮮矣，矧曰祖夫人之壽之榮。于是爲不可及也，請序子言，以侈梁氏之所以昌。"

壽史孺人八帙序

史母李孺人者，先輩儒官庸齋公之妻，而今郡庠生維要之母也，行年八十，而有童顔。郡庠諸友羅君希齊、魏君子昭輩重孺人之康壽，感維要之孝養，相與稱觴爲祝，乃問言于余以侈之。余以諏其詳，羅君曰："孺人閫行甚備，初事儒官公，稱内助焉，儒官公遂卓然以文行名。既儒官公早世，孺人失〔三八〕志字孤，堅貞不二。儒官公者，前給諫首山翁之伯子也。翁高年嬰風痺，孺人竭孝敬奉之，兼奉繼氏，無違言，其茹苦履辛，人有不堪其憂者。卒能拮据成家，以不墜庸齋公之祀，而衍其書香，享有遐年，閲及孫子，即古圖史所著何多遜焉！"魏君曰："夫孺人之育子誠慈矣，乃若維要之事孺人，曲盡色養，定省晨夕，不能膝下離，和氣愉容，蓋肫肫可掬也。孺人即不色喜，必百方順釋，務得悦乃已。孺人即小有不康，必百方醫禱，務得平乃已。孺人固幸其志之諧，而樂其子之孝也，黄髮兒齒，既耋且健，壽其未艾乎！”余乃喟然嘆曰：“是足述也。”夫壽匪獨〔三九〕以年永，所貴德卲；孝不在備物，所貴承顔。故《洪範》“五福”舉“壽”與“攸好德”並言之。從一而終歸，婦德莫先焉者也，孺人其有焉。養口體非孝也，在昔聖門所重，曰惟“養志”。不順乎親，雖日用三牲養，不得爲孝。誠盡其歡也，雖啜菽飲水，而孝之道歸焉爾，維要其有焉。嗚呼！節婦孝子，人倫所最尚也。學校之教，先于明倫。當天子初登極，首下詔郡邑旌節孝。闔庠諸友既以孺人、維要之行白諸有司矣，復要言于余，以闡厥懿，其好德惇倫，孜孜靡已之心，良義舉也。余故不辭纂緒，用成諸君之美，且爲吾黨風俗助云。

壽張太孺人七十序

昔史克頌魯曰：“天錫純嘏，令妻壽母。”夫曰“壽母”，而必以“令妻”同之，説《詩》者曰：此一家福也，言其助者順而成之者遠也。然余嘗繹詩人之旨，殆不止如説《詩》者所云，蓋其寓寄〔四〇〕深矣。夫婦有坤道焉，以安貞爲吉者也。婦德安貞，從夫斯順矣。由是德薰所孚，和氣所暢，身其康强，子孫逢吉。在夫則曰“令妻”，在子則曰“壽母”，一德終始，坤道之盛莫加焉，是故併舉言之，詩人所以爲善頌也。嗚呼！若今儀封張太孺人，其可謂令妻、壽母也爾矣。太孺人者，前貢士贈給舍公之配，而今奉常澥東君之母也。出自世閥雷氏，幼閑禮訓，淑惠性成，教子相夫，兩有矩矱。初贈公力學篤行，連不遇于有司，既貢入大廷，意倘然，弗樂仕也，遂放情詩酒間，不復問生計。太孺人不以爲戚，雖拮据，操井臼，脱簪珥供朝夕，不使夫子聞也。其于奉常昆弟，及時教之學，至分紡績之燈佐其夜讀。嘗曰：“吾備歷百艱，第願爾有成爾，安可自暇自逸！”迨奉常登上第，官侍從，太孺人復不以爲華，唯以報國〔四一〕承家之節切切爲訓。嗚呼！出處之大致異矣。士執一方自信，莫可通也。太孺人深處中閨，乃爾疏觀不滯。相夫遁世，亦既愉其情；教子成名，又克達其節。蓋綽然隱顯咸宜，幾于有道矣。嘗觀自古離世之士，必有同德之偶，然後得遂其高，而磊落可〔四二〕節之賢，能皭然自見于世者，亦必有世訓先之，不偶然也。以柴桑公風高百代，夫豈以一飽屢念？特以室無萊妻之故，里人遺贈，至欲冥報貽之，其情戚矣。當宋熙豐、元祐間，文章、節義，以歐、蘇氏爲稱首，謂非滂母畫荻之訓，其所漸摩者遠耶！太孺人具萊妻之賢，而又有願子爲滂之亮識，俾贈公終歲陶然，絶無外累，獲以名德見稱于代。奉常祗訓展猷，直詞勁節，琅琅著聲禁闥中。是在贈公爲令妻，在奉常爲壽母，又何疑焉？今歲庚午，壽登七帙矣，七月廿四日寔惟設帨之旦。奉常深惟愛日之誠，思捧兕觥舞膝下，以制不獲自遂，瞻仰白雲，蓋眷然有梁公之慕焉。于是其門下士錦衣指揮同知楊君俊卿輩，謀所以祝百年、慰永懷者，屬史維氏爲之辭。史維獲交于奉常久，知太孺人爲詳，乃爲“令妻壽母”之説以歸之，且申之曰：七十誠壽，太孺人誠壽母矣。然壽固未艾，無論其得天厚、積善豐也。太孺人初冀其于〔四三〕爲名卿，即中值多虞猶願也，况乃際會明昌，道行而身泰若此〔四四〕，是又其志遂，其情紓，澹静有常，中靈不撓，期頤行且躋爾。《詩》既頌僖公壽母，乃又曰“既多受社〔四五〕，黄髮兒齒”，則母之壽不既高耶？奉常年方壯强，余徵以往事，知異日者太孺人必見其子黄髮兒齒如成風也。

壽殷太夫人文

夫生人之福莫隆于壽，而要其壽之所以爲福者，則又參互轇錯而不可一。故有雖壽而不爲福者，又有於壽之中而獨得其福之隆者，蓋不惟氣有淳漓，質有薄厚，而居誼之顯應，穹昊之陰隲，皆于是乎徵焉。此余於殷太夫人之壽而不能不三嘆也。夫人稟血氣以生，其修短之期，非如大椿之遐、階蓂之促懸然而可定者，故有殤夭，有短折，有中壽，循是而往，千百而一人耳，故壽爲福也。既壽矣，或神悸而魄衰，視聽靡靈，肋〔四六〕力委弛，起立呿吁，糾纏疾病，則不爲福壽而康矣。或鮮嗣子姓，門户綿薄，或有子而孱庸，而悖戾，則不爲福壽而有子矣。有子而賢矣，福也。若有子，而立身樹節，勵翼王庭，爲國寵光，懋延親譽，則其爲福又不爲獨隆者乎？殷太夫人之壽，於今六十四矣，韶儀清心，黄髮兒齒，視諸人之少壯者精力反倍焉，則夫耋艾期頤、康寧壽考當有不可量者。而其子，則今太史公棠川君也。太史公毓海岱之奇，趨承淑訓，豐實令望，綽爲國華，而巨度汪洋，謙光四接，前進者嘉其誼，後進者服其量，道德、文藝蓋已凌歷千載，不止領袖于當代而已。乃其奉太夫人也，承顔怡怡，錦帔霞章，榮分帝寵；黄封玉粲，頒自大官。色養禄養，兩爲備極。人生以壽爲難，壽而多福，如太夫人者，寧非古今之尤難耶？是不惟敦厖之賦異于有生，而貞懿之操又介祉之所由受者。吾聞太夫人之翁之舅，俱成化庚子以明經舉于鄉，迪德衍休，式垂哲範，太夫人之母儀、婦道有自來矣。暨太史公之興，亦以庚子而冠三齊之士，蓋二姓之美踵在一人，純佑交孚，固如是之明且著也。嗚呼！休哉。維時仲夏既正，適臨太夫人設帨之辰，同館諸君慕太史公之休，而慶太夫人之壽之福，相率肅儀，登堂再拜獻壽，而命余爲言。余唯太夫人有劭德而壽，壽而康，康而有子，有子而賢而孝而光揚振迅未已，凡壽之可賀者，莫是爲至也，因不揣固陋，而偕〔四七〕陳其辭。

路太淑人榮壽序

人情莫不欲壽，亦莫不欲榮，以是二者而效之親，人子所至願也。然福錫自天，畀有薄厚，德感由人，積有深淺，故兼而有之之爲難。以其兼有之難，而乃有若上黨路太淑人之榮壽者，豈非人世之上祥而孝子之盛際與？太淑人者，今光禄卿、余同年友汝遵之母也。汝遵初宰臨漳，有循吏績，三載奏最，天子推恩所親，封母爲太孺人，是時太淑人年六十有四矣。迨歲戊辰，汝遵由光禄丞擢尚寶卿，穆廟覃建儲恩，加封太孺人爲太宜人，則太淑人壽七十有一矣。及兹壬申之歲，今天子踐阼，首崇孝治，溥貤典，汝遵以今銜領恩命，太淑人遂膺今封。蓋前後十餘年間，凡三被敕誥，而太淑人壽且駸駸八帙。近嘗聞人壽以百年爲大齊，故古人由五十而上即稱壽，七十者蓋云稀矣，至于逾七望八，壽之隆也。人臣階一命以及親，皆足爲親寵。若夫鸞章天語，申賁至于再三，顯號嘉稱，薦躋崇峻，榮之大也。夫人子孝事其親，舉生人之至願而聚以效之，其心豈有窮哉！顧感遇百端，莫可自致，曰榮曰壽，間得一以自慰而不可遂者，矧兼之乎？太淑人不獨兼之，而且都其隆且大焉，豈偶然也哉？其得之天者厚而積之人者深也。余曩隨汝遵後舉春官，獲從鄉曲縉紳先生遊。乃鄉曲縉紳先生往往有道太淑人之休懿者，蓋女德、婦行、母儀三者備矣。夫其貞慈性成，與物不知忤，雍穆所諧，既足爲集祜衍祥之本，而又相夫子以篤義訓，愛之能勞，不憚脱簪珥以購簡籍、供束脩資焉，此其識量有不越常久〔四八〕所稱丈夫者哉？汝遵祗奉慈誨，既少年取高第，太淑人又時以清白勤慎勗之，故汝遵兩宰劇邑，率有去後思。入贊春官，式騰茂譽，遂以清望躋華貫，馴陟卿階，赫赫尊顯矣。而太淑人服縞茹蔬，視其德不異寒素時，執謙履卑，接物益巽，乃其惠澤所沾被，則漸潰〔四九〕遠邇者日深也。夫天既陰隲太淑人者厚，則其降福自豐，而太淑人又以德積之深感之，榮益大而德益謹，壽彌高而積彌博，則天之申重錫羡有源源其未已者，異日膺極品之榮，享大齊之壽，由今兹可逆睹也，其爲隆且大不又甚耶！余與汝遵同袍而雅相善，視太淑人猶母也，睹汝遵獲以人所深願者雙致之親，心誠慕之，思隨子姓登堂以上兕觥之祝，遠莫致也，而乃托之乎斯文。

秦太恭人榮壽序

始歲癸丑，余獲從前姚安太守文橋秦公舉進士，見其色栗而貌恭，當群居不聞笑語，異而徐扣之，則中皭然有以自持也。其後公揚歷中外，以至領岳牧，所在以清節聞，視其德靖約，不異釋屩時，乃其氣則益恭云。迨歲辛未，天子命簡禮部所進士讀書中秘，公子今禮科左給事中燿在選中，余得而切磋焉，專確而毅，宛有先人風。邇歲守諫垣，諸所建白咸質亮，識大體，不譊譊自詭。與之語，退然若不足，而儉素不改其初。秦氏，錫山世族，公父子俱秉蹈謙抑若此，豈家法固然哉？乃今獲睹給事所述葛太恭人之淑行種種者，則知閫贊慈訓，所由來深遠矣。夫處卑而恭，處約而儉，常也。所處既異，則情欲遷焉，故貴不期驕，富不期侈，即才〔五〇〕丈夫事學問者有不免焉，而矧女德也！夫女德何厭之有？綺繡珠貝之瑰奇，服御玩好之鉅麗，娣姒先後之矜詡，即在菅蒯，睹王姬生艷心焉，忘其分限也，矧毓秀閥閲，都榮貴奕世者耶？太恭人，故參政石崖公女，爲名大夫妻，今復爲天子侍從臣母，此在人生不爲不貴富終始矣。顧安貞一德，本之天性，紡績不懈而父母稱其勤，温凊〔五一〕無違而始〔五二〕嫜悦其孝，恬澹無欲，凡世俗嗜利一不經其意，卒能相夫清白而以義方矢訓厥子，秦氏之宗益用光大。此其宇度寧與世之女子論幅隅哉？即丈夫不遜美矣。太恭人當太守官尚書户部郎時，業已受封爲孺人，頃歲給事官禁近，屬今上踐阼覃恩，進今封，綸命再膺，自古稱鮮。乃其神情融晬，年高而氣健，供奉啓處不加于先，而勤勞晨夕，孜孜猶若少壯人。姻戚、宗黨率欽其淳德，謂得天之厚，其壽年殆若川之方至，滔滔未有極也。歲春某月寔惟太恭人初度之辰，給事兄弟將捧兕登堂，爲引年之祝，併謀所以闡繹其潛懿者，踞而陳狀。余既叨太守父子世契，且樂道太恭人之賢，以爲世家婦範焉爾。

壽孫夫人五帙序

今歲乙丑，封夫人孫伯母蓋年五十矣。夫人者，前大宗伯文恪公之配，而今翰林編修文和母也。文恪公有子五人：伯司馬郎，仲即編修，先配韓夫人出。叔鄉進士，季國子生，夫人出。最少一人，側室馬出。五子凡三母，而夫人撫之如同生，庭以内言無間焉。夫人姓楊氏，武林右族也。幼受學于父藩相東園公，性警敏，博涉經傳子史之言，能沉酣其膏澤而采剥其華。其相文恪公，教諸子，商較疑義，敷文析理，不啻賢友良傅然。間摛爲篇章，清辯典致，今梓行文恪公集中。故孫氏文章彬彬然在海内稱世家者，不特其父子、兄弟然也。盛矣，盛矣！夫人閫行純備，爲婦爲母，悉有楷式。往文恪公宦南都時，文和守史局，余獲從朝夕焉，常見夫人所寄訊言，皆立身爲學之則、義利之辨，詞氣侃正，凛然有烈丈夫風，讀之不覺避席。于時維雖未諳夫人之詳，其信服大都如此。比者，余與文和接鄰且三年，益得以密邇夫人之淑訓。家衆無慮數百指，奉教趨事，靡敢不肅。于〔五三〕婦晨昏侍，諸孫羅列入于閫，雍雍如也。吉蠲嘗祀，必親必敬。堂宇内外，必嚴必潔。賓客、姻婭之來往必恭，宴饋必腆。絲枲、菽稻、器皿、貨賄之出入制置，無巨細必慎。即耳目所聞見，日有新獲，乃知曩所睹于夫人者殊未備也。在古圖史所稱，女有四德，若夫人者，可以四德概哉！因竊擬議，謂天隆祐人國，則必有世德之臣夾贊後先以翊衍昌祚，而其世臣之家又必有淑慎之媛輔成君子，啓佑後人，以篤家慶，而延祐于邦。孫氏自忠烈公精忠大節，著勛社稷，而都督公、尚寶公、文恪公文武濟美，列在禁近。迨至文和群從兄弟，登科第、躋膴仕者，振振益先〔五四〕，可謂世家矣。忠烈公元配楊太夫人者，能守忠烈之訓，懋有歷年，以勗成諸子，爲國楨幹。而夫人又能嗣其徽音，以施于再世，俾不忘文恪公之訓猷。即孫氏世有母德，意者其非人力與，殆天有意相斯世也。余爲此説久矣，未嘗聞于人，會同館諸君謀所爲夫人壽者，因以諗之。僉曰："必若所言，是天所以引夫人之年勿替者，信可徵也。詰朝將登夫人之堂而申祝焉，請陳子辭。"

壽孫孺人五十序

當月之朔，館丈孫山甫氏過我，告曰："人子之于親，就養左右，承順顔色，歲時無違，永奉壽考者，天性之至樂莫先焉。故先聖有訓，示我景模，年所當知，遊不可遠，余豈能忘之？余母司孺人今歲且五帙矣，子惟不類，而來遊上國，歷金門，獲隨諸兄之後者，寔惟内教所貽。兹月之旬一日，乃毋〔五五〕設帨辰也。回顧親廬，白雲萬里，余心寔愍焉，莫能爲情，將奈何？"張子曰："孺人之賢，吾子之孝，某聞豫矣。今兹之言，人子之情也。然孝子之事親，當圖其遠且大者，而不必情之云。蓋賢父母之畜養期待其子也，與常父母異。夫幼而撫哺之，煦息之，長而責其養，使菽水不匱，怡怡相倚，以終年歲者，此常父母也。夫賢父母則不然，愛而勞之，培而植之，既長而教之，既壯而遣之，使之從事四方，成名立德，以樹隆譽于天下、後世，爲父母休寵焉爾。賢父母之於子，其喜聚惡離亦與常父母同，而所以責成于子者重。是以子在側，雖有承顏之樂而不願也；子不在側，匪無暌離之憂也，而心寔願之。故孝子哲人所以承順於親者，必有道矣。服其訓，思以繼其志；養其身，思以遂其心。故定省之懷雖惟日不足，而桑弧之志則無遠不至。自古俊乂豪傑，班班然垂勛于四表者，豈繄無父母之思哉？蓋其所以爲孝者遠且大也。況孺人淑德韶顔，方及艾壽。吾子以清材勁操，焯燿一時，是不唯顯親揚名，弘敷偉烈，以茂答其教育之初心者指期可待，而其戚〔五六〕綵稱觴，娱歡膝下，以慶其眉壽于無已者甚有日也。吾子其無牽子之情，而務求以適賢父母之心。”山甫曰：“奈情不可已乎？”曰：“惡可已也。余母王孺人，其教育某之兄弟也甚至。某之違膝下也，于今三年矣，以諸弟未婚，不能迎養，每西向而跂首則神往焉。余母視伯母之歲少一焉，是月念六日亦其初度期也。余自尚不知所以爲情，而又何以寬足〔五七〕哉？無已，亦交相淬勵，以志古人所謂不朽者。在昔賢母之善教其子者多矣，惟崔孝暐、歐陽修之母之賢獨傳者何哉？以子之賢章之也。某雖庸劣，不敢自棄。吾子固若人儔也，尚勉以有終，使吾母爲崔母，爲歐陽母，庶可副乎所以畜養期待之意。不然，恐所以悦吾親反不若常父母之得其歡也。”山甫曰：“子之言深矣，請識于堂，將以是日再拜于家君之前，爲吾母壽。”

壽張太孺人序

張太孺人者，晋名卿漳源公之元配也。漳源公有子曰惟叙甫者，登嘉靖癸丑進士，膺簡命讀中秘書，尋擢爲殿中侍御史。先是，漳源公登丙戌第，以望地爲名御史且十年，陟京卿，太孺人寔相其隆，受貤命焉。漳源公教子有矩矱，太孺人善持之，罔有失墜。乃今惟叙氏嗣武烏臺，太孺人視其成焉。吾晋之沁，自熙朝以甲第起家者，自漳源公始，繼公之休者，則惟惟叙也。且皆爲天子風紀内臣，繡服豸冠，後先炳炳。嗚呼！盛矣。而太孺人葆惠涵和，閲是父子，不其福之隆哉？太孺人今年六十有六矣，設帨之辰寔惟某月某日。惟叙氏自去歲迎養長安，遘是家慶，凡我全晋之士偕惟叙進春官者誼在通家，相與整冠而登賀焉。太孺人珠珥霞帔，臨見子姓，其神充然怡也，其氣毅然丈夫也，其容晬然童也。退而咸悦，以告惟叙曰："太孺人之壽殆期頤乎！何其得于天者豐而養之厚也。夫至情在于愛日，而適志可以引年，吾甚爲子慶之。"惟叙氏曰："厚矣！諸公之貺。然吾母之壽，吾家蓋永賴焉。母始相我先人，勤恪中饋，我先人得緝志術業，服勤王事，鮮内顧憂焉，而家用大矣。暨母訓余兄弟，隨事有規，余兄弟得以朝夕服膺，罔敢遺先夫夫之嚴度焉，而家用不墜矣。故今子姓振振，外肅内法，則吾母所以壽先大夫之後者遠矣，豈惟身哉？"于是張子四維揚言曰："博矣！太孺人之德之壽要匪家然矣。我聞世德之臣，興邦之紀；賢壽之母，昌家之基。故興隆運也，要亦人相參焉爾。昔者吕申公父子之德量、范文正父子之勛業以光翊有宋，議者稱之。然申國夫人以循矩立法，文正夫人以烟漬示警，故滎公、忠宣克厥世焉，兹豈唯吕、范之禧，抑亦天佑有宋之祚。夫漳源公英標偉烈，居中臺而朝無譁焉，吾閲漢史，蓋汲長孺之儔矣。而不竟厥施，貽諸後人，故天錫是賢母，賚以遐祉，俾之陶範漳源公之裔，視夫吕母、范母若同揆焉。則今惟叙氏正氣直辭，鍔然著節矣，他日匡扶丕圖，永昌明運，以與滎公比德，忠宣齊勛，又豈待卜乎？故夫張氏之壽，國有休焉，壽太孺人者，要匪家然爾。"僉曰："允矣！壽也。宏哉！其壽之有以也。"越冬，孟太孺人板與〔五八〕將西矣，遂綴前辭爲壽章，俾懸之漳源公之堂云。

陸母壽文代作[五九]

歲乙卯，陸太夫人壽凡若干矣。今柱國、少師、親軍都督東湖公爲夫人之伯子，天子符節令次湖公爲夫人之季子，伯季俱以碩誼重望輝映當時，而其事夫人也，色養禄養，兩極其至。惟夏仲端陽之旦，寔惟夫人設帨之辰，鶴髮鸞章，榮膺康壽，麟玉金紫，分侍庭幃，再拜獻觥，以率孫子，奕奕爾，怡怡爾，蓋天倫之景樂而人世之曠觀也。于是大符卿某公輩，以與次湖公有同寀之雅，而樂太夫人之壽也，相率而徵言于予。嗚呼！夫人之壽兹其至與。余閲傳記，自古孝子之事其親與夫賢母之教其子，孰不欲其壽，欲其康，欲其賢且貴也。或服勤王事，不遑將母，于是有望雲之思；忒[六〇]列鼎累裀，而親復不待，于是有負米之感。求親之康寧與子之賢孝相值併得，赫蒨若今日者，蓋千百其一焉。嗚呼！夫人之壽兹其至與。夫親之壽、子之賢相待以得者也。夫人之所以壽，余蓋徵諸子焉，蓋藍田毓玉，合浦胎珠，非珍類之固殊而靈抱之氣異也？是以長林誕賢，新塗立相，人謂非是母不生是子，諒矣！况雙美並立，爲國之幹，伯以虎躍，季以鸞翔，即其子姓之昌而究尋所賦，當有獨得天地敦厚渾厐之粹者矣。夫美賦自天，式訓由人，聖善未閑，曷能範後？故熊丸助勤，荻筆傳業，是以奕世滋蕃，族是用大焉。况夫人文武之術分授伯仲，各薦賢科，交躋清顯，即其内訓之彰而原壼[六一]德，當與古之列女并傳于劉向而不愧者矣。夫其鍾之厚則得數也必多，德之修則獲禄也必富，今日之壽考、康榮固鮮矣，然余之徵夫人于期頤之後者，方未艾也。嗚呼！夫人之壽兹其至與。夫"箕疇"立壽于五福之先，若夫人之壽，又異于常壽，而可稱述者。余締交于少師之兄弟也深，而復承大符卿之請也，乃又敢辭乎執筆？

壽王翁夫婦序

奉直大夫水亭王翁、米宜人者，史維同年友王君龍池之父母也。王君既參知陝藩政，迎二親養長安，今歲翁年七十矣，宜人年六十有幾。翁，晋人也。先是，參知君賀聖節入都，晋人士在都者悉造焉，乃參知君念其父母之年不置，于是晋人士知翁與宜人偕壽也，屬史維張之。維曰："諾。"參知君既旋關中，奉二親歡，再歲以伻來申前請，曰："往歲辱二三大夫有嘉命焉，吾藏之，不敢須臾忘。兹壽期及矣，吾無以娱吾親，願徼寵于二三大夫，唯吾子是請。"夫人壽致極百年爾，在七十古稱稀焉，而矧雙壽也，于義宜有慶。且維與參知君交莫逆也，而知翁夫婦深，又職纂述，碩人淑媛孝慈之行，雖微鄉大夫屬，微參知君請，維猶將張之，而矧其屬之請之之殷也。史維曰：以余揆水亭翁夫婦之壽，最爲人間世所足願者有二焉：謂其取之不偶而且有以引之也。夫築室攸宇，力穡有秋，豈厚享固有分哉？自取者異爾。翁與宜人之齊此修齡也，厥有繇矣。曩歲余獲從參知君舉于鄉，時同升者若于〔六二〕人，獨參知君年最少，比謁主司，又最稱其文奇。于是衆皆指目參知君，見參知君動容出詞甚偉，相與異之，詢其由，則晋陽人能言水亭翁夫婦之賢甚具。翁倜儻自憙人也，初爲諸生，未卒業，入貲假幹掾，游宦南北，皆抱關小吏，蓋所謂禄隱者。然所至必以材能見稱，不汩汩已也。性好客，樂施予，不以有亡介念。幼嘗爲舉子業未遂，見參知君穎茂，謂天其以是償我，乃自有知，即爲之延明師。參知君雖少達，然南北所師已無慮數十人，皆名士也。翁既不治産，米宜人操井臼、主中饋以佐之，綜理精密，有丈夫幹局。參知君既就外傅，每暮入，乃宜人必稽其程課督勵之。故翁隨至無内顧憂，而參知君早立云。其它小德細行，率可爲閭井範，不悉舉，即其章章著者若此，其得天有素哉？如是而壽焉，固足願也。參知君爲世所才，從宦未廿年，車轍幾半海内，然不能一日違親側，故雖王事每懷，而所至必奉翁夫婦以從，定省朝夕，承順備至。翁夫婦固有大度，願其子爲材卿也，見參知君諸所表樹焯焯皆經世大略，而有奉國憂民之誠心，則又相顧大喜。在昔聖門稱孝，曰“養則致樂”，又曰“養志”，參知君蓋兼焉。《禮》“七十曰老”，傳家政，謂筋力衰也。翁夫婦顧益伉健如壯歲，闞其貌，若有童顔，此其爲壽將引之百歲未涯者，豈非人生所深願而希覯者與？于是同鄉諸大夫謂張生之言然，能言翁夫婦之所以壽，遂以其説付參知君使者，俾歸獻焉。壽之日，參知君誠以張生之説爲二親告，意翁夫婦者必解頤而爲一舉觴哉。

校勘記

〔一〕“朱”，疑當作“未”。

〔二〕“春”，清稿本作“眷”，是。

〔三〕“讐”，清稿本作“讋”，是。

〔四〕“衺”，清稿本作“褒”，是。

〔五〕“守”，清稿本作“宁”，是。

〔六〕“史”，清稿本作“更”，是。

〔七〕“人史”，清稿本作“大吏”，是。

〔八〕“詔”，清稿本作“語”，是。

〔九〕“家”，清稿本作“冢”，是。

〔一〇〕“鉅”，疑當作“矩”。

〔一一〕“楷”，清稿本作“措”，是。

〔一二〕“兵本”，疑當作“本兵”。

〔一三〕“框”，疑當作“恇”。

〔一四〕“侵”，清稿本作“祲”，是。

〔一五〕“又”，清稿本作“久”，是。

〔一六〕“郎”，清稿本作“即”，是。

〔一七〕“又”，清稿本作“乂”，是。

〔一八〕“李”，清稿本作“季”，是。

〔一九〕“問”，清稿本作“間”，是。

〔二〇〕“互”，疑當作“冱”。

〔二一〕“榣”，清稿本作“摇”，是。

〔二二〕“老”，清稿本作“大”。

〔二三〕“單”，清稿本作“覃”，是。

〔二四〕“僞”，清稿本作“爲”，是。

〔二五〕“于”，清稿本作“子”，是。

〔二六〕“橈”，清稿本作“撓”，是。

〔二七〕“雖”，清稿本作“錐”，是。

〔二八〕“九”，清稿本作“凡”，是。

〔二九〕“薩”，疑當作“隆”。

〔三〇〕“釜”，清稿本作“荼”，是。

〔三一〕“鳴”，清稿本作“鳩”，是。

〔三二〕“抗”，清稿本作“抏”，是。

〔三三〕“實”，清稿本作“寶”，是。

〔三四〕“粗”，清稿本作“租”，是。

〔三五〕“晨”，清稿本作“農”，是。

〔三六〕“根”，清稿本作“猥”，是。

〔三七〕“者”，清稿本作“壽”。

〔三八〕“失”，清稿本作“矢”，是。

〔三九〕“匪獨”，清稿本作“非徒”。

〔四〇〕“寄”，清稿本作“意”。

〔四一〕“報國”，清稿本作“圖報”。

〔四二〕“可”，清稿本作“奇”，是。

〔四三〕“于”，清稿本作“子”，是。

〔四四〕“此”，清稿本作“是”。

〔四五〕“社”，清稿本作“祉”，是。

〔四六〕“肋”，疑當作“筋”。

〔四七〕“偕”，清稿本作“僭”，是。

〔四八〕“久”，清稿本作“人”，是。

〔四九〕“潰”，清稿本作“漬”，是。

〔五〇〕“才”，疑當作“大”。

〔五一〕“清”，清稿本作“凊”，是。

〔五二〕“始”，清稿本作“姑”，是。

〔五三〕“于”，清稿本作“子”，是。

〔五四〕“先”，清稿本作“光”，是。

〔五五〕“毋”，清稿本作“母”，是。

〔五六〕“戚”，清稿本作“戲”，是。

〔五七〕“足”，清稿本作“兄”，是。

〔五八〕“與”，清稿本作“輿”，是。

〔五九〕“代作”，底本卷首原目録無。

〔六〇〕“忒”，清稿本作“或”，是。

〔六一〕“壺”，清稿本作“壼”，是。

〔六二〕“于”，清稿本作“干”，是。

條麓堂集卷二十二

序　三

賀存翁一品五考曾孫生序代作

今上御極之四十四年爲嘉靖乙丑，于時元輔華亭徐公歷一品俸凡十有五年矣，在典當復奏績。唯公翼翼小心，在帝左右，弼諧將美，所以斡運洪樞以肅乂中興之丕烈者既久益光，帝念之有素矣，乃不俟治狀之上，敕下太宰、宗伯，命稽累朝隆禮輔臣之典，務從其至者，又特旨加上柱國以優之。公辭柱國，得允。復降敕褒諭，加特進階焉。于是百辟卿士動色相賀，謂公之精忠炯炯，紀傳所希；帝之醻報隆異，亦耳目所未接者。當其時而公之曾孫適〔一〕生。嗚呼！天之純佑我皇，不於是有明徵哉？蓋世之休明，天所命也。天將啓一代熙隆之運，則必篤生聖神之主，而又必爲之生明哲之臣以輔之，而又保命降康，俾遇而章，俾壽而熾，穰穰簡簡，永錫祚胤，然後一德久道醖蒸浸灌，而雍熙太和之治成。故古之人欲觀人家國之盛衰，必觀其君子之亨否。君子之進也，進而且得君也，得君而且壽康也，而且子孫逢吉也，則不問而其國之興可知矣。公以淳德清標獨步當代，負四海之望，而受知於天子，其拔而置之密勿有年矣。其時上雖未專任公，然睿意所嚮，其眷顧而信倚者固自有在。公雖未獲行其所志，然海内之人喁喁然日夜思治者固亦唯公是冀也。迨壬戌之夏，上遂正公台席，舉政本一以屬之。公祗順德意，宣暢洪澤，節縮邦儲，閱實邊備，塞賄源，杜倖孔。簡在位之匪人及守令之庸婪，懲其尤無良者，而諸一才一藝可稱及諸抱器養恬爲衆所高者次第登叙。于是海内士翕然歸德，吏兢兢奉法，中外事率務實，不敢仍以虚文相冒。民離貪殘之苦，豁若更生，蓋不期月而風化移易矣。故昔黷貨公行，不唯貪夫末吏攘臂得計，雖行自好、位通顯亦朋言廣坐中，不以異也。邇則士以廉耻相勵，指苞苴雖毫末有若將浼焉者矣。迄今既三年，陰陽和適，風雨以時；禾稼蕃滋，菑害不作；四垂晏然，疆圉日靖：是公所以殿輯邦家、利賴民生甚厚。天既陰隲我聖皇，賚以良弼，而公又克承天意，以致之君，則夫所以保固錫福于其身、于其子孫者非一朝夕故矣。乃玆予之曾孫，又必以考績承寵之日，天意若曰以此彰元僚忠國之殊效，使在廷小大之臣咸共聞知無若此時然爾，故觀于公，而知天佑我國家之隆也。某以短才濫叨邦政之寄，獲展尺寸效以保有今日者，繄惟我皇覆載任使之恩，而公扶翊栽培，俾之之險而不顛者，蓋無所不用其心矣。公社稷臣也，謂某社稷衛，故拳拳若此，顧某寔未能樹長利于社稷，而受賜于公則多矣。公同鄉士某官某人等，以某辱公知深，求所以爲公賀者，問言于某。某曰："此非一家之慶，國之禎也。"因原天之所以純佑我明之意以告之。

賀大司馬虞坡楊公榮進少保序

大司馬虞坡楊公以節鉞鎮薊陽，歷三時矣，士奮馬騰，民歌于野，邊闗晏閉，虜幕益北徙焉。天子念公久勤于外，特召公入，又特進公位少保，班在六卿上以優異之。先是，詔以大司馬起公於家也，屬虜寇雲中，急悉其衆右衛城下，樵采塞矣，闗以南且洶洶震動。天子念非公莫可解糾紛、持危顛者，遂假公往視師。及境，虜解去，因留公鎮之。公于是肅號令，作勇敢，彀器械，豐積貯，繕城堡、斥堠今之廢缺及昔所未備者，旬月諸鎮聯絡，氣勢完固，民忘其創敝也。天子嘉其悉心，進公太子太保。于時虜不敢近雲中塞，其明年遂東犯薊鎮，深入數百里，大掠而去，京東震焉。天子以西土既謐，因移公東治范陽。公治范陽，一如治西師者，而且辨利于地，察化于時，計道里之遠近、山谷之崇卑、士馬之勁脆，畫區而守，擇人以任之，故不數月顯有成效若此。天子既召公入，念其勞不置，曰唯是圻服左右廓清寧靖，唯我一臣之績，故有兹命云。予覽載籍，見昔成康既没，《小雅》廢而四夷侵矣，當宣王之初，狄猶肆其侮而不忌也，故其詩曰："玁狁匪茹，整居焦穫。侵鎬及方，至于涇陽。"于是宣王震怒而奮厥武也，進厥虎臣而命之，故其詩曰："文武吉甫，萬邦爲憲。""方叔元老，克壯其猶。"大夫受脤而出，急國恤而不避其勞也，故其詩曰："六月棲棲，戎車既飭。""玁狁孔熾，我是用急。"戎事既修，則國容壯而膚功奏矣，故其詩曰："有嚴有翼，共武之服。共武之服，以定王國。"我武維揚，斯臣節有終而義聲暢矣，以陟禹迹而威稜讋焉，故其詩曰："嘽嘽焞焞〔二〕，如霆如雷。""征伐玁狁，蠻荆來威。"于是告成于王，而王心寧焉，釐以寵數，而使受命于京，故其詩曰："吉甫燕喜。既多受祉。來歸自鎬，我行永久。"嗚呼！其君臣之間至矣，是以文、武之業益光，而宣王中興之烈垂于今也。我國家自祖宗以神武開國，耿光大烈，比隆文、武，穹廬餘喙其不敢南向而注鏑久矣。二百年來孳育漸夥，數警邊堠，雖飄忽來去，志不越剽鹵耳。往因内宄搆謀，遂糾旅合圍，致之堅城之下，此其意嚮有叵測者矣，固不啻居焦穫、侵鎬方以及涇陽已也。于是我皇赫然震發，命大司馬總六師以臨之，至汲汲也。公也聞命疾趨，不遑食飲，捲旆北出，當夏而及廣昌之境，不謂元老壯猷，六月而飭戎車者耶？夫虜之積慮，未嘗一日不在中國也，當右衛受攻，虜志必得矣；畿左生殖之饒，又所甚艷而甘心者。乃公初出紫荆，即狼狽釋圍北走；及公臨密雲，又不敢飲馬潮河之川。此其故豈緊措置足以伐謀哉？蓋公自典職方、帥涼肅，固已有威名播虜中矣。甲寅古北之捷，虜悉天漢之北，引控弦之衆，慫慂而南，門于塞埤之下殲焉，曾不得中國一毛之利，而士馬之物故太半。于時總其師者公也，故虜懸憚公，聞其名輒避去。《詩》所謂“有嚴有翼，共武之服”、“嘽嘽哼哼〔三〕，如霆如雷”者，言先聲也。夫“徐方不回”，不過王曰“還歸”而已。“來歸自鎬”，不過“既多受祉”而已。雖江漢旬宣，有圭卣、山田之錫，亦成周疇勛懋賞之常爾。若夫三孤之重，《周官》所謂“貳公弘化，寅亮天地”者，則未嘗推以界也。我皇上握紀中興，振揚無競之烈；而公矢志宣猷，欽承簡在之命。永殿丕基，以對揚于二祖者，不異宣王之於文、武也，而孤卿顯命由此寵膺焉，是我皇報功之典遠邁周宣，而公際遇之隆有非吉甫、方叔所可擬者。蓋聖皇懷此下民，淵衷懇切，求所以綏定康和焉者于公一人焉寄之，故恩禮之者渥耳。《易》曰“王三錫命，懷萬邦也”，其是之謂矣。夫周宣中興之績震耀鏗鍧著于後世者，以當時大雅之臣播之歌頌焉爾。史維列在交戟之內，職司纂紀，親睹盛美，是故序而識之，俾世之人知我皇中興之烈軼隆周宣者，非偶然也。

賀虞坡楊公六載奏績顯被特恩序

皇朝惇倫建極，懋典勸功，凡人臣階三品而上，三載考成，例得推恩及祖若父，錫誥命，兼任其子，其一品最爲崇階，又特許貤及曾祖，蓋其禮制之隆渥如此。然禮以分定，故必品級異，命數差，然後恩誥加錫焉。苟命數未殊，無論同級，即異品不重及也。任子止一人，業已推恩，後雖躋峻秩，積年勞，在典不二，蓋又其慎重如此。少保、大司馬虞坡楊公，歷一品俸之六年，銓曹上其治狀，天子曰：“嘻！是唯余股肱社稷之臣，不可以常典待。其申誥三代，仍録廕一子，以明示天下，知朕崇功尚賢至意。”先是，公任兵侍奏最，已承廕子恩，貤贈曾祖以下，則一品三載時給誥命矣。二者皆令甲所未有，蓋又聖明特眷優異如此。命既下，師尹、卿丞、百工、庶正相與忭于朝，九衢七萃之衆、士女老稚，以至畸甿、傭隸歡然相與忭于野。命既播，方伯、岳牧、郡邑之吏，山海、亭障扞衛之旅，市肆、畎畝販易、耘耨之夫，郵置奔走之卒，莫不忻然愉悦，不逾時洽于宇内，何大聖人之能賞功而鼓舞斯世之神哉！厥有由也。公自弱冠登朝，揚歷中外，于今三紀餘矣。雖其位有崇卑，地有遠近，時有險易，而精白承德，不遑其身與家之恤，悃悃〔四〕然以斯世斯民是念者，終始唯此心爾。初公之加宫保，階一品，蓋在戊午冬。是時天子以北夷之肆，憤戎政之不肅，赫然斥廷臣弗恪者，特起公樞省。既就道，會右衛阽危，因命公北視。右衛定，而遼薊弗靖，復命公東理遼薊。畿左以寧，公乃入。于時當軸者有不才子横甚，箝縛百司，牢籠四方文武小大吏，門于貨賄，手握口含，即小忤輒有叵測禍。公視事，則一切禁絶之，當軸人不勝睚眦。公曰：“吾不忍負國家，禍福命也。”每夜宿于外室以俟不虞。然天子既深知眷公，當軸者雖巧伺曲詆，屹莫能動。底今，罪人既得，而聖君、賢相卒獲賴于公。蓋此六七年間，北捍犬戎之侵，南禦島夷之訌，犁五嶺憑聚之巢，殿六詔搆兵之釁。孽藩苞禍，則潛刈于嵩洛；妖巫煽凶，則默清于輦轂。垂紳止笏，優游廊廟之間，而四方庶國歌咏從容，安業于萬里之外。故公之精忠，非獨天子知之，海内之人無不知之；非獨天子寵以殊典，即海内之人固欲天子之殊之也。昔裴晋公以身繫唐安危，凡命將相，無賢不肖皆推公爲首；使絶域者，其君長必問公。司馬文正公在宋，田夫野老皆號爲“相公”，婦人、孺子亦知其君實。二史推其由，謂非區區材智所能得此，晋公則以忠義徇國，不顧身計；文正則以誠心自然，而天下敬信也。豈不真知言哉？夫古豪賢奮其材智，爗然樹奇烈于一時者衆矣，及求其上下信服，薄天地、貫古今以無惑者，二公之外，今少保公已爾。是以晋公由太原入朝，穆宗待以殊禮；温公以端明詣闕，宣仁登之元揆。若是者蓋甚駭震人耳目矣，而當時之人固翕然謂在公者宜爾也，與今豈異觀哉？公蒲人也，晋公聞喜人，文正公則夏人，三公固表表天下望，然悉晋産也。全晋縉紳士諏所以賀公者，維故原公獲上得人之本其不偶若是，而併以二公之事明之。夫諗古今所稱此三公者，皆其鄉先生也，則景行有餘師矣。

賀虞翁太宰榮膺特命仍錫胄廕序

今天子嗣大歷服，慨然思以"董正治官"登閎化理，深惟銓衡之任得人爲急。于時少傅兼太子太傅虞坡楊翁以前太宰視司馬事，天子乃下特詔，命翁還天部，從人望也。唯翁弱冠登第，立朝且四十餘年，揚歷中外，著有聲績，爲天下信向久矣。頃者，天子以冲年踐阼，人心皇皇，懔有深懼，比聞翁歸銓之命，輒翕然無它虞，信耆舊典刑，國家之得力在此時也。翁歷一品俸，自三考奏績後迄今又復三年，于是所司上其治狀。天子異之，詔檢先朝崇舊報功之典，擇其最優者以獻。所司悉索令牘，唯鈞陽馬端肅公在銓部時曾考九年績，絶無及十二年者，遂以端肅故事請。天子乃進翁少師兼太子太師，如端肅例；又特録廕一子入監，則端肅所無，天子之特恩也。蓋自明興二百餘年，其太宰考一品十二年滿者，寔自翁始，其眷禮之渥，兩進極階，申以世賞，亦自今日始，可不謂聖世之休舉而人臣之盛際哉？當是時，天下士莫不訢訢爲翁慶者，全晋士大夫以桑梓之故，快睹殊典，其欣忭視四方士尤切。于是大司徒疏庵王公率衆陳賀，以維叨翁戚末，且嘗從左右史後，屬之爲言。余惟天將開一代淳曜之烈，則必篤生膚敏名德以毗贊之，而賢才之生，又必挺拔山川精蘊以顯于世。《書》云“惟天〔五〕純佑命，則商實”，言毓才之由于天也。《詩》云“惟嶽降神，生甫及申”，言鍾靈之本于地也。翁秉間氣，翼昌運，受知三朝，爲四方楷，則固天所篤生者。然而惇厖淳固，在險不驚，豐茂光融，歷久滋熾，則其爲山川神奧糾聚發越焉可誣也？嘗觀子思論地之廣厚，以載華嶽、振河海爲言。夫山川麗于地者，更僕未易數也，乃獨以華嶽、河海言之，舉其特鉅者耳。蒲之爲域，介乎河之曲，而適當乎華下，自古哲人碩輔，彬彬然相望簡册，乃自入熙朝，寂然無尊顯者，而始發于翁，則其殊異不倫，亦其氣之渟匯久遠故耳。昔蘇子蜀産也，比北遊中國，乃自詫其于山見華嶽，于水見黄河，于人見歐陽公，以爲天下奇觀盡在于是。余爲翁閭閈後生，童而嬉，長而游，處于河、華之間，且狎見翁之德暉，私心固亦偉之，然未知爲天下所希也。迨今年且及艾，徵以足迹之所跋涉、耳目之所睹聞，乃知天下奇觀初不出于童幼時之所習識，豈偶然與？蘇子生于遐僻，驟見即詫其勝。余童幼所習識，不知其勝，而今始知之，語朗鑒不及蘇子，而爲幸過之矣。夫山川者，一方之所表也，而河、華爲天下雄；鄉先生，一方之所仰也，而翁爲天下望。余故因鄉縉紳徵所以賀翁者，而以是説歸之。

送〔六〕少司馬玉泉趙公奉召還闕序

玉泉趙公以少司馬撫晋之明年，閭井大和，卒乘輯睦，威信既昭，虜奉約束惟謹。天子矙晋鄙無事，乃召公赴闕，俾贊京營戎政。夫公勤事于四方久矣，自其釋褐登朝，馳驅南北，舟車且半天下，姑無論已。即如六官亞尹，世稱簡秩，士大夫宣勞在國，于是少休焉，過此則位望益崇，責任滋繁劇矣。公既貳列卿，復出視漕政，已又總師晋郊，曾不獲一日自佚于秩。兹者明天子賜環之命，豈將以均勞與？不然也。蓋今六官之務，任在常伯，亞尹雖與聞焉，受成而已，故曰簡也。若夫總天子之六軍而督護之，以尊内威外，則少司馬有專命在而常伯不與焉者，其責任艱重，夐與諸曹不同，其勞則視諸在外宣力者更倍也。聖天子將飭治詰戎，纘二祖之洪烈，故妙簡才哲，特加委任，不以勞佚論矣。嘗觀自古有天下者，莫不申固封守，崇嚴禁衛，以示天下形勢。比承平馴久，則武備漸弛，振而理之，又惟禁旅爲難，勢也。近代若唐府兵，號爲善制，迨開元而敝。張燕公具文武材，其出閲邊塞，簡軍實，咄啐間汰冗卒二十餘萬，不勞餘力也。比經營禁兵，則遲回四顧，不得已而募武勇充行隊焉。一時亦暫改觀，然未十年，至使折衝府無兵可發，魚書不用，汔外患興，議者乃歸咎彍騎之法爲不善。假使當時不爲彍騎，其能復貞觀番上初制乎？此難言也。國家定鼎燕都，舉天下兵不當禁衛畿輔之衆，歲漕東南粟數百萬石飼之，慮至深矣。景泰間始肇團營之制，乃就伍中選果毅備征調，優其衣糧，時時練習之。其後雖屢有廢更，大較不相遠，迄今營制團操兵額僅十萬餘爾。往時團操伍缺，有老家兵補之，蓋取諸京衛所。今諸〔七〕衛所皆懸空籍，無一卒，而操兵且常不盈〔八〕十萬之額，東南漕糧不減于昔，而度支廑廑無贏餘，此其故有難究詰者矣。夫疆埸事誠難，然受天子專鉞之命，伸縮在己，故豪傑之士能以事功自見。輦轂之下，其關係重于邊塞，乃積習之患則有未可驟治者，張燕公之在唐是已。玉泉公南凈海氛，北係虜頸，其才略勛望表表著當代。聖天子欲以作新禁旅，加意授任焉，則今之營兵易耗蠹爲精勇復祖宗舊者，必于玉泉公見之矣，公雖入，惡能佚耶？公堅心直道，不異古人，其所至有成績，不獨以才美，故余于公斯行，服天子知人之哲，且慶戎政之積蠹有瘳也。晋陽藩臯若鶴峰史公、右坡董公、鶴山鄒公輩荷公道誼，謀所以贈其行者，以余與公有傾蓋之雅，屬之代言。

贈朱中丞晉少司徒序

今天子撫興運，纂昌曆，思以丕承祖德，登閎化理，日夕孜孜，以博延耆碩，用實于有位。于是，御史大夫龍岡朱公方奉命撫并代，召入爲少司徒，是時公蒞山右未期月也。山右束閡河山，地隘而道阻，民鮮生業，北鄰虜，有三關之防，且外供宣、大，賦出倍他郡。自虜匪茹，加以軍興調度，徵徭益蝟集不可名，民終歲勤動，不足自資，則轉徙外郡，壠畝半荒棄，乃邊費益夥浩不可支，郡邑吏皆廑廑救過不給，匪一日矣。邇虜奉職貢，疆埸稍輯，顧郡邑凋瘵久，如人中枵外疷，元氣卒難復也。公至，則軫念民艱，蕩除煩細，一切務其大體，凡可以益民生、蠲民患者次第舉之。故公視事未幾，諸司較若畫一，環河山數千里間，民訢訢自得，虜亦奉威信，徙毳幕遠去。時天子措意治平，念惟經制關軍國至計，異龍岡公報政之速，俾贊于大司徒氏，蓋宸慮遠矣。方今四垂晏然，百司號清暇，其最糾紛牴牾不可緝緒者無如財用，然事之當緝緒最急而不可緩者亦無如財用。何也？自古有天下者，其陳示典章，率要之子孫世守而不變，至于財用，則其登降朓朒，天時人事之代不可前擬，故雖亦爲之規度，大略使後世循是，出入不至大相遠耳。明興且二百餘年矣，彝憲具存，百司遵奉，顧惟食貨之制乃屢遷而不可常。其始皆緣不得已以趨時之急，稍損益成典，其後即以不得已者爲恒制，而成典遂渝。遠者姑無論已，即如嘉靖末載，邊燧棘，海氛惡，宮殿災，府庫竭，于是司計之臣持籌握算，百方括索，求以紓燃眉之急，秋毫不棄。當時固謂趣目前辦已事隨已之耳，乃入貲之通籍也，贖鍰之歲運也，迄今襲之矣。今海内固無事也，明天子又力行節儉于上，歲用甚裕，乃百姓嗸嗸未得安田里、樂生業者，凡以徵斂促急，未復承平舊耳。公有高世之才，而加慮切斯民之念，承主上惓惓委重之德意，協衷司徒氏以施與民休息之術，必且使下無横征，上無詘用，便今傳後，以不失祖宗垂制之初規矣，即晋事可知來已。公赴闕有日，三司諸公董左轄世彦、徐右轄行、周臬長鑑輩沐澤懷教，忍而不能别也，乃問言于余。夫公行，天下幸也，余何言哉？第公自晋往，晋士民故深有望于公者，余請述之。晋，瘠土也，其畝徵特重，長人者蓋嘗矜之，有寬政焉，擇其地之磽者、確者、潟而鹵者、沙礫者、陂陁而童者、流移之復寓處而墾者，俾之輸木綿與布以代租入，平其值才三一爾，民稱便焉，故歲入不逋也。近歲罷布綿，徵全租，租又倍增其值徵金，民力竭矣。然郡邑所入，大要視原額止耳，矧猶有不及也，此于公家十不利一，而民之爲害十五。公洞悉民隱，民仰公解懸切切也，聞公行，忽如失恃焉，而復幸公入，爲海内均輸也故有望也。雖然，自征賦横出，天下事失厥初者往往而是，匪直晋一域也，亦匪直布綿代租徵一事也。第中枵外瓩，晋稱甚焉，若夫元氣之復，其賴于公者均焉耳。公之行，晋士民日望之矣。若天下，固將陰受賜焉。

送修吾馮公觀察江防序

初修吾馮公以藩參分守河東之二年，令不煩而事集，威不厲而法舉，繇輕賦省，人用大和，自郡邑長吏咸得所師帥，環汾、霍、條、涑且千里，政若畫一，百姓不知其恩而油然戴之，唯恐公之一旦釋此土去也。于是公資深當陟，天子乃進公副憲，仍分巡晋絳，順民欲也。未幾，會江寇竊發，撲滅不時，勢駸駸益熾，至嘯聚百十輩，横行官廨中，剽其帑去。天子赫然震怒，汰當事諸臣不任職者，申命太宰簡諸閑兵略、務實政者往而代之，遂調公飭治江防武備。蓋公昔嘗貳郡于徽矣，屬有潢池警起，自浙之開化延蔓宣歙，猋馳川决，聲勢張甚。郡貳有理兵責，公聞變，亟圖所以禦之，顧籍無一卒，乃召田人而什伍之，簡配羸壯，申嚴號令，核較技能，指授方略。越二日，紀律清肅，坐作有度，而軍容燦可觀矣。于時諸郡邑承平久，盗驟起，則甚駭，咸袖手惶汗，坐視其披猖，無如何也。乃徽郡以公故，獨晏然不受寇，至于今宣歙人稱公保障略不衰。太宰徵往績，稽輿論，謂可副天子崇重留都至意、靖上游萑苻孽者莫如公，遂以應命耳。命既下，公行有日，諸郡邑之長蒲守陳君以朝輩習公河東之懿，而未睹公佐徽之烈也，乃造余請曰："公比當遷，遷不之他藩而必河東者，以河東民宜公也。即吾輩，奉公教，依公仁，方深幸之。曾未期月，又轉而之江皖，何故？"余乃以公曩之貳徽者述焉，且申告之曰：國家之用人，凡求才適其用耳。然人不易知，是故非有已試之效，則不敢使當事變之衝，慮其終也。蓋恒才易，通才難。敷化致理易，而戡亂定傾難；優游圖成易，而倉卒應機難。公曩任一郡貳耳，咄啐間糾不教之民，成節制之旅，卒能以安民心而奪寇氣，其應卒定亂，寔惟其才具有過人者。至其無事時，復雍容臨民，持大體，修實事，恂恂然虚己忘物，不見强毅色。人嘗謂南北異宜，文武異用，若公者，殆無地無施而不可矣，是通才也。今江寇恣睢，沿江諸郡靡得安業，念公曩時之烈，思公來，不啻望歲也。河東民依戀公固深，其又安能留公？蓋國家得通才之難，而公已試之效章章著耳，天下才非一土可私也。試而可見者，效也。若其所以見效，則必于未試之先具之。苟無其具，則試之不效矣。諸大夫既諗公所以移藩之故，無徒惓惓于别也。自古不虞之患多生于無事之時，無事而預飭之，則不虞之患靡自起矣，雖起不懼也。河東被公德化久，且獲諸大夫相與導宣之，風雨以時，赤白囊不至，民訢訢樂田里，固萬無不虞之患，若江孽者一或有之，其所以戒防之具當何如也？此不可不預也。諸大夫服習公訓，造民福夥矣，誠又求公龕定之具試而必效者，以預待于事先焉，則公雖行，而河東之民浸沃于公澤者殆未艾也。

送洪湫劉公觀察嶺南序

夫事以才集，而人具有集事才者每喜于自用。故當其有事，震撼棼汩之衝，衆所逡巡，莫敢措手，而才者當之，類有磊落非常之功，爲世所貴。及其無事，則才無以自見，乃必求所以振而發之，或反以擾天下之事而民用不寧。故才非集事之難，能因事順應，不爲才所用者難也。蓋天下事當其發難之初，若水之破隄決防，洶湃衝激，排丘瀰野，舟楫業已失據矣，乃板、畚卒無可施。而使才者治之，躬自揭厲，振袂號呼，萬夫並馳，本支分導，出魚鱉之民而圉之城郭，有可必者。及其水流至壑，湍悍既殺，苟下流無壅，任所趨而謹隄防之，庶墊溺之民少蘇耳。而才者則不然，曰："水有故道，吾能復之；水有別塗，吾能徙之。浚而達之大川，則運輸遠；渠而繚之田塍，則灌溉博。"日囂囂然驅其創殘之民以供築鑿，民不勝敝矣，而其圖畫卒亦未必可成，此用才之患也。嗟夫！人患無才耳，有才而不善用之，至反爲才所用，此其才可以制動而不可以制靜，可以小受而不可以大受，非才之全也。世有全才者，蘊沉幾之識而不露其明，抱御煩之具而不著其迹，事至則應，事往則止，不避難，不擇利，不求名，不務功，唯其事之集，而不唯其才之用，此古之豪俊所以撥亂定傾，能貽永世之安者也。邇者嶺南久不靖，山海巖藪之間類爲盜窟。有司者既不能時龕定之，則虐用其民，媚盜以自緩，久之，良民半化而爲盜，患且滋熾。天子赫然，念遠民墮于水火，亟選才哲往靖氛沴，德意所嚮，一洗數十年因襲玩愒陋習，凡鼓櫬憑柵、深根固蒂之寇剪蕩芟夷，無復遺育，餘民咸訢訢受更生惠矣。天子復念民甫出亂離，非大煦育撫綏之未必能得所，于是亟求才哲往奠生業。時洪湫劉公以藩參守河東，乃被命擢廣東按察副使，余于是知天子哲惠知人，安民之猷不世出也。洪湫公嘗爲冬官大夫，省中推其才，出而治河徐、潁，徐、潁人至今賴其餘澤，余之知洪湫公之爲才士久矣。邇歲余里居，公來守河東。河東郡邑凡三十餘，守巡分域治，臬巡北，駐臨汾，藩守南，駐蒲，蓋有成命存焉。而河東守者，顧多安襄陵，襄陵去臨汾不三舍，守、巡接居，南郡邑遠者至四五百里，于政體非便。近年或移駐運司，益失設官意矣。公至，即遵成命駐蒲。蒲去會城最遠，監司希至，至則民皇皇爲供帳迎，頓具甚設。公携帑入境，閭閻絶無追呼聲，余故異之。比視事，不事煩威，不爲苛察，而强梁者伏迹，犴〔九〕狡者易慮，河東諸郡邑所在油然嚮風。公府清暇，百姓樂于畎畝，公若無所事事，而民心之歡慕日深。嗚呼！以公之才，使樂于有爲，何施不可？乃歛光匿鍔，軫恤殘弊，而相與爲惠養休息之術，寧其身不獲皦皦之譽，而求貽地方以永世之安，要在于阜民生，培國脉，其視務以事自見，徼一切聲利，而靡計斯民休戚者，可同年語哉？廣南新離寇攘之害，民困已極，其思休息于寬政，視河東不啻也。譬則决川之歸于壑，無壅下流，慎隄防，任所趨已耳。若復使好事者臨之，沾沾用其才，將疏鑿並舉，使餘民終歲勤動，不獲自爲衣食計，或反以基禍，故余于洪湫公之行，而知聖天子爲遠民慮者深也。河東諸郡邑長吏蒲守陳君以朝輩既奉公條教成治矣，戀戀于公行，走使燕京，咨余所以爲贈言者。余乃叙公所以善用其才者歸之，并以爲諸君告也。

送對陽姜大夫提刑陝西序

禮、刑一道也。先王紀綱人道，隨所在有節文焉。本父子、君臣、男女、長少之節，推而至于家國、天下，内夏外夷之限，由周旋裼襲之儀，放而達之名物度數、朝聘宴饗、征伐祭祀之節，經曲〔一〇〕具設，物軌備矣，人道之所以異于物也。其有不軌不物，夫然後糾之以刑，是刑者所以輔禮而爲教者也，而謂有異道乎哉？其在有虞，伯夷降典，則曰："析〔一一〕民惟刑。"皋陶作士，又曰："弼于五教。"職任判矣，而治理若是其相須也。自後世學者不睹人情之原，不諳于先王所以立教之故，信拘方之見，守專攻之術。習禮者下刑名，或失義而守數；明刑者迂教化，或任刻而少恩：而禮、刑之用遂分。世之從政者將以章軌齊民，考古陳藝，必以任之禮儒；將以申憲肅物，明罰正典，必以任之法吏。易其任則交病焉，所從來遠矣。嗚呼！禮樂、刑政，治之經也。世儒學不聞道，遂岐而二之，若此治而不古，奚惑焉？姚江姜宗孝氏以《三禮》起家，自戴、鄭、高堂而下靡不覽絜攟摭，鐫鏤剥裂，考異會同，詣于大道，用能窺先王製作之本。既登第，乃授蜀之成都推官。推官，刑曹也，若違其用者，而宗孝特以理最聞，析文貫義，鉤隱索伏〔一二〕，即宿魁猾胥罔有遁情能奸文者，然必傅之經義，平反幽濫，文無害焉。監司上其治狀，若曰："是儒者，能以所學措之政，深于禮矣。"天子乃進君爲春官主客部主事。春官凡四部，主客所司悉荒服徼外九夷八蠻遵王靈、奉職貢者，魋結雕題其形，侏㒧僸𠿝其語，其性情、嗜好往往絶異，接之稍失其宜，剛則致携，柔必納侮，前後常難其選，故以命君。君曰："是不難。益作舜虞，草木鳥獸且若焉，矧戎狄人也。夫既知職貢，效誠款矣，豈不啻草木鳥獸？"于是申憲禁，正法守，明告誡，遠人肅然，無敢譁矣，則以禮柔之，使之忻喜捧戴，各得所欲而去，迨出國，則皆中向羅拜，奉順益固。往春官四部遞遷，比君轉員外郎、郎中，悉是部，不以它莅，能于職也。今歲甲子秋，君奏績銓部者再矣，天子遂進君提刑大夫，副陝西臬司使。夫君習禮者也，以試于刑，既效矣，乃進而典禮，典禮抑又效矣，復進而司刑，雖聖天子知人善官，亦君之自表見有繇哉！且禮、刑之爲教本同，而中外之立制有等，故禮之接于外者略，而刑之察于内者詳。《書》曰"柔遠能邇"，其勢固然也。夫唯其略，則調服而結固之爲難；唯其詳，則叶比事于下而考成詞于上下又難也。君當其難，既皆有成績矣，由是而進之，以掌邦禁，典邦禮，將使天下無冤，神人大和者，而何有于陝右耶？君行矣，不日將聞西北有祥刑大夫，伸幽振滯若神明者，非它人，固前日能以禮讓懷遠者爾，亦使經生、法吏涣然釋其一方之見，知先王刑、禮本不異哉。

送姚副憲之任福建序

皇明總理寰區，齊一中外，飭條布憲，以糾奸慝，用佑至理，是故設都察院于闕右，則御史大夫提其綱，而侍御史以敕命時巡于邦國，謂之内臺；設提刑按察司于各省，則按察諸使監司郡國之獄讞，以平反于民，謂之外臺：中外異而責任鈞也。是以朝廷念民命之重寄在攸司，任使所及，恒極其選，非其人不輕授焉。副憲姚君華溪，博大精敏，有俊才，晋人也。初爲内臺之侍御史，以平恕稱。凡御史出按列郡者，例以歲代，獨姚君按陝右二載乃報政焉，蓋其民宜之，天子特以異數而寵命之也。于是太宰最其賢，會福外臺之按察使副缺，遂請於天子，以君蒞之。既拜命，豸服輶軒，紆金秉玉，將以春之三月巡省南國。吾鄉之大夫某君輩咸榮大夫之行而重其别也，請予贈之以言。予惟天子設中外臺察之官，非以厲禁作威，用嚴政統，故有虞熙載，皋陶明刑，從欲之治，帝舜歸功焉，是刑輔教不逮焉爾。《周官》曰："刑新國用輕典，刑平國用中典，刑亂國用重典。"蓋刑乃聖人不得已而用之，即寬猛、輕重又各以其時焉。夫子有取于《吕刑》，以先王之意在也。我太祖承胡元大亂之後，于以整一彝倫，革除澆僞，于時不得不用重典。然觀《大明律令》以及《祖訓》、《大誥》諸所頒述，惓惓然惻怛深厚，聖人之情見矣。邇者承平既久，稍成玩愒，有司者思一振勵而激揚之，于是習尚嚴深，流而不返，雖足明作一時之治，而民乃囂然不樂其生，則矯枉之過也。姚大夫仁恕之性厚于天予，寬嚴之濟協于人心，寧失不經，不虐非辜，譬則和風甘露，三秦之政足徵焉。夫閩之人何異于秦之人哉！君執是心而毋變，則閩人之悦君將猶秦也。漢、唐之法吏多矣，語陰德者曰于定國，曰徐有功，特以時尚嚴苛而獨留情于寬，有足多者。寬猛、慢殘之論，識者猶或非之，矧際此皇熙，概以刑亂之典哉？大夫行矣，閩南去京師萬里，而太宰氏寔生其鄉，吏之臧否、能惰猶几席也，以君平恕之政惠此艱民，駿發之聲其達之當宁更速矣。君尚毋易秦政哉，他日正位中臺以平天子之法而大和宇内者必姚大夫也。《詩》曰："樂只君子，民之父母。樂只君子，德音不已。"請以是贈姚大夫之行。

送董李村推廬州府序代作

帝王宰馭天下之極務，在平斯民之情而協之中。故堯舜在上，咎繇執法，斯風動之休，莫可梗蔕，何者？民有不平，亂之本也。是以國家敷道佑民，章軌癉惡，内有司寇、廷尉以平天下，外有臬司、節推以平藩府，亦惟欲協民之中，使惡不能乘善，天下之政莫先焉。故士學古行道，閑於當今之務者，其出而筮仕，則必急于平民。然情僞萬變，杳曖委折，不可窮殫，非明足以察、勇足以斷、信足以孚，則鮮能以卒得其平而息民之争，吾又見夫平民之職爲難稱也。淮南畿輔之地，有郡曰廬江，寔當南北之中，其諸風氣、水土以暨習俗之尚大較今之天下爲得其平。余嘗聞先生、長老語宦遊之勝者，以廬江爲稱首，曰：北土高而氣急，其民多質而悍，好勝而輕命，故有訟不能輒息。南土卑而氣緩，其民多懦而詐，深文而巧織，故有訟不能輒辨。淮右之民質而靡悍，柔而靡詐，即有訟，一辭折之，即兩服而去也。又地鮮冠蓋之使，按撫之長歲一臨焉，故其民之事上也最尊，吏于其土者率不勞而政舉，折獄之難，非此郡論也。今歲適郡之理推員缺，余年丈李村董君奉天子命以涖其任。余于李村君同視大理政者三時矣，朝夕相居，出入相近，有以諗君之爲人。君沉毅篤至，不輕然諾，吾知其信矣，其布信衆志，翕爾以服者足徵也；君慷慨負氣，酬酢若流，吾知其果矣，其迎刃解紛，鼞生應劇者足徵也；君議論通明，小大不爽，吾知其智矣，其探索隱微，曲中關要者足徵也：故遊于大理諸廷尉之屬咸奇之。廷尉固平天下者也，以若所長試之而平一郡，雖甚繁錯，吾不懼矣，矧廬江又號稱易平者哉？則夫式和群情，懋綜衆績，騰譽中都而流芳聲于朝寧也，端可指日俟矣。由是而平藩服而平天下，將與古咎繇者伍，則君之斯行也，詎惟一郡之庥，且將永爲天下之福；寧惟君終身發軔，厥有良基，將我同寺同年亦俱與有休寵。是故不可無言也，敢盡其辭。

送何鳳野推常州府序

岷峨之山，江水出焉。其始也，渾渾汩汩，不過泛觴焉耳。比其下夔峽，歷荆門，北則淮、泗、洛、汴及梁、豫之群水赴之，南則洞庭、震澤及吴楚之群水赴之，浩瀚瀰漫，暢然東逝，而江始大矣。故魚龍之所窟宅，雲雷之所吞吐，舟楫之所萃聚，寶藏之所阜化，爲東南之巨浸者莫若江。夫以始之細也，將終焉而已，終乃盛大若是，豈有故與？其源之發也深，故出之而不窮；其勢之達也遠，故受之而不洩；其時之歷也久，故功用之及物者日以廣。即使雷雨暴作，夏水大至，漂撼原野，震盪山谷，亦豈不可喜可愕，劃然雄且大也。然風定雲止，水去無所，高者研然，低者窪然，求其所謂雄且大者，且須臾失矣。君子豈是貴哉？觀水可以徵人矣。蓄德者大于晚成，致用者戒于速發，是以君子爲終身之期，而不計乎一朝之利，故吾于鳳野兄之行也而有感焉。鳳野，蜀之華陽人也。地與岷峨相近，而鍾江源之秀，其氣沉以密，其度弘以慎，其識明以敏，弱冠即以明經舉于鄉，固已立見其穎矣。已乃臨漢隴，薄潼華，西觀漢唐之遺墟，以察其所以興廢者，南泛灔澦，浮湘沅，北巡嵩室、太行，以極涿冀，舟車之所探討，不知與漢太史公孰多寡也。退則修業于岷峨之野，淵涵渟滀，其抱益富，亦猶江之歷夔峽而東而南北之水匯之也。維歲癸丑之春，禮部復校天下士，而君遂褎然登選。適毗陵之四府缺，銓曹因請于天子，俾君蒞之。夫君，某之同年也。同門之友三十人，而君爲長，每事必綜理焉，指授焉，衆咸賴之，事用不廢，以此而推常州，績可期月奏也，常民其幸矣。東南之水以千數，而唯江爲大。江之延漫數千里，而淹畜之功唯于吴會爲大，吴會之民其澤于三川也久矣。君鍾江之靈，久積而施，則常民之淪濡于德教者不啻江矣。由是而往，泛通津，作霖雨，俾天下之民以蘇以潤，固亦其餘波也哉！余不佞，志學未立，與進于君之末，思朝夕之多愆，欲依君以爲楷也耿耿矣，故于君之行也，重幸常人之將蒙其利而不能忘吾私。

贈方古田推安慶府序

方歲癸丑，余從天下士挾藝而至京師，撤棘之次日，凡士之與選者會謁于禮部。余以菲劣冒列，私計以賢士之在天下星分川布，乃今群四方之彦而揖遜于一堂，其瓌奇瑰偉，俊乂畢備，當如隋珠、荆璧、垂棘、璵璠，種種有之，心竊欲尚友焉。于是縱觀而物色之，遂識古田方君于春官之署，粹然若玉之温也，凝然若山之立也，矯矯乎若鳳之舉也。于是諗君之素于一泉史君，愈益敬慕之。已而進謁經師劍西先生，又知君爲同門友，自慶者屢焉。夫士同年而通于籍者，類講世好，義至重也。然東西南北之人裒然並進，渙然雜處，往來趨拜，有值有不值，故雖名氏相諳，而終身不識面者比比也。夫唯同門而進，則交際相及，歲時相覿，視諸同年之友意氣爲尤洽焉，亦勢也。余一見古田君，固未知爲同門友也，而即有皈依之意，古田君亦惓惓焉不我遐也。乃今爲同門友，語曰"白頭如新，傾蓋如故"，孰謂人之契遇不有數哉？歲且暮，天子命君推安慶事，越仲春，行有日矣。君過諸同門友而辭焉，聽其辭，退然若畏其不任者。張子曰："何爲其然也？夫習俗異尚，通之者情；風氣異宜，一之者法。故學古者禦今者也，制遠者察近者也。君之鄉非所謂洛陽乎？藩府、兵衛錯處則民不一，藩臬、部院交臨則令不便，舟車、冠蓋日迎送焉則地衝而務夥，故游宦者難之，而生乎其鄉者控馭之術固豫也，矧安慶上無藩臬之臨，内無藩府之擾，道路來往視洛陽十一爾。夫瀕海而居者靡畏風濤之患，以之游于曲港，寧足慮乎？何者？其習便也。千金之子出其贏餘，而廛市之氓莫能與之争利，何者？其本饒也。君賦中州之粹，熟師友之談，明于聖賢之術，而習知繁難之故，雖地之倍劇于洛陽者，吾猶將易之，而何有于安慶哉？"君曰："然則，安慶固易與？"張子曰："未也。夫安慶者山阻而水廣，是故巨盜滋焉。吴楚之交，流寓者衆，是故土風漓焉。民性輕産而好勝，是故獄訟熾焉。三者皆碍于理者也，君爲理官，慎無忽諸。且控帶上游，留都西户，太平之慮委重在此焉，未雨桑土之謀于今尤爲汲汲者，君以爲何如？"君曰："唯唯，兹固某意也。《書》曰：'罔曰弗克，惟慎厥事。'微子言，吾固將勉之。"于是同門之士翕翕然咸幸皖民之將蒙其利，而信張子之識古田君者不誣也。

送莊仁山之廣德任序

夫士方幽居，覽觀往古之迹，目睹當今之故，慨然嘆曰："世不吾以也，故民之勞瘁也如此。苟有用我，其經綸之略固具也。"蓋遐想皇墳，變風易化之志有不人人同哉？及其服有官守，志足行矣，然職匪親民，則澤難下逮；權匪專一，則功難究終。職親而事專者，唯郡邑之守令爲然耳，故士學古而行道者，以與守令爲幸。皇帝三十二年，命禮部大校天下士，而寬其制額，若曰："方今制科爲重，故士之抱藝需用者必由制科，乃能〔一三〕淬勵不倦，興起庶功。中外之民困憊極矣，其廣采俊哲，俾之宣力四方，弘我至理。"于是，晋江莊君聘氏遂以明經褎然爲多士先，銓曹論次其材，衹順德意，遂請君爲廣德守，天子可之。君聘仁惠慈明，閑于當世之略，其軫民之艱，思以拯全而翼起之者不知凡幾矣。廣德固東南鉅郡也，方在畿内，王化所先，又上無監司、藩郡之臨，統紀既專，即事無掣肘，君之志其行哉！議者猶較計勞役久近之差，謂以海内碩魁往就一州之牧，若爲君少之者，殊非知君也。君氣厚而學淵，養充而力確，自志學以迄于今，存之者裕矣，其於内外輕重之分，殆不屑屑然者。兹其往也，出夙昔懷負之奇，而見之設施，積也久則其發也必大，蘊也深則其達也必長，將不特廣德之民永綏厥生，而聖天子側席不遑、知人安民之意亦允有懋副，使繼今而後稱循吏者，曰嘉靖癸丑之榜有莊君聘焉，則君不特以經術爲多士先，抑且以治行爲天下最矣。張子叨與君同年而進，又幸而同門。同門之士知君之素而慶廣德之民有攸賴也，乃命言于張子以贈之。

送李少霍之德州任序

李君子茂被命而牧東土也，同門之士咸謀所以贈之，乃寄言于張子。先是，聖天子憫中外之民罔協于理，深惟所自，原于長民者之弗任其職也，喟然興嘆，思以易其弦轍。于是太宰祇承睿念，披歷輿圖，擇諸郡邑之繁劇者、盤錯者、困頓者、廢墮者、灾荒之荐臻者，率簡諸甲第，擇其英卓强毅浩乎足以有爲者畀之，故今歲之守列郡者，視部署且半焉，權時也。命方下，都之人喁喁然曰："聖天子之憂民，其殷也如此。"命既傳，四方之人喁喁然曰："聖天子之不忘我民，思以拯恤而安全之也如此。"以至吾黨之士亦莫不奮然思以自效于時，仰副當宁，曰："聖天子勤民之瘼，以爲我才。我不能宣化承流，以與古之卓魯、龔黄者伍，非夫也。"德意所嚮，風聲漸之，故識者謂今兹之舉有太平之基云。子茂氏與余生而同鄉，舉而同門，其器度之純、才猷之敏、藻鑑之哲，余固目濡而耳飫之，蓋得于天者深也。矧承若翁按察君庭訓，《詩》、《禮》之所漸摩，聞見之所充拓，舉而措之政，殆庖丁之剸童牛，刃發必無事矣。夫赴功者才也，懷衆者德也，永貞者志也。振頽剔蠹，釐正紕繆，使一方翕然改其觀聽，非才奚以濟之？固君之優也。豈弟易良，俾民不貳，俗吏所後，君子先之，以君之仁，又奚假言哉？然才當于事，巨細鈞輕；心存于戒，始終貴一。蓋事有常端而機無定在，故心之所難，難斯易矣；心之所易，易斯難矣。終始于難者，終始于易者也。以君之才，事無能難。君今難之，其無終易哉？他日顯奏丕勛，以治平最于天下者非他人，必吾子茂也，聖天子汲汲安民之意端此慰矣。夫誼莫大于同年，而同門之義加重焉，故余不敢榮侈子茂之行而忠告之若此，亦二三君子之同情也。

送李栗軒之蒲城任序

士君子抱經綸之略，挾桑蓬之志，孰不欲兼善上下，見之當時者哉？然其始也通籍難，其既也麗任難。奚言其難也？自徵辟之典廢而科貢之制興，有司者引繩執尺以上下天下士，其來久矣。皇朝益重制科，入仕之途雖雜然並設，而唯以制科進者爲才。故前後之歷華階、竪崇烈者率由制科，而士之志當世、負奇異者雅不欲他途進，亦唯制科，制科若是之重且榮也。夫群四方之彦數千百人之中，積三年之久，而拔其百十人焉，斯亦艱矣。故有窮經半世而始與者，有既老而始與者，有終身不與者，故曰通籍難也。籍既已通矣，然皇朝奄有萬方，總理寰内，明命冢宰，齊一權衡，凡四方之職亦惟四方之人任之。故有背鄉邑，涉險阨，間關萬里，歷諸虺蜴、毒霧之侵，然後抵于任者；或浮洪波，楫巨濤，翱翔于魚蝦、黿鼉之區，長風、水怪又時出而爲異，經日累月，然後抵于任者。比至，則風氣燥濕不同，食飲因之，習俗既殊，語言差異，父母、妻子愁坐而思歸，而政治又不能期月以宜于民，蓋今天下之仕比比然也，是不曰麗任難哉？解梁李侯温甫，幼穎敏有俊才，治《曲禮》。弱冠而遊鄉校，即馳茂聲。試于鄉，凡鄉之業《禮》者幾百人，挺然而爲之冠。繼試于春官，凡天下之士，其業《禮》者亦幾千人，又凌歷而上，以登甲科。夫士冀一舉于鄉，茫而莫可得也。李侯方在英妙，連掇高第，若發蒙振落，不勞餘力，通籍之難非所以爲侯語矣。比銓司論才建官，又以侯爲蒲城尹。蒲城，秦東邑也。解梁，晋西郡也。相去二百餘里，在古爲一郡地，道里既近，山川共之，可以昔發而今至也。其諸土俗好尚、諸食用、諸情僞，即解梁居可知矣。是雖任也，亦家也，烏知所謂難哉？命既下，行且有日矣，同鄉諸君子命張子贈之以言。張子，蒲坂人也。蒲坂東距解梁僅百里，爲李侯之居，西距蒲城亦僅百里，爲李侯之治，故張子諗李侯之詳而諳于蒲事。蒲僻邑也，其民淳而事上也最尊，其地饒故賦倍于他邑而靡逋負，以侯之才，卧治之有餘矣。夫其通籍難也，麗任難也，侯既易之矣。然今之仕者，又有令終之難，終基于始者也。侯方筮仕，敢申告之：罔以才高而略于細，罔以望重而凌于物。罔任于法，其必曰情；罔任于情，其必曰法。事靡慎，則吏易肆欺；令弗專，則民罔實惠。侯行矣，一方之慶戚懸于侯者也，台鼎之業亦惟胚是，侯無忘余言哉！仕之三難，在侯爲三易矣。余不類，少長于侯，承諸君之托而不獲辭也，故敢以二難榮侯，以一難爲侯之規云。

送黄訒齋尹高平序

即墨黄君訒齋，張子之同門友也。方歲三月，張子與君同通于籍，朝夕游焉，誼好甚篤也。曁十月，天子命君爲高平令，於是張子賀焉。訒齋君曰："夫據簡參疑、縷辭陳義者，儒生之業也；布令承流、乂民康務者，有司之任也。余之業于儒也有年矣，郡邑之事，吾未庸心焉，即一旦而長民，吾方懼學製之壞錦也，子何賀焉？"張子曰："不然。洞庭、彭蠡，澤之巨也，沮洳而不導，不若蒙泉之遠；豫章、楩柟，材之良也，合抱而不采，不若欂櫨之用。故蓄德者病于違時，樂道者存乎兼善。吾與君之所爲學者，非六經、孔孟之辭乎？修己治人之外，固無更僕長説也。匯其源必欲浚其流，培其體必欲致其用，故君子有違時之嘆，而靡得位之悔，則余之賀君者其宜也，君何辭焉？"君曰："具本而應化者，通人之方也；習熟而利施者，恒士之調也。位患其立，事謀其始，余誠惴焉。子毋律我以通人乎，幸有示也。"張子曰："干將未試，人知其利；和璞未理，人知其寶。余之所以賀君者，豈臆耶？向余始見君，儼然而莊，若可畏也。就之而聽其言，其氣和，其辭辯。久之而知君之心，蓋甚樂易正直，坦坦乎其無芥蔕也。以若所蓄而施之用，猶之鳳鳥之鳴、江河之決，雝雝乎，浩浩乎，雖天下吾猶將賀之也，而又何有于高平？"君曰："子過矣，子過矣！然高平，子之邇邑也，政奚先？"張子曰："未敢知也。昔者齊君問政，孔子曰：'政在節財。'魯君問政，孔子曰：'政在諭下〔一四〕。'葉公問政，孔子曰：'政在悦近而來遠。'故胗疾而異餌者，醫之良也；觀世而更化者，政之善也。今天下之患有可説矣，醜虜陸梁，晋冀告病；賦役繁蝟，民罔固心。倒懸之解，水火之濟，撫綏而安集之，政莫有急焉者也，寧高平已哉，寧高平已哉？聖天子憂民之瘼，簡俊乂以輯遠邇，其汲汲勵精之願固在此爾，君慎毋忽諸，則余之賀君者端有在矣。"君曰："此固余之意也，盍著子言，置我户牖？"張子不敢當。越月，君將行矣，同門之士咸請以張子之言爲貺，因書之。

贈龍巖楊侯之任寶坻序

寶坻，劇邑也，去京師東南二百里而近。河東龍巖楊君謁選銓部，銓部謂君才也，俾尹兹土焉。于是張子聞之，善銓司之能任才，慶楊君之能任職而寶坻之人之將蒙其澤也。夫士釋褐而視政，雖甚簡土，猶懼學製之壞錦也，矧劇邑也近也，而善之而慶之者何？蓋環百里之地，奉天子之命，而總其田賦、獄訟、教育之政，其善敗之端生于心、加乎民者至速也。然或遜在圻服之外，甚者里以千萬計；或限在山海之陬，通人、使軺之所不至；或南北殊方，燥濕剛柔異宜，言語、習尚、人才與地不相諳者，雖殫心瘁力，治不可以期月期也。假以期月，治雖已成矣，部使者或耳目有所未及，則其令聞不得顯融于天子之庭，若是者衆矣。兹地界在畿内，在古幽、營、河東同爲冀州之域，其民之習尚、嗜惡與其政令弛張之宜，不俟殫心瘁力，固已即楊君之邦而居可知矣。而又不能掩其德聲，是故朝一令焉宜于民，則京師夕可知也；夕一令焉宜于民，則京師朝可知也。民之歌謡，道路之傳言，縉紳先生之出于其途，部使者之廉察于耳目，若是乎不可壅也。君行矣，吾東南而佇，竇坻新政之聲卓然流于畿左者，不以期月待矣。雖然，畿邑之政，其休問之易宣者近也，其有隳窳則亦猶是，矧輦轂咫尺，法自近始，其視諸外郡國網爲益密云。京兆之督三輔，司隸之察雍洛，勢則然也。且兹地民習騎射，故土多善剽；五方雜萃，故質任澌澆。有勛戚之采田焉，有中璫之宅里焉，親軍錯處，而惡少竄其中，則通變柔調〔一五〕之術，又不可易視者。增以京郡之役、邊堠之警，抑又日月異焉，非君之才且仁，其孰能拯之？予自束髮識君，且諗君行誼之著于鄉者詳矣，故知兹邑之必獲其澤而政聞之日至也，故又善銓司者之揆地選材若是之審也。鄉人楊君芬輩謀所以道君行者，徵余言，因序以贈之。

送杜培亭宰華亭序

余讀漢史，遡觀孝文之世，吏稱民安，海内醇厚，心竊慕之。然考當時郡邑之吏，其赫然表著其政績者，河南吴公之外無聞焉。及睹武、宣之代，長民者率有茂績，比迹後先，其姓名之登于簡牘者相望而可數也。此其治宜若大倍于孝文，而夷考其實，乃返有所不逮，若是者何也？興化之要在于應時而無事，種塒者去其撓，芻牧者逐其害，譬食饑而飲渴，裘冬而葛夏，如斯而已矣。若以平庸之施非以殊群，而務爲皎皎邁常之政，即其精神之運非不誠然可喜，足壯一時之迹也，然而天下之治不由焉。故今語循吏者以武、宣爲勝，而論治者則以孝文爲優，君子而任長民之責，當有所辯矣。皇朝奄有萬方，郡縣天下，百八十年來，其樹聲遠邇，著迹簡素，雖代有其人，而治功之差亦有可論。蓋草昧初定，務在生息，撫育惠和。至成化、弘治之際，三光大明，萬物咸若，猗與盛矣。邇歲北虜陸梁，邊邑震動，而草奸水孽往往竊發，加以天灾薦臻，民用失業，視昔蓋多事矣。聖天子憂之，申命太宰，妙簡才望以分歷中外重地，求民之瘼。於是華亭尹缺，余同年杜培亭氏寔往涖之。夫華亭，南畿重邑也。王業所因，前後賴之，租賦上供，歲當天下之半，國家根本，聖祖之所軫念者恒先焉。今其民瘵矣，户産困于轉運之役，機軸空于誅求之屢，室家憂于番舶之擾，賦税隱于豪强之占，蓋昔所謂"樂土"，乃今人有轉徙之思。此其政之所先，當何賴焉？培亭君氣厚而性仁，明信而剛决，與余處于司農之署者幾三時矣。閱國帑之縮羸，其憫念東南之民之困者，蓋屢屢與余言之。今其行也，必有以蘇華民之困而紓聖天子之憂者，治平之績俾後之良史與吴公並稱，吾甚願之。

送馮澤山尹臨淄序

澤山馮子既授臨淄尹，行有日矣，過張子而告曰："吾于子居同閭，遊同庠，其舉于鄉、于春官也同歲，余之所厚善者，宜莫若子。兹余將儼然有民社之寄，子其有言？"張子曰："吾固知君。君才宏于敷，學窮其究，棟楹之質，夫豈不勝于楶櫨也？予何言？"馮子曰："不然。夫撫摩培養所貴者仁，而恃恩者玩；振勵明作所尚者義，而畏威者携。决剔隱微，莫先于哲，或云物忌太察；持重致詳，莫先于慎，或云事貴速斷。從此則違彼，近左則遠右矣，吾固疑焉，子其言。"張子曰："有是哉！夫拘于一者非通方之見，先于意者非隨事之幾，蓋事有如反而寔相成，亦有如合而寔相逆者，不可以膠柱論也。今夫仁與義反，威與惠反，察與容反，决與慎反，然而不可相無也。仁以義成，威以惠立，容以察廣，决以慎當，非有彼此左右，可以從違而遠近也。姑息類仁而墮威，暴戾類義而傷恩，苛索類察而病于容，畏葸類慎而遠于决。然墮威非仁也，傷恩非義也，病于容非察也，遠于决非慎也。欲以近之，適以遠之；欲以從之，適以違之。此無他，如合而實相逆，故爾相成者政之經也，相逆者經之詭也。辯其善惡，審其施措，不撓里甲，不侮鰥寡，則仁孚；不邇巨姓，不略廝吏，則威樹；獄訟上下、錢穀出入必躬焉，則察而不傷于容；事至必詳議之，而不狐貳于將發之際，則慎而不傷于決：如是則善矣。然所以考其理者有三徵，而所以握其樞者惟一本。三徵者，一曰在往牘，二曰在同寀，三曰在民心。夫史傳所載循良、酷虐之迹班班也，暇則閱之，我今日所行必有與彼類者，察其善惡而從違之，又況因有所興起者乎！我行之得失，人莫肯言也；其環我而郡而邑者，其得失人則莫不言。或曰某某善吏；或曰某某不善吏；或曰某善吏也，而某事未善；或曰某不善吏也，而某事善。反而求之，我今日所行必有與彼類者，察其善惡而從違之，又況因有所興起者乎！士吏之近也，以恩怨爲毁譽，不可憑也，惟民心不可强以從違，隱而觀之，必有博焉而不私者，察其從違而去向之，又況因有所興起者乎！一本者，曰心也，心存則萬事理矣。必敬以持之，使本端而宰制在我，然後考之以三徵，則凡相反相成、相近而相逆者，可得辯其善敗矣，於從政乎何有?”馮子曰：“然。子之論深矣，請嘗試之。”適沁泉陳子謀所以贈馮子之行者，聞張子之言而是之，曰：“兹友誼也，諸世俗贊揚褒大之辭可略矣。”遂書此以貺。

送崔臨溪令鄠陵序

夫環百里之地，數千萬人之居，其方足以擬古次國之諸侯，承天子之命往而臨莅之，其居處甚尊，其出入甚佚，其左右趨走之人甚習，其賞罰予奪唯其出諸口，其喜怒微見乎色則一方之人欣戚焉。大丈夫得時行道，其出而爲令宰也，顧不易乎！然古今異宜，出處異致。士方窮居，誦讀古人之詩書以自磨刮，雖一家之政有所不與。一旦出而膺民社之責，簿書、期會之間，窮年有不能致詰者。加以猾胥、頑卒覬隙生蠹，豪族、宗姓往往齟齬，其所設施而又轄以長吏，目有所睹，心有所晝，動爲所制，不得以徑遂。令宰以父母斯民爲任，饑寒困抑之不得其求，則怨生焉。若是乎令宰之難爲也。雖然，易者其地之便也，難者其勢之牽也。君子而有仁誠之德、不昧之明、必斷之勇，而又深沉委曲以濟之，將不牽于勢之難，而祇見其易者。然難易又有關乎時者，則可説矣。蓋當險難方夷，民心思善而樂休，安養休息，天下日向于無事，民有老死不識官府者，時則政清刑省，令長與百姓若父子然，其情愛甚洽，而勢分甚相近也，則其爲令宰也易。當承平之久，釁孽萌而詐僞興，撫以仁則見欺，震以威則怨起，加以依順成風，苞苴爲俗，稍自振拔，即一齊衆楚鮮不變爲蕭艾者。故承平之世能吏甚多而良史甚少，非不欲良也，時漸之也，故君子之爲令宰也難。嗚呼！當今之時，承平亦久矣，軍旅蝟興，四方告病，水旱間作，閭閻蹙額，吏勢日趨于尊，而斯民日趨于弊，制度日趨于侈，而蓄聚日趨于空，歲沿月深，莫知紀極。士君子而獲用世之權，當如拯溺救焚，不容終朝安居者，而又動爲上下之所牽制。故當今之世有良吏出焉，不爲勢撓，不爲利誘，不以剛吐，不以柔茹，寧其身不獲速化之益，而務使百姓蒙一朝之利，此則大浸稽天，砥柱自若，吾謂傳良吏者當標諸卓魯、龔黄之右矣，蓋時之難易殊也。余年丈臨溪崔君，宏度深猷，綽有憂時之志，當世之長者也。銓司知其賢，疏名以請于上，俾君爲開封之鄢陵尹。鄢陵固梁、宋之舊邑也，民物醇庶，其君子好禮，蓋猶有周、漢之遺風焉。君素軫民瘼，抑且閑于當世之務，兹出而筮仕，復臨兹善邑，其必爲良吏，奚疑焉？余辱交于君最深，而慶鄢民之得其令宰也，因備述古今難易之故以贈之。

贈李一齋尹昌黎序

一齋李君之尹昌黎也，屬余當贈言，病弗果。再閱月，昌黎之政既成矣，吏懾其廉，民懷其公，諸宦遊者稱其敏。昌黎爲畿輔最近邑，朝夕聞諸守土者之孅惡甚習，無如道昌黎君者。張子聞而善之，曰：偉哉！昌黎君之優于理也，不啻速矣。將其才之宏于施耶？抑時之會耶？我聞截匜之鍔無畏乎割雞，千里之御發軔于跬步，蓋體備之也豫，而志期之也遠，故應無不宜，雖近而不敢忽也。方吾居鄉，則聞有李君者以文學名，知君爲文學士矣，未知其德誼也。既余隨李君舉于南省，朝夕與游，議論風旨侃侃焉，知君爲德誼士矣，未睹其政事也。今臨政甫月而以若所聞如此，則君之政事又有大過人者。是不猶江河之潤隨地而施，渾渾乎不假餘力者乎？何報績之速也！蓋昔者宣聖究論治道污隆、久速、遠近之異，曰“王者必世而後仁”，曰“善人爲邦，必百年而後勝殘去殺”，豈故遲之哉？勢固不可强也。至語其自用，則曰：“期月而已可也，三年有成。”夫“百年”、“必世”在善人、王者則如彼，“期月”、“三年”在聖人則如此，聖人固豈以速化之術異于人哉？亦言乎其時也。當今之時可言矣，治久而釁滋，法弛而人玩，賦急而民勞，加以北寇匪茹，内妖時發，兵馬錢穀之需每動，無不促之民者，而天災流行，水旱薦至，即昔所謂樂土逸民率時告病，矧昌黎逼近邊堠，民無他業，又爲苛役暴吏之所掊削者哉？李君滌其蒸歊，濡以惠和之澤；解其煩瑣，濟以簡易之法。殆若繼大寒以陽春，取赤子于盜賊之手，而慈母哺之也。此固其歡忭鼓舞，傾心易慮，不俟期月者乎！蓋君之才優于理，昌黎之時易于理，兩相濟焉，故理速。然今天下之時無不易也，以君之才施之天下無不優也。即于小則大可知，引于近則遠無量，由是而臺省，而藩臬，而卿貳，而台鼎，其設施之宜，其感化之妙，其豐功駿譽之所宣播，固有益大益昌益達，其所未盡者，唯君之才與此時然也。維不敏，竊公以爲天下慶，而私幸吾鄉之有碩人，又幸吾〔一六〕同榜也，故述其才與時之概如此。若夫執實之端，慎終之要，則固君惓惓無已之心，都門嘗藉以爲忠告者，兹不復贅云。

送郭小峰尹丹徒序

小峰郭君之尹丹徒也，同鄉之士崔君臨溪輩議所以贈之者，俾張子爲之言。張子于小峰辱好最篤，因不敢以菲劣辭，乃言曰：余嘗總覽古今之迹，而覈其所以興衰隆替之由，大抵自周以前而天下之治忽存乎列國，自秦以後而天下之治忽由于郡縣，何則？其制之隨時者異而政之及民者一也。夫民生之休戚，寔天下治亂之攸關，故古之爲封建者求以安民而已，今之爲郡縣者亦求以安民而已。然則今之守令與古之所謂侯牧，其責任鈞也，而顧可忽哉？漢世崇重守令，故内自列侯出典郡邑，治績有進則詔敕之，褒答及之，是以兩漢之俗幾乎隆古，繇此道也。國朝益重郡邑之選擇，諸科目之英，量其才猷之近，小大難易，惟所任之，是以百八十餘年治隆化洽，自古治平之盛且久未若今日者也。邇歲醜虜陸梁，邊輔告困；倭夷猖獗，留都震驚。加以水旱不時，流離載道。聖天子惻然憫之，重惟民命之司厥在守令，故增益制科，用廣循良之求，而小峰氏遂被命爲丹徒尹焉。丹徒固東南之鉅邑也，臨據大江，控帶畿輔，蓋古所謂“京口”云者，寔南北之襟喉、舟車之總會，視他邑頗繁劇焉。矧密邇海門，巨盜竊發；土風華侈，民用就匱。兹其時又非前後者比，故太宰擇才較德，不以付之他人，而必于小峰乎寄也。予與小峰爲二試同年，有以諗君之素。君有通明之識則不窒于應，有必斷之勇則不滯于施，有博愛之公則不隘于仁。《傳》曰：“不遇盤根錯節，無以别利器。"君惠利京口之民，令其樂生安業，俾東南循吏稱爲第一，以允副太宰之明，端可卜矣。然事值其難，才值其易，雖難亦易也；事值其易，才值其難，雖易亦難也。君之地若難也，君之才則易也，吾願君以難心處之。今夫太行之坂，詰屈崒嵂，車輿之登陟者日踵焉，而無摧輪也，比達邯鄲之衢，則敗輹蹶足相望矣。長江之津，洶涌澥湃，若沸雷之轟于百里也，南北之舟楫亦靡失焉，而曲港小洲往往有敗桅眠其側。若是者何哉？固敬肆、難易之辯也。君家太行之巔，而任大江之側，此固皆熟擊于目者，予荷君之雅而知君之心者，故不敢頌而以規終之。

送郡倅吕北軒遷令大昌序

蒲爲全晋西南盡郡，地狹而民夥，山确而賦重，道衝而往來冠蓋之使多。凡來牧于兹土者，令舛則人心易擾，斂虐則地利不支，禮曠則出于其途者怨，非有無方之量、不易之操而加之以不匱之才者，莫能濟也。矧郡倅無獨運之勢，而錢穀又其專責哉！故前後倅是郡者相繼以罪廢，論政者則曰蒲郡難。嗚呼！難固然矣，易之亦存乎人爾。歲癸丑，上谷北軒吕君來倅此郡。初至，民即翕然異之。比三載，政甚有聲，銓部遷君夔之大昌尹。嗚呼！蒲果難耶？將後先殊時而道不同耶？抑吾所謂易之者存乎人耶？若吕君者，其亦異于反令、黷利、曠儀而速咎者耶？由是益宏其量，勵其操，紓其才，將無適不可者，而奚有於大昌耶？蓋大昌，夔之東邑也。延衺江嶺，編户不過三〔一七〕里，則其事視蒲爲簡；土兼水陸之産，古稱賦不過六百，則其徭視蒲爲輕；且僻在山陬，舟檝、車馬之所不經，則視蒲又無往來之費；矧令視于倅，則無掣肘之慮；四方多虞，而全蜀獨寧，則無徵發之擾；監司非人，雖善政不能自達也，夔則吾鄉達東坪張公守之，張公之仁，足以容北軒君，則無阻抑之患。君之美不朓于先，而大昌之地其易於蒲者又如是，則夫課治平之迹以最於東川者寧俟三年與？蓋舉千鈞之重者無畏乎匹雛，舶滄溟之波者不難于曲港，報繁劇之績者無有于盤錯，故即北軒君蒲政之易而徵之大昌，由大昌而徵之益遠益大，則位益尊、勢益專而政益以易矣，有其具故也。君行有日，蒲之縉紳大夫咸嘉君之治行而惜其去，屬予贈言若此，亦諗夫後之政于斯者，使知蒲之果無難也。

校勘記

〔一〕“適”，清稿本作“始”。

〔二〕“啍啍”，據《詩·小雅·采芑》當作“焞焞”。

〔三〕同上。

〔四〕“惘惘”，疑當作“炯炯”。

〔五〕“惟天”，據《尚書·君奭》當作“天惟”。

〔六〕“送”，底本卷首原目録作“賀”。

〔七〕“諸”，（明）陳子龍等《皇明經世文編》卷之三百七十三張四維《送少司馬玉泉趙公奉召還闕序》作“京”。

〔八〕“盈”，同上文作“滿”。

〔九〕“犴”，疑當作“狂”。

〔一〇〕“曲”，疑當作“典”。

〔一一〕“析”，清稿本作“折”，是。

〔一二〕“伏”，清稿本作“微”。

〔一三〕“能”，清稿本作“令”。

〔一四〕“下”，《孔子家語》卷三作“臣”。

〔一五〕“柔調”，清稿本作“調柔”。

〔一六〕“吾”，清稿本爲一空格。

〔一七〕“三”，清稿本作“二”。

條麓堂集卷二十三

序　四

送與川葛公承恩東歸序

今天子嗣大歷服，委任耆舊。于時德平與川葛公以三朝名德總憲中臺，正色率下，表儀風紀，中外執法之吏咸兢兢奉條教，雖遠在千萬里無敢佚越，刑清令省，海内謐如也。昨歲公年七十，據禮請致政。天子不許，曰：“來春當大計天下群吏之治，公其留，贊予綜此初政。”事竣，公申前請。天子復不許，曰：“大臣式是百官，重惟德望，豈緊精力是憑？公其勿辭。”有間，公請益力，章凡三四上。天子不得已，許之，進公宫保，秩命，給傳歸，詔有司供輿夫、月廩，凡所以優老尊賢之典，靡不備具。於是侍御周君咏、院經李君志學輩謀所以與公別者，謂維素叨公知，屬之爲言。余惟天地剛大之氣全具在人，存于心則有確乎不可拔之節，徵于色則有毅然不可犯之容，發于事業則有浩然不可遏之用，世風國紀所賴以振敝維傾非淺鮮也。歷觀載籍，其豪賢卓犖建大業，策鴻名，磊磊軒天地者相望前後。然以徵所懷負，不爲形役物引，全具剛大，終不間于始者，數世一見，猶若接踵然，此其故何哉？功名可以才成，而德宇非所强也，加以矜性靡恒，末路難競，直道多忤，方正寡合，是以士鮮剛大之行，即有之，亦多罔顯于世，其來舊矣。公自弱冠登朝，卓然以直道自行其志。動必求諸理，不詭隨于是非；政必要諸法，不摇惑于利害。口無飾言，足無矯迹，出其心所真見，而專一以持之，無二三之德。蓋揚歷中外且五十年，其直道猶如一日，非天地剛大之氣獨秉其全者能與此耶？余自釋褐謁公，望其色毅然，聆其語確然，已而睹其行事又復浩然，乃自幸獲觀前輩風烈，將謂時賢與古人無所多讓。迨後數從海内名公游，其高標英度，弘宇遠猷，無往非我師也，而求耿耿直道，出之誠心自然，無纖毫勉强，而卒莫之改者，則公一人而已。夫繩尺所加，槎枒不便；砥柱所礙，湍瀾則鳴。是以公之直道雖爲時所推，而亦〔一〕多所牴牾，不諧于世。蓋非惟憸壬者忌，而號爲君子者時亦忌之；非惟不諒者憎之，而素稱敬信者時亦憎之。乃公自任其心，永矢勿替，浮游塵壒，高視百物之表，雖出入隱顯，抑揚違合，無慮千萬狀，而其節不可變。卒之誠融而孚，理久斯著，明良啓泰，一德受知，獨秉國章，幅裁四海。義聲足乎聽聞，公道孚于上下。垂紳就列，則九重有專任焉；懸車請老，則三錫有特恩焉。是公之直道不唯執以有恒，而終且大顯矣，非古今所希覯哉？嗟夫！寇平仲之秉道嫉邪，人品非不偉也，然徊翔使府，至獻天書希世，視公始終所執何如也？可以觀人矣。汲長孺以社稷臣見稱，主知非不明也，然一麾出守，求出入瑣闥而不可得，視公始終所遇何如也？可以觀時矣。天地剛大之氣，爲國紀世風所攸賴者，蓋惟是人遇是時爲然耳。余仰公直道，誓欲從而末由也，思欲宣闡聖天子崇獎正人之懋彝，以風示四方，且以自勗頑懦，故因諸君之請而遂言之。

送疏庵王公承恩歸省序

初，疏庵公之辭親而從政也，以治行最璽書徵入，拜吏部尚書郎，恪勤朝夕，左右太宰者甚至。居有年，典選部事，斬斬舉綱紀，修廢典，剔積蠹，疏抑滯，杜私謁，燁燁有聲縉紳間，觀聽竦然，不期月風于天下。天子聞而嘉之，進公銀臺右丞。于時公之依侍闕庭殆且十稔矣，逾年，遂陳情以請，若曰：“臣不佞，獲以犬馬之力奉陛下驅使，寔惟先臣之教則。然臣家太行，去京師且二千里，而臣有母在，春秋不獲展其松楸，定省而莫之晨夕也，臣疚然無日忘之。頃在銓司，劇不敢以情請。今臣幸蒙大恩，厠九卿，臣祈一歸覲，願陛下恤臣私。”書奏，天子許之。于是飭車徒，戒行李，西首白雲，遵王屋、析城而旋焉。其鄉之人之萃于輦轂下者相與言曰：“懿哉！王公之行。侈矣！其榮也。公孝友篤信，孚于鄉黨，謙惠易直，不爲苟異，鄉之人歸心焉。公束篋而東，掇巍科，躋膴仕，英聲茂實，鄉之人讙焉，然而日夜思也。今兹紆金佩紫，駟馬高蓋，煒然照曜崦山濩澤之區，父老子弟夾道而叢觀，執手話舊于蒸豚杯酒之間，視古之負弩臨卭、曳綬會稽者不有光耶？”其天下之士之萃于輦轂下者則又相與言曰：“異矣！王公何行之亟也。燕、晋接域也，君、親同倫，夫且音問習也。公典銓司而仕者取平焉，不以銖重，不以錙輕，白皂不渝，而低昂可準也。天下士方日夕懸衡于公，而公之行以旬時計，無行可焉。”有以二端之説質于張子者，張子曰：“二皆局方之談，非達公深者。雖然，合二説而益驗王公之賢之信也。夫士之素也，非有淵積彰施宜于閭里，雖致身卿相，鄉之人不貴之矣，何者？其基輕也。其出也，非有惇德遠猷著于中外，雖約己廣交，而天下之士不與之矣，何者？其本撥也。王公居德以善俗，執矩以軌物，處于家而宗黨慕焉，措之政而士論仰焉，其基之也有原而植本者厚也。是故夙夜在公，非以干澤也，有臣道焉，天下之公義也；衣錦晝遊，非以侈榮也，有子道焉，天下之公情也。《詩》曰：‘豈不懷歸？王事靡盬。’傳者曰：‘靡盬者公義也，懷歸者私恩也。無私恩，非孝子也；無公義，非忠臣也。’聖天子體臣之私，既不使公有懷歸之悲，則公所以感上之恩而思報者，又豈忘‘靡盬’之義乎？其反而靖共于位也必不後矣，而何疑于行耶？鄉之人薰公之德者以情勝，故于公之行也慶；天下士澤公之政者以義勝，故欲止公之行。張子者，居同鄉人，而旅天下士以仕于朝者也，故附鄉人之誼慶公，而又祈公之速返，以慰天下之士之望云。”

贈劍西先生奉告省覲序

令甲，凡在廷諸臣服勤有位，離家六年以上者，得以省覲告，所以恤臣私，隆孝治也。我師劍西先生晋翰讀之逾年，爲嘉靖己未，天子深惟克詰之訓，念武功勛級歷久滋舛，擇于侍從近臣足以正厥貫者，遂命先生董其事。于時先生之在闕庭蓋六年餘矣，其大人中洲翁樂志于家，明年庚申，壽登七帙。先生南望江雲，有不勝其梁公之戀者，遂疏情以請。天子方嚮用先生，顧以其辭切而重違其意也，許之。先是戊午，太夫人徐壽七帙，先生門下何子全輩爲文誠使馳千里以祝。兹慶先生之歸覲而及翁之壽期也，又惜與先生别，而恨不能奉觴稱壽于翁之側以侑先生也，遂相與走餞先生于都之南東門外，則舉斝南向再拜，辭而祝曰：“純嘏哉！翁之壽與。蓋人所甚欲而難必者壽，而尤難于以德。壽德矣，又難于壽而康也，而又夫婦匹德而媲壽之難也，其究則令子之難而且多孫也。於鑠維翁，氣載其昌，葆素含光。邁德惟良，既富而康。偕老孔臧，顯被龍章。蘭蓀胤芳，奕世發祥。蓋舉世所難希而翁大備之。《詩》云：‘君子萬年，福禄艾之。’敢以是遥爲翁壽。”則又舉斝命酌以獻于先生曰：“篤誠哉！先生之孝思也。人子于親有無窮之心，而事有靡常之遇。故菽水一堂樂矣，而歉顯揚之願；簪纓上國榮矣，而阻定省之歡。或每懷而不遑，或欲養而不逮。是以大孝終于立身，三樂首之具慶，有以也。於惟先生，至性夙成，趨庭著聲。式穀于訓，騰茂于京。高堂雙壽，叩閽陳情。帝省純誠，賜傳南征。錦衣膝下，拜舞稱觥。兄弟甥舅，奕奕友朋。華裾朱轂，爛其盈庭。自傳記所述親壽且榮如先生者鮮也。《詩》云：'威儀孔時，君子有孝子。'敢以是爲先生頌。"先生肅然斂容曰："二三子！余獲壽余親，良大願焉，顧所以臻是者有繇，而若知乎？余親之躋壽域也，運隆而熙氣皆也；余之獲吾私也，主聖而體臣周也。蓋太和洋溢則品生咸遂，而禮藐下交斯情閡上達，故《北山》歌其獨勞，《汝墳》念其孔邇，雖欲將父將母，其可能乎？《書》曰：'斂時五福，用敷錫厥庶民。'非皇極之君，其孰能佑民如此？"因北向再拜稽首而祝，復取斝以醻于衆曰："二三子！繄誰無親，俾爾禄養康寧，惟有引年，與吾親無極。"于是及門之士陶然懌德，知先生資父之敬弘而錫類者不匱也，乃屬張子四維次第其言，以贈先生行。

送李廷良扶侍歸豐城序

余友豐城李廷良氏，既職史局，迎養其二親鈍齋公、劉孺人于宦邸，晨昏左右，日奉大官，具甘旨，至適也。已而，考績最，天子推恩，貤封其二親，龐眉峨冠，拜命闕下，至榮也。居有年，公與孺人惓然而思歸。廷良氏深惟王事之重，而又不忍重違二親之思，依遲而進退者半載矣，乃陳情以請，若曰："臣父母年高，違鄉久且思，思而不得歸且病，即歸，途且數千里，不可無人侍行。臣鮮兆兄弟，願陛下恤臣私。"書奏，天子感焉，許之。夫廷良氏之事親也，温共[二]出入，朝夕匪懈，其深愛所形居然而可睹也。謀親之歸而未遂也，其入若有求焉，其出若有思焉，其至誠惻怛居然而可睹也。余觀于廷良氏深矣。夫人子事親之道至廣也，子能不遺棄親之明訓，立身揚名，養之至適而尊之至榮，皆道也，詎必以一歸爲得也？廷良氏固明道者，無亦體親之心，先意是迎，即一念思歸，雖百方必求所以順之，不憚以其至情仰叩明主，非深于衷而篤于愛，不容自已者乎？蓋孝順德也，根于心之至誠而不可解者也。《經》曰：“夫孝，天之經也，地之義也，民之行也。”故孩提之童皆知愛親。語其至，堯舜之道亦曰孝弟而已矣。誠使高談性命之精，而罔乎于踐履之實，揆諸彝倫，或鮮充其赤子之愛焉。其論説雖閎，君子不貴矣，失其本也。故人之行莫大于孝，而志道者〔三〕貴先立乎其誠，誠實理也，立誠實其心也。以實心而事親，斯孝矣；以實心而事君，斯忠矣；以實心而交友，斯信矣。《經》曰：“資于事父以事君而敬同。”《傳》曰：“不順乎親，不信乎友矣。”故孝弟之至，可以通于神明、光于四海者，理之一也。昔者仲尼稱閔子之孝曰：“人不間于其父母昆弟之言。”孟子稱曾子之孝曰：“可謂養志。”其稱舜之孝曰：“人悦之、好色、富貴不足以解憂，惟順于父母可以解憂。”夫舜之聖也，曾、閔之賢也，即孔孟稱若人者如此，則夫所謂“危微”、“一貫”之訓，繄非談道者宗耶？廷良氏于親養之以適，尊之以榮，承其意而不懈，人無不稱其孝焉。達之天子，而天子嘉焉。此可謂順父母而養志者也，人不間于父母昆弟之言者也，可謂資父、事君、順親而信友者也。夫其順親而信友也，必其明善以誠乎身者也，故余觀廷良氏于事親而得所師矣。

賀王太僕父母拜恩序

盧陵王道充氏，由諫議遷司僕之三年，太宰上其最績，天子下制誥褒美，封其父復齋翁爲中議大夫、太僕寺少卿，母劉氏爲恭人。嗚呼！道充氏孝慕之深，於是有榮慰哉！恩貤，隆典也。九列，崇階也。士君子事職積勛，苟獲一命爲親榮，不啻大願，而矧其初恩褎然，拖朱紆金，直簉朝之上大夫間哉？故曰有榮慰也。往歲癸丑，天子既賜禮部所貢天下士第，復遴於其中，俾讀中秘書。時維獲從道充游焉，縝栗而宏碩，夷雅而冲粹，歛衿敬之。久之，益習其所自，則中議翁暨劉恭人者，蓋類所謂隱君子夫婦云。初中議翁有俊才，既連不舉於有司，遂棄去舉子業，卜勝湖山之陽，徜徉樂志，孝友力田，以惇禮尚義爲宗族、鄉黨先，宗族、鄉黨之人皆化之。中議翁父曰純齋翁者，好善樂施，且惓惓以修祠、續譜爲念。中議翁每承其意而終之，故矜人有恩，合宗有序，先世遺文有述，兄遺孤有業有室，以至出言有經，蹈迹有矩，而恭人復以儉慈惠敏佐之，即傳記所稱，未知與古人孰先後也。於時惜公之茂材不顯于世者，則謂其必有後；述公之厖德無間于人者，則謂其後必昌。故道充方約髪執卷，則鄉族之人奇之，用以卜王氏之興也。迨道充釋褐從仕，所歷盡清顯，翁不忘時時寄言詔戒之，雖千里庭趨不異。道充乃益砥躬礪職，其在諫垣，疏凡數十上，言皆關海内大故，練達剴切，不爲鑿空談，故疏入則上有俞言，疏出則士有贊詞，行其疏中外則事有明效。由是天子謂道充可大用，亟進之九卿。令甲，凡人臣考績許推恩所自，率用三載制。道充既以異能受特擢，格於常調，始命不及二親。雖其樹茂猷，流芳問，荷宸注，躋膴仕，若不足釋心所憂者，孜孜愛日，惟其親之不獲寵命是念。維與之遊久，知道充不匱之思將一日惓焉若不可終夕者，而如此十年也。夫以中議翁暨劉恭人積行修誼，演迤世慶如彼，而道充氏明發有懷，顯揚在念如此，則今之對明綸，服休命，炯炯乎異於人之所謂初恩者，蓋於翁爲報德，爲振滯，於子爲大孝，其榮慰宜如何〔四〕也！同館之士在事獲觀其盛者若干人，咸集道充所，命維序所以爲榮且慰者賀之，且曰："此人子之同情也。"

賀洛川陳君恩貤榮親序

洛川陳君丞光禄署之三年，寺大夫叙其績，銓曹考最，請于天子，加恩命如制，于是贈陳君父碧山公徵仕郎、光禄寺署丞，母崔氏封太孺人云。碧山公者，蓋古所稱君子而隱于市者也。貌偉而頎，坦中方外，身處廛井間，所結交皆海内之賢人。其執籌而算，雲旋海運，不爲尋常錐刀計。劃斟既决，沛然擇人而命事焉，百夫共趨，不怠以日夜，自甘鄜、銀綏、雲中、上谷、遼左諸塞沿以内，若燕、秦、青、豫、揚、吴、蜀、楚通都大邑，凡居貨之區，莫不有碧山公使焉。輪轉而營之，輻輳而效之，考其成，不失尺寸，由是山右陳氏遂以財雄于時，以方古之卓、鄭，不後先也。然碧山公雖相時占勢，操盈縮之柄，其所發必由于義，非其義，雖絲髮不以苟得于人。至于恤困扶顛，雖捐數百金赴之，毅然不辭也，閭黨恃之，不畏祲歲。其郊邑子弟分餘緡，受成算，以服賈四方而孳殖其産者，無慮百十室焉。既富且仁，以好禮聞于遠邇，此昔時卓、鄭所不逮者。公卒于晋藩引禮，居常自奉甚儉，輿服器用取具而已。崔孺人相之，與之同德。人皆曰公博施約取，厚積而不食其報，天道不僭，將于賢子徵之，蓋于時洛川君固已發迹邑庠，游國學，令問籍籍矣。歲己未，授今職，屬光禄勛。昔周以内饔"掌王及后、世子膳羞之割、烹、煎、和之事，辨禮〔五〕名物"；外饔"掌外祭祀之割、烹，共其脯修"，凡賓客飧饔、饗食之事，而今光禄之職寔兼之，地近而職親。洛川以端謹與其選，尋遴爲侍裕府日講官，薦紳先生無不樂道其賢者。迨受恩命，益以知碧山公、崔太孺人之賢淑所以積累，而視效之者若是之備也。同邑某某輩，其德于碧山公父子者滋厚，喜天之福善有徵，屬予言賀之。余惟太史公傳貨殖，歷叙居山陸陂澤之饒、物畜之牣，雖無秩禄爵邑之奉，命之曰"素封"。"素封"者，固不得與真封並也。碧山公推理去就，與時上下，當其身所牟贏，豈惟與古之千户侯等？然富而好行其義，身所不享，取報于子孫，没未二十年而榮，貤天子之恩，贈太孺人，又身享之，此豈所謂“素封”者可同耶？昔張釋之以兄仲貲爲郎，久宦不達，至減仲之産。有一袁盎知其賢，薦之，終爲漢名臣。洛川筮仕近列，固與久宦不達者異，又能修父之業而息之，不啻不減，且三倍其初矣。今之公卿大臣知洛川之賢而欲薦之者，又不特一袁盎而已。異日者〔六〕洛川將爲明之釋之，未可涯矣，所以光大碧山公未究之澤，引之勿替者，不尤有待耶？余陳氏之鄉人也，獲與洛川遊而諗知碧山公夫婦之賢，嘉里人之請不誣也，于是乎言。

賀蕭鴻臚序

鴻臚，始蓋古大行人之職。或曰《周禮》象胥，今鴻臚，原于掌四方賓客，無論荒甸，司其封拜、聘享之儀式。乃後併朝廷郊廟一切禮文之事，所以陳數備物，導其行事者歸之。其官所由名，劉熙謂“臚”爲腹，言以京師爲心，王侯、外國爲腹以内養者，則主典客。韋昭謂“鴻”爲大，“臚”爲陳序者，則主掌儀。應劭謂“鴻”爲聲，“臚”爲傳者，則主贊導。三説析矣，然究觀古今鴻臚職所攸分，必合之則其義始備，蓋總邦禮之鉅且重者，其司存在此云。《記》曰：“天高地下，萬物散殊，而禮制行矣。”禮莫大于分，聖人制禮，必先于辨上下，定民志，故朝廷禮之本也。總朝廷之大典禮而治之一司，其任固甚不細。漢初置大鴻臚，與宗正、衛尉、少府等列爲九卿，位視三公下，最爲高顯，得隆禮之意矣。國初置侍儀司，職專朝儀宣贊事爾。迨大定官制，則登崇其階四品，併以四方鞮譯屬之，其位任略與漢等，凡殿陛外内法駕之次、朝著左右文武之序、朝賀常参隆殺之差、封拜匪頒同異之節、聘會宴享春秋之制、九夷八蠻宣通接納之宜皆典之。居是任者必具三善焉，非精心强敏則無以諳國故，非威儀嫺雅則無以相周旋，非音吐宏暢則無以肅群聽，故朝廷之界是任也不輕。其始選于衆，使爲之屬而習事焉。其有優勤，則叙其資而漸進之，登于僚佐。卿正有缺，必簡于僚佐補之，他司雖有深資異績不以參焉，以三善之難也。今天子惇禮昭軌，以臨照百官，懷輯方外，故尤加意司儀之選。才能其官，雖終身任之不易也；官唯其人，雖拔在下僚不恤也。乃嘉靖癸亥，卿正缺，竹齋蕭公由本寺左少卿陟焉。于時蕭公之爲卿佐未三期也，蓋視常爲殊擢云。鴻臚簿賈君鶴齡者，余河汾里人也，偉蕭公特受簡知，同其僚屬道所以樂得賢師長者，合詞以索言于余。余叩賈君其詳，乃益知蕭公諳國故者也，其動容可象者也，出詞莊者也，聖天子于是乎能官人矣。禮行于朝廷，而百官肅、遠人悦者，余將于蕭公見成焉，其三善備也。

乙丑諸生問政序

乙丑春，禮部會試天下士，張子與同考，主校書，于是得南北中士十有九人，業已賜第于廷，觀政于卿署，太宰且先後銓叙，有民社寄矣。乃十有九人者，相率而問政于張子。張子曰："夫政既已知之，又曷問焉？國家以郡邑乂民，而擇諸郡邑之繁者、巨者、要且艱者，必于制科之士畀之，固惟良政是賴。即爾諸士所以沉浸古今，磋磨師友，孜孜焉修其業，以待上之人之求之者，何莫非立政具哉？豈今日而始問也？且《書》有帝王之訓猷焉，説政莫辨焉爾矣。余以爾諸士深于《書》也，謂爾從政器也進之，乃爾今日毋亦于所自獻者成其信乎，而又奚問焉？"諸君復固以請，張子曰："嗟嗟！諸君之意，豈不誠慎于謀始哉？夫治人者之學爲政也，猶醫人者之學爲方脉也。有醫于此，洞照岐黄、和扁之術，妙解經絡腑臟、陰陽表裏之辨，金石草木、宣補攻引之性，渾渾乎胸中灼然有成醫矣，然初使之胗症而治方也，則退然不敢自信，何者？未試故也。諸士今日之請蓋亦猶是。夫誠深于醫理矣，雖未試而未有所投不效者也；誠深于政理矣，雖未試而未有所措不治者也。諸士慎始可矣，其尚自信所學以從事焉，毋以余言爲也。”僉曰：“先生終不教諸生耶？先生有言，諸生願執以往。”張子曰：“嗚呼！政固不易言也。蓋昔列國之君問政于先師多矣，而先師告之，國異，緣其宜也；及門之士問政于先師多矣，而先師告之，人異，緣其質也。是故繼治繼亂，因革頓殊；糾慢捄殘，寬猛互異。鳴琴戴星，勞逸均于致理；佩韋佩弦，緩急齊于矯性。若是乎政之多術也，燥濕易則琴瑟改聲矣，寒燠分則葛裘異利矣。爾諸士才具固異，且將服有四方之政，而欲余概而語之，其可哉？其可哉？”僉曰：“政固多端，願問立政之本，有一言而與衆共之者乎？”張子曰：“言不可以若是易也。然余睹今時郡邑之政，求所以爲諸君告者，必也有恒乎？所謂‘有恒’者，内有常心而外有常法也。自郡邑制興，守令以循良稱者漢爲最，而當時有居官長子孫者矣。國家登賢奬能，郡邑吏率以一考拔最，第爲時三年爾，其報政又必在期年之内，過期，雖有善政不登于最考矣。故士欲務實徇民，建地方悠遠之利者，常患于後時而名不彰。而其赫然騰英聲，馳茂譽，以卓冠于等倫者，往往多違道近名，獲乎上而民不服，無恒甚也。且人之理家，雖建數椽之屋，爲陶冶之器，彼其所營眇少耳，然必爲永久慮。至于臨政則否，雖風靡固然，不可語士之有恒心矣。願爾諸君反之，曁乃心慎乃事。利可興也，雖效在數十年之後，勿以功不在己而不爲；害可革也，雖原在數十年之前，勿以罪不在己而不改。安常茍可理也，不必求明作之功；蠱弛所當振也，不必矜惇大之體。勿察察于近而憒憒于遠，勿汲汲于始而泄泄于終。凡爾職所共皆出爾心所誠然者效之，所謂‘居無倦而行以忠’也。昔康王命畢公，蓋曰‘政貴有恒’矣。爾諸士童而習之，顧于立政之本它求乎？”于是諸君唯唯，曰：“命之矣！諸生行有民社之寄，請識之座隅。”

送俞蒲石還闕序

初，蒲石俞公奉天子命以觀察我土也，軺車甫入境，惟民與士即翕然還其樂生之心，父兄、子弟欣欣有喜色，相慶也。諸吏之掊克者、苛虣者相繼汰去，其矜詡儇捷、希上意、務虛聲者易而修實業，而悃愊吏益得究竟所施，爲民長圖，蓋未浹朔而河山改觀聽矣。公又徵諸郡邑士而群試之，拔其秀若干人，俾居業河東書院。于時運司鮮羨儲，公乃自爲經費，居處有所，器具有備，日有養，月有給，而供用以饒。隨簡郡邑文學爲之師，肄習有方，朝夕有程，分有會，聚有試，而業用以修。于是河東士彬彬蔚蔚爾矣。公曰："未也。夫士襲支而忘本，用乃鮮效。"又爲之開陳理奥，訂較今古，俾之内求身心以臻實際，不眩于應用。至其敷言蹈武，宣惠布憲，規圓矩方，衡平鑑虛，要皆可爲後進楷式。吾黨之士莫不爽然易慮，烝烝然知向方也。既逾期，公且受代，諸士依戀教澤，不能爲公别，乃問言於余。余惟國家設御史臺以振肅紀綱，澄理中外，故凡郡國之政，皆有侍御史歲巡之。其諸大政，若屯鹽、茶馬，又特設侍御史專督之，凡求以便政和民而已。河東去會城最遠，一方之休戚係命鹾院。頃歲鹽池苦潦，歲課告虧，民懔懔有邊餉懼。公至，調停節縮，曲爲條畫，地利、民情兩協其至，俾萬井之衆涣然釋所恐，得所安，而國計未有妨焉。其視鮮于"三難"，心良苦而績尤倍之矣。顧復嘉惠後學，栽培誘掖，汲汲若恐弗及，使正學昭明，士習一變，是有大造于吾土也，二三子將無知其所以然乎？大較出以公心而舉之實事云爾。夫惟事舉其實，故以理財則利通，以撫民則生厚，以立教則士興，有其實也。然使非以大公之心出之，將見徒法雖具，近效雖章，而以之感人則淺乎其無深長味矣。今公雍容户庭之間，而士而民愛戴親向于千里之外，若恐一朝失所依恃者，此豈聲音、笑貌所可爲哉？中心孚惠入于人者深也。民知感公而不能言，士能自述其感而不敢言，余親見公之政，且知公心者，乃因諸士之請而代爲之言。

送都運少嶽方公入覲序

在昔先王榷山海之産以佐九式之用，而唯鹽之利爲弘。國朝建鹽運司者六，悉涖以都轉運使，所以隆事權、重國計也。然諸司貨賄有疏滯，商民有趣背，貢課亦因有盈縮，率時之運，非人謀所與者。乃唯河東之鹽，其低昂利害之柄，厥唯一人司之。占中不以邊陲，造給不以場官，引不商領，而掣放之權專也。得其人則三省之人喜而課充，不得其人則三省之人病而課歉，故其任視諸司爲重。頃歲余〔七〕里居，見鄉人之占解鹽者蹙然若有憂焉，訊之，曰："常股滯而興超支也，超支又滯而責還場也。力不足以還場，則督併及之，故凡占解鹽者十室而七病也。"吁！亦甚矣。民困如此，國何賴焉？未幾而少嶽方公至，乃悉取欲速見小之弦以改張之，于是商有居積之利，民賴日用之益，國獲榷束之濟，三省之人灑然易慮，而累歲之積蠹若遺焉，是何其報績之速也！蓋公權民準國，哀有益無，有管夷吾之心計；約己裕施，通商惠工，有衛文公之淵塞；綜繁鑒微，事舉吏畏，有王待制之精嚴；禁苴杜交，秋毫無取，有楊誠齋之清介。余生長茲鄉，睹涖事於斯者凡幾矣，卒莫有逾少嶽公者，何其偉也！蓋余曩嘗觀政司農之署，獲覯大司徒礪庵方翁者，公之諸父也，端毅精深，均輸四海之財，不以錙銖爽焉，私心景之。觀公之建置，燁燁不啻礪庵翁，固知其家學信然哉。公涖是邦比今凡三年矣，政益舉，貨益通，商益勸，國益利，自條山、黄河而達，西及隴、汧，南濱汝、漢，無不頌公之德政者。獻歲之首，寔惟天下百司内覲之期，公遵制當行，乃其僚友中臺王公、二峨宿公謀所以道公行者而徵言于余。余惟今之覲典，即古諸侯之述職、郡邑之上計也。述職、上計者必各自列其治迹、功狀，以聽殿最于天子。其有異能殊績，必表爲第一，以風天下，或以其遠猷良法頒諸路爲式焉。今之覲典，一惟監司是裁。監司者總覈諸司行政之迹，儷爲數語以爲善敗之決，若少嶽公之治效班班者，吾知其不能詳也。夫當今財用之殫極矣，帑藏内虚，軍旅外動，歲賦增而度支愈詘，飛輓之利不獲濟于疆場久矣。唯兹大明考績之辰，以公之治行表爲第一，頒之諸道，要足以風百司而裨政理，當不須鮮于百輩而康阜之效可幾也。余不佞，僭承二公之屬，因敢述聞見之實，監司所不能詳，公之不自敷奏者，用比輿人之頌，以俟司國計者考焉。

贈乾峰宋使君繕郡城底績序

隆慶戊辰，郡太守乾峰宋公甃郡城，僅八月而事竣。屬史維氏予告歸蒲，姻黨省祭官范良吉等多大夫之績，匄言爲贈。初，大夫將有事于兹役也，乃鳩蒲民而覈之，俾各以力自占，是得民之義而富者九十三人，比産較力，爲之次第，其賦又大約爲高下三等。良吉等十三人者，其賦出視餘人最羸，故爲第一等云。夫自古興大役，動大衆，未有不資財于民者，雖甚佚道，然祁寒暑雨之怨有不免焉，矧蒲俗故又纖嗇也。乃兹聞大夫之令，争出其所有以佐費，若恐後者，工完而又樂頌其成，兹豈特諸人者好義之篤夐異於習俗哉？厥有由矣。蓋制賦以力，民之力非特其豐庳懸隔者殊也，即在比伍，然不無低昂焉，長人者登下失實，則不服。夫既閲實其力，較有盈縮矣，或有所避就，此吐彼茹，則不服。明且公矣，或省諭罔悉，以威脅而取之，則不服。始而與之期也，費有經矣，繼或徵之羨于額，則不服。不服者，固怨之所由叢也。大夫下車方匝朔，聚蒲人百萬户，比量其力，若家至而户窺其闥者。其經賦之等，一惟產之衍耗是視，靡有撓焉。迨令具，人率視所徵之額而三分之，俾先輸其一。大夫又悉慮計度，綜理微密，朝夕往來工所，察其勤惰、精窳而督勸焉，汔無一木一磚之濫于用者，費由是大省，蓋用額派之二而工成，遂弛其三予民，以不盡其力。《易》曰："悦以先民，民忘其勞。"又曰："節以制度，不傷財，不害民。"大夫斯舉義蓋兼之矣，而何惑于民之鼓舞歡忭，競輸其力而不倦也？自昔功之患于難立者，類由于臨民者賦政之不得其方。夫苟不得其方，則事興而下駭，功未就而怨結，雖小事未有能濟者也。誠得其方，則雖驟用民力，斂民財，而民不疑，黄帝所以七十戰而民有餘勇，劉晏所以括江淮之賦倍蓰于初而民有餘富也。大夫才具敏贍，當機能立斷。役之初興，人咸謂其落落，乃大夫内决于心，計日而徵之，不失尺寸，故此百年之利不三時成之，異日爲國家握韜鈐，綜筦轄，茂建殊勛，使四海之人咏嘆不厭者，不于是爲之兆耶？余生長于斯，念城垣之不任防禦切切也，乃兹快睹成功，遂不辭姻人之請而爲之書。

送鳳隅陳使君入覲序〔八〕

今天下郡邑民生之休戚，大抵繇于守令，而守令之才賢者其遷叙則甚數，最久者三年爾，政方舉其綱維，民方安其條教，忽已代去。故議治者率欲久守令之任，政績彰灼，則倣漢制加爵賜金以寵之，歷歲滋深，即召補公卿闕，其論甚美。然漢興，去古未遠，吏能于職，無論崇庳小大〔九〕，率以世守，故守令可久任。今中外百司遷易日益以驟，而獨于守令之才賢者久之，則疾緩通塞之相懸與人情不甚協。蓋先王鼓舞群動以興其治，必使人心樂于此，而後可責其成也。今欲更化惠民，而顧獨以才賢滯人，則才賢者必且不樂，有觖望心，非所以率作興事，成天下之亹亹矣。即使如百司迅遷易，則又期日迫淺，將必至一切從事，而無以臻紓徐深遠之功。然則較時絜勢，將措今天下于理，其道曷由耶？夫所謂久任者，爲才賢説也。守若令患弗才賢耳，弗才賢久任將益敝，誠悉得才且賢者任之久與，近無所差擇爾矣。蓋才賢者匪獨其器幹優也，乃其衷誠所出，壹〔一〇〕之以無所苟焉之心，是故視國猶家也，視民猶子也，視人猶己也，視近猶久也，爲能不以一身之去留爲作止，不以一時之利害爲避就，其受代不異其始至，其承前人也不異其貽後之人。若然，人雖數遷，而政固較然有恒在也，與久任其曷殊？余嘗謂久任固難卒議，但當覈實守令之才賢者，先後任之，藉其無所苟焉之心以嗣續民事，庶幾民瘼有瘳，而正平可企。覈實之要，在三載考績時加之意耳。皇帝踐祚之二年，天下郡國吏以制當上計闕下。故事，上計既卒事，太宰乃大計群吏之治而殿最之，以詔廢置。其有殊能異績，則加幣錫宴，不次擢叙以旌之。所謂考績覈實之要，兹蓋其時也。時守吾蒲者，分寧鳳隅陳使君，涖郡凡二載餘矣。始至，見法抏而下弛，糾之以威，而民莫不肅；已乃剗除文巧，臨之以忠，而民莫不信；則又煦育訓輯，聯之以仁，而民莫不懷。民所疾苦，疚然爲己憂，必求所以安恬之；地方之利病，毅然爲己任，必求所以興革之。諸所注措，不爲近功速利，必求所以爲數十百年之慮。所謂器幹優而壹〔一一〕出之以無所苟焉之心者，兹其人也。今天子神聖，夙夜求治甚切，必且加意考績之典，以旌才賢，以奠乂于下土。太宰承休命，慎延訪，則使君治蒲之績必且褎然爲天下舉首，無疑矣。若然，使四方郡國聞之，知上所嚮意者在此，必且争自砥飭，而不敢萌一切苟焉從事之心，漢世良吏將復盛于今兹，而又何必襲其久任之法爲也？使君行有日，郡文學長垣毛君等率諸生徵余言爲祖。余諗使君之政而深知其心者，特爲表而出之，用爲太宰氏獻歲旌賢之左契云。

又

太守，吏民師帥，兼有治教之任，故古之號良二千石者，以謹身帥先、不嚴而化爲稱首。其有崇好儒雅，敦明庠序，史傳必列而載之，政之本也。國家設郡縣學徧天下，當創造初，其教習訓勵，校試進退，一以守令司之。後雖設有督學憲臣，乃仍以守令兼其提調，是以六事核治，學校先焉，此固昭代化民成俗之隆指也。余垂髫爲諸生，獲執經從郡大夫游，侍講席，而請益者比比焉，剖析疑義，指授術業，凡在同游，多所甄育。蓋蒲視河東列郡稱巨，先後來守者往往由進士高第，通經術、明大誼者，故賦政不與諸郡同。然地晉壤也，晉北故與虜接，自黠酋匪茹，日以戎事爲急。頃歲政局初變，中外以懲玩愒、勵明作爲尚，簿書徵會，旁午紛沓，趣辦嚴切，有司者窮日夜力不遑給，故于興學造士之務置而不講。中間非無精悍廉强，優于任者，乃其視郡庠諸生若邈不相涉，或蒞事數歲，未嘗一問其行業者有之。後生輩〔一二〕習其若斯，謂所當然耳，不復知曩時郡大夫所以成就後學如彼其殷也。歲辛未，屬蒲守缺，時甲科之彦應出守者若干人，余方佐銓，乃請之太宰，得豫章陳使君來蒞州事。使君初下車，即首詢學校，召諸生與講藝，指畫引類，諄悉明切。諸生咸烝烝思奮，得所未有。已乃大合郡士而校試之，擇其業之可與進者，躬自督課、供備之，月凡幾試，試輒差其名次甲乙，以爲懲勸。則又召民間子弟之俊秀者而校試之，擇其資之可與進者，躬自督課、供備，如諸生。守宅左有精舍一區，則復召諸生聚業其中，使君每退食，即召諸生列侍，一一稽其程課，不啻賢父兄、師長之與子弟然者。蓋自余解褐且三十年，而後生輩始復睹郡大夫之所以爲政教者，乃所謂“豈弟君子，遐不作人”者其在是矣。

開歲之春，天下郡國當上計，使君將戒行，諸生感慕教澤，忍而不能别也，乃徵余言以紓其情。余觀《魏志》，河東當漢末苦于兵，列城亡弦誦，京兆杜畿爲守，乃開學宫，親自執經教授，郡中化之，由是博士樂詳以《左氏春秋》顯名。魏、晋之代，河東特多儒者。今去魏世日遠，而畿俎豆在名宦中，郡人咏其德化者廪廪，乃樂生經術亦遂爲名家，蓋杜公之教得樂生而益章也。使君執經親教，與杜公千載同轍，河東儒術將自此益振。諸生親承提誨，不異樂生，誠榮使君之知而求成其名，覃精經籍，不懈于志，異日以經術知名于世如樂生然，人必指而稱曰"此陳使君守河東時所作興士也"，則使君治教之美愈因以光顯，傳國史者必列而載之良二千石之編，無寧國志之述杜公爾矣。然則今日諸生之别使君，毋徒爲此綣綣也，惟思所以繼使君之志于不忘，斯其爲善學也已。

賀清泉李君榮授錦衣序

錦衣，親軍也，入以擁護宫禁，出以徼巡京室，即漢唐北軍、金吾、羽林之職。國家以其地近任隆，特嚴其授，自非元勛世胤、睦親懿戚莫之予也。今歲己未春，衛源清泉李君蒙恩命，爲衛之副千户，蓋君女弟配爲汝安王元妃，王薨，天子迎妃饘于長安邸，且推恩妃族，因授君是官，殆異數云。夫以翊襄之任，豈無强毅有力之材，而必曰勛曰親云者，良以禁近攸司，非得忠良不二心之臣，其家與國同其休戚者，莫可以寄腹心而布爪牙，坦然可仗而無疑也。是故隆其禄秩，異其儀度，優之光寵，自五府之隸莫敢先焉。居是地者，其果忠良不二心，而念家國之休戚同耶？其果感禮任之異，而所以報禮之者思有異于群有位耶？固有所不能自已焉者矣。今夫士抱槧而居，呻吟佔僤，有窮年兀兀不沾一命者矣；荷戈而馳，横身百陣，有白首戎行不登一爵者矣。彼其人雖信數奇，即邊徼小吏猶將艷焉，而敢望天子之禁近乎？李君以肺腑之親，遘休明之運，而荷聖皇惇叙之深澤，拔迹編氓，直顯躋于華近之任，此其遭際萬倍于尋常，而其激厲圖報之猷又當不啻于凡所謂勛與親者等也。姻丈王君翠峰暨其猶子雙山君言于余曰："懿哉！李君其榮寵，豈不誠宜然哉？君仁而有度，其心純一，而與人篤，與其弟玉泉君者同處衛之陽，即衛陽〔一三〕之人咸逆其必福矣。今其弟齒國胄，而君登膴仕，若質左契然，余將賀之。"余曰："審如是，宜賀。夫國家所以崇重親軍，非周親不授者，固惟不二心之臣之是求也。誠受斯任而忠德闕焉，則上焉負天之寵，而爵亦罔終。君諗余曰：'李君居鄉而心純一，而與人篤也。'推是心以事上，吾知其必忠良不二心也，必念家國之休戚同也，其報施必異于衆也，其爵必克終也。"僉曰："善，子之言遠矣，請以是爲李君賀。"

送秦州三守鳳原裴君理儲姑藏序

凡吏於有位者，必習於其事，而後善於其職，未有不習其事而能善其職者也。蓋文吏事綏和，則必習爲柔調教牧之術以待政；武吏事攘斥，則必習爲擊刺作止之節以待敵；法吏事鈎覈，則必習爲劾驗平反之變以待獄：隨所職而各善焉，惟其習也。若夫錢穀之吏，所以出納邦賦，節縮軍國，其職任爲最難。而歲計之朓朒在司農，經費之廉汰在制帥，算緡之通塞在民，故其利弊始末條縷千萬，有經歲勾稽不可窮其源者，矧其支派〔一四〕分別，旁午錯出，雖精心深計，莫能洞焉。是以漢世倉氏、庾氏世守其官，彼其父子相襲而經畫其中，夫然故職可善也。國家經制最詳，内地則郡邑之治以文吏，邊圉則衛所之治以武吏。其錢穀之隸在邊圉者，雖衛所地猶以文吏理之，然職專錢穀也。邊圉錢穀，經歲正賦外，大約取給飛輓。飛輓者，總内郡賦鹽之區，計歲之入，司農摹交子分發各邊，俾商販輸粟焉，而内受其直者也。其事至纖委，而守官者期至則代，無敢十年據其地者，故精覈爲艱。而諸豪賈牟利其間，率父子世其業，而疏滯顛末人人談顯于指掌，然非有道術，又不可使以賦政臨民，故邊郡錢穀之任視内地尤難焉，勢也。新授秦州倅鳳原裴君者，故河東之巨姓也，醇謹習文，以衣冠入胄監。自其先世占業山東之青鹽，所以實塞阜國，通財豐利，諸種種莫不劘切周至，用能恢拓其産，以爲閭右雄。今歲謁選銓曹，得倅秦州，職專理甘肅之鎮番軍餉。夫外之爲邊鎮者凡九，而甘肅處其一焉，然仰給於内者同也；内之爲運司凡六，山東處其一焉，然轉輸於外者同也。裴君既世業青鹽，其習於飛輓之利弊，非一朝夕故矣。執是而往涖鎮番之賦，其均輸灌注，摘疵剔蠹，若燭照而干將割者，則必赫然以善錢穀著於河右不疑矣，蓋其所職者其事習也。而余猶有説焉，裴君所以克弘先業，化千金而取贏者，豈徒其事習哉？要其夙夜謀量，一其心以爲家計者孜孜也，用志不分，厥績乃凝。今奉天子之職，以專國計一方，則亦念國家所以設是職而委任焉者，與我所求乎家意豈有異耶？如以心乎家者孜孜然以心於國，則公家之利將萬億不貲，不以數千金取贏者計矣。故余擬君之必善其職也，謂習其事于家也，而猶欲君以習於家之心圖之，乃於贈君行也而申告之若此云。

贈司訓南濱郭公德教序

在昔先王體國正位，太宰"以九兩繫邦國之民"，其三曰師，"以賢得民"。是以成周盛時，家有塾，黨有庠，術有序，國有學，各選賢立師以群子弟而胥誨之，故泰和之治振古無二。自世變俗革，先王之法蕩且盡，而唯學校之制未亡，雖其興廢沿革歷代各異，而崇師成化之意則有不相更者，亦其道不可變爾〔一五〕。

宋崇文治，慶曆間詔天下州縣立學，自是益嚴師儒之選，雖出身人尤必試而後授，諸路州府之有教授者止五十三員，可謂選賢之極矣。國朝太祖高皇帝定鼎之二年，詔天下州縣立學。于時甚重教官之選，往往取之耆儒宿學，其有優異不次擢用。蓋東宫缺侍講官，蹇公薦儀智曰"智雖老，然起家學官，見道明，執守正"，則朝廷之尊重是官爲可知也。是以賢材、風俗軼隆周代，道化之盛于今賴之。邇來崇重科目，而師儒之職日輕。居是職者亦多自沮，鮮復奮勵者，子弟無所效法，藩臬不復禮遇，徒抱空名充位，而祖宗建學設師之初意蕩然矣。余幼爲弟子員，誦習先正教學緒論，與目所見者大遼闊，心竊怪之。既而綜覈歷代，習聞國朝故實，益復慨嘆，以爲時事有趣舍，而賢者備道表物，居職盡分，當有以自樹確然不變者，豈以軒輊于時爲我輕重哉？意天下當必有若人，顧吾未之見爾。歲丙辰，余以内艱家居，而南濱郭先生來教吾士，容止儼然，步趨中規矩，賢者也。已而與之談，閎深慎密，其執道甚真，而視世俗間事皎然蜕于污濁之表，余〔一六〕心固識之矣。居無何，其人士之過我者無不賢郭先生之教也，其僚友之過我者無不賢郭先生之量也，以至邑之縉紳、民庶，無問識不識，語及郭先生，無不加欽禮焉，信乎其賢者也。夫以師儒之職其所任之大若彼，昔者明王及我祖宗崇重是官之意若此，余心慕古好德，求其人而不見其久又若此，乃今幸而見之，是先生之所以爲我賜者甚深且厚也。自科舉制興，士率先藝而後行。邇時又率剿以浮艷靡曼之辭，自非豪傑之士，鮮究道真、經世務者，先生其尚丕變之哉？國初，沔池月川曹先生者司訓吾蒲，履道明理，以模範兹土，一時鄉先生出其門者多有述焉。今先生之賢與月川類，吾鄉之士其深有賴矣。由是士習興，賢材出，化被一隅，風行四表，使海内聞之者，知師儒有人，而先王所謂"以賢繫民"者匪虚設也，顧不韙哉？

送對川舅氏司訓新樂序

始余外曾祖封中書公以明經起家，爲南陽魯山諭。曾祖蔚有才望，郡士雅推遜之，乃不偶有司，爲時所惜。暨子若孫，余季外祖及舅氏輩，凡登薦于春官者二，舉于鄉者三，濟濟彬彬，蓊爾其未艾也。人咸謂曾祖厚積薄享，天以其未盡之澤綿引昌大宜如此云。余伯舅對川公寔惟外曾祖之孫，博聞多才，鏘然以文名于山右，曾祖寔鍾愛焉。維生及〔一七〕有識，即飫聞之。凡抱藝之士，雖人人異趣〔一八〕，其道舅氏之美，其辭無不同者。比既齠，稍習文辭，即獲睹舅氏之製，凡詩文篇什無慮數十種，莫不合作者之體，暢以己意，笙簧間發，宮商具足，乃益信始之所聞者爲真。比既冠，稍習讀百家書，載繹舅氏之文，沉浸汪涵，縱横貫串，又益知始之所見者爲未盡也。當是時，學士率歛衽避鋒，謂高第無可卜者，而亦竟不録于有司，徘徊郡序三十餘年，遂以貢入銓曹，通籍爲真定之新樂司訓，其視外曾祖之致較然一矣，謂非命數然耶！舅氏既拜命闕庭，將捧檄而南以視校事，維敬舉餞斝而告之言曰："舅氏今日之行，其無乃有不慊耶？夫士君子之出處何常，惟職之供，惟命之安，惟情之適而已。夫事固有不可知者，且以魯山祖暨舅氏之才之學之美也，而皆名于邑，而皆不舉于鄉，而皆貢于春官，而皆教于郡縣，此豈迹之適合哉？殆有陰宰矣。亦胥是教誨，俾士知向方，以副聖天子所以掄才宣化之意，異日髻髦烝烝，丕變美俗，則天所以佑發舅〔一九〕之後人者，當益衍外曾祖之休慶于無窮矣。夫是行也，而又何羨哉！且舅爲歌詩類慷慨激昂，有燕趙氣，乃今爲中山師，由是歷曲陽，瞻恒嶽，過蕪蔞，渡易水，俯仰今古，能無概于中哉？傳經餘暇苟有作焉，幸以示我也。"

送對川舅氏之韓藩教授任序

語有之，詩人多窮。余反復古今而悲焉，信乎其言之也。昔賈子繹騷于長沙，相如作賦于梁苑；鄒陽上書以正吴，韋孟作詩而諷楚；公幹鄴都之文學，明遠荆州之書記。此數君子者，莫不秉特異之資，擅獨至之見，師心境外，馳譽域中，其搜抉幽微，張皇浩渺，固已天地不能隱其藏，鬼神不能逃其狀矣。而其于世何如也？名不綴于通班，足不履于亨衢，藜羹終日，短褐卒歲，何其所受之豐而所值之窶耶！若謂"詩能窮人"與，則陶性清規豈礙資身之計？若謂"必窮而後詩可工"與，則藝林高倡[二〇]豈皆幽鬱之辭也？殆有説矣。情性之靈，身體之奉，皆造物所靳惜，不輕畀人者，得于此者厚，則獲于彼者薄，低昂、予奪之介，若有數焉以司之，而特不得其端爾，不獨古也。伯舅對川公者，今之多才好奇人也。自其弱歲，即不喜爲佔俾文字，縱覽風雅，以貫于漢魏、晋宋、齊梁之變，茫洋自得，浩然如馮夷乘秋水，鼓長風，放乎龍門，凌砥柱，走大陸，而尋之海也。既以博綜歷代，遂會通其機要，咀剥其華實，淵含宏放，肆爲一家之言，凡夫天地、風雨、露雷之化，四時、日月、昆蟲、草木之變，名山、巨川、原隰、郊藪、苑囿之觀，人事、綱紀、禮法之具，交歡、離别、行旅、宴遊、戰争、喪病，可喜可愕可哀懼之遇，雜然一出之于詞，挺峭奇崛，蜿蜒騰躍，風涌雲匯，紛沓而不可識，而中則炯然有以爲也。嗚呼！盛矣。當其時，公負盛氣，于時輩少所推讓，而諸知名士亦雅推轂之。嘗走大梁，謁空同李先生，出其所爲作，空同深加賞許。公亦雅服空同，凡其一篇一咏，悉誦貫諷咏之，不啻膾炙也。當時人謂公青雲可立致，公亦自信經明無難者。乃十上有司，竟不一遇，卒以歲薦登選部，兩視學秩，玆歲遷韓藩寧遠王教授焉，與前所稱數君子者何其奇似也！豈非所謂詩人多窮者今古固然哉？公束裝將西，有甥張生〔二一〕四維者方守史局，公于是過燕京别焉。張甥乃諗公曰：“舅是行，其無有概于中哉？在古人固多然矣，而内不累者得于此者多也。人唯無所自得，則寵辱毁譽皆足摇吾精而動其情之憂喜；有以自得，雖宜僚之丸、伯牙之琴、伯倫之酒，彼直所寄小小耳，亦足以自信自樂，而不摇其中我重故也，况夫君子藴靈抱異，徜徉乎翰墨之林者乎？故夫順逆者境之變也，難易者事之紀也，適違者情之别也。宣鬱寫平，明志章物，和則宫鳴，戚以商應，若是盈天地間皆詩具也，盡吾身之所接皆詩感也，而詩人果有窮耶？吾聞韓之啓邦也，乃在朝那之域。朝那，塞垣也。舅兹度關山，涉〔二二〕隴水，將必有横吹短簫之曲焉；入朱門，曳長裾，將必有兔園子虚之賦焉。夫二者皆舅集所未備也，備之在此行矣。”

贈西居錢先生序

歲戊午，京東大疫，弟教適商寓天津，染焉。于時余以先孺人之變西歸，父兄、子弟無一人在側者，疫氣方熾，即姻鄰猶且相避，而教之疾勢又甚棘，藴隆憒冒，不甚辨外事。嗚呼！可謂危矣。然卒賴西居錢先生者以免于難。錢先生者〔二三〕，蓋今之有道術人也。究心岐黄，明于輪應奇咳之奥，而志壹〔二四〕以利人。聞教病，憐而診之，湯液醴灑必精必慎，調攝顧視必周必勤。自先生之居抵教寓且五里許，而先生徒步來往，朝夕必再焉。居數日，疫解，轉而爲瘧，先生理之不懈。再閲月，疾良已。于是弟奉金帛以謝，先生辭焉。其冬，予入都，弟教見我長安宦舍，爲余道其詳。嗟夫！錢先生豈與世之所謂醫者倫哉？醫，仁術也。先王軫民之疾癘夭扎〔二五〕，爲之醫藥以佑〔二六〕化育好生之不逮，故必仁人然後功用可達而利濟不窮。不仁者，或視病不致其詳，或製劑不詣其精，或爹張病端以矜其能，或延蔓期日以深其賄，及其困劇，術有所不及，則付之命數而已，以某之所聞見比比然也。醫雖仁術，非其人能自致耶？弟之病，使無錢先生而或兹人者值之，即其側有父兄，即其患在皮膚，猶憂其殆，矧孑然旅居，而又冒天地謬沴之氣，能保終吉哉？若然，雖謂錢先生與弟有回生之仁，不爲誣也。人之至親，莫如父子、兄弟，居相依而病相顧也。今弟病，余乃在千里外不及顧，而錢先生者〔二七〕顧之，惻怛深至，不啻親父兄，余與錢先生惡得而無言也？是用述其高誼，以風于世之術醫者。

贈薛槐亭序

嘉靖戊午秋七月之三日，槐亭薛君之子生，薛君于時四十有五矣。其友人劉君邦儒輩，素善薛君之誼而同其樂者也，相與具儀走賀，乃索予爲言。予惟昔人有言，善惡往來之報，至子孫而後定。夫君子盡道在己，委命於天，凡所砥礪黽勉，孜孜焉日不暇息，職也，豈固角朓朒，算施報，責效于載世下哉？顧其理有不可誣者，是以于公高門待駟馬之興，王氏樹槐俟三公之應，若用質取寄，探囊索有，鮮毫髮爽者，仁人有後，豈不信哉？昔者商瞿無子，仲尼曰："瞿且有五丈夫子。"已而果然。聖人奚以必瞿之有子也，蓋積善餘慶理所固然，而遲速貳期則有數存焉耳。故以邵堯夫之淳邁，亦以四十五而生伯温，以今觀伯温之所以纂緒先烈者，不啻足矣。子果須夙乎？果須衆乎？槐亭君，余季祖姑之仲子也。約己而慎施，稱爲能家，孝友敏惠，其宜有後也久矣。矧祖姑丈及祖姑篤仁惇義，孚于鄉黨；重施隆積，佑于後人。螽斯之澤，瓜瓞之衍，振振綿綿，將引于未替者，豈以再世之下即有所靳哉？余故因劉君輩之請，以理之定於天者爲槐亭君賀，且諗天之所以福佑薛氏者未有涯也。

贈米邦之序

米君邦之新創屋成，馮君字介于表伯郇岡公索予言爲贈。夫自穴居代易，而棟宇之制興，王公備物，含生聚廬，猶夫饑哺寒衣，生人之常也，奚贈爲？伯曰：“常斯可已也。乃者地維失經，山阤泉沸，吾郡之城郭夷而井邑墟也，横數里若廢丘焉，敗瓦斷墉，與摧圮之木相撑捂也。今且期餘矣，其能屋而居者，得昔之什五爾；屋而縠者，什三爾；縠且完者，什不及一焉。米君之屋亦既縠且完矣，非常也。”余曰：“美屋由財，令名在德。故蓽門負郭，長者之車往焉；土木既盛，士茁懼其不勝人也，奚贈爲？”伯曰：“予鄰米君，凡米君之行諳且久諸，未陳也。乃兹屋址蓋先質張氏者云，張氏之主者物故，子在穉，米君曰：‘吾必恤其孤，俟其長而議之。’而張之黨以阨告，米君與之市，視他人有增焉，張之人無不義且信。今業已相無與矣，猶時時顧覆其穉子，此其中有大異者，且不可贈與？”余曰：“其可哉！其可哉！蓋君子稱人之善，必曰‘克家’。《書》曰：‘若考作室，厥子乃弗肯堂，矧肯構？’故陳元庭宇修潔，仇覽知其必不爲惡。若米君者，其真可贈耶！余又將引之居室，冀以貽子孫也。《斯干》之詩叙屋之成，及其居處笑語、男女夢應。張老之祝趙氏，不徒輪奐，併及歌、哭、聚國族焉。君子曰：‘善頌也。’君由兹而往，益思所以成是屋之美而永其令〔二八〕名，俾人望廬而式之，他日高大閭門以容駟馬者信且有徵矣。此則安宅廣居所以栟幪于後者，寧惟大厦哉？”伯曰：“子之言甚大，邦之服而蹈之，米氏其昌矣。請以是爲贈。”

賀周東原序

吾蒲有東原周君者，自其先世以貲雄于郡中，至周君則益饒，遂入貲度支，補郡吏，歲己未，謁選銓部，授河南之許昌驛丞。或曰：“周君奚有于是而占斯職也？夫周君之産殖矣，其底藏扃鍵與其阜通化積于四方者無論也，其環社膏腴之田畮以千計，桑麻、菽豆、果蓏、蔬稙之屬，以歲時而輸于其室者若流也。故止有豐宇崇構華靚之居，出有車輿僕從壯美之觀。綺縠珠翠文繡之飾，賁于閨闥；金玉犀象杯斝、几幃之翫，弦管之音，接于賓宴。史傳所稱貨殖足以當古之千户侯而爲素封者非耶？是以比廬連黨待之而舉火者若干人，以三時服役于田而賦其租入者若干人，資膏澤之潤、掖援之力以通利其業者又若干人，彌閭之間，以周君之欲惡爲家之通塞，以周君之予取爲歲之豐歉，視古小國卿相能低昂其民，未有若是捷也，而周君胡有于斯職也？蓋今之仕者，或以名從，或以利赴。將爲名與，則古輿臺之此〔二九〕，以進趨拜跪于官長者也；將爲利與，則歲入甚儉，不當周君十日之入。其鈐轄盡于環廨，不及連阡之廣；左右服御歲不過數人，不及田作、家僮之衆；送迎日夜，不及晏居安坐之樂，而又未足以建當世之令聲。而周君胡取耶？”余解之曰：“若所言世俗之恒觀耳。夫君臣之義重矣，名分之等嚴矣，編户而有侯王之奉，齊甿而供奴隷之役，非法也。先王之世，度數有等，是以絳之富商木楗而過朝。及秦時，先王之法亡矣，猶曰有官者顯榮，無官雖富，無所紛奢，名器之重與富厚之利不較然有辨哉？是以周君不以萬緡自寶，而必以一命爲榮；不以珍麗自封，而必以冠裳爲華。今夫姓名通于選籍與編齒于里圖也，揖讓接于郡邑與比役于田賦也，其相去何如哉？周君抱利器，當清時，不安畎畮而冀一職自效，蓋所謂‘苟可以仕，不必皆尊顯’者，吾知其蘊矣。夫世抱關擊柝之吏，類以禄位自畫，是以中外小僚鮮勤職事，司民者憂焉。今周君非以禄仕而甘此職，濟以恭勤，將且任繁劇，歷郡邑，以大溥厥施，而不廢君臣之義者，此其發軔矣，豈與夫竊利自殖以雄長于州里而槁首民籍者同趣哉?”或謝以爲不及。時蒲之姻友共謀所以榮周君者，介方田楊子而徵言于余，遂書以畀之。

送展玉泉序

蒲俗善賈，賈者必相時度地居物而擅其贏，故其業有不終身變者，有不終歲變者。其有一業不變而世守之者，則唯占鹺爲然。鹺運凡六，蒲人之占賈者唯淮、揚爲衆，若青、滄之鹽，占之則自近歲始，遠者不過數十年。其最久而世賈于是者，則又唯展氏爲然。昔管子時四民，居地利，有曰“賈常爲賈，童而習焉，壯而安焉〔三〇〕，不見異物而遷焉”，而漢人叙西京之盛，亦曰“賈服世守之業”，蓋重之也。玉泉爲蒲之姚温里人，自其父時以居滄鹺爲業，玉泉方齠齓歲，固已從翁游焉。翁多畫而善中。于時鹽制方斁，諸近境類爲它運司所侵，其濱海諸郡率私販，畿以右又民善煮鹻鹵爲鹽，滄鹽歲所發運不及額十之三四，諸賈人多去之。乃翁守其業不遷，仍付其子。近歲法制漸復，占滄鹽者往往牟大利，諸賈人四方輻凑之，視昔時不啻十倍衆矣，而唯展氏爲世商，故蒲人謂展翁教子不易其業爲有見也。玉泉性敏毅疏爽，雖居廛井中，不切切計刀錐，凡廢居遷易内定於心，咄啐間即投之所向，無或中止者，舟同運而至則先焉，貨同積而貿必首焉。其應務捷給，唯以事速有終爲算，視它人較尺寸、守月日以覬利于必得者不侔也，故其經度常先衆人，用是故亦不獲厚殖其産。然其人寔樂易，常沛然不以贏縮介心，視緡貨無如何也。往歲，天子以司農告詘，諭民能入貲縣官以助國計者，視所入之豐瘠予高下爵。玉泉遂應其令，前後凡上數百金。今歲甲子秋謁選銓曹，乃授歸德之商丘驛丞，青滄之業復命其子掌之，且告之曰：“吾仕矣，得間且或視爾，爾無墮我先人遺緒。”凡蒲之人賈于是者若干人，素重玉泉之賢，且榮其賈而能仕，仕而不失其世業也，乃徵余言贈之。夫仕、賈無異道，顧人之擇術何如耳。賈，求利者也，苟弗以利毁行，則如展氏世其業，人益多之；仕，利人者也，而於此興販心焉，市道又豈遠哉！玉泉居市而不汲汲于利，此其度有不可測量者，得一官以自效，而顧可苟耶？凡人受業于其父，必思貽其子，不特終身已也。受職于君，則多爲目前計，朝焉而不夕之謀也，况終歲乎？此擇術不審，不善推所爲者也。玉泉勉乎哉！商丘當有宋爲京東孔道，于時郵人之任爲艱，今水陸俱它取塗焉，來往省而供需寡也。以玉泉之能，固恢恢乎游刃而有餘者，如推世守滄鹾之心以從政焉，必不苟矣。

贈楊清渠替職序

楊侯清渠之先，其守禦於蒲者累世矣，邇以他故調薊鎮，比楊侯之身復焉，才也。既嗣職之閲月，嚴裝將旋蒲。蒲人士之寓都門者，咸謀所以贈之，于是劉公南谷輩詣鳳磐子告焉，曰："楊子，戎弁之俊育也。少同吾閈，吾識之。比長，蓋嶄然不溷于群。其器博大以碩，足以容受；其材明毅以敏，足以赴績；其識疏朗以密，足以酬變；乃其行，則又謙慎而端。夫具是三者，而行之以謙慎以端焉，其於戎務也不優優乎游刃而有餘乎？兹其行也，匪惟光纘前人之烈，以昌乃家，寔將閎闡厥猷，通方即戎，以乂殿我西土。是徵子言，以道其行。"鳳磐子曰："噫嘻！其信然哉。吾自見楊君魁梧壯幹，固疑其非庸庸然者。果若是，予復奚言？洪惟國家神武啓運，安不忘危，是故禁旅内閑，關鎮外固，而宇中險阨要害之域，巨以衛聯，細以所據，所以折奸蘖之萌者微矣。惟蒲控帶河山，襟喉秦晋，寔汾、隰之通津而崤、函之間道也，故守禦所建焉，擇諸將臣之有功者而封建之，崇之禄秩，錫之符篆，俾之世守於此。嗚呼！其任亦重哉。方今海内謐寧，文恬武熙，以楊君之賢能，任用若所優者。然天下之患常伏于不測，而君子之當位也貴防于未然。頃自黠虜陸梁，戎臣不能奉揚國威以褫其魄，而荒陬要路往往有弄兵于潢池者，雖旋就梟夷，彼固有所取侮也。楊君戒之哉！罔曰地險而薄其備，罔曰世治而疏其防。高深其城隍，精利其甲矛，閑習其方技。分須共濟，吴、越何嫌？事往宜忘，廉、藺足效：惟君之器。因襲失故，卒振靡經；玩愒廢時，鼓行斯勇：惟君之材。叢雜而至，汗漫而積，不有肯綮，安辯先後？惟君之識。功忌有聲，行忌出衆，衆口嘖嘖，君子畏之，此匪謙慎以端，其曷可濟？君即其所長而益勉之，使武備飭，威聲揚，隱然爲一方之鎮，將亂是用寢，故曰'虎豹在山，藜藿不采'，亦建官之初意哉！夫君子不以天下之無事而弛其備，不以天下之有事而程其能。君蓄能以修職，事至而應之，自有大過人者。君告我曰：'吾視政，少需，欲請纓北遊，以觀狼胥。'所負誠偉矣哉！張子曰：'以楊君之賢而畏敬，慮其後于守禦也何有？'"南谷公以爲然。

校勘記

〔一〕"亦"，清稿本無此字。

〔二〕"共"，清稿本作"恭"。

〔三〕"者"後，清稿本有一"尤"字。

〔四〕"如何"，清稿本作"何如"。

〔五〕"禮"，據《周禮·天官·内饔》當作"體"。

〔六〕"者"，清稿本無此字。

〔七〕"余"，清稿本作"予"。

〔八〕"序"後，底本卷首原目録有一"二"字。

〔九〕"小大"，清稿本作"大小"。

〔一〇〕"壹"，清稿本作"一"。

〔一一〕同上。

〔一二〕"輩"，清稿本無此字。

〔一三〕"陽"，清稿本無此字。

〔一四〕"派"，原作訛"泒"。以下同改，不再一一出校。

〔一五〕"爾"，清稿本作"耳"。

〔一六〕"余"，清稿本作"予"。

〔一七〕"及"後，清稿本有一"其"字。

〔一八〕"趣"，清稿本作"趨"。

〔一九〕"舅"後，清稿本有一"氏"字。

〔二〇〕"倡"，清稿本作"唱"。

〔二一〕"生"，清稿本無此字。

〔二二〕"涉"，清稿本作"渡"。

〔二三〕"者"，清稿本無此字。

〔二四〕"壹"，清稿本作"一"。

〔二五〕"扎"，疑當作"札"。

〔二六〕"佑"，清稿本作"佐"，是。

〔二七〕"者"，清稿本無此字。

〔二八〕"令"，清稿本作"人之"，甲辰本亦作"令"。

〔二九〕"此"，清稿本作"比"，是，甲辰本亦作"比"。

〔三〇〕"童而習焉，壯而安焉"，《管子·小匡》作"少而習焉，其心安焉"。

條麓堂集卷二十四

記

解州重修漢壽亭侯廟記

漢壽亭侯關公者，諱羽，解梁寶池里常平村人也，以忠烈事漢昭烈皇帝，具《國志》。建安二十四年歿于章鄉，迄今千餘年矣，英爽昭炤，廟祀且遍天下，而唯解之崇寧廟者規制尤偉而靈應均之，蓋其所生地然也。廟在治城之西百步許，宋祥符中敕建，元祐復敕重修，歷金、元以來，或以地震，或以兵燹，廢而復興者屢矣。侯歷代俱有贈謚，國朝洪武初始復原封，春秋崇祀，載在令典。每歲四月八日，相傳爲神受封之辰，遠邇士民齎緡楮走祭祠下者，無論數萬計，商賈以貨至者，至不容于市焉。邇者嘉靖乙卯，河東地大震，廟復就圮，士民靡所瞻依，思以葺廢繕新，以創殘之餘未能也。時天子軫念遺黎，妙簡良牧，以陽信令王君維寧上政最，俾典是州。君祗承德意，詳求政先，始至謁神，喟然以興廢爲任，曰："神，民所依也。古者天灾流行，珪璧斯罄，矧祀典所載，人紀所關，而威感焯焯者哉?"于是捐俸金若干，香火餘緡隸于公府者，復請之監司，得金若干，賦市地之廛若干，邑之士民以及四方之助施者又得金若干，共計若干金，遂選材諏日，鳩工興事。其石與木之朽蠹者易之，堅緻者參用之，址因乎舊而制加隆焉。經始于丙辰六月，越戊午某月而工完。于是爲正殿者五間，仍環以石檻，爲寢殿者三間，東西爲行廊者數十間，内外有門，陳樂有樓，翼翼煌煌，還舊觀而丕新之矣。解之人士戴王君之仁而樂神廟之有成也，乃其父老輩執鄉進士李君木所爲狀走蒲，屬余爲記。余惟神之功烈在史册，忠義在人心，英爽在天地，雖走卒、牧豎，外及蠻貊，無不畏且敬者，不假言也。特以翊漢之志炯于日星，直欲噓高、光之燼而復燃之，間關險阻，百折不變，功垂成，乃爲吴兒所撓，此其忠憤義烈有不緣形以盡者，則夫熤爚磅礴于宇宙間，歷千載而益著者，蓋所謂"得一以靈"也。生爲烈丈夫，殁爲明神，是以顯護在國，威庇在民，靈爽感召，時萬時億。即夫昔者沔陽鬱攸之警，以及兹者河東土崩之變，金石焦流，棟宇摧裂，而神像儼然自如，亦靈異之一端哉！夫神秩于祀典，且顯貺赫赫達于上下，則夫故里之廟其不可後而先也審矣。王君聰明正直，與神合德，鼎建明祠，寅恭肸蠁，亦誠知政本矣。解父老曰："自吾君之臨郡也，百廢具舉，三時不驚。練旗兵，甃城垣，而武備周；繕學校，建書院，而士習興；省里甲，平獄訟，而民心悦。坤變凡覆數邑，而獨吾州獲蘇焉，兹殆神之佑與?"余以爲然，因併記之以告于嗣事者。

蒲州重建河瀆西海神廟記

皇明奄甸萬國，徧禮群望，凡是嶽、鎮、海、瀆咸就其近域崇建祠宇，令有司歲時修祀，國有大事，則特命使臣將祝幣往焉，蓋自郊社而下，其祀典莫此爲重。蒲郡介在河曲，當《禹貢》所稱龍門、華陰之中，重岡連抱，川靈聚結，故西瀆大河崇祀于是，而以西海附焉。其廟制閎鉅，正統中知州事關西張侯廉奉敕修建，歷久漸敝。會嘉靖乙卯坤變，遂一切傾陁，雖頽墉斷木靡有遺者。有司歲時掃壇以祭，天子前後凡遣使三至，亦咸祗陳香幣，露禱而已。殷禮弗稱，神罔攸宇，風雨舛期，歲祲屢告。至隆慶庚午夏，河水暴發，瀰漫郊郭，奔湊西北二闉，幾及城腹。是時淮、徐間連歲河決，漕道艱阻，議者咸謂神宇宜以時葺，用祈靈貺。于是巡撫山西副都御史楊公綵，巡按山西御史饒公仁侃、桂公天祥、俞公一貫，會檄河東守巡参議馮公叔吉、僉事劉公宗岱，相垣址，議規度，以重修二廟爲請，天子俞焉。其經用所需即取之三院歲解贖鍰之餘者，而以州帑裨之。經始于隆慶壬申十月，越再歲，萬曆甲戌某月而工竣。二廟並峙，左河而右海，廣輪崇庳，無尺寸異。其爲正殿各七楹，殿後爲寢殿各五楹。殿東西爲風、雨、雷、電祠，凡四座，楹殺寢殿之二。其儀門楹數準寢殿焉。堦墀内爲井各二，俱覆以亭。碑亭視井亭之數，建儀門外。其外門則以大坊表之。内環以連廊，以楹計凡二百八十有六。外繚以磚墉，以丈計凡三百三十有二。以及宰牲有亭，齋宿有所，而制度大備矣。廣廡翼翼，棼橑高舉，邃靚軒豁，金碧煇燿，信足以永奠明神，係一方之瞻向已。郡守陳侯以朝屬維爲文紀成，將勒諸堅珉以徵久遠。余惟名山大川，類能興致雲雨，潤澤萬物，施德博大，故歷代尊奉，咸秩祀典。河初祠朝邑，唐開元中以西嶽祠華陰，兩俱重典，慮有司祼將靡逮，遂徙河祠而東，所以致清肅、便供事爾。我高皇帝釐正嶽、瀆名號，删定禮秩，薦享牲幣，靡有登殺，又嘗御製祝詞，遣功臣將祀，蓋聖意之隆重如此，良以嶽、瀆之澤物同則其報禮同也。乙卯之變，嶽、瀆廟同圮。乃嶽廟匪久即復，合二郡之力，徵費凡二萬餘金，以速集厥事。河、海廟乃委爲瓦礫區者且廿年，莫能興也。陳侯肅承明命，知國之大事在此，既不欲苟且取具以俟後人，又不欲加賦及民以滋衆擾，殫心夙夜，惟求以隆國典、妥神休是務。于是監司諸公嘉其工繕之鉅，商較財用，慮有不給，謀所以佐厥費者，乃總督宣大王公崇古則以軍門俸給，巡撫朱公笈則以各色會税香課，布政使史公直臣則以帑積羨銀，分守馮公叔吉則以罪贖，以及官民之義助、河堤之羸積，通計凡九千餘金。

蓋費視嶽廟之半，而閎麗幾與埒矣。用省而財不匱，事集而民不擾，神用悦懌，歲以大穰，信可以答天子尊禮方望、懷保兆庶之深意哉！是用紀其興建始末，稽經費，述規制，俾後之嗣事者得有考焉。是役也，檄委而監督于上，則平陽府同知王大夫敬；朝夕工所，綜其綱目，則蒲州判官曹君廷相；其奔走于下，則榮河縣典史李子田、倉大使侯汝封咸效有勞勩云。

夏縣修建廟學記

夏縣學創自宋代，考之邑志，自成化己亥縣令楊通氏嘗重加修葺，迄今且百年矣。殿廡穿漏，籩豆率略，神用弗棲，靡稱明祀，堂齋庳隘，黌制多缺，士罔居業，人文載鬱。隆慶辛未，鉅鹿陳侯世寶來令是邑，睹而感焉，慨然以崇建爲己任。顧帑鮮羡儲，乃糾邑民有行誼者若干人，俾出貲佐經費，莫不悦勸。遂請之當道，庀材鳩工，以萬曆癸酉三月一日始事。首葺大成殿及十哲神室，補其祭器之缺陋者。乃移明倫堂，由舊址而北且三丈。甃其基，崇五尺；廣其齋，各六楹。敬一亭移而北，準堂爲度，甃基崇八尺。此因廟、學之故飾而廣之者也。殿前爲石欄，廟門外爲泮池，此則廟制之未備而增建者。學東爲尊經閣，閣前爲池，閣左爲射圃亭，閣右爲官廳，此則學制之未備而增建者。因徙學門廟左，爲育賢坊以表之。迄八月而告成事，侯乃述興建始末，介友人夏生王誥、張應舉走蒲，請余爲記。大夏，古安邑北境也，大禹蓋嘗是都。《書》稱禹"文命敷于四海"，聲教所訖，當自兹地始。但夏禮在夫子時已不足徵，今固無可考見，然謂之曰"文命"，曰"聲教"，意其典則所詒必有焕然可睹者，乃總其所尚，則"尚忠"之一言蔽之。夫忠者，本其心之專確言也，體此斯爲質爾，飾此斯爲文爾，故夫子四教"文"與"忠"並舉焉，良以匪忠且爲利巧不慚之文，非聖門所貴也。國朝敦本實以化天下，俾士之學六藝者一以孔氏爲宗，宫墻俎豆，蓋舉《禹貢》要荒之域靡不然者。邇因士習稍靡，屢下崇本之詔，其欲損周之文，用夏之忠，意殆切切矣。夫忠非直情徑行之謂，蓋禮政之原也。昔夫子贊禹，“菲飲食而致孝鬼神，惡衣服而致美黻冕，卑宫室而盡力乎溝洫”，曰“無間”，然則忠之爲訓可見。今學者莫不誦法孔子，主忠信，從先進，蓋習聞焉。迨出而從政，或舉所學而弁髦之，則彌文弗情之流弊也。陳侯廉勤，宣化于民，以心相與，大報本，急先務，求以祗妥明靈，作新士類。而民相率歸向，好義終事如此篤矣哉，用忠之明驗矣。士生文命故墟，尚忠遺俗故所習者，由是服侯之訓而益嚴其事心之學，居鄉則爲貞士，立朝則爲忠臣，一自心之專確者出之爾，豈有待于外與？若二三其德，徇外華而忘中實，不唯賢侯所以作興者云何，而亦自愧于其鄉之遺化哉！余既懿陳侯之績，嘉與叙述，且申建學立教之本指，俾鑱之豐碑，永爲吾黨二三子之忠告云。

神木縣重建學廟記

神木，古麟州地，密與虜接，在中國爲絶塞，是故武備急焉，列屯置戍，民日習于騎射，至于教化、禮文之事，長人者非無意焉，不遑及也。國初，建廟學于縣治東南，規制湫隘，且近市，自正德辛巳而後廢而不葺者殆六十載，雖殿廡僅存，乃鞠爲茂草墟矣。隆慶辛未，憲副河東張公奉特命治兵于此，喟然以興建爲己任，且不欲勤民，周爰經始，必慎必備。木取諸塞外，出永興堡而北百有五十餘里，石取諸東山，丁役取諸鎮羌、府谷二城守卒，工費取諸公罰，不足乃以本道贖鍰佐之。工始于壬申二月十日，迨八月晦告竣事。廟建舊明倫堂所，徙而東者復四丈，明倫堂建在廟西。廟殿凡五間，東西廡以間計者十有八。前爲戟門，又前爲欞星門，又前爲泮池、石橋。殿左右爲祭器庫，爲經書庫。門左右爲宰牲所，爲祭厨所，爲鄉賢祠，爲名宦祠。其啓聖祠建在廟東。明倫堂凡五間，東西齋爲間六。中爲儀門，左右爲義路。禮門後爲敬一亭。廟左啓聖祠後爲教官宅。廟西大道左樹文廟坊以表之。閎敞鉅麗，視舊制不啻倍蓰，寧曰重葺，寔惟創始也已。夫孔子之道，所以紀綱人倫，翼宣王化，天下古今所共遵習，即邊鄙與内郡何異？士莫不誦法孔子，一旦服官疆埸，即皇皇戎馬間，不復以教化爲圖，乃至列城數十，鮮聞弦歌聲，豈以揆文奮武，政固各有急耶？殊不思即戎之本先于教民，人人修其孝弟忠信之行，則秦、楚堅甲利兵可使制梃而撻，王略所恃，固不獨在虓勇爲也。是以先王之制兵，出則受成于學，入則釋奠以訊馘告，觀《泮宫》所以頌魯僖者，有可徵焉。夫苟教之不豫，而區區示禮示信，以徼一切之功，雖得之，君子不貴矣。張公以宏材遠略揚歷邊塞，所至必爲百姓興長利，爲國家建久遠業。其在神木，繕城壁，穀甲胄，利器械，豐儲偫，軍容振肅，而尤加意文教若此，可謂知先務矣。工既成，延安府通判劉君弼寬、神木知縣喬君承詔以公所纘《創建事略》來徵余爲記。余乃志其顛末併原先王立教深意以貽之，使後之嗣事者有述焉。張公名守中，聞喜人，今升巡撫延綏都察院僉都御史云。

蒲州新鑄文廟祭器記

自昔立學，必先釋奠先師，其禮樂之器既具，則釁且用幣，告成而後從事焉，慎之至也。今天下郡縣皆有學，崇祀先師具有令式，其登降酬獻之節、牲幣粢盛之數，有司者歲以春秋舉故事，無或墜。至于器皿，有備有不備，賢守令非無意焉，顧以財用出納之艱，而遷代傳舍之遄及也，則率循襲取具而已，非所語于“竭誠盡物，報本事神”之道也。歲壬申，鳳隅陳大夫來守吾蒲，既涖事謁廟，諏知祭器闕陋，慨然興嘆，思有以易之，而雅不欲煩諸民。索故藏，有勝國時刻漏廢匭一具，得銅四百斤有奇，乃召攻金之工范而冶之。于是爲香罏者三十有七，大小凡二等；爲燭臺者以耦計三十有八，凡三等；爲爵者百有四十。蓋舊瓦沬者、埏埴者及編竹之陳圮者，至是悉以銅代，而禮器彬彬改觀矣。遂請之學憲洛陽劉公，將刻石廟隅，貽諸典守者。儒學學正毛君充善，訓導王君惟垣、宋君世臣、李君逢貴率諸生儼然造余，屬爲記其成事。夫古君子之承祭祀、事神祇也，必内盡志，外盡物，故器皿不備則不敢以祭。若是乎，器之不可不慎也，禮之所由著也。大夫方從政而先加意于事神，睹禮器之不中，若不能一日以自釋者，乃取百年缺典一舉而完美焉，蓋由志之盡于内者出之，視古之君子之行禮也其合矣，夫是可紀也。余因爲之本事原，陳器數，用垂諸久遠，抑以引事神之慎于不忘爾。大夫名以朝，起家辛未進士，江西寧州人。

薛文清公從祀孔庭記

孔子之道，根本人性，麗於倫理，敷爲禮樂、刑政、民生、日用之則，其詳具在六經，古今天下不可一日離者，故萬世之崇祀無窮然。自《禮》垂釋奠先師之文，後世協義起禮，于是有配享、從祀之典，蓋一時及門之士無不與焉。其自漢而下諸儒，必其言不詭于聖經、行克由于彝訓，足以發明斯道、扶翊人紀者，然後得俎豆其間，非是族也，則不在祀典爾矣。蓋嘗觀廟廷兩廡所列，自七十子外，漢世儒者彬彬矣，而宋爲盛，若隋若唐若元各一其人而已，雖代異人殊，要皆後先相望，使孔子之道歷千載而常新者，人極不廢，則諸儒之從祀亦無窮也。國朝文清公敬軒薛先生，當正統、天順間講道河汾，慨然自任斯文之重，其學以復性爲主，嘗曰："六經、《語》、《孟》，一言以蔽之，曰性。"又曰："道不明者，性不明也，聖賢傳授，不越明此性、行此性焉爾。”嗚呼！盡矣。其踐履篤實，造詣崇邃，自一話一言推而至于終身大節，靡不曲中矩矱。晚年玩心高明，超然自得，今其遺書存者，若《讀書二録》，精切簡正，鑿鑿皆實際語。讀之使人檢束身心，躁妄于焉盡遣；堅定志氣，昏懦以之有立。卓矣！孔門性學之真傳，考亭、魯齋而後一人而已。先生既殁，學者仰之，不啻泰山、北斗，議者咸謂從祀廟庭無忝，迄今且百年，前後以疏請者無慮數十上，亦可以見人心之公理矣。邇者性學漸晦，士失所趨，卑者溺詞章，徇功利，高者則假借禪幻，亂性與天道之真，有識者慮焉。求所以力挽頽風，屏詖黜遁，使殊方異指不得爲孔道病者，莫先于表章正學，崇顯真儒，曉然示天下以所當趨，于是言者請以先生從祀廟庭盖〔一〕亟。詔禮臣集廷臣議，罔不協者，帝乃祭告先聖，命司空造先生主，命禮臣捧置太學廟庭，春秋從享。由是遂詔天下郡邑，如太學例列祀焉，時隆慶辛未冬也。先生蒲之河津人，張侯汝乾謂百年曠典適舉于是時也，雖公祀徧寓内，乃其故里不可以無述，爰問記于余，碑諸大成門左，用識始事云。其諸請奏、章疏及禮臣會議之詳，文多不載，刻在别碑中。

涇州重修儒學記

高皇帝定鼎之二年，詔天下州縣立學，而涇學之創越在七年，則以關隴後平故也。夫涇，秦之西偏也，西邇罕開，北鄰獯鬻，安攘所寄，疆埸爲棘，是以上之人恒汲汲焉，至于禮文、俎豆之事多未遑也。沿襲以來，廟宇傾頽，垣墉剥落，學術放失，人才鮮少，三歲之選靡與計偕者蓋有年矣。嘉靖丙辰，東海朐岡遲公以行省參政來綏關右，始至，謁夫子廟，遂進諸生而課試之，喟然以興起斯文爲任，曰：“先王因俗立制，武衛文教，同服異施，固内外之勢也。然出師、成謀、受俘、大射，天子咸于辟雍就焉，而淮夷之功出入在泮，豈不以底定之績因于教化也。矧聖明聲教西被流沙，而使《子衿》之刺形于成周之圻地可乎？"再逾年，政既成矣，乃庀材鳩工，選時經事，吏殫其勤，工獻其巧，民既其力，經始于丁巳六月，越歲季而功成。于是殿庭、門廡、堂祠、齋舍扶傾易蠹，崇有增無，規制弘闢，丹青焕發，朝夕有所供其講習，春秋有所將其禋祀。公于是時進諸生，置之講幄，通貫品倫，剖析疑義，期以弘教宣風，作人謐國，甚盛舉也。涇守李君某走河中，俾余式叙其成，永憲于後。余惟民受之中罔間遠邇，而才賢之出往往因地殊焉，則教化之由也。昔蜀人未知學，漢景時郡守文翁始起學于成都市中，教民讀書，數年蜀地之舉于京師者至比齊魯，而司馬相如遂顯名于時；閩人未知學，唐建中初觀察常衮始設鄉校，使作爲文章，親加講導，由是歲貢士與中州等，而歐陽詹遂顯名于時：迨今二方之士彬彬然盛也。夫地匪易域也，民匪易人也，前後異時，質文代變，轉移導化之機端有由矣。夫涇固周、漢之内服，而非限隔山海，閡于聲化也；自前代燁有哲人，非若卉服鳥言也；朐岡公，東魯世儒，究心經學，其所以爲教又匪徒以藝也。涇水回山，汪涵磅礴，渟靈蘊奥，將必有大發于人文者，非公其孰能啓之？司馬相如、歐陽詹出，而二公之教道以光，彼固遜陬之民、藝文之化也，而謂涇之士無人哉？《詩》云："肆成人有德，小子有造。古之人無斁，譽髦斯士。"朐岡公其可謂無斁矣，譽髦之頌，余將于日月俟之。

江西重建貢院記

江西貢院，闢在會城之東、大湖之北者，其舊址也。稍西爲陽春書院，其改建以取士，寔自壬午始。今歲乙卯，監察御史某人司監臨，爲復建于故地。先是己卯之變，舊址燼于兵燹，院遂西徙，而學士大夫重失厥初，往往欲復之，歲且三紀而卒莫之更焉，則改作之難也。乃壬子試既竣，新院以鬱攸廢，今御史遂考往牒，稽僉議，區因乎舊，材取乎新。鳩梗柝楠，礱石埏埴，畢堅畢好；堂户宇廨，畢宏畢備，畢嚴畢戒；堊丹黝漆，畢明畢具。故考試有所，分經有次，監試提調及諸執事者有局，生儒有舍。堂曰"至公"，樓曰"明遠"，且垣以崇墉，繚以複道，扃以重門，表以角閣。工獻巧，吏效勤，官殫心，民輸力，經始于某歲某時，幾閱月而工畢。雄敞壯奇，增暉舊貫，蓋院以己卯徙，以乙卯復，固亦有天數乎！御史遂告使長安，俾予爲記。予惟文教之興關諸國運，地靈之毖相在人謀。江右襟帶江湖，古稱物華天寶之地，藴涵靈液，炳在人文，先後揚休備，存望覽，灼然可睹也。迨我聖朝啓運，薄海維新，而匡廬、彭蠡之間魁英奕出，視古爲烈，故祖宗因地取材，永垂鴻式，解額之廣，兩京之外莫先焉。二百年來，獵顯科，歷要階，黼黻洪猷，翊宣元化，幾當天下什四，要其迹，皆是院之所進也。顧以逆竪煽凶，遽移他所，夫百年文物之淵，賢才之府，化爲公宇，鞠爲榛墟，學士動心焉，然難變于久也。今皇上垂情治術，寤寐賢豪。御史奉揚德休，作興文治，若變于天時，揆靈于地紀，協順于人心，起鴻制于三紀之餘，還舊觀于百年之上，于以迓續豐休，振揚士氣，使與試於兹者仰止先賢，思齊效武，將不爲鼓舞人才之一助乎？且語故國者致重于喬木，思盛德者喜聞其遺樂，矧人才爲邦國之楨，而貢院乃人才之藪，宜其爲喬木、遺樂也，予故于重建之舉而樂其成績如此云。

河中書院新井記

當蒲城東五里許，峨嵋岡之南，原有河中書院者，建自正德戊寅，前給諫北地吕公經謫貳于此，撤東嶽行祠爲之。連廊靚深，叢柏鬱茂，下瞰城市，不與囂塵接，郡諸生多寓以肄業，誠精宇也。顧其地去水遠，舊有雙井以汲，深凡二十餘仞，經嘉靖乙卯坤變堙焉，書院亦廢。隆慶戊辰，分守少參江右歐陽公修復書院，顧舊井不可理，乃别鑿一井供用，未幾復堙，諸生咸取水原下，往返迂遠，日用殊勞頓。萬曆癸酉冬杪，余偶過書院，諸生張楠輩以告。時州判官公安曹君廷相署州篆，余爲語之，曹君遂召工相地，諏浚治之宜，謀所以爲堅久計者。蓋其土有流沙，鑿未半，沙即坌涌出。凡爲井原上者，遇沙則極力淘汰，易以良土，實其旁空，即以磚甃之，四週既固，乃復下浚，遇沙即復如上法治之。汰沙務净盡，築土務堅實，甃磚務密理，夫然後井乃可久，不則隨鑿即堙，戊辰之井是已。曹君乃命工如法浚甃之，比及泉得水，甘洌異于他井，仍爲亭其上以覆之。于是諸生咸訢訢相慶得所未有，乃徵言于余，以不忘曹君之施。余諗之曰："諸生之群處而學于是也，豈獨誦習文字已耶？蓋將以致其道也。即曹君之爲井，豈獨使諸生朝夕已耶？蓋將以相諸生之致于道也。夫道譬則泉焉，學譬則掘井焉。泉之深也，難及也，中復以沙淤之，匪用力之勤焉，泉不可幾矣；道[二]之高也，難達也，中復以欲間之，匪用志之篤焉，道不可幾矣。是故己能克則沙之汰者净矣，禮能復則土之築者厚矣，敬能主則磚之甃者固矣。無有事而忘，無畏難而止，優而游之，厭而飫之，而道未有不致者矣。此及泉之説也。諸生既聚業于是，朝夕汲焉，朝夕警焉，庶幾觀掘井而得爲學之道，乃可謂不忘曹君之施也已。不然，群居而言不及義，飽食而無所用心，雖終享井渫之利，亦何益哉？"諸生乃唯唯而退，余遂以是説歸之曹君，俾刻石井隅，用永爲諸生所觀省云。

懷慶府修建河内縣河渠記

河内在中州稱沃壤，故賦入倍它邑。其地饒水泉浸灌之利，蓋沁水自太行南出，由枋口而東，會堯王泉水又東，丹水注之。丹、沁之名，古今甚著。堯王泉不見于傳記，徵之《水經注》，五行之阜，丹、沁之間，有邗〔三〕水出焉，在野王西北，疑即此水云。沁水之溉田蓋久，其易枋口以石門，則自魏典農中郎將司馬孚始，其表云："雲雨由人，熯潦不困，民到于今賴矣。"其後一見于唐，河陽節度使温造嘗奏開懷州古秦渠枋口堰，溉濟源、河内、温、武陟四縣田五千餘頃。再見于元，懷孟路總管潭澄令民鑿唐温渠溉田。然皆沁水也，其鑿丹河以利民，不知始于何代。考郡志所載，沁水凡引爲支河者五，丹水凡引爲支河者十有八，獨堯王泉先未有引以溉者。然丹、沁諸支河，特其名稱存郡志耳，其渠堰湮廢、水脉閼塞者且過半，故今河内民力稱凋斁于曩時。隆慶丁卯，文安紀大夫來視郡事，毅然以興廢起疲爲任，繕城隍，均田賦，節財用，肅綱紀，百度駸駸舉矣。逾年，值歲祲，大夫多方注措，謀所以佐百姓急者。或以水利告，大夫韙之，即躬率僚屬，升丘降隰，徧搜陳迹，質諸野老之識故實者，因得夫疏導興建之宜，精心内畫，具有成算，乃白之分守陳公，委郡倅臨汾喬君某司其事，徵丁夫于居民之瀕河者分其役，捐俸金百佐其費，儲賑濟穀四百餘石給其食。鍤畚既備，百里具作，工殫吏勤，晨昏有課，甫閱月而功告竣矣。蓋凡大夫所開創河渠六，在沁水有曰通濟河，曰廣惠北河，曰廣惠南河；在丹水有曰康濟河，曰普濟河；又引堯王泉爲惠民河。通濟即郡志所稱"廣濟水"，《經》所謂"沁水南出爲朱溝水"者，歷濟源、河内、温、武陟四縣入黄河，延一百五十餘里，意古秦渠、唐温渠大較此耳。夷塞積久，漫爲平野，于是浚而廓之，岸口以丈計者六，底半之，深十丈，其派引而旁出者十有四焉，中爲石閘二。廣惠南、北河俱自濟源縣東石梯取水，岸口視通濟得三之一，底視岸口得四之三，深一丈。北河長四十二里，派河十，中爲陰洞二，大小閘九。南河長三十三里，派河十有三，中爲陰洞一、橋二，閘如派河之數。二河俱復入沁。康濟自趙家莊取水，闊一丈五尺，深半之，派河十有一，中爲石閘三、橋四。普濟自翠筠觀東取水，闊二丈，深得其十七，派河十，中爲石閘二、石橋五、陰洞三。二河俱長三十餘里，次第入于沁。惠民自泉源取水，闊七尺，深倍之，派河六，中爲大小閘五，長一十五里，亦附廣惠北河入沁。其舊丹、沁支河之可葺理者，悉爲之啓其塞，暢其流焉，由是四境之田無不受水利者。河内喬尹翔鳳謂大夫是舉且貽懷民百世利，欲勒諸堅珉，以垂示久遠，乃纂述顛末，屬史維記之。夫河内自秦漢來民擅河渠之利，其疏浚築捍、防害永利當必代有作焉，乃今上下數千載間，温節度、潭總管之外無聞焉，二公固表樹閎鉅，餘豈繄無人？特以紀述不存故耳。且《元史》載總管功猶唯曰沁，則丹水溉田不越勝國、國初時耳。今其作者名氏已遺佚不可睹，矧遠而千載下哉？大夫並浚三河，其興建視温、潭尤偉，不慮後無聞，第以作法貽遠，欲使來祀可述，儀鑒不昧，當必於斯文考焉。大夫名誠，字勉夫，由工部郎出守懷慶，起家己未進士云。

延綏鎮修邊記

延綏並北邊爲塞，東起黄河堧而西接于寧夏境，延亘千有五百餘里。其繕塞爲垣，寔自青城余肅敏公始。當其時，虜患未甚熾，其垣堵庳薄，取足限内外而已。比虜入屯河南，侵軼煩數，肅敏所築垣歲久僅餘殘址。正德中，楊文襄公乃擬爲巨垣遏之，冀以時休士馬，力驅之北渡，爲猷甚壯。工方興，文襄代去。嘉靖初，王恭襄公視西師，度虜未可即驅，而文襄所繕垣去軍營遠，據守不易，乃〔四〕尋肅敏故迹繕之，畫爲三段。自定邊而東，至于龍城爲西段；自龍城而東，至于雙山爲中段；又自雙山而東，至于黄甫川爲東段。西段最爲虜衝，其防禦之阻亦惟西段最急，故役興自西段始。工未半，恭襄復代去。嗣是諸公蓋皆相繼繕之，或數里而止，或十餘里而止，而前所築垣間復隤壞，蓋自隆慶中而西段之工始竣，其東、中二區不暇及也。然延鎮卒前此稱驍果，爲虜所憚，其爲守禦不專恃地利。近以虜數闖畿輔，歲徵選鋒萬餘入衛者幾二紀，奔命往來，耗敝且極。虜矙延卒不足憚，靡歲不内訌，而五原、北地間蕭然不支矣。今巡撫、大中丞大石張公初以臬使分巡榆西西路，自邊垣外，凡郡邑、屯衛其城多不足恃，文武小吏至有露居無公宇者。公亟爲經營之，兼城二鹽池，墾營田萬頃餘，歲徵租供軍費，軍府用以强富。已調公巡榆東，復爲葺城堡，飭公廨，不啻西路然，而自建昌抵黄甫川若干里邊垣以成，即王恭襄所畫東段地也。天子嘉公治西事有績，謂公任事忠，乃進公中丞，付以全鎮。是時虜歸款，奉約束，不敢輒寇塞矣。公益汲汲爲桑土謀，若虜旦夕至者，乃首增築鎮城，崇視前加一倍，闊三之，重樓其四隅，甃堞以磚，其諸公宇、倉庫、學舍、祠廟一切構葺之。于是繕鎮城以北邊垣，西接鎮靖，東連建安，凡三百餘里，蓋恭襄所畫中段地也。其地多水，大小河無慮百餘，且沙礫參雜，艱于得土，故前後無敢輒舉工者。公周爰審視，具有規畫。凡石砌大河口二，土築大河口四，石券水洞暗門八十有三、水口四十有五、水眼五十有一、水道四百三十有二〔五〕，由是泛濫衝决之患悉所不畏，而全鎮亘北邊千五百里崇墉蜿蜒，屹爲巨障矣。是役也，役軍丁不及三萬人，三年而終事，用銀兩十萬二千有奇。公乃疏言其狀，詔下司馬氏。司馬氏曰："榆塞邇虜，且平土無關閡。自虜匪茹，建議者率先修守，非一人非一朝矣，而卒〔六〕莫能舉事者，則以延袤廣邈，工不可計日就，役民衆而經費夥耳。兹鎮臣能于三年中城千里塞，無加役，無厚費，法當徵實而大賚之以風諸鎮。"天子韙之，特詔夏官大夫往覈其績，于是備得公措置規畫之方、調劑樽節之用，種種甚偉。天子乃晋公右副都御史，錫之金幣，勉以修廢恤疲，圖畫戰守，用顯竟于前猷，蓋異典也。榆之文武耆彦總兵姜應熊、舉人馬希龍等以及屯隊、閭閻父老子弟，感公保障功，且爲延人百世永庇，屬鎮人藩參榆浦崔公以手狀述公建創之詳及諸搜卒乘、庀器械、完倉廩、固帑蓄、汰奸宄、豐軍實諸嘉政至備，以余叨從太史後，祈識其事于石，俾其後世尸祝公者有所考云。公名守中，山西聞喜縣人。

平陽府襄陵縣新建磚城記

襄陵舊築有土城，圍凡六里許，既庳且薄，不任防禦。其增崇培厚，且環而甃之以磚也，則自今歲戊辰始。襄陵在河東爲壯邑，河東地險塞，北有太原、雲中爲之外障，入皇朝二百年餘，民不見烽警，故城池、甲仗所以爲禦侮計者率散弛不理。列城盡然，不獨襄陵也。去歲丁卯，虜乘邊吏之不戒，闖入偏、老，蹂躪汾、嵐間，攻陷石州，殺擄極慘，遊騎且掠及霍州北境，于是河東大震，民四顧遑遑，莫適保聚。虜既去，監司乃下檄諸郡邑築浚城池，督促旁午。惟時守令或浚財殫力，民怨蝟興；或慢令愒時，文書苟具。武安宋侯方視襄陵事，顧獨爲之深遠慮，曰："設險禦暴，即在承平不可忘桑土計，矧虜匪茹時耶?"乃相舊城，絜其高，二丈有二尺，曰"何庳也"，增而崇者五之一；絜其厚，四尺耳，曰"何狹也"，培而闊者五之三。襄，澤邑也，土濕易隤，則爲之陶磚而環甃之，石其址。經始于仲春之吉，五閱月而工完，用民力月不過一日，凡費緡錢大約八千金止耳。初侯念役興費鉅，顧帑無羨蓄，而又不忍箕斂于民，乃屬父老子弟而胥諭之，俾各以力自效，因捐俸百金以倡。于是寮佐諸屬各出俸有差，而鄉宦、士民慨然樂輸，有以千金自占者矣。侯乃擇民之質實有幹局者數人司其出納，吏胥絶不與，事完官爲考覈朓朒而已。其措置詳審，號令明信，情愛懇惻，民用丕作。方役之興也，築始于東面，役人則聞墻内若雷鳴者三，悉有蛇出，土隨以裂。侯異之，訊之父老，爲祭姑射山龍神，其異即止。及是城成，襄人以爲有神助焉。余觀圖經及《寰宇志》，載劉元海築陶唐金城時蛇媪之異，竊謂"語怪"，乃今去其時千餘載矣，土人猶能識其神，而變幻亦相若，得非山川融結，固有靈奧不測者耶？宋侯勤于民事，幽鑒于神，屹屹崇墉，成功不日，興大役而神、人用和若此，亦何有于外侮哉？侯名之韓，余嘉靖乙丑春闈所舉士，又宦于吾土，故知侯爲深，且幸襄人之有永賴也，爲述其興建始末，俾後有考云。

平谷縣修城記

平谷，古漁陽地，北與胡貊鄰，城郭、溝池所以爲防禦計者，自昔視内地爲急。然今圻邑也，又介在四山中，烽警視諸邊差少，是以守土者易焉，而備禦益疏。縣舊有城池，歲久夷陁，攀堞往來，不異周道。今尹任君彬既視事，思以興葺之，顧歲祲財詘，未足役也。癸亥冬，虜馬奄至城下，任君部率市民，分地設方略以守。虜門于城，殪其酋二人陴内，始免于危。虜既引去，任君乃禮延邑之名德巨室、閭長黨正，諭將有事城池，爲捍圉永策。衆歡然稱便，乃上其事監司。監司咸是之，撫臺雲中温公令守軍采薪燒灰以濟其役，按院洛陽董公檄贖鍰百金以佐其費，其諸當道悉有金穀助焉。任君乃自理百餘金，爲士民倡，邑衆開磚窑百二十所以陶。于是諏日戒工，富效財，貧出力，吏殫勤，工獻巧。城以丈計，凡周六百五十，撤而修之者過半。城舊高二丈五尺，增築五尺，俾益崇。又于城四門各樹以樓，扁其東曰"挹盤"，西曰"拱辰"，南曰"迎沟"，北曰"威遠"。城隅增鋪舍四。又浚其隍丈餘，沿塹悉植以柳，當四門之衝置便橋焉。經始于甲子閏二月廿日，竣于是歲六月之望，凡五閱月而工成。城峻而堅，池深而闊，屹然改觀，民有固志矣。任君乃述事本末，問記于史維。維惟備禦不虞，政之善經，故城郭、溝池之固，雖襲承平、處中夏，猶不可一日無戒心焉，而矧關塞耶？顧列城十百，傾夷者半，寇至常苦〔七〕無備〔八〕，何哉？則用民之難耳。蓋患貴于防微，而民難于慮始，未睹其害而先勤之，則勞且怨，雖告之以必然不信也。平谷城池之建，在先無所考，而唯見于成化丁亥巡撫閻公之疏請，其所述規摹、建置在當時稱雄厚矣。後五十餘年，當嘉靖壬午而始重修之，以礦徒之變，城已不能支矣。迨今又四十餘年，因虜警乃復修而加壯焉，蓋民有所創則其趨事也易，興大役，動大衆，不得不因乎民耳。任君蒞平谷幾六年，扶敝拯羸，煦煦然如慈母之于子，而且爲之防患深遠，其所以舉羸于力詘，獲遂有成事者，唯民之因，加以賢監司提持而佑濟之者弘也。昔成化丁亥城之始建也，寔惟巡撫閻公，嘉靖壬午則巡撫孟公重修之，今兹之舉又唯温公是賴。此三公者，域民翰國，先事謹備，其雄略著在疆圉者，前後較若畫一也，而兹其一節云。

廣平府臨洺鎮修城記

去廣平府治之西五十里紫山之麓，聚廬數千，依洺水而處者，有曰臨洺鎮焉。國家奠鼎燕京，廣平近爲甸服，鎮當畿右四達之逵，使命、冠蓋之所往來，四方萬國朝聘、貢賦以及西南徼外蠻夷歲時享獻之所出入，水陸舟車、商旅貨賄之所叢赴，地要且壯，不啻一鉅邑然，爲之城郭、溝池以保聚防萌，有的然不可已者，然以非邑治也闕焉。嘉靖壬寅、辛丑間，太原再有虜警，前太守陳公俎深惟于鄰之戒，環民居創土城一座，延袤計六里許，歷歲凡二紀餘，于今矣，霖潦崩衝，陁圮過半，内外靡限，民罔攸保。今太守崔公大德念之，檄諭鎮民以保障久遠之利，民相與競勸以輸其力；又捐俸入埏磚以佐其費，民益相與競勸以輸其藏。材用既具，畚鍤丕作，完漏崇庳，培堅增壯，甃睥睨而塼之，築四隅而石之，且各建樓其上，蓋役不逾月而巍然壯觀矣，時丙寅夏四月也。鎮人司馬大夫李公堯德德太守斯舉，欲紀諸貞石，以垂永久，乃述繕創始末，問記于余。余嘗道河、洛趨都，遵太行而北，既盡司、豫之境，與圻服接，則臨洺其首程也。民居繁衍，物産豐熾，其山川控帶形勢，風氣屯結，彌望鬱鬱，儼然一都會矣。竊怪昔之辨方畫邑，顧獨遺此何故？及考史志，則見所謂臨洺者，本漢易陽縣也，隋易今名，其廢而爲鎮，特自宋熙寧始，是知熙寧固多過舉也。邑必有城，邑廢城亦隨之，遂使數千室居民靡所蔽護，無論外侮，即聞草澤有眇小呼嘯，老幼遑遑終日夕，莫敢安處矣。此其計宜不容一朝緩者，由熙寧而來且五百載，而太守始成之，非夫慈惠宏覽，爲有衆深長慮者，其孰能與於此哉？

京師新建外城記

皇上臨御之三十二年，廷臣有請築京師外城者，參之僉論，靡有異同，天子乃命重臣相視原隰，量度廣袤，計工定賦，較程刻日。于是京兆授徒，司徒計賦，司馬獻旅，司空鳩役，總以勛臣，察以臺諫，與夫百司庶職，罔不祇嚴。乃遂畫地分工，授規作則，制緣舊址，土取沃壤，寮藩輸鏹以贊工，庶民子來而趨事，曾未閱歲，而大工告成。崇庳有度，瘠厚有級，繚以深隍，覆以磚埴，門墉矗立，樓櫓相望，巍乎煥矣，帝居之壯觀也。夫《易》垂“設險守國”之文，《詩》有“未雨桑土”之訓，帝王城郭之制，豈以勞民？所以固圉宅師，尊宸極而消奸伺者也。國家自文皇帝奠鼎燕畿，南面海内，文經武緯，細大畢張，而外城未建者，非忘也。都城足以域民而外無闤闠，醜孳敢于竊發而征馬未息，故有待于我皇上之纘緒而覲揚之耳。夫以下邑僻陬，即有百家之聚，莫不團練垣寨，守望相保，況夫京師，天下根本，四方輻凑，皇仁涵育，生齒滋繁，阡陌綺陳，比廬溢郭，而略無藩籬之限，豈所以鞏固皇圖、永安烝庶者哉？故議者酌時勢之宜，度民情之便，咸謂外城當建，夫亦思患豫防，順時之道當然爾。昔宋中葉，武備弛矣，而汴京平衍，又非形勝之區，其謀臣范仲淹議洛陽之城非可後者，乃不見用。我國家方當全盛，將帥如雲，重關外峙，而控山带海，又非汴京者比，外城之緩急可知也。我皇上一聞廷臣之議，即命共工，建兹丕業，是豈群臣之見越于仲淹，寔我皇上軫念民瘼，憂厪國體，其視宋君之忽于忠計者萬萬不侔也。以隆王者居重之威，以奠下民安土之樂，以絶奸醜覬覦之念，豐芑貽謀，苞桑定業，不亦永世滋大也哉？嗚呼！此固聖人因時之政不得不然者耳。要我皇上之心，固將率土爲城，寰海爲池，怙冒八荒，而無此疆彼界者，豈一外城之建能爲限量者哉？臣謹記。

繼述亭記

亭以“繼述”名，志孝思也。上黨黄岩李公既殁，其元嗣某甫卜地柏穀山之麓，建祠妥靈，以歲時修其祀事。中堂之前，左右爲二亭，凡子姓之與于祼將者，其男則列之左亭，女則右，所以式叙内外，致其肅穆者也，遂命其左曰“繼志”，右曰“述事”。孝哉！思深乎，君子以是知黄岩公有後也。蓋昔者宣父稱武、周之孝，曰“善繼其志”，曰“善述其事”，而實以宗祀之禮。夫廟制昭穆之序，裳衣球玉之設，嘗薦宴饗之儀，揆之造周之烈，巨細則殊矣。聖人語繼述之善，不彼之稱而此是取者，諒以思之存乎親爾，固夫有朝夕如臨之念，則志不期繼矣，事不期述矣。如其怠而忘焉，伯魯不能舉簡也，况親之既歿哉？故負荷者非積薪之謂也，堂搆者非作室之謂也。黄岩公鴻材茂德，卓然鄉之前哲，位未增而年不逮也，其志其事，將有賴于嗣人者。而某甫仁敬懇篤，思存不寘若此，則演迤前人未竟之烈，以陳信于宗祀者端可卜哉！余因敷其名亭之義，用諗諸後云。

洗心亭記

"洗心"之義尚矣！《易》垂"退藏於密"之文，而《傳》著"日新又新"之訓，豈不以性命之筦屬在靈扃，操舍之幾分在毫渺？故雖聖修之極，未敢忽焉，此遵聖崇德者所當孜孜不懈者也。夫人心虚明，萬理攸具，道德、功業悉由此出，粹乎本體，潔乎天精，夫亦奚有於洗也？氣拘習囿，物蔽欲化，粹者漓矣，潔者污矣，藻繢施而粉地虧，玄黄成而素絲變矣，非加乎洗心之功焉，欲窺其真不可得也。求之於天，反之於始，浸潤之以静存，灌漱之以夜氣，于是乎理義以澄其源，德行以浚其流，省察力行以淬礪之不倦，不爲氣拘，不爲習囿，不爲物蔽，不爲欲化，皜皜乎本體之天粹然而復于無事，此固孔子、成湯聖學之所以爲盛也。予自髫年學道，期于存心，而勇往未能，内省多疚，因即圃隙疏泉爲池，結茅爲亭，而以"洗心"名之。解滌世棼，留神湛一，玄鳥至而東風生，炎雲起而芳樹茂，澄潭落木，堅冰帶雪，静觀萬物，庶乎吟風弄月之情；朝暉起于東軒，落霞宿乎水面，午風静而南窗虚，星月皎而碧波灧，俯仰天壤，庶乎浴沂風雩之趣。將使萬慮俱解，一真自如，以求晦翁所謂"源頭活水"，以蕩除其氣習、物欲之污者，朝夕游焉，又安知其終不可以達于上也？若夫過爾優游，執熱不濯，豈惟居德之疵，雖視名亭亦有攸愧，故亭成因并述其名亭之義以爲記云。

擬《進士題名記》

皇帝三十二年，彙進多士，既已登名于朝，賜第于廷，錫宴于春官，服政于諸司，將以分布中外，以永衍無疆之丕庥，惟時禮部尚書臣某循例以《題名記》請，帝曰："俞咨司空，恪具乃役，毋斁先典。"帝若曰："咨爾臣某，兹多士緊惟爾進，爾尚撰辭。"臣謹拜手稽首而獻記曰：科目之來尚矣！蓋自漢策賢良，迨隋唐而爲進士之制，後世沿之，遂成定矩。然試先詞賦，非道化之原也；寵以流連，非天地之義也。雖其賁榮烜赫，稱擅當時，然而識者眇之，謂所以待士者淺也。國朝制沿近代，義師隆古，黜詞賦而進經術，斥虚誇而敦實尚，故教養有法，賓進有儀，接遇有禮，其所以待當世之士者可謂深矣。夫士藏器需時，抱珍樹節，雖值時之弗重，猶將以其厚者自處，矧其上待之深，而顧自處于薄焉？非夫也。是以祖宗列聖，蔚有碩人，翊化宣猷，經文緯武，駿圖益鞏，玄化雾流，雖其天贊熙朝，遺之庶彦，要之諸臣之感于遭際者固自不可誣也。今其豐碑具存，可覆而考，多士尚無遠取法哉！然而亦有播棄芬芳，甘從污穢；亦有名與身往，無得而稱者。夫鑒後者莫若先，後之觀今，亦無異于今之觀昔，名實善惡，易世彌昭，誠可畏也。臣始被命柄文，嘗以言行之極爲多士告，今重荷寵命，又以名實之要爲多士勉者，何哉？揚言將以致用也，恐行有不孚，故諄於始；題名將以垂遠也，恐實有不逮，故要於終。《書》曰："慎厥終，惟其始。"多士尚慎之哉！毋負聖天子禮遇之隆，毋孤臣所冀以人事君之願，毋悖我先臣之景規而蹈其邪度，以求所以爲士名之實，俾後進俊乂指名而景步之，尚賓于堅珉。其鎮浮培厚，默運化樞，可以觀德；晢微赴劇，翕陰敷陽，可以觀才；蹇諤不回，守死不二，可以觀節；藏垢匿瑕，毁譽不震，可以觀量；剸堅剖棼，煥有條理，可以觀政。曰"此某也，此某也"，不必悉其貫籍，即姓氏居可知矣。兹固名之休光也，多士豈以名爲榮哉？實稱其名，人指其名而榮之；實盭其名，人指其名而辱之。言行出于一身，是非存乎萬世，真僞存諸簡牘，榮辱被乎子孫，多士慎勿以今日之名爲可幸也。

五顯靈官廟記

當長安右街而南，爲大時雍坊地，有曰"胡尚書衖"者，以前太保胡忠安公嘗邸于是得名。閈北有五顯靈官廟一區，相傳爲忠安公所創，然無可考。大抵今都會、郡邑，無論闤闠、墟落，每當閈必有神宇，其神名號最衆，不可究詰，而亦莫詳其始。第神既廟食其地，則同閈之人尊事之，歲時惟謹，凡有水火疾疫，亦必于神是禱，間有靈應焉。是廟閈人崇奉最嚴，然規制殊隘，像供、人迹雜沓一室，非所以致潔清、隆報享也。萬曆三年，門正安齋王君鄉捐貲，市廟後民居一所，爲地若干丈，遂充拓廟址，撤舊制而一新之。中爲神殿，宏敞精麗。右廂爲屋三楹以妥賓客，左廂則守僧居之，楹與右廂等。繚以磚垣，中神道爲正門，作便門于右，諸往來者由之。工始于三月十有九日，越五月二十七日告竣事，而廟貌奕奕改觀矣。時余僦屋尚書衖右閒，安齋乃屬余記其修創顛末，鑱之堅石，用以詔諸來者。

傳

歷山公傳

歷山公者，名錡，字尚用，姓解氏，蒲人也。蒲有歷山，故號“歷山”。公自先世以淳德著于鄉，至公乃益懋。偉貌豐頤，簡而愛物，望之隆然可畏也，久久乃益親。幼以明經爲諸生，習舉子業，性敏毅，研精覃力，夜以繼晝，遂博綜今古百家之言，以昌于文詞，有雋聲于庠序中。然其人實篤信好古，自知學習，見聖賢之言，凡飭躬應物，每事必準擬之。事父母至孝，温凊定省之儀，與夫安養、調攝、承顔之節，無不得禮情者。父老而好奕，則時奕于其側，蓋古人弄雛意。處儉而善施，尤敦于族。猶子希廉者，撫而拯之，引而習之，教誨而室家之，俾之能立。下逮僮僕輩，亦必極慈育，乃其天性然也。末年所造益深，父既壽，好修長生之術，一日出《修真太極圖》問曰：“儒謂此理云何？”公以《易》與周子之義對，且具析其同異，父悦。自是每夕命講子史性理諸書，率以爲常。公既内有獨得，而外又不偶于當世，于是志學之士争往歸之。公嘗曰：“爲學以虚心爲主，心虚則道入。”又曰：“學貴明理，理明則辭達，與身心處有益。”故出其門者，若侍御荀公汝安、武强令張公綱，及諸生周卿、趙汝完、郭惟良輩咸有稱焉。有三子，各因其才質所近而命以業，曰：“希夔，汝緝吾志。”曰：“希顔，希曾，汝牽車四方以營俯仰，毋俾爲儒者，惟家之恤。”因各以箴示之，《儒箴》曰：“汝欲業儒，定性是廬。不岐于物，萬理斯儲。”《商箴》曰：“汝欲業商，勤儉是常。不自滿假，永保無疆。”又以《列女傳》教諸女曰：“汝儒家息也，當有古閨閫風度。”故子皆善其業，而女適人者皆稱良婦人，其教訓漸習然也。公年五十，竟以諸生終，其遺教餘風，蒲之人到于今有述焉。公配馮氏者，内行純備，相公終始無違言，蓋克稱“君子之偶”云。太史氏曰：淳德之難久矣，世之學者孰不目《詩》、《書》而口孔孟哉？即其議論、文章匪不燁然美且備也，而反躬則否，彼其心直以爲應時之用當然耳。若人者，雖童而習之，猶之市儈旦夕于綺縠珠玉之區，其聞見亦習且夥矣，而身窶人也，奚貴焉？歷山公勇于修實而怯于近名，簡于外趨而富于内得，即其徵之宗族、鄉黨者，其可謂彬彬然淳行之君子矣，故"文而不慚"，孔子所以思先進也。

銘

敬義齋銘

夫理以有寓而形，心以無警而弛，古人之重自治者，必托物寓理以識不忘，盤盂、刀劍、户牖之銘，炳炳乎可考也。若夫顓孫服言行之訓，著之垂紳；子厚繹訂頑之章，揭諸右座。雖所寓不同，其識不忘一也。余從事聖學，竊有志于制心制事之要，而欲怠爲累，内外多愆，不惟德孤而疑于行，且恐從滅吉凶之應不我僭也。乃取文言六二之辭，以及尚父丹書之意，謹即齋次扁曰敬義，而因系以銘焉。嗚呼！理非徒言，力行是貴，直方不逮，將視此銘之義闕如也。朝夕在目，獨能無愧勵矣乎？銘曰：

兩儀韞精，萬彙流行。物匯其漓，人毓其淳。所以人心，靈瑩罔蔽。理緣斯出，事緣斯制。事奚以宜？理奚以存？唯敬唯義，寔德之門。洞洞屬屬，齊明在躬。不參以伍，不西以東。萬慮俱寂，精與天通。是曰持敬，豫内之功。擇地擇言，率履不越。施感者萬，順應者一。無黨無偏，無固無必。守義利外，能事斯畢。義形外方，敬立内正。表裏交修，業廣德勝。匪敬胡直？匪義胡方？特重者偏，交棄者狂。在昔哲聖，闡道經天。吕陳姬瑞，孔衍羲玄。眇予小子，志道靡筌。撮彼元旨，翼我造端。綴銘座隅，用擬指南。

校勘記

〔一〕“盖”，據明刻本（明）王鴻《薛文清公行實録》附張四维《薛文清公從祀孔庭記》當作“益”。

〔二〕“道”前，清稿本有一“夫”字。

〔三〕“邗”，疑當作“邘”。清《武英殿聚珍版叢書》本南北朝酈道元《水經注》卷九：“沁水又東，邘水注之。”

〔四〕“乃”，清稿本無此字。

〔五〕“二”，清稿本作“一”。

〔六〕“卒”，清稿本無此字。

〔七〕“苦”，清稿本作“若”。

〔八〕“備”後，清稿本有一“者”字。

條麓堂集卷二十五

碑　文

榮河尹望海侯君重建邑城碑

榮河，古綸也，夏后少康之邑，爲漢、唐畿内地，控河、汾之匯，枕秦、晋之交，觀元季武壁遺迹，防禦視他郡爲要。然地無崇山峻嶺之阻，兵無屯衛之固，即一旦草藪竊發，輒燎原莫撲，防禦之術，又以城池爲要。乙卯歲季，秦、晋地大震，邑敗數十城，一時凶宄乘便剽劫，邑西則有沿河獷夫亂流而東，邑東則有藩府屯卒乘原而西，民洶洶莫必其命，則城池之守又惟此時爲要。而大變所摧，基址僅存，民敝不任，財匱莫出，鳩工興務，有甚難于時者，人瘼天灾，于斯極矣。丙辰，天子方大計天下群吏之治，聞變惻愴，命冢宰擇守令之賢者、才者往撫疲民，興廢政。深澤令鄆城望海侯公有卓異績，遂擬公榮河，天子俞之。公祗嚴德意，鋭以蘇困起廢爲任，始至，即練鄉兵，倡勇敢，精器械，揚威武。諸盗既懾，城守是先，遂略地勢而相視之，闢新制，聯舊基，周繚共得里九餘步十三。通邑民而均役之，凡幾人役一丁，得丁凡四千。丁四日一役，日役者一千丁，用以不妨農務。慮財用而委輸之，凡監司給濟若干金，富民願助役者若干金，而公區辦若干金，共得百餘金。量難易，命徒庸，計時日，平遠邇，令既具，擇邑父老之良與子弟之能者分督之，獎率有術，餱偫咸裕，板幹斯竪，畚鍤丕作。經始于五月丙寅，越六月丙午城成，凡爲日四旬有一。于是城東、西、南爲門者三，南、北爲重門者二，門各冠以重樓，併西城爲樓者四。崇墉造天，嚴扉重閉，烽櫓連望，實備實美，煒若神造，屹然河、汾之巨防矣。民既安堵，公遂覈田賦之奸欺，均繇役之次第，浚瀵魁之淤源，平鈐[一]織之獄訟，創書院以群業，明經術以正趨，百姓悦豫，多士大和，訢訢乎向道樂生，忘其爲創殘之餘也。邑庠教諭孝光先，訓導高鳳、王夢弼，暨諸生王濟、張璉、柴騰、李世安、潘希皋、衛守仁、范道亨等，投牒分守石首王公，以樹碑請，遂告予，屬之言。予惟孔子作《春秋》，凡土功必書，所以重民力、垂鑒戒也。然自天下爲家，城郭、溝池以爲固，司險掌固，屬在夏官，凡以思患豫防，域民奠國，殷、周盛王之所不廢也。恃陋不備，於莒斯誅，蓋《春秋》非惡用民，惡用民之輕爾。昔叔敖城沂，使封人慮事，以授司徒，量功命日，分財用，度有司，事成，不愆于素。夫叔敖舉楚國之政，當閒暇之期而城一邑，是財力有餘也，猶見美當時，垂聲後世。而况公承凋瘵之後、恇攘之中，財力俱詘，爲必不得已之舉，賦不及民，刑不及役，量勢以興，計日而就，視城沂之美，與敖有光，其難易則倍殊矣！使當春秋之前，聖人固將大書起例以詔後者，而謂凡城之志皆譏，固穀梁之舛也。予既述公之績，併系以詩，俾汾陰之民世咏之，章善以情，傳遠以信，寧惟史職，固亦《春秋》意哉！詩曰：

在晋西陬，邑曰汾陰。陰迫陽激，谷峙陵湛。越有猓狖，當晝荷戈。讙呶趫捷，其徒如麻。人忘厥身，疇恤有家。天子念我，命我侯公。戴星載馳，單車自東。顧境裵徊，不遑底處。哀我矜人，糾我義旅。太乙揚旂，讋彼狐鼠。乃相原隰，乃理墉洫。豐庳示中，先後以式。衆庶歡騰，式呼以舞。登土矗雲，决渠溜雨。賈力争先，崇朝百堵。乃作重門，鐵扇石樞。乃擢危樓，修橑荷桴。峭岸緣流，横雲斷衢。颰寧霾净，嵬爾雄區。昔公未來，田穢于萊。稺遺載道，衆心孔哀。公既至止，婦子燕喜。西隴南郊，俶載禾黍。靈瀵既陂，秔稻環郛。白鹿載闢，衿珮群趨。我邑既覆，維公復之。我民既殄，維公育之。我願我公，百禄是綏。延于永世，頌此刻詩。

陵川縣君貞節碑

陵川縣君者，皇明宗室女也，父曰輔國將軍聰淙。瑶潢托體，瓊珮閑儀，婉嫕[二]幼成，終温且惠，笄年選配儀賓裴禹卿。禹卿者，前東平太守之仲子也，弓冶紹其華腴，琴瑟偕其静好，肅雍有度，順巽不渝，家人内外，莫不宜之。會嘉靖乙卯秦、晋地大震，連城盡圮，比屋陸沉，蕭芝同焚，玉石俱碎，人死者以數萬計，禹卿與焉。縣君痛軫所天，信堅皦日，哀腸慷慨，自惟一死以爲安，姻黨留連，勸譬百方而不變。禹卿將殯，縣君以首觸棺，叩心泣血，而大慟曰："盍少待，即同歸也。"翌日，乃歸寧父母、兄弟，永訣以旋，其夜遂投繯而死，年才二十有一爾。蘭蕙淑姿，溘先于朝露；松筠茂節，凛著于歲寒。行道爲之傷心，義士因而隕涕。嗚呼！烈矣。夫大倫所係，厥綱惟三，女子事人，在義從一，此風化之本原，寔禮教之攸始，是以圖史列其表儀，彤管著其潛懿。若奔流驟至，寧載溺而需符；若烈焰在堂，甘自焚而待姆。或歸尸而書户，或剺耳以投棺。莫不掩嫮中閨，傳芳遡代，苟非自天降哲，聞禮克持，夫豈能矢死靡他，從容就義若是哉？嗟嗟縣君，視往牒信有徵矣。于是守臣高其節誼，奏之天子。天子感焉，乃詔秩宗表厥宅里。華坊巀嶪，風穆動于丘閭；正氣崚嶒，名赫揚于河嶽。振兹人紀，重我宗盟。縣君有弟二人，爲奉國將軍俊榷、俊嘌，樂善能文，篤親追遠，擬鎸貞石，用永徽猷。以維嘗從太史之末，俾屬傳信之辭，九京可作，一言不愧。銘曰：

奕奕銀漢，于天爲章。婉婉淑女，王家之光。厥光惟何？皎焉貞烈。霜雪匪厲，金石可裂。桃李穠華，初配君子。奉榛采蘩，惟恭敬止。結髮偕老，百歲是期。早歲不夭，明靈曷知？自古先民，修短均死。夫亡與亡，我心則爾。父母憐女，舅姑惜婦。勉以無死，我心則否。瑜珥錦繒，忍復戴服？蓬首槁容，忍復膏沐？去此白日，即彼玄夜。蒿里偕歸，魂魄相藉。北風凄凄，朔雲無暉。萬人哀感，神鬼嘘唏。帝謂禮臣，旌是淑節。樹儀國姓，系美皇牒。條涑之墟，崇丘窈窕。植有連枝，翥惟雙鳥。日星永明，川原永平。南山片石，千秋令名。

誥封通議大夫南京兵部右侍郎槐莊杜公神道碑

萬曆丙子五月五日，封南京兵部右侍郎杜公槐莊卒，其子工部侍郎拯屬告在里，奉公終，乃走使者籲闕下，上爲降恩綸諭祭，命有司營葬如制。初，司空與余舅今大司馬王公同官比部郎，奉公及余外祖贈少保公各就養京邸，歲時耆英社會，余時走試春官，嘗以通家子謁公，奉色笑焉。至是，司空乃以范太史所爲公狀示余徵銘，用揭于阡左云。按狀，公諱晞，以字行，曰士希。其所居介龍潭間，卜小築于其滸，手自植槐焉，因號槐莊。公生而頎秀警敏，稍長，從經師受弟子業。乃經師一見輒異之，期以遠到，竟以親老故弗能離膝下待試，而晨夕奉菽水歡。事繼母孝謹，一如事父。迨父没，又益夔夔篤也。與其弟某同居五十餘年，有無均之，仍躬拮据而畀之産。有女兄既嫁而寡，家復落莫，則捐貲割地，恤其子若孫，其女兄藉是得以節終焉。蓋天性孝友如此。教諸子嚴而有法，不第課佔嗶以徼世資。司空公弱冠舉進士，仕郎署矣，乃其訓敕之嚴，弗以子貴故暫輟也。比部郎職得讞中外疑獄，公屬在宦邸，所與昕夕論議，常左刻核而右平恕，復著《法原》以示，司空謹奉教，遂以平允見稱。會河間王氏子以告訐興詔獄，詞所株連無辜甚衆，司空悉與申雪之，而抵罪王氏子，以是忤旨，遭廷杖，外謫。公不以爲戚，仍勗司空曰“臣職不啻若是”，蓋其識度淵矣。公雖夙棄舉子業，而博涉洽聞，譚世務悉中肯綮，至廣座發難吐奇，令衆口自廢。司空官比部及自謫居稍遷留曹郎，皆迎公就養。公以故由越入吴，逾淮涉濟，縱觀兩都之勝，諸所嘯咏留題，見者咸擊節稱賞也。比自留都歸，乃始慨然嘆曰：“天下之壯遊盡是矣，吾且終老菟裘。”遂杜門下楗，即有禮於其廬者，亦翛然簡接云。居常念先世祠墓傾圮，且家乘、禮儀闕然未備，乃爲繕祠宇，秩祀事，倣《朱子家禮》、《蘇氏族譜》立爲宗約，而裁之以獨見。杜氏族指繁，公於行爲最尊，衆有紛競，第取公片言立决。族有祭田，有公田，有湖地，公按籍授事，悉窒諸奸利孔，族衆甚宜之。然性復輕財好施，族黨中貧弗能葬者，窶無以爲業者，婚娶弗能以時者，輒推所有賑之，如償宿負，以故人人懷德而服從其教。昔萬石君家不言而躬行，視此豈異哉？宜乎公之有子也。公生于弘治戊午，享壽七十有九。卒之日，夙戒家人具湯沐，比午集子弟，以節事會食于中堂，日晡乃危坐逝，其令終如此。公曾祖旋，以子參貴贈儒林郎。旋生修，修生欒，即公考也，贈如公官。嫡母鄒、生母張俱贈淑人。繼母孫、公配游氏累封淑人。生丈夫子三，長即少司空拯，嘉靖戊戌進士；次哲，貢入太學，先公卒；次撍，隆慶辛未進士，知臨清州，亦先公卒。孫男三：伯初、應初、慎初。曾孫男二。銘曰：

淵之匯，流則長。根之蟠，燁其芳。兹天道，信有常。猗惟公，德可量。裕乃躬，化斯鄉。慶所篤，胤是昌。民攸庇，世之望。孝養備，壽且康。都顯榮，歿亦光。鬱斯丘，封若堂。神于依，風載揚。山矗矗，川瀼瀼。千萬年，永不忘。

特進光禄大夫柱國少師兼太子太師吏部尚書建極殿大學士贈太師謚文貞存齋徐公神道碑〔三〕

當嘉靖末載，世風之溷濁甚矣，民不見德，惟賄是聞，四夷交侵，萬民失業，天下勢蓋岌岌乎其殆矣。一旦肅皇帝赫然斥逐盗臣，而以政柄歸之徐文貞公，若雷霆震而妖怪伏，陰翳披豁而旭日升也。令出朝堂，不崇朝而歡聲暢于四海，若藴隆焚爔之極而時雨沛也。由是中外洒然易慮，士大夫得以守身修職，自見于世，争自淬礪，以名節相尚，苞苴屏絶，清議凛凛，回視前日寵賂狼籍，狎習而不怪者，若異世事矣。未幾，廢墜興，瘡痍起，流徙者復，怨畔者靖，文武小大吏咸黽勉理其官守，内撫外攘，國勢儼然增重，迄于今賴之。夫是時道敝風淪二紀餘矣，久難變而極重不可返也，識者憂焉。乃清濁分規，安危異度，成功化于俄頃間，而貽諸永世如此，豈非忘身徇國之忠、正己格物之效？夫固有不言而信、不行而至者哉。嗚呼！肅皇帝臨御凡四十六年，其知人善任之弘猷盡善克終，于是爲不可及已。公諱階，字子升，别號存齋，松江之華亭人。父贈特進光禄大夫、柱國、少師兼太子太師、吏部尚書、建極殿大學士思復公黼，母贈一品夫人顧氏。思復公嘗丞宣平，以弘治癸亥九月二十日生公于官舍，有異徵焉。公警敏性成，弱不好弄，知學即隱然有巨人志。嘉靖壬午舉于鄉，癸未登鼎甲，授翰林院編修。予告歸娶，尋丁思復公憂。服闋復職，益孜孜務實學，德日進。俄以議孔廟祀典忤旨，謫福建延平府推官。滿三載，遷浙江按察司僉事，提督學校，升副使，移任江西，江浙士至今頌公德教不衰。己亥，册立東宫，召公爲司經局洗馬兼翰林院侍讀。公去國且十年矣，歸而望益重。丁顧夫人憂。終禫，以國子祭酒徵。上遲其至，屢語侍臣趣之，由是人始知宸注于公者隆也。再逾年，升禮部侍郎，改吏部。公則榜卧内曰："嗟！汝階二十一而及第，四十三而佐天官，國恩厚矣，有不竭忠殫勞，而或植黨鬻法，背公自營，以干神譴，將殃及子孫，可不畏哉！"蓋其事心之嚴如此。尋兼翰林院學士，教習庶吉士，擢禮部尚書。時部務久不治，壅爲弊窟，猾胥夤緣爲奸利，紛不可詰。公乃詳徵故牘，參稽近事，諸所沿習，若宗藩封爵、文武大臣恩恤等例，悉折衷情法，裁定畫一奏之。又澄汰太常寺、太醫院官生，四夷館通事，光禄寺厨役，凡遊惰失職并寄空名不事事者若干人，絜爲考選、稽試、登黜之令，額定其數。于是政紀清肅，人罔倖心。莊敬皇太子薨，上欲令百官毋制服，公以禮争之，遂服衰。既而，以册立皇太子請，不報，連請之。上察公忠勤，召僕直西内，加太子太保。會虜十餘萬騎入薄都城，中外大震，莫知所爲。公疏請出邊將以罪繫獄者，令輸死自效。又請無禁關厢民之入城避寇者，宜籍其壯勇充行陣；京軍脆怯，見虜恐奔潰不支，宜配以大同健卒，屯城隅爲關厢捍護。又請上出視朝，召群臣問計。由是都人恃公，心稍安。内閣因請令公督調九門，公亦自請視師。上不欲公遠左右，不許。俄虜縱所掠馬房内使還，以番書求貢。上召内閣及公，諏所以應之。分宜謂："饑虜掠食耳，不足慮。"公曰："今環城皆虜，所焚屠至慘矣，豈止掠食？宜亟圖剿禦。"上目公曰："然。"公因進言："今我戰守具未備，虜求貢，雖誠僞未卜，宜從權以款之，遣使往詰來文真贋。即虜誠也，責令斂兵出塞，介邊臣爲請；即不誠，則使往返間，我四方兵至矣。"上稱善者再。時有謂朵顔三衛導虜入者，議集其入貢使詰責之。公曰："事無左驗，而遽顯詰之，虚且失夷心，實則罪在不赦，而我力未能討，是驅就虜也。不若但以捍圉不虔責之。"諸夷使果慴伏，上由是益知公可大用。及叙薊鎮獲諜功，上特筆加公少保麻，拜旦夕矣。會奉旨，欲祔孝烈皇后太廟，祧仁宗主，令廷臣集議。衆知其非，莫敢言，公執以爲不可。上怒，誚其專禮，令再議。公請增太廟爲十一室，祔孝烈，而亦不祧仁宗。上不從，竟祧仁宗。再逾年壬子，上意解，始命公兼東閣大學士，參機務云。是時，分宜方縱其凶子以漁貨于四方，濁亂國經，漫無紀極，且猜忮隱狠，鋒距百出，既與公枘鑿不相入，而外論復推公籍甚。公蒿目時艱，欲拯之，不啻援溺救焚，而形格勢禁，摇手觸忌，又不忍默默坐視，負上特知，乃外晦内貞，隨事自效，冀有所維持匡正而不著其迹。于時有世道慮者，咸爲公危慄，謂不異藉虎枕蛟云。賴上明聖，察公忠謹，專一眷信，久益篤。一品三載，詔進光禄大夫、柱國兼太子太傅、武英殿大學士。六載，加少傅。滿九載，改吏部尚書，尋加太子太師。西内永壽宫火，上雅不欲還大内，徙居玉熙殿。公朝夕徬徨，曰："此非至尊安居所也。"乃請掄三殿餘材營之，躬爲督視，數旬而工成。上大悦，更名萬壽宫，進公少師。上雖深居法宫，然殷憂天下，四顧臣工，無與分猷念者，習見公肫肫保民憂國之誠，内善之，自是密札諮問，交午公所，其及分宜者希矣。會御史鄒應龍盡發分宜子世蕃奸狀，上震怒，勒分宜致仕，下世蕃獄，戍之。于是公始爲政，乃揭三語座隅，曰："以威福還主上，以政務還諸司，以是非賢否還公論。"蓋是三者，分宜皆擅而私之，爲中外痛心疾首者也。分宜既去，諸比周附麗、干紀作奸、布在列位者先後爲言官糾繩，多得罪去。乃言者搜剔大苛，益抨擊不已，上厭之，以語公。公婉詞爲解，上不樂。會問知人之難，公因對言："大奸似忠，大詐似信，故知人之哲，帝堯猶難之。欲易其難，無過廣聽納者。聽納廣，則窮凶極惡人爲我攖之，深情隱慝人爲我發之，未用者不濫進，已用者不倖留矣。故聖帝明王必廣求言之路，用其言之善者，而容其未善者，則嘉言競進矣。"上亟稱善，意乃解。是時朋淫既黜，公旁引正人，或拔自散寮，或起諸巖穴，于是中外彬彬，仁賢在列，曩時蠹國殃民之政次第更置且盡，天下莫不想望風采。乃公自惟承積蠱後，以多故爲憂，内之則[四]日延賢士大夫，廣詢民瘼，求康阜長計；外之凡竿牘往還，必究極利弊，敷腎腸相示，俾人獲自盡，期于成功。上剛明任決，厪慮萬幾，凡四方所上章奏，每事與公疇度，手敕、秘札晝夜絡繹下。公故以恭謹得上心，既承專任，益傴僂懼隕越，沓至促應，未嘗逾頃刻期，夜則具楮墨、燈火以候，不敢安寢也。時上方崇釐祀，益以應制文，勞甚矣。或謂公，公曰："君猶天也，臣子義靡所憚勞，吾豈不知愧諸少年，顧取一己名不難，念誰與上共天下者?"蓋其心良苦矣。久之，上益信嚮公，進建極殿大學士，又特旨加上柱國，公力辭。又賜以上方玉帶。嘗因公乞骸手批答之云："卿念在邦民，誠圖寧固，宜贊朕不及，罔棄是思。"旨下，舉朝異之。公嘗有小痾，上出内苑珍劑二罌以賜，手札温諭，宛若家人父子間云。是時上春秋高，亟求祈年術，諸迂怪士競獻異藥。公多方譬止，勸上勿餌。黄岡大猾胡大順者，往夤緣陶仲文用事，尋以罪斥還籍，至是復詭稱以乩事吕仙，獲萬壽金書及鍊水銀爲神丹術，服之不老，賂上所幸道士藍田玉等，令其子上書言狀。上意動，田玉等輒陰召大順入京。上欲復用之，以問公。公極言其誣罔狀，且曰："詐傳旨，在律必誅。今不治，異日夜半出寸紙，有所指揮，誰能辨者?"上大悟，乃下諸人者于獄，悉論死，自後遂無敢復以不經語試上者。乙丑，上有疾弗懌，屢以禪繼爲言。公皆踧踖婉曲以對，因請舉册立典，不報。俄上欲南幸承天，内中嚴辦趣發矣，人心皇皇，諸司皆失措。公諫止不從，則再三危言之，上竟用公言罷行。丙寅冬，上疾大漸，覺前後爲方士所誤，有悔心，俄而棄群臣。公哭之慟，乃緣上意草遺詔，諸秕政宵人一舉而芟蕩之。詔下，士民多感泣者，人擬之嘉靖登極之詔，謂爲世廟善始令終之懿典焉。穆宗臨御，以公先朝耆碩，傾心委任，每事虚己受成。然更代之際，庶政填委，兼以朝儀久廢，百務創始，公殫精徇國，兼總巨細，頓減常食，遂決意求去。上勉留至懇，公意竟不變，一歲中疏凡十餘上，始得請。乃賜敕給傳，遣官護送以歸，仍令有司月給廪六石，歲撥夫十名，示優眷焉。時隆慶戊辰秋也。迨萬曆壬午，輔臣等以公壽八帙聞，天子爲之動容，乃降敕，遣行人存問，賜白金五十兩、大紅蟒紵一襲、彩幣四表裏。公遣孫詣闕謝，疏末勸上清心省事，講學勤政，登廉斥貪，緩征寬役，語亹亹出衷懇。上覽而善之，詔官其孫，爲試中書舍人。越明年，癸未閏二月二十六日，公遂薨。上聞訃，輟視朝一日，賜祭十三壇，遣官治葬，贈太師，謚文貞，録一子尚寶司丞，蓋恩禮之始終備矣至矣，非公之元忠懋德，功在社稷，其孰能當之？公德本天授，而培之以學，雖由良知爲入門，然篤志力行，不事口耳，務求真契于心而實見之事，與世之借頓悟以文禪覺者不同。公家孫元春登進士，公貽書訓之，謂“進德修業，乃日用本分，猶衣食然。若立門户相標榜，即非爲己”。蓋公之爲學如此，故其暢于四體，發于事業，旋乾轉坤，磊磊然卓異而迅速者，誠有本也。當公之初得政也，余告公以所聞四方人情，公曰：“此風耳，鬱湮之久，人心思治甚，故若此，久且將責實焉，未易副也。”余曰：“所謂風者，若乘人心所嚮鼓而引之，乃恐實不繼耳。公不動聲色而天下歸德，是以誠心至仁爲風之自也，久且入人益深，何患無實？”居有間，庶務駸駸舉矣，公色憂滋甚，余問之，公曰：“屏貪滌瑕，改前政反掌耳。今國計所最可慮而難措手者在財用，總歲所入，不敷所出十三，凡括之民者至纖悉，無遺利矣，而經費日以穰衍。今所取盈帑積先年羨耳，後將若何？所謂參政他日憂也。”嗚呼，悠哉！思深乎老臣之謀國也。今去公世有年矣，賴天子明聖，百度修舉，内鮮逋徵而外無兵興費也，乃歲計僅僅支目前，度支間告詘焉，而胡以待意外虞耶？嗚呼！公之賜，民賴之至今，乃公之憂，其究未之釋已。公子太常卿璠、尚寶卿琨、少卿瑛、諸孫南京鴻臚卿元春等徵余爲文，碑于公之神道。維，公門下士也，不敢以固陋辭，乃據所見聞用徵信史如右。若夫世系之綿、支衍之盛，以及孝友惇睦之行、經綸布濩之詳，則備見于狀、志云。銘曰：

於鑠肅廟，握符四紀。籲俊亮工，登閎上理。粤有匪人，惟國之蠹。竊寵拂經，穢我皇度。天啓聖聰，迸棄回庸。聿求良弼，授政元忠。惟此元忠，夙抱純一。叶望雲霓，更調琴瑟。滌腥以馨，拯炎以濯。汨流驟澄，烈焰隨撲。墨風既殄，百工共事。大法小廉，不懈于位。解彼倒懸，措之大厦。旅悦于途，農歌在野。亂絲棼如，伏莽越厥。坐致敉寧，靡俟期月。幽通蔀屋，遂被海濱。不假置郵，德流若神。在昔楊令，素絲章軌。白麻始宣，風終貴侈。亦有司馬，名聞遼海。朝駕鋒車，煩苛夕改。焯彼往迹，二代民瞻。我儀自今，實公是兼。唐風暫肅，咄啐而漓。元佑[五]不憖，紹聖扤之。詎若公猷，力振頹綱。訏謀垂裕，歷世允臧。波靡逢迎，公挺其節。在遠不忘，天子之哲。俗工自營，公志勤民。選衆特舉，天子之仁。公生有爲，惟天純祐。奠圖彌鞏，納世仁厚。公歸有時，眉壽惟期。典刑不作，永代遐思。南有靈原，崇封翼翼。豐碑勒銘，行道是式。

墓表

誥贈通議大夫禮部左侍郎兼翰林院學士桂坡閔公墓表

閔于吴爲著姓，其先世汴人也，當宋中葉，有將仕郎某者，以中原多故，携家入吴，卜烏程之晟舍里居焉，其後子姓益蕃，用詩書業其世。迨大司寇莊懿公，遂以勛烈見于時，而大宗伯午塘公又以文章顯，宣曜流聲，卓然爲士族冠。故吴中推世家者，有“八百年閔”之稱，蓋侈言其族望隆而系本遠也。公諱珵，字某，别號桂坡，莊懿公之從昆弟，午塘公之大父也。性勁直狷介，自將行志，所欲不苟同于俗。當莊懿公盛時，諸賓客冠蓋輻輳其門，公爲同祖兄，澹然有以自守，方課樹藝，時廢居以營度其業，若非衣冠。世人或謂之，則曰：“弟且致力于時，吾顧獨不能爲身計，藉餘潤偷自逸耶。”已而其産益豐，占良田數百晦，緡錢積以萬計，遂以貲雄于閭右。郡太守以公莊懿公兄，而耆且賢也，欲以壽官官公，公固辭，其不慕外榮如此。公治家嚴方，教子孫有成法，忠信惠利，孚于鄉黨。里中有疑讞未决、枉繫無訴者，必爲白于吏而直之，時稱長者。公于某年某月某日卒，得壽若干歲，葬于某地。後幾年爲嘉靖甲寅，以午塘公貴，贈公禮部左侍郎兼翰林院學士，配芮氏贈淑人。又七年辛酉，公曾孫道孚承午塘公遺意，述公行，屬余表于其阡。始歲癸丑，天子命柬禮部所升進士肄業中禁，維灐與其列。時午塘公奉簡命授庶士業，維蓋執經侍焉。講藝有間，輒述祖德不厭，若公之厚積于身而昌施于後者，匪直一二道焉，思以宣遺徽、徽久遠者至汲汲也。俄遷大宗伯于南，尋致政歸，歸未幾而殁，其所汲汲者能無待于後之人乎？昔歐陽文忠表瀧岡之阡，越在五紀外，于時文忠罷政府四年矣，其自述固謂有待云者，寧惟不暇已耶？蓋人子欲報之情罔極，時方得君行志，則所以褒大寵榮其先者未艾，故既請老而後從事焉，其宜也。午塘公位不酬德，年不待志，揚祖之烈，乃曾孫竟克成之，益以見閔氏之世多材賢，而善人、君子之履潛德、衍餘慶者終必光揚表著于世，不但已已也。余故嘉道孚君之孝思，不辭其請，且曰先師之有待者云爾。公有男子五人：

蘭；葵；芹，臨安府檢校；華；蕙，贈禮部左侍郎兼翰林院學士。孫男八人：如松，州判官；如梗；如桂，庠生；如霖，南京禮部尚書午塘公也；如椿，庠生；如桐；如梅；如楨。曾孫男六人：道充，舉人；道亨；道孚，官生；道鳴，舉人；道隆；道通。玄孫男十六人。閔氏故爲望族，迨公之世又益昌熾如此云。

通議大夫南京户部侍郎吴皋喻公墓表

前少司馬吴皋喻公，既受南京户部侍郎任之逾年卒，天子敕所司營兆域，遣司空屬治其葬事，頒諭祭焉。初，公謝南兵侍政還汝南，士望屬之不置，會有詔搜訪耆逸，言者咸推轂公，章凡十數上。庚午，遂以南户侍起公於家。公至，則條上恤困利國四事，中外稱便。天子方嚮意用公，遽聞公殞，故恤典有加如此。公子三玄輩既遵敕命葬公城東許古城之陽，乃執大司空貞庵曹公所爲公狀，徵其門下士蒲坂張四維表于墓端。按狀，公諱時，字中甫，别號吴皋，先世豫章豐城人也。高祖友善，曾祖克恭。祖孟烈，號午臺公，贈通議大夫、南京户部侍郎，喻氏之遷于光寔自午臺公始。父宣，贈御史，加贈户部侍郎。母夏氏，封太孺人，加贈淑人。公幼有至性，髫年失怙，事母以孝聞。自知學即有遠志，每誦聖賢奥語，必掩卷以思，求其要領，及覽古今成敗事迹，必反觀規畫，若身歷其時、當其事者。辛卯舉于鄉，戊戌登進士，補吴江縣令。邑鉅而彌乂，公以樸質簡重御之，剔弊申紀，宿猾莫敢撓法。已乃崇禮教，平賦税，政成，爲吴會最。擢某道監察御史，巡鹽河東，先聲肅然，污吏皆望風解綬去。時河東有王府禄鹽，大爲鹽法蠹，公以非祖宗舊制奏罷之，河東人爲立生祠。比按四川，風裁不異河東時。監壬子秋試，以得人稱。升應天府府丞，轉南太僕寺卿，改都察院僉都御史，巡撫保定兼督紫荆等關。畿右在塞内，頗少警，兵媮餉糜，宿弊叢積，公毅然以法整刷之，軍容頓肅。時留都振武營軍卒不靖，因改南京都察院提督操江。公鎮弭有法，無一卒敢譟者。江洋巨盜汪燃、朱良弼等，積年爲民害，公悉以計擒之。升副都御史，總督漕運，裁冗食數千歸舊隸，剿劇賊郭倫輩，没其贓千萬以佐縣官，遂條上漕儲四事，至今遵行之。尋以本官總督陝西三邊軍務，明法宣威，招携懷遠，一歲中上首功七百餘級，納降千餘口，天子嘉奬，有白金、彩幣之賜。升兵部侍郎，協理京營戎政。會虜犯近畿，公督兵防禦甚力，天子賜御饌。俄奉旨，改南兵侍，將奏績矣，有言者沮公，公乃聽用于家，建精舍一區，扁曰“五嶽廬”，積書其中，朝夕偃仰披閲，時吟哦以寄興。客至必命酌話舊，或棹舟巾車，恣登眺而後返，夷然若未嘗涉世故者，神情精健。蒼生日望其起，乃被召未幾，而公遽逝矣，其可慨也。夫公生于正德丁卯二月五日，卒于隆慶辛未正月二十七日，得年六十有五。初配郝氏，贈淑人。繼趙氏，封孺人，加贈淑人。子男三人。三玄，州學生，娶胡氏，趙淑人出。三素，娶許氏；三象，娶朱氏；女二人，適恩貢陳七政、國子生鄭希説：俱側室彭氏出。孫女一，幼，三玄出。史維曰：昔杜征南耽思經籍，以“武庫”見稱，其博學多通宜無不周矣，乃其自狀則曰“癖《左氏》”，今考所撰注《春秋經傳通解》、《釋例》之外無聞焉，信乎其言之也。公酷嗜群籍，鋭情披涉，凡九流百氏靡不總挈而析之，窮年兀兀，不間少壯。當公按河東時，維以諸生蒙鑒拔，謁公行臺，環堂宇悉篇翰也。比巡諸郡邑，書篋必纍纍隨之不釋，蓋所綜覽既博，每憶及一語，雖夜必張燈發篋取閲之，不爾，則竟夕不眠。嗚呼！杜征南之耽思，蓋未必若是之勤且篤也。故其經術、政事往往過人，至發爲詩文，亦皆鎸心獨詣，瑰磊成一家言，不其偉與！公嘗作《天人圖》，編年分月、日、時繫焉，每時爲一空圈，識善以堊，識惡以黝，善惡中則黑白半之，以自鑒觀省察，蓋治心之嚴如此，則其所以過人，又不啻在博覽間也。

誥贈奉政大夫山東按察司僉事龍山張公暨配贈宜人楊氏墓表

山東提刑張大夫奉敕旨理密雲兵備之三年，障塞峻固，斥堠明密，器械堅利，糗糒充阜，士氣勃勃奮揚，國威遠暢，連歲絶無烽警，邊民賴焉。于是督閫上其勛狀，天子嘉之，命有司議優典，乃頒制誥，贈其父龍山公奉政大夫、山東按察司僉事，母楊氏贈宜人。先是，大夫任保定府通判時，以績最贈父承德郎，如其官稱，母安人。至是，凡再被貤命，恩數益崇重云。方公夫婦之歿也，大夫蓋肄業邑庠，居貧不能具禮制，有終天慟焉。既膺受寵恤，思所以昭著先烈，侈大君賜，以伸罔極之慕，遂手狀公夫婦言行，走使燕邸，屬太史氏維表章之。維與大夫同條、涑間人也，且隨大夫舉于鄉，心甚誼大夫，因以詳公夫婦之賢哲，而悲其不待養，故于大夫之請不辭。公諱九疇，字範之，龍山其别號也。占籍聞喜縣豐泉里，所居在邑東二十五里，地曰西峪。曾祖鼐，祖會。父璧，邑學生，母賈氏，于成化十年二月二十八日生公。公幼爲舉子業，方志學而孤，遂棄去，治農畝。然其宿昔所在，故念之滋久不衰。家故贏裕，中歲産爲里胥所侵，且耗斁矣。比大夫生，還復命之就學，冀成己志。大夫幼穎慧，公母賈孺人者，貫通書史，工楷書，曉聲偶，特愛異大夫，躬加引誨，不以寒暑輟，故大夫之學夙成。然家用漸窶，歲頻饑，公慮大夫薪燭不繼，售良田資之。姻間多勸令大夫廢學者，公執不變。會售田且盡，相愛者至百方婉諭，公曰："地罄，吾將樵山供吾兒，爾勿預吾事。"衆皆哂之。迨賈孺人殁，公遂竭産給子，俾遠游，資良師河中。越歲，躬往視之，遇大雪，幾踣于道。大夫既學益進，督學使者試高等，駸駸近顯揚矣，乃嘉靖十六年四月十九日而公卒，享年六十有三。公卒時，以其邑諭黷貨，心叵耐焉，故大夫至今以爲恨。公孝友篤至，平生雖一蔬一果，必先獻父母。弟惑讒搆訟且十年，公友愛不少替。弟殁，恤其子不異己生。凡祖妣生忌，必具禮祭。恭慎好義，人有急難，必舍己事往拯，無論仇怨。鄉人有訟，必爲平解之，無已，則濟以己財。遇姻黨困乏，至出售田金爲賑，尤人所難能者。以嘗從學，雖廢業，猶博覽不倦，家雖貧，然所與交游文雅士且徧四境焉，蓋有傳記所稱隱君子遺風云。配楊宜人，成化十二年八月初二日生，性篤實，事姑舅克盡孝敬。姑有疾，晝夜不離于側。方大夫嚮學，遭歲祲，宜人躬紡織，佐朝夕費。大夫游學河中，寒暑必寄衣，綫縷增緻，時節則登里北高丘而望，見者感焉。公殁，大夫學益成，每試輒高選，宜人念公不及見，未嘗不泣涕道之，且諗大夫以公所歷諸艱，俾不忘所本。嘉靖二十三年四月二十三日而孺〔六〕人卒，年七十有二。子男一人，守中，即大夫，今升山東按察司副使，娶某氏，封宜人。女二人，長適潘武，次適任峪。孫男一，兆雲，業儒。孫女三，長適縣學生楊禮，次適儒士楊三元，次適縣學生賈治策。公兆在先塋之左，其合祔以宜人卒之歲八月。後五年爲嘉靖己酉，而大夫舉于鄉。又後十有九年爲隆慶丁卯，爰始樹石墓道，以表其潛懿焉。太史氏曰：學者求名，耕者殖利，所業既異，則其識趣因之，通人之情也。龍山公弓裘嗣學，奪于靡怙，既以舍佔僤而事耕菑矣，顧乃篤念篇籍，不問貲産，以其身所未竟貽爲義方之訓，衆口交嗤，一心自如，終能啓佑後人，蔚爲國寶，此其識度固非庸俗者所能量哉，何其偉也！夫厚德必興，積善餘慶，公夫婦淳德並茂若此，則夫流澤匯祉，光顯博德，不于身于其子孫，不于生前于其身後，謂非天之既定者耶？可以風世矣。

南京兵科給事中定齋梁公墓表

南京兵科給事中定齋梁公，以嘉靖壬寅十二月三日卒，明年癸卯，祔葬先兆，前侍御、少京兆曲沃李公爲銘誌，納之羨中，其述公世行詳矣。公有三子，伯紀，仲綱，季維，俱通敏宏諒，爲能以文行，世其家。當公歿時，伯子已有聲庠序中，仲、季方幼。迨後八年，爲嘉靖己酉，而伯子舉于鄉。又三年壬子，仲子繼之，領省解。又六年戊午，而季子復繼舉焉。迨歲壬戌，仲子遂登進士。蓋公歿且廿年，而門祚奕奕盛矣。夫君子修德學道，入以治身，出以澤物，咸所自盡者，非以要福于天而責效于後也。然德厚則享豐，澤深則報重，猶之浚泉獲滋，植木蒙廕，理有固然矣。其或厚積于躬而不延其享，博施于物而不食其報，則其渟蘊未艾之祉，必於嗣人發之，此天道也。公自髫年志學，誦《詩》讀《易》，隆師取友，奉父遺訓，與伯兄砥礪，期繼先業，以所聞見著之於躬行而發爲文詞，故其事親孝，事兄悌，與人忠，其汲汲獎導後進也若不及，而所著述若《窺易集》、《定齋存稿》，皆鑿鑿有綮要，不爲空言，蓋其德之積于身者如此。登第後，爲山東濟陽尹。濟陽，劇邑也，久無善理，民以流移。公汰貪墨，抑豪右，懲渠惡，剔宿弊，未幾邑理肅清，民相率復業。既又爲之罷無名之税以通商，覈詭隱之田以均賦，立朔望稽察之令而馬政修，定賓旅往來之式而民供省，諸所措施稱古循良吏風。嘗自牓其堂云：“一鶴一琴，亦是身邊長物；匹夫匹婦，孰非膝下嬰兒。”旨哉言也，仁政厥有本矣。至若辨禹城之滯冤而却其饋，戢巨鐺之横索而使之服，則尤所表表者。于是撫按諸監司亟稱之曰賢，署上考，是公道之徵於物者又如此。使天假公以年，方當昌言讜論以佐廟謨，兼濟廣施以康黔庶。乃甫拜諫職，尋居憂而歿。不惟百鍊之刃試于小割，千里之足靳于遠到，使識者爲國器惜，乃西河故里薰善良之德者望拱木而興悲，東土舊氓懷愷悌之仁者睹甘棠而發咏。衆心所思，衆口所頌，于是餘慶旁衍，膺在後哲，科第蟬聯，昆季競爽。且將敷引未究之施，寖久寖昌，以永賁于邦國，即往事而方來者可必矣。維昔獲與公仲子同游臨川皆所陳先生之門。己酉，又獲與伯子同舉。雖生晚不及覿公，然叨此世契，私淑風烈深矣。仲子既僉豫臬，使燕京徵維爲文，以表于阡道。公行美甚多，語在李京兆誌中，兹不悉具，但著公之大都如此，以明屈伸相乘、德福感應之不誣，俾爲善者勸焉。若夫世次、出處之略，系在左方。按公諱格，字君正，號定齋。先世當勝國時自絳徙稷山。祖鑄，貢入太學，任河南楊莊巡檢。父溥，領弘治己酉鄉薦，歷官秦府右長史。母姚氏。以公貴，父贈奉政大夫，母封太宜人。公以弘治己未九月二十日生，以嘉靖乙酉領鄉薦，以乙未登進士，以山東濟陽知縣擢南京兵科給事中，歿年四十四。配郝氏，封孺人。仲子綱貴，公進階承德郎，孺人加封太安人。子紀娶胡氏，綱娶郝氏，維娶某氏。紀、維俱舉人，綱今任河南按察司僉事。孫男二人：蕙、蘅。孫女十人，一適舉人裴賜，一適舉人王濟，一適史大業，一適庠生甯塾，餘幼。

文林郎山西定襄縣知縣柳溪王公墓表

公姓王氏，諱言，字克一，别號柳溪，直隸保定府定興人也。祖鑑，父景清。王氏故爲定興茂族，及公祖暨父，益以貲産雄閭右，然惇義樂施，鄉黨之人歸仁焉。比生公，機悟穎脱，卓然與群兒不類，咸以爲積善報云。稍長，知就學，習聲偶，即有聲塾術間。十二歲，通《春秋經傳》，督學使者奇其少俊，遴補弟子員。既而屢上有司不偶，公慨然曰："吾之不得志于是，命夫！"遂入貲爲太學生。既卒業，需次于家，益泛覽書傳，以至名法、藝術，靡不綜括，古今格言，朝夕纂積百帙，築圃藝花，時吟哦其間，翛然有古達人致焉。比謁選，授山東東平州判官。時僚友有歿于官，不能歸其櫬故土者，公皆厚恤其帑而遣之，甚爲荆山王尚書所稱。改陝西河州，尋升山西五臺縣尹。縣故塞垣也，民歲苦虜侵暴，公有威略，民恃之。俄左遷山東曹州判官，復陟山西定襄縣尹。公凡臨郡邑四，所至必興學勸農，摘奸振廢，吏民畏而愛之。然性伉直，不能浮沉于俗，比涖定襄，遂浩然解紱。時有王典史者，激公高尚，亦自投劾而去。公既歸，益放情詩書間，教諸子明農課經，優哉其有餘也。人方期其上壽，乃當嘉靖辛酉閏五月廿九日遽卒，壽蓋六十六云。公配淶水李氏，先公一月卒。生子男四人：光召，太學生；光裕，縣學生；光遠；光大。女三人，董汝安、縣學生陳銑、典膳陳錫，其婿也。孫男凡十人：重喜、重慶、重榮、重寧、重安、重光、重美、重陽、重樂、重華。柳溪公既歿之明年，其子光裕乃述公行，屬史維表其封。光裕嘗從余遊，余故識公，不虞公之不久斯世也，聞光裕之請則愕然，因爲纂其世行，俾歸而樹之。太史氏曰：保定爲今畿輔近邑，方之有漢，蓋内史所治五陵、杜霸之域焉。史稱“五方雜錯，風俗不純”，彌文就末，僭侈浮俠，今其事與古豈異哉？乃公負奇矜節，侃侃自信，居官則以才守著聲，理家則以本業施後，不類史所謂“五陵”者，固不化于俗哉？將燕趙多奇，有古遺烈也？

廬州府照磨東山李公墓表

芮有君子曰東山李公者，諱浚，字公遠。其先猗氏人也，勝國時徙縣之朱吕村籍焉。曾祖文質，義官。祖壽，義官，配王氏。父鋹，國學生，配蕭氏，繼張氏。公，蕭出也。李氏自文質公以貲雄閭右，嗣後子孫蕃碩，遂爲邑望族。及公，益行誼惠愛，著聞于鄉井云。公齠年失母，弱冠父復見背，祖母王憐而鞠之。既成立，事王備極孝養。王年八十後失明，每食，公必嘗之，手以進，晨昏定省，未嘗一日遠出。比王歿，廬于墓側，蔬食水飲，三年終喪，不忍離。親友憐其尫，百方勸之歸第。弟滂，字公達，父歿後九日始生。公傷之，載撫載訓，俾之向學。公達固穎敏，因感奮淬勵，迄有成績，充邑貢，今爲國學生。撫諸侄不異己子，嘗捐俸爲侄栴入粟補胄監。兄弟同居，怡怡然終其身無違言，其孝友天性也。人有搆怨者，公喻止之，必歡然兩解。恤困賑乏，孜孜若不及。其仁聞芳澤所漸，河之南、山之北有頌聲焉，匪獨里閈中爾。公幼遊邑庠，既不天，應例入監。嘉靖壬子，授南京西城兵馬司吏目。辛酉，升廬州府照磨，未及任，卒于南都，時九月二十三日也，距其生弘治甲子正月二十四日，得年五十有八。配晁氏，平陸陰陽官鳳來之女，有淑德，早卒。繼趙氏、侯氏、馮氏、馬氏。子男一人，構，邑庠生，娶薛氏。女三，一適史第，一適許茂楓，一幼。公喪歸自南，公達率構、栴輩徙元配晁氏柩，合葬于祖塋之壙，有銘矣，復屬予表其墓前。蓋凡所以治其後事者，罔不誠信若此。太史氏曰：芮，僻邑也。東山公欲成弟名，遣公達之蒲學焉，蒲人士無不樂與游者。歲癸卯，余偕公達省試晋陽，得見東山公晋陽客舍，色晬而氣温，與其弟語，穆然若恐傷之，雖客數數往來，諦視其色，乃罔不在公達也。辛酉，公達貢入太學，而東山公歿。余見公達慘慘神傷，甚若孝子執親喪色，竟不卒業，歸治其喪事。嗚呼！兹其兄弟豈不信友悌可稱哉？夫子孝弟悌，庸行耳，前史表見往烈，非有軒揭殊特，的然關天下大故者不垂諸紀載，然而必有《孝友傳》者何哉？良以民彝天則，斯道攸先，而賢者至性深情，有足風世焉爾。以余耳目所接，若東山者，雖質之史傳何恧焉，是可表也。

東山仇孝子墓表

明故旌表孝子東山仇公者，諱朴，字時淳，潞安府南雄山之東火鎮人也。公幼有至性，事二親以孝聞。比居繼母閻喪，年六十餘矣，三日水漿不入口，形毀骨立，非杖不能起。已而廬墓三年，屏葷蔬食，每伏地號慟，冬月淚輒凝爲冰不解。終禫未忍離，鄉人士千餘人勸之，始返。歸見親室，頭觸庭槐而仆，良久乃蘇。每月朔弦望，仍詣墓所哭臨如初。家有畜犬，伺公將謁墓，則群隨之，及墳而散，厥後所居室瓦溝産白雀數十，人咸以爲孝感所致。守臣上其事，詔旌其門曰“孝子”，故世稱“仇孝子”云。初，公從兄弟凡五人，孝友温恭，濟濟競爽，相與議立家範，以貽訓于嗣人，情理參平，科條纖至，迄今子孫守之，同居六世矣，凡海内稱義門者，莫不推上黨仇氏。公又嘗舉行《吕氏鄉約》，身領約事三十餘年，建東山書院以教鄉之子弟，于是人識禮義，盗賊屏息，僧道遠迹，淫樂不作，風俗一新，遠邇嚮化。大哉！孝德所推，其徵于宗族、鄉黨者若此。《詩》曰“孝子不匱，永錫爾類”，豈謂是夫？公勁直好義，汲汲不倦，當其心所不欲，雖微不處。方家範未立時，公尚幼，一日宴賓，有女樂，君顰蹙視之，出而盡哇其食，故雄山人至今宴會不用女樂，自公始也。初爲子煥求婚某氏女，既納采矣，其家請從俗。公曰：“吾家婦有不遵家範者去之，矧未娶？”遂絶婚，吏聘義門李氏女。其處家嚴密勤儉，晚歲益精勵。每日五鼓興，謁先祠，集家衆于有序堂，申以修齊之訓。群從子弟退，而惴惴然奉教唯謹。《鄉約》既立，乃設義廪以便斂散，建義學以淑閭閈，築藥樓以濟夭死，立義冢以葬貧乏，併置義學田，以贍鄉之不能具束脩者。迨書院既建，又改正本村東嶽廟爲里社壇，與鄉人春秋祀之。賦徵急，則先出家貲代里人完輸，後唯計原齒收償，不責其息。歲告歉，則自族人以及里社計口給穀有差，又饑又賑，且弛諸逋欠，爲叢冢瘞死者，併給役夫費焉。至如重四女之死節，則親董其小嶺祠之役；尊虎谷王公之學行，則梓行其《博趣齋》之稿。其樂施好義類如此也。幼歲機警，既長，才具敏贍，規畫過人。父義官公自髫年以家事委之，即有端緒，以後遂任家政終其身，錢穀、金帛出其手，無錙銖私，闔内外咸悦。正德庚午，流賊突入境，東、西二火罹害甚慘，獨公能先時率闔家避去，人服其識量。于時兵燹之餘，居室煨燼，君力爲營構，比落成，視舊殆增壯云。凡鄉約、書院始所經營，雖兄弟協議，及其建置、綜理，則公獨任之，屋宇、器用，無論内外巨細，各有方列。嘗製輕車，駕鹿出遊，觀者如堵。又嘗以意製獨輪車，渾堅輕利，郡人則而製之，號曰"東山小車"。其巧思足喜也。公曾祖述芳，祖鏞，父鶴，母張氏，繼母閻氏。公初配王氏，繼路氏、董氏。子男一人，焕，先公卒，娶李氏。女五人，適武思彤、李衔、袁竺、申去垢。孫男一，堦，府學生，娶袁氏。曾孫男五：承教，娶鄭氏；承志，府學生，娶車氏；承緒，聘趙氏；承祥，聘袁氏；承統，聘袁氏。曾孫女二，幼。玄孫男一，玄孫女一。公生成化癸巳六月二十二日，卒嘉靖庚子八月二十五日，得年六十有八。葬陽堰原，涇野吕先生爲銘其墓矣。後二十有七年，爲嘉靖丙寅，公從子進士炅乃復屬余表于其阡。嗚呼！《家人》之《易》，暌也。三人同處，中一人異慮焉，即其同不可永矣，而况不止于三，不止于一也。乃仇氏同居六世，當不下數百指，顧獨無一人異慮者乎？而敦睦之風在久益洽，至使環邑歸仁，風行四達，要〔七〕必有由致矣。夫孝弟，順德也。孔子曰："治家者，不敢失于臣妾，而况于妻子乎？故得人之歡心，以事其親。"東山公躬履純孝，克諧昆季，創家範以貽謀子孫，有厥本矣。植範以身，迪人以誠，體物以情，齊衆以公，使一門之内雍雍肅肅，雖它有嚚傲，且聞風易慮矣，而况生其室、由其訓者乎？若是故乃可久同居也。故政無家國，苟反身無實而任之徒法，其有能久者鮮矣。

處士王公明仲暨配嚴孺人墓表

公諱寅，字明仲，姓王氏。王氏大抵皆王者之後，其居太原者族望最著，出自周太子晋，爲姬姓。隋唐以來支胤蕃碩，析處河東皮氏之墟，代有顯者。河東爲今州，皮氏爲今河津縣，故州與河津之王同祖太原云。公高祖元一，曾祖長一，祖太一。父健，母葛氏，生三子，公其仲也。幼機警，有心計，居貨南北，善與時低昂而取其贏，用能世其父業。平居謙巽，言若不出諸口，而實有膂力，工金革之藝，每水陸貿易，同行者恃以無恐焉。性耿介，不耐人爲媕婀押闔〔八〕態，見必面斥之。至于周急恤困，唯其力，不靳也。處兄弟友。伯兄蕩不事産業，父病之，陰以市店一所僞爲券寄執友某人處，冀以約其肆心。後父之執友者渝盟，持所立券計齒索負，公予價如其齒，以店歸，與兄弟均析之，蒲人服其義焉。年二十九，以疾卒于家。配嚴孺人者，于時方娠，年僅二十有四矣。公歿閲五月餘，而子珪始生。嚴孺人茹辛哺孤，矢成夫志，雖伯叔、姑姊所以諷諭者，百端不易也。屏鉛華、斥綺繡不復御，夜不出閾，曰未亡人法當如是。謝絶姻黨來往，惟歲時一歸寧父母。父母憐其少也，則欲奪其志。誓心而歸，迤後不復歸寧父母家，其烈如此。事舅姑曲盡婦道。舅歿，姑亦已老，且目不能視，孺人晝夜侍寢食，衣帶不解，扶侍便溺，時時自驗視。或出執中饋，未須臾，姑即亟呼之，不能離也。病篤，則出金珠環珥一篋付孺人曰："以此酬孝婦勤苦。"孺人哽咽受，姑卒，仍與其妯娌三分之。孺人性慈惠，遇人有恩禮，族黨間男婦長少，無親從遠邇，相與皆以母呼之。子珪既長，娶張氏，生孫今中丞公輪，而張歿。孺人既軫念中丞公之穎秀而多病也，且憐其失母，醫藥飲食，所以保護之者百方。六歲，遣就塾師，比夜歸，則宿之榻側而撫摩之，五更覺，則呼名以訓迪之。已而中丞公遊郡庠，領鄉薦，家聲振振起，孺人慰且泣曰："未亡人忍百死有今日，庶幾見良人于九原有辭矣。"嘉靖壬辰，孺人壽八十三歲而終。侍御穆公疏其節于朝，詔表其里。方公歿時，有二女，歿後生遺腹子珪，孺人煦育成立，嫁其女李銘、閻仁，爲其子娶張氏，繼娶祁氏、李氏、高氏。是生孫男三：長輪，即中丞公，娶何氏；次軫，娶洪氏；次軻，先卒。孫女二，一適景鎬，一適楊紳。曾孫男六：閣先卒，閾聘楊氏，闈聘杜氏，門聘李氏，闕聘雷氏，問幼卒。曾孫女六，一適生員景賓，一適恩生楊俊彦，一適潼關衛指揮應襲黎從政，一字張四象，一字柴嘉霖。初，公權葬文學村祖塋，及孺人歿，中丞公卜兆保泉里之張劉莊，遷公柩合祔焉。迨中丞公登進士，歷中外，授節鉞，駸駸尊顯矣，深惟祖德，念所以厚其終者未稱，迄歲辛酉，遂啓公域廓而輪固〔九〕之，乃徵余文以表于隧前。嗟夫！余閲圖史，見古烈女貞婦之行衆矣，雖其高標峻節，異致殊途，大約守死從一，夷險不變，即其清芬所暢，固已掩中閨而特秀矣，矧孺人以娩婉之質，當淑艾之歲，遘不天之運，鮮同義之助，隻身徬徨，子育遺腹，寧百憂是罹，而惟夫宗之恤，卒能纂綸祀于有承，啓簪紱于方熾者哉！推此志也，雖與皦日争暉、秋霜競厲可也。公蹈義不回，臨財能讓，而得年不永，靳施于身，三世之下，其子姓之繁茂昌大若此，昔人謂善惡禍福之報至子孫而後定，顧不諒哉！

校勘記

〔一〕"鈐"，疑當作"鈎"。

〔二〕“嫣”，疑當作“嫣”。

〔三〕此篇篇題，底本卷首原目録作“徐文貞公神道碑”。

〔四〕“則”，清稿本無此字。

〔五〕“佑”，疑當作“祐”。元祐，宋哲宗趙煦年号。

〔六〕“孺”，疑當作“宜”。

〔七〕“要”，清稿本無此字。

〔八〕“押闔”，甲辰本作“捭闔”，清稿本無此二字，是。

〔九〕“固”，疑當作“困”。

條麓堂集卷二十六

誌　一

封特進光禄大夫左柱國少師兼太子太師吏部尚書中極殿大學士觀瀾張公墓誌銘

封特進觀瀾張公者，今少師江陵端公之父也。端公以甘盤舊德受知穆考，親承憑玉末命，輔今上于冲年，畢智殫誠，孜孜夙夜，以安社稷爲任，于今且七載，百度惟貞，四夷面内，薄海謐如也。先是，端公以公與趙夫人年高，雖心在王室，然時時有陟岵屺之思。上及聖母聞而念之，乃降璽書慰諭，曰："聞先生父母俱躋古稀，康健榮壽，朕心嘉悦，特賜大紅蟒衣一襲、銀錢二十兩。又玉花墜七件、彩衣紗六匹，乃奉聖母恩賜，咸宜欽承。"遣家僮往賚之。端公知上倚毗切且被恩禮隆異，于是不敢復言私。公每遣人端公所，必强飯示健，用寬釋其意，若是者久之。昨歲秋杪，忽以公訃聞，端公泣血扣心，毁頓幾絶，亟請奔喪如制。兩宫太后與上俱震悼徬徨，降手敕丁寧諭留，勉以社稷大義，詞旨哀惻，聞者隕涕。賻賵慰挽，既渥既勤，黄門使者相望於道，詔宗伯之屬往諭祭，仍加祭五壇，詔司空之屬往營葬事。端公猶哀祈終制不已，上焦然不寧，諭閣臣曰："元輔必不可離朕，即百疏不允，盍止之?"某等以上意示，端公復哀號上章，并以母老爲言，詞益懇。上曰："元輔至情，是欲葬父見母爾。"乃特敕中貴人在禁近者，假歲月往爲營葬，并命端公子編修嗣修同往襄事，即奉端公母入京。申諭端公曰："卿今其可留也。"

端公以請益數，上加恩滋降〔一〕異，既感且懼，又念中宫將建，以承宗廟，衍萬祀，其典至重，乃不敢復言。比贊成嘉禮，亟申前請至再。上不得已，許暫歸治葬，遣文武官各一員護行，仍往還給傳，以六旬爲期，賜敕及手敕，敦諭速返。仍賜銀印一，曰“帝賚良弼”，令便宜上封事，賮以金幣，及兩宫聖母賜賚優渥，蓋皆古今曠絶未有之典也。端公既得請，乃手曾司馬確庵氏所爲公狀，屬某爲銘。某辱知端公，從游且廿年，于公爲通家子姓，無能效一手足勞，誠得奉執筆役，附名羨道之石，甚幸，乃不敢以不文辭。按狀，公諱文明，字治卿，觀瀾其别號也。高祖唐，妣沈氏。曾祖旺，妣王氏。祖懷葛公誠，妣聶氏。父東湖公鎮，妣李氏。由懷葛公而下俱以端公貴贈如公官，聶以下俱贈一品夫人。其先鳳陽定遠人也，國初始祖關保以功授施州千户，子孫因家焉，其分徙江陵則自懷葛公始。懷葛公以陰德稱里中，有三子，而獨鍾其仲，仲即東湖公也。迨公生，懷葛公喜曰：“果然是興吾宗矣。”公幼警敏，爲文操筆立就，才氣溢發，弱冠，補郡庠生。關西許少華氏督楚之學，見公文異之，以高等選入書院，楚人士無不推轂公者。顧數奇，凡七舉有司不第。當其時，則端公業以神童顯矣。比端公舉進士，以翰林編修秩滿當貤封，公曰：“吾束髮業儒，自視非後人也，乃四十餘而不遇，成我志者，其在吾子矣。”遂就封。比端公引疾〔二〕在告，山居且六年，翛然無當世意，公不樂。端公異公貌之日癯也，竊詷之得指，乃請治裝。公大喜，爲益餐。是時端公負公輔望，隱隱然名重搢紳間矣。出未幾，遂侍穆廟潛邸，繼參大政，迨受遺輔今上，總理百揆，振敝綜功，用臻世于大理，公寔使之，豈人力也哉！公修貌長髯，廣顙豐頰，飄然綽約，冰霜之姿，類莊周所稱藐姑射之神人者。任真坦率，終其身不知有仇怨。其與人處，無貴賤小大，咸悉無競。又性喜飲酒，善諧謔，故姻閭中無不傾心愛敬之，有旨酒必延致公，或載就公飲，即衆宴無公弗成歡也。性好施予，遇所識艱窶者賙之，無少靳。其自奉則甚約，每食不過三品。端公歲時奉華服，一御即歛置篋中，妾媵鮮衣帛者。端公聞弗宜也，微諷之，公報曰："吾性固然，且令後人師吾儉耳。"蓋其識量高邁如此。公生于弘治甲子十二月十五日，卒于萬曆丁丑九月十三日，得壽七十有四。配趙氏，封一品夫人。子男四：長即端公；次居敬，郡庠生，早卒；次居易，荆州右衛指揮僉事，四川都司僉書；次居謙，舉人。女一，適邑庠生劉胤桂。孫男十人：嗣文，舉人；嗣修，丁丑一甲第二人，翰林院編修；嗣允，郡庠生；嗣哲，廕錦衣衛止〔三〕千户；嗣弼；嗣淵；嗣寬；嗣信；嗣敏；嗣惠。曾孫男二、女一，俱幼。敕建塋域某山之原，葬期爲戊寅四月十六日。銘曰：

天惟純佑，間世生賢。熙運所乘，地靈會焉。山川出雲，有開必先。煌煌西楚，世祖中興。此焉奮迹，配漢春陵。公生其時，名世是膺。曰慎厥修，里仁歸美。曰富厥藴，溟澥靡涘。雉膏不食，貽命元子。世皇有孫，既聖且神。元子于襄，風化載淳。俾高后業，彌久彌新。惟天有時，自公值之。惟地有靈，自公萃之。再世而昌，有子嗣之。功施于國，篤慶在家。存也榮豫，殁亦光華。子心何極，天寵有加。彼美崇丘，承帝之域。哲人所歸，喬木可式。玄堂有銘，萬年考德。

贈通議大夫詹事府詹事兼翰林院侍讀〔四〕學士南野馬公暨配李淑人張氏合葬墓誌銘

南野馬公暨元配李者，掌詹事府事、禮部左侍郎兼翰林院侍讀學士自强之父母也。歲壬申，今天子踐祚，上兩宫徽號，覃恩，加贈公通議大夫、詹事府詹事兼翰林院侍讀學士，李加贈淑人。其冬，公繼配張卒。侍郎自潛邸侍上經幄，甚受知眷，聞訃則以情請，蓋淑人歿至是凡三十有七年，而公歿抑已七年矣，未合葬也。天子惻然動心，特詔有司營葬事，賜之諭祭，其恩數逾越常興〔五〕若此。再閱歲，襄事有日，侍郎乃手狀公夫婦世行，以維附在姻婭，屬之爲銘。按狀，公諱珍，宇〔六〕廷聘，别號南野，世居同州城南八里沙苑之馬坊。高祖克敬。曾祖馴，太學生。祖文。父通，大〔七〕學生，知博野、繫〔八〕峙二縣，有廉能聲，贈通議大夫、詹事府詹事兼翰林院侍讀學士。母雷氏，贈淑人。公兄弟凡六人，公居其季，最爲父母憐愛。早失怙，補學官弟子員，文譽駸駸起矣。雷淑人固不欲以文事勞之，遂奉例爲國子生。公美姿容，殊〔九〕髯豐順，眉目秀偉，正視不見耳，膚理白膩若玉，人望之知敬，乃其器量豁達，不設城府，即之者又未嘗不親也。其在太學，尚友四方士，講明世務，意趣甚遠。乃四方士無不樂與公交，曰："從禹〔一〇〕公游，不異飲醇醪也。"比爲宛平丞，潔己受〔一一〕民，事至類迎刃解，甚爲僚長所重。會世廟覃登極恩，獲贈封其父母。是時東廠官校襲正德中餘焰，往往以事撓縣官，憾公不爲動，則捃摭瑣事誣抵之。公弗辨，將拂衣去，或謂之，公曰："吾母春秋高矣，吾四兄，卒于宦者三，一不及貢，吾不歸，何以慰倚閭望也？矧京邑多不可問，而丞且負予。已矣！吾不忍譊譊與宦豎争一官也。"遂歸。蓋歸八閱月，而雷淑人卒，年且九十矣。公既承晨夕歡，而復哀慕深至，殯葬盡禮，鄉黨稱孝焉。公性故好學，居常手一編自娱，見古人忠孝節義，必嘆賞不置。其教子甚嚴，率以鷄鳴呼燈火，祁寒不易，故皆有成立。家舊饒裕，然公博愛好施，用財不訾省有無，雖嘗子貸錢穀，卒無以自殖，人或不能償，即與析〔一二〕券。鄉人習公長者，或併緡本隱没之，亦不與校也。有渭南故吏窶者，每秋成謁公，輒稇載而歸，以爲常。初，公童時在博野就外傅，見丐者憐之，歸而涕泣不能食。父奇之，曰"此兒〔一三〕能仁，異日必衍世澤。"蓋天性然也。生平不疑人欺，不言人惡，敦倫樂善，恒如一日。諸兄既皆早世，公撫諸孤不異己子。兄璠遺有幼女，公奉雷淑人命子育之，長配張拱極，生子，今舉人薇。方公任究〔一四〕平時，都中大疫，侄秉中以承差辦事禮部染焉。時方盛暑，疾勢甚殆，公移置同室，與之對榻，撫視之，兩月餘始復，人以爲難。歲時宗族子姓來謁，必分曹面誨，士以讀，晨〔一五〕以耕，動〔一六〕勤懇懇，冀其能立。其諸里鄰嚚争，不論巨細，公一言析曲直，即帖然兩解，故鄉人無少長遠近，無不愛敬公。公嘗患額瘍，里中相與醵金刲牲以籲神，至數十百人，此不易得也。公性不善酒，稍飲即面赬，顧獨愛客，每與里人、故舊爲燕樂談笑，連日夜不倦。方侍郎官翰林時，迎公養京邸，與四方縉紳耆父結社，風日佳美，即選名園勝境出而遊覽之，都人至今相傳，以爲勝事。淑人家爲左輔望族，父某，母乞氏。性婉慧，凡女紅、滫瀡咸不假師授而能。稟賦剛正，不妄笑語，遠識敏斷，不類閨閣中人。其事姑最孝敬，當公兄瑜之歿也，公時任宛平，遺〔一七〕淑人歸慰姑，且爲長子娶。淑人曰："猶子芥長，姑視之等孫也。"遂兩爲奩其〔一八〕，姑乃大悦。姑病，淑人私卜之，不吉，驚而仆，有頃乃蘇，其深愛若此。育諸子最慈，然不忘訓督。公嘗遊蜀，諸子間元夕出嬉，淑人詗知之，召長跪堦下，譙訶之，命焚所業書。諸子慺懼請罪，暨諸從子同跪謝，始解，已復大哭，其嚴如此。至于躬履儉勤，雖貴不改。凡賓祭、塾序之需，□〔一九〕黨往來之費，皆先事爲備，故公居常暇逸，絶無内顧，雖其襟度冲邁，寔淑人贊成之也。公生成化己亥十二月七日，卒嘉靖丙寅八月二十日，享壽八十有八。淑人生成化壬寅十二月十四日，卒嘉靖丙申三月十六日，享年五十有五。公繼配張氏者，朝邑縣之楊村人，亦能總理〔二〇〕内政，顧復諸孫，性不喜華飾，而好周里婦之貧者。生弘治己未十月十七日，卒隆慶壬申十月二十八日，享壽七十有四。公四子，皆淑人出：伯自勉，國子監助教，娶楊氏；仲即侍郎自强，娶李氏，封淑人；叔自修，娶王氏；季自道，州學生，娶王氏。孫男八：慎，娶張氏；忱，州學生，娶王氏；恬，娶陳氏；怡，舉人，娶楊氏；協，州學生，娶李氏；憬，州學生，娶李氏；慥，舉人，娶維息女；惺，州學生，聘李氏，夔州府知府從教女。孫女七：長適太學生張恒；次適劉采；次適州學生張思齊，舉人藻子；次適畦邦教；次適王守仁；次適李涵；次適王訓。曾孫男十一：橋、朴、梧，俱州學生；格、櫝、榼、機、林、柱、檢、榛。曾孫女七：長字李傑，次字某，餘幼。銘曰：

猗！太華之陰，北距洛涘。有美淳風，惟仁人之里。恩施既博，物無不被。碩人逑焉，同德齊軌。是錫胤祚，爰興國士。正誼純誠，媚于天子。孝思玄通，恩恤甚侈。王人營兆，鸞文諭祀。桂茁蘭芽，烝烝未已。厥惟顯道，武〔二一〕增來祉。膴膴者原，堂封崇只。萬世有辭，考德在是。

封通議大夫禮部左侍郎兼翰林院侍讀學士澹齋王公墓誌銘

萬曆甲戌八月九日，誥封通議大夫、禮部左侍郎兼翰林院侍讀學士南昌王公卒于家，距其生弘治丙辰，享壽七十有九。公仲子掌詹事府事、吏部左侍郎兼翰林院侍讀學士希烈，方被專命總史事，後〔二二〕公訃則摧慟以情聞。天子感焉，詔有司營葬域，遣官諭祭如例。公初以嘉靖戊午封翰林院編修，隆慶丁卯進封侍讀，戊辰進封國子監祭酒，萬曆癸酉進今封，前後凡四膺綸誥，其歿也，復恩恤隆備若此，哀榮、壽考，蓋都生人之具福云。侍郎卜於某年月日葬公于臨川麥岡山之阡敕所營兆，乃托禮部右侍郎漳浦林公狀公世行，徵余誌而銘之，以余托契侍郎，爲公年家子，而林公復侍郎門下士，俱知公故也。按狀，公諱忞，字廷望，以字行，號澹齋。先世臨川人，其徙南昌自五世祖本淵始。曾祖敬符，祖紹肅。父崇禎，號介軒，以侍郎貴贈如公官。母喻氏，贈淑人。初，介軒公感奇夢生公，故命公小字曰“閏龍”以志其異。比長，淳篤謹厚，出入循循甚飭。性穎敏，出就外傅學，即爲弟子高等。家故無餘貲，嘗游學宣州之黄池，主人甚賓禮之。歸而奉親，備極色養。介軒公性方潔，不苟殖貨利，食指日繁，兼之賓祭諸需，日不暇給。公節冗蠲浮以佐之，不以一緡自私，用能得歡心焉。介軒公家政方嚴，子姓日會食一堂，逡巡甚肅。公年高矣，每飯必侍側，夜則依膝前承訓問，俟即安而後退。比居二親喪，年且六十，其哀毁不異少壯人，終其身，歲時、生忌薦享必涕泣，蓋其至性如此。待二弟悬、悊友愛備至。内行修謹，室無媵侍，閨門之内雍雍如也。公質直坦夷，不爲崖岸，雖命數荐錫，而目〔二三〕視常如布素時。諸里社耆舊夙昔從公游者，歲時過從，相與飲宴笑謔，亦忘公之貴也。其襟懷洞豁，秀眉修髯，人望若神仙然。居常恬簡，不自衒材智，澹于世味，而惟喜爲近體詩，諸所倡和，興至立就。晚年精神完固，能于燈下作蠅頭字，兀坐一室，行吟自得。留心内典，積佛書盈二藏。矜貧好善，尤樂于施予。由是大爲鄉人所懷，每肩輿出行，無論里社、城市，咸老稚歡迎，謂爲佛至。及公歿，則遠邇奔赴，如哭所怙恃云。公配徐氏，累封淑人。子男四人：伯希昂，府學生，娶李氏。仲即侍郎希烈，娶李氏，累贈淑人；繼戴氏，累封宜人，贈淑人。叔希元，國子生，娶吴氏，繼陶氏、張氏。季希佐，國子生，娶樊氏。女一人，適潞河巡檢鄧一治。孫男十：時聖、時武、時霖、時成，昂出；時文，官生，烈出；時麟，元出；時純、時熙、時錫、時命，佐出。孫女四。曾孫男五：國玉、國珍、國相、國瑞、國祥。銘曰：

含醇履臧，粤秉德自躬，不顯其光。孚化于鄉，既壽且康。爰浚厥祥，再世而昌。惟德之茂，惟邦家之慶叶。膴膴麥罔〔二四〕，帝命共工，營封若堂。永錫爾胤祚，萬祀未央。

光禄大夫太子太保禮部尚書兼文淵閣大學士贈少保謚文莊乾庵馬公墓誌銘

關中，古都會地，當漢、唐代，蟬聯樞揆不可勝紀，顧自明興來，名臣、碩卿勛伐相望，獨未有參政地者。迨萬曆戊寅，馮翊馬公始由大宗伯承麻拜云。公負公輔望久，當是時，以舊學受眷知，上所注意甚厚，海内士咸訢訢，謂關陜地靈二百年始發于公，必且抒所素藴以協贊中興偉烈，不偶然也。俄而，公被末疾以歿。吁！可悲矣。余與公周旋三十年，知公深，纂遺行，徵不朽，宜莫如余者，顧心内傷公，每援筆輒泫然不知涕之無從也，蓋逾年始克誌而銘之。誌曰：公姓馬氏，名自强，字體乾，别號乾庵，陜之同州人也。自其先世居州城南之馬坊頭，有諱和卿有〔二五〕，生克敬。克敬生馴，太學生，公高祖也。曾祖文。祖通，知博野、繁峙二縣。又〔二六〕珍，宛平縣丞，母李孺人。自曾祖而下，咸以公貴贈光禄大夫、太子太保、禮部尚書、文淵閣大學士，妣皆贈一品夫人。初，李孺人方娠公，夢龍繞室，宛平公亦夢南極老人以緋衣兒來送。比公生，頭角嶄然，不類凡子，父母奇之。幼警悟，自知學授章句即解其大義。丨歲能文，年十四，補郡庠弟子員。嘉靖庚子，舉陜西鄉試第一，聲名籍甚。顧屢上春官不偶，益潛心下惟〔二七〕，精進不懈，已復携群弟子修業于太華山之青柯坪。癸丑，登進士，選翰林庶吉士。故事，吉士年長者總挈諸務，曰館長，人多匿年避之。公年在數人下，獨不避，諸所綜理咸盡善，愜於衆心，前後鮮及之者。乙卯，授翰林院檢討。甲子，滿九載，升修撰。是時重録《永樂大典》，被命爲分校官。丙寅，丁父憂。丁卯，以重録《大典》書成，加侍讀。己巳，服闋，起司經局洗馬，管國子監司業事。庚午，回局，兼翰林院侍讀，充經筵講官，纂修《肅皇帝實録》。是秋，典應天府鄉試。公品校精審，凡三爲會試同考官，及是榜所録士，咸稱得人。陞〔二八〕國子監祭酒。公見科餘〔二九〕漸弛，失教學初意，毅然以振飭自任，首按群不逞習爲奸利事者，剗剔積蠹，悉取累朝訓典申明之，絶請托，抑躁競，厲學官，日以正學迪諸生，于是成均中爽然易觀聽焉。時生徒大集，有需次經年不及撥歷者，公上疏請損諸司歷事期而增其名額。諸生有貧困不能自給者，轍〔三〇〕周之。故士初憚公，已無不愛且敬者。辛未，升詹事府少詹事，兼翰林院侍讀學士，尋掌院事。是時，上在東朝，言者請妙簡端方士備輔導，故遷公宫尹。士〔三一〕申，上出講學，遂以公爲講讀首臣。公念上方冲齡，凡所進講不爲微文奥義，務取目前易省事款款曉譬，冀有所感動，歲〔三二〕度端詳，音吐洪暢。上聞而甚悦，以告穆考，有時講退，于幄後嘖嘖嘆美，衆咸聞之。升詹事，兼教習庶吉士。上登極，擢禮部右侍郎，充日講官。尋轉左，掌詹事府事。丁繼母張氏憂歸，上時時念之，嘗與元輔張少師言公所講解易省，久之，又時問公服將闋未也。乙亥，守臣以公服除聞，詔添注詹事府，以原官協理府事，充《實録》副總裁，日講如故。抵京，升吏部左侍郎。會禮部尚書缺，廷推以公名請。上遣中使問閣臣，尚書兼日講否。張少師爲言講臣須清心專慮，而禮卿部務煩重，勢不得兼狀，乃升公禮部尚書，兼翰林院學士，罷日講，仍充經筵講官，蓋特命也。時宗藩繁衍，諸請名、封、婚、禄歲以千計，中多詭冒乖越，而先後條例亦自相牴牾，以故王府科宿猾習其穴竇，交結諸藩狡役，出入爲奸，莫可究詰。公一一清其源本，擇條例協于情、通行無碍者爲準，其一時有爲而設、彼此剌謬者悉屏去之，今禮部新題更定

《宗藩條例》多公所具藁也。法守既定，乃斥汰諸積胥之尤無良者，凡王府章疏主〔三三〕，必親爲哉〔三四〕決，隨榜之部門，明示行止，由是諸掾隸無所索賄，公宇肅然。隆慶間，嘗罷張真人封，以提點世其祀。及是，提點來朝，請復封，公寢其奏。提點固請不已，公上疏，歷陳其不可，且請嚴杜夤緣請乞之隙，無啓倖門，語甚剴切。初，比〔三五〕虜通貢市，儀部所議爵賞有定額矣，乃虜欲無厭，請寖溢額。公明其非計，請申明初約，凡一切額外乞求，令邊臣勿復通。令甲所載文武大臣恤典，節年條例增損子〔三六〕奪靡準。公審詳參校，議爲畫一之法，奏之報可，著爲令。丁丑，知貢舉。《世廟實録》成，加公太子少保。戊寅二月，進太子太保、文淵閣大學士，入閣辦事。公雅有康濟志，以古人自期待，感幸知遇，夙夜孜孜，失〔三七〕有以自效。會夏秋之交暑雨，偶感瀉痢，疾久不愈，竟以十月十三日卒，距其生正德癸酉十一月初二日，得壽六十有六耳。訃聞，上悼惜深至，輟視朝一日，賜賵賻、含檖〔三八〕之具甚渥，贈少保，謚文莊，加祭至十一壇，廕一子中書舍人，遣行人護柩還，工部主事督修塋兆，凡所爲哀榮恤終之典，視禮臣所議悉加厚焉。蓋上所惓惓注眷公者，其恩禮始終不替益篤如此。惜天不假公年，不及大究厥用，爲可恨也。公隆顴方頤，鉅耳豐背，舉止凝重，儼然山立，見者知其正人。其操尚端嚴，凡立身施政，務行心之所是，不欲一毫苟徇于人。兼容博愛，發于至誠，見一人一物不得其所，必疚然思爲濟之，故平生恤困周急，惟其力所可爲，如恐不及。見不善，蹙然若將浼己，雖甚嫉惡，而弗徵於聲色，以是遠于憎忌。人有片長寸善，汲汲樂與之，自以爲不如也。蓋其德宇淵宏，造詣深邃，誠心直道，貫乎表裏，始終無間然矣。性篤孝，爲諸生時李孺人病阽危，齊心祈神祐。侄應第者弗知也，夜夢神告之曰：“語若叔，而祖母數定矣。”其精誠感通如此。事父宛平公樂志承顔，備極無方之養。居喪孺慕，有烏鳥數百旦夕翔集其廬，人以爲孝感所致云。公配李氏，累封一品夫人。子男二人：怡，舉人，娶楊氏；慥，進士，兵部職方司主事，娶余息女，先公十二日而卒。女二人，長適指揮僉事張恒，次適選貢生張思齊。孫男二：梗，楠。孫女三，一字司務高嶽子起鵬，一字編修盛訥子以弘，一字知縣張薇子衹若。銘曰：

昔在殷宗，有臣甘傅。迪德襄猷，式弘湯祚。公兼其遇，侍帝中興。金華初直，玉鉉竟外[三九]。左輔神皋，嶽瀆藴秀。閲年二百，毓公大受。立朝三紀，正色垂紳。清風終始，卓爾名臣。執經旃厦，陳義惟晰。讜論格心，宸聰載懌。視篆秩宗，張陳鴻典。議政于廷，告猷孔善。聖主深知，寰區繫望。天不憖遺，哲人遽喪。惋彼濟川，中流檝傾。煜煜箕尾，不泯厥靈。在洛之涘，川原窈窕。豐碑崇墉，承恩建兆。若堂者封，公歸在中。有銘考德，傳信無窮。

資政大夫兵部尚書□□[四〇]霍公墓誌銘

當嘉靖末載，朔方虜數侵暴西塞，歲必三四入，入必旬月乃去，自郡邑城郭外，遠邇鄉社攻毁十七八。虜聯營帳駐塞内，或騎三五散掠數百里外，無攖之者。於時朝廷深以西事爲憂，乃升户部右侍郎霍公爲兵部左侍郎，兼都察院右僉都御史，總督陝西三邊軍務。公受命則倍道入關，首詢諸死事者，厚恤其孥[四一]，汰除諸將佐不職者，簡武勇以代之。於是募丁壯，補車騎，穀甲冑，繕亭障，礪器械，激忠義，比至秋防，軍容一新，萬旅競奮，亘長塞數千里，旗幟、刁斗色相映，聲相聞也，終歲虜遂無一部敢並塞窺者。公乃飭諸鎮同[四二]便襲擊其帳，延綏、寧夏各奏塞外捷，虜人憚之。隆慶丁卯冬，威寧諸虜分衆十餘萬，東自薊鎮義院口入犯灤水，戕昌黎；西自山西偏頭入犯嵐、汾，攻石州，破之。軍書東西告急，畿輔大震。是歲，莊皇帝初踐阼，憤武事之不振，毅然圖所以易弦轍、宣威略者，深惟兵本之重，慎簡厥任，乃進公爲兵部尚書。公料天下戎馬强弱、邊塞要害及諸將帥材勇高下，總統經略，劑量而斡運之，機應曲中，方内無警，天子甚倚賴之。俄，内江趙文肅入參機政。文肅恢詭，好奇節，而不諳事理，扼腕攘袂，以詰戎自任，始欲更營制，又欲法外誅邊帥之小有亡失者，公皆執不從，因之大迕。公乃引疾乞歸至再，若曰："臣職典兵，而趙某每事相掣曳，即有疏失，將誰任其咎者？臣不能與其〔四三〕事，矧又病，願賜骸骨歸。"許之。迨上登極，言者屢薦公可用，幾欲召之，屬公嬰末疾，有待也。未幾，而有司以公訃聞，天子軫焉，遣官營葬事，賜謝〔四四〕祭如例。公子國子生鍾瑜手前河南左布政使孔公夫〔四五〕胤所狀公世行問銘于余。余故知公者，公負亮節，材藴甚宏倖〔四六〕，即所表見固已章灼瓌異，要爲未究其用，乃天不憖遺，不得以其所長盡效于邦家，余蓋深惜之，乃不辭而爲公銘。按狀，公諱冀，字堯封，號思齋，世爲汾州孝義縣人。祖鳳，贈兵部尚書。久〔四七〕文會，歷封兵部尚書。母郭氏，封夫人。公幼學稱神童，勤苦自勵，家貧，夜或乏燈火，則依月光誦習之。年十五，記經書子史數十萬言。嘉靖丁酉，舉于鄉。甲辰，登進士，授永平府推官。以績最，戊申，召入，授廣西道監察御史。庚戌，清軍浙江，上言："南北燥濕異宜，勒之遠戍，非人情，不可久，請無拘故籍，俾臣得以便宜補附近伍缺，庶收實用。"朝議以爲允，令布其法四方，迄今行之。癸丑，巡按河南。會妖賊師尚詔作亂，時撫臣以升任去，代者未至，公多設方略，檄諸文武將吏，乘其未定急擊，破走之，地方以寧。丁巳，升大理寺右寺丞，尋轉左。戊午，升都察院右僉都御史，巡撫寧夏。在鎮凡三年，戎事甚飭，烽警稀少，虜嘗一入塞，輒被衄去。天子聞而嘉之，賚以金綺。

庚申，移鎮保定。畿右歲祲，盗賊蠭起，公至，申嚴武備，首發廩賑飢，民賴以全活甚衆，盗乃解散。辛酉，召入佐院事。其久〔四八〕，薊、昌、宣、大競以缺餉告，大司農言四鎮歲中所出内帑錢，視曩時已什伯。天子疑之，詔遣户部侍郎忠直有心計者一人往稽其弊。時户部二侍郎不欲行，廷議亦不擬二人者，乃進公户部右侍郎以往。公徧歷疆場，盡得其耗蠹、侵冒之寔而奏之，因條上恤軍、通商、轉輸、積貯便宜四事，皆見嘉納。初，公既行，户部二侍郎皆罷，而公復按抵監兑郎某于法，故怨讟朋興，相與搆爲飛語，公坐調爲南京工侍。俄而誣明，改南京兵侍。乙丑，改户部右侍郎，兼都察院右僉都御史，巡撫山東。東省徭役不均，民甚以爲苦，公爲平之。治河之役，困于調集。公檄郡邑，徵丁銀輸工所，既〔四九〕近河居民應役，公私以爲便。丙寅，升刑部左侍郎。其冬，遂受總督三邊之命。再閲歲，筦兵本。庚午，謝政歸。家居凡五年餘，以萬曆乙亥三月二十六日卒，距其生正德丙子正月二十九日，得壽六十。公配張氏，封夫人。子男四人：長鍾瑜，國子生；次鍾琦、鍾珂、鍾琳。孫男亦四人，某某。公雅有人倫之鑒，佐郡未〔五〇〕平時，今少司寇欒亭王公與其兄楚雄太守俱以諸生爲怨家誣構于理，公一見稱異，爲雪其誣，慰遣之，曰：“二賢善自愛，行達矣。”司寇兄弟其秋同舉于鄉。在兩浙日，有周生者按籍當補戍，公賞其俊茂，爲豁其藉。周生後登進士，今爲廣東布政司參政。銘曰：

夏卿樞府，邦政攸宇。譬彼大厦，任材則巨。桓桓惟公，洵文且武。當險不驚，在微能睹。爰挈戎韜，九有雰消。邊城巀嶪，胡爲不驕。昔在正德、嘉靖之世，曰王恭襄，曰楊襄毅，以迨于公，三同〔五一〕馬氏。惟晋之良，光于有位。帝念崇功，恩恤孔隆。綸文悼忠，王人視封。遵彼横汾，鬱鬱玄宫。勒石有銘，用諗于無窮。

嘉議大夫南京禮部右侍郎前峰孫公墓誌銘

南京少宗伯前峰孫公既卒之明年，其伯兄今太常公鑨、弟侍御公錝，以公門人翰林編修韓君世能所爲公狀，徵銘于其友人張四維。嗚呼！維安能爲公銘也？維自釋褐，公相與爲莫逆交者且廿年矣。公意氣豪邁，每吐心論事，琅琅動人。余與之居相比而心相近也，間離居，則思其容聲，未嘗不在眉睫間，蓋至今猶爾，詎意公乃長遊〔五二〕耶？故每據狀援筆，輒泫然不可止，余安能爲公銘？然公藴負淵邃，不事表暴，諸所自期待，其見于施用者未究其十一，余既知公深，則所以摭寔宣隱，俾有述于永世者，豈異人任哉？嗚呼！余又安能不爲銘也？公諱鋌，字文和，初號正峰，後更曰前峰。先世爲睦州人，後唐明宗時有三司使諱岳者卒，葬餘姚燭湖，子孫遂爲餘姚人。宋淳熙中有進士燭湖公諱應時者，明興，有山陰學教諭公諱原彝者，蓋姚江稱華胄者，推孫氏焉。公曾祖新，贈資政大夫、禮部尚書。祖燧，巡撫江西右副都御史，累贈資政大夫、禮部尚書，謚忠烈。忠烈公死節江西，朝廷録其後世襲錦衣衛千户，由是隸藉錦衣云。父升，資故〔五三〕大夫、南京禮部尚書，贈太子少保，謚文格〔五四〕。母韓氏，贈夫人，以嘉靖戊子正月十七日生公。公生有異質，讀書一見輒成誦，日記十〔五五〕餘言，操觚爲文，咄啐立就，初不經思，而意致坌濎〔五六〕，英采焕發，見者靡不異之。弱冠，補京庠弟子員，領嘉靖己酉順天府鄉試第一。癸丑，登進士，選翰林院庶吉士，讀中秘書，聞見日富，乃力爲古文詞，每閣試輒高等。乙卯，授翰林院編修。自以身爲國史，耻一物之不知，乃取家故所藏經史百家之言與夫國朝典憲及騷人文士之所稱者〔五七〕，窮日夜之力而披涉之，隨闢所居屋後爲精舍四楹，約余輩二三寮友相與講習論究，志趣甚鋭。俄聞文恪公訃南奔，廬于墓所三年，族姓子弟及旁郡文學來受業者甚衆。服闋，復除原職，受詔分校《永樂大典》，纂《承天大誌》。《誌》成，有金帛之賜。隆慶丁卯，大典完，晋左春坊左中允，兼原官，賜五品服。尋充經筵講官，管誥敕，纂修世宗肅皇帝寔録。是秋，貳今少宰東岑王公典校應天府鄉試，得人爲最，士之登春榜者視疇昔獨多。其冬，升諭德，兼翰林院侍讀，掌司經局事。己巳，升國子監祭酒，振規條，飭廢墜，每季試諸生，必梓其文之優者，六館翕然頌服之。先是，莊皇帝覃登極恩，詔天下郡邑自歲額貢士外，許不次拔其異等者斥〔五八〕之國學，曰恩貢。庚午秋，輻奏至矣，公閲其才美，乃上疏以廣科額爲請，天子許之。是秋，兩京鄉試增至一百五十人，則公所推廣德意也。居頃之，升南京禮部右侍郎。公體素碩健，精力過人，幼歲讀誦、綴文，每徹曉不寐。當營文恪公葬時，或十餘旬晝夜不交睫以爲常，其强如此。然以世家子，應酬自倍，公又事事周慎，務爲敏捷，四方徵索詩文，雖旁午必以時給，人每以此多之。公亦雅自意，不自愛嗇，比較修典志，代宣綸綍，乃至寢食俱廢，精力遂大咸〔五九〕于曩特〔六〇〕。初苦肺病，勞動則作喘，而體膚殊振慄畏寒，亦間有瘳時，然每發必視前增劇，余心慮之。及赴留都，竟卒于白下舟中，時庚午十一月二十六日也，得年僅四十有三，悲哉！公磊落有大度，視宇宙内事若無一不可爲者。嘉靖末，中外多故，遇時事有不當意，輒慷慨振〔六一〕腕，恨不以身任之。性警敏，有膂力，凡事試爲之，若素習。初，公伯考都督孝子公喜騎射，精天文。公一得于聞見，即能挽强命中，且指畫列宿垣次歷歷不紊，孝子公特鍾愛之。文恪公在詞林時，日與寮友吉水尹公、關中王公、内江趙公論文講藝，或至夜分，公必潛聽不去，故童年爲經義即莊古，不類時製。天資强記，凡遠年近歲諸公私内外巨細事，無論人己，但耳目所接，語及即能道其時日、曲折。或有疑者，則曰同日更有其〔六二〕事、某事，及日前日後旁證，連旬乃已，真足奇也。爲人豁達，無它腸，與人交，一見出肺肝相示。人有求，必盡其心以圖之，期以有終，寧後己事。其興致豪爽好客，而飲酒能數斗不亂，每宴集必觥斝交錯，雜以諧謔，人人盡其歡而後止。而又倜儻好義，憂人之憂。塾師孫駕部、庠師汪司訓、座主楊通政歿于京，爲悉心理其後事，恤故所知葉通判、羅貢士家如其生然。尤篤厚倫理，孝友天植。五歲，執韓夫人喪，哀毀如成人。事繼母楊氏太夫人，服其訓，出入必慎，凡事承顔後行，終身無色忤。事從兄都督公、伯兄太常公，情愛終始靡間。諸弟若侍御公舉人鑛、京庠生鑲，皆公所親教，蟬聯取科第未已，衣食供奉所需，出其奩資禄入，無論彼我。歲時享家廟，合族上壽，雍雍如也。居常不問生産，卒之日乃無以贍殮事。公配魏氏，封宜人，南京工部尚書魏公有本女。生男一，如沚，聘姜氏，行太僕寺卿子羔女。女二，長許聘禮部員外蔣勸能子某，次許聘知府楊世華子某。側室任氏，生男一，如洹，幼。公所爲詩文甚富，異日當謀諸公昆季，彙而梓之。銘曰：

代運熙明，是生哲士。家慶載昌，行惟材子。菶梧鳳栖，茁葭麟趾。天人可徵，物理固爾。矯矯惟公，身都其美。承家以孝，華國有煒。惟祖有烈，曰紹厥祉。惟考有文，曰遵厥軌。細旃講道，百辟傾耳。三代炳風，兩朝信史。方引厥緒，未究厥指。天意謂何，中道遽已。膴膴崇阡，寶幢之阜。公神在天，體魄藏此。柏檜相望，祖考具邇。永利嗣人，于千萬祀。

都察院右副都御史澤山馮公暨配恭人趙氏賈氏合葬墓誌銘

公諱舜漁，字澤甫，别號澤山，馮氏，先世河南龍門鎮人。遠祖諱俊者，當金源氏時至蒲，生子直爲萬户招討使，鎮河中，子孫遂家焉。傳數世，至公高祖祥，以行誼著聞，歿祀鄉賢。曾祖盛，舉人，秀府紀善。祖從政，舉人，歷尹河陰、汲縣。父紹，歲貢，任鳳陽縣學訓導，以公貴贈按察司副使。母鄭氏，封太恭人。公幼而穎慧，性倜儻弘達，每作事發言，輒出儕輩意表。方從童子師、習聲偶時，即隱隱有聲州閭中。比長，益肆力問學，厚自期待。嘉靖己酉，舉于鄉。癸丑，登進士第。甲寅，授山東臨淄知縣。時江左暴有倭患，公以治邑最，選調蘇之常熟。常熟在蘇爲上邑，寇所特垂涎者。公至，則多方調度，練武勇，儲軍寔，築福山堡，申固長江之險，民賴以無恐。加意撫摩，樽省浮費，尤良于蔽獄。有貴游子弟舟行被刺而賊不得，前政爲根補〔六三〕蔓引，歷歲矣，比公至，則廉獲真賊，人大以爲異。戊午，升户部福建司主事。壬戌，調兵部職方，升本司員外、武庫司郎中，兩部咸有能稱。癸亥，升山東東昌府知府。東昌當兩京孔道，供應煩浩，民力詘不能支。公爲裁節冗費，取給而已，亦不廢禮，由是民累頓紓，經行者無尤焉。乙丑，升湖廣按察司副使，整飭蘇、松、常、鎮等府兵備。時倭患稍寧矣，會虜犯黄甫川，勢張甚，復調公陜西按察司，整飭延綏兵備。隆慶戊辰，三載考最當遷，適地方有萑苻不靖，督撫交章留之，乃加公銜布政司參政，仍舊兵備延綏。辛未，升陜西按察使，治獄平允。先是，地方礦賊猖獗，有司會兵捕緝，纍老弱甚衆。公讞其無辜者，一切釋遣之，西人以爲德。尋升右布政使。壬申，轉左。陜稱劇藩，財賦出入最爲穰夥，歲供三邊餉以億萬計，之〔六四〕胥因而傍緣爲奸，主者不能察，甚或乾没其間。民應慱〔六五〕輸役者，往往輒破家。公在陜日久，知其病，及是則痛釐革之，諸以轉輸至者，投牒而退，正賦外無毫釐餘費，由是頌聲翕然，抽〔六六〕于關隴。司所轄凡八府，各州縣租賦供京、邊者，悉由府起解，藩司轉牒而已。西安因治在會城，近歲乃以其府屬州縣租賦徑祗〔六七〕藩司轉運，而府不與焉。公喟曰："非政體也。會府固多事，其視藩司何若?"乃議白撫按，牒歸該府，撫中丞是之，而按史以爲未可。俄承特簡，擢公都察院右副都御史，巡撫延綏，贊理軍務，按史遂以爲不聞新命也者，摭它事以布政使劾之。公竟聽勘而歸，時萬曆癸酉春也。久之，其事勘明，悉誣指無實，三秦人士至今爲公不平。公事親孝，當謝政時，太恭人猶在堂，年高矣，公養志承顔，曲盡愛日之誠。比殁，孺慕哀悼，喪葬以禮。至于惇睦宗族，致厚親友，賙貧恤患，諸皆可稱。公禀受龐厚，方頤廣額，修髯豐背，望之偉然。飲食兼人，自幼至壯，未嘗近醫藥。性豪率，不耐拘拘爲小謹，方其志學、從宦，每有物外情。初年，嘗居業城南中條山麓曰鄭莊者，其地水、竹爲一方之勝。比返初服，乃繕屋編籬，雜植花卉，歲時拉朋輩游燕其間，或洽旬不返，乘小車出入，綸巾野服，見者不知其爲達官也。萬曆壬午十月二十七日，忽不懌，遽整冠服而逝，距其生嘉靖癸未十一月十二日，享壽六十。元配趙氏，封安人，再封恭人，生嘉靖癸未七月十三日，卒隆慶戊辰八月六日，得年四十有六。繼賈氏生嘉靖甲寅六月二十八日，卒萬曆戊寅正月二日，得年二十有五。繼李氏。子男六人：淪，舉人，公卒之明年亦卒，娶楊氏；洲，早殤；津，娶楊氏；源，聘楊氏；涌，聘傅氏；湘，聘楊氏。女五人，一適張近光，一字孫守節，餘幼。孫男二：惟榮，聘杜氏，淪出；惟光，津出。孫女一，適官生王之柱。嗚呼！公宦迹南北，最爲人所歸德，無如在陝轄，顧竟以此罹謗。賦氣既厚，神情又瀟洒，脱世羈，即期頤可躋，而年僅若此，謂之命數非耶？余與公髫齔交，兩試皆同舉。當癸酉公歸，余以謁告在里，方相與徜徉，結鄉社，甚歡矣。余尋復被召，塵三事，荏苒且十年，邇歲不禁多病，日夕思撰杖屨〔六八〕從公也。頃罹先人憂還故丘，則公已不待矣，悲哉！公子津爲公卜兆于鄭莊之乾隅，將以今歲乙酉三月十五日營公葬，并遷趙恭人、賈氏二柩合祔焉，禮也，乃持余表舅臨朐教諭兩泉孫公狀請余銘。余久不近鉛槧，乃慨公去世未幾而長子殞也，聞津能舉公殯則嘉之，且有深感焉，特不亂〔六九〕而爲之銘。銘曰：

蒲有著姓，曰惟馮氏。戎閫開家，鄉祠樹紀。載世其家，科名接軌。南宫論秀，寔自公始。盤錯投艱，簡書屢委。舟車所至，民獲休祉。膚工未竟，遐道中止。淵〔七〇〕舊是依，凡〔七一〕杖樂只。南有嘉原，土澤淑美。生所盤桓，没寧歸此。凝和衍祥，萬年不毀。

中憲大夫都察院右僉都御史右山裴公暨配陳孺人墓誌銘

隆慶丁卯七月十九日，都察院右僉都御史裴公卒于家，距其生正德癸酉六月六日，得年五十五爾。初，公巡撫陝西時中飛語，聽調里居，于時五期矣。會今天子登杜〔七二〕，搜揚遺碩，六科十三道交上疏，薦公任〔七三〕大用，詔報可，朝夕且賜環，乃公忽以訃聞。天子悼之，特頒諭祭一壇。公階四品，不滿一考，於法未應賜祭，蓋異數云。公神宇冲粹，涵蓄甚富，與人婉款有情，恂恂自將，見者起敬。至于論當世事，辨人臧否，稽合古今同異，侃侃焉出之，有緒而不淆也。性故好學，發而爲詩文，清潤雅飭，如其爲人。尤喜接引後進，出其門者彬彬多如〔七四〕名士。當嘉靖丙辰、丁巳時，公居内艱，余亦罹先宜人之變，與今太傅、冢宰楊公及余舅督府、其〔七五〕侍王公俱守制在里，余因獲從三公者講業于楊公北墅大椿堂中。見公外温内理，不爲巉岩皦異之行，而中截然不可犯，根心出言，無纖毫矯飾，其致可欽也。謂公且宏濟于時，不且充所解詣，磨礲浸漬，登作者之域，詎謂中壽未躋，乃奄爾物化耶？悲哉！公殁之明年，其配陳孺人亦卒。子胤熊輩將以其年某月某日合葬于孟盟橋新兆，乃走使京邸，持公婿舉人楊俊士所爲公夫婦狀屬余銘之。按狀，公諱紳，字子書，別號右山。裴氏故爲河東族望〔七六〕，公系出聞喜晋公度之後。勝國時有澤民者，以功授銀符，爲達魯花赤，領平陽事，始定居于蒲。澤民子居敬，陝西行省參政。居敬子約文，奉元總管。數傳至公曾祖瓚，祖英，俱隱德不仕。父鼒，以公貴封文林郎、河南道監察御史。母張氏，封孺人。公幼警敏，能日記千百言，未總角即爲學宫〔七七〕弟子員，試輒占高等。嘉靖甲午，舉于鄉。戊戌，登進士，授行人司行人。辛丑，選授河南道監察御史，督理長蘆山東鹽課。近京多奸民，依憑城社私販。公首擒鄭尚書僕置之法，仍對仗彈尚書奪俸。比公代，遂無復私販者。乙巳，按真定。是時，虜連寇太原，公乃議增紫荆諸開〔七八〕埤塹，事竣，有白金、文綺之賜。丁未，按浙江，上《海防六事》，詔悉從其議，蓋是時海溢漸不靖矣。朝〔七九〕設都御史督軍務，而都御史者顧捕戮平民報首功。公檄臬司問狀，都御史乃大恐。公以其不克肩重任，故言〔八〇〕其事。自海寇益猖，諸建白防禦計無慮數十上，率無越公議者。戊申，丁御史公憂。辛亥，起復，升山東按察司副使，提督學校。崇實學，杜請謁，諸所獎拔悉藴藉有養之士。乙卯，升河南布政司參政，撫守汝南。其冬，丁張孺人憂。戊午，起復，補四川布政司參政。庚申，升陝西按察使。辛酉，升河南右布政使。未越陝，即拜都察院右僉都御史，巡撫陝西。壬戌春，虜犯延綏，公聞警提旅馳赴之，遏其南下。于是，朝議謂總督公某〔八一〕不任事，擬以公代之，未果。其冬，虜復自寧夏入，公督衆迎拒，斬首虜十〔八二〕餘級，以捷聞。乃益爲内地備，簡西安等衛卒三千人，奏設參將一員，團練會城。陝當滇、蜀孔道，民苦于供億。有忻城伯某者，使蜀過陝，又特稱貪虐。公廉得其不法狀數十奏之，且請自今勛臣出使，毋得枉道。上命著爲令，併徵忻城伯還。忻城伯懼，自殺，秦地肅然。初，公督學山東時，有一二鄉宦求庇其不肖子弟，不得則大恚[八三]，已乃作爲謗書，徧騰之兩都中。當丙辰時，既撼公不動，益慚憤，至是歲癸亥，屬京官考察期，復以游言中公，甚異。賴當道者稍稍知之，乃奏改公南京。公曰："吾矢勤于國，而顧憎[八四]此多口，命也。"遂歸卧河山舊廬，課子明經，尋繹故業，日與故友嘯咏杯酒間，若未嘗涉世者。山西巡撫，若延安楊公、南昌萬公、鄭州王公、海豐楊公、濰縣王公，先後各以公之德美疏聞于朝[八五]。公配陳孺人者，鄉賓瓚之女也。鄉賓公娶于杜而生孺人。幼惠朗，不妄言笑，鄉賓公奇異之，不以于[八六]凡子。及笄，歸公，事舅姑以孝稱。綜理閫政，既勤且儉，公用無内顧憂。孺人素碩，自公殁日益羸[八七]削，暗中常若與公語者，不浹歲亦殁，隆慶戊辰六月十二日也，距其生正德丙午十一月七日，得年五十有三。子男二人：胤熊，娶楊氏；胤勛，娶李氏：俱州學生。女四人，長適舉人楊俊士，其次繼之，其次適官生王益，其次適潼關衛指揮應襲陳汝孝。孫男一，令聞，聘楊氏；孫女一，幼：俱熊出。銘曰：

河東諸裴，歷葉有聞。入[八八]宅廣睦，緑野流芬。参政嗣興，北岡有墳。爰逮中丞，丕闡厥文。璆瑒音希，幽蘭氣薰。射策成名，乘軿問俗。頒條郡國，乃罔不肅。東上傳經，西藩推轂。亦既軒騫，永願未卒。壑舟夜空，斯人不淑。温温者媛，同德作配。存共厥榮，殁偕厥悴。于澗之濱，豐原有隧。雙璧永歸，德音不晦。

中憲大夫都察院右僉都御史孝泉王公暨配封恭人何氏合葬墓誌銘

公諱輪，字子庸，别號孝泉，姓王氏。自其先世以造香油爲業，故州人推著姓必曰"油王氏"云。高祖太一，曾祖健，祖寅，父珪，母張氏。以公貴，父贈都察院右僉都御史，母贈恭人。公以正德丁卯二月初五日生。初，公祖歿，贈公方在遺腹，祖母嚴年僅二十餘，大〔八九〕志撫孤，百艱不替。及是生公，頭角嶄然，不類凡子，人咸謂天道有知也。公生甫逾期即失母，且多疾，祖母嚴特憐念之，身親鞠育，朝夕備極慈愛，夜宿之榻傍，晨覺必呼名諄諄詳〔九〇〕迪，年十三乃已。公禀賦既茂，而又夙陶慈誨，故自成童即有英聲閭閈間，長老咸以異人視之。嘉靖乙酉，補州學諸生。戊子，舉于鄉，時祖母嚴年八十餘矣，猶及見之。壬辰，嚴歿。癸巳，贈公復棄養。公既終喪，乃居業河汾之墟，弟子來受業者滋家〔九一〕，所養益宏邃。戊戌，登進士。己亥，授兵部武選司主事。壬寅，升職方負〔九二〕外郎。乙巳，升武選郎中。丁未，調職方。是時虜勢甚張，無歲不内訌，北邊騷動，職方之任稱難。公在兵曹以才略著聞，及調職方，毅然圖所以揚國威、折虜驕者。會曾襄愍謀逐河套中虜，復三城故迹，公自中從史〔九三〕之，俄以飛誣解職。未幾，襄愍亦被奇禍，事竟寢，至今有惜之者。己酉，復武庫郎中。庚戌，升陜西按察司副使。是秋，虜大舉寇京東，焚戮甚慘，遊騎薄于都闉。天子震怒，詔悉汰文武吏之不任者，簡材臣任之，乃改公山東按察司副使，整飭密雲兵備。次年，以擒奸功轉參政。癸丑，升都察院右僉都御史，駐守昌平。昌平之有駐守自庚戌始，及是議省之，乃移公巡撫延綏。延鎮密邇套虜，時苦侵暴，屬連歲荐飢，軍餉歷三時不給，諸戍備率頽弛。公至，則汲汲次第理之，爲之請餉，爲之條上方略，軍容改觀。在鎮且三年，虜每入寇，必遭挫衄去。督臣覈上其伐，錫金幣凡再云。丙辰，丁繼母高憂歸。是時，虜勢益披猖，廟議需邊材甚急，而公望益重。會虜圍大同右衛不解，命廷臣各舉所知戡亂才，其以公名應召者無慮二三十疏。適公服闋，而薊邊告急，乃復召公巡撫順天。公聞命疾趨，未及境則虜業自潘家口入矣。虜退，諸地方官志[九四]得罪，公亦蒙謫命，専[九五]致仕十年餘。迨隆慶丁卯，虜東西部同時内訌，西自偏關入，破石州，東則蹂灤、平，都邑震動。是時，穆宗新即位，以爲憂，詔求夙昔封疆之臣足任使者，臺臣悉以公薦。戊辰，乃起家，以原官巡撫甘肅地方。甘肅[九六]孤懸河外，三面羌、虜，邊備積弱，虜部帳駐莊浪、山丹間，道路阻絶。公入境，號令一新，虜聞即徙去。比期年，則烽堠明，城堡固，芻餉足，士氣振。或不時虜以數十騎窺塞垣，輒遭擒馘，河外以寧。莊浪土軍驍悍，爲虜所憚，魯氏者世統之，號曰“魯家軍”，頗驕縱，當事者務裁抑之，會其宗派中絶，遂不振。公召其宗人應繼者優撫之，激以忠義，其人感奮自效，復能成軍。公知其可用，乃疏請復其世職，莊浪至今賴之。己巳，虜東西部相結西侵，瓦剌乘勢以其衆壓甘凉入掠。公嚴督將士，晝夜職[九七]守，時出奇兵撓之，斬首數十級，虜歛去。在鎮以功捷蒙錫賚，至于再三。復相度阨塞，增設險固，浚壕塹，治崖洞，千里相望，屹然成河西巨障焉。時庚午，方以六載奏績，媢者毁之，有詔免公歸。歸則簡出養重，翫志墳典，尤深于《易》數，休咎必先知，間以語人，多奇中者。闢塾課子，擇賓友與之居，雖甚寒暑不少休廢。蓋盤桓東山者十餘年，諸子方烝烝向進未已，而公遽告終，實萬曆辛巳二月二十四日也，距生之日享年七十有五。始聘楊氏，先嫁而卒。娶何氏，封安人，進封宜人、恭人。淑德令儀，克配君子。事祖姑及繼姑能無愆于婦道，撫子女能訓，馭婢僕能慈，處族黨能不以貴自矜。生于正德丁丑二月初九日，卒于公卒之年三月十五日，享年六十有五。子男四：汝閤，早卒；汝閾，州學生，娶楊氏，繼娶辛氏：何恭人出。汝闈，州學生，娶杜氏；汝閶，早卒：側室宋氏出。女五，一適國子生景賓，一適官生楊俊彦，一適潼關衛指揮同知黎從政，何出；一繼室景賓，一字庠生沈龐，宋出。孫男二：道保，經保。女四，俱幼。卜葬得辛巳十二月十二日，卜兆得峨嵋原新塋，汝闔乃衰絰扶杖走都下，疏列公前後功次，乞恩恤之典。詔所司覈實，賜諭祭如例。已而，介公友陝西參政張公廷柏所爲公狀謁余邸，涕泣以銘請。按狀所言，公事業在國，表儀在鄉，余皆習知之，乃其緒教在耳者更殷然未忘也，用是不辭爲銘。銘曰：

溟渤浩渺，艨艟[九八]可航。盤錯所會，亦賴干將。龕變夷紛，匪才曷克？用適其時，乃罔不得。公負利器，出遘多虞。帷幄秘略，藩扞雄圖。世既見知，試亦既效。千里方馳，竟沮中道。逍遥一壑，與造物游。歛厥未究，貽祉箕裘。膴膴崇阡，蒲阪之首。我銘玄堂，陳信不朽。

封中大夫南京光禄寺卿碧泉劉公墓誌銘

封中大夫、南京光禄寺卿碧泉劉公者，大理卿小魯君一儒之父也。初，大理君自留都奏績詣闕，便道省覲，因圖丐侍養于家。公稱引大義，督使就道，已復時時貽書慰解之。居未幾，聞公訃，大理君摧毁不自任，乃忍泣陳情，上爲錫恤典如制。于是大理君以少司馬曾確庵氏所爲公狀質余爲銘。按狀，公諱大賓，字以敬，湖廣夷陵州人。自其先世皆隱德弗仕，公始習舉子業，爲宜都邑諸生。宜都者，夷陵旁近邑也，邑令素方嚴，丁諸生鮮所假借，然獨雅重公，折簡延爲上客，曰："此劉孝廉，安得概以儔人遇之？"蓋公自爲諸生時，輒以行誼著，事三[九九]親色養備篤，執喪哀毁如禮，久之猶戚焉孺慕也。其守身逡巡若處子，擇地而蹈，非其義不以一介自緇，以故州里中目之曰"劉孝廉"，乃邑令亦因而稱之云。公績學攻苦，所爲文常屈其群輩，每督學使者至，試必優。公乃屢躓場屋，人咸爲公惜之。大理君自幼穎拔，爲郡守所器異，將薦諸督率使者，公固遜曰："孺子未學。"其高致如此。大理君己未舉進士，歷官吏曹郎，滿三載考，得封公如其官。迨晋考功大夫，值歲大計，得臧否天下吏，公貽書成〔一〇〇〕之曰："慎哉！是黜陟幽明之際也，兒念之矣。"客踵門通謁者，概謝弗敢見。有故知自千里外走幣、脯相問訊，公固辭弗入。或謂："公受之何嫌？"公笑曰："吾非謂束脯已也。"大理君自從宦于朝，嘗一迎公就養，又一病免家居，皆獲從容侍膝下。比兩官留都，距夷陵稍近，公棲遲家食，不復就也。居門〔一〇一〕無他嗜好，惟喜攻字學，問〔一〇二〕爲近體詩，取適興。與人交，務在長厚，恥言人過失。或兩争互質，或燕會譴譚，徐出數語剖析之，能使競者息，辯者服，故劉封君之名爗然聞楚中，楚中人所爲慕劉封君者，非第以其子也。生平故無疾病，動止整肅，終其身不見媠容。卒之前一日，猶晨起對客，午泛觴飲乃罷，翌日遂端坐而逝。先是，術者謂公當享遐壽，又當翛然冲舉若神仙，將其言果中耶？公素性恬淡，家居樾户距躍。有司高其行，屢致公飲于鄉，皆力辭不赴。獨至赴人緩急，則直前無所悼〔一〇三〕。村有被誣爲盗者七人，抵大辟，公發憤嘆曰："冤哉！此七農夫也。"遂挺身往白，竟釋之，七人者乃竟不知爲公德也。其陰德卓行蓋直與傳記所稱隱君子者伍，劉氏之門宜益光光〔一〇四〕大矣。公生正德己巳正月初二日，卒萬曆丙子五月初六日，享年六十有八。曾祖敏，祖永深。交〔一〇五〕漢，贈官如公所封。娶程氏，繼娶秦氏，贈、封皆淑人。子男一，即大理卿一儒。女二，適宗堯、陳廷節，俱庠生。孫男三〔一〇六〕：長戩之，以廕爲國子生，聘少師大學士江陵張公女；次襄之，聘吉安守雷君女。大理君卜兆在東山祖壠之原，葬以某年某月某日。銘曰：

培厥本，華斯蔚。匯厥淵，流斯沛。物理固然，神理罔沫。懿惟公，德則會。斂厥施，後斯泰。民有儀，邦是賴。楚南有封，恩恤汪濊。歸璞衍祥，千祀未艾。

通奉大夫四川布政使司左布政使水陽亢公墓誌銘

萬曆庚辰五月十六日，水陽亢先生卒于家，厥嗣孟禧輩走使京師，屬王翰檢祖嫡爲狀而介以請余銘，曰“先生治命也”。余先生同郡人，自始升朝，獲從先生後游詞林，淑誨景德，既深且久，銘爲〔一〇七〕可辭？按狀，先生姓亢氏，諱思謙，字子益，水陽其别號也。世爲臨汾人，出春秋宋大夫亢軫之裔。石晋時，姓已著郡中。入明，有曰復成者，爲先生高祖。復成生通。通生昇繇，貢入太學，授兖州府知事。生逢霌，則先生父也，以先生貴贈翰林院編修，元配賀贈孺人，繼鄭封太孺人。初，贈公賈鹺于閩而賀卒，乃娶鄭，鄭，閩望宗也。鄭嘗夢雲中旌幢擁偉丈夫自東而西者，正德乙亥十月十五日生先生。先生生而願〔一〇八〕異，六歲受書，一過即成誦。甫十歲，贈公歿，旅櫬嫠孤，滯閩者且十年。先生感奮力學，游閩名士聞〔一〇九〕，閩名士讓弗及也。癸巳，自閩歸，適郡邑試諸生，先生名第一，父老大驚。已而，督學使者及御史試又第一。甲午，以儒士登晋鄉書第一。丁未，賜進士二甲第一人，簡爲翰林庶吉士，屢試輒冠其曹。己酉，授編修。辛亥，使淮藩，一切饋遺謝弗納。壬子，命教中貴人書。先生嘆曰：“此輩不患無材藝，患不知大義耳。”每取漠〔一一〇〕、唐以來宦官事可爲勸戒事者反覆訓諭之，中人感動。癸丑，分校禮闈，所録多知名士。丙辰，擢河南提學副使。兩河地廣，校閲常二歲不能周，先生一歲徧諸僻邑。善品藻士，今少宗伯何啓圖與王翰檢，皆先生昔所器重，國士遇之者也。戊午，擢河南右參政，分守洛陽。是時伊庶人驕僭，大營府第，賨緣得請八萬金助工，下通郡履畝加徵趣辦。先生感〔一一一〕然曰：“歲屢凶，民困極矣！正供不足，而横加額外征，此不死、徙則盜耳。”乃密言兩臺，王驕甚，宜早裁之，且其室已逾制，弗可加，不宜重病民，無已，且生他虞。兩臺以聞，事遂寢。未幾，庶人竟以罪廢。偃師有孫家灣者，其地饒梨、棗，業已輸什一税，有希當道意議增什三〔一一二〕者，衆莫敢難，先生獨曰："是竭澤而漁也。"竟已之。分守建署會城，而洛下猶歲供數百金，往往乾没，先生悉登藉。無何，伊事起，大吏踵至，賴是不加賦而用饒。庚申蝗，四方流民競趨河洛，莩相屬于道。先生設法賑濟，全活甚衆。辛酉，擢陝西按察使，監秋試，秦中謂是榜得人。耀州民某雄于貲，與甲構，甲不勝憤，仰藥死。某覘乙與甲郤，賕〔一一三〕人而乙抵其辜。爰書既上，先生爲白乙冤，而以某抵法。是冬入覲，以身率下，郡邑吏無受餽者。渭南令新仕，未習吏，被訾且罷矣。先生惜其才，當太宰廉吏治日，具説所以然者，令不知狀，卒全令。壬戌，擢山東右布政使。宗人禄廩糾紛，每藩司出納輒號呶盈庭，先生至則井井辦集，公庭寂然。有盗晝攫大璫金，大璫怒，捕者欲誣富室取盈，東人大恐。藩臬方會鞫，先生一出詰而真盗伏，餘無所問。癸亥，擢四川左布政使。蜀地卑濕多陰雨，郡邑運米累鉅萬露集，率數月不收，米敗則責運者償，家輒破。先生躬臨庾下，至輒收之，諸僚乃更番往，于是露米盡藏，公私稱便。居無何，會有詔以災異察外寮，中臺有不悦先生者，嗾言官以飛語中之，先生遂歸，時甲子三月也。先生既返初服，日以奉親課子爲樂，杜門謝客，足迹不投公府。丙寅，居鄭太孺人喪，哀毁甚。宅左建二祠，前祀其師曰"報知"，後祀所生曰"致享"，一蔬一果必先獻。别治小圃，列圖史，時時吟嘯其中。暇則與耆舊陳説《詩》、《書》，敦行鄉約，罷癃殘疾待先生哺者，遺孤待先生育者，窶空待先生舉火者，不獨其族乃爾。善飲，有酒德，不喜聲伎。優游林皋十七年，壽凡六十六而卒。卒之日，里黨悲悼，相與巷哭罷重〔一一四〕，其德感深也。先生雅負軼才，顧性温恭淳厚，方其取高第、昇華階，貌冲然若虚，其中常有以下人者，人以爲先生恂恂退讓君子也。迨出而臨政，車轂所至，則注措犁然可觀，其仁恕殆天性。好掩人過，治獄務求其生，迄今關、洛、魯、蜀間談先生事，不啻欲户〔一一五〕而祝之。子孫多賢，天道良不爽爾。所著《館中稿》及詩文若干卷藏於家。娶盧氏，贈孺人。繼田氏，封孺人。子男六：孟禎，庠生，娶王氏，盧出。孟禧，舉人，娶宋氏；孟祺，庠生，娶郝氏；孟祦，庠生，娶張氏，繼任氏：田出。孟禴，庠生，娶楊氏；孟禔，聘李氏：側室兩劉氏出。女五：一適庠生李喬蕃，田出；一適庠生陳經科，一幼，劉出；一許于桂齡，一許侯于齊，劉出。孫男四：以恒，庠生，孟禎出；以慎，以忱，以情，孟祺出。孫女七：一許荀兆龍，孟禧出；一許周繼芮，一許狄仲仁，一許張文相，一許阮向上，一幼，孟祺出；一許張懋誠，孟祦出。孟禧等以是年八月二十四日葬先生于九州堡之新阡，蓋先生所自爲卜吉云。銘曰：

雲幢環衛，自天降神。生賢于晋，發兆于閩。一鳴驚衆，若鳳斯翔。巍科卓起，大對洋洋。東觀納〔一一六〕書，北扉綰綬。良史龍門，才相先後。一麾治外，五踐臬藩。軺車攸歷，棠廕孔繁。政成而歸，堯山之麓。酉室圖書，潯陽松菊。耆壽令終，函蒙嘉祉。錫羡輔昌，振振麟趾。佳城永閟〔一一七〕，鑱石埋詞。流光不朽，萬年考斯。

湖廣參政中峰楊公墓誌銘

公諱相，字允立，别號中峰，姓楊氏。幼莊重，不好弄，壹意問學。未弱冠，補郡庠弟子員，聲稱藉甚。以嘉靖甲子舉于鄉，明年成進士，授成安知縣。縣古趙地，其民崛强喜争。公至，則申嚴保甲，修明鄉約，法紀振肅，無所容奸。邑有盜首，歲聚徙〔一一八〕行劫，自山東、河南北久被其毒，前政莫敢詰。至是，公擒而戮之，民賴以寧。有西鎮卒戍東方者，還過邯鄲，其帥道死，因群作不靖，百姓詾懼，監司檄郡邑合兵擊之。公曰："此曹非素亂，以無主故拒〔一一九〕攘至此，請馳使論〔一二〇〕以禍福，當自戢，不宜急以生變。"從之，果宵遁。隆慶丁卯，以三載考績敕拜文林郎。戊辰，擢山東道試御史，巡視十庫。尋實授本道監察御史，巡按陝西茶馬。敕法貞度，剗剔弊蠹，商民便安，馬大蕃息。辛未，巡按河西〔一二一〕。河南當南北之衝，無名山大川之限，民疲于送迎，而盜賊易以出没。公下車，治不激不弛，善良者舉欣欣得所休息，而猾巧輩率奔竄屏息，莫敢逞者。然且隆學校，慎疑獄，懇然盡其心力，士民大和。萬曆癸酉，巡視京營。未幾，擢山東按察司副使，整飭海右道兵備。海右故多鹽礦，四方無賴時時群集作奸利，或嘯聚島嶼中，爲居民患。公悉心撫馭，威信孚洽，海濱以無警。丁丑，擢湖廣布政司參政，分守上荆南，道偶病温〔一二二〕痰，冒暑涉于楚地，至則庳濕恒雨，寖不能堪。戊寅，致政歸。凡宦于楚者相與挽留，弗能得，下逮氓庶，靡不惋惜者。歸而疾遂劇，越三歲弗愈，竟卒于家。公孝廉誠敬，出自天性。父松岡公殁，公以諸生理葬事，勤協諸禮，每歲值忌日，必奠哭如初喪，乃至二十年無改，人以爲難。軍衛每審編徭役，諸武吏率條具爲文册，有司藉以終事。公在成安，承檄勘德州衛，武吏進藉，公格不用，乃悉召什伍躬閲之，登殺公明，毫無私假，一軍歡然。凡御史按部，事竣例徵罰鍰之羡以充私費。公歸自陝，乃秋毫不染，蒲人有久客秦隴者，至今詫語里閭，以爲異也。心地洞豁，遇事剛果，有風裁。嘗考成憲，酌時宜，疏言茶馬四事、理財三事，滚滚千餘言，皆關大體。行部河南，有一二不職者介恃奥援，肆無忌憚，公特疏汰斥之，吏習一變。至論成國不當追王，膠河不當勤衆，侃侃持正，尤爲時論所多。馭下嚴而有恩，吏胥自公事外無敢啓口者，至斗粟尺布可以假之民有弗用也，以故宦轍所曁，罔不畏而愛之。性不喜機巧，與人一以實心。從仕不獵聲華，一以實政。食無擇豐，衣無擇麗，終其身無媵侍，可謂淳篤君子矣。公先世家長安，元末有名義卿者始徙蒲，占籍故市里。義卿生旭祖，旭祖生伯貞，伯貞生文秀，文秀生榮，榮生銘。銘生鶴，是爲松岡公，公父也，粵有濳德，用昌其後，以公貴贈文林郎、成安知縣，加贈山東道監察御史。娶于許，再封太孺人，嘉靖庚寅五月十四日寔生公。公卒之日爲萬曆辛巳六月十九日，享年五十有二。妻任氏，再封孺人。子男二：長燮，州學生，娶范氏；次煊，萬曆丙子科舉人，初聘余女，及笄而卒，娶韓氏、王氏。女二：長適王汝誾；次字張元徵，余季子也。孫男二：遠芳，遠茂。女一，幼。燮等將以壬午九月二十七日葬公于譚家莊祖塋之次，乃銜戚撰狀拜授使者以祈余銘于京師。余辱從姻侄〔一二三〕，知公最悉，且感二子者之祈辭哀也，乃按狀而銘之。銘曰：

有嘉淳德，得全自天。少壯不渝，紉茝握荃。作宰封圻，政成卧護。乃陟中臺，丕揚憲度。于以蕃宣，東齊南楚。威愛交翔，震霆甘雨。吏民載道，愴矣攀轅。嗚呼曷歸？惟德弗諼。貞石有銘，永徵芳躅。神藏孔安，穀爾似續。

陜西行太僕寺卿少源張公墓誌銘

吾友少源張公者，蓋古之所謂狷介人也。矜尚氣節，磊落，好自信，自〔一二四〕世之詖言邪行，雖判乎與己無與，而頩然變色，若將浼之。即得之傳聞，亦掩耳不願聽，異日遇其人，望望去之，不忍視其面焉。及聞人有片善寸長，即擊節嘆賞。當其心所欽服，雖在千里，每恨不泝下風拜之。其善善惡惡若是乎分明，而不以毫髮借也，故以此見重于人，而亦以此齟齬于世。公初由館選授臺察，肅紀宣風，毅然澄清自任。南理淮鹺，北稽禁旅，咸有貞亮績，聞者憚之。于時柄臣任不才子擅權，黷貨斁法，凡諸要津華秩悉以巨賄進。公顰蹙曰："朝廷設銓衡耳目之官，所以綱紀臣上〔一二五〕，糾正邪枉者，豈權門索價異〔一二六〕耶？即若此，國將奚賴？"乃上疏頌言攻之，柄臣滋不悦，遂出公守河間。歲餘，柄臣以贓敗，諸附麗要結悉從顯斥，而凡守正淹擯士駸駸叙進。公乃升副湖憲，公論且藉籍，謂公以直言出，宜召補某〔一二七〕近。會有纖人典銓司，驕忮張權，以意爲軒輊，乃以公爲陝西行太僕卿。嗚呼！直道之難行，豈特昏曀時哉！世濁矣，方正之不容宜也。時方改轍，振枉興滯，乃一夫作使〔一二八〕，而公竟淹抑以死，悲哉！予初同公舉進士，司〔一二九〕肄業中秘，每欽公侃正，嘗竊以立儒〔一三〇〕焉。予年少長于公，公兄事予甚謹。夙昔與公期嚮者何似，而公遽至是耶！余初聞公訃而悲，念嗣子方穉，擬作誌寄之壙中，未果。乃公仲父南泰公者耄矣，冒盛暑手今民部襄垣劉公所爲公行狀，走千里求予銘。嗚呼！予之銘公豈俟請耶？乃南泰公以猶子之故用愛若此，可不謂高誼哉？按狀，公諱九功，字惟叙，别號少源，沁州在城里人，世以儒爲業。高祖溥，陝西會寧尹。曾祖顒，國子生。祖好古，貢入太學，贈監察御史。父鵬，大理寺寺丞，以公貴進階奉政大夫。母周氏，初封孺人，後以公貴進封太宜人。公幼警敏，壬子舉于鄉，明年癸丑登進士，改翰林院庶吉士。授河南道監察御史，巡視蘆溝橋，工完有銀幣之賜。巡視兩淮鹽法，疏通積滯。屬倭寇飈發，創建揚州關城，及各鹽場城，民賴無恐。諸興廢甚衆，具載《江北奏議》中。代還，復巡視京營。升河間府知府，行常平，作保甲，建義田，興學校，瀛人至今思之。升湖廣授〔一三一〕察司副使，視旅郴桂，有叛獠不靖，公剿之。升陝西行太僕寺卿，未履任卒。生嘉靖戌〔一三二〕子七月十八日，卒嘉靖乙丑十月八日，得年三十有八。配劉氏，封孺人，先公一年卒，予嘗爲誌。于〔一三三〕男一人，慶徵，側室某氏出，聘劉氏。葬地爲城西北五龍川新阡，葬期爲隆慶戊辰某月某日。銘曰：

亨否有時，直枉分之。氣遷物化，曰惟其宜。乃有通人，幻捷若神。緣時觀變，無往不伸。咨惟堅士，信心一志。當晦固艱，方明復躓。作善靡禄，天道謂何？宇宙無窮，耿氣不磨。伏牛巉巖，漳流瀰瀰。哲人藏焉，錫爾世祉。

山西按察司副使丹崖胡公墓誌銘

公諱湘，字濟之，姓胡氏，其先蜀之謍川人也。六世祖諱仲遠者，仕爲河南内鄉丞，子孫遂家焉，故今爲内鄉人。高祖暹。曾祖驥。祖忠，封禮科給事中。父瑞，歷官都御史。母封淑人李氏，安慶府同知李公女也，于成化丙午九月廿二日生公。公生而後〔一三四〕楙，弱冠舉于鄉。嘉靖癸未，登進士第，授大理寺評事，轉寺副、寺正。升山東青州府知府，以母老疏請歸養。既卒喪，復守寧國府。升山西按察司副使，遂謝政歸。歸十餘年而殁，蓋嘉靖庚申十二月十六日也，得年凡七十有五云。公天性樂易，雖質任簡伉，不解爲世俗態，而用情懇到，人與之居，久無不得其歡。與人語，雖僮僕恂恂，若恐傷之。居鄉黨，未嘗有競于物。里人嘗有犯公者，公不之較，已而其人内愧，公長者，益復親。公尤嘉與後進，里少年稍知向學，即引與抗禮。今翰林院檢討李君蓘者，公外弟杏山李公子也。異李君，即以子妻之，其所以誘道之者甚至，未幾，李君果顯，人謂公知人。其居官所至，以寬見稱。爲廷評時，嘗録囚陜右，所平反無慮數十輩。時公未嗣，既而生男子四人，殆陰德報也。性善酒好客，能連日夕飲不醉。既歸田，每與客傳觴對奕，命青衣雅歌，以追逐風日之勝，陶陶如也。酒酣輒操筆爲詩，以寫其自得之趣，已乃輒棄去，其真率如此。治湍陽别業，以佚老其中。素故少病，歲時督佃僕，課藝穫，行年七十餘，策馬揖拜，不異少壯人，其術〔一三五〕于天者全也。公初配史氏，孺人崔氏，孺人劉氏，故大學士洛陽劉文清公之孫女，皆先公卒，無出。今配張氏，生男子一人廷俊，生員；女二人，長適生員閻蘭，次適翰林院檢討李袞。餘側室子男三人：廷乂、廷密俱生員，廷阜幼。女四人，一適生員李成林，一適李文奎，一字知縣陳誥男某，一字簡學男某。孫男一，孫女二。廷俊等將以卒之明年某月某日祔葬公于縣城北大峪里祖塋之次，公婿翰檢君奉若翁杏山公命，狀公行屬余誌而銘之。銘曰：

嶓家〔一三六〕源江，浚派載東。百川攸歆，彌遠益豐。惟公之先，自渝徂遷。代衍既昌，韍綬相聯。以肄于公，有赫繩武。朗度冰瑩，冲襟春煦。既典國平，揚于中外。民則有思，文惟不害。乃戢景熙，歸賁于園。松菊常存，桃李不言。率是壽考，亦既燕喜。延祚自先，施于孫子。鬱鬱北原，有崇者阡。我銘不爽，對于萬年。

贈中憲大夫山東按察司副使滄溟高公墓誌銘

蜀有隱君子曰滄溟高公者，行誼甚偉，教子以義方稱，今山東布政司參政文薦，公長子也。當歲辛未，余叨貳銓宰，天子方大計群吏之治，詔所司核其政績尤卓異者以名聞，禮饗之，旌以篚幣，以風天下。于時參政守湖南之長沙，聲實四方最，遂以應詔。詔下，郡國修覲事在闕庭者數千人，莫不翕然誦讚之，自以爲弗及也，余固心奇參政治行矣。已而見其人，恂恂甚都，與之言，復俶儻多大略，余奇之滋甚。乃蜀搢紳先生因稍稍談滄溟公潛德，則又益知參政之賢其有自也。初，參政方舉于鄉，而滄溟公歿，葬華陽李村之新阡。比參政取甲第，歷膴仕，凡三值國恩，加贈公爲中憲大夫、山東按察司副使。參政既與余識，乃持公内弟、前應天府尹周公僩所爲公狀徵余爲銘，蓋公殁至是凡十有八年矣，其孝思不苟，遠而有待如此。按狀，公諱鵬，字雲程，姓高氏，滄溟，其别號也。高氏故爲陜西鳳翔人，四世祖諱成者始徙于蜀，籍成都右衛，迄今子孫家焉。高祖敬祖，曾祖貴，祖政，父仕魁，母甘氏。公天性樸茂，伉直自信，慷慨有大志。幼補邑庠弟子員，篤學績文，寒暑不懈，期以表見于時，自待甚厚。會父遘疾經年，公晝夜侍湯藥，目不睫者數旬，乃至蟣虱叢生衣衵間，不顧也。父疾且革，曰："兒至孝，爾後必昌。"公悲慟，終三年，見者戚焉。是時繼祖母盧、母甘在堂，環堵蕭然，缾無儲粟，公色養承歡，心力竭瘁，無復進取念矣。成都，西南大都會，多富人，俗尚奓忕，姻黨間率乘堅策肥，啖醲醷，曳麗靡，以相夸詡。公終歲屢空，徜徉自得，視之茂〔一三七〕如也。有勸之從族間殖生産者，則曰："吾道不在是。"每喟然自嘆不獲卒業于學，見諸子生有異質，乃一意訓督之，肄習有所，朝夕有程，蹈足吐聲，視之矩矱。嘗取古人立身顯親、志節彪炳者，時時稱説以激發其意。故參政入官從政，隨所至必馳令聞，由得于庭訓者豫也。公豪達任氣，不戚戚于生計，居暇必置酒醴，召里中父老與之歡宴笑傲，博塞投壺，酣歌竟日。闊略，眇小禮文，蕩佚世事。鄰里富侈人或訾斥之，不爲易也。性故夷坦，無畛畽，人無貴賤疏密，接之若一。日用固窘，然見人阨困，惻若在己，必毅然思以拯之。仲父爲諸生，卒無後，公爲理葬事，盡誠敬，且經紀其家口，俾無失所。姊適楊氏者，夫婦偕殁，遺孤方一歲，公取而撫育之，教訓婚配，使之成立。其居貧敦義，尤人情所難云。公生于弘治壬戌正月八日，卒于嘉靖丙辰七月二十四日，得年五十有五。配太恭人周氏，封户部主事潛庵公之女，温惠慈儉，婦道母儀，兩俱可述。子三：伯即參政文薦，己未進士，娶何氏，封恭人；仲文舉，邑庠生，娶楊氏，前宰相新都楊文忠公曾孫女。二子俱周出。季文選，側室王出。女一，適恩貢生徐元吉。孫男五：以道、以明，餘幼。孫女五：長許聘右副都御史方湖王公孫鼎，指揮應襲；次許聘張修吉，千户應襲；餘幼。銘曰：

益部之高，遷自岐下。七世而昌，公篤其祜。矯矯其風，巖巖其宇。物表璆琳，人倫儀羽。世莫我偕，得天則多。川匯斯沛，蘭茁其華。弘毗于國，悠慶自家。華陽有阡，松柏既拱。衍祚在兹，鸞章賁隴。納銘羡道，昭德惟永。

校勘記

〔一〕“降”，清稿本作“隆”，是，甲辰本亦作“隆”。

〔二〕“疾”，清稿本作“疾”，是，甲辰本亦作“疾”。

〔三〕“止”，清稿本作“正”，是，甲辰本亦作“正”。

〔四〕“侍讀”，底本卷首原目録無。

〔五〕“典”，清稿本作“典”，是，甲辰本亦作“典”。

〔六〕“宇”，清稿本作“字”，是，甲辰本亦作“字”。

〔七〕“大”，清稿本作“太”，是，甲辰本亦作“太”。

〔八〕“繫”，清稿本作“繁”，是，甲辰本亦作“繁”。

〔九〕“殊”，清稿本作“疎”，是，甲辰本亦作“疎”。

〔一〇〕“禹”，清稿本作“馬”，是，甲辰本亦作“馬”。

〔一一〕“受”，清稿本作“愛”，是，甲辰本亦作“愛”。

〔一二〕“析”，清稿本作“折”，是，甲辰本亦作“折”。

〔一三〕“皃”，清稿本作“兒”，是，甲辰本亦作“兒”。

〔一四〕“究”，清稿本作“宛”，是，甲辰本亦作“宛”。

〔一五〕“晨”，清稿本作“農”，是，甲辰本亦作“農”。

〔一六〕“勳”，清稿本作“勤”，是，甲辰本亦作“勤”。

〔一七〕“遺”，清稿本作“遣”，是，甲辰本亦作“遣”。

〔一八〕“其”，清稿本作“具”，是，甲辰本亦作“具”。

〔一九〕□，底本爲一空格，甲辰本作“戚”。

〔二〇〕“理”，清稿本作“攝”，是，甲辰本亦作“攝”。

〔二一〕“武”，清稿本作“式”，是，甲辰本亦作“式”。

〔二二〕“後”，清稿本作“接”，是，甲辰本亦作“接”。

〔二三〕“目”，清稿本作“自”，是，甲辰本亦作“自”。

〔二四〕“罔”，清稿本作“岡”，是，甲辰本亦作“岡”。

〔二五〕“有”，據明萬曆刻本明焦竑《國朝獻徵録》卷十六張四維《乾庵馬公墓誌銘》當作“者”。清稿本作“者”，是，甲辰本亦作“者”。

〔二六〕“又”，據同上文當作“父”。

〔二七〕“惟”，據同上文當作“帷”。

〔二八〕“陛”，據同上文當作“陞”。

〔二九〕“餘”，據同上文當作“條”。

〔三〇〕“轍”，據同上文當作“輒”。

〔三一〕“士”，據同上文當作“壬”。

〔三二〕“歲”，據同上文當作“儀”。

〔三三〕“主”，據同上文當作“至”。

〔三四〕“哉”，據同上文當作“裁”。

〔三五〕“比”，據同上文當作“北”。

〔三六〕“子”，據同上文當作“予”。

〔三七〕“失”，據同上文當作“矢”。

〔三八〕“檖”，據同上文當作“襚”。

〔三九〕“外”，清稿本作“升”，是，甲辰本亦作“升”。

〔四〇〕□□，底本漶漫不清，清稿本作“思齋”。

〔四一〕“拏”，清稿本作“拏”，是。

〔四二〕“同”，清稿本作“伺”，是。

〔四三〕“其”，清稿本作“共”，是。

〔四四〕“謝”，清稿本作“諭”，是。

〔四五〕“夫”，清稿本作“天”，是。

〔四六〕“倖”，清稿本作“偉”，是。

〔四七〕“久”。據明焦竑《國朝獻徵録》卷之三十九明王崇古《資政大夫兵部尚書思齋霍公冀墓表》當作“父”。清稿本作“父”，是。

〔四八〕“久”，清稿本作“冬”，是。

〔四九〕“既”，清稿本作“僦”，是。

〔五〇〕“未”，清稿本作“永”，是。

〔五一〕“同”，清稿本作“司”，是。

〔五二〕“遊”，清稿本作“逝”，是。

〔五三〕“故”，清稿本作“政”，是。

〔五四〕“格”，清稿本作“恪”，是。

〔五五〕“十”，清稿本作“千”，是。

〔五六〕“漓”，清稿本作“涌”，是。

〔五七〕“稱者”，清稿本作“撰著”，是。

〔五八〕“斥”，清稿本作“升”，是。

〔五九〕“咸”，清稿本作“減”，是。

〔六〇〕“特”，清稿本作“時”，是。

〔六一〕“振”，清稿本作“扼”，是。

〔六二〕“其”，清稿本作“某”，是。

〔六三〕“補”，清稿本作“捕”，是。

〔六四〕“之”，清稿本作“吏”，是。

〔六五〕“慱”，清稿本作“轉”，是。

〔六六〕“抽”，清稿本作“播”，是。

〔六七〕“祗”，清稿本作“抵”，是。

〔六八〕“屨”，清稿本作“履”，是。

〔六九〕“亂”，清稿本作“辭”，是。

〔七〇〕“淵”，清稿本作“姍”，是。

〔七一〕“凡”，清稿本作“几”，是。

〔七二〕“杜”。據明焦竑《國朝獻徵録》卷六十四張四維《南京都察院右僉都御史裴公紳墓志銘》當作“極”。清稿本作“極”，是。

〔七三〕“任”，同上文作“可”。

〔七四〕“如”，據同上文當作“知”。

〔七五〕“其”，據同上文當作“兵”。

〔七六〕“族望”，同上文作“望族”。

〔七七〕“宫”，據同上文當作“官”。

〔七八〕“開”，據同上文當作“關”。

〔七九〕“朝”後，同上文有一“議”字。

〔八〇〕“言”前，同上文有一“條”字。

〔八一〕“公某”，同上文作“程公”。

〔八二〕“十”前，同上文有一“八”字。

〔八三〕“惠”，據同上文當作“恚”。

〔八四〕“憎”，據同上文當作“增”。

〔八五〕“朝”後，同上文有“不果用”三字。

〔八六〕“于”，清稿本作“予”。

〔八七〕“羸”，清稿本作“羸”。

〔八八〕“入”，清稿本作“八”，是。

〔八九〕“大”，清稿本作“矢”，是。

〔九〇〕“詳”，疑當作“訓”。

〔九一〕“家”，清稿本作“衆”，是。

〔九二〕“負”，清稿本作“員”，是。

〔九三〕“史”，清稿本作“臾”，是。

〔九四〕“志”，清稿本作“悉”，是。

〔九五〕“專”，清稿本作“尋”，是。

〔九六〕“甘肅”，清稿本無此二字。

〔九七〕“職”，清稿本作“戰”，是。

〔九八〕“鐘”，清稿本作“艟”，是。

〔九九〕“三”，清稿本作“二”，是。

〔一〇〇〕“成”，清稿本作“戒”，是。

〔一〇一〕“門”，清稿本作“閒”，是。

〔一〇二〕“問”，清稿本作“間”，是。

〔一〇三〕“悼”，清稿本作“憚”，是。
〔一〇四〕“光光”，清稿本作“光”。
〔一〇五〕“交”，清稿本作“父”，是。
〔一〇六〕“三”，清稿本作“二”，是。
〔一〇七〕“爲”，清稿本作“烏”，是。
〔一〇八〕“顒”，清稿本作“穎”，是。
〔一〇九〕“聞”，清稿本作“間”，是。
〔一一〇〕“漢”，清稿本作“漢”，是。
〔一一一〕“感”，清稿本作“感”，是。
〔一一二〕“三”，清稿本作“二”。
〔一一三〕“脉”，清稿本作“賕”，是。
〔一一四〕“重”，清稿本作“市”，是。
〔一一五〕“户”，清稿本作“尸”，是。
〔一一六〕“納”，清稿本作“紬”，是。
〔一一七〕“悶”，清稿本作“閟”，是。
〔一一八〕“徙”，清稿本作“徒”，是。
〔一一九〕“拒”，清稿本作“拒”，是。
〔一二〇〕“論”，清稿本作“諭”，是。
〔一二一〕“西”，清稿本作“南”，是。
〔一二二〕“温”，清稿本作“濕”，是。
〔一二三〕“侄”，清稿本作“娅”，是。
〔一二四〕“自”，清稿本作“目”，是。
〔一二五〕“上”，清稿本作“工”，是。
〔一二六〕“異”，清稿本作“具”，是。
〔一二七〕“某”，清稿本作“禁”，是。
〔一二八〕“使”，清稿本作“梗”，是。
〔一二九〕“司”，清稿本作“同”，是。
〔一三〇〕“儒”，清稿本作“懦”，是。
〔一三一〕“授”，清稿本作“按”，是。

〔一三二〕“戌”，清稿本作“戊”，是。

〔一三三〕“于”，清稿本作“子”，是。

〔一三四〕“後”，清稿本作“俊”，是。

〔一三五〕“術”，清稿本作“得”，是。

〔一三六〕“家”，清稿本作“冢”，是。

〔一三七〕“茂”，清稿本作“蔑”，是。

條麓堂集卷二十七

誌　二

贈文林郎吏科都給事中守拙王公暨配封太孺人檀氏合葬[一]墓誌銘

太原之王，代爲著姓。余同年友太僕卿王本道氏，寔太原之忻州人，沉毅守道，不苟同流俗，綽然有故家風焉。初，太僕官諫垣，會天子推建儲恩，父守拙公贈文林郎、吏科都給事中，母檀氏封太孺人，時守拙公殁已三十年餘矣。比太僕授今職，太孺人就養宦邸以卒，太僕乃卜兆忻西南五十里南張村之高原，奉公夫婦柩合葬焉，遂手自爲狀，走使蒲坂，屬余誌而銘之。余覧狀，則蹷然以興，諗王氏慶澤所原，蓋明德遠矣。按狀，公諱鎧，字文濟，别號守拙。世家太原，勝國時徙大同，其遷于忻，則自六世祖源始。源生清，舉人，歷任浙江衢州府同知。清生綱，壽官。綱生讓，由歲貢兩任知縣，終都司副斷事。讓生堯臣，舉人，凡三任知縣。綱，公高祖；讓，曾祖；堯臣，祖也。父聚奎，以諸生入貲爲河南都司斷事。母楊氏。公生而清穎，天性孝讓。比知學，即刻苦自勵，夜分不寐，深造實踐，慨然以遠大自期。嘗曰："身修而後萬物可理，督責話言皆末也。"居嘗悲憫時事，究心于經濟，欲以范文正之義田爲睦族法，吕氏之鄉約爲善俗法，張横渠井田之議爲治世法，俱畫有成算，較然可行。無何，以疾卒。初，公善唐舉、許負之術，每引鏡自照，輒嘆曰："吾有志當世，恐年涉三十七八時，不及措手爾。"至是果不爽云。公循謹有禮，與物無競，歿之日，州里老穉無不嘆息泣下，久之益見思。配太孺人檀氏者，同郡處士香女也。處士娶于劉，有女德，是生太孺人，寔克肖之。年十八，歸公。公遊學四方，有大父母、父母在堂，太孺人謹事之，以孝聞。性勤儉，夙有痼疾，少間即起治事。布衣蔬食，不喜纂組。公歿，室益窶。太孺人上孝養老親，歲時得佳果新菜，必先獻之；下誨育諸孤，勤勤懇懇，俾無忘公遺訓。故太僕問學夙成，敷猷展采，卒能究竟公志而休有譽聞，則慈教然也。公生于弘治壬戌六月三十日，卒于嘉靖戊戌五月初八日，得年三十有七。太孺人生于弘治甲子正月二十二日，卒于隆慶辛未九月廿一日，得年六十有九。子男三人：伯治，即太僕，由癸丑進士歷任今官，娶張氏，卒，贈孺人，繼傅氏；仲浩，早卒；季洛，衣巾生，娶彭氏。女一人，適庠生楊思芳。孫男五：茂松，早卒；茂材，娶姜氏；茂柏，聘趙氏：治出。茂梧，茂櫝，洛出。孫女一，字寧化衛應襲潘潤，治出。曾孫女一，茂材出。銘曰：

唯忻有王，系出太原。儒行世修，載德則蕃。温温恭人，潛心理窟。居衆能謙，在隱不忽。既弘厥志，乃不永年。芳馨未沫，襲于遺編。貞媛孑孑，矢心皎日。茹荼字孤，用競厥室。宣勞于國，貤慶于家。神相有徵，天道靡差。膴膴南岡，有崇者阡。我銘不愧，鎸在重泉。

南京刑部廣西司郎中[二]石溪陳公暨配朱宜人合葬墓誌銘

嘉靖乙丑，余分校禮闈士，得今宫諭陳君公望爲舉首，則莆秋官大夫石溪先生子也。先生以經學起家，兩魁賢書，而公望修其業以顯，若合左券，奕世科名之盛，海内所未有焉。然先生謝事早，人以不得究所施爲先生憾。公望既貴，再值大慶，還先生官，已復晋秩朝列大夫，業足以顯先生，而先生卒。卒之日，天子念公望經幄勞，特推恩命有司爲先生致祭、起冢如法。而先生配朱宜人者，先先生十年卒。至是，公望欲並啓其窆，與先生合，則介書余請銘。公望初第時，余獲覯先生子舍中，恂恂古質，一見知其長者，心甚誼之，故兹于公望之請不辭。按狀，先生諱言，字宜昌，别號石溪。其徙居莆，自唐清遠令公樞始。宋有尚書公仁璧、僕射公靖，並爲名臣。明興，則參政公觀以文學受知高皇帝，嘗召備顧問，未及大用卒。觀生鄉進士熊，熊三傳爲淼。淼生愧〔三〕峰公宣，則先生父也。母爲黄孺人。先生少顓精力學，文譽藉甚。初試有司不利，氣嶽嶽不少挫，嚮往益堅。家故貧，嘗授徒連州。州帥與先生善，有持重賄浼先生白事者，先生叱止之，曰："貧，吾分也。吾不能以此自蠛，敢用蠛人?"其志操如此。嘉靖丙午，魁省試。明年丁未，再魁南宫，遂成進士。大宗伯泰和歐文莊公雅重之，請于銓曹，以先生爲邑令。先生治泰和，務伉直，行一意，有所興除，不爲豪右骫法，尤耻伺上官指巧爲迎合。撫臺某獵賄所部，陰屬公爲購書。先生陽若弗喻也者，而束書露饋之。某大恚，謀螫先生。先生因引疾謝不任，請就教職，得浙之湖州。湖，胡安定公故授徒處也。先生至則申約束，日切劘諸弟子。諸弟子執策請業，前席爲滿。間有跅弛不檢者，輒跽之堂下譙讓之，衆肅然敬憚焉。已稍遷國子博士，積歲不調。會肅皇帝欲爲李都尉立傅，政府欲私某子甲，太宰建安李公不從，竟疏先生名以上，於是先生得擢禮部儀制司主事，傅李君。異時，都尉率貴，倨驕其師，先生獨抗顔自尊重，務示都尉以禮，時論以此高之。越明年，太宰李公以讒被譴，政府修宿憾，批根及先生，謫倅郴州。郴故僻，公處之怡然，無幾微見顔色，而職事一切辦治，暇則進諸士講藝，一如在湖州時。會其年與事省闈，得今武陵陳中允等六人，皆知名士，而郴士曾君選輩亦斌斌相繼起，人多先生之鑒拔焉。已擢知泰州，值島夷訌江淮間，幕府請餉甚急。先生周爰調劑，下不殫民力，而軍興亦給。州有疑獄，所淹繫甚衆，先生訊，立出之，衆歡感若更生。尋轉南刑部員外郎，晋郎中，蓋駸駸達矣，竟爲憾者所中，用守泰州事坐謗免歸。歸三年，而公望登第，先生喜曰："吾志有托矣！"因營别墅一區，名其室曰"怡老堂"，時卧起吟咏其中，泊如也，蓋優游十五年而卒。其卒也，正衣冠，應對賓客如常，一言不及于亂，人以爲先生素養之徵。先生性坦率，於人無所德怨，亦不以德怨望人，而内行尤篤。母黄孺人卒，諸同産纍纍，先生窮年講肄，盡以所得資諸孤，費無所私，仕則又割奉予之者數矣。晚而林居，稍稍葺先壟，拓祀田，叙次家乘若干卷，曰："以此示子孫，令無忘吾孝悌敦睦之行也。"嗟乎！先生本用經術顯，不習爲吏，以故仕於世多齟齬。然其用乃在人倫、風教之間，視卑卑施于名實末矣，要以公望日執經侍人主，紹明先生之家學，則先生未可謂不遇世也。先生受室古田尉受敷女，爲朱宜人。宜人始歸先生時，值姑既歿，家落甚至，不難脱簪珥以佐朝夕。先生既仕，宜人齎用一無所加，即屢起屢躓，宜人亦不以其故自貶，斯可以觀宜人已。其它懿行具許太史誌中，兹不具論。先生生正德丁卯七月三十日，卒萬曆丁丑七月二十七日，得年七十有一。宜人生正德乙巳閏九月十一日，卒隆慶戊辰七月十三日，得年六十。子男二：長經邦，即公望，左春坊左諭德，宜人出，娶林氏，封孺人；次經學，側室何氏出，聘蕭氏。女五：長適庠生黄必輔，早卒；次適庠生吴臬：皆宜人出。次適庠生余澄，次許李治，次許方應僖，皆何出。孫男一，翰佐，聘方氏；孫女二，長適林升，次許鄭淞：皆公望出。其合葬在某山之原。銘曰：

人亦有言，寸長尺短。枘鑿難投，瑕瑜不掩。於惟先生，含華咀實。孔門文學，漢庭經術。蘇湖安定，國子陽城。生平宦迹，太半傳經。白首爲郎，孰云膴仕？考槃自怡，象賢有子。後禄方將，長算遽詘。帝錫愍恩，寵存逮殁。誰其祔之，曰惟淑媛。隧而相見，德音罔愆。封斯樹斯，納斯銘石。垂千百年，永奠玄宅。

封承德郎户部主事樂圃楊公暨配贈安人韓氏馮氏孫氏合葬墓誌銘

公諱鸞，字時禎，别號樂圃，山東登州府寧海州文登縣人也。祖興，于永樂二年隸籍彭城衛，遂家京師。祖能，父逵。母趙氏，于弘治庚戌十一月初九日生公。惇樸不華，天性孝友。幼失父，每以不逮養爲痛。事孀母曲盡色養，能得其歡心。撫弟鳳，爲之授室立業，庭内無間言。性故侃直，好與人之善良者游，遇險詖人，必規之以正，甚爲姻黨所憚。然至于賙急恤困，則又必盡力之所能及而後已。獨不喜佛老，曰："善自人所當爲，使爲福田修行，利之爾。"其達觀如此。尤善教子，長子運使君質敏，授以儒業；次子有心計，則命之服賈。故儒以甲第起家，啫〔四〕三品，而賈以勤勵殖其業，鄉人榮之。晚年，謝人事，治圃明農，時吟咏以寄思。方運使君任户部主事時，以三載績最敕封公承德郎，如其子官。迨運使君任兩淮，公幾耄壽矣，形神康泰，猶嘗奉養于宦所，歸家甫三月，無疾而卒，時隆慶丁卯九月初八日也，得年七十有八。元配韓氏，贈安人，秉儉與勤，克閑婦道，生于弘治乙卯九月十三日，卒于嘉靖甲午二月十七日，得年四十。繼馮氏，未幾卒。繼孫氏，有女德，撫二子如同出，生于弘治辛酉九月二十三日，卒于嘉靖辛酉閏五月二十二日，得年六十有一。公子男二人：長君璽，登嘉靖癸丑進士，任兩淮都轉運使，娶徐氏，繼方氏、王氏，韓出；次君璧，娶李氏，繼梁氏，孫出。孫男五：從詩，早卒；從書，順天府學生，娶張氏；從履，娶陳氏；從儉、從約，俱幼。孫女一，御露。曾孫男一，惟屏。曾孫女二。公既殁，運使君擇以是年十月十有三日啓韓安人暨馮氏、孫氏窆，合葬公于城南疙疸莊祖塋之次，乃持鳳陽府同知田君汝耕所爲公夫婦狀，屬其同年友史維氏銘之。銘曰：

惟躬壽康，惟子孫蕃昌。作善會祥，天道孔章。兹惟玄堂，既固且臧，千斯年未央。

奉政大夫陝西臨洮府同知歷山馮公墓誌銘

歷山馮公者，諱舜田，字歷夫，其先河南龍門鎮人也。十世祖諱俊者，避宋、金之亂始徙蒲。其子惠爲金萬户招討使，四傳及公高祖諱祥者，以有道稱。曾祖盛，景泰庚午舉人，秀府紀善。祖從政，成化丙午舉人，河南汲縣知縣。父紹，鳳陽儒學訓導。母王氏，以弘治甲子十一月三十日生公。公生有茂質，祖汲縣公愛異之。甫弱冠，補郡庠弟子員。甲午，登山西鄉試上第。甲辰春，授河南汝陽縣知縣。丁外艱。服闋，改授山東日照縣知縣，升臨洮府同知以卒。公才器俊拔，倜儻有大志。初學舉子業，即能爲驚人語，大爲時輩所推。長益矻矻不倦，耽心藝林，期大觀遠覽以自奮其奇，故含毫所至，無不綜貫經史，兼獵百氏，雲蒸霞蔚，頃刻萬端。雖制科式程遵其趨步，而委蛇闔闢以泝洄于規矩之中者，汪汪自如也。視學使者若西坡劉公、中川陳公、漫山曹公亟加獎許，待以異等，一時文譽赫然著聞，從學之士有不遠千里至者。公教人雖脱去凡陋，不事雕鎪，然亦必隨其才質之宜示以階級，觀所謂《白坡私訓》者可考也。其制政有局幹，不耐爲俗吏態。初令汝陽，未數月以制歸，其民至今思之。比令日照，仁其民，一如汝陽者。日照，齊之東偏，海濱廣斥，人鮮生業。公殫心圖之，省刑役，薄徵歛，導樹藝，立保甲，于是流民復業者三千户，荒田墾者四萬餘頃，桴鼓不鳴，而四境訢訢然治矣。又建奎山書院于邑之西南，擇邑子弟之俊秀者，以歲時居業其中。又教民以瓦棺易火葬，俗爲一變焉。公守己甚嚴，居官凡十五年，歷三任，家無羨蓄。其任臨洮也，主督軍餉于蘭州，每歲出納以億萬計，公一以廉正蒞之，盡剔納户、委吏之奸，軍國稱便。嘗承委覈甘肅儲峙，有巨猾夜以兼金饋之，公不受，卒論如法。諸所閱實甚衆，時謂諸子曰："若幸自立，吾不能以墨佐若也。"其斷獄又以平反爲主，多所全活，如山東李仙桂、扶風馬大海，咸繪像祠之。其制行純愨端雅，事親孝，待弟友，處姻黨睦，與朋友篤，布衣蔬食，終其身不貳焉。丙辰二月十七日，以疾卒于靖虜衛之公署，距其生得壽五十有三。公凡五娶，初配王氏，繼王氏、李氏、薛氏、翟氏。子男三人：濂，奉祀生員，娶張氏，繼范氏；洛，州學生，娶楊氏；洮，早卒。女一人，適劉衍枝。孫男二：嗣科，聘王氏，濂出；嗣第，幼，洛出。孫女一，幼。公初配王氏，余母之從姊妹也。余幼往來外家，每覩公，心竊偉之。後余表舅草窗景公謂余曰："某與馮公曾同落秋試，馮君喟然曰：'古人稱不朽者三，丈夫當有取焉，顧此區區者足念哉？'"余聞而益偉之。今觀公之自立班班者，誠有味乎其言也。公所著有《蒲州新志》、《馮氏家乘》、《西行詩草》、《白坡私訓》及文集若干卷，藏于家。公之季弟澤甫者，公教以舉子業，與余同舉于鄉，復同舉進士，其爲余道公行甚習。今歲戊午，子濂輩諏于某月某日將葬公程胡莊司訓公新塋兆次，子洛爲狀以索銘于余。公，余素所畏也，按狀又與澤甫之言合，余宜銘公。銘曰：

熙代崇文興庶職，引規布矩示標式。士執尺觚轉沿襲，剗奇削異束繩墨。吁嗟惟公擅孤識，商彝周鼎恣遊息。吮醲剥華窮探測，博收廣運賈餘力。褒衣緩帶行翕習，蛟騫兕吼群形匿。從容尺寸靡差忒，褰裳往就津涘惑。位不酬才行道盡，豐積寡受後必殖，我銘玄堂歲千億。

封奉政大夫河間府同知湖莊任公墓誌銘

公諱景玉，字彦輝，别號湖莊，蒲之信昌里人也。公叔子子中，今爲山東布政司參議。信昌在郡城東北四十里，水土茂美，俗安耕織，百年亡弦誦聲。公故有識量，及參議君生，質甚穎，公乃遣入郡城從師學。里人姗焉，公供督益力。嘉靖壬子，參議君遂以《周易》領鄉薦。山右列郡稱文學科第以蒲爲首，然往往不出郡廛十餘里中，諸鄉社去城遠者至百餘里，士成名者蓋鮮，即名成宦亦鮮達，其裦然紆金紫、位方岳則自參議君始也。故今諸鄉社士游郡庠者彬彬然，視曩時不啻三倍，咸自公啓之。公既殁，參議君自上谷奔歸，擇于某年某月某日葬公新趙村之東新阡，乃匍匐手公狀，屬其友人天官氏維誌而銘焉，禮也。按狀，公姓任氏，先世臨晋綏化鄉人，洪武初高祖直始籍于蒲。曾祖恭，祖榮，父安，母某氏。公生而慷慨，矜氣節，乃中懷坦然，始終不與物忤。姻黨有訟者，質之公，一言即兩釋，退無異議，其侃正足賴也。力勤，善治生，中歲殖田産甚夥。比參議君貴，初敕封公文林郎、平谷知縣，尋誥封公奉政大夫、河間府同知，凡再受貤典，視其德，澹素謙抑，不異在寒素時。而樂善好客，扶貧濟弱，唯其力所及則爲之，絶不爲蓄貯計云。公恬逸自適，參議君宰平谷時，嘗一至宦邸。後參議君位益高，且所歷多邊地，公優游里居，不復肯出。素少疾病，臨殁，猶健步田野間如常時，歸呼諸子，囑節飲慎交，遂端坐瞑目而逝，三日色不變，見者異之。公生成化丁未三月五日，卒隆慶辛未十月廿一日，得壽八十有五。配趙氏；繼配趙氏，封孺人，加封宜人。子男五人：勝，娶郭氏；旺，娶薛氏：先配趙氏出。相，娶馮氏；

彬，即子中，娶何氏，封宜人；官，娶寇氏：繼配趙宜人出。女五人，閆宗極、張孟暘、王棟、廉進科、李應甲，其婿也。孫男十五：昆，娶趙氏，勝出。舜辰，娶賈氏；拱辰，聘陳氏：俱旺出。湯辰，娶趙氏；武辰，聘趙氏；三僮：俱相出。翰辰，娶展氏；夢辰，聘馮氏；諫辰，覲辰，仰辰，侍辰：俱彬出。蠻子，早殤；書僮，聘張氏；新僮：俱官出。孫女三：一適王仲金，一幼，俱相出；一適生員李溥，彬出。曾孫男二：曰穩子，曰尚表。曾孫女三：曰麦兒，曰果兒，曰雪兒。銘曰：

東原鬱鬱，仁厚之里。淳德是居，葆貞胤祉。曰貞惟何？集善在躬。太樸未斲，春陽正融。曰祉惟何，昌在來裔。桂籍起家，瓜瓞衍世。有膴斯域，卜兆孔新。公神歸焉，萬祀永寧。

徵仕郎中書舍人止一王公墓誌銘

公諱珂，字仲鳴，别號止一齋，前魯山教諭，贈徵仕郎、中書舍人敬齋公之季子也。年四十五，以嘉靖已丑二月十六日卒于京師，歸櫬于蒲，葬于花園村，祔敬齋公兆次。後二十八年爲嘉靖乙卯，公配馮孺人卒，次年十一月遂合葬焉。公，余先母王孺人之季父也，于余爲外叔祖。初，公之葬也未有銘，至是舅氏以狀徵銘于維。維屬在諸孫，且稔聞叔祖德美，因不敢以不敏辭。按狀，蒲王氏蓋自榮河遷云。王氏在隋唐間於河東最爲著姓，榮河其裔也。公始祖諱仲文者始徙蒲，生子彦純，傳公高祖秉信、曾祖景嚴、祖榮，歷世載德，及公父馨，遂以儒學起家，贈中書舍人，敬齋公也。母贈孺人張氏，有壼德，以成化乙巳七月十五日生公。公幼寡啼笑，慎威儀，静即沉沉冥坐，若有思者。比受學，日誦百千言，嚮往甚精悍。甫弱冠，即沉酣經籍，獵及百家子史之言。性至孝愛而謹禮，食飲蚤晏、出入疾病、進退唯諾悉中節文，昕夕不能離顔色。贈公初任鄧庠，繼遷魯山，公悉隨焉。迨歸，補蒲庠弟子員，聲藉日益甚。時諫大夫慶陽吕公以言事謫貳蒲，雅敬重公，延爲其猶子今京兆公顓、子襄陽公顒友，相與淬礪，卒皆有聞于時。是時，贈公亦辭官里居。公雖發憤志學，乃心罔不在父母，與諸兄孝養隆至，晨昏省覲而後就學。其充養益深，專心濂洛，日與《易通》、《太極圖》出入爲伍。久之有所得，乃言曰："誠，吾身也。反而歸之，吾性也。博而約之，吾本然之天衷也。窮而至之，聲臭泯然，吾元化之混沌也，故曰無極而太極也。自是而陰陽而五行，吾形色之造端也。通貫本末，周流造化，誠其萬化祖乎？生民初乎？吾身吾性之終始也。"語意與《圖説》相表裏，徵以子思之論，則周原本造化以通其德，公總攬進修而會諸誠，其天人之辨與！嗚呼！微矣。正德己卯，舉于鄉。辛巳，卒業成均。會毅皇帝厭代，今帝踐天子位，詔史館纂修先朝實録，百執事所需，厥惟俊茂，命大臣慎選以充，公遂首膺薦爲試中書舍人，與史事。明年壬午，贈公卒，公大慟奔歸。張孺人亦復羞病，公痛往愛日，孝益嚴。癸未，孺人卒，治喪葬悉如禮。時高陵吕太史判解州。吕素講性命，因肅公與語，懸然契解，終日莫逆焉，遂内交。丙戌，登進士，以前史館勛授中書舍人，典誥敕。時天子勵意唐虞，日御經筵，諏治理，輔臣祗惟聖學之重，恪選吉人共事左右，公寔與焉，贈公及張孺人之恩命在是時也。公居官清慎，雖位望華顯而自奉甚廉，雖資譽日隆而約身益卑，遇親故特有禮。他如視鄧友之疾而歸其喪，解州人王氏之厄而却其獻，當大臣抱不測之讒而祖其行，諸皆盛德事。勤于官守，隙即事于學，無晝夜，四方士多從游者。又感養不逮親，遇歲時、生忌及諸俸入、恩賚，輒設奠慟哭焉。嘗欲疏陳得失以報遭際，稿具矣，會疾，未上而卒。公惠和，外示藹藹可親，其中毅然，不爲非義撼動。性澹素，樂成人之善。人有藏險習紛，斥遠必力。步履有矩矱，寒暑雷風，尺寸不忒，其儼然衿〔五〕莊之色，雖千萬人可貌焉。事諸兄，愛敬以終始。與人有恩義，賑困窮不計有無。公既殁，里人温清者貧甚，售産得金，持詣公主前拜謝而去，曰："王公數賙我，不爲券，乃其恩何可忘？若他負，雖日哄我，顧吾力不支爾。"其盛德感人類如是也。其學洽聞約取，居敬存誠，參伍神明，尚友千古，至于文辭、書法，亦皆端靖離俗，可謂德藝洵美、卓爾不群者矣。狀云，公始卒蓋皆有異徵云。初張孺人方身公，則夢音樂、幢蓋導捧一男子至，其男子衣冠儒也，貌瑩瑩如玉，有神介之曰："都帝詒汝。"警而語贈公，贈公曰："此大吉祥。"故公之生也，贈公異焉。及公將殁，吕京兆公時爲比部郎，則又夢公擁騶從，道宣武門而去，顧吕曰："吾兹有稷山之命，行涖之矣。"嗚呼！豈不異哉？吾意天生哲人，必賦以特異之氣，則夫作爲逌逌，固然與尋常不同，其來去聚散，靈變怳惚，要有不可測者，觀于公可見也。公恒曰："王氏自祖父積德百年，天鑒悠矣，今之盛寔惟申錫，其信然與？"公所著詩文凡若干篇，併語録載家乘，《絳州志》刻于絳。配馮孺人，内行甚備，公禮之如賓，别有銘。子男二人：長崇雅，己酉科山西解元，有道而甚文，公未究之緒將益光大未已也，娶楊氏；仲崇勛，居商能家，娶趙氏，繼聘傅氏。女一人，聘崔登雲，先卒。余先母王孺人好稱述外家事訓勵諸子，嘗曰："季父事父母，先意承志，惟恐稍傷其心。見人有患楚事，若在身者。愛諸兄弟之子，一如己生，蓋古人也。始兄弟以家指滋衆，業已析産矣。時祖父母猶俱存，季父曰：'其如甘旨何？'又有二三兄同，遂復合爨，終祖父母之身。"銘曰：

巖巖昆巘，膏玫是滋。燁燁芝英，靈囿甹之。有赫降哲，世德攸基。匯粹涵貞，玄羹未漓。弱慧長通，有執斯弘。蹈蹤經轍，游神藝叢。顓斯探驪，下彼雕蟲。惟業之修，惟德之茂。立愛曰親，因心則友。内外孚仁，暗明一守。有衍厥藏，亦孔之明。載驥載躍，于邦于京。執緗石渠，侍對天章。篤慶方流，未浚攸止。渟曜胤祥，胥維孫子。膴膴崇阡，氣亦完只。有銘在石，考于千祀。

封修職郎國子監助教原泉任公暨配孺人李氏合葬墓誌銘

南康府太守任君汝專將合葬其父母，乃手自爲狀匍匐而徵銘于余。先是，太守任國子助教之三年，以德誼爲六館最，上狀吏部，在令甲當給敕進階。太守上疏以情，陳詞甚懇，天子感焉，乃頒敕移封其父爲修職郎、國子監助教。于時原泉公方禄養京邸，鶴髮蒼顔，錦衣束帶，拜受恩闕下，見者艷之，而且謂天道有知也。公幼蓋嘗攻舉子業，有成緒矣，乃不獲究其志，棄而服賈，士友惜焉。比太守君弱冠領鄉薦，咸訢訢謂屈伸乘除之應，至是而公復身都其榮焉，孰謂天難必哉？公居鄉稱長者，而太守君恂恂謹厚，秩方面，視其德不異塾庠時。余既雅重公父子，乃諾太守之請，誌其世而銘之。按狀，公諱光溥，字某，原泉，其别號也。先世爲臨晋縣令東里人，元至正間有敬之者，爲河東驛丞，占籍焉，是爲蒲之始祖。公高祖彦中，曾祖宣，祖恩。父敏，鄉賓。母楊氏。公生而秀慧，有立志，幼治《周易》，日夜孜孜，用心甚苦，以家累不獲卒業，然志在是也。故雖挾貲遠遊，所至必以篇簡自隨，遇先賢嘉言善行則手録之，久久成帙，題之曰《日用録》，蓋若昔人《自警編》意。其爲人謙抑謹畏，表裏若一。居家孝友，尤嚴事鬼神，享祀誠敬。太守自知學讀書，公教之悉有條貫，誨督嚴密，故成名甚早。比太守服有官守，自國學升揚州府同知，歷今職，公悉隨之，諄諄以謹操持、重民命爲訓，故太守所至以清慎見稱，夫有所受之也。配孺人李氏者，處士迪女，温厚而慈，具有婦德，以孝奉其翁姑，以順睦其妯娌，以勤儉相其夫，以嚴正訓其子女，足與公稱儷美云。公生弘治辛酉正月十一日，卒隆慶壬申八月五日，享年七十有二。孺人生弘治戊午三月十三日，卒嘉靖乙卯十二月十三日，享年五十有八。子男一人，賢，即太守，娶孫氏，繼吴氏。女四人：長適隴州知州楊良材，次適沈應泰，次適山東道御史楊相，皆孺人出；其季字薛茂仁，公繼配張氏出也。孫男二：長康，聘李鴻紳女；次慶，聘舉人楊德燿女。孫女一，字太學生馮福慶。銘曰：

有其匯之，浚靡不通。有其積之，享靡不豐。惟公夫婦，居德攸同。斁膏韜曜，不顯于躬。施及嗣人，榮禄具膺。物情允穆，神理可徵。有崇者阡，雙璧是封。萬年孔固，銘在玄宫。

文林郎陜西鞏昌府禮縣知縣雲岩張公墓誌銘

禮縣令雲岩張公既卒之明年，其子進士雲翱將以某月日葬公某地，乃介余同年友河南按察司僉事登山劉公狀公世行，走使京邸以徵銘于余。余自爲諸生與公交，迄今三紀矣。公器度凝遠，豪邁自負，睥睨流輩中，謂功名可立致，其一時同學士亦多讓之，乃竟不偶有司，歛是聲實施于哲嗣，將不謂天道哉？公之自禮歸也，余方山居，公過蒲，訪余廬城中而去，比余聞而追公，不及也。余時欲東遊傅岩，陟吴山，禮泰伯祠宇，遵鳴條陌而北，尋巫咸氏故居，擬拉公偕往焉，俄被徵命赴都，不及行。已乃聞公訃，生死交情，不及一訣别，心衋然念之，故于進士君之情〔六〕不辭。按狀，公諱良貴，字幼修，雲岩，其别號也。張氏世爲安邑著族，公曾祖榮，受《易》文清薛先生之門。祖琢。父訥，封奉直大夫；母白氏，封宜人：以兄南京户部員外郎條岩公良知貴受貤典也。公少穎敏，攻苦問學，志趣甚鋭，每督學使者及諸監司校藝，輒置之高等。凡八試于鄉不第，貢入太學，人咸以科第遺才惜之。辛未春，授陝西禮縣令。地僻而墝，百務悉懈弛，乃極力興舉之，比期年，邑事駸駸改觀，豪黠靡敢撓法，民訟用簡。癸酉，公有疾，致政歸。其秋，雲翱舉于鄉，明年登進士，授山東掖縣尹，人咸謂公未竟之施于是乎在。未幾，公竟以前疾而卒，萬曆甲戌十二月二日也，距其生正德丙子三月十二日，得壽五十有九。公素以名節自勵，于人無詭隨，于物不輕取與。其事親孝，執喪以哀毁稱，處兄弟友愛篤至。直而不激，矜而不争，迹其終始，可列于君子之林也已。公配馬氏，有閫德。生子男一，進士雲翱，娶賀氏，繼李氏。孫男二：家麐，家禎。孫女三，俱幼。銘曰：

安邑族望，于今惟張。迨公昆弟，丕闡其光。伯氏峨峨，天逵高驤。曰叔曰季，接武簪裳。公奮其間，競爽珪璋。匯浸含芳，再世而昌。方興未央，鬱鬱玄堂。哲人永藏，有銘不忘。

封奉議大夫水亭王公墓誌銘

王氏爲世著姓，凡海内郡國，無論遠邇靡不有系派焉。然惟居太原者爲族望，漢、晋而下，聞人偉士煒然稱史籍者，亦惟太原視諸郡國最蕃，蓋于今爲烈云。歲己酉，余應秋賦太原，獲與今行省右丞王明輔氏同舉于鄉。于時明輔未弱冠，聲稱藉甚，聞之太原人，咸謂其大人水亭公善訓使然。比明輔參知陝藩，公年七帙矣，余以文爲公壽。後三年，公歿，明輔乃馳使燕京，賫前守臨洮東岩唐君頤所爲公狀，屬余誌而銘之。按狀，公諱尚智，字哲夫，先世交城人也。其徙居陽曲，寔自六世祖大用始。曾祖延，祖琚，父鼎，母梁氏。公幼負奇氣，嘗學舉業，一試補諸生不遂，即毅然棄去，入貲爲按察司承差。嘉靖戊戌，謁選，授順天府義豐驛丞。地衝而近都，久爲猾窟，公至，則悉以法綱紀之。猾大懟，遂構公大察，已又構公東廠，皆見格，猾乃解去。

肅皇帝南狩，巡撫張公檄公同永平薛推官除館舍、司供頓。薛不勝懼，竄避民舍中，公獨力應之，迄駕旋，事稱辦，張公下檄獎之，有曰才堪重委，志不同人，蓋奇之也。時有胡總督者，方貴幸，諸求附麗者唯恐不得。胡簡公自隨，公詭以它故辭去。俄而胡敗，東人莫不賢智公。壬寅，升真定府豐盈倉大使。甲辰，秩滿，改直隸北峽關巡檢。公局幹甚優，歷任皆末秩，所至不勞而理，居多暇則闢塾延師，汲汲以課子爲事。明輔質賦警穎，且南北師友多雋才，故其學夙成。戊申，試補郡弟子員高等。公聞之，即投紱歸。己酉，明輔舉于鄉。庚戌，登進士，揚歷南北，褎然爲當代名卿。今太原人言善教子者，必曰王公云。公襟度夷暢，與物無忤，當其意氣投洽，雖少賤即成斷金。好義樂施，不問貲産。太原嘗大祲，人多轉死，公出粟賑之，且瘞旅櫬之無歸者。虜屢闖太原，巡撫萬公下檄所司修會城樓櫓。時公帑鮮羡蓄，公首入五十金佐官費，太原人遂競出所有。萬公義之，工竣，聞于朝，詔有司以羊酒勞公，表其宅舍。太原守臣慕公義，延賓鄉飲，士論宜之。公性喜賓客，座上常滿，不即携壺榼過諸丈人，故交遊遍閭閈，歲時佳勝，必宴遊諸别墅中，覽秀濯清，自謂不減南中焉。公生弘治戊午十一月十九日，卒隆慶庚午六月一日，得壽七十有三。明輔同知大名府時，奏績最，誥封公奉議大夫。公初配郝氏，贈宜人；繼米氏，封宜人。子男二人：道行，四川布政使，即明輔，娶楊氏，封宜人，米宜人出；道明，太學生，娶陳氏，繼馬氏，側室汪出。女一，適生員張紹祖，側室蔡出。孫男一，育才，府學生。曾孫男一、女一，俱幼。葬域爲城東新都村之原，葬期爲卒之年十二月九日。銘曰：

惟汾匯精，汪汪其度。播潤伊邇，含滋則富。蓄極而通，浩派東注。宏施具達，穰祉斯聚。里閈歸仁，林園寄趣。黄髮徜徉，素心靡慕。哲範既往，徽風可遡。玄堂有銘，萬年孔固。

宗室奉國將軍月泉墓誌銘

奉國將軍月泉者，名聰澱，高皇帝五世孫也。高祖爲代簡王，曾祖爲襄垣恭簡王，祖爲鎮國將軍精一齋，父爲輔國將軍静軒。國典，凡宗室子既生，該王府具奏，天子命宗人府製名，編之玉牒，所以明系惇親，禮至隆也。宗室崇重賜名，自恭簡始封於蒲，世以行行，在髫年即復各有别號，踵習既久，視别號若名焉，語其名，雖叔伯昆季弗相諳也，故將軍稱月泉云。静軒凡五子，將軍居其季。其四兄曰清泉，曰雙泉，曰寒泉，曰石泉，各讀書善詩，好從縉紳大夫游，人稱"四泉"焉。將軍篤信好禮，有諸兄風。静軒既歿，將軍時尚稚，母荆夫人在堂，左右服訓甚適其心，朝夕承養不違其色。荆夫人憐其孝謹，嘗稱曰："此兒後必昌家。"于時宗室禄入豐衍，諸王孫競爲奓忕，以聲色服馬自娱。將軍獨退然若素士，綜紀内外，不妄用一錢。及見老弱疲癃與有婚喪者，賑賉援濟，唯其力不恤也。邇時縣官不足，諸宗室禄益殺，匱者不能供俯仰，而將軍獨沛然有贏餘，人謂荆夫人於是知子矣。將軍雖制用甚廉，而臨財能讓，諸稱貸人有不能償者，輒棄其券。初析産，有祖業蓮塘一區，當以半付將軍，推以予兄。嘗卜塋域，以價估付田主，乃其人内損銖兩以賺其衆，衆弗忍，遂大哄。將軍聞，召語之曰："金緣吾謬少耳，毋庸争也。"因訊，給其數。當是時，微將軍，田人幾有死者，蒲人大義之。待族黨有施惠，馭僮僕以恩。居暇常延文雅客，彈棊清飲，浩談亹亹，終歲晏如也。配王氏，湖廣荆州府經歷惺庵公之女，誥封淑人，繼傅氏，亦先將軍卒，俱有内則。子三人：伯俊宋，配丁氏；仲俊橇，嗣寒泉後，配王氏；季俊桀：俱封鎮國中尉。女一人，封雲莊鄉君，歸李邦彦，封承務郎。將軍生弘治乙丑七月二日，卒嘉靖乙卯十二月十三日，得壽五十有一。卒之明年，中尉兄弟將於十二月二十一日葬將軍王莊新阡，持將軍猶子秋溪俊櫛所爲狀請銘于余。余爲童子習句讀時，與中尉兄弟同師，在諸童中最契，且日往來道將軍之門，其習聞將軍之休舊矣，凡狀所云云實然，是宜銘。銘曰：

居貴思謙，履盈不渝。芟夷外華，受此中腴。猗維人兮，與古爲徒。

封朝列大夫松軒南公暨配肥城郡君合葬墓誌銘

友人南君士薰將合葬其父母于條山原之新阡，乃介其姊丈鳳陽府通判陳君爲狀以請銘于余。南君父曰朝列大夫松軒公，母曰肥城郡君。松軒公先郡君十有四年而歿，郡君罹坤變，迄今亦且七閏，士薰朝夕皇皇，深惟吉地之卜，歷久而始克合葬焉，蓋其慎也。余自志學獲與士薰游，出入同館舍。士薰韵度典秀，操履甚清約，不類國戚家子，見者咸謂本于其父母内訓則然。公與郡君德美，余故稔聞之，凡陳君所述悉不誣，乃次第其語爲誌而系之以銘。誌曰：南氏其先爲平陽之臨汾人，公曾祖諱茂，當國初時選戍于蒲，遂爲蒲人。祖晟，父忠，母某氏。公諱九貢，字賦之。幼凝重，不輒與群兒嬉戲。比長，選尚郡君，誥封朝列大夫。是時國戚方貴重，公益持之以謙，恂恂謹飭，游情詩書間，絶無態色驕氣。事母夫人以孝聞，好義樂施，不貴苟得。常宵行，于道得遺金，坐以待其主旦至歸焉，蒲人甚多之。好登眺山水，時形諸繪事，率穠至有精采，蓋其趣寄夷曠若此。至于治家教子，其勤儉嚴慈悉有尺寸云。郡君，鎮國將軍成鋌仲女，襄垣王之孫女，高皇帝五世孫也。母羅氏，其生也寔感異夢。莊肅柔順，鎮國鍾愛之。及笄，誥封肥城郡君，歸于南。恪執婦禮，不以貴驕其夫家，事姑誠孝備至，食飲必親治乃進。至于女紅紃組，亦皆精絶。處姻黨和，御臧獲恩，凡女德咸備。當郡君初歸時，南氏故饒，宗人禄給又豐且時，郡君性喜施，遇歲祲，炊食以餉饑者，多所全濟。及大夫殁，諸子幼，遭家中窶，郡君備歷艱楚，無不豫色，卒教訓子有成業，可謂賢矣。公生弘治甲寅十一月十七日，卒嘉靖壬寅十一月二十五日，得年四十有九。郡君生弘治甲子三月二十一日，卒嘉靖乙卯十二月十三日，得年五十有二。子男四人：風，即士薰，今更名金，州學生，娶王氏；次某，娶某氏；次某某。女六人，長適鳳陽府通判陳永直，次適國子監博士孟汝蒞，三適宋彦隆，四適州學生苟策，五適總旗蘇濟，六殤。孫男一，有慶，習舉子業；孫女一，適李統：俱金出。銘曰：

惟德之恒，惟義之貞。豐否攸寧，交愛相成。粤惟哲人之行，惠終令名。膴彼條原，有鬱佳城。雙璧完歸，永保爾後生。

泰州同知愛山賈君暨配郭氏白氏合葬墓誌銘

君諱鶴齡，字仁夫，别號愛山，世爲河東臨晋縣人。高祖珍，曾祖茂。祖表，由邑庠貢入太學，仕爲宿州判官。父蘭，號嶷南，多積而能散，閭黨歸其德。母王氏。君之將誕也，母夢白鶴自空而下，故命之曰鶴以志異也。幼穎慧，成童知學，即晝夜自淬勵不倦。補邑庠弟子員，志趣甚遠。會嶷南公以家政之夥不禁勞瘁，以君雅有心計，命之綜理，因入貲爲國子生。君理家務十餘年，貲産滋殖，好義樂施，爲能恢廓嶷南公之業而衍其仁澤。其待族黨尤睦，有田爲之耕，無田授之貲，幼而敏者教之塾，人尤以是多之。天性孝友，嘗曰："吾不能竭力供子職，資父母之養以養父母，敢不敬乎？"乃于温凊定省之節懇懇致詳焉。母有羸疾，君百方延療，遇晋陽蕭醫士者藥有驗，遂葺屋居之，給田養之，蕭因終身依君不去。友愛二弟，爲之延師取友，訓迪甚力，故昆季咸有聲邑中。君筮仕爲鴻臚寺序班，能于職，升本寺主簿。遇穆廟覃登極恩，贈其親如己官。奏績得上考，升深州判官。深地下，故多水患，監司廉君才，令專理之。君以舊堤卑薄不能任衝激，乃增築重堤以捍之，疏支河以派分其勢，水患頓息。升泰州同知，甫一載，卒于官。君有幹局，兩任劇州，皆以清勤見稱。其爲人豁達樂易，與人交，出肺肝相示，無纖介隱。歿之日，邑人聞者多嘆息泣下，無論識不識也。性敏多通，凡釋道醫卜諸書類涉獵之，獨于地理家最精。君生正德庚辰正月十四日，卒隆慶壬申七月念三日，得壽五十有三。配郭氏，前濟源尹士奇女，生正德戊寅四月一日，卒嘉靖丙申三月十六日，得年一十有九。繼配白氏，有婦德，鄉耆景春女，生正德己卯三月六日，卒嘉靖丁巳十二月十七日，得年三十有九。子男二人：瑚，邑庠生，先卒，娶謝氏，太學生誥女；璉，邑庠生，娶楊氏，慶陽府通判時芳女。孫男二：勛，瑚出；煦，璉出。孫女三，一字楊某，二幼，俱璉出。璉將以萬曆癸酉葬君和村新塋，遷郭氏、白氏二柩合祔焉，乃介姻友張君治化以狀蘄余銘。銘曰：

二嶷之原，泉甘土腴。君代是居，醇德靡渝。世澤弘敷，穆穆里閭。仕匪禄之徇，榮是簪裾。蘭茁盈區，惟慶之餘。玄堂考德，貞石不誣。

山東齊河縣主簿忠齋劉公墓誌銘

忠齋劉公簿齊河，兢兢守官憲，以吏幹爲監司所才，檄視太和税，入倍贏；檄督德州餉，課辦稱最。于是漕司空檄公西取諸閘版具，次衛源，以疾卒。惟時伯子從仁方應恩貢入太學，以文行稱于六館，余延之家塾教諸子。聞公訃，從仁即毁踊西奔，乃懇懇以公之誌銘見屬。既抵解，治葬有日，以狀來申前請。余獲交于公二紀餘矣，公故丈人行，乃情藴樂易，一見使人可親。頃公謁選，見我燕京寓舍，其容色、風度宛與二紀前時不殊，私念公且遐壽，不意遽至此也，乃愴焉誌而銘之，以貽伯子。按狀，公諱登庸，字士揚，忠齋，其别號云。世爲解之字民坊人。曾祖某。祖水龍。父節，王府典膳。母扆氏。公兄弟凡四人，公其仲也。公幼聰慧，業儒治《書經》，補州學弟子員。涇野吕先生謫倅解梁，立書院，簡解士之俊者，與之講析經傳，公與焉。久之，援例入國學。天性孝友，事父母養致敬，喪致哀，爲宗族、鄉黨所稱。兄弟怡怡，終始無間。伯兄官鄠杜，罹危疢，公携醫星夜往視，御以歸里，人義之。他如伯父某無嗣，則養伯母如其母。燠咻從兄之貧者，没爲收葬之。聯綴遠族，歲時合祝而通其慶吊，皆孝友所推也。氣度寬裕，不與物較尺寸，而獨慎于取友，不妄交。居常訓子侄曰："吾世以耕讀爲業，若輩須努力爲好人，毋爲族里所訾。"常以邵堯夫《孝弟吟》及普明兄弟同居，併婁師德、丙吉諸厚德事大書于壁，使朝夕省觀，有所感興。中歲頗以場圃自適，蒔蔬殖花，以彈琴讀書其中。暇則治諸方藥，用濟貧病之不能自資者，其致足稱也。公生于正德丁卯二月二十七日，卒于隆慶庚午四月二十二日，得年六十有四。配吕氏，繼暢氏。子男四人。伯從仁，恩貢生，娶李氏，吕出。仲體仁，州庠生，娶史氏；叔行仁，娶王氏；季得仁；女一人，字照磨閻應時子塤：俱暢出。孫男四：某某，從仁出；某某，體仁出。孫女一，適庠生孫緒。銘曰：

於惟公，睟厥容。入孝友，出信恭。政小試，道有終。嗣振振，餘慶鍾。條之麓，氣鬱葱。安且吉，啓玄宫。萬斯年，永無窮。

山西潞安府儒學教授前山東沂水縣知縣鳳岡孫公墓誌銘

鳳岡孫公既葬之明年，其季子太原府推官化龍以狀來，徵余爲誌銘，將以追而納諸羨道。化龍，余前丁卯典試順天時所舉士也，既敏而雅，余一見異之，詢知爲儒家子，將謂訓習則然，兹覧狀述，則又知世澤渟藴久矣，宜其達也。按狀，公諱光祖，字紹先，别號鳳岡，世爲真定之獲鹿人。曾祖茂，山東即墨縣主簿。祖璨，浙江紹興府照磨。父謙，晋府典膳。母蕭氏。公生而穎敏，弱冠補邑庠弟子員，篤志力學，終始不懈，遂以文學著聲庠序中。方少司馬永康王公以兵憲駐鹿邑時，妙簡俊異，朝夕與談經史，公與焉。然困于數奇，累舉竟不第。嘉靖庚戌，貢入太學。甲子，選授山東沂水知縣。沂土塉賦重，民多亡入它邑。公設法招徠之，歲中復業者相繼。均傜役，慎刑罰，民甚宜之。然性故勁直自遂，不能作世俗俯仰態，邑利弊當興除者，輒毅然任之；其諸監司隸人以事至邑者，又數以法繩其肆。由是監司滋不悦，明年遂罷邑事。又明年，改山西潞安府學教授。持身立教，諸生復甚宜焉。居二載，告歸，放情山水，以琴書自娱，絶不爲子孫産業計。隆慶己巳七月十六日以疾卒，距其生弘治乙丑三月十三日，得年六十五歲。配趙氏，生子男四：應龍，乙卯武舉，娶姜氏；從龍，武生，娶高氏；攀龍，庠生，娶高氏；其季則化龍也，登戊辰進士，授山西太原府推官，娶崔氏。女二，長適庠生周九思，次適知印王無私。孫男七：修業，娶姜氏；纘業，娶胡氏；衍業，娶杜氏；廣業、新業、振業，俱幼，一在襁褓。孫女十一，長適高嘉瑞，次適胡蛟，次適傅訓，餘未字。公平生方介，不苟合，與人無城府，不爲飾言，性不宿怨。邑人聶姓者，嘗與公有郤，會以誣繫獄，公爲白其冤。其教子嚴而有法，故諸子皆克肖。公既歿，應龍等以其年十一月十五日葬公邑西北奇山之陽祖塋。銘曰：

曷績厥學，乃究未洪。亦裕厥修，乃享未豐。譬彼澄淵，匯極則通。餘慶載鍾，博碩顯融。萬年考德，銘在玄宫。

永壽縣教諭西郭崔公墓誌銘

西郭崔公者，諱朝佐，字某，其先屯留之崔明岡里人也。六世祖諱彦美者，當國朝洪武初爲潞郡掾，因占潞籍，迄今子孫家焉。彦美生仕岩，公高祖也。曾祖曰景春，祖曰鎮。父曰友能，以耆壽得官，配韓氏，繼配路氏。公，路出也。幼警異，伉伉自負，不與群兒類。家故力田，公則以明經自奮，弱冠爲郡諸生，專精《易》學，旁貫諸子史，切劘師友，日孳孳無替夕，是用沉涵浩博，邃有所詣，一時學者争師事之焉。嘉靖丁酉，有司上歲計，貢入禮部。戊戌春遂謁選，授山東陵縣訓導，以母老爲禄仕也。而路孺人憚道里，雅不欲行。公乃單車之任，留妻子侍養于家，時寄俸給供菽水。每歲時佳勝寮友宴集，輒憶母而泣，陵尹沈君以“終身慕”稱之。庚子，丁路孺人憂，哀毁有加，而葬祭以禮。既襄事，乃率鄉人修《藍田吕氏鄉約》，崇儉禁靡，恤窮濟匱，于是習俗一變，環所居雍容如也。服闋，補直隸慶雲縣訓導。丁未，升陝西永壽縣教諭。公凡教三邑，所至必陳條式，明嚮導，崇奬德行，嚴督課業，以成就人才爲己任。每謂“士須自重，庶他日可以有爲”，故常以節義爲訓，首約士不干有司，諸被其教者咸有所興焉。在永壽凡幾年，會仲子宗舜殤殁，慨然請老而歸。視學使者嘉其節，固留不可，因移檄原籍旌之。公幼志于學，長益肆力不懈，砥躬礪行，靡有愆言，勤儉仁姻[七]，始終一節，其可謂惇篤尚行之君子矣。深造大積，不既厥用，而流慶衍訓，遺于後人，乃伯子宗堯癸丑登進士第，人咸謂爲公未究之澤云。公生于成化丙午七月廿七日，卒于嘉靖辛酉四月初九日，得壽七十有五。初配王氏，事姑以孝聞，婉嫕惠和，婦道母儀，兩適其可。生于成化某年某月某日，卒于嘉靖丙戌某月某日，得年若干。繼原氏。子男三人：長宗堯，任潼川州知州，先公十二日卒于官，娶張氏，繼李氏、韓氏；次宗孔，郡庠生，娶李氏。女三人，長適庠生張某，次適原堂，次適某。孫男二人紹勛、繩勛，孫女二人，皆宗堯出。公卒之歲，宗孔卜以九月九日葬公村西祖塋之次，介公弟大名府貳守大德狀公行屬銘于維。貳守故受業先生之門，及公伯子潼川君與維皆癸丑同榜士也。潼川君既登第，以直道忤北軍貴人，坎壈而歿，蓋得于公節義之教者，故維將銘公，念潼川君而惻然也。銘曰：

引繩蹈軌，瞻容印止，孰民之不化而正斯士？熙熙春陽，幽蘭布芳，奚遠之不懷而仁斯鄉？鳳戢修羽，靡宣厥美。翽翽章華，振于孫子。丕顯其光，載篤其慶叶。萬年考德，銘在玄堂。

校勘記

〔一〕“合葬”，底本卷首原目録無。

〔二〕“南京刑部廣西司郎中”，底本卷首原目録作“南京刑部郎中”。

〔三〕“愢”，據（明）焦竑《國朝獻徵録》卷四十九王家屏《南京刑部廣西司郎中陳公言墓志銘》當作“槐”。

〔四〕“喈”，清稿本作“階”，是。

〔五〕“衿”，清稿本作“矜”，是。

〔六〕“情”，甲辰本作“請”，是。

〔七〕“姻”，據文意似有誤，待考。

條麓堂集卷二十八

誌　三

湛泉王公墓誌銘代作

嘉靖甲子十一月壬戌，吾友前吏部文選司郎中鄉寧王公卒于家，距其生正德戊辰七月辛丑，得年才五十七爾。初公爲文選郎也，善善惡惡，上恬絀倖，務存國家憲章，以直行己志。嘗撮銓部之務其要且重者，條上四事，將舉數十年沿習詭陋芟刈掃除之，意至鋭也。會權貴人有以私干者，公上疏頌言其事，幾陷于危法，賴天子聖明，得解職去。公既去，權貴人勢益張，銓曹滋不得盡行其職者且二十年乃已，故海内士無不喁喁思念公者，而公今乃不起耶，悲哉！余與公游最久，相知爲深。公志趣高邁，耿介自信，當其心之所是，毅然必遂，不可怵以利害。苟義有弗安，即若攢芒在身，須臾弗寧處也。襟期有所契會，即其人在千里，必通好焉。使所遇非其所與，雖經日侍側，言色終亦不在其人。以是獲時之令名，然亦以此不達于世，其大致然也。公諱與齡，字受甫，别號湛泉，世山西鄉寧人。曾祖睿。祖文封，彰德府通判。父爵，薊州知州，以公貴封吏部稽勛司員外郎。母李氏，封宜人。公幼嘗受學少宗伯後渠崔先生之門。嘉靖戊子，舉于鄉。己丑，與兄培齡同登進士。授蘇州府推官，平反有聲。升户部湖廣司主事，調吏部驗封，歷稽勛員外郎，告歸侍，遂丁父憂。起復，補稽勛員外郎，會崔先生卒，乃上疏送母，旋治先生喪事。還朝，晉文選郎中，無何歸，時嘉靖癸卯秋也。方公之歸，海内士無問識不識，率望旦夕起公，而所忤權貴人當柄久，竟不果起。公居鄉，深自韜匿，足迹絶不及公府，闢軒儲書，藝圃蒔蔬，浩然若未嘗攖世慮者。事母宜人備極色養，篤厚天倫，拯恤困乏，家庭、宗族、鄉黨之間訢訢如也。臨汾西磐張公每以公之忠清諒直勉鄉之髦士。三原溪田馬公爲《平陽四賢吟》，列公于恭介陶公、忠定韓公及西磐公之間，其爲前輩所推許如此。公配高氏，封宜人。子男二人：整，邑學生；敕，早卒。孫女二人。公既殁，整以公遺命，走使持公門人西安府同知李愚所爲狀求余銘。余故深知公者，不虞公之遽至此也，乃哭諸寢門之外而銘之。銘曰：

直道任心，矢忠徇國。蟬蜕囂埃，介然不惑。雖身之抑，而志可則。彼汾一曲，清流湜湜。静言觀魚，不用九罭。祥麟所遊，山澤生色。君子攸止，習俗承德。徽儀云亡，清風不熄。我銘在斯，過者其式。

代府典膳守庵張公暨配孺人曲氏合葬墓誌銘

守庵張公者諱轍，字宗道，有道人也。始余從遊臨川皆所陳先生之門，居業河東書院，獲識公之元子子翔，納交焉，因得拜公于堂。余初見子翔矩步規言，矯矯然若雲鶴之處群也，乃其氣夷然，無矜飾，異之。已而覯公，方毅閎深，淵淵莫測其際，類傳記所稱隱君子者，益以知子翔之篤行有自也。比往來公家，益熟習，見公之行事而聆其論議。公執義甚堅，遵所知以爲行，與人無僞言。其教子甚嚴，當余識公時，子翔蓋已三十餘，偉自表立，卓然有聲山右矣，而公訓之義方，如嚴師之臨嬰孺，其威儀出入未嘗不肅也，隨事規誨未嘗不切也。雖余見公，公未嘗不降顔温接，然每及公門，心凛然如近師保焉，其方毅可憚也。後余與子翔先後領鄉薦，不及拜公者且十年。今歲戊午，公以疾卒于正寢。卒之越月，子翔衰絰走百里，手公及公配孺人曲氏之行實，慟哭而徵銘于余。夫公之有道，宜銘。余爲通家子，知公悉，余宜銘公。因不敢辭，銘併誌其世。按，張氏先居猗氏，國初時，公五世祖從者始徙安邑之聖惠鎮，即今運城，是爲始祖。從生公高祖斌，當文皇北狩時，代兄戍濱，百死而歸，運人至今稱焉。曾祖祐，封監察御史，加贈通議大夫、太常寺卿。祖珣，父華，母王氏。張氏世有隱德陰施，至公益篤。公性純孝，器宇凝重，幼以庭訓事儒業，有成績矣，父亡，遂奪志。事母及繼祖母王氏，視食朝夕，寒暑必謹。叔父諱獲者業儒，公以父禮事之。獲貢入京，道良鄉而卒。公奔赴，負其櫬以歸，歸而恤其孤寡。叔母石氏無養，則以己田資之。其女四人，則爲備禮歸之。比石氏卒，則又悉以奩篚散其女，而獨治其喪，葬之袝之，可謂篤厚于人倫者也。性好讀書，每涉閲典籍，必欲終卷，故多見聞古今事物，尤邃於奇門遁書。嘗曰："是書有資于日用甚切，不可以術廢也。"工書法，論字體點畫輕重之義，曲中肯綮。嘗有述曰："吾孤，不能拓先産，然守業未敢墜。吾無卓行，然守身無大過。吾無勢分加人，然守法，人亦無侮予者。唯教子頗有成，吾平生所自守者唯此耳。"因號其庵曰"守庵"，其自信之篤如此。曲孺人，太學生誾之女，鎮江府同知巘之孫，慶府長史新之曾孫也。曲爲河東著姓，孺人母張氏者，都御史張公岫之女也，閫範甚修，教子女有法。孺人幼聰慧，閑于母教，有淑静之德，女紅、中饋，精絶冠一時。年十六，歸于公，相敬禮如賓，奉姑及繼祖姑孝謹無怠。公寡兄弟，獨一妹，公母王孺人鍾愛之。孺人承姑意，奉之惟謹，凡置簪珥、衣服必畢陳姑所，俟小姑取然後收其餘，于是大得王孺人之歡心。後王孺人老而患癱，不能步履，孺人依侍不離頃刻，疾痛痒疴，先意承志，鄉黨稱孝焉。公生于成化乙巳五月十七日，卒于嘉靖戊午閏七月二十三日，得壽七十有三。初援例爲代府典膳，以母老不就役，終養于家。孺人生于弘治庚午十月十四日，卒于嘉靖戊戌二月二十八日，得壽五十。子男二人：長集，壬子科舉人，娶某氏，繼石氏，余友子翔也；次渠，安邑縣學生，娶劉氏。孫女一，瑩姐，子翔出，字常氏。葬地在城西姚暹渠北岸敕建祖塋之次，葬期爲今歲戊午十一月十一日。銘曰：

張氏之昌，寔始太常。惟公似之，惟德之行。展矣淑人，葆和靈族。天作之合，允也雙玉。承烈爾前，衍休爾後。碩人振穎，國華攸茂。支龍之原，承帝之兆。水浴瑶華，山翔朱鳥。青烏告祥，日月叶吉。于萬斯年，永安玄室。

儒官王公世周暨配孺人張氏合葬墓誌銘

儒官王公世周、張孺人者，余之妻祖父母也。公諱冕，有道而早卒，遺孤二人，其伯，余之妻父也。初公殁，二子藐焉始齠，公既鮮兄弟，且家無應門之僕，而公之母姬孺人在堂，張孺人奉姑撫孤，誓志不二。時有匪人覰其弱者，曰："吾令若貨而産，吾且貨若。"轗轢百端，孺人卒不爲動。命伯子服賈，曰："孤而無助，將門户是賴。"授仲子以儒業，曰："良人有志而未成，其負荷在是也。"比長，俱爲授室。後伯子克拓前産，而仲子以明經爲諸生，卒立厥家云。余妻幼失母，孺人憐而鞠之，恩愛懇至。迨將笄，爲之筮婿，諏之仲子，而以歸余，余因得諗孺人之淑懿。孺人天性慈孝，而中有矩矱，隱然丈夫之度。理事有執，當其意慮既定，雖衆議叢沓，略不摇惑，故克有成績。其治家精敏，庭宇楚楚，閫内無譁，而凡祭祀、賓客必極豐腆，其自奉又以儉素，蓋班班可稱也。嘉靖乙卯，蒲地大震，孺人及仲子俱遇變卒，貞行未旌，嗣孫未立，砥礪終身，旋罹異數，嗚呼！其可痛也夫。先是公殁，葬程胡原祖塋。今歲戊午，妻父營新域祖塋之北，擇三月二十四日遷公柩及孺人合窆焉，余遂爲志其世而係之以銘。其世曰王氏，自宋元爲河中人。諱思明者，國初占籍蒲大通厢。公曾祖仲爵。祖琰，福建興化府經歷。父縉，有耆德，爲鄉飲賓。母姬氏。孺人父越，母王氏。公生于成化戊申七月三十日卯時，卒于正德丙子四月二十二日戌時，得年二十有九。初爲學生，後授儒官。孺人生于弘治己酉八月十七日子時，卒嘉靖乙卯十二月十三日子時，得壽六十有七。子男二人：恩，娶馮氏，繼崔氏、楊氏、楊氏、張氏；志，州學生，娶張氏，繼趙氏。孫女二人，長即余妻，其幼者方二歲。蓋公歿三十餘年，而余始爲公之孫婿，又十年而孺人歿，故余之述孺人也獨詳。其銘曰：

夫義而方，婦順而莊，儀休昔哲也。春華未榮，秋飈驟驚，中道而折也。矢志從一，陳情皎日，《柏舟》競烈也。有姑而老，有子而抱，形影維孑也。姑耋且康，子壯既昌，九京是悦也。玄首載縞，百年永保，與子同穴也。有膴北原，負艮抱坤，生氣之結也。雙瓊永妥，百福是荷，來祉斯擷也。我銘貞石，納之幽宅，萬載以爲揭也。

儒官東泉王公暨配孺人馮氏崔氏楊氏楊氏合葬墓誌銘

公諱恩，字希榮，別號東泉，世爲蒲之大通厢人。高祖仲爵。曾祖琰，福建興化府經歷。祖縉，鄉賓。父冕，儒官。母張氏。公生正德己巳十二月二十一日，卒嘉靖己未十二月四日，得年五十有一。馮孺人者，公元配也，父滄，母張氏。生正德癸酉三月十五日，卒嘉靖癸巳二月十四日，得年二十有一。公幼失怙，拮据立門户，遊貨南北，足迹半天下。初歲業嘗中耗，厲志經營，用能復殖其産，尤慎于出納，終其身未嘗有錙銖濫費，蓋天性然也。事母至孝，與人有情愛，故聞公歿，姻識、閭黨無不嗟悼焉。公初配馮孺人，淑慎莊肅，是生一女，適左春坊諭德張四維，封宜人。繼凡一娶于崔，再娶于楊，間有所出，皆不育，又皆先公歿。最後娶張氏，當公歿時，有一子一女，未幾亦皆夭。張孺人年甚少，泣涕守柩，門扃甚肅，蒲人咸高其義而悲之。今歲隆慶戊辰，公歿且十載矣，婿張四維始獲請告歸，爲公治殯事，卜于十二月乙酉葬公于峨嵋原程胡莊祖塋，啓馮孺人及崔氏、二楊氏之窾而遷祔焉。初公之葬其父母及其弟東溪君也，則卜兆祖塋北，立新域，至是仍遷之祖塋，併公壙悉甃之。王氏故河中茂族，塋建自勝國時，冢纍纍甚衆，乃今子姓彫斁，群從中遂無可立後者，蒸嘗之托，俟異日擇能任者議之。公初撫一子曰成，今與張孺人相依爲命者也。銘曰：

惟王族，殷以蕃。百斯年，河之間。丁中否，支用單。嗟惟公，德則豐。配惟淑，夙愍凶。後宜昌，遘斯窮。相北原，膴厥土。次昆季，從宗祖。固斯藏，永終古。公有女，女有孫。考于世，澤則存。徵玄石，婿之文。

毅齋沈公暨配孺人張氏合葬墓誌銘

毅齋公者，姓沈氏，名廷珍，字邦良，余祖姑丈也。初葬蒲姚温村祖塋，嘉靖辛卯遷蒲程胡莊新阡，少參方山劉公爲之銘誌。迄乙卯，余祖姑卒，將合祔焉，值地變不果。越二歲戊午，余舅憲副鑑川王公同余父相表伯江諏地祖塋之西條山之麓，涓期閏七月二十一日，奉公夫婦合葬焉。公歿至是幾五十年，凡三葬而始克定兆，堂孫舉人應坤狀其世行，屬内孫張四維撰銘于墓。按沈氏，其先河中永樂鎮人也。勝國時，諱孝先者仕爲參軍提領，避亂猗氏。明興，子恭道遂占籍焉。恭道子政，仍還蒲，迄今沈氏爲兩地著姓云。公曾祖浩、祖鑑，俱隱德。父明，字彦章，補猗氏弟子員，受學文清薛先生之門，造詣甚正。配王氏，于成化戊子六月二十七日生公。公幼有至性，四歲失怙，事母以篤孝稱，事諸兄克恭弟道。伯兄元祥學有聲，悉心供事，冀成父志。元祥中道殞，公痛甚，撫其遺孤，不啻所生。與人交誠篤，不激詭，人無不愛且敬者。幼知學，進取甚鋭，後以家務服賈，所欲不存也。故南帆揚越，西歷關隴，乘時廢居，用能拓産殖家。而所至必携小學〔一〕《通鑑》，時誦習之，遇事輒有援證。工楷書，喜爲近體詩，盈于囊篋，其嗜好然也。歲癸酉九月二十七日卒于廣陵，距其生得年四十有六。配張氏，余祖姑也。初，余曾祖孟儒府君有二女一男，男即余祖守正公，及季祖姑歸薛氏者，俱早亡，余皆不及見，而獨獲見祖姑。祖姑温淑貞樸，得于天性，而余曾祖母雷孺人孀居，治家教子女甚嚴，故祖姑之婦道、母儀綽有矩矱，孝姑，和妯娌，育臧獲，上下愛戴焉。孀居四十餘年，躬服儉素，謝絶鉛華，紉澼茹糗，綜理詳密，用能不廢毅齋公之家而成立其孤。晚歲耳目聰明，神志清爽，七十餘猶手自纂繡以教諸孫女紅。余幼往來祖姑家，未嘗見其疾言愠色，可謂貞静以全天倪者已。祖姑生成化丙申三月初一日，卒嘉靖乙卯十月三十日，得壽八十。子男二人：長江，娶王氏，封刑部主事素庵公之女，余母之伯姊也；次泗，早卒，冥婚劉氏，贈兵部主事虚齋公之女。女二人，長適吴檖，次適郭弘毅。孫女一人，適太學生張志道。外孫男二人：吴周，郭積。曾外孫男二人：張嘉藴、嘉猷。子姓侁侁然盛矣，而嗣孫未立，吁！可傷也。銘曰：

儒行商名，湖海之英。式訓宜家，彤管之華。伉兹雙秀，宜爾蕃茂。豈豐于躬，而嗇于後？條山之阯，負丁抱癸。衍慶鍾祥，自今伊始。

儒官晉峰張公墓誌銘

公諱治化，字子升，别號晉峰，姓張氏。先世自唐宋時居州東三十里條山下李店莊，以榨油世其業。勝國時，諱仕廉者徙居州古城大通厢，國初遂占籍焉，迄今二百餘年，子孫族居其所不易，故州人稱故家者必曰“油張氏”云。公高祖瑍，曾祖紳，祖懷，父邦畿。母趙氏，以正德甲戌正月二十一日生公。幼負奇氣，弱冠游群庠，習舉子業，喜爲不經人道語，諸當道有識奇者間能稱之，然用是亦不能合有司幅度，竟不偶再。世業儒，生計甚薄，而公事親最孝，至貨常産供甘旨以承晨夕歡，雖終歲屢空，意晏如也。性方正，有威重，意致殷懇，善啓誘後學。臨晋賈氏者，延公爲塾師。賈故以力田致饒，貲雄數邑，諸子習公教，皆循循儒者，以行義稱于鄉，今其家奕奕起爲儒門矣。公與人無城府，語即吐心，久與居，則情款益篤。處宗族、鄉黨，一以直諒，無論親疏、賢不肖，咸無間言者。余蚤與公相知，迨附姻聯末，益投契分。昔歲公薄遊京國，爲余留訓諸子焉。邇歲里居，因與公周旋不置。公風儀疏宕，世故不以入其懷，其神氣毅然，即壯夫有不逮者。日余寓山房，公以札諗云：“偶滯下，豈有良餌爲已此疢耶?”余意暑月常疾耳，其夕回舍，將訊之，則聞公歿，時萬曆甲戌七月十五日也。悲哉！悲哉！晨寓札于余時，其語意、筆迹與平時無異，豈自知其夕不起耶？公家世多壽，而公賦質且厚，即弗期頤，乃耄耋可希也，顧得年僅六十有一而止耶？嗟嗟！人之生世可概見也已。公配龍氏，生子男二人：長簡，娶王氏；次策。女一人，適楊良知。公葬有日，余乃誌公世行，鑱諸羡道之石，用識久遠。葬域在峨嵋東南原大澗之陽，公葬二親所經營新阡也。銘曰：

胡材之良而遇則邅？胡氣之龐而壽罔延？惟身之否，乃終宴艱。惟心之亨，乃恒泰然。造物豈偏，可問者天。有膴崇阡，公神歸焉。昭德在石，不愧永年。

壽官郇岡沈公墓誌銘

隆慶壬申十一月十一日，表伯郇岡公卒，距其生弘治甲寅八月某日，得年七十有九，此在人間世稱上壽矣，然有可悲者。初，余祖姑歸沈氏，生二子，而公爲長，其季未室而亡。公淳固敦龐，亦既永于年矣，乃復竟鮮胤嗣。傷哉！天道真不可知也。公從子應豐者早孤，公撫育成立，與同居處。應豐亦曲盡孝敬，不啻父子。然當公疾篤時，應豐適自遠歸，居其喪，余舅宫保鑑川公暨家大人爲之經紀其後事甚備。葬有日，余乃誌公世行，納諸羨道，用存之不朽云。公諱江，字東潮，姓沈氏。沈氏故爲河中永樂人，公八世祖諱孝先者，仕元爲參軍提領，徙猗氏，子恭道遂占籍焉。恭道子有曰政者，還蒲居，籍仍係猗氏。猗氏，古郇墟，故公號郇岡，志不忘也。高祖浩，曾祖鑑。祖明，猗庠生。父廷珍，號毅齋。母張氏，余祖姑也。公天性夷曠，雖牽車服賈，不切切然計贏縮。當年盛志鋭，携巨貲遊關隴、揚越間，往往牟大利輒散去，不復訾省。末年生理漸耗，或終歲屢空，晏然居之，亦未嘗一日戚戚于懷，殆古之所謂能保其天倪者。性敏，多記憶，弱冠失怙，不得終志于學，而好涉閲，舟車所至，必携短帙自隨，爲能多通于方技小説家之言，其算數有聲于廛井間。然人所亟稱者，則《周易》課占，言禍福無不立應，由其衷宇寧定，不爲物擾，能與鬼神通爾。蒲俗，婚媾論門輩，公最能道其詳，若遠若近，子姓族系，旁通博衍，歷歷虍分而階列之。且好稱述郡中前輩事實，及異時風俗厚道，亹亹可聽。故余每聞公言，輒慨嘆思慕，雖累日若不足也。公配王氏，贈太子太保、兵部尚書素庵公之女，先妣淑人之伯姊也，先公十年卒，闔行周善，具見舅氏鑑川公誌中。繼某氏。女一人，適國子生張志道。外孫男三人：嘉藴，州學生；嘉猷，嘉言。葬之域爲條山東麓新阡，葬之期爲萬曆癸酉二月二十一日。銘曰：

吁嗟伯翁，身今是居，而心與古爲徒。賈惟其業，而不與利謀。豐殖若虚，終窶自如。明絜物策，而幽發神樞。既壽且康，優游化區，胡靈根之厚而芳蘼未敷？中條之陰，厥壤孔腴。玄堂永寧。萬祀不渝。

義官南橋韓公暨配薛孺人合葬墓誌銘

友人韓君伯通將合葬其父母南橋君、薛孺人，新兆既卜，乃手狀行實徵余銘于千里。余覽狀則泫然而悲，不知涕之無從也。嗟乎！立孤之難劇于死節，在昔烈丈夫謂且然矣，矧以閨閣之孱姿，遭不天之愍會，而能矢信于中，植義于後，是雖其身之子弱而能立猶足難焉，而况育子姓以竟厥志者乎？可不謂烈與？伯通者，蓋南橋公之嗣子也。南橋公歿既數歲，而伯通始生，薛孺人取而鞠之，備歷荼苦，廿年餘矣，既有成績，而養不待焉，兹可不悲與？余爲弟子員也，則與伯通友，因諗孺人之詳，而亦概公之爲人，故將銘公夫婦而重之以悲。按狀，公諱玻，字惟器，南橋，其别號也。先世揚州之寶應人。始祖曰傑，當高皇帝時，以功授蒲州守禦千户。傳公高祖旭、曾祖鑑，升蘭州衛指揮僉事。鑑子深，復守禦蒲州，故迄今爲蒲州人。祖澤，鑑次子也，以蒲庠弟子員授儒官。父霦，有淳德，州人稱誠齋公。母郭氏，生公兄弟凡五人，公其長也。公天性孝友，爲父母所鍾愛，爲諸弟所嚴敬。雅嗜潔静，而尤好觀古今史籍，故雖牽車服賈，能以心計阜通貨賄而擅其嬴，然必以義施，以廉受，其儕輩信且懷之。賈遊所至，北歷甘凉、瓜鄯、姑臧之境，南涉江淮，旅中疑取决焉，争取正焉，退無復私語。性凝重，不阿人，有婞婀傾狡者，輒面折不能忍，而急困拯窮，若在己焉。嘗入粟實邊，授義官。嘉靖某年五月二十一日卒于淮安旅邸，距其生弘治戊申正月三日，壽凡若干歲。配薛孺人，生員薛公錦之仲女也。母李氏，以弘治戊申十二月一日生孺人。丰度淑閑，莊凝縝栗，相夫子以宜于家，事舅姑巨細必敬。誠齋公夫婦内範孔嚴，諸子婦鮮當意，饔飧、組紃，凡出孺人手者無所疵焉。處妯娌睦，馭臧獲恩。初，南橋公訃聞，孺人慟垂絶，確以撫遺女、事翁姑自誓。母黨有欲奪其志者，百方終不易也。迨伯通生，遂鞠育之，慈惻勤瘁，靡夙靡夜。甫垂髫，即令從塾師。于時伯通之外舅李公者善教人，出其門者率有顯效。孺人聞之，遂手伯通涕泣詣李公教焉。伯通幼穎拔，祗奉外内之訓，專精淬礪，聲名奕奕起。比爲弟子員，卓然有逸氣，遂與余輩二三同志共學南亭，離經考業，朝夕亹亹。孺人時更僮詗之，已則大悦，其供饋之需、器用之備，歲且再易，未有厭焉。嘉靖壬子，伯通舉于鄉，孺人且喜且泣，若曰："吾有以復汝父于地下矣！"先是，姻黨多謂嫠室寡給，子宜從賈者，至是乃皆服孺人之知子也。嘉靖乙卯十二月十三日，秦晋地大震，孺人遂逝，距其生得壽六十有八。孺人初生二男，皆不育。嗣子一人，楫，即伯通，舉人，博文而有奇思，將以丕顯于時，以衍公與孺人之隱烈者未究也。娶傅氏，引禮舍人弘毅之女。繼娶祁氏，兖州府同知天叙之女。女一人，適胡邦靖。初，公之旅歿也，公弟瓚自蒲馳赴淮，扶其櫬以歸，至己酉七月，葬韓陽祖塋之次。迨孺人歿，伯通方赴試南宫，聞變奔歸，更棺而殮之，權殯東宅。越五載，爲今歲庚申，宅兆既定，日月叶吉，遂遷公柩新域，啓孺人之殯，奉而合祔焉，禮也。銘曰：

韓系自周，氏于大邦。代析而蕃，有育淮江。矯矯人雄，荷戈從龍。奠是世勛，于河之東。錫胤載烈，惟德之揭。修轉經塗，中道而絶。婉婉淑人，矢心皦日。抱哺其嬰，茹荼若蜜。能言而教，任冠而室。嘗禴有承，我心斯畢。既孚而羽，横翔天路。神道可徵，中閫作度。立孤寔難，矧亢其宗。我銘玄宅，侈于管彤。

處士李公仲節暨配孺人張氏墓誌銘

李處士公之逝也久矣，葬未有銘。洎嘉靖三十二年，其配孺人張氏卒，子邦憲輩將以某月某日啓處士公之壙而合葬焉，乃走狀張子以墓銘請。公之冢孫女，張子之仲弟婦也，屬在姻戚，不容以固陋辭。按狀，公諱季，字仲節，世爲蒲之大通里人。曾祖福，祖剛。考恭，妣張氏，寔于成化甲午三月二十六日生公。公生而醇厚，雅尚樸實，孝愛慈良，出於天性。妣張孺人早卒，公方幼稚，即哀毀不能自存。年益長，父命商于兖豫之間，劑量盈縮，善與時輕重，其産遂饒。事父暨繼母張孺人悉得其歡心，靡有間言。其後父母殁，有叔父母者，有子而不能家，公養之如父母，孝敬委曲，百端而不得其欲，蓋叔父母溺愛而私，不尤其子不才，而謂猶子之養當然也，故每事必拗捩之，嚚呶之，人咸不能堪。公曰："叔父母無他，此内忿其子之不贍耳。"遂以所有盡付之。鄉鄰有議之者，公曰："吾子而才也，奚有於此？如不才，此亦奚濟？"至今人稱其德量云。配孺人張氏，明教厢處士俸之女也。柔惠而慈，其事處士公也，敬戒必至，終身有禮。事舅姑則又勤孝篤誠，飲食必潔，晨昏必省。處士公遠商，家或不給，每出奩具以奉甘旨，于是舅姑亟稱之曰賢，蓋得于張氏之家教者爲多也。余不及見處士公，而及見孺人。孺人識度弘闊，遇事綽有條理，議論嵩嵩然端正，不爲依隨。其治家也，嚴而有恩，諸子婦咸憚之，中庭無譁。撫諸孫恩愛甚至。始余弟之議婚也，孺人之家方殷盛，里俗，率視人家之豐約以爲姻婭。孺人曰："嫁女擇婿耳，多貲何爲？"此其識見顧不甚偉也哉？蒲土當秦晋水陸之衝，賦役繁重，即丈夫之懊暗者弗能支也。孺人於諸子遠遊，以一婦人而周旋其門户，人莫能欺焉，莫能侵漁焉，幼婦童孫，前後恃之。且資識明敏，鞠育既衆，遂諳于醫理，凡中外幼穉有病，咸請孺人視之，多有異效。他如飲食醯醢、纂組絲枲亦皆精到，于所謂婦德者，孺人無不備之。余得於目睹，心竊羡焉。客冬，余别孺人于家時尚無恙也，歷夏秋而聞孺人之病，入冬而遂聞孺人之訃。嗚呼！悲哉。孺人氣厚而體實，自幼未嘗事藥餌，年雖高，其氣尚未衰也。此宜其耄期未艾，而遽若此。嗚呼！真可悲矣。子三人：長邦憲，娶高氏；次邦寧，娶王氏；次邦富，娶衛氏。女一，適張邦吉。孫男四：子華，邦憲出，子芳、子茂、子蕃，邦富出，俱幼。孫女二，一適余弟生員四端，一聘薛朝紳。孺人生于成化辛丑十一月十五日，距其卒，得壽七十有三。處士公卒嘉靖丙申二月二十四日，距其生，得壽六十有三。公卒後八年，而余弟婚于李氏，又十年而孺人亡，故張子之知孺人也詳。銘曰：

蒲有李氏，肇自宋元。篤生哲人，矯翰雲騫。婉婉淑女，作配君子。静好相成，德音不已。乃既有子，亦既有孫。庭闈奕奕，相映玫琨。惟山之陽，惟澗之左。雙璧永藏，萬年孔妥。

處士東山范公暨配孺人王氏柴氏墓誌銘

公諱世逵，字希哲，别號東山，蒲之豐樂里人也。先世居城東文學莊，至公高祖榮，始遷白坡下北閻郭之地，族姓蕃衍，至今稱“閻郭范氏”云。曾祖斌，祖清，父鸞，母甯氏。公家世以農商爲業，公幼服賈四方，綽有心計，倜儻負大志，視行輩逐逐然競錐刀之末者不屑也。令甲，榷淮浙鹺利以佐國計，凡商人占淮浙鹽者，悉令輸粟甘肅、寧夏等邊，給通關領引而守支于淮浙，謂之飛輓。然自開中以及支給曠日延久，且出入戎馬，間有烽堠之警，而鹽利又時有朓朒，是以商人不樂與官爲市。公獨曰："此可居也。"遂歷關隴，度皋蘭，往來張掖、酒泉、姑臧之境，察道里險易，計儲偫蓄散盈縮，以時廢居而低昂其趨舍，每發必奇中，往往牟大利。然又必循理守法，如其非分非義，不以一毫苟取于人。于是都御史陳公撫河西，甚加禮遇，而諸將軍官咸樂與之納交。商中凡有校不以讞官，公一言即忻然兩解，其信義之孚人者明也。久而貲益巨，占良田數百畝，積緡錢以萬計。性雅素，不爲衣服、輿馬之飾，而恤匱拯急，如恐弗及。三原人陳海者貧而坐法，公憐其旅困，爲之出貲贖罪，海德之。未幾，忽竊公之重貲亡去，人皆尤之，公曰："此人吾與之恩厚，偶利迷爾，稍寤當自來。"已而果然，于是衆大服之。嗟乎！此豈與尋常者論尺寸哉？嘉靖丁巳九月八日以疾卒于旅，距其生弘治戊午九月九日，得壽六十。公初配王氏，孝敬勤儉，内外無間言。生弘治己未正月二十七日，卒嘉靖乙未三月七日，得年三十有七。繼配柴氏，嚴正有則，育諸子如己出。生正德壬申二月二日，卒嘉靖戊午正月二十五日，得壽四十有七。子男二人：良志，吏部聽選官，娶齊氏，繼衛氏、周氏；次良吉，省祭官，娶任氏、何氏。女二人，一適國子生甯仲智，一適臨洮府同知歷山馮公子溓。孫男一，守謙；孫女一，字余弟四象：良吉出。王孺人先葬祖塋，良志等爲公卜新兆峨嵋之麓，擇今歲戊午某月某日奉公及柴孺人柩，併啓王孺人柩合葬焉，禮也，謂公之履歷不可無誌，乃屬余誌而銘之。銘曰：

矢義靡遷，風被閭廛，猗惟公之哲兮，仲方是肩。貨賄阜通，化瘠爲豐，猗惟公之猷兮，卓鄭爭雄。順正是止，相爾終始，猗惟公之配兮，後先齊美。負坂之岡，河流湯湯。爰啓玄堂，我銘載揚。于德有光，萬年不忘。

嵋岡王君墓誌銘

萬曆癸酉十月一日，嵋岡王君卒，距其生嘉靖乙丑八月十五日，得年僅四十有五。其從子三益方卒業太學，聞君訃則奔歸持其喪。三益者，君仲兄誨子也。誨久賈于外，三益方九歲，即失母，君憐而子育之。知學爲之闢塾延師，既冠則爲之授室，鞠撫甚至。三益亦以父事君，不啻所生也。當君疾篤，泣語其伯姊云："吾不起，必以三益嗣，俾承吾業，奉吾妻。吾妻方娠，幸男也，則異日以吾産中分之。"言訖而歿。三益既歸，皇皇營葬事，周爰卜兆，得地于蒼龍谷西北王莊之原，安厝有日，乃持君妹丈庠友史君載誼所爲君狀，匍匐徵銘于余。君倜儻不羈，好從賢士大夫游，郡縉紳先生多與君交者。余妻，亦君兄弟行也，以姻婭故，顧特與余篤。余見君神宇壯毅，不虞其中歲逝也，聞三益之請則惻然，遂不辭而銘之。按狀，君諱從喆，字允正，别號嵋岡，世爲蒲之大通厢人。曾祖彪，祖清。父容，太學生，有淳德，人稱爲"省躬公"。母張氏。君幼而警慧，父母特鍾愛之。天性孝友，方省躬公夫婦之違養也，君年甚少，比長，常痛恨，歲時享祀必竭誠盡物以爲常。君諸昆季俱從仲父服賈滄冀，率數歲一視家，一切家政，君皆獨力任之。蒲俗，姻黨禮問往來頗繁，而徭賦視他郡邑爲劇，君族既夥，又以貲力雄閭右，官私諸務最爲叢雜。君幹濟優裕，率不勞而事舉，内外小大無不悦之。州東五姓湖壖，有祖遺田一區，百餘年苐穢不治，君以其餘力墾闢之，畫町畽，分阡陌，末年歲入至五倍其初，蓋又能重本業如此。君儀狀甚偉，美髯豐頤，方腹修幹，而性好佳馬，每汲汲求之，百金不吝，厩恒有名畜焉。嘗北視諸昆季，過燕趙郡國，市人無不聚觀之者。善飲好客，酒酣輒巨觥縱横，趣致益跌宕，有古豪達風。然好義負氣，遇人急困則賙之，不復計纖細利。至于意有不合，即頩然見之辭色，不能屈也。歿之歲，其春嘗墮馬傷甚，余往唁焉，則曰：“禄命家謂我今兹歲行不吉，遘斯患其殆免夫?”余寬之曰：“免矣。”乃竟不免，信命哉！信命哉！君初配羅氏，生于嘉靖戊戌七月二十日，卒于嘉靖乙卯十二月十三日，得年一十有八。繼張氏，凡生四子，俱不育，今有娠。女三人，一適庠生何汝中，封監察御史尚仁子，二幼。銘曰：

心惟義矣而迹則廛，業惟賈矣而本則先。度胡其宏而胤靡延，氣胡其充而不永年？匪命固然，其孰使然？

處士東溪徐公暨配張孺人合葬〔二〕墓誌銘

初，東溪公殁，子經爲卜兆條山之陰葬焉，于時未有銘，蓋有待也。不數歲，經罹地震之變，張孺人晝夜哭，未期心傷死，迄今歲辛酉六稔矣。子綸擇于四月某日合葬孺人公竁，乃徵銘于維。嗚呼！吾又何忍銘公也？自維爲諸生，與公子經遊，于時公方壯健，意氣忼慨，其諸稱論甚跌宕，因得以闚其中之所藏。公潔方好義人也，早歲失恃，事繼母以孝稱。長而善治産，貿遷南北，往來秦豫、吴會之境者歲必再，以故其業滋豐。公祇奉諸父，雖牟羨至不訾，而終始無它腸，居貨四十餘年，未嘗陰以錙銖自封殖。比與諸父析産，緡錢且益耗，其贏無幾，而公又乏私蓄，遂大困，然公未嘗有怨恨也，鄉人義焉。方未析産時，公嘗挾貲南泛，遻寇江中，諸賈人遭剽劇，公適有天幸免焉。于是家衆滋生心有端矣，或導公托寇稍掩其貲者，公曰：“若然，則吾寇也。”竟不爲毫髮欺。公季父山泉公嘗爲予亟稱如此。子經幼開敏，公教以義方，爲之延師授業，故經弱冠遊郡庠，予甚敬之，乃不究厥施，横罹大變而死，豈非命哉？張孺人慈惠而能家，公旅遊，率在外久，而孺人修中饋，畢婚嫁，綜藝穫，交姻黨，無所紕漏，門户肅如也。經殁，哭之慟，曰：“吾兒孝子也，寧棄我?”比病困，猶懵懵如夢語，曰：“經來！經來！”嗚呼！兹可謂至悲也。昔予往來公門，屬公家方盛，既拜公聆言論，亦時獲謁孺人于堂。然經與維契特篤，公宅東有精舍，維歲居其中者半焉，不知其非家也。曾未十年，而公父子夫婦相繼殞謝，念昔遊殆異世云。故維惜經之志不就，而深有慟于公也，而又不能不爲公銘。按狀，公諱昂，字時望，元賢徐伯珠後裔。始祖徐得，洪武中占籍蒲永豐厢。高祖珍，曾祖通，祖鎰，父憲，母師氏。公生弘治戊午九月十三日，卒嘉靖癸丑六月初八日，得年五十有六。孺人，處士義之女，生正德戊辰二月初八日，卒嘉靖丙辰八月十六日，得年四十有九。子男二人：經，州庠生，娶張氏，繼李氏，卒；綸，娶沈氏。女一人，適洪繼芳。孫男女凡幾人，綸出。綸能幹蠱，産裕于公存時。銘曰：

噫嘻！惟公造産自躬而不處其盈，甹秀于子而不享其成。將人作鰲，曾天靡平？惟中條之曲，有鬱佳城，永歸雙璧，既固且寧。

處士山泉徐公暨配王孺人合葬墓誌銘

公諱杲，字宗陽，姓徐氏，别號山泉，相傳爲徐萬户後裔。元時有伯珠者，以員外稱，爲河中太守。高祖得，當洪武初占籍蒲之永豐厢。曾祖珍，祖通。父鎰，以齒德爲鄉飲賓。母張氏，生四子，公其季也。公天性孝友，爲父母所鍾愛，恂恂承志，未嘗有違言。家世業商，父母慮其不任跋涉，公毅然以四方事自奮，乃遊金陵，泝吴越，西走隴、益，居貨岐山、池陽之域，雍、凉諸郡，稍稍遍歷焉。廢居通滯，能瞷時之高下而牟其贏利，用能豐殖厥産，以慰其父母之心。公雖業算緡，然心實博愛好義，與人交敦重信義，不争尺寸利。其周急恤病，洽于姻黨，凡有喪不能舉者助之葬，有所貰而不能償者折其券，故終其身與人無忤，有餘愛焉。性喜儒術，常禮重儒者。余亡友中軒生經者，公之諸孫也。中軒生業儒而有至行，公愛之甚于孫。中軒生之事公，尤極孝敬。公嘗病瘍，中軒生憂于色，選醫諏方，手自製煆藥餌，朝夕依侍不去側，既而病良已。余恒見其祖孫間訢訢如也。配王氏，鄉賓世獻女，婦道甚修，有聲閭巷間，先公卒。繼配楊氏，亦名家女。公生於弘治戊午十二月八日，卒於嘉靖乙卯十二月十三日，得年五十有八。王孺人生於弘治辛酉七月十日，卒於嘉靖壬午五月二十一日，得年二十有二。子男一人，禋，王出，娶孟氏。女三〔三〕人，長適王友諒，次適丁成身，楊出。孫男五：約、綬、統俱蚤夭；綱，州庠生，娶雷氏；紀，娶陳氏。孫女一，適兵部武選司員外郎王承休。余昔因中軒生識公，雅重公長者。初，公歿，余時自史局丁先妣艱里居，禋謀葬公，徵余爲銘誌，迄今二紀餘矣，禋乃始克襄公葬事，介武選執余原稿來，以鑱石請。余覽之惘然，追念今昔，因爲續增其子姓之當志者貽之。其銘曰：

家以恩聯，鄉以義親。居貨不黷，秉德是珍。牽車承志，南北其軌。人孚其心，異區均美。樸貌長裾，踉踉若儒。施于孫子，惟善之趨。公歸胡鄉，有封若堂。千年永固，世載其祥。

叔父竹川府君暨配孺人李氏左氏合葬墓誌銘

叔父諱遐齡，字伯鶴，竹川，其别號也。遇例授太醫院吏目。以正德乙亥二月初二日生，萬曆庚辰九月二十二日卒，享壽六十有六。叔父之卒也，維方參與政樞，偕仲弟後府都事四端、叔父冢子國子生四輔咸在都，大人以書來訃，且以速葬告，維未能行，乃命二弟星馳西旋視殯事，因含涕爲銘誌付之，俾刻之羡道之石，用徵于永世云。按，張氏之先世居解鹺池之南，有諱思誠者，自勝國時徙蒲。明興，其子友直遂占籍通化坊。傳仲亨、克亮、秀、寧，七葉而及大父贈少傅首陽府君誼，配大母贈一品夫人解氏，是生二子，大人封柱國、少傅嵋川公及叔父也。叔父生始逾期，而大父棄養，大母解撫之極慈，不欲勞以學，兼不欲其服賈遠遊，年且弱冠，未嘗一日離左右也，迨有室，始商游吴越間。于時年幼氣鋭，既連不獲牟大利，乃南歷五嶺，抵番禺，往來豫章、建業諸大都會，凡六七年，而貲益耗，窘而歸，則大母已没世矣。初，大父病篤，指叔父謂宗戚曰："此兒異日憶父，與談夢何異?"時大人年十餘，慟之。後大母嘗嬰危疾，謂大人曰："吾死不恨，所慮爾弟不能自立耳。"大人每念父母言，輒嘘唏不自禁，故待叔父極友愛，而叔父亦事兄最謹。叔父性坦率，無城府，意有所咈，輒勃然形于詞色，俄而釋去，故平生無宿怨。雖幼事貿遷，而視財利甚輕，不屑屑較錙銖，□□[四]與行化，歷久不忘，德其寬厚，無論所與也。比大人以故市莊爲叔父業，每歲夏秋，叔父常居莊視耕穫，故市人多樂就之者。莊南王官谷東崖有高寺一區，未審創自何時，規制宏鉅，然歲久僧竄，卧佛像榛莽間，欹楝相與撑拒，不任頽檐壞壁甚矣。叔父過之惋惜，乃鳩匠飭材，不靳數百金之費，一舉而新之，雄偉靚麗，加于初制。已復繕器具，墾田畝，稍稍招還僧徒，爲東山增一名勝云。叔父生平少疾，偶以撲跌小眚，宛轉患風眩，久之遂成心恙，歲餘矣。卒之前旬中日，忽神情清朗，若沉痾頓祛者，大人方深幸之，乃一夕疾作，遂不起，悲哉！叔父初配孺人李氏，處士鳳朝之女，生于正德丁丑十一月二十一日，卒于嘉靖戊戌七月十八日，得年二十有二，淑德，無出。繼左氏，處士錡之女，生于嘉靖丙戌十二月十九日，卒于隆慶庚午十一月十八日，得年四十有五，壼儀甚修，能持其家。生三子：四輔，國子生；四極，四德。又側室出一子四仲。繼梁氏，生二子：四科，四始。女四。孫男二：才徵、文徵，四輔出。初，左孺人殁，業已營壙祔殯首陽新兆之次，至是啓壙，奉叔父并遷李孺人柩合葬焉。侄子四維謹誌其生卒、世行如左，而系之以銘。銘曰：

惟叔考，祖所憐。坦不陂，義問宣。兄弟宜，胤緒延。越雙淑，克媲賢。原膴膴，崇者阡。神永藏，衍慶綿。銘貞石，千萬年。

明威將軍龍虎衛指揮僉事三弟子淑墓誌銘

嗚呼！天之降割我家何若是慘耶？昨歲癸未季春，先少師公棄諸孤，于時余叨總揆寓都，去親舍二千里而遥，二弟、五弟咸染疫懵卧不能興，惟三弟夙夜吾親左右，襄含殯殮，盡志盡物，靡不致其誠信，余兄弟終天靡極之慟無分遠邇，然所無憾于附棺者，則三弟是賴耳。先少師違養之七日而五弟殁，越三月而繼妣胡氏隨逝，迨甲申初改歲而三弟復不禄矣，蓋未匝一期，而愍凶四罹焉。嗚呼！天之降割我家何若是酷耶？悲哉！慟哉！余與二弟，既以仲春爲先考妣安厝敕建新塋，遂涓期季秋啓三弟殯而祔葬于兆次焉。余傷弟拮据成家，未享一日之逸，又不忍其生平之善行泯泯也，乃抆淚誌而銘之。弟諱四教，字子淑，别號歷磐。張氏先世解梁人，勝國時諱思誠者，自鹽澤之南陂遷蒲，是爲蒲之始祖。子友直遂占籍通化坊，傳仲亨、克亮以及高祖彦實府君琇[五]、曾祖孟儒府君寧。祖守正府君誼，生先考誥封少師兼太子太師、吏部尚書、中極殿大學士峒川府君允齡。曾祖、祖咸誥贈如先考封云。先妣累封一品夫人王氏。弟生而豐頤廣腹，體格整厚，神氣充溢，眉目間迥與凡兒異。性和易可親，不惟親長愛憐之，即童儕亦樂與之遊，終日無諠競。年僅十六，即服賈遠遊，歷汴泗，涉江淮，南及姑蘇、吴興之境，諸所經紀廢居咸出人意表。其器度凝重，絶無少年子矜溢態，旅中無少長咸加敬愛，一泉馮公遂許以女字之。弟幼年飲酒不能涓勺，至是尊長有强之飲者，不敢辭，衆譁然謂其能飲，觥籌交錯，終席不爲苦。自是後凡有飲宴，輒以善飲詘其一座中，斯亦□〔六〕矣。已而從先君居業滄、瀛間，識量益宏達，綜計精確，不屑屑較錙銖，每牟羡于人所不取。尤精《九章算術》，凡方田、粟布、勾股、商分等法，廛中有白首不得肯綮者，弟皆按籍妙解，不由師授。旅黨或財賄分合糾紛難叙者，率請弟爲決，莫不犁然兩解，彼此稱平焉。癸丑，余登第後，迎先君養京邸，遂悉以生計付弟。是時家用益浩穰，中更家鄉地變，滄鹾復壅滯，弟極力周旋，用能不至困乏，營給中外，以慰先君之心。然滄、蒲相去千餘里，利鞅所羈，率數歲不獲一歸，弟壯未嗣，余諗之先君，乃移弟孥天津以居，時嘉靖己未歲也。弟治業滋久，諳于東方鹾利源委，分布調度，具有操縱，末年業用大裕，不啻十倍其初。乃其襟度曠達，樂施好義，當其意氣所激，即揮置千金不顧，視旅中齪齪計刀錐者不侔也。每歲時候余都中，談及所有事，其言度材任人、相時應機之略井井然，咸有當于政理，余甚惜以弟之才具而終身廛井間也。會有工部例，乃入貲授龍虎衛指揮僉事。弟雅有離俗高致，頗留心鍊氣養神之術，時從方外人遊。嘗告余曰："人之生世，貴適其性情，日逐逐市囂中何爲者？弟將西歸鄉園奉親，暇則拉朋舊縱情山水間，一洗胸中俗累，豈不快與！"余時有意丐閒，聞之不覺喟然太息。萬曆辛巳，弟遂携孥歸，蓋自己未至是二十餘年，子女皆東産，遂皆作東人音云。親舊聞弟歸，喜相慶慰，往來宴會，蓋終歲不絶。乃爲子女理婚嫁，尋奉先君命更繕宅第，甫畢工，而先君棄養矣，悲慟勤勞，見者感動。余之聞先訃奔歸也，中途患腋癰，比抵舍，尫瘠失形，氣息僅屬。弟憂形于色，朝夕扶慰甚至。方相與總總治先人葬事，惟日不足，嗚呼！詎意弟竟不及期而先逝耶？悲哉！悲哉！弟秉受素壯，自幼寡疾病，四旬後常感時疾，勞復至再，元氣雖虧損不復，然精健猶視余倍之。商遊既倦，擬歸息于家，乃變故相仍，益鞅掌，牽世累。性謙謹好禮，不欲有疏節于鄉，故吉凶慶吊，遠近皆躬致之，由是心與身兩不自適，神用漸耗。入冬，余見弟色不澤，慮之，强之省事，而弟心不能已也。歲暮，弟卧疾經旬，初甚困，有瘳矣，會舉五弟喪，欲出送，衆强止之，則撫榻大哭，疾遂革。嗚呼！果命也耶？果非命也耶？以弟之孝友仁恕，積德不懈，而竟止是耶？數月來，弟每與余商確，先人既殁，所欲爲將來門户計宏達周至，并其意向諸所規建磊磊，皆閎鉅，其志趣軒舉，絶無偷語，不似臨末景人，而咄啐至此，故懵懵謂弟未可死，幾欲問天而靡從也，悲哉！弟生嘉靖庚寅十一月初十日，卒萬曆甲申正月五日，得壽五十有五。配馮氏。子男一人，善徵，娶辛氏。女一人，適郡庠生郭里。葬之日爲九月十七。銘曰：

冲思耽玄堅，束于世緣。牽車窮年，成功未息肩。德則多而福應則鮮，受則厚而算則弗延。難詰者天，孰測其然。爰闢重泉，從考新阡。永世有辭，貞石是鐫。

太學生五弟子易墓誌銘

嗚呼！先妣贈一品夫人凡生七男子，悉自乳，弟行在五，自余至弟，每間歲一生，前後僅十年耳。于時遭家中否，先妣隻身操井臼，上奉孀姑，下提携捧負諸稚，鞠哺訓育，浣故緝敝，每質明興，中夜寢，以爲常。七子中，其最少二人早殤。及五人者皆壯有室，家日嚮裕，而先妣不待養，乃余兄弟終身永恨。然幸先考封少師府君在堂，爲子若孫依恃耳。比四弟不禄，先少師哭之慟。今春蒲郡大疫，闔室染焉，先少師遂棄諸孤，越七日，弟隨逝。嗚呼！悲哉！慟哉！家門之禍尚忍言哉！先妣夫人拮据育諸子，今惟余在長三人在耳。歲律且易，奉敕建先少師塋兆未竣，卜以十二月二十五日先治弟殯，余乃爲誌其墓中之石，用徵久遠。感憶今昔，不覺心神之摧越也，悲哉！弟諱四象，字子易，號松磐。張氏先世蓋居解梁鹽澤之南，其徙而之蒲則自八世祖思誠始。傳友直、仲亨、克亮，以及高祖彦實府君諱琇〔七〕、曾祖孟儒府君諱寧、祖守正府君諱誼、先考峒川府君諱允齡，自曾祖而下三世皆誥封少師兼太子太師、吏部尚書、中極殿大學士，先妣王氏贈一品夫人。弟生而穎茂，言動嬉笑咸機警，與常兒異，授之章句，輒能誦且强記。時先考方服勤四方，余兄弟咸在塾，先妣稍稍以家務付弟理，即釐然有條緒，不啻若成人者，遂令輟學業治生計焉。比弟年益長，家務益浩穰，弟心時時在舉子業，迄不得專精攻治。嘗爲弟子員，尋援例卒業成均，心欿然以爲恨也。性喜博涉，凡百家言一見即能語其大意。好爲楷書，方正遒媚，得二沈餘韵。間操觚爲詩，頗能自道其胸中意出。且遇事多能，不由于學。素未治田業，及先少師建孟盟莊，弟調度耕菑〔八〕，斟量畛畝，即老農圃有不逮者。至于禾稼之豐瘠，果蔬之登耗，類能逆睹而預計之，比穫，不失升勺。尤善奕，蓋得之天性。其襟度夷曠，飲酒至斗餘不亂，當其意興所至，觥籌交錯，或至夜分，衆酩酊不支，而獨高談自如。樂易，無崖岸，所與交游最廣，友誼最篤，人有不給，或偶值意外困阨，惻然赴而賑之，惟其力不計也。春初，弟貽書於余，謂將以先少師壽誕後北來候余，余闢館徯之。俄而，聞先君訃，且聞弟病，及家人得弟凶問，以余毁頓故秘不聞也，歸及湖城，始聞之。嗚呼！慟哉。弟氣稟素壯，且少余十年，余年來自覺早衰，方賴弟顧余餘齒，而弟乃遽至是耶？悲哉！弟生于嘉靖乙未十一月二十日，卒于萬曆癸未三月二十九日，享年四十有九。初聘王氏，生于嘉靖癸卯十一月初七日，卒于嘉靖乙卯十二月十三日，得年一十有三。娶范氏，生于嘉靖丙午十二月二十九日，卒于萬曆丁丑正月二十五日，得年三十有二。繼娶景氏。子男一，麟徵。女一。初范氏歿，葬祖塋，弟爲治壙甚精。兹以時月之吉啓壙合葬，併迎王氏柩自王塋來祔焉，禮也。銘曰：

賦之慧也充其量，何藝不研？受之龐也善其養，何算不延？胡造物者顧靳其後不究其先？曠達世緣，德施澶漫。從考而還，祔祖斯阡。既安永堅，于千萬年。

校勘記

〔一〕"學"，疑當作"字"。清《海山仙館叢書》本宋尤袤《遂初堂書目·編年類》："川本小字《通鑑》，川本大字《通鑑》。"

〔二〕"合葬"，底本卷首原目録無。

〔三〕"三"，疑當作"二"。

〔四〕□□，底本漶漫不清，據清稿本當作"諸所"。

〔五〕"琇"，當作"秀"。本書卷三十四《張文毅公行狀》："秀字彦實，是爲公高祖，生孟儒公。"

〔六〕□，底本漶漫不清，據清稿本當作"異"。

〔七〕"琇"，當作"秀"。

〔八〕"菑"，甲辰本作"蓄"。

條麓堂集卷二十九

誌　四

西河恭定王妃墓誌銘

妃姓楊氏，平陽之襄陵人也，父節，母祁氏。初，妃之將誕也，蓋有異兆云。既生，淑慎静貞，不與凡女類。及笄，選配西河恭定王爲繼妃。時王妣葉太夫人有母訓，命王冕而親迎，以隆大禮，天子乃遣世臣持節授册封，一時稱盛焉。妃既正顯號，享豐禄，惟儉惟勤，不改其素。媵御僮侍，畏而知恩；爲婦爲母，卓有壼範。恭定父子悉以孝行膺欽獎，有令名于宗室間，則妃之内助、慈訓概足稱也。妃生于弘治丙辰正月十九日，薨于隆慶壬申十二月九日，享年七十有七。生子男一人，表相，即今王，初配王氏，封夫人，卒；繼王氏，封妃。孫男五：知燧，封王長子，聘張氏；知鉷，娶劉氏；知㚬，娶周氏；知烰，聘高氏；知傑：俱封鎮國將軍，妻皆封夫人。孫女三：長隆化縣主，適儀賓侯炳；次渠江縣主，適儀賓李薰；次武陵縣主，字儀賓師鯉。曾孫男六：新堙，新鋆，新坯，新墶，鉷子；餘二幼，未賜名，㚬子。曾孫女二，亮寨縣君適儀賓張邦治，碭山縣君幼。妃既薨之次年癸酉，今天子改元萬曆，聞妃訃，命所司賜祭葬如制。今王祇奉欽命，卜吉四月二十一日，啓恭定王壙而合祔焉，禮也。乃先走使蒲坂，持前太史、四川右轄余師水陽亢公狀，徵余爲銘。河東諸郡同姓王，自晋、代二藩析者無慮六七國，其世濟懿美、享國最長久者莫如西河。迨今王樂善好賢，崇德廣譽，慶祚爲益悠矣。余固習知其世訓有異人者，玆睹妃之内則，乃又慨然興敬焉。夫王國孫子自古多驕佚，鮮循軌度，豈其居養固然哉？無亦其父母所以訓育之者不西河若也。銘曰：

公族麟趾，風始周南。千年嗣美，西河徽音。《樛木》歸仁，瓜瓞衍蕃。黄髮偕老，閱及雲仍。惟德之光，惟胤之昌。河山鬱峍，永固玄堂。

封一品太夫人王母張氏墓誌銘

誥封一品張太夫人者，贈光禄大夫、太子太保、吏部尚書王公諱承祖之配，太子太保、吏部尚書國光之繼母也。贈公初娶于原，生太宰昆仲而殁，張太夫人繼之，其撫太宰昆仲也最慈，太宰之孝事太夫人，蓋行年七十而猶孺慕焉。太宰既致政，奉膝下歡，凡再逾年而太夫人殁。天子念太宰忠勞，詔禮官頒祭葬如制。越明年，安厝有期矣，太宰乃命其仲胤舉人兆河持劉參知東星所爲太夫人狀，自陽城走蒲，徵余爲銘。余猥辱太宰知，獲從游且三十年。先是，太宰佐銀臺，嘗予告省母，余爲叙其行，其知太夫人淑懿舊矣。玆余方在大戚，屏鉛槧，顧念太宰不匱之孝思，弗忍拒也，遂勉强述而銘之。按狀，太夫人，陽城之龍泉里人，父紀，母延氏。生而端静沉默，服習女訓，爲族黨所稱。當太宰昆仲失恃時，贈公母李夫人憐孫弱稺，爲慎簡女士之温惠者，故太夫人歸于王。李夫人性嚴重不可犯，太夫人承順顔色，周旋朝夕，遂大得其歡心。勤敏精幹，持家甚力，織絍滫瀡，井臼澣濯，無不躬親之者。贈公旅遊南北，或終歲不歸，一切家政咸太夫人綜畫，閨以内井井也。撫育太宰昆仲，愛而能訓。太宰知學，太大〔一〕人喜其穎脱，米鹽供具，春秋周贍，殆過于所生。平生無疾言，婢妾有過，多含容之，蓋天性然也。太宰初爲吏部郎，奏績，封母太安人。及爲户部侍郎，封太淑人。進尚書，封太夫人。及正位端揆，乃進今封。前後凡四受恩貤，康寧耋壽，庭幃全福，人間世殆罕儷云。太夫人生弘治辛酉十月十二日，卒萬曆甲申八月初四日，享年八十有四。子四人：長重光，娶竇氏，繼楊氏。次即太宰公，娶張氏，贈一品夫人；繼衛氏，封一品夫人。次奎光，娶張氏。次近光，娶楊氏。女四人，一適庠生李雲鶴，一適延登洲，一適李騰鶴，一適典史樊學詩。奎光暨三女爲太夫人出，其近光暨女之適樊者，側室出也。孫男九：堯山；堯日；兆渠，官生；兆河，舉人；兆星，庠生；兆雲，監生；兆官、兆民，庠生；兆行。孫女十，曾孫男女各八，玄孫女一。銘曰：

一膜隔恩，振古興惻。慈淑唯母，寔標女則。鞠哀均恃，訓賢楨國。板輿逐子，禄養以色。翟服章身，鸞文表德。閲曾暨玄，令〔二〕貽孔適。帝命秩宗，恩覃玄域。生順没榮，天道靡忒。永世有徵，堅珉是勒。

封恭人賈氏墓誌銘

誥封恭人賈氏者，前巡撫順天、都察院右僉都御史三山温公景葵配也。三山公以才見任于時，先後踐歷率盤錯人所憚避者，乃公毅然受事，盡瘁在公，汲汲然不遑其家之恤者，則以有恭人在也。恭人跋涉南北，從夫子難險中，拮据求濟，汲汲然亦不遑其身之恤，故三山公所至著殊異勛，爲時名卿，可不謂内助與？嘉靖乙丑，三山公理畿左，既事有績矣，而公則已病。于是督臣代以請告，天子予之。居無何，公疾有瘳，而恭人逝矣，其服勤可念也。三山公將以其歲冬仲葬恭人大同府城東牛家莊祖塋之次，乃自爲狀，走使京邸，屬史維爲之銘焉。按狀，恭人，大同縣南關廂人也。父鍾，代府引禮官，母李氏。乃正德辛未十一月十一日恭人以生，後十有四年爲嘉靖甲申，而恭人歸于温氏。迨丙午，以三山公宰長干三年課最恩先封孺人。甲寅，又以三山公侍御課最恩改授敕命。壬戌，三山公又奏兵憲右北平績，遂膺誥命，進今封。迄今歲丙寅八月七日，而恭人以卒，得年蓋五十有六云。恭人温惠端默，出自天性；孝敬勤儉，終始一節。外呐呐如不能言，而中井然有辨，凡纂紃、滫瀡、箕帚之職，朝夕甚辦，乃壼中竟日不聞笑語聲。其姑太恭人深器之，亟稱其能。蚤歲，家故弗饒于財，房奩獨薄，絶無歆羡意。晚年，視曩昔稱裕矣，然亦粒米寸絲罔敢輕棄，常服三澣，不尚紅紫，曰："吾弗忍暴天物也。"至于歲時賓祭，則又盡志盡物，即稍有不致豐潔，必疚然在心，久不能釋。其與人雅重然諾，至于報施，必從其厚。待諸叔伯孫子無異所生，雖疏遠有急必周，雖微賤爲禮必答，食有餕必給之，婢妾尤必親爲之宰，其純厚類若此也。與三山公處四十餘年，備歷諸艱，所以贊襄而慰安者無所不至。子男二人：曰習易，早卒；曰習傳，娶趙氏。恭人凡前後男女十七娠，多不育，因爲三山公置妾劉氏，縉紳間尤以此重之。銘曰：

天賫名德，作翰于國。乃詒淑佐，俾罔内之恤，惟爾德之殖。温惠自飭，安儉居勤，越初終靡忒。肆夫子桓桓在公，宣力有赫，其庸相惟爾職。亦既熾昌，如農斯穡，偕老豈不臧，胡還之亟？惟淑行之多，未償其食。畜慶流禎，爾子孫是翼。

封宜人蔡氏墓誌銘

誥封蔡宜人者，督府前溪張公之元配也。嘉靖己未，天子深惟北門之重，念寇之未戢，簡于封疆之臣其壯猷足以威遠殿邇有明效者，遂敕督府總雲中、上谷之師，建幕陽和，宜人從焉。其冬，虜入犯洪、蔚，勢張甚，乃督府提孤軍以走之。于是宜人病，次歲寢堂東北陬有星隕如炬，宜人遂卒，庚申正月廿二日也，距其生正德癸酉，得年才四十八爾。越四月，督府命其子啓蕃扶櫬還洛陽，葬有日，走使京師，函憲副王西石氏所爲狀，俾其門下士張生四維誌而銘之。誌曰：張與蔡，蓋洛陽之著姓云。宜人父曰處士公諱某，母某氏。宜人之生也，處士公則聞門外若有鼓吹、騶從聲，心異焉。比長，果不類凡育，凝静寡言笑，巧慧警悟，一切剪製纏結出其手即絶人。處士公益異之，曰："兒必貴。"爲之卜婿。一日見督府，則大奇之，曰："郎君異日者必貴。"乃嘉靖辛卯，宜人來歸于張。歸而諳婦職，執勤夙夜，得姑舅之歡心。督府時爲弟子員，有偉聲于洛中，宜人益復勸相，不憚以其簪珥供鉛槧費，同行者或誚之，弗恤也。歲丁酉，督府舉于鄉。明年戊戌，登進士。某歲，以户部主事考績最推恩，封宜人爲孺人。乙巳，督府進員外郎，會九廟成覃恩，加封今號。蓋督府登第甫八年，而宜人兩被恩，洛人由是異處士公之先見有徵也。比督府歷藩臬，撫畿輔，尋授節鉞，駸駸尊顯矣，宜人猶持儉朴如初，衣必澣濯，寸絲粒米不妄費，然至賙急恤困，若將不及焉，其天性然也。事督府幾三十年，相敬如一日，訓子女有成式，撫諸庶若己出。其令德種種宜壽也，乃不果壽，命哉！子男二人：長即啓蕃，業明經，有聞，娶許氏，工部員外郎詩女；次啓佑，幼，側出。女四人：一適茌平尹蔡承舉子檀，一適太學生孫禖子光遠，俱庠生；一字學憲吴三樂子本，一字符卿劉得之子志。孫女一人，蕃出，幼。銘曰：

崧高嶕嶢，贊運生傑。于以相之，誕惟淑哲。夫子靖共，承以匪懈。中壼穆矣，曰靡内戒。夫子清修，儉不失故。毗爾冰蘗，清我荆布。赫赫夫子，惟邦之翰。建旄秉鉞，軼駕范韓。惟帝念功，延賞于室。翟冠玉瑱，鸞文有熠。既昌而躬，載熾而後。來祉方新，胡靳斯壽？周郊膴膴，有崇者阡。我銘不爽，對于萬年。

封宜人張氏墓誌銘

誥封晋宜人者，户部員外郎厚齋公朝臣之配，而陝西按察司副使應槐母也。初，副使弱冠取高第，典文銓，致位列卿，年方三十所，于時才名熚然照搢紳矣，顧其中循循甚虚。余時獲與副使游，竊意其蚤達而練，非獨其質美則然，必其所以成之者有素爾。及後見厚齋公，貌莊而氣和，其所藴負甚邃，則知副使之賢蓋得之庭訓。玆復睹厚齋公所爲宜人狀云云者，益知副使所以特異于人，爲慈誨之所孚化遠矣。按狀，晋與張皆洪洞著姓。宜人父巡，母龐氏，以正德癸酉五月十四日生宜人。自初有識，言動即與諸女不類。宜人祖半山翁滿者，雅有人倫之鑒，則甚奇宜人，謂必昌大人宗，不欲配凡子。當其時，厚齋公父元城丞諱偉者，方以儒起家，亦奇異其子，爲妙選良配，故宜人歸于晋焉。厚齋公少失恃，祖母宋撫之極慈。宜人承事宋及繼姑樊，咸得歡心。會邑大疫，厚齋公與其二弟及樊俱染焉，孺人煮粥、藥奉病所，朝夕必徧，再閲月，病者皆起，宜人竟無恙。比生副使，洪洞人謂天道有知也。厚齋公庚子舉於鄉，已屢上春官不第，宜人所以慰奉甚至。比守和郡，擢司農大夫，宜人躬秉勤儉佐之，厚齋公得以一意在公，不恤其私，所至以清幹稱。宜人教副使兄弟，愛而能勞，具有規度，故副使蚤年穎脱，而諸子奕奕咸克紹其家聲，曩時半山翁“昌大人宗”之鑒信有徵也。宜人性不喜華侈，自奉甚約，始終一節。其御臧獲有恩，治家極節縮，而好施予諸貧乏者。萬曆甲戌閏十二月一日以疾卒，距其生得壽六十有二。初以副使貴封安人，及厚齋公官司農，會天子登極覃恩，受今封。凡生子男五人：長即副使應槐，前吏部郎中、太常寺少卿，娶鄭氏，封安人；次應龍，散官，娶韓氏；次應兆，國子生，娶衛氏，繼李氏；次應庚，邑庠生，娶南氏；次應麟，邑庠生，娶韓氏。女一人，適劉承光。孫男八：承寵，邑庠生，娶李氏；承賜，娶張氏；承聘，邑庠生，聘徐氏；承忠，聘陳氏；承訓，聘高氏；承薦，聘趙氏；承誥，承眷。孫女三，一字商希稷，二幼。曾孫男二：淑元，淑愷。副使兄弟爲宜人卜兆於龍泉鄉祖塋之次，葬且有日，乃以厚齋公狀來，囑余爲銘誌。凡狀所述宜人德美甚具，茲不悉著，著其大都云。銘曰：

降嫓自天，惟淑德之茂。夫曰令妻，子曰賢母。亦既亢厥宗，受祉孔厚。彼汾一曲，厥壤惟阜。刻銘玄宫，永有辭于後。

栗太孺人墓誌銘

栗太孺人者，上黨兵馬指揮崔公鎮之女、義官栗公鎬之子婦、指揮公淮之配也。維與孺人季子曰繼祖者，同以己酉舉于鄉，相得蓋歡然。歲甲寅，繼祖之兄繼文衰服斬焉，見我于長安之寓，蹙而言曰："某不幸，先母亡矣。先母之撫我兄弟也慈甚，予兄弟之遠違也，未嘗不日夜思，然謂母之康厚弗憂也。乃今一旦丁于大故，予寔隕然，莫知予心。念予弟與子同年而雅相好，願子銘吾母。"維聞則甚戚之，然未敢承也。居無何，繼文兄弟使者自上黨來，手太孺人之狀以請，維因不敢辭。按狀，栗與崔俱潞安望姓。孺人之母曰陳氏，與兵馬公俱治家有法。孺人生，既德美，又服習訓則，女紅外讀《古孝經》、《列女傳》，通其義焉。迨歸指揮公，適舅義官公與姑高孺人相繼病，孺人膳必親，藥必嘗，左右指揮公甚至。高不起，事義官公又二十年，虔敬有加。指揮公性嚴毅，莫可犯，孺人以順正輔之，共祭祀，仁賓客，睦妯娌，馭臧獲，賙困乏，諸皆可稱。其綜理家政，井井秩序。嘗曰："富生侈，侈必敗。"故簡朴自持，終始不改。栗氏素裕于財，暨指揮公以心計貨遊于江湖，孺人以恪儉經紀于閫内，益以貲雄于鄉閭云。教子女各有矩矱，故子皆偉于自立，女適人皆爲良婦人，有令聲。孺人以弘治甲寅七月初一日生，以嘉靖甲寅二月二十八日卒，得年六十一，壽矣，視德爲儉。子男三人：繼文，陵川王府儀賓，配湘鄉郡君；繼禮，娶郭氏；繼祖，舉人，博學而能文，鬱有時望，將以振揚光大于時，以丕闡太孺人之潛德者可立待也，余以同年，故知之詳，娶李氏。女二人，一配稷山王府輔國將軍胤梳，一配清源王長子胤枒。孫男八：永壽，永年，永慶，永光，永亨，永庚，永新，永馨。孫女七，俱幼。繼文兄弟請于指揮公，卜以某年某月某日葬於秦村之原。銘曰：

惟家之穀，惟婦之淑。蕃胤衍祥，厥繇母良。都矣孺人，媲德孔倫。承祐有嚴，培祉曰仁。奕奕蘭華，騰芳甹嘉。門楣赫郁，焕發其芽。蹈彝之劭，膺禄之茂。恩賁匪遐，靳此中壽。有膴者原，有崇者阡。妥珍源休，自今萬年。

封劉孺人墓誌銘

劉孺人者，今湖廣提刑沁陽張大夫之元配也。大夫先任侍御史之三年，天子嘉其諒直，因推恩孺人，錫之敕命，以彰内助效，時嘉靖戊午冬也。後六年甲子正月八日而孺人卒于家，年僅三十有九。于時大夫方駐節郴陽，去沁四千里而遥，聞其訃悲焉，乃述孺人世行，走使燕京，屬史維誌而銘之。初，歲癸丑，天子既賜禮部所貢士第，復於中遴二十有八人，俾讀中秘書。于是吾晋在選者二人，則大夫與維也。二人者既合志而同業，其出入朝夕必共來往二家，二人忘其賓主也。維見大夫之庭户肅，僮侍馴，堂以内寂若無人，主人欲食賓，輒咄嗟而辦，滫瀡精至，心甚能孺人，數爲余妻道之，謂大夫之得匹也。嗟嗟！乃今遽至爾耶！余既諳孺人賢，凡狀所云云悉信，閲之則益悲，因撮其語銘之，俾永有考焉。按狀，孺人其先蓋鳳陽亳州人。始祖諱賨者有戎功，高帝時位特進，其後以廕資授潞州千户，屯磁州。迨孺人高祖鶴，升沁州衛指揮僉事，屯鷄澤，迄今子孫籍焉。曾祖承貴，前職。祖錦。父純，儒學生，入貲授指揮，配甘氏，于嘉靖丙戌十二月十四日生孺人。孺人方五歲失母，育于祖母程，静順寡言，不與諸姊較。及笄，每歲時嘗祀輒念母，泣涕不食飲，程大賢之，謂指揮公勿以女予凡子。于時大夫方志學，嶄然見頭角矣。大夫考曰大理少卿漳源公，母曰敕封周太孺人者，亦已奇異其子，擇淑配，故自鷄澤抵沁，相去且四百里，而孺人歸于張焉。孺人恬素肅雍，克敬克戒，舅姑安其孝謹，妯娌宜其温恭，親黨稱其篤惠，而益以勤敏，相其夫君。每鷄鳴燃燭，侍大夫誦讀，不以寒暑替。壬子，大夫舉于鄉。明年，登進士，選翰林院庶吉士。乙卯，授河南道監察御史。辛酉，以言事忤權貴人，升河間府知府。孺人前後從大夫于京，至是從河間，綜範縝整，門外内密然，大夫用無内顧憂。癸亥，大夫升湖廣提刑按察司副使，奉專命督郴桂兵備，遂單車蒞任，留孺人侍太孺人養于家。孺人體故瘽，中歲以誕育蕃且多不舉，益羸毁，故不永于壽云。然篤于婦道，事太孺人，雖一菹一羹必躬奉之。病既甚，猶力病視事，不欲以身故貽太孺人憂。既子女屢失，乃爲大夫置媵侍，撫視款款，有古淑女風焉。大夫有子一人曰慶徵者，孺人遺也，宣淑襲祉，將于是乎在。銘曰：

世禄生侈，鮮惟由禮，物情固爾。婉婉吉人，秉哲高門。惟德之行，棄華存素。静言安步，不愆于度。惠且有嚴，肅雍庭櫓。小大以恬，是相夫子。秉憲陳紀，爲天子使。有煒鸞文，翟茀如雲。榮問在身，方駕修轂。中涂脱輻，奄然不淑。夫子揭揭，相惟爾烈。胡遺之孑，羨門且扃。不掩其馨，徵在斯銘。

封孺人李氏墓誌銘代作

敕封李太孺人者，前侍御、今山東提刑申大夫佐之母也。大夫按部東土，奉太孺人禄養焉。逾期而太孺人卒于宦所，大夫扶轝歸廣平，將以今歲丙寅某月某日合祔于厥考贈公之兆，乃走使京邸，持山西按察司副使張君學顔所爲狀，徵銘于余。余前歲待罪廣平，獲從其賢士大夫游，因以諗其風美與夫鉅人哲媛卓然爲邦之選者，若李太孺人之淑懿，蓋數數聞之，凡狀所稱述不誣也。初，贈公娶于魏而無子，遂再室李氏。贈公母李孺人見而悦之，曰："婦惠且孝，異日必昌吾後。"已而太孺人果娠大夫，感異夢焉。大夫方在襁褓而公殁，李孺人亦已垂老至。申故鉅鹿宦族，然以清白業其世，窶〔三〕空儋石，自公在則然矣。當是時，人咸謂太孺人不堪。太孺人矢死靡它志，涕泣績紡，以事親訓孤，晝夜矻矻，拮据萬狀，故姑獲以恬頤壽終，而子嶄然致通顯，可不謂難與！方大夫從學，自有知至成德，節以繼志、慎交爲勗。比大夫從政，凡三任皆法官，又節以平反、欽恤爲戒。故大夫爲士則連取上第，爲吏雖振揚風紀而所至稱平焉，其得于内教深也。贈公生于成化丁酉某月某日，卒于嘉靖丁亥某月某日，得年五十有一。魏孺人生成化丙申某月某日，卒于嘉靖丙申某月某日，得年六十有一。太孺人生弘治己未九月二十一日，卒于嘉靖乙丑二月二日，得年六十有七。蓋公殁至是四十年，魏孺人亦已殁三十餘年矣，狀以合祔太孺人請銘，故不詳公與魏孺人行，余因系申之世而爲太孺人銘其世曰：申之先，蓋山西屯留人，後徙絳。國初，諱庸者游宦東土，道廣平，樂焉，遂爲永年人。公高祖達，汝寧知府。曾祖寧，以賢良方正徵，不就。祖廣，靈壁主簿，以子綸貴贈兵部員外郎。父紀，母李氏。公諱成，字克紹，敕贈文林郎、岳州府推官。配魏氏，贈孺人；李氏，即太孺人。子男一人，大夫佐也，太孺人出，娶劉氏，繼娶蘇氏。女二人，適張松、鄭傑，魏孺人出。孫男一，珩，聘王氏。孫女四，適王文耀、張承祚、張采，俱庠生，一字張三才。其銘曰：

侈于死節，立孤之艱。古烈丈夫，且謂其然。矧伊淑女，司惟筐筥。中道不夭，誓心自許。尊嫜在堂，崦嵫景急。遺孤在抱，呱呱而泣。三世一息，四壁隻影。餐蓼忘辛，茹冰匪冷。遺經可教，畫地以傳。振芳奕代，受祉于天。姑既爾殯，子寔爾成。百年無愧，歸報九京。明山之陽，川原膴膴。有崇者阡，貞烈之宇。匯靈儲慶，貽于嗣人。萬年考德，徵此堅珉。

沈母范孺人墓誌銘

范孺人者，處士東原沈公諱滂之配，陝西鞏昌府同知厚夫母也。以萬曆癸酉十二月二十九日卒，距其生正德丙寅十月二十七日，得壽六十有八。先是，孺人隨厚夫養宦邸，是冬，厚夫自涿郡守遷貳鞏昌，奉孺人過里，爲一孫完姻事，愉愉如也。未幾而孺人殁，于是，東原公棄養凡二十有七年矣。厚夫卜以甲戌某月某日奉孺人柩合祔東原公之竁，乃自爲狀，泣涕而徵銘于余。初，余祖姑適沈氏，于孺人爲伯姑，余伯姨又爲孺人堂嫂。沈氏族大而聚居，余少時往來祖姑、伯姨家，見聞孺人之淑懿甚習。余弟四術獲爲孺人婿，孺人長孫懋者復室余猶子。余既雅欽重孺人，聯之以世好，則所以章顯闡德用徵于悠久者，誼不可得辭也。按狀，孺人姓范氏，父喬柯，母李氏。孺人在襁褓而孤，隨母育于繼父張大輝。及笄，歸東原公，貞静寡言，勤苦自勵。是時，姑丁孺人在堂。丁治家嚴整，孀居且三十年，屬家中否，孺人黽勉有無以供朝夕，爲能得其歡心。東原公服賈于外，率數年一歸。孺人持家儉素，蔬食浣衣，雖寸帛尺楮莫肯遺棄，至于祭享、賓燕則務爲豐腆。見人困阨則恤之，至脱簪珥。由是内外稱之曰賢。初，東原公以祖、父俱業儒，奪于家計，不獲事鉛槧，嘗自以爲恨。厚夫生有異質，弱不好弄，孺人喜曰：“是可以承夫志矣。”乃遣束書就學，督課甚至，故厚夫年未弱冠領鄉薦，内訓使然也。孺人性慈惠，撫孤侄若孫，爲之婚嫁，不異己出。猶子觀生而失母，則取而乳哺之。處姻族咸有恩禮，御臧獲尤能加意體念，各得其情。厚夫宦游一紀餘，前後凡五任，孺人皆從養，能隨事訓誨，歷歷皆官箴要語，厚夫祗奉之，故所至著稱。孺人晚年尤崇奉鬼神，晨夕則焚香致祝，雖一蔬一果必薦而後用焉。生子男一人，應坤，即厚夫，娶王氏，繼楊氏、張氏。女二人：一適杜希晦；一早卒，冥配余亡弟四術。孫男七：懋，楊出，娶張氏，余猶子；懇，娶范氏；懃，聘陳氏；�，聘羅氏；應、德、憙，俱幼。銘曰：

惟家之阜，相惟淑婦。惟胤之昌，粤由母良。婉婉孺人，德音不陂。媲美發祥，厥懿孔多。既亢厥宗，益衍厥緒。禄養允康，休有譽處。中條之麓，有封若屋。雙璞完歸，萬葉集福。

女轉壙銘

鳳磐張子某第二女曰轉姐，生而髮垂額角，眉目如畫。性慧悟，解人意，而復静重寡言，心甚憐念之，謂其異稟，不與凡兒類也。年十歲，忽遘風癇之疾，百醫滋不效，竟以殤死。時余方從宦在都，棺殮之，權厝僧寺。既逾歲，余再謁告還里，屬友人雒氏有其兄之喪，遂附女柩以歸，葬于蒲風陵鄉祖阡。女生嘉靖壬戌十二月三日，殁于隆慶辛未三月一日，其葬于蒲爲壬申十一月二十四日。銘曰：

生孰使之？惠且靈。没孰趣之？曾不暫停。婉孌念爾心靡寧，歸從祖妣兮固玄扃。

附　録

敕建張氏澗南新塋后土志

維歲在昭陽協洽，天子命工部屯田清吏司主事四明沈一中，爲先考誥封光禄大夫、柱國、少師兼太子太師、吏部尚書、中極殿大學士峒川府君營葬事。孝男四維等祗奉命使，周爰擇兆，得地于澗南祖塋之東南，相去僅里許。龍山自中條筆架峰發脉，循蒼龍谷迤邐而來，騰躍蟠護，逆水右環，土壤豐腴，體格正大，負壬抱丙，堪輿告吉，乃蠲辰寒露後二日啓土建域，以丕承天子之赫顯休命。夫靈皋奥區，含淑鍾秀，必有明神主之，乃即墓左封丘爲位，恭祠本塋司土之神。伏願明神靈承帝貺，申錫天庥，翕集禎祥，屏除妖孽，以保衛玄宫，垂洪佑于千萬年，永永無極。謹勒貞石，納之封中，使後之子孫世載陰隲，寅享弗替云。

大明萬曆十一年八月二十四日，光禄大夫、柱國、少師兼太子太師、吏部尚書、中極殿大學士孝男四維謹志

張氏族葬新塋后土志

張氏祖塋，在蒲州大澗里之南風陵鄉。始祖履道府君當勝國末自解徙蒲，寔始卜地焉。四世祖克亮府君就其南稍拓之，二百年于兹聚族以葬，纍纍然相望，幾無隙地。先考誥封少師、大學士峒川府君，既爲祖妣治新阡于祖塋之東，復卜地巽隅爲族葬計。會敕建先考塋兆，巽隅之田適在周墺以内，有難建域。今歲乙酉，余既終禫思，惟先志所當恪奉有終，乃改諏吉壤于祖塋之艮隅，爽塏宏廓，卜人告得兆。于是，族衆惟從叔允福屬最尊，

齒最長，僉議擬建以爲新塋祖，其餘在昆弟子姓，俾各以班祔如初。乃筮閏九月十有八日建表立向，爰立后土神宇于塋之中，謹率族衆刲牲陳祀，瘞而封之。仰藉神庥，俾陰沴全消，諸祥畢集，以永衍我張氏二百年來宗系及于無窮。

皇明萬曆十三年十月五日光禄大夫、柱國、少師兼太子太師、吏部尚書、中極殿大學士鳳磐張四維謹志

先考妣嵋川府君王夫人合葬壙記

嘉靖三十四年十二月十三日，先妣贈一品夫人王氏卒，不孝男四維輩奉先考命卜葬于澗南祖塋東隅祖考妣新阡之次，邇來二十有九年矣。維藉先澤叨三事，追惟先妣劬勞勤瘁，不獲享一日之養，歲時瞻慕忉怛靡極，乃所植墳柏已蔚然森竦成林矣。萬曆十一年三月二十三日，先考封少師嵋川府君復棄諸孤。天子念不孝維輔理微勞，頒恤孔渥，命工部遣官以一品制營葬，命禮部遣官頒諭祀六壇，父母並祭。令甲，文官葬式惟一品爲極隆，父母受一品封者祭二壇，其加壇、並祭則我皇禮下體臣之特恩，非常典也。其年六月二十四日，禮部主客司員外郎張志捧綸音來祭，其詞曰："惟爾積德在躬，鄉評推重。爰有良配，一德相承。篤啓哲賢，股肱帝室。眷此疑丞之績，寔由訓育之勤。先後淪亡，良深憫惻。特偕賜祭，載飭幽塋。靈爽如存，歆承殊渥。"八月二十四日，工部屯田司主事沈一中奉明命來營葬。去舊塋東南百餘步有地一區，面勢明敞，土脉豐腴，地理家咸以吉告。不孝孤輩乃祗從沈君後啓土營兆，冀以顯承異寵，幽奠先靈。玄室既成，諏筮明年春二月十三日治先考府君之殯，乃啓先妣夫人之壙，奉柩合葬焉。命使周旋，湛恩賁赫，不孝怙恃之慟存于風木者，固終天其罔極，主上覆燾之澤漏于泉壤者，實曠代之希遘也。嗚呼！悲哉。先考生正德元年四月初四日，距卒之歲，享年

七十有八。先妣生正德元年九月二十六日，距卒之歲，享年五十。先考卒之年七月初三日，繼母胡孺人亦卒，距其生正德九年二月初七日，享年七十。既奉安先考妣之柩，亦奉胡母柩祔焉。先考妣茂德懿行，具載申相國、楊襄毅誌中，兹不備述，特記其生卒時日併合葬之期如此，用徵于永世云。

校勘記

〔一〕“大”，清稿本作“夫”，是。

〔二〕“令”，清稿本作“含”，是。

〔三〕“窶”，疑當作“屢”。

條麓堂集卷三十

行狀

太子少保兵部尚書兼都察院右都御史總督陝西三邊軍務南澗楊公行狀

公諱守禮，字秉節，别號南澗，其先山西霍州人也。高祖敬先者，國初徙籍保安，故又爲保安人。曾祖謙。祖瓘，仕爲陝西蒲城縣丞，道蒲，因家焉，以迄于今。父通，仕至陝西鞏昌府通判。公爲右副都御史時，蒙恩贈二代如其官，嫡母高氏贈淑人，生母李氏封太淑人云。公生而聰警，書目輒成誦。年十五，補郡庠生。正德庚午，以《書經》薦于鄉。明年，登進士，授户部山東司主事。三年，擢員外郎。會洺、魏盗起，當道者議專設才官剿之，朝議謂公才，因升河南按察司僉事，兵備大名等府。公于是設捕格，嚴賞罰，甫期歲，遠邇肅清，桴無夜警，民甚慶賴之。適鞏昌公棄養，遂以憂去。服闋，補湖廣按察司僉事。振紀釐繆，不怵權勢，居二載，煒然有聲藩臬中。時巨盗邢文憲者藪聚百餘，横行湖、湘間，勢張甚，諸司噤莫敢詰。撫按官會請增設撫治憲官一員，俾才者任之，朝議謂公才，因升本司副使，駐荆州。公至，則問民疾苦，舉廢滯，凡興作種種，絶不語及盗事，諸賊子益自安。迨方略既已陰具，刻期四發，澤薙草搜，一日俱獲，靡有稽誅者焉。撫按聞其功，天子降敕嘉獎，且出内帑銀幣賚之。三年，政大和。會以他事失當道者意，因中以瑣罪，落職爲四川叙州府通判。華陽饑，都御史唐公疏公知成都府。公立法賑恤，民賴以全，人擬富鄭公青州之政云。升四川按察司副使，兵備建昌。未幾，遷陝西按察使。公在建昌有恩，比代去，雖七種蠻夷亦皆泣涕送之。至陝，益以精敏爲政，案無留牘，囚靡滯獄，中外翕然，風稜四達。次年，升山東右布政使，復轉左，尋升都察院右副都御史，巡撫四川。于時四川蠻寨爲梗，帝命守臣會兵討之。久之，天子遲其功，因命公往。公即輕車入蜀，躬歷營寨，相機宜，分撫剿，未三月，遂剪元凶，蕩巢穴。因隨山刊木，夷險守要，松茂之路，大通川南數十年肘腋之患，一旦滌而去之。議賞間，遇藩司官素隙公者奏迴避，且誣以事，公回籍。比事白，藩司官左降，公亦落職爲河南左參政焉。由參政升浙江按察使、四川右布政使，轉山東左，而巡撫寧夏之命下矣。寧夏三面控虜，最爲要邊，而關隘多圮廢者，鳴鏑、牧馬日聞見于圉中，邊人罷耕牧，士且狎之。公至，則振威武，革貪蠹，浚城隍，增墩戍。于是築鎮遠等關，崇赤木、打磑等口，罷平虜之守備而所之，更臨山之堡而墩之，通虜之路益稀，士心知奮，歲中獲功者再，捕首虜數百級焉，虜于是不復犯寧夏。天子嘉之，錫以銀幣。尋加兵部尚書、都察院右都御史，以三邊總督任之。先是，總督缺，天子必擇在廷之臣可任者以往，其巡撫任寔自公始。公總督凡三年，經緯險易，劑量遠近，調度兵食，各中肯綮。初至，即條邊防數十事，且曰："馭狄之要不在於戰，而在于守；任事之臣不貴于多，而貴于專。"天子嘉納焉。又簡用將佐悉盡其才，撫恤士衆人得其心，故間諜周，烽火明，器械備，士馬練，虜不敢時入，入又輒敗去，三邊益用無警。平時總督駐固原，秋月則移鎮花馬池，以三邊調應道里均也，及冬，解嚴而還，謂之"防秋"，故邊氓率以總督之出而愁虜焉。公凡再駐花馬，羽報甚少，輕裘緩帶，出入徼堠間，而旌旗曼衍，鉦鼓聲震野，邊城頗生色焉，故公之出入，民莫不遮道歡呼，忘囊之憂苦也。前後凡各鎮斬獲首虜千餘級，降敕奬諭者五，每敕降輒有銀幣之賜，最後以累功加太子少保。會李淑人卒，公遂扶柩歸，天子命吏治其墳，遣官諭祭，蒲人榮之，時嘉靖甲辰歲也。後十二年爲嘉靖乙卯，公卒于家。公天性沉毅，有局量，應事初若不經心者，而卒不爽錙銖，故所至有功。其襟度坦豁，不屑屑事形迹，故所至人傾心焉。其議論慷慨，務大節，聽其言磊磊軒舉，足以破人之拘礙。遇事之不可與人之不當意者，必不能屈意徇之，故屢躓而後起焉。生平俸餘積二十[一]餘金，立義約以贍族，命子孫世守之。家居十餘年，處姻友内外終始歡洽，足迹絶不及公府。州南十里條山之陰有山曰東磐，泉石佳勝，公覽而悦之，曰："是將休我。"乃誅茅葺屋，鑿池疏圃，以偃息吟嘯于中，怡然窮年，若未嘗涉世者。著《九友集》以見志，有句云"四時佳景無非物，千載清修只在人"，其風致可想也。居山，或數月一視家，不數日輒復去。每賓至，必劇談痛飲傾倒而後别。時爲樂府詞，冷然有格韵，殊可喜。家事付諸子輩，絶不商有無。語及當世事，井井曉析，使人忘倦焉。乙卯十二月十三日，秦晋地大震，人死者十六七，蒲郡不逞子乘之，公然肆劫掠，日轉熾，甚者裂繒爲號，聚至百十，人洶洶若寄虎口。公召諸守禦官，示以方略，令一發，不逾時奸黨駭散，遂無事，蒲人所以戴屋炊爨、藏死聚生以有今日者，公之力也。嗚呼！偉矣。居無何，公亦尋逝，蒲人哭之傷心。先是，公居閒，忽拈筆叙生平履歷甚周，且惓惓焉述君親恩隆重，欲報罔極之意，顧命兒子輩識之，人莫測其意。未幾變作，而公往矣。嗚呼！其可異也。有文集若干卷、奏議若干卷、詞一卷藏于家。公生於成化甲辰七月一日，卒于嘉靖乙卯十二月二十八日，得壽七十有二。配姚氏，贈淑人。繼王氏，封淑人。子三人：曰尹，太學生，公兄子嗣公者，娶解氏。曰户，庠生，娶張氏；曰凡，庠生，娶馮氏：

俱側室鄭氏出。尹、户俱先公卒。女四：一適太學生馮昭，鄭出。一適裴大參子應熊，二幼，俱王出。公有懿德在身，茂勛在國，諸所表建宜垂不朽。子凡慮其久而湮没，欲匄大人君子立言之筆，銘之貞石，賁於玄壤，永有辭于世世，以維鄉里後進，托述顛末。自惟蹇昧，無能窺公涯涘，且晚生謏聞，多所遺失，姑盡心之所知掇緝如此。極知蕪淺，不足纂叙什三，然義則愨實，要惟陳之祝史而無愧云爾。謹狀。

光禄大夫柱國少師兼太子太師吏部尚書贈太傅謚襄毅虞坡楊公行狀

曾祖諶，累贈光禄大夫、柱國、少師兼太子太師、吏部尚書。曾祖妣張氏，累贈一品夫人。祖選，初贈文林郎、陝西扶風縣知縣，加贈通議大夫、兵部左侍郎，累贈光禄大夫、柱國、少師兼太子太師、吏部尚書。祖妣趙氏，初贈孺人，加贈淑人；李氏，初封太孺人，加封太淑人：俱累贈一品夫人。父瞻，四川按察司僉事，封通議大夫、兵部左侍郎，累贈光禄大夫、柱國、少師兼太子太師、吏部尚書。妣田氏，初封孺人，加封宜人、淑人，累贈一品夫人。公諱博，字惟約，别號虞坡，姓楊氏，系出弘農之華陰。國初，有善甫者始徙蒲，遂爲蒲人，六傳而至公曾祖諶。諶子選，是爲留耕翁，以積德稱于鄉。選子瞻，是爲舜原翁，公父也，舉正德己卯鄉試，仕至四川按察司僉事。配田氏，以正德己巳五月二十四日生公。公生而穎敏，讀書能五行俱下，髫歲即徧誦五經。年十三，督學使者莆田周公宣一見而奇之，許以國器。十七，舉于鄉，時嘉靖乙酉也。己丑，登進士，授陝西盩厔知縣，有才能聲，調長安。長安附在省會，法剠而蠹積，素號難理。公勾剟奸狡，無能匿毫髪，諸舞文胥史咸惴惴易慮。居三載，道不拾遺，以廉介著聞于時，唐文襄公龍、王襄敏公堯封前後有事西土，皆薦其治行第一。癸巳，欽取詣闕，以年未三十升兵部武庫司主事。明年，奉敕選寧夏軍。戊戌，升武選司署員外郎，尋實授，升職方司郎中。會肅皇帝南狩承天，起大學士翟文懿公鑾爲行邊使，大賚將士。文懿薦公參幕府。初至宣大，時軍府新變後，人情洶洶，賚金不繼，司餉者擬殺其額，文懿公難之。公曰："公奉璽書，得便宜從事。聞鎮庫有羨鏹，盍徵之以廣上澤?"三軍大悦。至肅州，屬番數百人遮道邀賞，靳之不可，予之恐來者滋衆。公請文懿坐堂上，嚴儀衛，列諸番跪轅門詰責之，以相公奉天子詔勞問，若等法當傾巢遠迎，而逡巡漫涣乃爾。諸夷慴服，莫敢仰視，久乃釋之，按其先後至予賚有差。諸夷落未至者聞之悔，不敢復來見。是行也，東抵遼陽，西及張掖，車轍所經且萬里，公悉紀其山川形勢、地利險易、士卒勇怯，與夫土俗民情、利害欲惡之端，咸得肯綮。文懿還闕，薦公任大用。天子嘉之，賜以白金、文幣。時虜勢方熾，其酋吉囊俺答以兵威脅屬迤北諸部，衆至十餘萬，九邊無歲不遭侵軼，而山西被害最酷，羽書或日夜十數至。肅皇帝以膺懲責本兵，惟公所規畫能當上指，施行之，輒得算，肅皇帝以是知公。安南久不庭，詔群臣議行天討，日中不决。公奮臂揖諸公，指陳機宜所在，衆遂以其議上。比安南獻土請吏，公謂小醜以不恭煩王師，既服，當許自新，毋利其土地，庶足以服遠人心，亡後患，隨上善後六事，上悉從之。公在職方且八年，諸所贊畫僉定甚衆，是皆其大者。它如修諸邊險阸，簡練京營卒，格太監麥福濫增勇士之請，暴總督胡守中詐首虜、伐塞木之罪，大爲時論所推。癸卯，升山東提學副使，凡校士藝類于次旦[二]甲乙之，人服其敏。乙巳，升山東糧儲參政。東土錢穀久爲奸吏窟，諸猾胥率于出納間恣攙冒，至不可究詰。公乃爲循環格曆，以十年爲率，凡錢穀徵輸，悉注其月日及賫運人姓名，一覽其完負具見，宿猾無所措手，積弊頓清。丙午，升都察院右僉都御史，巡撫甘肅。初，罕東等衛屬番爲土魯番所逼，入處肅州，久之夷落滋衆，往往與居民相戕殺。公曰："此地方剥膚害也。"于是具牛酒，召諸番酋犒之，且語之曰："若輩初來此寄頓耳，故無室居，無田耕，無城郭障，蓋計且亟歸也。今長子孫矣，既不能歸，何不爲久遠計？"酋曰："爲計奈何？"公曰："吾欲城堡爾居，渠壖爾田，釜鉏粟豆相爾窮爾恤，孰與諸攘攘在此，朝夕苦不給也。"諸酋咸稽顙曰："善，唯公命。"公乃檄副使王儀築白城、威虜、金塔等凡七城，重門巨障，水草豐美，諸酋咸率其部落競去，男婦凡三千四百有奇，離塞遠者至五六百里，肅境一清。自亦不剌屯西海，北虜歲往掠之，甘凉道梗。公擇阨要創墩堡，設兵守哨，行旅便之。凉土沃，乃屯田久廢，公擬興之，召父老問故，咸曰："甘境三面臨虜，墾田苦蹂踐，且水渠通淤不時，而荒田免科令多不信，即一丁受屯田，闔室悉罹追呼之擾，故官司屢招佃，人無敢應耳。"公乃請于朝，凡荒田新開者永不科，舊田拋荒者十年外科，詔報如擬，著爲令。公遂鑿龍首等渠，伐石穿洞，委曲達水田所，凡開荒田萬餘頃，水田且二百頃餘。貸牛種予屯丁，人争應佃，乃限丁二十畝，河西遂無閑田，頗稱饒富。公又爲之興文教，奏以巡按御史督學政，如遼東例，四郡人文至今遂彬彬有聞。公簡練甲士，嚴明烽燧，平居常若虜至，虜不得輒近塞。嘗一大舉入，將士奮鋭拒之，斬首虜百四十餘級，獲錙重萬計，天子賜詔嘉獎，進右副都御史，賚以金綺。庚戌，丁母田夫人憂，詔以邊功特予祭葬。西人懷公恩，擁道挽車泣，迄今家爲尸祝，窮陬孤戍無間焉。方公之在肅也，咸寧侯仇鸞者寔總兵鎮其地，凶悖貪狡，大爲地方害。公會總督曾襄愍銑疏發其奸，鸞被檻車徵，下詔獄。時襄愍議驅河套虜出，修東勝及受降三城，並河爲塞。鸞乃極詆其非計且生事，冀以自解。初，襄愍復侵疆議，故相貴溪夏公言寔主之。至是夏罷，政府歸分宜嚴相者，故與夏有郤，授指刑官文致曾、夏獄，坐交結近侍律，先後戮于市。已，鸞暴起爲大將軍，凶焰甚熾，時時欲洩憾于公。天子察其情，竟不聽。未幾，鸞殛死，天子乃召公爲兵部右侍郎，時壬子冬也。癸丑，轉左，奉敕兼僉都御史，經略薊、保二鎮，諸所措置凡上三十餘疏。其大者，若潮河川爲虜出入孔道，其地受塞外諸水，匯流入中國，水濁而悍，激蕩巖壑，平漫無際，板築、挑浚俱難爲力。公乃相水勢，避其衝射，宛轉建巨墩，基以堅石，聯絡相望，矢石、火銃相及也，自後虜遂不復取道潮河。事竣歸，天子命公提督京城九門。自庚戌虜薄近圻後，都城無歲不戒嚴，涉秋即分兵夫守睥睨，郊民皇皇，遽徙其帑避虜，奸盜乘之，中外恇擾。公曰："寇至尚須鎮静，奈何無事自撓亂若此?"遂罷一切守門令，而日督兵將入團營練之，都民大歡。其冬，詔公以原官總督薊、遼、保定軍務。公以薊、保近輔，與遼東異，禦虜當先遏閼，次斬獲，遂極力爲修守計。其冬，東、西虜糾衆薄古北，號二十萬，戈甲之聲連亘百餘里。公擐甲登塞障，督將士協力防禦。虜擁衆奪墻，凡三四攻不克，乃併力攻孤山砦，驅其衆蟻附緣垣，萬矢注射，一虜攀堞上，我兵截其腕，諸緣垣虜悉震墮，虜氣遂阻。是時赤白囊交馳至，肅皇帝日旰不食，遣親軍使者詗諸軍戰守狀。使者見公露行，立矢石間，晝夜甲不解，及將士勞苦狀，具述以聞。肅皇帝慰悦，賜公大紅獅豸衣一襲，發帑金萬兩犒將士。公乃申明天子恩德，諸將士莫不感奮，勇氣百倍。虜守墻下凡八日，火竟夕燭天，突冲左右無慮數十次，爲矢石、火銃所傷者無算，乃引退三舍地，徘徊不即去。公募死士，持火器夜入其營驚之，竟夕四五發。虜衆相蹂躪衝搏，天明始定，遂倉皇而散。天子嘉公功，進都察院右都御史，兼侍郎，廕一子錦衣衛千户。明年，虜以萬騎入馬蘭谷，公督大將周益昌擊走之，獲其酋打來孫，事聞，有白金、文綺之賜。未幾，天子召公入爲兵部尚書，尋加太子少保。故相分宜公有子曰世蕃者，狡黠險賊，欲利無厭，文武小大吏納賄，伺其門如市。吏、兵二部爲所撓，久不獲舉其職。公視事，所司以故事請，公唶曰："天子命我總邦政，若爾則權門司庫吏耳！"一切格不行，凡黜陟將吏咸咨之閫外大臣，令自爲地方擇人。分宜父子滋不悦，士有憂國心者視公爲砥柱。丙辰，丁父憂。戊午，肅皇帝復召公爲兵部尚書。值虜寇大同，圍右衛城，連月不解，督臣以玩寇納侮下獄，廷議置代未決。上曰："右衛圍急，其令博往，事寧回部。"先是，奉本兵命，以未終禫擬疏辭，俄聞後命，遂墨縗而往，乃以疏慰曰："皇上幸寬西顧憂，臣誓滅此賊，以攄國憤。"上嘉答之，因賜白金、文綺。虜諜公出關，即夕悉衆出塞去。公以右衛久在圍城中，樵采路絶，士煮革而食，忍死固守，無二志，乃優加恤獎，疏褒其守帥尚表，並陳善後十事。遂經略大同，修守要害，測虜情，預戰守，凡上一二十疏，上悉親爲裁定，不下部議。虜去既遠，公以大同川原平衍，虜騎飄忽，艱于防禦，乃聚糧具械，分布修築，躬自勞來獎勸之。于是築牛心等堡寨、墩臺二千八百七十二座，挑浚大壕二道，各長三十里，攔馬壕六十四道，凡五十日工報竣。肅皇帝嘉其功大完速，降敕獎勵，賜以白金、文綺，隨諭輔臣曰："宣大博理，已平一歲，可見凡事無人之效，但有一人，那得患來？"又曰："博盡心邊務，方在理中，似來冬回部爲宜，朕意須加以一秩。"乃加太子太保兼右副都御史。有虜酋哼素者稱魁桀，時以輕騎抄我邊，爲地方害。公以奇計擒之，并斬其黨十五人，因分鋭兵襲擊並塞虜營，多所斬獲，虜徙帳遠去，邊警益稀。公乃議築翁襄敏公萬達所創大同長城，乃列上修邊四事，大約計費二十萬金，請内帑者十一。上覧疏謂輔臣曰："博修邊費少成多，比他動以四十萬用大不同。這妄費全在各鎮，誰肯一言及?”公聞之，感泣。會虜入薊鎮，督臣被收，廷議移公鎮薊，上意以爲然，乃詔公移鎮。時秋防届期，公聞命即日趨居庸，道中上經略宣大及時繼理十事。既入關，乃調度諸將魯聰等畫區分守，而以副使等官李尚智等監之，下令曰：“某月日時，各營據墻舉火爲號。某日某時如之。”凡擺邊耀武者三，自居庸距山海，旌旗徑千餘里不絶，炮火之聲遠邇響應。近塞夷衆走報諸酋，時刻不爽，諸酋皆驚，終歲不敢近塞。上乃召公還部，加少保。當是時，分宜不便公入，屢沮止之，肅皇帝乃特旨召之，復特旨加貳孤，分宜滋不懌。會浙江總督胡宗憲計擒海賊汪直。汪直者，徽人，以販海爲業，往來倭島中，因導爲寇，朝廷懸賞格購之。宗憲父事分宜假子趙文華，行賂世蕃所無涯量，分宜欲因事侯之，公執不可，請下廷臣議。宗伯高安吴公山同公議，宗憲竟不侯。分宜父子益憾公，徵諸聲色。是時肅皇帝久不接群臣而操下益急，分宜内蔽聰明，外恣行威福，犯之者無不虀粉，人人爲公危。公亦知必爲所陷，夜宿外舍以待不測。然肅皇帝殊知公，一日諭吏部曰：“朕聞自博入，胡奴日伺邊外。”未幾，戎政缺人，又諭兵部曰：“戎贊之用，須要如博者。”會各邊屢有奇捷，法當叙本兵功，公不自言，上皆錫銀幣至再，由是分宜不敢復搆公，竟免于禍。辛酉，一品考績，上嘉其勞，賜以羊酒、鈔錠，授柱國勛，并以勛贈其三代，寔異數也。伊藩典楧驕恣不法，屢上書，多謬罔語。上疑其有異志，密諭公爲方略，令司西安門啓閉，及楧罪廢乃罷。尋詔公支正一品俸。癸亥，虜將大舉寇薊，諜報甚亟。上曰：“自博入，我每慮邊務。今秋必有擾者，早定策以遏之。”公申飭邊塞，使命絡繹，而薊總督某者殊易虜，乃東巡遼陽。公拊几曰：“虜氛甚惡，亟徵各路兵協禦猶懼不濟，顧引重兵去遠徼，是假之便道也，與兒戲何異？今兹敗矣。”日夜十餘檄趣之旋，而虜已潰墻子嶺入矣。虜薄近圻，火光燭大内，公夜宿部中，前後上三十餘疏。虜尋引去，議者咸咎薊督輕敵而服公先見云。是時，分宜先已得罪去位矣，公再入本兵且八年，北籌虜，南籌倭，心力焦勞，日不暇給，而南北所報功捷無慮數十次，公皆推功文武大臣，不自以爲伐。乙丑，上以公兩考，詔再廕一子入監，公疏辭，上報曰："兹酬功且用礪世，其勿辭。"丙寅，吏部尚書缺，上諭廷臣，令推至公爲國三四員簡用。廷議首推公，遂改吏部尚書。公辭，上報曰："卿端慎公明，銓衡特簡，所辭不允。"未幾，而肅皇帝龍馭上賓矣。莊皇帝踐祚，公首以録忠諫、舉遺佚爲請，于是楊文忠廷和、喬莊簡宇、熊恭肅浹、林貞肅俊、劉端毅玉、楊恪愍守謙、曾襄愍銑、楊忠愍繼盛、楊忠節最等皆贈謚，葛尚書守禮、林都御史雲同、曹都御史邦輔、樊通政深、趙御史錦、張主事翀皆拔擢，又奏修平宸濠功，令新建伯王守仁子世其爵，公論翕然稱之。時士習稍頗，以禪解談性命，土苴世務，幾東晋清談風，且奔趍邪徑，公相標榜，肆不知耻。公痛裁正之，凡譸張者無得售其術，其風漸熄。公以中外遷陟太驟，政多苟且，乃漸爲久任法。凡臺省有缺，則推舊德家食者起用。其郡邑長吏滿考，有宜民績，則加服俸，仍在任。丁卯，一品三考，詔加少傅兼太子太傅，廕一子入監讀書。國朝冢宰九年考績，惟馬端肅公文升，部援以爲例。公疏言："臣德望、勛業不及文升萬一，文升止進二官，臣復廕子，臣萬死不敢受。"上察其誠懇，准辭廕。己巳，以覆留都御史龐尚鵬，有旨詰責，公乃謝政去，蓋是時左右倖臣不便公者有先入言耳。于是，前相興化李公等、尚書劉公體乾等及兩京科道交章奏留，皆不報。已而，左右譖公者皆得罪，天子知公無它。辛未，乃起公于家，以冢宰治兵部事。公再疏辭，上獎其兩朝耆宿，才德兼優，仍諭以邊方多事，大臣義當急國。公不得已，乃應詔。是時，西虜納款，九邊所防禦，薊遼爲急。公乃奏徵浙兵九千人，復奏遣清軍御史徵北直隸、山東、河南、山西、陝西諸脱伍軍悉詣薊鎮，以實畿左。壬申，今上登極，首召公還吏部，人心訢訢然。時公一品滿四考，詔賜寶鈔五千貫、肥羚三、上尊三十。部侍郎奏國朝部臣無一品十二年者，上曰："楊博忠亮老成，望隆中外，一品四考，勞績愈著。"加少師兼太子太師，廕一子入監讀書，以示優眷。尋覃恩，贈三代如其官。初，公里居，感腰痛疾，尋被詔敦趣，力疾赴闕，時時自念，及是感激隆遇，矢心圖報，不復以身爲慮。癸酉秋分，奉命夕月壇分獻，未成禮疾作，上疏歸印、乞骸骨。上不允，加賜餼牢、酒米。公辭益迫切，有曰："臣有不忍言去之狀、不得不去之情。臣遭際三朝，受恩深厚，一不忍去；皇上天縱聰明，日新聖學，臣幸逢堯舜時，二不忍去；内閣元臣自爲侍從時與臣肝膽相照，秉政以來杜群枉之門，開衆正之路，臣得贊蕩蕩平平之化，三不忍去。臣自筮仕，艱關戎馬，無病已衰，矧復病勢如此，一宜去；吏、兵文武事權，臣任兵部十二年，吏部六年，久妨賢路，二宜去；人臣任事全在肋〔三〕力，臣素患中濕腰痛，今復手足不仁，三宜去。"上優詔慰留不允，公再疏懇辭，上乃許回籍調理，令馳驛歸，已賜寶鈔三千貫。公伏枕疏謝，勸上葆頤天和，緝熙聖學，孝養兩宫，親近賢輔。上報聞，且諭令慎加調理，以俟召命。時公子俊民爲太僕寺少卿，俊卿爲錦衣衛都指揮僉事，詔皆許扶侍歸，蓋殊典云。公歸未週歲，以萬曆甲戌八月二十三日以疾卒，得壽六十有六。訃聞，上輟視朝一日，賜諭祭九壇，命工部遣官營兆域，贈太傅，謚襄毅，廕一子爲中書舍人。公豐鬚偉貌，揚休玉立，見者敬而愛之。神氣揚揚，音吐洪暢，好談論，每及平生履歷及接人遇事，與夫九邊阸塞險要、兵馬錢穀盈縮堅瑕、今昔登降之故，亹亹如指掌，聽者忘倦。遇下有恩，所至多見思。晚年位益尊，而立朝極恪慎，每朝必四鼓興，危坐待漏，祁寒暑無二，其天性然也。所著有《虞坡文集》八卷、《詩集》二卷、《歷官奏議》凡七種共七十卷、雜著四卷。公配段氏，五封一品夫人。生子男四人：俊民，嘉靖壬戌進士，太僕寺少卿，娶史氏，封宜人；俊士，萬曆甲戌進士，陝西鳳翔府推官，娶裴氏，繼裴氏；俊彦，官生，娶王氏；俊卿，隆慶戊辰武舉第一人，管錦衣衛事指揮使，娶王氏，封淑人。女三人，一適州學生景宣，一適舉人馮淪，一適嵩縣守備孫仲金，封淑人。側室賀氏、何氏。賀生男一，俊臣，官生，娶盛氏。何生女一，幼。孫男六人：元禎聘景氏；元祥聘羅氏；元祉聘裴氏；元禧聘張氏；元祺聘洪氏；元祐幼，未聘。孫女十四人：一適州學生張甲徵，一適裴令聞，一字洪崇禮，一字張定徵，一字羅尚鉉，一字韓焕，一字祁世熙，一字韓爌，餘幼。太僕兄弟將以年月日葬公某原敕建塋次，乃條述公世次及立朝行己履歷之詳，屬維爲狀，將祈名世大筆銘諸羡道，謹用詮集如左，以備采擇云。

右春坊右中允兼翰林院編修環江陳公行狀

環江陳君諱謹，字德言，福建福州之閩縣人也。世居光俗里，地曰瀛洲，系出宋侍郎益之裔。曾祖志。祖琛，壽官。父伯亮，以君貴封翰林院修撰。母卓氏。閩陳氏世有潛德，迨壽官公、修撰公，益以謙慎仁厚著聞閭里，故君之生，閭人咸以爲積善報焉。君生有茂質，警悟，不類凡子。先是，修撰公既累失子，晚始得君，心甚憐念之，不欲遣就外傅，親文史勞。乃君甫垂髫，即自知向學，其所記誦輒能疏解意義，塾中異之。有試以“子曰”字俾爲破者，即應聲曰：“匹夫而爲百世師，一言而爲天下法。”其奇氣固已炯然露穎矣。年十五，補邑庠弟子員，每督學使者按部至，必嘆賞拔置高品。壬子，舉于鄉。明年癸丑，進于春官，賜對大廷，遂以一甲第一人及第，授翰林院修撰。君初爲弟子員也，嘗同儕輩聚業邑庠之金粟山。鄰有阮姓者，昔昔必夢雷動龍起于其處。比赴秋試，郡守又感異夢，爲諸生語之，至是乃知其兆之不偶云。君德宇粹穆，不見涯際。其接人貌恭氣和，退然若恐傷之，乃其中耿耿自信，故登第未幾，翕然著稱薦紳間，曰陳君長者也。丙辰，奏績，時修撰公迎養在都，年七十餘，日夕念鄉土思歸。令甲，諸親藩嗣立，歲遣勛臣分行册命禮，而以侍從近臣副之。會君以次當遣，遂拜命。偶傳制日其行視常期差早，諸奉使者多後時，遂併被逮。君落職爲廣東惠州府推官，人咸惜君無罪，乃君以得扶侍南歸，克遂親志，怡然就道，略不介意。比至惠，諸士子嚮君名，負笈從學者甚衆。君教以立誠、爲己及擇術、居業之大端，暇日則與之陟羅浮，吊白鶴，訪蘇長公遺迹，翛翛有千古之懷焉。士大夫相承，凡遷客爲遠小官者，率不久輒量移去，故多以傳舍視所居職，漫不爲理，而諸監司、守長亦以客禮優之，不欲以簿書煩也。君曰："崇卑皆王臣，奈何乃自異若此？"于是謁監司必以屬吏禮，事守長必以寮佐禮，鞫大小獄必以情，人不能欺，曰："老吏弗如也。"丁巳，改南太僕寺丞。去郡，諸士子攀援數百里，依依不忍别，君爲作詩慰勉之。初，在郡將行，屬邑解月俸、柴薪銀至，君命易田數頃，俾掌之學官，爲諸生薪水資，歸而行李蕭如也。南京太僕寺開治滁陽。滁故多佳山水，寺治又特占其勝，局閑務簡，凡歐陽公名迹悉往攀陟。嘗曰："吾曩寓惠，獲聆長公餘風；今來滁，復得尋六一公所嘗登眺者。左宦如此，亦殊不惡爾。"戊午，改尚寶司司丞。君去國凡三年始歸，涉歷畏途，益諳于世故。于時屬海波不靖，方内頻有灾警，而黷貨公行，士風澌斁，每當食興嘆，若負重在躬不可税駕者，其先憂遠量鍾于性者深也。君篤信好學，每不以所能自足，超然遠覽，立志甚偉。既入都，同年友姚江孫文和闢禁城西隅所居舍之北，爲屋六楹，延君及余朝夕居業其所，久之，于是余益習知君之所存。其表裏洞達，隱顯不異行，即在匆遽，未嘗見疾厲於言色。與之談，雖累旬日，皆有益人語。即不言，與之相對終日，亦使人充然忘其鄙吝焉，蓋汪汪乎莫得而澄撓也。庚申，君轉南京國子監司業。太學故設科甚嚴，歲久漸弛，君酌其當，復次第舉之，乃其待諸生極有恩，故莫不畏而愛之。甲子考績，入都，改右春坊右中允，典誥敕。君悉心在事，几無停籍，士大夫凡被恩典應受制命者必來謁，無問崇卑，君與之爲禮必稱，曰："彼以親故致恭于我，禮無不答也。"或有饋遺，則必固却之不受，曰："君命也，吾職代言耳，其敢任恩?"明年乙丑，充會試同考官。君雅有藻鑑，自丙辰及是，凡再典春試，號爲得人。會修撰公棄養，君聞訃哀慟奔歸，比秋抵閩，營善地爲卜兆計。初，修撰公善治生，占産甚裕。君既貴，貽書戒之曰："善守官常，勿爲日用計，吾能贍爾。"君守訓惟謹，官凡五遷，俸率不過六品，前後皆取給于家。及是，將營公葬，産且損，君曰"吾不忍儉吾親"，而雅志復不欲貸助於人，蓋心獨苦矣。未幾，忽遘戍卒之侮，抱病幾三月，有瘳矣，尋感它症以殁。嗚呼！斯人也而乃止是耶？命矣。君生嘉靖乙酉閏十二月十二日，卒嘉靖丙寅三月十日，得年四十有二。初配石氏，同年進士石梁之妹。繼鄧氏。子男一人，應虞，聘莆田少司空黄公女，鄧出。女二人，長一可，適士夫龔某，石出；次一蘭，字大司空林公子某，鄧出。君慎于取與，初居江滸，卜舍城中，舍人倍取其直，後有人白其事者，君曰"吾業已授之矣"，竟不問，閩人至今以爲美談。天性孝友，初計偕北上，至建溪回首南望，泫然涕下，曰："吾親老矣，吾何爲萬里行哉?"比官史局及後司南雍，兩奉修撰公禄養。迨公益老，不欲出，又戒君無懷歸，故公之殁，君慟恨其不及侍也。弟詰有美質，君撫而教之甚至，誥亦事之如父。君既歿，誥率應虞擇某年某月某日將葬君某山之原，遷前配石氏柩而合袝焉，禮也。遂走使萬里，抵二三友人，俾狀君行實，叩師門乞銘其壙。君既家閩海，且宦轍數外適，性復冲挹，平日絶口不自言其伐，其嘉績善行不可得而詳也，謹即所見聞述其大略，用備采擇云。

先考封光禄大夫柱國少師兼太子太師吏部尚書中極殿大學士嵋川府君行狀

維不孝，違遠庭闈，不奉晨昏者且十年所矣。方甲戌之被召恩也，府君蓋已壽近七帙矣。維不欲行，府君切切以效忠報國爲勉，力督之出。于時府君神情腴暢，鬚鬢稍稍有白星，其健步善食，即少壯人有所弗及，見者咸謂期頤可待也。不孝旋叨簡命，參政府末，不敢復言私。每鄉中人來，輒言府君神氣充王，不減甲戌别時，亦有云更勝者。而府君時時貽書，必自道康强狀以寬不孝，曰："若一志在公，毋我憂也。"嗚呼！詎意府君奄棄諸孤如是之遽耶？悲哉！悲哉！未聞訃前，府君有書至，其字迹楷細，敘示委悉，與平日無異，不浹旬乃承凶問。蓋不孝報國無狀，獲罪于天，明逃人非，幽被神罰若此，不然，豈以秉受龐固若府君，施德不匱若府君，守身善攝若府君，而遽至是耶？嗚呼！慟哉。維扶杖奔歸，左腋生巨癰。當其毒壅神憒，自擬不起，竊念生不能侍養，死得從先人地下，無所復恨，第大事未襄，有難瞑目耳。荏苒三時，苟存喙息，奉聖主恤恩，卜兆州南風陵鄉條山之麓，擇以甲申二月十三日安厝。不孝無以承歡生前，思紀述遺德以垂不朽身後者，惟名世鴻筆是賴，乃繹集先後見聞之真併世系、生卒列狀上請。哀頓憒惘，綴詞無緒，然未敢爲一飾語以誣吾親，仰冀台慈大雅加采録焉。不孝孤維泣血謹狀。府君諱允齡，字伯延，號嵋川。張氏之先世居解梁鹽澤南陂，元季，諱思誠者避亂徙蒲。國初，其子友直遂占籍蒲之通化坊云。友直子仲亨，仲亨子克亮，克亮子琇。克亮府君，高祖；琇，曾祖也。祖父寧，父誼，皆承恩誥贈如府君封。祖母雷，母解，皆贈一品夫人。初，府君祖父早世，雷夫人矢志守孤，迄于成立。既而府君生，氣宇嶷然，眉目爽秀，閭里咸詫異之，謂爲堅貞應也。未幾，府君復失怙，解夫人奉姑撫孤以持門户。府君年方幼學，即鞅掌理家政，力勤攻苦，期于自樹，以慰兩世孀母之心。甫弱冠，産駸駸稱裕矣。府君識量宏遠，諸所廢居劑量往往牟奇息，年盛志鋭，謂程、卓業可立致，樂易倜儻，不與人競刀錐，至于睦親周急，尤汲汲若不及也。會無良子數輩相與乾没其貲，衆爲之不平，請理之官府。君曰："吾爲若賺命也？天必鑒之。"寘不問，用是驟困，每鬱鬱曰："吾不爲生厚計，念無以承孀母歡，愧子道爾。"遂發憤遠游，西度皋蘭，歷浩亹，居貨張掖、酒泉間。數年，乃南循淮泗，渡江入吴。又數年，業益困，則溯江、漢西上夔峽，歲往來楚、蜀間，已乃北遊滄、博，拮据二十年，足迹且半天下。雖治市廛業，其視財利甚輕，篤信重義，南北所至，必爲衆所敬服。諸貿易夥分，或比于争搆，輒詣府君請平。水陸出入，或有事鬼神，必推府君灌祝。性夷澹，世俗嗜好，一切不入其心。所至潔除一室，焚香静居，不與衆嘻嘻狎宴，客至乃啓户。儕輩無老少，見府君無敢不莊語者。每静定久，遇事物將至輒先幾而覺，人以爲異，或疑有他術。府君曰："偶數日無事然爾，一接事即無復覺矣，何術也？"教不孝輩極嚴，自知言笑即每事規誨，因小喻大，勉以立心守身之義，詞指凜凜。迨不孝輩知學，府君方跋涉川陸，或數歲一歸，每貽書督勵，購諸經傳注、疏義及《史》、《漢》諸書車寄之。或議其非要者，府君曰："兒輩資可教，吾冀其爲通儒也。"癸丑，不孝登進士，府君就禄養京邸，居常語不孝曰："吾祖宗積德百年，爲閭里傳頌。吾祖母、吾母兩世艱貞，幽明感應，乃於兒輩發之。必無負國恩，有益百姓，乃可延世澤。吾勤勞半世，雖殖産未豐，然不令爾憂俯仰也。”辛酉，不孝考三年滿，蒙貤封府君翰林院編修，謝恩闕下，時府君年五十餘，明眸黟髮，僅若三四十者，士林榮之。癸亥，思鄉西歸，治别墅州城東十里之孟盟橋，鑿池疏圃，結宇其中，雜植花卉，四時咸有新意，良辰佳日，輒招邀親舊清談雅飲。或時巾車策杖，從田父野老話桑麻，尋丘壑，翛翛然有物外趣焉。避囂養重，絶不干郡邑事。前後郡大夫高其行誼，敦請賓鄉飲，多力辭不赴。蒲爲秦晋通逵，不孝既參政府，府君深自閉匿，冠蓋往來，概不與相接，始而人或疑其簡倨，久乃諒之。敦仁篤親，本之天賦。每念雷夫人、解夫人二外氏嗣祀衰絶，祠二氏祖妣于家，又爲葺其塋宇，繚以崇墉，各以石表其墓，歲時率子姓祭掃以爲常。與弟友愛篤至，常曰："吾弟，吾母所特憐也。”相守白頭，不異童幼，已乃爲建豐屋，擇良田，厚貲給之，每視其顔色以爲欣戚。後叔氏家口滋浩，遘老疾，府君疑其憂生，復給以千金，又爲之婚其幼子之年方成童者，冀以悦其意。叔氏殁，哭之慟，治喪特厚，閭黨嘖嘖嘆之。性好施予，族黨、姻里有不能治生者授以資，婚喪不能舉者爲舉之，老無歸者、幼無依者、居無室者，爲衣之、食之、屋宇之，使之得所。平生所受人一言之惠、錙銖之施，必求酬報，且終身不忘。諸所被凌轢穽陷，雖極毒害，不校也，蓋天性如此。自受編修封後且十年，進封爲奉直大夫、左春坊左諭德兼翰林院侍讀。後再進封通議大夫、吏部左侍郎兼翰林院學士。比不孝叨三事，初以大婚禮成覃恩封光禄大夫、少保兼太子太保、禮部尚書、武英殿大學士，繼以考一品滿進封光禄大夫、柱國、少傅兼太子太傅，再以皇子生、加上兩宫徽號覃恩封少師兼太子太師、吏部尚書、中極殿大學士。凡受敕封者一、誥封者五。每貽書不孝曰："吾以布衣封極品，國恩至矣。兒所求以報稱者宜如何，須有以安我心，乃爲孝爾。"逾歲，余舅氏大司馬鑑川翁致政歸，相與徜徉山水間，神志怡暢，益孜孜好事，擇别墅中隙地搆石築山，綽有幽致。北土鮮奇石，府君方經營山址，偶舟人于黄河中得秀石來獻，因令工人入水探之，獲石甚豐，峭怪挺拔，迄成山取之不竭，此從來所未有，亦異甚矣。府君一生少病，其起拜輕便，步履迅捷，與人迥殊。每登高涉遠，衆至扶掖喘嘘，府君矯焉獨前，了無所苦。三月初，偶感微恙，尋愈矣，已復病，又愈，又復，諸子孫憂之。府君恃其素壯，夷然以爲無它虞也，已而竟不起。悲哉！悲哉！不孝既聞訃于京，五内摧裂，擗踊昏頓。蒙聖上惻然軫念，特頒手諭，遣中使唁慰。上及兩宫聖母各賜齋糧、麻布、香燭、油鈔，賻以金帛甚厚。敕賜塋域，命工部主事沈一中營葬事。頒諭祀六壇，命禮部員外郎張志致祭。寵恤隆渥，諸哀死厚終之恩悉超常典。不孝罪孤仰怙覆燾大德照臨休曜以榮親地下，晨昏曠侍之罪借以少贖焉。嗚呼！豈非千載之異倖也哉？府君生于正德丙寅四月四日，卒于萬曆癸未三月二十三日，享壽七十八歲。元配王氏，累贈一品夫人，生子七人。長即不孝四維，娶王氏，累封一品夫人；次四端，後軍都督府都事，娶李氏、楊氏、姚氏、李氏；次四教，龍虎衛指揮僉事，娶馮氏；次四事，州學生，娶王氏、李氏；次四象，國子生，聘王氏，娶范氏、景氏；次四隅，殤；次四術，殤，冥婚沈氏。繼配胡氏，無出。晚年有子二人，四岳，娶孫氏；四臣，聘景氏。女二人，一字賈賓，一字孫守陳：俱媵侍出。孫男十一：甲徵，兵部武庫司主事，娶楊氏；泰徵，禮部儀制司員外郎，娶孫氏；定徵，中書舍人，娶楊氏；久徵，娶羅氏；善徵，娶辛氏；元徵，聘楊氏；獻徵，殤；性徵，聘韓氏；吉徵，聘楊氏；光徵，麟徵。孫女十，一適兵部武選司郎中馬慥，一適庠生沈懋，一適舉人楊煊，一適傅應夏，一適庠生韓爌，一適庠生郭里，一適衛中都，一字沈怨，一未字，一字劉思道。曾孫男三：贊，翬，犨。曾孫女一。

先母王孺人行略

先母姓王氏，父爲封刑部主事素庵公，母孫孺人，于正德丙寅九月二十六日生先母。母生而端惠温仁，先外曾祖父母極鍾愛之。天性至孝，外曾祖耆而病，母爲之盥櫛飲食，朝夕時其寒温。外曾祖每語人曰："是兒仁孝，後必昌。"外曾祖者，教諭，贈中書舍人敬齋公也。于時叔外祖中書舍人止一公業儒，教余舅、今常鎮兵備副使鑑川公于家塾。先母性敏慧，耳而識之即成誦，故維兄弟始知學時，讀《千文》、《孝經》、《庸》、《語》諸書，悉先母口授于滫瀡、箴組之間，鄰母亦有以其兒來學者，至今歷歷也。年十九，歸于我家。時先曾祖母雷、祖母解俱守孀在堂，一以孝勤。曾祖母曰："婦仁親，吾老得所矣。"祖母曰："婦克内理，吾業有所承矣。"未期，中外歡然譽焉。曾祖母殁後，家君商遊四方，率歷歲一歸，遭數不偶，蒲歲又比歉，而先祖母且衰，先母憂心瘁力，不可殫狀。余兄弟又衆，悉幼弱無能任憂者，母且授以儒業。稍長，即遣就外傅，自館歸輒稽當日課，一不及程，即正色斥退，比明日課及程始色解。且自知言笑，動示以禮義、少長之序，嬉弄有非理，色止之，無已，以聲止。然撫育則極慈，暨余從兄弟與今諸孫幼，無不愛戀之，一見即投入懷中，提携身前後，時有二三，以其訓有式也。故凡有拗啼及諸童性，告以先母至即寂然。果母至，兒必自曰："我無是，我無是。"殆謂信不在言，威不在肅者爾。及先祖母違養，家君及叔父俱遠出，母慟姑守孀半世，臨殁子無側侍者，每哭必夜分，鄰人聞而泣者歷數壁焉。初，母事姑孝，久益，至歲凶家寠，脱簪珥，易奩具，凡飲食、衣襦、衾薦必極精潔。每供時新必約爲數次進，兒輩不令知也。綜理家務，中外斬斬。嘗語維曰："我自爲爾家婦，三十年未嘗終夜寢也。"維心識之，蓋勤苦極矣。自維登鄉試，家君業亦漸裕，母雖稍心泰然，子婦益衆，姻戚日益繁夥，家務益浩，其勞瘽抑又甚焉。余自壬子冬赴春試，幸獲舉，尋被恩命讀中秘書，心未嘗不日夜家也。人自蒲至即訊之，曰母康泰視昔倍。得家書，必曰母康泰視昔倍。余意母方五旬，諸弟能承顔，且通曉方餌，即二十年内猶非所憂者，詎意凶變若是亟耶！痛哉！痛哉！追憶生前言行，種種可述，即欲撰次，然每一援筆，心如焚裂，哀迷中又不能詳第其言，敬具大略如右，抵家後容詳狀行實以呈。

校勘記

〔一〕"十"，甲辰本作"千"。

〔二〕"旦"，疑當作"且"。

〔三〕"肕"，疑當作"筋"。

條麓堂集卷三十一

祭文一

祭史年伯文

惟公降靈，于洛之涘。式抱天倪，克成世美。順德宜家，仁風在里。衆仰休聞，天錫昌祉。篤生柱史，惟國之楨。珪璋特達，蘭茝芳馨。振穎中州，飛英天宇。在重能任，當機必剖。帝試厥材，尹兹東土。弦誦澆漓，桑麻斥鹵。中田馴雉，北河渡虎。帝簡厥能，柏府是揚。扣閽朱博，攬轡范滂。九重耳目，百辟紀綱。凡此嘉猷，惟公篤慶。積善延祥，貽經昭訓。于邦有光，自天錫命。朱紱方來，鸞文輝映。子奉闕庭，公居東洛。尚友松筠，結盟泉壑。籃輿時駕，春酒盈酌。勝地可遊，嘉辰是樂。多福具膺，玄髮未改。今兹何年，乃逢灾悔。靈椿曉摧，秋風不待。某等昔隨柱史，偕計登名。門墻安定，聯座執經。斷金投分，倚玉生榮。百年世講，四海交情。既敦惠好，實通休戚。公訃忽傳，我心則惄。繐幄式瞻，椒漿敬瀝。篆烟彷徨，靈駕若覿。

祭李暘池文

嗚呼！公之生也，謂無以爲耶？曷其抱秀挺奇，朗節修能。温然玉立，炳矣雲蒸。遇重能任，居有不矜。固已文階，朝趨青瑣。宵登彝章，是典綸綍。親承者矣，其有以爲也。又曷其干將初割，旭日方升，厥施未溥，厥究未弘，糾纏莫測，慶吊相仍？將世之恤，抑神所憎？嗚呼哀哉！昔歲癸丑，皇搜幽賤。夫子司衡，曰惟邦彦。肆我同方，彬彬旅薦。北海欽風，荆州識面。聯席師門，彈冠帝里。道術箴規，飲食燕喜。倚玉者葭，報瓊以李。白首爲期，青春遽爾。嗚呼哀哉！人孰無死，今古同藏。朝聞有述，是曰不忘。奚公之歿，劇我情傷？公有老父，垂白在堂。公有弱子，僂立在傍。俯仰寔依，公歸胡鄉？故國千里，雲天杳茫。旅櫬孤舟，道路悠長。天風送淒，行子沾裳。敢陳束芻，敬奠椒漿。撫棺薦誄，詞短情長。嗚呼哀哉！尚饗！

祭張南川翁文

嗚呼！惟公德邵而豐，氣厚而龐。葆和于天，繫重在邦。斯世帡幪，後生紀綱。謂且百年難老，黄耈無疆。彼蒼者天，胡不降康？民之無禄，公歸何鄉？嗚呼！河山雄鉅，公誕其傑。熙運明昌，公秉其哲。中臺風紀，三邊節鉞。在重能任，當險不折。《詩》、《書》所稱，古今爲烈。藐爾小子，學道未能。鄉有哲人，高山景行。承風載悦，覿德心傾。往捧遺編，拜公于里。既進之門，言提其耳。雲霧方披，茅塞若啓。邇事宦遊，辭公于堂。琴書清暇，几杖康强。經彼大猷，示我周行。悠悠風塵，適于京洛。門墻非遐，德音如昨。閲歲方新，徽儀不作。天喪哲人，我將安倣？跂首興悲，零淚如瀼。室邇心遥，形留神往。公位雖隆，公施未極。公壽云高，公神方赫。蒼生注望，丹扆眷德。天意難量，公歸何急。帝軫元忠，恩恤隆異。司空卜域，太常進謚。國胄世延，春綸諭祭。生死哀榮，完名全節。青簡有光，白璧無缺。短誄告虔，椒漿薦潔。恒霍雲高，蒹葭風烈。玄馭其臨，篆烟若結。尚饗！

祭陳年伯文

嗚呼！惟翁蹈德之豐，貽慶之隆。龍章鶴髮，壽福康寧。迨百年而觀化，托冥契于赤松，豈不善始令終哉？而胡訃音之北，乃使余徘徊侘傺，不知涕出之無從？念滔滔之閲世，若逝水之必東。懼修名之不立，結永誓于同心。而唯哲胤之好修兮，揚休山立，矯然南國之人龍。清言披拂，豁我顓蒙。淳襟薰炙，鄙吝全融。及時日之閒暇，搜百代之遺文。念此分陰之可惜兮，夫何十年之内舟車南北，無異乎萍浪與蓬風？寄言永嘆，勝會難并。幸前春復聚于都門兮，念昔遊若旦莫。握手論心，開樽談藝。壯懷猶昔，而已驚班鬢之侵尋。將謂自今其永好兮，冀來者庶其寡悔。胡昊天之不吊兮，顧靈椿之不待？睹嗣君之煢煢，鬱陶悲乎余心。百年道誼，四海弟兄。義既難于離合，情尤貫于戚欣。送素軔五月而遐征兮，欲解纜其猶未忍。憶玄輀萬里而將窆兮，思爲翁執紼之靡因。憂心忡忡，短誄告衷。陳詞有極，懷悼無窮。尚饗！

祭楊舜原翁文〔一〕

嗚呼！惟公神凝崧嶽，手抉天章。標均山立，氣與雲翔。十載乘驄，振紀陳綱。萬言倚馬，刻羽引商。槐庭陰德，芝社清芳。懿此流風，耿耿在鄉。司馬承休，益弘厥式。緯武經文，金聲玉色。有謀必中，無敵不克。翊宋范韓，匡唐稷契。人士觀刑，華戎仰德。懿此殊庸，巍巍在國。浚發厥祥，焕敷其華。瑶環瑜珥，桂茁蘭芽。蟾窟聯香，高步雲霞。虎賁列侍，爲王爪牙。懿此餘慶，燁燁在家。百禄方將，千齡未艾。鸞誥龍文，綸巾荷帶。坤軸違經，神理攸昧。丘陵變遷，仁賢顛沛。天寔爲之，人將何奈。某闒閧後生，久沃德言。絲蘿新好，托廕〔二〕喬門。倚玉增寵，投瓊戴恩。丹旐既揭，玄輀既轅。河山有悽，音容不存。體牲在薦，清醑在尊。長涕陳詞，敬酎蘋蘩。尚饗！

又代作

惟公萃靈廕于世德，衍閎休于昌胤。諒授哲之由天，夙昂藏而鵠奮。爰秉憲于内臺，闐闔肅而風迅。按行部以澄清，吏望風而解印。遵三巴以激揚，指條山而歸覲。曰有子以立朝，砥奔流而孤峻。德浩蕩以陽敷，諒淵迴而海運。制夷貊于鞭箠，羌中天而作鎮。蔚蘭孫之叀榮，憑桂科以再振。肆龍誥之推恩，膺崇階之纍慶。信五福之具宜，冀百齡之方進。胡地道之違經？豈天心之害順？騎箕尾以歸神，嗟遺老之不憖。某昔列署于夏曹，懼鰥官以夕兢。荷司馬之元猷，摘戎機而面命。緬肯顧以增輝〔三〕，矧標題之既甚。屬子姓于通家，聞訃傳以内怲。叨簡命于西藩，愧保釐于新政。睹几筵之載設，心於邑以如疢。敢刲牲而潔齋，踸陳觴以薦敬。篆烟裊而氛氳，靈彷彿兮在瞬。尚饗！

祭趙大洲乃翁文

惟靈蹈誼自躬，秉哲由性。玄機内朗，知常守静。弘藻外敷，琮璜輝映。德厚發祥，義方養正。乃誕國禎，丕揚家慶。焕啓人文，高驤藝圃。健翮風摶，鮮英夕秀。攘袂登壇，睥睨于後。矯焉風節，明廷敷奏。信心自許，昌言不疚。直道于今，令聞惟舊。曰惟公休，載胤厥祥。恩褒寵荷，綸綍斯皇。鼎釜承歡，几杖康强。五福攸宜，百年未央。胡厭世紛，遽歸幽宅？庶見素冠，我心則惄。碧雞萬里，蕙帷孔逖。金馬廿年，蘭芬久襲。情貫哀榮，感興今昔。短誄申虔，椒漿是瀝。尚饗！

祭蒲津景老姑丈文

嗚呼傷哉！蓋聞氣有淳漓，修短是期。降福繁殺，相德攸宜。抑理可舛，將天無知。矯矯人龍，挺此逸躅。冲〔四〕度雍穆，精金良玉。淵量汪洋，高山大谷。泰和盎然，萬彙同畜。處衆惟和，在隱不昧。當貴益恭，守約于泰。奬[五]延後學，拯拔顛沛。萬木垂陰，九族均賴。毓氣之淳，作德之豐。究詳耳目，遐邇誰同？是宜百年閱世，五福綏躬，茂延天禄，永樹人宗。胡貞松勁柏，不待秋風，地維天柱，折此高峰。使夫善人喪氣，義士激衷，風悲雨泣，天地傷心也耶？玄輀將旋，里人道惻。矧是姻聯，奕世載德。式奠酎觴，情哀氣塞。蘭杜餘芬，山河慘色。雪涕陳辭，納于素軾。尚饗！

祭陸東湖文代作

惟靈雪川望閥，石城間氣。纂華曜靈，霞蒸雲蔚。翊國昌家，文經武緯。天挺其奇，肆于初載。豹韜澤霧，鳳文呈彩。入轂斯珍，飛聲乃倍。皇鑒其休，懋于初政。未央鎖鑰，北軍號令。三錫推恩，廿年授柄。公殫厥猷，翼翼其欽。食嘗投匕，寢罔安衾。徼道周旋，爲帝腹心。公矢厥力，鉏奸刈邪。三輔不警，七萃無譁。閶闔尊嚴，爲皇爪牙。膚功既彰，隆寵是際。公孤登崇，山河錫誓。册誥光先，簪纓延世。居寵思盈，處高益下。孝友内融，謙恭外寫。允矣先民，居然大雅。求德不回，凝福方固。倚伏難量，慶吊相騖。越歲之終，忽傳公訃。九重震悼，恤賻增隆。茅土啓邦，牢醴從豐。古今際遇，恩榮始終。卿寀盡傷，群心若一。朋語于朝，入嘆于室。餘烈猶存，音容莫即。玄輀將駕，夜臺且扃。幽明永别，生死交情。公神不返，我淚如傾。桂醑既清，束芻是設。爰申誄告，祇薦芳潔。靈馭其臨，篆烟若結。尚饗！

祭賈一軒文

嗚呼哀哉！公胡歸之遽耶？玄堂巋爾，西風凄凄，公之靈其在兹耶？公有碩德，夙培仁厚。曁我外翁，縉紳耆耇。缔社香山，彬彬九友。竹杖綸巾，龐眉皓首。維叨偕計，獲侍庭牖。荷愛便蕃，贈慚瓊玖。逮余舅氏，分符出守。我祖南還，郵亭樽酒。淚雨滂沱，與公分手。曾是倏忽，星飛電走。死别生離，天長地久。嗚呼哀哉！客歲方除，余車北上。再拜登堂，及公無恙。惻念往昔，痛哭相向。載聆公音，載瞻公狀。神爽罔充，我心寔愴。寧慮昕夕，期頤是望。詎意中春，公奄屬纊也耶？嗚呼哀哉！公有令嗣，違公泰速。公有良配，先公棄禄。婉婉弱孫，衰裳匍匐。公宜少留，胡不信宿？雨泣風悲，傷心慘目。嗚呼哀哉！維生也後，辱在通家。登公之堂，音容已遐。拜公之墓，淅瀝風沙。霜露候改，生死途賒。悼今念昔，有懷如麻。敬從舅氏，祇薦芳嘉。陳辭有極，抱感無涯。嗚呼！公其聞之否耶？哀哉，尚饗！

祭孟少岩文代作

嗚呼哀哉！公真不起耶？公德正而方，氣粹而昌。端居謝囂，于彼湖陽。玄首朱〔六〕華，七帙康强。方期遐享，百年未央。乃嬰末疾，遽爾淪亡耶！某初覯公，惟歲丁酉。傾蓋都亭，論心杯酒。萍梗西東，廿年分手。余倦于游，公歸已久。歲時晤言，竹松賓友。重以婚姻，歡盟孔厚。自幸蒹葭，獲托瓊玖。兒女方髫，嘉禮未偶。公遽長歸，不恤于後耶！嗚呼哀哉！日月易流，三七忽屆。庭宇依然，音容若在。孤弱徬徨，我心增慨。泣涕申詞，明靈不昧。尚饗！

祭王海峰文

惟靈倜儻任奇，雄特多算。持籌一揮，黄金聚散。居有不奢，臨終靡亂。精爽焯然，姻黨欽嘆。日月易流，十旬浹旦。臨殯未能，懷風興惋。束芻遥陳，鬱鬯是灌。瞻拜徬徨，雲車汗漫。尚饗！

祭趙公文

嗚呼！天道不爽，德福攸兼。人事多端，慶吊相纏。于今是惻，自昔則然。篤矣惟公，勵志初服。藜羹適口，芸編寓目。中夜有覺，環堵無欲。宏施未究，小試可卜。方化弦歌，忽歸林麓。三槐植堂，一經貽塾。鳳毛燁燁，桂采揚馨。道源探契，公教是弘。賢關發迹，公志是成。外分民社，内讞邦刑。循良著迹，平反有聲。帝念臣共，克勤於位。爰降明綸，推恩所自。鶴算方康，龍章洊被。孝子歡心，德門增氣。凡我同鄉，兩河士類。覿榮溯懿，嘖嘖稱異。作爲篇章，歌咏其事。謂是純嘏，百年可冀。詎意德星，迎秋忽墜。悲風自西，傳訃長安。賀客在門，會見素冠。公願則畢，子心未殫。扶杖晨奔，清霜正寒。誼深桑梓，情均戚歡。束芻可致，執紼則難。敬陳牲醑，望奠雲端。篆烟彷彿，山川渺漫。尚饗！

祭南野馬年伯文〔七〕

惟公經學起家，行誼範俗。由躬衍慶，自天膺福。作善孳孳，惠先鰥獨。敷政優優，澤餘輦轂。息機中歲，遂志初服。承親遠田，教子啓塾。肆惟哲胤，漱潤揚馥。載筆承明，校書天禄。大官養備，褒綸恩渥。怡志庭幃，放情山谷。壽算彌高，神情朗淑。期頤可躋，觀化何速？令子扣閽，西奔匍匐。棘人欒欒，使我心蹙。欣戚情通，班行義篤。菲儀陳奠，告誄司祝。

又

嗚呼！惟公關右望閥，河山茂族。負直蹈方，毓和含淑。學不干名，仕罔徇禄。與物偕春，居常自足。人戴淳休，天降戩穀。哲胤詵詵，明時鶱鶱。多壽綿綿，歲寒松竹。鸞誥增榮，蘭堦胤馥。一世幾人，百年全福。嗚呼休哉！馮翊河中，百里而近。越境聞風，望廬起敬。迨歲癸丑，天假其幸。獲與仲子，南宫投分。修業同術，朂彝比行。葭玉分暉，蓬麻藉性。寒暑載更，公車至止。修宇冲襟，龐眉鯢齒。謙光襲人，高論溢耳。夙懷所欽，躬承厥美。有德有儀，是父是子。締誼惟篤，世好爰申。婉婉弱息，曰字懿孫。姻盟既訂，眷禮彌敦。公暨予親，頻年在里。東西若鄰，盈盈一水。子姓往來，歲時燕喜。語笑相聞，周旋孔邇。今兹春首，弱息于歸。太史孝慕，言念庭幃。天孫司勘，終事可幾。瞻雲計日，歸心如飛。覲省非遥，公不少待。哀訃東傳，陰雲晻藹。几杖永違，音容若在。孫子悲號，見聞興慨。嗚呼哀哉！公以厚德，享有遐年。子榮孫秀，閲及曾玄。人間事畢，拂袖雲旋。固亦稱奇宇内，方駕列仙者矣。第以人事多違，子心難畢。將父有懷，承歡無日。此太史之疚心，寄永慕于泉室。重惟息女，藐焉弱質。闈閤初離，茀軿遠隔。固依歸之得所，亦懷念其如失。鄉國天長，几筵風瑟。東芻申誠，清醑薦苾。控辭有窮，殷心靡述。嗚呼哀哉！尚饗！

又

嗚呼！昔歲丙寅，翁殁于里。崇祠權厝，歷今九祀。地靈既章，天寵聿邇。至孝感神，厚德萃祉。翁有醇仁，曰惟性成。醲酎醖和，東風播馨。在匱能施，居有不矜。里閈闓懌，家庭肅雍。蓋駐世逾八帙，而德之種也，則茂衍于千春。翁有餘休，源源來逮。科名蕙蓀，聲光鼎鼐。秘幄升華，儲端正寀。格心惟良，眷德斯在。華表頒恩，論綸耀采。蓋仙遊未十稔，而慶之宣也，則間值于千載。某年家猶子，肺腑末契。欽風自昔，投心以世。方翁之歿，羈宦天際。繐帳雲遥，瞻望興喟。兹翁之殯，幸獲臨窆。短誄告虔，薦芳蕉荔。霎霎玄軿，彷彿來蒞。尚饗！

又代作

惟靈明經力學，不顯其光。衍爲義誨，再世而昌。箕裘紹良，珪璋競爽。嘉彼式穀，膺兹禄養。懿惟仲子，擷秀詞林。貤恩寵錫，有煒綸音。訓飭于庭，志行于國。垂白影纓，寔天報德。春秋幾何，椿堂忽圮。知生者吊，粤惟古禮。爰酹清醑，陳是誄辭。素帷咫尺，精爽格思。尚饗！

祭胡北泉文代作

嗚呼！公遽不起耶？公以耆碩，負望海内。受知明主，致位冢宰。登明選公，伸幽振滯。群司庶尹，莫不慎評。方將允釐百工，穆宣至化，天胡奪之速耶？念自附驥登庸，既歷三紀。風期夙合，在久益親。頃歲借公縉雲，余叨同事。既投深契，兼賴壯猷。公旆南征，我心則戚。公車北上，我望斯紓。詎期握手未幾，公復舍我去耶？嗚呼哀哉！公志未終，公年未邁。恩重名高，心竭形瘁。積勞成疚，由衰生老。余心適憂之，不意奄至此極也。聞訃驚心，匍匐奔視。殯含及見，呼公不聞。四壁闃然，棺衾弗具。清忠亮節，古道有暉。生死交情，余心獨苦。恩恤既備，素旐將揚。泣涕臨風，一觴申酹。嗚呼！與公果永訣矣。哀哉，尚饗！

祭劉年伯文

嗚呼！山川匯靈，間生才俊。外則國珍，内寔家慶。原本厥祥，積善斯應。惟公夫婦，夙篤義順。鹿門媲德，冀野齊敬。宅儉有恒，與物無競。栗陸淳風，葛天真性。巨美攸都，是鍾哲胤。握瑜懷瑾，振綺揚馨。蔚兮豹變，鏘爾鸞鳴。方髫解賦，總丱明經。西山發迹，南省登名。妙探千古，高步群英。赤帷奉使，白雲讞刑。凡兹顯鑠，縉紳共榮。曰惟餘慶，是享厥成。洞洞其心，温温其度。捐彼外華，守此中素。在達忘矜，居有不露。環堵揮麈，方逵讓步。虀鹽自安，苞苴不顧。詩書自娱，窮年罔措。凡是淳懿，士人争慕。曰惟少成，義方之故。既胤斯休，宜永厥福。鳩杖優游，方怡松菊。鶴髮康强，行膺命服。所期大耋，忽焉不禄。天奪愛日，風驚静木。嗚呼悲哉！念惟令子，天成篤孝。初聞母疢，拜章請告。誠感北闕，車驅東道。庭闈肆覲，几筵興悼。萱華既零，橋齡且耄。霜露未週，再遭不造。汾曲風淒，燕山訃報。某等分麾兩河，聯情梓里。結綬京國，交歡令子。是通戚欣，靡睽遠邇。靈不少留，朋心如毁。瞻望弗及，齎咨靡已。清酒一觴，白雲千里。靈降不違，鑒兹短誄。尚饗！

祭孫文恪公文

惟公之生，有炳其神。將謂昊天，惠此下民。引繩正墨，作表人倫。蛟翔虎躍，高步斯文。貞不絶俗，和不苟親。士林歸德，蒼生繫仁。初公之出，馳聲紫宸。重瞳親拔，眷爾經綸。廿年揚歷，帝命屢申。典邦《三禮》，夙夜惟寅。公位雖隆，公施未極。將秉國鈞，爲時益稷。覆金有待，夢瓊何亟？天不可量，民罔攸即。斯世之哀，匪在一人。惟我後學，倍有傷情。始釋負擔，即仰公名。遠挹風烈，私淑典刑。繼叨詞苑，獲步公塵。逸駕莫攀，芳矱是程。重以世誼，荷教尤渥。經彼大猷，示我先覺。鳳毛振藻，嶄嶄頭角。才寔國楨，德由家學。肆我同志，親仁訂約。此日是競，他山可琢。有來必受，無言不確。厥益方求，其聚斯樂。胡歲屆秋，遘兹大苦？衰裳匍匐，南奔江滸。芝蘭不聞，茅塞且睹。悼往傷離，有淚如雨。嗚呼！公雖殁矣，德聲並重。忠父之子，孝伯之仲。瓊枝胤美，森森麟鳳。帝念豐功，推恩超衆。閥閲榮暉，胡然余痛。道義情深，存亡感切。霜露天遥，几筵風烈。椒漿既奠，蘭芬載爇。長跪陳詞，寸心若結。尚饗！

祭徐年伯文

嗟一氣之藴化，良雜沓而靡專。匪盛衰兮互倚，將禍福兮糾纏。謂台耇之必仁兮，胡哲人磊磊而弗克以永年？緬惟翁之降神，匯箕汾之靈異。幼徇齊而肯堂，挾桑蓬而遠至。泛浩波于江湘，眄昆陵而繼志。萃玫瑰于萬鎰，奕千楹之鼎植。篤孔懷之至恩，躡姜田之懿致。眷隆德之胤芳，茂庭闈之瑶珥。伯鏗鍧以金鳴，排帝閽而獻記。仲婉孌以玉立，浚天潢而締誼。冀鶴算之隆躋，沐龍章之寵被。寧几杖之未閑，指崦嵫而返轡？靈漠漠以何之，訃遥遥而南至。吁嗟悲哉！陰雲慘兮迷泉臺，西風瑟兮繐帳開。音容阻兮子心摧，淚相將兮吊者哀。某等叨同升于冢嗣，聯欣戚于通家。憶玄輀于江表，寄涕泗于長霞。清醑載陳，有牲孔嘉。篆烟濃合，髣髴雲車。嗚呼哀哉！尚饗！

祭北渠姒公文

惟公淳龐賦質，樂易成性。科第起家，循良從政。居衆能謙，與物無競。里閈歸仁，林泉稱盛。玄首童顔，百年未竟。胡歲之春，遽聞治命？某等叨隨杖屨〔八〕，竊仰德華。入室惟蘭，倚玉者葭。卉木變蕃，音容已遐。憮時憶德，有懷如麻。束帛陳虔，椒漿薦嘉。篆烟蓊蔚，彷佛靈車。尚饗！

祭湖莊任公文

惟翁上古遺民，當今大耋。完璞靡雕，貞素未涅。葆是天倪，篤生人傑。起家科第，報國忠節。銛金擬斷，瑩冰比潔。駿績告成，鸞章寵揭。迢迢關塞，表表風烈。庭訓載揚，親心孔悦。既壽且康，曾玄正閲。百年未央，五福是擷。胡厭人間，遽聞永訣？藩伯于奔，匍匐衰絰。爰啓東阡，生氣惟結。既蠲穀旦，將駕玄轍。合志交深，通家義切。短誄申誠，束芻是設。臨風薦觴，九京可徹。尚饗！

祭敬軒夫子文

嗚呼！惟公契道以心，體道以身。斥遠異説，不作空言。正學一脉，昭代一人。朝著表儀，學者準繩。頑夫薰德，穉子聞名。皇運聿昌，僉論載明。特表真儒，從祀孔庭。一時曠典，萬世公心。某州里小子，百年後生。仰止每懷，寡過未能。讀書有録，示我規箴。遵彼汾曲，修謁祠宫。琴舄瞻德，黍稷薦馨。流風穆若，山高水清。尚饗！

祭槐室王翁文

嗚呼！客歲之冬，余車北上。翁時卧疾，憑牖相向。叙舊留連，念别惻愴。神爽猶昔，謂翁無恙。胡厭塵寰，遽遊漭曠？嗚呼！人世首福，曰惟壽耳。既豫且康，所貴有子。翁登耋壽，黄髮鯢齒。書香胤秀，科名濟美。鸞文寵褒，荷衣易紫。几杖優游，歲時燕喜。生人所願，亦既備止。某初有識，翁方壯年。偉標玉立，雄辯涌泉。比某從宦，廿載游燕。頃嘗予告，獲返郊廛。陵谷變改，故舊鮮全。惟公在矣，靈光巋焉。揖讓有容，坐談亹亹。感念今昔，我心如毁。睽隔無幾，言猶在耳。死别生離，千秋萬祀。惟翁仲氏，天官之彦。會見素冠，群情興惋。故園姻友，天涯繾綣。絮酒束芻，臨風肆奠。神無不之，几筵如見。尚饗！

祭南澗公文代作

惟公降靈河嶽，受精列宿。勛茂疆埸，名存宇宙。碩誼宏猷，罄竹以書，其猶未究也。憶昔秉節荆南，旬宣是覃。威將風肅，惠與春涵。草榮衡霍，魚躍湘潭。愛遺豐碑，廿載街談。此則一時偉績，炯炯素諳者也。迨公釋鉞居廬，懸車故墅。風月琴書，歲時父老。地維失經，人妖載誘。叩是底囊，靖兹亂首。此則百年晚節，嘖嘖人口者也。風雨凄其，歲華云暮。哲人何歸，駕彼玄輅。朝喪耆勛，鄉亡元矱。遠近有識，涕泣相遇。某楚南後學，久庇公芳。河東新命，叨守公鄉。感今念昔，懷德悼亡。載陳牲粲，清酤在觴。披衷申誄，辭短情長。尚饗！

祭外祖文代作

惟公德凝金玉，氣邁風雲。周旋矩矱，談吐丘墳。令德聿彰，介福是荷。爰有賢嗣，蜚英青瑣。鶴髮徜徉，龍章寵被。蘭砌舒芬，百禄懋備。杖屨康强，優游泉壑。奄爾乘箕，遊神廣漠。某叨佐郡，欣睹德星。惠言式我，炳若丹青。庭宇靡更，音容長逝。風日含凄，河山泣涕。殽牲既具，清醑孔時。玄臺有覺，赫赫臨兹。尚饗！

祭翁東涯文代作

嗚呼！公真不起耶？公在朝廷，祥雲景星。廟廊柱石，縉紳典刑。公在邊輔，赫如彪虎。天子長城，蒸黎父母。故鼎彝銘其勛烈，日月對其精誠；海内想其丰采，羌夷問其姓名。若其行止也，則斯民視之以爲忻戚；而其存殁也，寔天下由之以爲重輕。中外方喁喁然日夕冀公之出，而詎知公無復意于蒼生？驂駕列星，回翔九京。神龍遁迹，寶劍還精。九重震悼，朝野沾纓。某等聯袂登庸，叨隨驥足。三十年來，榮分倚玉。諒杞國之内懷，冀方舟之共勗。天意胡爲？公歸胡促？梁壞山頽，我心惟谷。帝念元忠，賵恤孔隆。司空卜兆，太史銘功。於惟公之休烈，殆善始而令終。第念鈞天之失倚兮，固使人抱恨於無窮。憶昔傷今，緘辭告誄。爲天下而興悲，併私衷之無已。英爽靡忒，髣髴歆止。

祭郭丹泉文

維太行之崒嵂兮，匯靈異于中州。鍾德門以衍慶兮，寔蓊蔚而好仇。肆哲人之挺生兮，搴杜若于芳洲。嗣書香而振袂兮，翔六翮于龍樓。偉棠棣之芳華兮，紛鋈鏌與琳璆。翊槐卿於粉署兮，宣三輔之宏猷。肅金憲于梁豫兮，敷政化之優游。惟中外與崇庳兮，信歷途之異致。秉忠淵而清穆兮，固守道之不二。望方茂于岩廊兮，倏龍蛇而兆異。乘箕尾而上征兮，豈玉樓之是記？悼鄉土之失賢兮，心於邑而增傷。謂天道之有知兮，胡哲人之不長？敢刲牲而虔薦兮，陳桂酒與椒漿。馳寸衷于千里兮，固辭短而情長。

祭郭公文

惟公毓瑞燕山，揚芬畿甸。妙悟冰融，横秋鶚薦。墨綬承流，黄堂佑善。寵渥汪洋，聲華赫炫。投紱清時，丘園是戀。一經教子，藝林再擅。桂籍紹芳，曲江分宴。持節秉軺，承綸三殿。恩褒匪遥，鸞章且絢。詎意兹辰，龍蛇告變。家失嚴君，邦亡哲彦。某等叨隨令子，聯名登選。安定門墻，分投繾綣。義共彈冠，感深拭面。丹旐既揚，刲牲告薦。陟降有靈，鑒兹芳奠。

祭張蒲川乃兄文

嗚呼！公世吾蒲也，去鄉蓋二千餘里而家于是，某輩與公弟蒲川君又咸有籍于朝而宦于是。輦轂奥區，五方鱗萃，而唯同鄉井者其情獨洽焉，凡有吉凶欣戚同之。唯公孝友勤慎，以怡親而理家，俾蒲川君得以悉心王事，安享天倫之樂者，余輩所同欣也。今也百年未半，溘然觀化，親壽且高，家政且殷，而貽蒲川君以孤立之苦，情何堪耶？玄輀既乘，幽明永隔。束芻陳薦，用寫所同戚焉。伏惟尚饗！

祭張永石公文

嗚呼！惟公胡歸之遽？世方嚮公，公未宜去。鋒車告旋，玄軿忽馭。當宁興惻，群生失豫。嗚呼悲哉！公有宏度，汪汪不測。公有冲襟，熙熙可即。不忮不求，靡疆靡域。洪鈞播春，物態生色。粤自蚤歲，奮迹賢科。踐揚中外，跋履山河。險艱備歷，勞勩居多。休聞正赫，玄髮未皤。昔歲方春，公車南騖。簡命是膺，用督邦賦。樽酒都門，踟躕四顧。故國交情，天涯別趣。迨歲之秋，帝召公歸。予工載若，四民時依。人心允洽，我願不違。紓思日月，企注德暉。行道遲遲，歲聿云暮。未見君子，憂心回互。悠悠蒼天，善人弗祚。有來自南，忽聞公訃。嗚呼哀哉！修短有數，視氣澆淳。公神不二，既頎且豐。禍福有應，視履降祥。公德不回，終焉允臧。豈不耆耋，靳此中壽？豈不鈞軸，尼兹中路？我儀圖之，莫知其故。事有偶然，時有適遇。帝念忠勤，褒恤孔異。司空營域，王人諭祭。正治登階，常伯晋位。生死恩隆，哀榮禮備。鸞文既錫，馬鬣且封。挂劍在念，執紼靡從。瓣香絮酒，遠道深衷。陳辭有極，寫恨無窮。尚饗！

祭坡翁文

嗚呼！翁遽不起耶？翁降神自天，惇龐未艾。輸庸在國，民望方切。海内喁喁然待命于翁，詎意翁乃無意于斯世耶！嗚呼痛哉！客歲翁請告西旋，親姻咸訝。錦車入里，獲親光儀。神志充揚，音談洪暢。衆方歡然相慰，祝慶百年，而豈謂靳兹週歲耶！頃者秋半，候翁于堂。道舊話衷，坐語移晷。神情風度，不異平日。曾未逾旬，而翁棄人間事矣。悲哉！悲哉！時序易邁，五七奄臨。咳唾如聞，德容日遠。九京莫作，百感攢心。謹用牲齊，薦忱椒醑。惟翁英爽在天，亦綣念故舊，爲一鑒几筵也耶！嗚呼哀哉！尚饗！

祭韓老先生文代作

惟靈抱朴河干，葛天寄傲。訓著青編，恩承鸞誥。蘭桂春榮，松筠晚操。五福駢臻，昊天垂報。冀黄耇以無疆，忽緇輴以遄導。諒觀化之有終，返珍璞於玄造。某叨佐名邦，景思芳躅。藐遺迹之莫攀，陳生芻之一束。桂酒兮椒漿，告我虔兮薦此芳薌。風習習兮雲凉，水泠泠兮山蒼。靈兮降兮儼中堂，篆烟霏兮心彷徨。尚饗！

祭乾庵馬公文

嗚呼！公胡遽至是耶？公有宏雅之猷，而未竟其用。公有惇仁之度，而未究其施。帝心之倚注方切，百辟之儀刑是資，而詎知公無復意於斯時耶？嗚呼悲哉！公得天之茂，神英氣厚。完粹淳龐，終鮮疾疢。曾是迎秋，微疴是遘。方計日而徯平，謂松筠之必壽。乃玄冥之戒寒，忽山頹而梁覆。嗚呼哀哉！某本孱暗，夙公是欽。亦既傾蓋，謬許同心。綣語默之相契，忘形骸以至今。中聯姻婭，世好攸尋。豈兒女之是托，惟兄弟之誼深。羌人事之多端，屬熙陽而集霰。在月之朔，息女既違侍于㶌灑。甫及越旬，公復坐兩楹而夢奠。日月幾何，憂欣驟變。兼公感與私傷，腸一日而九轉。儼繐幄之高張，憶德音而不見。嗚呼痛哉！薄陳牲醴，哀薦几筵。交情生死，有懷萬千。陳詞不罄，隕涕如泉。嗚呼哀哉！尚饗！

祭高曾以上諸宗祖文

嗚呼！惟我宗祖，世有潛德。積累百年，逮于末裔。是階科第，薦陟崇華。揆本遡源，寧忘所自。蒙恩賜告，獲奉丘隴。寒暄變節，雨露既濡。是用刲牲，恭修祀事。伏惟尊靈，昭垂鑒佑。啓此顓陋，不隕厥聞。上答國恩，下延家慶。以闔塋諸從宗祖伯叔考妣配。尚饗！

祭母文

嗚呼痛哉！今日吾母之壽辰也。兒自壬子稱觴，旋即北上。祇奉慈教，獲第春官。羈宦藝垣，未能歸覲。每當是日，西望神飛。自謂母壽未涯，舞班有日。晝思夜念，夢繞萱堂。豈意大變卒臨，至於此極耶！痛哉！痛哉！音容長往，兹已二年。時屆兹辰，悽愴如昨。几筵徒設，咳唾不聞。叩天無門，拊心何及。謹同弟輩哀薦牲齊。此日傷心，終古抱慟。嗚呼悲哉！尚饗！

禫除祭母文

嗚呼！歲序遄遷，奄及禫除。回憶始變，如更朝暮。時物當新，音容永隔。嗚呼悲哉！丙辰聞訃，三日成服。縗絰初嬰，疚焉心割。今當易吉，悲感復新。嗚呼傷哉！生死修短，生人大較。世代相易，萬古一揆。念惟吾母，劬勤立家，不享厥逸；仁孝種德，不食厥報。使兒輩不盡之心、無已之恨何所極耶！人之生世，百年爲永。使死而有知，尚當事母於地下。如輪迴之説不誣，異世願爲母子。如其隨化徂滅，徒有悠悠之恨寄在終天耳。

嗚呼痛哉！敬用牲帛醴齊，哀薦禫事。伏惟尚饗！

捧誥祭祖考妣文

惟歲癸酉，今天子登極覃恩，以長孫某有列在朝，追贈顯祖考守正府君爲通議大夫、吏部左侍郎兼翰林院學士，前祖妣王氏、顯祖妣解氏俱爲淑人。兹者祗奉制書，告薦塋壠。風木蕭森，音容不待。絲綸焜焕，下賁重泉。感愴榮光，不勝攀慕。神主既易，伏惟尊靈是依，永綏孝享。

捧誥祭顯〔九〕妣文

惟往歲癸酉，屬今天子登極覃恩，加贈顯妣爲淑人。鸞書褒進，視昔有加。松檟生輝，姻戚欣艷。念惟我母，往值家艱。奉姑孝誠，持家勤儉。子育既衆，筋力瘁殫。訓戒丁寧，親授章句。維祗奉慈訓，竊禄于朝。仰藉慶澤，薦躋通顯。曾不得奉一日之養，抱恨終身。天道不僭，貤命三膺。追憶音容，日荒月遠。哀榮在念，痛悼無極。謹用牲醴蔬果告薦塋域，神主既易，仰惟尊靈是憑是依，永綏孝享。謹告。

胡母百日祭文

嗚呼！時月遄易，涉秋及冬。計母之殁已及百日，念父違養四序且週。冰霜戒寒，音容日遠。感今憶昔，哀慕何禁。牲醑載陳，陟降若睹。嗚呼慟哉！

啓攢祭父文〔一〇〕

嗚呼慟哉！吾父棄養，奄忽逾年。陟降户庭，朝夕如見。兹者奉天營兆，安厝有期。爰卜吉辰，殯堂預啓。伏惟尊靈依憑孫子〔一一〕，不震不驚。升輀非遥，瞻憶永隔。傷今念昔，百千增感。嗚呼慟哉！尚饗！

又

嗚呼慟哉！方昨歲春杪，吾父之棄我諸孤也，兒維遠在京都，隔閡二千餘里。兒端病卧床簀，懵無知覺。于時惟兒教等及孫輩侍棺殮耳。及維奔歸，端病可，則殯宫久已固甃。今且匝期，始獲叩棺，乃教復不待矣。悲哉！慟哉！几筵在庭，冠裳在座。晨昏瞻拜，尚如定省。兹者墻柳既飾，引紼有期。雖泉壤承恩，榮哀備典，乃杖屨益遠，音容永隔。中心彷徨，惄如新别。悲哉！慟哉！殯堂初啓，深懼震驚。薄具牲齊，祇申奠告。仰希尊靈依憑孫子，安饗苾芬。尚饗！

祖塋告文

歲在丁巳，肇建祖塋，孫母王氏隨葬在斯。兹奉明恩敕葬孫父，窆封在邇，母柩當遷。謹具牲醪，代陳辭告。卜塋伊邇，松柏相望。我祖有靈，所覬歆鑒。尚饗！

將葬祭父母文

吉壤既修，輴車既飭。諏兹良月，奉柩即安。緬念顯妣，昔葬祖塋。迨迄〔一二〕于今，三十年所。兹將合祔，共沐皇恩。期日届臨，几筵且撤。音徽益邈，幽明永隔。俯仰庭周，傷心如割。敬陳牲醴，祇申薦告。哀哀父母，鑒此悃誠。嗚呼慟哉！

葬畢祭文

父母來兹，亦既三日。爰從吉卜，奉柩就封。穆穆玄堂，敕所營構。群神是衛，百祉攸綏。父母歸焉，迪知安吉。神主既設，尊靈具依。敢用牲羞，祇申薦告。崇丘可望，衣冠永藏。斯是慟傷，潸焉曷已。尚饗！

卒哭祭文

宅兆既封，靈龕來復。彷徨夙夜，徙倚庭幃。哀慕不寧，瞻戀弗及。載值剛辰，衹告成事。禮制有限，子心靡極。籩豆惟馨，父母孔邇。安此故宇，孫子具依。

小祥祭文

嗚呼！歲序流易，何其迅耶！去歲明發，吾父違養。寢興哀慕，猶如旦夕。詎知寒暑周迴，已及小祥耶！塋兆既封，神主在座。晨昏灌獻，瞻戀弗及。時物不殊，中庭寂闃。出入惻愴，舉目傷心。謹備牲齊，先期薦告。奉誥贈一品夫人顯妣王氏、顯妣孺人胡氏配。

祭父文

嗚呼！痛念來日，吾父之壽辰也。兒維違遠膝下，倏經十春。每遇兹日，不獲同孫子稱觴，親賓歡宴。馳儀獻壽，增戀白雲。自惟几杖康强，松筠正茂。百年可待，祝願方遥。豈期吾父奄棄諸孤若是遽耶！去歲兹辰，父歿十日。兒維在都，尚未聞訃。凌晨南拜，惄焉内傷。不及三朝，凶聞奄至。風悲日慘，天地無色。尚忍言耶！今又期年，新封恩兆。音容益邈，庭宇寂然。觸目驚心，人事頓改。遇兹慶旦，翻助悲傷。謹用牲齊，仰申薦告。日月易邁，哀慕無極。嗚呼慟哉！

校勘記

〔一〕“文”後，底本卷首原目録有一“二”字。

〔二〕“托㢠”，清稿本作“㢠托”。

〔三〕“輝”，清稿本作“煇”。

〔四〕“冲”，清稿本作“中”。

〔五〕“奬”，清稿本作“將大”。

〔六〕“朱”，疑當作“未”。

〔七〕“文”後，底本卷首原目録有一“四”字。

〔八〕“屨”，甲辰本作“履”。

〔九〕“顯”，底本卷首原目録作“先”。

〔一〇〕“文”後，底本卷首原目録有一“二”字。

〔一一〕“孫子”，清稿本作“子孫”。

〔一二〕“迄”，清稿本作“及”。

條麓堂集卷三十二

祭文二

祭白仰庵乃堂文

惟靈温惠自成，篤生令子。華腴衍慶，惟德之似。曰惟白氏，延陵巨室。康敏啓祥，中丞嗣出。符卿振穎，奕世陰騭。閥閲焜煌，故家鮮匹。于今纘休，厥惟邦彦。居有能謙，樂善不倦。《詩》、《書》漱潤，黄甲登薦。箕裘紹美，儀章簡練。玉瑩無瑕，錦文有絢。白氏之昌，王國之厚。爰揆所自，誕惟賢母。合浦韞珠，藍田育玖。蘭茝襲芳，荻筆善誘。既胤宏休，亦食豐報。鼎養方新，鸞章寵耀。百歲爲期，多福永蹈。玄首未華，蒼昊不吊。芳萱告秋，寶婺失曜。氣慘北堂，惻傳行道。矧我同方，義均休戚。繐幄忽陳，中心如惄。南瞻江渚，雲天遼逖。追悼淑哲，音容闃寂。凌風薦誄，椒漿是瀝。靈座依然，雲軿胡適？尚饗！

祭嚴母文代作〔一〕

嗚呼！熙運在邦，篤生碩輔。風虎雲龍，明徵自古。昌慶在家，相惟淑哲。德媲福併，圖史垂烈。孰宰其端，莫測其然。間值者氣，陰騭者天。展矣夫人，握貞含粹。神定厥祥，元臣作配。唯是元臣，天牖其聰。昭融顯契，沕穆幽通。斟量玄化，鼓鑄群工。三光順軌，萬國來同。興殷伊傅，佐舜夔龍。化昭中日，世囿春風。越惟夫人，克相其隆。衿褵告慎，榛栗修共。琴瑟静好，環珮從容。勤惟夙夜，井臼必躬。儉以終始，綺縠裁豐。明章内則，有煒管彤。惟是元臣，天降之吉。求福不回，基命孔密。甘盤純祐，畢公亮弼。岡陵並算，松筠比質。黄扉四紀，丹扆一日。三錫滋蕃，百禄駢集。越惟夫人，戬穀是匹。峻節高標，壼儀特立。褘翟其華，魚軒有熠。班衣娱情，蘭孫遶膝。金紫滿堂，笑言盈室。閲世滋長，生人願畢。乃駕青禽，乃驂玄鶴。高謝人間，遠遊碧落。帝念柔嘉，涣頒寵渥。將作供殯，奉常奠爵。王人護輿，司空營廓。高朗令終，古今孰若？某叢蔓小材，卑棲弱羽。哲匠罔捐，至和並煦。大造難名，精心自語。叨厠華階，符節之府。獲從長公，朝夕步武。仰慶隆禧，歲時屢睹。春滿天街，日遲萱圃。曾是倏忽，靈筵在户。悼往懷仁，有淚如雨。敬致束芻，載酹清酤。短誄申虔，玄軿肯顧。尚饗！

又代作

於惟夫人，黄輿間氣，彤管遺烈。握秀珪璋，襲芳閥閲。天定厥祥，于歸師保。德媲柔嘉，福偕壽考。室家之好，人道大端。婦順未章，交愛則難。於惟夫人，壼儀是安。承先薦藻，約己紉蘭。焚膏夜織，舉案晨餐。静好琴瑟，和鳴鳳鸞。四德具備，百年永歡。人之大禄，曰貴而壽。得一爲奇，疇臻兼茂。於惟夫人，獨禀其厚。翟茀魚軒，紆玉拖繡。春滿萱堦，光分婺宿。一品殊榮，八齡景佑。洪慶純釐，造物有藩。既備于身，或靳于昆。於惟夫人，澤衍益蕃。亦既令子，有奕其孫。浚派仙源，聯籍帝閽。晨昏定省，歲時笑言。潘輿游衍，萊綵翩翻。眼中三世，海内一門。箕疇五福，歸于考終。克綏惟始，斯世所同。於惟夫人，高朗有融。含飴康樂，鳩杖從容。人間事畢，回旆閬風。百司趍唁，五位興恫。恩綸諭祀，乃命秩宗。豐山開域，爰詔司空。褒恤孔碩，賻賵增隆。生也戩穀，殁也哀榮。几筵隱迹，圖史垂名。某等桑梓後人，絲蘿末契。叨從太師，恭承嘉惠。嗣好司空，締誼以世。既挹休則，夙欽淑嫕。沐寵知榮，懷仁罔替。不謂仙軿，眷此雲逝。淒兮愴心，潸焉出涕。故國天涯，靈轝河澨。白露沾濡，丹旌摇曳。敬握束芻，於粲丹荔。攀軾誄言，臨風祖祭。傷如之何，魂兮來蒞。尚饗！

祭茹母文代作

惟靈貞淑毓性，肇自坤維。婉嫕成訓，式閑姆儀。婦順既章，母則攸茂。圖史丹青，閨閫領袖。念惟夫子，矯矯人傑。挺生南紀，壯遊北闕。百里分符，四知勵節。曰惟孺人，克相其烈。井臼親操，冰蘗競潔。偕老是期，訣于中道。皦日盟心，《柏舟》失〔二〕操。抱哺其孤，遺經作教。賢嗣振穎，天路横翔。金坡踐美，蘭署分香。冲標和物，蕙茝芬芳。逸韵離塵，玉佩鏘洋。考帝之室，惟材之良。曰惟孺人，克衍其祥。逐子東征，介福北堂。列鼎葳蕤，舞彩焜煌。引年彌劭，愛日方長。不謂迎秋，西風送悼。寶婺戢輝，萱華殞燿。立孤成名，委和歸報。古有令模，于今是蹈。某等叨同令子，宦遊燕市。投分金蘭，聯情桑梓。道術琢磨，飲食燕喜。獲聆淑聞，中心是企。欣瞻景禄，方升未已。曾是倏忽，音容不起。莫睹翟褘，傷心素几。故園天遥，牂江萬里。靈輀風淒，征途方始。挹潔行潦，采芳沼沚。薦忱蔬奠，告哀短誄。陟降可即，篆烟孔邇。尚饗！

祭王母文

惟靈緯秀婺精，含章坤厚。茂閥承暉，名德作耦。虔薦栗榛，勤施井臼。式樹母則，克昌夫後。一膜隔恩，物情固有。冬絮晨霜，其來已久。悼矣淑靈，獨超其右。哺饑燠寒，提携捧負。鳩儀均施，熊丸善誘。婦有慈姑，子獲令母。雙鳳翩翩，高翔帝牖。伯氏宣勞，竹符是剖。叔氏贊慮，楓墀司糾。玉府珪璋，清廟俎豆。帝謂叔氏，代予西狩。風清汾曲，氣凌霍阜。屏竄豺狼，糞除稂莠。吏奉典刑，民歌畎畝。繡裳東歸，將母恐後。瞻彼白雲，爲此春酒。慶也幾時，哀來與偶。子心未央，天閽難叩。凡我晋士，沐德孔茂。感均桑梓，莫酬瓊玖。會見素冠，憂心若咎。效敬束芻，薦誠用缶。春日淒淒，驚飈着柳。醫閭迢迢，高天引首。靈爽如存，鑒兹清卣。尚饗！

祭裴母文代作

惟靈淑慎相閫，婦順是弘。慈明演訓，母則攸崇。長發休祥，炳輝元胤。南省翔鸞，中臺展駿。秉憲貞文，分藩督儲。旬宣江漢，丕變青徐。鼎養殷隆，綸褒赫郁。坤軫忽驚，婺辰殞煜。某投誼哲嗣，援好喬門。哀榮骨肉，異姓同恩。玄輀既乘，刲牲式薦。短誄告哀，涕淚如霰。尚饗！

代家君祭五外祖母文

嗚呼！情有至戚，數有適然。辭不及陳，涌涕如泉。謂天禍福，淫刑德賞。昔意其然，今見其爽。念惟季母，種德孔阜。孝敬慈仁，休譽終茂。惟父專符，惟舅表鬢。惟君典誥，惟胤元名。河山閥閱，奕蒨家聲。然而幼秉敏慧，壯持門户。居艱立孤，勞心焦腑。名享其榮，身嘗其辛。憂勤既往，泰豫方增。二難承芳，金輝玉映。天逵横騫，家殖滋盛。昆弟孝友，娣姒惠和。藹藹庭闈，百順是荷。昊天大憮，降是荼苦。雷走山轟，莫知控語。某屬諸婿，夙挹德音。暨我淑配，承寵良深。曾是閨哲，同德均患。憶昔傷今，中心如劙。靈轝將駕，悲不忍看。陳牲告酹，雨淚汍瀾。嗚呼哀哉！尚饗！

同年祭五外祖母文

於惟伯母，秉惠結縭，服貞采蘩。仁承菽水，澤衍璵璠。式是井臼，是曰元婦。《柏舟》矢志，霜雪凌堅。荻管示程，義方載傳。往哲與偶，是曰元母。相是昆季，授業孔嘉。俾司家紀，俾焕國華。漱潤敷腴，席珍握瑜。思軼騷雅，道究墳謨。規行繩迪，蔚爾元儒。獨鶚横秋，六翮迴殊。蹌蹌衿佩，競避前驅。科第名高，文章價重。曲江虚席，洊看翥鳳。綸封伊邇，鼎食且供。五福具宜，百年是頌。婺耀方輝，凄飈忽動。地厚天高，降兹荼痛。某等叨隨令子，鄉書旅薦。倚玉借寵，登龍副願。高堂令儀，景風興羡。通家世好，欣戚繾綣。鶴馭胡歸？生芻在奠。芬苾既陳，音容如見。横涕申辭，河山瞑眩。尚饗！

祭楊母文

嗚呼！仁賢間生，有關天造。邦家攸楨，群生惟幬。巨美所鍾，深仁是報。厚本敷英，豐膏吐燿。赫矣夫人，允哉斯道。爰溯厥懿，夙成令問。榛栗告虔，蘋蘩薦敬。思齊母則，明章婦順。猗與休哉，惟德之盛。浚發厥祥，琬琰珪璋。庭闈集瑞，門楣承光。越有元孫，矯首雲驤。春宫寵渥，夏府紀綱。六軍易聽，百辟推芳。曾孫玉立，文武焜煌。猗歟休哉，惟慶之長。君子偕老，子婦承歡。黄髮兒齒，鶯誥魚軿。孌孌嬰稚，内外曾玄。牽衣嬉笑，歲時膝前。九畹蘭滋，百歲萱妍。猗與休哉，惟福之全。天禄具膺，人間事畢。驂駕青鸞，遨遊西極。返璞于天，餘澤于後。百男競美，千年未究。是曰國禧，寧惟家祐。某瓊琚仰德，久挹淑良。蘿絲締好，叨附姻行。韶儀不作，德音可忘？玄宫既啓，丹旐載揚。攀帷念切，執紼情傷。風霜栗烈，雲天渺茫。有牲在筵，有醑在觴。跽奠陳辭，篆烟彷徨。尚饗！

祭梁祖母文

嗚呼！福有特隆，情有獨鍾。究否通之極致，哀人世之難同。若夫人者，毓黄輿之淳淑，纂彤管之休風。相中饋于蘋藻，衍餘慶于蘭叢。閲孫枝之擢穎，屬耳目之方聰。葆一貞而無息，享五福而咸豐。人間事畢，反駕閬風。可謂百年多祉，懿始令終。胡訃音之北達，乃使余侘傺而傷衷？夫人有孫曰乾吉，寔與余輩旅進于南宫。肆肄業于東觀，覬砥礪于顓蒙。惟意氣之懸孚，固欣戚以相通。强與維既不獲將母兮，功又悲椿庭之夙空。歆乾吉之重慶，信申錫之獨崇。附子姓以稱觴，獻遐壽于華嵩。曾日月之幾何，聞若堂之有封。諒修短以同化，奚吊慶之相重？惟風木之遺悲，纏天地而無窮。望恒嶽兮青松，泝易水兮丹楓。羌咫尺兮玄宫，願執紼兮靡從。陳束芻兮我心恫，涕滂湲兮霜露濃。尚饗！

祭劉紫岩夫人文〔三〕

嗚呼！熙運之昌，寔生俊良。蛟翔虎躍，蔚爲國章。鉅慶所鍾，相惟淑哲。天作之合，式成家烈。邈矣文安，降神惟嶽。希世璆琳，明時鸑鷟。牛渚問津，鵜膏瑩鍔。武庫不窮，大雅斯作。於惟夫人，媲德孔焯。鳴鳳叶占，采蘋示恪。問寢候雞，承顔感鵲。當美不居，處豐能約。冀野有則，鴻光是若。文安振藻，厲于天逵。鳴臚玉陛，載筆彤墀。白虎校讐，丹鳳論思。樞機參贊，豐鎬保釐。都矣夫人，景禄與綏。綵誥霞焕，珠珥星垂。大官供膳，寵渥盤匜。上方賜錦，恩光綃絲。百年偕老，五福攸宜。婦德既閑，母儀益茂。纂組訓恭，《詩》、《書》啓秀。恩浹臧獲，氣融先後。越有鳳毛，穎拔文囿。寵命惟新，冠裳纘舊。桂馥芳春，萱榮長晝。南山未量，西風胡驟？白首同歸，豐碑雙鏤。司空授域，王人致酎。存歿恩輝，于今鮮又。某等仰止文安，高山莫企。締好春卿，流風可擬。澤浥河汾，情深桑梓。沃繹徽音，忻瞻昌祉。霜露既新，音容不起。眺望鄉雲，凄凉靈几。束芻可致，桂漿載酹。鶴馭匪遐，鑒兹短誄。尚饗！

又

淑哲降坤，婉嫕〔四〕載性。秉德一貞，集禧百順。爰自初笄，夙成令問。清芬蘭敷。温儀玉映。嘉耦自天，哲人是儐。敬共舅姑，以相夫子。中饋滫瀡，先晨簪珥。昧旦警雞，春泉薦鯉。姻協周親，風穆娣姒。乃眷哲人，克成厥美。逸駕絶塵，大圭罔斵。揚藻王庭，沃心帝幄。文昌載陟，嘉績孔卓。錦誥推恩，翟茀承渥。壽齊几杖，慶衍鸑鷟。五福具膺，百年偕老。王人諭祭，司空授兆。松檟留暉，泉臺閟曉。繐帳天遥，太行雲杳。式陳生芻，寄虔澗藻。尚饗！

祭劉夫人文代作

惟靈系胤昌閥，媲德代英。夙閑姆訓，永樹壼程。孝穆上孚，惠慈下流。姻黨外睦，衿褵内修。夫子志學，我相其勤。井臼先晨，燈火宵分。夫子清修，我相其儉。饔醴裁豐，綺紈黜艷。蔚蔚人龍，亶無内顧。霞焕雲蒸，馳光天路。玉署聲華，縉雲勛烈。帝省閎休，爰旌淑哲。紘瑱陸離，翟茀晻藹。既命益恭，居有不泰。夫人蹈儀，衆婦禀則。大家作誡，女史承式。蘋藻餘風，河山右族。敢謂絲蘿，附于喬木。乃予季弟，締好德門。春卿之子，夫人之孫。惟此春卿，載衍厥祥。擢秀桂林，毓寶昆崗。惠而好我，延誼于世。松筠有盟，金石相勵。禄養方新，憂來已遽。青女司晨，纖阿返御。子心傷悲，帝閽載叩。鸞轄同封，龍文賜酎。餘恩既渥，徽容莫起。日月幾何，雲山千里。有懷芹獻，敬奠椒漿。雲軿倏忽，篆烟彷徨。尚饗！

祭郝母文

惟靈毓氣之冲，迪德之共。衍慶之遠，獲福之豐。黄輿淑造，彤管貞風。固已中饋允宜，里閈稱隆；令聞有煒，哲範無窮者矣。賢嗣俁俁，休有譽處。荻筆承訓，桂宫高舉。鸞鵠風標，珪璋襟宇。價重驊騮，聲馳簪組。乃相東曹，銓衡之府。翼翼在公，克承其矩。孜孜將事，克理其緒。丕績則多，元卿是許。都矣孺人，眉壽斯睹。載彼板輿，享兹鼎釜。白首滋康，班衣屢舞。是謂生人至樂，昊天篤祜。既適既愉，將百年可數也。胡萱室方春，一夕風雨。奄駕青禽，西遊玄圃。《蓼莪》感恸，陟屺思怙。慈容不作，子心惟苦。某等百年桑梓，里居相連。同朝蘭桂，式序官聯。哀榮異感，休戚相牽。素帷咫尺，雲日凄然。丹旐千里，山川渺漫。敬挹藴藻，祖薦几筵。洋洋靈馭，霏霏罏烟。陟降可即，短誄告虔。尚饗！

祭閔母文

嗚呼！國有仁賢，降命自天。慶源所匯，有開必先。深山豐澤，神物生焉。穆矣夫人，令問夙宣。昧旦警雞，琴瑟静娟。乃佑哲人，雲路横騫。葆和衍祥，篤生人傑。荻筆傳經，熊丸訓節。道岸先登，賢關高揭。中外紀綱，古今風烈。翊道韓歐，矢謨稷契。五教攸弼，八座載列。都矣夫人，百年是閲。鶴算無疆，龍文有茁。朝露忽零，萱榮告折。驂駕青鸞，崦嵫返轍。某等西晋鄙生，株守章句。多岐靡適，長寐未寤。師明振鐸，示我矩度。品題借榮，千金一顧。俾二三子，不迷趨步。束身道術，結軌天路。造就恩深，依歸義固。北堂長慶，同歡朝暮。西風送戚，永言哀慕。憶昔軻母，三遷教殷。煌煌仁義，綱領斯文。一時髦士，及門共聞。自齊歸葬，從者如雲。或敦匠事，式贊厥勤。某等義同在昔，感切由衷。職守有局，杖屨靡從。雲山迢遞，瞻望天空。几筵黯淡，薦酎情忡。短誄可極，寸心無窮。靈之格兮，肅乎其風。尚饗！

祭郝母文

嗚呼！天道茫茫，禍福靡詳。人事反覆，慶吊相將。胡夫人之奄背，乃使余悄矣而增傷？夫人含淳毓粹，履和蹈方。母儀聿茂，婦順明章。雜佩贈德，家用滋康。一經授業，世用滋昌。玆間人所同識，共山河而頡頏者也。哲胤揚休，天署翱翔。東征逐子，禄養康强。榮重東曹，歡承北堂。將謂神泰凝吉，德厚迓祥。童顔難老，鶴算未央。而浮雲多變，逝水靡常。婺侵曙而掩曜，萱近秋而殞芳。俾夫綵衣弗御，竹杖縗裳；鼎釜不設，几筵是張。眷薊門兮天末，指故國兮彷徨。扶靈轝兮千里，陟山高兮水長。念揭來于修道兮，感悲歡之難量。某等式聯姻好，久諳德光。叨從王事，同游帝鄉。念將母之不獲，咏《蓼莪》而涕滂。睹夫人之榮壽，若人天之異方。及玆變故，倍切衷腸。采蘋肆薦，酭桂陳觴。黄泉永隔，丹旐且揚。心之悲矣，曷惟其忘。尚饗！

祭蘇母文代作

嗚呼！情有特鍾，數有適然。詞不及陳，涌淚如泉。積善餘慶，古語則有。昔謂其然，今見其否。念惟夫人，淑嫕[五]秉德。婦順既明，母儀可則。越有元胤，爲楨于國。諤諤東臺，邦之司直。亦既寵榮，恩頒命敕。有煒翟茀，載陳鼎食。五福攸宜，百年未極。慶吊相將，天不可測。青鳥西飛，委和何極？嗚呼傷哉！念我孱庸，協恭令子。九重翊衛，六軍綱紀。倚玉有緣，同舟獲濟。眷言金石，誓心終始。胡歲之陽，訃音來止？繶杖西奔，迢迢千里。夙願何期，中道乃爾。嗚呼傷哉！宇宙無窮，人生幾何。四海至廣，知心無多。芝蘭遠矣，于彼岷峨。鄙吝且萌，無所切磨。爰以蓬麻，同戚《蓼莪》。束芻肆薦，出涕滂沱。嗚呼哀哉！尚饗！

祭姜母文

惟靈胚休坤極，葆和含淑。婦道母儀，乃罔不穀。世降淳風，恩分一膜。冬絮貽寒，晨霜肆虐。於惟孺人，慈良孔焯。異體同仁，孰豐孰約。載燠其寒，載哺其饑。有男我婚，有女我歸。家道之索，曰由婦人。同行異志，外内携心。於惟孺人，柔惠且温。承姑以順，撫婦以仁。娣媵綣德，臧獲懷恩。里化美俗，庭無間言。中子惟善，夙承内訓。黄甲蜚英，瀛洲登俊。迎養周京，晨昏省覲。肆我同方，屬辭獻慶。曾是倏忽，禍福相競。賀客在門，吊來與併。玄馭胡歸？我心則怲。嗚呼！孺人樹德，不爲不茂。六十登齡，不爲不壽。善積生前，慶餘身後。桂茁蘭芽，于今誰又？生順没榮，夫復奚疚？第念令子，斬焉在憂。師惜道南，友失良儔。龍章且下，母不少留。昔之來也，茀幄葳蕤。今之歸也，素翬繐帷。扶櫬迢迢，言遵江滸。悼往傷離，有淚如雨。祗薦芳嘉，陳兹簋簠。穆穆淑靈，陟降在户。尚饗！

祭胡年伯母文

嗚呼！古稱女德，閫外靡紀。《樛木》興咏，乃托《風》始。相惟母烈，遜紹厥美。作範重闈，增芳圖史。淑惠召和，宣慈衍慶。厥宗既亢，有室斯競。鸞掖蜚聲，龍章錫命。蕿圃春遲，孫枝日盛。逐子北征，大官分旨。逾七望八，黄髮兒齒。閲及曾孫，瑶環瑜珥。亦既壽康，亦既燕喜。人事多端，倚伏難料。東觀十年，季長不調。江海一麾，懷湘投吊。適與行會，婺暉戢耀。太史承顔，永懷愛日。孝養備隆，深願未畢。晨露忽驚，夕心孔惕。方擬陳情，乃遘斯棘。某等叨隨太史，同升共局。術業合方，契分最篤。感母壽榮，稱慶相屬。日月幾何，繼歌以哭。嗚呼哀哉！太史煢煢，扶櫬南奔。悼亡殞涕，惜别消魂。敬陳短誄，祇薦芳芹。靈之穆矣，鑒此清樽。尚饗！

祭殷夫人文代作

嗚呼！師母胡歸之遽？人亦有言，積善凝祚。昔謂其然，今見其誤。難必者天，或然者數。花怨晨風，薤晞朝露。禍福糾纏，孰知其故。緬念淑懿，特鍾異賦。容言功德，無不備具。言相我師，俾無内顧。夫子志學，劼毖朝暮。井臼寅恭，珩璜警懼。夫子迪貞，贊惟儉素。黜彼綺紈，安此荆布。偉哉夫子，蓬山獨步。瓊珮揚芬，金華振譽。帝在潛宫，經義是傅。言動有則，開陳必屢。帝紹寶曆，甘盤是注。風虎雲龍，千年際遇。畜極初通，久約方裕。期爾偕老，胡然中路？奄望閬風，雲軿不駐。靡衣而靏，靡廕而樹。厚積薄享，聞者嗟慕。矧門下士，荷師陶鑄。剪拂毛甲，示之矩度。訓誨捧持，步趨依附。欣戚情通，門墻義固。淑靈不作，憂心回互。感師鼓盆，呼天欲籲。電光生滅，浮雲散聚。宇宙無窮，修短一趣。惟是令聞，圖史永著。繐帳風凄，靈筵春暮。束帛可陳，短衷欲訴。凌風薦酹，瓣香是炷。尚饗！

祭南母文

嗚呼！天生達人，必予賢配。子承義方，亦由母誨。有家咸宜，稱美自昔。尊卑長少，異情同適。若宜人者，其可以爲則矣。我聞宜人，少歸南公。公績于學，家務身叢。百辛劬劬，孝于舅姑。曰喪與祭，咸克相夫。有子曰軒，叔後惟字。匪徒愛之，而勞以義。蚤賓于鄉，宜人未置。乃今登朝，母心始慰。女志同行，在古爲難。友于娣姒，人得其歡。嫂繼兄室，少以十齡。宜人下之，氣貌恂恂。愛而有偏，亦人之情。從女若子，視猶己生。家人而離，每自婦人。公之兄弟，更數十年而終無異心，曰惟内助周旋維繫之寔勤也。公每宦游，宜人必隨。其家人望，何時來歸。公歸林泉，宜人攸托。乃遽至此，公誰與樂？昔遣叔後，庶其念我。名成登選，謀歸不可。方圖迎養，而遽罹此禍。嗚呼！宜人遺勞在公，遺教在子，遺愛在其家，曷其有已！此叔後之所以肝摧腸裂而號呼不止也。嗚呼！是豈惟南氏一門哀不能忘？凡我四海同升，聚此一堂。方將砥礪學行，討論文章。而叔後獨以憂去，能不使師爲弟子泣而友爲友傷也耶？雖然，修短何憑，所貴不朽。宜人之壽雖五十九，然乃憲伯之妻、吉士之母。龍章自天，赫赫昭受。麟趾發祥，蘭芽方茂。天嗇其年，而昌厥後。嗚呼！若宜人者其亦可謂不朽矣。千里寓奠，涵淚潸潸。情共愁雲，達於渭南。尚饗！

祭外母王孺人文代父作

嗚呼外母！自庚戌涿郡之别，經今六載餘矣，豈憶天涯聚散爲生死永訣耶？念昔内弟歷宦西曹，奉外父母禄養。余時商遊燕薊，得侍顔色。于時鳩杖鸞封，孫子滿目，外父猶引首家鄉，有懷昆弟伯叔、娣姒甥侄、内外幼子童孫，嘉日令辰，每思歸娱，言笑宛如昨也。迨内弟出守，余卜歸未得，客歲家鄉地變，余妻及閆氏妹同與其厄。外母方榮養江南，忽已報訃，骨肉之變，紛沓叢出，追思京邸之言，邈焉異世矣。哀哉！哀哉！尚忍言耶？昔我先外母孫氏，淑貞相德，艱辛佐家。茂育子女，寔大王宗。不受厥成，中道告逝。而外母安承其後，當家之昌。茀車褘服，累裀列鼎，榮享于生前；金含絮襯，彩杉文柏，厚終于身後。且人生百感不及于心，人事萬端不嬰其慮，可謂優適恬愉之至極者矣。天道茫茫，孰變孰常。居者不作，績者不裳。陰晴儵忽〔六〕，莫測其方。陳牲告悰，敬酹一觴。余懷悲矣，地久天長。尚饗！

祭楊老夫人文代作

緊嶽瀆之蘊靈兮，氣鬱邑而葱芊。肆俊哲之欲降兮，念有開而必先。惟令德以垂誨兮，夜耿耿而和丸。内佑彰而後裕兮，矯天逵而騰翰。英茂踔犖以四流兮，彤闈待而虚位。爰遡夫國禎之所鍾兮，静娟修而衍瑞。方獻霞觶以薦年兮，胡雲輧之遽易？河山慘慄而風凄兮，朝紳驚而興喟。帝念戎勛之烜爍兮，溥玄壤以豐恩。命守臣以宅其兆兮，綵綸涣而春温。洵生順而殁榮兮，亦奚異乎永存。曰余觀化于河之陽兮，挹休風而不諠。覯繐幄以悲心兮，敢修薦于蘋蘩。靈赫赫其鑒兹下衷兮，儼葆蓋之繽繙。尚饗！

祭楊老夫人文代作

嗚呼！夫人胤德瑶瑜，締賢閥閲。壼範静娟，母儀烜傑。於相憲君，矯矯風節。越誨賢嗣，逵鴻肇揭。橋梓騰休，輝光孔晰。鸞帔霞章，玄恩蕩泆。桂茁蘭芽，慈幃森列。方慶含飴，奄悲泣玦。萱室馥淪，婺宿光蔑。帝崇孝理，悼念豐烈。綸音諭祀，王人相穴。曰余寒譾，朱陳是結。念德哀亡，覽衷惻切。羈宦西陬，東瞻哽咽。玄輀臨旐，素風戒節。遥薦羶醑，生芻是設。馳辭告恫，幽臺寧徹。尚饗！

祭張母文

嗚呼孺人！葆淑在躬，胤休于子。和熊示慈，登龍擅美。振翼通津，恩榮方始。錦帔霞章，鸞封孔邇。嗚呼孺人！曾不少俟，遄駕玄輧，閬風是止。芳萎萱華，悲貽盤匜。某等義共通家，百年桑梓。丹旐將旋，有懷若毀。敬采蘋蘩，式陳寅祀。臨風酹觴，敢申短誄。尚饗！

祭楊老夫人文代作

系衍望族，德媲國華，良玖藴璞。徽音嗣任，熊丸啓郢，壼儀孔踔。萱庭敷榮，蘭堦競秀，林林鶱鷟[七]。鸞帔昭垂，龍章寵被，天恩優渥。奕世騰芳，重闈襲慶，休禎方朔。寶婺煜淪，瑶池期近，飄颻玄鶴。冢胤告哀，鈞天悼烈，覃恩惟數。太史撰詞，王人承祀，豐碑是斲。載命守臣，牛眠卜兆，擅靈河嶽。丹旐既陳，玄冥在御，還珍幽竁。余忝觀風，躬陳常祀，告虔繐幄。桂酒既清，齊牲既具，玄堂有覺。

祭敖老夫人文代作[八]

嗚呼！家之興也必有貞婦，國之昌也必有純臣。究代終之攸職，良事異而理因。懿安人之休美兮，寔邦家之迺[九]珍。漱芳潤於德閫兮，聯喬門而締誼。采蘋蘩于沼沚兮，紉汀蘭與江芰。羌中道而失天兮，咏《柏舟》而矢志。脱瑶珥之芳華兮，操冰霜以自肄。晝紉絮以供甘兮，夜和熊而訓嗣。日炯炯而鑒精兮，雲慖慖而掩泣。肆偉嗣之揚芬兮，諒天命之不二。紛既焯燿于衡廬兮，對天聰而獻記。帝覽琳琅而嘉覘兮，進文昌之右位。涖玉署而校才兮，慶琮璜之並致。正辟廱而振鐸兮，都青衿而雲萃。帝念休功之豐碩兮，推渥恩于所自。頒綸綍之焜煌兮，爍鸞章與霞帔。荷百禄于北堂兮，閲瓊枝之焕植。肆母壽而子榮兮，環天紘而罕儷。惟烈操與純誠兮，充邦家之景瑞。胡秋露之宵凝兮，斂巾梔而永棄。嗚呼！人孰無生，亦孰無死，存靡令名，没亦徒爾。於惟夫人，教埒軻母，操擬共姜。始終一德，左右三綱。完名令節，地久天長。某等聯階令嗣，夙仰休芳。載烹蕙饌，式薦椒漿。凌風告悃，靈格其洋。尚饗！

又代作

惟天純佑，篤生英哲，以昌人國。慶源遹追，鑒觀自昔，胎教作則。驪珠淵涵，青玉山藴，物理靡忒。於惟淑靈，葆儀婉嫕〔一〇〕，豐宗迪哲。胡天不辰，中世訃訣，含辛茹絶？從一矢躬，遷三訓德，遺宗是殖。天鑒有赫，鍾休賢胤，作楨王國。金馬振綺，銅龍揚藻，清華載職。出入北門，表儀東序，金聲玉色。帝命孔嘉，教忠式穀，繄母之德。寵錫薦申，純嘏永綏，恩暉罔極。奄棄人間，歸報夫君，誓志以畢。嗟惟胤子，匍匐九閽，雲惱霧咽。矧予同遊，風懿久挹，異彼行惻。載酤束芻，凌風申誄，内于素軾。尚饗！

又代作

嗚呼！傳稱士德，繄本母儀。陰教式端，箴史遹垂。猗惟淑靈，夙函貞懿。亢德喬宗，徽音茂似。于何中道，歘捐所天？《柏舟》矢志，大義炳焉。督撫遺孤，邦之鈞石。盎然其休，充然其碩。秉衡藝省，綰紼承明。彙彼泰茅，征于帝庭。卿聯載陟，振鐸賢關。倬也士錮，北斗泰山。母情載怡，母德蔚章。自天純佑，耄齡降康。更需繁祉，旉錫兆釐。申命寵綏，家國是毗。胡然厭紛，溘也遄逝？母則歸全，閫儀凋棄。某等胥效嗣德，備仰令慈。桑梓孔懷，倍百疇離。南望於邑，蘋藻匪將。薄言虔誄，詞短意長。尚饗！

祭裴母文

於惟孺人之生也，含靈坤粹，服正中闈。《螽斯》衍慶，百禄孔來。鸞章承寵，德祐可稽。痛惟孺人之逝也，坤極虧甈，城邑丘墟。昆岡逸焰，玉石與俱。歿寧在德，數厄焉如。某葭莩托好，蘭蕙歆芳。徽儀不作，怫悒情傷。丹旐戒御，哀酹玄觴。尚饗！

祭郭太夫人文

深淵龍蟠，丹穴鳳起。孕秀儲祥，不爽其理。天佑國家，降于卿士。匪直父賢，亦由母氏。嗟太夫人，秉德齊軌。誕育少傅，教勤三徙。槖筆彤墀，延登端揆。調爕宣猷，聖明毗倚。申錫封褒，鼎烹滫瀡。少傅孝思，興懷陟屺。累疏歸來，躬承甘旨。佩玉垂魚，晨昏堂戺。寰寓稱榮，豈惟閭里。逾八望九，既多受祉。人間事畢，歸報夫子。板輿輟歡，羲輪戢軌。帝念舊臣，遽失所恃。乃按彝章，乃錫葬祀。恩數有加，增輝泉里。韓山巖巖，洹水瀰瀰。不朽令儀，同之終始。某等步塵少傅，稔聞淑美。哀訃忽傳，蠹衷靡已。敬致束芻，爰擷芳芷。短誄薦觴，靈其監只。

祭王太夫人文

嗚呼！母德主慈，惟天所畀。若生若成，劬勞一致。嗟嗟明靈，温惠獨至。鞠我天卿，恩隆所恃。適離襁褓，匍匐顛躓。出入提携，肩背是寄。詢饑拊寒，色憂顰頦。衣之飼之，以藥以餌。時則夫君，旅遊遠地。有待結褵，奉姑從事。俯育不怠，仰承淑志。夙夜其勤，竟成哲嗣。樹名策勛，顯躋公貳。總率百官，躬秉邦治。機杼所貽，萬方賴利。文誥重茵，顯揚具備。大耋康寧，百年可企。霜露戒辰，忽傳襄禭。青鳥西歸，遠邇興喟。閔予煢疚，匍匐苫次。辱交天卿，夙聞芳懿。作表北堂，生成靡二。慈訃遽傳，逖增悲悸。短誄陳忱，篚承蕉荔。靈几有臨，凄其薦觶。尚饗！

校勘記

〔一〕“文”後，底本卷首原目録有一“二”字，無“代作”。

〔二〕“失”，清稿本作“矢”，是。

〔三〕“文”後，底本卷首原目録有一“二”字。

〔四〕“嫕”，疑當作“嫕”。

〔五〕“嫕”，疑當作“嫕”。

〔六〕“曶”，清稿本作“忽”。

〔七〕“鶩鶩”，清稿本作“鶩鶩”。

〔八〕“文”後，底本卷首原目録爲“三”，無“代作”二字。

〔九〕“遹”，疑當作“璚”。

〔一〇〕“嫕”，疑當作“嫕”。

條麓堂集卷三十三

永信録上

翰林院編修敕命二道嘉靖四十年九月十五日

皇帝敕曰：史臣按善惡見聞之實、斷是非去取之疑而撰次之，以垂一代之典章，厥任重矣；然必道德洽聞、蔚有時望者乃在兹選。爾翰林院編修張四維，文章典雅，議論温醇。擢秀大廷，升華秘館。乃能博綜百氏，窮學海之波瀾；貫串六經，茂詞林之枝葉。比官史局，益懋進修，而德業日宏，聲聞愈顯，誠足以副予簡求者已。兹所司上爾最績，特授爾階文林郎，錫之敕命。於戲！優游歲課，豈鉛槧之是專？選取國材，實棟梁之攸任。爾尚益思淬礪，以效遠圖，朕將觀汝之成也。欽哉！

敕曰：凡我臣工宣力於國是，必有内助之賢以相之，寵綏之典不加，何以爲勸？爾翰林院編修張四維妻王氏，夙抱懿貞，早歸儒彦。治内有儉勤之行，相夫效儆戒之勞。宜錫褒恩，以旌賢淑，兹特封爾爲孺人。益懷兢翼之心，永作閨闈之式。

其　二

皇帝敕曰：朕登進儒臣，列之史局，而必本其所自，恩命有加，非獨遂人子顯親之心，所以彰善教之功以示勸也。爾張允齡，乃翰林院編修四維之父，嚴重不苟，好義有聞。以幹蠱之才隆其世業，以忠信之道聞於家邦。既乃弘敷義方，燕翼令子。今爾子振譽詞垣，宣勞王國，禄養褒榮，慰爾遲暮，福善之徵信不誣也。兹特封爾文林郎、翰林院編修。茂服寵光，益堅素履。

敕曰：教育兼隆，惟母之德與父同也，匪均敷錫，何以慰人子罔極之思？爾王氏，乃翰林院編修張四維之母，恭儉不渝，柔嘉惟則。心通書史，行協箴圖。篤孝敬于孀姑，明愛勞而訓子。顧梧棬輟飲，風木感懷。用示恤恩，以昭慈懿。兹特贈爾爲孺人。尚其冥漠，服此榮恩。

左春坊左諭德兼翰林院侍讀誥命二道隆慶二年四月初十日

皇帝制曰：朕惟升儲大慶霈澤庶工，而矧備鶴禁之僚兼侍鑾坡之直？望既崇乎華選，恩獨侈乎彝章。爾左春坊左諭德兼翰林院侍讀張四維，性資雅重，器藴粹和。秘館儲英，詞垣振藻。以抽書金匱，則擅美乎三長；以校藝棘闈，則拔尤於多士。已而司我綸綍，直追訓誥之風；侍我帷氊，悉罄經書之旨。洵稱深嚴之地，共推文學之良。是用晋爾階奉直大夫，錫之誥命。於戲！金馬清階，皇猷緊潤；銅龍俊寀，儲德攸資。路已近乎鼎衡，才則需乎金礪。爾其功專道諭，忠竭論思。裨予配命之常，時乃格君之烈。欽哉！

初任翰林院編修；

二任右春坊右中允兼翰林院編修；

三任今職。

制曰：閨閫之修，有裨士行；朝廷之命，得並夫榮。緊我近寮，用褒淑媛。爾左春坊左諭德兼翰林院侍讀張四維妻封孺人王氏，毓英華里，儷德名流。相祀有齋，既執虔於筐筥；主饋無遂，尤致謹於衿鞶。懋鷄鳴儆戒之賢，式和琴瑟；稱象服委佗之德，克協史圖。兹特加封爾爲宜人。敷有赫之綸恩，闡無儀之蕙問。

其　二

皇帝制曰：人臣忠國，資事父以事君；王制尊親，因教愛而教敬。矧當大賚，尤重貤恩。爾封文林郎、翰林院編修張允齡，乃左春坊左諭德兼翰林院侍讀四維之父，宇度矜莊，性懷倜儻。惟孝而友，德允洽于家邦；洵美且仁，善式薰于州里。既絢鳳毛之彩，尤弘燕翼之詒。子爲良臣，克稱肯堂之嗣；汝惟善教，足徵作室之庸。兹特加封爾爲奉直大夫、左春坊左諭德兼翰林院侍讀。服此華章，養復榮於三釜；俾爾戩穀，慶將衍於百年。

制曰：怙恃同恩，報不殊於罔極；存歿異感，恩則厚於並崇。眷賢母之令儀，宜朝廷之愍册。爾贈孺人王氏，乃左春坊左諭德兼翰林院侍讀張四維之母，動合女師，行符内則。事其親而能孝，尤修蘋藻之誠；愛其子以知勞，誕敷機杼之教。賢既符於徙宅，而感則起於匪莪。懿範尚遺，冥靈有在。兹特加贈爾爲宜人。祇承明命，益增廟祏之光；永賁幽埏，以慰桮棬之慕。

掌詹事府事吏部左侍郎兼翰林院學士誥命三道隆慶六年八月二十一日

皇帝制曰：朕撫臨四海，尊事兩宫。嘉與在廷，咸共斯慶。况乃舊學之臣，寔惟新政之助。匪殊恩數，曷副眷懷？爾掌詹事府事、吏部左侍郎兼翰林院學士張四維，器識淵弘，風猷凝遠。校讐著作，擅石室之長；啓沃論思，廣旃帷之益。彀收文武，鑑别幽明。久侍先朝，洊躋小宰。肆予受經之始，起爾休沐之餘。端尹攸資，庶常是式。皇考所以遺朕，多士方謂得師。嘉答往勞，期裨初服。特授爾階通議大夫，錫之誥命。於戲！説朝夕納誨，猶云俊乂之旁招；旦左右灼知，惟曰國家之勱相。毋負中秘儲材之托，庶幾上臣事君之忠。懋乃表儀，稱予光寵。

初任翰林院編修；

二任右春坊右中允兼翰林院編修；

三任左春坊左諭德兼翰林院侍讀；

四任翰林院學士掌院事；

五任吏部右侍郎兼翰林院學士；

六任吏部左侍郎兼翰林院學士；

七任今職。

制曰：夫汪濊之恩，匪臣之獨被，必暨其室家；良顯之效，匪身之獨榮，亦庇其伉儷。爾掌詹事府事、吏部左侍郎兼翰林院學士張四維妻封宜人王氏，穆含内美，敬佐外修。爾君子振譽詞林，知爾資其交儆；宣勞經幄，知爾助其積誠。是用加封爾爲淑人。俾顯附于夫階，庶偕承乎主渥。

其　二

皇帝制曰：國有恩紀，施及宗祊，視官秩之等差，爲世數之遠近。眷兹名彦，簡在朕心。寵特異于百寮，德茂存乎再世。爾張誼，乃掌詹事府事、吏部左侍郎兼翰林院學士四維之祖父，鄉閭稱孝，畎畝遺安。悃愊〔一〕之風著爲家範，《詩》、《書》之澤貽厥孫謀。兹贈爾通議大夫、吏部左侍郎兼翰林院學士。於戲！積厚者流光，居崇者報遠。時乃天道，亦在邦彝。幽邈有知，歆承無斁。

制曰：《詩》云“孝子錫類不匱”。朕既以天下奉其親，因推其類以錫天下。禮雖未著於令典，義則可起以至情。爾王氏，乃掌詹事府事、吏部左侍郎兼翰林院學士張四維之前祖母，蚤以婉嫕〔二〕，宜其室家。賢弗永年，歿有餘慕。兹從孫貴，贈爾爲淑人。廣予尊親之澤，綏爾孝孫之心。

制曰：蓋聞《蓼蕭》之澤自葉以流根，豐年之頌烝祖以及妣，又况禁闥之名臣，而值國家之大慶？介于王母，可無追崇？爾解氏，乃掌詹事府事、吏部左侍郎兼翰林院學士張四維之祖母，天與静貞，力持門户。偕老之節矢志于中年，和鳴之繇卜昌于再世。兹贈爾爲淑人。陳情令伯之章，雖不逮已；揚休召祖之廟，亦與享焉。

其　三

皇帝制曰：朕因公朝之錫慶，念私室之承歡。臣子至情，本不忘于揚顯；國家令典，蓋以勸其孝慈。爾封奉直大夫、左春坊左諭德兼翰林院侍讀張允齡，乃掌詹事府事、吏部左侍郎兼翰林院學士四維之父，履坦居貞，秉哲迪義。博施閭里，怡老丘園。有子而賢，緊爾之訓。兹加封爾通議大夫、吏部左侍郎兼翰林院學士。韋氏之業爲盛，一經是貽；考父之銘益恭，三命而俯。其承渥惠，以輔遐齡。

制曰：夫朝著有大賚，則庭闈有榮名，無論幽遐，畢被光耀。惟成子之恩並，故資父之愛同。爾贈宜人王氏，乃掌詹事府事、吏部左侍郎兼翰林院學士張四維之母，貴家禮法，列傳音暉。動應壺彝，賢爲里式。宋榮公之德器，惟魯是成；唐柳氏之宗風，匪韓孰振？是用加贈爾爲淑人。雖不逮左右就養之歡，庶以奉春秋窀穸之事。

少保兼太子太保禮部尚書武英殿大學士誥命四道萬曆六年三月十三日

皇帝制曰：朕尊親立愛，錫命疏恩，眷兹小大之臣，咸被休嘉之慶，矧貳公弼亮，式賴忠賢，而一德寅恭，克襄孝治，不有寵褒之渥，曷彰眷倚之懷？咨爾少保兼太子太保、禮部尚書、武英殿大學士張四維，名世偉人，熙朝宿望。有博達淵潛之識而本之忱恂，有端方直亮之操而將以勤恪。自服官於史局，已夙噩乎英聲。洊陟宫僚，多講幄論思之益；升華翰署，冠文學侍從之班。旋躋銓部之貳卿，克佐建邦之六典。先皇帝用以遺朕，俾尹儲闈；余一人勞於求賢，延登揆路。感酬知遇，弘宣承辟之猷；殫竭忠貞，式展經邦之略。運陶甄於鼎鉉，罄謀斷於樞機。譽實兼隆，勛勞茂著。允諧朕志，庸示眷酬。四輔晋秩於春宫，孤卿加銜於殿學。兹以覃恩授爾階光禄大夫，錫之誥命。於戲！三少之官于今已備，五臣之烈自古稱隆。卿其勿替初忱，于以追蹤往哲。股肱一體，朕將賡喜起之歌；師保同心，爾尚效燮調之績。敬乃有位，永孚於休。欽哉！

初任翰林院編修；

二任右春坊右中允兼翰林院編修；

三任左春坊左諭德兼翰林院侍讀；

四任翰林院學士掌院事；

五任吏部右侍郎兼翰林院學士；

六任吏部左侍郎兼翰林院學士；

七任吏部左侍郎兼翰林學士、掌詹事府事；

八任禮部尚書兼東閣大學士；

九任太子太保、禮部尚書兼文淵閣大學士；

十任今職。

制曰：賚余良弼，眷惟名世之賢；宜其家人，資于好逑之助。恩禮既隆於朝寧，光華亦逮于閨闈。厥有上彝，用章内範。爾少保兼太子太保、禮部尚書、武英殿大學士張四維妻累封淑人王氏，克配君子，卓爲女師。訓服衿鞶，肅名家之禮度；動遵榘矱，揚列傳之音徽。緊兹相業之光昭，實賴壼儀之淑慎。宜從崇爵，申錫榮名。是用加封爾爲一品夫人。褘翟斯皇，祗荷鴻休之洊被；絲綸有赫，式嘉象服之惟宜。

其　二

皇帝制曰：朕惟生賢爲國，應千載之昌期；集善于家，衍百年之餘慶。蓄厚者其施遠，功盛者其報隆。粤有特恩，光于奕世。爾張寧，乃少保兼太子太保、禮部尚書、武英殿大學士張四維之曾祖父，性禀醇良，行敦孝友。含貞抱樸，夙高長者之評；委祉儲庥，遠篤曾孫之祜。相業方茂，先德彌昌。賴酒醴麯糵之資，重水木本原之念。兹用贈爾爲光禄大夫、少保兼太子太保、禮部尚書、武英殿大學士。於戲！四世而昌，垂令名于不朽；九原可作，服峻秩以維新。

制曰：朕觀圖史所載閨閫之良，或恒一德以終身，而未必自于蚤歲；或罹百憂以撫子，而未必亢于厥宗。惟備美以流芳，宜曠世而滋顯。爾雷氏，乃少保兼太子太保、禮部尚書、武英殿大學士張四維之曾祖母，禔身貞淑，秉性幽閑。願蚤違于所天，誓每嚴于皦日。既鞠孤子，復撫孤孫。不辭夙夜之拮据，用嗣春秋之饋享。眷予輔弼，有懷啓祚之功；念爾艱貞，宜荷追崇之典。是用贈爾爲一品夫人。懿則如存，尚重膺于涣渥；嘉名肇錫，庶永庇于雲仍。

其　三

皇帝制曰：朕弘敷慶澤，崇答鉅僚。勩相國家，既奬其贊襄之績；纘戎祖考，宜慰其似續之思。爰有顯褒，以彰盛典。爾贈通議大夫、吏部左侍郎兼翰林院學士張誼，乃少保兼太子太保、禮部尚書、武英殿大學士四維之祖父，宅心仁厚，秉性樸醇。悦禮敦《詩》，德公之遺安畎畝；履仁蹈義，太丘之表正鄉閭。是開繩武之賢，作我調元之佐。惟孫謀之克紹，知祖德之垂芳。兹特加贈爾爲光禄大夫、少保兼太子太保、禮部尚書、武英殿大學士。申命自天，寵數極中朝之盛；嘉享在廟，宗祊延奕葉之光。

制曰：家有世德，流光施及于子孫；國有殊恩，命秩兼隆于祖妣。禮雖或限于令典，義則可起以至情。惟我重臣，被茲異數。爾贈淑人王氏，乃少保兼太子太保、禮部尚書、武英殿大學士張四維之前祖母，禔躬令淑，作配善良。樹懿範于閨闈，遺善祥于胤祚。雖貽孫翼子，弗在其身，而積功累仁，乃昌厥後。眷中台之茂績，遡奕世之徽音。是用加贈爾爲一品夫人。榮名並烈祖之光，九原增賁；靈爽篤孝孫之祜，百世彌昌。

制曰：孫謀貽燕，雖本祖功；門閥肇興，亦資内德。故王母有介福之寵，俾後賢遂報本之思。緣情而推，惟禮之稱。爾贈淑人解氏，乃少保兼太子太保、禮部尚書、武英殿大學士張四維之祖母，幽閒夙稟，純懿性成。矢志靡他，不愧共姜之烈；保孤能訓，式勤文伯之規。傳子而孫，益昌且熾。匪賴起家之厚澤，曷成體國之崇勛？是用加贈爾爲一品夫人。天佑宗祊，世篤艱貞之節；國推慶渥，光昭垂裕之休。

其　四

皇帝制曰：眷我邦家碩輔，忠孝兼資。潤色皇猷，茂佐中天之運；瞻依庭訓，有懷愛日之誠。宜推錫類之隆恩，用慰尊親之至願。爾累封通議大夫、吏部左侍郎兼翰林院學士張允齡，乃少保兼太子太保、禮部尚書、武英殿大學士四維之父，慈祥樂善，醇樸居貞。雅尚清修，人共推其長厚；高年茂德，天乃錫之壽康。篤啓嗣賢，躋登鼎鉉。調元贊化，謨謀蓋本自家傳；濟美承庥，勛業豈殊于已出。爰酬善誨，晋陟穹階。茲特加封爾爲光禄大夫、少保兼太子太保、禮部尚書、武英殿大學士。於戲！惟德致福，疏榮特邁乎等倫；移孝爲忠，詒穀無忘于終始。服茲休命，益介純禧。

制曰：朕敷慶群工，推及其母，雖緣情而錫類，寔因分以致隆。有若元寮，素承慈訓。輔弼之勛既著，劬勞之報宜崇。爾贈淑人王氏，乃少保兼太子太保、禮部尚書、武英殿大學士張四維之母，動合女師，儀爲邦媛。相夫順正，持儆戒以相成；治内明章，秉静恭而作範。玉成哲嗣，晋位台司。黼藻經綸，教未忘于機杼；鹽梅調燮，澤尚戀于桮棬。宜薦褒嘉，以彰聖善。是用加贈爾爲一品夫人。寵章晋錫，永貽彤史之芳；顯號鼎新，用作玄扃之賁。

少傅兼太子太傅禮部尚書武英殿大學士誥命四道萬曆八年七月初三日

皇帝制曰：朕精求理道，迪簡名賢。冀紹修謨烈之隆，用敷賁基圖之重。帝賚予弼，官惟其人。貳公宣寅亮之勛，三載奏奮庸之績。宜頒隆異，以示倚毗。咨爾少傅兼太子太傅、禮部尚書、武英殿大學士張四維，涵經世之才猷，抱佐王之道術。有奥衍閎深之識而出以忱恂，有端方直亮之操而將之謹恪。簡自肅祖，佐我先皇。史局宫僚，身久依於日月；佐銓長翰，望夙重乎樞衡。洎於朕躬，爰立爾相。自端尹踐中台之席，由秩宗躋亞保之班。爾乃感特達之深知，罄生平之厚蓄。敷陳堯舜，若謂吾君爲能；殫竭謀猷，猶曰我后之德。正色表儀乎群辟，和衷參决乎萬幾。眷兹夷夏之清寧，寔賴左右之匡弼。膚功來上，朕志允諧。孤卿加帝傅之銜，四輔晋佐師之秩。茂延世賞，申霈〔三〕廷綸，仍授爾階光禄大夫、勛柱國，錫之誥命。於戲！朕方詢事以考言，故嘉乃丕績；朕甚尊師而重傅，故陟爾穹階。尚其益勵初忱，永終令譽。唯德唯義，道益進于保躬；作醴作羹，忠無忘于訓志。登閎上治，光輔中興。欽哉！

初任翰林院編修；

二任右春坊右中允兼翰林院編修；

三任左春坊左諭德兼翰林院侍讀；

四任翰林院學士掌院事；

五任吏部右侍郎兼翰林院學士；

六任吏部左侍郎兼翰林院學士；

七任吏部左侍郎兼翰林院學士、掌詹事府事；

八任禮部尚書兼東閣大學士；

九任太子太保、禮部尚書兼文淵閣大學士；

十任少保兼太子太保、禮部尚書、武英殿大學士；

十一任今職。

制曰：朕惟樞機之佐，夙夜在公，固上臣之事君不有其家，亦中閨之有淑相在爾室。肆舉懋功之典，並疏從爵之恩。國有彝章，今爲異數。爾少傅兼太子太傅、禮部尚書、武英殿大學士張四維妻封一品夫人王氏，誕秀高華，儷芳名碩。柔嘉自性，德咸中乎珩璜；静正爲儀，動一遵夫圖史。備兹内美，襄我元僚。茂寅亮之崇勛，霈申重之寵命。是用仍封爾爲一品夫人。度表山河，增賁六珈之飾；徽揚江漢，祗承三錫之榮。

其　二

皇帝制曰：自古帝王之佐、社稷之臣，其出也有爲，而功德所被不止一民一物之微；其生也有自，而善祥所鍾不止一世二世之積。故恩禮特隆于宰輔，而寵褒覃及其曾先。爾贈光禄大夫、少保兼太子太保、禮部尚書、武英殿大學士張寧，乃少傅兼太子太傅、禮部尚書、武英殿大學士張四維之曾祖父，長者之心，仁人其行。曰唯孝友于兄弟，慶澤攸鍾；不求聞達于家邦，身名俱隱。百年所積，三葉而昌。若金作礪而旱作霖，允資弼鉉；如水有源而木有本，宜霈休綸。是用加贈爾光禄大夫、柱國、少傅兼太子太傅、禮部尚書、武英殿大學士。穹階峻秩，彌彰天錫之隆；厚祉餘休，益篤雲仍之祜。

制曰：國家尊禮元僚，寵頒異數，凡追崇其上世，得並逮于曾闈，矧從一居貞亮清白之節，保孤永祀開熾昌之圖，在古不磨，于今爲烈。爾贈一品夫人雷氏，乃少傅兼太子太傅、禮部尚書、武英殿大學士張四維之曾祖母，夙禀慈訓，來歸德門。中道而失所天，矢心則有如日。撫一綫之脉，更子而孫；堅兩髦之儀，緊女而士。眷經邦之偉績，嘉啓祚之弘功。是用仍贈爾爲一品夫人。懿範如新，誦《柏舟》而慕義；明恩未艾，紀彤管以流芳。

其　三

皇帝制曰：夫幽潛之士厚積在躬，而慶每流于後；燮理之臣弘施在世，而源必浚于先。故國家申眷于宗工，則恩數特隆于祖考。非獨明有始之義，亦俾衍無疆之休。爾贈光禄大夫、少保兼太子太保、禮部尚書、武英殿大學士張誼，乃少傅兼太子太傅、禮部尚書、武英殿大學士四維之祖父，天予敦龐，力行孝弟。與物無競，有仁人長者之風；直躬而行，無靡麗紛華之習。蓄其善祉，開爾聞孫。弼予一人，如巨川之作楫；興于再世，殆高山之出雲。宜有顯褒，以彰明德。是用加贈爾光禄大夫、柱國、少傅兼太子太傅、禮部尚書、武英殿大學士。秩崇上佐，丕揚祖廟之光；恩賁重原，永篤相門之慶。

制曰：夫誦共姜之詩則慕其烈，讀令伯之表則哀其情。然共無聞于立孤，而李未膺于追顯。孰與我奮庸之佐，兼隆夫烝畀之儀。亮節彌光，鴻名並久。爾贈一品夫人解氏，乃少傅兼太子太傅、禮部尚書、武英殿大學士張四維之祖母，早以淑媛，歸于哲人。違偕老之期，艱難備歷；矢靡他之誓，志操逾堅。爰翼子以詒孫，肆承家而秉國。懋著上臣之偉績，丕揚王母之徽音。是用仍贈爾爲一品夫人。風教是維，爲信史必傳之事；霈〔四〕恩斯渥，慰聞孫欲報之情。

其　四

皇帝制曰：明王立政，不惟其官惟其人；積善降祥，不於其身於其子。蓋帝賚良弼非偶，而天佑善人靡常。若乃身居樞筦之司，亦有父逮鼎鍾之養。造化所篤，朝廷罕儔。爾封光禄大夫、少保兼太子太保、禮部尚書、武英殿大學士張允齡，乃少傅兼太子太傅、禮部尚書、武英殿大學士四維之父，樸茂居貞，慈祥好施。誠心直道，追三代之遺風；達德高年，望百齡之厚祉。誕啓哲嗣，躋位台司。於身親見其成，當世陰蒙其賜。載酬義訓，申錫恩綸。是用加封爾光禄大夫、柱國、少傅兼太子太傅、禮部尚書、武英殿大學士。杖屨優游，爲天下之大老；簪纓舄奕，極人間之至榮。益迓天休，適觀相業。

制曰：母之愛子，靡弗知勞，而身顯則教益章；子之愛親，靡弗知慕，而位高則思愈切。肆國家有善推之典，而臣子無不盡之情。至我輔相之元僚，尤極褒崇之異數。爾贈一品夫人王氏，乃少傅兼太子太傅、禮部尚書、武英殿大學士張四維之母，貞姿躬秉，淑行性成。動契閨彝，哲問蚤煒於鉛管；言符女誡，德音未泯於圖箴。誕育英賢，光昭偉烈。在清廟而爲珪爲璧，珩璜之節彌彰；代天工而如綍如綸，機杼之風斯顯。宜申渥寵，以報劬勞。是用仍贈爾爲一品夫人。九原焜燿，彰昊天罔極之恩；三錫騈蕃，慰大孝終身之慕。懿靈不昧，明命其承。

少師兼太子太師吏部尚書中極殿大學士誥命四道萬曆十年十一月初三日

皇帝制曰：朕誕毓胤祥，尊崇慈極。肆溥休嘉之澤，及于臣工；深惟翼贊之勞，賴兹輔弼。奮庸而宅百揆，寅亮以毗一人。茂著忠勛，宜頒異渥。咨爾少師兼太子太師、吏部尚書、中極殿大學士張四維，受天間氣，爲世偉人。學能綜覽百家而歸之大雅，才能剸决庶政而本以和衷。簡自先朝，素隆揆望。暨予初服，俾列鼎司。參謀斷於萬幾，忠焉能誨；樹儀刑於百辟，公爾忘私。夾輔八年，交修一德。既晋台衡之首，允孚海寓之心。蹇蹇匪躬，休休下士。贊廟謨以威蠻貊，宣皇澤而惠蒸黎。惟景運之熾昌，由元臣之燮理。屬兹大慶，嘉乃殊庸。師垣兼領乎冢卿，殿學峻躋于中極。恩延奕世，寵涣明廷。仍授爾階光禄大夫、勛柱國，錫之誥命。於戲！尹先覺而任阿衡，旦爲師而位冢宰。惟卿兼秩，視昔有光；翼我洪圖，尚資後勩。汝爲汝翼，益堅篤棐之忠；無怠無荒，永佐雍熙之化。欽哉！

初任翰林院編修；

二任右春坊右中允兼翰林院編修；

三任左春坊左諭德兼翰林院侍讀；

四任翰林院學士掌院事；

五任吏部右侍郎兼翰林院學士；

六任吏部左侍郎兼翰林院學士；

七任吏部左侍郎兼翰林學士、掌詹事府事；

八任禮部尚書兼東閣大學士；

九任太子太保、禮部尚書兼文淵閣大學士；

十任少保兼太子太保、禮部尚書、武英殿大學士；

十一任少傅兼太子太傅、禮部尚書、武英殿大學士；

十二任少傅兼太子太師、禮部尚書、武英殿大學士；

十三任今職。

制曰：朕惟相道得而國昌，妻道得而家理，故良臣淑配乃風化之攸關，從爵疏榮惟彝章之具在。爾少師兼太子太師、吏部尚書、中極殿大學士張四維妻累封一品夫人王氏，女師稟訓，君子作逑。敬戒無違，動中珩璜之節；惠温有則，行遵圖史之規。眷兹鼎軸之宣猷，緊爾閨闈之協德。雖内階已峻，而新命宜申。兹仍封爾爲一品夫人。秩擬上公，祇荷天休於三錫；輝騰中壼，式歌王化於二《南》。

其　二

皇帝制曰：天子之卿，三孤筦樞是寄；君子之澤，五世奕葉彌昌。位尊者其數隆，德茂者其慶遠。粤有追崇之典，用彰湛渥之恩。爾累封〔五〕光禄大夫、柱國、少傅兼太子太傅、禮部尚書、武英殿大學士張寧，乃少師兼太子太師、吏部尚書、中極殿大學士四維之曾祖父，温醇天稟，孝友躬行。直道同三代之民，積德應百年之運。誕貽餘祉，佑啓聞孫。作朕股肱，若巨川之于舟楫；俾爾昌熾，知水木之有本源。兹特加贈爾爲光禄大夫、柱國、少師兼太子太師、吏部尚書、中極殿大學士。厚澤深仁，宜食無窮之報；穹階峻秩，永垂不朽之名。殁而有知，服之無斁。

制曰：秉節植孤，乃閨門之偉行；褒貞勵俗，實邦國之常經。矧是後昆，爲時名佐。慶澤聿鍾于累世，渥恩宜逮其曾闈。爾累贈一品夫人雷氏，乃少師兼太子太師、吏部尚書、中極殿大學士張四維之曾祖母，稟性柔嘉，禔身静一。蚤罹家難，茹辛鞠兩世之孤；晚翼孫謀，作善衍百年之慶。報本追遠，諒勤輔弼之思；涣號推恩，式表艱貞之節。兹仍贈爾爲一品夫人。徽音如在，歆綸綍之重申；福祚彌昌，尚雲仍之永庇。

其　三

皇帝制曰：天生賢而爲國，有開必先；士履道以傳家，乃昌厥後。故有崇德報功之典，以嘉宅揆熙載之臣。爾累贈光禄大夫、柱國、少傅兼太子太傅、禮部尚書、武英殿大學士張誼，乃少師兼太子太師、吏部尚書、中極殿大學士四維之祖父，遺榮畎畝，端軌鄉間。夙稱聖世之逸民，誕啓熙朝之碩輔。經文緯武，允爲憲于萬邦；積功累仁，實鍾祥于再世。聿追潛懿，載霈恩綸。兹特加贈爾爲光禄大夫、柱國、少師兼太子太師、吏部尚書、中極殿大學士。龍章有赫，丕揚烈祖之休；燕翼無窮，永篤孝孫之祜。

制曰：家有慶始，遡流可以知源；國之恩施，緣情可以起義。惟我疑丞之重，方深似續之思。追念前休，優加寵秩。兹惟曠典，以答元勛。爾贈一品夫人王氏，乃少師兼太子太師、吏部尚書、中極殿大學士張四維之前祖母，毓貞華系，儷美哲人。壟上並耕，能佐龐公之隱；廡前相敬，竟成梁伯之高。雖胤祚綿昌非由己出，而仁慈積累肇啓家聲。肆褒三事之良臣，偕錫重闈之顯秩。兹仍贈爾爲一品夫人。禮嚴祖廟，共歆垂裕之光；澤庇孫枝，彌懋纘戎之烈。

制曰：賢哲之生，神明所啓。方其世業未顯，必有積德者培其基；乃或門祚中微，必有秉節者延其嗣。實關世運，夫豈人謀。爾累贈一品夫人解氏，乃少師兼太子太師、吏部尚書、中極殿大學士張四維之祖母，蘭蕙爲心，冰霜比節。奉姑而克承乃志，鞠子而不墜厥宗。再世彌昌，百揆是宅。天意默爲之翼相，王章特愍其難貞。兹仍贈爾爲一品夫人。於戲！共姜誓《柏舟》之操，榮豈望于六珈；令伯陳烏鳥之情，報未聞于一品。沐兹湛渥，賁爾泉臺。

其　四

皇帝制曰：夫大臣樹勛邦國，則有錫命之殊榮；耆老作範鄉閭，則有乞言之令典。矧子居鼎軸，躬履壽康。介兹純嘏之休，蔚爲聖世之瑞。爾累封光禄大夫、柱國、少傅兼太子太傅、禮部尚書、武英殿大學士張允齡，乃少師兼太子太師、吏部尚書、中極殿大學士四維之父，抱德不試，篤行有聞。以古人之道善其身，以儒者之效付諸子。輔世之猷丕顯，過庭之訓彌彰。鹽梅調燮于廟堂，功猶己出；杖履優游于畎畝，禄自天申。載涣龍光，式酬燕翼。兹特加封爾爲光禄大夫、柱國、少師兼太子太師、吏部尚書、中極殿大學士。百年上壽，既爲人世之希逢；一品疏榮，尤極王朝之異數。尚需憲老，毋替教忠。

制曰：國有良臣，允副調元之托；家惟令母，式開錫胤之祥。惟偉績之光昭，宜華綸之洊被。爾累贈一品夫人王氏，乃少師兼太子太師、吏部尚書、中極殿大學士張四維之母，性鍾婉嫕，德備孝慈。敬潔蘋蘩，預卜崔門之昌大；教勤機杼，共推孟母之賢明。誕兹名世之英，作朕代言之弼。雖鼎釜之養莫遂，而桮棬之澤猶存。緣體至情，重申大號。兹仍贈爾爲一品夫人。龍章載涣，永流女史之芳；象服斯皇，庶慰相臣之慕。

太師誥命一道萬曆十三年十二月十九日

皇帝制曰：朝廷軫舊，式懷夾輔之勛；窀穸厚終，特賁優崇之典。生克相乎大業，殁宜錫以榮名。爾原任少師兼太子太師、吏部尚書、中極殿大學士張四維，器宇端凝，才猷練達。自蜚英于侍從，已徵華國之文；迨參預于論思，歷試匡時之略。屬更化紀，弦轍惟新。爾位元僚，機衡默運。宿蠹批而不仁自遠，寬條布而群品皆蘇。眷兹至治之成，寔賴交修之助。方需後效，用佐中興。胡欒棘以奔歸，遽柴瘠而不起？倏感騎箕之化，永遺亡鑑之思。愍册肆頒，恤恩滋備。特贈爾爲太師，謚文毅，錫之誥命。於戲！周太尉之重厚，屬大事以克勝；韓魏公之真誠，折群疑而能斷。兼資重美，允副褒綸。秩既晋于三公，寵實榮于一字。緬惟靈爽，尚克歆承。

特進光禄大夫暨一品太夫人誥命一道萬曆十七年

皇帝制曰：盛德之傳十世，家業方昌；公論之定百年，國恩未艾。眷茲堂構之績，永惟宗社之勞。載晋鴻階，用光燕翼。爾原任光禄大夫、柱國、少師兼太子太師、吏部尚書、中極殿大學士、贈太師、謚文毅張四維，篤生碩輔，間氣偉人。學術合乎才誠，謀畫基於忠讜。潤色兩朝之丕業，殫敷一德之訏謨。道本格心，功成造膝。除奸剔蠹，頓回國脉於和平；黜佞登賢，一洗士風之陂險。几几方諧於赤舄，欒欒已咏於《素冠》。人方望裴度之重還，天胡奪楊綰之遽速。寵數雖窮乎國秩，謀謨猶繫於朕思。茲用爾子甲徵考績，進爾階特進光禄大夫，勛如故。於戲！阿衡邁德，宜伊陟之象賢；士燮勤身，知隨武之有後。念爾二子，克傳韋相之經；惟予一人，長憶魏徵之鑑。尚期靈爽，服此休嘉。

制曰：婦爵從夫，已峻中閨之秩；母賢視子，載揚南國之休。雖珈褘之貴靡加，而絲綸之寵無替。茲惟異數，亦曰彝章。爾累封一品夫人王氏，乃原任少師兼太子太師、吏部尚書、中極殿大學士、贈太師張四維之妻，兵部職方清吏司主事甲徵之母，毓貞名閥，作配元臣。藻蘋贊節於《羔羊》，筦簟鍾祥於《麟趾》。功參調鼎，聿彰錡釜之勞；教本斷機，克衍絲綸之緒。禄養方寧於燕喜，板輿仍備乎魚軒。是用加封爾爲一品太夫人。洊膺七命之榮，永介百年之祉。

聞喪諭祭文一道

惟萬曆十三年歲次乙酉十月十九日，皇帝遣山西布政司左參政劉中立諭祭少師兼太子太師、吏部尚書、中極殿大學士張四維曰：惟卿問學宏深，器資端亮。勞存史局，望著經幃。由翰署而歷踐清華，自宫尹而進參密勿。屬當更化，爾乃秉樞。驅回矞而世道一新，滌煩苛而民生用乂。方賴股肱之助，遽驚匍匐之歸。孝庶移以事君，毁乃終于滅性。眷兹舊德，良軫朕懷。諭祭特頒，用彰愍恤。靈其不泯，尚克歆承。

首七諭祭文七七、百日文同，計八道

惟萬曆十三年歲次乙酉十月二十二日，皇帝遣山西布政司左參政劉中立諭祭少師兼太子太師、吏部尚書、中極殿大學士、贈太師、謚文毅張四維曰：惟卿列秩上公，作朕元弼。克攄忠藎，茂樹勛庸。托國政以方殷，丁家難而不起。奄臨首七，良用蠱傷。追念往勞，特頒諭祭。爾靈不昧，服此殊恩。

安葬諭祭文一道

惟萬曆十四年歲次丙戌三月十七日，皇帝遣山西布政司左參政劉中立諭祭少師兼太子太師、吏部尚書、中極殿大學士、贈太師、謚文毅張四維曰：惟卿應運而生，乘化而往。雖儀刑之云邈，乃勛業之猶存。日月不居，奄臨窀穸。追念君臣之義，已全終始之恩。諭祭申頒，靈其歆服。

周期諭祭文再周、禫除文同，計三道

惟萬曆十四年歲次丙戌十月十六日，皇帝遣山西布政司左參政劉中立諭祭少師兼太子太師、吏部尚書、中極殿大學士、贈太師、謚文毅張四維曰：卿以儒望，致位公台。謨謀歷試于經邦，德義允孚乎匡辟。自見素冠之去，遂虚赤舄之迎。泉室長扃，周期倏届。顧兹宿莽，益增悼傷。秩祀敷恩，靈其來享。

後喪諭祭文計二道

惟萬曆十八年歲次庚寅七月十九日，皇帝遣山西布政司左參政趙燿諭祭少師兼太子太師、吏部尚書、中極殿大學士、贈太師張四維并妻一品太夫人王氏曰：惟卿以元臣舊德，熙載亮工，茂宣篤棐之勞，式著匡襄之績。亦惟賢淑，相爾閨闈。委佗儆象服之宜，警戒得燕私之助。嗣賢逴起，景福方來。胡不遐齡，倏聞長逝。並頒諭祭，爰示恤恩。不泯懿靈，尚其歆服。

惟萬曆十九年歲次辛卯二月二十二日，皇帝遣山西布政司左參政趙燿諭祭少師兼太子太師、吏部尚書、中極殿大學士、贈太師張四維并妻一品太夫人王氏曰：眷予良弼，久謝人寰。茲爾歸藏，共安窀穸。死生契闊，終始恩榮。諭祭申頒，幽靈永慰。

附　録

奏疏三道

原任兵部武庫清吏司主事等官、今丁憂臣張甲徵等謹奏：爲恭謝天恩事。臣父原任少師兼太子太師、吏部尚書、中極殿大學士先臣張四維，于萬曆十三年十月十六日在籍病故。隨該山西撫按官許守謙等具題，奉聖旨："張四維先任元輔，贊理忠勞，應得恤典着禮部從厚查擬來看。"欽此。續該禮部覆題，奉聖旨："是。准照例與祭葬，仍加祭四壇，差官造葬，還與他謚。"欽此。又該吏部覆題，奉聖旨："張四維准贈太師，仍廕一子與做尚寶司司丞。"欽此。續有中書舍人鄭國俊遵奉欽差，賫領山西布政使司，遵依工部札付，照例給付墳地、匠作、棺木等項銀兩，于十四年三月内前到蒲州地方，督令官匠擇地造墳。山西布政司左參政劉中立遵依禮部札付，將欽賜諭祭照例次第舉行。至十五年三月十七日，臣等謹就恩賜新塋，奉先臣靈柩安葬訖。臣伏念先臣張四維生當昌運，仕列清班。風虎雲龍，際千載君臣之遇；青天白日，罄一生忠孝之心。雖通顯之洊躋，奈涓埃之未效。溘先朝露，遄往夜臺。仰荷聖慈，特垂愍惻。爰稽成憲，則從厚之命惟殷；洎賜恤恩，則最優之典咸備。太師三公，穹秩不吝褒崇；司丞六品，華階乃叨延賞。仍循節惠之義，肇錫“文毅”之稱。加籩迥出乎常儀，卜兆遠勤乎專使。星軺涖止，龍光敷賁于松楸；天語傳宣，雲漢昭回于俎豆。允矣備哀榮之異數，曠然擅臣子之奇逢。老穉聳觀，共羡湛恩之渥；山川增色，普沾漏澤之施。怙德同天，歔忱無地。玆蓋伏遇皇上交孚開泰，覆育體乾。舊學不忘，豈曰遺簪之棄？微勞必録，永惟亡鑑之思。諒九原感戢以無窮，即百世捐糜而莫報。臣等敢不勉承家訓，祇戴國恩。資事父以事君，願代攄夫銜結；緣死忠而死孝，庸何愛于髮膚。臣等無任悲感激切、瀝血銘心之至。奉聖旨：“禮部知道。”欽此。

其　二

原任吏部等部考功等清吏司主事等官、今丁憂臣張甲徵等謹奏：爲懇乞天恩俯賜恤典以光泉壤事。臣等謬叨任使，待罪郎署，各供本職。間本年四月十七日，接得臣弟原任中書舍人、在籍養病臣定徵家書，報稱臣母封一品太夫人王氏先于本月初八日在家病故。臣等聞報驚慟，五内如焚，積罪逮親，萬死何贖？除即日解任，遵例守制外，伏念臣母自歸臣父原任大學士先臣四維，恩沐三朝，秩崇一品，從爵之義，無間始終。往年臣父病故，荷蒙聖恩，賜恤從厚，祭葬有加。今臣母所有應得賜祭及開壙合葬併與臣父並祭各項恤典，伏乞敕下禮部查覆施行。臣等草土餘息，不勝瀝血哀懇之至。

其　三

原任吏部考功清吏司主事臣張甲徵等謹奏：爲恭謝天恩事。先因萬曆十八年四月内，臣母累封一品太夫人王氏在家病故，臣等聞訃，隨即具奏請給恤典。奉聖旨："禮部知道。"欽此。隨該禮部覆題，奉聖旨："准照例並祭、開壙合葬，仍加祭一壇。"欽此。續該山西布政司依奉禮部勘合，行令本司堂上官分守河東道左參政趙燿，諭祭臣父原任大學士先臣四維暨臣母王氏，共祭二壇。又依奉工部勘合，行下平陽府蒲州，給臣家開壙工銀五十兩。臣等欽奉聖恩，至今年二月敬啓先臣之壙，奉臣母合葬訖。臣等哀感交切，謹此稱謝者。皇慈禮下，隆施不替于始終；舊學承恩，殊典兼推于伉儷。泉臺增賁，海宇稱奇。兹蓋伏遇皇上仁齊覆育，德並生成。追惟輔理之微勞，特錫榮哀之異數。九章命服，寵既逮其室家；一品恤儀，恩更優于窀穸。臣母王氏糟糠胥戚，綸綍分榮。爵秩從夫，已共拜鸞章之焕；年齡偕老，復同棲馬鬛之封。歆籩豆之静嘉，均沾湛露；依山河之奠麗，永賴恩暉。臣等敢不誓畢微生，勉圖薄效。戴天履地，祝萬壽以無疆；移孝爲忠，矢百身而靡悔。臣等無任瞻天仰聖感戴激切之至，爲此除望闕謝恩外，謹此具本專差義男張德齎捧謹具奏聞。

校勘記

〔一〕"滔"，清稿本作"慆"，是。

〔二〕"嫕"，疑當作"嫕"。

〔三〕"霖"，據《四庫全書》本（明）孫繼皋《宗伯集》卷一《少傅兼太子太傅禮部尚書武英殿大學士張四維誥命》當作"霈"。

〔四〕"霈"，據同上文當作"霑"。

〔五〕"封"，疑當作"贈"。

條麓堂集卷三十四

永信録下

張文毅公神道碑

上御極之三年，蒲坂張公以宫詹晋宗伯、大學士，入参機密。又八年，秉政逾年，以父贈公之喪歸其廬。蓋上時時念公也，嘗顧問左右："張少師無恙乎？何時服除？"於是朝士大夫歡傳："張公且復召。"海内延頸而望太平，曰："張公且復召。"然未及召而公卒。上聞震悼，輟一日視朝，賜祭加等爲十三壇，遣官治葬事，贈太師，謚文毅，廕一子尚寳丞，恩恤甚厚焉。及是，公伯子甲徵等奉閣學山陰公狀，屬余紀其墓隧之石。余與公共事三朝，自詞林、講幄入參機務，先後皆獲從公，凡公之論議、著作與其厝注于國家者，皆余所親睹，即不斐其何敢辭？公諱四維，字子維，别號鳳磐，山西蒲州人也。其先自解徙，世以高義聞里中。曾祖寧，配雷。祖誼，配王，繼解。父允齡，號嵋川公，配王，寔生公。以公貴，曾祖、祖、父贈封俱光禄大夫、柱國、少師兼太子太師、吏部尚書、中極殿大學士，妣皆一品夫人，具余所爲《嵋川公志》。公生而穎異，甫能言，解夫人弄之膝上，問兒所欲，公亢聲曰："欲一當明主，康濟天下。"解夫人大驚，心知公非凡兒也。年十五，舉茂才高等。督學劉公某雅自負，少所許可，獨奇公年少而才，推曰國士。嘉靖己酉，舉鄉試第二人。癸丑，成進士，以庶吉士第一讀中秘書。乙卯，授翰林院編修。無何，丁内艱。服闋，補職。壬戌、乙丑，兩充會試同考官，分校《永樂大典》。是時，詞林少事，日游敖徵逐。公獨與同志楗户讀書，自傳記、諸子、百家無不窮詣博覽，而尤好深沉之思，蓋隱然負公輔之望焉。袁文榮公嘗以博物策士，屬公代對，立具草，袁公嘆曰："此真博物君子矣。"徐文貞公嘗召諸詞臣集直中，語及國計，屬公考訂贏縮，推利害所繇，曰："此參政異日憂也。"隆慶丁卯，《大典》録成，升右春坊右中允，予五品服。莊皇帝首御講幄，以公充經筵日講官。公盟心登對，多所開發，莊皇帝常竦意聽之。是年，主順天鄉試。尋升左春坊左諭德，兼翰林院侍讀。戊辰冬，請假歸省，賜銀幣，給驛以行，及春而復。己巳，升翰林院學士。尋升吏部右侍郎，轉左。新鄭高公雅重公，推轂甚亟，而同事者意忌，以爲軋己，從中撓之，公遂以疾乞歸。壬申春，上出閣講學，慎簡宫僚，以公充侍班官，協理詹事府。尋掌府事，兼教庶吉士。無何，復引疾歸。萬曆甲戌，詔再起公，以原官仍掌詹事府事，充世廟《實録》副總裁。肅皇帝在位久，章牘浩繁，諸司掌故皆闕軼。公極意搜討，自嘉靖辛卯以後三十五年間朝章、邊務、國賦、人才皆犁然具備。江陵張公矍然稱服，因出舊所編《初紀》者，盡屬公筆削乃定。乙亥，上簡置弼臣，升公禮部尚書兼東閣大學士，入内閣參預機務。公既拜命，侍上講讀于便殿，賜公御書"一德和衷"大字，公稽首謝出。上以公器度不凡，注視者久之。丙子，充重修《會典》總裁官。丁丑，主會試。肅皇帝《實録》成，加太子太保，進文淵閣大學士，賜銀幣、鞍馬。戊寅春，大婚，以公贊襄六禮勞，加少保，進武英殿大學士，廕一子中書舍人。庚辰，一品滿考，加柱國、少傅兼太子太傅，廕一子國子生。壬午，遼左大捷，以決策功進兼太子太師，廕一子錦衣百户世襲。凡三進秩，皆予三代誥命。自江陵柄國，以刑名一切痛繩海内，其治若束濕，人心囂然。既没，而親信用事之人尚據要地，與權璫爲表裏，相與墨守其遺法，閣中議多齟齬不行。公燕居深念，間爲余言："此難以顯争而可默奪。今海内厭苦操切久矣，若以意示四方中丞、直指，令稍以寬大從事，而吾輩無深求刻責，宜可以少安人心。"會皇嗣誕生，而公喜可知也，曰："時不可失。"乃手疏，勸上宜以大慶施惠天下，省督責，緩征徭，舉遺逸，恤灾眚，以養國家元氣，而出諸司所擬寬條屬余損益，凡數十事以進。上欣然命行之。尋以詔恩，加公少師、吏部尚書、中極殿大學士，廕一子尚寶丞。先是，席江陵寵者憚公而易余，故起新昌位余上以逼公。及新昌論罷計阻，則欲設事構隙，乃因陽城太宰劾罷，嗾御史并劾公。御史，楚人也。上曰："元輔忠臣，御史何得妄言？"持其章不下，手詔趣公出。憚公者愈不自安，則夤緣罪人爵關説權璫保，將爲公難，御史疏再入。上怒，鐫御史三級，出之外。公上疏引咎，乞宥言者，上褒答不許。是時權璫驕恣甚，上積不能平，語浸淫聞外，言官亦微知上指，乃共爲疏論爵及保不法狀。上震怒，立諭公擬旨，曰："奴輩盗我威福久，其亟誅之。"乃下爵詔獄，論死。安置保于南京，籍其家。言者因追論江陵事，上欲窮竟其獄，公從中救解，事得暫已，然異時江陵私人遣斥殆盡。公請詔臺省舉骨鯁端亮之臣，或起巖穴，或拔自下僚，期月間耆賢在列，朝寧改觀焉。公一秉政而滌煩苛，鋤荒穢，拔根株窟穴之奸于主上之側，其沉謀秘畫〔一〕，有人所不及知者。然公口不言功，而言者或攘以爲功，公亦不自明也。蓋自是上益重公。一日上視朝，公立金臺則〔二〕，眩暈欲仆，上曰："張先生不耐早寒。"命中使扶送至閣。癸未，從駕閲壽宫，陟峻嶺，上顧近侍曰："可令二人掖張先生。"其優眷如此。無何，嵋川公訃至，公哀毁不欲生。上特遣中使慰唁，微示以奪情意。公泣，固謝曰："臣死且不敢。"上憐之，賜賻襚特厚，仍命馳傳，給道里費，遣行人護行。公辭上于文華殿，勸上以法祖孝親，講學勤政，清心寡欲，惜財愛民，保終如始，因泣下，上爲之動容，慰勞甚至。公歸，壽宫閲定，上猶録公勞，遥賜白金、文綺，廕一子國子生。比服闋，上將召公，而公疾革不起。是爲萬曆乙酉十月十有六日，距其生嘉靖丙戌五月十有二日，享年六十。公孝友天篤，内行甚謹，與人交，齗齗不能苟合，而厚于故舊，不以存亡易心。嵋川公家居，月一馳使定省。既聞訃，匍匐兼程，廢寢食，道病幾殆。甫至家，而後母胡夫人亡，兩弟又亡。公雖病，猶强起爲經紀喪事。宫保楊南澗公知公于髫齓，公以國士報，既没而葺其祠。諸故人遺孤無所歸，公皆衣食之，無令失所。新鄭去國，門下士方首鼠避，公時赴宫詹命，自獲鹿取道，會于逆旅。江陵嘗以問公，公曰："昔事高公，猶今事公也。去而遠之，謂交誼何？"聞者稱服。公居恒簡重，呐呐如不出口，至其臨大事，决大疑，迎刃立斷，自謂賁育不能奪也。北虜款貢，衆言盈庭，謂夷情叵測。公于政府力陳便宜，乃許。王少保嘗曰："微吾伯甥，幾敗國家事。"五開苗叛，撫臣募卒討平之。或言卒當散遣，不且生亂。公曰："有事用之戰，事已奪之餉，是趣使亂也。"會滇南用兵，令一將將以行，平緬之役，卒賴其用。公在閣中，數爲余稱楊文襄公，曰："本朝經濟國手，無如是翁。其誅瑾一事，大有作用，可謂振古之豪傑。"意若深有概〔三〕于文襄者。乃公所以扶危定傾，安利天下，余竊以爲過之。公配王氏，儒官恩女。初封孺人，晋宜人、淑人，洎公大拜後，封一品夫人者三。有子六人：長甲徵，兵部武庫司主事；次泰徵，禮部儀制司員外郎；次定徵，中書舍人；次久徵，次元徵，俱國子生：娶皆名族。次獻徵，早卒。女三人，嫁聘皆名族。詳在志中。甲徵等以丁亥三月十有七日葬公于蒲之風陵鄉，蓋公所自卜壤，上即以賜公，從公志也。余按，萬曆初端揆之臣當天子冲聖拱默，政權由己，而務文飾太平，緣飾恩寵，示威重不可撼。上未必得主之心，而下至于盡失天下之心，故一去而敗，既死而人不思。及公以除慝迸奸結知主上，稍易前人之弦轍，與衆更始，上既推誠相任，而海内皆忻忻嚮慕，庶幾以振興鴻業。然公柄事未久而去，去當復召，而閔然不能須臾，天固未欲幸海内耶？何奪公之亟也？嗚呼悲哉！余故最公之大者，揭之碑而系以銘，曰：

翼翼虞都，代鍾賢哲。佐運匡時，有聲烈烈。顯允文毅，應期挺生。才爲國華，行爲士程。肅皇之朝，雍容載筆。掞藻垂鴻，鑾坡石室。暨事穆考，執經周旋。盟心解頤，廣厦細旃。冲聖在宥，公歸來復。勸成信書，乃符夢卜。天子曰咨，汝作舟霖。其代予言，其沃朕心。公拜稽首，對揚休命。一德和衷，不絿不競。乃持大匕，易寒爲春。滌煩去苛，化瑟維新。乃屏憸壬，以肅在位。射隼于墉，投鼠于器。乃徵遺逸，寘之天衢。澗無考槃，場無逝駒。夙夜劬勞，不遑啓處。盡瘁厥躬，以報明主。帝眷元臣，日寵綏之。其顛其危，俾掖持之。信若蓍蔡，歡若魚水。君臣之交，終如其始。素車西邁，欒欒棘人。豈不懷恩，非孝無親。祥琴在堂，蒲輪在路。乘箕行天，公不返顧。柄政無何，其勛則崇。帝心所懷，朝野攸同。去則有思，没則有恤。何其厚矣，用酬良弼。不墜厥功，不隕厥聲。于千百年，視此刻銘。

特進光禄大夫、柱國、少師兼太子太師、吏部尚書、中極殿大學士、知制誥經筵事、總裁《會典》吴郡申時行譔

張文毅公墓志銘

蒲坂張公，諱四維，字子維。嘗讀書中條之鳳鳴山，學者稱鳳磐先生。其先世居解州鹽澤，元季遷於蒲。遷蒲後五世秀公，是爲公高祖。秀生孟儒公寧，寧生首陽公誼，誼生嵋川公允齡，

公父也。以公貴，六拜封命，累贈三世皆如公官，而曾大母雷，大母王、繼解，母王皆一品夫人。峒川公内操儒行，外托什一以游，而王夫人爲少保鑑川公姊，有家法，以嘉靖丙戌五月十二日生公。公甫能言，解夫人膝公，微問所志，亢聲曰："願得一當明主，康濟天下。"解夫人大驚，當是時已心知公非凡兒矣。年十五，舉茂才高等，試輒冠諸生。後九年，鄉舉第二人。又四年癸丑，成進士，以庶吉士第一讀中秘書。每念國家待士厚，士堇堇工鞶帨以取世資，是自薄也。於是參究累朝典故儀章，詢考四方利弊興革，務當於實用。嘗侍徐文貞公，語及國計，文貞公曰："此參政他日憂也。"當是時，公已隱然負鼎鉉之望矣。乙卯，授翰林編修。無何，奔母夫人喪。戊午，起家。時寵賂滋章，公獨有以自守，泊如也。壬戌，重録《永樂大典》，公與分校。隆慶丁卯，書成，升右中允兼編修，直經筵日講，予五品服。尋升左諭德兼侍讀，代制草，清武黄。戊辰，請告寧親，賜銀幣，給驛歸。庚午，升翰林學士掌院事。詞林獨學〔四〕不署講讀最重，班僉都御史上。時久虚其銜，一旦以授公，人以此覘公旦暮且大拜也。是歲，升吏部右侍郎，仍兼學士，尋轉左。明年，又引疾請告。遣中使問疾，賜羊酒、蔬粲。久之，予告歸。會簡東宫侍從，起公協理詹府，尋掌府事，教習庶吉士。無何，復引疾歸。肅皇帝在位久，《實録》浩繁，開局編摩，竟隆慶之世，青未殺也。今上萬曆甲戌再起公，以原官爲副總裁。乙亥，進禮部尚書兼東閣大學士，參與機務。初，江陵公手自筆削《嘉靖初紀》，僅及十年，而公接其後事。公故博洽，有史才，討論潤色，悉當江陵公心，於是更出《初紀》，屬公定焉。再逾年，書成，加太子太保，進直文淵閣，賜鞍馬。大婚禮成，賜金花、銀幣、服色，加少保，進直武英殿，廕一子秘書。耕藉，以公率諸卿，終九推焉。庚辰，一品滿，賜寶鈔、羊酒，加柱國、少傅兼太子太傅，廕一子國子生。明年，以遼左捷功進兼太子太師，予武廕世錦衣百户。公之初拜也，上手書“一德和衷”四字賜焉。時江陵公當國，壹務覈刻，狹登進，廣誅戮，嚴關傳，急催科，惡聞灾傷，喜行聚歛，最後算緡履畝，法令煩苛，海内囂然苦之。公居其間，邑邑不得志。壬午，會江陵公卒。是秋，皇嗣誕生，加公少師兼太子太師，廕一子符丞。公乃密疏宜下寬大之詔，因擬上詔書條格，以次罷諸政事不便者，民歡若更生，而故江陵公私人號稱“楚黨”者益目攝公矣。初，江陵公病亟，而楚黨大懼失勢，乃詐爲江陵公遺疏，薦起新昌以自代，而謀去公，先因權璫保所親信者徐爵，結保爲内應，而外嗾三御史伺間交章排公也。於是，一御史先論罷王太宰嘗之，一御史因重劾太宰，連及公。上曰：“少師忠臣，安得爲此言?”持其章不下，而手詔公出視事。最後一御史再疏，則褫官三等，出之於外。公引咎乞身，請宥言者。優詔不許，而楚黨陰謀者更被劾去。當是時，上已心嚮公，而銜故用事者，無所發怒，日望外廷彈章。而他御史密測上意，交起抨擊，先論爵逋匿禁地、交通不法事，尋乃論保，歷數保大罪十餘。上大怒曰：“奴輩盜我威福久矣。”下爵詔獄，論死。安置保於南京，籍其家。或追論江陵公與保表裏爲奸狀，上益怒，欲併籍江陵公，逮其諸子。公力解之，事以故暫已。當是時，楚黨坐斥殆盡，他御史氣益發舒，引繩批根，猶抨擊不止。公乃言於上，治道去太甚耳，宜略苛細，存大體，從之。時六卿半易，省署爲虚，公請詔舉耆碩端亮前時所捐廢者，期月間人望畢收，朝宁改觀焉。公當國未帀歲而遭父喪，上嗟嘆惋惜，計奪情不可，則賻恤有加，慈宫、潞邸各致襚焉。面辭文華殿東室，勸上清心勤政，節財愛民，慎終如始，因泣下，上爲動容。命乘傳，賜道里費，遣行人護行。公行病疽，渡河創甚，逾月乃抵家。上以閲定壽宫，遥賜銀幣，復廕一子國子生。

公歸而兩弟繼卒，後母胡又卒，比終制，竟以身從焉，乙酉十月十六日也，享年周一甲子。訃聞，上輟朝一日，賜祭十三壇，遣官治葬，贈太師，謚文毅，復官一子符丞。公爲人孝友，篤於故舊。人有德，一飯不忘，故人遺孤，往往待以舉火。公初在詞林，與新鄭、江陵二公爲莫逆交。二公繼在政府，有隙。新鄭去國，而公適赴召命，從獲鹿取道，會新鄭於欒城。江陵公知之，迎謂公曰："上方震怒，安得私見罪人?"公曰："疇昔事高公猶事公也，一親一疏，謂交道何?"江陵嘿然。俺酋款塞，朝議籍籍，鑑川公力持於外，而公居中爲陳便宜。鑑川公嘆曰："成吾事者，伯甥也。"楚守臣募卒討五開叛苗，苗平，議散遣之。公曰："有事用之戰，事已奪之餉，後何以使人?"會滇南有警，即命將將此屬以往，募卒感奮，迄用成功。其善謀能斷類此。公立朝三十年，登政府者九年，當國僅期月耳。壬戌、乙丑，分試禮部者二。丁卯，典順天試一。戊辰，典武舉試一。丁丑，典禮部試一。是歲暨庚辰、癸未，讀大廷卷三。主會武宴一。春秋代祀先師三。幸太學分獻一。圜丘、方澤分獻四。他以扈從郊陵、閱武賜蟒衣，鸞帶，麒麟、斗牛服，綉綵，伽袋，暖壺諸物不可勝計。夫人王氏，儒官恩之女。初封孺人，晋宜人、淑人，而封一品者三焉。子男六：甲徵，庫部主事；泰徵，儀部員外郎：皆進士。定徵，秘書。久徵、元徵，國子生，皆任子。獻徵，早卒。婦楊，次孫，次楊，次羅，次楊。女三，長適武選郎馬慥，餘皆殤。孫男四、女二。甲徵等將以丁亥年三月十七日葬公於其所自卜之風陵鄉，而奉大學士王公狀，屬余爲志銘納壙中。甲徵，余癸未所取士。余因憶辛未從公供事大廷，受諸士卷，輒口相雌黄，公正色曰："天威咫尺，奈何戲豫?小黄門往來偵之，達上所矣。"楚黨排公，時余燕見公，輒曰："久病當去，思引天下賢者自代，其在公乎?"如是者再，余跼蹐不自安。無何，謬被簡命，意公或數言余於上，而人不及知也。公又爲余言：“欲白新鄭冤，請恤，而未得間，今以遺公。”余出新鄭門下，深愧其言。三事狀所不及載者。銘曰：

中條之陽，爰有鳳鳴。是鍾名碩，蔚爲國禎。於文毅公，夙稱博雅。篤古濟時，如宋司馬。秘紬石室，草潤蘭臺。始終四紀，文直事該。黼幄横經，綸扉補衮。道先啓沃。民瞻師尹。蕩滌新法，斡旋乾坤。斗杓潛運，大寒陽春。内清奸慝，外散黨比。搜羅巖穴，布列庶位。老癃扶杖，思見治成。化瑟弘張，海宇廓清。惟晋有才，五百年後。萬曆之功，比於元祐。薦遭家難，殉父以身。倏乘箕尾，莫返蒲輪。鳴鳥不聞，千秋窀穸。鳳德非衰，著玆樂石。

光禄大夫、柱國、少傅兼太子太傅、禮部尚書、武英殿大學士、知制誥經筵事、《會典》總裁新安許國譔

張文毅公墓表

萬曆乙酉冬，少師、大學士蒲坂張公卒於里第。訃聞，上震悼，輟一日視朝，詔贈太師，謚文毅，官一子丞尚寶，諭祭者十有三。其又明年丁亥，公之子兵部主事甲徵等葬公於蒲之風陵鄉，則公所自卜兆，上遣官爲營封樹云。公輔政幾十年，其正首揆也，僅期月耳。而當鼎革之會，夙夜奉公，知無不爲，一切廣聖澤、厚元元、芟憸壬、舉遺佚，皆出公石畫。天下方手額，公〔五〕而一旦以憂去，竟不復起，故公雖以榮名始終，人猶有憾焉。公諱四維，字子維，别號鳳磐。公幼即開敏，有異大志。舉茂才，試常爲諸生高等。己酉，舉鄉試第二人。癸丑，成進士，以庶吉士入翰林。翰林職鉛槧，以不關聞吏事爲高，公獨取累代典故及四方興除利弊反覆研析。時華亭徐文貞公雅知公業，以公輔期之矣。乙卯，以編修丁母王夫人憂。戊午，復故官。越八年

丁卯，莊皇帝改元，以重録《大典》成，晋右春坊右中允，予五品服，充經筵日講官。已遷左春坊左諭德兼侍讀。而公念父嵋川公且老，乃給假省視，明年還朝。又明年，晋翰林院學士掌院事。學士最華重，不輕授，於是人争言張公且相矣。已晋吏部右侍郎，仍兼學士，尋轉左。辛未，引疾乞歸。莊皇帝眷公，不許。再疏，乃許之。明年春，今上出閣講讀，起公充侍班官，協理詹事府事。尋掌府事，兼教習庶吉士，復引疾歸。上御極之二年甲戌，再起公，以原官掌詹事府事。乙亥，上手敕晋公禮部尚書兼東閣大學士，入贊機務。丁丑，以纂修肅皇帝《實録》成，加太子太保，進兼文淵閣大學士。明年，大婚，加少保兼武英殿大學士。庚辰，以一品滿三年，加柱國、少傅兼太子太傅。壬午，以邊功加兼太子太師，又以皇子生加少師、吏部尚書、中極殿大學士。前後廕子者四。方江陵公柄政，法令苛急，如束濕薪，海内訩訩。是年，江陵公卒，公因密疏，請下寛大詔，罷一切法令不便者，天下曠然若脱攣縶。而先是，江陵公病將革，其入幕黨人憚公當軸即不得遂其私，乃詐江陵公遺疏，薦新昌公自代，爲去公地，而大璫馮保居中左右之，流言籍籍起。及一御史疏上，上持之不下。一御史疏又上，上怒甚，鐫其三秩，斥之外。於是諸黨人稍折氣内携，而言官因其間，得遂發保與江陵公表裏搆合諸奸狀。時公猶藉藳私第待罪，上立召公入，令擬旨寘之法，籍其家。已而皂囊日上，率爲諸黨人。諸黨人既以次逐罷，而言者猶不已，公謂："除惡務根，他可略也。"言于上，請一切與之更始，又請拔用海内端直士舊爲江陵公抑棄者，由是公論大明，中外清肅。然公以勞致瘁，一日在上前，忽眩仆地，上命兩中使掖至閣。明年春，扈駕閲壽宫，上登山四覽，又顧謂近侍掖公。上於公倚毗甚切，故恩禮優異如此。未幾，嵋川公訃至，公號踊孺慕。上遣使慰勞，賻贈有加。及辭上于文華殿，稽顙進曰：“臣豎儒，幸荷知遇，今雖遠離，不勝拳拳之私。願陛下法祖孝親，講學勤政，清心寡欲，惜財愛民，日慎一日，保終如始。”上復慰諭，目送之。公既重傷嵋川公，而兩歲間兩弟相繼卒，繼妣胡亦卒，公煢煢苫寢，悲感益集。乙酉十月，方禫繼妣胡之喪，忽暴下不止，數日而逝。公居常恂恂如書生，然深略内蘊，人莫能窺其際。至權大事，决大議，霆擊斧斷，亡不中窾隙者。江陵公在位久，恣胸臆自便，公挾持堅定，意所必不可，江陵公終不能奪之。性嚴重，寡言笑，與人齗齗不苟合，然能以意氣假人，人樂爲用。故一肩艱鉅，旋乾轉坤之效倚辦俄頃，論者方其功不在華亭公下云。華亭公故知公於筮仕時，乃公亦陰識視華亭公所以間闔上下駭機伏弩之間，口銜心算，且翕且張，時詡詡爲不佞言之。又嘗伏楊文襄、翁襄敏兩公氣略磊砢，無書生、文吏瑣瑣態，而惜後人無繼之者，意亦陰自許也。丈夫故有志，操左券而前，卒與事合。嗟嗟！使公在位久，其耳目、同事益習且安，虛而委蛇，養天下以和平之福，功烈可勝道哉？公内行篤備，在長安月一使人問嵋川公安否。其喪也，憑棺一慟而仆。兩弟殁，公已病，猶强起經紀其喪。新鄭、江陵兩公者，並以才識交公。新鄭公得罪去，公起家宫端，取他道會于逆旅。江陵公怪，問故，公曰：“疇昔之事高公，猶今事公也，奈何以去而遠之？”其敦厚雅素類此。當公之里居宅憂且闋也，群小憚公，嚴忌其復起，間私問不佞：“即蒲州公來，當别用一番人，公自度與之共事合否？”不佞謹對曰：“先生誠正人也，不佞以誠正輔之必合。”嗟嗟！此亦不佞之左券也，雖時會未償，請以質之九原，無愧色焉。因纂公行誼大者授諸孤，使附於麗牲之次以詔來許。若世系、姻屬及公歷官受事之詳，非宗社所以重輕，兹不具載云。

賜進士及第、資善大夫、禮部尚書兼文淵閣大學士、知制誥

經筵事、玉牒《會典》總裁太原王錫爵譔

張文毅公行狀

萬曆乙酉十月十六日，故少師、大學士鳳磐張公卒於蒲坂里第。厥嗣兵部主事甲徵等告哀於朝，恩命既下，乃摭其生平行誼，將乞碑誌於名世元老以垂不朽，而先屬不佞爲之狀。狀曰：公諱四維，字子維。中條有别峰曰鳳鳴山，因以鳳磐自號云。張氏自上世居解州鹽澤南陂，元季有思誠公者始遷於蒲，其子友直公乃占籍焉。友直生仲亨，仲亨生克亮，克亮生秀，世以高義聞里中。秀字彦實，是爲公高祖，生孟儒公，諱寧，配雷氏。孟儒公生首陽公，諱誼，配王氏早卒，繼配解氏。首陽公生嵋川公，諱允齡，配王氏，今少保鑑川王公姊也。自孟儒公至首陽公，皆以公貴累贈光禄大夫、柱國、少師兼太子太師、吏部尚書、中極殿大學士，自雷夫人至王夫人皆一品夫人，而嵋川公則親承封命，凡六拜制詞焉。初孟儒公之卒也，雷夫人煢煢稱未亡人，與其子女依外氏，故首陽公德外氏，爲雷翁媪木主，祀于家。首陽公好讀書，居常手一編，或爲鄉人誦説大義，恂恂如也。嵋川公生十年而首陽公卒，解夫人亦煢煢稱未亡人，事雷夫人惟謹，里中號曰“雙節”。嵋川公孝友仁厚，惇信樂義。外托什一以游，而内操儒行，楚蜀、燕瀛之間，無不知嵋川公名。王夫人合德而隱，以勤儉治家。語具申少師、楊太傅所爲誌中。肅皇帝五年而公生。公生而穎異，甫能言，解夫人抱持膝上，問兒所欲，公即大言曰：“欲一當明主，康濟天下。”解夫人大驚。夫人時或不懌，則具道異日顯親之具，以寬適其意，未嘗不解頤而笑，固知公非常兒也。七歲就外傅，動如成人，出入必以禮，同學者皆嚴重之。十五，舉茂才高等。時督學劉公繇翰林出視學政，高自簡貴，鮮所許可，見公年少有偉度，異之，則下堂循行，因睨觀公草。草未竟，而劉公讀之以爲奇，乃特移坐堂皇上，更數題試公，公立就，于是劉公嘆服，曰："蒲即多才，易得耳，若乃國士無雙。"遂置以爲第一。自是每試未嘗不第一。己酉，舉鄉試第二人。癸丑，成進士，以庶吉士第一讀中秘書。公以爲國家待士厚，不宜工鞶帨取世資以自菲薄。於是取國家典故悉研究之，詢考四方利弊及興革所由，無不洞察，當是時公已隱然負公輔之望矣。華亭徐公嚮公甚，謂異日濟大業者必在公。公侍坐，語及國計，徐公曰："此參政他日之憂也。"其見期望如此。乙卯，授翰林院編修。無何，以母王夫人喪歸。戊午，起家，除原官。是時寵賄滋章，士以造請相尚。公獨闢一齋，與乾庵馬公、正峰孫公數人吟誦其中，自守泊如也，當事者顧益重公。己未，充廷試掌卷官。壬戌，充會試同考官。時主考相國袁公以博物策士，當代對，偶病不能具草，以屬公。公對，具如袁公指，袁公嘆曰："真博物君子也。"八月，充重録《永樂大典》分校官。乙丑，復充會試同考官及廷試掌卷官。莊皇帝元年丁卯，重録《永樂大典》成，升右春坊右中允兼翰林院編修，予五品服，充經筵日講官。公盟心登對，冀有所感悟，每至政柄國計、宮壼宦寺之類人所難言者，未嘗不三致意焉。左右侍臣聽之，無不灑然變色易容者，莊皇帝肅然敬憚。公是秋充順天府鄉試主考官，冬升左春坊左諭德兼翰林院侍讀，代草誥敕兼清武黄。戊辰，充廷試受卷官、武舉主考官。是冬，給假歸省，莊皇帝以公講幄勞特賜銀幣，仍給驛以行。己巳春，還朝。庚午秋，升翰林院學士掌院事。故事，學士不攝講讀銜，則班僉都御史上，途遇閣臣不引避，朝廷重之，未嘗輕授，至是特以命公，衆翕然謂天子且相張公矣。冬，升吏部右侍郎兼翰林院學士，尋轉左。辛未冬，以疾乞歸至再，莊皇帝遣中使問疾，賜羊酒、蔬粲，予告歸。壬申春，今上在東朝，出閣講學，詔慎簡輔導之臣，乃起公充侍班官，協理詹事府事，尋掌府事兼教習庶吉士。居無何，復引疾歸。上踐祚之二年甲戌，詔再起公，以原官仍掌詹事府事，充肅皇帝《實録》副總裁。是時峭川公年且七十矣，公方朝夕色養，扁所居堂曰“愛日”，聞召不欲行。峭川公曰：“家世受國恩，未有以稱塞，奈何以老人負明主寤寐旁招意?”公乃就道。蓋公既入都，而輿情手額具瞻，僉願公畨相天子。乙亥秋，手敕升公禮部尚書兼東閣大學士，入内閣參與機務。公疏辭，優詔不許。公既拜命，侍上講讀于便殿，上以御書“一德和衷”大字賜公，公稽首謝。既出，上顧左右曰：“新輔臣器度與衆不同。”注視者久之。冬至，駕幸南郊，以扈從勞賜公蟒服、麒麟服。丙子春，命代祀先師。秋，充重修《會典》總裁官。聖駕臨雍，以公分獻。冬至，命分獻于圜丘。丁丑，命爲會試主考官、廷試讀卷官。夏至，命分獻于方澤。秋，再命代祀先師。肅皇帝《實録》成，敕加公太子太保，進文淵閣大學士，賜鞍馬。公之在宫詹也，寔專綜《實録》編劘事，自嘉靖十年以後凡三十五年間，朝章、邊務、國賦、人才暨柱下仗前之事，衆睹記弗詳者，公悉殫心探討，博證而精覈之，犂然具備。再逾年，書成，江陵公覽而稱善，因出舊所編《初紀》者，盡屬公筆削乃定焉。九月，命主會武宴。冬至，再命分獻于圜丘。戊寅春，大婚納幣，以公充副使，賜金花、銀幣，仍賜蟒服、斗牛服各一。以贊襄六禮勞，敕加公少保，進武英殿大學士，餘官如故，予三代誥命，廕一子中書舍人。冬，扈駕南郊，賜蟒服、鸞帶諸物。己卯，三命分獻于圜丘。庚辰春，三命代祀先師。上耕藉田，以公充九卿首，上注視公終九推，眷禮有加焉。三月，扈駕謁陵，賜蟒羅、繡縧、伽袋、暖壺諸物。廷試，再爲讀卷官。六月，奏一品三年績，賜羊酒、鈔錠，加柱國、少傅兼太子太傅，餘官如故，再予三代誥命，廕一子國子生。辛巳春，扈駕閱武，復賜蟒羅、帶縧諸物。冬，四命分獻于圜丘。壬午夏，再命分獻于方澤。六月，遼左大捷，上嘉公運籌功，進兼太子太師，餘官如故，復予三代誥命，廕一子世襲錦衣百户。先是，天下苦江陵公法令煩苛，吏詭故釣名，而民益瘠。是月，江陵公卒。八月，遘皇嗣誕生，公乃因慶典密疏，請下寬大詔，省督責，緩征斂，舉遺逸，賑灾眚，以培養國家元氣。上憮然曰："先生言是，亟議行之。"公乃擬上詔書條格，罷鑄錢、丈田之令，欲以漸罷政事不便者。詔下郡國，民忻然若更生，而楚人故竊弄江陵公政權者，皆側目攝公矣。九月，以大慶加公少師兼太子太師、吏部尚書、中極殿大學士，廕一子尚寶丞。初，江陵公病時，其帷幄私人日夜聚謀，憚公等二三當軸臣皆正人，且杜群枉路，乃詐爲江陵公遺疏，薦起新昌公于家以自代，俟其至首去公，約三御史次第爲排公疏，而紹介逋逃罪人徐爵者往來關説于權璫馮保所，保從中可之。謀既定，於是一御史乃先論罷王太宰，一御史因重劾太宰及公。上曰："元輔忠臣，御史何得爲此言？"持其章不下，而手詔諭公出視事。最後御史疏復上，上怒甚，奪其官三等，出之於外。公上疏引咎求歸，而併乞宥言者，上褒答不許。無何，言者發大司空回奝不忠狀。司空，故所謂帷幄私人也。上遣中使至閣，諭欲去司空意，公疏對如上指，上乃勒之致仕。居數日，言官論奏權璫保及爵表裏爲奸，歷數其大罪。上覽奏震怒，昧爽召公入朝，令擬旨曰："奴輩擅我威福久矣，必速誅之。"乃下爵詔獄，安置保于南京，籍其家。或追論江陵公與保、爵交通，毒害忠良狀，上曰："此同罪，何得無誅？"欲逮繫江陵公諸子，籍其家。公屢疏救解，以爲彼誠負上，然上始終遇臣之禮謂何，且國體不宜如是。上猶未允，公乃以去就争之。上重違公意，事以故暫已。臺諫争發舒黨人奸狀，于是諸帷幄私人盡坐斥，而猶抨擊不止。公言於上："治道去太甚耳，宜略苛細，存雅道。"上從之。

時六卿半易，朝省虚位，乃請詔臺省舉骨鯁端亮之臣向所遺棄者布列庶位，一時六官之長皆民譽云。每見必語之曰："今主上神聖，公道昭明，各舉其職，無廢憲度，閣臣自不相撓也。"於是事歸六列，言歸臺諫，公爲調劑而奏之，更一切束濕之政，期月之間，朝寧改觀焉。當是時，公值鼎革之會，鞠躬盡瘁，知無不爲，至廢食息。一日，上視朝，公立金臺側，忽眩暈而欹。上曰："張先生不耐早寒耳。"命二中使扶送至閣。癸未春二月，詣天壽山恭閲壽宫，司禮監給器具。尋乃扈駕臨閲，上陟降高山，縱覽形勝，顧謂近侍曰："可用二人掖張先生以登。"其恩禮隆異如此。三月，爲廷試讀卷首臣。是月，嵋川公卒於家。四月，訃至京師，公哀毁骨立，如不欲生。上特遣中使宣諭，曰："聞卿父辭世，朕心甚悼。孝情當盡，尤宜節哀，以慰朕懷、副衆望。"中使諭上意，欲奪情起公視事。公泣曰："生不逮養，没不奔喪，何顔以立於世？爲我謝上，臣死不敢奉詔。"中使具以復奏，上嗟嘆惋惜，賜賻襚紵絲六表裏、銀三百兩、鈔萬貫，及米油、香燭諸物，諭祭六壇，遣禮部員外郎張志致祭，工部主事沈一中造葬，而王夫人得並祭焉。公廷辭，上命馳傳，賜道里費，遣行人護行。聖母及潞王賻襚各有差。翼日，面辭于文華殿，稽顙奏曰："臣行能薄劣，日侍左右，無所裨益。今當遠離，伏望皇上法祖孝親，講學勤政，清心寡欲，惜財愛民，日慎一日，保終如始，臣不勝惓惓。"上答曰："先生輔政久，朕所倚信。兹以憂去，其節哀自慰，稱朕意焉。"因泣下，殿中侍立者皆感動。公既辭闕，兼程以奔，旦夕哭臨，癰生於腋，過陝州創甚，扶病渡河，至首陽不能進，月餘始抵舍。九月，上以閲定壽宫，遥賜銀幣，廕一子國子生。甲申二月，葬嵋川公于敕建新塋。葬之日，公執紼痛哭，徒步十餘里，奉遷王夫人之柩，與嵋川公及繼妣胡氏合窆焉。輀車所至，聚觀如堵，見公悲號孺慕狀，皆嘆息，有垂泣者。公既痛嵋川公不得一見爲永訣，而公兩弟又相繼卒，繼妣胡亦卒，公欒欒哀疚，卒以身從焉。蓋公初病腋癰，繼病耳閉，百藥罔效。乙酉六月，禫嵋川公之喪，而弟室及從子又亡，公以蠱傷復病脾泄。十月朔，禫繼妣胡之喪，公已伏簀不能興矣。月之既望，晨戒僕人具盥漱，整巾服，扶藉端坐，舉手揖空者三，及昏而逝。公天性孝友，内行淳篤，與人處，齗齗不苟合，而厚於故舊，無間存歿。初迎嵋川公於京邸，徵縉紳父老爲好會以適嵋川公意，事必咨而後行。嵋川公既歸，月一馳使問起居，得家書，必斂容屏息莊誦如侍側。或久不至，則憂曰："吾親得無有所苦乎？"既登鼎足，雖身理繁機而心時時念嵋川公。嵋川公之卒也，公歸抵舍，憑棺一慟而仆。所親或執六十不毁之文以解，公曰："吾拜慶而出，銜哀而入，吾終天之痛安能已也！"及兩弟之喪，公雖病，猶强起爲之經紀，曰："吾痛吾弟，因痛吾親焉。"宫保楊南澗公自髫年知公，南澗公没，公爲修葺其祠宇、坊表。執友劉君輩遺孤，待公而舉火者數十家。新鄭、江陵兩公，皆以才識交公歡。兩公既輔政，凡國家大事皆以咨公，公亦盡言無所諱。新鄭公之去國也，公方拜宫詹之命，自獲鹿取道，與會於欒城。入都，江陵公謂曰："新鄭以得罪君父去，公奈何見之？"公曰："疇昔之交高公，猶今事公也。去而遠之，謂交誼何？"江陵公乃釋然。公生平嚴重簡默，呐呐如不出口，至其臨大政，決大疑，當機而斷，自謂賁育不能奪也。北虜款貢，衆謂夷情且不測，公獨陳便宜于新鄭、江陵兩公所甚悉，兩公韙之，議乃定。鑑川公嘗曰："微伯甥在内，吾事將不諧矣。"五開苗叛，撫臣募卒討破之。事平，或言募卒皆四方烏合，留之且生亂，請罷遣歸田里。公曰："有事用之戰，事已奪之餉，何以使人？是趣使爲亂也。"會滇南有警，即命將將此屬以往，疏請留本省征輸備軍興之用，所以卒定莽寇之亂者，本公之謀云。關中大饑，公言於上，出内帑，賑窮乏，蠲租賦，民乃寧。其應變定傾皆此類。公歿十餘日，訃聞，上震悼，爲輟朝一日，論禮部厚擬恤典以聞。於是禮官奏稱："故元輔當深文操切之後，而廣聖恩，薦忠讜，去憸壬，勞績最著，請賜祭葬、贈謚。"上乃命贈公太師，謚曰文毅，官一子尚寶丞，諭祭一十有三壇，官爲營葬，則中書舍人鄭國俊、山西布政司參政劉中立來致上命，始終恩禮備極隆異焉。公配王氏，儒官東泉公恩之女，封孺人、宜人、淑人各一，封一品夫人者三。生子男六：長甲徵，癸未進士，兵部武庫司主事，娶楊氏；次泰徵，庚辰進士，禮部儀制司員外郎，娶孫氏，封安人；次定徵，中書舍人，娶楊氏，封孺人；次久徵，官生，娶羅氏；次元徵，官生，娶楊氏；獻徵，早卒。女三：長適兵部武選司郎中馬慥，封安人；次字舉人楊煊，次字庠生韓爌，皆早殤。孫男四，贊聘南氏，翬、犖、質皆幼。孫女二。公生嘉靖五年丙戌五月十二日，卒萬曆十三年乙酉十月十六日，享年周一甲子。兵部君甲徵等將以丁亥三月十七日，葬公于蒲之風陵鄉王莊里侯家莊之南，公所自卜兆也。家屏爲公桑梓後進，寔踵公武于詞林。初在史局，誦公文章，見其春容爾雅，蔚爲宗工。比從講筵，竊窺公學術，則見其直諒多聞，納乎聖聽，然而未睹公大全也。公既居中持國柄，乃伏睹公憂勞夙夜，蹇蹇匪躬，以身任天下之重。方其芟邪剔蠹，一日而宇宙回春，此與司馬文正公元祐之政豈異哉？夫文正公晋人也，閲數百年而公乃紹美，其罷新法、復舊章同，旋乾轉坤之效同，而勞瘁以致疾又同，然遡觀其德，則均之以誠心自然爲本云。不佞何能贊公，謹叙次公生平而稍爲衡概之如此，伏惟名世元老覽而財擇焉。

賜進士出身、嘉議大夫、吏部左侍郎兼東閣大學士、知制誥經筵、《會典》總裁雲中王家屏譔

王太夫人墓誌銘

一品王太夫人者，故少師兼太子太師、吏部尚書、中極殿大學士張文毅公配也。其稱太夫人，以子貴加封故。按狀，諸王於河中爲望族，有東泉公恩者，配馮孺人而生夫人。夫人生數月，母歿失恃，乃育于大母張孺人所，而東泉公客遊于外，歲且久，夫人不識也。稍長，始從家媪詢馮孺人時事及東泉公狀，語輒泣數行下。比東泉公歸，攬衣慟哭，伏地不能起，見者嗟異焉。長而婉孌，有慧性，事大母唯謹，大母絶憐愛之。而季父東溪公有人倫鑒，奇此女，常欲予貴人，以是偃蹇媒妁者數矣。會朱邸中暴者使使强委禽，東泉公猶豫莫决。東溪公恚曰："無嚴王孫而輕予女，必却之。"竟謝罷朱邸使者。久之，乃歸文毅公，本東溪公意也。夫人家故饒，及歸張氏食貧，乃日椎布操作，至脱簪珥佐緩急，無幾微見顔色，文毅公重之。嘉靖癸丑，公登進士，讀書中秘。其冬，夫人如京師。乙卯，以姑王夫人喪，從公歸蒲坂。戊午，服闋，從如京師。辛酉，以公編修考績封孺人。隆慶戊辰，公官諭德，以先皇帝建儲恩封宜人。其冬，公以省覲告，從歸蒲坂。是時，東泉公歿且十年，亡嗣，喪未發也。夫人歸，修窀穸之事甚哀，葬竣，手植四柏於冢上，曰："是培塿者而誰主之乎？此柏所以識也。"已又遷張孺人、東溪公之兆，改厝吉地而封樹之，曰："吾微大母、季父不及此，忍忘厥恩！"聞者爲之感動。明年春，從公如京師。辛未，公官少宰，以疾告，復從歸蒲坂。壬申，公起家，掌詹事府事，復從京師。其秋，以今上登極恩封淑人。萬曆乙亥秋，公入相。十一月，以命婦入朝于慈寧宫。明年正月，入朝于慈慶宫。各賜彩幣者四。戊寅二月，長秋始建，入朝于仁智殿，賜幣如兩宫。逾月，以公晋少保封一品夫人。庚辰，公以一品考績晋柱國、少傅，夫人封如前。壬午，公以遼左功晋兼官，予世廕，夫人封復如之。癸未，以封公喪復從公歸蒲坂。蓋夫人與公出處相從，敬相待如賓，時燕婉進規，益友莫及。最後公首總機衡，夙夜憂勞天下，國耳忘家，夫人之助居多。初，公爲編修時，嘗再迎封公於邸，夫人所以事之謹甚，朝夕執饋，必躬自洗腆而後進之。一錢寸縷不爲私藏，出納必請於封公，不請不敢發篋。封公既歸，公歲時遣人問起居、上壽，夫人必躬治橐中裝，務出其厚，稱公意焉。每傷王夫人無禄，御食飲必洟涕久之，若不勝哀者。其孝德多類是。乙酉，公薨，夫人哭慟甚，屢絶而蘇。誡諸子治喪毋用委巷禮。比葬，乃徒步從之墓。婦人之涖葬也，必以輿，鮮徒步從者。夫人喪舅姑及父與公，凡徒步而從葬者四，秉禮若莊，士人尤以是賢之。戊子，免公喪，趣甲徵、泰徵起詣闕，而謂定徵："留侍我。"諸子謹受命。己丑，甲徵以職方主事考績加夫人今封。庚寅四月，忽遘疾。疾革，盥靧易服而逝，寔是月八日也，距生嘉靖壬辰七月二十九日，年五十有九。甲徵等以恤典請，詔特啓文毅公之窆而合葬焉，因命並祭文毅公，籩豆加等，稱異渥云。夫人性莊嚴，不妄笑語。其勤儉慈愛，植於天性，雖盛饌具供賓祭，而饔飧無二簋，不以鮮髓自給。雖好施予親黨貧不給者，而身衣綈素，自象服外無它飾焉。雖鞠諸子慈甚，而所以誨之極嚴，有過，誰讓、夏楚不少貸。雖馭群下有恩，而禁戢甚肅，毋敢睚眦里中者。嗚呼！是可以爲内則也已。狀又言：夫人幼時有貴徵，遇萬仙翁者見而奇之，曰："此女天下貴人也。"家人心異其言。乃夫人生而都一品，拜七命，秩等元臣，殁而宗伯致祭，司空致葬，用三公之禮禮之，貴名蓋天下，竟與萬仙翁之言符焉。所生六男子：甲徵，考功主事；泰徵，精膳郎中；定徵，中書舍人；久徵、元徵，俱官生：姻娶皆名家，唯獻徵殤。三女子，一適武選郎中馬慥，一字舉人楊煊，一字舉人韓爌，皆先卒。孫男六：

贇、翬、輦、質、罃、鷟。孫女五。甲徵等將以辛卯二月二十四日奉夫人柩祔於文毅公之兆，而劖石納壙中，請余銘。余嘗狀文毅公相業，謂其有旋乾轉坤之功，而本之誠心自然，與温國文正公相似，尚未及文毅公刑家之化以方文正何如也。乃今觀王夫人懿行，無論温國夫人，即以入文正公所著《家範》中寧有異邪？且温國夫人賢而早逝，不及相相業于元祐之朝。而王夫人寔相文毅公秉大政，與助其解弦調鼎之烈，繇斯以談，王夫人之德福視温國夫人不啻過之矣。大都代間有名世之臣，亦往往有名世之配。彼其髫而著貴徵，豈偶然哉？余既誌其事而系之以銘。銘曰：

蒲文毅公今夔龍，手扶日轂升天中，坐令八表開昏濛。刑家化國道所同，矜鞶治内何肅雍。素絲緝衮輝山蟲，金鼎大匕鹽梅從。鸞書屢進夫人封，名齊五嶽班三公。入朝長信虔儀容，文綺珍紈賜獨豐。雲仍奕葉慶澤穠，瑶瑜成列蘭爲叢。神隨嫈彩還大空，佳城璧合蟠雙虹。黄河蜿蜒條山崇，銘石與俱垂無窮。

賜進士出身、資善大夫、禮部尚書兼東閣大學士、知制誥經筵起居注、玉牒總裁雲中王家屏譔

王太夫人行狀

先母一品太夫人，姓王氏。先世自勝國時爲河中著姓，國初諱思明者，占籍蒲之大通厢。五世祖仲爵。高祖琰，官福建興化府經歷，中年無子，乃賙貧拯難，廣行陰德事，晚年遂有丈夫子四人。曾祖考縉，字朝用，以耆德爲鄉飲賓。妣姬氏。祖考冕，字世周，有道而早卒。妣張氏。姬孺人，朝用公之繼室也，朝用公没，時年尚少，乃勵節撫孤，享有耋壽。張孺人仰承姑志，冰蘗益嚴。姬孺人有女四人，張孺人姊妹五人，諸姑姨歲時相過，言笑盈庭，張孺人未嘗一啓齒。絶膏沐，屏文繡，姻戚無不嚴憚

之者。顯考東泉公恩，字希榮，事母至孝，與物無忤，以勤儉致富，家累千金。弟東溪公志，字希伊，以明經爲諸生，公所以友愛之者甚至。顯妣馮氏，以嘉靖壬辰七月二十九日午時誕生先母于下廟巷之居第。馮孺人恪慎克孝，勤于内職，娠子數不育，最後生先母，數月而感痿痺之疾，醫或以熨灸療之，乃竟不起。東泉公心傷之，爲之十年不娶，先母以故育于張孺人。幼時家人嘗携之門外，有萬仙翁者，相傳年數百歲，言人禍福皆奇中，偶過門見先母，即以手摩頂，謂家人曰："此大貴人也，可善視之。"先母聰慧性成，凡祖母言動靡不則效，而婉順孝謹，又有以得祖母之歡心。張孺人及東溪公甚憐愛之，私相語曰："是兒不凡，長必爲名家婦。"年及笄，芳譽四達，媒聘交至。東溪公言于張孺人，一切謝絶，無所受。於是藩府勢方熾，則或使人强委禽焉。東泉公懾于威焰，將從之。東溪公不悦，曰："此女吾所甚奇，必得佳婿，乃可議婚，兄無預吾事。"即摽藩府之使出而却其幣。戊申，先母年十七歲，東溪公以歸我先公，蓋是時先公亦爲諸生，以奇才著聞，東溪公敬羡之故也。值家中否，用頗不給，先母盡出簪珥以奉先祖母王夫人，侍婢悉遣役于姑所，箕帚、井臼，躬服其勞。張孺人聞之不慊，以尤東溪公。東溪公曰："此暫困，當大亨也。"每先母歸寧，則泰然自得，略無幾微形言面者，張孺人益愛重焉。己酉八月，先公舉于鄉。九月，先母生先姊馬安人，因寢疾病，得劉醫而愈。癸丑，先公登進士，讀書中秘，乃迎養先祖封少師公于京邸。其冬，先母如京師。先母事舅甚謹，一蔬一爨不取成于婢僕。先祖謂："是婦孝，後必昌。"乙卯冬，蒲地大震，先祖母王夫人薨，而外氏張孺人及東溪公亦皆罹其變。先母晝傷厥心，聞其哭聲者，知其重有憂也。戊午，先公服闋赴京，先祖復就養京邸，先母益祗事，一錢尺帛，室無私藏，子女衣敝垢亦不敢請，則取嫁時衣葺補以衣之，蓋綫縷與淚痕至今存也。己未，東泉公卒于家，先母以不獲奔喪爲恨，每哭必慟，兒女皆環膝而泣。辛酉，先公以編修考績，先母始受敕封爲孺人。癸亥春，先祖自京邸歸里。乙丑春，先母寢疾病，得李醫而愈。隆慶戊辰夏，先公任諭德，以莊皇帝建儲恩誥封先母爲宜人。其年冬，先公省覲歸里，先母始爲東泉公發喪，奉馮孺人及繼母崔氏、兩楊氏合葬，於是東泉公殁十年矣。先母步從號痛如初喪，道路感泣。張孺人、東溪公前葬未妥，至是皆治壙而遷焉，曰："吾非祖母、叔父，無以至今日，以是酬德也。"時先公以宫坊爲文誌墓石，外孫輩纍纍然從事，鄉里榮而哀之。己巳春，先公如京師，復任。庚午秋，先公晋翰林學士掌院事。其年冬，再晋吏部侍郎。先母寢疾病，得蓋醫而愈。時新鄭公當國，欲引先公以自輔，數相過夜飲，相與商確時務，品騭人材，左右竊有聞而洩之者。先母憂不成寐，曰："機事戒于不密，窺伺繁于屬垣。奈何防檢之疏若此?"逾年，果有讒慝之口，先公遂引疾歸。先母之沉幾料事多類此者。壬申夏，先公赴掌詹之命。其年秋，以今上登極恩誥封先母爲淑人。萬曆乙亥八月，先公入内閣。十一月，先母入朝于慈寧宫。明年正月，入朝于慈慶宫。兩宫賜彩幣各四襲。戊寅二月，長秋始建，先母入朝于仁智殿，賜幣如前。三月，以大婚覃恩，先公由太子太保加少保，誥封先母爲一品夫人。庚辰六月，先公以一品考績加柱國、少傅，先母再封一品夫人。壬午六月，先母寢疾病，得吴醫而愈。是月，先公以遼左大捷晋兼官，予世廕，先母三封一品夫人。癸未三月，先祖封少師公薨于家。先公奔喪，至首陽之下，病瘍不能起，先母扶服先入城，不視私室，爲館于柩側而哭奠焉。及至葬，步送至先祖之塋。分守大參王對滄公聞而嘆曰："夫人貴登極品，乃徒步十許里，不以輿代，可謂盡孝盡禮矣。"乙酉十月，先公薨。先母晝哭仆于地，絶而復蘇，得王醫而愈。

蒲俗，凡初喪，賓吊則鼓樂于門，先公弗善也。至是，先母以語不孝輩，命撤樂，曰：“無爲樂哀，取譏於達者。”丁亥三月，葬先公于敕建新塋。先母復徒步哭從焉。凡婦人送葬出城則就輿，鮮能步而至塋者。先母始喪先祖母，繼喪東泉公，及先祖、先公之喪，凡步而至塋者四焉，其隆禮由禮如此。戊子二月，先公之喪畢，先母召不孝輩泣諭曰：“爾家本儒素，爾父勤劬百狀，樹立門户。爾等尚慎守遺訓，勉圖忠孝，無隳家聲，以貽九原之玷。”乃命不孝甲徵、泰徵治裝啓行。甲徵等叩頭流涕，願侍膝下。先母曰：“吾固無恙，且有汝弟侍側。汝等姑出，將來迭爲往還可也。”甲徵等不能違命，則因先母誕辰相率上壽，以八月下旬行。己丑八月，甲徵以職方主事考績，乞恩加封先母爲一品太夫人。庚寅三月初九日，先母不豫。四月初八日，薨于織綿坊新第。十七日，訃至京邸，不孝等乃具疏聞上。上乃詔宗伯、司空諭祭、合葬，以一品命婦恤典將事，特賜先文毅公並祭，籩豆加等焉。先是，甲徵等辭行，先母約以次年遣四弟久徵、五弟元徵入京，拜先公之遺廕，既而謂其少也，不果如約。縉紳善三弟定徵者，屢以書招之。甲徵等亦以請于先母，令暫出即圖歸。先母語三弟曰：“汝兩兄皆在外，汝年稍長，習于事，吾朝夕依賴汝。汝若復出，兩弟皆少，脱有緩急，吾將誰倚？”三弟遂止不行。不數月而丁大故，藥餌、棺衾，終始藉三弟周旋焉，前日之留行，殆豫爲今日地者。嗚呼痛哉！先母前時産育子女，因致清癯，又因姊妹、六弟之亡，傷悼屢觸，遂多病，甚不耐風寒。冬月則閉閤擁爐，不敢外視，甚或坐卧裀榻中，足不履地；夏月雖盛暑，衣必綿絮焉。自壬午以來，夙疾漸愈，神氣爽健，膚體充盈，夏則親絺綌，時或揮扇；隆冬亦出户庭，抱孫以嬉。不孝等竊謂否泰相尋，先公既已不幸，母年尚未可量也。奉訓趨朝，載承恩誥，方擬覓差歸里，舞斑揚觶，致萱壽之祝焉，不謂愍凶之驟及也。十七之辰，猶旅進闕庭，爲先母謝封誥，歸及晡時，而驟得凶問。承歡不逮，抱恨無窮，拜别幾何，忽成永訣。吁嗟天乎！何降割之酷也。先母天性純孝，少而失母，育于祖母張孺人。稍長，侍祖母、姑姨側，即咨詢馮孺人遺事。見姻戚中子母相依者，未嘗不歔欷流涕。東泉公客遊于外，先母年且十齡，而未識父面，每念及輒悲咽不自勝。比父歸，牽衣號泣，見者嗟異焉。東泉公有子曰道寧，繼室楊出也，先母視之如同胞。時已育不孝輩數人，凡襁褓嬉弄之具，必先道寧而後及兒女。道寧疾，爲之廢寢食。歿則慟哭，致憔悴。或慰解之曰："兹下殤耳，何自苦如是?"先母曰："吾父長矣，而嗣子未立，吾能無悲乎?"東泉公既歿，爲二親位祠于京邸，併祠祖妣張孺人及東溪公，遇忌日皆哭奠，歲以爲常。外氏塋去郭十餘里，先母每適墓則徘徊竟日，不能去。既築垣以捍樵牧，建屋以棲賓客，復手植四柏于東泉公墓所，曰："吾父無子，吾以此表焉。"嗚呼！悲矣。馮孺人有弟竹山公，客遊甘凉，貧不能自歸。先母傷母族之零替，思切渭陽，遣人迎竹山公歸，衣而廪之，爲之三娶。又有妹適光禄封君王公者，歲時問遺，以姨禮事之，如事母焉。疾革之日，猶追悼二親曰："父母生我一人，今已矣。"因泣下。嗚呼！此所謂終身慕乎！幼時外氏方殷厚，比歸先公，而家用時詘，則執勤事姑，不私奩具，先祖母甚安之。洎先祖就養京邸，既受封榮貴矣，而執勤事舅，一如家之事姑。後先祖家居，先公歲時遣人問安、上壽，先母必躬檢囊篋，凡儀物之類，務極精好，稱先公之意。處豐思約，恒念及先祖母，時輒流涕，恨不同享焉。先易簀之數日，先祖誕辰也，猶命兒輩曰："今日祖父誕辰，當往塋中致奠。吾卧病不能行，兒等可一往也。"嗚呼傷哉！先母年且六十，而父母、舅姑不少置念，終身以之，將天與至性全而歸之者與！先母少依祖母張孺人，孺人性端嚴，雖鍾愛先母，而每事必規誨。先母娩婉聽從，步趨唯謹，凡中饋、女紅諸務，無所不究心，故其佐先公也，凡致養承祀、潃瀡籑組之事必躬必親。又最喜儉約，一絲一粒，未嘗妄費，常服率澣滌再三，非賓祭不御文繡。飲食務從其菲者，雖洊躋貴顯，服食淡素，不變塞焉。每語不孝等曰："汝曹賴父廕庇，免于饑寒，然天物不可暴殄。吾初至汝家，見汝父攻苦食貧，養汝祖母，吾至今念之，有餘悲也。汝曹可無惜福乎？"素性方嚴莊肅，不妄笑語。先公相與白首，祇敬如賓。鞠諸孤雖甚慈，而極嚴于訓誨，有過則譙讓，或夏楚之，不少貸。比其悔改，然後假以辭色，或撫其創痛而泣曰："吾非不慈，誠不忍汝爲不肖子也。"不孝等稍長成，晨昏定省，必整容而後延見。其勤儉嚴毅，蓋天性固然，而得之張孺人者亦多也。外氏及先祖母以來，皆奉觀音大士于中庭。先母繼其香火，久而彌虔，于所謂"慈悲方便"者不須臾釋念也。聞人有厄難，則怵惕惻隱，爲之色憂。聞啼饑號寒之聲，未嘗不賑恤。有爲橋梁、道路之役者，必捐貲以濟之。眷屬中有無告者必閔焉，經畫覆庇，務令得所。馭群下嚴而有恩，詿誤之失，多所原宥。比還里，尤禁戢僮僕，不得陵暴小民。一日，板輿過衢市，有醉者衝突儀衛，諸僕競逐之，先母不懌曰："彼醉故然，何足與較？爾輩第知依勢作威，不知爲吾結怨鄉里也。如以傷人抵罪，天理王法，自不可逭，吾豈能援爾乎？"因與諸孤各諭戒其下云。先公歿後，既免喪，先母忽命諸孤曰："人生瞬息，容貌易改，可及我形神未衰，傳真數幅，豈不善哉？兒盍爲我亟圖之？"于是擇日自具命服，臨坐中堂，命工傳寫，了無俗忌。洎疾甚，乃召孤定徵，受遺命曰："我旦夕且逝，首加青布巾，衣裳、襪履皆以白布爲之，勿華勿費，慎無用帛，聽之無違。"疾大漸，遂令侍者燂湯，强起靧浴，曰："無令身有積垢。"浴畢，命取所製布服，視而易之。兒輩涕泣，欲且止，先母曰："我婦人也，須早飭蔽體之服，豈可如爾父既歿更衣耶?”頃之，曰：“吾歸矣，可令有道者示我歸路。”一道人言：“夫人素奉大士，可專心誦佛。”兒輩以白先母，先母首肯，乃合掌作敬，誦佛數聲而薨。其契達幽明，始終不亂如此。先母生于嘉靖十一年壬辰七月二十九日午時，薨于萬曆十八年庚寅四月初八日寅時，享年五十有九。初封孺人，晋封宜人、淑人，又晋封一品夫人者三，最後加封一品太夫人，凡七拜恩綸，貴至極品，符萬仙翁之記焉。凡生不孝等男六人：長甲徵，吏部考功司主事，娶楊氏，封安人；次泰徵，禮部精膳司郎中，娶孫氏，封安人；次定徵，中書舍人，娶楊氏，封孺人；次久徵，官生，娶羅氏；次元徵，官生，娶楊氏；次獻徵，早殤。女三人：長適兵部武選司郎中馬慥，封安人，生二子三女而卒；次字舉人楊煊，次字舉人韓爌，皆早殤。孫男六：贊聘南氏，翬聘王氏，翬聘羅氏，質、甃、鬵俱幼。孫女五：長適庠生許廓然，餘幼。葬地在王莊里敕建文毅公新塋，葬期在十九年二月二十四日。嗚呼痛哉！不孝輩幼入家塾，或先公以職務所羈不暇課子，先母則代爲程督，略無姑息。冬夜恒蓄火，雞初鳴必呼之起，或侍婢眠熟，則自起舉燭，令不孝輩帳中温習以爲常。或以頑愚曠業，見怒先公，先母必陽爲之解，而陰召不孝輩垂涕責之曰：“吾辛苦鞠育，冀爾有成，乃不自力學，至勤爾父督過，吾何望耶?”不孝輩莫不感奮，所以幸不墮落者，秋毫皆父母之訓也。所恨粗有成立，驟失怙恃，劬勞罔極，圖報亡繇，奄奄餘息，不如死之久矣。兹將以月日之吉奉先母祔葬先公之塋，祗服殊恩，用襄大事，思勒玄石以徵永久。第顓蒙不類，未能窺慈懿之萬一，而煢疚昏迷，復若天奪之魄者，舉筆涕零，莫知所謂，蓋悽慘廢閣者屢矣。萬不得已，姑即姻族之所稱述、耳目之所睹記，忍死悲哽，概舉一二以爲狀略。事多遺逸，語無倫次，不孝之罪萬死不足贖也。敢祈名世鴻筆，俯賜采録，揮成隧道之文，庶聖朝厚終之典有光，先母不朽之托斯在，而不孝諸孤雖死之日猶生之年矣，曷勝瀝血哀懇之至！

不孝男甲徵、泰徵、定徵、久徵、元徵泣血謹狀

校勘記

〔一〕“晝”，據同上文當作“畫”。

〔二〕“則”，據同上文當作“側”。

〔三〕“概”，清稿本作“慨”。

〔四〕“學”後，據明萬曆刻本明許國《許文穆公集》卷五《明故光禄大夫柱國少師兼太子太師吏部尚書中極殿大學士贈太師謚文毅鳳磐張公墓誌銘》當有一“士”字。

〔五〕“公”，清稿本無此字。

刻《條麓堂集》跋

語云“文章者，不朽之盛業”，信哉！先生正色立三朝，厥功懋著，蓋已銘之太常，垂之竹帛矣。獨其勛業之光著而爲文，寔與勛業無兩者，先生則不以自炫而韞諸篋笥，乃今於諸嗣君始得全稿焉。余三復其文若詩，宏篇短什，如出武庫，而睹其色則率皆冠裳珮玉揖讓於堂陛之間，而其音則若聽鈞天，其味則若烹大饗也，視世之争奇艷巧以有所得而自鳴者，殆不啻霄壤。然文不在兹乎？熙朝文獻，在先生是不可無傳。予爲先生門下士，而又適受命巡先生梓里，非予傳之而誰也？乃校其篇，付所司梓焉。自斯文出而後賢者識其大識其小，先生之盛業真不朽矣。

萬曆十有五年歲次丁亥孟春吉旦，巡按山西監察御史門生陳登雲頓首拜跋

重刻《條麓堂集》後叙

先太師文毅公生平嗜學，於載籍無所不披，日惟與聖賢對，用志不分。雖風霆交作，耳若無聞；冠珮來前，目若無見。嘗自擬“書淫”、“傳癖”，真有忘寢與食，不知老之將至者，其於斯道蓋没身焉耳矣。以故山舍澤匯，歕欲雲霓，作爲文章，楷模髦士，自先進名臣南澗楊公、皆所陳公等靡不推轂者。顧不肖兄弟生晚，復從事佔畢，不獲預于黼黻之觀。洎登仕籍，居郎署，始克探討奚囊，則什逸四五矣。即如先祖母行略，斷簡僅存，而所謂行實詳狀，竟求不獲。秋霖、秋濤，一時均賦，而秋濤亦已闕文。舉斯二端，則玄珠失於離朱者豈鮮哉？以是思哀哀可知已。往歲丙戌，南濱陳公以繡斧臨山右，不忘先公之好，亟求遺稿，命敝邑大夫彙而梓之。於時不肖兄弟方斬然在哭泣之中，扶服搜輯，總總以應嘉命。雖嘗勒有成書，而義例多舛，豕魚迭見，覽者有遺憾焉。又十閲歲，不肖奉命守河北，爰取前編，覆加是正，捐俸鳩工，重刻於懷之公署。始賦頌，終誄章，凡爲目三十餘卷，視昔加詳，而以先公及我太夫人榮哀實録附焉。先公所爲“三不朽”者略可概見，不肖何假言，獨悲夫義方所貽依然在耳，而手澤所寄缺焉，不獲睹其全也，用紀歲月，以志哀思云。是役也，郡邑諸大夫相與共蕆厥事，自先公寔寵嘉之，不肖謹備書里氏如左，以附久要之義。

萬曆二十三年歲次乙未冬十月望日，河南布政司分守河北道左參議、前進士、禮部郎中不肖男張泰徵謹識

懷慶府知府秉强江學詩編閲

同知惠安鄭道興，通判華亭喬萬里、臨潼孫汝正，推官涇陽怡愉同閲

河内縣知縣洪洞盧夢麟校正

濟源縣知縣永年武定邦，孟縣知縣歷城黄應乾，武陟縣知縣思南羅萬言，修武縣知縣安州邵炯〔一〕、河曲任轍同校

武陟縣儒學教諭都匀余顯鳳參訂

懷慶府儒學教授河津黄桂芳，訓導昭化吴學詩、岳陽周易；河内縣儒學教諭儀封謝夢龍，訓導監利李夢得、杞縣張克魯同訂

校勘記

〔一〕"懷慶府知府秉强江學詩"至"修武縣知縣安州邵炯"，據清稿本補。

附録

《條麓堂集》跋〔一〕

先公棄諸孤之十有一年，仲兄守官河朔，業已搜輯遺文，傳播海内矣。客春，商丘沈師相應召入都，不肖奉一帙以上謁見。謂先集舂容爾雅，千載必傳，意須剞劂精良，斯足以稱鴻篇而昭永世，盍于南中翻刻之？不肖雖唯唯承命，而宦迹所羈，末由圖南也。然感佩明德，時時爲同舍寮友稱述之。會施慶徵寅丈屬有吴關之命，遂慨然以爲己任焉。自惟不肖辱以鄉閭聯爲交契，分鳩解帶，志婉孌於塤篪；待漏披雲，言鬱郁于蘭茝。感兹一諾，庸敢三辭？迨夫首秋慶徵蒞政，於是鳩工相度，命日程材，而向之卷帙焕然一新矣。發□德於先人，□是篇於末簡。擬□□□□□□□□□□□□□□霞珪璧之詞，陵顔轢謝。雖昔王家雲屋藉任昉之鴻文，韓氏天心賴李翺之高誼，方斯蔑如也。寧獨不肖感深於鮫人，戴重於鰲極也哉？書成，謹爲志其始末如此，用以復于師相，以謝其篤念舊交之誼。若夫先公經世立言之旨、文江筆海之藏，則後先名賢及家兄所臚列亦既犁然大備矣，不肖蓋無庸贅云。

萬曆甲辰孟冬朔旦，户部河南清吏司郎中不肖男張定徵謹識

校勘記

〔一〕據甲辰本附録，原無篇題。

山右叢書　山右歷史文化研究院　編

張四維集　上

［明］張四維　撰　　張志江　點校

上海古籍出版社

圖書在版編目(CIP)數據

張四維集 / (明) 張四維撰;張志江點校. —上海:上海古籍出版社, 2018.6
(山右叢書)
ISBN 978-7-5325-8865-7

Ⅰ.①張… Ⅱ.①張… ②張… Ⅲ.①張四維(1526-1585)—文集 Ⅳ.①Z424.8

中國版本圖書館 CIP 數據核字(2018)第 123747 號

張四維集
(全三册)
山右叢書
(明) 張四維　撰
張志江　點校
上海古籍出版社出版發行
(上海瑞金二路 272 號　郵政編碼 200020)
(1) 網址: www.guji.com.cn
(2) E-mail: guji1@guji.com.cn
(3) 易文網網址: www.ewen.co
浙江臨安曙光印務有限公司印刷
開本 700×1000　1/16　印張 82　插頁 6　字數 992,000
2018 年 6 月第 1 版　2018 年 6 月第 1 次印刷
印數: 1—1,300
ISBN 978-7-5325-8865-7
G・684　定價: 298.00 元
如有質量問題,請與承印公司聯繫

目録

條麓堂集

〔明〕張四維　撰

張志江　點校

條麓堂集卷二 …… 四一

絛麓堂集卷二十三……………………………… 六〇八

條麓堂續集

〔明〕張四維　撰

張志江　點校

條麓堂續集卷十四

書十二

條麓堂集

〔明〕張四維　撰

張志江　點校

點校説明

《條麓堂集》三十四卷，明張四維撰。

張四維（1526—1585），字子維，號鳳磐，明山西蒲州風陵鄉人（今屬山西芮城）。出生於鹽商世家。父親張允齡，早年外出經商，足迹半天下。舅父王崇古曾任兵部尚書。四維生而穎異，年十五舉秀才，名列優等。嘉靖二十八年（1549）鄉試，以第二名中舉。嘉靖三十二年中進士，因其文章、書法兼優，入翰林院爲庶吉士，讀中秘藏書。注意“參究累朝典故儀章，詢考四方利弊興革，務當於實用。”（明許國《張文毅公墓志銘》）嘉靖三十四年，授翰林院編修。嘉靖四十一年和嘉靖四十四年，兩充會試同考官，并參與校録《永樂大典》副本。隆慶元年（1567），《永樂大典》副本録成，升右春坊右中允，任經筵日講官。同年，主持順天鄉試，升左春坊左諭德兼翰林院侍讀。隆慶三年，爲翰林院學士，升任吏部右侍郎。隆慶四年，改吏部左侍郎。以疾乞歸。隆慶六年，召充東宫侍班官，掌管詹事府事。同年夏，明穆宗死，張居正逐高拱，代爲首輔，四維復引疾歸。萬曆二年（1574），詔以原官掌管詹事府事，充任《世宗實録》副總裁。萬曆三年，任禮部尚書兼東閣大學士，入閣參預機務。萬曆四年，充任重修《會典》總裁官。萬曆五年，主持會試。《世宗實録》成，加太子太保，晋升文淵閣大學士。萬曆六年春，主持神宗婚禮，加少保，晋升武英殿大學士。萬曆八年，加少傅兼太子太傅。萬曆十年，兼太子太師。張居正死，四維代爲首輔，“乃密疏宜下寬大之詔，因擬上詔書條格，以次罷諸政事不便者，民歡若更生”。（明許國《張文毅公墓志銘》）累官至少師、吏部尚書、中極殿大學士。萬曆十一年，歸里服父喪。萬曆十三年十月，病殁於家，贈太師，謚文毅。著有《條麓堂集》三十四卷、《條麓堂續集》二十四卷，輯《名公書判清明集》十卷，補宋林希逸《三子口義》十五卷。

《條麓堂集》，共三十四卷，分卷爲賦、頌、詩、册文、序、詔、制策、敕諭、誥敕、表、箋、露布、致語、啓、奏疏、議、論、講章、策問、書、序、記、傳、銘、碑文、墓表、誌、行狀、祭文及《永信録》，全書五十餘萬字，堪稱張四維著述之大全，既是研究張四維生平和思想的第一手資料，也是研究明代歷史和歷史人物的珍貴史料。

《條麓堂集》有多種版本。據明巡按山西監察御史陳登雲《條麓堂集跋》，在萬曆十五年，張四維去世兩年之際，《條麓堂集》即由張四維諸子提供遺稿，刻印於蒲州。但由於時間關係，“義例多舛，豕魚迭見，覽者有遺憾焉”。（明萬曆二十三年張泰徵《重刻條麓堂集後叙》）這是《條麓堂集》最早的本子，現已無存。八年後，即萬曆乙未二十三年，張四維次子張泰徵任河南布政司分守河北道，“爰取前編，覆加是正，捐俸鳩工，重刻於懷之公署”（同上），爲卷三十四。這是《條麓堂集》傳世最廣最完整的本子，上海古籍出版社《續修四庫全書》曾予影印。又九年後，即萬曆甲辰三十二年，張四維第三子定徵請其同僚施重光對《條麓堂集》，加以校定，重新刻版刊行。這個本子目前僅存卷一至卷十二、卷二十三至三十四，國家圖書館出版社《原國立北平圖書館甲庫善本叢書》曾予以影印，但其標注爲“據明萬曆二十三年張泰徵刻本影印”則是欠妥的，準確的説法應當是“據明萬曆三十二年張定徵刻本影印”，或“據明萬曆三十二年施重光校本影印”。此外，據《山西文獻總目提要》著録，在山西省芮城縣圖書館，還藏有《條麓堂集》卷十八至卷三十四的抄本。點校者專程前往芮城，在該縣人大胡金虎主任、圖書館陳京朝館長的關照下，看到了這部抄本，發現這部抄本其實是當時用於刊刻的清稿本，彌足珍貴。

此次點校，即以明萬曆二十三年張泰徵刻本爲底本，對校以山西省芮城縣圖書館所藏十七卷清稿本（以下簡稱"清稿本"）和萬曆甲辰三十二年張四維第三子定徵重刊本（以下簡稱"甲辰本"），其異同是非處出之校記，以作清稿本、初刻本及校刻本之對比；同時參校以明陳子龍等《明經世文編》等書所選載的張四維的有關著述。

《條麓堂集》序

吾師文毅張先生捐賓客之十年，其仲子少參君懋同裒次遺文，凡三十二卷，刻之河内宦邸，殺青未竟，馳一介之使，先以篇目示邦，請序之。嗟乎！先生之文何其富也。初，先生以弱冠魁晋闈，已而詞苑掄才，復褎然爲舉首，海内能文辭之士無不知有先生者。邦幸以薄技見録，辱先生國士之知，居常請所譔述奉爲法程，先生輒遜謝，久之，稍稍出所爲詩。邦受而卒讀，靡不匠心師古，中金石而協宫商也。乃今篇翰縟繁，簡帙充溢，垂藏山之大業，兼往哲之未備，邦始獲一縱觀之，而先生之宰木拱矣。嗟乎！先生曩昔豈余靳哉？先生嘗語邦曰："譚文何易？夫作者當湛浸六籍，罔羅百氏，然後發而爲之，以自成一家言，不蹈前吻，乃足術也。詩之用，抒懷寫物，以韵致爲高。而今之稱詩者，第争奇於駢偶之間，互相剽襲，承學耳食，遂躋之壇坫之上，奉鞭弭而從之，非余所知也。"其篤論如此。先生雅嗜學，不欲以所長自滿，嘗約孫宗伯、陳宫允、馬少保數君子結社都門，專精討藝，一切絶請謁交游，相與訂千古之事。故其爲詩，辭情雙美，直逼唐人。於文典重閎深，根極理要，薄彫靡而不爲。至於掌帝制，代王綸，潤色儀章，歌頌功德，又蔚焉與黼黻争采。其翩翩作者之林，不亦宜乎？然先生藴王佐之略，自爲館職時，元宰徐文貞公即以軍國事咨之。及首揆台司，天子虛己以聽。先生知天下方苦前政之束濕，乃順流與之更始，召還忠鯁，顯列位著，布公廣益，綽然有古大臣之度。於是冠綬慶于朝，章掖誦于序，銍鎛抃于野，中外宴謐，幾與司馬相宋同功云。昔歐陽永叔擅一代之文章，而其誨人顧先政事，彼蓋有所重也。今先生道在廊廟，勛著社稷，則述作之富直餘事爾。昔人稱不朽者三，先生寔兼有之。邦受知最舊，仰德彌深，因序先生之文而論其大者如此。

萬曆乙未秋日，賜進士出身、資善大夫、禮部尚書兼翰林院學士、前太子賓客、吏部左侍郎、掌詹事府翰林院事、經筵日講官門生莆陽陳經邦頓首拜撰

《條麓堂集》序

《條麓堂集》若干卷，相君蒲阪張文毅公所爲詩若文也。蒲有中條山，即唐司空表聖遁栖之地，林泉幽靚，甲于河中，公夙搆精廬讀書焉，故以是名其集云。公子藩參君梓公集行于世，謂知公者莫如不佞，則屬不佞序。憶丁丑禮闈，不佞濫分校，供鉛槧役，謬辱公奬許，因數言不佞于江陵相君，江陵弗答也。比壬午陪京秋試，汴商[一]丘公當往棟厥事，顧再四辭，甚力。公意以授不佞，而不佞顧弗敢承，公用是知不佞益深。夫不佞黯劣，則曷克窺公藩垣哉？第以藩參君拳拳屬序之意，又焉敢謝不敏也。序曰：夫自秦漢以來，作者何可勝數，然大都不越兩途，廟廊之作多閎富，江湖之作多清越，柳子厚氏嘗慨其偏勝獨得而罕有兼焉者。司馬子長南浮江淮沅湘，北涉汶泗，西征巴蜀，復略昆明、邛笮，及爲太史令，紬金匱石室之秘，乃克拾遺補蓺，成一家言。張燕公道濟視草集賢，屬思精壯，朝廷大述作多出其手，比謫居岳州，詩詞凄惋，人謂得江山助。兹兩公者，即稱兼才，要其才情所觸與遭際所值亦偶相發已。公起家詞林，直經幃，綜史局，訖于平章軍國，生平宦轍不離春明，故代言應制、賦頌賡酬似張燕公，撰述論著、表志叙事似司馬子長。一再諷誦，覺其鏗訇瑋麗，如黄鐘玉磬並奏堂縣，琮璜璚玖駢列西序。乃其風骨峻峭，姿度爽逸，又如聳千仞[二]之波，令人駴目洞心，愯然企羨。昔人所謂“才全而能鉅”者，其即公邪？蓋公自垂纓陟巍，先後謁告巖居者凡若干載，結侶烟霞，揚搉今古，有子長之壯游而無其跋涉，有燕公之湖山而無其凄惻，故能使廟廊氣象與林泉幽趣合而俱融，其精義[三]一至是乎！此公所以[四]揭條麓堂名集意也。顧兹集特公緒餘耳，公才應名世，以經術侍莊皇帝講筵，莊皇帝雅欲大用公，未果，所獻納今俱在集中。嗣受上知遇，起田間，領宫端，未幾遂晋參密勿。時江陵柄國，事多耑裁，然猶雅敬重公，不至有所媢忌。逮公宅首揆，諸忌者遂群而齮齕公。公計除權璫，悉屏逐諸憸壬，一時氛曀爲之銷霽。自兹而衆正登庸，泰階朗耀，皆公力也。蓋公天資沈毅，迎機善斷，殆有若神運焉。夫文章亦若是矣，昔梁劉勰謂神思之妙"並驅風雲"，猶"輪扁不能語斤，伊摯不能言鼎"，公殆已臻兹境奥乎！不佞烏能窺測之，又烏能以鄙言爲卷帙重，聊兹叙述，用志存殁之感云耳。

萬曆乙未季夏朔旦，賜進士及第、嘉議大夫、禮部右侍郎兼翰林院侍讀學士、在告詔起吏部左侍郎、南京禮部尚書晋江黄鳳翔頓首拜譔

校勘記

〔一〕"商"，甲辰本作"啇"，是。

〔二〕"千仞"後，明萬曆刻本黄鳳翔《田亭草》卷四《條麓堂集序》有"之峰漾千頃"五字，甲辰本有此五字。

〔三〕"義"，據同上文當作"詣"，甲辰本亦作"詣"。

〔四〕"公所以"，同上文作"藩參君"。

鳳磐張先生《條麓堂集》序

夫士君子生天壤間，其不朽者有三，曰立德，立功，立言。之三者，自孔素王而下，無論名世之功不能違時而顯，至以淵、騫之德行，游、夏之文學，且未必相兼，它可知已。明興二百餘祀來，其各以所立名家者，代不乏人，以余耳目所睹記，則蒲阪鳳磐先生非所稱“三不朽”者歟？先生生而奇穎，甫能言，即語所志於解夫人，曰：“兒欲一當明主，康濟天下。”稍長，孝友性成，仁厚天植，匪獨大德不逾，即一言笑作止，靡不以聖賢爲師法。蓋自束髮以至易簀，人無得以纖纇指先生，藉令生素王之時，則淵、騫直雁行耳。至以翰苑起家，揚歷台鼎，其掀揭事功，未易更僕。乃當國不帀歲，而斡乾轉坤，易寒爲春，首滌新法，解密網，誅逆豪，竄權璫，散黨比，搜嵒穴之士布在庶位，誠古所謂“不動聲色而措宗社於泰山之安”者，論者比之司馬君實。余謂儻天弗奪之亟，即周、召無多遜已。余閒嘗私淑先生所爲文詞，然恨未窺其全。乃今得縱觀《條麓堂集》，則知先生身心性命之學力追聖緒，其實境爲事業，而其餘者又能發爲文章，近之闡明乎性靈，遠之潤色乎皇猷，大之安攘乎夷夏，小之經理乎世務，逶迤浩瀚，透其意之所之而止，而神采所詣，冲然色相蹊徑之外，其它破固陋而輯典故，真有游、夏不能贊一詞者，是先生之立言與德業具足以傳矣，所稱“三不朽”者非邪？先生昔曾過鄴，以謝山人榛全詩屬余梓。余不忍負先生於九原，乙未之夏，搜其遺藁，裒初成帙，而丏序於先生之仲器少參公。不閱月，而少參公復以先生全集屬余弁諸首。余不斐，無能希聲大雅，爲兹集重，獨以事之不相期而相偶也，或者先生之靈念世好之誼，將進余而附之不朽者邪？於是藉子墨、客卿爲先生役。

萬曆歲在丙申仲春吉旦，大明趙王恒易道人譔

《條麓堂集》序

蓋在嘉靖中，余不佞與文毅張公未束髮，負笈遊臨川陳先生之門。已升名，同出華亭徐先生之門，年相如，第籍相屬也。迨分曹試政，聖祖臨軒，重簡士，公褎然首參東觀之選，何論余不佞，同日四百人無復輩矣。當是之時，余學未升堂，朝回必詣公問字。公爲開釋摽明，常移日。間出蕪辭，必面加詆訶，刊削無少貸。公弱敏悟，博通經史傳記，至蓬山雲觀、魯宫汲冢之所藏，一覽數千言，輒覆誦，黄墨精謹，訖無虚略。然公蚤負伊、周之望，暇益明習國典朝章，諮度四方利病興革。已參大政，應時酬酢，擷英茹華，往往抒之爲文，一時號曰"寫宣"，不啻嫻於文辭而已。虞夏之際，河東爲卓犖，明興，文清、虎谷以來，斯文不遂絶矣。公嘗語不佞曰："昔人有言，草木文章，發帝杼機；花竹和氣，驗人安樂。夫是四者，俎不登一焉，而有關於民風帝治，顧不重哉？嗟乎！文何易易言之也？蓋作者辟猶治錦，經緯由才學而儲焉，讀倚見韓，觀延陵季子，而後冲海薈林，著爲訓典，以張一代文章之盛。《詩》自孔子删正，而後接輿、跪石歌吟，至無幾也，遇必樂與之言，而其教主於適性靈、同民俗，此唱彼和，洋洋舞雩、擊壤之風。要使三賦無瑕，十函並美，文起八代之衰，道還五百年之運，莊士雅人有足術者。顧今世儒才與學長不兼，至愚賈操金殖貨，良工乏梗運斤，含毫彌日，倀倀莫知攸措。而其爲詩，又多戲嘲風月，口哇《巴歈》，却《韶頀》而奏笙簧，棄醇醪而饜糟粕。及其敝也，沾激險詖，快意於無何有之鄉，令人莫可討析，揆之變風，已駸駸溺其旨矣，矧其《雅》爲？"蓋公之碁不佞者如此。公歷事三朝，凡一再予告省覲，未徧烟霞，輒召環政府，解密還寬，與天下更始。生平無江山凄惋之感、去國登岳之嘆，著作皆啓沃應制，講德歌賡，一德和衷，主賜臣榮，明良期見唐虞，手筆無慚燕許，自明堂朝元外，竹木光景無少概見，垂範來祀，與文清、虎谷重世間出，並稱文章宿老，抑余敢乏一世，將羽儀天下之半焉。集凡若干卷，鍼〔一〕庋久，當其世不欲示人。後十年，乃其子考功副憲中書君謀梓河陽之宦舍。無量譔述，殁後得之殿中，公僅得之子舍，身名俱隱，視無量殆過之矣。異時江陵怙寵相，以奪服爲榮。公丁家變，竟禮去，上歲時亟問亟召，已除而藐懷更劇，不一應。間與不佞班草，約結條山會，切劘舊學。詎公一夕千古，悵望此山，藴我良友，墓且齊梧焉。四方同喜，無聞誰其在者，獨不佞邅迴慆邁，不能子事筆研，追誦結約炯炯，如在今昔。讀公之文，憶公之遺教，不自知其涕之横集也。即諸貴各有令引，余安得喑默無以尾其後。公讀書條山之麓首陽夷齊冢旁，始號條磐，再號鳳磐，名集以條，志不忘本云。

萬曆丙申夏日，年弟何東序崇教甫頓首拜書

校勘記

〔一〕“鍼”，疑當作“緘”。

《條麓堂集》序

太師張文毅公之薨也，不佞屏既已叙次其平生，爲請于當世鉅公，銘其幽，表諸隧道，可垂不朽矣。逾年，而公之子考功諸君裒公遺藁若干卷，將梓以傳，復屬屏爲序。屏非知文者，顧既知公之爲人，敢曰不知其言？公嘗語屏："文有定體，無專材。譬之宫室，體則其堂寢門廡也，材則其爲楝楹榱桷者也。體欲備，材欲充，未有不贍于材而賅于體者。要在豐儲廣蓄，纖巨畢收，心畫手裁，措注有適，斯亦足以操繩墨而列匠氏之林矣，奚必尺摹寸擬，乃稱作者哉?"屏拜受教，退而考覽古人之制作，體代變也，材亦稍殊焉。然藝以載道，道以經世，軌轍固未始不相通也。自近世才藻士厭璞慕雕，争以修古文詞相矜軋，時則不競于詣而競于擬，文摹西京以上，詩摹大曆以前，章剽句搜，偶獲片言之雋，朝披册而夕擿篇，所展轉嬉弄于毫端者，直有數之綺語耳。材乏其充而猥求其備，無怪乎依倣愈力，技愈單也。公夙稟異資，敏悟强記。自爲童子時，父嵋川翁游賈于外，數購求四方奇書，輂而遺公，公腹笥已不啻惠施五車矣。比成進士，入翰林，益得縱觀秘府所儲金版玉箱之籍，則涵茹日富，探討日新，氣格才情日以益笆。是以發爲文詞，自綸扉之草、石室之編，旃厦之講論、樞庭之奏對，以至副墨所掌、洛誦所傳，宜雅而雅，宜理而理，宜實而實，宜麗而麗。猶之引斧斤于鄧林，而尋度丈量于豫章之藪，圜方横直，惟意所營搆之，爲清廟明堂，个左右翼，而八牖玲瓏，九閶軒豁，觀者莫不神竦目炫，至欲窮其匠心所繇，則般倕不能名其法，輪扁不能殫其巧矣。總之，心與道會，道與藝融，材靡所不充，體宜靡所不備也。《詩》曰：

"維其有之，是以似之。"謂公之文似其所有非耶？世所稱擬古文詞家，亡論不能盡其藝而似也，即似矣，高不過埒遷、固、雄、向諸人，次僅可當曹、劉、沈、宋而止，孰與公荷槖侍人主左右，賁帝制而敷皇極之言，其大猷足以經緯兩儀，彌綸三極，而緒業猶足以焜燿一代之章程。此之爲擬，將媲渾噩于典謨，叶鏗鍧于雅頌，豈西京、大曆以上作者可窺其樊而游其閫閥〔一〕也哉？後有知言者出，挈公斯編，與其銘諸幽、表諸隧道者合而觀之，當得公之爲人于伊、傅、周、召之間，而不佞之所以知公者，十固未能概其一二也，第以復于考功諸君，慰其不匱之思云爾。

萬曆壬辰春王正月，賜進士出身、資善大夫、禮部尚書兼東閣大學士、知制誥經筵事、玉牒《會典》總裁鄉後學山陰王家屏譔

校勘記

〔一〕"閥"，甲辰本作"閾"，是。

《條麓堂稿》序

《易》曰："觀乎天文，以察時變；觀乎人文，以化成天下。"夫日月辰象，燦焉中天，而晝夜相禪，璣衡相錯，以播四氣，以齊七政，以成歲功，天下畢仰焉。然一元之摩盪，二氣之絪緼，固無意乎爲文而文者也。無爲而無不爲，布之成象，運之成化，文章孰大乎是？吾師鳳磐先生，由詞林踐揆席，垂竹素，光旂常，業已不朽，乃余今而獲窺先生之大也。先生有集，曰《條麓堂稿》，大都以撫世酬物而作，然先生所以化成天下，此可觀也。余上下載籍，自古名公鉅賢，經大猷，鋪鴻業，其彌綸黼紱之概，未嘗不炳靈於文采。是故披《洪範》，知經世之器；綜九術，睹治國之略；覽《牧民》、《山高》，見撥亂之幹；省《治安》、《天人》，占王霸之具。根柢槃深，枝葉竣〔一〕茂，苻〔二〕采相映，不可誣也。先生結綬而升文陛，其遐搜極討，則天禄、石渠典籍之府也；其橐筆起草，則承明、金馬著作之庭也。其蔚發而爲文，雖飛沉殊體，商角異操，而會事切理，引繩執矱，一切各極其致，豈非意司契而爲匠詞，程才以效伎，不期文而文者哉？蓋先生先後入參政本，宇宙在手，山龍火彝，資其斧藻；品流倫類，資其錯綜；六府三事，八風七律，資其秩序；而節宣太階玉符、山陬海澨，資其揭昏旦而耀光明。先生之化成天下，殆所謂"文明以止"者歟？其他鋪張潤色，可略而言也。嗟乎！立功、立言兩者分途，而文章、政事岐也久矣，姑以唐諸公徵焉。燕、許之豐蔚，韓、柳之奇古，其於文藝號稱"大方"，然皆以文爲文耳。宣公以奏議流聲，衛公以《會昌》表録，試與前諸公徵較品流，則吾不知孰勝。然言之而行，行之而效，成於其身，筆於其手，八紘馳驟於思緒，萬幾出没於毫端，庶幾以政事爲文章者歟？以方先生，斯其合矣。在《賁》之象，曰："山下有火，君子以明庶政。"而終之以上九，曰："白賁無咎。"夫火，文之炎也。山下，文之含也。明庶政，文之成也。而白賁，文之質也。昔孔子筮卦得《賁》而愀然易容，曰："吾思夫質素焉。"夫賁於事者伐，賁於言者華，質有餘者不受飾也。先生以内暗之菁華，發揮皇王之道，而時以緒餘彙成一家言，故其文樸茂而不競粉澤，隱約而不繡鞶帨，投節赴響，較然足明其志，而披文相質，又洎然各止其域。觀其用心，亦有追渾噩而挽浮靡之思焉。夫五采相紕，不離大素；百家騰躍，終入環中。然則先生之化成天下，殆未可涯涘量也。是集也，夫非墳索之苑囿而製作之驪淵歟？余於是而窺先生之大也。

賜進士出身、嘉議大夫、禮部右侍郎兼翰林院侍讀學士、國史副總裁、直起居注、經筵日講官北海門生馮琦撰

校勘記

〔一〕"竣"，疑當作"峻"。

〔二〕"苻"，疑當作"符"。

條麓堂集卷一

賦

秋霖賦

夫何時序之迅徂兮，忽首秋之代夏。夷則肅以變律兮，商風凄于中夜。雲祁祁而四興兮，氣黮黷而沉漻。雨霪霪其不收兮，曾不辨夫暮朝。仰八表之同昏兮，俯平路而成濤。日與星不能炫其耀兮，宜條嶽之潛嘌。百川溢而赴河兮，過龍門而壯哮。空庭旖旎其薛剥兮，震風厲而驚條。野獸悲鳴而無庇兮，鳥噍噍而失巢。羌百卉之具腓兮，胡沃浥之孔喬。彼蘭蕭之芳臭兮，汔同終于弱質。松柏沉沉而露泣兮，獨青青而喪匹。彼决明之瑣屑兮，沐餘沫而若喜。荆杞茂叢於堂下兮，笑曩時之桃李。斯螽唧啾于堦除兮，鸛鳴垤其猶未止。方霡霂而衍迤兮，忽滂沱而怒瀉。豈溟渤之翻騰兮，將銀河之驟下。慨余衷之多懷兮，憎斯夜之修更。數陸離而輾轉兮，寒鷄縮栗而無聲。悄慘怛以鬱紆兮，怨東方之未明。空庭淅瀝以淒清兮，腸坎壈而不平。聞皇天之惠物兮，時陽任而陰殆。胡東風之浹辰兮，寒冉冉猶未悔。曰白藏臨於正午兮，恢台時其已改。草木未老而先萎兮，謂皇仁其焉在。爾乃悠悠載雲，滰滰盈句〔一〕。井梧下葉，庭竹繁聲。蜈臨淵而横躍，蟻循壁而上征。感東山之戍客，悲南陌之征人。貂裘葺兮既敝，角弓液兮不鳴。則有深閨佳人、高樓思婦，悲蒲柳之夙零，感蛩聲之在户。調砧杵兮寄遠衣，緘哀怨兮流黄素。又有澤國逐臣、長門棄妾，悒洞庭之增波，撫團扇之明月。望白日兮不見，覿玄雲兮思結。紉蕙長韉，握蘅水〔二〕絶。零雨灑而沾裳，秋風拂而嗚咽。伊秋霖之可傷，羌無憂而不竟。天地鬱兮渾沌，氛沴滃兮相併。思朱明兮何日，惜玄髮兮青鏡。嗟氣機之流易兮，固振古而若兹。唯時至而變衰兮，雖蕭瑟其奚辭。物方競于性情兮，遄萎瘁其足悲。諒階戺之不分兮，云誰睹夫天高而日晶？謂收潦而水降兮，顧蛙黽浮于前楹。火方流而金虎競兮，恐大化之或傾。昔洪水之湯湯兮，文命荒度而積成。所貴于俟命以順時兮，又何心于晦冥？

工師求大木賦

粤惟宫室之肇建兮，寔民生之攸安。爰稽象于《大壯》兮，隆棟宇以爲翰。兹惟群美之所蘩兮，豈一丘之能殫？夫惟工匠之巧思兮，持準繩而引度。相垣墉之敻邈兮，指雲霓而布矱。緬大厦之載經兮，鮮材良之是懼。披九域而博觀兮，索壯美之攸聚。爾乃共工鳩功，伯倕面勢。公輸辨方，匠石考制。伊樸樕之檀圞兮，雖秭億其奚數。矧櫟樗之枵碩兮，固百尋而不顧。歷歲月之邅延兮，爰經營乎修路。于是北窮碣石，南極衡峰。東觀梁父，西盡空同。上新甫而剪柏，入徂徠而采松。來梗柟于楚服，貢榛栗于秦封。才胡良而弗選？路胡遠而靡通？至如杞梓椅桐，豫章楓枰。扶桑貫日之標，鄧圃凌雲之莖。擢修幹以穎立，綜玉理而呈紋。莫不川運陸輸，櫛比鱗陳。罄山岳之珍藏，剖陰陽之藴靈。蓋誠慮夫輪奂之弗具美兮，夫何辭于相度之勞勤。爾乃衆材駢積，百工輻輳。引墨低昂，揮矩左右。羌萬宇以星分，颯千楹而雲搆。紛宊櫨其猶餘任兮，矧檮楔之難副。諒得才之懋于集功兮，在居室而已然。矧庶明之翼于休期兮，奚三五之難肩？故明良之迓運兮，靡夙夜而掄賢。集衆思而廣忠兮，俾疏附而後先。于以宏覆幬于群生兮，峙崇庥于萬年。

亂曰：制室繇木材則良兮，建邦繇士賢則昌兮。聖哲旁求恒遑遑兮，宅中流榮永無疆兮。

頌

天保長生頌

臣聞與天體同其大者，聖人之德也，其基命者也；與天運同其久者，聖人之壽也，其眷命者也。蓋天道不僭而臨下也孔赫，帝德罔愆而昭事也有常，玄感之所潛通，神工之所默佑，雖莫測其機緘之妙，而有信如符節之合者。此我皇上一德承楨，重玄錫祉，萬萬載而無極也。且天無私也，而其申錫之休必隆于至德；天不言也，而其顯道之彰必徵諸事應。故純佑之于始者可以豫乎後也，昭應之于古者可以驗乎今也。昔青虹感而太昊生，因以拓繼天之統；大電繞而黄軒誕，因以衍迎長之策。哲命之降，貽于初生；歷年之永，引于勿替。巍然上壽，邈焉隆古矣。寥寥百代，迄于今日，始于我皇上而再有徵焉，寧非斯世臣民所深慶而利見者哉？仰惟天佑我皇，以爲天地人神之主，方歲丁卯之發祥也，河清應于寶運，既以示其有開之先；今歲庚申之首祚也，元春會于景命，益以引其無疆之慶。保佑之至，在兆必萌；申命之休，積久彌著。故夫靈雪時雨、甘露醴泉之降，相望于歲時；瑞穀鮮芝、白鹿玉兔之來，接迹于苑囿。在昔列辟，得一稱奇，猶足以爲壽命之符，而況至和異應，疊呈駢列，天眷昭然，明命不爽，則夫我皇上膺遐福，撫洪圖，豈惟與羲軒比其歲年，抑且與天地同其悠久，皦皦而無疑也。昔《周雅》之祝文武也，博喻于岡陵山阜、日月松柏，以極單厚之頌，而原本于天保；廣成之諗黄帝也，究極于耳目形神、陰陽内外，以示處和之要，而歸旨于長生。臣誠愚昧，敢效斯義，兹當萬壽聖節，敬撰《天保長生頌》以獻。雖見聞術淺，無如廣成之微；而愛戴心誠，庶幾周人之藎云爾。頌曰：

皇矣上帝，鑒兹有土。普燾群生，貞觀振古。顧求睿聖，神人是主。既浚厥祥，載篤其祜。在昔軒昊，應瑞生神。握紀延禧，明命聿申。錫羡匪私，克敬是親。于今爲烈，眷我皇仁。其眷維何，河清丁卯。虹繞電流，貞符同授。寶算滋長，瑶貺彌厚。元慶同春，兹歲之首。曰維我皇，弘仁體道。凝真泰始，含幾玄造。光叶三辰，春陶四隩。有感必通，無遠不到。克配上帝，祇承厥休。莊敬日躋，明禋孔修。百神受職，多福聿求。璿曆載衍，靈命莫儔。届此秋中，興龍之旦。瑞穎西成，極暉南焕。樞紐薦符，蘿圖苞蔓。帝日光華，卿雲炤爛。時維皇德，克荷天籙。重譯獻琛，窮髪捧玉。保世滋大，唯日不足。天子萬年，永調玉燭。臣拜稽首，祝我皇壽。箕翼齊明，乾坤媲久。爰定神君，以襲氣母。天子萬年，受天之祜。

萬壽宫頌

臣聞德覆萬寓者必隆丕固之基，道合重玄者必啓維新之運，故湯敬日躋而命式九圍焉，文心昭事而眷此與宅焉。其對越者有赫，其降鑒者孔邇，志氣交感之機，德福相成之應，表表乎不可誣也。我皇上心涵大始，道契元神，建皇極以履中，握真符以御世，淳耀内朗而海甸恬熙，威稜外憺而氛祲蕩戢，翼翼乎克敬之忱愈久愈新，煌煌乎受命之符益昌益熾者也。兹者仰承上天之仁愛，茂纘文祖之宏規，式啓昌期，爰恢壽域，枚卜壬戌之首祚，鼎建西苑之新宇。于是共工鳩族而群材競集，玄穹篤祜而休徵顯示。崇規始營，則靈雪培其基；玉礎辨方，則神風助其定；雲構啓始，則恩滋毓其瑞；楝隆建吉，則霽景呈其暉。神陰騭以與能，民子來而趨事，是當六陽之届候，不十旬而告厥成焉[三]。臣伏睹天居爽塏，帝座尊嚴，千櫨赫奕而鳳翔，萬拱崚嶒而鴻集，列髹彤之繡桷，垂琳珉之文璫，浮柱迢遞以星懸，飛梁偃蹇而虹指，流離爛熳，璀璨輝煌，巍巍乎度祖基以增崇，配紫垣而共峻矣。既而申垂帝命，明示仙言，賚祉新宮，錫名萬壽，乃我皇時乘六龍，卜穀旦而臨御之。于是怡性仙居，躬綏繁祉，熙辰茂對，異瑞荐臻，靈龜叶考卜之祥，玉兔獻長生之兆，並至如期，兼呈不爽，豈非昌時之嘉應、永命之玄符者哉？若夫臣子之義，沐寵榮，揚休美，歌《天保》于周曆，祝華封于堯年，斯固就日之微忱、祈天之大願也。臣謹拜手稽首，揚言而作頌曰：

赫赫我皇，受天明命。執契中興，統乾作聖。求福不回，日嚴祗敬。相維西籞，鼎新厥宫。紹祖遺芘，荷天眷隆。獻歲經始，卜吉鳩工。朱明啓律，元功遽奏。匪直民力，亦昭神佑。吐納日月，掀揭宇宙。金梁虹駕，玉楝鰲擎。螭蟠文礎，鳳翥連甍。美哉輪奂，勝比蓬瀛。皇揆剛辰，爰居爰處。摹象辰垣，嗣徽烈祖。茂迓玄禧，精禋是舉。緝熙純嘏，保合太和。總握真符，年所歷多。軒策維延，周禄是荷。申命重玄，揭名萬壽。駿業光前，燕謀貽後。岡陵匹永，松柏儷茂。靈龜獻瑞，玉兔生祥。仙齡悠邈，浩劫寧康。小臣稽首，頌聲載揚。我皇壽考，萬歲無疆。

瑞應玉龜仙芝頌

我皇上一德承休，三靈禔祉，太和酣뮬，茂澤旁流，三十九年于兹矣。醴泉甘露、靈雪時雨之應相望于歲時，瑞麥嘉穀、白鹿玉兔之珍充牣于苑沼，皇天瑞貺亦云至矣，而眷命之申未已也。兹者八月上吉，虹流届節，爰有玉龜二枚、仙芝五本出于浙

東天目之山，獻祥闕下。遠邇臣民歡傳踴躍，以爲希世之奇，耳目未睹。臣謹按前史《龜策傳》、《瑞應圖》等書，龜于物稱神異焉，其得年最久。生三百歲，遊于蓮葉之上；三千歲，伏在著〔四〕叢之下。壽五千歲，謂之神龜；壽一萬歲，謂之靈龜。是以太昊感地畫之應，黄帝受西王之符，陶唐承科斗之曆，夏禹錫洪範之疇，俱登上壽之年，共躋列真之宇者矣。然或赤文而玄甲，或青純而蒼光，色匪純瑩，來不雙見，未有皦然玉質，同時耦至，有如今日者也。臣竊惟：龜，神物也，于徵爲壽。白，金色也，於行爲秋。允符誕聖之期，丕闡降年之永。矧天目者，太微之洞天也；神芝者，元氣之精英也。出自天目，兼著鑒下之赫焉；伏于仙芝，特呈類應之符焉。不言之示，厥類惟彰；無疆之休，受命孔固。則夫我皇上衍遐福，引昌算，豈特與昊、軒比隆，堯、禹媲美，殆且萬萬年與天地相爲悠久而不息也。昔元嘉有千畝之獲，而編之於史籍；雍熙有蘇州之貢，而侈之以歌曲。隻瑞足稱，一時傾動如彼，況連璧示異，重以靈華，焯矣無前之烈，顧不知所以揚厲者哉？臣不勝惓惓，恭撰蕪頌，拜首稽首，獻諸宸極。雖不足以美盛德之形容，亦庶乎攄微衷之祝願云爾。其辭曰：

皇天顯命，開期誕聖。萬寓承熙，百靈錫慶。景風調燭，海波澄鏡。翔泳由仁，謳歌若性。兩間合德，四隩同春。協氣載暢，嘉應荐臻。既呈乾符，亦效坤珍。超圖溢牒，月異日新。越有雙龜，瑶光散彩。雪態生寒，霜文曜皚。聯光南極，胚靈東海。真宰護持，千年有待。煌煌五芝，越嶠有遐。日精六英，雲蓋九華。于以劚之，瑶函是加。玉龜出焉，亦孔之嘉。煒彼四靈，伏此三秀。藏神粤〔五〕區，表奇昌候。來遊皇沼，亦植皇囿。物應昭然，天庥滋茂。卉異維芝，龜玉稱奇。眷兹二美，共域同時。永延聖壽，福禄綏之。祇薦清廟，祖考歆思。是惟我皇，昭事上帝。聖敬日躋，明禋不貳。受命溥[六]將，降福昌熾。如日斯升，如川方至。皇有懋德，天貺奇祥。式是百辟，佑于萬方。臣纘洪烈，頌聲載揚。我皇壽考，萬歲無疆。

大有年頌

夫魯史重有年之書，《周雅》咏惟魚之夢，豈非以齊民所天恒先粒食，哲王上瑞厥在豐年也耶？故夫慶雲甘露，醴泉器車，二氣之凝和爾；紫芝赤雁，天馬神爵，庶類之葆珍爾。猶皆被之管弦，編之緗簡，宣昭盛美，後世有述焉。矧夫五官順軌，百穀實好，陰陽鮮愆伏之灾，田穡遂有秋之願。兹蓋中和位育、天人信順之明徵，與夫氣珍物瑞不同日語矣。黻藻閎休，垂之無極，當不啻昔人之所稱述者。臣緣斯義，僭率陳頌。雖技窮繪日，謝美前聞，而實在安人，則邁祥於往昔也。其辭曰：

維皇建極，與天符德。志切懷人，政先惟食。千畝供祠，三推[七]導力。維天降康，時雨時暘。璿璣應節，玉燭調光。眷兹遐邇，貽我菽粱。維民承休，胥慶西疇。京坻露積，倉箱于收。耕鑿帝力，鼓腹優游。昔在后稷，式是稼穡。文纘仁基，啓土建國。旦叙《豳風》，《無逸》著則。皇崇遺訓，亭殿于鎸。靈貺既協，景籙載延。保佑申錫，自今萬年。

瑞應白鹿頌

夫聖人體希夷之上德，握闔闢之靈機，參化育以無私，並乾坤而不毁，則必有至和之珍育，表自然之景符，圖牒具存，不可誣也。嘉靖三十九年建子之月，有白鹿出于陝西萬壽之宫，乃有野人，神誘其衷，以報于衆，守臣從而敬致之，乃當三朝獻歲之前，貢諸闕下。皇上祗惟玄貺，穆然以思。若曰：兹惟瑞獸，衣此殊色，以地以時，申命丕顯，何敢不肅承嘉賚？于是卿尹庶僚以暨都之人士，翕然色喜，訢訢相告。嗚呼！天人相與之機，志氣交感之妙，兹不具有明徵哉？蓋鹿，純靈之異獸也。白，金方之正色也。《抱朴子》謂鹿壽必千歲，五百歲而色白，《述異記》則又謂千歲色蒼，千五百歲而色始白者，厥惟長年之異質，而列真之靈御也。昔軒轅詮至道之精，執清静之要，于是王母之使乘白鹿而獻環焉，是仙迹之隆也；玄元藴三炁之精，抱得一之本，乃乘玉女之化托白鹿而凝神焉，是玄教之宗也。我皇上静觀元始，默運道樞。其精不摇，以襲氣母，綜軒轅氏之百昌；谷神永存，以象帝先，會玄元氏之衆妙。致此神物，來自西方。西方者，神明之奥區也。故金母之居，厥惟玄圃；青牛之駕，亦適流沙。乃兹上瑞，所出適在其陬，是黄帝、玄元之寶籙、靈符，越千萬年而復集于我皇也，鑠乎盛哉！且時正一陽，見天根之來復也；宫爲萬壽，示引年之勿替也。自皇上纂大凝圖，天地動植之瑞光于往牒矣，而唯此珍獸間歲屢出，一獻于晋藩，再獻于江左，而兹復自神皋獻焉，則夫我皇上滌玄覽，遊汗漫，久視域中，永爲天地神人之主者，當與日月齊其光耀也。斯世斯民，同所慶賴，而况臣依侍耿光，躬睹休烈，其欣幸歡戴之情，固有倍萬于衆者，是用不揣庸陋，而獻頌焉。其辭曰：

瑶光降精，于彼靈域。有鹿甡甡，如玉其色。千年變彩，金行秉德。璇池載飲，瓊芝攸食。靡群靡友，以騰以倚。萬壽之宫，有來至止。一陽之月，爰呈其美。物豈無知，天命則邇。仙瑞既彰，野人爰報。自我西郊，來從東道。文囿曉辭，虞庭春造。麗質欺霜，鮮文奪縞。帝居閶闔，沕穆天通。嘉應洊儀，睿衷載融。育物對時，凝命在躬。三陽伊始，百禄來同。恭惟我皇，含精抱一。天牖其聰，神降之吉。啓奥銀函，窺真石室。大道爲徒，列仙是匹。爰致休符，增光邃古。黄帝膺籙，白環薦祜。玄元托乘，蔚爲道祖。億載揚暉，我皇與伍。皇在齋宫，鹿馴于庭。皇在法苑，鹿遊于林。皓鶴比舞，玉兔共音。蓬萊匪遠，碧海寧深。寶雉興祠，白麟作歌。矧此奇珍，集禧更多。頌聲載啓，耿迹不磨。萬年仙算，與天同科。

玉眷長生萬慶頌

我皇上膺昊天之顯命，躬上聖之靈姿，握衆妙之玄機，纂寖昌之丕祚。協氣熙仁，歷年彌茂；嘉禎昭貺，與日維新。迨兹歲在辛酉，寔降神駐世之五十五年，而執契御時之四十載也。萬姓謳歌，永祝帝祉；百神受職，幽贊皇釐。天人悦豫，志氣流通，爰垂希有之符，以介無疆之壽，乃當八月上旬，而日躔丁卯焉。夫八月上旬者，我皇萬壽之聖節也；丁卯者，我皇景命之元辰也。以萬壽聖節而景命之元辰涖之，昊眷所垂，厥猶告詔。若以我皇體睿含幾，邁迹三五；栖神緯氣，得算萬億。既膺必至之期，宜示有開之兆，故于誕靈之日，而臨以正元之辰。以見保世滋大，當道洽化成之餘；啓佑維新，即哲命肇貽之始也。嗚呼！天之孚佑我皇一至于此，豈非萬世無疆之慶也哉？臣謹稽圖牒，博徵禎瑞。凡天象地符、氣珍物異，自我皇御曆以來層見疊呈、歲月相望者，已皆足以明壽考之徵、申錫之寵矣，而不若此慶之隆尤爲特異。良以七政之經緯不齊，而朓朒異焉；六甲之馴行有次，而分布均焉。造化有所不能違，巧曆有所不能計者。爾乃明命昭垂，神機妙合。蓋自庚申元春之旦而景度臨之，既表元慶之方興；及今辛酉萬壽之節而景度復臨之，益引萬慶于勿替。比歲之間，奇徵再見。自昔聖帝哲王，承天撫運，固莫不有定保之徵矣，未有顯受嘉符，靈承寶貺，若此之明著者。然則我皇長生久視，比照三光，億萬載而無極，信可知矣。臣依藉榮光，浸濡茂澤，受施無量，亦既有年，曾莫能少贊鴻圖，仰酬玄造，唯有祈天祝壽，乃其夙夜切切思效之微忱也。遇兹異慶，歡忭無任，是敢輒陳蕪頌一篇，仰纂玄賚。雖萬壽之衍無俟于形容，而三祝之私不能以自已焉爾。其辭曰：

明受天命，奄保萬方。三靈禔佑，八葉重光。璇源濬發，寶籙凝長。赫啓中興，篤生聖皇。篤生伊何？歲惟丁卯。青液東榮，朱煇南皞。坤貺河清，乾施電繞。元命巍巍，禎符表表。厥期伊何？秋中上吉。金天司候，星虚殷日。壽曜會躔，南吕應律。揆惟初度，降此陰騭。帝德廣運，昊眷恒新。凝圖載永，降命益振。屬兹聖節，妙會元辰。壽囿八荒，策迓千春。曆象統天，星躔有紀。甲子循環，既週必始。毓聖熙辰，正元届止。帝算無疆，天命孔邇。氣有胚休，物有含秀。顯惟代珍，亦昭神佑。未有禎祥，合符辰宿。考牒稱希，稽徵惟壽。是惟我皇，歲與天同。浩劫不老，冲貌常童。山峙維南，日升在東。有先必兆，無感弗通。休兹萬慶，在昔未睹。日月宣明，華夷忭舞。小臣作頌，拜揚天祜。於萬斯年，皇作民主。

恭讀敬一亭中御製碑文頌

夫宓犧陳畫而陰陽之秘彰，堯舜援曆而精一之要啓，帝皇之遐軌也，斯道其權輿矣乎。夫心，道之筦也。視聽言動，心之發也。施之于百爲，運之于政治，心之推著也。故帝王授受，要在傳心。是義也，宋儒繹之悉矣。匪敬則心弛，非一則心雜，千聖有作，靡能易此。我皇上淵聰沉密，洞見道體，出其獨得，形之製述。曰《敬一箴》，則發聖心之真知；曰《四箴注》，曰《心箴解》，則攄前賢之未盡。微辭奥義，真與堯舜、宓犧萬古同符，猗與盛矣！布在學宫，鐫之豐碑。壽考作人之休，匪曰海隅是光，將必永諸世世。小臣莊誦佩服，不勝踴躍，謹拜手稽首而獻頌曰：

肅肅辟廱，有亭翼翼。崇崇貞珉，絲綸是勒。其勒維何？敬一有箴。四勿慎動，百體從心。穆穆睿旨，蔚蔚天章。星陳極拱，鳳翥鸞翔。廓彼玄樞，昭我彝訓。天地苞真，群生立命。王言孔大，王心孔一。薄海承風，百神咸秩。小臣拜首，天子聖神。萬年道統，載此刻文。

大椿頌

《大椿頌》者，爲年伯丈一愚葉翁六旬初度祝也。翁降淳自天，守貞在己。匯江淮之靈浸，承閥閱之世澤。幼襲華腴，鮮紈袴之習；長淪芳潤，衍《詩》、《禮》之傳。是用肯茨前室，貽芑後謀。天彝秩于家庭，月旦推于鄉黨。而復降心濟物，抗志離俗。機事都忘，白鷗結社；矜人咸賴，黄雀銜恩。是以陰德騭于天心，顯慶膺乎人瑞。今兹敦牂在歲，甲子初週。尺繞重閆〔八〕，肇紀春秋之始；太音方遍，更生聲氣之元。適揆初度之辰，寔在中元之月。于時秋也，梧風薦爽，桂月澄暉。南老獻祥，燦黄符于元命；東王授籙，育青氣于陽和。爾其棟宇雲飛，簪纓星列。園黄耆德，争陳松柏之章；王謝高門，共致葭莩之慶。仙人羽客，幼子童孫。日月壺中，獻九霞之醴；雲仍膝下，舞五彩之衣。萃彼秋筵，傾兹春酒。禮文秩秩，福祉穰穰。業授韋金，嗣奮秋風之雕鶚；系延謝寶，仍叶夜夢于熊羆。奕奕乎！煌煌乎！誠積善之明徵，而生人之至樂也。越有元胤，式纘休烈；克揚庭訓，鬱爲國華。鳳凰棲畔，擅蘭署之風流；鸛雀樓邊，敷棠陰之惠澤。試蕭三輔，借寇一年。雖驅馳四牡，不懈王程；而睇盻三吴，有懷家慶。白雲千里，遵東海以興思；黄髮萬年，指南山而獻壽。耿耿乎！孝慕忠忱，事君資父者也。維附驥南宫，登龍北海。顧此蒹葭，敢自忻于倚玉；願言桃李，曾莫報于投瓊。緬觀愛日之誠，思致引年之祝。蓋龍虎榜内，既叨四海之弟兄；橋梓行中，即是一家之父子。愛莫能助，情見乎辭。取則麥丘，敬陳芹曝；師言莊圃，式頌椿年。不辭雉竄之繆，用侑鶴飛之曲云爾。頌曰：

二氣胚渾，五緯散精。委和含順，神物攸生。長江之南，牽牛之野。偉有大椿，苞靈于下。奇根蜿蜒，俯浸重泉。修柯茀鬱，上摩蒼天。劘以剛風，沐以文露。至精滋熙，淳液内固。黛色猗那，銅骨嵬壘。終古青青，柯葉靡改。朝遊鸑鷟，夕宿鶤鵬。鄧林西拱，若木東承。歷載八千，春秋始兑。軒紀溯今，未盈一歲。海波可畝，桑土可濤。獨抱元陽，後天不凋。子幹[九]孫枝，貫口[一〇]擎雲。明堂之棟，清廟之棼。楚南有榠，玄圃有桃。以彼綿延，方兹暮朝。於乎造物，信矣多奇。挺擢靈壽，疇物克夷。樂只君子，維德之基。億年壽考，春秋若斯。

五言古詩

憫農詩館選首卷

北陸曜炎曦，南畝事耘耔。荷笠鋤午禾，鋤濕汗成水。金風肅霜節，田家初罷耒。私逋償舍翁，公租歸官理。日暮空柴廬，無能飽糠秕[一一]。宸襟軫稼穡，《豳風》搆崇址。虞弦協遺歌，省助多方喜。所希玉燭調，《擊壤》咏千祀。

秋　感三首

蓐收御六極，涼飈萬里至。蕭蕭一夜聲，減此千林翠。大化運玄機，寒暑紛相易。百年諒非遠，隙影騁六騎。念兹惜芳時，勛業愴心事。

騄駬遭孫陽，輝動鹽軛下。亦有登李客，龍門重聲價。我師涖西服，振鐸興文化。葑菲幸品題，執經侍春夏。秋風迫離期，眷念心如謝。山高流水深，邈矣青驄駕。

秋夜一何長，秋思一何苦。思苦不欲眠，夜長不欲曙。桐影暗窗月，蛩聲雜四宇。對此凄清時，壯懷紛若縷。悠悠撩我心，的的不堪數。推枕起夷猶，披衣聽晨鼓。

感　寓三首

楚楚蜉蝣羽，朝霞争鮮光。螳螂遊車轍，奮臂恣徜徉。緑衿隴山鳥，能言巧如簧。大鵬鼓羊角，鷹隼鷙秋霜。巨細形則殊，矜性均可傷。所以丹穴禽，耻隨群羽翔。遥舉千仞顛，孤鳴向朝陽。

荆璧藴散石，舉世迷其真。哀哉獻玉人，泣血獨傷神。炯炯豐城獄，雙龍埋其精。寧知重淵底，紫氣燭星辰。聖賢葆靈耀，和光以同塵。子輿詆淳于，仲尼輕四鄰。

西風中夜起，羅帷生驟寒。惻惻不能寐，攬衣起長嘆。出户步前楹，星斗何斕斑。促織鳴草間，露下白團團。感物有良悲，安能惜朱顔。

暮春郊行二首

晨風飄我袂，命駕遵廣陸。高冢何纍纍，遠近緣山谷。遺碣委豐草，埋没不可讀。長安昔豪盛，股肱雄近服。層甍麗丹雘，飛軨交華轂。衛霍矜功伐，金張誇世族。意氣軼雲霞，輝光借僮僕。寧知百歲下，松柏摧樵牧。壟址半爲田，寒食無人哭。首陽有雙冢，鬱鬱屯喬木。過客肅清風，野老薦時蔌。至道貴朝聞，榮利安足逐。

驅馬出東郊，高原聊騁望。山川信鬱盤，風物何駘蕩。關門南控雄，河勢北來壯。草際漏朝暾，雲間出層嶂。桃林紅漸歇，麥隴緑方漲。將因寓物游，暫識青春狀。一氣播坱垬，萬類欣條暢。上宰寂無言，陶冶歸哲匠。

四懷詩有序

歲己未，余與二三同好繹集文雅。諸君子者，皆深造閎覩，珪璋競爽。愳兹短翮，逐下風於枋榆間，爲幸鉅焉。比庚申之春，李子廷良扶侍還劍江。其夏，孫子文和繼以制歸越。陳子德言迨秋陟留都少司成而南，焉〔一二〕子體乾復以奉使冬出。廖廖文社，唯餘余與吴子子言而已，以居止之不鄰，且不獲朝夕繼見。時物遷代，忽焉又春，念良友之我遐，惜盛時之易邁，惓然興感，輒成短述，併以示子言，俾同賦焉。時辛酉三月也。

華嶽何穹崇，三峰柱清昊。關河遥拱侍，乾坤信靈造。深潭遊蚪〔一三〕龍，絶境茁瑶草。之子廬其陰，雲霞共昏早。喬躋盪雷雨，遥睇入瀛島。嗟君生人秀，氣禀金天灝。奇葩曜人文，靈根藴國寶。蘭闈叶心晤，瓊編悉幽討。歡言方在兹，悲緒縈離抱。物態妍芳月，山川限同好。春雲隱仙掌，目極天浩浩。寄言新豐車，何日邯鄲道？

右馬體乾

曰余秉微尚，汗漫耽群籍。石室事追尋，名山悉探歷。坐觀多岐分，翻使群疑積。有美豐城彦，高逵奮逸翮。精義析毫芒，玄談貫今昔。秋月何清瑩，春冰涣然釋。握手未終竟，忽漫成離索。相望楚天青，相思燕草碧。結交論意氣，遠近豈形迹。心鑑苟不異，萬里猶咫尺。與君夙昔願，炯炯良匪石。偉彼蘭蕭化，因憐芳歲擲。

右李廷良

東風吹太液，春色滿燕京。宫柳媚緑姿，庭花敷朱榮。遲遲淑景長，萋萋芳草生。睹物有良感，懷人百慮盈。疇昔同君子，入室接心盟。妙合語默契，周覽風雅情。冲氣四時備，夷襟千頃清。依歸誓畢志，孤櫂復南征。嘉月宛如昨，美人隔江蘅。寤寐見顔色，躊躇步檐楹。曲終孰與悟，有酒聊自傾。三復《伐木》詩，感此嚶鳴聲。

右陳德言

丹穴毓鸑鷟，藍田種璆璗。鬱彼寰中傑，世德發清嚮。鯨翻渤澥深，鵬運天池廣。妙悟每通神，雄談時抵掌。在衆誠不羈，投分兹可仰。惜陰啓篇翰，開軒對幽敞。昕夕共討論，車馬隔塵壤。蓬質洵有托，學海愜心賞。游衍方及晨，越水牽别愴。譬彼申〔一四〕路岐，宵行瞽無杖。駘蕩逢韶節，蒼茫寄遐想。山陰興可乘，願理扁舟訪。

右孫文和

古意題便面

嶧陽抱霜骨，斮取最高枝。徽以九真珥，弦以野繭絲。逸人弄清調，寄志栗陸時。泠泠山水間，高深愜幽期。時有鍾子期，聽曲識其微。斯人悵已矣，孤衷當告誰。豈無《廣陵譜》，所嗟心賞違。呼童韜錦囊，行采北山薇。猿啼清晝閒，日暮秋鶴飛。

徘徊向空翠，山木含餘暉。

十四夜對月泛湖二首

空谷時多暇，佳候秋正中。駕言縱一葦，遡流牽長風。嵐翠曖已暝，月出瑶臺東。灝氣天漭蕩，金光波玲瓏。高樹颯驚烏，夾堤宛卧虹。濁醪飲不極，孤棹信所通。白露湛珠華，的皪明芳叢。皓魄浄如洗，皎焉萬象空。披拂衫袖寒，清泠俗慮融。夙秉方外契，久羈塵中蹤。及兹愜幽賞，復爾觸逖衷。結交鴟夷子，問道河上公。將因秋水興，東去探鴻濛。

進艇夜方半，纖御流寒素。微茫數兔毫，婆娑影芳樹。瑟瑟荻葦風，皛皛蒹葭露。凫鷺眠不驚，蟋蟀聲猶訴。揩棹淺瀨過，揚櫂中流鶩。天水浩不分，玻璃萬頃注。河漢俯若垂，舟檝遥疑赴。欲訪支機石，試問乘槎路。湖南五老峰，時有九仙駐。月在水中央，靈境浸深渡。忽逢孤鶴飛，恍與列真遇。鄉園信多美，夢遊昔已屢。今夕果何夕，暢此滄洲趣。

鶩漿泉詩有序

余覽《山海》、《水經》諸編所述，中經山有鶩漿者，謂其水居山頂，渟匯不流，冬夏常滿，驟用之不加損也，亦不以水旱盈涸，心異之。壬申歲，返故山，徧訪土人不獲，疑所指湖陰雲舉之峰似今之草坪山者。甲戌八月既望，泛湖之次日，遂杖竹往尋之。垂蘿懸壁，捫磴直上，與登天不異。既陟其巔，則玄泉注焉萃明，境象超映。訊之道人，其言與二經所述迥合。余甚喜之，乃爲詩以紀其勝。俄奉召北上，越五年，始以稿寄弟象，鑱之泉上石，俾來者有攷焉。

中經富名山，蜿蜒帶河溢。造化剖幽藏，《丘》、《索》摽靈致。特峰竦湖陰，高指觜觿次。南望揖嶽蓮，連岑近相避。絶頂有神泉，泱漭含元氣。澄泓滿不溢，熿潦邈不異。雲漢凝清暉，瀼露奪甘味。厥惟帝臺珍，鵉漿自昔誌。頃余釋塵鞅，鄉山恣容裔。尋此奇勝蹤，疑爲鬼神秘。秋波浸空碧，曉月弄山翠。躋攀日無休，吟賞夜不寐。拄杖龍所化，恰與仙源值。膏濡草木蕃，氣蒸川原媚。恍睹九仙境，快我千古意。振衣天宇闊，鳴弦水脉沸。迴眺飛仙洞，巖壑下無地。信宿澹忘歸，蒼茫結幽契。玉池授丹訣，潮音闃未誠[一五]。靈液欣可托，永言滌心累。

七言古詩

中秋無月志感二首

憶昔中秋月，滿城兒女喧佳節。兔魄清泠桂樹寒，蟾光澄净秋毫徹。閨中拜月競風流，帝子弦歌夜上樓。斜度玉繩更漏歇，尚留殘照奏箜篌。忽然夜半陵谷改，碧殿朱門復誰在。月到空城亦解愁，故教雲霧迷光彩。黯黯千山夜氣深，秋聲作陣戰前林。鵲飛不見南枝影，蛩[一六]冷時聞北户吟。空堂對燭聽寒雨，往事關心心獨苦。天上陰晴竟偶然，人間時節生今古。

明月四時色，獨與中秋宜。人生隔歲盼此夜，云是玉宇清暉期。狂雲何處來，擾擾漫天維。靉靆布濃曀，浸霪散雨絲。南樓老子興復淺，西園才人愁賦詩。吾聞山澤氣，鬱爲氛霾滋。黄道臨閶闔，清光應不虧。安得振長翰，高舉凌蒼霓。左秉招摇矛，右麾九星旗。掃蕩八表陰沴伏，灝氣露出天地姿。廣寒宫闕千門爽，望舒按節巡天逵。露凝百卉綴珠華，四溟五嶽争新奇。吁嗟壯觀知何日，坐令大地還昭熙。却愁雲净晨鍾發，孤負清光全勝時。

送憲使嵋陽張公兵備遼陽歌

十年結綬長安陌，樽酒青燈共朝夕。千里驅車遼水頭，塞雲關樹遠悠悠。他鄉送客正愁絶，風雨滿城天又秋。城隅咫尺遼陽路，書劍翩翩從此度。笳吹宵吟白馬河，旌旃曉拂盧龍戍。盧龍東去山峨峨，白馬河邊雜虜多。烏桓保塞仍侵暴，鞑鞨嗚〔一七〕弓更請和。居人刈黍秋乘障，關吏看烽夜枕戈。屬國歲時妨帝貢，鎮城絲管解夷歌。由來大漢無中策，今日烟塵在東北。廟謨歸重尚書郎，天子臨軒賜顔色。豸冠結駟出神京，蕃漢貔貅擁道迎。前旆未臨木葉塞，威聲先震漠南營。轉漕既貯金城粟，繕堠還尋秦代城。貂裘帶雪寒猶薄，玉帳屯雲夜不驚。君侯原負孫吴略，樽俎折衝亦不惡。黠虜應傳破膽謡，健兒始信從軍樂。長歌送君日已曛，贈君寶劍青蛇文。丈夫原有桑蓬事，看取策勛拜聖君。

仙山采芝歌爲守極翁賦

洞天雨過千巖緑，流雲占斷春山足。龐眉何處采芝翁，遥訪金英到幽谷。雙松手植不知歲，携鍤竭來松下憩。長嘯疑聞鸞鶴音，攬衣似帶烟霞氣。問翁何事采芝頻，親見桑君受訣新。能將一勺上池水，散作萬家都市春。烹芝瀹鼎應無數，宅畔杏花栽萬樹。雲笈標功徧世間，山中芝蕊春如故。

南谷草堂吟

君不見高連山下泉如玉，終〔一八〕篁萬頃緣山是〔一九〕。南國佳人冰玉姿，開堂占斷溪山曲。研硃點《易》閉重林，枕上仍窺太昊心。秋原引杖防龍化，夜月裁簫學鳳吟。虚檐環佩風前急，疏牖琅玕雨後陰。清泠不辨四時色，唯覺春來换鳥音。十年搆就《長楊賦》，六羽聯翩度天路。玉署聲華映縉紳，草堂風月閑朝暮。恩遇寧忘國士期，賞心時寓騷人句。燕臺越嶠鬱參差，萬里雲烟寄夢思。獨有梅花如故國，春來三嗅向南枝。

《歷原圖》歌

郊原膴膴分烟樹，云是重華躬稼處。象鳥迹沉野老傳，龍蛇碑斷蒼苔護。千家弦誦瞰虞城，望中河華相逢迎。山巖尚存太古色，春風出谷幽禽鳴。美人好古兼愛奇，短筇尋勝不知疲。結廬種竹占清絶，宵吟二典聲吾伊。一朝振袂遊京國，坐使聲華冠南北。蕙帳不褰夜鶴驚，四時風月常相憶。幽懷漫寄丹青乎〔二〇〕，水墨微茫分户牖。千章喬木擁檐除，萬叠青山在屋後。中堂突兀出雲寰，對之不覺開心顔。荆籬漆几宛相向，此身若在條涑間。我亦十年去故鄉，西風鄉思正茫茫。何時同對歷山月，樽酒論文舊草堂。

《四景圖》詩

谷口新鶯初弄舌，條風融盡千崒雪。流水脉脉溢洪陂，滄波萬頃含清澈。漁舠摇曳縠紋長，晴沙兩兩浴鴛鴦。梵宫微茫帶遠岸，時有鍾聲出緑楊。

緑槐葉密滿地陰，石欄曲抱澄潭深。南山雷雨静宿翳，眼前突兀開危岑。峰巒變幻生奇趣，虎曜〔二一〕蛟騰幾奔赴。石橋轉盼天宇空，望裏故山自朝暮。

秋江浩蕩天無極，萬山雲净青如拭。纖阿寂寂冰輪寒，大千世界玻瓈色。道人逸興欲凌風，瑶觥浮白珍珠紅。留連終夜不知倦，酣歌聲徹蛟龍宫。

上天同雲迷四野，遠山一帶瓊瑶灑。萬千紅紫失顔色，惟有孤松占幽雅。抱琴沽酒訪情親，驢背寒吟得句新。分付奚童莫浪語，深皋鶴夢入清旻。

十五夜對月泛湖

暮雲歛盡天如拭，澄湖萬頃涵空色。乘興還登漁父舟，訪奇直傍鮫人國。喧闐簫鼓急如流，越調吴歈相倡酬。星河耿耿魚龍夜，霜露凄凄菡萏秋。須臾擎出峰頭月，霏霏滿地清暉發。桂液依稀沁銀海，兔魄真成鑒絲髪。此時碧波平于掌，十二輕舠遞來往。飛觥交午賓客歡，有酒如澠藉雙槳[二二]。王孫綵毫攄幽思，衲子法音送清響。采石酹月披錦袍，千古風流寄遐想。參横斗轉雲漢移，酒酣氣健不知疲。貝宫寂静瑶華溢，海若起舞馮夷隨。素娥手授玉杵藥，咀嚼沆瀣甘如飴。輕風徐來襲兩腋，便擬輕舉翔天逵。君不見武昌月色南樓好，胡床笑傲稱庾老。一時僚佐儼如雲，今日清光照秋草。世事陰晴不可尋，等閑圓缺成古今。但願年年三五夜，扁舟新釀對知音。

《四景圖》詩應制

韶陽入律淑氣多，平湖冰泮含碧波。山容遠近翠屏膩，風柔好鳥相婆娑。千紅萬紫花如茜，麗日晴雲滿芳甸。尺綃披拂春臺開，熙熙如見東皇面。

青葱忽睹千章木，頓令永晝失炎燠。蓮陂新漲波溶溶，梅雨初晴山矗矗。菰蒲灣頭水鳥嬉，林中似聽囀黄鸝。臢有清陰均四海，信是南風薰且時。

井梧露重新飄葉，千江水與天光接。蒹葭霜信雁將歸，籬落秋容菊正燁。烟抹川原百卉腓，林端鷹隼擬翻飛。澄潭潦盡商飇厲，王政迎寒應授衣。

玄雲四布天地冥，千山瑞雪朝夜零。寒衝林表鳥飛急，潤入松皋鶴夢醒。茅檐竹逕清如許，幽芳先發梅根渚。由來三白兆豐年，會見倉箱富禾黍。

應制題《玄兔圖》

爰爰玄兔何奇特，雙瞳點漆毛潑墨。驗瑞嘗聞格遠人，標靈曾擾堦墀側。生綃貌出若有神，餐芝眠草意態馴。獻琛已見皇威暢，寶繪仍留宸鑒新。

恭題畫鷹

蒹葭露冷金天碧，晨風應候獵原澤。鷙鳥毛羽落紛紜，草間狐兔深無迹。飇騰電發勢絶倫，尺綃凝睇若有神。皇情非事從禽樂，爲憶鷹揚净塞塵。

校勘記

〔一〕“句”，甲辰本作“旬”，是。

〔二〕“水”，甲辰本作“永”，是。

〔三〕“馬”，甲辰本作“焉”，是。

〔四〕“著”，甲辰本作“著”，是。

〔五〕“粵”，甲辰本作“奥”，是。

〔六〕“溥”，甲辰本作“溥”，是。

〔七〕“椎”，甲辰本作“推”，是。

〔八〕“尺繞重問”，甲辰本作“天統重開”。

〔九〕“斡”，甲辰本作“幹”，是。

〔一〇〕“口”，甲辰本作“日”，是。

〔一一〕“枇”，甲辰本作“秕”，是。

〔一二〕“焉”，甲辰本作“馬”，是。

〔一三〕“蚪”，疑當作“虬”。

〔一四〕“申”，甲辰本作“中”，是。

〔一五〕“誠”，甲辰本作“試”，是。

〔一六〕“蚩”，甲辰本作“蚉”，是。

〔一七〕“嗚”，甲辰本作“鳴”，是。

〔一八〕“終”，甲辰本作“修”，是。

〔一九〕“是”，甲辰本作“足”，是。

〔二〇〕“乎”，甲辰本作“手”，是。

〔二一〕“曜”，甲辰本作“躍”，是。

〔二二〕“漿”，甲辰本作“槳”，是。

條麓堂集卷二

五言律詩

寓晋省彌陀寺宿

一劍天涯客，孤燈寄上方。夢回鄉驛遠，思發漏偏長。榻影留寒月，鍾聲帶曉霜。無端清境曙，風墮梵天香。

漁　父二首

霜重雁初飛，秋江浸翠微。纜邊疏葦合，檣外遠山圍。漫任鯈魚樂，全忘鷗鳥機。垂綸不設餌，日暮放舡歸。

遺迹浮沉外，滄浪歲序長。夢餘看碧嶂，醉後倒銀觥。雁影孤舟月，蘆花兩岸霜。信知秋水樂，蕭洒憶蒙莊。

正峰精舍成招環江及子〔一〕同修業焉詩以識始二首

窈窕鄴侯居，青緗富簡書。何因隨二妙，同此惜三餘。窗雨芸香潤，堦風蘭韵初。雌黄千古意，莫放寸陰疏。

深院東風裏，招邀意若何。忘懷金可斷，投分玉仍磨。講罷看魚泳，吟成共鳥歌。花飛春不盡，庭沼發新荷。

咏盆魚

金甲盆中鯉，浮游玉户陰。一泓堪自托，九罭不相侵。每有風雷日，能忘江海心。莫言天路遠，在藻是恩深。

積　雨三首

徂暑維深夏，淹旬雨不開。萬峰朝隱日，千壑夜奔雷。南陌征人怨，東山思婦哀。鬱蒸那可度，極備信爲灾。

柴門深巷閉，空館遍青蕪。泛蟻憑堦竹，濕蟬噪井梧。掀窗翻午卷，懸釜理朝厨。暑雨何爲者，長安病腐儒。

陰曀連朝是，朱明物候非。地將陸作海，垣用蘚爲衣。虚牖琴書暗，空林烟火稀。鴻濛何日判，黄道見烏飛。

贈鄉人近堤劉先生

白髪河汾叟，湘潭遠卜居。歲時同楚俗，衣服自秦餘。投轄留賓酒，開軒課子書。江陵種橘處，鷗鳥狎相於。

題戴錦衣講堂侍直卷

將軍六郡豪，世業襲龍韜。博望新開講，千牛近佩刀。宵嚴銅漏静，日衛羽旌高。恩寵春宫裏，時時奉衮袍。

河中乙卯變後九日和坡翁韵四首

登臨還九日，勝迹蕎成空。物候何嘗異，人烟迥不同。孤城秋草外，斷壁夕陽中。野哭千家血，山山楓樹紅。

右《登高》

憶昔黄花節，天涯念母深。故園頻極目，今日轉傷心。疏萼寧相妬，愁人自不禁。因驚霜露改，哀怨慈烏吟。

右《看菊》

地僻軒裳隔，沙平鷗鷺眠。相過還偶爾，一榻正蕭然。晴日依松菊，秋風弄簡編。物華感夙昔，涕淚滿山川。

右《秋日石山過北圃暫憩》

承帝新開兆，懷親舊舞衣。重泉恩已渥，風木願仍違。文贔高難並，祥禽擾不飛。孤卿忠孝迹，河嶽有光輝。

右《秋日先塋》

東原贈别對川舅氏四首

麥隴正鳴雉，長亭又别離。殷勤京洛道，悽切渭陽思。最是魂消地，那堪春盡時。臨岐何所贈，襟袖淚痕滋。

井邑摧殘後，交親離别中。停輿復此地，把袂幾人同。古道柳仍緑，山亭花自紅。漸看征旆遠，立馬對千峰。

吾舅今詞客，冲懷寄大庭。苦吟頭劇白，高視眼全青。命駕輕千里，揮毫走百靈。恒山從此去，應爲賦鯤溟。

仗劍汾河曲，傳經滹水前。宫墻爛桃李，道路足雲烟。墳典追劉向，風流邁鄭虔。菁莪淳化浹，小邑擅多賢。

舅氏約遊棲巖寺避暑詩以促之二首

溽暑煩塵宇，祇園想勝遊。倦生程曉客，興發子猷舟。瀑布湍如雪，叢林氣似秋。雲嵐紛在目，神往若爲留。

古洞依層嶂，深門廕蔦蘿。鍾聲傳澗谷，香氣控檐阿。登覽諸天徧，瞻依六載多。願言陪杖屨，重與叩禪和。

題便面漁翁

天氣入秋陰，蕭蕭疏葦深。一竿堪寄迹，萬事不關心。自得水中趣，聊爲澤畔吟。却防漢使者，驚起富春禽。

晚憇王氏園亭二首

谷口林亭好，經時更此過。山川秋意近，風雨夜凉多。曲沼翻荷芰，空堦蔓薜蘿。昔遊物候改，高枕咏豳歌。

何處堪投宿，東山暫避紛。壑聲争夜雨，峰影亂朝雲。夢入金華境，閑披玉洞文。列仙應笑我，猿鶴久離群。

蒙同年諸兄招飲馮氏園亭二首

深院依芳樹，凌晨匹馬來。清幽三徑入，瀟洒一樽開。地是蟠龍窟，人稱吐鳳才。論文堪竟夕，歸路任遲回。

綺席開暇日，瑶林荷勝招。閣虚天半落，亭迥暑全消。自是交情密，能令酒量高。飛觥争暮景，逸興入清霄。

孫侍御别業二首

有美西臺伯，開軒南澗隅。路人仍避馬，亭柏欲棲烏。望斗登山閣，籌邊閲地圖。先憂廊廟志，高興寄江湖。

爲訪幽棲客，看山上竹樓。天光窺牖曙，雨氣入檐秋。王〔二〕麈談何劇，金樽興未休。林冥歸路寂，投轄若爲留。

崤函道中二首

西日崤川阻，北風旅思頻。夕林烟欲暝，霽磴雪仍深。白璧終投楚，烏裘豈滯秦。遲回鄉國意，不是倦遊人。

不涉長安道，焉知行路難。三門扼地軸，九折入雲端。冰渡那彈楫，霜征但抱鞍。垂堂寧可冒，風舉羨鵬翰。

將至新樂舅氏以詩來迓用韵答之

宦轍來燕市，相逢共越吟。感時頻擊筑，憶舊欲沾襟。門引傳書犬，庭留銜鸝禽。圍爐談不厭，一夕故園心。

送劉晦亭之任夏邑

墨綬拜恩初，專城故宋墟。蒲鞭留古道，竹馬引前車。睢水春明野，芒山晴照閭。棠陰滿百里，天子有徵書。

贈吴之山歸金陵二首

佳句滿滄洲，新知已白頭。未成十日飲，更作五湖遊。逸思江東鱠，閑情海上鷗。越吟留不得，行矣悵仙舟。

四月江南道，孤帆任所之。岸花供作賦，檣燕伴吟詩。春草幾年夢，暮雲千里思。鷺洲應憶我，芳杜月明時。

送洪龍江駕部之任南都二首

才子稱爲郎，輶軒滿道光。桂闈初擢秀，蘭署早分香。雲引清笳遠，風生繡幰凉。兩京非遠別，不用怨離觴。

帝里依南斗，仙曹敞縉雲。時清公府暇，天遠大江分。豹略研深策，麟臺拜舊勛。定知桑土議，帷幄莫如君。

送王鑑泉之崇德簿任

君去霅川郡，江山似昔時。陡看棠樹茂，應動《蓼莪》思。駒騁還千里，鸞棲暫一枝。不須重問俗，政範在光祠。

馬乾庵魏確庵二兄雨中夜集分得“言”字二首

兹夕共清尊，心期不負言。交親今雨密，道術古風存。燭影分群籍，鍾聲息衆喧。多慚長者轍，深夜在蓬門。

坐久微涼入，中庭風雨繁。蘭堦通暗馥，苔壁露新痕。興劇還添酌，形忘欲放言。清狂君不厭，長日過高軒。

王蒼谷挽詩

試把遺文讀，終編倍黯然。孤標高莫並，佳句遠堪傳。禹會分藩地，堯咨抗疏年。藏舟何太遽，不及濟通川。

送鮑醫士

秋水浩無際，孤帆千里歸。露溥蓴正美，霜冷橘初肥。囊有光明藥，心忘去住機。春風幸相待，莫戀故山薇。

春日正峰招同館諸君同飲鄭將軍宅時正峰有弄璋之慶諸君共賀之云二首

甲第帝城南，春遊並曉驂。嵐光晴後出，草色雨中含。綺席歌常滿，金尊酒向酣。清狂湯餅客，更擬賦宜男。

爲有紱麟瑞，同人此日歡。春堦明玉樹，晴室馥金蘭。樽俎情方洽，鶯花節未闌。夕陽犬[三]尺五，啼鳥促歸鞍。

文丞相祠

千載成仁地，松杉古廟寒。淚流燕父老，像設宋衣冠。錬石天難補，揮戈日已殘。英魂招不得，遺恨抱臨安。

初夏憶山房三首

何事東山客，承明侍禁廬。瑣窗晴視草，芸館夜讐書。浪迹經時久，初心與世疏。素衣塵不化，慷慨欲焚魚。

舊業偏宜夏，青山帶草堂。槐軒留日永，麥野遞風凉。鹿伴朝遊遠，鶯啼午夢長。金門千萬里，歲歲憶滄浪。

丹鉛長日事，虚室理陳編。白馬談何易，赤泉道更玄。豹窺迷弱管，鯨運破洪川。耿耿操微尚，青雲愧故年。

秋日文社新集即事二首

再訂芝蘭社，夙懷慰所欽。江天三載别，文史十年心。借直觀蓬質，遷喬聽鳥音。青編秋氣爽，重與惜分陰。

弱歲耽群籍，心同作者期。賦矜班固麗，字辨子雲奇。鯨海神猶壯，蚉山力轉疲。著鞭良不早，一簣及今施。

中秋對月

皎皎中秋月，三年此地看。兔毫應可數，桂影倍生寒。青眼人情别，黄花故逕殘。有懷霄漢上，把酒倚庭欄。

贈劉醫士

海上虬髯侶，青囊寄興賒。玉爐烹石髓，丹竈養靈砂。繞舍深栽杏，當春爛著花。百年城市隱，原是董仙家。

乙丑夏至

長日睡不足，寧知節暗遷。荷風輕掠燕，槐雨驟驚蟬。薄宦逐青綬，閑情寄素弦。夜來湘簟爽，忽地夢鈞天。

送鮑醫士歸歙

客舍更栽杏，年來已作林。每逢歸雁至，輒動越鄉心。采藥鄣山遠，挂帆江水深。小窗它夜月，相憶説金針。

送中峰楊明府之任成安二首

分符初試吏，曳綬已爲郎。驛路行携鶴，公庭更樹棠。土風餘舊趙，城郭帶清漳。羡爾政成日，鳴琴不下堂。

五雲春獻賦，百里早承恩。人擬河陽美，封連内史尊。車塵官道少，鳥語訟庭繁。會見雙鳧舄，翩翩入禁垣。

冬夜同孫正峰宴乃兄錦衣劍峰宅二首

城隅斗酒會，還過世臣家。寒坐圍爐密，宵談燒燭賒。緗書籤插架，作賦筆生花。終宴不知曙，門前雪滿車。

君家兄弟好，長日共論文。經有專門學，業成報國勛。賡詩時不厭，説劍夜將分。折簡勞相召，清言此夕聞。

挽[四]郭生

燕頷通侯相，龍韜上將機。青春應有待，玄夜忽長歸。壯業遺弓在，精魂化劍飛。最憐朔塞月，一夕照靈衣。

遊西山十首

見説西山好，迎秋許暫尋。城隅百里目，馬上十年心。出郭緇塵隔，過橋幽趣深。梧風何處至，邂逅一披襟。是日立秋。

西湖信多美，十里發荷花。清馥疑含露，嬌芳复映霞。魚龍樂秋水，鷗鷺睡晴沙。知與天河接，誰人欲泛槎？

步步生新境，千峰蒼翠深。沙平開焉[五]迹，樹近別禽音。安石登山屐，淵明漉酒中[六]。共歡携勝具，來醉遠公林。

西道有良主，兹遊豈偶然。最憐山水宇，更敞綺羅筵。石磴松爲户，金樽酒似泉。醉來珍簟爽，一枕抱雲眠。

鳥道依山峻，鷲峰得地雄。僧伽行樹杪，樓閣起霄中。燈影千方遠，鍾聲萬壑空。諸天應咫尺，瞑坐悟圓通。

凉月生南嶺，清光墮石門。還疑此身世，别在一乾坤。地净琉璃色，松明甘露痕。人天無住着，兀坐已忘言。

微茫三百寺，占盡白雲層。法供香成霧，福田金作繩。泠泠千澗水，熠熠萬龕燈。踏徧芒鞵路，何方有衲僧？

登臨情不極，絶壁小亭開。落日傍檐駐，層雲盪袂來。竇家何處宅，燕國舊時臺。千古雙眸裏，蒼茫付酒杯。

琳宇龍纏棟，金池虎抱泉。珠迴光奕奕，錫駐溜涓涓。八解憑靈照，六根洗俗緣。曼陀花似雪，争墮法王前。

無奈西峰日，言旋馬不驕。回瞻嵐氣合，漸聽水聲遥。後會非朝夕，前途即市朝。小山如戀客，相伴到溪橋。

送文麓兄扶侍南還

北闕陳情日，南陔色養歸。晝遊明綵服，晨省晃班衣。舍後魚生沼，堂前雀入幃。采蘭心不厭，之子戀春暉。

宿昌平即事

深秋將毖祀，落日憩昌平。霜氣高侵柳，山形曲抱城。關河千古塞，霜露九重情。望望松梧道，騶軒競月明。

和李太史茂陵即事

仙寢依青嶂，天行憶翠蕤。珮環聲髣髴，臺殿影參差。皎月迴龍馭，泠風散鳳吹。軒遊何日返，霜露小臣悲。

贈柴〔七〕白石

斗室長安陌，居然抱遠心。星辰宿劍匣，山水入琴音。會景每獨酌，得句常高吟。誰知市朝側，能無名利侵。

送張鳳原之任二首

憐君臨四邑，已是十年餘。到處棠陰滿，兹行麥秀初。佩刀還易犢，炊甑更生魚。漢殿旌循吏，東方降璽書。

燕市秋風始，悲歌又送君。心期金可斷，岐路袂仍分。馴雉當年異，鳴蟬此夕聞。清尊寧戀别，把劍看星文。

送傅桑泉分敎上洛

儒冠仍薄宦，傳道向商顔。官長經年到，圖書盡日閒。堂馴銜鱣鳥，宅近采芝山。會有賢關召，長虞應聘還。

送楊中岡署校肥鄉

夫子關西裔，談經三鱣堂。草玄連蚤夜，問字匝宫墻。晴日芸編静，薰風芹泮香。垂雲還養翮，九萬待南翔。

送高鶴樓署校曲周

十年三獻玉，猶自滯明經。薄宦從鉛槧，諸生見典刑。講看庭草緑，吟望牖山青。舊佩干將劍，精光尚射星。

世宗肅皇帝輓歌五首

佳氣三河應，炎圖代邸承。唐侯光正統，漢道燦中興。忽啓金縢禱，旋驚玉几憑。天行歲欲盡，百辟淚成冰。

四紀延昌曆，三王遜令謨。憺威清九服，深略緯諸儒。燕翼貽豐水，龍髯墮鼎湖。陟方追莫逮，流恨落蒼梧。

金壺〔八〕宵尚戒，玉座曉成非。雙鶴兹晨語，六龍何處歸。寒光悽廣殿，雲物澹靈衣。誰謂鈞天夢，千齡與代違。

舜日期常旦，堯年忽大寒。那堪成玉阜，無復御金鑾。似厭人間世，應尋帝所歡。白雲凝望絶，愁見葬衣冠。

丹鳳辭深殿，青龍啓秘宫。珠襦臨大隧，銀海護方中。御氣百靈迓，傷心萬國同。永懷殷武烈，《清廟》頌玄工。

孝恪皇太后輓歌十首

文定推嬪則，劬勞茂母慈。補天功不小，懷日夢仍奇。椒殿璁璜静，松陵霜露滋。遺衣存賜篋，聖主萬年思。

玉輦初辭寵，金波遽墮空。影迷長信殿，神駐易遷宫。奩寂苔封鏡，窗閑月隱櫳。年年後庭樹，春至爲誰紅？

誕聖三宫豫，遊仙一紀過。徽音彤管載，舊殿緑苔多。雨淚紛斑竹，天心切《蓼莪》。蘂珠魂去遠，無奈異香何。

謳歌歸聖子，貽慶本塗山。天派傳方永，雲軿去不還。祠宫深殿啓，哀册正朝頒。薦禮園陵夜，月明聽珮環。

昔歲瑶京裏，千家簪素花。歘令銀漢上，一夕渡靈車。玄鳥祠方應，青禽望轉賒。九重風木念，哀怨寄曾沙。

追慕唐情遠，陪陵漢制優。攢宫分永夕，尊號進長秋。位極人間貴，靈從地下遊。景雲彰聖孝，縹緲戴蒼楸。

夕隊魚燈引，晨途蜃輅升。迎神降北渚，移仗祔西靈。畫角悲風咽，丹旌苦霧凝。金精占王氣，松柏茂相承。

舜孝真無匱，仁親備令猷。絲綸中禁發，恩澤外家周。茅土疏諸舅，貂璫次列侯。懸知慈訓在，車馬戒如流。

歲久瑶華閟，春深玉兆移。舊園辭廟寢，新謚换容儀。筵九[九]仍三獻，山川即九疑。泠風鸞馭杳，虞殯不勝悲。

桂宫悲往日，柳翣引新哀。十里城闉隔，三泉隴道開。綺羅百子殿，風雨望陵臺。又見容衣掩，真遊竟不迴。

送太史朱金庭奉使衡藩

掞藻依鸞掖，頒綸出鳳樓。海邦遥帶嶽，武穆近分周。設醴還清宴，褰帷更壯遊。采風餘大國，歸獻殿東頭。

題便面杏花贈春元

種向仙洲遠，根從上苑移。青陽先到處，玄燕恰來時。酥雨穠香弄，輕霞艷彩欺。曲江春院裏，特秀倚雲枝。

陵川貞節詩

倬彼陵川節，青春捐佩環。貞心石可化，血淚竹應班。孤鳳弦初絶，神龍劍自還。涑濱一丘土，高並首陽山。

贈耆仙周半峰還臨川

一榻長安市，高談炯自如。通侯争致餽，博士慣停車。黄髮人間世，青囊物外書。去來心不繫，特池[一〇]訪匡廬。

送張光禄元易奉使出塞勞六鎮貢夷

呼韓方款塞，博望復乘槎。馬齧長城雪，車衝大漠沙。旌幢巡地脉，羅綺出天家。大酺羌夷樂，歸鞍喧暮笳。

送郭西濱之任保寧

送君西佐郡，琴鶴訪江源。棧閣朝馳騎，巴山夜聽猿。竹驂迎道接，桑廕入春繁。重見歌來暮，千家有頌言。

送劉約所之任元氏

明經曾拔萃，十載待公車。三輔分符近，一行作吏初。但令刀易犢，莫問釜生魚。會見恒山麓，弦歌徧里閭。

五言排律

咏月中桂

月桂何方種，清宵雲外妍。靈根朔後出，芳樹望時全。影静偏宜夜，花開不計年。高凌若木表，壽擬大椿先。芬都〔一一〕輪中滿，扶竦〔一二〕鏡裏懸。廣寒如可問，天路豈辭綿？

甲子四月四日家君初廣〔一三〕來歲六旬矣正降〔一四〕兄以詩見賀敬賡其韵

高堂今日宴，獨作望雲人。捧檄憐徇禄，鳴珂忝從臣。帝城鄉不近，親舍夢偏頻。海鶴傳書遠，河魚入饌珍。蒼屯松宇健，丹暈柱堦新。長擬春秋祝，期如莊圃椿。

又次韵謝諸兄

忽傳瓊島什，來自玉堂人。錫類占能子，多才信侍臣。采蘭將父切，遺杜啓予頻。烏哺情何極，鶯求意自珍。萊庭牽目夐，郢調聽音新。願挹同聲者，長年歌大椿。

送李少莊〔一五〕奉使肅藩二首

天綍北辰出，星槎西極過。文章光象緯，帶礪誓山河。秦塞蕃夷接，梁園雨雪多。賓筵朝授簡，羌管夜傳歌。雲擁皋蘭道，春生積石波。隴梅如可折，早晚寄金坡。

笳静馬聲喧，僕夫已在門。送君何處别，萬里訪河源。驛路風生旆，關山月照軒。塞春雪未盡，隴曙鳥能言。悵望人千里，淹留酒一尊。臨岐重看劍，慷慨欲銷魂。

送王對南太史使蜀藩

捧節下瀛洲，居然事遠遊。緗編留直筆，錦纜引輕舟。五月辭京洛，雙星指益州。懿親原魯衛，上客有應劉。劍閣銘何壯，琴臺賦轉優。江山多勝覽，歸路及清秋。

送沈虹臺太史使肅藩

天綍出金閨，星軺迴不迷。周親百世外，秦塞萬峰西。叢桂裁成賦，芳桐剪作圭。隴禽學客語，羌馬向人嘶。河帶流沙遠，山横積雪低。旋旌莫經歲，芸閣待燃藜。

喜葉文湖年兄見過

上苑看花侣，分携六載餘。忽驚霄漢節，來訪薜蘿居。言念離群久，歡鈞傾蓋初。牽裳談宿昔，瀹茗訊簪裾。流水軫難接，浮雲態不如。往來冠蓋異，生死信音疏。世事暄凉改，年華歲月除。凭欄聊悵望，倚劍漫踟蹰。投分金堪斷，忘情舟自虚。相過當不厭，長日候高車。

陪祀泰陵有感

七葉真人啓，千年帝祚昌。元良商太甲，恭儉宋仁皇。午漏朝長樂，宵衣御未央。六宫薄綺縠，九廟重琮璜。握鏡綜機要，築金禮茂良。熙文開禮樂，淳化返耕桑。斗正春方始，風恬海不揚。五三渾比德，億兆忽增傷。龍化鼎湖遠，雲歸天路長。山河猶歷歷，歲序已茫茫。甲士秋除道，祠官夜薦香。九重嚴崧祀，百辟肅班行。梧野深思舜，桐宫更憶湯。寢園瞻故劍，陵樹愴新霜。陟降神如格，低迴意可忘？白頭中使在，涕淚説垂裳。

送馬乾菴使蜀藩便道歸省

丹鳳銜新命，碧雞訪勝遊。文章光上國，冠蓋動諸侯。十月頒周朔，雙星炯益州。晝擎龍虎節，寒擁鷫鸘裘。烟火深山驛，風霜野渡舟。王程九折外，親舍五陵幽。赤幰行相引，白雲望轉遒。過門仍繡服，獻壽更金甌。冰沍魚方美，雪明笋正柔。吏人迎駟馬，父老導華輈。山入劍門敻，江穿嶓冢流。西南天萬里，帶礪業千秋。遺烈王楊遠，懿親魯衛優。勒銘昭大訓，作賦吊前修。矛弩巴童舞，竹枝漢女謳。王孫開雁沼，才子憶龍樓。宵月絲綸直，春風鴛鷺儔。詩成隨社燕，夢往度金牛。世誼叨王謝，才名愧應劉。此心松柏托，吾道芝蘭求。驅傳君行久，論文我思悠。周南非蜀道，太史莫淹留。

送何宵〔一六〕山守徽州二十二韵

堪羡新安守，乘春出鳳城。衣冠陳祖席，琴鶴引前旌。作牧當雄郡，爲郎有令名。灌輸玄菟靖，比讞玉條平。舊詑豺狼伏，新傳狴犴清。芳風襲蕙若，高韵叶璜珩。十載含香貴，百城露冕榮。懸魚防夜餉，買犢易春耕。閣迴延山色，庭閒遞水聲。政成應渡虎，候變正鳴鶯。昔憶襟期密，今憐離會并。龍墀隨獻賦，鹿洞厠横經。壯志彈長鋏，幽懷話短檠。師門席共坐，客舍酒同傾。歲月方流矢，行藏劇轉萍。郇郊千嶺隔，潘鬢二毛驚。燕市還相遇，驪歌忽送行。聯床何日夢，沾袂此時情。飛幰途將遠，清尊思已盈。一官猶未調，獨學竟難成。結綬欽先達，懷鉛畏後生。所期松檜質，同保歲寒盟。

送楊本庵使瀋藩

本庵便道過家，余欲來春迎家君北上，托本庵勸駕。

祖帳駐旌旗，光輝照别離。輶軒行錫社，樽斝此臨岐。麟趾分藩夐，羊腸跨阪奇。漢盟山若礪，周道轡如絲。奉使知才美，爲郎有令儀。和衷諳故典，專對富新知。國擅賢良譽，家傳忠孝資。河山雄閥閲，宗廟肅罍彝。維梓歌恭止，《皇華》賦載馳。宴遊招舊學，烝祀啓先祠。鸛堞雲連處，龍門冰泮時。殷勤千里目，浩蕩幾人思。言念投瓊契，深慚倚玉姿。從容聯世好，藴藉得餘師。遊宦天同遠，懷鄉星屢移。仙班迹忝竊，親舍夢差池。瞻望胡爲爾，留連併在兹。雪霏清去路，柳變報歸期。金石憑君信，晨昏慰我私。春風催駟馬，方駕詎遲遲。

送楊院經鷗海之南京任

送客對西風，愁看馬首東。心期十載隔，離别一尊同。言念揚旍地，遥尋定鼎宫。槎津凌漢沛，柏府肅周豐。伯起才名舊，盈川賦思椎〔一七〕。九衢山色裏，六代水聲中。摇翰時乘興，傳觴多自公。君行榮晝繡，吾意感秋逢。月冷關河白，霜酣楓樹紅。短亭仍戀戀，前旆已匆匆。人去隨江燕，音來待塞鴻。相思牛首嶼，芳杜發春叢。

庚午立夏後二日同乾庵東岑二兄候前峰兄留憩高明堂竟日前峰兄有倡次韵奉酬

爲憶西清客，言尋北郭居。鳥驚懸榻處，香散鼓琴餘。元凱學成癖，休文帶欲舒。藥爐尋宿火，竹枕擁殘書。雞黍歡方洽，金蘭契不疏。苔堦晴意滿，槐宇夏陰初。看劍星辰接，談經户牖虚。淹留長日暮，猶自滯旋車。

和正峰兄見懷之作

夙契元傾蓋，清歡幸聚簪。木天紳佩合，芝社歲時深。健筆推高步，微文許共尋。餘光分比屋，芳譽擅詞林。石質慚攻玉，蘭言期斷金。應劉誰繼響，王貢舊同心。談笑須史〔一八〕事，蹉跎四十臨。青編時未厭，華髮早相侵。磊落寰史〔一九〕業，琳瑯座右箴。久欽和氏璧，忽聽伯牙琴。藥鼎烹晨液，槐庭散晝陰。思君興不淺，爲和郢中吟。

條陽先生入祠歌

河嶽標靈久，乾坤毓瑞真。箕垂聞誕傅，神降已生申。對日談何健，窮天思不倫。道源開洙泗，真派接河汾。不愧星辰夜，無私草木春。幽居窺大化，執卷列同人。律吕聲音出，直方步履陳。虹垂環緑野，鳳舉謁丹宸。整珮遊東序，分符佐西秦。懸魚羊續節，馴雉魯恭仁。曳杖辭端木，攀轅泣寇恂。風雲歸劍履，俎豆列冠紳。日月勛名著，春秋享祀頻。百年開盛典，千古見高人。鄉土思前哲，門墻愧後塵。簡編尋議論，風月對精神。趨丈悲無地，通家幸有鄰。泰山瞻望切，長跪薦蘩蘋。

留題王仰峰東山新墅

君卿不避世，築勝亦墻東。鹿徑天門闢，虬泉地穴通。樹連千嶂碧，花發四時紅。函谷乘牛客，孤山放鶴翁。玄踪霄漢近，逸致古今同。剡曲舟頻訪，潯陽酒不空。情親忘信宿，意愜入鴻濛。萬慮形骸外，百塍指顧中。岫雲心與契，海鳥機相融。爲愛幽棲境，因圖結構功。一泓連帝渚，十畝並仙宫。分布資圖譜，栽蒔藉圃僮。午橋非擬議，聊試翦蒿蓬。

壽介翁詩

聖主乘昌運，蒼旻賚上台。風雲千載會，日月九天回。意氣歡魚水，班行冠棘槐。虞裳資繡繪，商鼎賴鹽梅。宣室席頻促，天章閣屢開。都俞宫漏永，翕闢帝圖恢。麟鳳郊園並，梯航玉帛來。八埏鈞雨露，九塞息氛埃。睿眷久逾洽，孤忠老不摧。黄扉五奏績，錦誥幾褒才。公〔二〇〕保崇階列，孫曾奕世培。恩暉超黻冕，勛業著彝罍。房杜真何事，夔龍許共陪。秉鈞旋衆策，推轂進群林〔二一〕。白玉雲間署，黄金天上臺。標題忻草木，剪拂借駑駘。恩劇六鼇戴，辭慚五鳳裁。明良今宇宙，萬祀願康哉。

六言詩

平陸渡陜

遊子驅車越陜，關河四顧茫然。柳外漢唐馳道，草間虞芮閑田。虎踞地雄百二，鷄鳴客度三千。往事幾遷陵谷，水聲依舊潺湲。

校勘記

〔一〕“子”，底本卷首原目録作“予”，甲辰本作“予”，是。

〔二〕“王”，甲辰本作“玉”，是。

〔三〕“犬”，甲辰本作“天”，是。

〔四〕“挩”，底本卷首原目録作“挽”，甲辰本作“挽”，是。

〔五〕“焉”，甲辰本作“馬”，是。

〔六〕“中”，甲辰本作“巾”，是。

〔七〕“柴”，甲辰本作“曹”。

〔八〕“壼”，甲辰本作“壺”，是。

〔九〕“九”，甲辰本作“几”，是。

〔一〇〕“池”，甲辰本作“地”，是。

〔一一〕“都”，甲辰本作“郁”，是。

〔一二〕“竦”，甲辰本作“疏”，是。

〔一三〕“廣”，底本卷首原目録作“度”，甲辰本作“度”，是。

〔一四〕“降”，底本卷首原目録作“峰”，甲辰本作“峰”，是。

〔一五〕“李少莊”後，底本卷首原目録有“太史”二字。

〔一六〕“宵”，底本卷首原目録作“肖”，甲辰本作“肖”，是。明萬曆刻本明程任卿《絲絹全書》木集卷八《殷户部達都院書》：“先年何肖山公鋭欲均派人丁，及巡行婺境，親見貧民疾苦，始悔其非，而卒仍其舊也。”

〔一七〕“椎”，甲辰本漶漫不清，據文意似當作“雄”。

〔一八〕“史”，甲辰本作“臾”，是。

〔一九〕“史”，甲辰本作“中”，是。

〔二〇〕“公”，疑當作“官”。

〔二一〕“林”，甲辰本作“材”，是。

條麓堂集卷三

七言律詩

咏路旁孤松

羡爾亭亭偃蓋姿，孤高寧是路旁枝。不逢柏竹誰爲伴，及遇風霜世自知。樛幹盤雲龍卧處，喬柯挂月鶴歸時。徂徠未必能相勝，立馬高吟有所思。

贈别月峰賈丈任肅藩〔一〕左史

津亭别客正春初，河外鶯花迓使車。楚國定應陳醴酒，鄒生真見曳長裾。日遲宫殿朱弦静，月度關山羌笛疏。西北藩垣今重地，知君還有治安書。

東山兄卧病經時雨中眷然懷念詩以訊之

長卿多病近何如，舊雨論文今雨疏。别去又經三月外，夢來常是五更初。閉關好試房中術，推枕還看肘後書。廿載交游君在眼，時時强飯慰離居。

春日感懷

郊原春半柳垂絲，變後山城碧蘚滋。燕子不知當日主，桃花猶着舊年枝。嶺猿躑躅梁王苑，野草芊綿習氏池。眼底韶華今古恨，東風翻助雍門悲。

題鳳贈友人

鳳舉芳原碧霧消，九苞縹緲入丹霄。軒臣嶰谷初吹律，嬴女瑶臺正弄簫。日上高岡聲噦噦，霞明弱水影迢迢。桐枝竹寔休相待，二月春城有舜《韶》。

過裴介峪山莊偶題

携壺何處訪情親，裴令堂開緑水濱。一日不來如隔歲，四時能醉總成春。迎門雞犬疑仙屋，繞舍桑麻似野人。客去北窗枕《易》卧，清風時與泰皇隣。

西署遥賀萬壽聖節即事二首

午漏沉沉香篆浮，雞鳴河漢耿悠悠。依稀珮玉隨鵷侶，想像《雲》、《韶》出鳳樓。南極曙輝明紫極，西州佳氣接皇州。詞臣欲上千秋鑑，北首恒山望冕旒。

九天宫闕鬱燕臺，聖主千年壽域開。簪紱堦前執玉拜，越裳海外奉琛來。紫鑪霧裊當軒日，祝嶽風傳繞仗雷。一自西河讀戴《記》，殿東三歲隔趨陪。

送光禄正新渠魏君賜告還姚江

犀誥新恩出禁林，予歸仍慰越人吟。帆檣渺渺江湖道，松櫝悽悽霜露心。此去時鮮堪薦鱠，向來靈域有馴禽。還朝莫作經年約，宫漏花深憶珮音。

壽王龍門乃翁用拗體代人

仙翁騎鶴滄瀛隈，行年八十聲如雷。桑田變海眼曾見，槐廕滿庭手所栽。有子況爲二千石，無日不盡三百杯。兕觥獻壽秋仲節，南極晨現光昭回。

王公壽詩

白髮滄浪隱釣磯，久從天竅探玄機。松間孤鶴春能舞，沙際群鷗晝不飛。錦軸新承伯冏誥，斑斕重試老萊衣。堦除手植三槐樹，見説青青已十圍。

送吴近泉之任河中

謫仙佐郡出風塵，爲訪重華西問津。衙裏看山同吏隱，水邊作賦續騷人。治中詎擬淹龐統，潁〔二〕上由來借寇恂。今日朝廷須公等，鋒車行見拜恩新。

蒲城東有舜廟首陽有夷齊祠乙卯之變圮焉迄今十祀詩以志感

每談鄉國即長吁，襟帶關河亦壯區。天地何心變桑海，郊原極目莽榛蕪。松號斷碣殷祠歇，麥秀空城舜井孤。野老歲時憐伏臘，椒漿無地薦荆巫。

館中小憩即事

太乙青藜有夢通，萬函緗素對從容。金門長日饑方朔，東觀十年滯馬融。水滿御溝昨夜雨，香傳别殿曉來風。寧知不是神仙骨，常向蓬山憶晋中。

壽北巖康隱君七十

不將踪迹混樵漁，北斗城南近市居。門掩紅塵朝卧穩，鼎凝白雪夜弦初。延賓牘有盈樽酒，教子新收滿架書〔三〕。身在帝鄉三萬日，更從何國覓華胥。

送鄧前陵守備清浪二首

樓船臘月下江沱，威虜先聲馬伏波。風靖白狼宣漢德，春回銅柱起夷歌。連營地迥聞[四]猿嘯，橫弩天長看雁過。書記定能陳露布，征南今日戰功多。

十載懷鉛志未終，却將書劍事從戎。班超豈厭緗縑業，鄧訓原存帶礪功。五嶺宵征開瘴道，九溪春税納蠻筒。翩翩甲馬秋無事，校獵衡陽野燒紅。

少源以湖廣提刑入賀暨旋便道歸省詩以送之

長安大道帶城隅，霜柳瀟瀟驄馬驅。千里歡娱經歲月，一樽離别又須臾。過家願切供魚饌，報國名高捋虎鬚。日下定承宣室召，臨岐無用重躊躕。

壽倪若谷八十

仙翁小篆逼秦餘，玉案西頭舊侍書。芝檢繙來揮御墨，桃源歸去賦閑居。丹爐慣守庚申日，玄曆重逢甲子初。八十行年頭未白，蘭堦稱壽列簪裾。

送王太史荆石使鄴便道歸覲

蓬山年少似君稀，衣繡乘軺出帝畿。千里采詩勤訪度，三台開詔有光輝。鄴中詞賦推王粲，江左風流見陸機。旌蓋行行到吴會，舍旁春水鯉新肥。

送范太史屏麓奉使魯藩

桐葉頒恩出禁庭，仙槎銀漢映雙星。勳存三望侯封舊，旆引群峰驛路青。觀樂定開坰野頌，探奇還見嶧山銘。知君早授伏生學，爲訪宫墻科斗經。

送周太史傚庵奉使荆藩

數載司綸侍玉除，壯懷仍許引軺車。茅分赤社三湘接，槎拂紅蕖五月初。夢澤乍傳新著賦，廬山重訪舊藏書。前驅負弩經行處，賸有恩暉到里閭。

送張太史鳳林奉使吉藩

天綍親裁出禁扃，更從南斗轉雙星。瀟湘帝子應陳醴，嶽麓諸生欲問經。路入九疑山橘茂，風迴五兩渚蘭馨。江湖萬里仙槎遠，知爾情懸著作庭。

送王太史荆石之南雍少司成任

幾年視草直明光，五月承恩出上庠。雲引舫齋圖史潤，風清江館芰荷香。文章價重雙鸞掖，經學名高三鱣堂。太史周南應不滯，石渠卒業待仙郎。

送司馭大卿顧懷東謝政歸吴

二十年前老諫臣，重來丰采動朝紳。曩時捋虎推遺直，此日登龍見古人。曉月正看清路輦，秋風忽漫憶江蓴。知君久有烟霞癖，笠澤垂竿學富春。

送陳五岳太守之淮安

朝聞仙子賦臨岐，遥向淮陰把一麾。共羡少年能折獄，更看暇日解吟詩。風閑四野頒條處，春到百城露冕時。長孺政成三輔最，漢家璽問豈應遲。

重營三殿有述

漢主中興考建章，延年温室鬱相望。雲連石陛雙龍繞，日抱丹樓五鳳翔。肅事千官陪祼享，子來七萃擁旂常。遥忻獻歲王正月，重此車書覲八荒。

壽李翁夫婦

抱璞鹿門遠卜居，龐公夫婦世誰如。籯金已授趨庭業，荻筆仍傳滿地書。鳩杖相隨春宴後，兕觥稱壽晝遊初。人間甲子今重數，采藥尋山慶有餘。

茂陵候祀

松櫝陰陰碧宇寒，月明壇殿立千官。忽聞仙寢開金鑰，疑傍爐烟降玉鑾。劍璽有靈秋寂寂，星河無影夜漫漫。首山鼎就軒遊遠，藏得烏號不忍看。

題長陵

文皇本意清龍朔，陵墓依然控紫荆。雲繞金墉新寢廟，霜寒石壘舊屯營。銀凫夜没三泉影，鐵馬秋歸萬木聲。明月滿山宫漏静，斗間猶有劍光横。

送唐太史小漁使齊

曉裁恩詔出明宫，旌旆逶遲入濟東。十月皇華勞太史，百年青社續先公。淮王原重小山賦，季子今聞大國風。遥計赤帷乘興處，探奇應徧日觀峰。

送姚太史禹門使梁

漢殿分桐錫帝孫，薊門折柳餞行軒。校書暫許辭鵷侶，作賦還應過兔園。大别山川雄帶礪，子虚騷雅壯藩垣。遥遥四牡江南道，相憶梅花春正繁。

壽奉常貳卿崔秋泉初度

七十仙翁鬢未班，早乘白鹿出人間。朝依璇宇參元典，夕護金爐煉大還。三月崆峒傳帝籙，千年姑射駐童顔。閬風亦在天紘裏，無事青牛西度關。

西苑兔山之南其麓有洞焉其上石眼駢出蓋山上諸甃悉匯其頂雨集則百道並流名曰水晶簾云洞中屈曲一龍中官爲余道雨時勝概因想像賦之〔五〕

巖洞陰陰負碧巒，洞門群甃瀉潺湲。雷驚銀漢千崖落，雪灑瑶池六月寒。此日林塘看鷺浴，向來風雨憶龍蟠。乘槎近與仙源接，極目蓬瀛興未闌。

贈近山潘翁八十

綸巾芒屐世情疏，抱犢山中自結廬。檐外栽松深引鶴，溪邊枕石静觀魚。晴原鳩杖登臨處，春酒兕觥拜舞初。百歲壽康應未艾，漸看蘭桂接簪裾。

送阜南陸諫議使鄴〔六〕

鄴都宫殿枕漳河，夕拜仙郎擁傳過。周室宗盟頒玉節，魏時風物訪銅駝。路經淇澳還瞻竹，舟到江鄉正采荷。會取方謡歸諫草，向來丹地直聲多。

十六夜同張民部韓繕部宴月時韓有兩淮之命

秋光强半一傳卮，今夜冰輪減昔規。莫向世途輕聚散，分明天道亦盈虧。芙蓉臺榭留歌舞，芳杜汀洲怨别離。來歲陰晴那可問，且拚歡賞共心知。

贈郭三川出守寶慶

洞庭南下楚天虚，十月江城轉使車。俗化耕桑渤海犢，梁懸暮夜武昌魚。湘筠雨後堪成賦，峰雁春前可寄書。循吏此行應第一，璽徵不日慰離居。

送劉懋一太史奉使靖江便道歸省

粤徼何人引使旌，蓬山年少舊知名。桂林葱蒨□〔七〕槎遠，修竹檀欒賓館清。緗檢思懸雙鳳闕，錦衣歸向五羊城。萊庭春酒稱觴處，擬聽桄榔樹底鶯。

謁禹廟

兩山中斷豁鴻濛，迴合丹崖奠禹宫。疏鑿宛然千嶂迹，平成遠矣萬年功。龍蛇畫壁流元氣，黻冕遺容見古風。今日河防關國計，小臣瞻拜瀝深衷。

登看鶴亭

半山突兀出危岑，下有洪濤萬丈深。水面樓臺疑蜃氣，空中簫管學龍吟。薜蘿緣磴雲生足，松檜懸崖風滿襟。指點仙源西北近，試抛竹杖棹舟尋。

汾陰祠懷古

睢原廟宇枕汾涯，想像前朝駐翠華。不見龍斿屯檜柏，尚餘龜碣卧塵沙。野人采藻祠春燕，漁子鳴榔起暮鴉。今古山河千里目，高樓吟望對明霞。

春　興八首

澹蕩條風散小桃，即看淑氣轉東皋。烟消鸛堞分晴嶂，冰解龍門瀉夜濤。青眼故人頻送醴，碧山學士欲焚膏。垂輝禮樂千春事，白首懷鉛不憚勞。

回溪深處少人家，構竹編茅傍水涯。白鶴特來尋舊主，碧桃着意發新葩。未論庭宇開三逕，且借軒窗閲五車。珍重故交清夜訪，試將茶竈煮松花。

嵯峨雷首瞰重關，天關〔八〕中經第一山。洞敞丹霞留鳥迹，峰回玉女竦螺鬟。道人抱犢尋芝遠，童子乘鸞捧藥還。記得廣成真訣在，擬修石室駐朱顔。

曉禁鶯啼萬户春，羽林十二護鈎陳。千門風細傳清樂，三殿雲深擁近臣。沙磧名王修歲貢，江淮飛艦薦時新。無端采藥來玄圃，一倍看花憶紫宸。

集賢殿閣帶昆池，二月宫墻變柳絲。綺鳳穿雲縹帙麗，金鳧浴日篆烟遲。芽〔九〕籤指點回天矚，黼莊〔一〇〕流連注睿思。此日西河天萬里，小窗幽鳥囀花枝。

水遶亭臺樹遶門，春光先到辟疆園。鷗忻沙暖晴相趁，鶯覺林暄曉故言。探勝不須着短屐，問奇時復過高軒。誰知漢掖當堦藥，也向蕭齋依砌翻。

無論荷芰與簪裾，春服時成興自如。金馬幾年深視草，蒼龍一曲静藏書。瑶壇芝秀鄰仙室，畫棟芸清接帝居。千載河汾還鼓瑟，欣欣嘉樹愛吾廬。

歲華忽漫二毛侵，猶抱區區曩甘〔一一〕心。元凱自名爲傳癖，孝標人擬是書淫。吹藜永夜勤緗蠹，欹枕晴窗静聽琴。滿眼玄黄那可道，緗縑千古有知音。

謁舜廟

重華遺廟古城隈，城上薰風百尺臺。谷近二陵留異竹，泉分雙井滋〔一二〕新苔。深山木石鹿仍過，廣殿《簫韶》鳳自來。千載垂衣逢舜旦，卿雲常是護三台。

甲戌應召抵都宿城南志感二首

憶别金華供奉行，漁樵踪迹混滄浪。雲岑携杖春能健，月浦摇舲夜未央。清樂遠牽閶闔夢，賜衣深襲御爐香。景陽宫漏千門側，此夕重聞鬢有霜。

奉命重來侍禁廬，清宵齋室理簪裾。漫勞鳳詔搜盤谷，豈有螢光補望舒。三北受知慚管鮑〔一三〕，二南嗣響愧劉徐。腐儒報國終何賴，點檢青燈一卷書。

内閣觀芍藥

鸞掖韶光何處尋，滿庭紅藥爛成林。風飄王〔一四〕鼎香同馥，日映彤樓色共深。穠淡漸看春夏改，芳華寧受雪霜侵。坐來還憶南薰殿，茂對應弦解愠琴。

悼　馬

惜爾權奇力未衰，十年京國鎮相隨。絆韉苦恨淹逸足，填壑仍憐闕敝帷。金谷嘶風春宴後，玉溝踏月早朝時。眼前岐路今猶昨，每到經行有所思。

五七言絶句

山居春雪五首

飛雪點窗紗，銅爐夜煮茶。幽香何處是，墻外有梅花。

風雪迅相催，輕寒入榻來。袁安朝卧穩，荆户不曾開。

鐵硯冰花碎，羌衾燈影孤。坐深天地寂，寒鳥一相呼。

緑樹深宫裏，黄雲瀚海頭。平陽春賜錦，驃騎夜眠裘。

華嶽雲中色，黄河冰〔一五〕裏聲。夕陽天地豁，兀坐小齋清。

擬古宫詞五首

不將竹葉引羊車，獨倚鸞簫弄綵霞。十載玉顔春殿閉，外頭聞道選良家。

妾貌分明與衆殊，曉窗握鏡自躊躕。也知粉繪能相誤，羞把千金買畫圖。

一自承恩入禁庭，靚妝常日伴雲屏。鸞輿何處重門掩，輦路春來草又青。

當年被選謁明光，珠綴垂髻過御廊。遥望赭黄深殿裏，内家争説是君王。

星壇何處鼓鼕鼕，似隔天門更九重。知是君王三醮畢，沉檀高焰炙窗紅。

七夕有感

牛渚陰陰天路迢，滿城兒女鬧深宵。一年佳節還風雨，不見仙軿度鵲橋。

塞上曲紀癸亥秋宣大事〔一六〕

狼烽一夜徧居庸，漢將全收不戰功。應念君王勤北顧，捷書飛奏未央宫。

三秋亭堠迴無烟，一夕雞鳴鎮名血滿川。風雨憑陵胡騎遠，居庸北望草連天。

老上憑秋西射雕，控弦百萬過臨洮。左賢分取三千騎，十日燕山殺氣高。

胡馬秋肥塞草長，彎弧直擬犯漁陽。歸途却避弓閭水，知是嫖姚舊戰場。

鐵騎連營扼塞扉，五更刁斗静戎機。驀聞營外烏啼月，共道單于夜遁歸。

暮春吟二首

郊原晴日罥遊絲，萬點殘紅蝶困時。怪底楊花作意舞，東君回首是歸期。

花落平原長緑蕪，融和天氣即皇虞。杏壇鼓瑟今誰在，童冠當年咏舞雩。

送陳心鑑歸豐城二首

爲問先天數有無，風聲鳥語露真符。羨君獨向深淵底，探得驪龍頷下珠。

舊與群仙静結盟，江湖萬里御風行。只因傳得三元訣，却使人間知姓名。

送馮星命還楚二首

青白無勞涉世緣，有時抵掌即談天。一尊燕市相逢日，回首東風二十年。

斗室長安自卜居，五侯門逕夜停車。無端却鼓瀟湘檝，春草深心戀倚閭。

贈前解梁守李君思毅詩有引

李君守解，以循吏稱，宜民爲一道最。甲戌入覲，民計日伫其歸也。忽聞君解組去，則相與咨嗟嘆望，愈久而不忘。予時里居，擬爲一言紀其善，未果也。比入都，偶爲塾賓劉孝廉言之。劉，解人，遂具軸請題，爲賦二絶。

馴雉翻飛麥壠分，雙岐麥秀復如雲。當時露冕經行處，歲歲春深望使君。

方驅五馬謁明光，忽卧燕南舊草堂。父老歲時北向拜，每從德政説甘棠。

應制題《四景畫》四首

縹緲桃花照上林，绿波碧草映新禽。韶華滿眼春圖裏，仰見君王茂育心。

的礫榴房百子盈，繞枝緗萼更分明。清泉奇石渾忘署〔一七〕，擬奏薰弦暢睿情。

霜净郊原見竹枝，香浮叢菊艷東籬。馴禽啄黍築場後，知是吾皇省斂時。

花滿南枝雪未匀，暗香疏影出風塵。直從朔候窺天意，鳥舞泉流先報春。

應制題畫二首

閶闔風回物候新，早芳雜遝鬥精神。誰知咫尺方壺境，收盡園林萬象春。

露沁芳林暑未收，競將繁艷占清秋。恍疑玄圃群仙宴，羅綺繽紛十二樓。

耳聾自嘲口號五首

六十何緣耳便聾，應嫌聲入與心通。道人授我長生訣，却聽原來第一功。

諠譁真非野性堪，世途雙耳飽曾諳。從今不用臨流洗，槹潤螢煇任爹譚。

當年進履圯橋公，提耳傳書戒用聰。策蹇昨由橋上過，無端野老戲龍鍾。

塞兑辭紛老境宜，五湖深處學鴟夷。安眠但覺扁舟穩，風浪掀天總不知。

雅鄭無心别派流，潛神虚室是真修。耳根清净渾如許，穴蟻由他晝鬥牛。

校勘記

〔一〕“藩”，底本卷首原目録作“府”。

〔二〕“穎”，原訛作“頴”。以下同改，不再一一出校。

〔三〕“晝”，甲辰本作“書”，是。

〔四〕“間”，甲辰本作“聞”，是。

〔五〕此篇詩題，底本卷首原目録作“西苑兔山”。

〔六〕“鄴”，底本卷首原目録作“趙藩”。

〔七〕□，底本爲一空格，甲辰本作“仙”，是。

〔八〕“關”，甲辰本作“闢”，是。

〔九〕“芽”，甲辰本作“牙”，是。

〔一〇〕“莊”，甲辰本作“座”，是。

〔一一〕“甘”，甲辰本作“日”，是。

〔一二〕“滋”，甲辰本作“沁”。

〔一三〕“鯢”，甲辰本漶漫不清，疑當作“鮑”。

〔一四〕“王”，甲辰本作“玉”，是。

〔一五〕“冰”，甲辰本作“水”。

〔一六〕“癸亥秋宣大事”，底本卷首原目録無。

〔一七〕“署”，甲辰本作“暑”，是。

条麓堂集卷四

册　文

擬上孝恪皇太后尊謚册文

臣聞功施于代者必享美報，德配于天者貴有隆名，故《春秋》垂子貴之文，《孝經》明資父之愛。天經地義，曰惟至情；帝制皇猷，具存成憲。是上纂隆之號，用伸罔極之思。恭惟皇妣，淑慎惠温，幽閑貞静。方祇奠厚，承璇蓋以資生；素魄涵精，並羲璧而朗耀。柔明初進，儉遜爲先。蘋蘩遵助祭之儀，笄纚謹問安之節。小心翼翼，慮善而行；至性温温，含章不發。四教備美，六宫懷仁。茂實騰中，英聲蜚外。《雞鳴》進善，正始於國風；《關雎》思賢，助成夫王化。言著箴誡，行存楷模。名器尚虚於椒宫，暉彩忽韜於桂殿。風木不待，環珮無聞。臣仰體餘庥，服膺明訓。猥以冲昧，獲奉宗祧〔一〕。追念劬勞，靡及尊養。賜衣有篋，悵綫縷之徒存；鑿鏡無塵，憶音容而不見。宸光永閟，慈旨弗諼。漢儀未正於長秋，唐慕特深於慶善。爰舉哀榮之典，少酬顧復之恩。乃命禮官，敬循古制。考言於衆，稽謀自天。正位定名，具禘祫之盛禮；節惠尊德，備廟祏之嘉稱。謹奉册寶，上尊謚曰：孝恪淵純慈懿恭順贊天開聖皇太后。伏惟明靈降格，俯鑒精誠，昭受鴻名，永綏孝享。九京匪遠，依廟貌以歆榮；萬載如存，涖樽彝而受祉。相我烈祖，祐於嗣人，俾子子孫孫祼獻無極。謹言。

序　文

恭擬《世宗實〔二〕録》序文

我皇祖世宗肅皇帝，御曆凡四十有五年，視我祖宗列聖，享國最久，豐功偉績，炳燿鏗鍧，充滿天地，不可殫述。自我穆考初祀，即命儒臣纂修實録，緒業未竟，至子〔三〕冲人，嗣大歷服，又五年始克成之，蓋其紀載之不易如此。昔周成王幼而踐祚，其君臣相詔戒，亦惟曰"單文祖德"，曰"咸成文王功不怠"。于時沐浴膏澤，海内安瀾，而惓惓思艱毖患，雅頌作焉，此周家所以爲有道之長也。洪惟我皇祖躬秉聖資，出撫興運。剗奸剔蠹，丕舉王綱；立極建中，肇修人紀。凡諸大政令之因革、大典禮之製作，咸稽謀于天，會通今古，經畫自心，毅然獨斷，一洗俗吏牽迹、經生守文之陋，執之不疑，用能廓清垢氛，興建廢墜。五禮式叙，百度惟貞。群工奔走以受成，萬姓傾心而嚮化。卒之幽明協順，中外敉寧，聲教暨于交南，威靈憺于窮朔。蓋舉我太祖、成祖丕造之光烈而覲揚之，巍巍乎盛矣！臨御滋久，雖垂衣深拱，而宵旰幾康之儆不忘于心，諸邊奏報，臣下建言，手批立决，無滯晷刻。萬幾稍暇，則又紬經史，問農桑，即文王日昃不遑，何以加焉！蓋嘗勒《豳風》、《無逸》於亭，召對群臣於便殿、於西苑，諄諄以天戒人窮爲慮，而重念宫生内長之主，宴安游娱，忘其先烈。朕三復仰止，未嘗不流涕也。深惟眇眇之身，早承鴻業，未燭理道。仰藉我皇祖憂勤所詒，數年以來，時和人康，邊圉寧泰，灾沴、盜賊之憂不作，紹庭雖遠，餘澤未衰，其敢忘所自乎？蓋文王之後有武王，纘緒而受命日淺，至于成王，始克追揚盛美，紀于竹書。顧朕雖德弗類，而所乘之時與地亦有不得而辭者。用以史臣所輯《實録》五百六十六卷、《寶訓》二十四卷敬薦祖廟，并告成事于皇考，以上慰二后在天之靈，附于周家咏歌勤苦、慎始慎終之義。乃若體裁義例，一遵累朝舊章，兹不復贅云。謹序。

恭擬《世宗寶訓》序文

朕聞我皇祖肅皇帝在位時，侍臣有請纂輯聖訓，名之曰《嘉靖政要》者。我皇祖謙讓未遑，且曰："他日朕身後史臣必書之。"嗚呼！逖矣，神衷其俟諸後者晰也。兹者恭修《寶〔四〕録》成，一代中興大烈已可概見。朕仍命儒臣，就中掇其睿謨偉製，便於誦法，遵舊例爲《寶訓》二十四卷，親加裁覧，蓋不勝仰止之思焉。嘗觀前代人主訓辭，可傳者無幾，且往往出臣下擬撰。惟我皇祖淋漓灑翰，頃刻千百言，累牘連篇，咸抒心所自得，無假思搆，以之議禮議獄，經國籌邊，惟所施用，直與執中精一之學相爲表裏。其微詞奥義，有前聖未發、六籍未備者，信定保之鴻謨、作則之明訓也。朕生也晚，不獲面承燕翼之謀，然聆其緒言，遡其遺範，豈惟文章、功業燦然具陳，即精神、心術之微，亦有可仰窺萬一者。蓋我皇祖英資大略本出于性，生而典學崇儒，又乾乾無一息之怠，用能中天地爲綱常禮樂之主，不偶然也。夫三代有道之長，其本在德澤，其具在法度，而救偏補弊，隨時低昂，則存乎人焉。我國家祖宗德澤在人，二百年如一日，顧法久而玩，吏緣爲奸。惟皇祖揆時之宜，乾綱獨斷，故是編所載，大要在綜名實，飭修攘，以興周官之法度，而《關雎》、《麟趾》之意未嘗不存乎其中，誠仁義並用，長久之道已。朕屬承聖統，深懼弗克負荷，以忝先烈，惟是揚謨纂訓，傳之無窮，使繼今萬世子孫益知祖宗德澤之所由，延法度之所以守，紹庭敬止，日慎一日。此則余小子一念覲揚之思，亦我皇祖惓惓以繼述望後人之意也。是爲序。

詔

擬上孝恪皇太后尊謚詔隆慶元年〔五〕

朕惟孝大尊親，禮不忘本。自古聖帝明王，暨我祖宗列聖，膺圖纘祚，莫不致隆所生，彝典昭垂，朕心尤切。恭惟皇妣，含秀坤靈，生知陰教；輔翼皇考，婦順明章。肅淑儀以修四德，體柔範而弘六義。篤慶蕃祉，施及眇躬。隆鞠育之深恩，廣啓迪之明訓。獲以冲昧，寅奉宗祧。思勉理于化機，冀不墜于慈命。顧瞻霜露，湘南之駕已遐；眷念晨昏，東朝之養莫逮。興言及此，沉痛在衷。爰命禮官，式揚徽典，稽師言而允穆，率列祖以攸行。正儷極之尊稱，建易名之顯號。乃卜某月某日，祗告天地、宗廟、社稷，恭上尊謚，曰：孝恪淵純慈懿恭順贊天開聖皇太后。嗚呼！天高地厚，難酬罔極之恩；日照月臨，丕闡無疆之譽。庶幾有辭於永世，豈惟致慕於終身。凡我臣民，體予至意。布告中外，咸使聞知。

擬立皇太子詔隆慶元年〔六〕

朕惟帝王總理天地，司牧黎元，守器垂統，必建儲貳。蓋所以推明至公，安固大本，爲宗廟社稷計，至深遠也。朕屬承昌運，嗣守丕基，思所以光闡鴻烈，克隆鼎祚，圖惟艱大，夙夜不遑。而文武群臣，合誠奉表，請建東宫，陳懇再三，理難終拒。長子某，天日奇姿，徇齊異禀，慶靈所積，四方繫心。朕乃遵前王之令謨，奉列聖之彝訓，用徇僉議，爰舉盛儀，遂授册寶，立某爲皇太子。建元良而貞萬邦，主匕鬯而尊九廟。承華載闢，遠邇均歡，爰布洪恩，用答欣望。所有合行事宜，條具于後云云。嗚呼！世德作求，以燕翼于萬葉；皇極歛福，用敷錫厥庶民。眷爾多方，同斯大賚。詔告中外，咸使聞知。

擬立皇后詔萬曆六年〔七〕

朕恭膺天命，嗣守祖基，夙夜兢兢，欲保兹歷服，傳之世世。眷兹大婚之禮，所以昌祚基，化人道，重焉。邇者聖母仁聖皇太后、聖母慈聖皇太后，特諭所司，簡求令淑，作配朕躬。仰遵慈命，謹昭告天地、宗廟，于萬曆六年二月十九日册立王氏爲皇后，正位中宫，以共承宗祀，奉養兩宫。布告中外，咸使聞知。

擬加上兩宫尊號詔

朕惟帝王之孝，莫大尊親。稽我祖宗列聖，致隆所尊，顯號鴻名，有加無已，孝思維則，具有憲章。朕嗣位之初，屬在幼冲，罔知攸濟。惟我聖母仁聖皇太后、聖母慈聖皇太后擁佑眇躬，勞心鞠育，提持周至，誨迪惟勤。朕夙夜訓行，罔敢違越，圖惟政理，于今七年，方内乂安，四夷率服，豈予寡昧能勝負荷，皆我聖母洪恩明訓所由致也。兹者祇遵慈命，嘉禮具舉，保護有成，永錫祚胤。惟此勛德，超軼前聞，高厚難量，劬勞莫報，雖已登夫尊號，尚未極其徽稱。爰考成彝，祗告于郊廟、社稷，率文武群臣，謹奉册寶，加上聖母仁聖皇太后尊號曰仁聖懿安皇太后，聖母慈聖皇太后尊號曰慈聖宣文皇太后。申薦殊常之慶，少伸酬報之情，宜霈明恩，用刑廣愛。所有合行事宜開列于後云云。嗚呼！就養無方，式備兩宫之令典；錫類不匱，永諧萬國之歡心。布告中外，咸使聞知。

擬封尚永琉球王詔

朕受天明命，奄甸萬方，薄海内外，罔不來享，延賞錫慶，恩禮攸同。惟爾琉球國遠處海濱，恪遵聲教，世修職貢，足稱守禮之邦。故國王尚元紹序膺封，臣節寀謹，玆焉薨遊[八]，悼切朕衷。念其侯度有常，王封當繼。其世子永，德惟象賢，惠能得衆，宜承國統，永建外藩。特遣正使某、副使某齎詔往封爲琉球國中山王，仍賜以皮弁、冠服等物。凡國中官僚耆舊，尚其協心翼贊，畢力匡扶，懋猷勿替于承先，執禮益虔于事上。綏玆有衆，同我太平，則亦惟爾海邦無疆之休。故玆詔示，咸俾知悉。

制　策

擬丁丑廷試制策萬曆五年[九]

制曰：朕惟自古帝王撫運握圖，統一寰宇，所以綜緝庶務，調劑群品，其道蓋多端矣。至語其治效，自《詩》、《書》所述，章灼較著，則莫盛于虞、周。夫其七政齊，庶尹諧，六府修，三事治，與夫謨烈啓佑[一〇]、禮樂刑政焕然也。朕甚嘉之慕之，未審果繇何道而致然歟。或謂舜兢業萬幾，文王自朝至日中、昃不遑食也，惟其精勤，故化理若是。然《書》稱“庶獄庶慎，文王罔兼”，而孔子復謂舜“無爲而治”，何歟？我太祖神聖乘乾，再造函夏，建立法制，博大詳密，用以躋世平康，與虞、周媲盛[一一]矣。御曆三十餘年，早朝宴罷，未嘗時刻少怠，其所以畏天人而衍昌祚者，視舜、文，其道同歟。朕以冲昧，獲纘丕基，慄慄夙夜，圖所以順帝則，建皇極，以庶幾帝王之治者，今且五年。經費節矣，而帑庾未充；賦歛寬矣，而民生寡遂；守宰久任矣，而吏治罔宣；伍籍加覈矣，而武備靡振。豈因循之積習難驟變歟？久弛之舊章難遽舉歟？兹欲革文冒，破拘攣，使人得其情，事循其理，將何如而後可？蓋盛帝顯王，人稱之，必曰"大有爲"，乃復有謂王者"中心無爲，以守至正"，此其説安是？將各有主謂不相蒙歟？抑或其道相須也？子大夫習先聖之術，其於古今治理之原講之豫矣，尚各攄所蘊，明著于篇，朕將覽而擇焉。

敕　諭

擬諭禮部加上兩宫尊號

朕以冲年纘緒，夙夜慄慄，恒懼弗勝。仰賴聖母仁聖皇太后、聖母慈聖皇太后撫育教訓，于今七年，八表同風，道洽政治。兹者祗遵慈命，嘉禮告成，仰慰我皇考神靈，延慶宗社，功德隆重，莫罄報酬，宜加上徽號隆稱，用少申朕愛敬尊崇之孝。爾禮部便擇日具儀以聞。

擬諭内閣重修《會典》

朕仰承祖宗列聖之鴻休〔一二〕，獲纘丕緒，夙夜祗懼，圖惟治理，則亦惟我祖宗之舊章成憲是守是遵。仰惟皇曾伯祖孝宗皇帝，命儒臣所纂《大明會典》一書，其於我祖宗列聖創業垂統、典章法度之詳，通變宜民、因革損益之迹，固已綱目具存，足垂彝憲，第簡編浩穰，精覈實難。我皇祖世宗皇帝嘗見其一二舛誤，申命儒臣，重加校輯，比及進覽，訖未頒行，蓋猶未當聖心，不無有待于後。且自嘉靖己酉而來，于今又歷二十八載，中間事體亦復煩〔一三〕多。好事者喜于紛更，建議者鮮諳國體，法令數易，條例紛紜，牴牾百端，援附靡準，我祖宗之良法美意幾于淪失。今特命卿等查照弘治、嘉靖年間事例，擇日開館，分局纂修，校訂差訛，補輯缺漏。其近年六部等衙門見行事例，各令選委司屬，遵照體例，分類編集，審訂折衷，開具送館。卿等督率各官，會同考質，務令諸司一體，前後相貫，用不失我祖宗立法初意，以成一代畫一經常之典，昭示無極，庶副朕法祖圖治至意。其總栽〔一四〕、副總裁及纂修等官職名并合行事宜，陸續開具來聞。欽哉，故諭。

擬諭遼東巡撫張學顔

遼東三面鄰寇，向苦鈔暴。自爾撫治以來，簡將練兵，除戎足餉，繕治亭障，修明法紀，屢陳兵捷，一鎮改觀。兹者醜虜匪茹，驅率腥羶之衆，深入瀋陽。而爾能沉機料敵，先事戒嚴，諸將協心，三軍用命，霆驅電激，大致克捷，鯨鯢駢首以就誅，犬羊褫魄而奔遁。懿此戰功，近所希有，捷書來奏，朕甚嘉之。特升授爾勛階，給與應得誥命，賞銀六十兩、紵絲四表裏，廕一子入監讀書，仍賜敕獎勵。爾尚益懋忠勤，弘宣威略。乘是暇豫，莫忘牖户之綢繆；作我藩翰，永奠金湯之壯固。則予與爾尚有崇陟焉。欽哉。

擬諭遼東總兵李成梁

頃者東虜糾集醜類，突犯瀋陽，蓋乘冬月不戒之時，冀遂溪壑無厭之欲。而爾能廣布間諜，預探虜情，擇地設奇，分部材勇，奮麾指顧，士皆殊死鬥，使虜首尾衡决，死傷大半，輜重皆棄，盡氣狂奔，遺骸填河，哭聲震地，數十年來未有與虜堂堂陳于平原廣野之間致克捷如此者，真可謂奇功已。兹特加爾太子太保，賞銀八十兩、紵絲六表裏，廕一子錦衣衛世襲正千户，仍賜敕獎勵，以旌爾勛。嗚呼！我兵屢勝，所貴持盈；虜憤方深，尤宜慮後。爾尚益弘遠略，無忘戒心，簡練以時，督率勿怠。務使士盡賈其餘勇，虜懸憚其威聲，則雖古之名將，亦奚以加兹。爾其欽哉，故諭。

擬諭薊遼總督楊兆

朕仰承烈祖神宗之耿光丕庥，四方萬國，靡不懷服。蠢惟東虜，恃其控弦之衆，憑陵邊鄙，無歲無之。朕以爾蔚有遠猷，心在王室，授之專閫，冀紓東顧之憂。而爾能殫竭忠勤，督勵將士，調度方略，悉中機宜。頃虜乘我解嚴，飄忽東犯，而各該兵將聞警雲集，寔張犄角之形，以遏跳梁之勢，斬首二百，奪獲馬駝、兵械無算，餘虜狼顧惕息，褫魄奔遁，大伸中國之威靈。時惟爾功，捷書馳聞，朕心嘉悦。特用授爾勛階，給與應得誥命，賞銀六十兩、紵絲四表裏，廕一子入監讀書，仍賜敕獎勵。嗚呼！威武奮揚，既著發縱之效；邊疆底定，尚紆善後之圖。宜益勵其初心，用對揚于休命。爾其欽哉，故諭。

擬諭琉球王尚永

皇帝敕諭琉球國故中山王尚元世子尚永：惟爾先世，守此海邦，代受王封，克承忠順。以迨于爾父尚元，畏天事大，益用小心，誠節屢彰，寵恩洊被，遽焉薨逝，良用悼傷。爾爲冢嗣，克濟厥美，群情既附，宜紹爵封。兹特遣正使某、副使某齎敕諭封爾爲琉球國中山王，并賜爾及妃冠服、綵幣等物。爾宜恪守王章，遵述先志，秉禮循義，奠境安民，庶幾彰朕無外之仁，以永保爾有終之譽。欽哉，故諭。

擬諭祭禮部尚書某

惟卿德度温和，才華典贍。漱芳家學，騰茂賢科。肆讀中秘之書，遂擅詞林之譽。超宗振采，炳蔚以昌再傳；考父矢恭，傴僂而承三命。荐升華于少宰，爰正位于秩宗。方資夙夜之寅清，用叙鎬豐之典禮，忽驚風水，奪我蓍龜。屬當賜環之期，乃兆夢瓊之異，遽聞訃奏，良愴朕懷。是溥恤恩，特營葬域，并頒諭祀，用答往勞。爾靈有知，尚其歆服。

校勘記

〔一〕“桃”，甲辰本作“祧”，是。

〔二〕“實”，底本卷首原目録作“寶”，甲辰本作“實”。

〔三〕“子”，甲辰本作“予”，是。

〔四〕“寶”，疑當作“實”。

〔五〕“隆慶元年”，底本卷首原目録無。

〔六〕“隆慶元年”，底本卷首原目録無。

〔七〕“萬曆六年”，底本卷首原目録無。

〔八〕“遊”，甲辰本作“逝”，是。

〔九〕“萬曆五年”，底本卷首原目録無。

〔一〇〕“啓佑”，明萬曆刻本明張朝瑞《皇明貢舉考》卷八“萬曆四年三月十五日臨策天下貢士”作“佑啓”。

〔一一〕“盛”，同上書作“美”。

〔一二〕“休”，明萬曆刻本《大明會典·敕諭三》作“庥”。

〔一三〕“煩”，同上書作“繁”。

〔一四〕“栽”，甲辰本作“裁”，是。

條麓堂集卷五

誥　敕

太子太傅工部尚書雷禮四道

制曰：國家倣古大司空之制，乃設工部尚書，俾率屬分職，以程品百工，奠民平土，任至隆也。自頃殿工丕作，宫建聿興，庀用僝功，參任繁重，非得小心任事之臣，曷以副朕作新之寄哉？咨爾太子太傅、工部尚書雷禮，宇度閎深，才猷膚敏。盡心徇國，越始終而不回；守道立朝，涉夷險而若一。自筮仕以及於今日，隨所履皆流乎茂聲。迨顯陟于冬卿，益殫勤于事典。經營不懈，在夙夜而尤虔〔一〕；節縮有經，雖錙銖而不爽。用是弘我維新之制，而民無供億之煩。其爾之休，唯朕以懌，爰登崇品，以報殊勞。及兹復歷于三年，嘉績益多于往昔，是用進爾階光禄大夫、勛柱國，錫之誥命。嗚呼！赤誠報主，則臣無不盡之心；倚毗得人，則國無難成之事。眷爾忠敬，簡在予心。爾尚服此殊榮，益堅乃節，俾民力普存。余一人永膺多福，則爾亦有無窮之聞。欽哉。

制曰：妻以媲德，取義既嚴于齊體；故願乖偕老，而推恩亦懋于從夫。所以録服勞之往績，厚人倫之大始，雖屢錫而益隆，無所靳也。爾太子太傅、工部尚書雷禮妻贈夫人李氏，蚤以惠温，作配君子。方在尚志，而爾寔操其勤；亦既致身，而爾弗共其福，是可追悼已。兹爾夫秩既崇，特加贈爾爲一品夫人。服此明綸，永光幽壤。

制曰：賢臣篤忠貞之節以勤於國，與令妻執順正之道以相於家，其善同也。故國家叙録臣下功伐，必併及其閨闥，以隆恩施、彰奬勸焉。爾太子太傅、工部尚書雷禮繼妻封夫人涂氏，夙閑姆訓，式備婦儀。是佑名德，蔚爲時哲。凡此夙夜在公之勞，多爾儆戒相成之益。兹特加封爾爲一品夫人。尚寵膺夫綸綍，愈加慎于蘋蘩。

其　二

制曰：人孰無昌後之願，然必德厚者而後其澤昌；人孰無追遠之心，然必功崇者而後其報遠。我國家因功而制爵，緣分以推恩，其褒崇之制，越祖而曾者，惟上卿爲然爾，其寵數豈不隆且異哉？爾雷啓陽，乃太子太傅、工部尚書禮之曾祖父，行誼甚高，鬱而不顯；積善甚富，久且益昌。乃兹三世之孫，奮起百年之後，顯登宫揆，作朕股肱。迹其積累之洪基，宜用褒崇之懋典。兹特贈爾爲光禄大夫、柱國、太子太傅、工部尚書。眷惟不昧之明靈，歆此非常之寵命。

制曰：婦人言不出閫，其姱節清芬，即當時聞於人者鮮矣，而乃數世之後克享令名者，自非明德所垂，貽範遠而流慶長也奚以致此？爾熊氏，乃太子太傅、工部尚書雷禮之曾祖母，莊敬勗身，慈仁逮下。用贊德美，以流慶祥。實使後昆誕食其報，宜申褒綍錫寵重泉。兹特贈爾爲一品夫人。尚歆翟茀之光華，以綏曾孫之孝享。

其　三

制曰：《記》稱“自義率祖”，《詩》咏“貽謀厥孫”，故我朝于丞弼之臣，樹有顯榮，爲國家所倚毗者，則必原貽謀之善，施以率義之恩，典至隆也。爾贈資政大夫、工部尚書雷遂冲，乃太子太傅、工部尚書雷禮之祖父，積學有聞，與物無忤。惇德自己，責報于天，再世而昌，榮躋八座。乃益弘于嘉績，遂崇陟于宫端。不有鴻恩，曷昭燕翼？兹特加贈爾爲光禄大夫、柱國、太子太傅、工部尚書。宜被寵靈，庶知歆服。

制曰：秉德錫祚，祖有功焉。然所以佐相功能，宏衍慶澤，則亦伉儷同德之助爾，故追崇之典，義所偕及。爾贈夫人揭氏，乃太子太傅、工部尚書雷禮之祖母，百順事姑，一經啓後。淑訓所漸，佑于聞孫。克勤于邦，茂膺崇寵。爰頒涣命，增賁重闈。兹特加贈爾爲一品夫人。祗服洊恩，永綏烝祫。

其　四

制曰：士有負奇含懿，厚積而不究于用者，其藴澤遺祉必駿發于嗣人。故國家優禮大臣而必推恩所自者，匪直以酬顯勛，抑亦以彰潛德也。爾贈資政大夫、工部尚書雷邦鑑，乃太子太傅、工部尚書雷禮之父，學務自得，行必稽古。士習教以知方，民覿德以歸厚。而握瑜不售，施于後人，率是義方，爲時碩彦，爾之餘慶足徵已。兹特加贈爾爲光禄大夫、柱國、太子太傅、工部尚書。賁恩命於重泉，闡休聞於永世。

制曰：昔孟母徙宅以端蒙，歐母畫荻而示訓，卒成厥嗣，爲世大儒，古今稱賢母者必歸焉，徵于子也。爾贈夫人鄭氏，乃太子太傅、工部尚書雷禮之母，婦順明章，母儀聖善。禔言容于圖史，昌胤祚以《詩》、《書》，肆我良卿，爲國楨幹，不于歐、孟有光哉？鼎釜方來，風木不待，子之心有永戚矣。兹贈爾爲一品夫人，用弘褒恤之恩，以慰劬勞之感。

禮部尚書兼翰林院學士高儀三道其三闕〔二〕

制曰：南宫地峻，特隆禮樂之司；東觀職親，式重經綸之寄。維石具瞻于俊乂，寔天純佑我邦家，乃眷元僚，用弘大賚。咨爾禮部尚書兼翰林院學士高儀，宇量宏深，性資貞毅。淵渟學海，多士賴其典刑；玉立朝端，百辟仰其風采。久騰英茂，洊歷高華。由文學侍從之班，踐夙夜寅清之任。王之喉舌，補周衮之闕文；職在機衡，習漢家之故事。肆予訪落之始，賴有老成之人。懷柔百神，舉不愆于儀物；允釐百度，動必協諸典常。美哉稽古之功，佑我紹庭之治，是溥褒嘉之寵命，用酬翊戴之殊勤。兹特進爾階資政大夫，錫之誥命。於戲！儒者以德藝發身，位望莫優於學士；國家以承弼贊化，登崇率簡自秩宗。緊爾多勛，孚于衆望。號令文章之可述，已昭潤色之猷；神人上下之咸和，尚賴協恭之助。欽哉勿替，光我訓辭。

制曰：禮行于邦國，惇庸寔藉于鉅寮；化始于閨門，順正適資于淑媛。是以疇庸之典，覃被于官聯；從爵之榮，必偕于伉儷。斯謂稱也，有其舉之。爾禮部尚書兼翰林院學士高儀妻累封淑人鍾氏，式奉母儀，明章婦順。采于沼沚，薦筐宫〔三〕以有齊；宜其室家，如琴瑟之静好。乃眷寅清之顯績，聿昭儆戒之芳猷。爰溥恩褒，增榮命服。兹特加封爾爲夫人。三命益赫，顯膺冠帔之華；四德罔〔四〕愆，懋正紀綱之首。

其二

制曰：君子積善于家者厚，則夫厥後必昌；人臣效忠于國者深，則其爲報必重。故國異上卿之禮，特隆貤祖之恩。匪惟昭命數之攸崇，亦以遡慶源之有自。爾贈通議大夫、吏部左侍郎兼翰林院學士高某，乃禮部尚書兼翰林院學士高儀之祖父，履素居貞，抱和守静。孝友之譽，旁達于一鄉；仁厚之澤，施及于再世。典朕三禮，寔爾元孫。制度考文，既著巖廊之績；報本追遠，宜延廟祐之休。兹加贈爾爲資政大夫、禮部尚書兼翰林院學士。鸞文陟命，光增八座之儀；犀軸宣綸，永作九京之賁。

制曰：忠臣之事君也，不以先後易節；貞婦之事夫也，不以存亡改慮。雖國家之致固異，而代終之義則同。矧予禮樂之良臣，上有貞慈之祖妣，宜崇褒典，用闡幽芳。爾贈淑人周氏，乃禮部尚書兼翰林院學士高儀之嫡祖母，敬以承宗，德能宜室。崇《樛木》之澤，逮下惠和；矢《柏舟》之貞，育孤成立。百歲而守弱子，亶人情之所難；再傳而啓聞孫，寔天道之不爽。兹加贈爾爲夫人。徽稱躋峻，頒渥寵于泉臺；雅操光昭，樹耿儀于風化。

制曰：朕觀圖史所載閨閤之良，或恒一德以終身，而未必自于蚤歲；或罹百艱以撫子，而未必亢乎厥宗。亦既歷邈代以稱賢，掩中閨而擅娉矣。爾贈淑人包氏，乃禮部尚書兼翰林院學士高儀之祖母，温惠禔身，幽閑自性。于歸不日，遽失所天，近親鮮助于期功，遺稚未離于提抱。拮据夙夜，備歷人艱；饋享春秋，竟廷〔五〕宗祀。再世而下，是生偉人，蓋天地鑒其精誠，而門閭于焉高大。兹加贈爾爲夫人。涣恩申賁于及泉，介福永延于奕世。

吏部左侍郎兼東閣大學士張居正三道

制曰：朕祗奉天休，寅承帝緒。爰念樞機之重，慎簡鼎臣；載嘉翊戴之勞，懋頒涣渥。眷惟舊學，服此明恩。咨爾吏部左侍郎兼東閣大學士張居正，惟嶽降神，自天挺秀。道包王佐，識治理之本原；文蔚國華，窮性術之變化。越從蚤歲，擅譽詞垣。冑監談經，多士服其懸解；木天視篆，九流藉以疏通。惟文考之知賢，翼冲人而置傳〔六〕，納誨朝夕，弼直後先。講貫詳明，大義不殊於指掌；敷陳懇惻，嘉謀期在於沃心。凡所聞於爾言，悉有孚於予聽。肆以寡昧，入奉宗祧。若濟巨川，尚賴交修之益；念惟小毖，勉爲緝熙之圖。斷自朕衷，爰立爾相。家卿陪貳，表儀百辟之端；秘閣升華，密勿萬機之地。天工資其寅亮，師言于是僉諧。不有褒綸，曷彰寵數？兹特進爾階通議大夫，錫之誥命。於戲！崇禮樂詩書之術，既羽翼于朕躬；參疑丞輔弼之聯，用金玉于王度。尚紆多績，勿替一心。朕欲穆三光而撫五辰，爾惟調爕；朕欲正百官而康兆姓，爾惟翼爲。庶幾邦有無疆之休，則汝亦有無窮之聞。欽哉。

制曰：黄扉贊化，代終寔賴於元臣；彤管垂風，正始必資於哲媛。故邦國舉疇庸之典，則室家有從貴之榮。命數惟均，存亡靡間。爾吏部左侍郎兼東閣大學士張居正妻累贈宜人顧氏，毓和名閥，儷德吉人。敬戒無違，守衿鞶之炯訓；温惠有則，遵圖史之令儀。德音方洽于好逑，深願忽違于偕老。嗟降年之不永，惜往日之已遐。兹椎〔七〕踐祚之明恩，用罄漏泉之渥澤。特贈爾爲淑人。嗚呼！錦誥斯皇，命益崇于三錫；穿封有赫，靈誕受于九京。

制曰：君子承弼厥辟，著夙夜匪懈之忠，良由宜其家人，有朝夕相成之效。故臣行其義，則君致其仁；夫貴於朝，則妻榮於室。禮之經也，恩可後乎？爾吏部左侍郎兼東閣大學士張居正繼妻累封宜人王氏，體含静嘉，德成順巽。告虔棗栗，晨昏嚴鞶帙之儀；羞敬蘋蘩，春秋慎筥筐之薦。内言不出，壸範用彰。肆予秉德之臣，克殫在公之慮。周邦作尹，式副于民瞻；冀野如賓，寔資于内相。是降絲綸之寵，載隆冠帔之華。特封爾爲淑人。錫命至三，洊陟上公之禮；從爵惟一，永綏中饋之禧。

其　二

制曰：謀翼子而詒厥孫，家之餘慶；仁率親而至于祖，國之上彝。蓋以溯其積累之勤，而因致其本原之報。矧惟近弼若時百工，宜有殊恩仰延再世。爾張鎮，乃吏部左侍郎兼東閣大學士張居正之祖父，疏朗多奇，沉雄好義。矜尚氣節，爲鄉井所同推；不求譽聞，甘立園以自責。本深末茂，蓄極流昌，施及聞孫，爲予碩輔。仁者必有後，固已徵諸感通；盛德爲之前，是用優夫報禮。兹贈爾爲通議大夫、吏部左侍郎兼東閣大學士。嗚呼！再世而昌，肇家聲于惟舊；九京可作，沐國寵于方新。光賁宗祊，永錫祚胤。

制曰：《詩》歌祖妣，聿推似續之原；禮逮臣工，越有追崇之典。蓋雖以義而起，然必緣分而隆，國具舊章，朕用大賚。爾李氏，乃吏部左侍郎兼東閣大學士張居正之祖母，禔身克協于肅雍，治内不忘于恪慎。婦儀式備，作範重闈；慈訓於昭，騰芳奕葉。眷予哲輔，寔爾聞孫。奮庸攸賴于國楨，懋賞且延夫家慶。兹贈爾爲淑人。蘭蓀振秀，頒丕貺于明庭；松檟蒙暉，賁休光于幽室。

其　三

制曰：君子韜經綸之略，而式訓于子，蓋所以教忠；朝廷隆體貌之文，而貤爵于親，亦因以勸孝。故蓄之久者發斯盛，而積之厚者享必豐。天道有常，國章斯在。爾累封奉直大夫、右春坊右諭德兼翰林院侍讀張文明，乃吏部左侍郎兼東閣大學士張居正之父，性秉厥中，德成而上。博學强記，懷儒者之珍；由義居仁，備大人之事。雖璞藏卞玉，未諧待價之沽；而業受韋經，已衍趨庭之訓。眷此政樞之弼亮，寔承家學之淵源。莘野君民，既不殊于親見；槐階命數，宜顯被于在躬。兹加封爾爲通議大夫、吏部左侍郎兼東閣大學士。恩溥重綸，躋峻儀于三事；養隆列鼎，增戩穀于百年。茂綏方至之禧，究爾未成之志。

制曰：臣子之于君親，左右有方，固效匡時之略；明發不寐，尤懷愛日之誠。故朝廷將以嘉其弼直之勛，必先有以慰其顯揚之願。陳常自昔，錫命惟新。爾封宜人趙氏，乃吏部左侍郎兼東閣大學士張居正之母，能儉與慈，終溫且惠。敬而必戒，婦順克章；愛之知勞，母儀斯茂。肆爾鳳毛之絢采，寔惟熊膽之迪勤。綫縷承庥，遡慶源于南國；絲綸載命，頒寵渥于北堂。兹加封爾爲淑人。三錫申恩，浸昌而熾；百年具慶，俾壽而康。諒人世之希聞，寔朝廷之勝事。

禮部左侍郎〔八〕兼翰林院學士掌院事潘晟三道

制曰：朕誕膺景命，光纘丕圖。深惟夾介之勞，爰舉褒嘉之典。涣兹華綍，序及群工。矧于文學侍從之臣，重以典禮討論之寄，正眷言其勞勩，可獨後于恩光。爾禮部左侍郎兼翰林院學士掌院事潘晟，器識淵宏，性資明劭。蚤奉大廷之對，特承先帝之知。史局珥彤，丕振編摩之譽；文闈懸鑑，屢收獎拔之功。直秘閣以代言，蒞賢關而造士。留銓作貳，邦禮攸司，具有芳規，歷彰雅聞。朕用徙自南宫之佐，擢居東觀之端，而爾果能彌篤忠誠，備宣勤效。發揮奥義，學術貫乎百家；黼藻洪猷，文章炳乎三代。兹以霈恩，特授爾階通議大夫，錫之誥命。於戲！春卿秩峻，兼居端尹之榮；玉署望清，復拜崇階之寵。式優往績，尚冀新勛。爾其益告于嘉猷，予惟克邁夫乃訓。

制曰：家之正始，恒資婦順以相成；國之疏榮，亦制内階而並授。豈徒取從貴之義，寔以彰儷德之功。彝典具存，明恩曷吝？爾禮部左侍郎兼翰林院學士掌院事潘晟妻何氏，出自望閥，嬪于德門，嚴正弗渝，儉勤兼至。承宗克孝，《采蘋》咏其有齊；逮下惟仁，《樛木》歌乎樂只。恪相夫子，顯陟清卿。繄爾之賢，有家是式，欲旌懿則，宜示重褒。兹仍封爲淑人。懋持儆戒之儀，祗服駢蕃之渥。

其　二

制曰：慶源之浚，必累世德而後昌；褒典之榮，必及祖功而後備。上答貽謀之善，下酬追孝之思，匪我鉅寮，曷膺異數？爾贈通議大夫、禮部左侍郎潘憲朝，乃禮部左侍郎兼翰林院學士掌院事晟之祖父，禀資軒達，負志瓌奇。義聲著于鄉閭，孝道孚于宗黨。積仁累行，蓄祉儲祥。爰鍾繩武之孫，駿發亢宗之業。普〔九〕居卿貳，簡在朕心，推厥所繇，惟爾之慶。兹特加贈爾翰林院學士，餘官階如故。用增輝于泉壤，尚益祐夫雲仍。

制曰：尊祖及妣，子孫均悉畀之誠；錫命疏恩，國家並追崇之典。兹惟殊寵，寔本至情。爾贈淑人竺氏，乃禮部左侍郎兼翰林院學士潘晟之祖母，懿質夙成，高門作配。雍雍肅肅，德音暢于宜家；振振繩繩，善慶延于裕後。爰及再世，即奮聞孫。宜申恩綍之光，永作幽扃之賁。兹仍贈爾爲淑人。芳魂如在，茂渥其承。

其　三

制曰：天道之報善人，祚每隆於厥胤；人情之稱令子，慶必遡於所生。肆我王章，崇兹世德，凡酬功而行處〔一〇〕，皆錫類以貤恩。爾故郡〔一一〕武縣儒學教諭，贈通議大夫、禮部左侍郎潘日升，乃禮部左侍郎兼翰林院學士掌院事晟之父，學見本原，行遵矩度。應州閭之推選，爲章掖之表儀。乃秉鐸一方，丕振湖庠之教；洎拂衣故里，尤薰晋鄙之良。雖鴻漸未值于亨途，而燕翼竟昌于來哲。録詞垣之最績，既有褒榮；嘉儀部之茂勞，復申追恤。兹者屬逢大慶，載錫新綸。贈爾通議大夫、禮部左侍郎如故，仍兼翰林院學士。於戲！玉堂蘭省，榮並出于一時；鳳誥龍章，寵已膺于三錫。爾靈不昧，庶克歆承。

制曰：人子慕劬勞之德，生鞠惟均；國家體顯揚之情，存亡罔間。必愍綸之增被，乃慈範之益光。兹惟彝章，亦云榮遘。爾贈淑人石氏，乃禮部左侍郎兼翰林院學士掌院事潘晟之母，性含静淑，則協柔嘉，言笑寡形，興居有節。事夫而承以儆戒，既追輓鹿之風；愛子而教之義方，復睹和熊之事。顧機杼竟成其素志，而釜鍾弗逮于當年。幸未泯之音徽，嘗洊揚于褒命。復申恤典，用慰孝思。兹仍贈爾爲淑人。綫縷感深，固悵九原之莫作；絲綸恩渥，庶期百世之猶芳。靈而有知，服之無斁。

工部左侍郎魏尚純三道

制曰：朕獲承洪業，普錫明恩，用酬翼戴之勞，兼示倚毗之眷。矧兹亞旅，職貳司空。鳩百工以飭材，居四民而時利。是稱鉅任，可後褒章？爾工部左侍郎魏尚純，蚤擢賢科，歷更宦轍。竭周諮于使職，殫心計于民曹。三任臬司，激揚益勵；五登藩省，屏翰彌勤。牧卿追汧渭之聲，京尹掩趙張之烈。佐柏臺而肅憲，長棘寺以平刑。迨兹晋佐冬官，參陪政本，才猷深于歷試之久，望寔孚于衆論之同。四屬是程，五材咸用。弼成新政，惟爾有勞。兹特授爾階通議大夫，錫之誥命。於戲！垂作共工，克媲九官之美；禹平水土，旋登百揆之崇。勉立功而立名，將懋官而懋賞。篤爾令終之誼，副予訪落之懷。

制曰：大夫有宗婦，爰資壼職之修；恩制有褒崇，肆及内階之授。綱常攸繫，命數斯隆。即偕老之願已乖，而初載之勤不泯。爾工部左侍郎魏尚純妻贈宜人白氏，夙閑女誡，恪守婦儀。既儉且勤，懿範行于家室；惟恭而孝，賢聲播于族姻。克相厥夫，既施有政，胡遽捐于中道，乃不並其遲榮！非錫愍綸，曷安冥魄？兹特加贈爾爲淑人。諒幽靈之有知，服休光于無斁。

制曰：治内必資乎婦德，道貴相成；推封特視乎夫階，禮優從貴。凡德音之克嗣，皆渥典之宜加。爾工部左侍郎魏尚純繼室贈宜人李氏，系出名宗，性成淑訓。效勤中職，踵美前聲。乃不永年，既膺褒恤，夫茲有洊登之秩，爾可無申錫之恩？特加贈爾爲淑人。尚冀芳魂，歆承顯命。

其　二

制曰：朕聞源浚者其澤斯長，本蕃者其枝自茂。粤考後昆之丕振，皆由上世之深培。國有彝章，例得追報。爾魏興，乃工部左侍郎尚純之祖父，宅心長厚，賦性慈仁。偕群從以同居，頗踵義門之事；恤親交而共患，庶希豪士之風。爰篤慶于英孫，遂蜚聲于峻仕。祥源有自，靈契匪虚。宜加異數之榮，以表貽謀之美。兹特贈爾爲通議大夫、工部左侍郎。尚佩殊恩，益綏來裔。

制曰：孫謀之燕，雖本祖功；世德之深，亦關慈澤。恩既推于再世，寵必及于重幃。緣子孫報本之至情，寓國家勸功之縟典。爾載〔一二〕氏，乃工部左侍郎魏尚純之祖母，性和以則，德儉而勤。持己必莊，寂閫言于不出；相夫克慎，閑家政以咸宜。餘慶攸鍾，聞孫是發，爰申賁命，追燿潛休。兹特贈爾爲淑人。英爽如存，尚其歆服。

其　二〔一三〕

制曰：人子之願，莫大于榮親；孝理之仁，莫先于錫類。朕方體永言之念，推追録之恩，覃百辟以無遺，豈貳卿之可後？爾封奉直大夫、户部四川清吏司員外郎魏宗，乃工部左侍郎尚純之父，清醇率性，恭慎持身。列秩藩僚，用情色養。貽義方之懿範，開哲嗣之顯庸。績茂兩朝，班聯八座。遡惟善慶，宜有重褒。兹特加贈爾通議大夫、工部左侍郎。疏恩有渥，永增泉室之光；流澤無窮，益衍云仍之祚。

制曰：母德兼乎訓育，匪子弗彰；國典重于褒封，惟賢是勸。眷此名卿之業，緊惟慈教之功。惻鼎食之久違，幸綸言之是逮。爾封宜人張氏，乃工部左侍郎魏尚純之母，惠和惟德，莊静其儀。持身敦荆布之風，贊祀謹蘋蘩之則。知能勞以濟愛，成賢嗣以亢宗。未隆褒寵之章，詎稱顯揚之意？兹特加贈爾爲淑人。榮名益夫〔一四〕，潛德彌芳，諒爾九泉，歆斯再命。

通政使司右通政王正國一道

制曰：國家設通政司，凖古納言之職，用以出納朕命，非濬明秉直者，弗輕畀也。咨爾通政使司右通政王正國，乃故太子少保、兵部尚書襄毅公正〔一五〕邦瑞之子，夙成令德，早奮賢科。佩大司馬之詒謀，將小行人之使命。踐更省闥，閲有歲年，獻替不違，風裁特著。洊陟銀臺之貳，允諧喉舌之司。簡命不負于先朝，丕績茂揚于今日。兹朕以踐祚推恩，特進爾階中憲大夫，錫之誥命。夫命令政教，所以宣上德；敷奏復逆，所以通下情。爾並司之，任至重也。尚其夙夜不懈，慎審此二者，俾讒殄之罔肆，庶功叙之用彰，嗣有崇躋，究爾遠效。欽哉。

制曰：士有慎修乃德，宣力于王家，而躋休顯之位，必賴賢淑以相厥中，故國家疏榮大臣，爰及厥配，所以彰懿而示勸也。爾通政使司右通政王正國妻封孺人藺氏，毓秀閥門，作嬪令族。克懋爾德，允宜於室家；肆俾厥夫，悉心於邦國。躋階九列，譽望日隆。爰揆内襄之功，用申寵錫之命。兹特加封爾爲恭人。祗服恩綸，益彰壼範。

通政使司左參議倪光薦二道

制曰：昔舜當踐位之始，闢門達聰，首命納言以出納之允，蓋所以亮天工，熙衆志，以與天下更始，急先務也。朕方嗣曆，稽聖作範，思以宣德達情，則亦惟是出納之臣是賴，委寄斯重，錫賚所宜先焉。爾通政使司左參議倪光薦，藴致宏深，識鑒疏朗。試政劇邑，有廉平之稱；司諫瑣闈，著直方之烈。乃晋陪于九列，用道進于百司。休有譽聞，播于遠邇。兹予訪落，申舉朝章，禮久廢而不修，人多遽而失措。而爾敷陳詳雅，進退雍容。協典禮之大閑，爲朝廷之壯觀。朕嘉乃績，特授爾階奉政大夫，錫之誥命。嗚呼！天下之利病多端，夫人之情僞萬狀。爾其益練故典，丕協群情，勿使幽遐艱于上達，勿使讒殄震于朕師，朕將嗣疇爾庸也。欽哉。

制曰：人臣夙夜在公，獲矢其不懈之節，則其室家朝夕有恪，克致其相成之益者可知也，是以褒忠之典，伉儷同之。爾通政使司左參議倪光薦妻封孺人王氏，順正無違，閑于内則，克相夫子，著績中朝。兹方覃予踐祚之恩，是用篤爾宜家之慶。特封爾爲宜人。尚膺鸞誥之褒崇，勿替《雞鳴》之儆戒。

其　二

制曰：君子懷負道德，而不獲大顯于時，則其未究之用、不盡之澤必于厥後昌之，此天道也。爾原任山西徐溝縣儒學教諭、贈直隸松江府華亭縣知縣倪汝廉，乃通政使司左參議光薦之父，經學起家，義方啓後。造道甚正，足稱善人；積慶方深，是興賢子。百里報政，已霑漏澤之恩；九卿宣勞，更衍增階之命。特贈爾爲奉政大夫、通政使司左參議。眷惟幽穸，服此明綸。

制曰：女德不出閫，然于其夫可徵其能婦，于其子可徵其能母，故國家貤親之典，母與父偕，非以彰慈順與？爾封太孺人張氏，乃通政使司左參議倪光薦之母，終温且惠，服儉與勤。相夫甘守其虀鹽，教子能陳其俎豆。安享禄養，洊沐恩褒，可謂榮壽已。兹進封爾爲太宜人。顯膺再命之榮，益葆百年之祜。

通政使司右參議何永慶二道

制曰：國家設通政使司，典天下章奏及百司案牘，以進御而分布之，蓋兼前代進奏院、銀臺司之職，至特與六曹並列爲大卿，則秩視昔爲隆重矣，故常妙揀才哲以充是任，而矧朕嗣服之始哉？爾通政使司右參議何永慶，發身賢科，試政巖邑。具通敏之才識，有精明之治功。遂進職于郎曹，乃益習于國典。兹予初膺纂大之命，思弘維新之圖，雖百工咸藉于得人，而庶政尤期于詳慎。是用拔爾于韜鈐之署，寘爾于喉舌之司。資朝夕之恪共，冀出納之惟允。乃以登極覃恩，特授爾階奉政大夫，錫之誥命。嗚呼！四海之廣，兆民之衆，其憂樂利病得以悉徹朕聽者，惟爾是賴。百工庶務，所以糾檢違失，督發淹緩，以頒布中外，則亦唯爾是司。爾尚克暨厥心，勿替朕之休命哉。

制曰：夫婦有齊體之義，是以國家之推恩也，亦有從爵之典。蓋雖緣情定制，而寔因義以起禮耳。爾通政使司右參議何永慶妻趙氏，夙閑壼範，作嬪吉人。温且惠，以淑其身；順以巽，而主中饋。肆爾夫得以宣勞邦國，罔有内顧者，其得于室家之助多矣。兹特封爾爲宜人。尚膺冠帔之榮，益謹衿鞶之訓。

其　二

制曰：朕纂承先業，思弘繼述，乃錫類臣工，俾咸遂厥顯親之願，冀以廣孝思于不匱焉耳。爾何朝玉，乃通政使司右參議永慶之父，寬裕能容，剛介有守。砥名礪行，見重于鄉；悦《禮》敦《詩》，克昌厥後。播休聲于九列，徵善教于一經。宜有追褒，彰予大賚。兹特贈爾爲奉政大夫、通政使司右參議。涣布漏泉之澤，永增禰廟之光。

制曰：人子之能立身行道以終顯揚之孝者，匪獨其父教嚴也，乃其母亦必有慈訓焉，是以恩貤之典必併及之。爾王氏，乃通政使司右參議何永慶之母，柔順含章，節儉爲寶。治内式彰大[一六]壼範，教子克成夫令名。屬禄養之方隆，及慈齡之未艾，眷惟榮壽，良用褒嘉。特封爾爲太宜人。茂被明恩，永綏介福。

工部尚書徐杲三道

制曰：工部在古爲冬官之職，而尚書寔惟常伯之任，位高禄厚，服在大寮，自非顯有功庸，孚于衆志，豈以輕畀之哉？咨爾工部尚書徐杲，悃愊有恒，忠誠不二。洊更任使，積有年勞。頃因殿制維新，宫工丕作。飾材制度，節其出入之經；程藝考工，竭其巧力之用。其計工也，大且博；其奏效也，速而精。予懋乃功，登之卿正，用熙庶績，抑又三年。兹特進爾階資政大夫，錫之寵誥。嗚呼！粤考我室，既勤堂構之勛；疇若予工，尚賴股肱之力。爾其益既厥心，克守常憲，以永保朕之丕顯休命。欽哉。

制曰：人臣宣力國家，夙夜在公，靡中顧憂者，凡以同德之配爲之内助焉爾，故褒勤之寵必並及之，禮之經也。爾封淑人楊氏，乃工部尚書徐杲之妻，必敬而戒，終惠且温。相我上卿，爲之元配，可謂得所從已。兹加封爾爲夫人。尚承翟茀之榮，益靖筥筐之職。

其　二

制曰：自古侯王之貴，其世或湮廢無聞，而名卿大臣多奮起布衣之後，蓋其積善之效有以致之矣。爾贈中大夫、太僕寺卿徐季誠，乃工部尚書杲之祖父，際世隆平，居鄉敦朴。慶延後裔，再傳而昌；積有功勤，升華常化[一七]。兹特贈爾爲寶[一八]政大夫、工部尚書。超躐彝等，服此殊榮。

制曰：烝洽祖妣，慈孫所以追遠也，故大臣得推恩及祖者，必偕及其妣焉。爾贈淑人周氏，乃工部尚書徐杲之祖母，越有聞孫，躋位崇顯。致身奉職，爲我邦材；推本疏榮，錫爾家慶。兹加贈爾爲夫人。重泉豈遐，新恩孔奕。

其　三

制曰：忠孝一道也，故爲臣能致匪懈之恭，其爲子必思效罔極之報。是以國家褒叙臣庸，類貤及禰廟，所以奬移孝之休，以懋作忠之典耳。爾贈中大夫、太僕寺卿徐恭，乃工部尚書杲之父，積善在躬，流慶于後。篤生哲嗣，爲國才臣，克若百工，致身八座。迨兹奏績，是用加恩。特進爾階資政大夫、工部尚書。庶俾人臣知能竭忠于國，亦有崇寵于家也哉。

制曰：家有嚴君，曰父與母，其分同也，故疏榮之典必併及之，亦以體人子報本之心焉耳。爾贈淑人朱氏，乃工部尚書徐杲之母，寔生令子，作我幹臣。積有勛勞，洊膺崇寵，慶源所自，寔爾之休。兹特贈爾爲夫人。尚克歆承，祚于爾後。

吏部考功司郎中武金二〔一九〕

制曰：朕嗣承大曆，深惟化理之原關諸吏治，簡惰窳以警不恪，弘錫賚以昭有恩，蓋振舉誅賞之大端而作新于始政耳。考功部正掌群吏之殿最，以佐太宰詔予廢置者，褒賞所宜先也。爾吏部考功清吏司郎中武金，士行純備，吏能甚優。試邑政而民稱其廉〔二〇〕平，贊邦禮而衆推其練達。積是清望，選于劇曹。綜核公明，名寔孚乎物論；討議周慎，流品正乎舊章。兹予方總師而率百官，資爾以官計而弊邦治，是頒涣渥，用奬殊勤。特授爾階奉政大夫，錫之誥命。嗚呼！邦之否臧，惟兹有位，幽明黜陟，唐虞所以熙庶績者，繇是道焉。爾尚益殫令猷，務宏遠績，無寧虔始而永終是圖，則予汝嘉。欽哉。

制曰：婦人與夫齊體者也，故約泰同之，國家制爲從爵之典，每視天〔二一〕階而異其命數焉，不以存亡間也。爾吏部考功清吏司郎中武金妻贈安人吕氏，克宜其室，不永于年。曩因爾夫奏閥，已頒䘳典矣。兹覃大慶，再進徽稱。特加贈爾爲宜人。淑靈有知，湛恩是服。

制曰：人臣能秉銓鑑以辨官聯，則必能慎威儀以刑内治〔二二〕。朕兹覃澤百辟，而因及其伉儷者，所以褒臣共、録婦順也。爾吏部考功清吏司郎中武金繼室封安人畢氏，作嬪君子，克配德音，宦績孔多，式彰内助。既顯膺夫命服，宜申涣夫綸音。兹特加封爾爲宜人。尚承洊至之恩，益懋相成之義。

其二

制曰：朕纂承先業，紹庭上下，冀以弘永世不匱之恩，錫類百辟，俾咸遂厥慕親之情，光孝理焉。爾贈承德郎、吏部稽勛清吏司署員外郎事主事武邦衛，乃吏部考功清吏司郎中金之父。積善有餘，而享不酬德；嚮道未艾，而年不待志。歛是具美，詒厥嗣人，振譽天曹，贊我邦治。宜有顯渥，發爾幽光。兹加贈爾爲奉政大夫、吏部者〔二三〕功清吏司郎中。匪獨慰孝思于罔極，抑以表仁者之有後。

制曰：《柏舟》矢操，之死靡它，此固圖史所共賢也。矧是百艱，哺遺育教，撫孤成立，卒延厥祀，而大競于有室，豈不尤足賢與？爾封太安人畢氏，乃吏部考功清吏司郎中武金之母。蚤失所天〔二四〕，誓心曒日。拮据夙夜，忘在己之爲勤；饋享春秋，唯夫宗之是恤。肆成令子，爲我望郎，顯被綸褒，安享禄養，得天之佑可徵也。兹加封爾爲太宜人，以明示寵崇，俾天下貞婦慈母知有攸勸。

刑部江西司郎中劉廷舉二道

制曰：昔皋陶明刑弼教，民用不犯，而帝舜課能論烈，至以從欲之治歸之，褒獎、嗟咨若不置口，侈之謨典，流耀無窮。今朕方監祥刑以登至理，而庶幾有淑問之臣，則亦典之所宜勸也。爾刑部江西清吏司郎中劉廷舉，擢穎制科，蜚聲吏治，親民贊計，累著賢庸。揚歷既深，擢居憲屬，乃能佐明允之政，絶枉撓之私。邦禁稱平，爾功寔懋。兹特授爾階奉政大夫，錫之誥命。夫刑者民之司命也，必終始盡心焉。爾其勿替初勤，朕亦將有顯陟。

制曰：婦道之所繫重矣。三南之咏，關于化原；如賓之儀，以基祥命。故國家疏恩庶職，而並秩中閨，禮也。爾李氏，乃刑部江西清吏司郎中劉廷舉之妻，壼儀不爽，中職克虔。相夫服官，焯然有譽，即章之象服何愧焉？兹特封爾爲宜人。益蹈芳規，用承榮號。

其　二

制曰：夫人奮樹聲業，貽父母令名，豈皆其自樹哉？蓋多義方之教焉。朕于通籍之士褒及所生，念夫始之者也。爾劉濬，乃刑部江西清吏司郎中廷舉之父，敦朴不華，秉心維塞，忠信之迪，衍爲義訓。今子能竭誠從政，爲世聞臣，皆爾之所成也。兹特贈爾爲奉政大夫、刑部江西清吏司郎中。非徒慰棄養之悲，亦以表貽穀之報。

制曰：《詩》不云乎“母氏劬勞”，故顯揚之報，人子有同情焉，而矧于不逮養者哉？朕用深恤其私，優之褒命。爾丁氏，乃刑部江西清吏司郎中劉廷舉之母，莊静令儀，儉勤懿德。相夫而永貞其志，教子而克底于成。顧一日之養弗延，而終天之感增切，有足悲焉。兹特贈爾爲宜人。綸綍有光，幽冥足慰。

吏部稽勛司員外郎孫光祐二道

制曰：天曹設有勛部，掌校定勛階，論功行賞，凡有封授，咸委之覆定而奏擬焉，所以慎施予、重名器也。至于邦有大慶，則特頒曠恩，而不以棠[二五]制拘焉，申命司勛，其明承朕貺。爾吏部稽勛清吏司員外郎孫光祐，識度縝朗，藴致沉深。射策衆推其俊良，佐郡民服其平允。遴登銓省，適孚與[二六]評。慎慮以杜吏欺，精神而辨邦治。朕方訪落，董正治官，嘉乃忠勤，用覃恩賚。特授爾階奉直大夫，錫之誥命。嗚呼！"功懋懋賞"，朕方致愛于笑顰；"思贊贊襄"，爾尚簡稽其勞伐。惟爵命之不苟，斯事功之可興。資爾令猷，贊予新政。汝往，欽哉。

其　二

制曰：忠孝一道也，爲人臣而能盡其小心，則爲人子必能致其深愛。是以國有貤典，使爲人親者承之，凡以教忠而勸孝耳。爾孫振宗，乃吏部稽勛清吏司員外郎光祐之父，學術崇邃，操履端方。廿載潛心，願罔酬于操瑟；一經授子，功竟獲于爲裘。是叙官常，式彰庭訓。永惟懿則，宜有褒綸。兹特封爾爲奉直大夫、吏部稽勛清吏司員外郎。顯迓自天之寵，用紓愛日之誠。

制曰：朕方崇先烈而上徽稱，思以體群臣而弘孝理，故普覃貤典，榮其父而因併逮其母，洽于明而亦不遺于幽，恩至渥也。爾韓氏，乃前南京户部尚書重之孫女、吏部稽勛清吏司員外郎孫光祐之前母，毓秀名閥，習聞壺訓，亦既宜室，乃不永年。兹爾夫既膺子貴之封，則爾亦宜從夫之爵，時[二七]用贈爾爲宜人。泉室有靈，服此殊典。

制曰：《詩》咏螽斯，而必繼之《樛木》之後，以明周之子孫衆多繇大姒之能逮下耳，故聖人列爲《風》始，端王化焉。爾姚氏，乃吏部稽勛清吏司員外郎孫光祐之嫡母，孝敬無違，惠和有則。相夫慎而不失其令儀，育子慈而克衍其義訓。安享禄養，既壽且昌，福履之綏可徵已。兹特封爾爲宜人。象服有暉，遐祉未艾。

刑部廣西司員外郎栗魁周二道

制曰：朕初纂丕圖，思覃渥澤。哀矜庶獄，弘在宥之仁；敷錫群工，舉酬庸之典：恩蓋無不浹也。若司寇諸大夫，寔率乂民彝以贊朕哀矜之治〔二八〕者，顧酬典可獨後與？爾刑部廣西清吏司員外郎栗魁周，發身甲第，佐理邦刑。從政有聲，臨文無害，邇以閲書奏最敕褒爾勛矣。兹復進爾階奉直大夫，錫之誥命。嗚呼！民命攸寄，厥惟内外司憲之臣，爾之明允既著聞于内矣，朕復陟爾出僉外臬，用導予從欲之治。爾往，欽哉。

制曰：士君子能制民于中以肅邦典，必自其正身端軌閑于家者始之，故《詩》咏御邦之美而以“刑于”先焉，明立政之有本也。爾贈安人郭氏，乃刑部廣西清吏司員外郎栗魁周之妻，女德夙備，婦順明章。相夫從政，蔚有令聞，褒典方來，而爾不待，有足悼者。兹加封爾爲宜人。靈懿未遐，歆兹寵賁。

其　二

制曰：君子履道自己，必垂而爲貽厥之謀；積善在家，必衍而爲有餘之慶。故國家霈恩臣下，而恒推及其親者，所以泝慶源、彰義訓也。爾贈承德郎、刑部廣西清吏司署員外郎事主事栗越，乃刑部廣西清吏司員外郎魁周之父，履貞抱素，見重于鄉；儲祉發祥，克昌厥後。肆惟令子，爲我才臣，治行章聞，惟爾之訓，屬當大賚，可靳申褒？兹加贈爾爲奉直大夫、刑部廣西清吏司員外郎。歆斯再命之榮，永作九原之賁。

制曰：愛之能勞，賢母所以成子；養而不逮，孝子所以思親。故國有寵章，不以存亡間者，匪特以慰劬勞之慕，亦所以昭慈訓之良耳。爾贈安人武氏，乃刑部廣西清吏司員外郎栗魁周之母，柔静宜家，惠温若性。篤生令子，訓迪于成，用亢厥宗，聲華播美。相維爾慶，再闡褒綸。兹加贈爾爲宜人。象服申頒，堂封增焕。

刑部福建司員外郎劉得寬二道

制曰：士制百姓于刑之中，以棐民彝，非徒以威之也，故國家崇重司寇之任，盛備厥屬，而必審擇惟良，以共厥理，期用中于祥刑焉耳。爾刑部福建清吏司員外郎劉得寬，發身甲第，試政采邦。冬日流暉，人見其可愛；春和布令，民自以不冤。乃陟秋曹，俾贊邦禁，而爾能永懷敬忌，不剛不柔，審克用中，以佐從欲之洎〔二九〕，厥績懋焉。兹朕纘服覃恩，特用進爾階奉直大夫，錫之誥命。嗚呼！掌憲，民之司命也，不以内外異。爾既以平恕有聞于内矣，朕復擢爾外臬，冀弘爾用。爾尚益堅乃志，永迪民于中哉。

制曰：婦有相夫之義，故國家之錫命有從爵之典，所以廣恩施、勸婦順也。是惟彝制，何間存亡。爾謝氏，乃刑部福建清吏司員外郎劉得寬之妻，夙閑内訓，作配吉人。淑德孔多，降年不永，有家方競，音徽已遐，追悼昔勞，可無恩恤？兹贈爾爲宜人。幽穸有靈，服此褒寵。

制曰：古者四命爲大夫，授以祭品。《風》有《采蘋》，則大夫妻相祭之詩耳。今我廷臣有登大夫列者，其妻當與共承祭祀矣，兹〔三〇〕命數宜同也。爾常氏，乃刑部福建清吏司員外郎劉得寬之繼妻，順正無違，勉修孝敬。克相夫子，荐陟顯庸，閨德既章，宜膺寵命。兹封爾爲宜人。茂承象服之華，益謹惟筐之職。

其　二

制曰：父以教忠爲賢，子以顯親爲孝，故國家錫慶臣工，而必推恩所自者，匪特遂其欲報之心，抑亦表其式穀之訓耳。爾劉栻，乃刑部福建清吏司員外郎劉得寬之父，剛直無私，謙恭中度。潛德弗耀，義訓有方。積厚流光，延祉于後，肆惟令子，爲我憲臣。顧《詩》、《禮》之教雖彰，而鼎釜之養不逮，宜頒貤典，加賁重泉。兹特贈爾爲奉直大夫、刑部福建清吏司員外郎。用昭餘慶之垂，以慰罔極之慕。

制曰：父母之與子，其鞠育之德、誨迪之恩均也，故國家加惠臣下，必併逮其父母焉，豈非緣人情而爲之節文哉？爾張氏，乃刑部福建清吏司員外郎劉得寬之母。勤慎有儀，儉素自性。相尖〔三一〕以順，愛子知勞。亦既霑夫禄養矣，綸綍方來，風木不待，有足悼者。兹特贈爾爲宜人，尚服湛恩，永綏祚胤。

禮科左給事中王治二道

敕曰：朕寅紹寶曆，丕覃闓澤，自卿士、庶尹以及六軍、萬姓有大賚焉。矧惟侍從獻納之臣，出入省闥，備宣翊戴之勤，俾補闕遺，方賴糾繩之益，而推恩顧可後與？爾禮科左給事中王治，清心亮直，沉慮精詳。甲第奮身，使軺著節。迨陟司言之署，益彰許國之忠。通達舊章，議論持其大體；曉暢時事，出入告以嘉謀。朕方作新于化機，冀爾數陳其讜論。特用授爾階徵仕郎，錫之敕命。嗚呼！宫之奇不能强諫，議者譏其失當；臧僖伯不忘匡君，識者知其有後。惟爾謇諤，勿替始終，蹈古令彝，對揚休命。欽哉。

敕曰：士必宜于家者，有《鷄鳴》静好之助，然後在位著

《羔羊》委蛇之節，臣共之資于婦順尚矣。苟或中道仳離，于人情能無隱乎？爾禮科左給事中王治妻張氏，女行純全，閫政修舉。爾夫之篤學守官，懋有成績者，寔爾相之。亦既同心，胡不偕老？念惟往勩，宜有追褒。特贈爾爲孺人。涣渥申頒，英魂是慰。

其　二

勑曰：士有豐于德而嗇于年、約于生前而泰于身後者，豈惟屈伸相承，數有固然，抑亦德福感召，理有不偶耳。爾王鎧，乃禮科左給事中治之父，抱道在躬，式穀于子。雖當年賫志，不獲試其遠猷；而厥後克昌，竟丕彰其義訓。眷此敢言之節，寔惟篤行之貽。不有貤恩，曷昭餘慶？兹特贈爾爲徵仕郎、禮科左給事中。歆兹有赫之恩，慰爾未成之志。

勑曰：婦以克成夫志爲烈，母以能立子名爲賢，蓋自圖史所載，兼是二者鮮矣。爾檀氏，乃禮科左給事中王治之母，盛年守義，白首不渝，一意字孤，冀延夫緒。是興哲胤，爲吾諍臣，克懋令猷，寔惟慈訓。婦儀母道，可謂兼善矣。兹特封爾爲太孺人。茂膺冠帔之華，丕介康寧之祐。

工科左給事中朱繪二道

勑曰：化理之要，責在諍臣；職任所宜，厥惟正士。我國家並建六科，冀康庶事，委寄斯重，遴選惟艱。爾工科左給事中朱繪，乃前都察院右僉都御史方之子。家學漱芳，賢科拔雋。初試圻邑，吏民稱曰廉平；簡陟瑣闈，朝著推其謇諤。比因請告，閲歷歲時。先帝追念其忠勤，天下想聞其風采。召從家食，俾復禁聯。屬子〔三二〕新政之方殷，眷爾舊德之是訪。爰循彝典，既溥被于明恩；載閲閥書，吏〔三三〕兼旌于最課。是用進爾階徵仕郎，錫之敕命。嗚呼！爾居諫署十有五年餘矣，而資歷方及一考。恬節自持，既有徵於已往；嘉言罔伏，尚虚伫於將來。勉蹈厥猷，弼予于治。欽哉。

敕曰：婦之于夫也，有齊體之義，故國家錫命臣工，亦有從爵之典，人道攸重，存歿同之。爾工科左給事中朱繪妻周氏，毓粹德門，夙閑内訓，作嬪令族，式備婦儀。夫宦方達，爾年不永，有足悼者。兹特贈爾爲孺人。幽壤有知，歆斯寵賁。

敕曰：臣有匡君之貴〔三四〕，婦有從夫之義，故人臣能盡匡救不懈之忠，則其室家儆戒相成之益可徵已。爾工科左給事中朱繪繼室趙氏，温惠禔身，克持内則，相夫從宦，蔚有休聞。慶祉方延，中道而逝，言念夙勩，宜有褒嘉。兹特贈爾爲孺人。眷惟未泯之淑靈，服此厚終之恩渥。

其　二

敕曰：夫臣輸忠于國，不獨自致其身已也，且教忠于家，俾其子孫世守焉。故生有崇名，歿有顯號，或時經晦阨，積久必復，兹乃天道焉耳。咨爾原任都察院右僉都御史朱方，乃工科左給事中繪之父。壯猷直道，著績光朝；餘慶義方，貽休後嗣。雖以忠獲罪，心罔白于當年；而因子陳情，義竟伸于今日。既還峻職，嘉乃舊勞；載進崇階，涣予新渥。是用贈爾爲中憲大夫，錫之誥命。嗚呼！忠貞世篤，爾克衍其家聲；綸綍重頒，朕用懋夫國典。是惟命德，用勸群工。

敕曰：女德不出閫閾，然夫有令儀，可以徵婦道；子而克肖，可以占母儀。古之烈女，率以是有聞焉。爾封孺人董氏，乃原任都察院右僉都御史朱方之妻、工科左給事中朱繪之母，以順正相夫，以慈惠訓子。象服有煒，顯被于生前；鸞誥重光，洊頒于身後：可謂榮也已。兹特贈爾爲恭人。尚承再命之恩，用慰百年之慕。

禮科給事中張鹵二道

勑曰：我國家並建六科，列在禁近，是爲侍從耳目之司，以朝夕承弼厥辟，規諫諷諭，俾鮮違失，任至隆也。朕方訪落，深惟繼序之愆，夙夜兢兢，亦惟是左右直諒之臣是咨是度，期登于理。委寄斯重，褒賚宜先。爾禮科給事中張鹵，經學承家，儒術飾吏。賢科奮迹，劇邑馳聲。是登七諍之班，用達四聰之聽。而爾清標直節，正色宏詞，嘉績多于先朝，忠藎孚于予志。兹覃踐祚之恩，特授爾階徵仕郎，錫之勑命。嗚呼！皇極錫之福，朕方弘新命之圖；左右惟其人，爾勿替責難之敬。所期讜論，上副虚懷，俾予初政，克光紹列祖之洪休，罔有闕遺，則朕以懌。欽哉。

勑曰：夫貴于朝，妻榮于室，此典禮之大經也。然或黽勉同心于處約之時，而不獲共其亨泰，則人情有深隱矣，是以推恩之制必追逮焉。爾禮科給事中張鹵妻劉氏，夙奉姆儀，明章婦順。事姑克殫其孝敬，相夫交致其儉勤。夫宦方成，爾年不待，念惟往勩，宜有褫章。兹特贈爾爲孺人。尚期未泯之淑靈，歆此維新之寵渥。

勑曰：朝夕納誨以輔君德者，藎臣之猷也；夙夜儆戒以成夫志者，淑媛之行也。故推恩于臣而併及其室，非獨示以敢言之利，抑且昭其同德之光耳。爾禮科給事中張鹵繼室郭氏，淑慎自持，惠温若性。克相夫子，爲時聞人，建白孔多，著聲省闥，爾之内助足徵已。兹特封爾爲孺人。尚服便蕃之寵，益敦静好之風。

其　二

勑曰：士君子有潛心績學而不究其施，飭躬蹈德而不享其報，則其未遂之志、有餘之慶必于厥後昌之，此天道也。爾張立，乃光禄寺卿原明之子、禮科給事中鹵之父。孝友有聞，恬静無欲。究性命之奥旨，遠有師承；繹爻象之微言，世其家學。已與明延〔三五〕之賦，竟逃空谷之名。蓋終身未釋乎布韋，乃有子能傳其弓冶。眷兹省闥，綽有直聲；爰遡庭闈，足徵嚴訓。特用贈爾爲徵仕郎、禮科給事中。恩綍申頒，泉臺增賁。

敕曰：式穀而以義方者，賢母所以成子；承顔而以禄養者，孝子所以悦親。是以《易》著嚴君，《詩》頌壽母，人情所願，今古同之。爾雷氏，乃户部主事啓東之女、禮科給事中張鹵之母，既明且哲，寶〔三六〕儉與慈。閑圖史之令儀，備言容之淑範。相夫從學，而德音不違；教子成名，而官箴申誡。宜申國典，章此壼彝。特封爾爲太孺人。涣綸孔赫，顯被乎明恩；鼎食方隆，永綏于介福。

刑科給事中曹當勉二道

敕曰：朕寅奉丕圖，思弘至理。顧兹政化否臧之寄，厥惟左右耳目之臣。方虚佇于讜言，用懋推夫褒典。爾刑科給事中曹當勉，器朗以閎，才周且練。蚤承家學，振藻于賢科；逌服官常，馳聲于使職。是用升華瑣闥，贊治黄樞。而爾能罄有犯之嘉猷，奮不回之勁節。俾予一人，罔有闕遺，時維乃績。兹進爾階徵仕郎，錫之敕命。嗚呼！官惟其人，朕甚重諍臣之選；言必有中，爾宜紓匡辟之忠。苟有利于國家，慎無忘于獻替，克永終譽，則予爾嘉。欽哉。

敕曰：臣之事君也，有左右匡捄之責；婦之承夫也，亦有夙夜儆戒之道。故朝廷錫命臣工，而必併逮厥配焉，所以奬臣忠、章婦順也。爾刑科給事中曹當勉妻王氏，温惠禔躬，儉勤治内。恪相夫子，敬爾有官，譽問宣昭，足徵内助。兹特贈爾爲孺人。

尚益敦順正之風，丕介委佗之祉。

其 二

敕曰：士有宏負而不究其用，則其衍慶也必長；厚積而不享其成，則其食報也滋遠。豈惟否泰乘除之定數，蓋亦德福感應之常經。是播恩褒，用彰潛懿。爾曹遷，乃刑科給事中當勉之父。德重鄉評，有長者之譽；學臻堂奥，履幽人之貞。雖當年竟鬱其聲光，而身後克揚其餘澤。眷惟哲嗣，作朕直臣。服教忠之義方，若于汝訓；著移孝之大節，孚于予聰。兹特贈爾爲徵仕郎、刑科給事中。嗚呼！再世而昌，焯矣一經之詒；九原可作，承兹初命之榮。

敕曰：愛之能勞，賢母所以成子；養而不逮，孝子所以思親。故國有典章，母以子貴，涣恩崇號，靡間存亡。爾余氏，乃刑科給事中曹當勉之母，孝敬有聞，言容不苟。相夫篤學，俾無顧内之憂；誨子克家，浚發光前之慶。追惟慈訓，宜有褒綸。兹贈爾爲孺人。尚歆象服之華，永慰棓棬之慕。

監察御史蔡應揚二道

敕曰：御史臺綱紀群司，糾繩庶吏，而朝政有闕，亦得抗言，蓋法從之清秩，憲府之要樞，朕甚重焉。嗣服之初，方褒叙勩勞，覃及有位，而于臺臣可後耶？爾雲南道監察御史蔡應揚，材資敏達，志行潔修。筮仕外庠，再長劇邑；踐揚政教，蔚有休聲。及采自輿評，擢司邦直，復能練明政體，崇秉風裁，間有激揚，多關大計，可謂能其職者已。兹特授爾階文林郎，錫之敕命。夫惟有强毅不阿之氣，然後可以儆官邪；惟有好惡不作之心，然後可以明國是；惟有通朗不滯之才，然後可以條世務：御史之職重矣。尚懋爾官，無忝朕命。

敕曰：婦職不過閫以内爾，乃國家錫命于臣，必併榮其配者，蓋以齊體之分，隆風教之端重也。爾李氏，乃雲南道監察御史蔡應揚之妻，閨儀備飭，壺政恪宣。儆戒相成，險詖無謁。爾夫之策勛陟要，爾亦與有裨焉。兹特封爾爲孺人。祇承翟服之恩，式播《鷄鳴》之德。

其　二

敕曰：士固有潛修約處，弗顯于躬，而貽穀垂休，克昌厥後者，天之道也。王制，奉天道者也，故録于[三七]之賢，而父亦及焉。爾蔡珩，乃雲南道監察御史應揚之父，行重鄉閭，迹甘泉壑。克正義方之範，聿成哲胤之名。宣力皇家，朕所嘉悦，匪爾之德，其疇成之？兹特贈爾爲文林郎、雲南道監察御史。顧雖違于鼎養，恩已被乎綸褒。尚期不昧之靈，歆此有赫之命。

敕曰：禮重嫡母，明有尊也，矧其弘《樛木》之仁，而啓《螽斯》之慶，則爲子者可無報乎？爾夏氏，乃雲南道監察御史蔡應揚之嫡母，淑慎禔身，惠和逮下。化宣雍穆，祚衍繩詵。惟賢嗣之能官，皆慈幃之有訓。兹特贈爾爲孺人。服我恩光，慰爾冥漠。

敕曰：母之成厥子也，如古所載斷織、和丸之事詳矣，然非其子之有聞，則劬勞亦無因而見焉。爾程氏，乃雲南道監察御史蔡應揚之生母，性惟温惠，心木[三八]塞淵。篤生令人，慈而能誨。果致策名之美，兼誇逮養之榮。兹特封爾爲太孺人。茂介修齡，永綏繁祉。

監察御史劉思問二道

敕曰：我國家以紀綱爲治，故于御史之任特隆，内之匡救愆違、抨彈邪枉，外之糾察郡國、宣導民情，舉以屬之，而考其成焉，克稱其任者難矣。爾湖廣道監察御史劉思問，直道不阿，清操自勵。兩推郡獄，有平反之稱；洊陟内臺，播公方之譽。比持使節按部滇南，和洽民夷，風遠清于萬里；疏陳利弊，政丕變于期年。朕念諸臣將事之勞，俾均三載考績之典，而所司以爾最課來奏，朕甚嘉之。是用進爾階文林郎，錫之敕命。嗚呼！朕初嗣大曆，求治方殷。兹欲使廢墜聿興，幽遠必達，繄惟我左右耳目之臣是賴。爾其益殫忠藎，勿替初猷，用副朕稽衆詢謀之意。欽哉。

敕曰：夫婦有齊體之義，則貴賤同之，故國家寵命臣工，必及厥配，不以存亡而有間焉，禮也。爾湖廣道監察御史劉思問妻牛氏，孝敬惠和，克章婦順，方宜其室，不永于年，夫既顯榮，宜從厥貴。兹特贈爲孺人。九原有知，歆斯恩賁。

敕曰：人臣能盡夙夜在公之節而忘内顧，豈獨其人之賢哉，亦必有内助焉，此疏榮之典所由加也。爾湖廣道監察御史劉思問繼妻連氏，恪修壼政，作配吉人，爲國諍臣，蔚有時望，爾之順正足徵已。兹特封爾爲孺人。尚敦儆戒之風，益迓便蕃之祉。

其二

敕曰：忠孝一道也，人臣能盡忠于君，則其思致孝子〔三九〕親也必篤。是以國家敷錫臣工之典，親雖亡必追及焉，所以慰孝思以勸忠焉耳。爾劉武，乃湖廣道監察御史思問之父，好施有聞，樂善不倦。與物無競，閭閈稱爲善人；愛子能勞，《詩》、《書》衍其義訓。肆惟冢嗣，振譽中臺，宜有追褒，以彰餘慶。兹特贈爾爲文林郎、湖廣道監察御史。祗服恩綸，永綏廟祏。

敕曰：士有膺禄位之榮，而不逮父母之養者，則雖升華躋要，其《蓼莪》之感必深矣。不有恩褒，曷紓孝慕？爾張氏，乃湖廣道監察御史劉思問之母，孝敬惇于事姑，慈明章于教子。婦儀母德，作範中閨。鼎養方來，墓木已拱，有足憫者。兹特贈爾爲孺人。丕覃宦穸之光，用慰栝棬之痛。

監察御史羅鳳翱二道

敕曰：朕嗣承大曆，思弘化理，振紀綱以釐庶務，隆恩施以和百工，嘉與天下更始。眷惟臺察之臣，正司中外紀綱之寄者，是以褒寵必先焉。爾湖廣道監察御史羅鳳翱，有通敏之識，負剛大之氣。賢關敷教，經生推其博聞；憲府頒條，法吏服其直道。越有玉〔四〇〕績，箸在中臺。肆惟大賚之恩，用舉疇庸之典。兹授爾階文林郎，錫之敕命。爾尚益殫嘉猷，翼予新政。垂紳正色，内輸謇諤之忠；攬轡觀風，外闡激揚之烈。嗣有顯陟，答爾成功。欽哉。

敕曰：夫婦齊體，則貴賤同之，其有勤瘁相成于家食之時，而不獲共其寵貴者，此固人情所深隱也，是以國家疏榮之典必追逮焉。爾湖廣道監察御史羅鳳翱妻王氏，育芳名閥，儷德哲人，淑慎有儀，宜其家室。夫方陟崇膴之仕，爾乃違偕老之歡，非有恤綸，曷疇往勚？兹特贈爾爲孺人。幽靈不昧，服此明恩。

敕曰：邦紀之振，厥有賴于諍臣；閫政之肅，亦惟資于哲媛。故疏恩于國，而必併逮其室焉，所以隆風教也。爾湖廣道監察御史羅鳳翱繼室王氏，敬戒無違，式和内範，克相夫子，馳譽中臺。兹頒踐祚之恩，是舉從榮之典，特封爾爲孺人。尚膺冠帔之華，益謹衿鞶之訓。

其　二

敕曰：子能仕而父教之忠，則臣任職者君當勸以孝。故國家錫命臣工，而必推恩所自者，所以章顯義方，爲天下之父子勸也。爾羅九疇，乃湖廣道監察御史鳳翱之父，豁達能仁，敦篤無僞。信義之譽見重于鄉，《詩》、《書》之澤克昌厥後。相維令子，作朕直臣。念庭訓之遠揚，宜國恩之追賁。兹特贈爾爲文林郎、湖廣道監察御史。茂溥明綸，增暉禰廟。

敕曰：母以子貴，禮有常典，欲養而親不逮，則孝子之心戚矣。故國有追褒之彝，因以慰孝思于不匱耳。爾王氏，乃湖廣道監察御史羅鳳翱之母。勤儉相夫，既大競于有室；式穀訓子，復顯亢于厥宗。顧鼎金〔四一〕之養方來，而風木之悲不待，有足悼者。兹贈爾爲孺人。匪惟增泉壤之光，且以慰桮棬之慕。

監察御史成守節二道

敕曰：國家分職庶務，官守言責，各有司存。若夫君德朝政、官治民隱，在内得以言之，在外得以行之，惟御史之職則然，厥任可謂艱且重矣。爾四川道監察御史成守節，發身賢科，試政劇邑，茂質惠政，卓有令聞。擢任中臺，宣揚憲度。謀無不當，績遠播于安邊；知無不言，忠深勤于劘上。方爾歲勞之奏，正予訪落之初。爰降褒綸，用旌直道。特進爾階文林郎，錫之敕命。嗚呼！我國家乂安長久，所以吏奉法、民安業者，厥惟紀綱是賴。修明振飭，俾萬世無斁，則亦唯是司法之臣致之。爾尚勿替令猷，用贊我維新之治。欽哉。

敕曰：御史歲奉明命，巡省郡國，義不復顧其私，蓋風紀攸存，視諸司有間矣。不有淑哲之媛，曷能任厥閫政，以免内恤哉？爾四川道監察御史成守節妻封孺人張氏，夙閑姆訓，儷德吉人。井臼躬勤，孝養有資于志學；布荆守儉，清操克相于居官。邑政告成，已頒顯命；憲伐申奏，載錫榮章。仍封爾爲孺人。尚敦静好之風，服此便蕃之寵。

其　二

敕曰：君子抱道積德于身，而不食其報，則其未究之志、有餘之慶必于厥後昌之，故國家錫命臣工，而必推本所自，禮也。爾贈文林郎、直隸真定府元氏縣知縣成良卿，乃四川道監察御史守節之父，孝弟有聞，質直無僞。飭躬以道，見重于鄉閭；教子成名，飛聲于朝著。閾書來上，勞勩孔多，其爾之休，宜承嘉命。兹加贈爾爲文林郎、四川道監察御史。尚歆再命之榮，永作九京之賁。

敕曰：劬勞罔極，父母之恩同也，是以人子明發有懷欲報之情不異焉，國家追崇之典而必併及者，謂非緣情以盡制與？爾贈孺人國氏，乃四川道監察御史成守節之母，順以相夫，仁能逮下。處閫而知重清議，教子而克成令名。雖栝棬之永違，而綸綍之申錫，亦足慰已。兹仍贈爾爲孺人。加賁宗祊，錫祉嗣胤。

監察御史王友賢二道

敕曰：朕嗣承大曆，思以振紀宣風，作新化理，貞肅重寄，唯是臺察之臣任之，明恩所溥，敷錫固所先也。爾湖廣道監察御史王友賢，行己有經，立心不貳。賢科發迹，宰邑馳聲。追陟中臺，尤多茂績。刺奸京國，共傳“且止”之謡；視旅東郊，條上“于襄”之略。屬予訪落，嘉爾勤勞，是用進爾階文林郎，錫之敕命。嗚呼！朕虚己而佇讜言，民引領以觀新政。爾尚出宣明憲，入告嘉猷，俾王度於昭，衮職無闕，勿替朕之休命哉！

敕曰：朝廷以紀綱治天下，而夫婦，紀綱首也，是以彝憲重之，恩錫百工則必併及伉儷，存亡奚間焉？爾湖廣道監察御史王友賢妻梁氏，夙秉惠和，閑于内訓，方宜厥室，不永于年。夫今顯榮，爾逝已久，宜有褒恤，用旌曩勞。兹贈爾爲孺人。重泉有知，歆斯顯寵。

敕曰：御史奉命察郡國吏治，歲乘軺車四方，蓋不遑顧厥家也，不有淑媛，曷能免内恤哉？爾湖廣道監察御史王友賢繼妻梁氏，淑慎有儀，順正罔怠。克相夫子，光顯于時。眷兹出入匪懈之忠，寔賴儆戒相成之助。永言懿則，宜有渥恩。兹封爾爲孺人。尚服綸褒，益虔内理。

其二

敕曰：忠孝一道也，故求忠臣者，則于孝子之門。國家褒録臣忠，而必貤恩所自，亦所以慰孝思而推其欲報之願耳。爾王用，乃湖廣道監察御史友賢之父，貞素持身，坦夷接物。蓄德維厚，不享于身；貽慶則長，克昌厥後。肆惟哲嗣，爲朕諍臣，眷臣道之不阿，知義方之能誨。兹特贈爾爲文林郎、湖廣道監察御史。涣播治朝之命，崇增禰廟之暉。

敕曰：國家稽古定制，妻從夫爵，母以子貴。存有顯渥，歿有追榮。其辨分立法，緣情起義，禮至周也。爾張氏，乃湖廣道監察御史王友賢之嫡母，順以宜家，仁能逮下。導和衍慶，施及嗣人；振采蜚英，厥宗用亢。宜有褒寵，章爾潛休。兹特贈爾爲孺人。幽壤推恩，中閨作範。

敕曰：劬勞顧復，父母之恩同罔極也。是以國有貤典，而必推及其所生，蓋以錫類不匱，體人子之至情耳。爾田氏，乃湖廣道監察御史王友賢之生母，履順不渝，含章可貞。輯和有家，垂裕于後。顧鼎釜之養方至，而風木之願永違，有足悲者。兹特贈爾爲孺人。匪惟慰明發之有懷，抑以彰福善之不爽。

禮部主事舒應龍二道

敕曰：主客部掌以賓禮待四夷之朝貢，凡郊勞授館、宴設賜予，辨其等而以式頒之。非藴致深邃，練累朝之舊章，宇量宏通，諳遠人之情狀者，不足稱是任也。爾禮部主客清吏司主事舒應龍，以穎俊之資，秉《詩》、《禮》之訓。奮身甲第，出宰海邦。多士讓其先登，百姓懷其厚道。洊騰英譽，擢任清曹。而爾能從政有經，博文不怠。典屬國之庶務，各中法程；獵藝苑之群芳，悉歸條貫。懿惟士彦，允謂邦楨。兹推踐祚之恩，是舉褒賢之典。特授爾階承德郎，錫之敕命。夫更化之初，四方遠夷正面内而觀聲教時也，朕無敢怠荒，方致隆于慎德。至于宣達國家威寵，以和輯異類，賓四門而觀聽美焉，匪爾其孰與屬之？尚紆蘭署之籌，穆我藁街之政。

敕曰：遠人來格，固徵王道之成；内政克修，寔端風化之始。眷我司賓之佐，越有媲德之賢。令聞於昭，褒綸可後？爾禮部主客清吏司主事舒應龍妻蔣氏，毓貞名族，儷美吉人。克持淑儀，輔成令德。蚤騰英茂，洊歷清華。邦有寵章，爾宜從爵。兹特封爾爲安人。顯膺冠帔之榮，用報珩璜之贈。

其　二

敕曰：君子抱道在躬，式穀于後，雖其身不獲試利濟之猷，乃于其子竟享顯揚之報，亦足爲績學篤行之士勸矣。爾舒烈，乃福建寧德縣知縣文奎之子、禮部主客清吏司主事應龍之父，孝友有聞，端方不撓。紹專門之家學，匱玉未沽；衍趨庭之義方，籯金載遺。肆惟才子，爲我望郎。出陳力而亮工，入承顔而養志。眷此有餘之慶，宜承不次之恩。兹特封爾爲承德郎、禮部主客清吏司主事。其畢爾素志，篤於教忠，遐算方延，渥恩未艾。

敕曰：賢母之于子，匪獨鞠育顧復，所以愛之者殷也，其提携導諭，俾幼成之若性者，又必有慈訓焉。故論母德者，恒于其子徵之。爾袁氏，乃禮部主客清吏司主事舒應龍之母，治内儉勤，禔身淑慎。相夫篤學，而敬之如賓；教子成名，而臨之若傅。既懋膺夫禄養，宜顯被于涣恩。兹特封爾爲安人。承初命之榮暉，保百年之具慶。

刑部主事鍾穀二道

敕曰：刑官上執天憲，下司民命，厥任亦甚重矣，故非有精明之才、仁恕之心者，不足以輕授。爾刑部湖廣清吏司主事鍾穀，奮迹制科，拜官省闥。即膺妙簡，俾贊秋曹，乃能折獄惟良，明刑克允，平反論蔽，具見勤能，蓋所謂“以儒飾吏”者，朕甚嘉之。爰當慶典之頒，不俟年資之及。特授爾階承德郎，錫之敕命。朕新政之初，方思與二三法臣察冤詢瘼，共成祥刑，以培龢氣。爾惟益矢乃職，稱朕敬忌之意。欽哉。

敕曰：化始家人，禮資宗婦，蓋自昔重之，故朕之褒録群臣，亦必揚其内德焉。爾顧氏，乃刑部湖廣清吏司主事鍾穀之妻，婉淑端莊，夙閑壼則，相厥夫子，順正無違。既有媲美之賢，宜錫偕榮之典。兹封爾爲安人。益保徽音，副此恩命。

其　二

敕曰：夫人臣之策勛清時，勤宣義問，將以膺王朝之寵而藉爲父母榮也，不褒大而顯揚之，其何以示勸乎？爾鍾祥，乃刑部湖廣清吏司主事穀之父，少涉《詩》、《書》，長修行誼，冥棲高蹈，以適厥身。顧深詒穀之謀，能切教忠之訓。子既有立，爾亦有聞。釜養方來，溘焉先逝，良可惻已。兹特贈爾爲承德郎、刑部湖廣清吏司主事。尚服恩綸，以慰幽窆。

敕曰：史稱雋不疑之母以多所平反爲喜，而不疑奉其教，持法遂平。然則母之教亦重矣，此國家所由録也。爾張氏，乃刑部湖廣清吏司主事鍾穀之母，婦順夙章，母儀尤飭。勤誨爾子，克成令人，弼我祥刑，本于慈訓。宜慶恩之敷錫，章天道之寵綏。兹特封爾爲太安人。既佩榮光，永綿壽祉。

刑部主事游日章二道

敕曰：昔舜當總師之初，即加意典刑，首下欽恤之令，聖人之重民命若此。乃文王罔敢知庶獄，則惟準人之知恤是圖，蓋其慎所寄哉。朕方弘在宥之理，評讞詳覆，亦惟我司寇諸士。職是敬忌，越有慶賚，用丕覃之。爾刑部廣東清吏司主事游日章，識慮精詳，宇度周慎。發身甲第，報政劇邦。行己有恒，臨文無害。是用擢居憲部，俾贊刑書，而爾果口無擇言，舉無過事。五辭師聽，盡審克之方；三典是參，致佣成之慎。民用不犯，時乃之休。兹授爾階承德郎，錫之敕命。嗚呼！五刑之麗，寔惟天時。予曰"辟"，爾勿辟；予曰"宥"，爾勿宥。具嚴天威，毋輕民命，庶幾洽朕好生之德，俾天下無冤，予則顯陟汝。欽哉。

敕曰：士君子能執法不阿，以佐王刑邦國者，其修身閑家，蓋必有刑于之令範焉。不有以褒錫之，奚以彰其紀綱之首乎？爾刑部廣東清吏司主事游日章妻陳氏，蚤奉姆訓，休有女儀。德音不違，克相夫子，績學從宦，著有令聞，爾之婦道足徵已。兹封爾爲安人。既顯膺從爵之榮，其益懋同心之助。

其　二

敕曰：君子之教子也，恒道以事君之義，故國家之使臣也，每體其顯親之心。禮有常經，朕用大賚。爾游德盛，乃刑部廣東清吏司主事日章之父。孝友之行，見重于鄉評；《詩》、《書》之澤，克衍其義訓。是成賢子，典朕祥刑。眷平反之不苛，知陰騭之有自。兹特贈爾爲承德郎、刑部廣東清吏司主事。頒慶明廷，涣布絲綸之命；賁恩幽穸，永延松檟之暉。

敕曰：《詩》歌燕喜，必以壽母言之，蓋劬勞鞠育，孝子欲報之心罔極，此其所深願者，故長言之咏嘆之也。爾洪氏，乃刑部廣東清吏司主事游日章之母，静正不愆于儀，儉素能安于性。承姑以順，教子惟嚴。肆哲胤聯薦于賢書，乃慈壽茂膺夫禄養。兹朕方弘孝理，用錫殊恩，特封爾爲太安人。寵綍親承，中壼作範。

山東嶅〔四二〕山衛經歷秦應鉞二道

敕曰：蓋聞賞不遺遠，則有功者勸，故國家考績之典，無論内外悉以九載定殿最，功勤果著，則恩錫必加焉，所以勵百工也。爾山東嶅山衛經歷司經歷秦應鉞，佐戎海澨，積有賢勞，歲資既深，第課登最。兹特授爾階徵仕郎，錫之敕命。爾其益暨乃心，恪共職事，以求無負兹彝典哉。

敕曰：凡中外之吏，雖崇卑殊科，其能效勤于公，則必有交儆于中壼者，故褒典必併及焉，不以存殁間也。爾唐氏，乃山東嶅山衛經歷司經歷秦應鉞之妻。相夫宜家，服有官守，而得年不永，弗共厥榮，有足憫者。兹贈爾爲孺人。幽壤有知，歆斯寵賁。

敕曰：夫婦有齊體之義，是以朝廷褒録臣工之賢，而必逮厥室焉，蓋緣情定制，所以體臣者至周也。爾唐氏，乃山東嶅山衛經歷司經歷秦應鉞之繼妻，勤儉相夫，俾無内顧，輸勞于國，惟爾之休。兹封爾爲孺人。尚服明恩，益共壼職。

其　二

敕曰：人臣能孝于其親，然後能忠于所職，故國家録勤錫命，必推恩以逮及其親焉，所以教孝而勸忠也。爾秦文爵，乃山東嶅山衛經歷司經歷應鉞之父，居貞不耀，教子有方。任職稱賢，惟爾遺慶。兹贈爾爲徵仕郎、山東嶅山衛經歷司經歷。靈爽如存，歆兹明命。

敕曰：臣子驅馳王事，至不遑將母，國家録其勞，體其情，則褒綸之錫必推及其所恃焉，禮也。爾陳氏，乃山東鰲山衛經歷司經歷秦應鉞之母，履和毓順，施于厥嗣，宣勞于位，慈訓用彰。兹贈爾爲孺人。服此明綸，永祚爾後。

校勘記

〔一〕“處”，甲辰本作“虔”，是。

〔二〕“其三闕”，底本卷首原目録作“闕一俟補”。

〔三〕“官”，甲辰本作“管”，是。

〔四〕“岡”，甲辰本作“罔”，是。

〔五〕“廷”，甲辰本作“延”，是。

〔六〕“傳”，甲辰本作“傅”，是。

〔七〕“椎”，甲辰本漶漫不清，據文意似當作“推”。

〔八〕“左侍郎”，底本卷首原目録作“尚書”，甲辰本作“左侍郎”，依文内所述，以“左侍郎”爲是。

〔九〕“普”，甲辰本作“晋”，是。

〔一〇〕“處”，甲辰本作“慶”，是。

〔一一〕“郡”，甲辰本作“邵”，是。

〔一二〕“載”，甲辰本作“戴”，是。

〔一三〕“二”，甲辰本作“三”，是。

〔一四〕“夫”，甲辰本作“大”，是。

〔一五〕“正”，甲辰本作“王”，是。

〔一六〕“大”，甲辰本作“夫”，是。

〔一七〕“化”，甲辰本作“伯”，是。

〔一八〕“寶”，甲辰本作“資”，是。

〔一九〕“二”後，據甲辰本當有一“道”字，底本卷首原目録有一“道”字。

〔二〇〕“廡”，甲辰本作“廉”，是。

〔二一〕“天”，甲辰本作“夫”，是。

〔二二〕“冶”，甲辰本作“治”，是。

〔二三〕“者”，甲辰本作“考”，是。

〔二四〕“夭”，甲辰本作“天”，是。

〔二五〕“棠”，甲辰本作“常”，是。

〔二六〕“與”，甲辰本作“輿”，是。

〔二七〕“時”，甲辰本作“特”，是。

〔二八〕“洽”，甲辰本作“治”，是。

〔二九〕“洎”，甲辰本作“治”，是。

〔三〇〕“兹”，甲辰本作“其”。

〔三一〕“尖”，甲辰本作“夫”，是。

〔三二〕“子”，甲辰本作“予”，是。

〔三三〕“吏”，甲辰本作“更”，是。

〔三四〕“貴”，甲辰本作“責”，是。

〔三五〕“延”，甲辰本作“廷”，是。

〔三六〕“寶”，甲辰本漶漫不清，疑當作“實”。明萬曆刻本明沈懋孝《長水先生文鈔・爲車郡伯題慕椿壽萱兩册叙》：“終温且惠，實儉與慈。”

〔三七〕“于”，甲辰本作“子”，是。

〔三八〕“木”，甲辰本作“本”，是。

〔三九〕“子”，甲辰本作“于”，是。

〔四〇〕“玉”，甲辰本作“丕”，是。

〔四一〕“金”，甲辰本作“釜”，是。

〔四二〕“嶅”，底本卷首原目録作“鰲”，甲辰本正文作“嶅”。

條麓堂集卷六

表　一

正旦賀表三道

伏以三元啓泰，青陽開紀鳳之端；五位乘乾，紫極拱飛龍之度。萬物資始，天地和同；四表宅心，華夷歌頌。恭惟皇上，道並三光，仁涵庶類。撫璿璣而齊軌，調玉燭以當陽。頒朔八荒，化已徵于獻雉；履端四始，惠何屑于放鳩？卜曆將邁于億萬斯年，纂統已及夫三十四載。斗柄指攝提而易建，歲元合單閼而更端。太常肅九賓之儀，宗伯具三朝之典。朱干玉戚，庭燎宵輝；玉輅金根，陛儀晨列。天開閶闔，拜萬國之衣冠；風動《簫韶》，舞兩堦之干羽。玉關銅柱，逖清漢塞之塵；白叟黄童，共擊唐封之壤。敞三千之壽域，五福攸同；遊億兆于春臺，一人有慶。此誠景命維新之會，足爲降年有永之徵也。臣等簉迹鵷聯，傾心獸舞。譬諸草木，曷酬四序之功；如彼丹青，莫繪兩儀之狀。伏願日星爲紀，造化爲徒。雨暘寒燠以時，茂對貞元之會；歲月日時無易，載迎泰噩之休。青宫闢而海潤星輝，黄道熙而天長地久。臣無任。

又

伏以鳳紀三陽，寶曆衍履端之序；龍飛五位，璇圖握正始之符。蒼精應氣於攝提，黄道開祥于閶闔。嘉生有俶，陽道昭亨。天地春回，神人慶洽。恭惟皇上，纂風淳穆，邁德希夷。七政以授人時，益懋幾敕之戒；六計以稽吏治，載嚴黜陟之規。以正以殷，四時不忒；若工若采，庶績咸熙。内順治，外威嚴，沛然溢乎德教；家《詩》、《書》，户《禮》、《樂》，焕矣其有文章。當三紀之化成，屬四始之首歲。風回玉律，聲調太簇之中；象轉璿璣，氣協勾芒之令。雁候時而欲北，風解凍而從東。藻火粉彝，居青陽之左个；蒼龍鸞輅，迎盛德於東郊。眷此三朝，勤兹萬國。龍庭日暖，回春色于九重；豹尾雲高，睹祥光于雙闕。丹書玉几，丕闡神庥；肅慎越裳，載光王會。四方述職，月受要而歲會成；重譯來王，水朝宗而星拱極。歡聲載溢，和氣旁孚。總夷夏以歸仁，暨蠉蠕而戴德。自今三十五載，茂對玉衡；繼此億萬千年，丕延寶命。臣等久叨侍從，曲荷恩光。黼黻何能，載簡有慚于玉署；報稱莫既，獻芹期效于華封。伏願壽與天齊，化隨陽長。擬岡陵而介祉，迓軒策迎候之長；協上下以承休，邁姬鼎卜年之永。祖功宗德，九葉重光；日照月臨，萬年一統。

又

伏以夏正明時，四始協履端之序；虞庭輯瑞，萬方屬獻計之期。鴻鈞調氣於青陽，寶籙迎祥於紫極。一人有慶，八表同春。恭惟皇上，懋德好生，致和育物。撫五辰而省歲，肆毖休徵；乘六龍以御天，式孚大始。纂穆風于邃古，訖聲教于要荒。仁享帝，孝享親，精禋旁達；川獻珍，嶽獻寶，靈貺昭宣。眷五位之集禧，值三陽之啓候。歲臨柔兆，火德昭陽道之亨；斗建攝提，木氣遂物生之化。寔惟上朔，載舉元儀。庭燎高張，星聯陛楯；金輿遥下，雷動文墀。瑞靄卿雲，擁爐烟于雙闕；祥麟威鳳，儀清樂于千門。鵷聯肅虎拜之班，象譯萃鳥言之長。黄童白叟，百年興擊壤之謡；銅柱玉門，萬里絶鳴弦之警。兹蓋聖人道化之久，三逾紀而彌光；昊天眷命之新，萬斯年而未艾也。臣等叨參密勿，久荷生成。藿葉傾忱，仰光華于舜旦；椒花辦頌，祝富壽于堯年。伏願泰運有常，乾行不息。統迎軒策，永爲天地神人之依；福衍箕疇，適綏禄位名壽之備。聖躬天保，俾熾而臧；帝載日熙，既安且樂。

冬至賀表三道

伏以日圭舒景于彤霄，三至撫堯時之正；天統肇祥于紫禁，萬年迎軒策之長。律吕協而感淑氣于鴻鈞，甲子交而建曆元于鳳紀。永介升辰之景福，備陳亞歲之隆儀。品彙孳萌，百工歡忭。恭惟皇上，淵默凝神，中和贊化。察璇璣而齊政，動静見天地之心；膺寶籙以延禧，齋戒御陰陽之定。陶甄四國，恩披廣殿之融風；明炳萬幾，光對中天之化日。金鏡燦而歲月日辰無易，玉燭調而雨暘寒燠以時。文義立，武功宣，東漸西被，暨朔南之聲教；超乾圖，溢坤牒，岳輸川效，萃動植之禎祥。兹者序屬殷冬，天開周正。黄鍾應候，一陽生鳴鳳之筩；白璧交暉，兩曜會牽牛之度。天倪動而庶物資始，荔挺芸芳；乾度轉而辰緯相從，珠聯貝結。矧啓天運履長之首，適當聖人道久之期。化國之日舒以長，刺繡乍增于一綫；治世之音安且樂，考聲更叶于八能。歛福錫極而凌室納冰，六氣謹人時之授；明德達馨而泰壇升燎，三元承天紀之新。清臺書嘉應于五雲，迓天庥之滋至；玄象驗大來于七日，徵君道之方亨。是爲寶曆有俶之昌辰，而實璿算無疆之顯慶也。臣等荷生成之有自，愧燮理以無功。瞻丈三之晷以迎長，倍有傾葵之悃；依尺五之天而上壽，敢伸獻履之儀。伏願道與陽升，化隨日長。茂對時以熙至治，而復而臨而泰而壯，六陽寖盛，囿八表于同春；永保命以固丕基，曰元曰會曰運曰世，三統循環，参兩儀以並壽。

又

伏以羲象陽生，三至肇天開之統；軒齡算衍，萬年迎日至之庥。適遵亞歲以陳儀，茂對升辰而納祜。歡騰紫禁，慶滿黄輿。恭惟皇上，德契重玄，道超太始。希夷象帝，動静見天地之心；沕穆存神，齋戒御陰陽之定。撫五辰以齊七政，乂三德以驗庶徵。文義立，武功宣，巍乎成功，大備一王之制；天瑞降，地符出，焕然景貺，聿集諸福之祥。兹者星昴方中，地雷初動。黄鍾應候，一陽生鳴鳳之筩；白璧聯暉，兩曜會牽牛之度。淑景漸紓于黄道，蕃禧茂介于紫宸。五緯相從，珠連貝結；百昌有俶，荔挺芸芳。吹葭飛緹室之灰，揆表引土圭之景。泰壇陳璧，崇大報于三元；朔易閉關，廓游氛于八表。實粒播千箱之頌，喬雲書五色之光。白叟黄童，歌舒長于化國；融風瑞雪，叶嘉應于禎圖。蓋四十三載之靈期，隨元陽而共長；而百萬千齡之景籙，同穹昊以無疆者也。臣等叨侍近班，忻逢令節。才輕補襪，無稱一綫之長；願切呼嵩，倍有萬年之祝。伏願聖躬天保，仙算日增。闔坤軸，闢乾機，由復而臨而泰而壯，品物流形，永戴周王之壽考；廓天紘，拓地紀，自畿而甸而要而綏，八荒奉朔，常依商邑之尊嚴。

又

伏以璿樞運化，一陽肇復于黄宫；寶籙迎長，萬歲乘乾于紫極。景緯聚鈎陳而絢〔一〕彩，融風披閶闔以生春。慶雲敷五色之華，祥光日麗；寶曆紀三元之首，壽域天開。恭惟皇上，虚白存神，重玄合德。妙斡陰陽之契，六氣順而風雨時；弘舒天地之心，五穀熟而民人育。文武擅張弛之用，作述兼明聖之功。赫赫厥聲，濯濯厥靈，憺明威于有截；雍雍在宫，肅肅在廟，嚴至敬于不聞。繁祉集而與日方新，熙化衍而配天行健。兹者斗杓直北，日軫旋南。雷轉地中，茂履大來之慶；景浮圭表，式延長至之休。柔荔挺，芳芸生，萬彙孳子垣而托始；宫黄鍾，商太簇，八能諧律本以調元。水脉動而丕增川至之禧，宫綫引而茂對升辰之祜。霏霏瑞雪，靈滋兆于豐年；奕奕齋宫，神貺成于不日。八方塵謐，四海波澄。夜半升禋，三至建南郊之典；天中啓運，九重奠北極之尊。臣等荷洪造于清班，睹隆儀于亞歲。雍容盛美，愧無授簡之三長；遭際明昌，倍有呼嵩之萬歲。伏願瑶圖丕固，玉眷郅隆。化國之日舒以長，蕩蕩平平，歛敷錫之福于有極；受禄于天嘉且樂，皇皇穆穆，申保佑之命于無疆。

萬壽聖節賀表六道

伏以五位凝休，懋建乾元之治；萬年衍慶，載開震夙之祥。式瞻紫禁之虹流，快睹彤庭而虎拜。兩儀闓懌，萬國尊親。恭惟皇上，睿智有臨，聰明時憲。重玄妙契，希夷象帝之先；一德潛孚，嘉樂受天之祐。撫五辰以齊七政，乂三德以驗庶徵。川修貢，嶽效珍，表神庥于諸福；水朝宗，星拱極，輯王會于殊方。兹者玄宿殷秋，壽躔見丙。金天薦爽，正白藏乘兑之期；璇極迎祥，值玄鳥生商之候。鈎陳雲麗，月貫瑶光；閶闔天開，日臨黄道。淑氣均霑乎動植，歡聲共暢乎華夷。瑞叶六符，率土仰璿璣之象；功成九奏，鈞天傳《韶濩》之音。屬百禄之方增，信一人之有慶。臣等幸際貞元之會，叨從耳目之司。芹曝有懷，敬上華封之祝；埃塵莫報，敢同嵩嶽之呼。伏願天保萬年，周王壽考；日新四表，舜旦光華。曰福曰壽而康寧，歛皇極之五福；博厚高明以悠久，參化育于三才。

又

伏以五百年而啓聖，載逢繞電之辰；八千歲以爲春，茂衍齊天之壽。灝氣順成于萬寶，休祥叶贊于三靈。扆扆尊嚴，撫貞元而御籙；寰區熙皞，合夷夏以騰歡。恭惟皇上，道妙函三，神凝得一。定中正仁義而主静，德冠帝王；徵高明博厚以無疆，化參天地。以昭受上帝，誕膺申命之休；用敷錫庶民，大溥斂時之福。天瑞降，地符出，煌煌煒煒，掩千古之珍圖；内順治，外威嚴，蕩蕩平平，囿八荒於壽域。兹者兑成届節，震夙開祥。桂馥殷秋，湛九天之素彩；蓂芳堯砌，紓十葉之靈華。南極現而丁度晨輝，北辰正而微垣宵燦。風清閶闔，萃百辟之冠裳；雲擁鈎陳，來萬方之玉帛。邊氛告凈，海波不驚。禾黍維蕃，棲金穮于舜畝；松苓滋茂，迓寶策于軒齡。矧夫三秀之神芝，寔産二親之世室。當迎秋于有俶，告卜算以無疆。自易書契以來，巍巍然鮮聞匹儷；凡有血氣之類，欣欣爾莫不尊親。臣等贊輔無能，遭逢有幸。敷皇極之彝訓，近依天子之光；咏《天保》之岡陵，願上聖人之壽。伏願皇圖日泰，仙算歲增。心和形和而氣亦和，九五位迓和平之福；天大地大而道亦大，億萬年綏大定之猷。

又

伏以紫極延休，寶曆衍隆昌之祚；丹陵毓瑞，金天開震夙之期。祥虹襲甲觀以宵輝，壽曜傍丙垣而旦現。慶流夷夏，歡動臣工。恭惟皇上，德合太清，道通元始。無爲以守至正，化順垂裳；不宰而建大中，治成指掌。撫五辰以齊七政，乂三德以驗庶徵。文義立，武功宣，穆穆綏八荒之旅；天瑞降，地符出，煌煌集諸福之祥。唯昭事不替于精禋，益虔而益慎；肆眷命丕申于保佑，愈久而愈新。兹者序屬三秋，節臨萬壽。仙蓂露湛，紓十葉于堯堦；茂穎星垂，棲百嘉于舜畝。五玉三帛，大庭陳王會之儀；七鳳五麟，閶闔抱卿雲之彩。玉衡平而南北之烽烟盡熄，足徵王道之成功；璇璣正而春秋之風雨以時，益見天心之助順。且丁逢壬位，水火妙合而章既濟之能；兼卯會戌垣，木土相得又著栽培之慶。日辰則合符于歲曜，景慶則正麗于殷秋。凡此象數之奇，無非壽考之應。在百王所未睹，乃衆妙之咸臻。蓋年以引年，懋算比天而共久；旦兮復旦，純釐與日以方增者也。臣等叨厠清班，忻瞻景祚。載述金鏡，九重依天子之光；祗薦瑶觴，百拜上聖人之壽。伏願凝和履一，主静頤神。八千歲以爲春秋，閱綿曆于莊椿，而自今伊始；億萬載以承曆數，迎景齡于軒策，而與古爲徒。

又

伏以北闕春長，樞舍燦飛龍之象；南郊秋曙，極垣流降虹之輝。當五百年茂對之辰，協億萬載維祺之卜。慶流夷夏，歡洽神人。恭惟皇帝陛下，剛健齊天，聰明作則。靈承九廟，祖宗歆肸蠁之忱；道暢八埏，萬彙賴陶鎔之化。開茫茫之壽域，日月光華；登熙熙之春臺，乾坤闓懌。禮樂備明于三紀，車書會同于四方。氣應白藏，兑成屆候；瑞開赤室，震夙綏休。蓂吐玉堦，證初榮于十葉；桃呈瑶圃，獻遐算于千年。齋宫膺景命之維新，宗社衍洪圖之鞏固。鈎陳露肅，旌旄環虎拜之班；閶闔風清，鏞磬送鸞儀之曲。水朝宗，星拱極，徵王會于越裳；川獻寶，岳效珍，萃天符于玉几。此寔昊穹眷德之顯圖，而率土歸仁之景會也。臣等絲綸迹忝，贊頌心勞。捧萬壽兕觥，倍有周人之藎；獻千秋金鑑，愧無唐相之猷。敬因華渚之流虹，遥向彤墀而舞獸。伏願箕圖衍福，軒策迎長。曰清曰寧曰貞，參兩儀而奠位；維忠維文維質，總三代以乘時。天壽益綿，嵩嶽更聞于呼萬；人和丕應，華封再見于祝三。

又

伏以誕靈華渚，虹流開浚發之祥；襲慶璿樞，鳳紀衍維祺之祚。壽曜騰輝于南極，禎符叶應于北辰。夷夏尊親，乾坤闓懌。恭惟皇上，神聖統天，希夷象帝。無爲以守至正，化順垂裳；不宰而建大中，治成指掌。撫五辰以齊七政，乂三德以驗庶徵。禮備樂和，暢兩儀之協氣；仁昭義立，洽四海之歡心。璇宇瓊章，益虔禋祀；玉衡金鏡，懋集洪休。乘五百年元會之交，撫四十載明昌之運。凝圖丕固，受命維新。秋仲旬初，電繞肇萬年之聖節；火明木秀，日躔臨五度之元辰。於昭介壽之無疆，益闡降年之有永。仙蓂露湛，紓十葉于堯堦；茂穎星垂，棲百嘉于舜畝。聲教遥通于日窟，威稜旁憺于冰天。星拱極，水朝宗，萃萬國梯航之贐；川效珍，嶽修貢，總兩間動植之符。蓋年以引年，茂算比天而共久；旦兮復旦，純釐與日以方新。誠帝王之生有真，而大德必得其壽者也。臣等叨塵密勿，久荷生成。燮調何補于鴻猷，舞蹈率先于虎拜。心傾皇極，幸依天子之光；情效華封，敢上聖人之壽。伏願玄貺靈承，仙籌荐衍。億萬載以承曆數，迎景齡于軒策，而與古爲徒；八千歲以爲春秋，閲綿曆于莊椿，而自今伊始。

又

伏以寶度增齡，六甲啓週天之運；瑶穹篤祜，萬年逢誕聖之期。龜疇歛嚮用之隆禧，鳳紀衍有開之景祚。乾坤闓懌，萬寓同春；宗社奠安，一人有慶。恭惟皇上，神凝得一，道契函三。天德出寧，撫玄元之衆妙；真功不宰，綜軒后之百昌。皇建極而蕩蕩平平，天降康而穰穰簡簡。鰲儀順軌，六符顯象于泰階；鯨海澄波，八表歸仁于壽域。保世滋大，受命維新。至誠無息而久斯徵，令聞不已而得其壽。眷此兑成之候，寔開震夙之祥。電繞北樞，光映蒼龍之闕；星明南極，暉聯朱鳥之躔。皜皜乎鹿兔朋來，現玉堦之上瑞；油油爾黍苗旅穟，薦瓊苑之豐年。萬邦奉贐以來王，百辟稱觴而上壽。歡聲喧而動地，共看獸舞于虞庭；榮光起以燭天，獨睹虹流于昊渚。昭哉景貺，展也熙辰。矧六十年之甲子初週，又億萬載之春秋伊始。爰肇曆元于有俶，益占仙算之無疆。臣等叨塵清切之班，幸睹光華之旦。揆天技短，傾日情深。效魯史之長編，敬紀日新于萬載；采周詩之美報，敢陳《天保》之六章。伏願福壽康寧，威嚴順治；乾行常健，泰祉方來。帝曆由四紀以滋綿，咸五登三，永奠岡陵之固；仙甲自一輪而載衍，逾千盈萬，常同箕翼之明。

聖節嘉穀賀表二道

伏以景貺昭祥，寶曆茂迎于軒策；嘉禾薦穎，珍符叶應于《周書》。萬年開虹渚之期，九扈獻星田之瑞。歡騰朝野，慶滿乾坤。恭惟皇上，合德重玄，凝神太素。昭事上帝，誠不替於時幾；懷保小民，心每存于稼穡。察虞璣之七政，而敬授人時；錫禹範之九疇，而懋建皇極。爰致天心之克享，益昭神道之幽通。朱火候炎，靈潤響答于睿禱；金飈氣爽，嘉生擢異于天疇。紫芒含玉露之靈滋，青穗散璇星之精液。一莖雙秀，已徵率育之奇；三穎同株，益闡降康之祉。穚穚植龍枝于東極，穰穰獲瓊粒于環丘。甸師雀躍以奏功，宗祝駿奔而薦祜。馨香旁達，九廟居歆；京坻豐成，一人有慶。蓋帝田是出，既呈四十九本之奇；而聖節適臨，寔表億萬千年之貺。此誠我皇上上壽齊天之大驗，而至和育物之極功也。臣等叨塵法從，久荷恩私。黼藻才疏，莫狀無爲之治；紀述心切，敢書大有之年。伏願凝命維新，奠圖益鞏。綏五典，明五禮，應五禾以大豐；熙庶績，釐庶官，驗庶徵以咸若。人用康而無思不服，陳《豳風》流火之詩；天保定而以莫不增，介《周雅》如山之壽。

又

伏以千齡啓旦，方流虹渚之暉；九扈登秋，更薦星田之瑞。惟靈貺申休于軒算，肆嘉生擢異于堯年。圖牒增奇，臣民洽慶。恭惟皇上，清寧合德，易簡成能。齊七政而撫五辰，百工咸若；修六府而和三事，九叙惟歌。精禋夙夜以不遑，稼穡春秋之是念。上帝時享，旁孚周德之馨；下民用康，備歛箕疇之福。乾符坤貺，歲異月新。匪特集衆美于堦墀，抑且孕至和于禁籞。眷兹靈稼，誕降中田。甽接三推，秀發青囊之種；品殊百穀，液分璇宿之精。奇苗薿薿以垂雲，既盈疇而積畝；異穎煌煌而映日，亦分兩以参三。田畯驚觀，司農奔奏。星臨紫度，正八荒開壽之昌辰；帝賚金穰，會萬寶告成之盛候。時如有待，物本知仁。化國屢豐，由内苑以薄于四海；聖人多壽，自今日以引于萬年。舉安庶物之生，茂介一人之慶。臣等叨塵密勿，久荷栽培。素飡何有于燮調，深愧河干之咏；玄造祗深于祝頌，敢同嵩嶽之呼。伏願寶曆增綿，瑶圖益固。天大地大道大，纂圖合大，常同箕翼之明；心和氣和形和，秉籙凝和，永撫璣衡之正。

聖節白鹿賀表

伏以金篋錫齡，載衍千年之景曆；瑶光散彩，適呈百禄之禎符。惟天心祐聖以彌隆，故物瑞應時而洊至。輝增圖牒，喜溢臣民。恭惟皇上，道妙函三，化鈞吹萬。司神之契，希夷存無極之真；襲氣之樞，坱圠播太和之運。既順成于百物，亦畢至于四靈。久于道而時幾之敕不遑，新其命而保佑之申孔固。眷此流虹之節，發祥貫月之星。有鹿甡甡，其色皜皜。鍾靈奥壤，當堯從四子之區；現瑞明庭，適軒會群靈之日。霜毫皎潔，濯濯不驚；玉角林離，蹌蹌欲舞。來從西極，白環捧王母之符；效祝南山，赤籙上聖人之壽。百工動色，萬姓歡聲。擾馴質于上林，咀瓊芝而自適；挺奇姿于靈囿，偕瑤兔以稱珍。此蓋神物得氣之最先，來諗有開之吉；上壽後天而不老，預彰必至之徵者也。臣等叨邇清光，忻瞻殊瑞。兩間燮理，功莫贊于鳳儀；千載遭逢，誠倍傾于獸舞。伏願璿圖日固，玉曆天長。不愛道，不愛寶，不愛其情，自生民以來，盡發乾坤之秘藏；得一清，得一寧，得一爲正，擅域中之大，永膺華夏之尊親。

白兔賀表

伏以紫度鍾祥，景命茂迎于百福；玉衡毓彩，禎符式兆于千齡。惟天眷聖而申休，故物應時而荐祉。奇增文囿，慶叶堯年。恭惟皇上，德契元精，神凝太素。中孚發志，贊二氣以成能；無妄對時，合萬物而並育。駿烈丕昭于四表，鴻猷卓冠乎百王。文義立而武功宣，内寧外謐；川效珍而嶽修貢，月異日新。眷此仙都，寔興神物。天誘其至，當四十年熙皥之春；神降厥祥，具五百載純明之色。匯精月窟，奪采霜華。不角不牙，秀出中山之裔；如珪如璧，皎同舞鎬之輝。餐禁苑之瓊芝，爰爰自得；侶仙宫之玉鹿，濯濯不驚。且卯位司靈，既合符于聖誕；而金精獻壽，益顯示于天休。是以昔歲自星港而雙來，正值瑶光之旦；今兹由鳳山而再至，重臨寶度之辰。昭萬壽之無疆，祥集紫籞；信一人之有慶，歡洽黄輿者也。臣等叨侍清光，忻瞻上瑞。恩慚拔穎，模擬莫效于雕蟲；心切傾葵，祝頌率先于舞獸。伏願仙算日增，聖躬天保。日月合明，四時合序，八千歲以爲春秋；天下一家，中國一人，億萬載永膺曆數。

兔生䨲賀表

伏以祥凝瓊苑，至和昭茂育之仁；彩散玉衡，上瑞衍廣生之慶。靈質妙諧于四象，禎符式應于千齡。朝野均歡，神人胥懌。恭惟皇上，希夷象帝，沕穆存神。至誠默契于三靈，熙氣昭蘇于庶類。掩天紘，亘地軸，神功駿烈，巍巍乎合二氣以同流；發坤秘，啓乾符，上瑞奇祥，燁燁乎冠百王而獨盛。眷此中山之異毳，寔惟景命之元靈。夙呈皜皜之輝，獻由星港；繼引生生之化，蕃自天堦。來馴方洽于三期，衍瑞再呈夫二耦。一能分四，影含素魄之清光；子又生孫，氣孕仙源之正派。載披往牒，未睹斯珍；于考休鼇，厥惟上壽。蓋兔司卯垣之度，而生爲永命之符。玆生以更生，現瑞既超于舞鎬；將萬之又萬，歷年迥邁于呼嵩者也。臣等叨寵有年，調元無補。識奇文囿，幸依天子之光；效祝華封，願上聖人之壽。伏願瑶圖日固，寶算天長。熙四序，擾四靈，焕被堯光于四表；撫萬邦，綏萬福，丕迎軒策于萬年。備膺禄位名壽之全，永作天地神人之主。

賀雨表三道

伏以紫宸省歲，齋宫肅雩祀之儀；玄昊垂庥，寰宇荷膏澤之潤。靡神不舉，有感必通。朝野歡鈞，太平有象；幽明慶洽，洪造無私。睹美利于南訛，敬揄揚于東觀。恭惟皇上，握紀統天，撫辰正極。調四時之玉燭，齊七政于璿衡。念小民之依，爰知稼穡；敕昊天之命，不替時幾。蓋瑶圖已奠于三紀之餘，而寶命將延于億年之久。顧當首夏，忽爾驕陽。月不從星，風惟終日。眷玆南畝，麥擢穎而未登；自我西郊，雲待簇而屢散。仰厪宸慮，深軫歲凶。建大典于崇壇，祈豐年于下土。式增圭璧，肆陳雲漢之章；越徂郊宫，用致桑林之禱。禮時爲大，龍見惟期；誠至斯孚，鸛鳴應候。興雲有渰，零雨其濛。薈蔚朝隮，布濃陰于八表；滂沱時降，灑飛潤于四溟。霾曀聿銷，惔焚頓解。來牟堅好，獲月令之先秋；廬井謳歌，樂化國之長日。玆蓋一人有慶，徵曰肅以承庥；百神效靈，享克誠而降祉者也。伏念臣叨厠清班，獲覩瑞應。報稱心切，規摹莫狀于天工；涵泳恩深，涓滴能忘于帝力？撰甘霖之賦，冀嗣響于唐臣；紀大有之年，敢續書于魯史。伏願軒策延禧，姬圖凝泰。陽不愆，陰不伏，庶績咸熙；十日雨，五日風，萬物並育。皇極建而斂時五福，曰壽曰富以康寧；王道昌而克配兩儀，博厚高明以悠久。

又

伏以雩壇崇啓，方祇事于雷軒；靈雨溥零，遂亟回于天意。感通甚速，眷祐彌彰。用諧萬寓之歡，信是一人之慶。恭惟皇上，與天同德，知民之依。在上在旁，對越不忘于夙夜；省耕省斂，憂勤時切于春秋。永綏蒸民之生，昭受三靈之眷。既多受祉，亦屢豐年。乃兹夏令之方炎，忽值驕陽之作沴。雖微陰間布，未洽于田疇；而宸念獨殷，深存于稼穡。乃嚴茂典，仰叩昊穹。崇凝道之清軒，致爲民之秘禱。至誠旁達，靈貺昭臻。山爲出雲，觸石而興膚寸；星有好雨，離月而降滂沱。掩八極以飛甘，慰滿三農之望；挹四溟而灑潤，行觀百穀之成。全消疫癘于寰中，遂洗祲氛于塞上。頓成樂歲，曾不崇朝。蓋由我聖皇平時事帝之誠已孚于冥漠，今此軫民之舉又極其精虔。是召陰陽之和，不待圭璧之罄。篤哉顯祐，灼矣禎符。臣等久濡洪恩，莫酬玄造。用作霖雨，愧燮理之無功；瞻彼雲霄，知感孚之有自。伏願鴻圖益衍，駿命恒新。雨暘燠寒風，各以其時，玉燭光調于億載；甸侯綏要荒，咸遵其度，金甌基鞏于八紘。

又

伏以誠融雩祀，九重嚴省歲之儀；應協嘉霖，百穀遂有秋之望。斡元功于大造，溥和氣于群生。玄澤無垠，堯年叶慶；太平有象，禹甸均歡。恭惟皇上，德合重玄，神凝太素。裁成輔相，贊二極以成能；肅乂哲謀，撫庶徵而咸若。謂民事莫先于稼穡，而宸衷特切于康田。玆者夷則肇秋，驕陽成沴。于彼原隰，既螟螣之爲灾；今此下民，亦藴隆而作痛。聖心軫念，殷祀虔修。爰蠲洪應之齋宫，式建精禋之大典。靡神不舉，有感必通。一德冲漠以潛孚，百靈奔走以效職。谷風習習，隨巽命而敷陰；零雨濛濛，溥乾施而灑潤。民乃夷而惔焚頓解，禾盡起而穎栗可期。薦灝氣于白藏，行睹西成之慶；滌妖氛于玄塞，永銷南牧之塵。曾不崇朝，厥惟有歲。玆蓋聖心沕穆，先天而天不違；是以玄貺昭融，欲雨而雨斯應。矧當萬壽聖節之首，尤爲三靈眷命之符。合萬國之歡心，誠一人之有慶。臣叨塵法從，久沐恩波。摹天地而難名，飲江河而自幸。祗沃心之訓，罔嗣美于商霖；歌《天保》之章，敢矢言于《周雅》。伏願瑶圖日固，璿曆天長。水火土穀惟修，勸《虞典》之《九歌》而定命；歲月日時無易，歛箕疇之五福以錫民。

賀雪表四道

伏以帝敬格玄，肅展勤民之禱；天葩灑素，丕昭佑聖之符。斡二氣以成能，保群生而錫祉。歡騰禹甸，慶叶堯□〔二〕。恭惟皇上，貞白凝圖，虚明麗極。均諧四序，運灝氣于元樞；宣暢八風，鼓至和于大塊。物無疵癘，歲屢豐穰。雖穹昊之錫羡彌昌，而宸扆之對越益密。念此二陽之月，未霑三白之祥。崇啓齋宫，鴻典肇修于夙夜；偏祈宫廟，駿奔申命于臣工。眷惟綏祐之隆，重以明禋之感。神機默轉，嘉貺昭垂。膚寸興雲，混合乾坤之色；盈尺降瑞，繽紛甲子之朝。棲太素于山川，散靈滋于壠畝。瑶林秀發，氣不封條；銀闕昭宣，光惟承宇。慰三農之望，倉箱行咏于甫田；消八表之氛，童叟均陶于壽域。臣等職聯密勿，恩荷生成。愧調燮之無功，徒歌帝力；知感通之有自，仰見天心。伏願幽贊化以參三，茂對時而育萬。斂箕疇之福，雨暘寒燠之各以其時；迎軒策之長，山阜岡陵之必得其壽。

又

伏以瑶壇肇啓，精禋方建于九重；玉眷昭垂，嘉澤遽呈于六出。眷二氣感通之會，適一陽來復之初。兆豐稔于堯年，叶歡心于禹甸。恭惟皇上，握紀統元，撫辰正極。裁成輔相，贊二極以成能；肅乂哲謀，驗庶徵而咸若。敕時幾而不替昊天之命，念稼穡而克知小民之依。屬兹建子之辰，忽值驕陽之候。乃厪睿慮，載闢崇壇。祈二麥于天宗，敬致珪璧之享；皇萬人于旦夕，式陳《雲漢》之詩。和氣迎祥，至誠孚化。霏微集霰，初委璇蕤；淅瀝飛霙，漸翻瓊藻。曖重陰而益固，覺積潤之潛通。隴畝載滋，山川同皜。瓊幡玉節，儼來姑射之仙；銀闕珠宫，宛在蓬萊之境。螟蝗盡殪，疫癘潛消。普凝五穀之精，慰滿三農之望。此皆我皇上儲至精于物表，與天爲徒；斡元氣于域中，爲民立命。實重玄之顯貺，而三白之休徵也。臣等叨塵密勿，久荷生成。愧調燮之無能，天工莫補；知感通之有自，帝力難名。伏願寶命增隆，璿圖益固。陽不愆，陰不伏，萬年迓穆穆之衡；千斯倉，萬斯箱，四海奠生生之業。皇極建而斂時五福，曰壽曰富以康寧；王道昌而克配兩儀，博厚高明以悠久。

又

伏以誠融玉陛，方虔禋祀之儀；貺應瑶霙，遂降繽紛之瑞。惟聖德無幽而不達，故天道有感而必通。春滿乾坤，歡均黎庶。恭惟皇上，合體重玄，凝神太素。中和位育，參功化于兩間；仁義生成，溥甄陶于庶類。解裘賜士，玄塞歸仁；出舍賑饑，蒼生感德。惟玄冥之季月，屬元間之愆陽。豈氣機或僭于天心，乃民瘼獨厪于聖慮。百神咸舉，式孚《雲漢》之章；六事既修，猶致桑林之禱。惟帝衷之潛達，肆天澤之昭垂。寒風告期，同雲生色。初集惟霰，灑潤瑶宫；繼布斯雰，增輝貝闕。寒不起粟，豫占禾稼之豐；氣不封條，載卜螟蝗之盡。誠足以見天人相與之微機而誠信感通之至道也。臣等精白承庥，如璋慚德；堅貞勵節，飄羽擬輕。敷對齋宫，報玉未酬于厚德；抽思梁苑，摛瓊莫效于妍辭。伏願宏敷駿澤，益鞏鴻圖。欽若昊天，時謹灾祥之察；軫思邦本，永惟稼穡之艱。熙仁回四海于陽春，至治保萬年于正午。

又

伏以帝敬格玄，歲展勤民之禱；仙霙灑素，時呈祐聖之符。迎淑氣于先春，兆休徵于有歲。百神奉職，萬宇承歡。恭惟皇上，德配二儀，仁涵庶類。敕天之命，誠不替于時幾；念民之依，慮恒周于稼穡。調八風于玉燭，納屢歲于金穰。安攘收内外之功，信順獲天人之佑。兹者玄冥在馭，而四序將週；微霰先零，而三白未浹。乃申虔禱，載啓齋宫。精禋特竭于九重，牲幣徧修乎群祀。惟聖誠之幽贊，致天眷之昭垂。膚寸興雲，混合乾坤之色；盈尺降瑞，繽紛甲子之期。棲太素于山川，散靈滋于壠畝。瑶林秀發，氣不封條；銀闕昭宣，光惟承宇。北陲風静，遠清萬里之塵；南畝陽回，普慰三農之望。此誠上聖得天之靈貺而至和育物之極功也。臣等職聯密勿，恩荷生成。愧調爕之無功，徒霑洪澤；知感通之有道，快睹嘉祥。伏願景鳌茂衍，玄眷彌昌。雨暘寒燠之各以其時，九五位歛箕疇之福；山阜岡陵之必得其壽，億萬年迎軒策之長。

日當食不見賀表

伏以黄道開祥，四國睹休明之象；玄壇薦祐，九重隆昭報之儀。唯志氣之交通，見天人之相與。照臨所暨，忭舞攸均。恭惟皇上，握紀統天，贊元出治。乘六龍而有作，保合太和；馭萬象以無爲，獨存至正。肅謀哲乂，驗禹範之庶徵；文思欽明，焕堯光于四表。兹當久道化成之熙會，益昭至誠參贊之良能。星鳥〔三〕日中，羲和告朔；伐鼓用幣，馮相陳儀。雖渾天之躔候有常，而玄德之感通不偶。非烟非霧，競呈抱戴之華；如蓋如盤，詎損貞明之體。天垂顯命，帝懋純誠。爰啓齋宫，肅陳明祀。珪璧既備，藹然昭事之忱；黍稷非馨，穆矣克誠之享。百神受職，萬福來同。繼明照于四方，人無不仰；協範圍于七政，天且弗違。自有日月以來，唯此最爲曠典；稽諸簡牒而上，于古未有前聞者也。臣等叨塵法從，快睹清光。就望傾心，敢企駿奔之末；纂述效職，庸哀鴻瑞之編。伏願陽德益亨，天庥洊至。離明麗正，式九圍于湯命，新以又新；豐大宜中，撫五辰于舜衡，旦兮復旦。

嶺南兵捷賀表

伏以玄穹眷德，昭一王撻伐之威；丹浦歸仁，奏萬里廓清之績。銷氛祲于嶺表，訖聲教于寰中。億姓騰歡，傾心紫禁；五兵載戢，錫慶黄輿。恭惟皇上，德配希夷，道超元始。溥太和以育物，萬彙同仁；篤至誠以感神，三靈協慶。誕敷文德，干羽舞於虞階；克覲耿光，戎兵陟於禹迹。内寧外謐，綱舉目張。凡可致之祥，由斯畢集；自方外之國，莫不來賓。矧此海隅，代爲王土；蠢兹小醜，敢啓戎心。竊弄潢池之兵，嘯聚緑林之旅。憑危豕突，乘間鴟張。囊血射天，忍犯無將之戒；揮戈指日，自干不赦之誅。爰整義師，恭行天討。旍旄焰野，邁下瀨之軍容；戈戟横空，奮伏波之威略。天奪其魄，人厭厥凶。彭寵憑愚，其下盡爲敵國；夙沙負固，執之不異匹夫。渡瀘水以成擒，時正臨於五月；指鬼方而薄伐，功無待於三年。風静龍川，蕩蕩奉南金之賮；星明象郡，巍巍拱北極之居。蓋有扈攸除，適表王師之無敵；而徐方既定，益徵聖主之中興者也。臣等久塵密勿之司，莫效贊襄之略。陰陽闔闢，罔窺二氣之神功；天地平成，敢上萬年之景壽。伏願鴻圖日固，駿命天長。陳《周書》之禮樂以熙文，掩《禹貢》之山川而奠極。左日域，右月窟，凡有血氣之類莫不尊親；超五帝，軼三王，自有天地以來于今特盛。

駕幸齋壇賀表

伏以紫禁春融，丕迓泰來之祉；翠華時御，欣瞻豫動之休。璇杓轉而天迴，寶祚凝而日固。一人有慶，萬國均歡。恭惟皇上，德合重玄，神凝太素。闢乾機，闔坤軸，與化爲徒；綏文教，奮武功，爲民立命。陽不愆而陰不伏，八風之氣均調；鳥有鳳而獸有麟，諸福之物畢至。天庥既集，帝敬益嚴。正月始和，叩瑶壇而受籙；景躔初度，演瓊笈以申虔。焕開對越之儀，懋歛平康之福。乃御法鑾而順動，式遵仙籞以言旋。春滿九重，知天顔之有喜；策迎萬歲，卜聖壽之無疆。誠昊穹錫羡之徵，爲宗社靈長之慶。臣等恩深戴舜，念切祝堯。聞鍾鼓之音，舉忻忻而相告；仰宫墻之美，敢翼翼以揚言。伏願駿命維新，鴻圖孔固。如岡如陵如山阜，永延《周雅》之禧；曰壽曰富曰康寧，嚮用箕疇之福。

永壽宫增制工完賀表

伏以天居邃密，纘百年貽燕之基；帝制增崇，壯一代興龍之典。眷此製作之大備，允惟繼述之特隆。棟宇生暉，臣民快睹。恭惟皇上，凝神淵默，體道希夷。宅土之中，巍巍而建有極；得天之統，蕩蕩而奉無私。以仁育民，洪庇丕覃于大厦；自義率祖，耿光時覲于羹墻。顧兹永壽之齋宫，寔肇興王之景迹。龍飛白水，大横開海嶽之禎；虹遶紫樞，繁祉衍天人之慶。雖靈賴已徵于大業，而弘規猶襲于侯封。屬帝居之有年，肆宸衷之在念。乃揆吉日，式詔共工。既置臬以陳圭，亦考文而制度。井攢綺藻，鬱靈氣于雲霓；瓦次金鱗，激晶光于日月。旁連太液，邁勝麟洲；上應鈎陳，增輝鳳掖。式備一王之令典，用昭百載之曠儀。蓋惟肯構肯堂，《中孚》攸發；是以美輪美奂，《大壯》聿形。奠宅亳之居，寔賴中興之令主；考《斯干》之室，亦惟有道之曾孫。在振古而如兹，迨于今而爲烈者也。臣等叨塵禁近，久荷恩私。承夏屋之渠，風雨敢忘帝力；奉細旃之宴，尺尋無補天工。徒切忭幪，有慚舊德；敢同燕雀，仰賀新成。伏願保基孔固，迓命維新。亘地軸以宅尊，車書萬國；掩天紘而正位，户牖八荒。導璿源于一祖七宗，百世本支而有赫；綿寶算于三皇五帝，萬年壽考以無疆。

萬壽宫成賀表二道

伏以昊眷增新，啓億載泰來之慶；法宫載考，壯百年鼎建之規。庥禎茂集於一人，歡樂均傳於萬姓。康寧介祉，輪奂騰輝。恭惟皇上，道合元陽，德涵太始。向明撫運，奠二極以成能；居正凝圖，歛五福而保極。渥澤横流於四國，精禋昭契于三靈。惠雨和風，光調于玉燭；岳珍川異，旅貢于瑶墀。屬帝載之維熙，化成久道；而天心之中佑，錫羡維新。乃眷宸居，啓與宅之駿命；是恢祖業，隆肯構之鴻圖。爰詔共工，俾之經始。群材鱗聚，盡輸天地之藏；兆庶子來，共效斲遷之力。千楹岳立，屹矣中天；百堵雲興，矗焉不日。屆此六陽之盛際，是成萬壽之仙宫。氣正純乾，昌候值乘龍之會；象依《大壯》，令模摽翔鳳之觀。順經緯于陰陽，中通閶闔；摹圓方于太紫，外翊鈎陳。式廓聿新，知日臨之孔邇；經營丕作，睹民悦之無疆。于以怡皇情而集群釐，于以答昊仁而承景貺。百神競護，懋延仙算之長；五岳遥連，益鞏皇圖之固。臣等職叨密勿，恩荷生成。黼黻王猷，愧乏雕蟲之技；帡幪帝厦，敬申賀燕之忱。伏願天保益隆，玄休滋至。同車書于萬國，自東自西自南自北，式瞻商邑之尊嚴；膺曆數于千年，如山如阜如岡如陵，永戴周王之壽考。

又

伏以玄貺昭垂，誕布維新之駿命；紫宫肇建，重凝永固之鴻基。斗樞正四極以宅中，睿算衍萬年而受祉。天人交助，遐邇均歡。恭惟皇上，淵穆含真，希夷契道。惟玄惟默，握衆妙之元機；乃聖乃神，御百王之大統。嚮離明而敷治，皞皞乎與日俱新；奠鼎命以承休，巍巍乎配天行健。肆熙化已霑于下土，而精禋益致于高旻。乃申滋至之休，用衍方興之慶。時維首祚，焕啓新宫。百工執藝以僝功，萬姓子來而趨事。奇楨異幹，盡輸山岳之珍；靈雨祥風，丕著神明之贊。憲薇垣以創制，襲乾位以陳方。廣厦雲連，摩天倪而定則；層檐霞舉，拓地軸而開基。美哉輪奂之光，壯矣飛騰之勢。增輝祖搆，媲勝天居。不日考成，方屆六陽之盛會；引年申貺，更詮萬壽之嘉名。陽道大亨，乘六龍而宅吉；仙齡罔極，撫萬象而膺圖。自兹堂構之新，永綏康寧之福。竹苞松茂，九重瞻天子之居；川至日升，億載仰聖人之壽。臣等叨塵法從，久荷恩私。瞻黼座以傾心，情有同于賀燕；濡彩毫而作頌，技莫效于雕蟲。伏願玉眷恒新，瑶圖益泰。調洪鈞于七政，而坤翕乾闢，總元會運世以迎長；開壽域于八荒，而海晏河清，合畿甸要荒以保極。

壽清紫極宫殿成賀表二道

伏以宸居肇建，壯九重輪奂之規；昊眷申綏，介萬載康寧之祜。法象仰摹于列宿，休徵茂集于一人。紫禁騰輝，黄輿洽慶。恭惟皇上，神凝邃密，極建中和。爰静爰清，處合宫而繹道；有嚴有翼，開宣室以凝釐。帡幪化溥于垂裳，堂構業隆于纘緒。殊方即叙，異瑞咸臻。乃者涣啓宸綸，增崇壽域。恢丕圖于有俶，迓眷命之維新。經之營之，兆庶承風而競勸；完矣美矣，膚功不日而告成。驚百堵之雲興，恍千楹之岳峙。丹甍翼翼，承鳳闕以高驤；華棟巍巍，荷虹梁而矗立。是稱駿業，載揭鴻名。宫曰壽清，得一永符于乾運；殿惟紫極，函三上憲于天垣。法駕轉而協百辟之歡，翠華動而順六陽之吉。宅中居正，基宥密于穆清；抱一凝和，孚馨香于冲漠。百靈訶護，萬象歸依。是昭福禄昌熾之徵，永惟宗社靈長之慶。臣等遭逢有幸，締搆無能。舞蹈彤墀，頌禱敢同于賀燕；瞻依黼座，祝釐欲效于呼嵩。伏願帝曆無疆，仙齡有永。水朝宗，星拱極，四方承商邑之尊嚴；麟遊藪，鳳在郊，億載保殷邦之嘉靖。

又

伏以紫宫肇建，宏規依北極之尊；玄貺申綏，璿曆衍南山之壽。眷與宅而增其式廓，保佑命而惟有歷年。城闕生輝，華夷溥慶。恭惟皇上，宅心恭默，居德廣淵。成能位天地之中，贊化盡人物之性。惟精惟一，睹二典于羹墻；作君作師，納八荒于户牖。綜百昌，凝至道，既嚴軒后之宫；規億載，啓弘圖，載考周王之室。爰涓穀旦，乃命共工。揆景屬定之方中，闢地據乾之正位。使民以悦，役未逾時；荷神之休，功惟不日。蘭橑桂棟，傍五鳳以横空；月宇星廊，捧六鰲而奠極。是稱偉搆，用揭徽名。帝座惟三，秘殿仰摹于斗極；乾元得一，法宫永介夫仙齡。際朱鳥之殷中，撫翠華而順動。葆頤百禄，凝純嘏于燕閒；賓禮萬靈，薦馨香于夙夜。棟隆斯吉，寢成孔安。奕奕巍巍，八極仰丕基之孔固；葱葱鬱鬱，萬年瞻佳氣之常新。臣等叨從清班，獲觀鉅典。帲幪大厦，莫酬資生資始之恩；黼黻洪猷，敢上美奂美輪之頌。伏願瑶圖日鞏，芝籙天長。億萬千歲而膺期，禄位名壽，浩浩乎與天無極；五三六經之載籍，文章功業，煌煌乎如日之升。

賜御食謝表二道

伏以寢廟秋新，時薦金穰之慶；禁廬日近，歲承玉食之頒。吉蠲不匱于奉先，好賜益隆于逮下。臣等商羹分任，素飡莫補于天工；禹膳傳榮，既飽難名于帝力。荷陶成于天地，豈云一飯之恩？矢祝誦于岡陵，願上萬年之壽。

又

伏以帝畝垂珠，迓天庥于有歲；御厨炊玉，頒神惠于先秋。爰登合穎之祥，式致嘉蔬之薦。眷嘗新之上品，篤授粲之深仁。臣等運際千年，恩含一飯。誓服勤而後食，爰正席以先嘗。伏願乃粒烝民，如坻如墉而有獲；惟馨九廟，時萬時億以無疆。

代謝御賜表

伏以漢臺率法，叨分糾察之司；《虞典》考成，過荷便蕃之寵。恩同戴嶽，畏重循墻。伏念臣章句凡儒，刀筆末吏。躋階二品，久濫班行；竊禄三期，有鰥歲月。譬諸草木，知涵雨露之仁；如彼鷹鸇，莫稱風霜之任。自甘幽黜，敢冀明恩。兹蓋伏遇皇上體道握乾，承休奠鼎。皇極建則，正朝廷以逮百官；帝德好生，洽民心以及萬物。三歲計治，用亮天工；四國是刑，爰崇風紀。眷兹一介，錫以多儀。中使傳綸，輝生户牖；内庭頒鏹，惠越尋常。醇醪分玉府之黄封，肥羜刲大官之珍畜。恩禮倍隆于晝日，報稱寧罄于宵星？臣敢不益勵初心，誓酬靈造。明五刑，弼五教，載襄從欲之風；貞百度，肅百寮，用贊化中之治。伏願聖躬天保，帝道日升。之紀之綱，四海仰周王之壽考；爲律爲度，萬年陟禹迹之洪龐。

校勘記

〔一〕"焒"，疑當作"絢"。

〔二〕□，底本漶漫不清，甲辰本作"年"。

〔三〕"烏"，疑當作"烏"。清雍正刻本（明）吴之甲《静悱集》卷七《吴越觀風録序》："洎星烏日永，赫曦鬱洞，燔趾焮肥，天地發陳之氣盛極于上。"

條麓堂集卷七

表　二

擬唐張九齡進《千秋金鑑録》表

伏以祥凝華渚，流虹開誕聖之期；義效丹書，銜鳳獻興王之籙。敢辭勞于縹帙，用翊美于璇圖。情切岡陵，祝天莫罄；心傾葵藿，就日何能？兹蓋伏遇○○○○，剛健中涵，文明外焕。勛成出震，揚武德之耿光；化溥乘乾，覲貞觀之大烈。昭融動植，日照月臨；鎔冶華夷，天覆地載。肆和氣薰涵于四海，而休徵純祐于一人。維八月之芳辰，届千秋之令節。天降玄鳥，月貫瑶光。鳳紀方延，吐蓂堦之靈莢；蟾輪正滿，散桂殿之清芬。凡在垂紳，俱申獻鏡，品緣象制，敬以物將。臣九齡迹忝鵷聯，耻素飡于畫省；情同獸舞，欣旅貢于彤墀。爰搜青簡以成編，誓竭丹衷而效藎。鑪錘今古，恍焉蓍蔡之垂；辨晢興亡，不但衣冠之正。鏐録並畜，表裹兼磨。集九牧之金，雖備物可狀乎魑魅；鍊五色之石，恐微勞何補于昊穹。惟殷鑒之斯存，冀堯年之有永。伏願置之几席，比以韋弦。舉目而道斯存，指掌而治可舉。迓周王之壽考，天保萬年；撫舜旦之光華，日新一德。

擬宋宴貢士於迎春苑謝表太平興國三年鄉試魁卷〔一〕

伏以運啓中天，奎壁絢千年之瑞；恩覃畫日，芻蕘承三接之輝。登庸方步于瀛洲，授粲遽蒙于内苑。遘雲龍之景會，揣分奚堪；聽苹鹿之嘉章，俯躬增愧。臣等誠惶誠恐，稽首頓首上言：竊惟王者統天以出治，爰崇籲俊之儀；人臣藏器以需時，載抱觀光之願。蓋帝載恒熙于亮采，而天工每奮于庶明。是以虞庭勤側陋之求，達四聰而下問；殷室廣敷求之舉，師一德以格天。時逮成周，益隆徽範。三宅三俊，聿嚴論定之規；六藝六行，式重賓興之典。恩崇湛露，備儀物于饔飧；惠溥菁莪，振紀綱于髦譽。自叔世之道揆弗植，而用賢之典禮猶存。是以漢重孝廉，并四科以舉士；魏立中正，定九品以求材。越隋家，興進士之科；暨唐室，定明經之制。驪黄牝牡，空貽相馬之譏；月露風雲，何用雕蟲之技？道因文病，理器途殊；情逐時乖，君臣道隔。天開皇宋，五星肇聚于奎躔；兆應文明，千載欣逢于今日。恭惟○○○○，性妙安安，學勤亹亹。籙承開寶，虞德克纘于唐勛；運撫盈成，文謨益光于武烈。龍行虎步，夙隆仁聖之占；鳳舞獸儀，坐致雍熙之化。顧泰階已徵于有象，而聖心尤儆于無虞。乃者涣啓絲綸，旁收葑菲。臨軒賜問，驚御墨之猶新；負扆傳臚，荷天香之入袖。聖情不倦，重瞳鑒別夫玄黄；帝德無涯，優澤徧霑夫青紫。敞迎春之上苑，列夏屋之縟筵。月窟溥瓊漿，芳臭散性情之爽；上方出玉饌，俎餚雜水陸之珍。飽德何言，醉心無斁。彼周祖鎬京之宴難擅休風，而唐宗顯德之筵詎稱勝美？推食之惠至是極矣，逮下之榮何以加焉？伏念臣等藜藿散才，簞瓢寒士。海濱牧豕，結白屋于雲間；蓬户囊螢，望玉堂于天上。焚膏繼晷，寧免挂一漏萬之譏；附鳳攀龍，幸與拔十得五之選。感風雲之際會，魂摇鯨海之深；依日月之容光，恩戴鰲山之重。伏願始終典學，寤寐求賢。養賢以及萬民，永賴由順之慶；既濟而膺百禄，懋承戩穀之祥。安富尊榮，一代奠鴻圖之固；親賢樂利，萬年弘燕翼之規。

擬宋置起居院於禁中命史館修撰梁周翰秘書丞李宗諤掌起居郎舍人事謝表淳化五年〔二〕

伏以接璇霄而啓署，特崇二史之司；對玉案以濡毫，爰備一經之纂。地既聯于邃密，任宜簡夫才賢。詎意恒流，謬膺異命。臣周翰等誠惶誠恐，稽首頓首上言：竊惟起居院之職，本於左右史之規。記言記動以詔來，繫日繫時而傳信。漢家有注，似爲宫史之所修；晋室以還，每用近臣而兼領。既更歷代，尚闕專官。後魏乃爲之置員，北齊復因而立省。迨隋唐之文既備，而郎舍之秩始分。依鳳掖以分曹，併列甘泉之法從；侍螭坳而記事，預資太史之多聞。顧遺風漸遠於三宗，而餘範幾湮於五季。熙朝肇建，墜制聊修。兩省綴員，司存幸托；外廷列署，行敕徒闕。摽寄禄之虚銜，失建官之初意。天居既邃，崇深之義何居；日録空聞，紀述之儀久廢。欲舉一王之令典，須完累世之闕文。帝制維新，官常攸正。兹蓋伏遇○○○○，承天御籙，執象臨人。如綸如綍以敷言，中矩中規而建極。睿謀經武，同萬里之車書；深略緯文，興百年之禮樂。游心經籍，措世弦歌。追淳古之休風，修太平之壯觀。乃采臣寮之請，是隆紀注之官。移院深嚴，参鰲禁鸞坡之直；延英密勿，草玉函金匱之篇。凡言動之出于一人，及政令之關于諸署。上窮景緯，下括輿圖。内而民俗之澆醇，外而裔夷之逆順。典章制度，折衷考古之規；食貨兵刑，損益趨時之用。或日報，或月報，或歲報，謀猷克集於盈庭；爲大書，爲特書，爲屢書，義例俱存於授簡。藏之石渠之署，彝典足徵；付之金馬之庭，著作有據。亶云重任，端賴名儒。如臣等猥以謭材，謬塵華貫。握丹鉛於史局，寧兼五志之長；探緗素於書林，靡總九流之要。顧濫吹之已久，慮策蹇之難前。豈期内史之新銜，復荷大君之異數。上林借寵，知附鳳之暉遥；下里裁歌，奈雕蟲之技盡。志非幾於微婉，責以屬辭；文罔及于贍詳，俾之叙事。何以述朝廷之駿烈？何以揚明聖之鴻休？遊聖人門，實有難言之懼；代大匠斲，更深傷指之慚。臣等敢不勉竭虚庸，務遵實録。辨不華，質不俚，發凡開柱下之編；退補過，進盡忠，托始載陛前之筆。期汗青之皆核，庶衷赤之少安。伏願帝德罔愆，王言作命。舉必書，而書必法，益增琬琰之光；美則愛，而愛則傳，直擬典謨之盛。

擬宋司馬光進《資治通鑑》表元豐七年會試墨卷[三]

伏以法古無愆，明主道隆于典學；博文有要，人臣義重于格心。敢辭汗竹之勤，用致食芹之獻。屬編摩之就緒，恭俑匐以陳辭。臣誠惶誠恐，稽首頓首上言：竊惟裨益神智，不外乎書；考覈興亡，莫先于古。皇墳代遠，事既謝于結繩；紀載書傳，文又繁于充棟。欲得典刑之不昧，須及文獻之足徵。粤思姬鼎東遷，孔子筆魯國之史；劉綱中否，荀悦紀漢氏之書。雖純駁之體弗沿，而鑒戒之垂不異。如臣矇瞽，敢擬聖賢？雖載筆功深，未敢忘于寸晷；而操觚才淺，終有愧于三長。仰荷堯謨，俯存殷鑒。集班馬范陳之史，小説不廢于稗官；會紀傳表志之編，冠歲必緣夫天統。蓋自考烈而上，時世遠則懲戒弗存；爰逮藝祖以來，功德隆則纂述莫罄。故起威烈戊申之歲，以訖後周顯德之終。防名分之斁以開端，要天人之歸而閣筆。中間若國統之離合，若天命之廢興，若夷夏之盛衰，若君臣之邪正，若君子小人之升降，若錢穀甲兵之變更，苟有裨于冕旒，皆備存于簡帙。分曹列館，慚廩餼之空糜；製序錫名，荷奎文之載耀。恭惟○○○○，剛健統天，聰明作則。承一祖四宗之緒，以覲以揚；紹三王五帝之休，盡倫盡制。風清桂海，拓地軸以登皇；塵斷玉關，掩天紘而踐帝。仁孚穹宇，精誠協于商湯；孝奉慈宫，尊養隆于虞舜。顧盛德已惇于淵默，而聖心尤切于時幾。謂古以證今，將蓍龜之具邇；而史以傳信，苦條貫之繁多。知臣適用才疏，更化罔諧于輔宰；察臣窮經志切，校讐或得于師資。乃涣綵綸，俾躬鉛槧。伏念臣疏迂成性，朴鈍由天。初旅進于賢科，繼叨躋于諫署。端明冒寵，已深玷于清班；樞院辭榮，恐厚非于公議。感三朝之知遇，曾乏陶犬之勛；慶千載之遭逢，寔邁雲龍之會。勉承恩命，冀效涓私。治亂備其本原，亦惟晰矣；美惡形于指掌，無不瞭然。七制三宗，鼓鑄不遺餘力；六朝五代，陶鎔亦被兼收。用竭耿耿之微忠，上贊昭昭之天鑒。雖螢烟爝火，罔禆日月之光；而越鑛荆鉛，少濟鍾簾之用。昔李昉奏《太平》之覽，太宗不廢于日中；而孫奭上《無逸》之圖，真宗亦置諸座右。倘于萬幾之暇終始弗違，即與二帝之隆後先相映。伏願政惟守舊，志切欽天。進君子，退小人，用迓泰階之慶；紓民財，節民力，式培豐水之仁。三事兼修，衍龜疇之五福；五規交致，綿鳳曆于千年。將唐漢微勛，抱慚于青簡；商周耿烈，再覿于丹宸矣。

裕邸勸進表

伏以朝覲而歸禹子，載承鼎命之凝；曆數之在舜躬，式繼離明之照。眷此邦家之大典，實惟今古之通彝。天相熙朝，代生神聖。萬年啓運，八葉重光。迨我大行皇帝，躬上智之懿姿，纂累仁之隆祚。克敬享帝，久道化成。有典則以貽謀，迪宣哲而昌後。敬惟殿下，岐嶷天授，孝敬性成。典謨宗帝王之猷，終始懋《春秋》之學。薄海臣庶久矣屬心，高廟神靈于焉眷德。比有憑几之命，俾承主鬯之傳。衆志胥孚，合辭勸進。已塵睿聽，尚秘俞音。竊惟神器不可以暫虚，天工豈容于久曠？雖聖人之德，固莫加于嚴父；而天子之孝，則尤重于承親。是以臣等再此叩閽，期于得命。情非可已，理所宜然。伏願懷社稷之永圖，念宗祊之重事。勉遵先志，俯順輿情。率百官，若帝之初，適正受終之典；斂五福，惟皇之極，茂綏嚮用之休。

皇帝即位賀表

伏以皇天啓泰，正五始以開元；真主御乾，乘六龍而撫運。光贊萬年之治統，允諧四海之歡心。宗社奠安，神人闓懌。恭惟皇帝陛下，惠文成性，精一傳心。玉質金相，知聖賢之必可及；日姿天表，仰帝王之自有真。念始終典學于《春秋》，亦寤寐思賢于夙夜。德成教喻，天與人歸。纂祖宗積累之基，遵父子傳家之典。是履聖人之大寶，實惟天下之至公。繼照而溥離明，下以建極于萬國；正位而凝鼎命，上以答眷于三靈。鳳紀增長，龜圖衍固。月正元日，時際亨嘉；受氣含生，物咸欣暢。此誠佑命維新之丕慶，而嗣服無疆之閎休也。臣等篷迹堯堦，傾心舜旦。雲從龍，風從虎，幸當利見之期；就如日，望如雲，倍切欽承之念。伏願鑒天命之孔邇，思先業之惟艱。政圖厥終，事必徵諸名實；民與更始，心恒周于閭閻。稽祀典而禮三神，奉祖訓以貞百度。治功顯鑠，復還商周虞夏之風；聖算綿長，永保山阜岡陵之壽。

請立東宮表

伏以豫隆國本，實培滋大之基；再叩天閽，未徹蓋高之聽。大計允關于宗社，深情均切于臣民。佇瞻明兩之儀，敢憚至三之請。恭惟皇帝陛下，神明御極，慈儉膺符。揚大烈而覲耿光，丕承祖德；嗣令緒而顧明命，克享天心。斡運化樞，修舉政要。圖惟艱大，將萬目之漸張；崇建元良，宜大本之先定。况襲休甲觀，天垂赫赫之禎；貳體宸垣，人有顒顒之望。既幽明之協贊，豈謙讓之可辭？顧未奉于明綸，尚有稽于茂典。攄衷申控，得請爲祈。伏望皇上懷社稷之永圖，念古今之通義。仰遵列聖，肇舉曠儀。鏤銀牓以題宫，式奠長男之位；篆珉文而錫册，爰正儲君之名。于以慰九廟之神靈，于以答四海之瞻仰。承祧守器，分蚤定于繼明；學《禮》誦《詩》，教更殷于養正。綿萬載無疆之曆，同三代有道之長。

皇太子正位東宫賀表

伏以乾元啓祚，方快睹于龍飛；震長承祧，載貽謀于燕翼。當地闢天開之始，衍山暉海潤之休。歡動臣民，慶關宗社。恭惟皇帝陛下，神姿天挺，聖敬日躋。膺帝王之正傳，握符御曆；纘祖宗之洪業，覲烈揚光。永懷克懋于儉勤，善政必先乎仁恕。賜札郡國，吏預識其聖明；布詔山東，民思見其德化。百工穆矣，庶事康哉。念惟社稷之長圖，貴定天下之大本。是涓穀旦，用建儲宫。太極班朝，肅庭紳而咸會；少陽在列，粲卷服以彰施。珉册昭文，金符正號。對峙黄麾之仗，交輝青輅之旂。考以官占，見蓍龜之習吉；告諸宗廟，知祖考之居歆。越無疆以惟休，斯有室之大競。前師後傅，迪三善以端趨；春誦夏弦，崇四術而立教。用介泰階之祉，式培豐水之仁。臣等幸際熙辰，樂觀盛典。本支百世，陳《斯干》似續之章；純嘏萬年，祝《天保》岡陵之壽。

册立中宫代在外諸臣賀兩宫表

伏以嘉禮備成，式建四方之極；徽音克嗣，弘開百世之傳。祚衍宗祧，歡騰海宇。恭惟聖母仁聖懿安皇太后陛下，安貞應地，恭儉垂風。《關雎》進賢，不忘于寤寐；振麟啓聖，浚發其禎祥。尊養膺長樂之歡，燕婉卜洽陽之吉。中闈襲祉，慈極增輝。臣等職守藩維，欣逢盛典。伏願終温且惠，長承思媚之庥；

既壽永昌，丕引含飴之慶。

伏以燕翼嗣庥，載篤宗祊之慶；鳳鳴協律，式增慈極之輝。喜動六宫，歡騰八表。恭惟聖母慈聖宣文皇太后陛下，徽柔肅度，勤儉宣猷。誕啓元良，光纘中興之曆；簡求窈窕，於昭文定之祥。錫祚胤于家邦，襲休徵于莞簟。臣等叨守外邦，心馳遥賀。伏願天長地久，綏福履于萬年；海潤星輝，綿本支于百世。

大閲禮成賀表

伏以鴻運天開，式際同文之會；鑾輿時動，載弘經武之圖。九圍延頸以承風，七萃傾心而捧日。古今壯觀，朝野同歡。恭惟皇帝陛下，具勇智之上姿，撫熙明之昌祚。百年積累，是興禮樂之期；十世折衷，備舉皇王之制。美黻冕而享宗廟，執琮璧以事郊祇。黛耜躬推，黌宫親視。建綱陳目，既昭有煒之儀；制治保邦，猶切無虞之戒。謂王業莫先于居重，而人情多忽于承平。非大加搜練之方，必坐致伍符之耗。爰頒成命，肆詰戎兵。采唐虞之舊章，修祖宗之故事。乘天道以布時令，數軍實而明等威。羅列鈎陳，環羽林之壘壁[四]；招摇華蓋，轉斗極之分躔。萬騎騰驤，八神翊從。鉦鐃震野，五軍之衆無譁；組練霞空，六合之氛盡廓。夏服繁弱，巧力攸分；鵞鸛魚麗，風雲互變。眷天綸之涣發，頒帝賚之便蕃。介胄生榮，頓奮平戎之色；卒乘競勸，共懷挾纊之恩。義問宣昭，威聲丕振。外消虜侮，内折奸萌。蓋遵周禮以習戎，不數漢家之都試。臣等叨承任使，濫典韜鈐。説《禮》敦《詩》，謀帥真慚于郤縠；知方有勇，治兵矧愧于子文？依日月之光華，已無裨于螢爝；奉雷霆之號令，冀有效于鷹揚。伏願恢無競之王猷，立有常之武德。外威内順，用臻舞羽之休；上清下寧，永奠垂衣之治。

加上兩宫尊號賀表

伏以長樂承顔，茂介九重之景禄；明堂惇典，丕揚百代之鴻名。禮備情文，孝兼尊養。一人有慶，萬國同歡。恭惟皇帝陛下，紹祖丕基，承天篤祜。允釐帝載，業業兢兢；敷錫王猷，平平蕩蕩。三朝定省，符達孝于周文；五典慎徽，協重華于虞舜。爰當百兩成將之始，思酬兩宫顧復之恩。顯號偕隆，縟儀並舉。捧琅玕而上册，仰褕翟以稱觴。昭揭休聞，極域中之大；祗修色養，享天下之尊。兹蓋有大德必得其名，而亦惟聖王能盡其制者也。臣等恭瞻爍懿，莫罄揄揚；幸際明昌，祗深慶忭。伏願德教而陳之藝極，愛敬而始于家邦。作君作師，而寵綏兆民，式迓泰來之祉；惟壽惟康，而歛時五福，永凝鼎定之休。

命婦賀仁聖懿安皇太后表

伏以璇宫啓泰，誕膺純嘏之禧；寶册登尊，載舉推崇之典。三靈胥慶，萬國均歡。恭惟仁聖懿安皇太后陛下，德備含弘，功侔持載。乾行贊化，華胥夙佐乎軒圖；離照嗣暉，文母有光于周道。兹當嘉禮慶成之始，寔惟慈闈燕喜之時。乃纘曠儀，式增顯號。範金鏤玉，昭回雲漢之章；鳳輦翟褕，委佗山河之度。珩璜比節，衮冕稱觴。德蕩蕩以難名，孝烝烝而不匱。妾等忻逢盛典，欽仰徽音。贊揚莫罄夫鴻休，拜舞式陳于燕賀。伏願福隨德厚，壽與名齊。養以九州，視膳永綏于晨夕；備兹百順，含飴衍慶于曾玄。

命婦賀慈聖宣文皇太后表

伏以鳳占叶吉，初嗣聖善之徽音；燕翼承庥，式舉尊親之令典。宫闈相慶，寰宇騰歡。恭惟慈聖宣文皇太后陛下，德藴静莊，性涵貞淑。盈昌致儆，媲美《鷄鳴》；繩蟄徵仁，鍾祥《麟趾》。爰自慶都誕聖，丕凝帝命之隆；暨今京室得賢，益表母儀之盛。王化欣觀其正始，皇情益切于承歡。乃卜穀辰，爰增顯號。文從周典，捧寶册之煇煌；禮上漢儀，趨璇宫而拜舞。有聖人而爲之子，亶惟莫大之休；以天下而奉其親，赫矣無前之烈。妾等被淑風于南國，夙欽慈儉之規；觀盛禮于東朝，幸際光華之旦。伏願蕃禧川至，遐算天齊。保佑申重，永撫太平之景運；子孫千億，行開長發之休禎。

箋

代賀中宫箋

伏以紫掖升華，崇建六宫之範；彤庭涣命，弘開萬福之原。位正長秋，歡騰函夏。恭惟皇后殿下，星軒毓秀，月馭儲祥。塗山符佐聖之期，渭水顯俔天之兆。誕膺寶册，儷正宸樞。王化始于二《南》，皇風被乎九有。臣等職守藩維，心馳遥賀。伏願本支百世，蚤徵麟趾之祥；壽考萬年，益衍龍圖之慶。

露布

擬總督等官剿平倭寇露布

臣聞春雨秋霜，昊天順成于庶物；文經武緯，王者永綏于四方。故商音備而四氣之和斯調，威令申而一王之靈斯大。是以熙朝啓運，薄海來王。冰天桂海之君，月竁日窟之長，莫不獻琛紫極，執玉彤墀。迨我皇帝陛下，九葉重光，百蠻益叙。乾坤浩蕩，日月光華。蠢兹島夷，敢爾稱亂。始而狗偷鼠竊，視民居以爲倉庾；繼而蟻聚蜂屯，據海壖以爲窟宅。刲屠童耇，血淪震澤之波；焚蕩廛墟，烟漲餘杭之域。百年貨賄之名區，鞠爲荆棘；千里稻粱之沃野，化作蒹葭。自古草莽奸雄，江湖劇盗，其嘯聚之廣、劫掠之酷，未有甚于此虜者也。皇上仁切民艱，義嚴天討。有赫斯怒，用致厥罰。乃命臣某假司馬之權，秉中丞之節。閩吴齊魯，悉其韜鈐；錢穀甲兵，均其調度。臣仰奉宸猷，俯竭愚算。念此三江，承平百載，將罔諳兵，人不知戰，須仗八方之義旅，始伸九伐之神威。于是九合義師，四達文告。三吴、百粤折衝防禦之兵，以至象郡、日南武陵叠溪之長，俱荷百年涵育之恩，奮千里勤王之氣。莫不抱忠賈勇，聞命先驅；投袂登程，荷戈指虜。于某年某月某日，雲集大衆，雷動先聲。倭首某人，欲竄則艨艟之既失，欲戰則戈甲之不敵。退保沙栅，合三爲一；苟延喙息，以日爲年。已乃樵采路壅，饔飧不繼。蜂毒蓄尾，猶包禍心；螳怒奮臂，徒虀弱骨。隨該臣等禡社神祇，督率將士。感以忠義，咸願枕戈；明以賞罰，不難蹈火。遂于某月某日，先鋒接則威著于倒戈，後陣交而勢成于破竹。于是鯨催〔五〕鯢仆，鼠竄鳥伏。或投軀虎口，自試于銛矛；或葬身魚腹，永淪于幽壑。臣等謹申三令，戒嚴再鼓。士卒蓄怒，薄林藪以窮搜；將帥協謀，夾山川而布陣。斬獲賊首某人等若干，生擒若干，追獲若干。執侯景于丹陽，斬盧循于海上。烟氛廓息，疏江海以行舟；民庶謳歌，理陂塘而藝稑。此皆我皇上誠達穹窿，仁覃動植。是以神明幽贊，將士輸勞。用期月之訏謨，殄腹心之巨蠹。揚漢威于徼外，陟禹迹于域中。貫胸雕面，重譯來王；翡翠明珠，方舟充貢。中興之美侔德高宣而猶有耿光也。臣等仰承綸命，謬典樞司。上藉九廟之寵靈且承睿算，下賴萬方之效順兼總群謀。幸巢穴之蕩平，冀蘖芽之盡剪。劉江制勝之奇，于今爲烈；吴良備禦之略，自此聿修。荷帝力以難名，貪天工而豈敢？臣無任瞻仰忻忭之至，謹用露布以聞。

致　語

癸丑公宴致語

伏以翊北極以調元，百辟式垂紳之化；臨西昆而較藝，群英承推轂之公。屬金飈分二氣之中，肆玉署薦多儀之享。渠渠夏屋，濟濟周行。恭惟内閣元老相公，文章山斗，廟廊股肱。翕日月之精英，用標天柱；匯嶽瀆之秀異，是秉國鈞。屈群策納之度中，攬八方運之掌上。賢建官，能位事，已操知任之大端；食吐哺，沐握髮，益切搜揚之盛意。爰承綸綍，妙柬珪璋。應九重側席之求，極四海懷鉛之選。蓬山咫尺，袷珮登龍；瑶圃清虚，瑟琴肆燕。暫下九天之直，用偕三省之歡。鵠印驄轎，冠裳孔赫；旅殽旨酒，籩豆有儀。試觀坐上之嘉賓，元是寓中之大老。辰良地勝，禮備樂和。祥光貫列緯垣中，式表文昌之瑞；德星聚紫薇度内，驚來太史之占。某等分職梨園，觀光蘭省。寸衷歡切，短唱聊陳。詞曰：蓬島清秋玳宴張，緋魚金馬映垂楊。玉隄布潤傳仙液，丹桂飛香出禁墻。天上夔龍虞宰輔，堦前班馬漢文章。鳳池鸞掖賢才出，四海千秋樂未央。

啓

上鄭王啓二道

西山遊子倦翼思歸，東道主人緘鱗來顧。旁風上雨，正虞即次之艱；桂醑蘭餚，乃荷充庖之饋。迨既開夫琅牘，爰快睹于瓊章。穆若清風，粲如列宿。領意良厚，爲感甚深。方驅車以載馳，用肅函而致謝。陳言不次，賜鑒爲祈。

又

伏奉瑶函，兼承珍貺。黄初邈矣，驚聞八斗之章；朱紱紛如，寔荷百朋之賚。恭惟老賢王，以國懿親，爲時大老。淇園設醴，邁楚國之好賢；濮水鳴琴，駕東平之樂善。某曩經梁苑，曾承漿饋之勤；兹忝商衡，載拜餞施之渥。感激則極，酬答何能。爰貢纖絲，用將薄悃。投瓊瑶而報李，敢謂及儀；遵澗沼以采芹，所希通信。

上瀋王啓三道

伏承柬牋揚藻，驚聞銀管之褒；在笥頒珍，載荷《緇衣》之好。寵非常典，感不盡言。恭惟老賢王，茂纘宗盟，恪修侯度。知爲善之最樂，每敬客而忘疲。言念蒯生，新叨麻拜。吟成七步，洋洋乎大國之風；製備七襄，纍纍然上機之錦。顧慚孱質，曷副殊仁。裁而爲衣，即佩服于朝夕；藏以爲寶，永護守于子孫。敬附旋伻，恭陳謝臆。荒辭不肅，睿覽爲祈。

又

伏惟桐封衍系，椿圃增年。國存帶礪之盟，天保岡陵之算。備人生之上福，爲王室之休禎。某久嚮懿風，頻承渥寵。遘兹景慶，倍有歡悰。捧兕斝以登堂，雖莫效萬年之祝；束衮衣而載篚，敢遥伸一縷之誠。所冀撝存，何勝榮幸。

又

恭惟蘭殿啓祥，椿齡益算。河山帶礪，永承西土之封；户牖詩書，茂享東平之樂。德高天派，名在仙都。捧兕登堂，阻趨陪于遠道；承筐獻悃，寄祝讚于長年。詞靡心宣，神隨函往。仰希鑒納，不任悚惶。

寄高相公啓四道

伏以維嶽降神，自天佑命。五百載貞元肇會，光贊龜圖；六十年甲子爰週，重開鳳紀。星輝南極，祥集東山。緬惟相公，神化丹青，人倫冠冕。川洄海注，胸中藏萬斛之舟；雷厲風飛，掌上運千鈞之弩。陶鑄衆象，形色熙如；鞭笞四夷，方隅謐若。世方共仰，公未宜歸。父老歡迎，玉帶裘馬；林泉悦豫，竹杖扁舟。豈云卒歲之優游，寔係斯民之否泰。即日晨集星紀，旦啓桑弧。洛下端明，會耆英而方始；東都公旦，綏福禄以未央。某久坐春風，欣開壽域。關河伊阻，莫效鳧趍；松柏相承，願申兕祝。敬專一介，馳上尺書。東向崧高，遡下風而再拜；仰瞻台兆，欽高躅以懷思。無任凌兢，仰祈矚炤。

又

伏惟崧嶽生申，極星見丙。優游緑野，人推捧日之功；璀璨琅函，星衍後天之算。籌添北海，望重東山。恭惟端公閣下，間世挺生，降年有永。泰山北斗，舉一世而爲宗；翠柏蒼松，貫四時而不改。龍蟠蠖屈，乾闢坤藏。霖雨既濡于域中，泉石復擅于洛下。竹間開徑，邀河上之垂綸；丘中鳴琴，避山前之荷簣。天惟陰騭，福乃大來。屬桑蓬之在辰，焕箕翼而介壽。朱顔玄首，愈見其康寧；紫府丹臺，方列其姓字。蓋膺億萬人之所祝頌，迨將八千歲以爲春秋。某懷德則深，瞻室伊邇。采芝苓爲獻，情倍切于斯時；撰杖屨以從，願有諧于他日。敢憑魚素，用代兕觥。努力加餐，黄髮所期于遠道；遵時養晦，蒼生方望于中台。意匪辭宣，神隨函往。

又

伏以山甫生崧，播四國于蕃之烈；端明在洛，續千春獨樂之遊。泝風莫逮于冥鴻，送壽祈同于青鳥。是憑魚素，用代兕觥。恭惟相公，百代偉人，三朝舊德。裁成一世而不顯其功，綜貫百家而不名其學。翽如威鳳之隱見，寔關乎天時；豁若大鵬之逍遥，自適于海運。維二之日，乃百斯年。福履孔綏，衍箕疇之嚮用；老成侯在，巋魯殿之靈光。南有臺而北有萊，月之恒而川之至。某菲葑下體，藉譽青雲；葵藿微誠，傾心赤舄。東山可望，幸寄傲于琴尊；南斗聿瞻，願齊明于箕翼。奈關河之難越，承筐篚而是將。眷念《緇衣》，敢侑上公之衮；永言白首，誓酬國士之知。臨楮馳神，開緘如面。

又

伏惟絲綸秘閣，方愧于續貂；琳琅好音，忽聞于寄鯉。不覺跫然以喜，乃敢率爾爲言。竊念某居闒下材，枋榆弱羽。人不比數，鬼且揶揄。意或值有宿緣，謬見知于宗匠。不徒借以齒牙之論，而且托以肺腑之誠。藉是階梯，超於流品。二天戴德，千載酬知。遂忘鼯鼠之五窮，思效鉛刀之一割。豈憶[六]風波驟起，一行涉納履之田；以至桑海全更，再度感種桃之觀。是用闢東田之别業，于此息心；懷南國之佳人，誓言携手。所思遐矣，將謂終焉。寧知醫國之效足徵，世且采籠中之藥；君子之仁可愛，人豈忘屋上之烏？乃致無良，叨此非據。爰溯餘波之自，寔惟賸馥所沾。明恩莫報于瓊瑶，華札更傳乎琬琰。章甫是惠，施重承筐；緇衣之宜，頒珍在笥。摩頂放踵，知報塞之爲難；由子及孫，誓感藏之無斁。謹附鴻旋之便，仰陳鰲戴之塈。伏願騎鹿增祺，紱麟應瑞。衣冠洛社，慰四方宋相之思；彝鼎郟郟，奠萬載周邦之祐。尺書可托，敬溯下風；寸誠難諠，有如皦日。

寄張相公及請啓三道

伏惟首夏清和，盛德在火；宗周昌熾，高嶽生申。天惟純佑于國家，公則兼隆夫名壽。祥開巖石，喜動搢紳。恭惟相公，應名世期，爲生民表。弼亮三世，爕理萬幾。運帷幄之籌，玩虜于股掌；正廟廊之笏，措世于盤盂。主正少而國不疑，功則多而心不有。黄扉休暇，士罔睹其所爲；赤寓清寧，民相忘于德化。天保孔固，帝眷方新。衮衣繡裳，式瞻丕貺；桑弧蓬矢，載啓元辰。百順攸宜，福禄亦維綏矣；五官俱泰，精神何其炯然。某叨在陶甄，莫陪歡慶。傍弧星而占象，壽緯方明；盻台極以傾心，休符正炳。周作保，召作傅，願永膺黄髮之期；南有桑，北有楊，擬賡上丹臺之頌。瞻依莫逮，鑒照爲祈。

又

伏惟冠槐棘以策勛，快睹鼎彝之烈；修藻芹而薦信，敬陳錡釜之儀。乘朝野之歡娱，借絲綸之暇豫。一陽律吕，動淑氣于黄鍾；三省衣冠，迓勝遊于赤舄。籩豆静嘉，有踐敢云夏屋之承；瑟琴和樂，且湛寔仰周行之示。掃門以俟，鳴鑾是祈。甲館宏張，願登歌于《湛露》；上公至止，行占象于德星。企伫維勤，寵榮莫既。

又

伏以晋晝頒恩，殊典茂迎于雞樹；需雲列宴，清歡聊效于鹿苹。當九重錫眷之隆，適一陽來復之始。蠲吉穀旦，假勝名園。洒掃林亭，所愧尊罍之衎；逢迎軒蓋，伫瞻瓊衮之華。敢藉茅以拜下風，希驅車而導先路。成此一朝之饗，用副隔年之期。借耀維多，陳詞甚懇。

請吕相公啓

伏惟演巽音於綸閣，濫綴崇班；陳需宴於瓊筵，載承嘉典。恩深推轂，感切循衿。欲報賜其何從，徒誦言而罔既。涓於是月某日，敬修享禮，少展謝悰。退食從容，願枉夔龍之武；嘉賓燕衎，庶諧苹鹿之鳴。伏冀辱臨，豈勝欣伫。

賀馬相公啓

緬惟泥金報捷，蘭玉紹芳。韋氏一經，契深心於麟筆；范家三傳，苞奇采於鳳毛。喜洽姻聯，祥延善慶。敢專一价，先布片言。愧我龍鍾，映冰清于半子；多君龐厚，徵槐蔭于二郎。一舉而釣連鰲，寔啓河山之秀；再世而昌鏘鳳，敢云門閥之光。言不悉心，楮用代面。

請皆所陳公啓四道

恭惟春風桃李，青雲叨附驥之聲；秋水蒹葭，絳帳遂登龍之願。十年道義，恩重門墻；萬里逢迎，光依山斗。感遭逢之非偶，念聚會之難常。敞城南尺五之天，涓秋仲二十之吉。敬陳薄酌，仰迓高軒。希迴玉節之清光，眷此青衿之小集。寸陰尺璧，音聆鹿洞之匪遥；一眄千金，德戴鰲山之彌重。

又

伏惟問奇冀北，幸師席之親承；宣化周南，悵仙舟之暫遠。誓擔簦而靡及，敢執畢以爲言。束脡非儀，聊致用情之享；終食無隱，願申請益之忱。伏望枉重高軒，增榮陋巷。雖門墻邈矣，無能爲桃李之情；而杖屨惠然，尚可展蘋蘩之薦。再三是懇，十一爲期。

又

伏惟龍門再接，慰廿年仰止之思；駉野遥臨，動千里分携之慕。敢陳樽俎，暫望宫墻。束脡將虔，愧勤渠于夏屋；德音徽惠，冀則傚于周行。將緣避席之忱，共效稱觥之願。是涓望日，式迓春風。

又

恭惟廿年道誼，勤跂望于斗南；千里門墻，叨趨承于日下。幸慰見羹之思，願陪終食之歡。八簋將虔，敢謂致饗于長者；一言徽寵，所希請益于先生。十日爲期，寸衷獨至。

寄陳公啓

門生夙荷陶鎔，久塵華近。懷鉛終夜，刻鵠無成；糜廩經年，懸貆有刺。遥承雲庇，躋佐天卿。貌難取人，果何酬于冰鑑；韵不適俗，第增苦于簿書。畏甚循墻，慚深濡翼。仰厘華牘，賜誨有嚴；願矢素心，報施無斁。緬惟河流廢徙，漕運迍邅。千里桑麻，彌望盡爲澤潴；萬艘粳稻，經年委諸泥沙。國計非輕，民勞已甚。將興大役，其如杼軸之空；欲息疲甿，無奈咽喉之梗。所求兼利，必藉長猷。乃吾師借重于此方，是上天有意于今日。佇觀成績，聆口碑之具騰；行受新恩，見鋒車之遄召。聊因來使，布上謝言。覼縷靡宣，斗山如見。

請虞坡楊公啓八道

伏惟明良千載，是生崧嶽之神；壽考萬年，敢獻兕觥之酒。屬樞庭之暇豫，匄蓬宇以光輝。王謝門高，幸縫綣于絲蘿之末；召方猷壯，侍談笑于樽俎之間。效野人之意以獻芹，借海屋之籌以算爵。愷悌而受天福禄，喜依今日之歡；老成而爲國典刑，敬禱歷年之永。涓期十九，獻歲三千。

又

伏惟六十年而週甲子，闢新命于槐階；八千歲以爲春秋，衍茂齡于椿圃。靈承帝貺，式副民瞻。集人境之洪休，納延未艾；在吾黨之小子，慶忭良多。爰筮剛辰，仰扳嘉會。松醪苓實，敬陳二氣之華；衮衣繡裳，顒迓列仙之駕。共攄燕臆，迭薦兕觥。極北斗南，仰清光于維石；人間天上，增景福以如川。賁止有輝，豫鳴不磬。

又

伏惟降神惟嶽，興五百年名世之賢；佑命自天，膺六十載增川之祉。桑苞衍慶，蘿附蒙暉。睸玉鉉之暇辰，乘金飈之爽令。敢供桃實，用效芹莖。再拜而獻兕觴，敬詎伸于酒醴；百歲而垂鶴髪，願永賴于典刑。伏望惠枉前旌，借榮下士。降列仙之駕，不羨凌霄；停長者之車，深慚負郭。寸衷實切，四日爲期。

又

伏惟嵩嶽降神，長庚在旦。荷天純佑，與齡倍增。凡在帡依，曷勝慶幸。謹擬月之既望，敬治長春之酌，仰扳永晝之歡。望螭錦以承光，共賞桂花于三五；稱兕觴而上壽，敢祝椿算之八千。拱聽鸞音，奚勝雀企。

又

伏惟閥閲開勛，光啓帶河之誓；弓裘嗣美，更奪横海之標。實惟海内之奇觀，豈止鄉園之盛事。葭莩借曜，燕雀生歡。列樽俎以陳虔，鼓瑟琴而肆宴。企瞻衮繡，恭依几几之容；迓續簪纓，共羡穰穰之慶。願言夙降，敬此辰祈。

又

恭惟神降嶽以翰周，保定大來之祉；火見丙而正夏，宏開初度之期。豐日宜中，泰符有煒。敢憑鸞信，敬薦兕觥。邀長者之車，丐借圭蓬之寵；迓列仙之駕，伫聞鸞鶴之音。食芹而甘，區區一酌；如松之茂，永永千年。爰卜十九之辰，是致再三之悃。

又

伏惟斗北調元，嶽啓生申之瑞；極南獻壽，星呈見丙之占。天惟純佑國家，公則多歷年所。百官式序，萬福攸同。如松柏之相承，願寔通于四海；矧葭莩之有托，祝敢後乎三觴。敬蠲六甲之元辰，仰迓三台之景從。歡生苹野，鼓永晝之瑟琴；慶衍椿庭，擾長春之猿鶴。頌言莫罄，覼止爲祈。

又

伏惟荷風遞爽，迎降嶽之元辰；槐座凝禧，沐自天之新寵。祗伸燕喜，仰薦兕觥。爲春酒而介萬年，願有祝于簡簡；效夏屋而陳八簋，敢自致其渠渠。啓華以迎，擇芹而瀹。衮衣至止，庶瞻斧藻之光；几杖以朝，敬上松苓之壽。十九惟候，再三是祈。

寄虞坡楊公啓

即辰崧嶽生申，弧星見丙。惟天純佑，俾爾熾昌。景福萃于一門，嘉慶延于四海。恭惟柱輔虞翁，翰周方召，謨夏益皋。萬里長城，一時大老。悦《詩》、《書》，敦禮樂，是長六卿；聲律吕，身準繩，具瞻百辟。當五百年而名世，丕興圖閣之勛；總八千歲以爲春，載啓懸弧之旦。黄髪兒齒，衮衣繡裳。請觀膝下之芝蘭，盡是人中之杞梓。忠貞家法，文武科名。斑斕濟濟以稱觴，金紫煌煌而充室。昊天明眷，人世全禧。凡在章縫，孰不雀躍；顧聯門閥，獨阻鳧趨。是陳芹曝之儀，用上松苓之壽。五雲縹緲，知望海之匪遥；百禄駢蕃，願如川之方至。

代祁柳谷請楊公啓二道

伏惟師友淵源，久托斷金之契；兒孫姻婭，更諧倚玉之緣。

惠承一諾之千金，敢致寸心于萬里。是用緘儀貢悃，式宴締歡。涓二八盈魄之期，假尺五近天之域。永好寧忘于投李，獻虔欲效于食芹。依大厦之陰，幸荷帲幪于三世；望長安之日，何如酬酢于一堂。戴德維深，馳心孔邇。

又

伏惟山斗傾心，久欽雅望；葭莩托廕，願借餘暉。是攀一顧之榮，增重百年之契。筮今十有六日，舉姻婭之嘉會，假京洛之名園。敢枉從騶，主盟斯好。琴瑟而湛旨酒，式宴嘉賓；蓬蓽而過高車，深慚長者。肯臨是冀，仰控難名。

寄鑑川王公及請啓六道

伏以楓陛宣麻，榆關開府。陝以西，周公主之，秉旄撑半璧之天；閫以外，元戎制焉，推轂授三軍之寄。貔貅鼓舞，萬竈生春；虎豹嶔崎，九關增氣。仰惟舅翁，悦禮樂而敦《詩》、《書》，胄仁義而櫓忠信。藝林敷藻，成七步之章；憲部詳刑，折片言之獄。揚樓船而南指，慷慨以净波氛；捲旌旆而北征，談笑以却胡騎。善謀善斷，允武允文。士懷挾纊之恩，國有長城之賴。帝心簡在，衆論同歸。諏吉日以建壇，戒行人而授鉞。玉關銀塞，遥傳綏靖之猷；葱嶺陰山，坐運廓清之略。河外三城久棄，方資保障于韓公；湟中雜虜時訌，更議便宜于充國。法玩而紀綱盡弛，塞長而斥堠多疏。欲成不世之奇功，須掃近時之故套。譬則不調之琴瑟，定用改弦；有若欲漏之舟航，先宜備絮。是以小范視鄜延之旅，旃裘膽寒；光弼入朔方之軍，旌旗色换。夫豈權難豫設，固知功在人謀。况以元老之壯猷，輔此中興之昌運。饑食渴飲，恩溥匪難；雷厲風飛，威宣亦易。若少需以時月，將有銘之旂常。鎖鑰惟良，壯萬里北門之勢；干城作屏，寬九重西顧之憂。佇觀報凱于轅門，行見賜環于台座。西京燕喜，衆歡虎拜之召公；北斗調元，更賴鷹揚之尚父。某雕蟲占技，待兔經時。探緗帙于十年，雖工何用；靡鉛刀之一割，酷似寔難。蓬爲矢而掛門端，負幼時之壯志；印如斗而懸肘後，欣舅氏之雄圖。葵臆恭攄，菲儀陳賀。《緇衣》將好，遐馳上郡之思；瓊瑰慚珍，倍有渭陽之慕。其爲瞻戀，匪可名言。

又

恭惟屏翰三邊，折衝萬里。士奮再鼓之氣，驛傳三捷之書。華夏威紓，旂常勛茂。功惟報賞，既延奕世之恩；爵以酬賢，更首中臺之座。典隆司勳，歡動登壇。仰惟舅翁，負絶代之英猷，肩殿邦之重寄。電馳秘略，攬萬變于胸中；雷動先聲，運三軍于掌上。念胡虜爲天之驕子，勢可折箠；視卒伍若我之嬰兒，恩同挾纊。馬騰士飽，令肅信孚。含枚夜發，鳴鼙鼓于地中；捲旆晨驅，出將軍于天上。五道並進，十日爲期。迅霆裂石，知掩耳之猶難；勁弩觸機，欲瞬目而不逮。衆如頡利，倏已委于塗泥；强擬郅支，忽漫喪其首領。穹廬鬼哭，沙漠烟消。壯士長歌入漢關而奏凱，軍諮奮袂按周典而書勛。露布來聞，天顔有喜。百辟動色而相賀，九邊斂衽以推賢。僉謂虜警數十年以來，撻伐唯此爲烈；頓使塞垣數百里之外，犬羊乃爾闃然。功則稱奇，賞斯從厚。憲府帥寮，無出其右者；賢關登胄，有所以後之。豈惟疆埸之光，久矣社稷之慶。某才慚酷似，情倍欣如。頌韋相之勛華，詞謝盧生之麗；贈文公之車馬，器微秦國之珍。敬用片言，仰陳寸悃。有時閒燕，尚能敷爲鐃歌鼓吹之辭；他日編摩，更當垂之金匱石函之記。瞻雲具牘，計日達誠。某無任忻忭馳企之至。

又

恭惟正陽在令，喬嶽降神。慶衍槐階，晝迓最長之景；算增蓬海，晴添滋至之籌。依恃維深，頌言難罄。篋鵷日下，幸隨撰杖之游；酌兕膝前，敢效躋堂之祝。子姓兄弟咸在，雖天涯何異故園；壽富康寧備臻，即人世有同仙境。是涓穀旦，敬掃蓽門。十九維期，再三是懇。

又

恭惟月臨維夏，陰敷槐棘之庭；天降翰周，光啓桑蓬之旦。眷仙籌之載衍，屬宸眷之方新。八座紆瓊，公卿在後；一觴奉兕，子姓滿前。豈惟帝里之壯觀，實乃天倫之樂事。爰敢灑掃庭宇，瞻企軒車。斸雲芝而薦長年，瀹澗芹而娱永晝。有肥羜以速諸舅，所希終日之歡；控玄鶴而迓列仙，願上後天之算。歡衷倍切，頌言罔宣。薄敬斯申，吉日維午。

又

伏惟壽衍椿年，祥開穀旦。時萬時億，集仙籙之茂齡；至再至三，備人寰之景福。夏官九伐，曳履班高；韋氏一經，籯金業裕。是壯河山之閥閱，更瞻門户之桑蓬。廕曜維多，薦誠倍切。汛掃庭宇，式迓軒車。瀹澗沚之毛，百拜以修明信；祝岡陵之算，萬年而作典刑。籩豆静嘉，瑟琴和樂。外内子姓，濟濟捧觴；前後科名，彬彬結綬。奚止鄉園之勝事，信爲京洛之榮觀。燕喜有儀，令聞不已。希乘永晝，肯聚德星。有酒且多，願上公堂之斝；如川方至，行添海屋之籌。跂佇孔殷，頌言莫罄。

又

恭惟東山望重，敷天屬意于蒲輪；南極輝遥，吉日徵祥于蓬矢。槐庭晝永，椿圃年長。寄目青鸞，末[七]遂一觴之獻；托情素鯉，敬傳千里之音。恭惟舅翁，毓天精粹，作民典刑。齒德同尊，是曰天下大老；康寧以壽，允惟平地神仙。當兹星見丙之辰，寔惟嶽生申之旦。姻聯執斝，集洛社之衣冠；子姓舞班，邁竇家之蘭玉。一堂内弘開壽域，百年間長駐春光。甥某，京國名園，幸稱觴于往日；鄉山結社，阻撰杖于兹時。讚頌心勞，瞻依神往。承筐是薦，祇增衮繡之思；戴岳難忘，願上岡陵之算。

寄楊本庵啓二道

伏惟松蘿夙附，幸諧鏘鳳之占；桃實春蕡，式屆雝鴻之候。婚媾維其吉矣，道里夫何遠而！爰卜穀辰，申命元子。造舟河洛，納幣門庭。千里親迎，願瑟琴之静好；百年締慶，依閥閲之閎深。顧此顓蒙，未閑儀度。總角而弁，穉髮方髫；騎竹以嬉，童心猶在。所紓訓誨，尚賴帡幪。宜室宜家，示儀刑于閨閤；以嗣以續，衍福祉于宗祊。受賜孔多，名言莫既。自欣種玉，詎報投瓊？

又

緬惟陽月發祥，壽躔增燿。屬德政維新之會，慰烝人仰祝之私。渤海添籌，岱宗現瑞。芝蘭冑秀，松柏齊堅。凡在姻親，咸傾欣贊。某躋堂酌兕，莫陪賓宴之歡；跽使緘魚，敢頌仙垣之祉。藉儀履襪，表悃曝芹。引目無涯，馳神孔切。

同州請楊介庵啓

伏惟匡衛騰輝，夐映三台之次；騂騮得路，特超萬騎之先。

譽播澤宫，歡生梓里。敬借五侯之第，用陳三觶之儀。鶚薦雲高，載揚國士；鹿鳴日麗，式燕嘉賓。春秋交冠于賢書，共訝弟兄科第；文武兼資于帝略，更推父子勛庸。四海一門，千人獨步。榮增倚玉，念切登龍。薄悃是申，吉日維戊。

代馮澤山寄前令啓

某無似，濫與續貂，深慚朽質。遥承寄鯉，仰荷仁風。思軌轍之欲循，念瓊瑶之莫報。恭惟執事，東吴鮑謝，北海龔黄。吐鳳詞林，名高丹桂；懸魚琴座，惠溥甘棠。聲流百里之英，政陟九重之最。民士方欲卧其前轍，而不才乃爾繼其後塵。珠玉在旁，覺穢形之可厭；步趨莫效，渺逸駕之難攀。方思請益于玉音，遽荷錫仁于瑶翰。高情滿紙，艷彩奪人。銘鏤在心，報稱何物？仰藉休庇，已于月之三日捧書辭闕，夙駕在途。倘蘭旆之非遥，趨席有日；念萍迹之不偶，接武何堪。情切臨函，神馳望德。陳辭再拜，莫既寸心。

寄羅念山啓三道

惟兄司憲柏臺，茂揚景績；弼刑棘寺，行著駿聲。墨敕初傳，輿情大協。明慎庶獄，暫資束矢之公；保釐四方，且拜登壇之命。幸趣騶駕，迅邁燕京。上答九重側席之思，下續二載聯床之話。所餘緒語，用副别牋。

又

伏惟金秋氣爽，銀塞塵清。蓬矢桑弧，屬降神之維嶽；貞松喬石，欣佑命之自天。贊祝心長，瞻依室遠。承筐有悃，爰致意于玄纁；推轂何能，敢抒情于冠綏。所希海納，無任冰兢。

又

緬惟幕府集禧，極垣現瑞。靈椿八千歲，序屬初秋；仙桂第一枝，系延昌裔。居延萬旅，歡忭攸同；文昌六宫，簡徵伊始。惟厚德懋綏夫福禄，寔皇天純佑于邦家。某幸附葭莩，欣瞻箕翼。闗山難越，馳遥睇于夏邦；筐篚是陳，效微虔于春酒。仰希鑒納，無任榮光。

代柳谷請楊本庵培庵啓

伏惟締好高門，幸荷極隆之眷；緘情遠道，敢陳不腆之儀。必有芳筵，斯諧佳會。謹筮月之既望，式陳籩豆，仰迓軒車。集京洛之名園，序門欄之樂事。鍾鼓而求淑女，喜成兩小之緣；瑟琴而樂嘉賓，更睹二難之勝。所希肯醉，不異陪趨。

請本庵元川作冰人啓

伏惟故國弟兄，幸共綰日邊之綬；天涯兒女，敢勞繙月下之書。諾重千金，光增二姓。歡言既叶，惠好云初。鷄酒問名，愧多儀于禮席；鹿苹式燕，假末曜于賓筵。月滿蠲良，城隅卜勝。青梅竹馬，姻緣當兩小之期；春省夕闈，冠蓋擅一時之盛。其爲榮賴，莫可名言。

請韓元川羅念山作冰人啓

借重一言，主盟二姓。姻好申締，嘉禮造端。敢用不腆之儀，敬托蹇修之使。鸞占告叶，方迓慶于盈門；驄御肯臨，更假光于執斧。其爲榮幸，匪可名言。

復楊中峰啓

伏惟藐爾寒門，雖本軒裳之緒；冲然弱息，莫閑纂組之功。辱紹介之駢臨，焕盟言之申錫。廹其吉兮，鼓笙簧而肆宴；永爲好也，翕琴瑟以成歡。得人寔邁于南容，幸蘭金之可結；修睦有叨于東武，慚葭玉之相依。勉輒拜嘉，對揚將命。

寄本州應試諸生啓四道

辰下丹敷桂苑，黄滿槐逵。顧兔東生，争礪吴生之斧；聞鷄西嘯，競先士雅之鞭。緬惟諸君，里選推賢，鄉評論秀。條山夜雨，幾年勤苦螢窗；汾水秋風，萬里扶摇羊角。國士于兹其遇矣，邦人亦與有榮焉。某等晋社關情，周京寄迹。平康走馬，念昔遊若在目前；咫尺登龍，計今日當屬足下。祗陳短牘，併效兼金。所願拔翼西山，立横秋之一鶚；垂綸東海，掣戴岳之連鼇。應兹奎璧之光，發我河山之秀。

又

辰下五緯臨奎，兩河論秀。千金市駿冀之北，兹正其區；萬里摶鵬圖以南，今維其候。緬惟諸賢，懷玉需時，下帷成道。揚芬月旦，名久擅于鄉評；振翼風秋，價定增于里選。某等繫望桑閭，企聞桂信。着鞭西歲，曩慚我輩之前驅；聯榜甲科，請讓諸君于先路。式陳菲貺，用布芹私。

又

惟時玉宇風輕，叢桂飄香之候；雷門浪涌，巨鼇戴石之秋。濟濟麟鸞，氣衝霄漢；師師俊秀，慶毓河山。粤惟諸賢，人稱八翼之材，天賜三清之路。當龍飛首歲，翊昌運于千齡；正鵬奮長空，摶扶摇乎萬里。石經滿座，輝延桑梓之墟；玉笋成林，光映芙蓉之鏡。歌鳴鹿，牲少牢，已見聲馳藝苑；躋高明，脱凡近，行看望重詞垣。某等迹係燕雲，心懸晋水。忻聞盛事，欲摳賀以無由；爰饋常儀，願垂情而賜納。

又

緬惟吾郡，代有經術之士，夙稱仕宦之鄉。垂史籍之輝，仰欽前哲；發河山之秀，今睹群賢。當三冬文史足用之餘，屬萬里扶摇可乘之會。雲衢獨步，冀北之群是空；日下聯翩，河東之鳳競起。復曩日科名之盛，衍百年冠蓋之華。文運方昌，地靈益著。僕欣逢嘉會，言念昔遊。吾黨成章，已見斐然之可述；後來可畏，尚期卓爾之不群。聊分王府之珍，用侑雲程之費。馳心束牘，注目捷書。

同鄉迎進士啓

即辰花滿杏園，鶯遷柳禁。風雲萬里，已翻鯨海之波；禮樂三千，行獻鳳樓之賦。河山增勝，京洛傳芳。亶稱梓里之榮觀，敬舉桂林之故事。春風御道，綵斿分燕舞之暉；遲日曲江，琴瑟侑《鹿鳴》之什。冠簪集盛，樽俎洽歡。共忻年少之郎君，原是故家之才子。願惟夙顧，成是晝遊。

校勘記

〔一〕“太平興國三年鄉試魁卷”，底本卷首原目録無。

〔二〕“淳化五年”，底本卷首原目録無。

〔三〕“元豐七年會試墨卷”，底本卷首原目録無。

〔四〕“璧”，疑當作“壁”。

〔五〕“催”，疑當作“摧”。

〔六〕“憶”，據文意似當作“意”。

〔七〕“末”，甲辰本作“未”，是。

條麓堂集卷八

奏疏〔一〕

辛未謝病第一疏〔二〕

吏部左侍郎兼翰林院學士臣張某謹奏：爲患病不能供職，乞恩回籍調理事。臣本河曲鄙儒，傳習章句，偶緣科第，徼冒清班，歲月滋深，涓塵靡效。恭遇皇上龍飛，弘開經幄，猥以末技，獲侍講讀，荐被恩私，遂階今職。草茆始願，殊不及此，誓畢竭此生，仰酬高厚，臣之心也。臣蒲柳之姿，受氣甚淺；升勺之器，逾量則溢。今歲六七月間，偶因傷足，寢處床簀，將護不密，乃爲風濕所摶，筋骨拘攣，幾成痿廢，延醫調治，稍能步立。時迨秋仲，講筵載啓，追隨諸臣，勉强供事，不敢以疾請。兹奉明命，入冬暫輟講讀，臣之前患積深，加以寒氣外逼，自膝至踝，焮腫楚痛，步履艱蹇，食寢俱妨，療理百方，茫無效驗。諸醫皆謂病在脉絡，非旬月所可愈，而臣職佐銓衡，又一日不可曠，是以展轉圖惟，不得不仰鳴于君父之前也。伏望聖慈特垂矜憫，將臣放歸田里，使得一意近醫藥自輔。魚鳥之性既獲遂于林池，犬馬之年或未填于溝壑，則臣之遭際生全，莫非大造含弘之賜矣。臣無任隕越悚懼懇切乞恩之至。

第二疏

謹奏：爲疾勢深痼，再乞天恩，俯容回籍養病事。先該臣奏爲患病不能供職，乞恩回籍調理事，伏奉聖旨：“准暫調理，痊可即出供職。吏部知道。”欽此。臣聞命自天，感激隕涕。竊念臣章句陋儒，行能無取，荷蒙皇上棄短録瑕，置之經幄，陪奉清光，荐叨渥寵。臣之檢束酬知，感激思報，有倍萬恒情者。故自夏秋嬰病以來，勉强心力，蹣跚供事，次且進退，不敢遽以疾請，日夕希冀，猶庶其有瘳爾。乃兹涉秋歷冬，病苦益甚，職務曠廢，行立俱妨，雖復欲如前日勉强支持，有不可得，萬不獲已，乃敢哀祈。伏蒙聖慈不即放免，令其在任調理。大造含容，不遺小物，臣非土石，豈肯自外生成？顧抱痾三時，形神困悴，循衿自忖，决非旬日可瘳，若復拘牽職任，于心終屬未安，用敢不避至再之煩，仰叩蓋高之聽。伏望聖慈俯鑒危苦至情，將臣放歸田里，就便醫藥。徜餘年可保，當永隨擊壤之民；果朝露先零，亦獲遂首丘之願矣。臣無任悚懼懇切之至。

第三疏

謹奏：爲恭陳謝悃，終乞天恩，俯容回籍養病事。先該臣爲患病不能供職，奏乞回籍調理，奉聖旨：“准暫調理，痊可即出供職。”續蒙欽賜猪羊、米酒、瓜茄等物。臣祗領殊恩，感激流涕。竊念臣本無行能，亦鮮學術，遭際熙運，荐叨渥寵，力小任重，福過灾生，偶有顛撲微傷，遂成觔骨深症，步履不便，職務多鰥，置散投閒，寔其本分。伏蒙皇上采葑菲之下體，惜蒯菅之舊物，不忍棄捐，勉令調攝，温綸異數，駭耀觀聽。臣誠刺心刻骨，思效驅馳；摩頂放踵，無所係吝。延求醫療，冀獲少愈，經今又復旬日，膏餌備試，微效鮮睹，寒沍澌烈，痛楚滋劇。夫以臣寡薄無似之人，而據崇顯非分之地，抱拘攣難已之疾，而懷夙夜不寧之心，此所以歷日益深而爲患益甚也。伏望聖慈鑒臣至情，特賜放歸田里，使臣解釋職務，就便醫藥。倘形骸幸保，溝壑未填，終始生全之仁，没齒有永戴矣。臣煩冒天聽，無任悚懼之至。

壬申辭徵命第一疏[三]

原任吏部左侍郎兼翰林院學士臣張某謹奏：爲宿疾未平，懇乞天恩，辭免新命事。准吏部咨，該巡撫山西都御史楊綵題稱病痊大臣乞亟賜起用事，奉聖旨："着以本官協理詹事府事，便行取來京。吏部知道。"臣聞命自天，感激隕涕。臣于昨歲十月，因感患脛症，再疏乞歸。荷蒙皇仁天覆，准其回籍調理，扺今僅三月耳。仰惟皇上矜念舊物，在遠不遺，一聞撫臣之言，遽下召還之命。陪貳天部，復其舊班；協理東朝，寵以新任。曠恩特典，迥異尋常，臣何人斯，乃有斯遇？使臣誠宿累盡袪，步履如常，即當聞命載馳，星言赴闕，勉效涓埃，仰酬覆載，此臣之義，亦臣之心也。緣臣禀受脆薄，幼多疾疢，始願自以爲不逮今日。比因犬馬之齒既長，而升勺之量又逾，兢兢檢攝，幸免内患。不意一肢失護，横爲客邪所侵，初在皮膚，恬不知慮，遂致浸淫脉絡，摶于骨節。得請西歸，延醫診視，咸謂初感雖微，日久寖錮。既非腑臟内病，可以湯液滋榮；又非瘍疽外發，可以針砭取效。但須寧神定志，節慎出入，日漸月摩，聽其自愈，不宜輕有舉動，將使爲患益深。臣方杜門謝客，務爲静攝，忽捧温綸，震越無措。深惟聖恩高厚，苟能勉强仰答，無容自惜。但内循病狀，焮腫猶昔，舉趾蹁躚，豈容重爲班行之玷？况當聖明在御，賢俊森列，亮工展采，不患無人，而何有于此章句末儒、枵羸廢物也。伏望聖慈鑒臣至款，特收成命，令臣仍在籍調理。倘蒲柳餘生，果獲培其易零之性；將桑榆末景，猶可攄其未盡之忠。臣瞻望闕廷，無任懇切屏營之至。

第二疏

謹奏：爲再乞天恩，辭免新命事。臣先因感患足疾，不便供職，乞恩回籍調理。隨奉召命，令臣以原職協理詹事府事，臣即具疏控辭。候旨間，蒙恩爲東宮出閣，以臣充侍班官。續得旨，着臣遵旨前來供職。吏部先後移咨到臣。臣感激天恩，謹焚香望闕叩頭恭謝，義當畢竭此生，仰答鴻造。然臣竊自循省，行能薄劣，學術短淺。曩荷聖明特達知遇，拔置經幄，授之銓貳，尸素有時，藐無寸補，則臣之不足任使亦既明矣。矧兹聖謨弘遠，燕翼貽庥，輔德青宫，寔資端碩，故科部諸臣拳拳建議，謂宜妙簡宮僚，須極一時之選，誠慎之也。如臣碌碌，循常守職尚不如人，若復冒厠清班以黷隆典，將天下其謂臣何？皇上念臣侍從日久，察其朴忠，在遠不遺，寵命隆異。顧臣自知甚審，誠恐日後驅馳不效，有傷陛下知人之明，是以聞命彷徨，次且累日，不敢不昧死陳于君父之前也。臣前所患足疾，迄今猶妨動履，伏望聖慈特收成命，俾臣仍在籍調理前疾，另選名德，表儀睿學，則我皇上念舊之仁、器使之義邁古帝王萬萬矣。臣抵冒天威，無任悚懼懇祈之至。

第三疏

謹奏：爲懇乞天恩，停免徵命以謝人言事。臣告病里居，近蒙聖恩，着以原職協理詹事府事。臣即具疏控辭，未奉俞旨。續准部咨，蒙恩以臣充東宮侍班官，臣再具疏辭。候旨間，忽接邸報，户科給事中曹大野疏，詆臣納賄大學士高拱，營求起用，臣無任駭愕，不知言之所自。臣于去歲夏中感患脛瘍，入秋猶妨動履。供事講幄，雖極力矜持，進趨終屬未便，此聖明洞鑒，豈敢飾説？迨冬講筵既停，臣遂再疏，祈恩回籍調理。使臣誠貪冒榮利，即忍此末疾，勉强朝夕，亦可苟禄，何乃固求閑退？既已得請，而復行重賄以要求之，無亦謬戾不情之甚乎？伏惟東宮出閣，侍班講讀，例用儒臣。臣叨列詞館，積有歲年，是以輔臣遵例循資，以臣備數。即如今東宮侍班四人，資深于臣者一人，資淺于臣者二人。以才德論，臣誠爲不稱；以詞臣資叙論，則臣未嘗逾冒也。况臣原日侍皇上講讀，蒙恩子〔四〕告，旋膺召命，以之侍東朝講班，乃爾須汲汲以賄求耶？且往歲皇上不以臣爲不肖，俾貳吏部，獲與大學士高拱同事銓選。拱感荷知遇，矢心圖報，率同臣等，務秉公直，杜絶夤緣，斥汰贓賄，故一時中外臣工多兢兢奉法，修舉實政，此士大夫所共睹識者。若臣果不自愛惜，非禮求進，拱嫉惡最甚，方將推而遠之不暇，而肯引以自近乎？此其事理明甚，無庸深辯。第念臣行能本劣，學術又疏，雖有硜硜自守之心，殊無表表可見之節，以故物望不孚，訛言沓至，負乘招侮，理有宜然。伏望聖慈收回成命，將臣特賜罷免，使全微尚，以保晚節，則臣荷我皇上終始曲成之仁，與覆載同其高厚也。臣無任惶懼激切之至。

自陳疏

原任掌詹事府事、吏部左侍郎兼翰林院學士臣張某謹奏：爲自陳不職，乞賜罷斥以嚴新政事。臣自原籍山西蒲州赴京中途接得邸報，内開：六月二十七日，吏部、都察院欽奉聖諭："六部等衙門四品以上官，俱着自陳。"欽此。竊伏自念，臣本一介寒陋，行能無取，往以文字末技叨厠詞垣，積有歲時，靡效尺寸，荐歷通顯，益覺曠瘝，頃緣末疾乞休，寔惟循分知止。兹遇聖皇御極，萬彙一新，澄汰庶僚，肅清政紀，如臣庸陋，豈宜復玷班行。伏望聖明將臣特賜罷免，以警不任，庶幾群賢益勸，而新政爲有裨矣。臣無任戰慄待命之至。

得告謝恩疏

掌詹事府事、吏部左侍郎兼翰林院學士臣張某謹奏：爲感激天恩，恭陳謝悃事。近該臣因宿疾增劇，乞恩放歸田里。伏奉聖旨："張某既有疾，准回籍調理。伊係先朝日講官，着馳驛去。"欽此。臣聞命感激，震驚失措。伏念臣受才本劣，賦分甚奇。始叨世廟作養，儲之詞林；繼荷先皇拔擢，置之經幄。恩賚溢量，菑疢早膺。雖犬馬之齒尚在中歲，而蒲柳之質悴于先秋。心未盡則思酬，力不能而知止。爰瀝私願，仰懇宸慈。伏遇我皇上天植至仁，日嚴純孝。育物擴有容之度，錫類永不匱之思〔五〕。眷兹簪履之微材，溥以蓋帷之渥澤。榮逾晝錦，寵借春綸。臣負載難勝，報稱曷地？倘林泉之獲息，或溝壑之未填，誓當纂述聞見，備昭代之一經；歌咏遭逢，祝聖人之萬壽。臣無任感戴悚慄之至。

甲戌辭召命疏

原任掌詹事府事、吏部左侍郎兼翰林院學士臣張某謹奏：爲欽承召命，感謝天恩，兼陳辭悃事。准吏部咨，該内閣題奉欽依，令臣以原官掌理詹事府事，充《世宗皇帝實録》副總裁官，專管纂修。臣聞命自天，感激泣涕，謹焚香望闕叩頭恭謝外。伏念臣秉性最愚，賦命奇蹇。往以文字末技，獲玷華階；荐歷歲月微資，遂叨顯秩。報稱何有，器量已逾。既德不厭于衆心，而身復嬰于多病。蒙恩予告，倏爾三秋；引首瞻天，邈焉萬里。自謂江湖疵賤之迹，永違木天清切之班。詎意聖明曲加存念，既寵復其宫端之舊，且申命以史局之榮。載地覆天，難以名狀；摩頂放踵，莫可仰酬。兹固恩重于賜環，而義不容于俟駕者也。但臣自思念，行能薄劣，不足以表率宫僚；問學空疏，不足以發揮帝德。度材受任，寔惟臣經；循分知止，是乃天道。臣若貪戀寵榮，不揣涯量，過爾叨冒，必致隕顛，不惟孤負恩私，亦且增崇罪戾。臣是以拊心徬徨，不敢不陳于君父之前也。伏望皇上俯鑒愚誠，勉收成命，俾臣仍以原職致仕里居，則臣掞藻而侍天庭，雖不獲簉鄒枚之列；擊壤而歌帝力，亦不失爲堯舜之民矣。臣無任祈懇屏營之至。

乙亥自陳疏

詹事府掌府事、吏部左侍郎兼翰林院學士臣張某謹奏：爲自陳不職，乞賜罷斥以肅重典事。該吏部題奉欽依，内開："今當六年京官考察之期，四品以上例該自陳。"臣自惟賦質最凡，無它奇節，祇以文字末技濫厠侍從清班，閲歷歲時，荐致華顯，頃年以疾在告，寔惟引分自甘。伏蒙聖慈不棄幽陋，追憶菅蒯，曲采葑菲，使此江湖疏逖之蹤，復點承明著作之列，國史重任，專委纂修。臣感荷殊恩，勉圖報效。涓塵雖細，祈贊高深；頂踵可捐，無復惜吝。此臣之分，亦臣之心也。第以韀綫材微，取之易竭；蒲柳質脆，未老先衰。臨事多忘，含毫即倦。冀以勒成一代綦隆之典，永爲萬年傳信之書，非其任矣。且臣兩紀立朝，絲毫無補；髫年學道，五十無聞。自知甚明，僥冒已過。伏望皇上將臣特賜罷斥，以章綜核之政，俾百工、庶尹知不肖鰥官，雖近臣不能逃于顯罰，皆將争自濯磨，奮庸展采，其于治化不爲無少補矣。臣愚不勝惶悚待罪之至。

入閣辭疏

謹奏：爲懇乞天恩，辭免非常恩命事。准吏部咨，該少師兼太子太師、吏部尚書、中極殿大學士張居正等題奉聖旨："張某升禮部尚書，兼東閣大學士，着隨元輔等在内閣辦事。吏部知道。"欽此。臣聞命自天，惶懼失措。竊惟内閣之任，寔古丞弼之司，所以股肱一人，儀刑百辟。非有弘毅端靖之度，不足以斡運化樞；非有通明密察之才，不足以綜括機務。我皇上應運紹基，勵精圖治，委政賢哲，專任責成。是以綱紀肅清，法守恪慎；蠻夷率服，方隅宴寧。此得人之明驗也。若如臣者，行能凡劣，學術淺疏，徒以章句鉛槧之技，獲厠文學侍從之班，積有歲年，荐歷通顯，守身不慎，爲人所猜，省咎投閒，寔其本分。謂且没齒，無復致身，乃不意曲軫皇慈，矜念小物，召自遐遠，付以編摩。臣誠感戴洪仁，真同再造，誓竭驥綫之用，仰酬型冶之恩，猶緦緦焉懼不逮也。至于密勿要地，治化本源，非特才德有所未堪，寔亦夢寐之所不及。乃蒙我皇上俯循輔臣之請，録其悃朴之愚，特旨涣頒，不次見拔，既陟以常伯之峻秩，復畀以秘閣之華階。臣沐寵則深，自知甚審。升勺之器，所受有涯；駑下之足，豈堪致遠？過爾叨冒，必致顛隮，不惟失人臣自靖之宜，抑恐負聖主知人之哲。是以欲進趦趄，循躬跼蹐，而不敢僥倖誤恩，處所非據也。伏望聖慈收回成命，容臣仍以原職效勞史館，假以時月，責其成事，使臣得緣分自效，黽勉夙夜，以終先朝所未竟之典，庶臣職可無曠而心可自安矣。臣無任激切屏營之至。

乞申飭史職疏

具官臣某等謹題：爲懇乞申飭史職以光新政事。准禮部行文，該本部題覆翰林院編修張位奏前事，議照裁定史職，係閣臣題請，合候命下，行文内閣，查照本官奏内事理，將一應合行事宜詳行議擬上請等因，題奉欽依，行文到閣，臣等欽遵議得國初設起居注，迨後詳定官制，乃設翰林院修撰、編修、檢討等官，蓋以紀載事重，故設官加詳，原非有所罷廢。但自職名更定之後，遂失朝夕記注之規，以致累朝以來史文闕略。即如邇者纂修世宗皇帝、穆宗皇帝實録，臣等職在總裁，一切編纂事宜俱遵先朝故事，不過總集諸司章奏，稍加删潤，隳括成編。至于仗前注下之語，章疏所不及者，即有見聞，無憑增入；與夫稗官野史之書，海内所流傳者，欲事訪輯，又恐失實。是以兩朝之大經大法，雖罔敢或遺；而二聖之嘉謨嘉猷，實多所未備。凡此皆由史臣之職廢而不講之所致也。矧我皇上以睿聖御極，光被四表，文明淵塞，超越古昔，善政鴻猷，班班可述，類非章疏所能盡見，若不及時紀録，奚以章闡盛美，垂法無極？所據申明史職，光復祖制，以備一代令典，在于今日，委不可缺。臣等祗奉明命，仰稽典憲，參酌時宜，謹將一應合行事件逐條詳列于後，伏乞宸斷，惠賜施行。謹題請旨。

計開：

一、考《禮儀定式》，凡遇常朝，紀事官居文武第一班之後，近上，便于觀聽，是即古螭頭載筆之意。洪武二十四年，定召見臣下儀，以修撰、編修充侍班官，是即古隨仗入直紀事之意。合行修復祖制，今後但遇常朝御皇極門，用史官四員，列于東班稍上，各科給事中之前；午朝御會極門，用史官二員，列于御座東稍南：專一記注言動。其遇郊祀、耕籍、幸學、大閲諸大典禮，亦用史官四員侍班，隨衆紀録。其召見臣下，若朝堂公見，史官二員侍班，如洪武儀。至于不時宣召，及大臣秘殿獨對者，恐有機密，不必用史官侍班。但令入對大臣自紀聖諭及奏對始末，封送史館詮次。其經筵日講諸臣，既皆史官，宜每日輪一人記注起居，不必另用侍班。

一、時政所寄，全在各衙門章奏，是以宋有諸司供報史館之制。國初日曆之記，其制當亦如此。今宜查復舊規，除内閣題稿并所藏諭札、詔敕等項，臣等令兩房官員録送史館外，仍行令六部等衙門，凡論奏、題覆疏上，即録副一通；其南京併在外衙門官員諸色人等所上章疏科抄到部，即録副一通：俱送閣轉發史館。紅本下科，該科具寫旨意揭帖一本，送閣轉發史館。至于欽天監天文占候、太常寺祭祀日期，各令按月開報。其録副不必如副本、揭帖格式，但用常行白紙，高低以尺爲度，密行楷書，疏爲一卷，不論疏數多寡，併用一封箭釘緘送入。

一、逐日紀載，所貴詳備。諸司章奏浩繁，須分曹並纂，方免遺失。所據直日史官，臣等擬每日輪日講官一員專記起居，兼録諭札、詔敕、册文等，及内閣題稿、留中章疏。其六曹章奏，選年深史官六員，分爲二班，人纂二曹，每月一代。其分曹之法，須以繁簡相配，吏、禮一，户、刑一，兵、工一。如其日繁簡頓殊，不妨通融協纂。

一、今次紀録，以皇上起居爲重，其他事務亦以備異日之考求，俟後人之删述，所貴詳核，不尚文詞，宜定著體式。凡有宣諭，直書聖語；御札、詔敕等項，備録本文。若諸司奏報一應事體，除瑣屑無用、文義難通者稍加删竄潤色外，其餘事有關係，不妨盡載原本；語涉文移，不必改易他字。至于事由顛末、日月先後，務使明白，無致混淆。其或章奏之外，别有事迹可垂勸戒者，如果見聞真確，亦許據實備書。但不得輕聽訛言，有妨傳信。

一、東西十館，原係史臣編校之所，密邇朝堂，紀述爲便。今次合用東館近上四所，令直日史臣四員分居其中，一起居，二吏、禮，三户、刑，四兵、工。除典守、謄録人役隨同供事外，一應閑雜人等不許擅入。其該館合用紙札、筆墨、酒飯等項，俱照纂修例分給。

一、國史，古稱爲金匱石室之書，蓋欲收藏謹嚴，流傳永久。今宜稍倣此意，月置一小櫃，歲置一大櫃，俱安放東閣左右房内。每月史館編完草稿，裝爲七册，一册爲起居，附以諭札等項，六册爲六曹事迹，俱于册面明白開寫，仍書年月、史官姓名，迨臣等驗訖，即入小櫃，摽記封鎖。歲終臣等題請，令禮部、都察院、翰林院掌印官公同開取各月草稿，收入大櫃。先用禮部、都察院、翰林院印信摽記封鎖，臣等仍用文淵閣印信摽護之，永不開視。

一、史館紀録所用謄録、典守官吏，臣等擬將見在史館謄録官選取勤謹善書者四員，專謄秘密文字；行吏部，選撥善書貼吏十二名，專寫六曹章牘；撥當該吏四名，專管文册及朝夕啓閉館門，常川供事。

一、自皇上踐祚，今且三歷歲朝。兹者曠典修復，盛德大業，將來不患無述。其二年以前言動起居，與夫諸大政令，皆諸臣耳目習所聞睹，相應追書謹録，以傳萬世。臣等擬令日講官自每日輪記起居一員，仍用一員，史官三員照前供事外，餘三員暫不更替，俱常川在館，將二年以前初政并力編纂，務期詳贍，以光盛典。俟補完之日，方俱依前擬定規制行。

乞重修《會典》疏

謹題：爲重修《大明會典》事。准禮部手本，該禮科給事中林景暘等具題前事，本部覆稱，我朝《大明會典》一書，即唐宋《六典》、《會要》之遺意，以昭一代之章程，垂萬年之成憲，至精至當。顧其爲書成于弘治之末年，至今代更四聖，歲逾六紀，典章法度，不無損益異同，其條貫散見于簡册卷牘之間，凡百有司，艱于考據，諸所援附，鮮有定畫，以致論議煩滋，法令數易，吏不知所守，民不知所從，甚非所以定國是而一人心也。嘉靖年間，世宗皇帝嘗命儒臣續修《會典》，自弘治十五年至嘉靖二十八年而止，未經頒布。隆慶二年，都御史孫應鰲請彙輯嘉靖事例，附入《會典》。今給事中林景暘等復申前請，委于政理有裨。合候《實録》進呈畢日，另行題請開館，掄選儒臣，分局纂修。仍先行文各該衙門，選委司屬，將節年題准見行事例分類編集，呈送堂上官，校勘明白，候開館之日送入史館，以備采擇等因。萬曆二年五月初四日奉聖旨："是。"欽此。欽遵。手本到閣，經今已逾二年。照得《穆宗皇帝實録》進呈已久，《世宗皇帝實録》目今編纂已完，臣等删潤，功亦將畢，催督繕寫，計歲終可以進呈，所有編纂諸臣，在館閒暇。前項欽奉明旨續修《會典》一節，委係昭揭祖制、齊一法守重務，相應及時舉行。合候命下，容臣等查照弘治、嘉靖年間事例，擇日開館，選官分局，作急纂輯。仍行文各該衙門，照依禮部題准事理，各將本衙門見行事例委官編輯送館。其一應合行事宜及合用官員職名，容臣等陸續開具奏聞。謹題請旨。

丁丑升秩辭疏

禮部尚書兼東閣大學士臣張某謹奏：爲懇乞天恩，辭免加升崇秩事。伏蒙皇上以皇祖《實録》纂完，特降手敕，加恩監修、總裁諸臣，升臣某太子太保兼文淵閣大學士，餘官如舊。陟峻春宫，昇華秘閣，人臣極品，儒者至榮，顧臣何人，豈能勝此？臣本一介寒賤，行能薄劣，向蒙皇祖甄録，叨侍近班。日月光華，雖幸得于親見；天地廣大，實未易以名言。迨夫末命既揚，史局紀信，臣嘗備員纂述，猶未引其緒端，尋負釁愆，跧伏田里。仰蒙皇上惠然念舊，召自僻遠，付以校裁之任，曾不浹歲，復膺簡命，參與政機。涓埃之效未輸，高厚之施荐被，力微任鉅，瘝曠寔多。朝夕兢兢，方虞罪譴，豈期聖慈曲軫，復頒渥恩。竊惟程庸而命賞者，明王馭臣之術；量能而受任者，人臣自靖之義。臣自知甚明，僥冒已過。况兹大典，督勵裁成，功寔資于群力〔六〕，臣尸素中書，勞無〔七〕百一，顧乃特承懋賞之典，光顯隆異，此臣所以捫心增怍，得寵若驚，屏營而不能已也。伏望皇上鑒臣微誠，收回成命，俾臣仍以舊銜勉供職業，庶臣犬馬之心得以自安，杯盂之量免致盈溢。臣無任感激懇祈之至。

星變自陳疏

太子太保、禮部尚書兼文淵閣大學士臣張某謹奏：爲遵旨自陳不職，乞賜罷免以肅臣工事。該吏部等衙門以玄象示異覆題考察事理，節奉聖旨："是。四品以上京堂官，俱着自陳。"欽此。臣惟我皇上克謹天戒，將振勵臣工，修常憲以應之，乾乾惕若之誠，可謂至矣。然應天貴于以實，治道去其泰甚。百司庶府，雖曰同代天工，而展寀錯事，各有司存，縱或不職，所關猶細。至〔八〕密勿重地，參與化幾，一人資之爲丞弼，百揆賴之以平章，一或參匪其人，其爲瘝官蠹政，有非職專一事者比，干和召變，莫鉅于此。是以《周官》燮理之任，漢制灾異之免，咸于三公焉歸之，良有謂也。臣本草茅疵賤，行能薄劣，頃歲負釁里居，自甘終棄。荷蒙我皇上矜念舊物，不遺遐遠，録召未期，拔置政本。臣誠感激非常恩遇，不自揣量，期以塵露之微仰裨海嶽，苟有益于國家，當無惜于頂踵，臣之願也。夫何任逾其量，才不副心，自拜命以來，于兹三年矣。上之不能矢謨抒悃，仰贊聖聰；下之不能協慮吐奇，裨乂政理。優游卒歲，越致崇階，倖冒則多，報稱何有？是臣之不稱鼎司，章章著矣。蓋舉千斤之重，然後孱懦者知不能勝也；涉萬里之途，然後躄曳者知不能前也。臣區區受事圖效之初心，至是而自審其力之不足也已。夫陳力就列，不能者止，臣之義也；稽勞課能，以别殿最，政之經也。故雖散局末官，苟不稱職必黜，而況具瞻之任，顧容不肖者冒焉尸之？氛象之所由興，將不在是與？伏望皇上念輔臣關係之匪輕，察臣愚自知之不誣，將臣特賜罷免，别選材賢以充任使，庶幾物還其分，官惟其人，應天不爲彌文，而群工競奮矣。臣無任悚懼待罪之至。

戊寅辭恩命疏

謹奏：爲披瀝悃誠，辭免非常恩命事。准吏部咨，節奉手敕："朕大婚禮成，内閣輔臣忠勞茂著，宜加特恩。次輔某加少保，進兼武英殿大學士，餘官照舊，仍廕一子中書舍人。"欽此。臣聞命自天，感激踧踖，莫知攸措。竊惟三孤爲貳公弘化之官，殿直乃邃密高華之職。至于延世懋賞，中舍清階，在朝廷悉特異之恩，非功不授；在臣子皆希有之遇，得一爲榮。顧臣何人，而克堪此？捫躬循分，寔切悚惶。臣本章句陋儒，蓬藋賤士，行能無取，意望甚微。頃遇皇上睿聖膺圖，旁求俊乂，誤以埏埴末品參列鼎司。分願既逾，伎倆有限，縻禄且及三載，責效未有毫絲，朝夕兢兢，方懼罪尤之不免也。兹者伏遇皇上嘉禮告成，祚綿宗社，臣欣幸踴躍，寔與普天同慶，功何有焉？乃蒙聖慈猥頒異寵，震曜稠疊，超越常格，蓋在昔人臣雖有崇德茂功所不能備[九]者，臣皆兼而有焉。賞不當功，人將安勸？享逾其量，鬼神且將瞷之。是以臣得寵若驚，魂怔營而不定也。伏望聖明鑒臣愚悃，收回成命，俾臣仍以舊職勉供任使。臣當夙夜孜孜，策勵駑鈍，冀輸塵露萬一用贖瘝曠，臣之願也，臣之幸也。臣無任戰慄隕越之至。

庚辰患病謝恩疏[一〇]

少保兼太子太保、禮部尚書、武英殿大學士臣張某謹奏：爲恭謝天恩事。伏蒙聖恩，以臣患病在告，遣乾清宫答應牌子劉朝，欽賜猪羊、酒米、瓜茄至臣私宅。臣困卧床榻，伏枕叩頭，祗領訖。伏念臣猥荷恩私，叨塵政地。無事而食，已慚螢爝之無裨；惟疾之憂，更荷鴻慈之罔極。醴醢出上方之珍具，牲牢分天厨之豐庖。爰正席以先嘗，疑沉痾之已去。蒲柳有幸，儻獲長育于神功；桑榆可圖，永誓報酬于大造。臣無任感激天恩之至。

第二疏

謹奏：爲恭謝天恩事。伏蒙聖恩，欽遣太醫院院判沈襦來視臣疾。臣理身不慎，驟犯宿痾，步履既妨，職務遂曠，陳情請告，方虞罪愆，乃蒙聖慈曲加軫念。虺隤安用，至煩豢牧之勤；輪菌非材，過叨雨露之潤。臣誠不勝感激天恩之至。

考滿謝恩疏

謹奏：爲恭謝天恩事。今月二十六日，伏蒙聖恩，以臣歷從一品俸三年考滿，欽遣答應牌子郭朝頒賜原封鈔二千貫、羊一隻、酒十瓶。寶楮煇煌，牲醪豐苾，分天庖之上品，出玉府之珍藏，自省瘝官，何當異數？素餐是愧，重承推食之仁；覆餗爲憂，更荷分財之惠。無能稱塞，徒切捐糜。臣謹于私宅焚香叩頭祇領訖，不勝感戴天恩之至。

庚辰辭升秩疏

謹奏：爲披瀝悃誠，辭免加恩殊典事。准吏部咨，伏承聖旨："張某簡任密勿，協贊忠勤。兹一品滿考，勞績茂著，着加少傅，兼太子太傅，餘官照舊，仍廕一子入監讀書。照新銜給與誥命。"欽此。臣聞命自天，神魂震越，竊自循省，無任悚慚。臣本蓬藋賤儒，江湖遠迹，遭際聖明御曆，作新化理，洗滌瑕釁，拔置政樞。亦思少罄涓塵，仰裨高厚，顧以知識短淺，學術枵疏。蚉力負山，不任其重；螢爝向日，何有于明？荏苒歲時，靡效尺寸。兹以一品三年考滿，分當黜幽，仰蒙聖慈天覆，俾之復職，已屬過望，詎意横恩猥及，異數荐頒，清秩窮階，同時兼進，漏澤博及先世，延賞逮于後人。此在録忠報勞，亦爲過則，矧臣無功有罪，豈敢冒承？仰惟皇上方飭勵百工，循名責實，將以修舉舊典，興建太平，要在功罪不淆，賞罰齊一。故近臣不以親暱要榮，則遠方承德矣；大臣不以薄德厚享，則小吏向風矣。伏望斷自聖心，收回成命，俾臣仍以舊銜供職。臣雖伎倆有限，無所著其勞績，然不至淆我皇上綜覈之政、平明之典，庶得安心自勵，勉圖未效，冀仰副知遇之萬一于方來耳。臣無任戰慄待罪之至。

辛巳京察自陳疏

少傅兼太子太傅、禮部尚書、武英殿大學士臣張某謹奏：爲自陳不職，乞賜罷免以公大典事。臣惟六年考察之典，所以審官辨才，簡汰不職，必小大遠近，黜陟臧否，一出之以大公，然後人心可得而服也。苟徒致詳于其小且遠者，而闊略于其大且近者，則非皇極蕩平之道，而不足爲人所勸懲矣。臣以庸愚不類之材而荷聖明特達之遇，僥冒三事，荏苒六年。恩深寵厚，雖懷欲報之心；技短力綿，終鮮可見之節。矧自近年以來，灾疾糾纏，形神困憊。蒲柳之姿，已成凋廢；駑駘之足，莫可鞭策。朝夕左右，聖明固已稔見而洞察之矣。仰惟皇上自踐祚以來留心化理，用人行政，務協至公，方今諸臣之中，稱倖位不職，莫先于臣者。伏望聖斷，將臣特賜罷免，別選忠賢以資輔理，大明黜陟之公，肅百工而儆有位，庶考察之典不爲徒舉耳。臣無任悚懼待罪之至。

論免房税疏

謹題：今日蒙發下順天府一本，該文書官李興守票進覽。又該文書官王禄仍將前本到閣，口傳聖諭，着將房税豁免，令臣等改票。臣等看得，本内所稱畿民困累事端甚多，其廢置始末及應合行止俱在各經該衙門。至于疫癘盛行，人死甚衆，乃聖心所特軫者，故將施藥、賑灾二件，擬令禮部查行。其餘俱該衙門知道，俟其議覆，請旨施行。其房税一節，臣等亦聞民間頗稱煩擾。但典賣田宅，印契納税，原係典制，天下通行，不特京師爲然。先前法紀不張，民間習于欺隱，往往漏報，近年始查復舊規，非是新增。中間有司督催嚴急，吏胥乘而侵索，或爲民擾有之。今蒙聖諭，臣等當傳令户部，酌議寬減，申嚴禁約，題覆然後裁以聖斷，方于政體爲安。伏候聖裁。

壬午辭恩命疏

具官臣張某等謹奏：爲披瀝悃誠，辭免殊常恩命事。准吏、兵二部咨，欽奉敕諭："吏、兵二部，兹以遼左奇功，内閣輔臣可特加恩。元輔張某進太師，原廕伊男與做錦衣衛世襲指揮同知。次輔張某加兼太子太師，仍廕一子與做錦衣衛世襲百户。申某加太子太保。餘官俱照舊，給與應得誥命，如敕奉行。"欽此。臣等聞命自天，感激震越，循分揆義，竊有未安，用敢輒攄悃衷，僭瀆天聽。仰惟我皇上以聖神御極，臣等待罪密勿，職在贊襄，雖蚤夜孜孜，不敢不勉竭心力，顧技能短淺，實于聖治無能仰裨萬一，乃其忝冒寵光，沾濡恩賚，則既崇且渥矣。兹者東鎮誅翦凶酋，伸威域外，旃裘喪膽，疆埸敉寧，此皆我皇上聖武布昭，威靈震赫，而該鎮將吏協力齊心，宣忠效勇之所致也。臣等幸依日月，獲睹奇勛，慶忭則多，尺寸何有？顧又特承聖眷，猥頒懋恩，異等窮階，逾越涯分。夫非望之福、無功之賞，不度而受，必致顛隮。臣等誠跼蹐徬徨，莫知攸措。伏望聖慈俯鑒愚誠，收回成命，俾臣等仍舊供職，勉圖報稱，則不惟微分獲安，即朝廷賞功大典亦不至于倖且濫矣。臣等干冒天威，無任戰慄祈請之至。

校勘記

〔一〕底本卷首原目録作“奏疏一”。

〔二〕底本卷首原目録作“辛未謝病疏三”。

〔三〕底本卷首原目録作“壬申辭徵命疏三”。

〔四〕“子”，甲辰本作“予”，是。

〔五〕“思”，疑當作“恩”。

〔六〕“資于群力”，2010年天津古籍出版社南炳文、吴彦玲《輯校萬曆起居注·萬曆十一年》作“出於元輔，尚力辭恩命，以明臣節”。

〔七〕“無”，同上書作“莫擬其”。

〔八〕“至”後，同上書有一“於”字。

〔九〕“備”後，同上書有一“膺”字。

〔一〇〕底本卷首原目録作“庚辰患病謝恩疏二”。

條麓堂集卷九

奏　疏〔一〕

壬午謝病疏

少師兼太子太師、吏部尚書、中極殿大學士臣張某謹奏：爲衰劣不堪重任，懇乞聖明俯容休致以全晚節事。臣本一介草茅，行能薄劣，猥以文字末技獲厠清班，虚糜歲月，荐躋華顯，曩奉先帝講幄，以疾在告。恭遇聖明御極，圖任舊人，召自遐遠，俾參密勿。臣感激非常知遇，竊不自量，亦思勉效涓塵，仰裨海嶽。顧其伎倆有限，驅策不前，碌碌班行，荏苒八年于兹矣。加以蒲柳易衰，升勺逾量，形衰神耗，羸病侵尋，目眊耳聾，怔忡困頓，此同事諸臣所共知者。居常尚苦不支，矧復冒膺事任，譬則懦夫而舉百斤，跛鼈而致千里，其將能濟乎？臣若不循分量力，早自引退，以至僨事曠職，愆繆叢積，臣之罪譴所不敢辭，其如國事何？伏望聖慈鑒臣言出衷悃，察臣非有矯飾，特賜允從，俯容休致。倘臣犬馬餘年未即填于溝壑，則終始生全之至仁永戴靡極矣。

壬午謝人言第一疏〔二〕

謹奏：爲感激天恩，恭攄謝悃，兼陳衰劣不堪重任，乞賜罷免以全晚節事。臣昨早將進閣，忽聞御史曹一夔有疏劾臣，臣即匍匐私宅，席藁伏候嚴譴問。今日文書官孫斌恭捧聖諭一道，至臣私宅："諭元輔，御史曹一夔一本，論王國光及卿。其王國光欺肆，卿亦未知，朕亦不信。卿宜安心佐理，不必介意。本留中。”欽此。臣謹望闕叩頭，沐手捧誦，恩出望外，震悚感激，莫知攸措。伏念臣賦性鈍直，學術短淺，備員丞弼，委爲忝竊，罪愆叢積，輔理無狀，以致言官論列，負乘致寇，理有固然。伏荷聖仁天覆，念其朝夕左右，不忍遽加揮斥，特降温綸，諒其朴愚非敢恣肆，勉令安心佐理。臣感戴恩知，不覺隕涕。夫曾参殺人，慈母投杼，訛言朋興，雖母子至親不能相信如此。今臣一介寒賤，微若蠓蠛，乃承日月照臨，洞察讒搆，略不爲之少動，是臣荷聖明特達之知，乃孝子不能得之于慈母者。臣感荷恩遇，千載一時，義當殫竭心力，以圖報塞，摩頂放踵，豈容自吝？第臣反覆省循，有未敢冒昧承恩者，蓋皇上所以略臣往過，將以冀來功也。臣斤兩有定，伎倆已竭，必使鞭策求前，必不能加于往昔。况臣蒲柳之質，日漸衰朽，目眊耳聾，齒摇氣怯，自膺事任，寢食頓減，既深誤國之虞，兼有憂生之慮，久擬乞休，趦趄未果。此同事諸臣所共見知，非敢飾説也。臺臣所指，臣不知其詳，若言欺肆，則臣誠不敢；若言庸曠，則臣綽有餘。苟不内自審量，久冒重任，必且上負恩私，下干公議，臣雖萬死不足恤，其如國事何？伏望聖慈察臣言出悃誠，非由矯飾，矜其衰困，放歸田里。倘臣犬馬餘年未即填于溝壑，尚當與鄉鄰父老歌咏太平，以共祝聖壽于萬年也。臣無任感激戰懼之至。

第二疏

謹奏：爲披瀝愚誠，再乞天恩矜憐衰疾，俯容休致事。臣庸劣不職，致干物議，仰荷聖慈鑒貸，恩綸諭留。臣具疏仰謝，兼乞罷免。伏奉聖旨：“覽卿奏謝，朕知道了。卿輔政年久，勤誠端亮，精力未衰，朕方切倚毗，豈可遽以浮言求去？宜遵諭即出佐理，不必介懷。該部知道。”欽此。臣聞命自天，不勝感激，不勝惶怍。竊伏自念，一介寒陋，行能無可比數，乃受聖明特達之知如此，即粉身糜骨，圖報萬一，不惟臣分宜然，亦臣心所甘〔三〕也。第臣賦命甚薄，秉質素弱，自幼多病，服療失宜，遂傷真氣，中年以後，日漸衰頹。伏自聖明拔置密勿，將逾八載，雖硜硜自守，罔敢逾閑，而碌碌無奇，實鮮表樹。曠官糜禄，分當引退久矣。緣乾坤覆載之施未能少酬，犬馬驅馳之力猶可黽勉，是以貪戀恩私，未敢求便。顧自本年夏末受事以來，任重既逾其量，福過遂生其灾，精力不支，形神困憊，耳鳴重聽，目瞶生花，夜多不眠，日食頓減。不惟幾務繁重，心思困于贊襄；亦且禁庭咫尺，步履艱于出入。猶以懦夫舉鼎，拙工司斤，雖血指絶脉，其將能有濟乎？夫度材而授任者，聖主官人之哲；量力而自止者，人臣守身之義。臣前所以僥冒寵榮，依遲而不去者，猶冀其有所爲以報主恩耳。乃今樗櫟之材既不中用，而蒲柳之質又已早衰，即聖明念惜蒯菅，不忍遽捐，使復靦顔就列，日滋月引，將益彰其虚曠而盈其罪愆耳，又豈能有涓埃效耶？伏望聖明念國家之大計，勿徒顧恤一臣之私，特溥洪慈，將臣放歸田里。臣獲解機務，得就便安，溝壑餘生倘能苟延視息，則未死之年皆皇仁所賜也。臣不任懇切仰祈之至。

第三疏

謹奏：爲衰疾委難供職，三乞天恩亟賜放歸田里，俯全臣節事。臣昨再疏乞休，具述輪菌之材既不中任使，支離之病又日漸深痼，勢難勉留，義當知止，仰念聖明知臣樸誠，必加矜允矣。今日復蒙聖旨："卿懇疏乞休，朕已有旨慰留，如何又有此奏？勉出輔理，以副朕懷，不必再辭。吏部知道。"欽此。仰惟天高聽卑，區區一念，螻蟻之私，無能仰達，聞命徬徨，莫知攸措。夫皇上所以眷戀遲回，不聽臣去者，蓋念臣隨侍日久，不忍遽棄之耳。第政本之地，職務重大，非器識之弘邁者不足以任贊襄，非才力之精健者不足以資運量。臣本以孱暗之資，而加之以綿惙之病，自任事以來，雖黽勉自效，而神竭形敝，不支甚矣。此不惟中外諸臣共知，朝夕左右，亦聖明所親見者，臣豈敢飾説也？若不及今引退，將致瘝曠日深，以至孤負恩私，妨廢國事，然後從而斥逐加焉，則亦晚矣。矧臣蒲柳之姿，不禁霧露，倘先狗馬填溝壑，則求如今日生還，抑又不可得也。仰祈聖慈俯垂矜憫，察臣懇請至三，情出迫切，特允休致，則臣名節、性命皆皇上所始終保全，臣歸而生，固感恩于田里，死亦感恩于重泉也。臣無任戰懼祈請之至。

第四疏

謹奏：爲感激天恩，自陳不職，并乞矜宥言官以全國體事。臣昨三疏乞休，伏奉聖旨："卿輔政忠勤，朕所倚任，前再有旨慰留，豈可固求休致？宜遵朕命，即出贊理，毋得又有所陳。吏部知道。"欽此。夫以臣樸樕無用之材、斗筲鮮容之器，其去其留，譬則乘雁飛集，豈足爲溟澥多寡？仰蒙聖慈矜憫，慰留至于再三，臣非木石，豈不感恩？臣雖犬馬，亦知戀主。即當鞭策駑駘，黽勉職業，雖罄竭此生，瀝腎腸、塗肝腦所不辭也。緣聞御史張問達有疏論臣，席藁私宅，仰候嚴譴，未敢即出。今日傳〔四〕邸報，伏奉聖旨："元輔懇疏乞休，已有旨慰留了。張問達如何妄言瀆擾，本當重處，姑從輕，着降三級，調外任。再有奏擾的，一併重處。該衙門知道。"臣聞命震悚感激，跼蹐無任。夫以臣之淺劣，參〔五〕備鼎軸，力小任重，委爲不稱。言官，朝廷耳目，糾正官慝，乃其職掌，縱有謬誤，亦在優容。況臣之不才，自知甚審，問達所言未爲不當。若因是遂加斥謫，恐阻臺臣敢言之氣，而益重臣愚之罪矣。伏望聖慈俯加鑒察，將臣特賜罷免以懲不職，仍將問達復其原官，以章優假言官之美，庶言路疏通而天工不致曠廢矣。臣無任感戴戰慄之至。

癸未辯科舉事疏

臣張某等謹題：今日蒙發下文書，内有御史魏允貞一本，條陳四事。其第二款言科舉事，詆猜臣等之子中式非公，欲令迴避，待臣等去位之後方許廷試。臣等見之不勝駭怍。竊惟科舉公典，我朝原無輔臣之子迴避會試之例。先朝若商輅之子良臣、楊廷和之子慎、謝遷之子丕、費宏之子懋中，近日若陳以勤之子于陛，歷歷可數，人不以爲非公也。若焦芳之子黄中，翟鑾二子汝儉、汝孝進不以公，誰能容之？昨因輔臣張居正以欺肆得罪，言者争訐其前時愆咎，遂詆其三子登科皆非公舉。皇上特以居正黨奸亂政，併其子斥之。殷鑒至明，臣等雖愚，豈肯甘蹈覆轍以自貽戾哉？彼時若顧避形迹，不令子弟入試，可免今日讒忌。但自信太過，且自幼訓子教忠，當其能仕而靳之，非情也，遂令入試，亦謂中否未可必耳。不意偶叨中式，是以允貞有此奏列。其所陳别事，是非公私，難逃聖明洞察。其微意似欲陰傾臣等，探試上意，此一節則其明著者耳。臣等伏念德薄行劣，不足取信于人，致詆爲罔上行私，大負委任，誠惶怍恐懼，萬死不足塞責。伏望聖明俯加照察，行令廠衛、科道等衙門徧行體訪，果有一毫行私實迹，即將臣等置之重典，以爲重臣負國之戒。緣允貞所奏干碍名節，臣等既見，義不得不汲汲白于君父之前。臣等尚當各疏自陳，席藁待罪，謹先具題以聞。

請告疏

謹奏：爲庸劣招疑，不堪重任，懇乞天恩放歸田里以明心迹事。近該御史魏允貞條陳四事，大段追咎前任輔臣，譏切時政。

除"慎臺諫之選"一款，今方奉旨行取，當如所議舉行；"務戰守之實"一款，蓋亦風聞一隅之説，該部審實議覆外；其"公文武之用"、"嚴科舉之防"二款，則干係臣之職守、名節，臣不容以無辯。自成祖建置内閣，輔臣贊理機務，百司之事，咸賴經畫，累朝相承，且二百年矣。當其時，用人當，行政公，則輔臣之賢也；當其時，用人不當，行政不公，則輔臣之不肖也。祖宗列聖但視輔臣之賢不肖而任用廢斥〔六〕，未嘗因輔臣之有不肖而遂廢其職守，亦未嘗因一人之不肖遂盡疑賢者而不之信任也。今以臣之不肖，皇上使待罪内閣，責以輔弼之任。臣感激知遇，勉思效其庸駑，仰酬萬一。自當事以來，日夕惴惴，惟恐一廢置之失宜，一用舍之失當，得罪公評，辜負恩遇。百司之事，與之審詳訂議，靡敢少有玩忽，不特吏、兵二部爲然，然亦惟關係重大及事情緊要者爾。至于經常庶務，各有司存，則惟任其自行已爾，臣之精力有限，安能一一與之？然亦非政體也。今因前臣行私，而欲臣不與聞吏、兵之事，臣羸病之軀方困于酬酢諸司不給，良獲優逸，其如國家之事漫無統理，將使主上日焦勞萬機，與百司相酬應乎？此臣之職守，不容不辯也。科舉之制，惟才是取，原不限于世類。宋宰臣韓億四子皆登上第，而絳、維、縝皆繼登台鼎，人不以爲疑也。其一涉懷私，若秦檜子熺，爲天下後世嗤笑至今，安可誣耶？臣有五子，而二子者向學，臣自幼教之，頗有成效，故前歲蒙大慶覃恩，臣以第三子廕〔七〕中書舍人。今臣長子年且三十餘，攻苦半世，始掇一第，乃復疑其行私，人亦不幸而爲輔臣之子也！在前科場行私，其爲術豈不奥秘，然未有不發露者。耳目既衆，掩護難周；鬼神在傍，降監孔赫。臣誠不才，素以不欺自勵，而今乃以無影響之事横爲世情所猜，陷于誣上行私，雖萬死所不辭，而不能甘受此污衊也。此臣名節所關，不容不辯也。夫自古名臣碩輔，所以克宣主德、弼成盛理者，非徒以其材具優也，亦以其素履、宿望爲天下所信服，故動而有效，爲而有成耳。臣之庸劣無當，無論在史局，即參密勿且十年所矣，既無赫赫可瞻之德，又無表表可見之節，即允貞爲臣門士，尚以見疑，安能取信于天下哉？是臣之不足任使，其理甚明。伏望聖慈察臣言出悃誠，特賜骸骨，放歸田里，庶臣心迹可明，得以安其不肖之分，以銷不相信者之疑，晚節保全，不至終得罪于公議矣。臣無任懇切戰慄之至。

謝恩疏

具官臣張某等謹奏：爲恭謝天恩事。本月初五日，欽奉聖諭："諭元輔等，昨覽御史魏允貞條陳四事，内言科舉之防，其間疑譏卿等。允貞恣肆妄言，語多過當，已着都察院參看。卿等但事關政務，照舊安心佐理，不必介意，即出輔政，以慰朕懷。"欽此。該文書官孫斌恭捧到臣等私第，謹各焚香望闕叩頭祗領訖，臣等不勝感激，不勝惶恐。竊念臣等，猥以庸劣，服在樞機。雖碌碌隨行，夙夜徒慚于曠職；然硜硜守己，步趨常戒于逾閑。惟矢志以奉公，敢營私而罔上？頃緣賤息偶厠賢書，遂致疑猜，並加譏詆。方自虞于嚴譴，乃更冒乎洪慈。人言本過于吹毛，聖聽不移于投杼。宸章涣錫，頓生蔀屋之明；敕使傳宣，共戴温綸之重。感深鏤骨，義激捐軀。祗服聖言，敢不安心而輔政；勉修臣節，終期没齒以酬恩。臣等無任激切屏營之至。

聞訃謝恩疏〔八〕

原任少師兼太子太師、吏部尚書、中極殿大學士、今丁憂臣張某謹奏：爲恭謝天恩事。伏蒙皇上軫念臣父不禄，欽遣太監王禄恭捧聖諭一道："諭元輔，昨覽二輔所奏，知卿父辭世十餘日了，朕心甚悼。雖人子孝心當盡，還宜節哀以慰朕懷，以副衆望，卿宜體之。”欽此。到臣私宅，謹焚香望闕稽顙祇領訖。臣不忠不孝，獲罪于天，不自殞滅，禍延臣父，聞訃痛摧，恨不即死。仰蒙聖慈憫念，綸慰優隆，臣捧誦涕零，犬馬餘生，死亡無日，莫知爲報。仰惟我皇上神明英斷，作新庶政，天下臣民，咸訢訢仰頌聖德，非臣愚昧所能仰贊萬一。今群正滿朝，足供任使，臣當遠離，伏望聖慈慱簡才哲，俾隨在閣二臣之後，協同輔理，以慰中外人心。臣不祥，姓名不敢屢瀆，謹瀝血謝恩，輒陳愚悃。哀感昏迷，無任激切戰慄之至。

第二疏

謹奏：爲感激殊常天恩，恭陳謝悃事。伏蒙皇上以臣聞父喪，欽賜賻儀銀三百兩、紵絲六表裏、新鈔一萬貫、白米二十石、香油一百斤、各樣碎香二十斤、蠟燭五十對、麻布五十疋，遣文書房官宋坤頒給，至臣私宅。恭設香案，望闕叩頭祇領訖。伏念臣一介寒賤，遭際明聖[九]，備員輔弼，才識短淺，愆咎叢積，荷蒙皇上涵貸，不加罪譴。乃鬼神弗祐，降之酷罰，延禍于親，痛恨欲死。重蒙聖慈軫念，寵頒恩賻，殊數優禮，在前所稀，觀聽震驚，咸以爲人臣奇遘，豈臣么劣所能荷承？苫塊餘息，無能爲報，誓當銜環結草以圖效于他生耳。臣哀頓昏迷，無任激切榮感之至。

第三疏

謹奏：爲恭謝天恩事。今日伏蒙聖母仁聖懿安康静皇太后、聖母慈聖宣文明肅皇太后各賜臣賻儀銀一百兩、紵絲四表裏、新鈔一萬貫、白米十石、香油一百斤、各樣碎香二十斤、蠟燭五十對、麻布三十疋，遣内官監太監馮明等頒給，至臣私宅，臣謹叩首祇領訖。伏念臣不忠不孝，不自殞滅，延禍于親，仰厪聖母慈念，恩賻寵頒，禮數優隆，前所希有。臣震心駭目，靡能承載，匍匐苫塊，惟有感激泣涕已爾。臣無任戰慄隕越之至。

乞恩疏

謹奏：爲懇乞天恩俯賜父母並祭以光存歿事。昨該禮部題覆臣父封少師兼太子太師、吏部尚書、中極殿大學士允齡恤典，節奉聖旨："准照例與祭葬，仍加祭四壇，各差司屬官前去致祭造葬。"欽此。仰惟天寵崇隆，頒恤特異，恩數稠叠，前所希有，臣方踊踖靡寧，懼難承載，豈宜復有陳乞？但臣一念烏鳥迫切至情，不能自已，輒哀鳴于君父之前。臣母累贈一品夫人王氏，鞠臣教臣，愛勞兼至。臣初授職，母即見背，不及享一日禄養，恩恤祭葬，例未得請，臣有終天恨焉。今臣母榮荷明恩，三受一品夫人之贈。伏睹恤典條例一款："凡一品官父母授封至一品者，祭二壇。"又一款："品官父母曾授本等封，各許並祭。"今臣蒙被寵仁，頒恤臣父，恩數孔多，臣母例應合葬。臣不敢更乞臣母之祭，乞照近例，于臣父祭文内並列臣母，使得均蒙綸綍之榮，則我皇上孝治不匱之施下及于泉壤，而臣劬勞罔極之報偕申于怙恃矣。臣憑藉恩私，極知瀆冒，無任哀感戰懼之至。

奔喪謝恩疏〔一〇〕

謹奏：爲仰荷寵恤異常，感激天恩，恭陳謝悃事。該禮部查例題覆臣父恤典，欽奉聖旨："是。着照例與祭葬，仍加祭四壇，各差司屬官前去致祭造葬。元輔弼贊忠勤，朕深眷念，特賜路費銀一百兩、彩段六表裏。着馳驛去，還差行人一員護送，以示優禮。"欽此。仰惟我皇上因心廣孝，錫類不匱，念臣供事有年，推恩臣父，加恤優隆，大越常典。臣聞命震越，踊踖自失。伏念臣家世寒賤，臣猥以文字末技忝迹詞林，遭際聖明，遂參政府。

臣父允齡先後膺受明恩，敕封者一，誥封者五，已極人間之榮。今者不禄，復蒙天寵焜煌，禮官秩祀，冬官營域，更優身後之典。臣輔理無狀，罪釁多端，降罰自天，禍延于父，不忠不孝，萬死奚贖？乃蒙皇仁棄咎矜凶，重頒優禮，金幣資行，王人護送。恤死待生，禮無不備；超先軼後，數皆有加？豈惟臣父與臣躬荷漏澤弘慈，結草銜環，誓思圖報，即臣子子孫孫，亦且永戴無前帝德，感恩頌讚，祝聖曆于萬萬載而無疆也。臣誠哀誠榮，無任感激泣涕之至。

第二疏

謹奏：爲感激天恩，恭陳謝悃事。臣守制回籍，于今月十八日廷辭，荷蒙皇上召見臣于文華殿西暖閣。臣致詞面辭，欽奉聖諭："先生輔政有年，啓沃功多，方切倚信，偶爾憂歸，慎勿過哀，以慰朕意。"復蒙欽賜臣銀五十兩、紵絲四表裏、酒飯一卓。天語丁寧，曲垂褒諭，寵以玉府之匪頒，享以大官之慈惠，殊恩稠疊，有加無已，非臣草土餘息所能承載。感激泣涕，心口相語，此行即死，誓圖銜結；即羸病幸存，當與康衢父老朝夕焚香，祝聖壽于萬年也。臣違遠闕廷，殊切瞻戀，不勝感激依戴之至。

第三疏

謹奏：爲仰荷天恩，馳驛回籍，恭陳謝悃事。臣于本年四月内聞父喪守制，欽蒙聖恩，賜臣馳驛回籍、路費銀兩、表裏，遣官護送。及臣面辭，復承天語，丁寧温慰，申錫銀幣。臣感極涕零，銜恩離闕。隨該行人司行人龔仲慶護送臣行，于六月二十二日抵里訖。臣伏自念，一介寒微，冒膺任使；十年密勿，鮮所建明。進既愧于盡忠，退乃淪于不孝。衾帷身遠，抱慟終天；草土生輕，酬知無日。仰厪聖慈軫念，恩渥霈臨。内府頒珍，光增行李；縣官續食，寵藉傳車。咫尺違顔，儼親承夫天綍；周旋先路，焕使命于王人。曠典輝煌，特恩浩蕩。潸焉感泣，奉以馳驅。跋涉山川，頓忘艱于千里；顧瞻庭户，寔借燿于百年。雖冠絰欒欒，不堪煢疚；而閭閻嘖嘖，更羨恩榮。烏哺斯伸，鰲戴何極？春秋松檟，方將承漏澤于重泉；孫子雲仍，永矢佩鴻私于奕世。臣無任感激隕越之至。

甲申襄事謝恩疏

謹奏：爲仰荷極隆寵恤，兩部專官祭葬父母，感激特恩，恭陳謝悃事。臣猥以庸虚，謬承任使，不忠不孝，爲天所罰。昨歲臣父允齡在籍病故，伏蒙聖慈惻然軫念，特詔禮官從優頒恤，葬依窮階，祭增異數，申命禮、工二部各遣官將事，仍准臣母王氏合葬並祭。仰惟我皇上大孝因心，至仁禮下，諸所錫予，皆前此諸臣得一爲奇者，臣之不肖，顧兼被之。銜戴恩私，倉皇辭闕，歸途冒暑，毒癘生脉。繼母、兩弟，相次淪没，摧傷毁頓，幾不勝喪。隨該禮部主客司員外郎張志、工部屯田司主事沈一中，祗奉明命，先後至蒲。地方諸臣，仰承德意所嚮，相與督率郡邑，恪恭蕆事。塋域既創，命祀咸秩，遂于今歲仲春合葬臣父母訖。臣本素族，家于下土，一旦忽膺朝廷極隆之禮、聖主非常之賜。豐碑宏宇，增壯山河；升俎宣綸，騰輝日月。自族黨姻友以及閭里耆穉，莫不驚詫聚觀，爲臣慶幸；嘆息頌讚，爲臣感激。臣抱終天罔極之深悲，而遘曠世希聞之茂典。晨昏定省之節，雖闕侍于生前；春秋窀穸之事，則特崇于身後。臣烏烏私情，始願豈能及此？犬馬餘生，即填之溝壑，猶有殊榮矣。我皇上天地覆載之深仁，存殁始終之恩禮，固非臣捐軀所能圖報，亦非臣没齒之所敢忘。自今柢朽殘息，或幸而苟存，當率臣子孫朝夕焚香，仰祝萬年之景曆；即死而有知，當隨臣父母，共圖銜結于九京也。臣誠榮誠感，無任激切泣涕之至。

謝恩疏

謹奏：爲感激天恩，恭陳謝悃事。准吏部咨，萬曆十一年九月十七日，奉敕："選擇吉壤禮成，元輔等效勞，宜特加恩。前任輔臣某，着廕一子入監讀書，還賞銀五十兩、彩段四表裏。吏部如敕奉行。"欽此。欽遵，備咨并前項銀兩、表裏到臣。臣聞命自天，感悚震越，莫知攸措，謹具疏陳謝者。青龍開壽域，欣天命之維新；丹鳳播明綸，荷皇仁之念舊。匪頒遠及，懋賞世延。承寵驚心，感恩隕涕。伏念臣受材最劣，賦命甚奇。頃當春祀之初，嘗從冬官之後。俄經大故，越在遐方。風木悲傷，僅存喙息；雲天寥敻，徒負恩私。兹遇我皇上一德格乾，六龍乘豫。玄宫弘啓，王氣昭回。鞏不拔之靈基，衍無疆之昌祚。燕雀私臆，雖切忭忻；鳧雁逖踪，豈足齒數。乃釐睿注，特霈隆施。追論私勞，儼在朝紳之右；遥頒渥典，燁爲素韠之榮。録稚胤于成均，出笥珍于玉府。帷蓋遐不棄矣，曾微犬馬之庸；簪履敝猶念之，安有絲麻之效？顧兹草土，已抱膏肓，知戴深仁，莫酬洪造。舉頭見日，傾葵不異于長安；側足及泉，結草敢忘于萬里。臣無任感激屏營之至。

議

上孝恪皇后謚議

伏惟咸池出日，薄海戴其照臨；攝提生春，品彙資其發育。

故堯勛光被，流慶都之潤祉；啓賢敬承，遵塗山之明訓。原厥哲聖之興，咸賴母儀之助。既都大美，宜備徽稱。禮無間于幽明，義實通乎今古。恭惟皇妣康妃，柔静承天，安貞應地。降芬華族，性閒四德之修；棲景紫宸，德作六宫之冠。嗣音文母，篤惠宗公。筐筥采蘩，儷有齊之季女；瑟琴流荇，符思媚于周姜。執饋克慎其在中，擇言不出于閫外。既處盈而尚約，亦居貴而撝謙。昌暉在陰，柔明無競。撫機先識，含章可貞。是以坤則順成，星軒潤飾。六行克備，集美于前修；一德靡愆，允穆于内範。抑且廓此載物之量，衍爲逮下之仁。不詖以偏，終温且惠。房樂韶理，壺政穆宣。惠問翕以光昭，芳猷蔚兮休暢。若夫肅雍有度，敬戒無違。組紃執勤，致美紘綖之飾；璁璜垂則，克嚴璋瓚之儀。寤寐思進乎賢才，造次必稱乎《詩》、《禮》。鳴珮有節，當輦能辭。女史正詞，纂静娟于彤管〔一一〕；後宫觀化，象婉嫕〔一二〕于青蒲。是致上帝錫符，坤靈薦祉。玄雲入户，載陳母萌之禎；大電繞樞，光衍壽丘之慶。用熙昌祚，篤生我皇。金波鮮脁側之暉，豫形胎教；銀榜有言動之喻，體備傅儀。慈訓所章，叡姿若性。聲律身度，武緯文經。纘盛丕圖，系隆洪緒。顧兹寶運方啓，未正位于長秋；而乃玉綴久韜，已歸神于修夜。人懷大練，推夢日之功；帝省靈楸，有終天之恨。是循故典，式舉徽章。進位號于瑶齋，森禮容于金阼。雖三泉舊閟，不及養萬方玉食之供；而六衣新陳，尚可永一人錫類之孝。臣等睹龍飛于聖德，懷鸞馭于慈顔。爰上稽于皇穹，兼周詢乎輿論。敢緣節惠之義，用上配天之名。宜天錫之，曰：孝恪淵純慈懿恭順贊天開聖皇后。謹議。

防禦倭寇議

夫陟萬里之道者，不爲徒跣之謀；拯水火之阨者，不整鏘玉之節。故時事者，趨變者也；權略者，濟經者也。方今倭寇之患亟矣，飈發而至，鳥驚而去。虔劉焚蕩之慘，甚于虺蜴；搶攘驅掠之貪，侔于豺虎。使瀕海數千里魚鹽之區、財賦之藪，歲無寧時，時無寧月。農桑不遑事其耕織，夫婦不能保其家室。噫！亦極矣。聖天子惻然軫念民瘼，特命重臣督撫其地，分命戎帥相險决機，固宜醜馘并俘、膚功克奏也。然而曠日積時，威武未振，是可不深求其故與？蓋中國制馭夷狄之道，唯守與攻而已。兵甲强練則利用攻，地利險塞則利用守，今古一揆者也。倭虜之患，將以爲攻之便與？則彼室廬舟楫，窟宅大海，上下風濤，駛若奔驥，而我兵不能與之鬥技；搶擄爲生，殺戮爲俗，狠戾無厭，而我兵不能與之比力。加以黠詐百端，聚散恍惚，是攻固不可也。將以爲守之便與？則南自泉漳高雷，北暨登萊遼右，延袤廣遠，盡守之則不足于兵，有所不守彼又得以乘間，况其倏東忽西，方出又没，來無常時，發無定處，我兵豈能萬里鱗屯、四時貫胄者哉？是守又不可也。然果無道以制之與？事無常形，權無常用，勢無常便，法無常利，審事用權，因勢制法，存乎其人而已。故周瑜一炬褫孟德之魄，劉裕偏師蕩盧循之穴，彼豈襲故守常，付之時運者哉？故禦倭之要，莫大于選將，此第一義也。若夫制馭戡定之方、轉移振作之術，則猶有可言者，曰習水戰也，曰優撫綏也，曰防間諜也，曰築垣寨也。蓋南人之習于舟，猶北人之習于馬。今舟戰之所以不可用者，承平久而教練疏爾，操舟之術，甚未亡也。昔汴舟造而李煜降，昆池鑿而吕嘉斃，故水戰當習也。且倭夷棲泊海渚，不過中國一圖社之衆，而勢寖猖獗者，夷處其三，而中國之人處其七也。中國之人所以甘于從夷而不悔者，賦斂重而徵發煩也。謂宜申飭所司，厚加撫綏，使土著者無鴻雁之悲，附逆者有桑梓之戀，然後明立條約，許其自新，賊勢將自衰矣。夫夷之入也，必先以我國逋逃覘覦利病，沿海居民餌誘恇凶，甘爲淵藪，侵掠之所以頻也。今嚴立禁格，購以重賞，即其居近，編爲什伍。隱匿者連坐之，擒獲及首告者賞之，則間諜不通而機事密矣。吴會之地，既鮮崇山，又乏城堡，前後荼苦，職此之由。似應量地遠近、居民多寡，數村共結一寨，深浚堅築，備其械器，遇有寇警，協力防禦，附近軍衛，星馳赴援，則兵不煩增而守亦固矣。嗚呼！權難預設，變匪先圖。以充國之老成，猶且馳至金城，圖上方略，況倭夷浮海憑山，又非區區先零、罕開者比而可以遥度哉？是以籌之，管窺不過如此，若夫疏通海舶，申諭東夷，雖事幾有宜，要非上策云爾。謹議。

封貢六議

一、議錫封號

俺答封王，老把都、吉能、黄台吉授都督，其餘授指揮、千户。冠帶四夷，漢宣、唐文而後于今見之，中國之盛也。科議恐虜借中國名器號召諸夷，異日大爲邊患。夫虜威行漠北，諸夷爲所服屬久矣，固無假中國名號爲也。使誠假之，方將依以爲重，乃肯自棄之乎？或又謂錫封後虜有反覆，恐損中國體者，不然也。英、彭元勛，吴、楚至戚，率臣節不終，然何損于漢？況于醜虜，其來去自其常態耶？

一、定貢額以均賞賚

三衛建州，皆眇小諸夷耳，貢使累百，俺、黄、能、把聲勢視諸夷不類，貢額顧不及其十一，似爲太狹，恐異日難爲持久。夫事須謀始，法貴可繼。兹建議之初，朝廷以大義量增數十百名，則虜之感恩必深，免後日紛紛陳乞也。

一、議貢期貢道以便防範

虜東西駐牧懸遠，入貢期日恐難預定。況正月馬猶膘壯，不若但以二三月爲期，俟東西虜使俱齊，約日驗入爲便。

一、議立互市以利華夷

虜中族部既多，駐牧遠邇各異，若概以月日，恐不能悉至。既過日期，其自遠至者，必不甘徒返，將不免又費區晝耳。況大集虜衆，狼子野心，倘一不遂其欲，陡有跳梁，反難防範。不如依遼東開元事例，開市之後，不限春冬，但有各夷欲以馬貨來市，許于俺答處告給番文執照，陸續遣發。仍責俺答差曉事頭目一人駐守市場，同中國官將稽其出入，庶夷衆得隨便就市，無不獲之怨；邊民得前後販易，無不給之貨矣。其抽税一節，似當俟一二年後行之，今立事之始，姑一切勿征，鼓民樂趨可也。

一、議撫賞之費以求可繼

虜既通貢，以後制馭撫接、順逆久暫之故，皆將于使人致之，撫賞一節，極所當優，須明立一項動支錢糧，將來方可不至窘涸。若但那移處給，則目前計耳，其何以待〔一三〕久。此所當急議者也。

一、議歸降以杜邊釁

不納真夷而納歸正華人，極爲得策。但華人被虜入番，家業已蕩，全賴騎來馬駞賣易自資，今既留之，須爲優恤。或丁壯有力，收伍食糧；或給付親屬，使之存贍；或老弱無依，須量爲資給，俾不顛沛，庶板升餘黨日有故土思也。

論

封禪論

文中子曰：“封禪非古也，其秦漢之侈心乎？”夫“侈心”信矣，其云“非古”，非也。古者天子祭天地及海内名山大川，宅中則天地郊社之，山川望祀之，及省其方，則柴秩之禮行焉，其從來遠矣。《記》曰："因天事天，因地事地。"又曰："因名山以升中于天。"故國都南郊泰壇于地上之圜丘，北郊泰折于澤中之方丘，巡狩方岳則擇名山而柴焉。國都二至分祀，巡狩則既封而下禪焉，禮之經也。夫天子爲天地百神之主，乘輿行在，必柴天地、秩山川，然後輯瑞考庸，齊紀頒政，所以章顯恭肅以宣布宏澤，嚴天明民之大程也。入其域，摽其鎮，而陟祀焉，所以巡省者，非職此也？五方比然，非獨岱宗。岱宗，其始事耳。古者天子五載一巡狩，則必徧于五嶽，此賦政之常，非以爲特隆之典也。然或侯方畔度，干戚驛騷，凶札在歲，宇寓分裂，則有不能時舉焉。其經亂餘黎阽危困頓，念太平之故事，有寤言永嘆，寄意聲明之盛，若不可復睹者矣。曠廢既久，輾轉興慕，而世儒當所傳聞之世，不睹先王之籍，采摭野老之談，緣以附會之説，遂以告岱登封爲極隆之典，而封禪之名起矣。彼秦皇者，殘忍自是之夫；而漢武者，矜侈無厭之主也。憑藉世資，極意窮欲，烹滅諸侯，攘斥夷貊，傲然視三五而隘之，欲以振曠絶之觀，極天年之壽，謂三山可接，雲路非遥，而封禪之禮舉焉。築金植木以爲道，千乘萬騎以爲衛，金繩玉檢以爲記，三脊之茅、五色之土以爲具，縱珍禽異獸以爲瑞，蓬萊八神以爲望。列幟彌野，連艫横海，蓋托名於七十二君而甘心於安期、羨門、黄帝矣。故史遷叙封禪，自二君之外，悉歷代郊祀考耳。至觀二君所以封禪，與所謂"受命告成，功至德洽"者無與。若曰特以此爲不死之媒耳，豈不謬甚矣哉？

聖人爲荒政以聚萬民論

嗚呼！時有豐歉，聖人所不能爲也。聖人不能爲時，而能不爲時所病者，政也。是故方豐而爲備豫之制，當歉而爲保息之術，然後天灾不能害于民，而天下之心聚。天下之心聚，則流離悖畔之患不作，而安定之治，豐歉同之矣。夫歲之有豐凶也，猶時之有寒暑也。百姓方暑而不忘禦寒之具，故寒至而體不凍。聖人方豐而不忘救荒之術，故歲凶而民不散。荒至而始救，是大寒而索裘也。荒至而弗爲之所，是執熱而不濯也。民之散也，又可禦乎？蓋昔者堯有九年之水，湯有七年之旱，而當時之民未聞有離貳，是聖人豈有他道以牽係乎民哉？豫備先而拯恤切爾。故聖人之撫綏天下也，使民三年耕有一年之食，九年耕有三年之食，以三十年之通制國用，則雖有旱乾水溢，民無菜色。若是亦足矣，然而聖人之心不但已也。考之《周禮》，救荒之術，有曰散利、薄征、緩刑、弛力、舍禁、去幾、省禮、殺哀、蕃樂、多昏、索鬼神、除盜賊，蓋凡可以袪除天灾、左右民瘼者，又莫是其至矣，固未嘗恃于備而諉于時也。夫時無常豐也，時無常歉也。聖人當豐而爲禦荒之慮，歉至而猶周其防；斯民當豐而享康阜之休，歉至而不失其樂。是聖人之心常歉，而斯民之遇常豐也，又惡得有流離瑣尾之苦、瓦解土崩之患也哉？故曰江漢之浸不爲亢暵而枯，斯魚蝦殖焉；雲夢之藪不爲樵采而疏，斯獸鳥依焉；帝王之澤不爲饑饉而衰，斯萬民聚焉。未有民聚而天下不治者也，亦未有民散而天下不亂者也，聚散之幾，管乎治亂矣。此堯、湯所以雖水旱而無所恐也。嗚呼！生民之情，莫不好聚而惡散也；王人者，莫不惡亂而好治也。然民無常聚、國無常治者何哉？由王人者不察民之情也。今夫父母妻子愉愉然而居也，鄉黨州里熙熙然而處也，民孰不欲之也？天灾流行，俯仰困矣。長人者寧惟不知軫恤，而且載之以虐，俾之輾轉溝壑，莫適爲命，其家之不可保，而欲求之以親上乎？吾見其難也。故曰聖人爲荒政以聚萬民，萬民非因荒政而後聚也。歲吉則民聚，歲凶則民散。荒政者，聖人所以防民之散而永其聚者也，非聚其散也，散則不可聚矣。聚散之幾，毫釐之介，所謂“民之可畏者，莫荒年甚也”。故有天下國家者，貴于以堯、湯之心爲心。以堯、湯之心爲心，則雖有荒年，民不病矣。不然，備禦不先，拯恤不至，所謂“國非其國”者。歲功稍愆，即一時不可，而況于七年乎？而況于九年乎？《雅》曰：“民亦勞止，汔可小康。惠此中國，以綏四方。”作詩者之憂可知也。

君子學以致其道論

君子之學也，知所往然後其用力也不謬。不明于所往，而欲從事于學焉，則用力雖勤，其所爲學者末焉耳。何者？聖賢之所爲學者，必有所以爲之也。吾之所以爲學者，寧有外吾之心與身乎？身心之所由管者，寧有外于道乎？故道者，原于天地，具于人心，爲動作威儀之則，爲君臣、父子、夫婦、兄弟、朋友之倫，爲天下國家齊治均平之理。放之也遠，而收之也密；施之也博，而守之也約；闡之也著，而索之也微。得其道，則天地可位，萬物可育，而性分之功盡。不得其道，則失其所以爲人之理，而違禽獸也不遠矣。故聖人之教人雖多術，而必始之曰志于道。志于道，則趨向不謬，而用力有地矣。故凡所謂知者，求以知此道已也；凡所謂行者，求以行此道已也。生知、學知、困知，不同其知；安行、利行、勉行，不同其行。而究之于致道，則無有異焉者也。今夫弓人爲弓，矢人爲矢，膠人和膠，角人礪角，羽人飭羽，其所事不同矣，而爲射之用一也。陶人摶埴，梓人樸斲，匠人丹黝，泥人塗茨，其所事不同矣，而爲屋之用一也。志以至之，力以赴之，經史以治之，師友以辨之，有始有卒以要之，其所爲學不同矣，而爲道之致一也。故曰君子之學也，致其道，道致而學之能事畢矣。竊怪夫後之學者之善喪其真也，求之以辭章，求之以記誦，求之以虛無寂滅，爲説愈繁，爲力愈勞，而去道也滋遠。蓋昔有人之越而北其轅者，或告之故，乃曰："吾馬良也，吾僕健也，吾資豐也。"夫三者行道之賴也，而北非適越之轅也。轅之不南，雖有三者之賴，越不可幾矣。今之學者，大抵北適越之轅者也。其所謂道者，乃非道；其所謂學者，乃非學。不自醜其趨向之謬，而尤人之不同乎己，不亦悲哉？《書》曰："若虞機張，往省括于度，則釋。"故善射者志于鵠，善學者志于道。至不至則有之，其有謬焉者寡矣。

時政論癸丑選館首卷〔一四〕

臣聞政無古今，趣時者善；法無因革，責實者成。夫時之日趨于變也，猶之寒暑然，積漸而不見其端也，比其極也，大相懸矣。是以聖人之爲政也，因其時之所極而爲之準，察其勢之所漸而爲之防。以故其政宜于民，悠然而變，而民不覺，亦猶葛裘之用，民固以爲當然也。夫政緣時者也，時之不變則因之，時之既變則更之。更之者，求以便于時也。更之而不便于時焉，寧勿更之爲愈也。以其不便而又更焉，則民駭矣。將遂守之而不更焉，則政弊矣。夫君子之更化也，求以善治也，而不免于流弊之若此者，豈其心哉？失在于實之不察而名之徇也。天下之事，固有聞其名則甚美，究其實則鮮效者，不可以不察也。不察其實而惟徇其名，則其甚美者未可得而患常先見矣。今夫工師之爲宫室也，必先疆理其垣宇，較量其財用，鳩聚其木石，然後從而繩墨之，斤斧之，塗茨之，丹雘之，故室成而可久也。其後則又時偵其傾仄者正之，朽蠹者易之，罅漏者葺之，是以用力甚少，而其室常完。夫苟不計其財力、工用之何如，而一切以從事；不審其朽壞之所在，而概飾以黝堊丹漆，使之觀美焉：則始作者未必安而已久者速壞矣。故聖人之爲政也，猶梓人之作室也，責實則成，徇名則廢，其極一而已矣。方今天下之事，小大有經，中外有緯，體統正而綱紀肅，庶政輯而四國順，自古語治安之世，若無大加于此者，而臣切切私計，不能無概于中者，何哉？誠見夫事有偏廢不舉之處，而更之者未得其實焉耳。實者何也？所以更之之心是也。政所由更心，必有爲矣，索之其效，未必如其心焉，則亦何取于更也？故政貴知變，而務在責實，則是非形，功罪判，賞罰當，鼓舞宜，以之外攘，以之内撫，將無不底其績者。甚矣！名實之際之不可眩也。雖然，實之當責，不唯更化然也，至于守法亦然。蓋守法而不責實，法斯不守矣；更化而不責實，化斯不更矣。夏商周之王天下也，更歷各數十王而不替，豈曆數固然哉？所以能久者，善守也；所以無弊者，善更也。守與更之所以爲善者，責實也，考之《詩》、《書》可徵已。

居治朝則德日進論

嘗謂士之際世，所以垂令德、揚耿光而不終磨滅者，蓋不獨其思以自樹者勝焉耳，抑其時之所值有大幸焉。何者？策碩、搆勛、樹德爲本，砥志、立德、逅時爲先。是故時有治亂，運有否泰，而士德之隆替、人材之進退恒必繇之。雖其間瑰瑋不群之士遺世特立，固有不繫于是者，然而轉移化導之機、揚厲作成之術，其在于上者，端不可誣矣。噫！此懷琛握瑜之士安得不皇皇于明時耶？昔者蓋嘗觀于上代之化矣。堯舜在上，比屋可封；辛癸在上，比屋可誅。人之賢不肖無大相遼也，其所以風之者異也。是故堯舜之世，九官十二牧濟美于朝，共、鯀、兜、苗之徒誅竄于野。當其時，士無淫朋，民無比德，閭閻有君子之行，而至今稱唐虞之治者不衰。迨于夏商之末造，則蔑德賊義，雖以龍逢、比干之賢，且不免于禍矣。故天下不患無皋夔之佐，而患不生于堯舜之時。噫！士之際世，何其有幸不幸也！故嘗觀自古有志之士往往抱藜藿之厄，隱巖穴之光，終身喁喁，思以自表立于世，然而際匪其時，則爲之而莫從，唱之而莫和，甚則誹斥之，幽側之，終其身窮約無聞焉，可惜也。吁！士之際世，何其幸不幸也！是故垂天之翎，不屑乎鷭會之翔；涔蹄之游，不齒于絳虬之騰；滅德之士，不生于聖治之世。何則？其風聲鼓舞，不惟上之人有以先之，而士之感遇明時，思自砥立以托于不朽，蓋不惜以其身爲標矣。是故語教化則修以明，曰“吾德之甽疇也”；語禮樂則備以章，曰“吾德之鋓埴也”；語君子則既登進，曰“吾可以恃而不恐”；語小人則既芟退，曰“吾可以懼而不爲”。雖以昵德頗行、烟視媚處之士雜乎其間，將見其耳濡目染，影承響附，亦必日改月化，濯雪自新，不甘于小人之歸，以自絶于有道之世，而况于中材之士，有待則興者哉？而况于豪傑之士，無待而興者哉？故曰世亂矣，欲獨爲君子，不可得也；世治矣，欲不爲君子，不可得也。雖然，古有之，志士需明王以恢其德，明主亦資賢臣以弘其業。是故士德之興替雖係于世道之治亂，而治道之污隆實基于人材之盛衰。故際時以樹德者，士之幸也；寶賢以永治者，君之明也。《詩》曰：“濟濟多士，文王以寧。”士以之。又曰：“周王壽考，遐不作人。”上以之。

王者富民論

聖人思以殖民之生，則凡所以導利而布之者靡不致也，而初無役民自利之心。夫聖人之仁民，亦何其深且厚哉！《書》曰：“天佑下民，作之君，唯曰其助上帝。”《傳》曰：“天生民而立之君，使司牧之。”是君者奉天以牧民，而非役民以自奉者也。王者兼濟之仁素切于心，而又明于昊天所以立君之意，故兢兢然日思所以殖民之生，委曲詳到而爲之節。斯民皡皡然各遂其性而不知其由，欣欣然樂其君而不厭也。故曰：“以德行仁者王。”王者，往也，言爲天下所歸往也。予嘗讀《詩》、《書》，而至文武、成康之際，未嘗不掩卷而嘆也。嗚呼！其愛民誠深，而制民誠有道矣。蓋山陂原野、絲麻菽粟，民之天也。衣食之原窒矣，於是有勞相之政，故其《詩》曰“三之日于耜，四之日舉趾。女執懿筐，采彼柔桑”。原隰淵藪、齒革草木，民之利也，則澤梁無禁，苑囿同之，故其《詩》曰“肅肅兔罝，施于中林”，“猗與漆沮，潛有多魚”。民無常業，則淫僻之心滋而難于興善也，則以九職任之，以生九穀，以化絲枲，以飭化八材，以阜通貨賄，以轉移執事，故其《書》曰“凡厥庶民，無有淫朋，無有比德”。鰥寡孤獨，天民之無告者也，則軫恤之，而又制田里，教樹畜，導妻子，使養老，故其《書》曰“惠鮮鰥寡，懷保小民”。尊卑失防，則民有僭等無上之心而財用濫也，則爲宫室、衣裳、飲食、車旗繁殺之制，故其《詩》曰“言私其豵，獻豜于公”，“我朱孔陽，爲公子裳”。費出無經，取民無藝矣，則夏布縷，秋粟米，歲用民力三日，故其《書》曰“文王不敢盤于游田，以庶邦惟正之供”。嗚呼！至矣。因天廣利以豐其源，警惰明坊以節其流，薄征省役以紓其力，是以泰和之氣充塞兩間，重譯獻琛，頌聲並作，凡以修禮富民，非倖致也。慨〔一五〕自王迹既熄，諸侯擅政，假仁者詐以歡虞之術，市惠者濡以煦煦之仁，甚者殍民于野而禽獸是肥，轉民于壑而府庫是守。如衛嗣君、成侯之屬者，不惟反裘負薪，昧于終致，而割股充腹，其如養身之道何哉？故其《詩》曰“愾我寤嘆，念彼周京”，當時之民思文武、成康也至矣。是以荀子歷第當時之治，而不許于修禮，且曰“王者富民”，是亦東周之意歟？然而蘭陵既罷，佹詩具陳，秦政鯨吞，取盡錙銖，而富民之政遠矣。後若孝文賜租而太倉陳粟，太宗仁義而斗米三錢，亦庶乎富者，而禮制未修，則嗣世鮮效，建元、永徽之後，海内復嗸嗸矣，民亦不幸而生于三王之後也。故先儒有曰：“太上立民之生，其次聽民之自爲生，其下則民不得其生。”既已不能爲民立生矣，無乃聽民自爲生乎？蓋亦深有所感也。

三者先王之本務論〔一六〕

王者保民，求以安之，其心也。然而不能廢兵焉，亦唯務全其所保而已。甚矣！王者之心乎，保民而無樂乎其勤之也。使天下之民安其生，遂其養，熙熙然保其所有而無菑害，王者非不欲之也，然而不能盡如意也。形智具而欲惡分焉，利害攻而争奪起焉，王者雖欲與天下相安于無事，不可得也。于是乎爲之固其所存，于是乎爲之驅其所害，而兵争始見于天下矣。人見夫王者兵動而威伸，天下莫之敢遏，以爲王者之耀武若此，而不知王者甚無樂乎其勤民也，其不得已也，其欲全所保而扞護安利之也。故以戰守城，以城守地，以地養民，三者先王之本務也。本務，言心也。王者何心哉？心乎保民而已。今夫民莫不欲生也，欲富也，欲安也，然而不能自致也。天下有能爲之遂其生，居其有，去其害者，民心相率歸之，故曰：“王者，天下之所往也。”王者既爲天下所往，則必求所以副民之情。是故爲之養生，則夫井丘甸以授之田，巡行補助以阜之利；爲之完聚，則比閭族黨以聯其居，城郭溝池以固其守。王者所以使民飽食安處而無患者，不啻足矣。然而不但已也，又爲之伍兩軍師之制、搜苗獮狩之儀、坐作擊刺之節，日習民于争鬥殺伐，諰諰然若恐忘之者，是果先王之右武哉？求以安民，勢不得以已也。蓋天生五材，民所並用，而具有血氣之性者不能無争。故鳥俯而啄，仰而四顧，獸深居而簡出，凡懼物之爲己害也，猶有不免焉，矧民有情識欲惡之感，而無爪牙之衛，苟不奮武除戎，以爲建威銷萌之術，則智必苦愚，勇必脅怯，衆必暴寡。己欲生則忍于戕民之生，己欲富則忍于奪民之有，己欲安則忍于置民于危，攫搏吞噬，當不止若禽獸之爲害者。甚矣！征伐之不可偃于天下也。且王者之于民，若天之于萬物也，兼愛併包，不忍一夫之或失其所。故天下有煢獨困苦、呻吟愁蹙之狀，王者皆若恫瘝在身，況夫驅三軍之衆，置之鋒鏑之所，奪其生業，萊其田畝，離散其父子兄弟，行虞死亡而居困饋輸哉？吾知王者甚無樂乎此也。然非是則越志横行，莫可禁閉，而民之毒痛殆有甚焉者矣。《司馬法》曰："殺人安人，殺之可也。以戰止戰，雖戰可也。"此王者之心也。夫唯如是，故民知上之勤我者非病我也，勤恤吾隱而除其害也，莫不鼓行樂死而疾視其敵，是以義聲遠揚而兵無敵于天下。禹、湯、文、武四君子者，由此其選也。昔禹之征苗也，以民棄弗保。湯之伐葛與桀也，以仇餉以遏衆力。文王則以侵阮徂共伐密。而武王底商之罰也，又以殘虐于萬姓。故有苗格而夏之民舉安，則禹保民之心慰矣。十一征而桀放，則商之民舉安，而湯保民之心慰矣。滅國五十而紂誅，則周之民舉安，而文、武保民之心慰矣。《詩》曰"武王載旆，有虔秉鉞。如火烈烈，九有有截"，《書》曰"我武惟揚，侵于之疆。取彼凶殘，我伐用張"，此之謂也。周之衰也，王綱弛維，諸侯力競。争地以戰，則殺人盈野；争城以戰，則殺人盈城。糜爛其民以逞貪怒，蓋以兵毒天下，而非先王安養斯民之本務矣。乃兵家者流，若尉繚子者猶能言之，謂非先王之澤有未泯耶？雖然，先王之保民，豈徒安養之已哉？又爲之茂正其德，以棐厥彝。其用衆也，亦不特倡勇敢已爾，又爲之修禮信、明孝弟以示之訓，故民莫不有勇知方，附上堅而兵不試也。向使徒養而守之，恃戰以爲固，而無萬國歡然相愛之心，是以力持天下耳，而王道若是耶？此又戰國策士之所不解也。

校勘記

〔一〕底本卷首原目録作"奏疏二"。

〔二〕底本卷首原目録作“謝人言疏四”。

〔三〕“甘”，南炳文、吴彦玲《輯校萬曆起居注·萬曆十一年》作“安”。

〔四〕“傳”後，同上書有一“至”字。

〔五〕“參”，南炳文、吴彦玲《輯校萬曆起居注·萬曆十一年》作“忝”。

〔六〕“斥”後，同上書有一“之”字。

〔七〕“膺”前，同上書有一“承”字。

〔八〕底本卷首原目録作“聞訃謝恩疏三”。

〔九〕“明聖”，南炳文、吴彦玲《輯校萬曆起居注·萬曆十一年》作“聖明”。

〔一〇〕底本卷首原目録作“奔喪謝恩疏三”。

〔一一〕“菅”，甲辰本作“管”，是。

〔一二〕“嫣”，疑當作“嫣”。

〔一三〕“待”，疑當作“持”。

〔一四〕“癸丑選館首卷”，底本卷首原目録無。

〔一五〕“慨”，疑當作“概”。

〔一六〕底本卷首原目録中，此篇篇題在《封禪論》之後。

條麓堂集卷十

講章一四書〔一〕

日講所謂修身在正其心者，身有所忿懥，則不得其正；有所恐懼，則不得其正；有所好樂，則不得其正；有所憂患，則不得其正。心不在焉，視而不見，聽而不聞，食而不知其味。此謂修身在正其心。

“身有”的“身”字，當作“心”字。“忿懥”是惱怒的意思。“恐懼”是畏怕的意思。“好樂”是歡喜的意思。“憂患”是愁慮的意思。曾子説經文“所謂修身在正其心者”爲何？蓋惱怒、畏怕、歡喜、愁慮這四件是人心裏發出來的情，人人都有，但當察個道理，隨事順應。若先有個意思横在心中，或道理上不當惱怒却去惱怒，則惱怒便偏了；不當畏怕却去畏怕，則畏怕便偏了；不當歡喜却去歡喜，則歡喜便偏了；不當愁慮却去愁慮，則愁慮便偏了。這四件偏了，心便不正，如何能修得自家身子。蓋人心是一身的主宰，心得其正，則無不正。唯爲喜怒憂畏所引，身雖在此，心却在彼，則身無管攝，雖是眼前的物事也都看不見，耳邊的音聲也都聽不得，口裏喫的飲食也都不知滋味了。所以君子常要存着此心，以檢束此身。夫喜怒憂畏，心之偏也，其害却及于身；視聽飲食，身之失也，其原却根于心。此經文所以説道“修身在正其心”也。夫修身必先正心，正心又在情得其正。情初動時能審察道理，喜怒憂畏之發務使一一中節，則身無不修，而齊治均平之本立于是矣。

日講所謂平天下在治其國者，上老老而民興孝，上長長而民興弟，上恤孤而民不倍，是以君子有絜矩之道也。

“上”是指人君説。“老老”是盡事老之禮於父母。“長長”是盡事長之禮於兄長。“恤”是哀矜。“孤”是幼而無父的人。“倍”是違背。“絜”是度，“矩”是爲方之器，以喻心能度物的意思。這是《大學傳》之十章，釋治國平天下的説話。曾子説經文“所謂平天下在治其國者”何耶？蓋天下之本在國，國之本在家，故上能老其老，盡孝之道，以教於家，那國人每也都敬順他的父母，而興於孝。上能長其長，盡弟之道，以教於家，那國人每也都恭敬他的兄長，而興於弟。上能恤他孤幼，盡慈之道，以教於家，那國人每也都憐恤他的孤幼，而不背上之所行。夫此三者，上行下效，捷於影響，可見國人之心無異于家矣，然則天下人之心豈有異于國哉？是以君子必因其人心之同度，以吾心之矩使天下的人都得盡那孝、弟、慈的道理，無一個不遂其願、不得其所。譬之矩以爲方，上下四旁，無一些不得其正，天下豈有不平者哉？蓋君子之心，本通乎天下人之心。天下人之心，本具乎孝、弟、慈之理。人君能以孝、弟、慈之理修諸身，以爲立教之本，則自家而國而天下推之，無有不準矣。然則平天下者，可不以修身爲先務哉？

經筵《詩》云：“樂只君子，民之父母。”民之所好好之，民之所惡惡之，此之謂民之父母。

這是《大學傳》之十章，曾子釋聖經治國平天下的説話。《詩》是《小雅·南山有臺》之篇。“樂”是嘉樂。“只”是語助辭。“君子”是指在上位的人説。曾子説道：平天下之道，固在絜矩，然絜矩之實，只在能順民情。《詩經·小雅·南山有臺》之篇，曾説在上位的君子有可嘉樂之德，就是百姓每的父母。夫父母于子，一體而分；君之于民，勢分懸絶。詩人却説君子爲民父母者爲何？蓋人之貴賤雖殊，其情之好惡則一。君子既能絜矩，以自己的心體那百姓每的心。如飽暖佚樂，民心所好的在此，則必從而好之，凡便民之事一一施行，使百姓每都得遂那好的心。饑寒困苦，民心所惡者在此，則必從而惡之，凡害民之事一一禁止，使百姓每都得遂那惡的心。這却與父母愛子的心腸一般了。那百姓每見君子愛他如此，也都感戴君子的恩德，願其安富尊榮，願其多壽多福，愛君子與愛父母一般，此所以説是民之父母也。夫民愛君子如父母，天下豈有不平哉？欲平天下者，誠不可不公其好惡矣。臣觀《大學》此章論平天下之道，總之以同好惡之一言。及論同好惡之目，又只言理財、用人二事，蓋理財者易至于暴征横斂，竭民産以充己之欲；用人者易至于聽讒喜佞，拂公論以適己之情。是以古先哲王常以百姓之心爲心，其理財也，務約己而裕下；其用人也，務登明而選公。故能得萬國之歡心，尊爲元后，親爲父母，洪澤顯號，與天無極也。仰惟皇上仁恕本于性成，恭儉由于天植。蠲積逋，節財用，布利于萬方；舉逸賢，汰不職，稽謀于衆志：誠可謂能絜矩而與民同好惡矣。臣愚更願聖明視民如傷，任賢不二。聞水旱兵疫之奏報，留意以賑恤之；見忠言嘉猷之獻替，虚懷以聽納之。使用人立政不出于堂陛之間，而民好民惡各得自遂于海宇萬里之内，則古帝王配天之業將由是而馴致矣。臣等不勝惓惓至願。

日講《詩》云："殷之未喪師，克配上帝。儀監于殷，峻命不易。"道得衆則得國，失衆則失國。

《詩》是《大雅·文王》之篇。"殷"是湯有天下之號。"喪"是失。"師"是衆。"配"字解做"對"字。"上帝"即上天。"儀"字當作"相宜"的"宜"字。"監"是視。"峻"是大。"道"是言。這是總結上兩節絜矩得失的意思。曾子引《文王》詩説道：殷朝在先祖宗做天子時所行的事，件件合理，不曾失了衆心。那時天命都歸他，所以能對上帝而爲天下主。及後到紂之時，所行的事不合道理，失了教人的心，天下遂爲我周家所有。周家既有天下，却當看那殷家所行的事迹以爲規式〔二〕，法其所由興，戒其所由敗。這上天的大命，保守甚是難也。即詩人此辭而繹其意，蓋言有天下者能絜矩而與民同好惡，則天下的百姓必愛如父母，能配上帝而爲天下君矣。不能絜矩好惡，徇一己之偏，則天下的百姓必不歸向，不能配上帝而爲天下僇矣。是國之得失，視于民心。民之向背，視于絜矩之能否。爲人上者，可不順民心以凝天命哉？

日講是故君子有大道，必忠信以得之，驕泰以失之。

"君子"指有位的人説。"大道"是修己治人的大道理。"忠"是發己自盡的意思。"信"是循物無違的意思。"驕"是矜高。"泰"是侈肆。曾子承上文説道：人之好惡所以有公私之不同者，由于存心之不同耳。是故在上位的君子任平天下之責，而所以修己治人者，有一個凝天命、得人心的大道理，蓋即所謂絜矩之道也。君子誠能盡吾心真實的念頭，不使有一毫虚假，順乎在物恰好的道理，不使有一處違房〔三〕，則必能好人所好，惡人所惡，不奪民財，不拂人性，合乎那絜矩之道，所以説"必忠信以得之"。若是自矜自大，内無真實之心，恣意肆行，外不循在物之理，則必不能與人同好惡，傷民之財，拂人之性，失了那絜矩之道，所以説"驕泰以失之"。夫大道得，則可以得天命，而得衆得國者由是矣。大道失，則不可以得天命，而失衆失國者由是矣。然其要只在人君一念之間，理欲之出入甚微，而天人之去就頓異，甚可畏也。傳者三言得失，而以此終之，其示人之意切矣。

日講孟獻子曰："畜馬乘，不察於雞豚。伐冰之家，不畜牛羊。百乘之家，不畜聚斂之臣。與其有聚斂之臣，寧有盗臣。"此謂國不以利爲利，以義爲利也。

孟獻子是魯國的賢大夫。“畜”是畜養。馬四匹爲“乘”。“察”是留心的意思。“聚斂”是賦税苛急。曾子又引孟獻子之言説道：士初試爲大夫，則君賜之車，得駕四馬，是畜馬乘的人家已爲大夫，有俸禄了，不當復留心去養雞豚。卿大夫以上喪祭得用冰，是伐冰之家俸禄又加厚了，不當去養牛羊。夫察雞豚、畜牛羊，不過陰奪小民之利而已。若夫聚斂之臣，則横征虐取，明爲攘掠，又與陰奪的不同。故百乘之家有采地以出賦税的，其禄入都是百姓每供給他，不可畜聚斂之臣，蓋此聚斂之臣專剥民膏血以從君欲。又有一樣盗臣，則竊府庫之財以饜己私。這兩様臣，有國有家者都不宜有。然盗臣盗君之財，所損無多。聚斂之臣則害及于萬民，怨歸于君上，其禍有不可勝言者，所以又説：“與其有聚斂之臣，寧有盗臣。”曾子遂解釋説，孟獻子此言正是謂爲國者不當以利爲利而專之于己，當以義爲利而公之于民也。能以義爲利，則必能以財發身而長守其富矣。夫獻子百乘之家也，義不畜聚斂之臣，至下引畜馬乘、伐冰之家以自況，則夫等而上之，有國有天下者從可知矣。是以天子不言有無，諸侯不言多寡。《大學》釋治平而引此于卒章，其意深矣。

日講有子曰：“其爲人也孝弟，而好犯上者鮮矣。不好犯上而好作亂者，未之有也。君子務本，本立而道生。孝弟也者，其爲仁之本與？”

有子是孔子弟子，名若。“犯上”是干犯在上的人。“鮮”是少。“作亂”是指悖逆争鬥説。“本”是事的源頭，切要處，就如木的根本一般。“爲仁”猶言行仁。有子示人以求仁之方，説道：有人于此，其事父母能盡那孝的道理，事兄長能盡那弟的道理，則其人必然心氣和平，自無那世俗一等麄暴氣象。如小小冒犯着上人的事已是少了，若是那悖亂争鬥大不順的事，可决其必無矣。夫人唯有是孝弟之心，自無乖戾之行。如此，君子可不以孝弟爲務乎？蓋君子凡事都在根本緊要處用工。根本既立，則那事中許多條理枝節自然都從這根本中生出，若所謂“孝弟也者，其爲仁之根本與”，蓋仁道雖是廣大，其實只是此心惻怛慈愛的道理。孝弟乃天性真切用愛的第一件事，既能孝弟，自然忠可移于君，順可移于長，以之仁民，以之愛物，特舉而措之耳。可見仁道自孝弟而生，求仁者當自務孝弟始也。抑親長者，人倫之首；孝弟者，百行之先。稽之唐虞，堯有親睦之風，然後如天之仁被于四表；舜有克諧之化，然後好生之德洽于民心。故曰："堯舜之道，孝弟而已矣。”是以昔者明主不敢遺小國之臣，不敢侮于鰥寡，不敢失于臣妾，卒之孝弟之至，至于通神明、光四海，其至德要道何如也？

日講曾子曰：“吾日三省吾身，爲人謀而不忠乎？與朋友交而不信乎？傳不習乎？”

曾子是孔子弟子，名參。“省”是省察。“忠”是盡心的意思。“信”是誠實。“傳”是傳授。“習”是習學。曾子説人之爲學，自治爲本，須是于着己近裏處真實用工。吾每日之間常常以三事省察其身，固不敢頃刻自佚，亦不敢鶩于高遠也。三者唯何？彼人自爲謀，則必周悉詳慎。若與人謀，或不能盡然，這便是不忠。須是將别人的事就如自己的事一般盡心規畫，纔不負人之托，故我之自省，唯恐其有不忠。朋友之交，所係甚重，必内無欺心，外無僞言，方盡那交朋友的道理，故我之自省，唯恐其有不信。凡學必有師傳。有所傳，又貴能習。如聞致知之説即去求知，聞力行之説即去求行，這便是習。若徒傳而不習，則啓迪雖勤，究竟無益，故我自省，唯恐其有不習。這三件事我果有之，則惕然悔改；如已無之，則益加勉勵。此固自治之勤，朝夕不遑者與！夫曾子省身之説，固是爲學者言，要之《大學》，自天子至庶人，皆以修身爲本，則省身之功，人君亦不可廢。是故身居九重，慮周四海，看百姓每的事，皆若自己的事，即是忠。號令一頒，終身是守，制度一立，累世不易，即是信。聖帝明王之典謨，祖宗列聖之家法，或得之考索，或得之講究，皆一一體貼在自己身上行之，即是傳習。審如是，則皇極之建不越于曾氏三言得之。所以帝王聽德之聰，貴于觸類而長也。

日講子曰："君子不器。"

孔子說道：大凡物之成器者，各適其用而不能相通。若夫君子之人，學成德備，體具用周，大之可以任彌綸、匡濟之業，小之可以理錢穀、甲兵之事，守常達變，隨所往而無不宜，豈若器之各適其用而不能相通者哉？故謂之"君子不器"。夫此不器之君子，乃人才之至難得者。若人君之用人，惟當隨材而器使之，不可過於求備也。

日講子貢問君子，子曰："先行其言，而後從之。"

子貢問君子之道，孔子答他說，君子之人尚行而不尚言，如子、臣、弟、友之理，凡可徵于言者，必先以之自責自修，務期篤實踐履，内不愧于心而外不欺于人，然後舉其所行者見之于言，使議論所發莫非躬行獨得之真，自然親切而有味。此謂行常在于言前，言常從于行後，所以爲君子也。孔子蓋因子貢多言，故警之以此。然這躬行的君子，沉默厚重，必能致身，可以當大任而篤事君之忠。人君若求用得此等人，共成理道，則太平可致也。

日講子曰："君子周而不比，小人比而不周。"

"周"是普徧的意思。"比"是偏黨的意思。孔子說道：君子、小人，存心公私不同，而情之廣狹亦異。蓋君子唯其心公，故視天下之人無不在所當愛。雖其地有親疏，勢有遠近，而太〔四〕公普物之念夫固有差等而無遺棄也，何嘗徇一己之情，阿私所好，置偏黨于其間哉？所以說"君子周而不比"。小人之心既私，故其與人，或因意見之偶同，即從而悦之，而不顧理之是非；或因趨承之順意，即從而厚之，而不顧人之誠僞。大抵所親暱者不過揀擇勢利，朋淫相結，將一等合親厚的中間，却自有愛憎，不能兼容了，所以説“小人比而不周”。夫孔子此言固示學者以辨志之方，亦人君觀人之法也。蓋群臣之中有憂國憂民、樂善服義、不偏執己見、不苟同人言者，即“周而不比”者也，有希意苟合、附便擇利、動必謀身、言不及遠者，即“比而不周”者也，日日而察之，事事而驗之，而帝堯知人之哲可幾矣。

日講子曰：“見賢思齊焉，見不賢而内自省也。”

“齊”是彼此一般的意思。“省”是警省。孔子教人説道：君子自修之道，要在于進善去惡而已，固當隨事以加察，又須因人而自考。故見人之賢者，人都去愛敬稱羡他，則反而思曰：“我與彼均是人也，今彼之賢乃異于人，而我之賢不及于彼，豈不可耻？”必汲汲進修，務要使在我之賢與他一般樣子，然後無歉于心。這便是“見賢思齊焉”。若是見了那不賢的人，人都去賤惡笑駡他，則反而自省曰：“彼人所爲不善，衆共棄之。若此我之所行，得無有與他相似者乎？”細細點檢，務使那不賢人所爲的事無有一件在我身上者，然後此心安貼。設使有纖毫未除，必汲汲焉圖以改之矣。這便是“見不賢而内自省也”。夫人之賢否不同，而君子見之，皆以爲考德之助，則進善豈有窮乎？

日講子曰：“古者言之不出，耻躬之不逮也。”

“逮”是及。孔子教人説道：言行貴于相顧。當今之人任意開口，凡事説得容易者，由于原没有實幹的意思，所以言常有餘，行常不足，而不知耻也。若夫古人則不然，言不妄發，點檢周慎。如將欲進德與，則進德的言語不敢先出諸口；將欲修業與，則修業的言語不敢先出諸口。所以然者，蓋以放言甚易，力行則難。如説了進德，反之于身，而德之所進不及其言，説了修業，反之于身，而業之所修不及其言，則其心深以爲耻矣。故欲進德，必反躬實幹，那進德工夫不須説也；欲修業，則反躬實幹，那修業工夫亦不須説也。此古之人所以"言之不出"與！夫言行相顧，聖賢之學、帝王之治都是如此。唐太宗初問説行仁義，卒使四夷賓服，海内富庶，可以不愧魏徵。漢武帝内多嗜欲，乃言欲效唐虞之治，則汲黯非之矣。孔子之言，誠萬世修身圖治之準也。

日講子曰："君子欲訥於言而敏於行。"

"訥"是收斂不出的意思。"敏"是奮發有爲的意思。孔子説道：君子之學，以修身爲本，故其心之所用不越乎言行之間。蓋言之出于口者甚易，而行之體于身者甚難。人唯徇其意之所便而不加察，是以言常有餘，行常不足，而不自覺也。君子知得如此，故將欲有言，預先存着個收斂的意思；將欲有行，預先存着個奮發的意思。有餘固不敢盡矣，雖理在所當言，亦不敢輕易説出，如同口鈍的一般，唯恐言之浮于其行也。不足固不敢不勉矣，雖理已見于躬行，而孳孳自强，所以鼓舞者不倦，唯恐行之不副其言也。此所以言必顧行，行必顧言，慥慥乎爲成德之士與！夫孔子論學，則曰訥言敏行，至于論知人，則曰聽言觀行，蓋君子尚行，而小人所尚者言也。人君之于臣下，初間聽其議論，後面徐徐察其行事以驗其言，則人之邪正材否概可見矣。

日講子游曰："事君數斯辱矣，朋友數斯疏矣。"

"數"是言語頻煩。"辱"是羞辱。"疏"是疏遠。孔子弟子子游説道：君臣、朋友，人之大倫。事君則有匡救之職，交友則有責善之義，皆所當盡心也，然又不可不知進退。如君有過，固必正言以諫諍之。君能聽吾言而改焉，則吾忠愛之心慰矣。若不肯聽，便當去。苟言之頻煩不已，則君必厭惡，將反斥罰而羞辱我矣。此進言于君者所當戒也。如朋友有不善，亦必盡言以規正之。友能聽吾言而改焉，則吾直諒之心遂矣。若不見聽，便當止。苟言之頻煩不已，則友必厭惡，將反生嫌而疏遠我矣。此交友者所當戒也。雖然，子游爲事君交友者言，故其説如此。若夫爲人君者，須廣受直言，然後能致治于無虞。爲人友者，須樂聞忠告，然後能立身于無過。故古之明君賢友，惟恐人之不言，言之不數也，進言者將寵且親之不暇，又豈肯辱而疏之哉？

日講子貢問曰："賜也何如？"子曰："女，器也。"曰："何器也？"曰："瑚璉也。"

"器"是有用之成材。"瑚璉"是周時宗廟中祭器。孔子弟子端木賜，字子貢，平日好比方人物，見孔子以君子許子賤，乃問説："人莫難于自知，而知弟子者莫若師。賜也從游夫子之門，不知果爲何等人耶？"孔子答説："人必成材乃可以適用，猶物之成器而可用也。汝之才質已具，足以應用，殆可謂之器耳。"子貢又問："器之品類不同，爲用亦異，賜也果爲何器，願夫子明言之。"夫子答説："器有瑚璉者，施于宗廟，薦黍稷，其用甚重，以玉爲飾，其質甚美，乃器之至貴者也。爾之才美外見，達于事理，唯瑚璉可以擬之，蓋亦非凡器矣。"夫人才器不同，必知人之器，然後能隨才而器使；必自知其器，然後可量能而受任。聖門講學，所以汲汲于辨器也。器之所限，不唯大器不可小用，小器不可大用。即如子路治賦，不可兼禮樂；公西赤專對，不可攝軍旅。分量雖同，用又各有宜耳，故人君莫先于辨别群臣之器。《書》曰："知人則哲，能官人。"知人者，知其器也。能官人者，用當其器也。堯舜之治亦若是而已矣。

日講子使漆雕開仕，對曰："吾斯之未能信。"子説。

漆雕姓，開名，是孔子弟子。"斯"指此理説。"信"是知之真而無疑。"説"是喜悦。聖門弟子有漆雕開者，夫子見他才可從政，命之出而仕進，以行其學。漆雕開對説："明體然後可以適用。學者須把這個道理着實用工窮究，使心中透徹，見得真是如此，更無毫髮可疑，以之酬應萬變，自然裁决不爽，執持堅定，那時方可出仕。今開雖從游夫子之門，窮理工夫未曾到那精熱〔五〕的地位，反之于心，其于這個道理不能十分分曉。若遽然出去做官，恐臨事不免迷惑，無所主裁。仍願留此受業，以待義理通明，然後從而出仕，未爲晚也。"孔子聞開之言如此，乃深喜悦之，蓋喜其志不安于小成，學不輕于自用，識趣高遠，與凡隨世以就功名者不同，他日所至有不可限量也。夫漆雕開，諸生也，出而沾〔六〕一命，不過百工有司之一職耳，見理未明，猶且不敢輕試，况天子總理萬方，機務重大，若平日不將義理講究明白，則於用人行政、進退賞罰之間安能臨時一一而中道哉？故高宗則始終典學，成王則日就月將，誠見萬化本原所在，不敢忽耳。

日講孟武伯問："子路仁乎？"子曰："不知也。"又問，子曰："由也，千乘之國可使治其賦也，不知其仁也。"

孟武伯是魯大夫。子路是孔子弟子，姓仲，名由。"千乘"是諸侯之國。"治賦"是治兵，古者以田賦出兵，故謂兵爲賦。聖門之學，以求仁爲先務。孟武伯見子路聖門高弟，疑其有得于仁也，乃問説："子路仁乎？"夫子以子路雖常從事于仁，尚未到那純熟不雜的地位，又不好説他不仁，乃但以不知答之。孟武伯曉得聖人識鑒精明，弟子德行無有個不知的，因而又問，務要求個明白。夫子乃答他説："由也，其爲人好勇而才，長于軍旅。雖是公侯大國，其地出兵車千乘，兵賦最爲繁難，若使由也治之，必能簡練之，使有克敵制勝之勇；教訓之，使知親上死長之義。其才之可見如此耳。若夫仁與不仁，夫固藏于其心，未易窺測者，吾安得而知之哉？"夫孔子許子路之才而不許其仁者，蓋仁者全是一團天理，若有一物淆雜便不仁，若有一時間斷便不仁，自是輕許不得，非如才之各有所長也。此所以但許其才而不許其仁歟！

日講“赤也何如？”子曰：“赤也，束帶立于朝，可使與賓客言也。不知其仁也。”

赤是孔子弟子，姓公西，名赤。“賓客”是各國往來使臣。孟武伯先問仲由、冉求，見夫子都不許其仁，又問說：“聖門弟子皆以求仁爲學，今由與求夫子既說不知其仁，若公西赤者果有得子[七]仁乎？”孔子答說：“公西赤之在吾門，乃是個有威儀、善言辭的人。若是鄰國交好，往來聘問，使他束帶盛服立于朝著之間，與那鄰國的使臣接談，必能應對中理，辯論有章，壯一時之觀聽，結兩國之和睦，蓋其才之所優爲如此。若夫仁，則必心純于理而不雜于欲，然後可以許之。赤之仁與不仁，藏于其心，未易測也，吾安得而知之耶？”夫專對之才，聖門所重，聖人以此稱赤，而不許其仁，何哉？才美易見，心術難知故耳。是以觀人者不可因迹而信心，用人者不可徒取其才而不察其德也。

日講宰予晝寢，子曰：“朽木不可雕也，糞土之墻不可杇也，於予與何誅？”

宰予是孔子弟子。“寢”是睡。“雕”是刻畫。“杇”是塗飾。“誅”字解做“責”字。昔者宰我從學聖門，一日當晝而寢。夫子以其晏安怠惰，無向上之志，故責之說道：“木必脉理完美，乃可雕刻，使成器用。若陳朽之木，質已腐壞，不可雕也。墻必基址堅固，乃可塗飾，使有文采。若糞土之墻，易于傾頹，不可杇也。學者必有求道之志，乃可督責訓戒，使成令德。今宰予白日而寢，則其志氣昏惰，不足有爲，教誨無所可施矣。是亦陳朽之木、糞土之墻而已，予將何以責之耶？”夫聖人言不足責，正所以深責宰予，使之聞而悔悟，以進于道耳。大抵學者之求道、帝王之爲治皆貴于勤，故堯舜兢兢業業，一日萬幾，而文王自朝至于日中、昃不遑暇食，唐虞、成周之治所以爲隆也。唐玄宗勵精勤政，身致太平，及怠心一萌，遂基天寶之亂，故《傳》稱晏安爲鴆毒，信不誣也。

日講子曰："吾未見剛者。"或對曰："申棖。"子曰："棖也，欲焉得剛?"

"剛"是剛强。申棖是孔子弟子，姓申，名棖。"欲"是貪欲。孔子説道："當今之人，我未見有剛者。"蓋剛是個美德，人必秉受天地正氣，而又加以學問涵養，然後義理明白，持守堅定。窮而在下，則執德宏，信道篤，有一介不苟之操；達而在上，則任大事，臨大節，有萬夫莫當之勇。此烈丈夫之事，非人所易能者，故夫子嘆其未見也。或人不知，乃以弟子申棖爲對，是徒見其氣質强壯，疑其爲剛耳。于是孔子曉之，説道："我所謂剛是以義理爲强，不是以血氣爲强。以義理爲强，則内欲不萌，外誘不入，乃是真剛。今申棖未知義理，不能以道御情，多所貪愛，執守或喪，自反不縮，平日所恃血氣之强必然銷沮矣，安得謂之剛乎?"蓋剛有善惡兩樣，迹相類而實不同，不但學者所當深辨。先儒謂君德以剛爲主，所謂剛者，乃是不邇聲色，不殖貨利，任賢勿二，去邪勿疑。決斷庶務，不爲文義所牽制，總攬乾綱，不爲權近所移奪，乃人君之大德也。若好自用，惡聞過，聚財利，尚刑罰，則孔子所謂欲而非剛者，亦不可不辨也。

日講子路有聞，未之能行，唯恐有聞。

這是門人記子路勇于行道的説話。人之于道，固貴于有聞，而尤貴于能行。苟聞矣而不行，則所聞者不過爲口耳之資。或行矣而不力，則所行者終亦不能副其所聞也。唯子路之在聖門，負兼人之資，有必行之果，凡善言不聞則已，一聞于耳則必汲汲行之于身，然後其心始快矣。設或聞得一件道理，未能即便行去，其心必惕然不安，唯恐再聞得一件道理，則入耳徒勤，躬行不逮，將使前所聞者或壅積而不及行矣。蓋其心必欲隨聞隨行，以待後聞之至，聞益廣則行益勤，行益勤則求聞益切，此進道無已之實學也。世之徒聞弗行者，其善既非己有，少有所聞而遽自滿者，則亦不知義理之無窮耳。是以大舜樂取諸人，而禹聞善言則拜，帝王之德所以不可及也。

經筵仲弓曰："居敬而行簡，以臨其民，不亦可乎？居簡而行簡，無乃太簡乎？"

這是《論語》第六篇仲弓對孔子論治道的説話。仲弓是孔子弟子，姓冉，名雍。"敬"是敬慎，不怠忽。"簡"是簡易，不煩瑣。仲弓因孔子稱子桑伯子之簡，遂對説道：人君總理萬事，統馭庶民，固貴于簡易不煩，然其根本切要處還須以敬爲主。若能自處以敬，常時收歛此心，無一念放縱，檢束此身，無一毫怠惰，則中有主而自治嚴矣。由是行簡以臨治那百姓，如政事則務舉大綱，不規規于細故；號令則務存大體，不屑屑于繁文。這是"居敬而行簡，以臨其民"。夫以敬謹的心，行簡易的政，則事無煩苛，民不紛擾，自然上下相安，治化有成，這樣的簡不亦可乎？若是先自處以簡，内不能檢束其心志，外不能整飭其威儀，則中無主而自治疏矣。及其所行，却又專務苟簡，不論輕重而任其疏略，不分緩急而悉皆縱弛。這是"居簡而行簡"。夫自處既已疏放，行事又皆忽略，則紀綱紊亂，法制傾頽，將見事皆荒廢，民無遵守，這樣的簡無乃失之太簡乎？此可見臨下以簡，固人君之美德，而簡有不同，居南面而臨民者又不可以不辯也。仲弓此言可謂深識治體者矣。臣嘗論之，居敬行簡之説，即是修己以安百姓、篤恭而天下平的道理，雖堯舜之治，皆由此出。觀堯之欽明、舜之温恭，兢兢業業，不自怠遑，其愛勤惕勵之中，預先有個主宰。是以施之于政，則急先務，急親賢，不須徧物徧愛，而天下自理。可見堯舜之簡，都從居敬上來，此其治所以萬世不可及也。三代以下之君，以玄默清静爲治者，則溺于黄老之説；以虚無曠達爲賢者，則釀成魏晋之風。蓋徒知行簡而不知居敬，又何怪乎治道之不古若哉？仰惟皇上，蒞治精明，臨朝莊敬，德意所向，務省彌文，用臻實效，是以刑清政簡，内順外安，天下臣民莫不仰戴而稱頌矣。臣愚更望帝學益勤，聖敬愈密，勿以燕閒而忘戒懼之心，勿以治安而懈儆惕之慮。念萬化之本源有在，務以省躬克己爲先；恐此心之操舍無常，務以謹始慎終爲要。則庶事自理，萬邦咸寧，垂拱無爲之盛可與堯舜同符矣。臣等不勝惓惓至願。

經筵子曰："學如不及，猶恐失之。"

這是《論語》第八篇記孔子勉人爲學，説道：人不可以不學，學也者，所以致其道也。道無終窮，則學亦無止法。世之人固有知從事于學，而不能勇往以用力，亦有雖用其力，而不能專精以要其成，皆非善學者也。善學者當如何？蓋天下的道理無一件不是我之所當知者，也無一件不是我之所當行者。爲學先要致知，道理甚多，安能一一就都知得，故必窮事物之理，極吾心之知，孳孳焉因其所已知而益求其所未知者，如有所追而不逮。爲學更要力行，道理甚多，安能一一就都行得，故必詳體驗之端，致擴充之力，孜孜焉因其所已能而益勉其所未能者，如有所求而不得。今日知一事，明日知一事，所知者雖漸次開發的多了，他心中還退然不足，恐怕終無以盡天下之理而皆能知之也。今日行一事，明日行一事，所行者雖漸次積累的高了，他心中還歉然不滿，恐怕終無以會天下之事而皆能行之也。唯見大〔八〕義理之無窮，而不自知其黽勉之爲勞；唯慮夫年歲之不與，而不自覺其發憤之已至。則其所勉勉循循，終始典學而無間者，自有所不容已耳。必如是，然後可以盡斯道之全體，收爲學之全功，見之動容周旋而爲德行，措之天下國家而爲事業者，無非由此以出之矣。

臣嘗觀《大學》一書，其論學甚備，始于格致誠正，終于修齊治平，蓋聖賢之學、帝王之治，其體用一原如此，如之何其可以易而至也？是以自昔哲后欲建天下之盛治者，未嘗不以務學爲急。故殷高宗遜志時敏求多聞以建事，周成王日就月將學緝熙于光明，皆能以識際道真、化參位育爲守成之令主，崇中興之顯名，孜孜務學之要，端可睹矣。後世或襲取一切之功而身多慚德，或暫致一時之效而鮮有令終，則由帝王之學不傳，世主不能博聞養德，常以其所已至者自足故爾。仰惟皇上天植英姿，日新聖德，敬慎威儀，况[九]潛經史，蓋與古帝王典學之訓光邁之矣。臣愚更惟理欲之出入無常，操舍之存亡甚易。苟致謹于顯而或肆于隱微，勵精于初而或怠于久遠，皆足以間斷聖學，虧損帝治。伏望聖明强勉而加意焉，不以德爲已至而忘其進修，不以世爲小康而替其勤勵，則一人之慶固宗社兆民永賴矣。

經筵魯人爲長府。閔子騫曰："仍舊貫，如之何？何必改作。"子曰："夫人不言，言必有中。"

這是《論語》第十一篇記閔子騫論魯事，孔子取他的説話。"魯人"是魯之執政，司國計的人。"長府"是魯國藏貨財的府名。閔子騫是孔子弟子，名損。"仍"是因。"舊貫"，如今説舊規一般。"夫人"指閔損説。昔者魯國有藏貨財的長府，魯人要將舊制拆卸，從新改造一番。閔子騫見其事在得已，乃婉辭勸諭，説道："改作之事，有國家者所當慎重。若果是舊日的規制十分滯礙，遵用不得，舊日的營構十分敝壞，因循不得，夫然後不得已而改作焉，猶之可也。今魯之長府建自先世，規制可久，歷世固已率循，營構孔堅，今日猶未大壞，不如因其舊基，稍加補葺，以藏貨財于斯，而不失先公之世守，亦何不可乎？又况工作之興，勞費不貲。力役勤苦，則下民之心未免于怨咨；供億浩煩，則府庫之財將至于虚耗。夫改作之難如此，今既舊貫可因，亦何必爲此損國病民之舉哉?”閔子此言持論端確，既有以指明大〔一〇〕事理；出詞和雅，尤足以感發乎人心。孔子聞而喜之，乃稱美之，説道：“人之發言甚易，求其言之合理者甚難。損之爲人，德行可稱，固不以言語名也。今而長府之評持議甚正，論事適宜。其謂舊貫可仍，在理誠當因也；其謂改作可已，在理誠當止也。蓋唯不言則已，苟一有言，則必協其擬議之當矣。損也，誠賢哉!”臣觀孔子之作《春秋》，于魯之興造無不書者。《公羊傳》謂凡書工作皆譏，良以勞民傷財唯土木之工爲甚耳。古者用民之力，歲不過三日，四分歲入用三而羸其一，是以民有餘力，府有餘財，雖有水旱、寇竊，待之甚裕，而太平之業常保也。若夫輕用民力，暴殄天物，未有不基禍速亂者。是以大禹卑宫室，且垂峻宇之戒，傳祚四百；漢文惜百金，遂罷露臺之造，媲美成康：良有以也。仰惟皇上臨御以來，愛養民力，樽節財用，悉罷不急之工，與天下休息，三年于兹矣。然自古憂勤惕勵每生于艱虞多事之時，而宴安驕佚多啓于豐亨豫大之日。今雖四夷嚮風，海内無事，然閭閻之困苦猶未全紓，帑藏之積蓄猶未充裕。更惟聖明追踪大禹，邁迹漢文，慎乃儉德，守而勿替，宗社萬年之休端在是矣。臣等不勝顒望。

經筵百姓足，君孰與不足？百姓不足，君孰與足？

這是《論語》第十二篇記孔子弟子有若答魯君哀公的説話。昔有若因哀公求年饑足用之術，既以“盍徹”告之矣，及哀公有“二猶不足”之間〔一一〕，乃復説此四句，以明君民一體、休戚相關的道理。如何是“百姓足，君孰與不足”？蓋朝廷上各色用度都是小民出辦，若制其田里，平其賦役，自本等額課之外，不以一毫過取于民，使百姓每男有餘粟，女有餘布，閭閻之下，家家殷實焉，將見斯民生計既饒，一應正經錢糧出辦自是容易，凡軍國所需、服御所用，一件件都與君上供備停當，不致缺少。這便是“百姓足，君孰與不足”。如何是“百姓不足，君孰與足”？蓋民間財力原自有限，百姓終歲勤動，自俯仰衣食之外，只好供辦本分錢糧。若是井地不均，賦税無度，或加增正額，或無端横斂，使百姓每力將〔一二〕不得食，勤織不得衣，閭閻之下，家家窮困焉，將見小民生計既窘，必至死徙流離，田野日益荒蕪，歲賦無從出辦。凡軍國所需、服御所用必致件件缺乏，無與供給。這便是“百姓不足，君孰與足”。有若以此告哀公者，正見用徹法則什一取民，民果富矣，君豈至於獨貧？税畝則加倍取民，民既貧矣，君亦安能獨富？其所以曉解之者，不其深切著明哉？臣嘗因是論之，國家經費資于財用，魯君方患用度不足，若又減去一半賦税，其何能濟？乃有若必欲行徹，蓋有深意焉。先王之法，量入爲出，其取于民也有制，其用于上也有經。魯自宣公而後，十二取民，賦入既廣，侈用日滋，法制一逾，茫無限量，率是道也，將括地取之猶不給用者，矧惟十之二乎？若是復行徹法，賦税所入既有定制，則一切侈靡之費自是不容不省。省去妄費，則固十一有餘矣。有若之言，誠經國之遠猷、探本之至論也。仰惟皇上，奉天法祖，惜財愛民，裁省冗浮，蠲貸逋負，康阜深澤固洽于民心矣。但今日財用在百姓則杼軸有其空之嘆，在國家則府庫無終歲之儲，加以灾沴頻仍，邊供浩穰，入少費多，有將來大可慮者。伏望聖明思患防微，去奢崇儉，減損不急之費，不貴難得之物，庶幾百姓漸足，而豐亨之治可期矣。臣等無任惓惓。

經筵子路問政，子曰：“先之，勞之。”請益，曰：“無倦〔一三〕。”

這是《論語》第十三篇記孔子與弟子論政的説話。“先”是導率的意思。“勞”是勤勞。“倦”是厭怠。孔子弟子子路以爲政的道理問于孔子，蓋要把那出治臨民當務的事件預先講究明白，到得後日施行之時有個定準，不至于錯謬耳。孔子答他，説道：君子既以一身臨于民上，則百姓的事與自己身上相干。以正民德，則有教化之責。然不可徒以語言訓誨，誘百姓之自超也，必也以身先之。欲民親其親，則先之以孝；欲民長其長，則先之以弟。欲作民忠，先以不欺；欲作民信，先以用情。件件都先從自己身上做個樣子，使百姓每後面跟着樣子做來，自然觀感興起，而民之德可正矣。以厚民生，則有康阜之責。然不可徒以法制驅率，令百姓之自爲也，必也以身勞之。如欲民勤于耕，則春省補其不足；欲民勤于欽[一四]，則秋省助其不給。或勸課其樹畜，或巡行其阡陌，件件都費着自己氣力，與百姓整理一番，使競相勸勉，各治其生理，則民生可厚矣。爲政之道，大段不過此二端而已，若欲着實體貼行去，甚有不易盡者。乃子路未察，復請有所增益，蓋猶以此爲未足也。聖人又告他説道：爲政不在多言，前説已盡，無可增益也。但天下之事，使人爲之者恒易，而自爲之則難，是以能勤于始者常多，而令終者甚少。子無求于"先"、"勞"之外有所增益也，惟于此二者持之以有常，要之于悠久。民行雖已興矣，而所以率先之者益勤；民生雖已裕矣，而所以勸勞之者不發[一五]。此即所謂教思無窮，容保無疆，出治之水[一六]根、帝王之能事具矣，又何必于二者之外有所加益乎？吁！聖人所以告子路者，可謂約而盡矣。臣嘗因是論之，天之立君，君之建官立長，都是爲民。守令有郡邑，則一郡一邑之民事皆守令之責；諸侯有國，則一國之民事皆諸侯之責；天子有天下，則天下之民事皆天子之責。故百姓不親，舜以爲己責，命契敬敷五教；黎民阻饑，舜以爲己責，命稷躬稼以率之。卒致比屋可封，兆民允殖。有虞之治，所以爲不可及者，由舜以身勤民而又得人以任之也。後世人主，志不在民者固不足言矣，其有留心治道，孜孜然圖惟改[一七]化者，又多不知本諸身以推之，且又不能持久，故雖小康之治，亦僅見焉，蓋由聖學不講，而昧于致理之原故也。仰惟皇上統天御曆，五載于兹，躬履仁孝之盛節，勤恤閭閻之疾苦，聖門格訓固已允蹈之矣。然人心之出入無常，而治忽之關係甚切。臣愚更望永固初心，益弘至理。風俗未淳，務端所以化導之本；民生未阜，務培所以安養之原。博采材賢，明慎任使，則有虞之盛治將復見于今日矣。臣愚幸甚，天下幸甚。

經筵上好禮則民莫敢不敬，上好義則民莫敢不服，上好信則民莫敢不用情。夫如是，則四方之民襁負其子而至矣，焉用稼？

這是《論語》第十三篇記孔子告弟子樊遲的説話。“上”指在民上的人説。“情”是誠實。“襁”是綫縷所織，用約小兒于背。“焉”是何。孔子説道：稼圃，小人之事，固非學者所當留心。若夫大人居上臨民，其道甚衆，正學者所當講求者，何樊須之不知務也。彼君子以一身居于民上，爲所具瞻，若樂放縱而惡拘檢，將百姓見之而狎侮之心生矣。若能好禮，由一話一言達之于動容周旋之際，自臨民御衆推之于幽閑燕處之時，皆依着節文度數，不敢有毫髮違越，下面的百姓望見君子德暉這等莊肅，自然中心嚴憚，不敢輕慢。這便是“上好禮則民莫敢不敬”。義者，事之宜。凡刑賞予奪都有個恰好的分限，所謂義也。在上的人勢得自便，或任着自己愛憎厚薄施行，人心必然不服。若能好義，或刑或賞，或予或奪，都依着他本等分量順應將去，絶不以一毫自己私意參于其間，自然合乎天理之正，協乎人心之公。賞一人，予一人，而百姓以爲勸；罰一人，奪一人，而百姓以爲懲矣。這便是“上好義，則民莫敢不服”。上下之分既殊，中間全要一點真意相爲貫通。在上的人或任數挾詐，不以誠信待人，則下面的人亦競相倣傚，争爲欺罔，不肯用其情矣。若能好信，推其赤心以置人之腹中。凡政事之修皆根于由衷，而不徒爲粉飾；凡號令之布皆要之悠久，而不數爲變更。那百姓每知在上人的心至誠可信，莫不感戴親信。凡有所興役，必相勉以出其力，有所徵賦，必相勸以出其財也，不敢有一些欺詐不實的意思。這便是“上好信則民莫敢不用情”。此三者皆大人之事，誠能盡之，不但自己所管轄的百姓敬服用情，雖是四方鄰國，聞得這個風聲，都願爲其民人，受其福澤，各襁負其子，自遠而至矣。凡此四方之民，皆可以爲農圃之事，君子不必身自爲之，而有代爲勞力者矣，何用學稼爲哉？臣嘗論之，樊遲雖從學聖門，于時尚在畎畝，稼圃乃其所有事者，而孔子深鄙之，何哉？以其不講輔世成化之道，而甘心爲匹夫業也。若夫人君處崇高之位，有宰世之責，固當游心于帝王之業，尤貴克知夫小人之依。故安居九重，則思閭閻之疾苦；玉食萬國，則念稼穡之艱難。夫然後九有宅心，而百靈效順矣。蓋孔子告樊遲者，臣道也；而臣之所論，君道也。臣道期于承君，君道要在惠民，義各有攸當耳。仰惟皇上，秉禮蹈義，彰信兆民，首修耕籍之儀，屢下恤農之詔，帝王之美節、大人之能事備矣。臣愚更望議道自己，出政宜民。懋建皇極，而敷訓立教必本之躬行；軫念民天，而暑雨祁寒必恤其怨咨。則淳曜太和之治，必復在今日宇宙間矣。臣等不勝大願。

經筵子曰：“愛之能勿勞乎？忠焉能勿誨乎？”

“勞”是勤苦。“誨”是規諫。孔子説道：天下事固有情若相拂而道實相成者，君子所當深辨也。彼父子之親，不可解于其心。人之于子，固皆知當愛也，而不知所以用其愛者在于勞之。蓋人之常情，好安逸而惡勞苦。然勞苦則憂勤惕勵而善心生，所以立身成家者由之矣；安逸則怠惰淫泆而不善之心生，所以身辱家敗者由之矣。人之愛子，固日望其成立也，則天〔一八〕夙夜訓課，以勤其心志而勞其觔力者，自不能已矣。若徒溺于情愛，使其子飽食暖衣，逸居而無教焉，雖曰愛之，其實害其子也。君臣之義，無所逃于天地之間。臣之于君，固皆知當忠也，而不知所以忠其君者在于誨之。蓋人之常情，好順從而惡拂逆。然諫諍之言雖逆耳難受，却有益于君德；諂[一九]諛之言雖順意可悦，却有損于君德。臣之忠君，固日願其爲明聖也，則夫朝夕納誨，以糾其愆違而補其闕失者，自有不能已矣。若徒工于容悦，使其君志得意滿，惟其言而莫違焉，雖曰忠之，其實賊其君也。是知父以成子爲深愛，臣以成君爲大忠，世之務爲忠愛者，當審所從事矣。臣嘗因是論之，愛之當勞，孔子固泛爲人之愛子者而言，然即是可以爲養儲之法。蓋匹夫有百金之産，苟欲其子能守，猶不忘訓督，况夫神器之重，而顧付授可輕乎？是以三代盛王皆豫建太子，而早論[二〇]教，能言訓以孝仁禮義，能行導之闕下廟趨，離繦褓爲之選師傅，迨知學爲之備僚友。左右前後，無非正人；春夏秋冬，皆有正業。所以聖聖相承，而爲有道之長者此耳。忠焉必誨，孔子固爲臣之事君者而言，然因是可以得辨臣之術。蓋上臣謀國，具臣謀身。謀身之念重，則唯知緘默以苟容，雖陷君于有過而不顧。謀國之心誠，則必欲盡言以匡君，雖身陷于危亡而不恤。故古之帝王設敎諫之鼓、進善之旌、誹謗之木、記過之史，凡以作臣之忠以自匡益耳。仰惟皇上，神聖紹基，寬仁容物。早正大本，慰九廟之神靈；嘉納讜言，致萬方之愛戴。慈子馭臣，可謂兩得其道矣。然膚齡漸長，則習尚之端易移；治效漸康，則驕侈之萌易啓。臣愚更望于三代教子之猷、帝王求言之典循而舉之，則宗社萬年之慶不外是矣。臣等不勝幸甚。

經筵大舜有大焉，善與人同，舍己從人，樂取於人，以爲善。

這是孟子論聖人樂善之誠，教人取善的説話。“善”是道理恰好處。“舍”是捨棄。“樂”是喜樂。孟子説道：子路喜聞過，大禹拜善言，其樂善之心固皆誠切。但喜聞過者是要自家身子無有差失，拜善言者也是要將人的善來增益于我，都是把這道理看做我一個人的物事了，猶爲未大。乃若大舜之所爲，則有大于禹與子路者焉。蓋其廓然太〔二一〕公，見得這是天下公共的道理，原無此疆彼界、形骸爾汝之分。我之善也是人的善，人之善也是我的善，而能以善與人同之。如己有善言，不據之以自是也，聞一善言，即孳孳焉舍己以從之，而徙義也必勇；己有善行，不守之以自足也，見一善行，即皇皇焉舍己以從之，而求益也無方。何嘗有一毫係吝之私哉？夫舍己從人可謂難矣，使或勉强而行之，然猶非其至者。大舜則以達善無私之量，而出之以好善無己之誠。其從人之言也，從人之行也，惟其善則取之，若决江河，沛然莫之能禦矣。夫如是，不善與天下共改之，己之善，人之善也，而何有于喜？善與天下共由之，人之善，亦己之善也，而何事于拜哉？此謂善與人同，舜之所以大于禹與子路也。臣嘗因是論之，以舜之聖，豈有善不及人，而人之善寧復有過于舜者？而舜方且舍己而樂取之，何哉？蓋天下之義理無窮，而聖心之至誠不息，故雖智周萬物，德蓋天下，而自視歉然，常若不足。視天下一才一藝皆若勝己，匹夫匹婦未歸于善，疚然以爲己責。夫是以道德全備，若百川之匯于東海，浩乎莫知其限量矣。此固舜之所以爲大，而四方風動之休所由致與！設或蔽于己私，不能自舍，牽逸欲之情則忠讜之規不入，狃自用之見則謀猷之告不聞。譬之壅塞不去，江河不行，雖有義〔二二〕，烏能樂而取之哉？仰惟皇上，秉睿哲之資，擴冲虚之度。經筵日御，典學不替乎始終；章疏時陳，兼聽不遺于狂瞽。其樂善之誠，真與大舜同一揆矣。然臣愚猶慮尊居九重，則忠忱或艱于上達；躬有萬善，則聽察易忽乎邇言。更願純心用賢，屈己求諫。善無微而不采，雖忤心逆耳，咸歸翕受之公；德已盛而若虚，而明目達聰，用廣咨詢之益。則聖智之大，通天下爲一身，而萬邦咸寧之治不在有虞而在今日矣。臣等不勝惓惓。

日講孟子道性善，言必稱堯舜。

這是《孟子·滕文公》篇記孟子初見文公時所言大概的道理。"道"字解做"言"字。"性"是人所稟于天以生之理。天命有喜而無惡，故人受此理于天，共[二三]爲性亦有善而無惡。人惟爲氣稟所拘便有偏私，爲物欲所蔽便成卑暗，所以做出惡的事來，非性之本然也。惟是聖人清明在躬，凡氣稟、物欲都不能爲此性之累，所以道德純全，出類拔萃，而爲人之至者，亦只是合下盡得這個善的道理，非有加于性之外也。故孟子于滕文公爲世子時初來相見，開口就把這性善的道理諄諄與他講説。或因所發見而原其根本，或引其端緒而導以擴充。只是要世子曉得自家性分中道理本是這等恰好，一心向善，做個好人，他日治國，做個好君耳。又恐空言無徵，世子將不知所倣傚，凡所稱説，都把堯舜引來做個樣子。如言盛德，就説"堯舜性之"；如言人倫，就説"皆法堯舜"。蓋欲使世子曉得我這性善本與堯舜一般，盡得這個道理，便可以爲堯舜，一心勇往直前，以聖賢爲必可學，以帝王之治爲必可致也，其屬望之意何其厚哉！

經筵孟子曰："民事不可緩也。《詩》云：'晝爾于茅，宵爾索綯。亟其乘屋，其始播百穀。'"

這是《孟子·滕文公》篇記孟子對文公的説話。"民事"是農事。《詩》是《豳風·七月》篇。"于"是往取。"索綯"是糾絞繩索。"乘"是升。"播"是布種。孟子因滕文公問爲國，遂告之説：君國以子民爲先，立政惟知要之貴。今君爲國，惟于民事先加之意而已。蓋天之立君爲民，民之所依在食。農事者，民食之所由出也。必也農不違時，地無遺利，然後家給人足，而國家可理。如其不然，田野不闢，衣食無出，將怨畔並作，而國非其國矣。是以爲國之道雖曰多端，而究其先務之急，莫有過于農事。則夫制其田里以開衣食之源，導之樹藝以盡勸相之方者，誠當汲汲圖之，而他務未遑矣。嘗觀《七月[二四]》之詩《豳風》叙述田功，說道：吾人盡力南畝，春耕、夏耘、秋收都是農忙時候。雖居室是要緊的事，這三時也無工夫整理，惟有冬月收成之後，方好趁着農隙，日裏往將茅草取來，夜裏糾絞做繩索，急急的升在屋上，葺敝補漏，不可怠緩。蓋這冬月時侯[二五]有限，不久春來，又要去從頭播種百穀，那時晝夜奔忙，無暇復料理此屋矣。觀之詩詞，斯民自急其事若此，國君以保民爲職，顧可不以民心爲心而或緩其事哉？臣嘗因是攷之，《七月》之詩，周公告成王以王業基本，意與《周書·無逸》篇問[二六]，其述農家之苦最爲詳矣。夫成周之時，田皆井授，下無兼并，九一而稅，上無横征，宜民皆樂業，無復怨咨也。而周公尚以農事艱難爲說。若夫後世之農，或有丁而無可耕之田，或有田而無可耕之具。婦子力作，供地主之原租；罄竭囷倉，償稱貸之倍利。雖終歲勤動，而曾不得享一日豐穰之樂，况加以水旱、蝗蝻之灾乎？故今日四民之中，惟農最苦，爲人工[二七]者所當深念也。仰惟皇上，聰明天啓，勤儉性成，亟求耕籍之儀，屢下勸農之詔。邇因東南水潦，撫臣告灾，特敕司農厚加賑恤，真能急民之事矣。臣愚更願益勵初心，克終大業。知稼穡之艱難，則時切恫瘝之慮；念供輸之匪易，則力行節儉之風。將見淵衷既篤，佑命必純，百穀自爾其用登，四民胥蒙其樂利，億萬年太平之慶端在是矣。臣等無任惓惓。

日講孟子曰："仁言不如仁聲之入人深也，善政不如善教之得民也。善政民畏之，善教民愛之。善政得民財，善教得民心。"

這是《孟子·盡心》篇論爲治當審所尚的說話。孟子說：人君臨民出治，其道固有本末，而其效之淺深應之，不可誣也。彼其以不忍人之心，發之爲矜憐愛護的言語，以曉告那百姓，叫做

"仁言"。真心實惠被于百姓，使人人贊頌，播聞遠邇，叫做"仁聲"。這兩件都可以入人，但仁言一時所發，未必其然；仁聲著于平日，則確有實驗。故以二者較量，"仁言不如仁聲之入人深也"。建綱陳紀，科條備具，件件都與百姓每有益，叫做"善政"。勞來匡直，使百姓每遷善遠罪，而又躬行道德以率導之，叫做"善教"。這兩件都可以得民，但法制禁令雖可以使民不倍，而道德齊禮乃所以使民樂從，故以二者較量，"善政不如善教之得民也"。蓋善政立則品式周詳，制度畫一，肅然而不可毫髮逾越，民畏之矣。若夫善教，則抑其過，引其不及；嘉其善，矜其不能。恩意流通，藹然家人父子之相與也，謂不有以致民之愛哉？善政立則取民有制，用度有節，百姓每家給人足，而君無不足，得民財矣。若夫善教，則優游之，使之自求；鼓舞之，使之不倦。會極歸極，自然無遺親後君者矣，謂不有以得民之心哉？

日講孟子曰："舜之居深山之中，與木石居，與鹿來〔二八〕遊，其所以異於深山之野人者幾希。及其聞一善言，見一善行，若决江河，沛然莫之能禦也。"

這是《孟子·盡心》篇發明大舜樂善之心的説話。"幾希"是少。"禦"是止。孟子説：聖人所以與人不同，全在心上。若止就形迹上觀看，雖聖人亦無以自異于人。昔者大舜躬耕歷山之時，其所與居者不過木石而已，其所與遊者不過鹿豕而已，比之深山野人相去能有幾何，然此特就迹而言之耳。若論其心，則至空而無所不容，能以一心而具天下之理；至明而無所不照，能以一理而善天下之應。方其善言未聞，善行未見，湛然中存，固莫得而窺測也。及其人有一言之善聞之于耳，則聲入而心即通，初不假于擬議也；人有一行之善接之于目，則舍己而人是從，初無俟于勉强也。蓋其方寸之天，萬善咸備。言行之善于人者，感雖由于外至；而聞見之觸于我者，機實本于中出。殆猶江河之決，沛然下注，莫有得而禦之者矣。此舜所以“玄德升聞”而後之作者弗及也，夫豈深山野人所可擬耶？善觀聖人者，觀之心焉可也。

校勘記

〔一〕底本卷首原目録“講章一”後無“四書”二字，有“《大學》六道、《論語》二十三道、《孟子》五道”三個標題。

〔二〕“弎”，甲辰本作“式”，是。

〔三〕“房”，甲辰本作“戾”，是。

〔四〕“太”，疑當作“大”。

〔五〕“熱”，甲辰本作“熟”，是。

〔六〕“沾”，疑當作“沽”。

〔七〕“子”，甲辰本作“于”，是。

〔八〕“大”，甲辰本作“夫”，是。

〔九〕“况”，甲辰本作“沉”，是。

〔一〇〕“大”，甲辰本作“夫”，是。

〔一一〕“間”，甲辰本作“問”，是。

〔一二〕“將”，甲辰本作“耕”，是。

〔一三〕“惓”，甲辰本作“倦”，是。

〔一四〕“欽”，甲辰本作“斂”，是。

〔一五〕“發”，甲辰本作“廢”，是。

〔一六〕“水”，甲辰本作“本”，是。

〔一七〕“改”，甲辰本作“政”，是。

〔一八〕“天”，甲辰本作“夫”，是。

〔一九〕“諂”，原訛作“謟”。以下同改，不再一一出校。

〔二〇〕“論”，甲辰本作“諭”，是。

〔二一〕“太”，疑當作“大”。

〔二二〕“義”，甲辰本作“善”，是。

〔二三〕“共”，甲辰本作“其”，是。

〔二四〕“七月”，據文意此二字或與下“豳風”二字誤倒。

〔二五〕“侯”，甲辰本作“候”，是。

〔二六〕“問”，甲辰本作“同”，是。

〔二七〕“工”，甲辰本作“上”，是。

〔二八〕“來”，甲辰本作“豖”，是。

條麓堂集卷十一

講章二《尚書》《貞觀政要》附〔一〕

日講乃命羲、和，欽若昊天，曆象日月星辰，敬授人時。

"乃"是繼事之辭。羲氏、和氏，是掌管天文的官。"若"是順。"昊"是廣大的意思。"曆"是紀數的書，如今之《大統曆》。"象"是看天文的器，如今渾天儀之類。"日"是陽精，每一日遶地一週。"月"是陰精，每一月與日一會。"星"有經星，有緯星。二十八宿是經星，金、木、水、火、土五星是緯星。"辰"是天上日月交會的去處，分周天之度爲十二個决〔二〕舍，叫做"十二辰"。"人時"是民間耕種收割的節候。史臣前面既載帝堯能以大德化民，就接着説帝堯當時命羲氏、和氏掌管曆象授時的職事，使他敬順那昊天正經的氣運，不可怠慢違背，妄生穿鑿，只把那紀數的曆書與那觀天象的器去推驗日月星辰運行的度數，分定四時，一心敬重此事，頒行天下，教百姓每及時務農，該耕該耘，該收該穫，不失錯了早晚的節候。夫帝王之治，莫先於奉天勤民，其德莫大於敬。觀帝堯首命羲、和，既説"欽若"，又説"敬授"，奉天勤民，其敬若此，真可爲萬世人君之法矣。

日講申命羲叔，宅南交，平秩南訛，敬致。日永，星火，以正仲夏。厥民因，鳥獸希革。

"申"是重。"羲叔"是官名。"南交"是南方交趾之地。"訛"是變化的意思。"敬致"是用夏至日午時祭日，伺日正中天，以土圭記驗日影的尺寸。"永"是長。"星火"是東方蒼龍七宿的大火心星。“仲夏”即今之五月。“因”是因春之析。“希”是少。“革”是易。帝堯既分命羲仲以驗春曆，又重命羲叔居那南交地方，凡夏月時物盛長當變化的事，以曆書上節氣早晚均次其先後之宜，授與有司。當夏至日午時，敬以祭日，記那日影的長短。這個時節，晝則六十刻，其日最長；夜則大火心星以初昏時見于正南午位。驗這兩件不差，可見得正陽之氣，仲夏的節候不差矣。又驗之于民，那百姓每春時已是分散居住了，此時天氣愈熱，比春時一發分散居住。又驗之于物，那鳥獸的毛都希疏變易，則可見是仲夏之時矣。這都是要考驗那曆書上夏月的節候，惟恐有差也。

日講舜曰：“咨！四岳，有能奮庸熙帝之載，使宅百揆，亮采惠疇？”僉曰：“伯禹作司空。”帝曰：“俞。咨！禹，汝平水土，惟時懋哉！”禹拜稽首，讓于稷、契暨臯陶。帝曰：“俞，汝往哉！”

“奮”是起。“熙”是廣。前面這個“帝”字是指帝堯。“載”是事。“宅”是居。“亮”是明。“惠”是順。“疇”是類。“伯”是爵。“司空”是官名。後面這個“帝”字是指帝舜。堯在時，舜未嘗稱帝，至此乃即帝位，故史臣始稱爲帝。“懋”是勉。“稽首”是拜，下其首至地。“稷”是治田的官，名棄。“契”是臣名。“暨”字解作“及”字。“臯陶”也是臣名。舜咨訪四岳，說：“今之天下乃帝堯之天下，今之事功乃帝堯之事功。爾在朝之臣，有能奮發興起，做那事功以熙廣帝堯之事的，我便使他居百揆之位，修明庶事，使件件都得其宜；順成庶類，使物物都遂其性。這等的事，不知何人做得。”于是四岳及所領衆諸侯齊說：“今有伯禹，見任着司空的官職，可居此任。”帝舜平日已知道伯禹是個好官，即以群臣之舉爲然，咨于伯禹，說道：“汝作司空，能平水土，今命汝以舊官兼行百揆之事。汝當勉勵不怠，以成亮采惠疇之功。”禹聞帝舜之命，不敢自任，乃拜稽首，讓與稷、契及皋陶三人，説這三人皆可居百揆之職。帝舜以三人固賢，然百揆之任非禹不可，故但然其舉，不聽其讓，就遣禹往就職事。這一段見得帝舜選輔相之臣，舉之極公，任之極專，又見得當時群臣推賢讓能，略無妬忌之意，所以爲盛世之君臣也。

日講帝曰：“棄，黎民阻饑，汝后稷，播時百穀。”帝曰：“契，百姓不親，五品不遜，汝作司徒，敬敷五教，在寬。”

“棄”是稷的名。“阻”是困阨的意思。“后”是君有爵土之稱。“播”是布穀，非一種，故謂之“百穀”。帝舜因禹讓稷、契，乃命棄説：“洪水爲害，百姓每還有困于饑餓不得飽食的。汝舊爲后稷之官，今命汝仍爲此官，任養民的職事，因天時之早晚，順地勢之燥濕，播此百穀，以終其事可也。”“親”是親睦。“五品”是君臣、父子、夫婦、長幼、朋友，五者各有名位等級，故謂之“五品”。“司徒”是掌教化之官。“敷”是敷布。“五教”是以五品的道理爲教令。“寬”是從容的意思。帝又申命契説：“今教化未行，天下的百姓不相親愛，五品之人倫不相和順。汝舊爲司徒之官，今命汝仍爲此官，任教民的職事。爾必敬謹以宣布那五倫之教化，不可少有怠慢，又必從容寬裕，以漸而入，不可過于急迫，以終其舊事可也。”夫帝王之治天下，其大端不過教、養二事。舜于命相之後，即命此二官，又先養而後教，其施爲緩急之序蓋如此。此舜之智，所以爲急先務也。

日講帝曰：“咨！四岳，有能典朕三禮？”僉曰：“伯夷。”帝曰：“俞。咨！伯，汝作秩宗，夙夜惟寅，直哉惟清。”伯拜稽首，讓于夔、龍。帝曰：“俞，往欽哉！”

“典”字解做“主”字。“三禮”是祀天神、享人鬼、祭地祇之禮。“伯夷”是臣名。“秩宗”是叙次百神之官。“夙”是早。“寅”是敬畏的意思。“直”是心無私曲。“夔”、“龍”是二臣名。帝舜咨訪四岳，説道：“上而天神，中而人鬼，下而地祇，皆天子所當祭祀的，其禮至重，有誰能任此事者乎？”四岳及在朝群臣同辭對説：“有臣伯夷者，可當此任。”帝舜乃然四岳所舉，嘆美伯夷而命之曰：“汝當作我秩宗之官，以奉祀天神、人鬼、地祇，必須早夜之時致其敬畏，不可須臾怠忽，使方寸之間常常正直，無有一毫私曲，則心體自然潔清，不被那物欲污染，可以交神明矣。”伯夷聞命而拜，稽首至地，讓與夔、龍二臣。帝舜亦知夔、龍之賢，但以爲不及伯夷，故然其言，不聽他讓，説：“汝當往仕此官，致其欽敬，以典三禮，無失寅清之道可也。”夫禮主於敬，而事神之本在心。帝舜命伯夷典禮，而以持敬爲訓，其叮嚀嚴密如此，則其夙夜事心之功可知，以故主祭而百神享之也。是知天之所以與舜者，親于克敬而已。人君爲天地百神之王，可不以舜爲法哉？

日講帝曰：“咨！女二十有二人，欽哉！唯時亮天功。”

二十二人，是指前面所命。四岳是一人，禹以下九官是九人，十二州牧是十二人，共是二十二人。“亮”是輔助的意思。“功”是事。帝舜既分命群臣了，又總告他説道：“我咨命你二十有二個人，或任職于内，或任職于外，或總治于上，或分治于下，其職任雖有崇卑大小之不同，然都是上天的事。蓋天生民而以治理托之君，君不能獨理而委之臣。苟有一事怠慢、一時忽略，則天功必然廢缺了。須要各加敬謹，勤修職業，内外上下，無不整飭振起，以輔相上天之事可也。”帝舜于命官之終，總申告戒，而特叮嚀于“欽”之一言，誠以天下之治未有不以敬畏而成、怠肆而敗者。況所治者天功，則分職出攻[三]之間，莫非上帝鑒臨之赫，一念敬肆，而命之得失係焉。此萬世君臣所當深省也。

經筵人心惟危，道心惟微，惟精惟一，允執厥中。

這是《虞書·大禹謨》篇帝舜命伯禹攝位，傳授他治天下的心法。“人心”是人的情欲之心。“危”是危殆不安的意思。“道心”是人的義理之心。“微”是微妙難見的意思。“精”是精察。“一”是專一。“執”是執持。“中”是無過不及，恰好的道理。帝舜告伯禹説道：“人雖是一個心發動處，實有兩樣。從那耳、目、口、鼻、四肢之欲上發出來的是謂‘人心’。這個心發動的時，耳中要聽聲音，眼中要看采色，口中要極滋味，鼻中要聞馨香，四肢常要安佚，容易縱放了。縱放了時，則恣情任意，敗度敗禮，凡百不好的事情都從此出，所以危殆而不安。從那仁、義、禮、智、信天命之性上發出來的是謂‘道心’。這個心發動的時，或去篤恩愛，或去謹名分，或去辨賢否，或去崇敬讓，或去固要約，都是要修身治性的道理。發動甚難，蒙蔽甚易。一有蒙蔽，則初間義理、念頭漸漸昏昧泯滅，無可尋覓處，所以微妙而難見。這兩樣心是人人都有的，其幾最難辨别，故要精察那天理、人欲之分。看他念頭發於形氣的，這便是人心，發於義理的，這便是道心，而不使其混雜。既察的精了，又要專一，守其道心，常常加慎，不可暫時放失，使此心全在義理，而形氣之私更不得以干擾。如此，則治心的工夫全備了，然後人欲消泯而危者以安，天理流行而微者以著。由是而見之動静云爲之間，凡出乎身者，自然皆無大過無不及，而合乎那恰好的道理。由是而推之用人行政之際，凡加乎民者，自然皆無大過無不及，而合乎那恰好的道理。天然自有之中，信有以執之而不失矣。爾禹當總朕師，可不致謹于心，以爲出治之本哉？”臣觀堯之命舜，嘗以“允執厥中”告之矣。至舜之授禹，諄諄于“危微精一”之訓，而亦以“執中”命之，可見治不外于心，道莫過于中也。禹之克儉克勤，不矜不伐，精一之學蓋所優入者。帝舜于代政之際，復詳切言之，誠以人心易放，道心難存，操舍出入在乎幾微之間，而得失治亂遂至于相去之遠，甚可畏也。仰惟皇上，夙禀聖神之資，上接帝王之統，心含至理，動協天常，信乎能中矣。臣愚更望加意本原，恢張治化。人心易熾也，則清心寡欲以防其危；道心易忽也，則務學窮理以使之著。則〔四〕賞不以飾喜怒，唯其至當；用舍不以徇愛憎，唯其至公。則舜、禹相傳之謨備體于陛下，而虞、夏熙皡之治再見于今日矣。臣等不勝至願。

經筵予視天下愚夫愚婦，一能勝予。一人三失，怨豈在明，不見是圖？予臨兆民，凜乎若朽索之馭六馬，爲人上者，奈何不敬？

這是《夏書·五子之歌》述大禹敬民的説話。"一"字解做"皆"字。"三失"是差失多的意思。五子因太康逸豫滅德，故首述禹訓，説道："人君處崇高之位，每易視天下的人。自我視之，不特賢者、能者能勝我也，雖天下之愚夫愚婦，既乏才能，又無權力，我看他恰似都能勝我一般，未嘗敢易視之也。蓋恐懼之心或忘，則驕侈之情必縱。苟人君所行一有差失，已足以失散衆心，況所失者不止一端，則民之怨咨必益甚矣。夫事未有不自微而至于著者，民心之怨，豈待事機章著而後圖之哉？當識之早，反之力。一號令之未協，必慮其有以咈民之心也；一舉錯之未當，必慮其有以傷民之生也。庶幾可以消怨于未萌，而防害于微渺。若待其差失多、事幾著，然後圖之，則無及矣。是以予臨兆民，不敢以天下爲樂，而深以危亡爲懼，如以易斷之朽索馭易驚之六馬，凜凜然恐其不免于傾危也。夫以民之可畏如此，爲人上以臨民者，雖抑情窒欲，惇其固本之謀，修政宜民，圖其不見之怨，猶恐其不克終也，奈之何不敬乎？能敬則能近民，而邦以寧；不能敬則必下民，而邦以危。安危之機，敬肆之間而已。太康顧以逸豫遠民，如明明祖訓何哉？"臣嘗論之，"民匪后，罔克胥匡以生。”是大君者，固兆民所愛戴歸向，恃以爲命者也。乃舜之授禹，曰“可畏非民”，禹乘〔五〕典則貽子孫，亦惓惓于“畏民”之訓，何哉？蓋君位至尊也，小民至卑也，爲人君者使謂民不足畏，而惟欲是從，以致小民蓄怨在心，無所控訴，一旦横潰，而民之真可畏者見矣。故舜、禹皆以大聖履至尊，而必以“畏民”爲先務也。仰惟皇上，稟大舜温恭之資，懋神禹勤儉之德，自踐祚以來，省賦恤刑，約己裕下，其近民至矣。臣愚更望聖明軫不獲于一夫，溥大賚于四海。禁掊克，慎錫予，以惜兆民之財；停工役，謹徵調，以紓兆民之力。使四方萬國歡然戴怙冒之仁，將千祀萬年永保靈長之祚矣。臣等不勝大願。

經筵告于衆曰：“嗟予有衆，聖有謨訓，明徵定保，先王堯〔六〕謹天戒，臣人克有常憲，百官修輔，厥后惟明明。”

這是《夏書·胤征》篇胤侯往征羲和告將士的説話。“衆”指將士。“聖”指大禹。“徵”是證據。“天戒”指灾異説。昔羲和昏迷天象，胤侯承王命往征之，乃告將士以討罪之意，先嗟嘆説：“凡我將士，要知羲和之有罪，須觀大禹之訓詞。我祖大禹，是敬天勤民之聖君，其圖謀治道，教戒後人，有個謨訓，非是空言。後人能遵而行之，實有效驗，以之修德行政，必能使國家平定安保。所以説‘聖有謨訓，明徵定保’。大禹的謨訓説道，人君與天相近，所行善則天必應之以祥，所行不善則天必應之以灾，捷如影響，甚可畏也。惟先王一遇天變，便常懷恐懼，惕然加意修省，期于消弭變異，不敢怠忽其心，所以説‘先王克謹天戒’。至于輔弼大臣，以調元贊化爲職者，當此天變，都同寅協恭，贊襄啓沃，守本等的法度，以感格天心。凡在位的百官，以順時趨事爲責者，當此天變，都奉公忘私，盡忠補過，修自家的職業，以輔佐君上。所以説‘臣人克有常憲，百官修輔’。夫人君既能修己以應天，又得賢臣以共事，是以心志清明而内無失德，紀綱振舉而外無失政，真可以光撫四海，照臨百官，而爲明明之君矣，所以説‘厥后惟明明’。大禹之謨訓如此，羲和乃不畏天變，不遵聖訓，罪其可赦乎?”臣嘗考《洪範》，言庶徵之休咎，由乎五事之得失，惟君臣交相省驗，則可以化灾爲祥，箕子之言，正以推衍大禹之訓也。我太祖高皇帝嘗作《存心録》，欲使爲君者如成湯六事自責，如周宣遇灾而懼，即“克謹天戒”之意；又作《省躬録》，欲使爲臣者輒聞灾異如漢之魏相，數奏水旱如宋之李沆，即“克有常憲”之意：“明徵定保”之訓莫大於此。仰惟皇上，奉若天道，憲法祖宗，郊祀必親，視朝忘倦，聽言納諫，蠲税恤刑，宜足以召和致祥矣。乃灾異數見，豈恐懼修省之道猶有未至耶?臣愚伏望皇上念祖訓之當遵，知天變之可畏，慎起居，節嗜欲，益嚴顧諟之誠；修政事，任忠賢，務盡欽崇之實。則大小臣工孰敢不仰體德意以共成化理，將見歡忻交通，灾異自息，國家太平之盛可以安享于無窮矣。臣等不勝至願。

經筵慎乃儉德，惟懷永圖。

這是《商書・太甲上》篇史臣記伊尹告太甲的説話。“慎”字解作“謹”字。“儉”是儉約。“懷”是思勉的意思。“永”是長。“圖”是謀。伊尹以太甲“庸罔念聞”，既以法祖保命警之矣，至此又深勉之説道：“王果能以越命自覆爲戒，聽信我的言語，則今日急務，當革去舊習，先從儉約上做起。蓋天子尊居萬民之上，享有四海之富，其勢若可以自恣。然意念之敬肆，天命之去留因之；財用之盈縮，民生之休戚係之。故凡服食、器用、宫室、遊田皆當有個節制，不可過侈。若但知富貴之可樂而不思君道之難盡，惟求一時之快意而遂忘經國之遠圖，則縱欲敗度，其害有不可勝言者矣。吾王今日須是幡然悔悟，取法烈祖，不以天下奉一人爲己樂，而以一人治天下爲己憂。事必遵乎常度，以防其逸欲之萌；身必約諸禮法，以遏其縱肆之失。目前之奢，若可自快矣，而慄慄然慮其或貽四海之憂，制節謹度，務欲其出之于身者，有以保天下國家于無窮焉。一時之安，若可以自樂矣，而兢兢焉慮其或貽千百年之害，退讓樽節，務欲其爲之于今者，有以示子孫家法于不替焉。誠能如是，將見君德日崇，邦本日固，富貴可以安享，而天命可以永保矣，先王啓迪後人之心不其慰哉！”臣嘗論之，“慎乃儉德”一語，雖伊尹因太甲而發，其實帝王致治保邦之道莫此爲先。蓋天地生財只有此數，若用度無節，則不免過取于民。民不勝其上之誅求，必生嗟怨，以致邦本動摇，人心離散，則雖有智者，不能善其後矣。臣嘗仰稽我太祖高皇帝洪武初年，百度經始，外而師旅之征討，内而官府之興作，可謂煩費矣。于時海宇未一，荒萊未闢，財賦所入不當今日之半，然而免租之令無歲不下，府庫所積嘗有羸餘，何也？良由我聖祖躬行儉朴，教始宫闈，服澣濯之衣，絶遊畋之費，故賦入省而國用足，所以爲聖子神孫垂萬世無疆之曆者端在是爾。仰惟皇上，天植節儉，同符聖祖，踐祚以來，蠲逋租，施賑貸，裁浮費，停工作，其“慎儉德”、“懷永圖”可謂至矣。但今司農之經費告詘，南北之灾傷相繼，閭閻已竭，邊烽未寧，調度節縮，求所以憫人窮、答天戒者，是在聖明一加之意耳。臣等無任惓惓。

日講佑我烈祖，格于皇天。爾尚明保予，罔俾阿衡專美有商〔七〕。

“佑”是輔助。“烈祖”指成湯言。“阿衡”是伊尹。高宗告傅説説道：“伊尹耻君不爲堯舜，而欲民皆得其所，自任可謂重矣，故能輔相我烈祖成湯，懋昭大德，肇修人紀，子惠困窮，兆民允殖，功化之盛，與天道相爲流通。他真是能堯舜君民，不負其初志，有商從來宰相功業之美，實無有能及之者也。爾今居阿衡之官，便當志伊尹之所志，庶幾精白一心，朝夕納誨，使予一人德協于烈祖而治格于皇天，則爾之相業可與阿衡並美，後先相映矣。爾其勉之，莫使伊尹獨專其美于商也。”夫高宗以成湯自期，而欲其臣以伊尹自勵，其志可謂宏遠矣。卒能光啓中興之業，與烈祖比隆，皆此志成之耳，豈非萬世君臣所當取法者哉？

附　録

君道貞觀十年，太宗謂侍臣曰：“帝王之業，草創與守成孰難？”尚書左僕射房玄齡對曰：“天地草昧，群雄競起，攻破乃降，戰勝乃克，由此言之，草創爲難。”魏徵對曰：“帝王之起，必承衰亂，覆彼昏狡，百姓樂推，四海歸命，天授人與，乃不爲難。然既得之後，志趨驕逸，百姓欲静而徭役不休，百姓凋殘而侈務不息，國之衰弊，恒由此起。以斯而言，守成則難。”太宗曰：“玄齡昔從我定天下，備嘗艱苦，出萬死而遇一生，所以見草創之難也。魏徵與我安天下，慮生驕逸之端，必踐危亡之地，所以見守成之難也。今草創之難既已往矣，守成之難者，當思與公等慎之。”

“尚書左僕射”是唐時首相。“草”是雜亂。“昧”是晦冥。“徭役”是差役。這是《貞觀政要·君道》篇記唐太宗與臣下論創業、守成的説話。貞觀十年，太宗向近臣説：“帝王尊居物表，富有四海，這個基業甚大。起初開乎〔八〕建造這基業的，與後來保守這見成基業的，兩件比併，那一件爲難？”宰相房玄齡對説：“帝王初起手時，多是天地雜亂晦冥，各處草澤中英雄競起争勝。或據城相持，攻破然後服降；或治兵相鬭〔九〕，戰勝然後剪滅。若非神武特出，豈能除盡群雄，統一海内？由此言之，創業這一件事比守成爲難。”魏徵對説：“帝王初興，必是天下衰亂的時節。衰亂之主，大段昏庸狂狡，恣行奢虐，失了天下人心。帝王除去昏狡，發政施仁，百姓樂推，四海歸命，此乃天授人與，雖辭之不可得者，可見創業非難。唯是既得天下之後，初間與己相争的群雄盡數破滅，四海九州的富貴盡數享受，由是意得志滿，驕奢淫佚。干戈初定，百姓方思安静，却乃工役繁興以疲民之力；戰争方休，百姓尚爾凋殘，却乃用度日侈以竭民之財。圖快目前，不顧後患，國之衰弊常由此起，將復爲英雄之資矣。由此而言，可見守成一事比創業爲難。”太宗乃説：“卿二人所説都有理。蓋玄齡先年隨着我平定天下，横〔一〇〕從艱苦中經過，出萬死得一生，所以見天下不是容易得的，説創業爲難。魏徵今日輔助我共安天下，慮恐我既臻治平，漸生驕佚，必又毁壞成功，立踐危亡之地，所以見天下不是容易守的，説守成爲難。然今日創業之難是已往的事，不須説了。守成之難，朕當與公等君臣同心，交相儆戒，以致其慎可也。”夫太宗身經百戰以有天下，又親見隋之所以亡者，則其慎守成業亦不爲難。若其後世子孫，生長深宫，習於富貴，濟厥恭儉，保有王業，此唯天授英哲之主能之，然後爲難耳。故觀于景龍、天寶所以召亂者，然後知文皇之遺訓遠矣。

君道君人者，誠能見可欲，則思知足〔一一〕以自戒；將興作，則思知止以安人；念高危，則思謙冲而自收〔一二〕；懼滿溢，則思江海下百川；樂盤游，則思三驅以爲度；憂懈怠，則思慎始而敬終；慮擁蔽，則思虚心以納下；疾讒邪，則思正身以黜惡；恩所加，則思無因喜以謬賞；罰所及，則思無因怒而濫刑。總此十思，弘兹九德，簡能而任之，擇善而從之，則智者盡其謀，勇者竭其力，仁者播〔一三〕其惠，信者效其忠。文武争馳，君臣無事，可以盡豫遊之樂，可以養松喬之壽，鳴琴垂拱，不言而化，何必勞神苦思，代下司職，役聰明之耳目，虧無爲之大道哉？

“盤遊”指田獵言。“三驅”是圍其三面，前開一路，使禽獸可去，不忍盡殺之意。“九德”即皋陶所陳九樣德行，指人材説。“赤松”、“王喬”皆古仙人。魏徵上疏太宗，勸使積德累義，開誠接物，至此又説：“人君所以蔑棄德義，縱情傲物，非是不懼危亡之禍，特未之思耳。誠能虚心觀理，隨事加省，如見聲色玩好可欲之物，則思奢不可縱，而知足以自戒；將要興宫室臺榭，則思勞民傷財，而知止以安人。念處高之易危也，則居上不驕，思謙冲以自牧；懼盛滿之將溢也，則思深自挹損，若江海下百川。盤遊可樂，則思三驅爲度，不敢流連忘返也；懈怠可憂，則思慎始敬終，不敢晏安是懷也。聽接不廣，則貴近易爲奸欺，故慮擁蔽必思虚心以納下；君身未正，則左右易爲誣謗，故疾讒邪必思正身以黜惡。爵賞以命有德，則思無因一時之喜而謬加；刑罰以討有罪，則思無因一時之怒而濫及。總此十思，兢兢不廢，而萬化之本原立矣。然天工人代，又須委任才哲，如皋陶所稱‘九德’之賢，兼收並用，簡其能者而任之，擇其善者而從之，隨才器使，各適于用。智者付以議論之寄，使效其謀；勇者付以折衝之寄，使竭其力。仁者則使之臨民以施惠，信者則貴〔一四〕之久要以效忠。使文武諸司各奮所長，争相馳驟以競功業，而天子與輔弼大臣安享得人之逸，優游無事，可以君臣相歡以盡豫遊之樂，寧性養神以保松喬之壽，如虞舜彈七弦之琴，歌康阜之詩，垂衣拱手，不待言説而天下化成矣。又何必勞神苦思，代行百官有司之事，欲以一人耳目之聰明盡理天下之庶務，終日煩擾，虧損人君無爲而治之大道哉！吾君能以十思自勉，而委百工之務于臣，則所以積德累義、開誠接物者在是矣，豈有他道哉？”

政體貞觀初，太宗謂蕭瑀曰："朕少好弓矢，自謂能盡其妙。近得良弓十數，以示弓工，乃曰：'皆非良材也。'朕問其故，工曰：'本〔一五〕心不直，則脉理皆邪，弓雖剛勁，而遣箭不直，非良弓也。'朕始悟焉。朕以弧矢定四方，用弓多矣，而猶不得其理。况朕有天下之日淺，得爲理之意固未及于弓，弓猶失之，而况于理乎?"自是詔京官五品以上更宿中書内省，每召見皆賜坐與語，詢訪外事，務知百姓利害、政教得失焉。

"弧"是水〔一六〕弓。"中書内省"是唐時掌機務衙門，設在禁中。唐太宗貞觀初年對侍臣蕭瑀説道："朕自幼小時即喜好弓箭，至于今日，留心既久，凡弓箭的好歹，自謂鑒别精明，曲盡中間妙處。近日得了十數張弓，自己看着儘是好的。及教做弓匠人審看，却説都不是上等材料。朕問他所以不好的緣故，匠人説：'這做弓的木心既不端正，脉理自然都偏斜了，雖角膠固濟，是有力量剛勁的弓，但發箭必不直，難以命中，所以説不是好弓。'朕方省悟在前錯認之耳。朕以弧矢平定四方，掃除禍亂，中間用弓甚多，宜乎品訂不爽，今猶不得其理，將不好的認做好的。朕即位未久，有天下日子甚淺，其于治天下道理未能周知，未嘗幹慣，固不如弓之得于幼年習用也。今弓尚不得其理，將好歹錯認了，况于天下之事，一日萬幾，至艱至大，安能一一都得其理，無有差謬乎？理道得失之間，乃治亂安危所係，不可不慎。朕一人聰明固不能盡知，若集天下人聞見，必有能知如弓匠之于弓者。"于是詔在京五品以上官員分番直日，夜間就宿于中書内省，以備不時顧問。但有時召見，都賜之坐，與他從容談論，訪問外邊事務，于以知道百姓每利所當興、害所當革的事件，及朝廷所行政治得于理道所當常守、失于理道所當速改者焉。夫太宗因識弓之未精而悟治理之不易，乃博延廣采，虚心盡下如此，是以首出庶物之上而百工之情無不達，深居九重之中而四方之故無不知，所以成貞觀之盛治也歟。

政體貞觀三年，太宗謂侍臣曰："中書、門下機要之司，擢才而居，委任實重，詔敕如有不穩便，皆須執論。比來唯覺阿旨順情，唯唯苟過，遂無一言諫諍者，豈是道理？若惟署詔敕、行文書而已，人誰不堪，何須簡擇以相委付？自今詔敕疑有不穩便，必須執言，無得妄有畏懼，知而寢默。"

"中書省"、"門下省"俱是唐時宰相衙門。"擢"是抽拔的意思。貞觀三年，唐太宗御太極殿，對侍從諸臣説道："國家設立宰相，有中書省，掌佐天子、執大政，凡制册、詔敕都教他詳定，申覆施行；有門下省，掌出納帝命，凡國家政務都教他與中書省總挈參訂。這兩個衙門乃機務緊要之司，所以選擇賢才，不次拔用，其所委任最爲隆重，視九卿、百司不同，蓋九卿、百司凡事俱奉詔敕遵行，詔敕俱由這兩衙門而出。若朕所下詔敕或于事體有妨，或于百姓不便，不論大小，爲宰相的都該堅執奏聞，明白指陳，使朕得以省改。近來但覺阿旨順情，但有詔敕行下，都唯唯答應，苟且過去。萬幾至繁，朕二〔一七〕人聰明有限，所行詔旨豈能一一都當于理？而卿等絶無有一言諫諍，開陳詔敕之不便者。這等含糊承順，行到外面，妨政害民，豈是道理？爲宰相者，若但在詔敕上署個名字，打發往來文書，則不過是吏胥的職事，那個人做不得？何必惟恐不得其人，妙選才哲，然後從而委付之也？朕與卿等言，自今以後，凡所行詔敕，不惟明白差失決不可行，所當執奏，但中間微有可疑，似于事體、人情不穩便者，也不可苟且行下，必須執奏，使朕再加參詳，務求至當。朕必不以違忤生怒，無得妄有畏懼，明知其非，寢其執奏，循默自容也。"嘗觀唐史，所載貞觀之世諫諍之臣最多，房玄齡、杜如晦皆一代偉人，豈循默保位者？而太宗因詔敕執奏者少即切責如此，其求言興治之切何如也！所以號令、紀綱焕然可述于後世者豈偶然哉！

> 政體封德彝等對曰："三代以後，人漸澆訛，故泰[一八]任法律，漢雜霸道，皆欲理而不能，豈能理而不欲？若信魏徵所説，恐敗亂國家。"徵曰："五帝三王，不易人而理，行帝道則帝，行王道則王，在于當時所理，化之而已，考之載籍，可得而知。昔黄帝與蚩尤七十餘戰，其亂甚矣，既勝之後，使[一九]致太平。九黎亂德，顓頊征之，既克之後，不失其理。桀爲亂虐，而湯放之，在湯之代即致太平。紂爲無道，武王伐之，成王之代亦致太平。若言人漸澆訛，不及純樸，至今應悉爲鬼魅，寧可復得而教化耶？"

"五帝"是黄帝、顓頊、帝嚳、唐堯、虞舜。"三王"是夏禹，商湯，周文王、武王。貞觀七年，唐太宗與群臣論治。魏徵謂亂後易治，勸行教化。封德彝等對説："自夏商周三代以後，人心漸次澆薄訛詐，不如古昔，故秦承周後則專用法律爲治，漢承秦敝又用王道、霸道雜治之，都因世道漸降，要如前代以德化爲治，勢有不能，非是可用教化而心中不欲也。今若聽信魏徵之言，恐不合時宜，敗亂國家。"魏徵辨説："自古稱盛治之世，如五帝三王，多是承衰亂之後，帝王的百姓，即是衰亂時的百姓，何嘗换了百姓，然後興治。但行帝道則成帝治，行王道則成王治，都是因其時宜，施其政教，故能變化澆風，登于至治，無他道也。今帝王已往，其事績俱載在書籍，可考而知。當炎帝之末，諸侯蚩尤作亂，黄帝征之，前後七十餘戰。當時民困于鋒鏑，財竭于供億，其亂甚矣。及黄帝擒殺了蚩尤，不多日子即致天下太平。及至黄帝孫顓頊爲帝之時，諸侯九黎敗亂德化，顓頊用兵征之。既克九黎，不多日子天下仍復太平，不失黄帝之舊。夏后氏之衰，桀爲亂虐，成湯放之，在湯本身時即將天下復治得太平，與夏后氏未亂時一般。及商之衰，紂爲無道，武王伐之，至武王兒子成王時，亦將天下復治得太平，與商未亂時一般。此二帝三王都是身當亂世，不久即致太平，可見民風厚薄視教化爲升降，非有古今異也。若説世風遞降，人心遂漸澆訛，後人不及前人淳樸，則自開闢以來，不知更歷多少世代，至于今日，應當化爲鬼魅，無復人道矣，寧可復以仁義教化之耶？今陛下親除隋亂，與三〔二〇〕帝三王一般，若以帝王之道行之，則今日之治即可與帝王並稱，德彝等之言不足信也。”夫德彝、魏徵各陳所見，太宗以魏徵之言爲是而力行之，卒致貞觀之治。向使誤聽德彝，豈惟不能致治，將併見成功業失之矣。天下治亂之幾，在人君聽斷之得失而已，可不慎哉！

任賢累授秦王府記室兼陝東道大行臺考功郎中玄齡，在秦府十餘年，恒典管記。隱太子、巢剌王以玄齡及杜如晦爲太宗所親禮，甚惡之，譖之高祖，由是與如晦並遭驅斥。及隱太子將有變也，太宗召玄齡、如晦，令衣道士服，潛引入閤議。及事平，太宗入春宫，耀〔二一〕拜太子左庶子。貞觀元年，遷中書令。三年，拜尚書左僕射，監修國史，封梁國公，實封一千三百户。既總任百司，虔恭夙夜，盡心竭節，不欲一物失所，聞人有善，若已有之。明達吏事，飾以文學；審定法令，意在寬平。不以求備取人，不以己長格物，隨能收叙，無隔疏賤。論者稱爲賢相焉。

“隱太子”是太宗兄建成，“巢剌王”是太宗弟元吉。“春宫”即東宫。唐制，群臣受封爵者各有食邑，視爵高下爲多寡之數，謂之“實封”。《政要》叙房玄齡始初與太宗相見，就被知遇。及太宗封爲秦王，又建行臺陝東，即用玄齡爲秦府記室，兼陝東道大行臺考功郎中。玄齡在秦府前後十有餘年，常居管記之職，以腹心相托。建成、元吉謀害太宗，見玄齡與杜如晦兩個都是有智略的人，爲太宗親禮，恐其不便于己，甚是憎惡，因在高祖面前讒譖，説他兩人不是，都驅遣出外，不使在秦王府中。及建成等陰謀將發，太宗乃召玄齡、如晦，變服易形，穿着道士衣裳，暗地裏引入府閣謀議。事既平定，太宗立爲皇太子，入東宫，即用他爲東宫官，授太子左庶子。貞觀元年，太宗即皇帝位，即用他做宰相，加授中書令。至三年，遂拜尚書左僕射，爲首相，監修國史，封梁國公，食實封一千三百户，恩數爲當時第一。宰相之職，無所不領。玄齡既拜相，總任百司之事，小心恭慎，蚤夜不敢少怠，盡心竭節，知無不爲。要使天下無一人不得其所，聞人有些好處，可以益國利民，中心愛樂，就如他自己的善一般。且明達吏事，凡兵刑、食貨、簿書、符牒，無不精諳，又以文學爲之緣飾，皆有可觀。審定法令，意在寬平。人有一才一藝即取之，不務求全責備，不以己之所長責人，皆能隨人所長收録叙用，大小繁簡，各惟其宜，但論才幹，不拘資格，疏賤之人一體拔擢。于是論者稱爲賢相，當時無異議，後世無貶詞也。夫玄齡與太宗相遇于艱難側陋之時，一見投契，排盪風雲，輔成功業，卓然爲一代名臣稱首，明良際會，信不偶然哉！及觀玄齡相業，無他奇異，惟在虚己奉公、進賢使能而已。故人君擇宰相，宰相擇百官，治天下之要道也。

任賢魏徵，鉅鹿人也，近徙家相州之内黄。武德末，爲太子洗馬，見太宗與隱太子陰相傾奪，每勸建成早爲之謀。太宗既誅隱太子，召徵責之曰："汝離間我兄弟何也？"衆皆爲之危懼。徵慷慨自若，從容對曰："皇太子若從臣言，必無今日之禍。"太宗爲之歛容，厚加禮異，擢拜諫議大夫，數引之卧内，訪以政術。

"鉅鹿"，唐時郡名，今爲順德府屬縣。"相州"，今是河南彰德府。"内黄"，縣名，今屬大名府。"武德"是唐高祖年號。

“慷慨”是意氣激發。“從容”是安詳自在的意思。“諫議大夫”是言官之長。“數”是頻數。《政要·任賢》篇述唐太宗賢臣房、杜而下即叙魏徵，説道：魏徵祖籍原是鉅鹿郡人，後又移在相州内黄縣地方居住。唐高祖武德末年，曾用他爲東宫官屬，授太子洗馬之職。那時太宗爲秦王，功高望重，建成慮其不利于己，與齊王元吉合謀，要害太宗。太宗也與手下文武將士多方防範，暗地裏兩相傾奪，高祖不能張主。魏徵既爲東宫官屬，乃勸太子建成趁早爲計，免得後日受害，建成不能决。及太宗既誅建成，知道魏徵前日有言，乃召他當面責問，説：“你在東宫，不勸太子和睦兄弟，乃用讒言離間，使我兄弟不能相容，此何説也?”一時在傍諸人，見得太宗惱怒至極，知魏徵禍且不測，都替他危懼。魏徵却慷慨自如，全不動意，從容對説：“臣昔事先太子，見當時事勢必不兩全，果然勸他先發制人。先太子不忍兄弟至情，故爲王所害耳。若肯聽從臣言，必不至有今日之禍。”太宗見魏徵説得理正詞直，臨死不懼，其忠義、度量都非常人可及，不覺息怒斂容，爲之起敬，於是厚加禮待，中心奇異之，即升爲諫議大夫，頻頻引入睡卧的去處，訪問爲政致治之術，蓋不惟重其爲人，而又有以深味其言也。嘗考太宗創業之初，經綸謀議，房玄齡之功爲多。及即位之後，措世太平，比隆三代，則魏徵匡弼之力也。玄齡草昧相從，而魏徵乃得之讐虜，忘其宿怨，收其後功，真有容物之宏度、知人之明德哉！此萬世人君所當法也。

任賢十二年，太宗以誕皇孫詔宴公卿。帝極歡，謂侍臣曰：“貞觀以前，從我平定天下，周旋艱險，玄齡之功，無所與議；貞觀之後，盡心于我，獻納忠讜，安國利人，成我今日功業，爲天下所稱者，惟魏徵而已：古之名臣何以加也。”於是親解佩刀以賜二人。

“誕”是生。“忠讜”是忠直之言。唐太宗貞觀十二年三月丙子，以皇孫誕生詔宴公卿大臣于東宫。太宗甚是歡喜，向近侍臣僚説道：“今日治定功成，君臣相樂，固是一時勝事，然朕所以致此，實賴賢臣輔助，不可泯也。蓋當貞觀以前，天下方亂，從我起義興兵，底定僭亂，周旋于干戈擾攘之中，决策陳謨，終濟大業者，當時功臣雖多，惟房玄齡勞績最高，當爲第一，無可遜讓。及貞觀之後，朕既登大位，求其一心奉公，盡忠于我，獻納忠讜，糾正闕失，上以安靖國家，下以惠利百姓，成我今日功業，使海内富庶，四夷賓服，爲天下所稱頌者，則惟有魏徵一人而已。他這兩人弘量深識，精忠大節，不但今人少有，雖史册所書往古名臣，亦恐無以過之。”于是將自己常帶的寶刀親解以賜二人，見寵眷優異之意，欲群臣有所激勸也。夫太宗君臣歡宴，言論款洽，不啻家人父子，此天地交而成泰之氣象也。且褒奬賢臣，明揚勛伐，又足以風百僚而興功業，不獨爲宴樂之娱而已，豈非三代以下所僅見哉！

任賢乃詔曰：“昔惟魏徵，每顯予過，自其逝也，雖過莫彰。朕豈獨有非于往時而皆是于兹日，無亦庶僚苟順，難觸龍鱗者歟？所以虚己外求，披迷内省，言而不用，朕所甘心，用而不言，誰之責也？自斯以後，各悉乃誠，若有是非，直言無隱。”

“觸龍鱗”，龍頷下有逆鱗，人觸之者必死，故古來以臣子直言觸犯人主威怒譬之“觸龍鱗”。唐太宗因魏徵殁後在朝諸臣無敢直諫者，乃下詔戒諭，説道：“在前魏徵存時，朕或行政非宜，或用人未當，徵必據理執奏，明指闕失，使朕得以覺悟省改。自魏徵既殁，朕之所行，再無人明指其失者，豈是我在前時每有過舉，到今日事皆合宜耶？蓋亦由爾大小諸臣苟且順從，阿諛保寵，惟恐直言逆耳，或觸犯我之威怒，故寧陷君不義而不肯忠言也。夫人君聞言貴于能受，而有過難于自知。朕所以虚己外求，冀聞讜論；披迷内省，莫知其由。若爾諸臣有所論説，朕却不能屈己信從，以朕爲拒諫遂非，固朕所甘心也。今朕思見己過，樂聞正言，爾諸臣乃循默不言，不忠之責，其將諉之誰乎？自今以後，凡我在位臣僚，務竭盡誠款，如君德有違于禮法，朝政有害于邦國，都要明白執奏，直指弊端，毋得觀望規避，有所隱諱，或知之不言，或言之不盡也。”抑考魏徵諫録，不下百十餘篇，史稱爲千古諍臣一人。今按《政要》所述，則知太宗求諫如不及，徵乃得成其名爾。歷代名臣，非無高標勁節著稱于世，而直諫竟無有過于徵者，則所遇非太宗也，故曰君仁然後臣直，太宗之君德，真高出千古哉！

任賢貞觀二年，以本官檢校中書令。三年，轉兵部尚書，爲代州行軍總管，進擊突厥定襄城，破之，突厥諸部落俱走磧北。北擒隋齊王暕之子楊道政及煬帝蕭后，送于長安。突利可汗來降，頡利可汗僅以身遁。太宗謂曰：“昔李陵提步卒五千，不免身降匈奴，尚得名書竹帛。卿以三千輕騎深入虜庭，克復定襄，威鎮北狄，實古今未有，足報往年渭水之役矣。”以功進封代國公。此後頡利可汗大懼，四年，退保鐵山，遣使入朝謝罪，請舉國内附。又以靖爲定襄道行軍總管，往迎頡利。

“檢校”，唐制，凡詔除非正授者謂之“檢校”，猶今之兼管。“行軍總管”是邊要地統軍的官。“突厥”是唐時北狄國號。“定襄”，唐郡名，在今大同左右衛地。“可汗”是酋首名號。“竹帛”指載籍言。《政要》叙説太宗既拜李靖爲刑部尚書，至貞觀二年，加他檢校中書令，兼宰相職銜以優異之。是時北虜頡利、突利二酋强盛，統領夷衆，入定襄地界住牧，又將隋齊王暕的兒子楊道政立爲隋主，統中國人在虜中者。貞觀三年，太宗轉李靖爲兵部尚書、代州行軍總管，着他統領大兵，進擊北虜，于定襄城大破之。北虜諸部落達子都拔帳房北走，遠過塞外沙磧之地。靖乘勝追趕，遂將僞隋主楊道政及隋煬帝的蕭后擒獲，送于長安。突利可汗畏威請降，頡利可汗兵衆盡爲靖所擒斬，僅得脱身遠遁。李靖還京，太宗奬勞他，説道："在前漢武帝時，李陵提步卒五千出塞，爲匈奴大兵邀遮，轉戰千里，不能入塞，降于匈奴。史臣但取其用少擊衆，猶書名竹帛以傳不朽。今將軍以三千輕騎深入虜巢，破其數萬之衆，收復定襄境土，威振漠北，此等戰功古今未有。往年朕初即位，頡利入寇，直抵京城外渭水上，受他侵侮，今日有此奇功，可以報前日之耻矣。"于是論功行賞，封爲代國公。自是以後，頡利大懼，不敢近塞住牧。四年，遂退保陰山後之鐵山，遣使入朝謝侵擾邊境之罪，請舉國内附，身自入朝。太宗乃以靖爲定襄道行軍總管，往迎頡利，恐虜一時變詐，資靖威略，將乘便制之也。夫李靖擒滅突厥，其功固偉，其實太宗神武，知人善任所致耳。而太宗乃不以功成自矜，而以頡利驕肆危亡自懼，此其識量，豈常情所能致哉！可爲萬世法也。

> 虞世南〔二二〕，會稽餘姚人也。貞觀初，太宗引爲上客，因而開文館。館中號爲多士，咸推世南爲文學之宗。授以記室，與房玄齡對掌文翰。嘗命寫《列女傳》以裝屏風，于時無本，世南暗書之，一無遺失。貞觀七年，累遷秘書監。太宗每機務之隙，引之談論，共觀經史。

"會稽"，唐郡名，即今紹興府餘姚縣名。"文館"是弘文館。"記室"是掌書記的官。《列女傳》是漢時劉向所輯，采古來賢妃貞女及嬖孽亂亡等事，類次爲書，以昭勸戒。"秘書監"是掌圖籍的官。這一段是記唐賢臣虞世南的事。虞世南是會稽郡餘姚縣人，初太宗削平僭亂，崇尚儒術，待虞世南以上客之禮，因而開弘文館，延攬四方英俊。于是館中所集，如十八學士，皆極一時之選，然論其文學，都推重世南爲宗，無有能過之者。太宗授世南以記室之職，使與房玄齡協同掌管文翰，親近委任。一日，太宗因世南工于書法，教他寫劉向《列女傳》，要裝成屏風，設于殿内，使后妃有所觀省。此時《列女傳》舊本不傳，無從考索，獨有世南記得此書，默地將傳中所載的故事完全寫將出來，不曾遺失一字，其博學强記如此。貞觀七年，累遷至秘書監。太宗每裁决朝政，遇有閑暇的時節，引世南與他談論古今，同觀經史，商確義理，評論興亡，資其博聞多識以開廣聖智也。夫太宗弱冠起義，神武成功，其天授聰明有過人者，乃不自滿假，樂近文儒，投戈講藝，孜孜不倦，致治之美，與成康比隆也宜哉！

任賢未幾，太宗爲詩一篇，追思往古理亂之道。既而嘆曰："鍾子期死，伯牙不復鼓琴。朕之此篇，將何所示？"因令起居褚遂良詣其靈帳讀訖焚之，其悲悼也若此。又令與房玄齡、長孫無忌、杜如晦、李靖等二十四人圖形於凌烟閣。

"鍾子期"、"伯牙"是兩個古人。"起居"是記注天子言動的官。"悼"是哀傷。"凌烟閣"在唐西内太極宫中。《政要》述虞世南殁後不多些時，唐太宗偶然作詩一篇，追思往古世代一治一亂，迭興迭廢，或君明臣良開太平之業，或君驕臣諂召危亡之禍，以自警戒。既而嘆説："古昔伯牙最善鼓琴，他有朋友鍾子期，聽得琴音，就知伯牙心中的事，伯牙因此只對着鍾子期彈琴。其後鍾子期死，伯牙以世上别無知音的人，再不彈琴。往日虞世南存時，朕每與他談論古今，考鑒得失。世南一聞吾言，就知得我心中的意思，如同子期聽琴一般。若使世南如今尚存，我這篇詩正好與他看。今世南已殁也，似子期亡後無知音的人了，朕將示之誰耶？"因把這詩録付起居褚遂良，教持至虞世南靈座前朗讀一遍，用火焚化，冀世南神識感悟，不以幽明隔也。太宗眷惜世南，其悲悼至于如此。至貞觀十七年，又將世南同着房玄齡、長孫無忌、杜如晦、李靖等文武賢臣共二十四人，都圖畫形像于太極宫凌烟閣上，所以昭示後世，使永永不忘也。夫直諒之言每多逆，且人君聽而用之，能終其身無忤，斯已難矣！太宗之憐念直臣，乃至身歿不置，悔伐遼之役則祠魏徵以少牢，述思古之章則告世南于靈帳，矧其在朝之臣有不用其直言者乎？至于圖繪功臣，表勛彰德，尤足以鼓舞人心，淬勵一世，真英主也！

任賢尋爲竇建德所攻，陷于建德，又自拔歸京師。從太宗征王世充、竇建德，平之。貞觀元年，拜并州都督，令行禁止，號爲稱職，突厥甚加畏憚。太宗謂侍臣曰："隋煬帝不解精退〔二三〕賢良鎮撫邊境，惟遠築長城、廣屯將士以備突厥，而情識之惑一至于此。朕令〔二四〕委任李勣於并州，遂得突厥畏威遠遁，塞垣安靖，豈不勝數千里長城耶！"

"竇建德"、"王世充"都是隋末僭竊之主。建德據渤海，國號夏。世充據洛陽，國號鄭。"并州"，今太原府。《政要》説李勣在黎陽，以〔二五〕竇建德地方相近，葬李密後不久，爲竇建德所攻。是時建德强盛，李勣勢孤援寡，力不能支，遂爲建德所獲。建德仍使勣守黎陽，勣乘便棄了境上〔二六〕，脱身走歸長安。後面隨着太宗行兵，東征王世充、竇建德，將兩人都擒拿了，破降其衆，二方平定。至貞觀元年，太宗因突厥擾邊，乃拜李勣爲并州都督。李勣軍政嚴肅，令無不行，禁無不止，士氣奮揚，威聲宣暢，當時號爲稱職。北虜甚是畏懼，斂迹遠避，不敢犯邊。太宗嘉悦，向侍臣説道："備邊之要，貴在得人。若任用不得其人，雖有高城深池、兵甲百萬，不足恃也。隋煬帝曉不得這個道理，不能精選賢臣良將，教鎮守邊疆，安撫百姓，却遠築長城，東西數千里，列屯許多將士，以備北狄。不知城垣雖高，兵甲雖衆，若無好將帥，終是成功不得，徒煩費耳。由于他驕侈荒淫，神識惑亂，一至于此。朕今也不築長城，也不屯將士，只用李勣爲并州都督，遂能使突厥畏威遠遁，烽堠不警，邊民樂業，這一個人豈不勝似數千里長城乎！蓋煬帝雖有長城，虜來徑過，何曾堵截得住。我雖不築長城，李勣在邊，虜自然不敢南來。故知制勝保邦，以得人爲要也。”夫太宗以神武之略遘開創之運，駕馭英雄，掃清僭亂，未幾頡利就擒，且統一荒服矣，不但保塞靖民而已。若夫承平之代，武備易隳，安邦制虜，全籍才傑，旁搜而委任之，固守在四夷之長策也。

校勘記

〔一〕“《尚書》《貞觀政要》附”，底本卷首原目録作“《尚書》十一道《貞觀政要》十三道”。

〔二〕“决”，甲辰本作“次”，是。

〔三〕“攻”，甲辰本作“政”，是。

〔四〕“則”，甲辰本作“刑”，是。

〔五〕“乘”，甲辰本作“垂”，是。

〔六〕“堯”，甲辰本作“克”，是。

〔七〕“商”，原訛作“啇”。以下同改，不再一一出校。

〔八〕“乎”，甲辰本作“手”，是。

〔九〕“聞”，甲辰本作“門”，是。

〔一〇〕“横”，甲辰本作“備”，是。

〔一一〕“是”，甲辰本作“足”，是。

〔一二〕“收”，甲辰本作“牧”，是。

〔一三〕“播”，甲辰本作“播”，是。

〔一四〕“貴”，甲辰本作“責”，是。

〔一五〕“本”，甲辰本作“木”，是。

〔一六〕“水”，甲辰本作“木”，是。

〔一七〕“二”，甲辰本作“一”，是。

〔一八〕“泰”，甲辰本作“秦”，是。

〔一九〕“使”，甲辰本作“便”，是。

〔二〇〕“三”，甲辰本作“二”，是。

〔二一〕“耀”，甲辰本作“擢”，是。

〔二二〕“虞世南”前，甲辰本有“任賢”二小字。

〔二三〕“退”，甲辰本作“選”，是。

〔二四〕“令”，甲辰本作“今”，是。

〔二五〕“以”，甲辰本作“與”，是。

〔二六〕“上”，甲辰本作“土”，是。

條麓堂集卷十二

講章三《通鑑節要》[一]

太僕公孫賀爲丞相，時朝廷多事，督責大臣，自公孫弘後，丞相比坐事死。石慶雖以謹得終，然數被譴。賀引拜，不受印綬，頓首涕泣，不肯起。上乃起去，賀不得已拜，出曰："我從是始殆矣！"漢武帝戊寅

太僕公孫賀爲丞相，時朝廷多事，督責大臣，自公孫弘後，丞相比連皆坐事有罪而死。石慶雖以謹慎得令其終，然亦數被罪譴。公孫賀引拜，不受印綬，頓首涕泣，不肯起。上乃起去，賀不得已拜，出曰："我從是始危殆矣！"宰相，天子股肱，人臣所願爲者，乃使人懼禍而不敢爲，蓋由武帝治尚嚴峻，輕易誅殺，無所愛惜，故人臣皆不能自保，非盛世之事也。

上以法制御下，好尊用酷吏，而郡國二千石爲治者，大抵多酷暴，吏民益輕犯法。東方盜賊滋起，大群攻城邑，小群掠鄉里。上乃使范昆、張德等衣繡衣，持節、虎符發兵以擊斬，或至萬餘級，散亡聚黨，無可奈何。於是作《沈命法》，曰："群盜起，不發覺、發覺而捕弗滿品者，二千石以下至小吏，主者皆死。"其後小吏畏誅，雖有盜不敢發，上下相匿，以文辭避法焉。壬午

上以法制御臣下，好尊用酷刻吏，而郡國守相二千石爲治者大抵多尚酷暴，法令太嚴，吏民益輕犯法。東方盜賊滋起，大群攻伐城邑，小群擄掠鄉里。上乃使范昆、張德等衣繡衣，持節、虎符發兵以擊斬。"節"，編毛爲之，乃大將所持。"虎符"，所

以調兵者。所斬賊或至萬餘級，散而逃亡者又復聚成群黨，官不能制，無可奈何。於是作《沈命法》，謂隱匿亡命者，定其罪曰："群盜起，不發覺，發覺而捕不能滿足其品數者，二千石以下至小吏，主者皆死罪。"其後小吏畏誅，雖有盜不敢發，上下相隱匿，以文辭避法焉。大凡法立則弊生，法極嚴則弊極大，人皆懼死，共爲欺詐，以圖巧避，一人之聰明，豈能盡知之。所以古之聖人惟以寬仁厚德固結人心，使愛戴其上，自不忍欺，乃國家之福也。

上乃言曰："朕即位以來，所爲狂悖，使天下愁苦，不可追悔。今事有傷害百姓、糜費天下者，悉罷之。"田千秋曰："方士言神仙者甚衆，而無顯功，臣請皆罷斥之。"上曰："鴻臚言是也。"於是悉罷方士候神人者。是後，上每對群臣自嘆曰："鄉時愚惑，爲方士所欺。天下豈有仙人，盡妖妄耳！節食服藥，差可少病而已。"壬辰

上乃言曰："朕即位以來，所爲皆狂悖，使天下愁苦，不可追悔。今事有傷害百姓、糜費天下者，悉罷之。"田千秋曰："方術之士言神仙者甚衆，而無明顯之功效，臣請皆罷斥遣之。"上曰："鴻臚言是也。"於是悉罷方士候神人者。是後，上每對群臣自嘆："嚮時愚昧迷惑，爲方士諸人所欺。天下豈有長生不死之仙人，凡言仙人者盡皆妖妄耳！節飲食，服藥餌，差可少疾病而已。"凡人有過，莫難于自知，尤莫難于能改。武帝能盡覺往日所爲之非，深自悔恨，一切更改，其自知之明、改過之勇，誠非尋常可及，故先儒稱其可爲帝王之法也。

詔有司問郡國所舉賢良文學民所疾苦、教化之要，皆對願罷鹽鐵、酒榷、均輸官，毋與天下争利，示以儉約，然後教化可興。桑弘羊難，以爲此國家大業，所以制四夷、安邊足用之本，不可廢也。於是鹽鐵之議起焉。昭帝庚子

詔有司問各處郡國所舉薦賢良方正之士，凡民間所疾苦不便者何事，教化之要當以何爲先。賢良文學等皆對言，願罷鹽鐵、酒榷、均輸官。“鹽”是官自煮鹽，“鐵”是官自鑄鐵器，“酒”是官自作酒，皆禁民私造，官自賣之，專取其利。“均輸”是均平各處之土産，以其所多轉輸于所無之地賣之，官取其價。此皆侵奪民利之事，故民以爲疾苦，賢良文學皆欲罷之，勿與天下争此小利，當示以節儉，然後教化可興。桑弘羊乃興利之臣，發難，以爲此國家大業，所以制四夷、安邊足用之本，不可廢也。於是鹽鐵之議起焉，或以爲可罷，或以爲不可，議論不同。其實王者以四海九州爲富貴，豈可貪此小利。桑弘羊不能贊成君德之美，此古人所以惡聚斂之臣也。

霍光薨，上思報大將軍德，乃封光兄孫山爲樂平侯，使以奉車都尉領尚書事。魏相奏封事，言：“《春秋》譏世卿，惡宋三世爲大夫。今光死，子復爲右將軍，兄子秉樞機，昆弟、諸壻據權勢，任兵官，驕奢放縱，宜有以損奪其權，破散陰謀，以全功臣之世。”又故事，諸上書者皆爲二封，署其一曰“副”，領尚書者先發副封，所言不善，屏去不奏。相復因許伯白，去副封以防壅蔽。帝善之，詔相給事中，皆從其議。宣帝癸丑

春，霍光薨，上思報大將軍功德，乃封霍光兄霍去病之孫名霍山者爲樂平侯，使以奉車都尉領尚書事，得參預政務。御史大夫魏相奏封事。以章疏言事而封之以進，謂之“封事”。言：“春秋時，凡累世爲卿，專國之權者，聖人皆譏之；惡宋國三世爲大夫者，爲其專掌政權也。今霍光死，其子復爲將軍之尊官，兄之子領尚書事，秉樞機，昆弟、諸女婿皆據有權勢之位，任統兵之官。威權既重，驕奢放縱，必生邪謀，以致敗亡，宜有以損奪其權，破敗其陰邪之計謀，使得保守富貴，以全功臣之世。”

又故事，諸人上書于朝廷者皆爲二封，題署其一封曰“副封”。領尚書者管看詳章奏，先發副封，所言有不善者，即屏去，不以奏聞。魏相復因許皇后之親名許伯者白于帝，去副封不用，以防人臣之壅蔽。帝善之，以其説爲善，詔魏相給事于禁中，皆從其所議。人主深居九重，若臣民奏事，人得阻隔，雖有奸邪、禍亂，朝廷何由得知。魏相白去副封，使凡奏事者盡經御覽，無所阻隔，則下情皆得上達矣。

潁川太守黄霸力行教化而後誅罰，務在成就全安之。長吏許丞老，病聾，督郵白，欲逐之。霸曰：“許丞廉吏，雖老，尚能拜起送迎，重聽何傷？”或問其故，霸曰：“數易長吏，送故迎新之費，及奸吏緣絶簿書，盗財物，公私費耗甚多，皆出于民。所易新吏又未必賢，或不如其故，徒相益爲亂。凡治道，去其泰甚者耳。”霸以外寬内明得吏民心，户口歲增，治爲天下第一，徵守京兆尹。戊午

潁川郡太守官姓黄名霸，其居官力行教化，勸民爲善，以誅求責罰爲後，不尚威嚴，專務在成就全安之，使百姓各得其所。郡中屬官長吏許丞者，年老，病耳聾。督郵，亦是官名，專管糾察所屬，見許丞老聾，告白于黄霸，欲逐去之。黄霸曰：“許丞清廉之吏，雖年老，還能拜起送迎，耳聾重聽亦何傷？”或問何故不去許丞，黄霸曰：“頻數更换長吏，送去舊官，迎接新官，皆有所費。及奸吏見新舊接管，易于作弊，或毁壞簿籍文書，無所稽考；或侵盗倉庫財物，難以清查。公私上下，費耗甚多，皆出辦於民。所更换新到官比舊官又未必賢，倘或不如其舊，徒相益爲擾亂。凡爲治之道，去其爲害太甚者耳。不至于太甚，但仍其舊可也。”黄霸居官，外行寬厚，不爲酷刻；内裹明察，各有條理。以此得吏民之心，潁川户口每歲增益，爲天下太守第一。宣帝聞之，徵取至京，使守京兆尹，即在京府尹也。黄霸一外郡

太守，寬厚愛民，宣帝知其賢，即時召用，使凡牧民之官有所激勸，所以漢時良吏最多，蓋有所本也。

上始行幸甘泉郊泰畤，幸河東祠后土，頗修武帝故事，謹齋祀之禮，以方士言增置神祠。聞益州有金馬、碧雞之神，可醮祭而致，于是遣諫大夫蜀郡王褒，使持節求之。

庚申

春正月，上始行幸甘泉，地名，郊祭上帝于泰畤。“泰畤”是祭處。又幸河東地方，祠祭后土之神。頗修武帝時故事，謹齋祀之禮，以方術士所言增置祭祀祠廟。聞益州地有金馬、碧雞之神，可設醮祭祀而致，于是遣諫大夫官蜀郡人姓王名褒者，使之持節往益州訪求之。人君祭天地，敬鬼神，自有常禮。宣帝，漢之賢君，誤聽方士欺誑之言，遣使求神于遠方，終無所得，亦可爲盛德之累矣。

京兆尹張敞亦上疏，諫曰：“願明主時忘車馬之好，斥遠方士之虚語，游心帝王之術，太平庶幾可興也。”上由是悉罷上方待詔。

京兆尹，官名，姓張名敞，亦上疏諫宣帝説：“願明主時忘車馬之好，不以田獵游戲爲樂，斥遠方術士神仙禱祀虚誑之言語，從此若肯游心古帝王仁義之術，如此則天下太平庶幾可興也。”上因張敞勸諫，即依其言，由是悉罷上方待詔。宣帝初時誤信之，既聞張敞之諫，知其無益，盡都罷去之，其聽言之速、改過之勇，真明主也。

上頗修飾宫室、車馬，盛于昭帝時。外戚許、史、王氏貴寵。王吉上疏曰：“陛下躬聖質，總萬方，惟思世務，將興太平，詔書每下，民欣然若更生。臣伏而思之，可謂至恩，未可謂本務也。欲治之主不世出，公卿幸得遭遇其時，言聽諫從，然未有建萬世之長策、舉明主于三代之隆也。其務在于期會簿書、斷獄聽訟而已，此非太平之基也。臣願陛下承天心，發大業，與公卿大臣，延及儒生，述舊禮，明王制，驅一世之民躋之仁壽之域，則俗何以不若成康，壽何以不若高宗?”上以其言爲迂闊，不甚寵異也。吉謝病歸。

上頗修飾宫室、車服，奢華、費用盛于昭帝時。“外戚”是皇親。許氏是宣帝皇后家，史氏是宣帝祖母家，王氏是宣帝母家，皆貴重寵幸，有權勢。“王吉”是當時諫官姓名，上疏陳説:“陛下躬秉聖人之資質，總統萬方，惟思當世急務，將興太平，朝廷詔書每行下，民間欣然歡喜，若死者更生。臣伏而思之，可謂至恩及于民，未可謂太平之本務也。自古以來，欲治之明主不能世世常出，今公卿幸得遭遇陛下，適當其時，凡有所言即聽受，有勸諫即依從。然群臣中未有建白萬世長遠之策，舉明主使同于三代夏商周之隆盛者也。今群臣所務但在于期會程限、簿籍文書、斷獄聽訟而已，此皆末節，非太平之基本也。太平基本在于興教化，正風俗。臣願陛下上承天心，發大業，與公卿大臣，延及儒生，時常接見讀書明理之人。述先聖之舊禮，使凡事皆有節度；明王者之定制，使臣下知所遵守。驅使一世之民和順道德，升躋之于仁壽之域，則俗何以不若成康，壽何以不若高宗?”成王、康王是周時賢君，當時風俗淳厚。高宗是商時賢君，享壽最長久。言上下有禮，無奢華僭亂之事，安享太平，風俗自能淳厚，人君自然享壽長久矣。上以其言爲迂闊難行，不甚寵異也。王吉乃辭謝稱病歸去。王吉勸宣帝延接儒生，述舊禮，明王制，建萬世之基，其言似緩而實切。宣帝欲求近功速效，不能用之，可惜也哉!

上詔進擊先零。時寇降者萬餘人矣，充國度其必壞，欲罷騎兵，屯田以待其敝，作奏未上，會得進兵璽書。充國子使客諫，令出兵。充國嘆曰:“本用吾言，羌虜得至是耶!

往者金城、湟中穀斛八錢，吾謂耿中丞，糴三百萬斛穀，羌人不敢動矣。耿中丞請糴百萬斛，乃得四十萬斛，義渠再使，且費其半。失此二册，羌人故敢爲逆。”遂上屯田奏，曰：“臣所將吏士、馬牛食所用糧穀、茭藁，調度甚廣，傜役不息，恐生他變。且羌易以計破，難用兵碎也，故臣愚以爲擊之不便。計度臨羌東至浩亹，羌虜故田及公田民所未墾可二千頃以上。臣願罷騎兵，留步兵萬三百八十一人，分屯要害處，浚溝渠，人二十晦，省大費。”帝報曰：“即如將軍，虜當何時伏誅，熟計復奏。”充國上疏曰：“臣聞帝王之兵以全取勝，是以貴謀而賤戰，百戰而百勝，非計之善者也，故先爲不可勝，以待敵之可勝。謹條上不出兵留田便宜十二事。”奏每上，輒下公卿、議臣。初是充國計者什三，中什伍，最後行〔二〕八。有詔詰前言不便者，皆頓首服。魏相曰：“臣愚不習兵事利害，後將軍數畫軍册，其言常是，臣任其計可必用也。”上於是報充國，嘉納之，留屯田。

宣帝下詔，使趙充國進兵征擊充〔三〕零。當時先零手下羌人投降中國者已萬餘人矣，趙充國料度先零必自敗壞，不勞用兵，欲罷有馬騎兵，使步兵留邊屯住種田，以等待羌人自家敝壞，作奏本未上。會得朝廷命他進兵璽書，趙充國兒子使客勸諫充國，令且奉詔出兵，不須上奏。充國不肯，嘆曰：“始初本用吾言語，羌虜豈得反亂至此耶！往者時金城、湟中西邊地方穀價極賤，每穀一斛纔值八錢。”耿中丞，名壽昌，爲司農中丞。“我告耿中丞，若肯趁此價賤糴穀三百萬斛，羌人知我有糧，不敢動矣。耿中丞但請糴一百萬斛，乃止糴得四十萬斛耳”，“義渠”，也是西戎種類。“因朝廷兩次再遣使臣往來，且費用了一半，原糴既少，費耗又多。失此二策，羌人知中國糧少，故敢爲反逆”。充國遂上屯田奏，曰：“臣所將領吏士、馬牛食所用糧料、茭藁，調度甚廣，摇〔四〕役不息，大兵久聚，恐生他變。且羌人但易以計謀破他，難用兵碎也，故臣愚以爲擊之不便。計度臨羌地方東至浩亹地方，有羌虜故田地及公田民所未曾開墾可二千頃以上，臣願罷騎兵，留步兵萬三百八十一人分屯要緊利害處，使挑浚溝渠，每人種二十畝，收糧草，可省大費。”宣帝答他説：“就依將軍計策，此虜當到何日纔得伏誅，再熟計復奏。”趙充國又上伏〔五〕説：“臣聞帝王之兵以全取勝，是以貴在計謀，而以戰國〔六〕爲賤，縱使百戰而百勝，非計謀之善也。故必先爲預備，使人不可勝我，以等待敵人有可勝之時，纔是萬全之善計。謹條奏不出兵留田便宜十二事。”充國的奏本每上，朝廷輒行下公卿、議臣商議，起初衆人所見不同，説充國計謀爲是的，十人中止有三人，中時説他是的有五人，最後説他是的有八人。宣帝有詔，詰問那先前説不便者，皆頓首服罪。丞相魏相説：“臣愚魯不曾習兵事利害，但知後將軍趙充國數畫軍册，其言常是，臣保任其計必可用也。”上于是答充國，嘉納之，依他説留兵屯田。趙充國熟知邊事，請留兵屯田，必求萬全，不圖倖勝，雖詔書逼他進兵，不肯改變，這纔是實心爲國的忠臣。宣帝能委托信任，詔書已行，還依了趙充國計策，雖群臣議論不同，不爲摇奪，真明主也。

日逐王素與握衍朐鞮單于有隙，率其衆降漢。騎都尉鄭吉發渠犂、龜兹諸國五萬人迎日逐王，將詣京師，漢封日逐王爲歸德侯。吉既破車師，降日逐，威震西域，遂并護車師以西北道，故號“都護”。都護之置，自吉始焉。辛酉

“日逐王”是北虜中的頭目。“握衍朐鞮單于”是北虜酋長的稱號。日逐王與握衍朐鞮單于有讐隙，率領他手下衆人歸降漢朝。“騎都尉”是邊上將官，姓鄭名吉。“渠犂”、“龜兹”是西番國名。鄭吉調發近邊諸國五萬人迎接日逐王，將領他到京師，漢朝封日逐王爲歸德侯。鄭吉先曾領兵破了車師，“車師”也是

西邊外國名，又領日逐王來歸降，自此他的威勢震動那西域各國。他原管防護邊外西南一路，朝廷又着他并防護車師以西北道路，故稱他官名號爲“都護”。都護之設官，自鄭吉始纔有之。遠方外國或有侵犯，各邊固該防備，最不可出兵遠去征他。縱使得他歸降，也於中國無益，蓋得其地不可居，得其人不可用，徒勞民費財而已。漢時貪圖虚名，破車師，降日逐，耗損中國，所得不如所失，古帝王之治必不肯如此。

潁川太守黄霸在郡前後八年，政事愈治。是時鳳凰、神爵數集郡國，潁川尤多，詔賜爵關内侯。後數月，徵霸爲太子太傅。癸亥

四年，潁川郡太守黄霸在郡前後八年，政事愈治。是時常有鳳凰、神雀數飛來，集于各處郡國，潁川郡鳳凰、神雀尤多。宣帝詔賜黄霸爵爲關内侯。後纔數月，又徵取黄霸爲太子太傅。黄霸是好官，宣帝拔起大用他，使外官激勵向上，最得用人之法。但鳳凰、神雀决非常有之物，當時郡國所報大抵都是虚假，只因宣帝喜好祥端，故各處迎合上意，妝點來奏，雖以黄霸之賢亦爲之。可見朝廷喜好，不可輕易圖一時虚名，反爲人所欺誑，取笑于後世，有何益哉！

先是，自烏孫以西至安息諸國，近匈奴者皆畏匈奴而輕漢。及呼韓邪單于朝漢後，咸尊漢矣。庚午

“烏孫”、“安息”都是西域國名。舊時從烏孫以西到安息諸外國，與匈奴相近者皆畏懼匈奴而輕慢中國。及匈奴呼韓邪單于來朝漢後，這西域各國皆尊敬漢朝，不敢慢矣。帝王之治，惟務修德以安中國，看那遠方夷狄如禽獸一般，他來侵擾也不足怒，化〔七〕來朝貢也不足喜。若怒而往伐，則妄開邊釁而致禍；若喜而招引，則耗費賞賂而致欺。唯謹修内治，慎固邊防，來侵犯則拒絶之，退不遠追；來朝貢則羈縻之，去不强致：斯得制馭蠻夷

之道也。

史高以外屬領尚書事。蕭望之、周堪皆以師傅舊恩，天子任之，數宴見，言治亂，陳王事。望之選白宗室明經有行劉更生，與金敞並拾遺左右，史高充位而已，由是與望之有隙。弘恭、石顯自宣帝時久典樞機，明習文法，帝即位多疾，委以政事。望之等患苦許、史放縱，又疾恭、顯擅權，建曰〔八〕以爲："中書政本，國家樞機，宜以通明公正處之。武帝游宴後庭，故用宦者，非古制也。宜罷中書宦官，應古'不近刑人'之義。"由是大與高、恭、顯忤。恭、顯因奏望之、堪、更生朋黨，毀離親戚，欲共專權勢，請召致廷尉。上曰："蕭太傅素剛，安肯就吏？"顯等四〔九〕："人命至重，望之所坐，語言薄罪，必無所憂。"上乃可其奏。使者召望之，望之仰天嘆曰："吾嘗備位將相，年逾六十矣，老入牢獄，苟求生活，不亦鄙乎！"飲鴆自殺。天子聞之驚，拊手曰："曩固疑其不就牢獄，果然殺吾賢傅！"元帝甲戌

史高以皇親外屬管領尚書事。"尚書"，職掌朝廷文書的官。蕭望之、周堪皆是東宫輔導，有師傅舊恩，天子信任之，時常數得宴閑時面見，言古今治亂，陳說帝王政事。蕭望之恐史高專權壞事，乃選擇賢臣奏白于元帝，於宗室中得明經有文學有德行的一人名劉更生，又與一人名金敞並拾遺左右。這兩個都是方正的君子，着他常在天子面前，朝廷或有差錯過失，隨時進諫救正，不至壞事。史高雖領尚書事，不得專權自由，他充位而已，因此恨蕭望之，與他有讐隙。"弘恭"、"石顯"是兩個内臣姓名，自宣帝時久典樞機，掌管緊要機密大事，通曉文理，明習法律，元帝即位多疾病，委托他兩個以政事。蕭望之等見得皇親許家、史家都放肆驕縱，常以爲患苦，又見弘恭、石顯專權，深疾惡之，乃建議奏白于元帝，說："中書所職，掌管朝廷奏本文書等事，

乃是政事根本、國家樞機，宜以通明曉事、存心公正好人居處此地。自武帝不常視朝宫中，游宴後庭，外官出入不便，故用宦官管文書奏本，其寔非古制，原不該着宦官職掌。如今宜罷中書宦官，應古'不近刑人'之義。"蕭望之既薦舉劉更生、金敞，使史高不敢專權，又欲罷中書宦官，使弘恭、石顯不得壞事，因此大與史高、弘恭、石顯他三個的意思相忤。弘恭、石顯恨蕭望之，要陷害他，乃奏元帝説："蕭望之、周堪、劉更生相結爲朋黨，毁離親戚，自家要專擅權勢，諸〔一〇〕召致廷尉。""召致廷尉"是着法司提問的意思。元帝説："蕭太傅平素剛正，若提問他，必然自死，安肯就吏到官，受人凌辱?"石顯等欺哄元帝説："人命至重，誰肯自死?蕭望之所坐乃言語薄小之罪，必無所憂。"元帝乃可其奏，許他提問。使者去召望之，望之仰天嘆説："吾嘗備位，官至將相，今年過六十矣，臨老入牢獄，苟求生活，豈不鄙賤可羞乎!"遂飲酖，是毒藥，自殺。天子聞蕭望之死，大驚，拊其手説："向時固猜疑他不就牢獄，果然殺吾賢傅!"元帝既知望之是賢傅，又曉得他剛正，不肯受辱，即當敬重保全，乃輕信讒言，輕易許他提問以凌辱之。及至服毒自殺，明是被奸邪陷害，無罪屈死，即當明正弘恭、石顯之罪，誅其欺罔，乃將就姑息，無所懲創。身爲天子，不能剛明果斷，反被左右奸邪顛倒擺置，肆無忌憚，主〔一一〕殺大臣，盡在其手，弄權壞事，無人敢言，漢業漸衰，皆元帝儒〔一二〕弱之過也。

石顯憚周堪、張猛等，數譖毁之。劉更生懼其傾危，上書曰："臣聞舜命九官，濟濟相讓，和之至也。衆臣和於朝，則萬物和於野，故《蕭〔一三〕韶》九成而鳳凰來儀。至周幽、厲之際，朝廷不和，轉相悲怨，則日月薄蝕，水泉沸騰，山谷易處，霜降失節。由此觀之，和氣致祥，乖氣致異。祥多者其國安，異衆者其國危，天地之常經、古今之通義也。正臣進者，治之表；正臣陷者，亂之機也。夫執狐疑之心者來讒賊之口，持不斷之意者開群枉之門，讒邪進則衆賢退，群枉成則正士消。故《易》有《否》《泰》，小人道長，君子道消，則政日亂；君子道長，小人道消，則政日治。今以陛下明智，誠深思天下之心，杜閉群枉之門，廣開衆正之路，使是非炳然可知，則百異消滅而衆祥並至，太平之基、萬世之利也。”顯見其書，愈與許、史比而怨更生等。戊寅

石顯見張猛、周堪等是正直君子，心常畏憚，要陷害他每，常數進譖言謗毁之。劉更生恐怕君子被這小人傾害危殆，上書奏元帝説：“臣聞帝舜時命九官在朝，濟濟相讓，和之至也。衆臣和順于朝，則萬物和于野，故《簫韶》九成，鳳凰來儀，有如此之祥瑞。至周幽王、厲王之際，朝廷衆臣不和，彼此轉相悲怨，則日月薄蝕，水泉沸騰，山谷易處，霜降失節，有如此之灾異。由此觀之，和順之氣致祥瑞，乖戾之氣致灾異，祥多者其國安，異衆者其國危，此天地之常經、古今之通義也。正直之臣得進用者，治之表；正直之臣被陷害者，亂之機也。夫人主信任賢臣，則讒言不得入。若執狐疑之心，則讒邪害人者乘機巧説，必來讒賊之口。人主處事果決，賞功罰罪，無不的當，則小人不敢進。若優柔不斷，自無張主，則邪枉之人成群得進，是開群枉之門。讒邪進則衆賢退，群枉成則政事消。故《易經》有《否》、《泰》兩卦，當《否》卦時，君子道消，小人道長，則政日亂；當《泰》卦時，君子道長，小人道消，則政日治。治亂之分，全在君子、小人之進退。今以陛下聰明聖智，誠肯深思念天下之心，杜絶閉塞群枉之門，使小人常退，廣開衆正之路，使君子常進，是非邪正，炳然明白可知，則百異消滅而衆祥並至，太平之基、萬世之利也。”石顯見劉更生這書分别君子、小人，乃愈與史氏、許氏兩皇親家結爲黨比，而怨恨劉更生等，必欲害之。自

古雖盛世也有小人，雖亂世也有君子。但君子、小人不能並立，君子恐小人壞朝廷事，常要退那小人；小人恐君子説出他的過惡，常要害那君子。然君子多在疏遠，有事不得面奏，雖有奏本數千萬言，又或不暇觀覽；小人多得寵幸，試探人主的喜怒，只用一兩言，誤國害人的大事不知不覺都得依從。所以小人常得志，君子常被害，治的日子常少，亂的日子常多，皆爲此也。故聖王立朝，必先審辨邪正，時常接見儒臣，講論道理，聰明日進，小人不敢欺，則朝政清明，太平可常保矣。漢元帝時，如周堪、張猛、劉更生，儘有許多君子，惜乎不肯信任，而史高、弘恭、石顯皆得顓政擅權，此漢業之所以衰也。

召前所舉直言之士，詣白虎殿對策。是時上委政王鳳，議者多歸咎焉。谷永知鳳方見柄用，陰欲自托，乃曰："方今四夷賓服，皆爲臣妾，北無薰鬻、冒頓之患，南無趙佗、吕嘉之難，三垂晏然，靡有兵革之警。骨肉大臣，有申伯之忠，洞洞屬屬，小心畏忌，無重合、安惕〔一四〕、博陸之亂。三者無毛髮之辜，切恐陛下舍昭昭之白過，忽天地之明戒，聽晻昧之瞽説，歸咎乎無辜，倚異乎政事，重失天心，不可之大者也。"上以其書示後宫，擢永爲光禄大夫。成帝壬辰

四年夏，成帝召前所舉直言之士，詣曰〔一五〕虎殿對策。是時成帝耽于酒色，政事都委托王鳳，當時人議論者多歸咎，説灾異是王鳳所致。谷永見王鳳正有權柄，朝廷方見寵用他，暗欲要投托結交在他門下，乃對成帝説，方今四夷賓服，皆爲臣妾，北邊無薰鬻、冒頓强盛之患。"薰鬻"、"冒頓"是古時北虜之號。南無趙陀、吕嘉之難。"趙陀"、"吕嘉"是古時南越叛臣之名。三面邊垂晏然無事，靡有兵革之優〔一六〕。骨肉親戚大臣有申伯之忠。"申伯"是周宣王的舅，盡忠于國。把申伯比王鳳，説他也是忠臣。又稱贊王鳳洞洞屬屬，小心畏忌，無重合、安陽、博陸

之亂。“重合”、“安陽”、“博陸”是前朝三個皇親反叛的。説王鳳比這三家無毛髮之罪，切恐陛下舍昭昭之白過，忽天地之明戒，聽晻昧之瞽説，歸咎乎無辜，倚異乎政事，重失天心，不可之大者也。谷永這書專替王鳳巧説，惟恐成帝省悟，見出他罪過，這正是邪佞之人。成帝就信其言，以其書傳示後宮，又升谷永爲光禄大夫。奸臣弄權，恐怕公論不容，其初還有忌憚，只因這邪佞小人苟圖富貴，趨諂贊揚，欺哄朝廷，顛倒是非，及至權勢已成，滿朝結成一黨，使天子孤立于上，不能制之，深可痛恨。若杜欽、谷永，真萬世之罪人也。

安昌侯張禹雖家居，以特進爲天子師，國家每有大政，必與定議。時吏民多上書言灾異之應，譏切王氏專政所致。上意頗然之，親問禹以天變。禹曰：“《春秋》日食、地震，或爲諸侯相殺、夷狄侵中國。灾變之意，深遠難見，新學小生，亂道誤人，宜無信用。”上雅信愛禹，由此不疑王氏。己酉

安昌侯張禹雖致仕家居，以特進爲天子師，國家凡有大政事，必與張禹定議。當時王氏專政，權歸外戚，日食、地震，屢有灾變，吏民上書奏朝廷説這灾異之應，都譏切是王氏一家專攻〔一七〕所致。成帝也漸漸省悟，頗以爲然，乃親到張萬〔一八〕家，問他這天變所由，果是爲王氏否。此時張禹若肯盡言正對，使成帝收攬政權，别任賢臣，消弭灾變，漢未必亡。張禹見得王氏勢大，生殺皆在其手，恐怕他讐恨，乃對成帝只説：“春秋時常有日食、地震，或因爲諸侯相殺，或爲夷狄侵中國，灾變所由，非止一端。天意深遠難見，上書者都是新學小生，亂説誤人，不可信用。”成帝平素尊信敬愛張禹，見他如此説，信以爲實，從此再不疑忌王氏。貴戚專權，威勢所逼，雖天子之師親承訪問，還不敢盡言，况其餘小官遠臣，又誰敢説？縱説豈得聽信？所以人

主威權不可假借于人，恐其漸不可制也。張禹畏懼權臣，巧言避禍，成帝之聰明，反被他蒙蔽了。漢室之亡，皆因于此，不忠之罪大矣。

初，董仲舒説武帝以“秦用商鞅之法，除井田，民得買賣，富者田連阡陌，貧者無立雖〔一九〕之地，邑有人君之尊，里有公侯之富，小民安得不困？古井田决〔二〇〕雖難卒行，宜少近古，限民名田，以贍不足，塞并兼之路，薄税斂，省徭役，以寬民力，然後可善治也”。及上即位，師丹復建言：“今累世承平，豪富吏民訾數鉅萬，而貧弱愈困，宜略爲限。”天子下其議，丞相光、大司空武奏請，自諸侯王、列侯、公主名田各有限，關内侯、吏民名田皆無過三十頃，奴婢無過三十人，期盡三年，犯者没入官。時田宅、奴婢賈爲減賤，貴戚、近習不便也。詔書：“且須後。”遂寢不行。甲寅〔二一〕

初武帝時，董仲舒對武帝説：“秦時用商鞅之法，除去古時井田之制，使民田得相買相賣，自此富者田連阡陌，更無限制，貧者無立錐之地，民間富家，在一邑中有人君之尊，在一里中有公侯之富，小民無田者安得不困？古人井田之法，雖難倉卒即行，如今宜少近古，限民名田，以贍補不足，塞并兼之路，薄賦斂，省徭役，以寬民力，然後可善治也。”及哀帝即位，師丹復建言説：“方今累世承平，豪富吏民家貲多至數鉅萬，而百姓貧弱者愈困苦，宜略定限制。”天子發下其議論，丞相孔光、大司空何武奏請，自諸侯王、列侯、公主各名下田數俱有定限，關内侯與吏民之家每人名下田皆不許過三十頃，奴婢不許過三十人。期到盡三年以裹，各自裁省，三年之外再犯者，田地、奴婢俱入官。時田宅、奴婢價爲此減賤，貴戚、近侍人家多不便也。詔書：“姑且停止，須待後時更行。”遂寢止，更不行。限田之法，使貧富不至大相懸絶，可以消止臣民奢僭之端，亦王政之一事。只因貴戚、近習不便，遂止不行，可見這貴戚、近習有權，朝廷纔有善政，都被他每沮撓，天下安得不亂？所以明主當早見而預防之也。

是月，前輝光謝囂奏武功長孟通浚井得白石，上圓下方，有丹書著石，文曰："告安漢公莽爲皇帝。"符命之起自此始矣。于是群臣奏太后，請安漢公踐祚，謂之"攝皇帝"。詔曰："可。"平帝乙丑

是月，"前輝光"是官名，名謝囂，奏説武功長之官姓孟名通，家中浚井得曲[二二]石，上圓下方，有丹書紅字著于石上，其文曰："告安漢公王莽當爲皇帝。"這謝囂所奏其實是王莽着人假做出來，要欺哄當時，説他該有天下，天意降下來的符命。自此之後，奸邪之人争來獻符命以投其意，符命之起自此始矣。于是群臣奏太后，請安漢公王莽踐天子之祚，謂之"攝皇帝"，如權管的一般。太后下詔許之，曰："可。"天子之位，豈是人臣可以權攝？當時群臣甘心從亂，背漢事莽，太后婦人無知，只欲厚其親戚，不念漢家祖宗之業一旦亡失，皆可痛恨。人君初時寵用外戚，豈料遂至于此，既假以權，未有不致亂亡者，萬世所當深戒也。

莽恃府庫之富，欲立威匈奴，乃遣孫惠等十二將分道並出。嚴尤諫曰："匈奴爲害，所從來久矣，未聞上世有必往[二三]之者也。後出三家周、秦、漢征之，然而來[二四]有得上策者也，周得中家[二五]，漢得下策，秦無策焉。周宣王時，玁狁内侵，至于涇陽，命將征之，盡境而還，其視玁狁之侵，譬猶蟁蝱，驅之而已，故天下稱明，是爲中策。漢武帝選將練兵，約齎輕糧，深入遠戍，雖自[二六]克獲之功，胡輒報之，兵連禍結三十餘年，中國疲敝，匈奴亦創艾，而天

下稱‘武’，是爲下策。秦皇不忍小耻而輕民力，築長城，延袤萬里，轉輸之行，起於負海，疆境既全，中國内竭，以喪社稷，是爲無策。今天下比年饑饉，北邊尤甚，大用民力，功不可必，臣伏憂之。”莽不聽。新莽辛未

王莽恃當時府庫錢糧豐當〔二七〕，欲用兵征伐北虜，立威于匈奴，乃遣其臣孫惠等率十二將一時分道並出。其臣嚴尤勸諫説：“匈奴爲中國害，自古及今，所從來久矣，未聞上古之世有必征之者也。後時三家周、秦、漢皆嘗征之，然皆未有得上策者也，周得中策，漢得下策，秦無策焉。何以見周得中策？周宣王時匈奴號爲‘玁狁’，内侵中國，至于涇陽。宣王命將征之，趕逐他盡出境界，即引兵而還，不往外窮追遠討。宣王度量寬大，看那玁狁侵犯，譬如蚊蝱小蟲一般，但驅逐之，使不能害人而已，不肯勞民費財，速〔二八〕去征伐，孟〔二九〕見得内外輕重，理勢分明，只欲保安中國，故天下稱其明。雖不能使夷狄不侵，而中國百姓各得其所，是爲中策。何以見漢得下策？須〔三〇〕武帝惡匈奴之强盛，選將練兵，約齎輕糧，深入虜地，遠列屯戍，雖嘗戰勝，有克獲之功，胡人每及〔三一〕輒報復之，兵連禍結，鬥争三十餘年，不得休息，中國因此疲敝，匈奴亦創艾，彼此各有損傷，天下稱其爲‘武’。然貪戰勝之虚名，受疲敝之實禍，是爲下策。何以見秦無策焉？秦始皇志吞六合，夷狄侵犯本是小耻，他不能容忍，輕用民力，築長城以拒胡人，延袤萬里之遠，轉輸供給之行起于負海，耗費錢糧，擾害百姓。長城築完，疆境既全，自以爲無患矣，中國内竭，天下怨恨，以喪其社稷。本欲求安，反致危亂，是爲無策。如今天下連年饑饉不收，北邊尤甚。若大用民力，出兵遠征，功不可必，勝敗難料，臣伏憂之。”嚴尤此言，要王莽以周宣王爲法，以漢武帝、秦始皇爲戒。王莽決意用兵，不聽其言。夫天生夷狄，決無可盡滅之理。聖王之治，無事時隄

防禦備，不敢懈怠；來侵犯，但堵截驅逐，不爲遠追。使百姓安生樂業，常享太平，所謂上策不過如此。自古窮兵黷武，征伐外夷，未有不自取敗亡者，王莽固不足道矣，有天下者不可不深以爲戒也。

莽性躁擾，不能無爲，每有興造，動欲慕古，不度時宜。制度又不定，吏緣爲奸，天下嗸嗸，陷刑者衆。丁丑

王莽秉性急躁擾亂，不能安静無爲，每有所興造，動欲慕倣古人，不度董[三二]古今時宜可否。制度又不定，官吏因緣爲奸弊，天下受其擾害，嗸嗸然悲泣不止，陷于刑罰者衆。人君之德，必須從容寬大，舉動有常則，上下相安；隨時宜，立制度，一定不移，不至朝更夕改，則臣民知所遵守。若躁優[三三]紛更，奸弊更多，反以生亂。王莽以篡賊居尊位，而又任性妄爲如此，不久敗亡，寔其自取也。

莽法令煩苛，民摇手觸禁，不得耕桑，繇役煩劇，而枯旱、蝗蟲相因，獄訟不决。吏用苛暴立威，旁緣莽禁，侵刻小民，富者不能自保，貧者無以自存，於是並起爲盗賊。荆州新市人王匡、王鳳，南陽馬武，潁川王常、成丹共聚，藏于緑林山中，至七八千人。五年，瑯琊樊崇起兵于莒，一歲間至萬餘人。地皇三年，樊崇等聞莽將討之，恐其衆與莽兵亂，乃皆朱其眉以相識别，由是號曰“赤眉”。戊寅至壬午

王莽法令煩瑣苛刻，民摇手即觸犯禁忌，不得務農桑，繇役煩劇，而枯旱、蝗蟲連年相因，獄訟不决。吏用苛暴立威，傍緣莽禁令，因而侵刻小民，富者被侵害不能自保，貧者無以自存，於是都並起爲盗賊。荆州新市人王匡、王鳳，南陽萬[三四]武，潁川王常、成丹共聚衆，藏於緑林山中，至七八千人。瑯琊人樊崇起兵于莒，一歲間至萬餘人。樊崇等聞王莽將出兵討之，恐其衆人與莽兵相雜亂，不能辨認，乃皆以朱色染其眉，以相識别，由

是號曰“赤眉”。盜賊之起，只爲差役繁重，刑罰嚴酷，百姓不保其生命，故相聚爲亂。若不因困苦逼迫，誰肯相從爲賊？王莽篡漢，富有四海，一旦盜賊群起，竟不可制，因而滅亡，雖篡弑大惡，人人得而誅之，亦由刻害百姓，自速其禍也。然則布德行仁，愛養百姓，豈非保天下之要道哉！

《歷年圖》曰：“高祖奮布衣，提三尺劍，五年而成帝業，其成功之速如是，何哉？惟知人善任使而已。故高祖曰：‘鎮國家，撫百姓，不如蕭何；運籌策，决成敗，不如子房；戰必勝，攻必取，不如韓信。三者皆人傑，吾能用之，所以取天下。’韓信亦曰：‘陛下不善將兵，而善將將。’斯言盡之矣。吕氏之亂，漢氏不絶如綫，然而卒不能爲意〔三五〕者，外有宗蒲〔三六〕之强，内有絳、灌之忠也。文、景之時，天下家給人足，幾致刑措，後世皆知稱慕，莫能及之。夫民之情何嘗不欲安樂而富壽哉？文、景能勿擾之而已矣。孝武喜奢侈，慕神仙，宫室無度，巡遊不息，窮兵于四夷，嚴刑而重賦，迹其行事，視始皇何遠哉！正以崇儒重道，求賢納諫，故其成敗若此之殊也。孝昭以童稚之年辨霍光之忠，確然不可動，何天資之明也！然光猶專政而不歸，此則光之罪矣。孝宣綜移〔三七〕名實，信賞必罰，吏稱其職，民安其業，方之孝武，功烈優然。孝元優游不斷，漢業始衰。孝成荒于酒色，委政外家。孝哀狠愎不明，嬖倖盈朝。陵夷至于孝平，以幼冲嗣位，王莽因之遂移漢祚。莽恃其詐慝，煩民玩兵，罪盈怨積，而天下叛之矣。”

《歷年圖》是作史者將西漢二百餘年治亂興亡之迹撮其大者，叙爲此篇，以垂鑒戒，所以謂之《歷年圖》。起初説高祖奮于布衣，提着三尺劍，五年之間就成了帝業，其成功之速如是，何哉？只因他明于知人、善于任使而已。怎麽見他知人善任，觀高祖曾説："鎮國家，撫百姓，我不如蕭何；運籌策，决成敗，我不如張子房；戰必勝，攻必取，我不如韓信。此三人者，皆一時之豪傑，吾能用之，所以取得天下。"韓信也曾對高祖説："陛下不善將兵，而善將將。"韓信此言，足以盡高祖之爲人矣。這一段説漢高祖的事。高祖既崩，吕太后臨朝稱制，擅王諸吕，欲滅劉氏。當此之時，漢祚將危，不絶如綫。音"綫"，意同。然而卒不能爲患者，以其外有宗藩齊、趙之强國，内有大臣絳侯、灌嬰等忠臣也。這一段説吕太后時事。文帝、景帝之時承平，海内無事，百姓每都家家充給，人人富足，德化大行，民不犯法，庶幾刑措而不用，後世皆知稱慕其美，莫能及之。夫民之情何嘗不欲安樂而富壽哉？文、景能順民之情，安静不擾，所以能致太平之盛如此。這一段説文帝、景帝時事。孝武皇帝喜淫侈，慕神仙，又好興土木，宫室無度，巡遊天下，不知止息，窮兵于四夷，嚴刑而重賦。觀他的行事，比之秦始皇何異哉？然始皇以之亡國而武帝得以善終者，只因他崇儒重道，求賢納諫，有這些好處，故比于秦始皇，成敗若此之殊也。這一段是説武帝時事。孝昭皇帝十四歲而即帝位，在童稚之年，當時霍光輔政，奸臣上官桀等要陷害他，昭帝知道霍光是忠臣，不爲奸邪所惑，確然任之而不爲摇動，何其天資之明也！然霍光此時猶專政而不肯歸之于上，此則霍光之罪矣。這一段是説昭帝時事。孝宣皇帝綜覈名實，信賞必罰，那時做官的都各稱其職，百姓每都各安其業，比之孝武，功烈爲勝焉。這一段是説宣帝時事。到了孝元皇帝，優游不斷，寵任佞臣，疏遠君子，漢家之業由此遂衰。孝成皇帝荒于酒色，委政外家，王氏專權，國事愈壞。孝哀皇帝狠愎音"弼"不明，嬖倖盈朝，當此之時，國勢愈危，不可復救矣。陵夷至于孝平，以幼冲嗣位，王莽因其微弱，遂篡漢而有天下。王莽恃其詐慝，既篡漢祚，不肯安静，煩民玩兵，罪盈惡積，于是天下怨叛，而人心復歸于漢矣。西漢之興，從高祖以至孝平，十二帝，二百一十四年，治亂興亡之迹略具于此。其中如高祖之知人善任，文、景之恭儉不擾，武帝之求賢納諫，昭帝之能辨忠邪，宣帝之綜覈名實，這都是人主的美德，所以能創業垂統而興太平之業者皆由于此。如元帝之優游不斷，成帝之荒于酒色，哀帝之狠愎不明，這都是失德之主，所以敗壞祖宗的基業而身陷于危亡者皆由于此。觀其得失成敗之由，豈非千古之鑒戒哉！

馮異自長安入朝，帝謂公卿曰："是我起兵時主薄〔三八〕也，爲吾披荆棘，定關中。"既罷，賜珍寶、錢帛，詔曰："倉卒蕪蔞亭豆粥、滹沱河麥飯，厚意久不報。"異稽首謝曰："臣聞管仲謂齊桓公曰：'願君無忘射鉤，臣無忘檻車。'齊國賴之。臣亦願國家無忘河北之難，小臣不敢忘巾車之恩。"留十餘日，令與妻子還西。光武庚寅

馮異自長安入朝，光武對着朝中的公卿説："這是我起兵時的主簿也，他替我剪除荆棘，平定關中，其功大矣。"朝罷之後，賜馮異珍寶、錢帛以賞其功，又下詔説："我昔在河北爲王郎所敗，倉卒之時，兵疲食絶，幸賴馮異前在蕪蔞亭進豆粥，後在滹沱河進麥飯，其厚意久未酬報。"馮異頓首謝，又引一件故事對光武説："昔者齊桓公在莒時，齊人要立以爲君。管仲要立公子糾，將兵邀截莒道，射齊桓公，中其帶鉤。其後齊桓公既返國之後，曉得管仲是個賢人，忘其舊怨，從囚車中取他出來，拜爲相國。其後管仲輔佐齊桓公霸諸侯，顯名天下。他對齊桓公説：'願君不要忘了當時財〔三九〕鉤之辱，小臣也不敢忘了檻車之恩。'管仲與齊桓公君臣儆戒，安不忘危，所以功立名顯，齊國賴之。今臣亦願國家不敢忘了在河北時艱難困苦的事，小臣也不敢忘了在中〔四〇〕車地方拔用的厚恩。"於是光武留馮異住十餘日，仍令與其妻子還西鎮守關中。這一段是記漢之君臣儆戒無虞的説話。

大凡人之常情，能戒謹于憂患之時，而不能不懈怠于晏安之日。譬如人有疾病的時候，醫藥調理，十分謹慎，及至病愈之後，就肆意不檢，因而致患者多矣。國家有敵國外患的時候，慮患防危，無所不至，既至太平之後，就晏安侈肆，因而致禍者多矣。若是養身者能于無病之時常思有病之苦，慎起居，節飲食，則身體康强，永無疾病之患矣。治國家者能于無事之時常爲有事之慮，兢兢業業，無怠無荒，則國家治安，永無危亡之禍矣。光武這等樣的明主，又歷盡許多艱難辛苦，馮異還恐怕他既得天下之後溺于晏安，不知警戒，故引管仲之事以規諷之，真藥石之良言，凡爲人主者，所當深思而警惕也。

大司徒韓歆免。歆好直言，無隱諱，帝每不能容。歆與上前證歲將饑凶，指天畫地，言甚剛切，故坐免，歸田里。帝猶不釋，復遣使宣詔責之，歆及子嬰皆自殺。歆素有重名，死非其罪，衆多不厭。帝乃遣賜錢穀，以成禮葬之。己亥

十五年春，大司徒韓歆免官。韓歆素性剛正，好直言，無所隱諱，光武每不能優容。他在光武面前説年歲將饑凶，以手指天畫地，其言甚切，以此得罪免官，放歸田里。光武餘怒猶不能釋然，復遣使宣詔書責怪他。韓歆怨〔四一〕懼，遂與其子嬰皆自殺。韓歆素有重名，死于無罪，衆人之心都不獻〔四二〕服。光武後亦悔之，乃遣使賜之錢穀，復以三公之禮葬之。看這一段事，可見人主容受直言之難。蓋昏庸之主，拒諫飾非，無足怪者。光武以聖明之君而猶不能容一韓歆，况其他乎？所以宋儒司馬光斷這一件事説："昔者商之高宗命傅説説：'若藥弗瞑眩，厥疾弗瘳。'説人有病〔四三〕病，必須進那苦口瞑眩之藥，而後其疾得愈。若是藥不瞑眩，其疾何由而瘳乎？譬如説人主必常近正士，聽直言，然後可以免于有過。若不能容受直言，則其過安得間〔四四〕乎？然苦

口之藥難嘗，逆耳之一〔四五〕難聽，所以這切直之言非人臣之利，乃國家之福也。怎麽説直言非人臣之利？蓋人君之尊如天，其威如雷霆，人臣將有言于君，反覆思之，至于再三，然後敢言。及至到人主面前，迫于威嚴之下，十件事説不得兩三件事。其進言之難如此。使其聽從，固爲幸矣，一或犯了顔色，觸了上怒，大則有誅戮之禍，小則有譴責之辱，這豈是人臣之利？然却是國家之福何也？蓋人主若能容受直言，身心或有過失，因之而改；政事或有闕誤，因之而修；朝廷或有奸臣，因之而知；四方或有利病，因之而達。使其君德修業廣，國治民安，這豈非國家之福？唯其如此，所以古之人君和顔悦色以求之，還恐直言不得聞，耳目有所蔽。若是加之以刑戮，恐之以罪責，則人臣愈不敢言，而國家之事亦壞矣。夫以光武之世，而韓歆乃用直諫而死，豈不爲仁明之累哉？"然光武平生聽言納諫，好處尚多，只有這一事是他失處。爲人主者，取其善而毋陷其失可也。

初，孫權謂吕蒙曰："卿今當塗掌事，不可不學。"蒙辭以軍中多務。權曰："孤豈欲卿治經爲博士邪？但當涉獵，見往事耳。卿言多務，孰若孤？孤常讀書，自以爲大有所益。"蒙乃始就學。及魯肅過潯陽，與蒙論議，大驚曰："卿今者才略，非復吴下阿蒙！"蒙曰："士别三日，即便刮目相待，大兄何見事之晚乎？"肅遂拜蒙母，結交而别。獻帝庚寅

初，孫權與其臣吕蒙説："卿如今位爲將相，當路管事，不可不讀書學問，以廣見聞。"吕蒙辭説軍中多務，無暇讀書。孫權説："我所以勸汝向學者，豈是要卿循行數墨，專治一經，爲儒生博士耶？但當涉獵書史，覽觀古人之事，以爲鑒戒耳。卿説政務繁多，無過于我，然我未嘗以多事而廢學，居常讀書，講求治理，自以爲于身心大有補益。"自此吕蒙因孫權之教，乃始就

學讀書。及魯肅過潯陽，與吕蒙對談，聽其論議迥異平日，乃大驚異之，説："卿今日的識見全不似昔日那吴下阿蒙矣！"吕蒙説："士君子相與，别去三日，就當刮目相待。大兄與我别來已久，而相待乃只如舊日，亦何見事之不早乎？"從此魯肅敬重吕蒙，又請吕蒙的母親出來拜之，與之結友而别。這一段記吕蒙的事，見讀書好事〔四六〕之有益。古語説："玉不琢，不成器。人不學，不知道。"又説道："開卷有益。"蓋書史上載的都是聖賢的格言與前代治亂興亡之迹，人若能讀書窮理，把那聖賢的言語都體貼在自己身上；看那前代治亂興亡的事，便思想他所以興、所以治者必有其由，所以亡、所以亂者必有其故。于是擇其善者以爲法則，不善者以爲鑒戒。從此工夫不要間斷，終始典學，則自然聰明日開，聞見日廣，雖聖賢地位有何難到？不然，雖有聰明睿知過人之資，而不知學問，就如一片美玉，不加琢磨，如何成得美器？孫權以中材之主，竊據之雄，猶知勉勵其臣孜孜向學如此，况居帝王之位而有聖賢之資者，其可不勉强學問以求日進於高明之地哉？

劉備以從事龐統守耒〔四七〕陽令，在縣不治，免官。魯肅遺備書曰："龐士元非百里才也，使處治中、别駕之任，始當展其驥足耳。"諸葛亮亦言之。備見統，與言譚，大器之，遂爲治中，親待亞于諸葛亮。

劉先生〔四八〕以從事官龐統試守來〔四九〕陽縣令。這龐統就是前面司馬徽稱爲"鳳雛"者也，他少時與諸葛亮齊名。及任耒陽，不修其職，縣事不理，坐此免官。魯肅寄書與先主，稱龐統的字説："龐士元不是百里縣令之才，若使他處治中、别駕這等樣的官，纔得以展其驥足耳。"諸葛亮亦以此爲言。先主因他兩人之言，召見龐統，與之言談，乃知其爲奇才，大加器重，遂用統爲治中，使他日侍左右，訪問籌策，親待之禮亞次于諸葛亮。這龐統是智略之士，非牧守之才，先主用違其宜，故其所長無以自見。可見人之才器不同，或宜于大而不宜于小，或長于此而不長于彼，用得其當，則天下無可棄之才。苟乖其宜，則長短大小皆不得以自見矣，用人者可不審哉！

唐主考第群臣，以李綱、孫伏伽爲第一，因置酒高會，謂裴寂等曰："隋氏以主驕臣諂亡天下。朕即位以來，每虚心求諫，然唯李綱差盡忠款，孫伏伽可謂誠直，餘人猶踵弊風，俛眉而已，豈朕所望哉！"唐高祖己卯

"考"是考覈人的言行。"第"是品第人的高下。"虚心"是没個私意先横在心裏。"差"字解是"略"字。"俛眉"是低着眉，就如説低頭的意思。唐高祖考第群臣，以李綱、孫伏伽能直言極諫，將他做第一等，因置酒高會，謂大臣裴寂等説："隋煬帝驕奢無道，惡聞直言，群臣習爲諂佞，不敢正諫，下不盡忠，上不聞過，遂至失了天下。朕親見其事，故自即位以來，每虚心求諫以補正闕失。然惟李綱遇事規諷，略能盡其忠款。孫伏伽曾上疏，指陳無避，可謂誠心直道，無所欺隱。其餘衆人尚皆踵習隋季弊風，只俛眉自容而已，豈朕所望于今日諸臣哉！"這一段是紀高祖激勵人心、疏通言路的意思。夫逆耳之言，人所難受，自古人臣有盡忠進言之心，嘗患君上不能容之。高祖乃優奬直臣，曉示群不〔五〇〕如此，可謂識爲治之先務矣。其開創洪業，傳之永久，豈偶然哉！

八月己未，突厥頡利可汗寇并州，遣兵寇原州。唐主謂群臣曰："突厥入寇而復求和，和與戰孰利？"太常卿鄭元璹曰："戰則怨深，不如和利。"中書令封德彝曰："突厥恃犬羊之衆，有輕中國之意，若不戰而和，示之以弱，明年將復來。臣愚以爲不如擊之，既勝而後與和，則恩威兼著矣。"唐主從之。壬午

"突厥"是唐時北狄，如今韃靼。"可汗"是他的酋長。"頡利"是當時酋長的稱號。"并州"，今山西太原府地方。"原州"，今陝西固原州。"犬羊"是因胡人不知人的道理，故比之犬羊。唐高祖武德五年秋八月己未日，突厥頡利可汗自引兵十五萬人，入雁門，寇掠并州，别遣兵數千騎轉掠西邊原州。高祖集群臣會議，説道："突厥既興兵入寇，却又遣使來求和。還是該與他和，該與他戰，兩件之中那一件利便？"太常卿鄭元璹對説："與他戰，未免結得怨深了，不如彼此講和休兵爲利。"中書令封德彝對説："突厥倚恃他的人馬强衆，有輕視中國的意思，若不戰而和，顯是中國衰弱，不敢厮殺的模樣，他益發無忌憚了，明年將又來寇掠。臣愚以爲不如悉衆擊之，彼驕我奮，其勢必勝。既勝，則突厥必懼怕中國，不敢輕視，然後却與他講和，則恩與威並著，往後不敢輕犯了中國。還是戰爲長便。"高祖見封德彝説得有理，遂依了他的説話。此一段是紀唐朝君臣制馭夷狄的方略。然此雖是當時事體，合該先戰後和，若使高祖無良將勁兵，縱欲與他戰，如何戰得？若不量力，輕與他戰，又豈不誤事？所以爲國家者必要于無事之時預爲有事之備，選用將官，操練兵馬，使個個精勇，堪以勝敵，然後遇着該戰的時便能出戰，邊境可保平寧也。

正月，以壽州都督張鎮周爲舒州都督。鎮周以舒州本其鄉里，到州，就故宅多市酒殽，召親戚，與之酣宴，散髮箕踞，如爲布衣時，凡十日。既而分贈金帛，泣與之别曰："今日張鎮周猶得與故人歡飲，明日之後則舒州都督治百姓耳，君民禮隔，不得復爲交遊。"自是親戚、故人犯法，一無所縱，境内肅然。乙酉

武德八年正月，以壽州都督張鎮周爲舒州都督。張鎮周因舒州是他原籍，既到州，就所居故宅多買酒殽，召他的親戚，先與

之酣飲宴樂，散髮箕踞，不拘禮節，如未做官相處時一般，如此者凡十日。既而分贈衆親戚以金帛，哭泣與之作别説："今日我張鎮周猶得與親戚、故人叙舊情，爲歡飲，明日以後，我是舒州都督管治百姓耳，上下名分相拘，官民禮隔，不敢復顧私情，再得爲交遊矣。"張鎮周既預戒其親戚，自此凡他親戚、故人或有犯法的，他皆從公斷罪，一無所縱。舒州人民見他至公無私，莫不觀感畏服，境内肅然大治。蓋自古惟是公道可以服人，若親戚、故舊得以私情撓公法，則政不均平，法令不信，人心不服矣。觀張鎮周不私故舊，便能使境内肅然，可見爲治之道，全以至公無私爲本，在一州且然，况治天下者乎！

世民命縱禁苑鷹犬，罷四方貢獻，聽百官各陳治道，政令簡肅，中外大悦。丙戌

"世民"是唐太宗名。太宗既立爲皇太子，高祖即詔處决軍國庶事，故太宗遵高祖意，要將天下事從新整頓一番。先從君德上做起，遂將禁苑中所畜養的鷹犬盡皆縱放了，以示不復從事畋獵；凡四方額外貢獻盡皆停罷了，以示不復崇尚奇異。又令百官各上章疏，備陳安人理國、興利除害所以致治的要道。先是，武德末年，號令煩雜，刑政懈弛，太宗乃盡革其弊，發政施令，一切簡便，使人易從；十分嚴肅，使人難犯。蓋一轉移之頃，即覺德意流通，紀綱振舉，于是中外臣民喜見明主，莫不仰戴悦服。此一段是紀唐太宗初政的好處。蓋天子一日二日萬幾，若盤于遊畋，豈不妨廢了正事？軍國日用所需，自有下民"惟正之供"，所謂"貢獻"多是奇巧珍異之物，若不禁絶，非惟玩物喪志，開邪諂進獻之門，亦且蠹政傷民，爲害不淺。天子以一人理天下，若非兼聽並觀，則四方利病、政事得失安能盡知？太宗初理庶政，即毅然將數件事一旦盡皆舉行，正如旭日東升，萬象光彩，其致治之美于此固已肇其端矣。

詔以宫女衆多，幽閟可愍，宜簡出之，各歸親戚，任其適人。

“閟”與“閉”同。“愍”是憐恤的意思。唐太宗既即位，他務未遑，首先下詔説道：“掖庭中所聚的宫女衆多，不唯虚費衣糧，竭民財力，歸[五一]人幽閟深宫，于人情實可憐恤，詔命簡擇，出其無用者，令各歸其親戚，任從適人。不但省費，亦使人各遂其天性。”考之唐史，此時所出凡三千餘人，及至貞觀二年，又出三千餘人。夫清心寡欲，人主盛節。太宗以方杜[五二]之年，能以道制情，不邇聲色若此，是宜史臣紀之以示後世也。

貞觀元年正月，上宴群臣，奏《秦王破陳樂》。上曰：“朕昔受委專征，民間遂有此曲。雖非文德之雍容，然功業由兹而成，不敢忘本。”封德彝曰：“陛下以神武平海内，豈文德之足比？”上曰：“戡亂以武，守成以文，文武之用，各隨其時。卿謂文不及武，斯言過矣。”德彝頓首謝。太宗丁亥

“陳”與“陣”同。《秦王破陳樂》是唐太宗初爲秦王破劉武周時軍中作此樂曲，後更名爲《七德舞》。“雍容”是和雅的意思。“戡”是克定。貞觀元年正月，唐太宗宴群臣，因奏《秦王破陳樂》曲，遂向群臣説道：“朕昔年受上皇委任，專行征伐，討平群雄，民間遂有此《破陣樂曲》。雖是舞用干戚，發揚蹈厲，不如籥、翟進退舒徐，象文德之雍客可觀，但朕自征伐四克，遂定海内于一，是功業由此而成，不可忘本，故宴會用之也。”封德彝對説：“陛下以神武削平僭亂，豈區區文德所可比方？”太宗説道：“戡定禍亂，須以武勝。若功業已成之後，保守須用文德。文武之用，各隨時之所宜，不可偏廢。爾乃謂文不如武，是一偏之見，斯言過矣。”于是德彝頓首，謝其不及焉。此一段是紀唐太宗功高不矜、爲治識體的意思。蓋惟其知守成在文，故自即位之後，休兵息民，求賢納諫，制度、紀綱焕然可

述，其致治之美庶幾成康有由然矣。

制："自今中書、門下及三品以上入閤議事，皆命諫官隨之，有失[五三]輒諫。"

"中書省"、"門下省"是唐時宰相衙門。"閤"是内中小門。唐制，天子朝參御大殿，其與群臣商確政事則御便殿，令由閤門而入，謂之"入閤"。太宗勵精圖治，常召宰相及大臣入閤至便殿，與之講求治道，猶恐識見不廣、建置有不當處，乃制："自今貞觀元年以後，兩省宰相及三品以上臣僚入閤議事時，都許令諫官隨之同入，凡所議政事或有差失，教他每即時論諫。"蓋天下事務至煩，宰相、大臣雖悉計議，豈能盡善無差？朝廷舉措貴審，得諫官隨事規正，則勝于命令已行方去更改。太宗求治之切、慮事之密如此，是以當時下無隱情，事無過舉，君臣同心，四夷向化，萬世帝王所當法也。

有上書請去佞臣者，上問："佞臣爲誰？"對曰："臣居草澤，不能灼知其人。願陛下與群臣言，或佯怒以試之，彼執理不屈者，直臣也；畏威順旨者，佞臣也。"上曰："君，源也；臣，流也。濁其源而求其流之清，不可得矣。君自爲詐，何以責臣下之直乎？朕方以至誠治天下，見前世帝王好以權譎小數接其臣下者，常竊耻之。卿策雖善，朕不取也。"

"佞臣"是邪諂巧辯之臣。"草澤"猶言田野。"灼"是明。"佯"是假設的意思。"權"是機權。"譎"是詭詐。唐太宗時，有人上章奏，請斥去佞臣者。太宗因問他，在朝諸臣那個是佞臣。其人對説："臣不曾出仕，住在草澤之中，與群臣未嘗相接，不能明知其人，不敢妄指。但人之忠佞雖是在心，外貌也有可試驗處。臣願陛下與群臣言論時節，心本不怒，却假作個惱怒的模樣以試驗之。若能不畏雷霆，執持正理，毅然不屈的，就是直臣；若懼怕罪責，順情阿旨的，就是佞臣。"太宗不然其言，説道："人君所行是臣下的表率，譬之于水，君就是水的源頭一般，臣就是水的末流一般，流水清濁都出于源頭，若源頭濁了，末流如何得清？君若先自行詐，則表率先已不正，何以責臣下忠直？朕方以至誠治天下，以真心寔意與臣民相接，見前世帝王好以權譎小術接遇具〔五四〕臣下者，常竊羞其所爲，奈何自襲其非乎？卿的謀策雖好，朕不取也。"此一段是紀唐太宗知待臣圖治之本的説話。蓋人君以一人之身宰理萬物，臨御百司，若用詐術御物，則衆亦飾智以相欺，邪正混亂，安能辨别？惟開誠布公，推心任賢，則邪佞無由眩惑，忠直得以自效。太宗所以能委任房、魏諸賢，而不爲封德彝、宇文士及所間者，謂不本于是哉！

上謂恃〔五五〕臣曰："人言天子至尊，無所畏憚。朕則不然，上畏皇天之鑒臨，下憚群臣之瞻仰，兢兢業業，猶恐不合天意，未副人望。"魏徵曰："此誠致治之要，願陛下慎終如始，則善矣。"戊子

"兢兢業業"是戒謹恐懼的意思。唐太宗謂侍臣説道："人言天子制命萬物皆得自由，極其尊崇，無所敬畏忌憚。朕則不是這等，蓋天子所行之善否，天命視之以爲去留，故朕上畏皇天之鑒臨；臣民仰之以爲法式，故朕下憚群臣之瞻仰。每思君德或未盡修，庶跋〔五六〕或未盡舉，兢兢然如執玉捧盈，不敢輕忽；業業然如臨深履薄，不敢怠荒。尚恐怕所行或有悖于天理，上不能合皇天之意，拂于人情，下不副衆人之望，殊未嘗無所畏憚也。"魏徵對説："人君爲治，最患恃其尊貴，上不畏天之譴責，下不憚人之非議，以致驕奢縱逸，無所不爲。今陛下上畏皇天，下憚群臣，誠得致治之要矣。但人情多能謹之于始，不能慎之于終。臣願陛下常存兢兢業業的心，則天常眷佑，人常愛戴，斯爲盡善矣。"唐太宗這一段説話，正與大禹告帝舜儆戒之謨、太公告武王丹書之義相同。蓋自古聖王致治之隆，未有不由于敬畏者。但

古聖王之心純乎義理，不累於欲，故能終始無問[五七]。後世人主之心敬不勝怠，理不勝欲，故不能保之于永久。魏徵窺見其微，遂進“慎終如始”之説，惜乎太宗無用言之實，無省身之誠，氣盈志怠，竟不克終，此其治所以止于唐也。

嘗謁告上冢，還，言於上曰：“人言陛下欲幸南山，外皆嚴裝已畢，而竟不行，何也？”上笑曰：“實有此，心畏卿嗔，故中輟耳。”上嘗得佳鷂，自臂之，望見徵來，匿懷中。徵奏事故久不已，鷂竟死懷中。

“謁告”是請假的意思。“嚴裝”是整辦行李。“嗔”是嗔怪。“輟”是止。“鷂”是鷙鳥。“臂之”是架在臂上。這二節是史臣記唐太宗嚴憚魏徵的事。説魏徵嘗請假去祭掃墳冢，後事畢還朝，進言于太宗説：“人言陛下欲幸南山，外面皆整辦行李完備了，又畢竟不行，是何緣故？”太宗笑對他説：“我當初實有此心，只因怕你嗔怪我逸遊，所以中止。”這是太宗嚴憚魏徵，不安於逸遊的事。太宗又嘗得一佳鷂，因爲愛他，親自臂之，望見魏徵來奏事，恐他看見，便將這鷂藏匿懷中。魏徵雖不明言諫止，只管故意奏事不已，其鷂畢竟死在懷中。這是太宗嚴憚魏徵，不溺于翫好的事。夫唐太宗以人君之尊，乃反嚴憚其臣如此，何也？蓋太宗剛明，知治天下之道當先以禮，檢身不可差失，故其畏魏徵非畏臣下，乃畏禮也。使太宗能充此心，則堯舜之兢兢業業何以過焉！宜史臣以爲美事而記之也。

上曰：“爲朕養民，惟在都督、刺史。朕常疏其名於屏風，坐卧觀之，得其在官善惡之迹，皆注于名下，以備黜陟。縣令尤爲親民，不可不擇。”乃命内外五品以上，各舉堪爲縣令者，以名聞。

“都督”是唐時各路總管官名，如今之巡撫都御史。“刺史”是唐時各州太守官名，如今之知府。“疏”是記録。“縣令”即今之知縣。"親"是近。唐太宗説道："國以民爲本，爲朕惠養斯民，使各安其生，無有愁嘆者，唯在各路都督與各州刺史，蓋這兩樣官職在宣布朝廷恩德、督察守宰，于理道最爲緊要。故朕常記録其姓名於便殿屏風上，時加察訪，得其在官所行的事迹，或善或惡，都各填注于本官名下，以備將來黜陟，使有所勸戒，皆知奉法愛民。至于縣令之職，于百姓尤爲親近，得其人則一縣百姓皆受其福，不得其人則一縣百姓皆受其害，不可不慎加簡擇。"于是命内外五品以上官，各將平日所知才守堪爲縣令者俱列名以聞。這一段是紀唐太宗慎重民牧的意思。蓋德惟善政，政在養民。使四海九州之内，無不安生樂業，方是太平世界。然天子端居九重之中，愛民雖切，其勢不能獨治，須要方面守令之臣宣德布化，然後治功可興。唐太宗深察治本，用心于選賢養民如此，又定爲制，凡都督、刺史皆天子臨軒册授，受命之日，對便殿，賜衣物，所以寵任責成者，可謂至矣！貞觀之治豈倖致哉！

四月，上御太極殿，謂侍臣曰："中書、門下，機要之司，詔敕有不便者，皆應論執。比來唯睹順從，不聞違異。若但行文書，則誰不可爲，何必擇才也？"房玄齡等皆頓首謝。故事：凡軍國大事，則中書舍人各執所見，雜署其名，謂之"五花判事"。中書侍郎、中書令省審之，給事中、黄門侍郎駁正之。上始申明舊制，由是鮮有敗事。己丑

"中書省"、"門下省"俱是唐時宰相衙門。"舍人"是中書省屬官。"侍郎"是佐貳。"令"是長官。"給事中"是門下省屬官。"黄門侍郎"是佐貳。貞觀三年四月，唐太宗始御太極殿，對群臣説道："國家建立宰相，設中書省，掌執天子大政，凡制問〔五八〕詔敕皆屬其宣署申覆；設門下省，掌出納帝命，凡國家之務皆與中書參總。此兩省乃機務緊要之司，詔敕如有不穩便處，都該辨論執奏。近來唯見阿旨順情，不聞一言違異。夫宰相若但

署詔敕、行文書而已，則人誰不能做，何煩選委賢才也?”于是中書令房玄齡等皆頓首謝罪焉。兩省相傳故事：凡遇軍國大事，有關係難裁决者，則中書省先令舍人執陳所見，雜署其名于所陳之後，謂之“五花判事”，以其言之者非一人，所言者非一事也。衆舍人判訖，中書侍郎至中書令都省覧審察過，酌其是非，以爲取舍。猶恐中間還有差失，仍行于門下省，令給事中至黄門侍郎次第參詳駁正，然後施行。這規矩久廢了，太宗始申明之，使一一都照舊行，由是事皆停當，少有敗壞者。此見唐太宗立綱陳紀，任賢求治，可爲後世法也。蓋天下之事，非一人智力所能周，故天子任之宰相，參之寮屬，稽衆集長，然後忠益廣而天工可亮。太宗以此責其臣，可謂深識治體者矣！

上問房玄齡、蕭瑀：“隋文帝何如主也?”對曰：“文帝勤于爲治，每臨朝或至日昃，五品以上引坐論事，衛士傳餐而食，雖性非仁厚，亦勵精之王〔五九〕也。”上曰：“公得其一，未知其二。文帝不明而喜察。不明則照有不通，喜察則多疑于物，事皆自决，不任群臣。天下至廣，一日萬幾，雖復勞神苦形，豈能一一中理？群臣既知主意，唯取决受成，雖有愆違，莫敢諫争，所以二世而亡也。朕則不然，擇天下賢才，寘之百宜〔六〇〕，使思天下之事，關由宰相，審熟〔六一〕使〔六二〕安，然後奏聞，有功則賞，有罪則刑，誰敢不竭心力以修職業，何憂天下之不治乎?”因敕有司：“自今詔敕行下，有未便者，皆應執奏，毋得阿從，不盡己意。”庚寅

這一段是紀唐太宗論政體的説話。“衛士”是侍衛的兵士。“餐”是熟食。“喜”是好。“愆違”是差失。唐太宗問房玄齡、蕭瑀説道：“前朝隋文帝是何等的皇帝?”二臣對説：“隋文帝勤于爲治，凡事不肯忽略放過，每常朝直至日昃方退，群臣自五品以上，或有事奏，必引坐與之議論事體。坐朝既久，侍衛的兵士

不得下衙，都令以熱〔六三〕食相傳而食。據文帝天性刻薄，固非仁厚的皇帝，但他勤于政事，亦可謂勵精的皇帝。”太宗辨説：“卿等但知其一，不知其二。他這等的勤不叫做勵精，乃是他不明而好察。唯其不明，則于事體有暗昧處照鑒不能盡通；唯其好察，故常防人欺瞞他而多疑于物，所以凡事都要自決，不信任群臣。此乃大段害事，天下至廣，一日有萬幾，人君以一人聰明，雖内勞精神，外苦形體，豈能盡數都合道理，無一件差錯處？文帝既不信任，臣下窺見他的意思，也都不肯向前任事，凡事唯取主上裁決，受其成命，中間雖有差失，也含糊行去，不敢明言諫争，積日累月，乖謬必多，此所以傳一世而亡也。朕意却不如此，擇天下賢才，分寘在百官，使他各思該幹的職事，凡事俱經由宰相精審熟思，務求安穩便當，然後奏聞施行。有功的則賞之，有罪的則刑之，賞罰既明，誰人敢不竭盡心力以修治他的職業？百官各修其職，則萬事各得其理，何憂天下之不治乎？”于是中〔六四〕敕有司：“自今以後詔敕行下，有于事體不便的，都要明白辨論執奏，無得心知不便，外面却只依阿順從，不盡其意之所欲言也。”大抵君人之道，勞于求賢而逸于得人。隋主好自用，則君驕臣諂而政日亂；太宗能任賢，則君逸臣勞而政日理。得失成敗之機，有天下者可以鑒矣。

上謂執政曰：“朕常恐因喜怒妄行當〔六五〕罰，故欲公等極諫。公等亦宜受人諫，不可以己之所欲，惡人違之。苟自不能受諫，安能諫人？”辛卯

這一段是紀唐太宗論納諫的説話。太宗對執政大臣説道：“賞功罰罪，治天下之大端，必至當無私，然後合乎天道，順乎人心。朕時常自己點檢，恐怕或因一時的歡喜，將無功者妄賞；因一時的惱怒，將無罪者妄罰。賞罰不當，則有功者不勸，有罪者不懼，衰亂將由此而生，害事不淺。故朕每要卿等直言極諫，

蓋因情動于中，最難禁制，若不得忠直之言極力警省，必溺于喜怒一偏，不肯悔改，將賞罰乖置矣。然進諫固難，受諫亦不容易。卿等也要聽人規諫，凡有差失，聞言即改，方是虚心受益。不可以人言不同自己的意思，便即嗔惡，護短不納。君臣勢分雖殊，道理却都是一般，爲臣者自己不能受人諫諍，豈能盡情直諫，引君于當道哉？朕欲卿等匡捄闕失，故重以此爲戒也。”夫人臣嘗有進諫之心，而唯恐君之不納。太宗乃恒存納諫之心，而唯恐臣之不言。不唯自己從諫弗咈，而且欲其臣聞過則改，不啻父子之訓諭、師友之規誨，藹然有虞廷交儆之風焉。此貞觀所以多直臣、稱盛治也。

上嘗罷朝，怒曰：“會須殺此田舍翁！”后問爲誰，上曰：“魏徵每廷辱我。”后退，具朝服立于庭。上驚問其故，后曰：“妾聞主明臣直，今魏徵直，由陛下之明故也，妾敢不賀？”上乃悦。壬辰

“田舍翁”，猶言田家老子，是詆斥之辭。唐太宗嘗一日視朝罷還宫，發怒説道：“我不快，這個田家老子會須殺之！”長孫文德皇后聞説：“陛下所欲殺者何人？”太宗説：“魏徵每當大庭廣衆之時説我過失，使我對群臣羞沮，豈不是他廷辱我？我寔不能堪，故欲殺他耳。”皇后遂退，换了燕服，具朝服立于宫庭，將行朝謁禮。太宗驚訝，問其緣故，后對説：“妾嘗聞，主明然後臣直，蓋忠直之言雖咈人主意，而寔利于國家；阿諛之言雖順人主意，而實害于政事。世主多昧于此，但喜順從，故其臣下亦不敢直諫。大[六六]唯明主深察治亂之本在于聽言，能抑情以從忠直；臣下知明主可與忠言，乃敢直陳闕失，無所忌諱。故朝有直臣，則其君必明君也。今魏徵能直言無隱，良由陛下明聖在上，虚懷納諫故耳。妾幸遇明君，敢不稱賀？”太宗見后言有理，遂釋怒而喜悦焉。嘗觀太宗之納諫、魏徵之盡言，乃三代以下所僅

有者，宜其歡然相得，無復猜阻也，乃猶有罷朝之怒，何哉？順情易合，咈意難入，人情大抵然耳！人臣非真篤于君臣之義而不恤身禍，則不敢犯顔進諫；人君非真明于社稷之計而不徇己欲，則不能甘受過[六七]耳之言。故以太宗之英明，雖勉强納諫，而猶不能忘情于魏徵，有天下者可不以是爲戒哉？

上謂魏徵曰："爲官擇人，不可造次。用一君子，則君子皆至；用一小人，則小人競進矣。"對曰："然。天下未定，則專取其才，不考其行；喪亂既平，則非才行兼備不可用也。"

"造次"是倉卒的意思。唐太宗對魏徵説道："設官分職，都是要上爲國家，下爲百姓。王者須是要爲官擇人，觀其行事，察其心術，稽其功績，參之衆論，不可輕易倉卒間即用。蓋舉措之際，關係非輕，用一君子，則天下見人主舉用的停當，凡懷才抱德的好人都要出來替國家幹事，而君子皆至矣。若用一小人，則天下不好的人窺見人主可欺，莫不飾智逞奸，獻諛納諂，希圖進用，而小人競進矣。夫用一君子，若無大利，然由是衆君子皆至，豈不上益國政，下安黎民？用一小人，若無大害，然由是衆小人競進，直[六八]不上妨國政，下害黎民？此用人之始，所以不可造次也。"魏徵對説："任官當擇君子、小人，此言誠是，蓋如今太平之時，與當初創業之時不同。彼時天下未定，用人只求能成功濟事，或有勇力，或有智謀，不論他心行好歹就用了。今喪亂既平，不但要他有才能，又要他有德行，方可用之。君[六九]但有才無行，乃是小人之才，用之適足以蠹國殃民，誠不可不慎擇也。"此一段是紀唐太宗能審用舍人才的説話。蓋天下之治亂係于人才，人才之邪正係于心術。若心術不好，雖有才能，適足以濟其奸惡，人主不察而誤用之，必爲天下大害矣，然則用人者可不先取其心而後論其才哉？

正月，上欲分遣大臣爲諸道默[七〇]陟大使，未得其人。李靖薦魏徵，上曰："徵箴規朕失，不可一日離左右。"乃命靖與太常卿蕭瑀等凡十三人分行天下，"察長吏賢不肖，問民間疾苦，禮高年，賑窮乏，褒善良，起淹滯，俾使者所至如朕親睹。"甲午

"箴規"是諫正的意思。"長吏"是守宰。貞觀八年正月，唐太宗念天下至大，郡邑至衆，朝廷上耳目或有不及，思慮或有不到處，要分遣有才望的大臣爲諸道黜陟大使，一時難得其人。李靖薦魏徵可充此差，太宗説："魏徵能直言無隱，朕有過失，全賴他諫正得以省改，其于君德、治道裨補不淺，朕左右不可一日少他，豈可令之出使乎？"遂命李靖同太常寺卿蕭瑀等一十三人分行天下，巡省風俗，"察視那守宰每，賢者升用之，不省[七一]者斥退之。訪問民間的疾苦，有高年的優加禮敬，窮乏的厚爲賑恤，善良的褒揚而録用之，賢能而淹滯于下住[七二]的薦拔而疏通之。凡遠方小吏、下民隱情，朕不能徧歷而周知者，使者所至的去處一一處分，就如朕親到其地、親見其事的一般，庶幾朝廷的政教無遠不舉，朝廷的恩澤無微不被，以稱朕意焉。"這一段是紀唐太宗任賢使能、勤求民瘼的意思。羞[七三]人君深居九重，天下之事豈能盡知？太宗勵精圖治，于兹八載，方内已乂安矣，而猶遣使巡省，愛民何切也！至于嘉魏徵之直諫，不使一日離左右，其樂聞過、好讜言人[七四]如此，真可謂明主矣！

五月，魏徵上疏，以爲："陛下欲善之志不及于昔時，聞過必改少虧于曩日，譴罰積多，威怒微厲，乃知'貴不期驕，富不期侈'非虚言也。昔隋之未亂也，自謂必無亂；其未亡也，自謂必無亡。故賦役無窮，征伐不息，以至禍將及身，而尚未之寤也。夫鑒形莫如止水，鑒敗莫如亡國。伏願取鑒于隋，去奢從約，親忠遠佞，以當今之無事，行疇昔之

恭儉，則盡善盡美，固無得而稱焉。夫取之實難，守之甚易。陛下能得其所難，豈不能保其所易乎?”丁酉

“譴罰”是責罰。“厲”是過嚴的意思。“止水”是不流的水。“疇昔”猶言往日。真〔七五〕觀十一年五月，魏徵見唐太宗在位漸久，有自滿的意思，故上疏陳説：“陛下當貞觀初年，汲汲求善，如恐不及，但聞人説過失，即便省改，如今這兩件都不如前時了。在前群臣進言，虚懷聽納，縱有詆忤，也都委曲含容；如今則譴罰積多，威怒微覺嚴厲。蓋由初年勵精圖治，故舍己從人，如今見治定功成，故欲人從己，乃知古人所謂‘貴不期驕而驕自至，富不期侈而侈自至’非虚語也。然富貴固生驕侈，驕侈實塞〔七六〕亂亡。常情處富貴之中，但知驕侈之可樂，不知亂亡之足畏。方隋煬帝初間未亂之時，自以爲萬世太平，必不至亂。及後民窮盜起，宗社將危，猶自謂天命在己，必不至滅亡。所以横欽〔七七〕民財而賦役無窮，虐用民力而征伐不息，至失〔七八〕身將戮辱，而猶不寤其亂亡之由也。夫鑒視形貌莫如止水之澄清，鑒視禍敗莫如亡國之往事。伏願鑒取于隋，隋氏好奢侈，今則去奢從約；隋氏善佞人，今則親忠遠佞。陛下疇昔天下有事，尚且能行恭儉，若以當今之無事，依然不驕，行那疇昔的恭，依然不侈，行那疇昔的儉，如此，則善始令終，盡善盡美，固無得稱頌其盛德也。夫取天下實難，既得了保守甚易。陛下既能以神武取其所難，豈不能以參〔七九〕儉守其所易乎?”這一段是紀魏徵忠于事君，陳善救失的説話。蓋太宗是創業的君，魏徵要他慎守，故説守之易。其實天下未定，則君心警懼；天下治平，則君心安肆，自然於驕侈易，恭儉難，釁蘖萌而禍亂伏矣，守成豈易乎哉?此聖帝明王所以當極治之世益切儆戒也。

正月，上指殿屋謂侍臣曰：“治天下如建此屋，營構既成，勿數改移。苟易一椽，正一瓦，踐履動摇，必有所損。

若慕奇功，變法度，不恒其德，勞擾寔多。”辛丑

“營”是營繕。“構”是構架。“數”是頻煩的意思。“易”是换。“榱”是屋椽。貞觀十五年正月，唐太宗指所御殿屋對侍〔八〇〕臣説道：“人君治天下，就如匠人蓋造這殿屋一般，若是營構既已成就，即當安静居處，縱有些小不當意處，不可輕易改動。苟或因一椽不好、一瓦不正，便要去换他正他，則木埴之所動摇、足迹之所踐履，於其餘墻宇椽瓦必更有損壞，反不如不動之爲愈也。人君治天下，也是這等，法度既已立定，即當確守不移，然後吏習民安，事功可立。苟或要求奇特功業，將一定的法度輕易變亂，立心不常，號令不信，不唯奇功難成，而勞擾實多，併將見成的治功紊亂了，與易榱正瓦反滋踐履動摇之害者何以異哉？”

上謂侍臣曰：“朕有二喜一懼：比年豐稔，長安斗粟直三四錢，一喜也；北虜久服，邊鄙無虞，二喜也；治安則驕侈易生，驕侈則危亡立至，此一懼也。”

“豐稔”是五穀豐熟。“長安”是今陝西長安縣，唐朝建都的去處。“邊鄙”是邊塞。唐太宗向侍臣説道：“朕爲天子，在今日有兩件歡喜，有一件恐懼。所喜者謂何？蓋人君嘗怕歲饑民貧，今幸得連年五穀豐收，京城中一斗粟米只直得三四文錢，是第一件可喜事。中國常患夷狄騷擾，今北虜突厥久已滅亡，薛延陁又臣服，邊郡上百姓都得安居樂業，是第二件可喜事。所懼者謂何？蓋年穀順成，夷狄賓服，正是治安的時候，自古人主當治安之時志得意滿，容易驕侈，既驕則必息〔八一〕政傲物，既侈則必勞民傷財，以致天命去，人心離，而危亡立至矣。此一件豈不甚可畏乎？”這兩段總是紀唐太宗能持盈守成的説話。夫人主當盈成之時，中才者每縱欲而事驕侈，高才者多矜己而變法度，二者雖不同，其危國害治一也。夫惟祇奉祖宗之成法，勉蹈恭儉之盛

節，斯可謂中興之賢主矣。

十月，宇文士及卒。上嘗止樹下，愛之，士及從而譽之不已。上正色曰："魏徵嘗勸我遠佞人，我不知佞人爲誰，意疑是汝，今果不謬。"士及叩頭謝。壬寅

"譽"是稱贊。"正色"是嚴厲顏色。"佞人"是巧言詐僞的人。"謬"是差錯。貞觀十六年十月，唐臣宇文士及卒，史臣因士及是個奸巧的人，遂記他平日一件卑諂的事，遂説道："唐太宗嘗一日偶然止息在一樹下，愛其樹好。士及窺見君意喜歡此木，遂從而獻諂，再三稱道不止，阿意順承，希求寵幸。太宗是個英明之主，遂鄙賤他，乃正色説：'魏徵時常進諫，每教我斥遠佞人，其意必有所指。我看滿朝中衆臣，不知魏徵所指的是誰，見你平日心術不正，有些巧媚，心裹疑説佞人是你。今日見我愛此樹，即曲爲稱譽，此豈忠直的人所肯爲者？乃知我心所疑果不差也。'于是士及惶恐不自安，遂叩頭謝罪。"即此一事，則此人平昔阿諛奉承，無一善狀可知，乃其既死，而史臣猶著其惡，所以爲後鑒至深切也。夫以太宗之英斷，既知士及巧佞，即當斥逐，乃猶使之居位終身，佞人難遠如此。蓋其情態卑順，既善迎合人主之心，言辭辨利，又足以濟其詭詐之術。人主多取其順己而信用之，不知其顛倒是非，竊弄威福，所以敗君德而妨治道者不淺也。唯明主深察治亂之原，獎忠直，黜巧佞，則小人不得近于前，而天下治矣。

上曰："朕爲兆民之主，皆欲使之富貴。若教以禮義，使之少敬長，婦敬夫，則皆貴矣；輕徭薄賦，使之各治生業，則皆富矣。若家給人足，朕雖不聽管弦，樂在其中矣。"

"兆"是十億，乃數之至多者。太宗嘗説道："上天初生此衆多之民，必先命一個聰明睿智的爲之主。自古帝王相繼而來，以至朕身，荷上天之眷命，而處此兆民之上。古人説'崇高莫大

乎富貴’，今以天下養予一人，可不謂之富乎？以天下事予一人，可不謂之貴乎？天既與朕以富貴，而朕獨不思所以安養兆民，豈上天之意哉？故朕已貴，欲使斯民皆貴，則莫若教之；朕已富，欲使民皆富，則莫若養之。朕嘗廣置弟子員，設學校、群師儒而教斯民，以明五品之倫，以修五常之性。若禮義化行，則民少可使之敬長，婦可使之敬夫，而父慈子孝、兄愛友信之德亦皆具矣。此乃天之良爵，而吾民得之，以是爲貴，貴孰加焉？朕嘗置租庸調法，輕薄徭役，用一緩二，養斯民，以待生業之遂，以求生理之繁。若民各能自治百畝之業，則老有養，孤有恤，壯者免于饑寒矣。此乃生育長養優足之福，而吾民得之，以是爲富，富孰大焉？且自隋亂以來，户口凋散，民窮財困，朕休養生息十餘年矣，至于今家頗自給，人頗自足，而教化亦似可興，故朕每以此爲樂，雖無管弦絲竹之娱，而樂亦在其中矣。”夫天生兆民，不能自養而太宗説我爲養之，天不能自教而太宗説我爲教之，且自以爲樂而勝于聲色之好焉，真有君人之度者矣！比于古之聖帝明王，豈多讓哉！以是爲訓，其孫玄宗乃溺于宴安聲色、霓裳羽衣之樂而自敗，其開元太平之業豈不愧于乃祖之攸行乎？可以爲戒也。

上好文學而辯敏，群臣言事者，上引古今以折之，多不能對。劉垍上書諫曰：“帝王之與凡庶，聖哲之與庸愚，上下懸絶，是知以至愚而對至聖，以極卑而對極尊，徒思自强，不可得也。陛下降恩旨，假慈顔，凝旒以聽其言，虚襟以納其説，猶恐群下未敢對揚。况動神機，縱天辯，飾辭以折其理，引古以排其議，欲令凡庶何階應答？且多記則損心，多語則損氣，心氣内損，形神外勞，初雖不覺，後必爲累。”上飛白答之曰：“非慮無以臨下，非言無以述慮，比有談論，遂至煩多。輕物驕人，恐由茲道，形神心氣，非此爲

勞，今聞讜言，虛懷以改。"甲辰

"折"是折辯。"懸絶"猶言隔遠。"凝旒"言凝定冕旒，是審聽的意思。"虛襟"是虛懷容受。"神機"是説機緘變化，不可測識。"天辯"是説議論層出，無有限量。"排"是排斥。"何階"猶言無路。"飛白"是字體。史臣説唐太宗天性嗜好文學，辯論敏給，遇群臣奏事，必援引古今，與之折辯，群臣多不能對。侍中劉垍上疏諫説："凡人名分相同，智識相若，纔好彼此往還辯論。陛下居帝王之位，秉聖哲之資，其視群臣之凡庶庸愚、勢位智識，上下甚相隔遠。群臣之言事者，乃是以至愚而對至聖，以極卑而對極尊，堂陛既已森嚴，才識又復短淺，故多震懼惶駭，雖欲勉强自效，不可得也。陛下雖明降恩旨，導之敢言；假借慈顔，示以無畏。凡有論奏，凝旒静聽，使之得盡其詞；虛襟廣納，使之得行其説：臣猶恐群下不能對揚休命。况復内動神機，外縱天辯，文飾詞説以屈其所執之理，旁引古事以排其所立之論，則群下之凡庸者皆將懾于天威，倉皇失措，何由而達其詞意、盡其條理哉？然此不但失待下之體，亦非自養之道，蓋記古今事太多則心必爲所損，言語太多則氣必爲所損。心、氣既内損，又且綜理萬務，外勞形神，雖今日春秋鼎盛，不覺其困，日積月引，久後必受其累矣。"太宗見劉垍所言剴切忠愛，乃自寫飛白字答之，説道："人君居上臨下，若將臣下所陳章奏不加思慮審究，中間取舍豈能無失？然思慮在心，若非言語，又無以發之，是以朕近來每有談論，務述所慮，遂致煩多。由此不改，將致于矜己傲物，愷〔八二〕才凌人，誠有如卿之言者。若形神、心氣，則不以此爲勞也。今既聞忠讜之言，即當虛懷以改。"這一段是紀唐太宗能屈己聽諫的説話。夫天下事重，萬幾至繁，若非君臣相與當面商確，豈得事事停當？太宗一代英主，凡群臣奏陳，皆與之面訂可否，故能致貞觀之治。但其才高，果於自用，或所執[八三]未當而以强詞奪之，則臣下反不得盡言，故劉垍以此爲諫，但欲其虚心受善耳，非謂不當與群臣言也。

校勘記

〔一〕底本卷首原目録《通鑒節要》後有“五十條”三字。

〔二〕“行”，甲辰本作“什”，是。

〔三〕“充”，甲辰本作“先”，是。

〔四〕“揺”，甲辰本作“徭”，是。

〔五〕“伏”，甲辰本作“狀”，是。

〔六〕“國”，甲辰本作“門”，是。

〔七〕“化”，甲辰本作“他”，是。

〔八〕“曰”，甲辰本作“白”，是。

〔九〕“四”，甲辰本作“曰”，是。

〔一〇〕“諸”，甲辰本作“請”，是。

〔一一〕“主”，甲辰本作“生”，是。

〔一二〕“儒”，甲辰本作“懦”，是。

〔一三〕“蕭”，疑當作“鏽”。

〔一四〕“惕”，甲辰本作“陽”，是。

〔一五〕“曰”，甲辰本作“白”，是。

〔一六〕“優”，甲辰本作“擾”，是。

〔一七〕“攻”，甲辰本作“政”，是。

〔一八〕“萬”，甲辰本作“禹”，是。

〔一九〕“雖”，甲辰本作“錐”，是。

〔二〇〕“决”，甲辰本作“法”，是。

〔二一〕“甲寅”前，甲辰本有“哀帝”二字。

〔二二〕“曲”，甲辰本作“白”，是。

〔二三〕“往”，甲辰本作“征”，是。

〔二四〕“來”，甲辰本作“未”，是。

〔二五〕“家”，甲辰本作“策”，是。

〔二六〕“自”，甲辰本作“有”，是。

〔二七〕“當”，甲辰本作“富”，是。

〔二八〕“速”，甲辰本作“遠”，是。

〔二九〕“盂”，甲辰本作“蓋”，是。

〔三〇〕“須”，甲辰本作“漢”，是。

〔三一〕“及”，甲辰本作“次”，是。

〔三二〕“董”，甲辰本作“量”，是。

〔三三〕“優”，甲辰本作“擾”，是。

〔三四〕“萬”，甲辰本作“馬”，是。

〔三五〕“意”，甲辰本作“患”，是。

〔三六〕“蒲”，甲辰本作“藩”，是。

〔三七〕“移”，甲辰本作“核”，是。

〔三八〕“薄”，甲辰本作“簿”，是。

〔三九〕“財”，甲辰本作“射”，是。

〔四〇〕“中”，甲辰本作“巾”，是。

〔四一〕“怨”，甲辰本作“恐”，是。

〔四二〕“獻”，甲辰本作“厭”，是。

〔四三〕“病”，甲辰本作“疾”，是。

〔四四〕“間”，甲辰本作“聞”，是。

〔四五〕“一”，甲辰本作“言”，是。

〔四六〕“事”，甲辰本作“學”，是。

〔四七〕“衆”，疑當作“耒”。

〔四八〕“生”，甲辰本作“主”，是。

〔四九〕“來”，疑當作“耒”。

〔五〇〕“不”，甲辰本作“下”，是。

〔五一〕“歸”，甲辰本作“婦”，是。

〔五二〕“杜”，甲辰本作“壯”，是。

〔五三〕“夫”，甲辰本作“失”，是。

〔五四〕“具”，甲辰本作“其”，是。

〔五五〕“恃”，甲辰本作“侍”，是。

〔五六〕“跋”，甲辰本作“政”，是。

〔五七〕“問”，甲辰本作“間”，是。

〔五八〕“問”，甲辰本作“册”，是。

〔五九〕“王”，甲辰本作“主”，是。

〔六〇〕“宜”，甲辰本作“官”，是。

〔六一〕“熱”，甲辰本作“熟”，是。

〔六二〕“使”，甲辰本作“便”，是。

〔六三〕“熱”，甲辰本作“熟”，是。

〔六四〕“中”，甲辰本作“申”，是。

〔六五〕“當”，甲辰本作“賞”，是。

〔六六〕“大”，甲辰本作“夫”，是。

〔六七〕“過”，甲辰本作“逆”，是。

〔六八〕“直”，甲辰本作“豈”，是。

〔六九〕“君”，甲辰本作“若”，是。

〔七〇〕“默”，甲辰本作“黜”，是。

〔七一〕“省”，甲辰本作“肖”，是。

〔七二〕“住”，甲辰本作“位”，是。

〔七三〕“羞”，甲辰本作“蓋”，是。

〔七四〕“人”，甲辰本作“又”，是。

〔七五〕“真”，甲辰本作“貞”，是。

〔七六〕“塞”，甲辰本作“基”，是。

〔七七〕“欽”，甲辰本作“歛”，是。

〔七八〕“失”，甲辰本作“夫”，是。

〔七九〕“參”，甲辰本作“恭”，是。

〔八〇〕“恃”，甲辰本作“侍”，是。

〔八一〕“息”，甲辰本作“怠”，是。

〔八二〕“愷”，甲辰本作“恃”，是。

〔八三〕“孰”，甲辰本作“執”，是。

條麓堂集卷十三

講章四《通鑑節要》《大寶箴》注解附[一]

永徽元年正月，上召朝集使，謂曰："朕初即位，事有不便於百姓者悉宜陳，不盡者更封奏。"自是日引刺史十人入閤，問以百姓疾苦及其政治。有洛陽人李弘泰誣告長孫無忌謀反，上立命斬之。無忌與褚遂良同心輔政，上亦尊禮二人，恭己以聽之，故永徽之政，百姓阜安，有貞觀之遺風。高宗庚戌

"朝集使"即今之朝覲官。"刺史"即今知府。"閤"是禁内小門。"入閤"是朝退後召臣下進對便殿，令由閤門入也。唐高宗未[二]徽元年正月，召天下朝覲官，與他説道："朕今初即位，欲要興利除害，作新化理，以永保我皇考洪業。但朕生長深宫，外面的事未能周知。爾等分職四方，各有民社之寄，其于民情苦樂、法制美惡，必能知其詳細。除事體停當，便于民的都照舊遵行，不必説了。如有不便于民，或建置非宜，所當更革；或措理未善，所當改定；或行之已久，而時勢不同；或法意本良，而條理未備：爾等須一一爲朕據實陳奏。若是地方事多，奏對之間，一時倉卒，不能盡陳者，更須具疏實封奏聞，庶乎朕雖不出户庭，得以盡知天下之事。"高宗既與衆朝覲官説了，從此後遂每日引諸州刺史十人，令之入閤，見于便殿，問以百姓每所疾苦的情狀，及刺史所施行的政治，究觀其可否如何，知他才調短長、人品高下，以爲黜陟興革的張本。時有洛陽人李弘泰者，誣告長孫無忌謀反。高宗知無忌忠勤爲國，更不推究，立命斬之，使小

人不敢妄生事端，摇撼朝廷。無忌與褚遂良同心協德，輔弼新政。高宗亦尊重二臣，優加禮貌，恭己南面，凡朝廷事務虚心委任，聽其裁決。所以永徽初政清明，百姓每阜盛安樂，有貞觀盛時之遺風也。夫高宗不唯篤信耆德，以定化理之本原，又且博訪外臣，以悉閭閻之利病。其勵精求治如此，使能持之有常，其盛德可少訾哉！惜也惑于嬖寵，漸不克終，顯慶而後，其政日非矣。卒致牝晨肆虐，宗社幾覆，可爲永鑒也。

春正月，制："選京官有才識者除都督、刺史，都督、刺史有政迹者除京官，使出入常均，永爲恒式。"玄宗甲寅

"都督"是唐時各路總管官名。"恒"是常。唐玄宗因當時士大夫重内任，輕外任，乃于開元二年春正定爲新制，令選擇京朝官有才調有識鑒的，照依品格除授外面各路都督、各州刺史。若是都督有嘉美政迹著于一路，刺史有嘉美政迹著于一州者，又特許内轉，除京朝臺省官。夫内之所以重者，以内者不出也，今以京官有才識者外補，則内有時而出矣；外之所以輕者，以外者不入也，今以都督、刺史有政迹者内轉，則外有時而入矣。調停庶職，使内外一體，出入不偏，至爲均平，可以久遠常行，因著爲恒式，使以後永爲遵守焉。這一段是紀唐玄宗因時立政的好處。蓋設官分職，皆所以代天工，理天民，原無内外之異，然君依于國，國依于民，外面守令尤爲親民，監司官亦總理民事，其所係特重。然人情顧多重内而輕外，吏治不興，民生不遂，其原皆在于此。玄宗有志治平，特爲均其出入。後又妙選京朝官爲諸州刺史，至親餞賜詩以寵其行，其留心民事至矣。此開元之治所以爲可稱也。

貞觀之制，中書、門下及三品官入奏事，必使諫官、史官隨之，有失則匡正，美惡必記之；諸司皆以正衙奏事；御史彈百官，服豸冠，對仗讀彈文：故大臣不得專君，而小臣

不得爲讒慝。及許敬宗、李義府用事，政多私僻，奏事官多俟仗下，於御座前屏人密奏，監察御史及待制官遠立以俟其退，諫官、史官皆隨仗出，仗下後事不復預聞。武后以法制群下，諫官、御史得以風聞言事，自御史大夫至監察得互相彈奏，率以險詖相傾覆。及宋璟爲相，欲復貞觀之政，制："自今事非的須秘密者，皆令對仗奏聞，史官自依故事。"丁巳

"正衙"是前朝。"彈"是參劾。"仗"是侍衛兵仗。"俟"是待。史臣説，唐太宗貞觀時舊制：中書、門下兩省及三品以上大臣入閤奏事時，必使諫官隨之同入，其所奏對或有差失，許諫官即時正言匡救。史官亦隨之同入，凡奏對善惡都紀録在策。其餘諸司官，但使前朝奏事，不令入閤。若御史彈劾百官，則戴獬豸法冠，正視朝時，對着那侍衛兵仗宣讀參劾的章疏。所以太宗時大臣不得壅蔽聰明，專君擅權；小臣也不敢拔私行讒，肆其奸惡。及至高宗之時，許敬宗、李義府兩個小人相繼用事，所行的政事多是私曲偏僻，恐怕群臣見了他奸狀，凡有事奏都等待視朝後，兵仗既退，獨自在御座前密奏，令侍班監察御史及直日待制官俱迴避遠立，等他奏事退然後復位。諫官、史官都就隨着兵仗出朝，仗出後諸事皆不復預聞，既不得匡其闕失，亦無由記其善惡，而大臣專君自恣矣。至武后僭號，又以苛暴之法禁制群下，令諫官、御史得以風聞言事，惟求攻訐，不問事實，使上自御史大夫，下至監察御史，都得彼此互相訐奏。由是群下希旨，率以險詖不平之言更相傾覆，而小臣肆爲讒慝矣。及玄宗任宋璟爲相，要復行貞觀之政，乃下制，今〔三〕自今群臣奏事，若果聞〔四〕係緊要，的確不可泄露，方許密奏。此外事情，或彈人，或論事，都要視朝時對仗宣奏，使衆人共聞。若史官，自依貞觀故事，御殿則俯陛而聽，入閤則夾案而立，以便記述也。這一段是

紀唐玄宗能任賢法祖的説話。蓋天下之治，成于公而敗于私。唯君子能一心在公，小人則否。太宗貞觀之制，正所以集天下之心，而使小人不得行其私也。敬宗等不便于己而廢之，宋璟以便于國而復之，此高宗、玄宗治亂所由分也。人君能察用情之公私，則臣下之邪正可辯而祖宗之法可守矣。

初，京兆李泌幼以才敏著聞，玄宗使與太子爲布衣交，太子常謂之"先生"。後隱居潁陽。上自馬嵬北行，遣使召之，謁見于靈武。上大喜，出則聯轡，寢則對榻，如爲太子時，事無大小皆咨之，言無不從，至於進退將相亦與之議。上欲以泌爲右相，泌固辭曰："陛下待以賓友，則貴於宰相矣，何必屈其志？"乃止。肅宗丙申

"京兆"是今陝西西安府。"布衣交"是説忘分相交的意思。"潁陽"是今河南登封縣地方。"馬嵬"是坡名。"靈武"是今寧夏靈州地方。史臣叙唐肅宗即位靈武時事，説當初肅宗爲太子時，有京兆人李泌，年方幼稚，即以才調敏捷著有聲聞。玄宗知之，召見禁中，使太子與之結爲布衣交好。太子甚尊敬李泌，時常呼之爲"先生"。後李泌既長，不求仕進，隱居于潁陽地方。至是肅宗自馬嵬坡别了上皇北行，念天下方亂，思得賢才幹濟，乃遣使者往召李泌。泌來赴召命，遂謁見于靈武。帝見泌大喜，出則聯轡而行，入則對榻而寢，忘却勢分，如爲太子時一般。凡軍國之事，不問大小，都咨詢于泌，凡泌所説，無不依從，至于進退將相，事體至爲重大，亦與他商議。帝因就要用他爲右相，使贊政理。泌固辭不從，曰："陛下貴爲天子，待臣以賓友，是所以貴重臣者尤勝于宰相矣，何必屈臣不仕之志，必欲官之乎？"帝遂從其讓而止。這一段是紀唐肅宗能念舊求賢的意思。夫李泌固是奇材，肅宗能于艱難中召見之，言無不從，其興復弘業之志概可想見。其後四方兵馬湊集，乃過于欲速，泌進先平范陽之

策，不能聽從，遂使禍亂綿延，河北竟失，亦可惜矣。

魚朝恩惡郭子儀，因其敗短之于上。秋七月，上召子儀還京師，以李光弼代爲朔方節度使。光弼治軍嚴整，始至，號令一施，士卒、壁壘、旌旗精彩皆變。是時朔方將士樂子儀之寬，憚光弼之嚴。己亥

這一段是紀唐肅宗惑于讒邪，輕易大帥的説話。起初肅宗遣郭子儀等九節度使率兵圍安慶緒于相州，以宦者魚朝恩爲觀軍容使。魚朝恩恃勢作威，喜人趨奉。子儀是個剛直的人，不肯屈意順承，魚朝恩遂嗔怒子儀。及是九節度之兵潰于相州，子儀斷河陽橋，保東都，朝恩因每日在肅宗面前説子儀短處，謂兵敗是他的罪過。肅宗聽信朝恩的言語，秋七月，遂召郭子儀還京都，解了兵柄，改河東節度使，李光弼爲朔方節度使，代子儀守東都。是〔五〕弼行軍有紀律，用法嚴厲，始至東都，凡所領的士卒、所立的營壘、所執的旌旗不曾更改，但一發號施令間遂覺精彩皆變。蓋子儀以寬厚得衆心，光弼以威嚴作士氣，是以當時朔方將士皆喜歡子儀之寬，而畏憚光弼之嚴也。夫郭子儀、李光弼皆不世出之將。相州之役，由朝恩沮光弼起兵迫魏之策，遂及于敗。至是，子儀守河陽以遏賊前，光弼屯太原以制賊後，氣勢正壯。肅宗乃誤聽魚朝恩讒譖，罷子儀，使光弼代之。賊無後慮，遂縱兵南下，洛、汴不守。光弼雖有河陽之捷，然勢孤力單，及北邙又敗，非虜父子相屠，潼、陝幾復不守。讒搆之害公、壅蔽之召禍如此，有天下者可不慮哉？

上問陸贄以當今切務，贄以曏日致亂由上下之情不通，勸上接下從諫。又曰："《易》乾下坤上曰'泰'，坤下乾上曰'否'，損上益下曰'益'，損下益上曰'損'。失〔六〕天在下而地處上，於位乖矣，而反爲'泰'者，上下交故也。君在上而臣處下，於義順矣，而反謂之'否'者，上下不交

故也。上約己而裕於人，人必悦而奉上矣，豈不謂之‘益’乎？上蔑人而肆諸己，人必怨而叛上矣，豈不謂之‘損’乎？”德宗癸亥

這一段是紀唐臣陸贄盡忠進言的説話。唐德宗因涇卒作亂，出幸奉天。及是，李晟等領兵入援，奉天圍解。德宗召翰林學士陸贄，問以“當今寇兵雖退，賊臣尚據宫闕，所以撥亂政理，何者最爲切務”。陸贄對以“禍亂之興必有由，致𨺗日政亂，乃由于上下之情不通，今日之務，莫有切于通上下之情也”。因勸德宗接下，凡文武群臣入見的時候，必特加延接，備詢禍端，明示悔意。又勸德宗從諫，凡有諫諍的，直者賞之，狂愚者恕之，惟取謀猷有益于治，犯顔逆耳不計也。又奏説：“聖人作《易》，列卦取象，皆有精意。乾在下坤在上，名卦曰‘泰’。坤在下乾在上，名卦曰‘否’。震在下巽在上，名卦曰‘益’。兑在下艮在上，名卦曰‘損’。夫乾，陽卦，其象爲天爲君；坤，陰卦，其象爲地爲臣。天在下，地處上，似于尊卑乖錯，却及〔七〕爲‘泰’者，蓋天氣下降，地氣上升，則萬物化生，就如君臣交而庶政諧和的一般，所以取通泰之義。君在上，臣處下，似於尊卑之義爲順，却反謂之‘否’者，蓋上澤不下流，下情不能上達，則治道壅隔，就如天地閉而萬物不生的一般，所以取否塞之義。上能省約自己用度，輕徭薄賦，使民生家給人足，百姓每必歡欣感戴，樂出所有以奉君上，這是君民兩得其利，安得不謂之‘益’乎？上若蔑視下民，横征暴斂，唯圖縱欲，肆行己志，那百姓每必生怨咨，甚者至于背叛，這是君民兩受其害，安得不謂之‘損’乎？夫明于損益之義，則必散財得民，而君民之情可通矣。明于否泰之義，則必虚己接下，而君臣之情可通矣。上下之情既通，將使和氣充塞，萬邦咸謐，何寇盗之足慮哉？”陸贄之言，誠萬世君道之大端，不特爲救亂之切務也。

五年，是時每有軍國大事，必與諸學士謀之。嘗閲月不賜對，李絳謂："大臣持禄不敢諫，小臣畏罪不敢言，管仲以爲害霸最甚。今臣等飽食不言，自爲計得矣，如陛下何？"有詔，明日對便殿。憲宗庚寅

"閲月"是經過一月。"賜對"是召臣下，使之對面奏事。這是史臣記唐憲宗元和五年的事，説當憲宗初年，承代、德廢壞之後，藩鎮强梁，紀綱紊弛。憲宗天資英果，要興起治功，與貞觀、開元比隆，凡軍國之務干係機密、事情重大者，不肯輕易處置，每日都與衆翰林學士每商量，使之考據古今，斟酌利病，務要停當。曾經一月許不曾召學士賜對，李絳因奏説："昔日管仲與齊桓公言：'吾君欲霸諸侯，須是大小臣工同心合謀，方能濟事。若是爲大臣的唯保持禄位，不敢正諫，爲小臣的唯苟免罪責，不敢直言，則政事必不能全美，過失必不能省改。那諸臣每心既不服，自然携貳，故此事害霸最甚。'夫管仲輔一國君，所圖不過霸業，其言尚且如此，況于陛下君臨四海，要建五帝三王之業，其汲汲集衆思、廣忠益者當何如也？今乃使臣等飽食安坐，無所建白，既可以保守禄位久，不至陷于刑罰，臣等私自爲計，豈不甚安便？但政理無與佐助，闕失無與正救，如陛下聖治何哉？"憲宗見李絳奏疏，即傳詔翰林院，令衆學士明日麟德殿候對。憲宗初鋭意求治，每事與群臣商議，故削平僭亂，有如反掌。後乃狃于屢勝，漸不如初，自隳成功，深可惜也。

上嘗問宰相："貞元中政事不理，何乃至此？"李吉甫對曰："德宗自任聖智，不信宰相而信他人，是使奸人得乘間弄威福，政事不理，職此故也。"上曰："然此亦未必皆德宗之過，卿輩宜用此爲戒，事有非是，當力陳不已，勿謂朕譴怒而遽止也。"壬辰

"貞元"是唐德宗年號。唐憲宗一日問宰相："當德宗貞元

年間，紀綱解地〔八〕，法度陵夷，奸宄肆行，百姓困敝，政事之不理一至此極，所以致之，必有其故，卿等試言之。”宰相李吉甫對説：“德宗性多猜忌，唯恐爲人所欺，自任聖智，要用他一己聰明運量天下，故不信任宰相。然天下事至廣，豈是一人知識所能兼照，其勢必須別訪他人。奸人窺見人主的意思，信他不疑，乃以是爲非，以無爲有，將聰明蠱惑了，遂乘此間隙播弄利權，作威作福，恣意妄爲，都説是天子主意，人再〔九〕無可奈何，所以政事不理，皆由此之故也。”憲宗説：“卿言固是，但此亦未必都是德宗的過失。朕幼時在德宗左右，見德宗行事有失，當時的宰相也無有敢再三執奏的，所以政事不理。卿輩宜以德宗時宰相爲戒，果朕所行的事有不是處，即當諫正。或朕不從，須是極力陳奏，至于再三，務期得請然後止，天下方可望治。不要説朕譴怒，卿等遂畏懼而止，如德宗之臣也。”夫人臣患不盡忠，人君患不納諫。德宗惡直言，自陸贄、蕭復以諫得罪，由是循默之臣用而政日亂矣。憲宗親見其弊，擢用直臣，導之使言，此誠可爲萬世人君之法也。

上嘗與宰相論治道於延英殿，日旰〔一〇〕，暑甚，汗透御服。宰相恐上體倦，求退。上留之，曰：“朕入宫中，所與處者獨宫人、宦官耳，故樂與卿等且共談爲理之要，殊不知倦也。”

“旰”是日晚。唐憲宗元和七年五月間，嘗一日與宰相每講論治天下的道理于延英殿。是時憲宗鋭意圖治，要削平僭亂，興建功業，凡軍國大小之務、古今成敗之迹，都一一考究辯論，不覺到日晚的時候。因天氣十分暑熱，汗透御衣。宰相每恐怕憲宗身體勞倦，因而求退。憲宗留宰相説道：“朕若入在宫禁之中，左右前後，所與處的只是宫人與宦官耳，心中雖欲講求一二政務，争奈與卿等隔遠，故樂在此便殿之中，與卿等諸人彼此談論，考古證今，審時觀勢，究利害之緩急，定設施之先後，所説者都是政理緊要的言語，朕心甚是歡樂，殊不覺有勞苦疲倦的意思，卿等可且勿去也。”夫觀憲宗勵精勤政如此，其威定兩河，惠洽四海，爲唐令德之主良有由也。《書》稱禹“克勤于邦”，文王“自朝至于日中、昃，不遑暇食”。二聖之烈，憲宗近之矣！

上嘗語宰相：“人臣當力爲善，何乃好立朋黨？朕甚惡之。”裴度對曰：“‘方以類聚，物以群分。’君子、小人志趣同者，勢必相合。君子爲徒，謂之同德；小人爲徒，謂之朋黨。外雖相似，内實懸殊，在聖主辯其所爲邪正耳。”戊戌

唐憲宗一日與宰相説道：“人臣當一心奉公，竭力爲善，何故乃好立朋黨，私相交結？朕心甚是惡之。”宰相裴度對説：“《易經》有兩句話説道：‘方以類聚，物以群分。’‘方’是事情所而〔一一〕。如向于善，自與善聚爲一類，向于惡，自與惡聚爲一類，以其情之同也。物有貴賤美惡，各以群分。如鳳鸞不與雞鸞〔一二〕同棲，蘭蕙不與蕭艾共器，以其形之異也。這是物理自然的道理，故凡君子、小人，人品既各不同，則志氣、趨向亦自有邪正兩樣，大段志趣相同者，其勢定是相合。衆君子志趣相同，合爲一類，必然修身則同志相勉，事君則協心共濟，此則謂之同德，不是朋黨。衆小人志趣相同，合爲一類，必然彼此要結，相濟爲惡，以壞國家的事，這個纔叫做朋黨，乃真可惡耳。若自外面觀看，君子也各自爲徒，小人也各自爲徒，恰似一般的模樣。究其内裏，君子則大家幹好事，小人則成群作反事，寔是相去懸遠。唯賴聖明在上，察其行事，驗其心術，執〔一三〕爲同德的君子，執〔一四〕爲朋黨的小人，辨别邪正而進退之，則小人自不能容其奸，而滿朝皆君子矣。陛下尤當審辨人材，不可一概惡之也。”

夫君以辨人邪正爲明，裴度之言可謂得告君之要矣。然憲宗初鋭意求治，拔用李絳、裴度，皆一時名相。追[一五]後驕侈之心一萌，遂用皇甫鎛[一六]、程异等小人，反疑度等爲黨，故宋臣周惇[一七]頤謂人君必心純乃能用賢，信不誣也。

九年二月，以醴泉令李君奭爲懷州刺史。初，上校獵謂[一八]上，有父老以十數，聚于佛祠。上問之，對曰："醴衆[一九]百姓也。縣令李君奭有異政，考滿當罷，詣府乞留，故此祈佛，冀諧所願耳。"及懷州刺史闕，上手筆除君奭，宰相莫之測。君奭入謝，上以此奬勵，衆始知之。宣宗乙亥

"醴泉"是縣名，今屬陝西西安府。"令"即令[二〇]知縣。"懷州"是今河南懷慶府。"刺史"即今知府。這是史臣記唐宣宗留心民牧的故事。説宣宗大中九年二月間，將醴泉縣令李君奭升做懷慶刺史，以縣令而爲刺史，這等破格超升他，中間有個緣故。當初宣宗曾一日出去打獵，到渭河之上，見有高年的父老十數人同聚在佛祠内。宣宗問父老每是何處人，因何事到此。衆父老對説："都是醴泉縣的百姓。本縣的知縣李君奭在任内有異常善政，百姓每甚是受福。如今君奭任滿，該起送他考滿去，另着官來替他。我衆百姓每要往府中去保留他仍在醴泉作令，恐怕上司不准，故先來此佛祠祈禱，冀望神祐，遂我百姓每志願耳。"宣宗聞父老言，記憶在心，及至懷州刺史闕人，就不由臣下推舉，親筆寫出，除君奭爲此官，宰相每都不知是何緣故。及君奭入朝謝恩，宣宗乃以所聞父老每言語奬勵他，説他是好官，從此要愈加盡職，然後宰相與内外衆臣纔知君奭所以超升以此故也。蓋民爲國本，郡守、縣令是親民的官，極要慎選。宣宗加意簡拔，可謂知所重矣。然天下至廣，郡邑至衆，天子居九重之上，安能一一親見百姓，訪問守令賢否？在前太

宗時，將天下守令姓名盡數寫在便股〔二一〕中屏風上，每聞得所行的善惡，就各注在各人名下，以爲黜陟張本，比于宣宗，尤得其要也。

以趙普爲門下侍郎、同中書門下平章事，李崇矩爲樞密使。普既相，以天下爲己任，太祖倚任之，事無大小悉咨决焉。太祖數微行過功臣之家，普每退朝，不敢去衣冠。一日，大雪，向夜，普意太祖不出。久之，聞叩門聲，普亟出，太祖立風雪中，普惶恐拜迎。太祖曰："已約光義矣。"已而，光義至，設重裀地坐堂中，熾炭燒肉，普妻行酒，太祖以嫂呼之。因與普計下太原，普曰："太原當西、北二面，太原既下，邊患我獨當之，不如姑俟削平諸國，則彈丸、黑子之地將安逃乎？"太祖曰："吾意正如此，姑試卿耳。"宋太祖甲子

宋制，中書省與樞密院對掌文武二柄，都是執政官。"同年〔二二〕章事"是宰相職銜。"光義"是宋太祖弟晋王名，後爲太宗。"裀"是褥。"熾"是火盛。這是史臣記宋太祖創業的事。説太祖乾德二年時，以趙普爲門下侍郎、同中書門下平章事，任他做宰相。又以李崇矩爲樞密使，着掌兵馬大政。趙普原是太祖故人，既受委任，感知遇，遂以天下的事任在身上，竭盡心力，知無不爲。太祖也一心倚信着他，凡國家事務，不問大小，都與他商量裁决。是時太祖因立國之初凡事草創，夜中不能安寢，每每細行，過功臣家議論事務。趙普因太祖常來他家，每日退朝歸家，不敢解脱了衣冠，恐怕臨幸時有失迎候。偶然一日大雪天氣，已入夜了，趙普意着太祖必不出矣。及至夜深，忽聽得有叩門聲，趙普急忙走出，見太祖立風雪中。趙普因衣冠不備，惶恐拜迎。太祖説："我已約了晋王光義同來。"不多時，晋王即到，遂鋪設重褥，同在堂中地上坐。趙普將炭火熾發燒肉，令他的妻

出來送酒。太祖以嫂呼趙普妻，猶如做朋友時。此時北漢主劉鈞據着太原地方，太祖因與趙普定計，要取太原。趙普説："太原地方北面近着大虜，西面近着番夷，若是取了太原，這兩面邊患都是我每抵當，錢糧、兵馬恐不能支。不如且留着北漢，教抵當邊患，我得一心經理中原。且待將四方割據的諸國盡數削平，混一了天下，那太原之地在天下大勢裏比論，就如彈丸與人面上一點黑靨相似，後若取之，彼將安逃乎？"此言他日取之不難，今當且緩之也。太祖説："我的意思正是如此，姑以前言試卿，看爾意見何如耳。"夫開國君臣經營大業，其深計遠慮，同心合德如此，所以動合機宜，舉有成效，積日累月，然後一統之基定矣。人君欲知守成之不易，但觀于祖宗締造之艱難，則兢兢慎位之心自不容已矣。

太祖嘗見昶寶裝溺器，命撞碎之，曰："汝以七寶飾此，當以何器貯食？所爲如是，不亡何待也！"乙丑

"昶"是蜀主孟昶。"七寶"猶言雜寶。"則[二三]"是盛藏。史臣説，太祖乾德三年既用兵取西蜀，降了蜀主孟昶，將西蜀器用、財貨盡運來京師。孟昶在蜀時，不恤國政，專事奢侈，所用的小便器皿也用珍寶裝飾。至是，太祖看見，即令人撞碎，説道："人君當節用愛人，凡事務從儉約，方能是[二四]國安民。孟昶乃用七寶珍異之物裝飾此溺器，不知更用何等器血[二五]盛貯飲食。所爲如此，是看珍寶如糞土一般，全無惜財念民的意思，國用安得不竭，小民安得不困，雖欲不亡，其可得乎？我今開國之初，方以儉素化民，垂範後世，此等物乃亡國之具，我所深惡者，要他何用？急須壞之。"因命左右撞碎。這一段是記太祖戒淫侈的説話。夫器其[二六]取其適用而止，若以至貴之寶飾至褻之器，是謂"暴殄天物"，天之所必厭也。昶不旋踵而亡，有由然誠[二七]！故自古明聖之主，未有不慎乃儉德者。宋祖之言，可爲

萬世訓也。

夏五月，大雨，河决。太祖謂曹翰曰：“朕信宿以來，焚香上禱于天，若天灾流行，願在朕躬，勿施于民。”翰拜曰：“宋景公一發善言，灾星爲之退舍。今陛下憂民如是，必不能爲灾也。”壬申

隔夜爲“宿”，再宿爲“信”。“宋景公”是春秋時的諸侯。當景公時，熒惑星留守心宿。心星是宋國分野，熒惑守之，其占主宋有灾。星官説：“這星變可以攘〔二八〕解，使灾不在君身，移于國相。”又説“移于民”、“移于歲”，景公都不肯聽，情願以身當之。于是，熒惑遂不守心，退去三度，所以説“景公一發善言，灾星爲之退舍”。史臣記宋太祖開寶五年夏五月，霖雨不止，河水驟漲，衝潰堤岸，决于澶州濮陽地方。太祖遣潁州團練使曹翰護丁夫五萬人往治之，因對他説：“大雨河决，百姓每深被其害。朕爲民父母，甚是不忍，這兩三日以來，每日必焚香上禱于天，祈求福祐。若果是天灾流行，值着厄運，必不可免，寧可把灾禍加在我身，不要教那百姓每受苦。”曹翰頓首對説：“宋景公不過是一國諸侯耳，一發善言，尚能感動天意，熒惑爲之退舍。况陛下受天明命，爲天下大君，憂及兆民，懇禱如此，必能上感天心以消灾沴，臣受命往治，成功可期矣。”嘗考《宋史》，是時太祖又下詔求治河之策。及曹翰到河上，親督丁夫，將决河盡數塞了，水行故道，民得安居。可見人君遇灾能懼，未有不轉而爲祥者，此後世之所當法也。

一日，罷朝，坐便殿，不樂者久之。左右請其故。曰：“爾謂爲天子容易邪？早作乘快，誤决一事，故不樂耳！”嘗宴近臣紫雲樓下，因論及民事，謂宰相曰：“愚下之民，雖不分菽麥，藩侯不爲撫養，務行苛虐，朕斷不容之。”京城新宫成，御正殿坐，令洞開諸門，皆端直軒豁，無有壅蔽。

因謂左右曰："此如我心，少有邪曲，人皆見之矣。"丙子

"早作"是早起。"菽"是豆。"藩侯"指各鎮牧伯說。"軒豁"是開爽的意思。史臣總記宋太祖行事，説道：太祖曾一日視朝罷，退坐在便殿中，心中甚是不樂，如此者良久。左右請問爲甚事不樂，太祖說："你道我做天子可是容易的事？天下重務，一日萬幾，都要裁處停當，心中纔得安樂。今日早起，偶然乘快决了一事，不曾仔細商量，發落的差了，追悔不及，故心中不樂耳。"這一節是記太祖慎于聽政的事。又說：太祖曾一日宴近臣于紫雲樓下，因論及小民事情，太祖遂對宰相說："朝廷設官分職，本以爲民，就是那愚下的百姓，性識昏暗，至于不能分辨豆麥，這等蠢純〔二九〕，然一般都是朝廷的赤子，爲官的都當加意撫恤，使他安生樂業，纔是爲民父母之道。若那藩鎮諸侯受國家委任，專制一方，不能體朝廷恤民之意撫摩安養，乃務行苛虐，或嚴刑以傷其生，或暴歛以竭其財，使小民苦楚毒痛，無所控訴，這等的官，我斷是容他不得，必置之重刑，以謝百姓。"這一節是記太祖篤于愛民的事。又說：東京城内新修宫闕成，太祖御正殿受朝，令將前面諸門盡數洞開，内外都端直軒豁，一望通朗，中間更無遮蔽，因與左右說："這各門洞開，就如我心一般，略有些私曲不端正處，人人都看見了，更掩藏不待〔三〇〕。蓋天子一言一動，萬人所同瞻視，心中邪正，天下後世皆得知之，不可忽也。"這一節是記太祖嚴于正心的事。夫此三者皆爲王之盛節，宋祖備之，所以能肇建丕基，傳祀三百，漢、唐而下稱爲令主，誠萬世人君所當法也。

秋，九月，以田錫爲左拾遺。錫好言時務，既居諫職，上疏言軍國要機者一、朝廷大體者四。以平漢之功駕馭戎臣爲要機。而大體之一，乞修德以來遠，宜罷交州之師；其二，言："今諫官不聞廷争，給事中不聞封駁〔三一〕，左、右

史不聞升陛紀言動，御史不敢彈奏，中書舍人未嘗訪以政事，集賢院有書籍而無職官，秘書省雖有官而無圖籍。臣願陛下擇才任人，各司其局”。太宗辛巳

“左拾遺”是宋時門下省諫諍官。“戎臣”是武臣。“交州”即今交阯。“封”是封還詔敕。“駁〔三二〕”是駁正詔敕之差失。史臣説，宋太宗太平興國六年秋九月，以田錫爲左拾遺。田錫是個忠直憂國的人，平日好談論時務，無所畏避，既居諫職，即上疏論奏五事，其中説關係軍國要機當施行的一件，關係朝廷大體當改正的四件。軍國要機，是説前年用兵蕩平僞漢，軍功久不賞録，人心懈怠。如今幽燕未復，正在用兵時節，還要將帥每出力，願及此時議功行賞，駕馭武臣，使之感恩思奮。這便是軍國緊要的機務。所説朝廷大體頭一件事，乞要太宗增修德政以來遠人，交州蕞爾蠻夷，不必勞師費財，遠軍征討，請罷其役。第二件事，是説國家建官各有職業，須是個個盡職，朝廷纔治。令〔三三〕左右拾遺、補闕名爲諫官，不聞在廷中當面諫諍。給事中居論奏之職，于詔敕有未便的，不聞他封駁。起居舍人、起居郎號爲“左、右史”，不聞簪筆升陛，每日紀録天子的言動。御史掌糾察官邪，肅正紀綱，却都循默自容，不敢彈奏。中書舍人原用通儒，侍禁以備顧問，今但爲所遷官次，未嘗以政事訪之。集賢院本收召才俊，今乃只有書籍，不設職官。秘書省本收貯典章，今雖設有職官，却無古今圖籍。此皆近臣要地，多不得盡職，于朝廷政體妨廢不淺。臣願陛下擇才任人，各用所長，以司其局，庶幾職業修舉，而百官無不整肅矣。這一段是記忠直之臣盡心謀國的説話。然田錫之言雖爲宋而發，其實古今治體不甚相遠，内之要循名責實，使百官各修其職；外之要信賞必罰，使將臣各效其用。安養小民，不勤遠略，則太平之業即此而可致矣。

三月，以楊延慶等爲知州。帝謂宰相曰："刺史之任，最爲親民，苟非其人，民受其禍。昔秦彭守潁川，教化大行，境内多瑞。"宋琪曰："秦彭一郡守，政善而天應之若此，况君天下者乎！"甲申

宋時"知州"是各郡守臣，即漢太守、唐刺史之職。"潁川"，漢時郡名，是今開封府臨潁等縣地方。宋太宗雍熙元年春三月，太宗親自選擇賢良，分治天下郡國，以楊延慶等十人爲知州。因與宰相説道："國家設官，内有臺省寺監，外有方面監司，都是爲民。然惟各州刺史總理郡政，其職于民最近，凡所行的善惡及民最速。若得其人，必能宣布朝廷德意，撫綏教化，使一方百姓都得受福。苟或用非其人，則必沮格朝廷法制，貪暴自恣，使一方百姓每都受禍害。我念其如此，故親加選擇，唯恐非其人耳。在前東漢章帝時，有臣秦彭者爲願[三四]州太守，能以禮讓訓人，不任刑罰。百姓懷愛，莫有欺犯，鳳呈[三五]、麒麟、嘉禾、甘露，許多祥瑞集于郡境。如今若得有這等的人使爲郡守，庶幾百姓得受其福。"宰相宋琪對説："秦彭不過一郡太守耳，能行善政，即便上感天心，應以多瑞如此，可見天高聽卑，凡下面人的善惡，不問大小貴賤皆能照鑒，况于帝王，受天明命，爲天下君者乎！則其德天感召必更神速光顯，從可知也。"夫君以恤民爲仁，臣以匡君爲忠。太宗自選牧守，遐羡循良，可謂有厚下保邦之哲；宋琪指陳天人，推明感應，可謂有隨事納忠之義。此宋治之所以日隆也與！

及旱、蝗，帝召近臣問以得失。衆以天數對，準曰："《洪範》：'天人之際，應若影響。'大旱之證，蓋刑有所不平也。"帝怒，起，入禁中。頃之，復召，問以不平狀，準請召二府至而言之。於是以準爲可大任，故有是命。辛卯

《洪範》是《周書》篇名。"二府"是中書省、樞密院，俱

是宋時執政衙門，故號爲“二府”。史臣因宋太宗用寇準爲執政官，遂叙所以超擢他的緣故。謂太宗初因寇準引衣决事，稱做“魏徵”，已有個嚮用的意思。及至此年，復遭旱、蝗，太宗召侍從近臣，問以行政得失，因何事差錯致此灾變。恃〔三六〕從諸臣都對説是天數偶然，與政事無與，惟寇準説：“在昔箕子陳《洪範》九疇，中間推明庶徵，説人有五事貌、言、視、聽、思，天有五氣雨、暘、燠、寒、風。五事得，則五氣順而休徵應之；五事失，則五氣乖而咎徵應之。天人上下，其感應神速，如影附形、響隨聲，蓋一定而不可易也。今日大旱的徵應，以臣耳目所見，多是刑罰不平，人心怨咨，有傷和氣耳。”太宗惡寇準言直，發怒起，入禁中，既而恐〔三七〕平，覺得準言有理，頃刻時復出，仍召準來，問他刑罰不平的形狀何如，使他明白指説。寇準請召兩府執政官及衆臣俱到，寇準遂説：“近日祖吉、王淮二人同犯贓。祖吉贓少，已受極刑。王淮贓多，因是參政王沔親弟，却只坐以杖罪。這便是刑罰一件大不平事。”于是王沔頓首認罪。太宗見得寇準正直自立，既不阿順天子，又不阿附大臣，可使擔當國家大事，故有此簡命，自直學士擢爲樞密副使以委任之。夫人主于臣下，所喜者進用之，所怒者斥遠之，此常情也。宋太宗初怒寇準引衣之請，旋許之以“魏徵”，繼怒寇準刑罰之對，復推之以樞副，誠以忠直之臣，雖不阿徇人主之意指，實能以身任天下之安危，故不計其觸忤而拔用之，厥後澶淵之役卒賴其力，太宗可謂知人善任矣。

以寇準爲三司使，陳恕罷。恕久領三司，帝初即位，常命條具中外錢穀以聞。恕久不進，屢詔趣之，恕對曰：“陛下富于春秋，若知府庫充寔，恐生侈心，是以不敢進也。”帝嘉之。真宗癸卯

“三司使”是宋時掌理財用的大臣，總管度支、鹽鐵、户部

之事，位與執政相次。“屢”是煩數。“趣”是催督。史臣記宋真宗咸平六年六月，以前參知政事寇準爲三司使。是時，三司使陳恕以病懇求解官，故以寇準代之。史臣因陳恕去位，遂叙他在職時好處，説道：恕自太宗淳化四年爲三司總計使，久領財物，十年有餘。真宗初即位時，曾命他將中外各衙門所蓄積的錢糧，見在若干，逐條開具實數，進呈御覽。陳恕稽延日久，不行開進。真宗累次下詔催督，使他上緊進來，陳恕對説：“陛下方在壯年，春秋鼎盛，未嘗經歷艱難、知民間疾苦，若但見府庫財帛充積贏餘，恐怕輒主〔三八〕奢侈之心，未免用度不節，將乘〔三九〕虧損聖德，匱乏國用，皆由此致之，故臣不敢進耳。”真宗見得陳恕愛君憂國，識鑒深遠，因而美其守職，不復令條其中外錢穀也。夫真宗天性恭儉，畏天節財，固所優爲者，乃條具錢穀之詔，陳恕既不時奉，而水旱灾異之變，李沆又數數言之，嘗竊謂二臣之過慮者。及觀景德之季，邪臣丁謂上《會計録》，獻諛導侈，遂至造作天書，東封西祀，使恭儉之令德不終，然後知二臣爲慮之長也。

帝遂渡河，御北城門樓。遠近望見御蓋，諸軍皆踴躍，呼萬歲，聲聞數十里，契丹氣奪。帝悉以軍事付寇準。準承制專决，號令明肅，士卒畏悦。已而，契丹數千騎來薄城下，迎擊，斬獲大半，乃引去。帝還行宫，留準居北城上，徐使人視準何爲。準方與知制誥楊億飲博，歌謔歡呼。帝喜曰：“準如是，吾復何憂！”甲辰

“薄”是逼近。“知制誥”是宋時掌内制的官。“博”是局戲。“謔”是調笑。史臣説：宋真宗因契丹入寇，大駕親征，已到澶淵南城，因宰相寇準與武臣高瓊再三勸説，遂進輦渡河，臨幸澶淵北城樓上。是時北虜聲勢重大，調到各處兵馬多在澶淵地面列營，真宗既到城上，遠近諸軍在下面望見御傘，知道天子渡

河，都歡喜氣壯，跳躍著呼萬歲，人衆聲大，遠至數十里外都聽得着。契丹見我軍奮發勇猛，相視驚愕，不能成列，把那初間輕視中國、帥衆南侵的驕氣爲之沮奪。于是真宗知道寇準謀略深遠，將一應軍機重事盡委寇準管理。寇準既受專任，遂承制裁決，無有阻撓，凡所發號施令，莫不條理明白，紀律嚴肅，六軍士衆都竦畏悦服。既已人情大和，軍容丕振，忽有契丹馬軍數千南來，直逼城下。我軍迎拒截殺，擒斬奪獲多半，餘衆見勢不敵，隨即遁去。真宗遂下城樓，還入行宫，留寇準在北城上，教他照管軍事。是時真宗還有畏虜的意思，恐怕寇準不能了當此事，徐使人看視寇準在城上何所作爲。使者到城上時，寇準正與知制誥楊億飲酒局戲，歌咏調笑，歡呼取樂。使者即以所見回奏，真宗喜歡，説道："虜在近郊，準專任軍事，若是他莫有制虜的本事，必且恐懼倉忙，日不暇給。今乃與客飲酒快樂，如平常無事時一般，足見他才調優長，全不以重敵者〔四〇〕意，若任準一人，足制虜矣，復何憂哉？"夫澶淵之役，真宗親與寇準周旋，準之忠義、才略亦既知之真而敬信之矣，而準終不能安于位者，由于赤心許國，守正疾邪，群小不便，競爲讒謗，有以蠱惑天聽耳。人主于臣下，但察其行事之美惡以爲用捨，則小人不能肆其譖〔四一〕矣。

六月，蝗飛翳空。帝以連歲旱、蝗，問翰林學士李迪曰："旱、蝗荐臻，將何以濟？"迪請發内藏庫以佐國用，則賦斂寡，民不勞矣，帝悦。迪又言："陛下土木之役過甚，蝗、旱之災，殆天意以警陛下也。"帝深然之。

"翳"是遮蔽。"荐"是重。"臻"是至。史臣記宋真宗大中祥符九年六月，京畿、河北等處蝗虫爲害，群飛蔽天。真宗因節年旱、蝗憂念百姓，問于翰林學士李迪，説道："國家用度全藉民力，今連歲都有旱、蝗之灾，百姓窮困，將以何道救濟？"李迪對説："天子之財，無有内外。今歲饑民窮，賦税無從出辦，三司用度不給，未免仍要逼迫窮民。若將内藏庫所蓄的金帛發數百萬付三司，以助軍國支用，則被灾的去處一應賦斂可以寬減分數，百姓每得隨便救生，苟且度日，不至勞累。此濟變之要道也。"真宗原有愛民的實心，見李迪言語説得懇切，深加喜悦。李迪隨復進言説："陛下近來崇飾土木，工役頻興，過于侈靡，勞民傷財太甚。連歲旱、蝗頻仍，殆是天心仁愛吾君，故出此灾異警動陛下耳。"真宗又有畏天之誠心者，故聞李迪之言，惕然而懼，深以爲然。考之《宋史》，是時邪臣丁謂、王欽若等詐造天書、祥瑞，蠱惑聰明，蝗食苗且盡，匿不以聞。真宗問之，則袖死蝗，面欺説已死盡。若非蝗蔽空而飛，真宗何緣得知其詐？李迪何由得進其説哉？故明聖之君，博聽並觀，近忠遠佞，防壅蔽之爲盛德累也。

以范仲淹兼知延州。先是，詔分邊兵，總管領萬人，鈐轄領五千人，都監領三千人，寇至禦之，則官卑者先出。仲淹曰："將不擇人，以官爲序，取敗之道也。"由是大閲州兵，得萬八千人，分六將領之，將三千人，日夜訓練，量賊衆寡，使更出禦賊。敵人聞之，相戒曰："無以延州爲意，今小范老子腹中自有數萬甲兵，不比大范老子可欺也。"仲淹大興屯田，聽民互市，以通有無。又修承平、永平等砦，稍招還流亡，定堡砦，通斥堠，城十二砦，于是羌漢相踵歸業。仁宗庚辰

"延州"是地名，即今陝西延安府。"總管"、"鈐〔四二〕轄"、"都監"俱是宋時領兵官名色，如今守備、把總之類。"堡砦"是邊方村壘。"斥堠"是傳烽火的臺子。"羌"是番人。"漢"指中國人説。這一段是記宋臣范仲淹經略西夏的事。當宋仁宗寶元、康定年間，趙元昊據銀夏反。延州守臣范雍無謀，二將敗

没，諸砦多失守。是時范仲淹方自越州召還，副夏竦招討，見得賊勢猖獗，延州孤懸，恐怕爲賊所陷，乃請自己去整理。仁宗遂命他仍舊任，兼知延州。在前朝廷下詔處分邊事，把邊兵分屬各將，總管官最大，着領一萬人；其次鈐轄，着領五千人；又其次都監，着領三千人。有賊至防禦，則令官小的領兵先出。仲淹説："兵家勝敗全係于將。今不擇人任使，唯以官之大小爲出戰次序，乃是取敗之道，豈可因仍不改？"于是把延州兵大加簡閲，汰其羸弱，得精壯兵一萬八千，選了六個將官分領，每將領三千人，不分日夜，教訓操練。既兵勇技精，每有寇警，量賊數多少，使分番出戰。夏賊聞知，相戒着説道："今後不必再以延州爲意。前日范雍年紀雖大，甚是暗弱，延州或可圖取。今日這小范老子謀略深遠，腹中自是有數萬甲兵，不比那大范老子可以欺侮也。"仲淹又大興屯田，以足軍食；聽民與番夷互市交易，有無相濟。又將賊破了的承平、永平等村砦修築收拾，民被流亡者稍稍招還。定立堡砦，開通斥堠，揀大些村砦築了十二個城子，防範周密，西賊不得似前搶掠。于是，内地所住的熟番，并中國人避賊流移者，都足迹相接着歸來，還復舊業，延州遂爲重鎮矣。夫是時范雍既敗，宋廷方議修守潼關，雖關中不敢望保，况延州在虜掌握者耶？仲淹奮然以身任國艱，卒成保障巨績，此不惟才略有過人者，觀其初間在朝，累以進言切直連遭貶謫，其忠義殆天性也。所以古人説：人主于承平無事之時，欲豫儲任事之臣爲緩急用者，必于犯顔直諫中求之。

冬十一月，復置陝西路安撫經略招討使，以韓琦、范仲淹、龐籍爲之，置司涇州，罷諸路經略使。初，翰林學士王堯臣爲陝西體量安撫使，上疏論兵，因言韓琦、范仲淹皆忠義智勇，不當置之散〔四三〕地。及葛懷敏敗死，中外震懼，帝思堯臣之言，故有是命。琦與仲淹在兵間久，名重一時，人心歸之，朝廷倚以爲重。二人號令嚴明，愛撫士卒。諸羌來者，推誠撫接，咸感恩威，不敢輒犯邊境。邊上謡曰：“軍中有一韓，西賊聞之心膽寒。軍中有一范，西賊聞之驚喪膽。”天下稱爲“韓范”。壬午

“謡”是民間歌謡。“西賊”指夏人説。宋仁宗時，因趙元美〔四四〕反叛，于陝西置都部署經略安撫招討使官，着總理一方軍士。至慶曆元年，罷之，分陝西爲四路。二年冬十〔四五〕月，復置此官，就以慶州路范仲淹、秦州路韓琦、延州路龐籍補其任，在涇州置總司，使三人同居一城，商量調度軍務。各路文武將帥除去“經略使”字樣，只帶安撫使職銜，都聽三人節制，使事權歸一。在前，仁宗曾遣翰林學士王堯臣爲陝西體量安撫使。堯臣事完回京，上疏論奏西邊兵事，因而言及韓琦、范仲淹，説二人忠義徇國，智勇過人，正可及時任用，不當置之閑散地方。仁宗記此言在心，未行。到此年九月間，元昊入寇鎮戎軍，守將葛懷敏戰敗走死，全軍皆没，中外人心洶洶震懼。仁宗想起堯臣前言，故有此命，復置陝西都部署，以三人領之也。史臣因叙説韓琦、范仲淹，自西方用兵，二人即當其事，歲月既久，功效彰著，聲名重于一時，中外人心翕然歸向，當夏賊猖獗的時節，朝廷上倚他二人爲重。此二人真是有才調，有擔當，凡軍中頒布的號令都嚴肅明白，人不敢犯，且撫恤軍士，極有恩愛。至于塞上雜處的羌夷來歸附者，即開心見誠，與中國人一樣撫接，更不疑猜，于是諸番人都感戴恩威，不敢輒生釁隙，侵犯邊境。邊境上百姓有個歌謡説道：“西賊初間反叛，實是輕視朝廷無人。今日我軍中有韓、范二公，西賊聞之莫不驚恐畏懼、心寒膽喪，知中國有人，不敢似前横肆矣。”由是天下之人以二公并稱爲“韓范”云。夫琦與仲淹，皆百代殊絶人物，使仁宗能信任不疑，豈

惟元昊可平，雖鞭撻四夷，坐致太平可也。夫何不察功實，不究時勢，惑于浮言，牽于形迹，以二人之才略，乃不獲究其作用，除此小醜，惜哉！

國子監直講石介篤學尚志，樂善疾惡，以章得象、晏殊、賈昌朝、韓琦、范仲淹、杜衍同時登用，而歐陽修、蔡襄、余靖、王素並爲諫官，夏竦〔四六〕既罷，因大喜曰："此盛德事也。歌頌，吾職，其可已乎?"作《慶曆聖德詩》，有曰："衆賢之進，如茅斯拔。大奸之去，如距斯脱。""大奸"指竦也。詩且出，其師孫復聞之，曰："介禍始于此矣!"

"直講"是宋時國子監官名，掌以經術教授諸生，即今博士之職。"茅"是草，其根糾結地中，拔之則率〔四七〕連俱動。"距"是雞距。距脱是説不得復連的意思。這一段是史臣記朝廷用舍停當，爲人心稱快的故事。宋仁宗時，國子監直講官有石介者，務學勤篤，崇尚志節，見善人則歡樂之，見惡人則嫉惡之，是個有分曉、不苟且的人。當慶曆三年，將見得章得象、晏殊俱以重德任平章事，賈昌朝以儒術爲參知政事，韓琦、范仲淹以忠節爲樞密副使，杜衍以耆傾〔四八〕爲樞密使，皆是一代偉人，同時進入兩府，執掌政本。而歐陽修、察〔四九〕襄、余靖、王素都是存心剛正、遇事敢言的，並居諫職。奸邪不忠之臣，如夏竦者，又已罷去。因而大喜，説道："人君之道，第一唯在用人。若賢否不分，進退倒置，於君德所損不淺。今吾君所用，諸相皆君子，諸諫官皆正人，小人不得參于其間，此則吾皇聖明，能辨别人材，可謂盛德之事。我今幸遇休美，忝司教化，歌咏盛德，播之樂聲，乃職掌所在，豈可已乎?"于是作《慶曆聖德詩》，備述天子明哲，登崇賢俊的好處。内有四句〔五〇〕説道："衆賢之進相連着登于要地，就如拔茅草的相似。大奸之去必不能復入，就如雞距脱了的相似。”“大奸”二字正指着夏竦説。此詩傳播四出，石介的業師孫復聞知，説道：“夏竦險惡萬狀，人無敢指者。介今公然著之歌頌，他日竦若得志，介必不免，其禍始于此矣。”夫人君用賢退不肖，自爲社稷計耳。一得其宜，至爲小臣所歌頌，則當時人心之悦服、四方之效順可知矣。然以一人之聰明，臨照百官之上，欲一一别其賢否固難〔五一〕。至于輔弼侍從之臣，則日與之周旋；臺省耳目之臣，又日聞其議論。因其動止以觀其心術，即其言詞以究其功效，當亦有不能隱者。仁宗之進諸賢用此道也。是以宋之賢主首稱仁宗，而仁宗之治又以慶曆爲稱首，豈偶然哉！

弼見帝，言曰：“契丹既結好，議者便謂無事，萬一敗盟，臣死且有罪。願陛下思其輕侮之耻，坐薪嘗膽，不忘修政。”以誥納帝前。帝使宰相諭之曰：“此朝廷特用，非以使邊故也。”弼乃受命。時帝以平治責成輔相，命弼主北事，仲淹主西事。弼上當世之務十餘條及安邊十三策，大略以進賢退不肖，止僥倖，去宿弊，欲漸易監司之不才者，便〔五二〕澄汰所部吏，於是小人始不悦之矣。

“坐薪嘗膽”是春秋時越王勾踐的故事。勾踐兵敗于吴，心懷痛恨，每常坐卧于柴薪之上，口裏嘗着苦膽，故意這等受苦，只是要報復讐恨，後面畢竟滅〔五三〕了吴國。遼即“契丹”。“監司”是各路上司，如今布政、按察司官。“所部吏”指各州縣官説。仁宗慶曆三年，以富弼爲樞密副使。富弼初聞命時，入見仁宗説道：“前者臣奉使契丹，增幣罷兵，復結盟好。如今議者見中國與夷狄講和，就説天下無事了。臣竊恐犬羊之性變詐不測，萬一違背盟誓，舉兵入寇，臣雖死猶不免誤國之罪。願陛下勿苟目前之安，當思此虜蔑視中國，無故要我增幣，堂堂天朝被其輕侮，深爲可耻。須是苦心積慮，坐薪嘗膽，如越王勾踐一般，嘗思報復，不忘修政乃可。臣奉使無狀，不敢受賞。”遂以升官的誥命納還帝前。仁宗使宰相省諭他説："樞副協贊機務，朝廷以爾材略出衆，特此簡擢，不因奉使之故授以此官也。"于是弼乃受命。是時仁宗鋭意圖治，以太平功業責成輔相。因富弼前使契丹，知虜中情僞，凡河北一應邊事都教他主管。范仲淹前經略鄜延，知夏賊顛末，凡陝西一應邊事都教他主管。富弼乃上當時的急務十餘條及安邊十三策，條目雖多，大略重在用人，要進賢退不肖，塞僥倖之途以明功罪，除積習之弊以振紀綱，要把各路監司官不才的漸次改换，都用賢能有風力人員，教他各自清擇沙汰所管的州縣官，使天下吏得其人，民安其業。這各樣事件甚與小人不便，故初間人皆敬重富弼，到此時小人始有不悦者矣。夫史臣方記富弼執政，即以小人不悦爲言，見弼之所以不久于位也。仁宗非不知賢，乃卒爲讒所惑者，蓋君子指小人爲小人，而小人亦指君子爲小人，故人主難于决擇耳。然君子爲國，小人爲身；君子正大，小人偏僻；君子務實，小人尚詐。每事而察之，其邪正亦概可見矣。

以趙抃爲殿中侍御史。抃爲御史，彈劾不避權倖，聲稱凛然，京師目爲"鐵面御史"。其言務欲朝廷則[五四]白君子、小人，以爲"小人雖小過，當力遏而絶之；君子不幸詿誤，當保全愛惜，以成就其德"。時吴充、鞠真卿、刀[五五]約、馬遵、吕景初、吴中復、吕溱、蔡襄、吴奎、韓絳皆以直言居外，抃言："近日正人端士紛紛引去者，以正色立朝，不能諂事權要，傷之者衆耳。"由是悉得召還。乙未

宋朝有三院御史，"殿中侍御史"專掌以儀法糾正百官差謬。"凛然"是嚴肅的意思。"詿誤"是偶然失錯。宋仁宗至和二年，因翰林學士曾公亮薦趙抃正直，遂升他爲殿中侍御史。抃既居言路，盡忠奉國，不顧一身的剎[五六]害，但有不公不法，即上章彈勒[五七]糾正，雖是有權勢、得寵倖的人也不迴避。他直聲著聞，

凛凛然爲人所畏憚。京師人見這等剛正難犯，遂把他教做“鐵面御史”。凡抃前後所言，務欲朝廷上分别群臣，那個是君子，那個是小人，一一都要明白。蓋小人心術不端，若得志必作惡害人，敗壞國家大事。既知得是小人，不要直等他有大奸大惡然後斥退，但是做出小小過失，即當因此極力抑遏擯絶，使不得肆其奸惡。君子心術端正，凡事都要爲國爲民，在正經道理上做。既知得是君子，縱或不幸無心中做差了一兩件小勾當，須要保全愛惜，務求成就其德，將來國家必受其福。當是時，知太常禮院吴充、鞠真卿、刀〔五八〕約，以治禮院吏違式之罪出知高郵等軍；言事御史馬遵，殿中侍御史吕景初、吴中復，以劾罷宰相梁適出判江寧等府；翰林學士吕溱，知制誥蔡襄、吴奎，右正言韓絳，亦皆因直言宫省及宰相自求補外。趙抃因與仁宗説：“近日正人端士皆不樂在内廷，紛紛然引身出去的不止一人，中間有個緣故，陛下不可不知，乃因正色立朝，一心毅然奉公，不肯去諂諛趨附那有權力在要路的人。這些人要因事陷他，憎嫌他不來附己，多是害着他。諸人每既不得行其志，又怕有禍，故競相引去耳。”仁宗聞之，意大感悟，由是具〔五九〕充等十餘人盡得奉召還朝，一時名臣賴此遂安其位，而仁宗至和、嘉祐之治亦有可稱焉，皆抃之力也。故臺諫耳目之臣，起初當慎其選，既得公忠直諒之士，尤須信而任之，然後聰明不蔽，舉措當而治化興矣。

以司馬光知諫院。光入對，首言：“臣昔通判并州所言三章，願陛下果斷力行。”帝沉思久之，曰：“得非欲選宗室爲繼嗣者乎？此忠臣之言，但人不敢及耳。”光對曰：“臣言此，自謂必死，不意陛下開納。”帝曰：“此何害？古今皆有之者。”復以三札子上殿，其一論君德，曰：“臣切惟人君大德有三，曰仁，曰明，曰武。仁者非嫗煦姑息之謂也，興教化，修政治，養百姓，利萬物，此人君之仁也。明者非煩苛伺察之謂也，知道誼，識安危，別賢愚，辯是非，此人君之明也。武者非强亢暴戾之謂也，唯道所在，斷之不疑，奸不能惑，佞不能移，此人君之武也。故仁而不明，猶有良田而不能耕也。明而不武，猶視苗之穢而不能耘也。武而不仁，猶知穫而不知種也。三者兼備，則國治强，闕一則衰，闕二則危，三者無一焉則亡。”辛丑

“并州”即今山西太原府。“札子”是面奏的本詞。“嫗煦”是私恩小惠之狀。“煩苛”是瑣碎。“伺察”是暗地求人過失。“佞”是巧言。“穢”是惡草。“耘”是除穢。宋仁宗嘉祐六年，以司馬光知諫院。光既受任，入對首言：“臣前者爲并州通判時，曾上三次章奏，所言只一事，關係至重，願陛下裁自聖心，果斷力行。”仁宗沉思良久，方纔想起，説道：“你前者三疏，莫不是要選擇宗室爲我繼嗣者乎？此乃忠臣之言，但他人多恐觸犯朕怒，不敢言及耳。”司馬光對説：“臣前者言此，自謂必死，不意聖明開納，不以爲罪。”仁宗説：“此有何妨？從來天子無子，必擇宗室繼嗣，乃古今通行的事。”光又具了三個札子上殿面奏，其第一札專論君德，説道：“臣切惟人君大德，唯有三件，曰仁，曰明，曰武而已。仁主于惡〔六〇〕愛，却不是私恩小惠、姑息奸惡之謂，在于興教化以明倫理，修政治以息争奪，惠養百姓，兼利萬物，就如天地覆載一般，這個纔是人君之仁。明主于辨别，却不是煩瑣苛細、暗地伺察之謂，在于知道義之本原，識安危之機要，别人品之賢愚，辨事理之是非，就如日月照臨一般，這個纔是人君之明。武主于斷制，却不是强亢自用、暴戾少恩之謂，在于不任血氣，凡事但觀道理如何，道理當行，斷然就行，道理當止，斷然就止，好〔六一〕人也不能壅蔽，巧言也不能轉移。這等行將出去，就如雷霆震動一般，纔是人君之武。這三件，爲帝王的少他一件不得。仁而不明，如有好田地不會耕種。明而不武，如

看見田苗中惡草不能剪除。武而不仁，如但知收穫，不曉得播種。人君果能兼備三德，則必惠愛周，政事理，紀綱振，其國治且强矣。若少了一件，就要衰頹；少了兩件，就要危殆；若是三者全無，定然至于滅亡。”古今治亂興亡之迹，雖歷代各異，然求其故，莫不由此三德之得失基之，可不慎哉！

又進五規：一曰保業，二曰惜時，三曰遠謀，四曰謹微〔六二〕，五曰務實。帝深納之。

司馬光既進三札，其意未盡，又將國家大體列爲五規奏進仁宗，指這五件事是治天下的法度，就如匠人爲圓的規一般。第一件是説保業，謂祖宗百戰以有天下，得之甚難。至于繼體之後，人心既定，就説子孫萬世不可動摇，易生驕惰之心。驕者，窮奢極欲，玩兵黷武，如秦、隋的末世就是。惰者，沉酣宴安，凡事苟且，如漢、唐的末世就是。二者不同，都不能保守祖宗基業，不可不戒。第二件是説惜時，謂否泰循環，自然之數，日中則昃，月盈則虧。昔者聖王當國運隆盛之時益加戒懼，所以長久。今國家承平，宜謹守祖宗成法，戒逸欲，遠讒諂，立綱陳紀，定萬世之基。第三件是説遠謀，謂君子當思患豫防，竊見國家或邊境有急，或一方饑饉，則廟堂之上勞心焦思，未嘗不以將帥不選、士卒不練、牧守不良、倉廪不實追究。前人失於備豫，一旦烽警息，五穀登，則復宴然自安，不爲將來之憂。夫甲兵利鈍、錢穀盈虚皆前知而豫圖者，若待事至求之，不亦晚乎？第四件是説謹微，謂初間宴安怠惰，向後必至荒淫；初好奇巧珍玩，向後必至奢泰。喜人甘言卑辭，小人必因此圖僥倖；喜人附耳屏語，小人必因此行讒害。不惜名器，到後勢成了，必至于僭逼；假借威福，到後權重了，必至于凌辱。這諸般事件，初間微細時不覺，後面遂至不可收拾，所以天下事必要防微杜漸。第五件是説務實，謂凡事當先實後文，若仁孝、禮樂、刑政之類，至于求賢審官、納諫治兵，都有個的確實事。今朝廷之上但存文具，願陛下撥去浮文，悉敦本實。仁宗是個通達治道之君，見司馬光所言都是國家切務，于是深加采納焉。夫此五者，光雖爲宋而言，其實古今制治保邦要道皆不外此，且其發揮人情，指陳時弊，剴切明盡，可以一一見之施行。有天下者誠取光之疏而時省之，則太平之效可期矣。

春二月，以富弼爲司空、侍中、平章事。初，弼自汝州入覲，詔命毋拜，坐語，帝從容訪以治道。弼知帝果於有爲，對曰："人君好惡，不可令人窺測。可窺測，則奸人得以傅會。當如天之鑒人，善惡皆所自取，然後誅賞隨之，則功罪皆得其實矣。"又問邊事，弼對曰："陛下臨御未久，當先布德澤，願二十年口不言兵，亦不宜重賞邊功。于或[六三]一起，所係禍福不細。"帝默然，欲留之，力辭，赴郡。神宗己酉

"司空"是宋時三公官名。"侍中"、"平章事"是宋宰相職銜。"汝州"，今屬河南。"窺"是竊視。"測"是揣度的意思。"傅會"是牽合。"干戈"是兩樣兵器。宋神宗熙寧二年春二月，以前宰相、判汝州富弼復爲宰相，加他守司空兼侍中、平章事。史臣因叙説在前元年時，富弼自汝州來朝，神宗重他德望，又因其年老，乃在内東門小殿相見，許他兒子扶入，免行拜禮，又賜他坐，相與講説，遂從容問治天下的道理。富弼見神宗天資英毅，有鋭然興建事功的志氣，恐怕小人迎合，妄生事端，乃對説："人君制馭臣民，不可露出好惡的端倪，使人窺見測度。若使人窺見測度，則奸詐小人得乘其間隙，多方傅會迎合，但人主意中喜歡的，就都説做好；人主意中憎嫌的，就都説做不好。唯求人主寵幸，巧言曲説，把事之是非、人之賢愚都亂其真，必致聰明日蔽，賞罰無章，其爲害治不淺。故人主當如上天之鑒人一

般，吉人爲善，降以禎祥；凶人爲不善，降以災孽。天原没有好惡的意思，其災祥皆人所自取。人君代天出治，人果有善，自是當賞，然後以賞隨之，非作好也；人果有惡，自是當誅，然後以罰隨之，非作惡也。如此，則賞不及於無功，罰必加於有罪，功罪皆得其實矣。"神宗又因富弼久歷邊疆，問以邊事。富弼對説："陛下登極方二年，臨御未久，先須發政施仁，覃布德澤。老臣願陛下二十年口不談兵，不但今日也。至如叙録邊功，亦必照依他功次，不可越格重賞，恐邊臣見朝廷崇尚武功，未免生事啓釁。干戈一動，不但害民耗財，甚且損威傷重，國之興廢，民之生死，禍福所係，甚非細故。"神宗默然不應，要留他在京，爲集禧觀使。富弼力辭不受，仍赴汝州，以供舊職。夫富弼一見神宗，即勸使泯好惡，戒用兵。其後神宗卒以變法、開邊爲宋基禍之主，弼可謂先見矣。神宗敬禮尊信，不爲不篤，乃竟爲王安石所移者，蓋安石正是窺測傅會以投神宗之好，所以墮其術中不覺耳。故國之安危在出令、存亡係所任，不可不審察也。

上疏曰："大奸似忠，大詐似信。安石外示朴野，中藏巧詐，驕蹇慢上，陰賊害物。今略疏十事，誠恐陛下悦其才辯，久而倚毗，情僞不得知，邪正無復辨，大奸得路，群陰彙進，則賢者盡去，亂由是生。臣究安石之迹，固無遠略，唯務改作，立異于人，徒文言而飾非，將罔上而欺下。臣竊憂之，誤天下蒼生，必斯人也。"疏奏，安石亦求去位，帝詔視事宜如故。誨遂求去，乃出知鄧州。誨三居言職，始論陳旭，次論歐陽修，最後論王安石，凡三見黜，人推其鯁直。

"毗"是親任的意思。"彙"是同類。宋神宗熙寧二年，以王安石執政。御史中丞吕誨知其必亂天下，既與司馬光言之，遂上疏奏説："君道唯在知人，知人極是難事。彼存心不忠，奸也，而使人知之，其奸猶小。若夫大奸，則遮護周密，人看着恰似忠的一般。出言不信，詐也，而使人知之，其詐猶小。若夫大詐，則躲閃莫測，人看着恰似信的一般。今王安石外面妝個老實朴野的模樣，胸中藏着百端機巧，正是大奸大詐之似忠信者。然奸詐的寔情終不可捲〔六四〕，蓋忠信者必敬君，安石則驕蹇倨傲以慢于上；忠信者必愛人，安石則陰賊險狠而害于物。今略舉所行十事，皆歷歷可驗，臣若不言，誠恐陛下見他應對敏捷，才辯可喜，不覺其奸而深信之，倚任口〔六五〕久，必爲他蒙蔽，事之真假也不得知，人之邪正也不能辨，使大奸得據要路，援引他那同類陰邪成群而進，賢人、君子氣味不同，必然相率引去，天下之亂由是而生。陛下不可謂安石實有美才，非臣所知，臣嘗仔細推究安石事迹，原無經國遠略，唯是不肯安常處順，凡事不論好歹，都要改作一番，要以此立異于人，顯他有本事。行出來的件件不停當，却又巧言利口，文飾其非，將以上罔陛下之聰明，下欺四方之視聽。臣私心竊憂之，將來召亂興禍，誤天下蒼生者，必此人也。"誨疏既上，安石乃求去位，神宗不准，教仍在位視事如故。吕誨見言不行，遂求解職，乃出知鄧州。史臣因説吕誨前後凡三次爲言官，始初在仁宗時，爲殿中侍御史，論樞密副使陳旭；次在英宗時，爲侍御史知雜事，劾參知政事歐陽修；及是爲御史中丞，復劾王安石。三次皆以彈奏大臣見黜，當時的人推他爲鯁直之臣。夫誨三次論劾，唯論王安石最爲有見。神宗顧乃不聽，而宋亦自是衰矣。然則知人之哲、聽德之聰，豈非常〔六六〕王之先務哉！

以程顥權監察御史裏行。顥，河南人，初舉進士，調晋城令。民以事至縣者，必告以孝弟忠信。度鄉村遠近爲伍保，便〔六七〕之力役相恤，而奸僞無所容。凡孤煢殘廢者，責之親戚、鄉黨，使無失所。行旅出於其途者，疾病皆有所養。鄉必有校，暇時親至，召父老與之語。兒童所讀書，親爲正句讀。教者不善，則爲易置。擇子弟之秀者，聚而教之。鄉民爲社會，爲立科條，旌其善惡，使有勸有耻。在縣三年，民愛之如父母。至是，吕公著薦爲御史。帝累知其名，數召見，每退必曰："頻求對，欲常常見卿。"一日，從容咨訪，報正午，始趨出庭中，人曰："御史不知上未食乎？"顥前後進説甚多，大要以正心窒欲、求賢育才爲言，務以誠意感悟人主。嘗勸帝防未萌之欲，及弗輕天下士，帝俯躬曰："當爲卿戒之。"

宋制，官卑初入臺者名爲"御史裏行"。"校"是鄉學。語絶爲"句"，句長中分爲"讀"。宋神宗熙寧二年，以著作佐郎程顥權監察御史裏行。史臣因叙説顥是河南人，初舉進士，調補河東晋城縣令。百姓有以公事來縣衙者，必教訓以孝親敬長、忠信不欺的道理。量度鄉村相去遠近，立爲伍保之法，使各就鄰近聯絡，遇有公私興作，協力相助，稽察嚴密，外來奸僞游民無處藏匿。伍保中有孤煢殘廢不能自存者，各着落他親戚、鄉黨顧覆收養，無失所。行旅經晋城路上過的，遇有疾病，皆設法醫治養贍。各鄉都立個鄉學，閑暇時親到其中，召百姓年高的相與講。把那兒童每誦讀的書親自看，句讀有不是的，與他改正。教學的人或不停當，必揀選换過人〔六八〕。把各鄉學中子弟資質俊秀的聚在一處，加意教訓。令各鄉民舉行社會，立定鄉社條約，凡爲善爲惡都旌别出來，使民勸于爲善，耻于作惡。在縣住了三年，百姓愛戴，就如父母一般。至此年，御史中丞吕公著薦爲御史。神宗平日也聞得他名，累累召見，每至將退時必説："卿可勤來求對，朕要常常見卿。"一日，程顥入對，神宗從容咨訪，論議甚久。日官報午正，顥纔趨出庭中，侍從的人説："御史進對延久，不知主上未嘗早膳耶？”顥前後進説甚多，不可悉舉，大要以格正君心、窒塞私欲，廣求賢哲、豫養人才爲言。所上章疏不飾詞辯，務竭誠意，致其精專，感悟人主。常勸神宗説：“人君一心，嗜欲多端，如聲色、貨利、佚遊、土木、神仙、征伐之類，但是一件萌動上心時節，就禁制他不得了。須是及嗜欲未萌動之時預先省察，不使作於念慮，庶幾本原虚明，萬化可理。”又言：“天下事須藉賢才共理，陛下雖天資高邁，還要廣延器使，方可興治，不可輕視天下之士。”神宗見程顥言語懇切，意思忠愛，乃俯躬答説：“此二事，朕當爲卿戒之。”蓋深有感于顥之説也，若遂信用不疑，宋之治其三代矣。惜乎，其阻于安石也！

以吕惠卿爲崇政殿説書，判司農司。司馬光諫曰：“惠卿憸巧，非佳士，使王安石負謗于中外者，皆惠卿所爲也。”帝曰：“惠卿進對明辨，亦似美才。”光對曰：“江充、李訓若無才，何以能動人主？”帝默然。

“崇政殿”是宋時接對群臣之所。“説書”是講官。“司農司”是掌錢糧的衙門。“憸巧”是利口不實。江充是漢武帝時人，讒佞多智，武帝以爲忠直，後作巫蠱害太子，被誅。李訓是唐文宗時人，陰狡敏捷，善揣摩人主意，文宗以爲可信，後以甘露之變而死。宋神宗熙寧二年，王安石既參政事，立爲一切興利之法，悉令司農司舉行，乃用他奸黨吕惠卿，着判司農司事，便于恣行己意，却又教帶崇政殿説書的職銜以優異之。司馬光進諫神宗，説道：“惠卿利口不實，乃奸巧小人，王安石任爲心腹，凡事聽其主謀，所以舉動乖方，使中外人心無不怨謗者，都是惠卿所爲，豈可不次進用？”神宗答説：“惠卿每進對剖析分明，言語利便，我看見他也似個美才，不見不好處。”司馬光又對説：“惠卿固應對明辨，只是存心不正。小人無才，雖有惡心，何能害事？惟是有一段異才，使人主見了便動心，凡事委任，着他做去，必至禍敗。江充、李訓這等奸邪不端，漢武帝、唐文宗也都是有識鑒的皇帝，若是兩人無有那段小人才識，巧言利口，説得好聽，如何能感動得二君？今惠卿之奸，正與江充、李訓一般，雖有才，不可用也。”神宗默然不應，竟用惠卿。後來惠卿既壞國事，復背安石，小人情狀盡皆敗露，神宗雖惡而黜之，天下已受其害矣。司馬光之言，誠萬世辯奸之要道也。

翰林學士司馬光乞差前知龍水縣范祖禹固〔六九〕修《資治通鑑》，許之。光讀《資治通鑑》“張釋之論嗇夫利口”，光曰：“北〔七〇〕子稱‘惡利口之覆邦家’，夫利口何至覆邦家？蓋其人能以是爲非，以非爲是，以賢爲不肖，以不肖爲賢。人君苟以爲然，則邦家之覆誠不難矣。”時吕惠卿在坐，光蓋指之也。庚戌

“龍水”是縣名，即今廣西宜山縣。“張釋之論嗇夫利口”是漢文帝時事。“利口”是巧辯能言的人。昔張釋之嘗從文帝至上林，因文帝喜虎圈嗇夫應對敏給，要拜爲上林令，釋之諫説：“這嗇失〔七一〕是利口之人，不可用他。”“覆”是傾敗。先是，司馬光因古來史傳緊〔七二〕多，人主難以徧覽，要采集歷代君臣事迹善可法、惡可戒者，爲編年一書，先將編成戰國到秦時數卷進呈。神宗見之甚喜，賜名《資治通鑑》，乃特開史局，着他續修漢、唐以來的事。又令於邇英殿講筵中陸續進讀。至是年，司馬光爲翰林學士，以前龍水知縣范祖禹文學優長，乞差他同修此書，神宗許之。一日，在邇英殿進讀《資治通鑑》，至“張釋之論嗇夫利口”一段，司馬光因而進説：“孔子《論語》中説道：‘惡利口之覆邦家。’夫利口之人，不過逞他巧辨，希求寵幸而已，何至于傾敗邦家？聖人所以深惡而痛絶之者，蓋以巧言的人心多不實，也不管天理，也無有人心，只圖他一身便宜，討個人

主歡喜。譬如有一件好事，本是該幹的，或人主心不樂爲，他説[七三]説做不好；一件不好的事，本是不該幹的，或人主心上要做，他就説做好。這是以是爲非，以非爲是，而是非淆亂矣。又如有人本是個賢臣，他嫌其與己不合，却説做不肖；本是個不肖的人，他喜其與己相合，却又説做賢。這是以賢爲不肖，以不肖爲賢，而賢愚倒置矣。這等樣變詐反覆，説將來恰似真實有理一般，人主一時不覺其詐，爲他邪説所動，遂至舉措乖張，用舍顛倒，綱紀日壞，人心日離，邦家之傾敗誠不難矣！此孔子所以深用爲戒也。”司馬光講此書時，吕惠卿方爲崇政殿説書，亦在講筵侍坐。惠卿正是個利口之人，光之意蓋指惠卿言也。夫以神宗之英明，司馬光之正論，竟不能斥遠惠卿于未壞國事之先，則利口之惑人信難察也。是以大舜疾讒説之害人，伊尹戒辯言之亂政，聖人之慮深矣！

以吕公著、薛向同知樞密院事。公著在翰林，讀《後漢書》畢，帝語以釋老之事。公著曰：“堯舜知此道乎？”帝曰：“堯舜豈不知？”公著曰：“堯舜雖知此，而惟以知人安民爲難，所以爲堯舜也。”帝默然。又論前世帝王曰：“漢高祖、武帝有雄才大略。高祖稱‘吾不如蕭何’、‘吾不如韓信’，至張良，獨曰‘吾不如子房’，蓋以子房道高尊之，故不名。”公著曰：“誠如聖諭。”帝又曰：“武帝雖以汲黜爲戇，然不冠則不見。後雖得罪，猶以二千石終其身。”公著曰：“武帝之於汲黯，僅能不殺耳。”帝又論唐太宗，公著曰：“太宗所以能成王業者，以其能屈己從諫耳。”帝臨御日久，群臣畏上威嚴，莫敢進規，至是聞公著言，竦然敬納之，故有是命。

“釋”是佛教。“老”是道教。“戇”是粗直。宋神宗元豐元年，以端明殿學士吕公著、工部侍郎薛向同知樞密院事。史臣因叙説公著初爲翰林學士承旨，在講筵中進讀范曄《後漢書》已完，神宗從容與他説起佛老二教。公著問神宗："堯舜二聖還曉得這兩家道理否?"神宗答説："堯舜神聖，天下的事理那有不知?"公著乃説："堯舜雖知此道，却不去信尚崇奉他，只在治天下正經道理上用心，以知人安民爲難，切切然求以盡之，此所以爲堯舜耳。"神宗見公著説得理正，默然無以應之。又與他評論前代帝王，説："漢高祖、武帝都是雄才大略之君。高祖並稱二傑，説'吾不如蕭何'、'吾不如韓信'，都呼其名，至于張良，乃稱其字，説'吾不如子房'，蓋以張良有道，高于蕭何、韓信，故尊重之，不名耳。夫爲君肯自認不如臣賢，中間言語又有分别，豈不是雄才大略?"公著對説："誠如聖諭。"神宗又説："漢武帝雖嫌汲黯直戆，却加意禮貌，有時不冠，遇汲黯奏事，必迴避不相見。後雖有罪，復召爲淮陽太守，令以二千石俸禄養給終身。夫汲黯面訐武帝之過，武帝乃恩禮有加，可見是雄才大略。"公著對説："武帝之于汲黯，但能不殺，比衰亂之君略勝耳。若能信用其言，方是雄才大略。"神宗又評論唐太宗説："能以權智御其臣下。"公著對説："太宗所以除亂開基，能成王業者，由于不自用其聰明，凡所行的事或有不是，但聞臣下諫説，即便屈意省改。當時君臣之間情意流通，建制設法，件件停當，立有唐三百年之天下，全在此耳。"是時，神宗登極十餘年，臨御臣民日久，群臣畏懼威嚴，無有敢當面進言規諷者，至是聞公著所言，皆是侃侃正論，竦然致敬，納用其説，知其可以大用，故有是命，由侍從的官即拔置政府。夫神宗歷論往古帝王，其自負甚重，使其遂相司馬光、吕公著，盡反安石所爲，則治功當不在漢、唐下矣。惜也！憚于改過，置司馬光散地，乃以興利之臣薛向與公著同升，何其謬哉！

附録

大寶箴

“大寶”是天位。《易》曰：“聖人之大寶曰位。”“箴”是規諫之詞。以言動[七四]諫而救其失，如以箴刺身而治其病，故謂之“箴”。此書，唐幽州記室官張藴古所作以獻太宗皇帝，勸其盡君道而保天位也。

今來古往，俯察仰觀。惟辟作福，《書》：“惟辟作福，惟辟作威。”爲居[七五]實難。《論語》：“孔子曰：‘爲君難。’”

藴古《大寶箴》，首言稽考往古來今，俯仰天地之間，惟君爲大人。君居大賢[七六]之位，操威福之柄，以統理億兆之民，其尊固無二上。然爲君實難，必須兢兢業業，克盡君道，而後可以保此大寶之位，以爲天下主也。

主[七七]普天之下，《詩》：“普天之下，莫非王土。”虡[七八]王公之上。任土貢其所有，《書》：“任土作貢。”具寮和其所唱。是故恐懼之心日弛，邪僻之情轉放。豈知事起乎所忽，禍生乎無妄。《易》：“無妄之灾。”

人君受天明命，正乎普天之下，處于王公之上。凡九土出産之物，莫不因其所有而貢之，以供上用。欲有所爲，君倡之，臣即和之，無敢有違背者。其崇高富貴如此，是以居此位者率多狃于晏安，挾其尊貴，無所畏忌，恐懼之心日至於懈弛，邪僻之情轉覺其縱放，晏然自以爲泰山之安，萬年無患矣。豈知事端之起，每生于所忽之中；禍變之來，或出于意料之外。如秦以讖書之言，慮胡虜之亡秦，而不知亡秦者其子胡亥也；銷金鐵，禁藏兵，以弱天下之民，而不知倡亂者乃斬木揭竿之戍卒也。可不戒哉！此爲君之所以難也。

固以聖人受命，拯救溺没於水亨通屯否塞。歸罪於己，《書》："萬方有罪，在予一人。"因心於民。大明無私照，日月。至公無私親。天地。故以一人治天下，不以天下奉一人。

承上文言天位之難居、禍亂之易起如此，以故古者聖帝明王受命而興，尊居大寶，不敢以位爲樂，而惟以安百姓爲心。百姓未得其所，視之如溺于水中，急急思以拯捄之，除其疾苦，通其梗塞，務置之安養生全而後已。時有未治，民有未安，則引以爲己罪，不敢委之天數。凡發政施令，賞善罰惡，興利除害，皆以百姓之心爲心，不以一毫私意參與其中，如日月之光明無有私照，如天地之覆載無所私親。唯知憂勤惕厲，竭一人之心力以統治天下之人，而未嘗竭天下之物力以供一己之逸樂也。聖人之居大寶如此，則無有事起所忽、禍生無妄之患矣。

禮制度品節以禁其奢奢侈，樂雅樂以防其佚蕩佚。左言而右事，左史記言，右史記事。出警而入蹕。天子出稱警，入言蹕。四時調其慘舒，收斂發散。三光日、月、星同其得失。故身爲之度，丈尺分寸長短之則。而聲爲之律。樂之律呂。

古之聖王富有四海，懼其欲之易奢，乃定爲居處服食之禮制，每事皆有限量，以防其奢縱。恐其情之易佚，則用和平正大之雅樂，每日奏于左右，以防其蕩佚。又設立史官，使左記言，右記動，一言一動，皆將播之天下後世，而無敢過舉。有所巡幸，必陳設法駕，出呼警，入呼蹕，一出一入，皆須嚴辦清道而行，罔敢輕動。又調和四氣之慘舒，順天道以授人時；仰觀三光之得失，察天象以修人事。蓋聖人正身修德之功，其密如此，故出入起居，罔有不欽，出乎身者，一切皆合法制，可以爲度；發號施令，罔有不臧，出諸口者，一切皆中音即〔七九〕，可以爲律。

此聖人所以繼天立極，爲萬世君道之準也。

勿謂無知，居高聽卑；天居高而聽則卑。勿謂何害，積小成大。《家語》："金人銘：'勿謂何害，其禍將大。'"樂不可極，極樂生哀；欲不可縱，縱欲成災。

君人之道，莫大於敬天。莫説天高高在上，無有知識，可以欺瞞，不知天雖處高而聽則卑，凡人君一話一言，雖在情〔八〇〕室屋漏之中，天亦鑒知，不可不畏也。莫説皆小事務，縱有差失，不爲大害，可以放過，不知毫釐之差即有千里之謬，一日不謹將貽千百年之憂，不可不慎也。翫賞宴如之樂，貴于制之有節，君〔八一〕流連不返，至于樂極，必然生出悲哀憂愁之事；耳目口體之欲，貴于裁之以禮，若任情自放，縱恣無度，必然致成疾病喪亂之虞。此一節，前四句是言恐懼之心不可他〔八二〕，後四句是言邪僻之清〔八三〕不可放。

壯九重於内，所居不過容膝。彼昏不知，瑶其臺而瓊其室。桀爲瓊宫瑶臺。羅八珍于前，所食不過適口。唯狂罔念，丘其糟而池其酒。紂爲糟丘酒池。

此舉桀、紂極樂縱欲之事以爲戒也。言天子宫闕此〔八四〕重，雖極壯麗，然究着實受用，不過容膝尺寸之地而已，人之一身，所處幾何？而彼昏德若夏桀者不知此理，乃以瓊瑶美王〔八五〕妝飾臺室，而恣其靡麗之觀。其後南巢被放，社稷丘墟，彼所謂"瓊宫瑶臺"者尚可得而居之哉？天子食設八珍，雖極豐腆，然究着實享受，不過適口饜飽而已，人之一口，所食幾何？而彼狂狡若商紂者，罔念此理，乃至壘糟爲丘，瀦酒爲池，而縱其荒亡之樂。其後牧野被擒，身首異處，彼所謂"糟丘酒池"者尚可得而享之哉？此可爲永鑒也。

勿内荒於色，勿外荒於禽。《書·五子之歌》："内作色荒，外作禽荒。"勿貴難得貨，《兒〔八六〕子》："不貴難得之貨，使民不爲盗。”勿聽亡國音。《禮記》：“桑間濮上，亡國之音也。”内荒伐人性，外荒蕩人心。難得之貨侈，亡國之音淫。

承上文，言人君之所當戒者，不獨宫室、飲食奢縱之事。如在内則當戒晏安鴆毒之欲，不可或荒于女色；在外則當戒馳騁畋獵之娱，不可或荒于從禽。所貴者唯服食器用，而珍奇難得之貨則宜却之而勿藏；所聽者唯太和雅樂，而亡國淫哇之音則宜屏之而勿聽。所以然者何也？蓋内荒於色，則消耗元陽，虧損壽命；驟車奔馬，追逐禽獸，則流蕩心志，失其主幸〔八七〕，且恐有顛蹶及意外不逞之虞。難得之貨多是遠方珍異，其價甚侈，人君貴之，必至百姓困窮，府庫匱竭；亡國之音多是導欲增悲，其聲淫蕩，人君聽之，必至政散于上，民流于下：故古人以爲深戒也。

勿謂我尊而傲賢慢〔八八〕士，勿謂我智而拒諫矜己。聞之夏后大禹，據饋飲食頻起。亦有魏帝曹丕，牽裾衣袂不止。

天下之大，非一人可理，須賴賢才以爲輔助。爲人君者，切不可自謂今之天下惟我獨尊，因而傲慢士人。自己行事差失，多不自知，須得忠直之士時時諫諍，方可省改，不可矜其聰明，以拒諫諍之言。慢賢則賢士不至，而所用者皆小人矣；拒諫則正言不聞，而所聽者皆諛説矣。昔者大禹聖王，猶一頓飯時起身十次，以接天下賢士，况未如禹者，其可以傲賢慢士乎？魏文帝有過，其臣辛毗進諫，不納，起身入内。辛毗從後牽引其裾，苦言進説，而文帝竟不聽納，奮衣而入。其矜己拒諫如此，故終爲竊據之主，不能身致太平。後之人君，當以大禹爲法，以文帝爲戒也。

安彼及〔八九〕側懷二心之人，如春陽秋露，巍巍高大蕩蕩廣遠，恢〔九〇〕漢高大度。漢高帝豁達大度。撫兹庶事，如履薄臨深，《詩》：“如臨深淵，如履薄冰。”戰戰慄慄，用周文小心。《詩》：“維此文王，小心翼翼。”

君人之道，量欲大而心欲小。蓋人君統馭既廣，人心不同，安能人人盡忠，亦有懷二心以觀望者。若用智伺察，則反側之人多不自安，或致反生他變，故當不咎已往，不念小惡，一切懷之以恩，如春陽秋露之和煦潤澤，巍巍蕩蕩然，恢漢高帝之大度以容之，則反側自安而人樂爲用矣。天下之事，其機甚微，而其應甚著，少有不謹，將貽莫大之憂，故當日慎一日，圖難于易，如履薄冰，如臨深淵，戰戰慄慄然，用周文王之小心以處之，則動無過舉而庶事咸康矣。

《詩》之〔九一〕"不識不知"，《詩》："不識不知，順帝之則。"《書》之〔九二〕"無偏無黨"。《書》："無偏無黨，主〔九三〕道蕩蕩。"一彼此於胸臆，捐除去好惡於心想。衆棄而後加刑，衆悦而後行〔九四〕賞。弱其强强者弱之。而治其亂，亂者治之。伸其屈屈者伸之。而直其枉。枉者直之。故曰如衡如石，衡石所以稱物。不定物以限〔九五〕，物之懸者，輕重自見；如水如鏡，水、鏡能照物。不示物以形，物之鑒者，妍媸自生〔九六〕。

人君以一心而理萬幾，若或用智自私，必至刑罰失中，人心不服。惟當物來順應，隨其自然，而一出之以至公無我之心。如《詩》之稱文王屏去知識，如《書》之叙皇極無有偏黨，蕩蕩八荒咸納之于胸臆，無有此疆彼界，而除去一切作好作惡之私心。欲刑一人，必其罪惡貫盈，爲千萬人所共棄者，然後從而刑之，是殺之者衆人也，非我也。欲賞一人，必其功德表著，爲千萬人所共喜者，然後從而賞之，是賞之者衆人也，非我也。强梁者則削弱之，使不得肆；棼亂者則流〔九七〕治之，使就于理。有屈則爲伸之，以雪其不白之冤；有枉則爲直之，以紓其不平之氣。是皆因物之所自取，盡理之所當然，使之歸于均平已爾，王者何容心焉？故古語有曰：人君於人無偏私，如衡石之稱物，未稱之先，何嘗先定其分量？及物既懸，則其輕重自見耳，是輕重在物，不在衡石也。人君於人無憎愛，如水鏡照物，未照之先，何嘗先顯其形狀？及物既鑒，則其妍媸自分耳，是妍媸在物，不在水鏡也。王道之平平固如此。

勿渾渾而濁糊塗，勿皎皎而清自表暴。勿汶汶而暗昏昧，勿察察而明苛細。雖冕旒蔽目而視于未形，冠上垂珠。雖黈纊塞耳而聽于無聲。黄綿垂兩耳傍。

君德貴明，不貴察，故凡處事御下，固不可渾渾而污濁，亦不可皎皎以爲清；固不可汶汶而昏暗，亦不可察察以爲明。惟當以含弘廣大爲體，而以剛毅明哲爲用。雖冕旒蔽日〔九八〕，不用其明矣，而炳幾先圖不見又視于未形焉；雖黈纊塞耳，不用其聰矣，而廣咨諏式不聞又聽于無聲焉。此則剛而不至于躁急，明而不流于苛察，君德之正中者也。

縱心乎湛然之域澄定，遊神于至道之精。廣成子曰："至道之精，窈窈冥冥。"扣之者應洪纖大細而效響，酌之者隨淺深而皆盈滿。故曰天之清、地之寧、王之貞。《老子》："天得一以清，地得一以寧，侯王得一以爲天下貞〔九九〕。"四時不言而代序，萬物無爲而受成，豈知帝有其力而天下和平？堯時康衢民謡："帝力何有于殺〔一〇〇〕哉？"

承上文，言人君不用聰明，反聽内照，偏黨之念不萌于中，作爲之迹不形于外。方其無事之時，鑑空衡平，一無所着，縱心乎湛然虚明之域，遊神于窈冥至道之精。及其應務之時，則輕重妍媸，随其本體；刑賞予奪，因其自致。虚其心以處之，而自然事得其理，物隨其分。如以梃撞鐘，隨其梃之大小，而聲之高下因之，鐘無心也；如以杯酌水，隨其杯之淺深，無不滿焉，而水無損盡也。夫明君無心應化，其妙如此，故《老子》曰："天得一以清，地得一以寧，僕〔一〇一〕王得一以爲天下貞。"大〔一〇二〕所謂"一"，即湛然之體、至道之精也。

今觀天地之道，唯其誠一不二，故雖不言而四時自行，雖無爲而萬物自生，而物不知其爲天地之力也。帝王之御世，亦唯其至公至明，純一無雜，政〔一〇三〕聰明不用而天下和平，民亦不知其爲帝之力也。天道、聖人極致，一而已矣。按此條之旨意義深奥，雖有天縱聰明之質，亦必加好學敏求之力，乃能到此，未易言也。

吾王指太宗。撥亂，戡定以智力，人懼其威，未懷其德。我皇太宗撫運，扇播揚以淳厚風，民懷其始，未保其終。

藴古作箴，既歷叙君人之道，乃諷勸太宗，言昔隋氏喪亂，群雄並起，吾王以神武之威、英明之略奮起晉陽，撥亂反正，威震海内，人孰不畏懼？然猶未有德愛及民，便〔一〇四〕民懷也。及吾皇受内禪而撫洪運，掃蕩煩苛，力行仁義，革去澆漓之俗，扇以淳厚之風，于是海内始翕然懷德，回心向化。然初政固善，尚未保其終之能如是否，此臣之所以惓惓規勸也。

爰述金鏡即《大寶箴》，窮神盡性。使人以心，應言以行。包括治體，抑揚辭令。天下爲公，《禮記》："大道之行，天下爲公。"一人有慶。《書》："一人有慶，兆民賴之。"

藴古自言：臣期我皇善始令終，希蹤古先聖哲，於是述此大寶之箴，如金鏡之精瑩〔一〇五〕洞徹，可爲昭鑒。其中所述，皆神妙之至理、盡性之極功，大要欲吾皇推心怪〔一〇六〕人，絶去疑貳，反躬實踐，勿事虚言而已。其于理亂安危之效，則包括而無疑；聖狂得失之分，亦抑揚之而不諱。吾皇果能觀古鑒今，從善改惡，則大道行而天下爲公，福禄築而一人有慶矣。

開羅起祝，成湯解網。援琴命詩。大舜彈琴而歌《南風》之詩。一日二日，《皐陶謨》："一日二日萬幾。"念兹在兹。《大禹謨》："念兹在兹。"惟人所召，《老子》："禍福無門，惟人所召。"自天祐之。《易》："自天祐〔一〇七〕，吉，無不利。"諍臣司直，敢告前疑。古者，天子有四輔：前疑，後丞，左輔，右弼。

此時太宗英明剛斷，藴古恐其或過于威武而少仁厚之意，故篇終又特舉大舜、成湯之事以規之，言成湯開綱祝鳥而諸侯歸，帝舜援琴鼓詩而百姓阜。蓋古之帝王，雖聰明英武，而未嘗不本之于寬仁和厚。吾皇當以舜、湯爲法，一日二日之間，念念在此而勿忘可也。凡禍福之幾，惟人所召，能好生克寬而以仁存心，則自天祐之而福禄無疆矣。臣叨諫諍之臣，爲邦之司直，心有所懷，不敢隱默，故作爲此箴，告之前疑之臣，以上達于宸聽也。凡人臣與至尊言，不敢直指，多托爲告左右之辭，如今之稱陛下，亦是呼侍衛者告之，乃因卑達尊之意也。

校勘記

〔一〕"講章四"後"《通鑑節要》《大寶箴》注解附"，底本卷首原目録作"《通鑑節要》三十四條 附《大寶箴》注解"。

〔二〕"未"，疑當作"永"。

〔三〕"今"，疑當作"令"。

〔四〕"聞"，疑當作"闕"。

〔五〕"是"，疑當作"光"。

〔六〕"失"，據《資治通鑑》卷二百二十九《唐紀四十五》當作"夫"。

〔七〕"及"，疑當作"反"。

〔八〕"地"，疑當作"弛"。

〔九〕"再"，疑當作"臣"。

〔一〇〕"時"，據《資治通鑑》卷二百三十八《唐紀五十四》當作"旰"。

〔一一〕"而"，疑當作"向"。《四庫全書》本明蔡清《易經蒙引》卷九上《繫辭上傳》："'方'謂事情所向，言事情善惡各以類聚也。"

〔一二〕"鷩"，疑當作"鶩"。

〔一三〕"執"，疑當作"孰"。

〔一四〕同上。

〔一五〕“追”，疑當作“迫”。

〔一六〕“轉”，疑當作“鏄”。《四庫全書》本宋朱熹《通鑒綱目》卷四十八：“戊戌十三年八月，王涯罷，以皇甫鏄、程异同平章事。”

〔一七〕“惇”，當作“敦”。

〔一八〕“謂”，據《資治通鑑》卷二百四十九《唐紀六十五》當作“渭”。

〔一九〕“衆”，據同上書當作“泉”。

〔二〇〕“令”，疑當作“今”。

〔二一〕“股”，疑當作“殿”。

〔二二〕“年”，疑當作“平”。

〔二三〕“則”，疑當作“貯”。

〔二四〕“是”，疑當作“定”。

〔二五〕“血”，疑當作“皿”。

〔二六〕“其”，疑當作“具”。

〔二七〕“誠”，疑當作“哉”。

〔二八〕“攘”，疑當作“禳”。

〔二九〕“純”，疑當作“鈍”。

〔三〇〕“待”，疑當作“得”。

〔三一〕“馭”，疑當作“駁”。

〔三二〕同上。

〔三三〕“令”，疑當作“今”。

〔三四〕“願”，疑當作“頴”。

〔三五〕“呈”，疑當作“凰”。

〔三六〕“恃”，疑當作“侍”。

〔三七〕“恐”，疑當作“怒”。

〔三八〕“主”，疑當作“生”。

〔三九〕“乘”，疑當作“來”。

〔四〇〕“者”，疑當作“着”。

〔四一〕“證”，疑當作“謗”。

〔四二〕“鈴”，疑當作“鈐”。

〔四三〕“歆”，疑當作“散”。

〔四四〕“美”，疑當作“昊”。

〔四五〕“十”後，據文意似脱一“一”字。

〔四六〕“夏竦”，原訛作“夏疎”。以下相關“竦”字同改，不再一一出校。

〔四七〕“率”，疑當作“牽”。

〔四八〕“傾”，疑當作“碩”。

〔四九〕“察”，疑當作“蔡”。元陳桱《通鑑續編》卷六：“以章得象、晏殊、賈昌朝、韓琦、范仲淹、杜衍同時登用，而歐陽修、蔡襄、余靖、王素並爲諫官，夏竦既拜即罷，因大喜曰：‘此盛事也。’”

〔五〇〕“旬”，疑當作“句”。

〔五一〕“雞”，疑當作“難”。

〔五二〕“便”，疑當作“使”。元陳桱《通鑑續編》卷六：“大略以進賢退不肖，止僥倖，去宿弊，欲漸易監司之不才者，使澄汰所部吏。”

〔五三〕“臧”，疑當作“滅”。

〔五四〕“則”，疑當作“别”。

〔五五〕“刀”，疑當作“刁”。同上書：“時吴充、鞠真卿、刁約、馬遵、吕景初、吴中復、吕溱、蔡襄、吴奎、韓絳皆以直言居外。”

〔五六〕“剎”，疑當作“利”。

〔五七〕“勒”，疑當作“劾”。

〔五八〕“刀”，疑當作“刁”。

〔五九〕“具”，疑當作“吴”。

〔六〇〕“悪”，疑當作“惠”。

〔六一〕“好”，疑當作“奸”。

〔六二〕“徵”，疑當作“微”。元陳桱《通鑑續編》卷七：“又進五規，曰保業、惜時、遠謀、重微、務實，帝深納之。”

〔六三〕“于或”，疑當作“干戈”。《四庫全書》本元佚名《宋史全文》

卷十一《宋神宗一》:“陛下臨御未久，當先布德澤，且二十年未可言用兵，亦不宜重賞邊功，干戈一起，所係禍福不細。”

〔六四〕“捲”，疑當作“掩”。

〔六五〕“口”，疑當作“日”。

〔六六〕“常”，疑當作“帝”。

〔六七〕“便”，疑當作“使”。

〔六八〕“入”，疑當作“人”。

〔六九〕“固”，疑當作“同”。

〔七〇〕“北”，疑當作“孔”。

〔七一〕“失”，疑當作“夫”。

〔七二〕“緊”，疑當作“繁”。

〔七三〕“説”，疑當作“就”。

〔七四〕“動”，疑當作“勸”。

〔七五〕“居”，據《四部叢刊續編》影明成化刻本（唐）吴兢《貞觀政要》卷第八所載《大寶箴》當作“君”。

〔七六〕“賢”，疑當作“寶”。

〔七七〕“主”，《四部叢刊續編》影明成化刻本（唐）吴兢《貞觀政要》卷第八《刑法》所載《大寶箴》作“宅”。

〔七八〕“虞”，據同上書當作“處”。

〔七九〕“即”，疑當作“節”。

〔八〇〕“情”，疑當作“暗”。

〔八一〕“君”，疑當作“若”。

〔八二〕“他”，疑當作“弛”。

〔八三〕“清”，疑當作“情”。

〔八四〕“此”，疑當作“九”。

〔八五〕“王”，疑當作“玉”。

〔八六〕“兒”，疑當作“老”。

〔八七〕“幸”，疑當作“宰”。

〔八八〕“慢”，（唐）吴兢《貞觀政要》卷第八《刑法》所載《大寶箴》作“侮”。

〔八九〕“及”，據同上書當作“反”。

〔九〇〕“恢”，同上書作“推”。

〔九一〕“之”，同上書作“云”。

〔九二〕“之”，同上書作“曰”。

〔九三〕“主”，據《尚書·洪範》當作“王”。

〔九四〕“行”，唐吴兢《貞觀政要》卷第八《刑法》作“命”。

〔九五〕“限”，同上書作“數”。

〔九六〕“生”，同上書作“露”。

〔九七〕“流”，疑當作“梳”。

〔九八〕“日”，疑當作“目”。

〔九九〕“貞”，《四部叢刊》影宋本《老子河上公注·能爲第十》作“正”。

〔一〇〇〕“殺”，疑當作“我”。

〔一〇一〕“僕”，疑當作“侯”。

〔一〇二〕“大”，疑當作“夫”。

〔一〇三〕“政”，疑當作“故”。

〔一〇四〕“便”，疑當作“使”。

〔一〇五〕“瑩”，疑當作“瑩”。

〔一〇六〕“怪”，疑當作“於”。

〔一〇七〕“祐”下，《易·大有》有一“之”字。

條麓堂集卷十四

策問一

嘉靖〔一〕乙丑會試二問程策二道附

問：帝王之符命，其來尚矣。《詩》稱“受命”，《書》稱“永命”，雖未明著符命之説，然觀玄鳥之咏、歸禾之篇，非符命歟？蓋天將篤佑非常之聖以寵綏四方，則必有受命之符以開其先；而聖王茂建非常之烈以克享天心，則又必有永命之符以彰其應。理則固然，弗得而愆也。巢、燧遠矣，追〔二〕五帝三王之世，其昭著圖牒者則粲然矣，亦曾攷而知歟？後代英誼之辟，亦往往有氣珍物瑞，垂諸簡策者略可概見，然亦有可與古帝王並稱者歟？洪惟我太祖高皇帝，以神武開基；我成祖文皇帝，以睿文纘緒。峻德巍焕，光被寰宇，奇禎殊卓，焜映後先，誠有與三五比崇者矣！我皇上至神至聖，撫運中興，茂建配天之烈，蓋開闢以來未之能盛也。乃自貽哲之初以至今日，天符降，地符升，叢委紛綸，不可勝紀，則又有增光二祖而獨軼古初者焉，可得而揚厲歟？且受命之符，天則爲之矣，若乃永命之符，雖出諸天，而多福自求，其機有在。我皇上所以迓天庥之隆渥，而綏景祐於無疆者，固必有道也，亦能仰窺而頌述歟？夫觀天莫繪，遊聖難言，固矣！然玄貺集而弗彰，洪業成而弗贊，非臣子之心也。諸士其極思而恭陳之，固未能盡闡其盛，庶或得一二焉。

執事以帝王符命發策，承學將以闡曠世之鴻禎，表至聖之駿烈，揚頌金石，光之罔極，心至忠也。顧隙光無以議日月之明，斗水無以評滄海之量，愚生何足與知之哉！雖然，玄貺集而弗彰，則神心弗悅；洪業成而弗贊，則闓澤弗騰。是掩天庥而蓋聖德已，愚竊恧焉，敢不據厥所聞，恭述以對。夫受命之説，莫詳於《詩》，如曰"有命自天"，曰"天有成命"者，不一而足，固未嘗言符命也。永命之説，莫詳於《書》，如曰"祈天永命"，曰"受天永命"者，不一而足，亦未嘗言符命也。然觀玄鳥之咏、歸禾之篇，非符命而何？故知天鑒孔昭，聖生非偶。若乃貞元既會，光嶽載完，運合豐隆，聖當首出，將以旋轉乾坤，綏定大業，必有俶儻非常之瑞預發其兆。譬則時雨將降，山川出雲，非故爲之也，其理既動，其機自形，不得而秘也。及其紹光闡繹，克懋厥勛，馨德昭升，眷懷濃渥，將俾之昌熾，祚以靈長，則人〔三〕必有俶儻非常之瑞明示其意。譬則愛深於心，喜見於色，亦非故爲之也，其理已動，其機自形，不得而秘也。故曰："國家將興，必有禎祥。"又曰："聖人達順，則天不愛道，地不愛寶。"吁！天人之際，其昭灼弗愆顧若此歟！巢、燧遠矣，迨夫書契而後，羲農、軒堯、虞夏、殷周之際則粲然矣。其迹暎瑶鈐，事傳金簡，維風可睹也。是故虹流龍見，羲炎寔生；樞電龍圖，軒堯用誕。玉曆神珠，啓舜、禹之興；巨迹玉璜，開商、周之祚。其炳燿於先者固若此也，謂之受命之符非歟？若夫出河之圖、涌泉之醴、醮洛之書、赤文之籙，華琯龜疇，狼鈎鳳書，所以鏗鍧於後者又若此也，謂之永命之符非歟？卒之浚發既長，保定且固，以履位則或百九十年，或百十有五年，或百年、八九十年；以奠基則或四百年，或六百年，或八百年。據其始，各有明徵，驗諸終，如持左券，信豈偶然哉？所以載在《詩》、《書》，傳諸信史，萬代而下，猶班班如見者也。後代英誼之辟，非無氣珍物異垂諸簡策，第其德謝淳精，治歉洪暢，偶于一至之應，即謂興王之兆，猶且君臣動色，紀元升歌，封泰山，禪梁父，昭揭發揚，圖所不朽者矣，然其視古帝王何如哉？若乃峻德神功，作述相暎，玄珍黄瑞，圖牒交輝，則未有如我國家之盛者，其卓譎殊尤之迹，更僕未易終也，而其端則可引焉。當夫夷運方傾，華亂無主，天將滌腥羶之污湼，復神明之舊疆，于是我太祖皇帝出焉。先是象簡薦九〔四〕，赤光充室，神珓躍立以告異，青田望雲而知氣。迨夫一戎拓業，六服承風，則又有彩霞成鳳，卿雲聚繡，與夫獨角之犀、食火之鳥，佳木〔五〕瑞蓮、赤烏白兔之類繼踵而至。偉哉！煌煌乎受命、永命之符，非與帝王比崇者歟？及王路初夷，革除遘會，天將剪蕩權憝，保固丕圖，于是我成祖皇帝起焉。先是暎宫滿室，神光絢五色之輝；天表日章，術者訝太平之狀。迨夫錫玉告成，垂裳流化，則又有景星慶雲、甘露醴泉昭見於上下，佳未〔六〕瑞麥、麒麟騶虞森蔚於逖邇。偉哉！煌煌乎受命、永命之符，非與三五比崇者歟？兹何也夫，疆正華宇，碩功也；纘大考烈，隆孝也；經叙民則，彝章也；膏濡四隩，洪澤也；饗帝假廟，崇釐也；垂裕無疆，昌緒也。其建兹大業，天寔使之，是故必有開也。其既建兹大業，天寔鑒之，是故必有應也。而我二祖方且志操兢業，躬勵儉勤，審察機〔七〕祥，綏懷窮困，抑抑乎其弗遑焉，此所以丕冒之治蟠極于無垠，聿懷之福昭受而無替者也。列聖嗣服，重熙累洽，及百五十年餘，維紀稍弛，海内多故，天佑邦家，聿求至聖，於是中興大命遂集於我皇上。先是慶雲炫采，當翼軫之分；黄流澄派，協震育之年。神芝滿山，赤光燭漢。野老獻蟠龍之兆，靈岡著天子之稱。其受命之符紛至叠見，亦既超古今而獨盛矣。乃我皇上，體睿含幾，窮神達化，於是踐玉斗，握金鏡，振乾綱，肅坤紀，宣鬱達幽，敕憲申度，懲奸遏惡，起滯亨屯，蓋一日而天下改觀焉。乃于是崇孝尊親，敦有本之至化；議禮制度，定無前之大猷。以禮百神，則四郊秩分祀之儀，明堂隆大享之制，春秋重其祈報，水旱切其禱祀，是炎黄之肇祀也。以惠萬姓，則勸農蠲租，開衣食之源；發帑施藥，軫窮獨之慮。憫矜庶獄，屢頒欽恤之條；慎評庶職，持〔八〕重貪殘之罰：是舜禹之憂民也。以昭聖文，則箴訓示傳心之要，記頌發欽天之忱，典揭明倫，録標大狩：是羲堯之文畫也。以彰神武，則揚艫南指，鯨海澄波；整旆北防，龍沙寢燧。蠻溪穜〔九〕洞，憑山嘯藪之夫，莫不革心嚮義，授首伏辜；日域月窟，辮髮貫胸之長，莫不奉琛來王，獻圖請吏：是湯武之勛伐也。遂使湛恩汪濊，協氣横流，上暢九垓，下泝八埏，逢涌原泉，沕潏曼羨。巍巍乎！蕩蕩乎！悠遠則博厚，博厚則高明者矣。繇是天符皆降，則景星時見，甘露再零，瑞雪敷華，靈雨沛潤，是不愛其道也。地符皆升，則同本異穗之禾、紫蓋朱英之草相望於歲時，神鹿祥兔、玉龜白鵲群遊于宫沼，是不愛其寶也。殊絶奇詭，莫可名狀；紛紜叢委，史不勝書：則其永命之符又非超古今而獨盛者歟？即是而言，定命者天也，時行者聖也，感通者機也，達順者信也。其德神者其應速，其功鉅者其效閎，雖云莫致而至，寔則多福之自求者矣，謂無自而然歟？抑猶未也。天之於君，猶親之于子也。親慈而孝尤加，慈則愈至；天眷而敬無斁，眷則彌純。今幽贊叶矣，神告明矣，億萬年無疆之休端在是矣。皇上猶穆然淵觀，惕然勤思，上帝之昭事日嚴，下民之陰騭愈厚。徼圉萬里，時廑睿謨；雨暘四時，恒縈宸慮。所以夙夜宥密，緝熙而基命者，翼如也。於都哉！其赫靈顯兆，崇綏而無競。若彼專精壹志，廣運而不息若此，殆將使休和益鬯，保佑彌中〔一〇〕，偕箕翼以常新，比磐石而永固矣乎，斷可識矣，豈其爽哉？古人有云："主上明聖而德不布聞，有司之過也。"故不持〔一一〕三五之迹流示無窮，而王褒宣樂於《中和》，斑〔一二〕固蜚聲於《典引》，張説楊〔一三〕休於《大衍》，九齡繼響於《龍池》，漢唐之代亦且然矣，矧有如今日之極盛者乎？誠宜著堯舜之典，播商周之頌，以騰洪輝，奮景炎，俾純粹至懿，清和正聲，舄奕乎千載，與天無極，豈不偉歟！此則廟堂簪筆之臣所以快睹而備書，抽英而振藻者也，草茅讚述之辭，譬則以管窺天，以筳撞鐘，豈能通其條貫，發其音聲哉？亦徒以復明問云爾。

問：山澤之儲，民生之利用存焉。自太公立圜法以權百貨之中，管仲煮東海以佐一匡之業，而後世之言鹽策、錢幣者宗之，要以經制阜民，通利上下，法之不可已也。漢唐而下，其制蓋益密矣。以言鹽策，則有官給器而募民煮之法，有官自貨而總其利之法，有召商入貨中引之法，是孰爲適宜歟？以言錢幣，則有兩銖、四銖、八銖之異其品，赤仄、比輪、公式之異其名，當五、當十、當千之異其用，是孰爲折衷歟？我朝參酌往古，設鹽運司、鹽課司以權鹽策，談〔一四〕寶源局以鑄錢幣，制易而不煩，法信而可守，視歷代最稱善矣。乃邇者淮醝底滯，邊餉告詘；制錢阻塞，市暗〔一五〕生疑，若是者何故？説者謂工本之鹽增則正課壅，私鑄之錢盛則制寶淆，其果然歟？停工本，斷私鑄，果可使泉貨阜通，公私兼濟歟？且鑄錢利重，而私鑄則其奸微，故察之爲難。工本之增，度支專爲足邊計也，兹而損之，將安所取盈歟？夫授握算而不知縱横，非適用之器也。多士於兹二者諒有成畫，試爲我陳之。

經國之道，莫先于慎法。法者，國與民之所固依也。國依於法，則令重而體尊。民依於法，則觀聽不惑，有所恃以殖其業而鼓舞不倦。甚矣！法之不可以不慎也。故立法者必慎爲經久之規，而務在法之可常；行法者必慎爲通變之權，而務不失子[一六]立法之意。猶之持衡然，鈞鎰銖兩，截然不可以毫釐假也，至其一低一昂，一進一退，趣物制平，因變濟務，則權之用歸焉耳。今夫鹽策之榷也，錢幣之興也，先王所以阜國足民、兼利上下之大經也。惟操之而不得其權焉，斯其弊有不可勝原者矣。蓋利與義，相爲出入者也，經國者導利布民，期于兼濟，義莫大焉。夫苟見小利而輒易軌焉，求法之通行而無害，不可得也，則今日之鹽法是已。利與害，互爲輕重者也，經國者導源塞隙，守於畫一，利莫大焉。若見小害而輒自沮焉，求法之必行而民信，不可得也，則今日之錢法是已。愚嘗通覽古今之故，錯綜利害之端，而有以得致弊之原與夫救弊之要矣。且鹽策何昉乎？昉于管仲相齊，伐菹薪煮海，以啓富强之基也。嗣後，元狩修其術而禁榷，遂與古今相爲始終，其烹煎之制、給予之宜，法禁之張弛、公私之利弊，代有變矣。求其適時之宜，大有裨于司農之經費者，吾惟取夫唐之暮[一七]商給引、宋之入粟實邊之二法者焉。錢幣何始乎？始于太公佐周，立九府圜法以通泉貨之用也。迨于周景更其制，而後世遂各因時之利病以爲興廢，其名品之異、制用之殊，輕重之相懸、真贋之相錯，代有變矣。求其折貨之衷，雖時有廢興而不改者，吾惟取太[一八]漢五銖、唐開元之二錢者焉。夫自太公、管仲而來，上下數千載矣，而法之可稱述者僅僅若此，法之善誠難矣，而將法者不可不慎察也。我朝于產鹽之地設轉運司者六、提舉司者七，鹽課各有定額，行鹽各有分地，而淮、浙、齊、晋之課專給邊餉，募商輸芻粟塞垣，領引守支，蓋倣唐宋之意而規制爲益善矣。然就各運司而論，兩淮之課居其十七，是以九邊之仰給尤重。夫何邇年以來鹽務積滯，邊廪告虚，使二百年通濟之法一旦廢格，牴牾交敝於中外，是惡可不深求其故耶？蓋鹽雖斯民無日可缺，要不過食味之一耳。管夷吾計口算賦，逮于吾子，苛矣，然必有是口乃算是賦，非漫加也。異日者淮鹽額課不過七十萬引有奇已爾，迨承平寖久而生齒繁，于是每引以餘鹽副之，蓋寔計一百四十萬有奇矣。正課遵舊制入粟關塞以寔邊儲，餘鹽權時宜入鏹運司以解内帑，竈無贏積，國有倍利，法至善也。頃歲額派之外，復加以工本鹽三十五萬引，亦以餘鹽副之，準國初課額固已三倍之矣，而羨鹽之割没不與也。夫行貨之地未嘗加闢，食鹽之口豈能驟倍？鹽驟增則壅而不售，壅而不售，二歲必有一歲積引矣。行之十年，則有五歲之積，而引不勝滯矣。引滯則商本虧，本虧則不樂輸邊，轉而營他利矣。籌邊者以開中之無人也，必下其估。雖下其估，而猶有不至焉，此邊供之所以益詘也。此上下俱困術也。夫鹾司之給邊者凡四，獨淮利稱饒，故兩浙、山東、長蘆必兩淮帶派而後可通也。淮鹽滯，則此三方者均病矣，是使國家全不獲煮海利也。然則工本之設，增正課乎？損正課乎？其效可睹矣，而可不求所以通變之耶？我朝錢法，自聖祖未建極之前即創大中通寶，混一之後又鑄洪武通寶。迨成祖、宣宗、孝宗，各鑄通寶而冠以年號焉。其制一準五銖、開元之度，與歷代制錢相兼行使，令至便也。私鑄之科，處以極典，而又懸發覺之賞格購之，法至嚴也。是以利孔不分，民聽不惑，財貨流通，而上下俱利矣。夫何邇年以來，擅巧者工趨利，作奸者輕犯法，盜鑄雲興，鉛錫淆雜，幾于綖環、鵞眼矣。我皇上赫然出令，悉索浮僞之弊而剗絶之，鑄嘉靖通寶以復祖宗之舊，與天下更始，使數千[一九]年沿習之陋廓然大清，不啻快矣！乃真工大奸復擬而私鑄之，紛紛然與制錢競流於都市，此不可耐也！昔漢令郡國鑄五銖錢，吏民之坐盗鑄金[二〇]者衆矣，而不能半[二一]，天下大抵皆鑄金錢矣。復罷郡縣鑄錢，專其事上林三官，而盗鑄遂鮮，以勢重而威行也。今自寶源局而外，造鑄者南京寶慶已爾，環京師而色者鎔冶之爐相望也，此其無忌憚之尤也。漢第五倫，一督鑄錢掾耳，領長安市，而市遂無奸巧，矧今法令詳密，百司具職，局有督視之長，市有儆巡之吏，而使僞錢不惟公行閭閻，且旁緣爲有司俸入焉，而司課不察也。此有司不能奉法之過也，而非錢之不可鑄也。固[二二]而廢之，是使盗鑄者操其柄，而官爲作止也，非所以任長利而杜深奸也，而可不思所以振勵之乎？是故興廢有道，視時之屈伸而已；取于[二三]有方，視勢之向背而已；贏縮有宜，視機之緩急而已。故今欲捄鹽法之弊，莫若復舊額，去工本；欲理錢法之弊，莫若復公冶，禁私鑄。夫工本之爲鹽法害也，有識固預言之，而入[二四]莫之省也。今其敗端見矣，所以隱忍而不除者，以各邊歲例非此無以足其額也，而不審其有虚額而無寔惠也。豈惟無之，且並開中之額而失之矣，其爲患不細也。故無工本則引不壅，引不壅則鹽利通矣；利通則商不困，商不困則樂於報納矣；商樂報納，則芻粟叢赴而邊備饒矣；時估不下侵而倍有獲矣：一舉而四利集焉。歲例雖如數，省之可也。必不可省，則此工本之增無幾時也，前此必有所以給之者，獨不可考其原乎？此所謂“不以小利貽大害”也。先王錢幣之興，將以利民，而非以自利也，然國計不給，則亦取贏焉。當經費廣而蓄積詘也，康俗濟用，將冶鑄有小補焉，而何可廢也？故莫若復公鑄。復公鑄之法，在于銅美而工精，使私鑄不能擬。然其費鉅矣，本息不相權，由無利也。其要在于斂銅不下布，宜令郡國俾民得以銅贖罪，有貨銅者官以罰錢易之，抵歲解額焉，則銅必上凑矣。禁私鑄之法，在于收僞錢。蓋制錢之初興也，司市者不稽，使僞錢得入焉，民家有而户用之，非一日矣。卒然斷之，則奪民之業而駭且怨，彼豪黠者且日蓄而伺禁之弛也。宜令民以私錢首者除罪，仍以官錢一當三酬之。其以車畜販載僞錢者，没其貨不宥。則私鑄無所舊[二五]，必可絶矣。私鑄絶，則公錢當益布，此所謂“不以小害妨大利”也。嗟夫！財用之在世，猶水之在地中也。立法者，浚其源者也；行法者，導其流者也。水之所以得其性也，引而極之，則源竭；壅而激之，則衡溢而奔放，而水之害大矣。是故治水不可不慎也，順其性而已矣；制法不可不慎也，審其權而已矣。權豈易言哉？聖人所以經物宜、御人情之大端也，是在司國計者審之，而愚生何足與知焉。

隆慶[二六]辛未會試一問程策一道附

問：古之君子興建鴻業、聲施後世者，世必日[二七]之曰“英雄”、曰“豪傑”。是二名者，豈非偉丈夫之通稱歟？乃論著家又各析其名義，匪直“英雄”與“豪傑”有辨，即“英”與“雄”亦從而分之，謂有英而不雄者，有雄而不英者，其説然歟？否歟？歷代英雄、豪傑見於史册者不可勝舉，然亦有即標題爲號者，如蜀之“四英”、周之“七雄”、戰國之“四豪”、漢之“三傑”，其人材行聲績果皆不愧其名歟？將其人品又各有高下歟？近世儒者，謂真正英雄必自戰兢中來，又謂豪傑未必聖賢，聖賢必爲豪傑，而古唯三聖人足以當之，則其説豈不尤異歟？夫“英雄”、“豪傑”，美名也，士以是稱可以爲難矣，乃儒者猶雌黄之不少假，則尚友者何所取則歟？試言之，以觀其志。

古瓌偉奇特之士，樹鴻業於當時，垂鴻稱於後世者，豈獨其才之過人哉？蓋尤係於養矣。養有淺深，則其才有絶[二八]駁。才有純駁，則其建立有鉅細。才得於天者也，養繇於人者也。才欲恢，欲宏，欲奇，欲俊；養欲微，欲深，欲精，欲奥：兩者若相反焉。然微深精奥者，所以爲恢宏奇俊也。故古之善養才者，不恃其得天之異，而勉其修己之純。闞如虓虎，不敢以言勇，懼其剛之易摧也；銛如鏌邪，不敢以言割，懼其鋒之易折也；神若蓍蔡，不敢以言智，懼其算之易窮也；力若九牛，不敢以言任，懼其趨之易躓也。煉之至精而斂之至密，韜之至深而蓄之至厚，夫然後其神凝，其氣專，發之不可禦，索之不可窮矣。人徒見其事業、聲稱照耀今古，抑孰測其所以致之者哉？今夫兩間清淑之氣麗於形象，在天爲星辰，在地爲河嶽，在土石爲寶玉，在飛走爲麟鳳，在人則爲英雄、豪傑。是英雄、豪傑者，固均之二氣之間，鍾人倫之首出者也，然有辨焉。劉孔才云：聰明秀出謂之"英"，膽力過人謂之"椎[二九]"。有英而不雄者，有雄而不英者。智勇並異，則英雄兼焉。《淮南解》曰：才過千人謂之"豪"，萬人謂之"傑"。此英雄、豪傑之辨也。總之，皆以其智勇殊絶，不可以尋常尺度論耳。自古迄今，所以樹立人紀，恢翊世運，决大疑，排大難，建大功，立大節，必此四人者爲之。然而品格異焉，不可不察也。夫人非無才之患，有才而能善用之爲難。四人者，其機智勇决既與凡民迥異，則未免過于自恃，而有眇焉輕天下之心，紛錯未交而謂幾不足與晰也，艱阻未試而謂功不足與圖也。考衷叩蘊，則固未有灼然先幾之見、確然不可奪之守，一挫其鋭，則折北而不振矣。是純乎氣者也，品之下也。夫千鈞之拿[三〇]不以鼷鼠發機，萬石之鍾不爲尺梃成響，物理有分，感應有節，不可易也。四人者，負其才具，則不能安于無事，往往不勝枚[三一]癢，曲牽於應世之迹，而輕試其所長。是以見彈求鴞，或欲速而不達；投珠抵鵲，或見小而妨大。此與虛憍恃氣者固有間矣，然而其强可撓也，其躁可激也，其驕可乘也，其欲可豢也，以綜天下之務，則得失參焉，不可與謀成也，是識不能勝其才者也。等而上焉，嚴乎内外，審於施應，既不沾沾以自喜，亦不汲汲以從時。自度其智可與幾也，將謂天下之故非己莫能矚耳；自度其勇可與斷也，將謂天下之事非己莫能成耳。其晰微制决，持危定傾，能于轉盻咄嗟之間而豎俶儻不群之續，此四人者之能事也。然而其光外朗，其氣内盈，尋之不易其方，而測之可窮其際，是兼得乎養而未盛者也，品之優也。等而上焉，智周萬物，而不自用其明；勇蓋萬夫，而不自任其力。隨事而應，弗膠于成心；循理而行，弗牽于功利。朕兆未萌，法象未著，淵然獨慮，而百姓莫見其迹；不世之功，永世之澤，蘮然丕建，而百姓莫知其然。天下所謂"智者"、"勇者"，舉莫得而望焉。此朱子所謂真正英雄、豪傑而聖賢者也，品之上也。愚嘗以是泛觀古今之迹，總挈人物之量，其英雄、豪傑優劣高下之辨大都不越此四者，顧更僕未易數也，姑即明問所及者言之。周之衰也，王綱弛維，諸侯力政，于是宇縣分裂，稱爲"七雄"。戰國之末，貴臣握柄，資贍游談，于是列國公子號爲"四豪"。漢高坐屈群策，以建纂堯之業，則張良、蕭何、韓信三臣者皆人傑也，而漢之得天下由是焉。昭烈知人待士，以嘘炎劉之燼，則諸葛亮、董允、蔣琬、費禕四子者皆英俊也，而蜀之存亡因之焉。即史傳所記，固各有英雄、豪傑之目矣。試執前四者之等以概此數子之長，則"七雄"者，彼哉無以議爲也。平原卑卑不及格矣。孟嘗、春申廣交養名背公死黨，奸人之魁耳。信陳〔三二〕威信於强秦，義存乎弱趙，急人之難，不居乎功，蓋猶有烈士之風焉。惟其挾威震主，内疑外忌，則君子所不道者，其在三、四之間乎！三傑遭際興運，各奮才智，榷〔三三〕轂漢阻〔三四〕，卒成帝業，信乎爲代寶矣。子房英略蓋世，而貌若處子，功成身退，超然遠引，比之何、信爲最優焉，三品之上者乎？董允、蔣琬、費禕瑞〔三五〕謹節士耳，雖事無過舉，然天之所授非特異也，有忝英稱矣。孔明望重于卧龍，力抗乎漢鼎，君臣契合，役〔三六〕袂匡時，至于出師獻納之言、寧静澹泊之語，出處議論，庶幾王者之佐焉，蓋入其域而未優者乎？之數子者，皆以蓋世之才際功名之會，雲蒸龍變，鷹揚虎視，考其平生之所建植，可謂俊偉卓举矣。然其中或得分有多寡，賦才有兼偏，細節多疏，則不能無負俗之累，氣質偏勝，則不能無瑕纇之存，蓋所謂衆材之尤也，非衆尤之尤也。必也，其大禹乎？鑿龍門，排伊闕，别九州，宅四隩，績固偉矣。然且不矜不伐，而莫與争功，愚夫愚婦，而凛若勝予。彼視地平天成於吾身何有輕重也。其周公乎？除凶殘，驅虎豹，立綱紀，陳禮樂，功莫大焉。然且吐哺握髮，下白屋之士；不驕不吝，履赤舄之安。彼視勝殷遏劉於吾心何有加損也。其孔子乎？學殫累世而不以智聞，力抉門關而不以勇聞，在鄉黨而恂恂，居朝廷而唯謹，因〔三七〕儼然儒者也。及其却萊兵，及〔三八〕鄆、讙，墮三都，誅正卯，即慷慨奇節之士，决眥奮臂，極力而不能辦者，乃不動聲色，徐引而振之。既振，油然而退，無矜容，無盛氣，此豈世之君子所可與量尺寸哉？蓋此三聖人者，受之于天，既皆得夫渾淪磅礴之氣；修之于己，又皆懋夫沉潛純粹之必〔三九〕。其所基者宥而密，而所蓄者完而固也，故能决大疑，排大難，建大功，立大節，紓徐委蛇，而不見其作爲之迹。嗟夫！非天下之至聖其孰能與於此哉？故朱子謂真正英雄皆自戰兢中來，而聖賢豪傑唯此三聖人足以當之，信不誣矣！然則世之君子受天地時厚之才，而有忘〔四〇〕於三聖人之事者，顧可不慎所養乎？養之之道，無欲其本也，慎動其要也，析義窮理，沉幾察微，瑩乎若疢〔四一〕光之内朗，洞乎若止水之獨鑑，所以養智也。抑其强陽，消其客氣，深乎若强弩之握機，韜乎若寶劍之歛鍔，所以養勇也。尸居而龍見，雷聲而淵默，聖人之事也，即史册所載瓌偉奇特之士，猶將姑舍是焉，而况其下者乎？蓋嘗聞紀渻子之養鬥雞也，始也虚憍而恃氣，馴之十日，則應景嚮矣。又十日，然後其德全，而異雞無敢鬥者矣。此養德之喻也。故英雄、豪傑之從事于學也，若紀渻子之養雞也則幾矣。

萬曆〔四二〕丁丑會試擬題一問〔四三〕

問：自兩漢而下，代各有史，大段多宗太史遷紀、傳、書、表之體，以述一代君臣德業、典章、制度，使後世有考焉。然其書有成於當代，有成於近代者，又有歷時滋久而後成者。如兩《晋》詮定於貞觀，《新唐》卒業於嘉祐，中間咸隔越數代，此其故何歟？夫所傳聞，不若見聞者之詳且真也，亦云明矣，乃何法盛等之所紀述、劉昫之所删總，以之詔〔四四〕遠，顧不若所傳聞之世之輯之者何歟？將世有污隆，才有通蔽，史之得失係焉，而時之先後非所計耶？宋有天下三百餘年，蓋與唐比隆，非兩晋可擬，顧其史作於勝國時，紀載猥雜，體例乖錯，至與《遼》、《金》二書概稱“三史”，此非曩時何、劉所編輯者流歟？抑猶有不遠〔四五〕也。今國家閑暇，上方鋭意稽古禮文之事，考究缺文，用成千古完典，兹其時矣。不審宋事自元人所紀載外猶有他籍可參較者歟？晉、唐二史，其紀、傳、表、志各擇人所長任之，故其書稱善，今可倣其故歟？而後世篤論之士於二書猶有遺議，今必何道而可稱至善歟？未[四六]討論興廢善敗之迹，爲近事鑒，莫若宋者。諸士學古，必有概於中矣，試爲我陳之。

附　録

嘉靖壬戌會試程策一道

夫物，粲然示人文矣，故周物者存乎智；夫道，渾然示人精矣，故會道者存乎心。文者，道之寓也；精者，物之本也。文有不周，則心爲有外，無以盡散殊之用；精有不會，則智爲徇物，無以達貫通之原。是故物以道觀，智以心運，文以精貫，用以原該。君子所以究性命之微，綜庶類之紀，窮幽深之故而極古今之變也，有由矣。執事以格物之學下詢，蓋欲觀諸生博聞辨智何如也。宋[四七]學固陋，請以謏聞效之，可乎？夫君子之學，求以致道也，而亦貴於博物者何也？吾嘗遡觀道始，而知物之原矣。形氣未分，太極既立，二儀肇判，萬化斯彰。道爲萬物主，而主者不可測也；物由道生，而生者不可窮也。依形附氣，象聲肖貌，翹翾蠕蝝，巍偉譎異。大荒絶域昆虫草木之賾，往古來今寒暑日月之運，夏革不能陳其端，《齊諧》不能志其幻；九牧之金不能備其狀，隸首之算不能紀其數。夫人處天地之中，賦萬形之一，自非精心内照，通智外周，安能枚舉而縷析之哉？嘗觀春秋之世，列國之大夫類多閑[四八]深辨博，貫淹古今。著《收[四九]民》、《山高》、《乘馬》、《輕重》、《九府[五〇]》之篇，則有若管敬仲焉；讀三墳、五典、八索、九丘之書，則有若左史倚相焉。聘晋而識實沈、臺駘之祟，非子産乎？龍見而爲御龍、豢龍之説，非蔡墨乎？夫管子之書，《遷史》著其詳矣，謹政通商，均投[五一]盡利，一匡之業由此其選也，粹羽純玉，殆有得于聚意者歟？倚相之博，楚國以爲望焉，章華肆侈，甲公進規，《析[五二]招》之詩由此其誦也，式玉式金，殆善陳夫王度者歟？原參商之搆郤，而謂疾非由祟僑也，知鬼神之狀矣；辨董劉之世掌，而謂非龍實智墨也，達人官之能矣。數子者，豈徒以才智之美而遂能博通若此哉？夷考其時，《周典》未亡，《皇覽》具在，伯益之所紀述，外史之所掌達，名山秘藏、金版玉箱之籙，神經怪牒、紫臺丹洞之簡，與夫治國肥家之術、刺世誠[五三]俗之言，備矣！賢者學其大，不賢者學其小。譬之入都多奇觀，入市見異貨，總攬而兼蓄之，熚然著赫稱于當時，流景曜于後代，宜也。迨秦火既燔，漢籍未著，經生、學士專門師授，斷編殘簡猶不得其全，而欲冥覽詭奇，極命庶物，斯已難矣。然亦有若東方朔辨騶牙之瑞，董仲舒達重常之鳥，終軍别豹文之鼮鼠，劉向究疏屬之貳負，類能察象於耳目之外，定名于疆域之表，動色縉紳，震悚觀聽，一何偉耶！夫下帷發憤，潛心大業者篤矣，文史三冬，萬言足用，其自表非誇也；條奏秘書，博綜群籍者至矣，幼學能文，異材召見，其自負不群也。矧去古伊邇，遺文稍稍復出，庸心考核者無頑鄙之眥，深知道術者無淺暗之瑕，即春秋諸大夫奚讓哉？嗣是，若雷焕察斗牛之氣而知豐城之二劍，楚材辨角端文[五四]異而明天道之不殺，窺豹見其一班，嘗鼎嚌其寸臠，亦有足多者。軌[五五]事謂之通朗，信矣！嗟夫！埳蛙不足以語海，局于量也；夏蟲不可以語冰，篤于時也。人不博覽，則不聞古今，不見事類，不知然否，與㮣蛙、夏蟲又何擇焉？故鄒衍旁通五德，侈談裨海，遂使梁惠郊迎，燕昭擁彗。彼移監之不扣其官，貂蟬之不諳其義，顧問之列有餘恧矣。轉〔五六〕物之學，固君子所不廢哉！且古今所稱大聖人者，莫孔子若也。使博物而可廢也，吾意孔子當存而不論，論而不議矣。乃令〔五七〕觀之，楚江拾菓，析以萍實；季井得犬，繹以羵羊。鳥舞齊也，推恒雨之徵；隼止陳也，闡楛矢之迹。而專車之骨，又指爲防風氏所遺焉。探賾索隱，鉤深致遠，總統百家，包羅萬代，非特漢、晋諸人莫能窺其畔岸，即春秋數子亦未足涉其津涯，宣〔五八〕誠資于好問而得于敏求者哉！備天地之美，稱神明之容，内聖外王，六通四辟，天下之道，咸該昭曠之原而通睿哲之鑒。是故江海絡於地維，寶藏富焉，非取足于川瀆也；日月麗乎天經，萬象呈焉，非有待于爝火也。聖人天聰明之，盡萬理涵焉，非有俟于問學也。所謂"大人之胸懷非一，才高智大，無所不包"者，非孔子孰能當之？雖然，太宰訝其多能，則以不試自解；黨人稱其博學，則以執御自居：又若不欲以是爲訓者。當時及門之士，若子貢之達、冉有之藝，夫子每不滿焉。其所亟許而樂予之者，顔子一人而已。夫顔子博文竭力，所見卓爾，聞一知十，穎悟如賜且遜避以爲不及，顧以如愚稱而不以博辨自見也。觀其言曰："我不能博五經，又不能傳衆事，守信一學，不好廣觀，無温故知新之明，而有守愚不覽之暗。"嗚呼！潛心退省，入聖室矣！造于眇思，極窅窅之深矣！黜聰坐忘，無待于外矣！今夫托契鴻濛而聆鈞天之樂者，不審夫笙鏞、柷敔之聲；游情象罔而獲赤水之味〔五九〕者，不屑夫瑇瑁、玫〔六〇〕珉之産。顔子何嘗不博也，而特不以博辨稱，故夫子謂之曰："吾服汝，忘也；汝之服於我，亦忘也。”是博約之要、授受之微也，謂其才智出春秋、漢晋諸子之下可乎？蓋諸子者以智觀物，周其粲然之文；顔子者以心求道，會其渾然之精。孔子則兼道器，貫本末，大小精粗，無乎不運其明。是故守一方之術，拘耳目之近，而無弘暢雅閑之識，是面墻之陋也；離堅合異，泛游廣涉，聞見雖殫，原本則闕，是多岐之惑也：之二者失道均矣。學者與其騖于外也，寧徇于内，何則？空器在厨，金銀塗之，其中無物，饑人不顧；殽膳甘醢，土釜所盛，入者嚮之，其所取者有在也。夫道管于心，該于物，辨析既精，大原斯會，所貴乎學者，豈徒在物耶？昔人有言，“心如九卯，爲體内藏眸子如豆，爲身光明”，蓋見道器之樞具于我矣。誠能周其粲然者于目，而會其渾然者于心，則顔氏之博文約禮殆庶幾乎！愚不敏，竊有志希聖之學，焉敢以是復？

校勘記

〔一〕“嘉靖”，底本卷首原目録無。

〔二〕“追”，疑當作“迫”。

〔三〕“人”，疑當作“又”。

〔四〕“九”，疑當作“丸”。

〔五〕“木”，疑當作“禾”。

〔六〕“未”，疑當作“禾”。

〔七〕“機”，疑當作“禨”。

〔八〕“持”，疑當作“特”。

〔九〕“穜”，疑當作“獞”。

〔一〇〕“中”，疑當作“申”。

〔一一〕“持”，疑當作“特”。

〔一二〕“斑”，疑當作“班”。

〔一三〕“楊”，疑當作“揚”。

〔一四〕“談”，疑當作“設”。

〔一五〕“闇”，疑當作“間”。

〔一六〕“子”，疑當作“于”。

〔一七〕“暮”，疑當作“募”。

〔一八〕“太”，疑當作“夫”。

〔一九〕“千”，疑當作“十”。

〔二〇〕“金”後，據《史記·平準書》當有一“錢”字。

〔二一〕“半”後，據同上書當有“自出”二字。

〔二二〕“固”，疑當作“因”。

〔二三〕“于”，疑當作“予”。

〔二四〕“入”，疑當作“人”。

〔二五〕“舊”，疑當作“售”。

〔二六〕“隆慶”，底本卷首原目録無。

〔二七〕“日”，疑當作“目”。明張居正《張太岳先生文集》卷十六《辛未會試程策》：“古之君子興建鴻業、聲施後世者，世必目之曰‘英雄’，曰‘豪傑’。”

〔二八〕“絶”，疑當作“純”。同上文：“養有淺深，則其才有純駁。”

〔二九〕“椎”，疑當作“雄”。同上文：“劉孔才云：‘聰明秀出謂之“英”，膽力過人謂之“雄”。’”

〔三〇〕“拏”，疑當作“弩”。同上文：“夫千鈞之弩不以鼷鼠發機，萬石之鍾不爲尺挺成響。”

〔三一〕“枚”，疑當作“枝”。同上文：“四人者，負其才具，則不能安于無事，往往不勝枝癢，曲牽於應世之迹，而輕試其所長。”

〔三二〕“陳”，疑當作“陵”。同上文：“信陵威信於强秦，義存乎弱趙。”

〔三三〕“椎”，疑當作“推”。同上文：“推轂漢祖，卒成帝業，信乎爲代寶矣。”

〔三四〕“阻”，疑當作“祖”。同上。

〔三五〕“瑞”，疑當作“端”。同上文：“董允、蔣琬、費褘端謹節士耳。"

〔三六〕"役",疑當作"投"。同上文:"君臣契合,投袂匡時。"

〔三七〕"因",疑當作"固"。同上文:"在鄉黨而恂恂,居朝廷而唯謹,固儼然儒者也。"

〔三八〕"及",疑當作"反"。同上文:"及其却萊兵,反鄆、讙,墮三都,誅正卯,即慷慨奇節之士,决眥奮臂,極力而不能辦者。"

〔三九〕"必",疑當作"學"。同上文:"修之于己,又皆懋夫沉潛純粹之學。"

〔四〇〕"忘",疑當作"志"。同上文:"然則世之君子受天地時厚之才,而有志於三聖人之事者,顧可不慎所養乎?"

〔四一〕"疚",疑當作"夜"。同上文:"瑩乎若夜光之内朗,洞乎若止水之獨鑑。"

〔四二〕"萬曆",底本卷首原目録無。

〔四三〕"問"後,底本卷首原目録作"附録壬戌程策一道"。

〔四四〕"詔",疑當作"迢"。

〔四五〕"遠",疑當作"逮"。

〔四六〕"未",疑當作"夫"。

〔四七〕"宋",疑當作"末"。

〔四八〕"閑",疑當作"閎"。

〔四九〕"收",疑當作"牧"。《管子》有《牧民》篇。

〔五〇〕"府",疑當作"守"。《管子》有《九守》篇。

〔五一〕"投",據文意當作"役"。

〔五二〕"析",疑當作"祈"。清嘉慶重刊宋十三經注疏本晋杜預《春秋左傳正義》卷第四十五:"祭公謀父作《祈招》之詩以止王心。"

〔五三〕"誠",疑當作"譏"。

〔五四〕"文",疑當作"之"。

〔五五〕"軌",疑當作"執"。

〔五六〕"轉",疑當作"博"。

〔五七〕"令",疑當作"今"。

〔五八〕“宣”，疑當作“宜”。

〔五九〕“味”，疑當作“珠”。

〔六〇〕“玫”，疑當作“玟”。

條麓堂集卷十五

策問二

隆慶〔一〕丁卯順天鄉試二問程策二道附

問：《記》稱："儒有博學而不窮，篤行而不倦。"而程子則曰："君子儒爲己。"夫審爲己，則學非徒博，行非徒勞也。否則，不幾於玩物而矜譽乎？執此而律世儒，其當程子意者無幾也。及考《遺書》所載，有謂循其言可以入道者，則管仲、荀卿、杜預三子耳；又有謂近似儒者氣象，則董仲舒、毛萇、楊雄三人耳。夫循之可以入道，必有道之言也。今觀《經》、《區》之敷言，《新書》之作訓，與夫《經傳》之集詁，其學信辨博矣，果可稱有道歟？將其一言可取，不復計其餘歟？而其所取者何居也？下帷覃精，足稱篤行，然責備者猶有遺論；周旋賢莽，則大節業已虧矣；《詩傳》雖存，他言行略不經見：而概謂之近儒，何所睹歟？荀卿明王伯，陳禮樂，自任以仲尼、子弓之道，而乃與管、杜並稱。漢儒以經術、行誼表著於兩京者班班也，而不得與三子者伍，何歟？程子以爲己明儒，必慎許可，玆其言非獨爲六子評也，殆示學者以多識蓄德、居今稽古之要，如能言其道之所以可入與儒之所以近，則於學也思過半矣。

儒者之學，其必有準乎？曰：準乎道而已。道者，學之鵠也。射者弓矢誠習而不志於鵠焉，雖貫革不貴矣。道者，學之規也。輿人輪轅徒飾而不中乎規焉，以致遠恐泥矣。故君子苞并六藝，矢聖陳謨，非以譁衆也；疆理名物，總絜治紀，非以樹聲也；緯緝經傳，疏通結滯，非以徇象也；矜慎容辭，奥觀深造，非以干禄也；專門守師，窮治究慮，非以自敝也；攬今撮古，廣游遐睇，非以眩博也：凡皆以爲道焉爾。是故言以明道，斯言爲彝訓矣，而識鑒之通蔽殊焉，故言之合於道者希也；行以體道，則行爲楷模矣，而造詣之深淺殊焉，故行之合于道者希也。以其言道之難，而人之言有幾于道焉，則君子取之，不暇顧其餘言矣；以其行道之難，而人之行有幾于道焉，則君子取之，不暇責其餘行矣。嗚呼！此程子所以于六子有取爾也。且儒者之道，非苟爲大而已。性命道德之奥具于心，而天地萬物之理備于我，謏聞寡識不足以達觀，蕩檢逾節不可以盡性。蓋昔孔子之述儒行，有曰“博學而不窮，篤行而不倦”，可謂一言以蔽之矣。然其轉〔二〕也，將廣聞見以明吾之道，而非汗浸〔三〕也；其篤也，將實踐履以行吾之道，而非矯拂也。故曰“君子儒爲己”，此子程子實見之言也。而乃有取于六子者，非謂六子能爲己也，示爲己者以取人修道準也。愚嘗反覆往籍，熟觀六子者之言與行，而得其概矣。蓋程子謂循其言可以入道者，就三子之言而取之也。今觀管子之書，有《經言》、《區言》、《短語》、《雜篇》、《輕重》之别，司馬遷嘗嘆其言之詳矣。夫其謹政通商，均役盡利，固莫非富强術者，而乃有《心術》、《白心》諸篇，其言亦出入吾儒誠正、老子道德之間，不悉中理要，然而有格言焉。其《心術》下篇曰：“專於意，一於心。思之，思之不得，鬼神教之。非鬼神之力也，其精氣之極也。”兹其旨不與孔子慎思之訓相發明歟？荀子之書，有《勤〔四〕學》、《修身》、《儒效》、《王制》等篇，班固蓋謂之潤色孔子之業矣。夫其立言指事，撥亂興理，固莫非翼六經者，而乃有《非十二子》、《性惡》諸篇，其中僞禮上霸，至以子思、孟子與墨翟、惠施同詆，而亦有格言焉，其《勤[五]學》篇曰“其義則始乎爲士，終乎爲聖人。真積力久則入，學至乎没而後止也”，兹其詞不與《説命》“典學”之言相表裏歟？若夫杜預之爲《春秋經傳集解》也，大觀群典，簡《公羊》、《穀梁》詭辨之言；錯綜微辭，備劉賈、許穎異同之致。世以爲丘明忠臣，信矣。然而棄經信傳，鴻生致譏，發明雖多，間失本意，則由其遜德罔企，庶幾立言，“武庫”流稱，自占“傳癖”云爾。然其《叙傳》有曰“優而游之，使自求之。厭而飫之，使自趨之。若江河之浸、膏澤之潤，涣然冰釋，怡然理順”，此與孟子深造自得之旨又何相遠乎？此三言者，固程子所取也。夫以三子著述之富，若彼而可循之以入道者僅僅若此，則其言之不足取者多矣，明道豈易耶？程子謂近似儒者氣象，由三子之行而取之也。今考仲舒進退容止，非禮不行，兩相驕王，正色率下。天人相與之策，明性術之本原；正誼明道之謨，辨王伯之心迹。它如大一統之説、任德不任刑之説，蓋自孟子而後，世未有言之，粹然一出於正如此者，則其造詣之正可知矣。雖其生質、天命、人欲之分未極根抵，乃其學問小疵，真氏謂得從游聖門，當無慚游、夏者，不亦度粵諸子也與？楊子雲博覽好學，不爲章句，簡易清静，不修廉隅。慮小辯之破大道，則爲《法言》以祛惑；惟[六]大運以思渾天，則爲《太玄經》以衍數。它如《訓纂》之作、《州箴》之作，博物洽聞，其言有補于世，則其造詣之宏深可知矣。至信在黄宫，靈根内美之測，乃其地位所至，桓譚謂“文義至深，而論不愧[七]于聖人”，此漢儒中必以爲賢也與？大毛公之爲《詩傳》也，明四始以正經本，分小序以冠篇端。析義也精，河間獻三[八]取之，而晁氏稱其密；措辭也簡，劉孝孫則之，而李邦直贊其深。源流於子夏、仲梁子，最爲授受之正；考證于先秦古文多合，盡洗三氏之非。嘗觀《漢藝文志》，載諸儒解經，有五字用三萬言者。其漫漶若爾，故程子曰"漢儒談經不知要，唯大毛公有儒者氣象"，又曰"毛萇最得聖賢之意"，得非因其訓詁而覘其造詣乎？夫以漢世經學之專如彼，而氣象之近儒者僅僅若此，則其人之不足取者多矣，體道豈易耶？抑程子有取于三子之言矣，復曰"三子初不及此，有取于三子之行矣"，而乃曰"近似"，是皆猶有所未滿者，無亦抗道之太高而貴〔九〕人之甚備與？蓋有説矣。儒者於道求以明諸心，故學不可不好也，博依之以貫其類，深思之以凝其精，厚積之以俟於化，庶道之能明焉耳。三子言之，宜所造之及此矣。而程子不許者，則以杜之博依徒牽通乎義數，管之精思亦役志于權謀，荀之真積又徇心于執見，蓋其言雖是，而所以從事則與道固遠耳。儒者於道，求以體諸身，故行不可不力也。道德求其和順焉，理義求其浹洽焉，涵養求其深沉焉，庶道之能行焉耳。三子行之，即名之曰"儒"，亦奚不可？而程子靳之者，則以董之經術正矣，而有陰陽之溺；楊之構擬深矣，而失節義之經；毛之釋義精矣，而又無見可之行。蓋其質雖美，而終身所至尚未得所安耳。學者誠能循三子之言而得其學之所發端，由三子之造而進於學之所極致，則道德性命之奥、天地萬物之理皆將一以貫之，而所謂"魯國之儒一人者，固吾師也"，於六子何有哉？不然，馳騁口耳，博學爲務外耳，子張氏之賤儒也；拘牽儀度，篤行爲徇迹耳，子夏氏之賤儒也。豈程子示人爲己意耶？謹對。

問：《王制》："歲抄〔一〇〕，制國用。用地大小，視年之豐歉〔一一〕，量入以爲出。"蓋每歲恒餘四分之一以爲常，蘇軾所謂

"萬世計"也。我國家以仁儉造邦，其取民也不盡其力，其制用也不盡其財，成憲具存，視成周之制無遜爾。夫何邇者烽警不時，度支之費日鉅，蓋雖欲量入爲出有不能者，而司農告匱矣，將何道以濟之歟？且運帑金供邊費，祖宗時無有也。正統間，近塞有急，量分羨金佐之。考其時，府藏盈溢，其發杪忽耳。乃今日歲輸各邊之金，比其數不啻什百，此又何昉歟？夫度塞非益廣，而量兵未加衆也，在昔帑藏不出，各邊所以自給者當必有道，乃今歲額稍縮，轉輸稍緩，即邊臣告急相繼，何歟？議者謂費出無端，由於經制不定。然歟？否歟？定經制固將爲永久計也，而目前之急其何以待之？度支所領經費多矣，所以爲財用耗者，果獨邊餉歟？昔漢、宋中業〔一二〕，嘗詘於財用矣。漢有平準之術而縣官用饒，宋立制置條例之司而國用俱困，其得失之所以異者安在？經費，國家大計也。諸士其商確古今，根極利弊，敷陳可久之道，有司者將采而施行之，毋徒剿陳説爲也。

執事以經費不給，司農告匱，而欲諸生根極弊原，敷陳可久之道，此國家之大計，廟堂所孜孜日夜而求者，蓋非一日矣。曩者，黠虜瞯邊吏之不戒〔一三〕，闖我近郊，中外大恐，於是握鈐者委于力之不敵，徵各邊技擊入衛，且廣募利勇爲新兵，歲增度支費數十萬計。先是，各邊以烽警之不時，屯、鹽利失，無以自資給，往往祈助内帑，度支業已病矣，謀損之不得也。及是，則更浩衍，遂大困。計臣謀士思爲國家建久長之策，聚首而談，持籌而畫，内之所訏謨條議，外之所建置興革，汰冗員，節浮費，廣開納，括贖金，督逋負，細至驛遞曆紙廢不徵估内輸，可謂極矣。然所入終不當所出，恃以應目前急者，先歲羨餘耳。今則帑蓄既竭，雖欲爲目前計，將不可得，此固執事者之所不能釋慮與？且匹夫而有千金之産，則必計租田緡息所收，爲俯仰衣食奉，務使所入常贏，則雖有意外之虞、非時之費，不爲所困矣。其次，計歲所收以爲費而無餘，居常亦足以自支，不可以待變。又其下，入廉而費侈，則産必日耗矣。蘇子謂爲國有三計：《王制》所稱三十年之通制國用，可以九年無饑，歲入足用而有餘，九年之蓄常閒而無用者，萬世之計也。一歲天下之産，僅供一歲之用，一時之計也。量出以爲入，用之不給，取之益多，天下晏然，而盡用衰世苟且之法，不終月之計也。夫以天下之大，九州之富，而爲不終月之計，豈謀國者之長算哉？然而萬世之計不可以歲月建也，而經用則有一日不可缺者，是以自虜犯近圻以來，謀國者蓋嘗三致意矣。而議論滋多，經制卒不能以時定，夫豈不遠觀詳度，爲國家深長思哉？目前之急，無計以紓之，而欲徵效數年之外，固不能待也。然則，當今之計必何如而後可耶？夫醫師之攻疾，急則治標，緩則治本，非其本之可後也，救急當然耳，標證去，則本可得而理矣。今度支之經費不啻急矣，欲以紓目前，則不可無治標之方；欲以謀久遠，則不可不求治本之要。規制定則，財用可以次第而理矣。夫所謂治標者何也？血氣之不調也，邪攻之；財用之不節也，弊蠹之。審受病之因，然後治療之術不悖，未有不得其因而善其治者也。財用之在天下，有生出之原，有制用之節。失其原，當求其所以生之；失其節，當求其所以制之。今天下財賦，自漕運外，其以銀輸太倉庫，領於度支之經費者，歲入一百一十六萬有奇，而各轉運司餘鹽課銀一百三萬有奇，數止此矣。九邊主、客兵饋餉歲爲銀二百三十六萬有奇，内府之供應、官員之俸給、京衛兵馬之布花芻菽，歲爲銀一百三十五萬有奇。一歲所出，浮于入數一百五十餘萬，而一切取民之道亦既搜括詳盡，不可復加矣。治標之術，惟有節其流已耳。節之何如？曰：上供所須固不可缺矣，官、府一體，其諸局監之濫役、無名之冒破可革也。官員俸給固不可缺矣，職以事列，額外之剩員、錦衣之帶俸可汰也。芻菽歲供固不可缺矣，而主守之侵冒、奸詭之虛出可覈也。聖天子躬履節儉，諸秕政裁停略盡，誠於是三者斷而行之，其所省當不啻十之五矣。然其費鉅而用急者，又特在邊餉。夫舉天下歲入以供邊，不數〔一四〕十一，故邊餉當議。九邊歲餉二百三十餘萬，而宣、大、薊鎮居其三之二，故三鎮尤當議。三鎮歲餉一百五十餘萬，而薊居其二之一，故薊鎮尤當議。夫發内帑濟邊，蓋昉于正統丁卯，於是運遼東銀十萬，宣、大十五萬耳。正德間，王文恪建議，已謂國家邊費最大，歲用銀至四五十萬，欲以省之矣，而豈知今日之至此耶？蓋宣、大歲額之增在嘉靖辛丑、壬寅時，薊鎮則以庚戌始，皆以黠虜匪茹，創巨痛深，思一振厲興起之，故不惜經費爲促辦計。迨後遂沿以爲常，餽輸稍後時，則邊臣執左券索負，故以天下之力困于此三鎮耳。夫以周之盛，而獫狁侵鎬及方；以唐太宗之威略，而突厥内訌，至便橋始退。中國與北狄鄰，時遭其侵掠，常耳。往者中國習于久安，忽睹狂虜飈發，遠邇惴懾，若毒蛟獰獸不可嚮禦。帥閫不逞之臣因張聲勢内喝，厚集廣募，徼倖一旦無事，遂使延固、遼左萬里之兵疲於奔命，内帑數世之積罄于轉輸，厲階爲梗，至貽今日不可支之憂，而猶不思所以變通，將安所稅駕耶？夫虜雖無歲不犯中國，然每犯必易其地，自庚戌犯遼以來，率數歲而一至。而我之調遣征發，恐恐然常若虜至者，則終歲無閑時，此以主爲客、變逸爲勞術也，兵家之所禁也。矧始之征調客兵，以土兵未練耳，期月可責效者無已，則如孔子所謂“七年即戎”乎？今且二十年，而客兵之入衛者猶昔，則所謂練兵者豈皆虛言耶？夫使封疆之臣不以實心徇國家之急，豈惟土兵難恃，將雖厚集客兵亦且無益，即往事可睹明效矣。今欲爲經久計，則務在破拘攣之見，信必至之畫，而求可成之功。凡諸遠鎮客兵盡罷不徵，而令近鎮選集武勇屯境上待命。凡虜大舉，非飄忽而至也，蓋必有先聲焉。聞警，宣、大兵自紫荆、居庸入，遼東兵自山海入，必不後虜矣，要在間諜[一五]明而傳召速耳。矧漁陽突騎古稱雄鷙，果練習有方，亦何至全恃客兵者？如此，則司農費必大省。况歲額之增，或以資召募，或以備械器，或以供興事。不常之用，司農按籍而覈之，諸勿使麗於額焉。至于修邊之費，既告成績矣，即每歲不無補葺，要于始事有間，亦須定爲制額，歲循爲度。推而之宣、大亦然，覈其歲額之所增，而汰其費之尤無經者。又推而之各邊亦然，覈其歲額之所增，而汰其費之尤無經者。則歲入雖無羸，當必不窘於應矣。目前之急既紓，又當立經制以圖久遠，蓋標證既除，復須理其本耳。治本亦豈有異道乎？不過復國初各邊所以自贍之法耳。法安在？曰屯田，曰鹽法。此二策者，夫孰不言之，而卒不能立者，非其法之果難行，行之者不得其方耳。夫法惟宜於人情，斯法立而可久，而修復久廢之政者，又貴不泥其迹。各邊自邇年武事不競，居民益稀有，可溝洫播殖之地而鞠爲榛莽者彌望也。軍門非不欲得而田之，然畏虜之蹂躪不敢耳。今誠相度地勢，爲封畛呰壁，使之遠近聯絡，足以相倚助。募民任力穡者，賦田一區，蠲其租入，三年而後收之，輕其課，與民田比，則人必樂從。人樂從則塞下之粟必多，粟多則官必收其利矣。此與清原屯之田，先搆怨嫌，按籍而授之屯卒，以疆其力作者，不可同日語矣。至于鹽法之斁，則由昔之見小利者爲重估以困商，而餘鹽之開納於運司者又安坐而享厚利。自是商之挾厚貲者不復出塞，不惟飛輓利失，而邊民衣食之具仰給于中國者益窘於求，故内帑之鏹愈出而邊塞愈急者，率數金不獲一金用耳。屯田既復，本色且易得，又輕其估以召之，利之所在，宜必有應者。俟法漸疏暢，併以餘鹽開之邊，令引納倍粟，運司給鹽如之，使商不由邊開中者無所牟利，則益争赴塞下。商通則百貨集，邊人益有所取饒，而仰于内者輕，則内帑之財益可以省出而歲有餘。歲歲而積之，則《王制》所謂"九年之蓄"，漢文、景粟陳貫朽之盛可馴致矣。此固萬世之計，所謂良醫之治本者也。執事念財用之急，俾諸生勿剿陳説，欲聞至計。而愚生之所復者，卒莫能奇，蓋揆之時勢，酌之情法，不過如此。若夫桑、孔牢盆、均輸之法，王安石、吕惠卿青苗、免役之令，乃市賈之魁、駔儈之術耳，縉紳先生羞稱之，亦何暇權其利病而較其短長哉？

隆慶〔一六〕庚午河南鄉試一問程策一道附

問：當孟子時，邪説之誣民者衆矣，若莊、列，若申、商，若蘇、張，若孫、吴，以至公孫、鄒、慎、宋、尹之流，不可以一二數，孟子未嘗過而問焉。楊、墨之術，視諸家爲近理，乃孟子極力詆之不置，至斥以禽獸，何歟？戰國之世，爲民害者大率前數家爲甚，楊、墨之害未有徵也，孟子顧舍彼攻此，其説安在歟？漢用董子之言，罷黜百家，專尚孔子，道術可謂一矣，乃班固《藝文志》復以儒與九流並述，何歟？魏晋而降，佛老之説寖以昌熾。唐韓愈氏出而詆排之，自謂與孟子同功。夫楊、墨，孟子拒之甚嚴，愈往往以孔、墨並稱，其書中又稱有人道似楊、朱者，果與孟子同功否也？佛氏之説，至宋益談理入細，儒者悦其言，多陽排而陰附之，甚者取以緣飾經傳。子程子、朱子爲之辨析其毫芒，而推極其流弊，害用熄矣。乃今復有取其殘賸而張皇之，昔〔一七〕果使其説遂行，則爲害豈在楊、墨下耶？諸生苟有孟子之志，願聞所以正人心、息邪説、閑先聖之道者。

道之不明也，異端亂之也。夫異端何足以亂吾道？我以其正，彼以其邪，若方圓之異狀也，鸞梟之異音也，凡有耳目者可得辨之，彼安足爲吾道病？然道有時而不明焉，則異端之似吾道者亂之也。夫天下物理，唯似足以亂真。彼一異端也，其説乃與諸異端者流不類，而與吾道類，非深于道者，孰能察之？然以彼似此，猶二之也。又其甚焉，陰用異端之術，文以儒者之言，借儒者之口而談異端之宗旨，曰聖人之道本如是也。此則取蜾蠃而螟蛉之化而一矣，學聖人者方苦于從入之難，而忽得其超詣自便之説，莫不翕然從之，曰“吾聖人之道固在是也”，其究將化天下之爲儒者盡爲異端，舉衣冠而左衽之矣。此其爲害，又豈若似之者猶有迹之可尋哉？儒者苟有衛道之心，又烏容置之而不辨也？夫道原于天地，具于人心，本之爲五常之性，發爲四端之情，麗爲五品之倫，著爲飲食、衣服、宫室、器械之宜，達爲禮樂、刑政之具，此人之道也，萬物雖與人雜然並生，不得而有者也。人既具此數者，必于其中各盡其所當然之理，然後無愧於爲人。故學也者，所以學盡此人道也，而不可以易言也。由灑掃應對面〔一八〕達之于精義致用，由視聽、言動、食息之節而達之于人倫日用酬酢之間，由格致誠正而擴之于齊治均平之效，由幼學志道以要之于終身之履歷，蓋天賦人之理本自完備，人之爲學，必如是而後可以踐形。故儒者之道，人道之當然也，聖賢之所以爲教，帝王之所以爲治，非二物也。昔周之衰，聖王不作，孔子懼道之隱也，爲之删《詩》、《書》，定《禮》《樂》，贊《周易》，修《春秋》，師弟子相與講明，以詔後世。比七十子喪，而大義遂乖矣。至孟子時，去孔子僅百餘歲，而百家之説競鳴于世。是故荒唐詖詭，則有若莊周、列禦寇；石〔一九〕實開塞，則有若申不害、商鞅。孫武、吴起則以其術交鬥天下之兵，蘇秦、張儀則以其辯離合七國之勢。以至鄒衍之談裨海，公孫龍之析堅白，與夫宋鈃、尹文、田駢、慎到、惠施之流，紛紛然各徇其偏見而自爲一方，道術之爲天下裂也，甚矣！孟子以孔子之道自任，是宜于諸説者排根塞竇，摧陷而廓清之爲急。今觀七篇之中，略不經見，其汲汲詆排而不置者，則楊朱、墨翟而已。夫楊氏"爲我"近義，墨子"兼愛"近仁，孟子固以仁義爲訓者，乃斥二子爲無父無君，至擬於禽獸，有説也。夫人道之有仁義，猶天道之有陰陽，廢一不可者也。二子各執其一，則"爲我"者推其自私之極，必且敢于陷天下之至不義；"兼愛"者推其無辨之極，必且歸于天下之至不仁。使不辭而闢之，人將曰是固爲仁義者，乃其盭謬若此，將不併吾之所謂仁義而疑之哉？故孟子之攻楊、墨，以其異端而似吾道，恐其亂真也，莊、列之徒固不足深辨爾矣。由孟子而後，能尊信孔子之道者，莫若董仲舒，勸武帝罷黜百家，表章六經。漢之儒者宜審於道術矣，乃班固叙藝文，以儒與名、法等家通爲九流者，蓋世主徒有崇儒之名，而未敦教化之本，雖當世所稱大儒，亦多專門守章句，鮮睹道真，又何疑于區區文墨之士哉？由董子而後，能尊信孔子之道者莫若韓愈。于時佛老之教布濩中國，自天子達於庶人，鮮不震動崇奉。愈乃昌言排之，瀕死不懾，且自任與孟子闢楊、墨同功。夫孟子之闢楊、墨嚴矣，愈之書往往以孔、墨並稱，其傳王承福，復稱其道似楊朱，是尚未明孟子深拒之意。矧當其時，緇黄之徒第以禍福報應恐脅流俗，愈之所以闢之，亦徒以是故耳，不足多也。迨至有宋濂洛關閩諸儒出，始有以發揮人道之大經，闡明聖賢之本旨，辨學者用功之先後，以著入道之次第。蓋自孟子之後，道之湮廢千有餘年而復明，可謂盛矣！然當其時，葱嶺餘教幻發禪宗，而吾黨之士譎誕好奇者，初攘莊、列之緒餘，繼倣儒道之形象爲之累架，中間微辭隱義，有近于六經之旨矣。故程子曰："古釋氏只是崇設像教，其害至小。今日之風，便先言性命，先驅耳〔二〇〕智者，才愈高明，則陷溺愈深。"朱子曰："釋氏之書極有高妙處，句句與自家个同。""吾儒多有折而入之。"當時若王介甫之學、張無垢之《學庸》、吕氏之《大學解》，大段以佛義文儒道，駸駸然布彗孛而翳日月，引支孽而亂宗系矣。夫釋者之言近吾道，固足病矣；然人知其爲釋氏之言也，則有識者尤得而决擇也。今也以談道之儒析聖賢之旨，而所述者皆翻達磨、慧可之窠臼，改惠能、宗杲之面目，使后生晚進汩没其中，終身不知人之所以爲道、儒之所以爲學者，則其害豈在洪水猛獸下哉？故程、朱二子不專攻二氏而必先極力辯明于此者，以其流患之若是甚也。嗚呼！數子者之謬得程、朱之説闢之，亦既有瘳矣。今世之士，莫不誦法孔孟，析義程、朱，使皆明于人道之當然，而從事于儒者之學，豈非儒教、世風之一大幸？惜也程、朱不作，而世儒之高邁不羈，厭聖學之嚴密而憚于始終條理之難者，乃不勝一切自便之私，拾楊簡、陸九淵之賸餘，而宗祖于張、吕，作弄精神，驅駕氣勢，借光〔二一〕儒之文字，傳黠僧之衣鉢，將鼓一世而悉異教之從。未能下學也，而徑求上達，世豈有今日適越而昔至者哉？未能循迹也，而自謂安心，世豈有外肆跳踉而中致肅者哉？詖淫邪遁，靡所底止，使後學之士猖狂恣肆，而不肯便〔二二〕辟近裏，從事于切己之實學，其究是以壞人心，蠹國政。西晋玄虛之效，往事可明鑒矣。有世道之貴〔二三〕者，誠不可不深辨而力挽之也。挽之何如？亦曰明人道之本原，陳聖學之次第，以先於自治而已。

嘉靖〔二四〕乙丑武舉一問程策二道附

問：古人之所以靖圉折衝，赫然垂簡册之光者，固以其勛猷之宏偉爾。然當勛猷未著之前，而其君信任之，亦豈有以自見歟？嘗觀韓信一見漢王，即雌雄楚、漢，謂三秦可定。諸葛亮隆中畫策，遂謂荆、益可圖。方其初言，若落落矣，而竟如指取，何其預也！至若先零犯塞，漢庭擇可將者，充國自謂"無逾老臣"，宜得勝算矣。及上遣問，又謂"兵難隃度"。夫難隃度也，而又何以知勝耶？智高寇廣南，狄青上表請行，具有定畫矣。比至昆侖關，乃始幸智高不守。使守之，果不可入耶？則前請兵之對何其易也！國家文武造邦，内寧外謐，列障開府，守在四夷。邇以邊備漸弛，疆圉之事猶廑廟議，振勵而懲艾之有日矣，乃成效未睹，其究安在？爾諸士以武科進，行且有分閫責矣，雖用兵之事，臨敵制變，不可預言，請言今日邊事之大較，與爾之所以欲自效者。果能使異時計效不爽，即古人何多讓焉！

夫兵無常勝之形，而善治兵者則有必勝之算。必勝之算者，是常勝之具也。形曷以無常勝？形因乎勢者也。勢有成體而互異者，若人之老少虛實然；有沓至而不測者，若天之陰晴凉燠然。甚矣！其不可以定擬也，而又曷以有常勝之具乎？具存乎人者也，干將必斷，物無能爲堅；騏驥必至，途無能爲遠。君子觀體而知方，審變而知待，敵無能爲難，故勝可必也。嘗觀古人有稱善治兵者矣，彼豈徒果鷙慓悍，毅然决一旦之勝哉？夫亦揆時以詳其形，量己以審其具，度其難易、遠近、疏密之節，與大〔二五〕闔闢、操縱、取與之宜，日默默然計劃於心目之間，而得夫的然有成之算矣。一旦卒而叩之，則其應甚預；舉而任之，則其事甚習；要其後而驗之，則其效甚著。彼其於天下之事，豈不猶工師持繩而長年之操櫓檝者哉？雖然，兵固有可得而預言者，有不可得而預言者，而又有不必言者。夫利斯殳，轂甲胄，善弓弩，兵之必不可缺者也，然司器者治之耳，非將帥之任也；豐儲偫，裹餱糧，充茭芻，兵之必不可闕者也，然司餉者治之耳，非將帥之任也：若比〔二六〕者不必言者也。其可得而預言者何也？形之成體而算之辨方者是已。其不可得而預言者何也？形之沓至而算之審變者是已。所謂成體者何？是天下之大勢也。利害之相乘，遠近之相取，安危之相伏，離合多寡之相間，辨在毫釐，較若日星，而世人莫能察也，達者從而指陳之，若分黑白、數一二，故韓信抵掌析三秦之策，孔明立談定荆、益之畫。《法》所謂"策之而知得失之計，角之而知有餘不足之處"者，此也。所謂辨方者何？是天下之大計也。君子之謀人國者，猶醫師之謀人身也。胗病之陽，投以陰劑；胗病之陰，投以陽劑：察症悉而處方當也。故充國老臣慷慨而任先零之責，狄青末將從容而效交南之計，卒若計齒索負，靡有逋焉，《法》所謂"未戰而廟算勝者，得算多者也"。若夫旗幟相望，煩静異焉；金鼓相接，詭正殊焉。原野而反國中之圖，日中而失終朝之故，紛紛往復，恍惚變觀，於是當機而發之，隨樞而運之。翕張神鬼，使敵人乖其所之；出入死生，使三軍不得其慮。要在靖圉折衝，而立於不可敗，此將心之獨覺，神道之妙用，不可預言者也。是以囊沙背水之奇，淮陰不能陳於登壇之日；風雲龍蛇之陣，武侯不能指於三顧之時。後將軍既至湟中，然後圖上其屯田之略；武襄既入昆侖關，然後喜售其懈敵之謀。蓋形至此而後見，計至此而後决，當其先，非不欲言之，而不可知其必出於此也，《法》所謂“兵無常勢，因敵變化而取勝者謂之神”也。故談兵之士而不睹當世之大較者昧，籌世致用而不得其要者迂，輒言敵態者輕，逆億其臨事之方者滯，四者，將之疵也，明君之所不取也。執事欲聞今日之大較，可得而預言者乎？則一言以蔽之，曰：形實不相副而已。所謂“形實不相副”者，備似堅而實瑕，兵似衆而寔寡，法似密而實疏也。夫國家環四海以爲帶，島夷、羌笮雖暫有不靖，旋就摧廓，其所嚴備而重防，無若北狄然。自國初繕秦故塞，西起臨洮，東至遼左，垣墉聯，斥堠通也，控扼有關，巡徼有卒，防禦有營，不啻堅矣。然延袤遠而通虜路多，則地利有所未周；乘障久而饑渴爲困，則士氣不能常鋭。況千里而守亡虜也，尺寸有間，虜斯乘之矣；終歲而守亡虜也，時日有間，虜斯乘之矣。《法》曰“攻瑕則堅者瑕”，故曰備似堅而實瑕也。夫北虜之衆，不過中國一大郡，舉天下之全力以禦之，其數不啻十倍，可謂衆矣。然彼合而戰則勢專，我分而守則勢涣，《法》所謂“無所不備，則無所不寡”，得無近似之乎？矧古之料力者謂中國之兵五當匈奴之一，加以尺籍之逃亡、老弱之具數在在然也，故曰實寡也。且人孰不憑生而惡死？兵，死地也，所以使民義不反顧者，功罪明而賞罰信耳。今之法令非不素具也，然而上狀往返，動經旬時，覈實留難，多淆功罪。當其有功，未必賞也，迨賞之，或適失律焉，猶賞罪也；當其有罪，未必罰也，迨罰之，或適獻馘焉，猶罰功也：故首虜不明而士無所勸懲。《法》曰：“賞不逾時，欲民速得爲善之利也；罰不遷列，欲民速睹爲不善之害也。”蓋不速則利害不明，與無賞罰同，故雖密亦曰疏也。夫今日朝廷制馭之方與夫疆圉之臣所當自效者宜何如？亦惟略煩文之節而責以安攘之寔效，黜謀身之慮而修其城守之實功而已。《法》曰："將能而君不御者勝。"故"閫以外將軍制之"，言貴專也。李牧守便宜，雖趙數使使趣之，竟不出戰。陳平問〔二七〕楚，漢捐四十萬金而不問其出入。夫然後匈奴可破，而范增可死也。夫國家謀萬人之帥，當其始豈謂之不才，而微文密理，若置譜而教奕，此庸懦人之利，而非社稷之長策也。夫纆索長則駃騠窘于步；緤韝不解，鷹雖鷙，不能搏擊矣。故將不任兵事，廢置之可也。如其任之，則宜寬其文法，付之便宜而責其後效，使魏尚之徒得有以自見，而國家受其利。《法》曰："將進不求名，退不避罪，唯民是保，而利於主，國之寶也。"求名避罪，蓋所謂爲身謀耳。夫士受推轂之任而爲三軍之司命，國安危、衆死生係焉。夫苟内計身謀，則爲民與主謀也必輕。謀輕則舉事貳，舉事貳則士心惑，敗之道也。故曰："必死可殺，必生可虜，將之過也。"是故爲將者内審於己，外審於敵，制變通方，必參以伍。利在于守則守之，非避罪也；利在于攻則攻之，非求名也。一心以殉公家之急，而計無内顧，使衆附而兵强，又何形實不相副之患哉？夫寬文以馭將，是上以誠任下也；忘身以殉國，是下以誠報上也。誠意流通，精神折衝，以守則固，以攻則取，又何欺蔽之足防而虛文玩愒之足慮耶？愚也武夫，不通於當世之務，執事之問發端於四子，非愚生所敢任也。顧今日邊事之大較與夫愚生所欲自效者，唯此可得而預言耳。若夫臨敵制勝之略，則有不可預設而先圖者。愚生雖慫慂於心，計其足以辦之，而口不可得而言也。昔曹子建求自試以當一隊，是宜展盡底蘊以啓武帝之聽也，而乃曰"兵者臨難而制變，不可預言"，何哉？蓋真有不可得而言也。此輪扁所不能語斤也，馬服君之子易言之，乃所謂不知兵爾。惟執事擇之。

夫勢以權用者也，能因勢而審權者，可與制變矣。夫士以材任者也，能量材而授事者，可與成功矣。勢者何？離合異形，强弱異氣，仁暴異德，利害異用，九轉紛紜，得之則存，失之則亡，不可爲要者也。材者何？世所易眩，匪智曷晰？世所共慴，匪勇曷奮？投之至艱，納之至大，知微任决，與衆異慮者也。古之人進而觀勢於天下，既有以識其必至之機；退而審材於一己，又有以信其必成之畫。故抵掌振袂，料事料人，如日官隔歲而預步寒燠，按度布算，不謬晷刻；若醫師視疾，聆聲察色而知病所由來，針砭、藥石、湯熨及之，無一失也。此固世之所驚詫信服，而不知豪傑之士則以此爲固然不足異者。執事發策武闈，歷舉古人效猷始終之迹，欲聞諸生所以自效，汲汲求將之心，其所待諸生者至勤厚也。愚武流，曷敢自附於古人？然問及之，不敢默也。昔漢高之去咸陽而王漢中也，鬱鬱之心，日夜欲東，然憚項籍，無如何也。一旦得韓信，築壇而拜之大將，訊以籌策。吾觀信之策，大都謂楚强易弱，三秦王不足忌也；義士思東，秦民屬望於漢也；關中之險，足控天下，是得之而不能守也。《孫子》曰："知彼知己，勝乃不殆。"信其以之，是以一傳檄而蹙秦滅項。蓋信觀天下之勢，其低昂如此，而又自視其才足以辦之，故其發言易而取效果也。信真國士無雙者哉！先主去汝南而屯新野也，伸義之志，顛沛未已，顧依劉表，無能爲也。一旦聞諸葛亮，三顧隆中，問計所出。吾考亮之言，大都謂曹操不可與争鋒也，孫權可與爲援不可圖也，跨有荆、益，霸業可成，漢室可興也。《孫子》曰："知天知地，勝乃可全。"亮其以之，故不數載而鼎足形成。蓋亮觀天下之勢，其分合如此，而又自量其才足以集之，故言有序而效可徵也。亮真所謂"伏龍"者哉！漢地節中，先零羌叛，宣帝問誰可將者，趙充國自謂“無逾老臣”，壯心未已也。卒之招諭罕開而羌黨攜，屯田湟中而羌勢困，可謂不戰而屈人之兵矣。一時漢庭諸將，生事邀功，孰能逾之？執事乃疑其始既自信爲“無逾”，既又謂兵爲難度，若先後不相蒙者。殊不知老成之見，隨時變易，言各攸當也。《孫子》曰：“善戰者，能爲不可勝，不能使敵之必可勝。”充國自量足以制此，是以任之不疑。至於屈力攻心之方，固不可概得而預設也。譬之國奕，未奕而知其必勝者，其自信固爾，至於擊斷攻圍之變，則必奕乃可見也，而又何疑焉？宋皇祐中，儂智高叛，仁宗憂諸將無功，狄青毅然上表請行，義形於色矣。卒之夜度昆侖，賊莫能測，逆戰歸仁，賊莫能當，可謂制人而不制於人矣。當時嶺南論功，比迹曹彬，帝亦嘉之。執事乃謂青既度關，始幸賊之不守，疑其初言若過决者。殊不知良將之謀已有成算，斯特喜其易與耳。《孫子》曰：“始如處女，敵人開户。後如脱兔，敵不及拒。”青之自料蓋無難此，是以任之不疑。至於圓行方止之妙，必有隨機而應者。譬之庖丁解牛，目無全牛者，游刃於經綮，而用斤於髖髀也。向使儂果守關，青必有用斤之術矣，而又何疑焉？由是觀之，離合者，開塞之準也；强弱者，翕張之度也；仁暴者，向背之端也；利害者，取舍之極也；明智者，幾微之剖也；沉勇者，功能之赴也。勢在於人，静以權之；材具於我，默以成之。人不吾知則已，知之則用吾静所權者應之，故校無常之勢若素習也；天下無事則已，有事則用吾默所成者試之，故臻非常之績若預定也。古之人所以不可及者，非徒四公而已。凡次[二八]疑定計，靖難策勛，威稜慴於當時，流光施於後世者，孰非由斯道也？知此，則當今之勢與愚生所得自效者可得而言矣。我國家神武造邦，自二祖鞭撻四夷，犂庭掃穴，盡刷百王之耻，今二百年矣。天眷皇上，應運中興，文德武功，先後重光，尉候屬之東西，聲教彼[二九]於荒徼，雄圖牙制，將士雲屯，自古中國之盛，莫有盛於今日者，非楚漢、吴魏之勢比也。雖山海逋遺時一跳聚，而廟謨迅發，旋就剪除，方之先零、廣源之寇蔑矣。惟此窮北醜虜，飲啄餘息，卵翼蕃滋，漸成驕獷，使我介冑之士終歲枕戈，斥堠之卒窮年乘障，聖天子赫然震怒，欲振厲而懲艾之有日矣。而迄今郅支之首未懸於藁街，頡利之頭莫致於闕下，果虜之强異於漢唐時耶？抑分閫將臣未得其謀也？夫人臣之爲國謀，非徒詐效，自前已耳，凡時勢緩急、地里險易、敵情變態、利害得失，一一若指諸掌中而運之自我，闔闢張弛，卒歸於勝。如韓信之料項羽，孔明之料孫、曹，充國之料羌人，狄青之料智高，言出而酬，毫髮不爽，乃所謂謀也。今虜勢日張，邊備單弱，將無敢戰之風，士乏直前之氣。喪師者失百而言一，勝敵者獲一而言百，彌縫張大，其爲身謀得矣，如邊事何？愚聞犬羊之性反覆無常，避之則易進易强，逐之則易退易弱。譬之盗入人室，併力擊之，庶有懲憚。聽其入而不敢與之抗，雖日繕垣墉，治扃鐍，嚴警備，而彼之窺伺不已，何者？彼固有所利而亡害之恤也。今日之事何以異此？然所以致此者，其來有漸，其成有因，而欲振而起之也，蓋亦有機，特在一加之意而已。所謂漸者，邊防積久而廢，尺籍積久而耗，法令積久而弛也。所謂因者，拼[三〇]圉之臣無事則擇便利以自安，有事則事觀望以自免也。振而起之將奈何？循流既濫，當返其源；趨極則窮，貴通其變。返其源者，復其所本有。是故峻亭障，實部伍，明禁令，俾地險可恃，而軍政修舉，若國初是已。通其變者，革其所當革。《孫子》曰："善守者，敵不知其所攻。”故城有所不守，擇其要焉耳。國家葺秦舊塞，綿亘[三一]萬里，列卒守之，多置之則不足，寡置之則不禦，徒日月暴露以疲吾兵，非計也。夫蟻穴漏水，千丈之堤不固。今將臣分地，勢若同舟，彼此不援，甚於秦越，此敗道也。謂宜合諸分守之卒，聚之要扼，以時教閱。一有虜警，聯絡應援，其後時者必誅無赦。禦寡而力完，兵聚而勢壯，虜一遭創，便可數年。此使士卒不怠，將士不獲遂其自私自利之法也。若夫臨敵制變，有難預言者，在大將當自得之，此兵家之勝，不可先傳也。雖然，將亦難得矣。弓鳥雲飛，鈎魚淵逝，故于[三二]城之將不棄二卵，奔風之驥不廢蹄嚙。信之奇也以何，亮之出也以庶。後將軍金城之議，相贊之；秋[三三]武襄嶺南之捷，籍成之。我聖天子拊髀思賢，設科求將，又歲詔有司搜羅遺材。士生其時，以古人自詩[三四]者何幸焉！顧愚非其人也。謹對。

隆慶[三五]戊辰武舉一問程策一道附[三六]

問：軍争以力，兩陳相遇，將衆者勝矣。其説在馬服君之告平都[三七]也。是以空國授甲，壽春不守，諸侯四至，固陵底績，何莫由斯道哉？竊疑夫昆陽貔虎之師、淮淝投鞭之旅，一當突起積弱之敵，折北不救，何歟？若謂工拙、驕懼致然，則渭曲之役，兩敵技正等耳，而衆寡、勝負又何舛也？中國與狄鄰，昔人策衆寡者曰：“匈奴不當漢一大縣。”其策强弱者曰：“漢兵五當胡一。”然則漢以五縣力足制胡矣，而自古患之，何也？試考中國所嘗得志於胡者，趙有雁門之勝，漢有朔方、燕然、白狼之勝，唐有定襄之勝，此其所將多者數萬騎，少僅數千，虜若易與矣，乃漢初至以精兵萬旅困於平城，抑又何也？豈值有適然耶？將禦夷上策衆寡非所恃耶？邇虜最桀鷙，歲入侵暴，計欲一創艾之，議者謂非用衆不可，其果然歟？夫九邊兵非不衆，顧勢不可聚，將每鎮而益之，又恐民力不給。然則靖塞保甿，必何如爲得算耶？諸士行且任疆事，請陳其先定之計。

中國所以制馭夷狄之道，與敵國兵争者不同。兵争之機，期于勝敵，而制戎之道，要在靖民。夫唯期于勝敵，則比權絜勢，察形應變，極其力所可至而唯敵之求。夫唯要在靖民，則唯民是視耳。或慎守之以固其封略，或重創之以折其驕悍，其究使虜不獲逞所欲，憚於内犯而已。此帝王攘外之猷，所以不可與列國以力争者同語也。執事憤醜虜之跳梁，思欲撻伐而創艾之，又慮夫衆寡不敵，令諸生陳其長算。生家邊郡，苦虜侵暴久矣，扼腕行問〔三八〕，日夕念此至熟也。蓋亦嘗覈古今之迹，察彼己之形，權利害之決，審攻守之計，若有以得其要領者。夫執事謂衆寡不敵，誠不敵也。漢人言匈奴之衆不過漢一大縣，今中國提封萬里，列屯千百，奄漢之輿圖有之，而衆乃寡於虜，何也？逃亡衆而尺籍漸耗，承平久而民之任兵者鮮耳。我國家藉二祖震疊威靈，中國氣盛，謂氊廬游魂無能爲患，故其經營備禦，視前代爲略，蓋舉九邊兵不當宋人鄜坊一路，其額省矣。迄于今日，額不加增，而缺伍日甚。民安于畎畝，一聞金鼓戰鬥之事，輒蹙首而懼。虜浸淫孳息，種落日熾，每入寇，必糾集醜類，悉舉引弓之族，動以數萬計。而我兵散在各邊，卒不可集，其近境能策應者無幾耳。昔人謂漢兵五當胡兵一，是我兵五倍于虜，始克敵之。今顧不及其三一，則虜之肆而無憚也，又何惑焉？故議者率欲增兵。增之誠是矣，然兵增則費廣。今九邊之費仰給於内帑者，歲以二百餘萬計，而内地徵輸浩廣，民力業已殫竭，費將安從出也？費無所出，則兵不可益。兵不可益，則虜無所制，將任其肆行而莫之禁耶？

則天下之事其何所究極耶？然愚竊籌之，衆寡之利，蓋用之於戰勝。戰勝者，被[三九]此治力以求雌雄之决者也。昔者王翦以六十萬衆伐荆而荆王虜，漢祖用信、越等兵蹙項而項王斃。一則空秦國之卒以授甲，一則引天下之大衆以并勢，皆中國之戰，不遺餘力，以争存亡之决，所謂"役不再興"，法當如是耳。若治中國之力以與虜搏，勢必徼之於塞外乃可用衆。昔漢武帝出七將軍兵擊匈奴於朔方塞，漢和帝發北軍五校及沿邊騎士擊匈奴於稽落山，係虜名王，捕斬數萬。此其出塞遠者數千里，近者數百里，非不赫然稱雄烈矣。然元朔中，匈奴雖絶漠北遁，而漢士馬物故亦太半，海内由之虚耗。永元雖藉南單于、鮮卑之力，而大司農之調度已稱窘矣。夫以武帝席文、景之業，孝和承明、章之緒，皆中國極盛際，猶不免師徒外僨、財賦内詘若此。然則中國之于虜，亦奚必甘心狼望之北，而遠鬥其衆哉？况漢祖嘗以三十萬衆爲冒頓所困，是時百戰之餘，威加海内，勢非不盛也，謀臣猛將非不多也，輕車突騎、材官勇士非不鋭也，虜之不可與力競，亦已明矣。夫虜既不可與競力，則吾所以制之者，當出於力之外。既不必出塞徼虜，則吾所以待之者，當嚴於塞内矣。是以獫狁匪茹，侵鎬及方，吉甫以戎車驅之，至於太原而已。王者之待夷狄，其不與之較曲直、争勝負如此，凡以重勞民耳。擇其道不易其守，察其勢不眩其機，而今日禦戎之勝算得矣。勝算奈何？曰：謹守吾利而勿失敵之敗，工用吾短而勿犯敵之長而已。夫虜之所以頻入塞者，利吾金繒耳，利吾菽粟耳，利吾畜産耳，非能詳于山陵藪澤之形也，非能辨于險阨遠近上下之節也，唯吾不知因地利以扼之，故履險若夷而擄掠不禁耳。吾誠能明間諜，遠斥堠，繕城堡，時收斂，使之掠無所獲，攻不能克，則虜氣沮矣。重關疊障，限隔中外；仄徑峭壁，一夫當千。況賊衆遠來，吾爲地主，凡《兵法》所謂“圍地”、“圮地”、“險形”、“阻〔四〇〕形”、“天羅”、“天井”等地，皆吾所諳而虜不能測者，謹守而伺之，不失其便，使虜動有所罣，行迷所之，則衆心惑矣。我所短者，卒寡也，力弱也，氣怯也；虜所長者，衆也，馳突也，野戰也。《兵法》曰：“善動敵者形之，敵必從之。”故孫臏計日減竈而龐涓死，繼倫銜枚躡敵而皮室誅，狄青鳴鼓止士而智高敗。今虜深入吾地，縱騎肆掠，至無憚也，至不整也，至不相屬也；飽橐而歸，唯所欲取，負重道遠，不惜騎力，比罷極則日數里而已，其氣又至惰也。苟有一夫躍劍而起于路隅，則狼顧豕奔，無復門志矣。此弱可擊强、寡可擊衆術也。平原易地，雖有練士，莫與之鬥技；虜氣方隆，雖有選鋒，莫與之争雄。堅壘形敵，東西互見；山林遠近，張爲疑兵。晝斂旌旗，夜多火鼓，使之欲退不敢，求戰不得，饑渴疲勞，日夜不息，視在吾地，若處阱窖，悔其先至，戒於後入，夫然後而勝乃可保也。得利則盡鋭以蹙之，不得則詭行以驅之，而虜之完出者希矣。《兵法》曰“怯生於勇，弱生於强”，故李牧以示怯而走東胡。又曰“出其不意，攻其無備”，故曹操由間道而斬蹋頓。此皆戰于塞内，因寇之至而驅之，故用力不煩而制勝全耳。夫虜猶禽獸也，見利則争攫而不厭，遭衄則奔迸而不耻。其數入塞，夫固恣利所獲而亡害之恤耳，一受挫則終身創矣。吾誠因利乘間而效一奇，即邊烽數年之熄可保也。不是之務，而諉曰用衆，將見勝負未可期，而吾之力先自困矣。蓋出塞擊虜，非衆不可，而守圉則否。矧李靖追虜磧口，其所將三千騎耳，而頡利以擒，則出塞亦豈全恃衆耶？取國决勝，非衆不可，而禦虜則否。況昆陽、淮淝之役莽、堅以百萬衆殞其巨帥，渭曲之戰宇文泰乃以數千騎走其勍敵，衆之不足恃亦既明矣。夫苟不揆夷夏之宜，不綜古今之故，必欲并力制虜，快心于一逞，是徒知趙奢之談兵，而不鑒長平之覆卒，豈通方之論哉？嗚呼！是固然矣。乃今日靖塞保民之略，則猶有可言者。蓋兵不必增也，而舊額不可不充也。昔張説之奏汰邊兵，蘇軾之議革禁卒，以兵羨於額耳。今各邊營衛閱實其數，視原額不啻減半，勾補而召募之，務取盈焉，非法之不可已乎。若又團練鄉兵，教之騎射，官爲較試，不隸於籍，則人自爲兵而邊不患於乏卒矣。賦不必加也，而屯田不可不墾也。昔晁錯之實塞下，充國之困先零，皆用屯田利耳。今各邊屯種荒穢侵没，而屯卒抵冒空籍，擇膏土而區分之，廣墾薄徵，非法之不可已乎。若又疏通鹾利，務收本色，嚴禁豪强，杜其攬中，則商自樂趨而兵不患於無食矣。安塞保甿，其長算無出此者。今日疆埸之臣亦惟豫其所以自治之術，而不失其所以待虜，則善矣，固無庸料衆寡爲也。謹對。

附　録

隆慶戊辰武舉程策一道

審勢而定謨者，保邦之略也；觀變而應機者，制敵之權也。勢有定形，敵與我分焉，是故强弱異力，勇怯異氣，治亂異心，審辨而謹慮之，彼己之度見矣。變無常應，敵與我共焉，是故主客互乘，利害互取，工拙互易，慎伺而急赴之，正奇之算得矣。勢定於平時，則謀師者貴有萬全之術，猶之醫師勝〔四一〕人之虚實壯怯而補瀉之也。變决於俄頃，則制敵者貴有不測之用，猶之醫師視病之寒暑陰陽而攻劫之也。故不審勢者不可與較兩敵之情，不察變者不可與同三軍之任。古今成敗安危之效，其布在方册者，蓋既備且晰也。比類形實，錯綜權變，而今日制虜保邦之大較可借前箸畫矣。且兵法昉于軒轅，迄今傳于世者多矣，而唯孫武子十三篇者最爲兵家所尚，而其論攻守分合之形、奇正循環之用，信乎其屢變而不同也。然嘗反復其編，求其大指所在，不過曰“知彼知己”，“先爲不可勝，以待敵之可勝”已矣。其論所以知之之道，亦不過曰“校之以計，而索其情”已矣。索情之術，其狀千變，更僕未易數者，請就明問所及陳之。夫兵寡之不能敵衆也，亂之不能敵治也，勢也。使或寡在我而亂不在彼焉，其所以制其變者何如哉？蓋人之情莫不嗜利而矜勝也，見利而争趨則勢分，恃勝而忘備則節亂，故其《法》曰：“利而誘之，亂而取之。”是以曹操委白馬之輜重而文醜授首，敵之衆不當寡矣；李靖乘委舟之衆亂而蕭銑面縛，敵之勝轉爲敗矣。兹非有合於《法》與？夫吾之卒欲其致攻于敵也，敵之卒亦欲其致攻於我也，勢也。兹欲使彼己之卒皆爲吾用焉，則所以制其變者何如哉？蓋人之情莫不惡害而欲利也，使敵以害激之則吾人怒敵，使吾以利歆之則敵人悦我，故其《法》曰：“殺敵者，怒也；取敵之利者，貨也。”是以田單縱反間，劓降掘壟，而騎劫夷于憤卒；趙充國布賞格，厚利購豪，而楊玉馘于羌黨。兹非得《法》之勝與？夫水初决于堤也，當者摧敗，及既靡，則杯土障之矣；火初燎于原也，莫可嚮邇，及既殺，則勺水湮之矣。唯兵之氣亦然，是以《法》曰：“避其鋭氣，擊其惰歸。”故皇甫規不救陳倉之攻，而王國卒以走死，得治氣之術也。荷戈遇虎兕，將奮勇而直前；徒手遇蜥蜴，或却立而失色。惟兵之情亦然，是以《法》曰："攻其無備，出其不意。"故吴玠預設神岔之伏，而兀术僅以身免，得廟算之勝也。由是知兵無當〔四二〕勢，制而用之，存乎法；法無常用，神而明之，存乎人。此六君子者，蓋皆明于虚實之情，審于取與之計。勝在于我，則固而守之，使敵莫能與之争；勝在于敵，則多方誤之，使我要之於不可敗：皆所謂"知彼知己，百戰不治〔四三〕"者爾。故委輜重以餌敵，延津之計得矣，乃躬爲烏巢之襲，豈預知郃、覽之必降耶？微矣！孝恭之出非靖意也，見可而進，遂變初謀，其赴機不亦敏哉？昔晋侯稱舍于墓，因之下曹，使遇田單，則適落其度内矣。羌黨多携，故賞購得行，若元吉之購敬德，徒貽之哂耳。嵩之不救陳倉，以守固而攻難也。宋義欲承秦、趙之敝，則失天下之大機。玠之伏神岔，與耿弇之獲張步如出一律，豈二虜俱犯輕敵不虞戒耶？故變者所以輔勢也，古者所以鑒今也。即古人窺敵制勝，明效顯迹若此，則今日制馭夷虜之道有可得而言矣。夫我國家以神武開基，膺懲嗣烈，威靈赫濯，震于殊俗，穹廬遺孽，其不敢彎弓南向有年矣。邇因孳孽漸蕃，復聚而爲邊患，東自遼薊、谷雲，西連凉夏，無不被其蹂躪戕掠者。而我兵多逡巡顧望，擇便自保，間有奮戈挺矛以與虜角者，又多狼狽不振。議者遂謂虜勢强且衆，中國不可與敵。夫使虜視中國真强衆也，古人且有以制之，矧中國未必弱且寡哉？于此而爲之法，使其强無所用而衆不能相爲使，豈無古人已試之規哉？夫虜貪欲不厭，既入吾境，唯利所在，縱横肆掠，不必誘之而自趨也。烏驚獸散，三五爲隊，進無嚴伍，止無堅壁，不必撓之而自亂也。其酷鷙好殺，所過赤地，邊民日夜涕泣，思報其父母兄弟之讐，其怒不俟激也。

虜輕出寡謀，入吾地而亡戒備，苟不吝千金以購虜首，不唯吾之勇俠思奮，而虜且有肘腋虞矣。故貨可得而取也，擄掠既饜，負載累重，力疲道遠，千里饑渴，將卒相失，前行後止，當斯時也，虜氣之惰歸甚矣！苟有精騎數千，分道而搜之，如獵師之掩群鹿，可以大得志。《吴子》曰“暴寇之來，必慮其强，善守勿應。彼將暮去，其裝必重，還退務速，必有不屬，追而擊之，其兵可覆”，此之謂也。崇崗復嶺，虜所出入，絶澗懸壁，無地不有，加以叢林綿亘，斥澤沮洳，當斯時也，虜其能有備乎？苟以死士數于〔四四〕潛伏而突之，如鷙鶚之搏鳥雀，可以立奇功。《吴子》曰“以一擊十，莫善于阨；以十擊百，莫善于險；以千擊萬，莫善于阻。今有少卒卒起阨路，雖有大衆，莫不驚動”，此之謂也。夫虜兵之趨利也，虜兵之亂也，虜氣之惰歸也，皆虜之敗道也，而虜之内訌數矣，卒未嘗遭大挫；我兵之怒敵也，我兵之甘賞也，我地險之足恃也，皆我之勝道也，然吾之外攘久矣，卒未嘗奏膚公。若是者何哉？《尉繚子》曰：“兵之所以戰者，氣也。氣實則鬥，氣奪則走。”《司馬法》曰“凡戰，以力久，以氣勝”，“人有勝心，惟勝之視；人有畏心，惟畏之視”，皆言勝敵之在氣也。今吾士衆爲虜積威所劫，巽懦特甚，所謂“奪則走”而“惟畏之視”耳。故欲創敵，必先之作氣，氣振而後法可用矣。或疑士氣久敝，卒振而起之爲難者。不然也，方秦圍趙，鉅鹿諸侯兵十餘壁，莫敢先動。項羽所將，項梁敗散之餘旅而江東之脆士也。羽破釜沉舟，示以必死，遂破秦兵十餘萬，虜其大將。趙宋兵最怯靡，遇敵輒奔北。岳飛將之，遂百戰無前，虜擬之“憾山”。今我兵雖弱，其視南渡之衆、江東之旅固不侔矣。訓練激厲，顧將之所以馭之者何如耳。是故越王式怒蛙而士卒奮，此以機而作其氣也。李牧日椎牛而士請戰，此以恩而作其氣也。楊素斬前却而創達頭，此以威而作其氣也。秦穆用孟明而取王官，此以耻而作其氣也。况燕代、秦凉之亡〔四五〕，自古稱雄鷙材勇，誠上之人有以倡率而振刷之，雖以掃老上之庭、懸郅支之首亦可幾者，而豈不足以伸薄伐之威哉？故論今日欲壯中國之勢，莫先于作士氣。士氣既作，豈惟古人成法可用，將窺敵審勢，而制變無窮矣。介胄之士，輒敢易言兵事若此，惟執事恕其狂而教之。

校勘記

〔一〕“隆慶”，底本卷首原目録無。

〔二〕“轉”，疑當作“博”。

〔三〕“浸”，疑當作“漫”。

〔四〕“勤”，疑當作“勸”。

〔五〕同上。

〔六〕“椎”，疑當作“推”。《漢書》卷八十七《揚雄傳》：“其用自天元推一晝一夜陰陽數度律曆之紀，九九大運，與天終始。”

〔七〕“愧”，疑當作“詭”。同上書：“今揚子之書文義至深，而論不詭於聖人。”

〔八〕“三”，疑當作“王”。

〔九〕“貴”，疑當作“責”。

〔一〇〕“抄”，據《禮記·王制》當作“杪”。

〔一一〕“歉”，據同上書當作“耗”。

〔一二〕“業”，疑當作“葉”。

〔一三〕“成”，疑當作“戒”。

〔一四〕“數”，疑當作“敷”。

〔一五〕“諜”，疑當作“諜”。

〔一六〕“隆慶”，底本卷首原目録無。

〔一七〕"昔",疑當作"若"。

〔一八〕"面",疑當作"而"。

〔一九〕"石",疑當作"名"。商鞅、申不害等人主張循名責實,慎賞明罰。

〔二〇〕"耳",疑當作"了"。《四庫全書》本(宋)程顥《二程遺書》卷二上:"今日之風,便先言性命、道德,先驅了知者,才愈高明,則陷溺愈深。"

〔二一〕"光",疑當作"先"。

〔二二〕"便",疑當作"鞭"。

〔二三〕"貴",疑當作"責"。

〔二四〕"嘉靖",底本卷首原目録無。

〔二五〕"大",疑當作"夫"。

〔二六〕"比",疑當作"此"。

〔二七〕"問",疑當作"間"。

〔二八〕"次",疑當作"咨"。

〔二九〕"彼",疑當作"被"。

〔三〇〕"拼",疑當作"捍"。

〔三一〕"豆",疑當作"亘"。

〔三二〕"于",疑當作"干"。

〔三三〕"秋",疑當作"狄"。《宋史》卷二百九十《狄青傳》:"明年二月,疽發髭,卒。帝發哀,贈中書令,謚武襄。"

〔三四〕"詩",疑當作"恃"。

〔三五〕"隆慶",底本卷首原目録無。

〔三六〕"程策一道附"後,底本卷首原目録有"附録戊辰武舉程策一道"。

〔三七〕"平都",疑當作"都平"。《戰國策·趙策三》:"相都平君田單問趙奢曰:'吾非不説將軍之兵法也,所以不服者,獨將軍之用衆。用衆者,使民不得耕作,糧食輓賃不可給也。此坐而自破之道也,非單之所爲也。'"

〔三八〕“問”，疑當作“間”。

〔三九〕“被”，疑當作“彼”。

〔四〇〕“阻”，疑當作“隘”。《孫子·地形》：“隘形者，我先居之，必盈之以待敵；若敵先居之，盈而勿從，不盈而從之。”曹操注：“隘形者，兩山間通谷也。敵勢不得撓我也。”

〔四一〕“勝”，疑當作“隨”。

〔四二〕“當”，疑當作“常”。

〔四三〕“治”，疑當作“殆”。

〔四四〕“于”，疑當作“千”。

〔四五〕“亡”，疑當作“士”。

條麓堂集卷十六

書一

復馮少洲

史生至，蒙以《詩紀》序見屬。承命惶畏，若無所自容。《禮》稱：尊者有命，少者、賤者不敢辭。第揣分量力，有不能副師命者，敢陳其略，惟師明亮之。某幼始知學，頗有斐然之志，當其氣鋭，謂古人可立追及，不復畏縮。苦以弱體愚質控制其志，每有所奮發，輒復中止，悠悠三十，日月其邁，内顧孱陋，百業未成，始歉然知古人不可及，回念昔日狂愚，即赧然面赤汗出而食不下也。又以積惡所延，先妣棄養，神志銷毁，僅餘骸骨，蓋已自分棄物，永不復齒于藝苑矣。我師逸氣卓識，雄才健思，跨唐虞而上之，睥睨一世，出其風雅，使當世聾瞽咸有見聞，某得及門而遊，亦云幸矣。夫所謂《詩紀》者，固皇王之菁華而著作之藪囿也。上下數千百年，遺章繁帙，星集鱗會，我師積十餘年之心力而纂成之，將使天下後世學者知詞翰之淵源，窺古今之變化，心甚盛而功甚鉅也。此欲叙其始終，非我師自爲，亦須天下博聞達識有通方之學者，顧某何人也，而敢聞斯命耶？夫蹄涔之鱗不知江海之源，藩籬之羽罔窺天地之大，乃使想像高深，摸擬形似，猶乞兒之談珠玉，必爲大方笑矣。而况蘇合之林厠以蜣彈，隋珠之首弁以魚目，將使過者掩鼻，觀者廢卷，其爲名篇之累，不亦夥乎！雖在他人且知不可，而我師拳拳相委者，蓋以不才夙侍門墻，謬蒙獎拔，貪緣儌倖，少副知遇，故愛之而不知惡爾。若某豈敢過恃寵光，僭及非分，使天下後世議其不知量哉？敬因史生復命，敢布裏曲。惟望我師矜其不及，許其安分，此身如未即死，他日尚當摳趨嚴席以希長進。倘道有所成，然後執筆以從先生之後，唯所命不敢辭也。

寄黃翠岩先生

一別門墻，歲舍再歷戊矣。雖祗奉訓音，罔敢或墜，而模範寔遠，步趍末由，南斗可瞻，不可階而即也。静言企念，朝夕維勤。某西山之陋儒也，自志學有知，師心狂簡，無足以當鉅公品藻者。乃不自意獲出大賢門下，受知以來，其顧復之勤渠，誨廸之諄至，期待之宏遠，生我育我，恩不啻兼之，終身歸德，非曰一旦遭遇已也。感銘自反，有欿然於心，無敢一有不敕爲明訓累。比叨一第，濫史局，方將倚函席之末，求以率由於後塵者。值時事頓異，雖嘗一奉手示，而籃轝歸東山矣。某嗣有先孺人之變西奔，迨再至都，則病俗交累，日僕僕作塵土狀，舊業益荒，犬馬齒且長矣。深懼罔有成功，爲門下知遇之累，惕然中夜，不遑安處。閩海寥闊，又不能一達愊誠，以求指南於門下，蓋切切而念、悠悠而輟者有年矣。慚負何言！慚負何言！兹莆尹莫生便，敬上起居，且告疏簡之罪。莫生，某春闈所進士也。其人願謹，慮不任劇邑，希門下每有以教之。時因北風，冀聞餘誨，仰惟師慈，不我遐棄而加督示焉。不宣。

寄孫淮海四

積久不奉教言，追憶昔遊，非不宛然在目，而歲月漸邁，知己天涯，覽鏡自觀，形容非少矣！每閲古紀傳，諸奇偉磊落、表表自著當世者，方其抗行奮迹，著論紆謀，固爛然盈帙也。數幅之後，世代頓異，翻帙以思，則已窅然遠矣。今我兄弟所朂念者，固此數幅内事爾，而聚散靡常，少壯易過，每静言自念，輒惻然有疚於中。家舅至，備聞我兄造詣純融，制行端確，今人懷仰無斁。及出兄丈洪州之制，典腴秀雅，其五言古諸詩直得康樂正派，歛衽踧踖，心誠服之。夫兄宣力四方，燁有茂績，而學文日益若此。如弟之端居縻禄，不唯道不加修，併鉛槧而失其故者，其自棄何如也！秋來乃有校書之命，愧博非雄、向，對卷茫然，魯魚莫辨。然由是得稍窺石渠、天禄之藏，則不爲無益耳。家舅西旋，敬此附言申候，臨楮戀戀，走筆不能自已，又不能次也，伏惟慈鑒是荷。

又

伏辱惠教言，兼領袁先輩集，益諗國初作者之盛固氣運使然哉。及莊誦嘉叙，語高旨深，三四過不能通曉。吾丈留心理窟，其探詣超卓若此，孤陋者何能望焉？然文章得失，千古寸心，苟窺見一斑，亦曷敢不就正明哲？竊謂大復子謂上代不可無詩而治美，後世言治不及詩故靡，此高談，非事實耳。若謂亡辭亡意云者，則誠作者之獨觀藝林之正旨矣。兄丈謂辭由意生，意以辭寧，未有意亡而得其辭，辭亡而存其意者，其論誠美，不止可爲區區章句道者。然弟嘗游泳詞場，縱觀述作，則固二端判然，其説不可易也。蓋有辭有意，則如化工生物，意態充足，彩藻内絢，名葩貞餘，種種可喜者矣。亡其辭者，如卑叢弱蔓，雖生意具足而才美不足觀；亡其意者，如繪綃剪綵，雖巧奪天工而元神靡與。若濟[一]梁之艶縟而興寄都絶，此意亡也，謂之無辭則不可。有宋諸人，其發述性情，闡明理道，長篇短什，若誨若訴，此謂無意可乎？然率直致而無風格，即常言而押之韵耳，乃亡辭也。若夫一人之辭，一章之指，或此得彼失，或先同後異，兼備全美，不過什二三耳，此又不可論也。原詩之初，則“言志”

一言盡矣。感物抒情，宮商自應，天籟披拂，萬竅生音，言乎其所不得不言，不求爲詩而詩焉者也。而世之文士，含毫繹思，以之匠物敷藻，固已非本來面目矣，中間五十、百步又何計焉？蓋講藝之談與原道之訓，要須有别。原道者貴探其精微，講藝者在得其實際。兄之論原本精矣，必以實際，則何子有焉。試觀吾輩今日所以體物敷章，緣情立象，莫非志也，而豈有所不得已而後然哉？蓋亦陶寫性靈，游玩一翰墨云耳。而作者苦心緣以並見，毫得纖失，可具而陳，故弟欲兄于何子之言而加察焉。必如尊論，則康衢擊壤之老豈亦具有九德哉？將其詩非言志也？弟至陋且暗，無所知識，辱兄下問至情，不敢不悉其愚以取裁于高哲。雖詞之淺妄輕率，有不遑計焉，惟兄恕而教之。幸甚，幸甚。

又

不奉教久矣，然海内交游私心所歆嚮者，雖萬里與比鄰不異。某孱且戇人也，自志學至今，兢兢自持，未敢少悖于聖賢之訓。顧見世之先生長者怵于外道，執其成心，借老衲、侏儒餘説詑爲之奇貨，以爲吾儒宗門向上第一件大事，末學輩脚跟不定，群然和聲，將使天綱、人倫漸就泯斁，而方傲然自以爲得無上三昧。昔辛有見被髮野祭，知伊洛之爲戎。彼野人耳，其祥之不偶如此。今號稱儒家子，乃取葱嶺之餘燼而煽之，其爲野祭不既大乎？仰惟兄丈明辨天啓，獨探道要，弟心誠仰之重之，可誓諸天日，不特爲相知言也。幸有以抑此狂瀾，標明正學，則弟終身當北面拜下風矣，伏希鑒其愚僭。不宣。

又

與丈别來久，年來渴思一晤，啓塞消吝，渺不可得。且世方仰重賢豪宣翊興運，乃睠然起東山之思，要之冲懷玄鑒，有非時俗可易窺者。但遡風益遐，使仰止私衷倍遲覯止耳。辱示諸偉製，老丈深思静詣，可謂獨契於心，不隨人色笑者，此僕所願執鞭也。近時學者，率剿聽語言，喜奇矜誕，互相詩詡，倜然若狂，其流之弊，將決裂準繩，滅絶彝典，乃曰鄒魯之教固若此，聞者不能察也，豈不悖哉？某鈍根未除，無緣可入，不揣固陋，輒欲推明儒者本來面目，屏彼詖淫，使不得作心害政，内所恃者，亦以此理人心公共，世之達觀君子或有取焉，則世教深有賴耳。吾丈深造自得，世所標目，乃謂區區末論不謬，使此拘方果于自信矣，感慰何可喻？弟故謇于詞，至于銓討宗奥，尤不欲以言説究竟，方當尊聞行知以求所至。異日倘得侍下風，容從臾請益，冀指南之我示也。不宣。

復温三山二

唯翁天挺卓異，負偉望于天下舊矣。屬疆埸多虞，綏靖弘略，中外喁喁唯于翁是冀，而徘徊藩臬，久稽專鉞之付，識者爲朝廷惜之。迨兹時事荐棘，聖天子拊髀思賢，出之獨斷而簡命加焉，固聖人天縱聰明，知人能官之盛典也。夫世必有非常之人而後有非常之事，有非常之事而後有非常之功。是以西羌内訌，虞詡奏其功；智高創變，狄青宣其績。寇難之興，天之所以開雄哲也。自翁受新命以來，縉紳士民舉手相賀，雖不諳翁所以汛定休養之詳，而衆知其必可恃者，則翁所以信于人者豫也。聞翁馳車視事，盡日夜之力，寢食俱廢，而邊機無毫毛不入思慮者，私心甚仰之慕之，思一睹見風采。而又願翁爲時自玉，計歲月以圖之，毋過自苦也。乃辱惠我好音，開示詳密，雖祭征虜之雅度又何尚焉？益知達人應世之優，非鯫生所測也。東面嚮風，百拜陳謝。不盡。

又

某章句生也，竊謂成天下事在俊傑，而俊傑不恒有，故事多易敗而難成，匪徒凡才，即中才難也。彼其度宇既不足同日語，無論興起，即沿俊傑之緒亦不能善持之。迨其積蠱，乃復有俊傑者出而振續之耳，由古則然也。前任尹以修城狀至，俾志其日月。某欲攷其廢興，然後見三公之爲邦翰先後一揆，再遠則不可詳矣。且城池之守何日可忘，必數十年乃一拯其極敝，則偉人之難遇也。某恐其益久，後人將並三公之事不得其詳，是用僭述之。此自紀纂之職，愧謇辭不足闡揚閎懿，而公乃不嗤其陋，且加渥惠焉。稽首拜嘉，不如〔二〕愧汗之無從也。秋風匪遐，北門望重，更惟若時加玉，以慰答中外。不盡。

寄王疏庵

自丈人謁告而西，每逢西來人，未嘗不訊動定，知前恙勿藥久矣。更化伊始，聖主圖任舊人，而衆論籍籍在長者。昨辱翰諭，固稱篤疢，私心竊有惑焉。士君子出處何常？貴于安遇。世不用而汲汲求售，非也；時方向我而固違焉，亦非也。東山雖樂，其如民望之不置何？邇未〔三〕横議方張，白黑淆亂，國是岌岌，莫所抵持，杞人有憂，若涉淵冰者。仰惟吾丈直氣偉度，衆所取信，幸不惜一行，使正論有所藉而不墜，此則事關理道，又不在建置、言説間也。大臣出入，要當爲國家計慮，不可圖私便。某叨侍門下有年，懷慕風雅，朝夕冀望若渴。屬鎬山兄行，敬楮附布覼縷。不宣。

復魏確庵四

數歲獲奉緒言，其所以啓我顓蒙，翼我孱懦者甚至，故旬日不見則思，見之未嘗不充然若有得也。乃廊廟念營人之未康，遽借台麾東撫，此豈惟東土之幸？士君子豫養宏負，期以博濟斯世爲業。時苟我知，則舉而措之，無分險易者，固門下素量也。但以弟之庸昧，不得時奉哲匠指畫，冥冥而行，罔罔而止，恐終隳落夙心，無以趨後塵耳。崇文拜别，神與俱往，教至依依，宛然若侍謦欬，已乃悵然，悔昔者過從之疏也。唯冀台仁時有以誨之，萬里比鄰，諒非虚語。疆埸之事，原自多端，蠱敝之餘，倍煩措置。側聞諸所興建，雖健將老吏無不心服。每一令下，邊民即動色相賀，筦樞公亦嘖嘖嘆羨，謂近推一二中丞，兹其首出也，乃知真材固自異哉。時事後來倚重方切，更希節勞自玉，非尋常寒暄語也。

又

前吏人返，草草附復，計諸凡當悉有精裁，曲中情理也。京考事完，不便者輒敢横肆胸臆，摇撼國是，士風如此，世道有隱憂焉。清談搆黨，借達磨、慧可齒牙緒餘，納諸孔孟之室，粉飾面目，依傍門户，遂欲公相援比，爲終南捷徑，此其害比之洪水猛獸，將有甚焉者矣。歷觀載籍，治亂之端率由吾黨，未有士大夫心術頗僻，不爲人家國禍者，今古豈異道耶？弟索居無聊，有心事欲言，則知己者在千里外，故輒托楮素吐積懣，諒在同心，其驟見而駭嘆可知也。東中聞有新捷，足諗壯猷，他日借籌樞幄，當大掃九邊積蠹，而振起其氣，不但東人士蒙福而已。春寒，餘惟珍攝。不宣。

又

伏承翰教，捧誦惻惻。嗟乎！兄今果行矣。弟初非不體兄苦情，亦非不達兄深意，所以切切勉留，一以大義所在，有臣于[四]不忍自便者；一以世果願治，必不可使白駒在空谷也。嗟嗟！事乃有大不然者。夫哲士知幾，達人安命，兄之此舉，真天外冥鴻，不可得而慕也。弟縻於兹，靦顔尸禄，行止大較亦嘗自酌之矣。古之人進則匡時，退則樂道，唯所遇制宜，無成心也。異日者，使弟或得奉兄長猷，效尺寸于岩廊之上，或得隨兄高躅，撰杖屨于泉石之間，俱未可前必。所可知者，此生出處與兄共之矣。使返，附楮布復，臨翰依依，頓有懷人之嘆，乃知《簡弓[五]》所以思西方，蓋詩人之意念深哉！不盡，不盡。

又

使者齎教至，適乾兄在座，發函觀之，相與嘆惋。一以兄丈樹德龐茂，宜膺繁禧，乃天倫之變沓至，固數有適然，亦理之不可曉者；一以方今中外之事因循蠱弛，當聖明更化之初，正宜群哲勵翼，振興功業，乃當事者暗于遠略，舉措迂僻，使才彦灰心，豪傑解體，可爲永嘆耳。弟爲兄計，軫兄衷苦，則欲暫謝疆事，頤保元和；爲國計，則念通才之希，鎖鑰寄重，舍驥策駑，難期善後。二端交戰，固已久矣。乃兄情切詞迫，再至益急，而參詳時事，亦似自效爲難者。時乎會當有變，姑爲國家蓄此大棟，俟建明堂者擇焉，甚未晚也。幸銓衡知兄深，念兄至，今兹之舉所以俾兄得釋重而西者，蓋兼此二慮焉，而其心則苦矣，此不可與他人道也。瞻望前旌，行且漸邇，未諗何途之即，轉盻遠别，不得一執手叙襟期，爲悵耳，長途千萬珍重。不盡，不盡。

寄杜戒庵

仰惟臺旆由懷抵滄，瞻依益近矣。而善治餘澤河内之人念之，覬于監司，追褒之疏屢焉，則其民之去思可知也。滄鹺雖課額視他司爲儉，而密邇輦轂，玉府及百司之食鹽在焉，近益以内監之濫支、侍衛之横販，不有兄丈宏略，其何以仰裨度支哉？鯫生傾耳東聽，冀聞經國之長議于朝夕也。不盡。

復張大石

前娼嫉者乘隙攻兄，朝論無不憎之，第本兵具覆失折衷，故有此紛紛耳，極不足爲兄丈損失。其修守嚴固，虜不能輒入，守將見零虜，出塞逐之，雖失持重，較之虜入引避者，形狀頓異。乃彼其之子，醜正妨賢，無端痛詆，令人何以堪也！兄丈功業著于塞垣，忠勤鑒于鬼神，歌頌播于士民，才望孚于公論，小小掩抑，第少緩開府期耳，幸勿介意。薊鎮密邇京師，虚實邪正，衆目共見，豈至倒置？丈夫躡會操機，苟可安社稷、益生民者，盡吾心力爲之，他何計哉！惟望兄丈豁然易念，勿隳前志。後來督撫，其人品、心事似與彼哉者不侔，幸虚心平氣以與周旋，處世不得不如此，古人所以嘆行路難也。以功見嘲，人情極難忍，若悻悻見于面目，又非所望于大雅者，故敢恃愛輒布其愚，鑒亮，幸甚。

復王龍池

緬惟兄丈至孝得天，承歡雙壽，天倫首樂，人子深願，唯兄丈獲之，此固我同袍所健羨嘆息，當共執觶庭中以侑舞斑之娱者。猥蒙授簡之托，竊自幸以有事爲榮寵，顧其鼯技有限，雖此心極所慎重，而搜索枯腸，竟不能作一奇語以壯壽筵之觀，贊門下頌禱，愧矣。比辱來章，盛有推美，披閲不覺惶汗。夫謂人不數篇，近矣。若曰代不數人，則弟自束髮懷鉛，縱觀作者之域，匪惟大家名世所誠望塵景服，雖其隻韵片語有擅美獨得者，亦且甘避三舍。于時狂斐之志尚有所希，此今内顧枵然，頭顱又復老大，此正日夜切心之耻，而來教乃云云，幾于訏矣。仰惟茂業日新，時方啓泰，諸翊宣洪理，賴在才哲。章句腐生，它日當執簡操翰，叙述景鑠，以對于古人，傳之不朽，得附名驥尾，爲幸多矣。遥挹清風，千里如面。

寄徐相公

隸人返，辱賜回音。比領楊村所發手諭，三復之，不覺泫然出涕。某叨出門下且將廿年，夙夜兢兢，罔敢毫髪自恕，孤大賢知遇。顧其局分有限，不能遠大自樹以副師翁所期，誠内慚矣。然耿耿之私，所以尊信我師立心謀國，忠誠粹白，思以百拜下風，步趨而模範之者，蓋風〔六〕夜在念，未嘗語人。而我師顧獨察之，教誨提撕，顧覆造育，無所不用其至，幸莫甚焉。某孱陋自守，不喜廣交延譽，然得受知于當世之大人，不爲孤立。兹者台轅南指，始覺自顧孑然，而又重勞我師念之也。某一介寒陋，叨師翁獎拔，獲在清貫，天下事雖未犯手，漆室憂葵，豈敢漫不加意？然恃有我師在上，知旋轉乾坤可引日月而待也。乃天不福此遺黎，事出意外，我師完名全節，歸重東山，出處大閑，經綸茂績，可以不愧古人，無忝斯世。第恐中外事勢，非吾師謝重之時，江湖、魏闕知有不能恝然者。而某則慄慄若擽危木，不知身所終棲也。蒙諭閉目拴口，極仞〔七〕深愛。某鈍不見事，或蹈履禍機，莫知所避。師翁既示其端，請竟其説，俾得奉以周旋，免至顛仆，不勝大願。不然，某之謇訥，師翁所知，而以此見囑，殆有指也。《實録》事體重大，老師在此，某輩或得效其一得，後事未可逆睹，雖不敢虚我師珍重之托，都〔八〕豈敢偃然自任于不疑耶？日來神情怳惘，出不知所之，入不知所爲，既輾轉惠〔九〕天下計不得退，又自惟一己進退〔一〇〕莫知其決，静中自語，僕輩訝之，恐性營爲心疾也。聞盛使將發，附楮候台履併布所私，瞻望斗南，懇心于千里外，知我師披鑒，必爲慽然發一嘆也。南風便幸，惠示德音，無任延佇之至。

寄王後峰二

違教且七易歲，碌碌守館局，無足爲高賢道者，是以不敢時修竿牘通問訊，慮君子之我遐也。夫以門下介然物表，視斯世若將浼焉，僕私心豈不高之？但以幼服聖訓，遊方之内，覺倫理天性不可解舍，褊衷不能無望焉耳。夫物莫不各有自恃，所恃者固則物不能奪之，豈唯聖賢見道真確者爲然？雖稽〔一一〕康之於鍛，劉伶之於酒，固泰然以爲得所寓，而人莫測也。是以舉世嫉其放弛，而有識者亦或亮之，知彼非徒矜爾。僕尺寸士也，不足與鴻洞之觀，而亦竊有以自恃者，但闊别久不得與門下劇談，而又非尺翰可盡也。秋薦在期，大器晚成，必有震越人觀聽者，謹拭目以俟。

又

往歲舍弟至，辱惠教言，披閲殊慰，門下之襟，况生夙固知之。二舍弟前春入都，相與語，又甚悉其耿介絶俗、跌宕不偶之致，風清月皎，未嘗不千里念玄度焉，竊亦自附於心相知者。比繼諷來諭，則若望僕者深矣。夫人立身行己，自有矩矱，要使有得于心，不詭于道，則吾身吾主之矣，窮達何與焉？且古所謂窮達云者，主道言耳，尚不以加損于天定之分，况于名第得失、官秩高下間哉？夫其居相親也，業相習也，一旦以名第、禄秩之異，而以言詞遜抗、禮貌疏密行低昂于其中而求平，此世俗之態，非僕與門下所以相待也。凡人所以相待如此者，内不相知故耳。誠相知矣，而猶相待如此，則其所以相知亦未矣。今門下與僕所以心相知者，果何在耶？“君子之道，或出或處，或默或語。二人同心，其利斷金。同心之言，其臭如蘭。”古人所以同心，雖萬里之外、百世之下，懸相契者以此耳。即僕沾沾以一命自矜，不體故交，此真俗物塵狀，奚以遇知門下？若門下尚不能忘情此中，而謂僕多言也，則信有罪矣。然僕又竊自附知心者，而敢以世俗之心度君子耶？是以心有所蓄，即不得不相告。若它人，則不過爲寒暄應對之詞，或漫作彼此相佞語耳，僕豈與深言若此耶？伏惟察僕所以見告之意，誠不欲自疏于門下。若僕離群多過，亦望門下時有以警切之，要使彼此所以相知者不孤耳。適送息女遠行，心緒卒卒，舍弟復欲晨行，援筆寫心，不及詳次。冬杪擬請告西歸，彼此須一面談，當得豁然也。不宣。

復周際岩

國家九邊之防，獨偏老最疏。曩苑洛翁撫晋時，曾極力言之。于時雖略爲加意，然未盡也。苑洛翁之請未雨深謀，固淺識者所不逮也。乃今禍烈矣，恭覽揭諭，諸建置如指掌。章句生雖不諳邊事，然竊意盡如臺下計畫，必可爲全晋永遠保障，其籌慮明而規摹當也。欽服，欽服。不宣。

復宋立庵

台駕之出都門也，屬某方有采薪之疢，失禮種種，言之疚心。然不佞素非敢倨肆者，知台仁必有以原貸之也。使至，辱教函，知旌節已臨汾霍，瘡痍餘民方遑遑莫必其命，得臺下壯猷宏熹，當訢然荷有更生賜焉。并地與玁鬻鄰，無歲不申警備。昨年虜蹂躪離石，如入無人境，蓋由内地襲于虚文相冒，凡所謂設險備械，舉無實迹，不可全委之强弱也。今歲虜垂涎更切，不獨冀寧，雖河東、澤潞皆不可緩先事之備。仰仗臺略攘守機宜，有司必不敢如曩日相眩，仍乞台仁申飭之，是我公爲三晋巨屏，民耳[一二]百世祝矣。仰惟臺明加念疆圉，奚俟章句生贅瀆而所爲喋喋者？誠剥膚患急，且恃臺下之不罪狂率也。不宣。

復李少莊

自兄丈之出士，友中遂無與言詩者。弟固孱淺，重之以孤陋，幾與篇翰絶交矣。辱惠池州誌製，知吾丈近日益大進于斯道，不屑屑辨唐宋，而獨求自得，可謂得藝苑三昧。凡所見示者，皆吾丈真見實境，非徒言也。向孫淮海示我《海叟詩》序，弟不以謂然，曾作札訊之。淮海爲説甚辯，要之未窺風雅真際，謬爲大言，反以吾言爲詆斥彼耳。今其序刊《海叟集》端，兄試取一觀之，何異癡人説夢也。近來詞人模擬唐賢，鮮自得語，真出宋人下。然宋初諸人模晚唐，及蘇、黄諸公，極意倣杜，熙、豐而後，則全用蘇、黄爲準擬矣。故雖有自得趣，而其叫呶讙嚻，失風人正格。南渡以後，大約韵語耳，自放翁外無詩也。要之詩本吟咏性情，唐人則拚命爲之，不遺餘力，宋人則以爲玩弄具，此其工拙之所由異。本朝弘治間，諸名公脱去凡近，示人以唐爲法，真于雅道有中興功。但模擬撏撦，不但近來流弊，當其時固亦有焉。杜子有云："後賢兼舊例，歷代各清規。"本朝諸公詩佳者，他日自爲明詩耳，於唐、宋兩不遘也。吾輩爲詩，要須發自己神情，自成片段，但不落俗套，使他日人稱爲李詩、張詩，亦奚不可？固不必云唐、宋爲也。弟有志，未能蒙教，若豁露睹空，不覺手舞足蹈。使返，敢此布其愚焉，唯高明裁教之，幸甚。

寄陳皆所先生

歲前不意台旌戒途之亟，倉卒遂不獲出餞，然私意擬旋與〔一三〕指日耳。未幾忽睹蜀臺之命，此固江沱、嶓家〔一四〕間千里士民嘉福，但門下謁教之期乃須稍紆歲月，不能不爲私憾焉。報代吏人至，辱惠札諭，懸知蜀父老子弟已悉訢訢然懷天子威德，雖萬里不異畿甸，真僞作用，當與世俗守繩墨〔一五〕、校簿書者迥别也。某叨厠門墻，甚願觀德化之成，編之竹簡，以光永久。至于師翁運量裁成之妙，門生若游江海，莫測其涯際者，而曷敢妄置喙焉？仰惟我師實踐真知，直造聖奥，風行海表，孰不仰德？况在陶鈞，寧不自慶？然有一語仰告，願垂察焉。夫子設科，來者不拒，大造無棄，所貴曲成。但邇有依傍户牖，假借齒牙以希媚世自便者，我師亦見其情狀否？聖門之學，要在存誠，彼其所以來學，本原已舛，而矜傲無忌，工爲辯給。伏望吾師于此等輩一切絶之，使海内曉然知真僞之辨，其于聖學、國是所贊翊裨益，與抑洪水、驅猛獸者同其功也。恃師翁廿載知愛，輒敢披其愚妄。然我師宣哲通照，人豈能惑而久，何俟于僬僥者之喋喋也？不知量矣！不知量矣！仰惟師翁矜恕，取其心焉。幸甚。

寄楊中峰

傳聞兄以前尹之故，心不安于此邑，初謂微有芥蔕已爾，邇聞若甚劇，私竊惑之。以兄丈之明練，夫豈不洞人鬼之故？吾之立身行己無愧幽明，何物魅孽敢爾作横？就使强死爲厲，則彼冤有所歸，可告語禳祀之，善遣去也。且兄奉天子之命，爲百里之宰，社稷、城隍諸神拱護，若賦政立心不陂不枉，則豈畏此細魔邪？幸寬心待之。前輩士夫亦多遭妖怪，甚至語相聞，形相接，唯中心有主，不怒不懼，久久自然消滅。但吾心惶惑，家衆必大驚小怪，風聲鳥語，皆若有所憑之，則彼鬼將有所肆侮而變態百出矣。况兄以甲第宰邑，監司、寮友觀聽新政，須鼓動精采，振起事功，萬里青雲，慎所發軔。不宜心志惘惘，使人窺我淺深也。輒此代問，高明亮之。

寄王仁庵

臺輿入浙且三時，計百度當已清肅，世道向泰，人心頗知趨舍。竊謂今之從政者，不患不自愛，患矯激；不患不自奮，患多事耳。要之，爲政非必相反，顧其時所當嶺〔一六〕益者何如，因時用中而已無與焉，則民不疑矣。兄丈明毅弘達，鄙心素所歆向，其所一人心、明政紀者，當必有道，甚願有所聞也。久不獲通一訊，兹承存翁師相之命，有所白于左右，因敢輒及心所欲言，惟臺下加意焉。幸甚，幸甚。

復方暘谷

伏自先皇帝軫念民命，遣平反使者冠蓋四出，諸訊覆某得備觀焉。求其文法無害而蘊致深典者，咸無如畿郡，于心有深慕也。匪佞！匪佞！秋中濫竽文柄，顧此孱淺，其取舍失中，屬綴不當，種種愆戾，自知甚明。乃門下不以爲鄙，而曲借齒牙，何愛而不知其惡耶？但邇來士習頗僻，竊有杞人之憂，是以不量，冀以轉移歸正，難〔一七〕以此得罪于今之君子，亦所甘心焉。諒兄丈直方通識，必照此款款耳。不宣。

復何肖山

承來辱翰示衷，語款款不異面談。所諭邊事之詳，令人怛慄。方今中外事積蠱滋甚，其來誠非一日。七年之病，三年之艾，信未易倉卒責效，往事不可追矣。求以斡運頹風，漸趨理道，非有宏材忠略，其孰能之？此弟所以惓惓吾兄，而不敢爲他人望也。事雖極壞，不可頓革，要須審時酌變，不駭耳目。有一分心思，則有一分功效；有一日措理，則有一日受用。使來賢有所循而緝之，安知十數年後不還曩時邊鎮耶？不宣。

復晋似齋

董生至，領臺翰，擬裁復未果也。乃使者齎教言，見及諷誦，悵然不勝扼腕。世態翻覆，宦途嶮巇，自古道之，匪今斯今也。吾丈通識弘覽，昔典銓進退天下士，其間升沉左右，萬變恍惚，亦何可勝計！鼠肝蟲臂，惟造物者所裁，命固爲之矣。今日之事，良宜泰然順受。神龍所以異于凡物者，以大小屈伸無不可也。君子居其位，則思盡其職，抱關擊柝，苟有以行其政，不爲素餐，使職之不修，雖位極槐棘，徒增愧耳。敬此布復，伏希裁鑒。幸甚。

復李恒齋二

曩辱示門下潛心諸教，私心善之，憤邇日浮僞狂煽，作心害政，故爲同心者一攄其深抱。兹重辱誨諭，乃過爲推挹，非僕所望于門下者也。彼倡異學者，不論宗旨謬悖，大段其徒相與談論，皆謾人與自謾語。吾黨欲矯正尚實，須以實心爲實言，縱意見不同，不害爲相正。若作面貌話言，則其去彼一間〔一八〕耳。伏望高明諒僕之心，言有是非，事有得失，不妨究竟其指，則僕且有受益地。若如兹教云云，是以俗士相待也。何如？何如？辱示教政極優，君子受一命，即思有以澤物，不愧吾心，唯其所適，有以自信可也。不宣。

又

伏承翰諭，以某之不肖，盛有推許，此非敢當者。道喪文敝，舉世僕僕，於記誦雕繪間以媒利達。雄奇之士厭之，復取老釋虚玄之旨，假借鄒魯家面，行其臆説，世哄然尊信。及其敝也，諸浮浪輕噪輩依影逐聲，争相標譽，以爲終南捷徑。芻狗禮法，遺棄政務，視西晋清談餘習，氣格更卑。其公肆擠排，蠅營狗苟，無耻殆有甚者。此于士風世道，關係非淺鮮矣。執事篤固敏毅，用心于内，僕曩遡風慕之，蓋有所試焉，顧聲迹不相及耳。兹辱深教，甚愜夙者所伫。夫百家殊方，雖于正道各有出入，然要其作者之心，固誠然自是其是，見之偏有矣，而非僞也。今之掇拾葱嶺緒餘，悍然謂聖人之道不彼若者，豈特其見之有蔽于此，其于彼道亦未涉其藩籬，而中心特借此自高，且倡和者衆，爲聲利相引援地耳。《教秦總録》，僕向嘗一閲，蓋其人實穎邁，于道有見處，能不隨人齒頰，但酷依蔣道林氏，語多不平。即如謂《中庸》顔子"得一善"之一爲克，一爲仁，其支離閡礙，固已甚矣。大抵聖賢只是理科[一九]自己，勾當出其心所得、身所行爲言，故句句切實，垂訓萬世。今之談者，全不在本等家風上用功，馳心高遠，故千言萬語只是門口嘴而已。中雖有合道之言，亦偶中也。執事的確自信，所見已卓，僕忘其疏淺，輒刺刺吐其愚，偏詖多戾，亦希執事有以教之，此不敢望於它人者也。南召小邑，牛刀試雞，極知不類，然委吏乘田，先聖爲之，盡其職業而已。諸惟賜炤，不宣。

復許淮江

舍弟西旋，具有啓候，計已徹覽矣。蒲自罹坤變，諸勝迹陸沉殆盡，歲歷一紀，山川猶爾蕭索。兹者天惠遺黎，借之良牧，不唯恤撫煢夷，力爲節縮，而諸文事武備、天灾地沴，無不曲爲防護，俾保百歲安。至于樓觀、城池，殆增壯未經變前，不啻還舊觀已耳。嘉氣所暢，蔚爲豐年，夜犬不驚，獄訟清净。是使君有大造于我土也，感幸之私，非言可狀。吏人至，辱頒翰教，益用佩服。比返，敬楮附上謝言，銘鏤深衷則不盡于此。

復王後齋

丁后溪入都，道臺下憲度清肅，威惠宣布，爲近代希有。兹睹《報災疏》，忠愛懇惻，其于民瘼、天意，豈不深切著明哉？仰之！仰之！徐、邳土風獷悍，每爲中原首難。伏領來教，識微慮遠，良工心獨苦矣。臺下素負長猷，加之實心體國，知必有善應默弭，爲地方銷隱禍者，故可恃無恐耳。不宣。

復王康衢

辱惠問，具荷存念至意。吾友沉毅内辨，且飽諳世故，兹借重留臺，一時公議寔繄望焉。士君子立朝，要在以宗社、蒼生爲度，盡職盡言，不以一毫爲己念頭參之，則舉措、語默自然俊偉光顯。果有可言，雖旬月累疏不爲多；果無可言，雖終歲寂然不爲默也。但使言非矜徇，默非窺避，即古名諫無歉耳。近時士習雖正，頗有觀望意，此最害事。辱賢者下問，敢布其愚，惟賜鑒。不具。

復高南宇

城南拜别，歸途惘惘如失。某西國鄙生，獲望末光，踐後武，仰企高山，綽有模範，年來覆有教導之恩，心感之而口不能言也。兹驟失師資，凛凛莫知趨步，然此心所以環迴鬱悒不能自釋者，則又特爲時世長念，非徒顧一身私也。當今承黷渴之餘，民風國計，所在無恃。恃以支撑轉换就安泰者，唯老成尚在耳。即我翁鴻舉高冥，大節完名，天下後世，孰不仰重，其如當世蒼生失其依仗何哉？故區區之心，抱杞人之憂如結也。吏人至，承翰諭，捧誦依依，感戀增至，瞻室不遠，出候末由，再拜裁復，神與俱往。時事益多端，翁義同休戚，雖得謝，知當不能無嬰念耳。不盡。

復劉紫山

辱翰諭，知臺輿已抵豫章矣。當今天下否泰，係在巡臺，故司衡者必妙簡才哲，寄之觀察。江右稱雄藩，乃以第一人涖之，非偶然也。某幸叨夙昔，深爲是方慶，豉[二〇]首南企，樂聆駿聲而已，豈有涓勺可裨溟澥者？乃明臺虛襟下訪，增汗赧矣。某前歲過里，見郡邑吏砥礪清德，與舊來大異，民已即覺安業。第才能優劣、心術誠僞不同，而監司者所褒進多便利趨時之吏，其惇行務實、不事修飾者往往見遺，然民所樂推固在此而不在彼也。夫衆衒智矜譽以惑上之視聽，自非至誠，先幾未易得，獨察者一人受欺，而藩臬諸公據以報巡臺。三人譽則嫫母妍，三人毁則慈母疑，理有固然也。某守章句，局足迹，未涉江滸，不敢妄語，第據曩所親睹如此，料人情不甚相遠耳。承下問，因敢僭冒陳之，唯臺明留意。若使悃愊無華之吏，其政問得達，則臺下所以作福於萬姓者弘且遠矣。陋儒搦管談豹，伏惟臺下鑒其款款之愚。不盡，不盡。

寄梁鳴泉三

台旌西涖山國，計且再月矣。刳剔餘民得沐明允新澤，不啻出諸焚灼烈焰之中，灑以清露，游魂當復附體矣。刑罰本以禦暴，前繡衣使者乃以苛刻爲風裁，昏暗執拗，不可告語。一時儇薄子承望先意，巧詆刺骨，庶僚、萬姓凛如寢食兕虎叢中，莫必其命，雖藩臬諸公亦惴惴然畏此么麽若蜂蠆也。音[二一]商鞅之法，獨文致者深耳。今不察事之有無、情之真僞，群小意有喜怒，即妄加雌黄，使者信如神明，即肆行屠剥，商君者其謬亂有若是耶？至乃穢辱衣冠，戕殺耆德，泰然若所當然，視同蟻蠖，此何説也？今其事詔獄已有處分，其未盡條目，仰仗大仁爲之劑量取平，以挽此澈風，永杜奸侮。閶生返，附楮告衷，欲言萬端，異日當别有陳也。不宣。

又

使至，辱札論〔二二〕，及覽疏揭與審編册，具見臺下究心民瘼，力挽頹弊，甚善！甚善！當今天下事種種舛戳，尚有端緒可尋，士大夫肯以家事視國，悉心圖之，當無不可爲者。而積習玩愒，憚于任事，但圖苟且日月，過手即與己不干，視民瘼無如何也，弟竊恨之。兹覽來諭，不覺欣躍。但時套安常，每以變更爲不可，而不思二百年良法美意，一旦棄如弁髦，兹欲復之，乃嘖嘖沮異，信建事之難也。且以文事稍調停之，亦足小試，法之可復，來歲果民稱便，即盡復舊規，無不可者。此在臺下内精于心，擇人而任之耳。如其獲有成績，豈惟東人之幸，將江北五省皆且倣以復古，于國于民有大造矣。言不盡意，惟高明亮之。

又

弟自六月中感足恙，注籍者經兩朔，薄才厚受，福過灾生，兹非人所爲也。承鼎翰諄諄篤教，不異面談。海運自勝國及國初，俱須放洋避險，倘傍岸可行，極爲利捷，乃久不講此，豈天意有待耶？今徐、邳間河患無終期，漕道艱阻，如此運遂通，亦社稷、生民福也。遼人措畫極爲周盡，但此逋逃習於化外，自便幾十年矣，一旦令就羈束，恐不能耐久，須有以攝而馴之，知臺下富有長策也。

復栗健齋

承惠翰諭，兼領疏揭，知翁加意民艱，振飭吏治至矣。天下事之日就于蠱也，由虛文相冒，彼此玩愒月日，以郵傳視職業而燕、越視民也。如翁執權度，索實迹，晝營夜思，若材〔二三〕父老謀家云者，以耳目所睹記，獨今兹一見耳，仰服何有極已？世道向治，崇飾浮僞餘習漸次袪豁，乃翁又以實政真心爲天下倡，循是而往，即吏治民安之效行可見矣。崧高在瞻，傾企不任。

復周乾明

邇者吏治彌文，説者謂由于士風不振，工剿浮僞，無窮理適用之實，其來漸矣。念欲痛剗靡習，歸之質確，轉移原本，惟是二三司憲師長之責爾。臺下風格、問學，西府推重。吴會最稱文勝，得宗匠一指揮權衡，約之務實，必翕然丕變，爲四方首倡矣。不宣。

復吴環洲

上谷内拱陵京，北當黄、把二酋，往歲備禦在于守隘、練勇，有以待其匪茹已爾。乃今回面内附，事勢若稍紓。顧豺狼難馴，犬羊無厭，懷綏震疊之，方操縱弛張，有倍費經畫者。大段自治爲本，使我士氣揚，軍資具，儲峙充，重險設，即虜服固可懾其狡焉之心，使奉北藩益謹。或蠢爾不靖，則吾所以待之者固裕如矣。自古豪傑立事，率計先定于内，然後從事，故所向有功。某領明教，睹成算，知社稷之衛端有人矣。不宣。

復張心齋二

月中再奉札諭，知臺斾已莅寧前，自此遼左當復爲樂土矣。天下事非才不濟，而才士又工自謀，故疆圉多虞，非時勢真不可爲，獵虚聲而徇近利之爲累也。緬惟兄丈，忠忱壯略爲中外所推，兹所注措必建地方永利，使威武外陽，異日旂常書勛，且與古立功者同不朽矣。某本章句儒，私心竊嚮世之才哲，叨附同袍，其傾注蓋久，故于兄之建節也有厚冀焉。瞻望東雲，日伫駿譽西馳。不備。

又

遼左敝困已極，借重遠猷，數月來頓爾改觀，天下事信在任人也。西虜新納款，互市完，且西去掠番。而東虜聞且糾其醜類，聲云犯遼，乃其意多在薊耳。往歲薊東棒槌谷之捷，寔遼兵之績，至今土人往往能道之。今歲仗壯略，虜或西犯，知遼左入援之士必有奇勛不卜也。不宣。

復阮沙城

都中幸接緒言，所以啓發顓蒙甚至，方幸有所諮益，乃遠夷不靖，借重壯猷南下。别來忽易寒暑，報代吏至，領教言，諄諄不異面談，而瞻仰旌節，已在萬里，對楮依依久之。貴竹夷情以近聞，原吾輩多事，荒服羈縻，古蓋不治以中國之禮，況不審彼己，徇一二乘便嗜利之説，罔然動大衆哉？兄丈沉猷遠算，可不動聲色措之安順者，但不增釁，不納侮，即上策耳。輒布其愚，唯裁察。幸甚。

復武益臺三

辱惠札諭，具諗遠念之至，良荷！良荷！今歲虜情分披，秋已過半，向往未决，不審三關供億視往昔何似。山鄉土地埆磽，乃北餉三鎮，民運歲額一百二十餘萬，此四海之偏累也。幸借重臺鑒，無論節縮調停，即以晋民勞狀白之當事，其造福詎有涯耶？不宣。

又

秋風勃興，計瓜代且及期矣。承翰示，具諗明法剔奸至意。大段邊方錢糧所以冒蠹至不可尋繹者，由老猾窟宅其中爾，懲一警百，自是政紀。但節年侵耗諸奸無遠略，錢入手即浪費矣，一旦敗露，欲計齒索完，則彼枵然一夫，枯骨所值無幾耳，而帑藏正額有不容錙銖爽者。此亦極費調停，幸高明留意焉。或以此諸奸明正法典，儘其貲産償負，餘不足既遠年，諸經手人無存者，明題豁之，仍重擬罪格，以杜其後，何如？病卧再朔，草草復諸。不具。

又

覽大疏，指陳錢穀利弊，具如指掌，則兹行真不爲虚矣。各邊經費，初議欲酌三歲之中以爲常額。今歲虜納款，諸費頗省。以後虜服叛未可保，則須明辨經權，使異日易爲調度耳。復命在即，乃遂預言之。然賢者識慮精遠，亦何有于讕語哉？吾過矣，過矣！不具。

寄戴晋庵

北虜款塞，前在闕下，見明臺留意甚深。今宣、大業已成事矣，西事唯翁淵覽獨斷。事機一失，不可復遘。犬羊無恒，即東論固未謂其可永保河山盟也，要在權以濟事而已。若據五原、凉夏，其士驍果善戰，以臺下雄略指揮之，固可鞭笞四夷，永清漠北者。鯫生何能，乃以瞽説進，雖復明問，然不知量甚矣，更希原炤。

復劉平川三

封貢之議，仰伏〔二四〕雄略，與家舅同德一心，爲國家建長利。然非常之原，衆人駭焉，汔今議者呶呶未休，以未睹晏如之效耳。承諭，具諗虜情邊務，群疑稍豁。更希加意注措，俾民夷觀[二五]暢，終鮮它虞，則浮議自消而和戎可久矣。不贅。

又

伏辱惠諭，兼領《議封貢疏草》，磊磊竑論，足破一方拘説矣。即令人心曉然，知國體事機所在，秉國者借以爲重。乃中猶有作聾瞶語者，真莫如之何也。夫不諳經國遠略，爲目前童稚見解者，不智；瞻顧首尾，覬免一身利害，而不恤社稷大計者，不忠。其不負祖宗二百年養士恩哉？可耻！可嘆！兹事方將廷議，使者告旋，急附布，欲吐同心之詞，固千里不異面談也。不宣。

又

自虜鴟張塞北，且三十年，每秋高風勁，疆埸輒戎[二六]嚴凛凛也。今歲仗壯猷，虜王稽顙歸化，率其控弦群醜，保塞下，受約束，與華人貿易，無敢有尺寸干市掾令者。穡夫滿野，堠人寢烽。雲中與虜穴鄰，無論近歲，如此光景即振古或亦鮮也。憶虜初款塞，中外不勝異議，乃臺下毅然抗疏，指陳石畫，乃今成效可睹，異議者復翕然推臺下明略。信已！事易知而未然者，難與衆論也。伏覽大奏，桑土綢繆，訏謀遠猷，具有深意。末款所指，令人太息，自惕悔風行，紀綱倒置，今天下視爲固然，真可憤也。不宣。

校勘記

〔一〕"濟"，疑當作"齊"。

〔二〕"如"，疑當作"知"。

〔三〕"未"，疑當作"來"。

〔四〕“于”，疑當作“子”。

〔五〕“弓”，疑當作“兮”。《詩·邶風·簡兮》：“彼美人兮，西方之人兮。”

〔六〕“風”，疑當作“夙”。

〔七〕“仞”，疑當作“叨”。

〔八〕“都”，據文意此字疑有誤，待考。

〔九〕“惠”，疑當作“思”。

〔一〇〕“遐”，疑當作“退”。

〔一一〕“稽”，疑當作“嵇”。

〔一二〕“耳”，疑當作“宜”。

〔一三〕“與”，疑當作“輿”。

〔一四〕“家”，疑當作“冢”。

〔一五〕“壘”，疑當作“墨”。

〔一六〕“嶺”，疑當作“損”。

〔一七〕“難”，疑當作“雖”。

〔一八〕“問”，疑當作“間”。

〔一九〕“科”，疑當作“料”。

〔二〇〕“豉”，疑當作“跂”。

〔二一〕“音”，疑當作“昔”。

〔二二〕“論”，疑當作“諭”。

〔二三〕“材”，疑當作“村”。

〔二四〕“伏”，疑當作“仗”。

〔二五〕“觀”，疑當作“歡”。

〔二六〕“戎”，疑當作“戒”。

条麓堂集卷十七

書　二

與鑑川王公論貢市書二十三

晦日夜，役賫札至，知已聞恩命矣。此事舅費無限心力，酬主謀國，安民制虜，所謂“社稷之衛”，雖褒進宫階，賞延世祚，人猶以爲未至也。甥此番得奉舅經略，備聞閎議，竊有厚幸，安有論功之理？縱微有周旋，子弟之衛父兄，自其本分，矧叨冒階級，已躐通顯，何有毫毛裨國，而乃敢於此計功耶？辱舅隆意，殊感幸，再勿言之。封貢一事，事機可惜，舅今次疏來，須將事體算定，前後説明，見得以此爲權宜制馭，我中國可乘暇自治。虜若年年奉約固善，或犬羊之性無常，稱兵内犯，我則有備，因便擊之。如部落竊發，我責諭諸酋，令之鈐制。或諸酋渝約，我則閉關絶貢，嚴飭邊防。今其款塞求臣，不可不應，恐失中國之體。就將互市與馬市不同處歷歷辯明，仍須疏内當據巡撫議云何，各道議云何，臣參酌當如何，以破兵部會議馬市之説。至于兵部，亦有一言是處，所謂“當議定而後許貢”也。蓋若已奉命旨，或所議事宜虜有不肯從者，則倍煩區畫矣。不知日來夷使仍有至者否，前云那吉處人有回音否，黄酋欲執諸逆家屬竟有要領否。中國人口走回不受，似與大義有碍。然虜既與中國通，無終歲安坐之理，必且西掠番回，北收遠夷，東侵女直，彼其人皆可使也。况事變多端，虜既受吾餌，中間鈎攝開合以伺戎釁，或内有事故，或土變[一]相哄，皆不可知，是在臨機善應之耳。晨興，草草具緘，俾速發。諸不盡。

第二書

晨中學侄歸，領手教及俺、吉二酋與威正哈書抄，爲慰殊深。虜情如此，將來事定，有數年可保矣。套虜感悦，深意浮于言外，蓋見俺、把事成，恐徯落彼故耳。其致謝俺酋亦必誠懇，故酋王亦深喜也。威正哈，聞西人言，謂有威略，能制伏夷衆，左右吉酋。甥竊慮其桀黠，今觀來書，意望亦止若是，此易與耳。彼既歆羡敕賞爲榮，則可得而羈制，無難也。黄酋近作何狀，把、永二酋處頒賞使已回否，有何説，幸示知之。《善後疏》須在謝恩後否？秋盡草枯，前諭樵采當已完矣。板升近來情態何如？觀俺酋之意，亦似不甚顧惜之者。近來塞上有走回中國人否？燈下草草，不盡。

第三書

送至宣諭俺、黄二酋文，辭理曲盡，但不知李寧何日來歸，老把都情狀竟何如也。甥觀諸酋，俺答年老厭兵，且感歸孫之惠；黄酋憚于内犯，歆艷賞賜；吉能苦于節年搜搗，安居日久，不能驟離河套：其向化求成當是真情。唯把都立帳宣、薊之交，不畏搗巢，三衛夷人爲所略屬，凡渠所須中國之物，三衛皆足以給之。且每犯薊鎮，必大有所獲。又恐西虜通中國後與東虜哄，則其意似不在此耳。今日封貢之事，若捨老把都，恐薊鎮之害不解；若必欲羈致之，恐彼中問〔二〕作梗。此在舅必有招徠牽制之術，然須得其隱情，破其所恃，庶彼一意内向耳。不知撫巡各道議完否，疏須早發，但未審李寧回報如何。老把都故意趦趄，或三衛狡夷恐虜既受中國約束，則彼不得肆其游言，内外欺騙取利，有沮調耳。此亦須與虜説破，庶可發其奸，不爲所惑也。諸不盡。

第四書

封貢之議，不厭詳悉。將來事變，不必預期，但虜既款服來求，其應之當如此。至于中國練武修備，一如虜未服爲之，使果渝盟，吾待之有具矣。不知日來前使入老把都營者竟回否也。昨閱老酋番文，中間言説多是真情，但云今後但有東、西達子入犯，他必來報，不報天殺，可謂誠矣。但不知所稱東、西達子果何指耶。若指東虜土蠻爲東，則西邊達子無敢與彼抗者，將以何者爲西。若指散處部落，大約皆俺、黄、把都、吉能所服屬者，渠不禁戢而但來報我，此又似奸計，又欲不失和好之利，又欲兼遂搶擄之便爾。此須明與之約，“若東土蠻糾衆大舉，汝須預報。若汝等所部，汝須禁攝。若有侵犯，汝雖來報，終是與汝等犯邊一般，恐朝廷上停革封貢，與汝不好看”，庶足伐其謀耳。

第五書

夜役至，領手教及疏揭，知貢議有成説矣。但李寧未歸，猶慮老把都去就不定。晦日之午，得二十六日所發李寧稟帖，不覺欣躍，計疏議已發行矣。疏中事體可謂曲當，錢糧説破最善，前後事體剖判極分曉。事定後，將前後疏議并諸案照及宣諭等札，依日月次成一編，刻而傳之，不唯使天下知事之始末、心之勞悴，且使嗣事者有所遵守也。但疏中所議貢期，以聖節爲則名義甚正大，但此事開端之始，須爲久遠計。如先帝聖節正在秋高馬壯之時，亦足慮也。甥意但令二月爲期，三月後出邊，永爲定例。其聖節，但令四酋各遣一人、或二人，各獻馬或五匹、或十匹來賀，餘小頭目免行，庶無後虞耳。阿力哥似未可遣去，前老酋亦留丘富子，足以相當。但不知此夷其心去向何如，須有以牢籠之，不論在彼在此，不論和戰，皆有以得其用爲妙。老把都等夷使至，不知賫有番文否，來使必有説，幸不惜詳示。老把都既放史大官兒子還，可省諭屬夷，勿再偷彼馬，自生釁端。自議貢以來且數月，近邊絶無杪〔三〕犯，老酋不但守信義，亦見伊威令嚴齊。舅須申戒諸邊，不可見小貪得，失信于虜也。夜行急，公署草草附報，憶及則言，殊無次序，惟舅賜鑒。不盡。

第六書

昨惠來書及諸札，觀速愛所報，俺答絶無他心，可保矣。老把都還有不釋然於屬夷的意思，須善爲調和之。此酋雖不如俺酋可保，然侯〔四〕天禄既能左右之，或亦保三數年耳。吉能之約，亦見誠心，但所言偷馬陪六十、三十之説，其情甚詐，蓋虜自來未偷中國馬，多是中國人偷虜馬，故嚴其罰耳。又言分定地方城堡失亡人畜，就問城堡中要，此亦難道，若原未有失亡，虜詐言失亡人畜，何以辨之？爲約之初，須與伊講個停當。黄台吉，前在此絶無它聞，今據侯天禄所報，不知果是此酋意變，或虜中彼此不相得爲之間也。俺答回言何説？不曾問阿力哥亦知黄酋情狀否？昨有十三使，没番文，或黄酋西去，説待夷使入時伊留下的人，也不可知，此須有以察之。成事之初，不可即有參差也。開市三鎮，同日最爲得機。但開市之地，須築一空城子，兩頭用二門，開市日各用官軍守禦，一門驗放漢人入，一門驗放夷人入。及交易完出去時，亦各驗放，方可無他虞也。

第七書

賫疏夜役至後，再領續教，知良工心獨苦矣。昨舅諭，謂俺答候旨日久，恐夷性不耐，甥即以告之玄老，云："制馭夷狄，要在得其情。而事機去來，變在俄頃。虜累歲憑陵，中國無如之何。今回心内向，若不以時接之，遷延月日，爲約不信，一旦决裂而去，使疆埸不獲寧居，豈得謂之不啓釁？而獨畏納款爲啓釁耶?”翁言：“此事體重大，况傍有竊窺媒蘖者，我不辭獨力主之，但恐萬一有意外虞，并令舅亦不穩便耳。”不知俺酋日來再有來往否；楊亮復出回否；昨宣諭史大官，不知此酋有何回言；黄酋西搶回否。

第八書

前連有二札，計先後達矣。部議既得旨“不允”，復留連數日，今晨始上，大要皆如舅議，唯貢使俱留邊，此亦極便。士夫中無見識人多，異日或虜由居庸入犯，必競爲危言相射。若虜使絶不入，則嘵嘵者無所藉口矣。今早講筵中内閣面奏，石老致詞，謂：“北虜請和，雖未可永保，但得一年，則有一年之便，臣等以爲當許。”皇上答云：“卿等議處停當行。”出而諸公俱欣欣相視，亦勝事也。前外議謂玄老主此事，紛紛無端，可惡。今日石老面奏此事，今番大定矣，且免小人閑言，真是可喜。但甥頗有杞人之憂，今貢使有定額，錫封有定員，則禮部撫賞必有定則。即如昨因那吉賣馬得利，各帳[五]物娘子即紛紛來求討，將來之事不可不謹慮預防，杜其端釁也。互市雖以入貢爲期，或再題本時説，大交易在入貢時，其時常虜衆或三五來市，驗有俺答、把都真正番文，亦許隨便與市，如此方妙，庶可久行，且無它虞耳。前見老把都與黄酋書，似皆有輕中國意。練兵勵馬，時不可忽，虜之畔盟，或五七年、或十數年不可期，而我之防之，當如在旦夕，庶有備無患，且可先事而伐其謀也。

第九書

昨晨得三日書，併俺、把二酋來文，知老酋久待，有不耐意，幸昨旨意早飯時即下矣。聖心爲此事甚切，前初二日部覆上時，令内使送至内閣，傳旨云：“此事體重大，疏内語多，不能詳覽。卿等可仔細區處，雖多費些賞賜也不妨。”觀聖意拳拳若此，而卿尹中絶無深誠念國者，真所謂“獨使至尊憂社稷”也。今日貢議之成，雖諸相贊翊斡旋，其實宸斷居多，可謂天幸。甥意可明以此意告虜，説滿朝公卿因爾節年犯邊，都不肯許封貢。皇帝説：“爾等犯邊，已申飭中外整兵馬，前年大閲，原要三五年間大行征伐。今爾等既知效順，果是真心，我爲天下主，南北百姓都一梯〔六〕愛惜，可且依他，封他官爵，許他通市。若是日久恭順，自有重厚撫賞。若或變心，那時再征伐他不難。傳示各邊不要懈了邊備。”使諸酋畏威感德，亦一機也。昨部覆已擬，如開原例市用廣鍋，旋復中變。甥與諸老言，鍋是虜中日用所急，恐求之不已，况廣鍋京中甚多。或他物聽民自用，唯鍋官買與爲市，禁民私市可也。吉能一枝既附老酋求封，恐不可獨遺，使虜觖望，而部議漫無定執，此須舅相視機宜，曲爲之處也。天氣漸熱，虜且過大青山避暑，不知塞上待市有多少人馬。各鎮須選集武勇，嚴謹封守，以示有備。俺答討二十元寶、一錠金，老酋之意，以趙全等换伊孫，今縛數逆，以此相抵也。况所縛諸逆皆瑣細不足枚數，如此，板升萬衆，竭中國之力不足致之矣。不如明示不用，則虜技窮矣。若送至，反難處也。老把都頗有跳梁，此虜恃其兵力，不肯甘心不捨〔七〕，以屬夷爲事端，或秋來欲糾土蠻〔八〕侵薊耳，須善偵之。傳諭宣鎮諸將，無生釁隙，使得執以爲詞。侯天禄再不遣至，亦可疑也。再待封貢後，看虜情的向。前疏陳常差二通夜在渠營中，渠肯容否？把都情狀亦須爲老酋一言，使之諭解，仍嚴禁史、車二酋，勿使復作梗也。貢使留鎮城，只説内裏熱，恐伊不服水土生病，貢期向後，須爲活便，方可久長。并廣鍋及諸未盡事宜，舅可急上一疏，以應明旨，悉心區畫，務求稳安可也。今通好之始，須預定規制，一應撫賞及請討都當立定規則，恐戎心無厭，後來肆其貪求，與之則費不貲而財難繼，不與則棄前好而生後怨矣。草草具楮布意，中款款，惟舅鑒裁。不盡。

第十書

晨中草草一札，付泰[九]學寄去。適自部歸，施才來告旋，諸衷前札已告，兹附補所未備者。封貢旨意既下，部咨聞已發行矣。求封、通貢夷使即須放入邊，但吉能之使又煩區畫耳。側聞近因夷夏通好，右衛大同城中都有夷人往來買貨，公明出入，此須爲禁止。凡夷使須有各酋真正番文，當官驗明，方許入城，方關防可施。不然，反側之地，驕宗降虜，乘隙鼓煽，恐生它虞耳。又開市一節，衆議閧[一〇]然，多謂不可，今雖處分已定，尚嘖嘖私議，固是識見短淺，亦因先年隨市隨搶，故多疑懼。今作事之始，最宜慎重，務求十分停妥，商、夷兩便。如夷人不利，將决裂而去，不顧後來；或華人不利，將怨謗横生，訛言且起矣。甥意虜馬乘[一一]多，商貨必不能給，須官爲區畫。或將該領馬官軍預給以價，使入市收買；或預處物貨，以給虜求。務使夷遂所欲，民不知擾。但不可行鎮巡區處，鎮巡必行各道、各參遊，各道行之州縣，參遊行之部伍，其勢必至于坐派。坐派一出，公差人役抑勒需索、侵隱誆騙之弊百孔而出，必概鎮人心騷勤[一二]矣。此不可不預防也。但當三令五申，示以交易之利，臨市防範，須示以可恃，令之無恐。果夷遂所求，商得厚利，即不論來歲，風聲一傳，四外人必争赴矣。如此，則異論可息，和議可久。俺酋似已歸心于舅，或終無它虞。黄、把二酋既得官號、撫賞，又獲通市之利，必亦且顧戀，不輕易割捨。在我尤須時嚴修守，練簡卒伍，奮揚威略，先事以懾其心，杜其狂心與驕態。

果行之數年，愈久而人愈趨之，如遼東開原，將永爲中國利矣。施才行急，援筆憒憒，不知所云。

第十一書

魏令至，得七日、八日之寄。昨暮又得十一日之寄，則已見兵部覆，尚未見旨意耳。連日事已處分，則群喙屏息。見抄來俺酋書，意極真款忠信，可行于蠻貊，而不能孚于吾黨，此其中所藏真夷狄之不若也。凡廣鍋官買與市，及吉能自大同貢與陜西市等件，並一應未盡事宜，舅可急爲一疏條上。市須令陸續爲便，或恐多口，但言大市以貢使入爲期，時常或遠夷，或諸有意願來者，但執有俺答、把都真正番文，驗的放入爲市。明諭二酋，勿使大煩，何如？此事力排群議，須此番互市絶無毫末枝節，方免是非。防範機宜最所當慎，其所可慮者有二：一則初開互市，邊民疑懼，貨至必少，而虜衆乘春未搶，其來市者必多，萬一有馬無貨，必無令復牽去之理，此須預爲處辦，免臨時窘迫；一則華戎通和，邊將失趕馬搗巢之利，百端思爲梗塞。馬、趙二帥須加意籠絡之，使之歸心畏威，不然，恐有别樣攛弄，不可不防也。又凡築浚、操試、開屯、實伍，皆邊臣得自行者，但庸人多以其意度人，將諸全忘料理，須將應行事件詳陳一疏，使中外曉然，知邊上原是趁此時幹事也。開荒一節，當儘民開墾，永不起科，庶幾民樂從。若田多穀賤，國家亦有利矣。夜役旋，草草奉報。不盡。

第十二書

旨下，計抵邊數日矣。日來不見來書，心甚懸念，當由處分諸務，朝夕爲勞耳。須時草草三數言見示，俾知動静焉。前寄至老酋書，内稱達子來交易者多，欲陽和再開一市場，不知何以應之。大同之人，因辛亥搶市，此時甚懼，立法之始，須十分區畫。或以給軍馬價官收貨布，入市與夷交易，以馬給軍。三五日後，民見事定，或肯樂趨矣。初間竊謂不可强之，使生怨也。俺答之意無它，而諸虜情狀未可保，不知連日邊上更有何言。今朝中造言者紛紛，謂虜屯聚塞下，求市者十餘萬，將罄二鎮民家蓄聚予之，猶不能給，其勢必有他虞。甥意群喙如此伺隙覬釁，將逞其唇吻，須使十全，無破綻，始足以阻其浮競。不如此時明爲俺答言："朝廷上初間不許貢市，我再三替你請開。今邊上人見你舊時搶市，如今都不肯拿物來交易。你達子來的又多，人心愈疑。我今與你約，今日立市之初，且少着幾個達子來，將各枝分定頭目管領，一枝入市買賣完出邊，然後放一枝進。若這番做得停當，邊上人方纔肯拿貨來，你後面陸續交來買賣也使得，我再與你奏知朝廷。如今百姓又無貨，若來得達子多，定不能勾都得買賣，恐中間弄出別事，朝廷有旨，以後就再不許通市了。"如此與他約，或俺酋亦必從。但夷貢使入邊市易無擾，邊人獲利，欣欣樂從，不唯後日可久，即日下群小無所肆其謗矣。市易既開，須要題請而後不時爲市，亦免虜結聚生邪心，又中外兩便。即如前未奉旨先，那吉以馬來市，永邵卜、老把都皆牽馬交易，安得拒之？況既奉旨開市之後，各家得便以數馬來，又安得不爲區處？若不奉有明旨，紛紛者又有説也。若各虜有不時需求，不可曲徇，彼得禽獸無厭，將來恐難繼。不如明與之約，前明旨未下，我得便宜撫賞。今既許封貢，每年朝廷自有重大賞賜，邊上出入禮儀都有個一定規矩，我不肯少了，此外凡百不敢妄動，不必開口，庶幾事體穩安。今議者紛紛，謂犒予虜物無算，恐日後邊儲不接。雖是妄言，不可不慎防之也。俺酋前許執送趙全等家屬，今來者却是老營白蓮教，且其來書謂執送趙全易那吉去此事已完，其意蓋欲以此四凶爲重貨也。當明諭以朝廷遣還那吉，係浩蕩之恩，豈是趙全等幾個奴才换得？你今挐來又非緊關人犯，但是中國罪人，你肯送還，亦見忠順，朝廷不肯差了，不須自言，則老酋必慚沮，不敢妄需索矣。日來廷試讀卷，兼入朝候講，草草作字，殊不肅，唯舅鑒亮。不盡。

第十三書

晨中在館候講，具一小札擬出，付秦學遞發。比出，及金水橋，則學持十九日手教及揭至，即拆而視之，不覺足之蹷于門也。得聞虜情邊事及舅區畫制馭之詳，殊慰懸慮。不審崇德、李寧輩日來還自虜中否，其諸所示事件虜能悉從否，虜竟于何地迎敕，其請封之使何日入邊送番文爲之代奏也。揭内稱吉能須同封一節，事理極當，但俟彼議定來請，更遲旬月。甥謂虜待命塞上，自冬涉春，又復遷延，即蚊虫一生，虜即移帳北去，恐失大信。不然，或將俺答先封王，黄、把二酋先封都督。一面移咨陜西，令吉能西去待命；一面令俺、黄、把諸夷使入邊，令人帶彼貢馬及番文來也。廣鍋事定准矣，何故貢期不説起？犬羊性急，既已通市，但有所須即牽馬來，恐不可大遏絶。容之則不免煩言，拒之則頓失前好。若更爲題本，恐事已定，拘泥者又生議也。或代爲乞封疏中再題破亦得，蓋此時事尚未定，人不甚覺耳。其撫賞錢糧，確庵言初間須用動支客餉，待互市一二年後，百姓見利，運貨漸增，夷人見利，來者不絶，則商税之入自足供撫賞，客餉不須復動支矣。不知此論何如。崇德回，老酋必有回音，并宣府侯天禄情詞，人來幸一抄示。不盡，不盡。

第十四書

昨領端陽之札，知俺酋以久待生疑，群虜欲涣，此理勢、人情所必至者。豈有與之期約，歷三時而不果，雖中國友邦且不信矣，虜豈能保我耶？國事牽制不斷至此，可爲痛恨。幸敕書已填寫用寶完矣，此頗費曲折，先寫漢文，然後譯作番語，譯定又以番字寫之，若非玄老極力督發，則猶須旬時耳。玄老見教："大事已定，凡節目令舅邊上便宜行之。縱是動支錢糧，後日開在單册上報聞罷，不必頻題，無識者反增議也。"又云："俺酋大娘子也該有些賞賚，昨部中不知題在數内，旨意不好單説出，教令舅處些衣物，一同俺答欽賞付去，此亦一着也。"甥昨見老把都來書，頗有狂肆，此必聽三衛及熟夷輩誘誑，欲敗盟約，故以二降人爲口實起釁端耳。黄台吉粗悍，却似直，渠老年所失盔安在，還之亦似不妨，此酋或其父足以制之。把酋狡詭，前後互異，不可不過爲之防，甥殊爲宣鎮慮之也。諭札昨日見，今日敕已發，來疏因止勿投，而玄、岳二老處揭帖仍投之，使知邊情云耳。夜役得旨飛歸，草草布衷。不盡。

第十五書

昨得差官旨下，即爲一札飛報。其午即領敕出，諸賞賜衣物已俱領出該部矣。此事國家重典，關係至重，舅費無限心力，中遭詆忌，幾成盭戾，幸賴國運方隆，天佑忠赤，卒遂良圖，克成終始，殊可慶慰。天既漸熱，虜候又久，錫封、貢市事宜可整搠完備，敕一至即行之，以慰虜久縶之苦也。宣府事，可嚴諭趙帥，令嚴爲之備。仍須申告老酋，俾約束其弟，勿使奸盟，則將來方可久耳。吉能諭使回否？能得無觖望否？老把都、黄台吉處似俱有夷漢狡猾掇弄，可以機制之，須振揚軍威，破其窺伺。不然，彼見我農田漸闢，牛羊被野，必有朵順之意，乃欲尋事端敗盟耳。不知黄台吉竟回來否，老把都見俺酋其説云何。侯天禄前言渠得老把都要領，能使累歲不犯盟，今事方始而有二言，則禄之言未足憑也。况虜性無厭，若以後狃于求無不遂，或有難徇之請，何以待之？故二降人未宜輕予之也。邊計至重，虜性無恒，甥遠在都城，周爰思念，晝夜不能心安，直候封貢完、互市畢，然後可紓慮，則舅身肩重任，其費心殫力、憂勞日久又可知也。秦學行，附此續報。向者京師横議，多因宣府張皇所致。近宣鎮事妥，浮議即息，且駸駸聞頌聲矣。若封貢事完，互市無擾，當必更不同耳。學至彼，可即遣返，此中須此人方捷便。疆事幸日一示之，不煩作札，但數字可也。不盡，不盡。

第十六書

學至，領手諭，錫封事真如目睹。昔庚戌之歲，此酋崛强如許，今猶其人也，乃爾恭順勤誠，此非處置得宜，信義孚貫，其何能爾爾耶？初擬老把都不至，恐惑于熟夷狡説。昨鄜參將至，再奉手諭，及諸宣諭、會議及與三酋書往還稿，舅爲此事可謂費盡心思矣。老把都果爲熟夷所誑惑，若非安天爵一行，舅宣諭明盡，中其要領，幾敗乃公事矣。五欒重治之，良是，不若此，則車夷無顧忌，終不安静。此夷仍須勤渠宣諭之，將前後事體利害都譬説明白，使之易慮守約，方爲善事。若以其不奉禁令，决裂處之，雖三百人不足爲輕重，萬一異日把都敗約，此夷内屬有年，無知者又將以此爲話柄，不可不防也。貢馬二十六日入邊，必把都、永邵卜俱至矣，想田世威亦宴完矣。不知此虜模樣視老酋何如。黄台吉竟來否？新平口之市果黄酋之子主之乎？連日各處當俱市，虜衆果守約束唯謹乎？昨錫封賞賚費千金，甥以爲大少。虜性犬羊，明爲封貢，除以厚利啖其心，使之有所嗜而不忍捨，乃可用吾羈縻籠絡之術。若其心無所艷於此，即不可久恃矣。俺答説要走回人口一事，因舅宣諭中諄諄言之故耳。今須明爲渠説，既是天生有貴賤，即他達子中也自有使唤的人，如何只要使中國人？他每要種田也無難事，一見可會，何必專用漢人？

若放羊馬，虜人比漢人還慣熟也。陜西封貢議至矣，極可笑。封貢議由宣、大，同俺酋一處可也，至于開市，亦欲在宣、大，久言萬不得已，與延綏、寧夏暫一開之，以慰虜心，此何説也？那吉所言討阿力哥事，或未必真情，多是老酋使之言，渠不敢不言耳，仍須密察其背後之言如何。老酋雖壯健，年將八十大數，無長久理，此子既心感中國，須善接引之，勿孤其意，將來必得其利，第恐不能控制諸部落耳。

第十七書

久眄北音不至，心殊念之。六日申刻，學以行服未見，接舅諭，知錫封事已美成矣，無任歡慰。老酋相視漠北，横行有年，兵事人情，閲歷已熟，兹感舅不殺伊孫，曲盡恩禮，且前後撫待其有機宜，推以至誠，始終不爽，所以一意效順，久候不疑，訛言不亂，成此華夷安静大計，真天相吉人，扶昌運，百萬生靈之幸、宗社之福也。傳聞都中人人稱慶，前沮議者當無所措其辭、置其面矣。第把都未知竟至否，黄酋不至，或其狡險叵測，須與老酋言，若有違犯，中國須與[一三]問罪之師。老酋亦須有禁制，使知懲創，以後和好可久。宣府市事，舅須加意提撕，勿使復失老把都意。事成之後，持成功夫尤須謹密也。

第十八書

連得十日及十二日書，知弘賜之市始終完美矣，無任忻慰。昨暮又得與俺答往返書抄，及守市各官稟帖，知俺答已於十五日北去矣。但張家口之市，老把都又欲宣撫北出，令四夷使來請各道，自當委曲曉譬，以理諭止，却令夷使入鎮城，不知何以應之。把酋守約未堅，帳下又多奸誘，不審張家口之市連日定開否。觀黄、把二酋舉動，將來必不可保，但得今歲無它方善，故宣鎮事殊可慮，須丁寧諭世威輩，令多方撫藉而防禁之也。黄酋竟至新平否？昨見各官傳稟，打兒漢〔一四〕因幼子病稽留數日，則黄酋之遲至，或以打兒漢未至之故。但據此虜昨書，似不信其父、叔而尊信舅，意其中隱情未必誠然，亦須將機就機，有以鈎扯之也。虜中不知禮義，只以氣相上。昨老把都一則爲熟夷倫〔一五〕馬，一則爲封貢宴席不待彼，慚于其部落耳。俺答初受命甚恭，書詞甚遜，昨後來二札，其意態亦少變，舅覺之否？如説："你那裏是一國，我這裏是一國。"又説："各枝小頭兒要作歹，我教人説與你。"又説："你那裏有事，你也擔着。"又説："前邊事好歹已成了，云云。"詞意殊不類，豈有奸人就中搆弄耶？將因走回人口一事衆部落不依而作爲譏言耶？須善察之。昨監市官稟，俺答大娘子部衆交易，達官即不敢約束，可見此嫗威行毳幙，即俺答亦畏之明矣。今通夜往來，可擇伶變有心計人授以方略，使察其意向。如此嫗果能右右虜王，不妨時時有以啖之，使此嫗心常在中國，即虜王可無慮也。况那吉爲此嫗愛孫，彼心先已感我，從而綢繆之，易爲力也。張家口、新平之市何日可完？俺酋何日可至？六月已過半，轉首秋風至矣。計諸酋市完必北去，今秋既無警報，恐吾將士生怠心，須有以提撕督勵，時巡而簡汰練習之。其涌珠、連珠二火器，須多教人習用，無靳〔一六〕小費，此制虜長技也。西事已有嚴旨責促，封貢事先許由宣、大舉行矣。連日切盡西行後，不知何〔一七〕套再有虜至否，此須吉能東來受命，貢使或亦不須送西，庸人難與言，此中多費工力，爲國家完此盛事可耳。

第十九書

貢馬昨日已入城，今晨趙帥及三中軍來見甥，詢及北事，渠云張家口十三日宴老把都，十五日開市矣。計黄酋亦必至新平。

此二處市完，舅心可少紓矣。秦學持酋王貢鞍來看，製甚精緻，但馬不見膘壯，豈虜馬固然耶？昨會岳老，謂此國之大事，常〔一八〕頒詔曉諭天下，且頒敕九邊，俾及時修煉。甥以寄至與諸酋往還札及田世威與監市各官稟揭送看，岳老甚嘆服。日來浮議漸息，且有稱大同之市者矣。

第二十書

日來累得寄言，知東市亦已美完，民夷交慶，諸呶呶子且嘖嘖作讚頌語矣。但未審黄酋定于何日至邊，新平市竟開否，老酋已有南來的耗否也。此事舅費無限心力，中遭奸妬，倍煩經畫，社稷有靈，國祚方熾，忠誠孚貫，天祐吉人，成此不世之功，爲華夷百萬生靈造福，真烈丈夫之能事、古今之大快也。鞍馬已退，聖心嘉悦，禮部擇于八日告廟，九日百官朝服侍班，令伯勛等捧進番表，禮成，百官隨即稱賀，因而頒詔天下。大抵事有成效，異議者無能復措其詞，而玄老當軸，諸事得爽利做去，無復牽制，無能抵拒也。東市獲馬亦八千七百有餘，合西市所獲且有萬七千之馬矣，倘新平、水泉市開，當亦不甚下此數，則四市一歲所得虜馬二萬有餘，是我以中國附餘之物而易虜馳驟之具，歲歲如此，虜馬且不支矣，極爲得策也。但昨見東市所報馬數，永邵卜倍多于老把都，計大成部落必不若把都之衆，而老把市馬甚少，此何故也？甥偶傷嗛，注籍且半月矣。夜役告行，草草附布欲言，床卧憑几不便，言多不次，伏惟賜炤。不盡。

第二十一書

前得六日之寄，知黄酋來市，殊慰。此酋惑于命低當死在中國之説，又加以熟夷誑誘，憚而不至，欲令其部衆完市，就實事論亦無不可，但呶呶者即胥動浮言，謂且蓄異志爲邊患也。昨舅示以不來必罷市絶之，甥逆其必至矣。其多方需求枝節皆非本心，只是要掩飾其不來之故，且幸中允其一二，亦得遂其溪壑耳。今吾應之，悉中機宜，可以掌上玩弄此虜數輩，非直一酋也。計新平市連日亦且完矣。水泉之市，前一聞山西議論，甥即爲諸老言，與虜有成約，不可中道前却，既以使虜疑且見吾憚形也。若老酋自欲過秋來市則可，不然，只須待之耳。此事非舅不能力任美成，非二老亦難措手。玄老大體見得定，主裁堅決，而氣勢足以懾諸人。岳老留心邊事，每事加審，而斡旋政本及潛消異論，有妙用焉。大[一九]生三公，爲社稷建此壯勛，不偶然也！陝中事，前部覆謂封貢自宣大，開市在陝邊，昨題封本却是自陝中封貢，不知何說，如此更覺省事，但恐彼中酬應不協機宜，必剛取怨、柔招侮耳。水泉市竟後，效勞官通常[二〇]請恩賚，此不可缺者。表賀或可緩，或俟頒恩後，須表謝耳。夷人進馬，照馬給賞，名曰“酬賜”。其照人給賞，名曰“賞賚”。原無馬價之名，舅所請者酬賜也。連日甥卧床未出，其内發外給尚未審定議，容嗣爲二老酌之。其每歲互市發太僕馬價，岳老先有此議，玄老同之，曰：每歲將北直隸、山東、河東應俵馬數酌折價三萬，付宣大、山西，令互市易馬給軍，歲以爲常。若虜渝盟，市事罷，則復故。事已定矣，此件無煩慮也。脛傷誤作瘡治，乃使左股艱于起立，日夕偃仰床間，形容頓減矣。今原傷漸復，而股强攣如故，伏枕作札，字不能肅，伏希不罪。至荷。

第二十二書

昨續得寄言及楊撫臺之札，水泉市事亦又美完矣。黄酋續市二百馬匹，想已打發去矣。大段市規已定，大市每歲二月，以貢使入爲期，而各酋不時零碎牽馬來市，乃事之必不能絶者。今水泉布[二一]未報完，且原題貢使出方罷市，今貢使未出，雖續市亦無妨。但恐水泉報完，貢使既出之後，各酋或復牽馬來市，而呶呶者或乘而肆詆耳。甥意舅會劉臺史時，可將前後事機與之指擘明確，即于覆渠《六漸疏》中明白説破亦可也。見抄寄往回書札，舅之隨變應機制馭諸虜，擒縱張弛，各有妙用，然亦費盡一腔心力矣，彼旁觀坐談者安知此苦衷深念？要之，社稷神靈寔所昭鑒，而精忠奇績天下士固風動景仰，足以不負此生，餘不足較矣。虜欲西掠，舅留之，豈以盟約新立，恐虜去，其部下不能謹守，或生它端，又或以往返窵遠，恐不及二月貢期耶？甥意當任彼自去，但要使嚴戒守巢員役，不許犯約。虜威令素行，即如河西去此數千里，自講好後，絶無一騎敢侵掠，則其親近部下必守約益謹，此不須慮。矧虜西去，必簡精鋭自隨，所留多係汰剩者，常年尚慮中國搗劫，自守不暇，必不敢先生事端。況虜去數千里，往返須半年，舅亦得耳净許時，且使其人馬罷勞，歸來方且欲息，必無妄念。貢期原題二月以後，不曾限定，遲一兩月亦不妨也。邊外殺死墩軍，不知黄酋查出作歹人否，此須與究竟，方可懲後。不盡。

第二十三書

昨見玄老，謂："令舅處，我久未得致書。封貢事，令兵部集始末爲一書，衆議具在，見當時異同，則任事之難可知也。但中間謬論可耻，欲稍删削之。"甥言："不必删削，具存實録可也。"甥又言："此事邊上大費曲折，朝中人未必知。前告家舅，自夷孫初降，諸與三鎮文武大小將吏往來公移書牘併與諸酋往返書札，及各鎮稟報併前後疏奏，排月沿日，迄于五市完、吉能貢入爲一書，與此《封貢録》表裏刊行，始爲大備。"玄老色喜，深以爲宜。甥所以爲此言者，以部中凡事牴牾，言者是非蠭起既再，不用著述發明，則一場好事全不見根節，且舅之苦心安得人人曉之哉？須刊布一書，使天下後世有考。若待部中《封貢録》刊出方言，又恐諸人者謂有不平自鳴也，甥故豫言之。冬中虜果西去，公餘有暇，幸舅將一應前項盡數檢出，挨日粘連，令人吏齊録，然後于書本上塗删編次，使有條理刻行。甥俟史局事完，撰次咸〔二二〕一書，可附名永傳于後也。不盡。

寄高相公九

某最不肖，久不爲同人比數，乃門下不以爲不才，曲借齒頰，復從而提掇之。門下素有人倫之鑑，世所取信，且秉持化軸，可以軒輊時材，此同人所以不平而深忌也。夫河漢雖廣，而鼷鼠之飲不過滿腹，物量固有定耳。以某之不佞，其受知遇門下，不啻過當矣。訛言勃興，可駭可怪，蓋陰有鬼物害之，若人固無如我何也。第内惟薄劣，志行未孚，與人周旋二十年，横冒猜忌，不免爲明台知人累，以是自慚耳。出都二日，至涿鹿，風雪大作，將遣諸京役旋。晨興，烘硯具札，仰謝明德，臨翰泫然，不能自制，自後望台光益遠矣。天下事幸得宗匠陶冶，南北謐如，速若運掌，固千載一時也。嘗觀自古豪俊翼亮當世，莫不有同心共濟之賢左挽右推，巨功斯建。若丙、魏，若房、杜，亶異代同符矣。今翁與岳翁夙投心契，非一日矣，乃兹並任鼎鉉，寔天開此一代之治，非偶然者。二翁之交，膠漆、金石不足比擬，某叨鎔鑄有年，豈不知也？乃區區之心有所深願，有所過計。所深願者，二翁相得，社稷、蒼生無窮之幸，保此終始，歷久益親，將丙、魏、房、杜讓相業矣。所過計者，二翁識量、作用不同，此可彼否，無害一德，第取與翕張，人恃各有所使，而窺伺者又多方傅致離析之，絲髮有端，恐漸成形迹，則天下事其可爲者幾希，故杞久〔二三〕憂天，雖曰大謬，彼一念懇至之情，似將有其事也。某之見殆若此矣，故公以爲天下計而私求以爲知己酬者，意惟在此。伏惟相公不以人廢其言，則某雖藉茅飲泉，亦安且甘而心有深喜也。屬當遠違，情不能已，肆筆刺刺，不知忌諱，更祈台慈不厭煩聒，而取其末意焉。某無任悚仄惶遽之至。

又

冬仲違遠台席，忽復更歲，此心懷慕，不能頃刻忘也。秋中承台諭，謂西虜納款，當厚集中國力以待，東虜果狂逞，必痛懲艾之，則西事可永保耳。昨閱邸報，遼左上捷書，馘斬至六百級。自虜披猖來且四十年，未嘗遭此挫也，亦足以少伸中國威矣。台下廟算先幾，一何預而神也。治河事復委之司空公，即夾口之河，可希底績。海運方始山東，諸經理似亦明備，但買舟求速辦，恐有不堅良者，須台諭督漕公加之意爾。台下秉鈞未幾，中外事駸駸就理，太平功業旦夕可致。鯫生謬承深眷，兢兢夙夜，冀有表樹，以不負行儉知人之鑒。乃行能薄劣，不爲同人所諒，陰挑有力横加排擠，賴台仁覆庇，獲全名節以歸，其受賜甚宏鉅也。即使飲泉憇林，終老于太平時，猶爲天地幸物，矧台慈在上，異日公論彰灼，拂拭而湔滌之，使效其薄技，猶可以有詞于永世，若今兹則杯中蛇影，真醴永明，願台仁無汲汲也。夫公旦大聖，猶避流言，况此么麽，豈宜直犯不韙？某受恩深厚，摩頂放踵，無敢自愛，第恐爲仁明累耳。確庵見示自〔二四〕慈惓惓引援至意，感激涕泣，仰懷明德，亦恨不得一旦即侍台席之側，顧形迹間有不雅觀，願台慈姑徐徐焉，勿使懷媢者復得藉口也。某無任悚歹〔二五〕依戀之至。

又

頃自家舅所得邸報，見狂夫流言，披猖無忌，殊增憤懣。我翁心事、勛業已軒揭天地，薄海内外共所聞見，視丁卯蓄德未曜時何啻千里，而彼狂乃欲變亂白黑耶，可恨！可恨！鵂鶹[二六]之鳴，蚍蜉之撼，不足爲台端𢡃[二七]，希勿芥蔕。第以某之不肖，不善處物，動遭媢妬，下流叢毁，事有固然，顧復上累台明，以故私心刺痛，無地自容耳。夫以台端精忠謀國，冲虚好賢，士論明甚，乃彼狂敢爲此言者，寔以無似不允公議，遂借隙以行其私耳。愧負可言，玆具一疏自明，敬附楮候慰，兼希尊慈宏度大觀，示以進止之宜，私心次且，恐重爲台明恧也。曹疏固孟浪，觀其詞指，其處心積慮深矣，無乃内江閹黨今猶有存者耶？事機多端，伏希審伺，杜漸銷萌，泯于無迹，斯善道也。都中人情時態不知何似，更望擴示大公，兼愛彼己，屏除疑忌，用安反側，但使吾無間然，則彼之嘵嘵不足病也。心事萬端，門墻千里，援筆神往，徒有此身留耳，伏希台慈炤鑒。不盡，不盡。

又

价旋，領台諭，其間“就裏”云云，求之不得其説，寢食俱廢。天下事須有不如意處，其好處乃可堅久，若十分如意，必有外憂，杜元凱所以欲釋吴也。元祐之世，朝多君子，然洛、蜀分黨，卒貽紹述之釁，議者至今爲諸君子病之。翁遠識宋[二八]度，幸深察焉，無爲熙豐群小所利也。此事某在遠不得其詳，大段翁與岳翁心同道同，知契非一日，豈茫昧之説所能遽間？然二翁局面不同，作用不同，故取人亦異。人各欲爲知己者圖，厚則必有生枝節處，在二翁，生保其無他腸也。况事真僞久必辨白，望台端大觀，付之不理，徐觀其後何如。且君子之交難合易疏，而小人之情多端無定。以臺下豁達大度，與物何所不容？初有華亭之猜，中遭内江之謗，而某受知二翁俱深，而翁之愛我尤篤，今又在二千里外，得以自申其説，無嫌可避，伏望台慈俯垂聽焉。縱使其事有端，亦須置之度外。藺相如，戰國一勇夫耳，因趙恃二人爲重，乃屈身廉頗。況今國家之事倚重二翁，天下士方冀幸太平，功業庶幾三代者，幸捨小嫌存大計也。據案移晷，欲言不果，欲默不忍，恃翁心知，竟吐露其愚，臨楮惶汗無任。

又

承密示，具悉深指，生在遠不知其詳，知台諭必有主謂也。但以區區私見揣度，則二翁相得非一朝夕，自去歲覺意見有不合處，生出門時深慮成嫌，故豫言之，冀弭其端耳。曹人或承望風旨，未必有所指授，願台慈付之不校，歡然以前日交好接。如無其事，則久當益明；或有其微，亦必咋舌内訟之不暇矣。此善道也，慎無再動聲色，恐嫌釁滋不可解。且人情憒憒，台慈猶力爲收拾，矧由于己者，是在一加意而已。憂心悄悄，臨楮不能自已，伏惟台慈賜鑒。幸甚。

又

欒城拜别北行，忽忽如失，迄今且匝月矣。都中人情事體儼如革代，不忍見，不忍言，初心刺謬，恨在里發軔之早也。在欒奉台諭，謂岳老與不肖無他嫌，乃娼忌者從而搆陷之，則初意亦且不堅，天下事未可知也。岳翁與翁金石風〔二九〕契，一旦决裂，中心殊有慚俎〔三〇〕。無耐群小不得志于翁者，百端揑造，殊足憤邑。我翁精忠宏度，天地鬼神、九廟神靈寔共鑒之，此不須言説也。惟翁心術、行業數年來已表見于天下，今又以主持國體爲奄人所逐，始終大節，雖古人無多讓，幸自寛慰，無以他端介意。神聽不謬，果育雙麟，則衍慶殊未央耳。前奉台諭，薄遊名山川，極爲高致，今則未可，且閉門謝客，絶口勿言時事，以需時月何如。令弟將發，某偶冒外邪，大汗後神志惘惘，不能親書，故未敢多及，伏希賜鑒。

又

入春驟聞意外之誣，令人駭忿鬱悒，莫可控告，惟有叩心籲天，腸一日九迴而已。翁精忠大節，天地、祖宗所共監護，故公論沸涌，魑魅寢謀，然觀古事班班，殊足危懼矣。昨敬遣一价，奉手啓，仰慰未達，乃台慈震撼甫寧，即馳使顧問，感愧無措。蒙諭杜門謝客，行法俟命，極爲遵養時晦善道。區區私念，則以朋奸窺伺方密，而人情面背難保，雖鄉鄰相語，亦幸勿及時事，庶無隙可乘耳。使者告旋甚急，肅楮申覆，併陳謝悃。臨楮悵悵，言有盡而意難窮也。

又

春中奉教音，轉首秋半，懷念慈範，日夕未忘，不審邇來台候何似。前聞熊羆佳兆，憶在此時，惟大德精忠天地百神所共鑒炤，計必應充閭瑞也。謹遣小价，專伺佳音，使行，此心真與俱往矣。某仗庥芘，年來居山，屏囂茹淡，神情轉健，乃於中秋拉一二姻友泛湖登山，得《水經》、《山海》所識諸異迹，宛然可驗，數百年乃翳没草莽中，而俗丘冗刹多表表著詞人頌述，因嘆世士識奇者固寡，而靈蹤乃亘宇宙常存，不爲損也。古人之道高寡和、功大招尤者往往而是，而夸毗利勢之子間竊時值，播弄聲焰于寰區中，亦何以異此也！入山滋久，時人漸與我疏，覺此身半在物外矣。五嶽之遊即不可冀，晦登中條巔，即嵩、華皆在指點間。開歲幸與物情益不相關，葛巾野服，隨長者攀陟，以累月爲期，諒天不違人願也。

又

某初叨召命，即擬遣使奉聞，兼請教言爲進止。未及發，而盛使賫台翰至，凡所諭者謹識之於心，不敢遺忘矣。遂擬抵都，然後遣使奉候，經今且旬朔，念之心不能安。昨具疏辭，已得旨，擬六日啓行，謹即舍先發一使，仰候台履。某疏拙無它長，荷台仁培植，遂冒崇顯。然于時受之不疑、得之不勝喜者，恃知己在上，其道足憑，而其心足信也。自台下養重東山，某隨亦歸里，年來世故不入，於心頗覺安適，忽爾被召，怔營莫知所措。欲辭之，則恐釁隙益張，不可收拾；欲應之，恐無以善後，徒增煩擾。審時度勢，揣人量己，蓋落落然有難合者。令〔三一〕兹之出謂之涉畏途，犯風波，古人有善喻矣。伏惟台慈既愛惜樸簌〔三二〕，惟恐傷之，幸有以教訓成全之也。時事倚伏難量，正人關係甚重，更惟台慈厚自加攝，以慰宗社、蒼生之望。幸甚。

寄張相公六

頃者事端驟起，匆匆在告，遂不獲從容叙所私，辱顧，又未獲領終教。及捧札示，爲之惘惘竟日。嗟夫！群小害正，萋菲成錦，蓋自古患之矣。今二翁同心，翊宣元化，天下已駸駸向理，假之歲月，太平之業端可坐致。乃心膂之間，不免有撓惑若此，古人所以嫉彼讒人，欲投豺虎、有北而不恤也。某受知門下甚深，而竊爲社稷、蒼生過計，聞命至，食寢俱不安便。已而深思，又若不足憂者，蓋誠得二翁之深知，浮翳不能終掩也。翁淵覽深識，慮定而後發，發必奇中。其于玄老一體伺〔三三〕心，家人父子有不足喻者。而玄老之敬信悦服翁，亦不啻其口出，誠金石匪堅而膠漆不爲固也，雖巧佞百端工伺間隙，終亦何能爲患大奸？玄翁弘毅疏宕，是以不免于輕信而驟發，然性故明達，而與翁相信又深，未有旬日不悟，悟而不悔者。伏望自〔三四〕明念天下之重而略小嫌，教〔三五〕久要之好而無失其故。藺相如，戰國策士耳，知秦之重趙，由己與廉頗，甘受廉之侮而不報。今天下事倚重于二翁者，豈特秦、趙輕重哉？况玄老不惟某知其不負門下，雖台明亦必諒之，形迹之間，幸恕其不及。某亦切切爲玄翁語，願二翁相得，百年如一日也。行次涿鹿，遣京役旋，附楮布謝。回首台光，瞻望漸遠，引筆陳悃，不覺喋喋，蓋私欲固知己交誼而公爲天下慮也，伏希台慈賜鑒。不宣。

又

月前次疏行，具有啓候，使發旬日，忽聞譸張之傳，令人駭愕。今得其疏讀之，雖孟浪無稽，而首尾用巧械作危語，蓋真欲變此局面者。恐中奄有黨，幸台明密伺而潛銷之，無使滋蔓難圖也。兹謹具疏辯，似事體不可少者，伏惟台慈開示行止之宜，無俾再誤，重爲知己深玷。玄翁既遭此誣，當知人情、時事有未可任快爲者，必益信翁言，幸委曲陳導，俾銷黨偏，屏疑忌，一之以至公，天下其孰不服也？孤衷萬端，台垣千里，臨楮惓惓，神往形留。不盡，不盡。

又

伏辱手示，所以顧護保全，惟恐有傷，使眴眴者不獲窺其機緘，用其智勇，此愛此情，固非異人所能得，亦非他人所能知也。感激之極，但有流涕，雖捐糜此軀，亦何足以報德于萬一耶？承示玄翁近況，前於邸報見一二事，固已疑之。旋有曹疏，謂經此蹉跌，必益敬信明台，更易弦轍也。兹聞台諭房杜、張陳之説，使人駭訝，不能收舌。大段玄老機事不密，泛與輕信，故嘗爲小人所罔。與翁同道同心且三十年，所謂“金石膠漆，非物可間”，雖惑于簧鼓，暫時蔽亂，旋當融釋耳。元祐君子滿朝，乃洛、蜀分黨，竟致紹述之禍，此前事殷鑒。周公大聖，三〔三六〕叔流言宜也，而召公亦且款〔三七〕之。公不以爲嫌，拳拳以國家新造，彼已不可釋去，慰留召公，卒奠周室。大臣急公家而忘身嫌，固若此。今國家之事倚重二翁，天下士傾耳向風，思見太平之盛。若中有牴牾，豈但太平難致，將且立見敗端。翁與國同休戚，且素知玄老心者，寧可不委曲周旋，如周公之與召公，以求濟大事哉？某奉翁初諭，擬中元前後北轅，朝夕之心，唯願二翁歡然相得，不失曩雅，豈惟鯫生一人私幸，宗社、蒼生寔深賴之。臨楮無任懇切依依之至。

又

二翁同心，天下事方駸駸向治，不意遽生嫌釁，在遠驟聞，寢食不安，故底叩愚臆，不覺饒舌。既發，殊有悚仄，深以獲戾爲懼。兹辱手示，略其粗戇，不加罪譴，具窺相度汪涵，并包萬彙，且仰且幸。但有秋杪欲歸之諭，令人彷徨無措，寧死不願我翁出此言也。以台下素尚，冲然澹于榮利，年來備歷艱楚，形神勞瘁，所以在此，唯以君恩、國事爲重，冀有濟焉，不敢自便圖也。今日天下之事，視前日何如，寧容翁拂袖時耶？矧聖躬違和，臣子之義，于翁心豈能是恝？無亦忠信見鬱憤懣而爲是言與？區區私意，願翁無爲此言。玄翁與翁，廿年交友，真肝膽相照者。一旦忽爾暌[三八]疑，鬼車塗豕，變幻可異。然同心既久，生意張弧脱弧在反手間，“遇雨之吉”甚不遠也。惟翁沉幾偉鑒，自筦機政來，凡消疑定傾，經數四矣。震撼紛錯，外囂内潰，人所畏懼疑避，莫敢涉手，翁不動聲色，徐觀其機而善應之，卒之夷然就平，生誠心服神悦，以爲史傳少儷，顧今日乃不能處一相知之友暫時疑隔間耶？伏望自信不疑，一切形迹語言置之不較，待其悔悟。世有孅人，好窺人意向、撰弄是非者，諒不能逃臺鑒，願逆加杜塞，功[三九]使得關其説，則不及生之入都，二翁必歡然如昔無疑也。生荷二翁深知，故其心慮視他人獨切，生若不言，則他人復誰敢言者？故前者既悔而此復嘵嘵不能自休，伏惟台慈鑒具〔四〇〕愚罔。幸甚，幸甚。

又

某不善處物，横招猜忮，年來荷台慈覆有〔四一〕保護之恩，真生死肉骨不足喻也。夫愛人者，思以成全之，則必爲之慮遠。以某之不肖，謬辱台明知遇，其受此施于門下非一端矣。即如春仲，若依台旨，姑緩環召，則不至復有此番敗缺。今日事端既横出者，非台慈委曲優容，明示軫惜，則某又安能全此進退也。瀕行，辱顧視，奉教惓惓，深意曲衷，真切懇惻。古人云："士願爲知己死。"翁與不肖，豈但知之已耶！古人感知則思酬，今某不獲宣力，欲效其一言。緬惟台端，賦氣特異，爲時間出，以翊此《小毖》，恢張大道，奇烜之績異日必振絶前後。第杞人私慮，主上甚少，古稱"危疑"。今宫府馴調，全仗淵略，然事機變幻，當察其微；物情多端，須防其漸。事固有出人意料外者，不動聲色，措天下泰山之安，在今日非異人任也。荷戴明恩，得優游山林，讀書没世，亦足不朽。若台慈過念菅蒯，欲拂拭而收録之，須二三年外乃可耳。此理有固然而亦心之誠然者，甚願台慈炤鑒之也。行次涿鹿，瞻望漸遠，不勝款款，敢布其愚，臨楮悚仄無任。

又

冬杪曾附上一函陳款，回首復入夏矣。違遠台慈，爲日滋遠，此心扳戀，不異旦夕。仰惟一德格天，神人胥相，明主以幼冲纂祚，百吏奉職，中外謐如，風雨以時，星日清潤，阿衡、公旦，寔遜前烈，豈非天佑聖朝，遺之大老，俾開萬載中興昌運也耶？甚盛！甚盛！某依籍末芘，得放情泉壑間，終歲熙熙，與禽魚相樂，誠爲至幸。第孤陋之資，睽隔型範，智識日荒，鄙吝叢積，陳編可親，而目之精神頓爾減耗，每把一帙，未卒業則睛已困矣。不才之人，神鬼所靳，恐此生終無以自植，所冀台仁不遺遐遠，時誨督其不逮。千載知己，士所希遘，然駑策不進，且將爲明哲知人之羞，故願台明既知之，終成之也。某伏處丘樊，不與間〔四二〕外事，然台下相業之盛，若揭日月行天，有目共見，則固所欣躍頌服，索史傳鮮有儔矣。而區區杞人之私、芻蕘之見猶有欲陳之左右者，則願翁之試垂聽也。主上英睿夙成，社稷大福，享國久長，必且興唐虞之治。今才十二齡，自古人君幼冲踐祚，多苦于開欲竇之早。漢昭之事，史歸罪博陸，博陸誠無術也。竊怪宋哲，上有宣仁，群賢布列，而乳媪之覓，年方十三，于時雖諱言之，然竟實事也。蓋天子職得自由，宮禁秘密，外廷難于爲力，今日之事，第一義其在此矣。台下勸講頻殷，忠告剴切，聖衷天縱，當不蹈漢、宋之弊。第左右無知，苟希寵倖，乘隙窺誘，能保盡無？伏望台端密運蚤圖，杜幾萌于未然之始，此萬年計也。天下之事，天下之人成之。台下開誠布公，廣集衆益，此海内有識所共歆向。第人各有心，雕琢表異，以矙伺投合，求以自結，則中必有亂真飾是者矣。台下之鑒物情，未言先矚，此某所素服者，乃復爲此言，蓋台下任重而心益虚，恐朋言三至，不能不少撓思慮耳。夫率作以才，委寄在心，有才之人以之爲耳目手足任，則種種可喜，而付之以心膂，往往不可托，其可托者又多樸〔四三〕鈍不適，用此歷代之通患相道之深苦也。某每頌翁洪業，輒不容口；而念翁苦心，則輾轉不能忘。私心款款，復覼縷如此，惟台慈不斥煩聒。悚怍，悚怍。

校勘記

〔一〕“變”，疑當作“蠻”。

〔二〕“問”，疑當作“間”。

〔三〕“杪”，據明崇禎刻本（明）陳子龍等《皇明經世文編》卷之三百七十三張四維《與王鑑川論封貢第五書》當作“抄”。

〔四〕“俟”，疑當作“侯”。

〔五〕“悵”，據同上書《與王鑑川論封貢第八書》當作“帳”。

〔六〕“梯”，據同上書《與王鑑川論封貢第九書》當作“樣”。

〔七〕“捨”，據同上文當作“搶”。

〔八〕“孌”，據同上文當作“蠻”。

〔九〕“泰”，疑當作“秦”。本書本卷《與鑑川王公論貢市書》第十三書：“晨中在館候講，具一小札擬出，付秦學遞發。”

〔一〇〕“閳”，據（明）陳子龍等《皇明經世文編》卷之三百七十三張四維《與王鑑川論貢市第十書》當作“闃”。

〔一一〕“乘”，據同上文當作“來”。

〔一二〕“勤”，據同上文當作“動”。

〔一三〕“與”，疑當作“興”。

〔一四〕“漠”，疑當作“漢”。

〔一五〕“倫”，疑當作“偷”。

〔一六〕“斬”，疑當作“靳”。

〔一七〕“何”，疑當作“河”。

〔一八〕“常”，疑當作“當”。

〔一九〕“大”，疑當作“天”。

〔二〇〕“常”，疑當作“當”。

〔二一〕“布”，疑當作“市”。

〔二二〕“咸”，疑當作“成”。

〔二三〕“久”，疑當作“人”。

〔二四〕“自”，疑當作“台”。

〔二五〕“歹”，疑當作“仄”。

〔二六〕“鷄”，疑當作“鷗”。

〔二七〕“滮”，疑當作“涸”。

〔二八〕“宋”，疑當作“宏”。

〔二九〕“風”，疑當作“夙”。

〔三〇〕“殂”，疑當作“沮”。

〔三一〕“令”，疑當作“今”。

〔三二〕“籔”，疑當作“橵”。

〔三三〕“伺”，疑當作“同”。

〔三四〕“自”，疑當作“台”。

〔三五〕“教”，疑當作“敦”。

〔三六〕“三”，疑當作“二”。清《武英殿聚珍版叢書》本三國魏鄭小同《鄭志》卷上：“成王之時，二叔流言作亂，罪乃當誅，悔將何及?”

〔三七〕“款”，疑當作“疑”。

〔三八〕“睽”，疑當作“睽”。

〔三九〕“功”，疑當作“勿”。

〔四〇〕“具”，疑當作“其”。

〔四一〕“有”，疑當作“育”。

〔四二〕“間”，疑當作“聞”。

〔四三〕“撲”，疑當作“樸”。